Comentario Bíblico Moody

Nuevo Testamento

Comentario
Bíblico Moody
Nuevo
Testamento

Redactado por

Everett F. Harrison

EDITORIAL PORTAVOZ

Título del original: *Wycliffe Bible Commentary: New Testament,* redactado por Everett F. Harrison, © 1962 por Moody Bible Institute, Chicago, Illinois y publicado por Moody Press.

Edición en castellano: *Comentario Bíblico Moody: Nuevo Testamento,* © 1965, 1971 por Moody Bible Institute; Chicago, Illinois, 60610, y publicado con permiso por Editorial Portavoz, filial de Kregel Publications, Grand Rapids, Michigan. Todos los derechos reservados.

Traducción: Daniel E. Hall

EDITORIAL PORTAVOZ
Kregel Publications
P. O. Box 2607
Grand Rapids, Michigan 49501

Visítenos en: www.portavoz.com

ISBN 0-8254-1306-0 (pb-rústica)
ISBN 0-8254-1307-9 (hb-tela)

23 24 25 26 edición/año 01 00 99 98

CONTENIDO

ABREVIATURAS

a. Libros de la Biblia, citados.

1. AT (Antiguo Testamento) — Gn. (Génesis); Ex. (Exodo); Lv. (Levítico); Nm. (Números); Dt. (Deuteronomio); Jos. (Josué); Jue. (Jueces); S. (Samuel); R. (Reyes); Cr. (Crónicas); Ne(h). (Nehemías); Sal. (Salmos); Pr. (Proverbios); Is. (Isaías); Jer. (Jeremías); Ez. (Ezequiel); Dn. (Daniel); Jl. (Joel); Am. (Amós); Jon. (Jonás); Mi(Miqueas); Zac. (Zacarías); Mal. Malaquías).

2. NT (Nuevo Testamento) — Mt. (Mateo); Mr. (Marcos); Lc. (Lucas); Jn. (Juan); Hch. (Hechos); Ro. (Romanos) Co.; (Corintios); Gá. (Gálatas); Ef. (Efesios); Fil. (Filipenses); Col. (Colosenses); Ts. (Tesalonicenses); Ti. (m). (Timoteo); Tit. (Tito); Flm. (Filemón); He. (Hebreos); Stg. (Santiago); P. (Pedro); Jud. (Judas); Ap. (Apocalipsis).

b. Apócrifos

Ecl. Sir. (Eclesiástico o Sabiduría de Jesús, hijo de Sirac); Mac. (Macabeos).

c. Publicaciones periódicas, obras de consulta, diccionarios y versiones de las Sagradas Escrituras.

Ant. Antigüedades judaicas de Flavio Josefo
Arndt Arndt-Gingrich, *Greek-English Lexicon*
AV Authorized Version (Versión Autorizada inglesa)
BA *Biblical Archaeologist*
BC Versión Bóver-Cantera
EE. UU. Estados Unidos de Norteamérica
ExpGT *The Expositor's Greek Testament*
HA Versión Hispano-Americana
ICC *International Critical Commentary*
JBL *Journal of Biblical Literature*
JFB Jamieson, Fausset, y Brown, *Comentario Exegético y Explicativo de la Biblia*
Jos. Flavio Josefo

LAE Deissmann, *Light from the Ancient East*
LXX Septuaginta
MM Moulton & Milligan, *The Vocabulary of the Greek Testament*
NC Versión Nácar-Colunga
RSV Revised Standard Version
RV Versión Reina-Valera
RVR Versión Reina-Valera Revisada
SBK Kommentar zum Neuen Testament aus Talmud und Midrasch (Strack & Billerbeck)
Str. Versión Straubinger
VL Versión Latino-Americana
VP Versión moderna de H. B. Pratt
VR Véase RVR
WH Westcott and Hort, *Text of the Greek NT*

d. Otras

a. de C. Antes de Cristo
Acad. Real Academia Española
C(a)p., c(a)ps. capítulo, capítulos
cf. compárese
cms. centímetros
com. comentario
d. de C. después de Cristo
et al. y otros
gr. griego, gramo
imperat. imperativo
imperf. imperfecto
km. kilómetro(s)
m. metro(s)
N. del t. Nota del traductor
o.a. oro americano
op. cit. obra citada
p., pp. página, páginas
p.ej. por ejemplo
perf. perfecto
pres. presente
s., ss. siguiente (s)
t. tiempo
USA Estados Unidos de Norteamérica
v. véase, verso
vs., vss. verso, versos
vv. versos

PREFACIO

El presente Comentario ha sido traducido de *The Wycliffe Bible Commentary* (Moody Press, Chicago, EE. UU., 1962), obra enteramente nueva que abarca toda la Biblia. En ella han colaborado cuarenta y ocho comentaristas norteamericanos, que representan más de quince grupos confesionales dentro del cristianismo evangélico. Veinticinco escuelas de educación superior cristiana cuentan entre su personal docente a colaboradores de dicha obra.

El Comentario de referencia analiza la totalidad del texto bíblico frase por frase. Además, las secciones principales de cada libro de la Biblia contienen generalmente un resumen de relación con los encabezamientos principales del bosquejo. De este modo el lector dispone a la vez de un panorama general y de un análisis detallado.

En los comentarios de cada libro los escritores aportan los resultados de su propio estudio cuidadoso y personal del texto bíblico, pero han incluido, además, lo mejor de lo que ofrecen los comentarios anteriores, como así también los resultados de la erudición contemporánea. Si bien ofrecen por una parte un comentario nuevo y ágil, manifiestan por otra parte su inquebrantable creencia en la divina inspiración de las Sagradas Escrituras.

La nota dominante en los comentarios la da la interpretación del texto mismo de las Escrituras, si bien a cada libro acompaña una breve introducción en la que se hace referencia a la paternidad literaria del mismo, fecha de composición, fondo histórico, y otros datos de interés.

El objetivo principal es el de determinar el sentido del texto bíblico. Por lo tanto, no se trata de una obra puramente devocional ni de estricta exégesis técnica. Se procura presentar el mensaje de la Biblia de modo tal que el estudioso pueda encontrar en sus páginas la ayuda y la orientación que necesita.

Si se tiene en cuenta el cuerpo de colaboradores mencionado más arriba, se comprenderá que haya discrepancias entre ellos en ciertas cuestiones de interpretación. Los editores no han querido intervenir en estos casos al solo efecto de conseguir uniformidad; en este sentido los escritores han gozado de libertad de expresión. El lector descubrirá, por ello, algunas diferencias en los puntos de vista en ciertos pasajes paralelos, como en los Evangelios, por ejemplo.

Los editores responsables del comentario completo son: para el Antiguo Testamento, el profesor C. F. Pfeiffer; y para el Nuevo Testamento, el profesor E. F. Harrison.

Es propósito de la casa editorial ofrecer a los lectores de habla hispana todo el comentario, a fin de abarcar la totalidad de los libros de la Biblia. La obra completa comprende, en el original inglés, más de un millón doscientas cincuenta mil palabras..

La presente entrega comprende los libros del Nuevo Testamento, cuyos comentarios fueron escritos por los siguientes colaboradores:

Mateo: H.A. Kent (hijo), doctor en teología, profesor de Nuevo Testamento y Griego en el Seminario Teológico Grace, Winona Lake, Indiana, EE. UU.;

Marcos: D.W. Burdick, doctor en teología, profesor de Nuevo Testamento en el Seminario Teológico Bautista Conservador, Denver, Colorado, EE.UU.

Lucas: M.C. Tenney, doctor en filosofía, Decano de la Escuela de Graduados del Colegio Wheaton, Illinois, EE. UU.;

Juan: E.F. Harrison, doctor en teología, doctor en filosofía, profesor de Nuevo Testamento en el Seminario Teológico Fuller, Pasadena, California, EE. UU.;

Hechos: G.E. Ladd, bachiller en divinidad, doctor en filosofía, profesor de Teología Bíblica en el Seminario Fuller, Pasadena, California, EE. UU.

Romanos: A. Berkeley Mickelsen, bachiller en divinidad, doctor en filosofía, profesor de Biblia y Teología del Colegio y Seminario Teológico Bethel, St. Paul, Minnesota, EE.UU.

1 Corintios: S. Lewis Johnson, Jr., doctor en teología, profesor de Exégesis y Literatura del Nuevo Testamento, Seminario Teológico de Dallas, Dallas, Texas, EE.UU.

2 Corintios: Wick Broomall, licenciado en teología y pastor de la iglesia presbiteriana Westminster de Augusta, Georgia.

Gálatas: Everett F. Harrison. Véase *Juan.*

Efesios: Alfred Martin, doctor en teología, decano de educación del Instituto Bíblico Moody, Chicago, Illinois, EE.UU.

Filipenses: Robert H. Mounce, licenciado en teología, profesor auxiliar de Literatura Bíblica y Griego en el Colegio y Seminario Bethel de St. Paul, Minnesota, EE.UU.

Colosenses: E. Earle Ellis, bachiller en divinidad, doctor en filosofía, conferencista y escritor especializado en el Nuevo Testamento.

1 y 2 Tesalonicenses: David A. Hubbard, licenciado en teología, doctor en filosofía, presidente de la División de Filosofía y Estudios Bíblicos del Westmont College, Santa Bárbara, California, EE.UU.

1 y 2 Timoteo, Tito: Wilbur B. Wallis, licenciado en teología sacra, doctor en filosofía, profesor de Literatura y Lenguaje del Nuevo Testamento del Colegio y Seminario Teológico Covenant.

Filemón: E. Earle Ellis. Véase *Colosenses.*

Hebreos: Robert W. Ross, doctor en filosofía, director interino del departamento de Historia del Northwestern College, Minneápolis, Minnesota, EE.UU.

Santiago: Walter W. Wessel, doctor en filosofía, profesor auxiliar de Literatura Bíblica del Colegio y Seminario Teológico Bethel, St. Paul, Minnesota, EE.UU.

1 y 2 Pedro: Stephen W. Paine, doctor en filosofía, presidente y profesor de griego del Houghton College, Houghton, N.Y., EE.UU.

1, 2, 3 Juan: Charles C. Ryrie, doctor en teología, doctor en filosofía, director del Departamento de Teología Sistemática y decano de la Escuela de Graduados del Seminario Teológico de Dallas, Texas, EE.UU.

Judas: David H. Wallace, licenciado en teología, doctor en filosofía, profesor de Teología Bíblica del Seminario Teológico Bautista de California, en Covina, California, EE.UU.

Apocalipsis: Wilbur M. Smith, doctor en divinidad, profesor de Biblia Inglesa del Seminario Teológico Fuller, Pasadena, California, EE.UU.

EVANGELIO SEGÚN MATEO

INTRODUCCIÓN

Autor. Abundantes fuentes históricas tempranas atribuyen este Evangelio a Mateo el publicano, a quien Marcos y Lucas llaman también Leví. Las dudas modernas en cuanto a paternidad literaria han surgido como consecuencia de ciertas hipótesis que intentan explicar el problema sinóptico. Pero tales hipótesis no pueden alterar el testimonio de la iglesia primitiva, cuyos escritores citan este Evangelio más a menudo que otro cualquiera. Ya que Mateo no tenía especial prominencia entre los Doce, y no hubo ninguna tendencia especial de reclamar para los Sinópticos autoridad apostólica (p. ej. Mr., Lc.), no hay razón *a priori* para atribuirle a él este Evangelio a menos que en realidad fuera el autor.

Como que fue recaudador de impuestos, tenía Mateo especiales condiciones para escribir un Evangelio como éste. Su destreza profesional en el uso de abreviaturas estenográficas le permitía captar por extenso los discursos de Jesús. Su pericia aritmética se refleja en la frecuente mención del dinero y en su interés por las sumas crecidas (Mt. 18.24; 25.15), y por los datos estadísticos (1.17).

Composición y fecha. La gran frecuencia con que se cita y alude a Mateo en la Didaque, en la Epístola de Bernabé, en Ignacio, Justino Mártir y otros, da fe de su temprana composición y extenso uso. Las conexiones literarias de este Evangelio han de considerarse en relación con los otros sinópticos y con la afirmación de Papías de que "Mateo escribía en dialecto hebraico, y cada cual interpretaba como podía" (Eusebio, *Historia Eclesiástica,* 3.39). Muchos han interpretado que Papías se refiere a un original arameo, traducción del cual sería nuestro Evangelio griego. Pero nuestro texto griego no muestra señas de ser una traducción, y la ausencia de todo vestigio de tal original arameo provoca serias dudas sobre esta hipótesis. Extensamente argumenta Goodspeed que iría contra la costumbre griega el dar a una traducción griega el nombre del autor arameo original, pues sólo preocupaba a los griegos el nombre del traductor. Cita como ejemplos el Evangelio de Marcos (no se le llamaba Evangelio de Pedro) y la versión griega del AT, llamada Septuaginta (*Setenta*) por razón de sus traductores, no de los autores hebreos. (E.J. Goodspeed, *Matthew, Apostle and Evangelist,* pp. 105, 106). Se infiere, pues, que Papías quiso decir que Mateo registraba (¿estenográficamente?) los discursos de Jesús en arameo, y en este material se basó después para componer su Evangelio en griego. Si bien es posible que Marcos haya sido escrito primero y que Mateo haya tenido acceso a ese Evangelio, no se apegó servilmente a este relato más compendiado, y muchos sostienen que hay absoluta independencia entre ambos libros.

El Evangelio de Mateo ha de haberse escrito antes del año 70 d. de C., ya que no contiene indicios de que Jerusalén se hallase en ruinas (todas las alusiones a su destrucción son claramente proféticas). Pasajes como 27.8 y 28.15 ("hasta el día de hoy"), parecen indicar un intervalo de cierta extensión, pero quince o veinte años a partir de la resurrección constituirían un lapso prudencial.

Puntos de especial énfasis. El análisis del contenido de este Evangelio, corrobora los testimonios de Ireneo y Orígenes respecto a que Mateo escribió para judíos convertidos. Hace uso muy frecuente del AT (Robertson, *Una Armonía de los Evangelios,* anota 93 citas en Mt., 49 en Mr., 80 en Lc. y 33 en Jn.). Pone mucho empeño en demostrar que en Jesús se cumplieron las profecías mesiánicas, y que, por lo tanto, él era el Mesías de Israel, quien establecería el reino prometido. Los discursos que Mateo registra extensamente distinguen este Evangelio y destacan los principios, alcances y movimientos del reino mesiánico (Mt. 5—7; 13; 24—25). A los judíos cristianos (que en la iglesia primitiva se contaban por millares; Hch. 2.41, 47; 4.4; 5.14,28; 6.1,7) se les da una explicación autorizada de que la fe en Jesús no implicaba repudio del AT, sino que era la meta hacia la cual señalaba la revelación del AT. Desde luego, el neófito gentil confrontaba estos mismos problemas proporcionalmente a su conocimiento del AT. Por tanto, el Evangelio de Mateo ocupa lugar tan prominente en el pensamiento cristiano, que justifica plenamente su lugar como primer Evangelio del NT.

BOSQUEJO

COMENTARIO

1. Nacimiento y niñez de Jesucristo. 1:1—2:23.

A. Genealogía de Cristo. 1:1-17. La línea genealógica desde Abraham hasta Jesús, a través de los reyes de la dinastía davídica, tiene por claro propósito presentar el derecho de Jesús al trono de David. Si bien dicho trono había estado vacante desde hacía casi seis siglos, nadie podría esperar que los judíos lo tomaran en serio como Mesías a menos que demostrara su ascendencia real. (Lc. 3:23-38 presenta otra genealogía —la de María, al parecer— para mostrar la verdadera ascendencia sanguínea de Jesús, también de la familia de David).

1. Libro de la generación. Expresión hebraica que se interpreta ya sea como epígrafe de todo el Evangelio de Mateo, de los dos primeros capítulos, o de los primeros diecisiete versículos. Una expresión similar en Gn. 5:1 es lo suficiente amplia para abarcar tanto la genealogía como la narración que se intercala (Gn. 5:1—6:8). **Jesús** es el nombre histórico; **Cristo** (equivalente al heb. **Mesías,** "ungido"), es el título de su oficio. No solían usarse juntos ambos como nombre propio sino hasta después de la Ascensión. **Hijo de David** e **hijo de Abraham** conectan a Jesús con las promesas mesiánicas (Gn. 12:3; 13:15; 22:18; 2 S. 7:12,13; 22:51).

2. Se inicia la lista con **Abraham,** padre de la raza para la cual escribía en particular Mateo, y el primero que recibió la promesa mesiánica. **Judá y sus hermanos.** Aunque la línea genealógica provenía de Judá (Gn. 49.10), todos los patriarcas eran herederos de la promesa mesiánica.

3-6. Tamar. (v. Gn. 38). No se acostumbraba incluir mujeres en las genealogías judaicas. Sin embargo, aquí se incluye a cuatro mujeres (si bien en cada caso la descendencia era por la línea masculina). Dos fueron gentiles (Rahab y Rut); tres tenían tachas morales (Tamar, Rahab y Betsabé). ¿No es esto una prueba más de la gracia de Dios en su plan de salvación? La reiteración del título **rey David** da énfasis al carácter real de esta genealogía.

7-11. Los reyes aquí mencionados también aparecen en 1 Cr. 3:10-16. Después de **Joram** omite Mateo a Ocozías, Joás y Amasías; y después de **Josías** omite a Joaquín. Las omisiones obedecen sin duda a su arbitrario acortamiento de la lista para dar tres grupos de catorce, quizá como recurso mnemotécnico. Las expresiones **hijo** y **engendró** indican ascendencia directa pero no necesariamente inmediata. A **Jeconías,** hijo de Joaquín y nieto de Josías, lo tenían los judíos del exilio como su último rey legítimo;

Ezequiel da el reinado de Joaquín como indicación cronológica de sus profecías, no obstante que Sedequías, tío de éste, lo había sustituído en el trono.

12-16. Salatiel se menciona como hijo de Jeconías (cf. 1 Cr. 3:17). No contradice esto a Jer. 22:28-30, ya que la falta de descendencia que allí se predice toca sólo a hijos que reinaran. (La mención de Salatiel como hijo de Neri en Lc. 3:27 se entiende mejor como referente a personas diferentes, como resultado de la ley del levirato, (Dt. 25:5). A partir de este punto, los nombres que no aparecen en el AT han de haberse tomado del registro genealógico de la familia de José. Era natural que los descendientes de una familia real conservaran tal registro. No se dice que **José** haya "engendrado" a Jesús, lo cual contrasta con las expresiones anteriores, indicando claramente el nacimiento virginal, que más adelante explica Mateo. La forma femenina del pronombre **la cual** también excluye a José de participación en cuanto al nacimiento de Jesús. Esta genealogía lo constituye jurídicamente en padre de Cristo por cuanto era el marido de María, pero nada más. La forma notable en que lo expresa la versión siríaca sinaítica: "José, con quien se desposó la virgen María, engendró a Jesús," no puede ser correcta, y si su propósito fuese negar el nacimiento virginal, estaría en contradicción consigo misma en los versículos subsiguientes.

17. Catorce generaciones. Esta triple agrupación, construida arbitrariamente (como lo indican las omisiones), ha de haberse hecho con fines de conveniencia práctica. Abarca los tres períodos de la historia nacional: teocracia, monarquía y jerarquía. El elenco de Mateo ofrece el problema de que sólo registra cuarenta y un nombres. Lo resuelven algunos contando dos veces a David, como fin del primer grupo y encabezamiento del segundo (el propio Mateo, en el v. 17, parece hacerlo así). Otros cuentan la deportación como si fuese parte de la lista. El problema es en sí de poca monta.

B. Nacimiento de Cristo. 1:18-25. Se relatan las circunstancias del nacimiento desde el punto de vista de José y de él han debido obtenerse algunos de los detalles (p. ej., vv. 19-20). Si murió antes de que Jesús iniciara su ministerio, (como algunos infieren del silencio que sobre él se guarda), Mateo pudo haber obtenido su información de los hermanos de Jesús.

18. Desposada. Entre los judíos, en el desposorio se pronunciaban votos de matrimonio, y para romper el compromiso se requería el divorcio. La costumbre establecía un intervalo, por lo común de un año, antes que la esposa se estableciera en el hogar del marido y se consumara la unión física. Fue durante este intervalo que se halló que María **había concebido**, hecho normalmente penado de muerte (Dt. 22:23,24). Según parece, María no aclaró su situación ante José, sino que prefirió dejar ese delicado problema en las manos de Dios. Difícilmente podía esperar que José aceptara su historia sin alguna forma de autenticación divina.

19. Infamarla. En vez de acusarla públicamente por fornicación, con la posible demanda del castigo extremo, resolvió José atenerse a las benignas leyes de divorcio, y extenderle a María carta privada de divorcio, con la acusación en forma velada. **Dejarla** significa divorciarse, no simplemente romper el compromiso. ¡Cómo la amaba!

20. Hijo de David. El ángel (¿Gabriel? Lc. 1:26) le asigna título principesco. No obstante su pobreza, José era heredero del trono vacante de David. La mención del **Espíritu Santo** como agente de la concepción en María evidencia la personalidad de este Ser Divino, y lo familiarizado que estaba el judío común con su existencia sin requerir más explicaciones.

21. Jesús se deriva del hebreo y significa *Jehová salva*; señala el propósito de su venida. **Su pueblo** relaciona a Jesús con las promesas mesiánicas hechas a Israel, si bien la cruz haría extensivo a los gentiles este perdón de los **pecados.**

22,23. Se declara que la concepción milagrosa es cumplimiento de Is. 7.14. No se sugiere ni se debate que haya habido algún cumplimiento anterior en días de Isaías. Quizá haya sido el ángel el que pronunció estas palabras, corroborando así la fe de José. **Emanuel** no se da como nombre propio de Jesús, sino que describe su persona como el Hijo de Dios.

24,25. José pone fin al período del desposorio llevando a María a vivir en su hogar, de manera que cuando Jesús naciera fuese su hijo legítimo y heredero del trono. Sin embargo, **no la conoció** sexualmente antes que diera a luz. Las palabras **hasta** y **primogénito** no indican necesariamente lo que luego ocurrió. No obstante, sería natural inferir que se estableció la relación conyugal normal, a menos que uno se empeñe en sostener la perpetua virginidad de María. Mateo no muestra trazas de tal tendencia.

C. Visita de los magos. 2.1-12. El hecho de que sólo Mateo narre este incidente contrasta la actitud de estos sabios gentiles que emprendieron un largo viaje para ver a Jesús con la de los dignatarios judíos que no se molestaron en recorrer ocho kilómetros.

1. Belén de Judea era llamada también Efrata (Gn. 35.16, 19). Hay que leer Lc. 2.1-7 para comprender cómo fue que el alumbramiento ocurrió en Belén y no en Nazaret. **El rey Herodes,** conocido como Herodes el Grande, era hijo del idumeo Antípater; los romanos lo hicieron rey en 43 a.deC. Murió en 4 a. de C. (nuestros calendarios están equivocados en cuatro años por lo menos), lo cual nos da la fecha más tardía posible para el nacimiento de Cristo. **Magos.** Originalmente denotaba la casta sacerdotal entre los persas y babilonios (cf. Dn. 2.2,48; 4.6,7; 5.7). Posteriormente los griegos aplicaron el nombre a todo hechicero o charlatán (Hch. 8.9; 13.8). Mateo emplea el vocablo en su mejor acepción para designar a honorables representantes de alguna religión oriental. Cabe pensar que estos hombres hubiesen entablado relaciones con exilados judíos o conociesen las profecías y la influencia de Daniel, y estuviesen así informados de las profecías del AT relativas al Mesías.

2. Su estrella. Ningún intento de presentar esta estrella como un fenómeno natural ha logrado explicar cómo guió a los magos de Jerusalén a Belén y luego se detuvo sobre la casa. Fue, más bien, una manifestación divina; primero cuando apareció para anunciar el nacimiento de Cristo, y luego cuando reapareció sobre Jerusalén para guiar a los magos. Ya que consta una revelación directa a los magos (v. 12), nada hay improbable en suponer que al comienzo haya habido una revelación directa que les comunicara el significado de la estrella.

3-6. Cuando llegó a oídos de Herodes que los magos inquirían en Jerusalén respecto al Rey de los judíos, consultó a **los principales sacerdotes y a los escribas,** dos de los grupos que integraban el Sanhedrín. Ellos le mostraron Mi. 5.2, que claramente menciona a Belén como cuna del Mesías.

7,8. Simulando interés sincero, Herodes convocó a los magos y les solicitó datos exactos sobre la aparición de la estrella (según parece, aún no era visible en Jerusalén). El móvil verdadero era determinar la fecha del nacimiento de Jesús, para encontrarlo y destruirlo con mayor facilidad.

9,10. La estrella que habían visto en el oriente reapareció para guiarlos de Jerusalén a Belén.

11. La casa (no el pesebre) en que los magos hallaron al niño Jesús es indicio de que hubo un intervalo considerable, quizá de meses (cf. v. 16), entre el nacimiento y esta visita. Los tres **presentes** han dado origen a la tradición de que fueron tres "reyes magos", y hasta se ha llegado a nombrarlos: Gaspar, Melchor y Baltasar. Pero la tradición no es necesariamente veraz. Consideraban los antiguos comentaristas que el oro, el incienso y la mirra indicaban el reconocimiento de Jesús como Rey, Hijo de Dios y víctima destinada al sacrificio, respectivamente.

12. Avisados por revelación. Una especial revelación del cielo guió a los magos a esquivar a Herodes al regresar.

D. Huída a Egipto y matanza de los inocentes. 2.13-18. Nuevamente debemos a Mateo el único relato de estos incidentes. Ambos se relacionan con pasajes del AT. Tal correlación entre pasajes del AT y del NT es típica de este Evangelio.

13,14. Por segunda vez recibe José instrucción angélica (cf. 1.20), y se va con Jesús y María a **Egipto.** Parece haber emprendido el presuroso viaje la misma noche que se fueron los magos. En Egipto, donde la colonia judía era numerosa, la familia sería bien recibida sin que llamara mucho la atención. El apócrifo Evangelio de la Infancia narra fantásticos milagros de esta época (cap. IV).

15. La muerte de Herodes, tras una enfermedad asquerosa, se narra detalladamente en las *Antigüedades* de Josefo (XVII 6.5). **Para que se cumpliese** liga el incidente con Os. 11.1, pasaje que se refiere históricamente a la liberación de los israelitas del cautiverio egipcio. Israel en esa profecía es para Mateo símbolo de Jesucristo, el **hijo** de Dios en sentido único.

16. Mandó matar a todos los niños. No es de sorprenderse que falte en otras historias constancia de este crimen de Herodes (qué, dada la pequeñez de Belén, sólo abarcó unas pocas docenas de infantes) si se consideran los frecuentes desmanes del rey. Asesinó a su esposa y a tres de sus hijos. Josefo lo describe como "hombre bárbaro en extremo para con todos." (*Ant.* XVII 8.1). **Menores de dos años,** demuestra que no quería Herodes correr riesgo de que quedara excluída su víctima. No es forzoso que Jesús hubiera cumplido los dos años.

17-18. Raquel que llora a sus hijos. Cita de Jer. 31.15, que describe los lamentos de Israel en el exilio. Aquella calamidad, provocada por el pecado de Israel, eventualmente llevó a Herodes al trono, e indirectamente produjo esta atrocidad. Mateo enfoca ambas calamidades como partes de un mismo cuadro.

E. Residencia en Nazaret. 2.19-23. Los datos de Mateo harían suponer que Belén fue la residencia original. Lucas muestra que Nazaret había sido el domicilio anterior. Aparentemente José pensaba radicarse en Belén, hasta que Dios alteró sus planes.

19-22. Han muerto. Se refiere a Herodes, y la expresión nos recuerda Ex. 4.19. **Arquelao,** hijo de Herodes el Grande y su mujer samaritana, Maltace, era tan desal-

mado como su padre. Por tanto, José hubo de ser **avisado por revelación** respecto a lo que debía hacer.

23. Nazaret parece haber sido elegida por el propio José, de acuerdo con la divina providencia. Difícil es saber por qué considera Mateo que con ello cumplía la profecía. **Por los profetas.** Expresión que nos veda buscar un pasaje único del AT y hace de valor dudoso un juego de palabras basado en *neser,* "vástago", en Is. 11.1, aunque tal sea la opinión más común. Más probable parece que Mateo considerara a la insignificante Nazaret como un lugar nada adecuado para residencia del Mesías (Jn. 1.46), lo cual cumplía todas las profecías del AT que señalaban que el Mesías habría de ser despreciado (p. ej., Is. 53.3; Sal. 22.6; Dn. 9.26).

II. Comienzos del ministerio de Jesucristo. 3.1-4.11.

A. El precursor de Cristo. 3.1-12. Los cuatro Evangelios describen el ministerio preparatorio de Juan, y Lucas narra pormenorizadamente su notable nacimiento (Lc. 1.5-25, 57-80).

1. En aquellos días se refiere al versículo anterior, que trata de la residencia de Jesús en Nazaret. Lc. 3.1-2 suministra datos precisos. **Juan el Bautista,** así llamado aun por Josefo (*Ant.* XVIII 5.2), predicaba cerca del Jordán, en la parte norte del **desierto de Judea,** yermo que se extiende a lo largo de la costa occidental del Mar Muerto.

2. Arrepentirse significa "cambiar de modo de pensar", pero implica más que el simple cambio de opinión. Como vocablo religioso en la Biblia, implica un total cambio de actitud respecto al pecado y a Dios, acompañado de pesar y del consiguiente cambio de conducta. **El reino de los cielos se ha acercado:** tal la razón de Juan para llamar a los hombres al arrepentimiento. Este título, que distingue a Mateo, se basa en Dn. 2.44; 7.13,14,27. Se refiere al reino mesiánico prometido en el AT, del cual estaba a punto de presentarse Jesús como Rey. ("Reino de Dios" es una expresión de significado a menudo más amplio, pero en los Evangelios suelen emplearse ambas expresiones como sinónimos. Este mesiánico **reino de los cielos,** aunque prometido como reino terrenal, estaría, no obstante, basado en principios espirituales, y requeriría una correcta relación con Dios como condición de ingreso; de allí el llamado al **arrepentimiento.**

3-4. Este es aquel de quien habló el profeta Isaías (Is. 40.3-5), relaciona definidamente con Juan la profecía, relación que se destaca en todos los evangelios (Mr. 1.2,3; Lc. 3.4-6; Jn. 1.23). **Pelo de camello** y **cinto de cuero,** vestidura quizá intencionalmente similar a la de Elías (2 R. 1.8; Lc. 1.17; Mt. 17.10-13), y corriente en los profetas (Zac. 13.4). **Langostas:** Alimento lícito y nada insólito (Lv. 11.22).

5-6. La predicación de Juan estaba a tono con la expectación que reinaba en muchos corazones, y provocaba general entusiasmo entre sus oyentes, según indica el adjetivo **toda.** Conforme acudían, **eran bautizados** en señal de que aceptaban su mensaje. Los judíos practicaban el bautismo al admitir prosélitos, y con fines curativos y de purificación ceremonial. No inventó Juan la forma del rito, pero le dio un nuevo significado. Hasta la comunidad de Qumran observaba un bautismo ritual, aunque desde luego por razones muy diversas de las de Juan (W. S. LaSor, **Amazing Dead Sea Scrolls,** pp. 205, 206).

7-10. Fariseos. Miembros de un prominente partido religioso. Pretendían ser los guardianes de la ley mosaica y observaban rígidamente las tradiciones de los padres. Cristo los estigmatizó como hipócritas (Lc. 11.44; 12.1). **Saduceos.** Partido de los racionalistas religiosos, que negaban la vida eterna. Ejercían gran influencia política; contaban con la aristocracia sacerdotal. Juan percibió que acudían por simple exhibicionismo, sin cambio alguno de corazón, y los comparó con **víboras** tratando de **huir** de la quema. El contar con **Abraham** como padre de la nación no los libraría del juicio divino. No estaba Dios individualmente obligado con ellos a cumplir su promesa. **De estas piedras.** Alude quizá a Is. 51.1,2; más probablemente, a los guijarros que tenía bajo sus pies, capaces de responder al toque creador de Dios como el polvo del cual formó Dios a Adán. Mediante la dramática figura del **hacha . . . puesta a la raíz de los árboles,** Juan señala a sus oyentes que se les escapa el tiempo. El leñador está a punto de aparecer.

11-12. Al bautismo de Juan, mediante el cual se daba público testimonio de arrepentimiento, habría de seguir el del Mesías, acompañado de **Espíritu Santo y fuego.** Algunos remiten ambos términos a Pentecostés; otros, al Juicio. A la luz del v. 12 parece evidente que el bautismo del Espíritu Santo se refiere a la salvación de los creyentes (**su trigo**), por Cristo, y que el fuego describe el juicio de los impíos (**quemará la paja en fuego**). Cf. Mal. 4.1 (capítulo que en el NT se aplica a Juan; v. Lc. 1.17). De modo que Juan contempla la obra del Mesías desde el punto de vista usual del AT, sin tomar en cuenta el intervalo entre la primera y la segunda venidas, intervalo que quizá no conocía. **Aventador:** pala de madera para lanzar el grano al aire después de trillarlo, para que el viento se lleve la paja

menuda, mientras el grano limpio se deposita en un montón.

B. Bautismo de Cristo. 3.12-17. La venida de Jesús para que Juan lo bautizara se presenta en sereno contraste con la hipócrita venida de los fariseos y saduceos (v. 7). Los tres sinópticos registran este bautismo, y Juan incluye el testimonio posterior del Bautista respecto a ese hecho (Jn. 1.29-34).

13,14. Juan se le oponía. El verbo griego acentúa la continuada resistencia. A la luz de Jn. 1.31-33 es de preguntarse cómo reconoció Juan la superioridad de Jesús para hablar así. Pero no hemos de inferir que estos dos parientes fuesen del todo extraños entre sí, sino que Juan no lo conocía aún como el Mesías prometido, hasta que vio descender sobre él la señal del Espíritu (Jn. 1.33).

15. Así conviene. Aun cuando pronto habría de cambiar la relativa importancia entre Juan y Jesús, por **ahora** era lo que convenía. Naturalmente, de ningún pecado personal se estaba arrepintiendo Jesús. Pero como sustituto que había de proveer **justicia** para la humanidad pecadora, se identifica en esta ocasión con aquellos a quienes vino a redimir, y de este modo inicia su ministerio público. Mientras anduvo en el mundo, siempre cumplió Jesús los deberes religiosos del judío piadoso, tales como la adoración en la sinagoga, la observancia de las fiestas solemnes y el pago del tributo al templo.

16,17. El **Espíritu de Dios** al descender cumplió la señal que a Juan se le había predicho como prueba de que Jesús era el Mesías (Jn. 1.33; cf. Is. 11.2; 42.1; 59.21; 61.1). Así como el Espíritu descendía sobre los profetas del AT al iniciar su ministerio, descendió ahora ilimitadamente sobre Jesús. Desde luego, esto se refiere a Jesús en cuanto a su naturaleza humana. **Paloma.** Antiguo símbolo de pureza, inocencia y mansedumbre (v. Mt. 10.16). La **voz de los cielos** se hizo oír en tres ocasiones decisivas en el ministerio de Cristo: en su bautismo, en la transfiguración (17.5) y poco antes de la crucifixión (Jn. 12.28).

C. Tentación de Cristo. 4.1-11. El sentido más obvio de este pasaje y de sus paralelos es el de un acontecimiento histórico que efectivamente se realizó. Las opiniones que lo niegan no aminoran las dificultades de interpretación. Las diversas pruebas se enderezaron contra la naturaleza humana de Jesús, y en ese terreno las resistió. No obstante, la perfecta unión en su persona de las naturalezas divina y humana hacían indubitable el resultado, ya que Dios no puede pecar jamás. Pero esto en ningún modo disminuye la ferocidad del ataque.

1-2. Llevado por el Espíritu. Indica la sumisión (voluntaria) de Cristo al Espíritu durante su ministerio terrenal. **Para ser tentado.** Tentar significa *someter a prueba;* a veces, como en este caso, *inducir al mal.* El Espíritu guiaba a Jesús a fin de dar lugar a esta prueba. **El diablo.** El nombre significa *calumniador,* y señala una de las características de Satanás, el gran adversario de Dios y del pueblo de Dios. **Cuarenta días y cuarenta noches.** Las tres pruebas que aquí se registran vinieron después de este período; pero otras tentaciones habían ocurrido durante el mismo (Lc. 4.2).

3,4. Si eres Hijo de Dios, no implica que Satanás lo dude, sino más bien que en ese hecho funda su insinuación. Es evidente lo sutil de la prueba, ya que ni el pan ni el hambre constituyen en sí pecado. **No sólo de pan vivirá el hombre** (Dt. 8:3) fue la bíblica respuesta de Cristo. Aun a Israel en su peregrinación se le hizo entender que la fuente del pan (Dios), era más importante que el pan mismo. Jesús se negó a efectuar un milagro para ahorrarse sufrimiento personal, ya que tal sufrimiento era parte de la voluntad de Dios para con él.

5-7. Ocurre la segunda tentación en **el pináculo del templo** (o en una de sus *alas*) en Jerusalén; quizá en el pórtico que se alzaba sobre el valle del Cedrón. Satanás citó las Escrituras (Sal. 91:11-12) para forzar a Cristo a demostrar su afirmación de que confiaba en toda palabra que sale de la boca de Dios. **Escrito está también:** indica que las Escrituras en conjunto son la guía para la conducta y el fundamento de la fe. **No tentarás al Señor tu Dios.** (Dt. 6:16; Ex. 17:1-7). El acto presuntuoso de someter a Dios a prueba no es fe sino duda, según lo demuestra la experiencia de Israel.

8-11. El **monte muy alto** es literal, pero se desconoce su ubicación. Mediante un acto sobrenatural, Satanás mostró a Cristo **todos los reinos del mundo. Te daré,** indica que Satanás tenía algo que conceder; de otro modo, la prueba habría carecido de validez. Como dios de este siglo (2 Co.4:4) y príncipe de la potestad del aire aunque sea como usurpador y limitadamente. Ofreció a Jesús este dominio a cambio de su adoración, con lo cual ofrecía lo que a su tiempo, y en forma mucho más gloriosa, será de Cristo (Ap. 11:15). Es significativa la unión de **adorarás** y **servirás** en la respuesta de Jesús (tomada de Dt. 6:13), pues un acto involucra el otro. De haberse **postrado** ante Satanás, Jesús habría reconocido el señorío del diablo. Tal proposición mereció la represión directa de Cristo. La afirmación de Mateo, de que el diablo **entonces le dejó** indica que las tentaciones se han presentado en su orden cronológico (contrastar con Lc. 4:1-13). Jesús rechazó los embates más violentos de Sa-

tanás no mediante un rayo celestial, sino con la Palabra de Dios empleada con sabiduría del Espíritu Santo, que está a disposición de todo cristiano.

III. El ministerio de Jesucristo. 4:12— 25:46.

El análisis que Mateo hace del ministerio de Cristo se basa en cuatro áreas geográficas perfectamente delimitadas: Galilea (4:12), Perea (19:1), Judea (20:17) y Jerusalén (21:1). Como los otros sinópticos, omite el primer ministerio en Judea, que cronológicamente encaja entre 4:11 y 4:12 (cf. Jn. 1-4). Tal vez comienza Mateo por Capernaum, en Galilea, por haber nacido allí su propia asociación con Cristo (9:9).

A. En Galilea. 4:12—18:35.

1) Residencia en Capernaum. 4:12-17. **12. Cuando Jesús oyó.** El encarcelamiento de Juan, con su consiguiente publicidad, hizo necesario que Cristo se alejara, por el bien de su obra. **13. Dejando a Nazaret.** Lc. 4:16-31 indica que el motivo de su retiro a Capernaum fue el intento de asesinarlo después de un servicio en la sinagoga. Capernaum fue el domicilio de Jesús durante el resto de su ministerio.

14-16. Para que se cumpliese se refiere a Is. 9:1-2, cuyos términos geográficos cita sin mucha exactitud. **Al otro lado del Jordán** es una frase un tanto oscura, pero cuya interpretación más probable es aplicarla a Perea, que junto con Galilea constituía el área fronteriza de Israel. Esta región, más expuesta a influencias extranjeras que Judea, tenía una población mixta y de nivel espiritual por lo general degradados. El advenimiento de la **luz** de Cristo a región de tales **tinieblas** espirituales había sido predicho por el profeta, y ahora se cumplía su predicción.

17. Arrepentíos. El mismo mensaje que había predicado Juan el Bautista en Judea (3:2), ahora lo proclamaba Jesús en Galilea.

2) Jesús llama a cuatro discípulos. 4:18-22. Anteriormente Jesús se había encontrado con algunos de estos hombres, si no con todos, en Judea, mientras Juan predicaba (Jn. 1:35-42). Ahora en Galilea se renueva y consolida su amistad (cf. Mr. 1:16-20; Lc. 5:1-11).

18-20. Mar de Galilea. Lago en el valle del Jordán, a 208 m. bajo el nivel del mar, que mide 21 Km. por 11; rico en peces y propenso a súbitas tempestades. **Simón** estaba echando las redes con ayuda de su hermano **Andrés,** que unos meses antes le había presentado a Jesús (Jn. 1:40-41). La invitación, **Venid en pos de mí,** llamaba a estos creyentes a ser constantes compañeros de Jesús. Los planes de Cristo contemplaban capacitarlos para rescatar a los perdidos. **Al instante.** La inmediata respuesta refleja la honda impresión de su anterior encuentro.

21-22. Jacobo y **Juan,** otro par de hermanos, eran socios de Simón y Andrés (Lc. 5:10). **Remendaban sus redes.** Mateo y Marcos concuerdan en este hecho, pero Lucas parece disentir. En vez de suponer dos incidentes, más razonable parece armonizar en alguna forma los relatos, como lo hace S.J. Andrews (*The life of Our Lord upon the Earth,* pp. 247,248). Es muy probable que en ocasión del primer encuentro los hombres estuviesen dedicados a echar las redes y remendarlas. Usando el barco de Simón, nuestro Señor produjo la pesca milagrosa y llamó a Simón y Andrés para que le siguieran. A su regreso a la playa Jacobo y Juan se pusieron a reparar la red, y en eso estaban cuando también a ellos les hizo Jesús el llamado.

3) Resumen general del ministerio en Galilea. 4.23-25. Estos versículos resumen los acontecimientos que en los siguientes capítulos se desenvuelven. El ministerio de Cristo en esta época abarcaba el **enseñar** (*didaskon*), **predicar** (*kerusson*) y **sanar** (*therapeuon*).

23-24. Sinagogas. Casas para la adoración e instrucción religiosas. Lc. 4.16-30 describe una de las veces que Jesús predicó en la sinagoga. **El evangelio del reino** era la buena nueva que Jesús traía, de que había llegado el rey mesiánico para establecer el reino prometido. Juntamente con el anuncio anduvo **sanando,** algo que había sido predicho del reino y que constituía, por tanto, credencial real Is. 35.4-6; Mt. 11.2-6). **Siria.** Trátase aquí de la región norteña. **Endemoniados.** Distingue aquí claramente la Escritura entre la posesión demoníaca y las enfermedades físicas comunes.

25. Además de los que acudían en busca de salud, desde todos los rumbos venían otros sin ese móvil. **Decápolis.** Federación de diez ciudades griegas independientes protegidas por Siria, al este de Galilea. **Del otro lado del Jordán.** Era la región llamada Perea, hacia el este. De esta manera toda Palestina y las regiones adyacentes recibieron el influjo de su ministerio.

4) El Sermón del Monte. 5.1—7.29. Es el mismo discurso que registra Lc. 6.20-49, ya que es posible armonizar o explicar las diferencias, y la similitud del comienzo, el final y el tema hacen muy plausible la identificación. Es más, ambas versiones registran la curación del siervo del centurión como el siguiente acontecimiento. La objeción de que Mateo coloca este discurso antes que Jesús lo llamará a él (9:9; cf. Lc. 5:27 ss.) es explicable vista su falta de estricto orden cronológico en otras partes. Ya que Mateo venía describiendo la actividad de Cristo en la proclamación del advenimiento del Reino (4.17,23), era natural que incluyera una amplia exposición del tema por el propio Jesús. Síguese que el Sermón del Monte no es primordialmente una declaración de principios para la iglesia cristiana (no revelada aún), ni un mensaje evangelístico para los no convertidos, sino un bosquejo de los principios que habrían de caracterizar el reino mesiánico que Cristo anunciaba. Posteriormente Israel, al rechazar a su Rey, demoró el advenimiento de su reino, pero aún en el presente los cristianos, que se han hecho súbditos del Rey y a quienes es dado saborear espiritualmente por anticipado algunas de las glorias de ese reino (Col. 1.13), logran contemplar el ideal divino en este sublime discurso, y aceptan sus altas normas.

1. La multitud. Se refiere a la "mucha gente" del versículo anterior, e indica que este discurso se pronunció cuando el ministerio en Galilea estaba en todo su apogeo. Prueba adicional es el alto nivel de la instrucción que imparte. **El monte.** No se menciona su nombre; parece que estaba cerca de Capernaum, y que Jesús halló un lugar llano en donde predicar (Lc. 6.17). **Sus discípulos.** Lucas deja ver que los Doce acababan de ser electos (Lc. 6.12-16), y a ellos principalmente se dirige el sermón (cf. Lc. 6.20). No obstante, la multitud escuchó una parte (Mt. 7.28; Lc. 6.17).

a) Rasgos de los ciudadanos del reino. 5.3-12.

3. Bienaventurados. *Dichosos.* Connota la condición interna del creyente. Cuando describe al que anda en la voluntad de Dios, equivale virtualmente a "salvo". El primer Salmo presenta la imagen que del AT: el bienaventurado refleja en sus actos su naturaleza. Las bienaventuranzas no son tampoco primordialmente promesas para el individuo sino una descripción del mismo. No le indican al hombre el camino de la salvación, sino señalan las características que manifiesta el que ha nacido de nuevo. **Pobres en espíritu.** Son lo contrario de los de espíritu altivo. Los que han reconocido su pobreza espiritual y han dejado que Cristo colme su necesidad se han hecho herederos al **reino de los cielos.**

4-5. Lloran (cf. Is. 61.3). La angustia por el pecado distingue al bienaventurado. Pero el genuino arrepentimiento trae alivio al creyente. Ya que Cristo llevó los pecados de todos, el consuelo del pleno perdón está a la mano (1 Jn. 1:9). **Mansos.** Sólo Mateo los menciona. Alusión obvia a Sal. 37.11. La fuente de esa mansedumbre es Cristo (Mt.

11.28-29), que la imparte al hombre que somete su propia voluntad a la de él. **La tierra por heredad.** El reino mesiánico terrenal.

6-9. Hambre y sed de justicia. Intenso anhelo de rectitud personal. Tal anhelo evidencia descontento respecto a su actual condición espiritual (contrastar con el fariseo, Lc. 18.9 ss). **Misericordiosos** (cf. Sal. 18.25). Los que manifiestan la piedad mediante actos pueden esperar similar misericordia de Dios y de los hombres. **De limpio corazón.** Aquellos cuyo ser moral está incontaminado de pecado, y sin duplicidad de intereses o lealtades. A ellos, como poseedores de la limpia naturaleza de Dios, pertenece la límpida visión de Dios, cuya culminación vendrá cuando Cristo regrese (1 Co. 13.12; 1 Jn. 3.2). **Pacificadores.** Así como Dios es "Dios de Paz" (He. 13.20) y Cristo "Príncipe de Paz" (Is. 9.6), en el Reino se les reconocerá a los pacificadores como partícipes de la naturaleza de Dios y se les honrará como tales.

10-12. Persecución por causa de la justicia. Cuando el reino mesiánico se establezca, tales injusticias se corregirán. Y aun en el seno de aquel reino la presencia de hombres de naturaleza pecaminosa hará posible el mal, si bien éste recibirá inmediato juicio. **Los profetas.** Los videntes del AT que predijeron el reino y proclamaron la justicia del mismo tropezaron con igual oposición (Jeremías, Jer. 20.2; Zacarías, 2 Cr. 24.21).

b) Misión de los ciudadanos del Reino 5.13-16. **Sal.** Común preservante para alimentos; suele aplicarse simbólicamente. Los creyentes actúan como freno frente a la corrupción del mundo. Suelen los impíos abstenerse de actos perversos por la presión moral que dimana de la influencia cristiana. **Si la sal perdiere su sabor** (VL). Se discute si químicamente es posible tal cosa. Afirma Thomson que la sal impura de Palestina puede volverse insípida (*The Land and the Book*, p. 381). Pero la ilustración de Cristo puede ser hipotética, para mostrar lo anómalo que sería un creyente inútil. **Sois la luz.** Positivamente iluminan los creyentes al mundo, ya que poseen a Cristo que es la Luz (Jn. 8.12). La luz de Cristo debe brillar en público, como las blancas casas de piedra que se apiñan en las **ciudades** de Palestina. Pero también en nuestras relaciones individuales, privadas **(luz, candelero, casa)**, debe brillar esa luz.

c) Las normas del Reino cotejadas con la ley mosaica. 5.17-48.

17-20. No para abrogar. A la acusación de que menosprecia el AT responde Cristo que no pretende en forma alguna anular o abrogar la ley. **Sino para cumplir.** Cristo cumplió el AT con su perfecta obediencia a la ley, al cumplir sus tipos y profecías, y al llevar todo el peso de la pena impuesta por la ley al pecador como sustituto de éste. (Como consecuencia, mediante la justificación se le imputa al creyente la justicia de Cristo: Ro. 3.20-26; 10.4). **De cierto os digo.** Es la primera vez que Jesús se vale de esta impresionante fórmula, como introducción de una importantísima declaración. **Hasta que pasen el cielo y la tierra.** Aun cuando algunos lo interpretan como una forma idiomática de decir *nunca*, probablemente una referencia escatológica (Mt. 24:35; Ap. 21:1). **Jota.** La letra más pequeña del alfabeto hebreo (*yodh*). **Tilde.** Prolongación diminuta de algunas letras hebreas. Quienes en principio no se oponen a la ley de Dios pero dejan sin cumplir sus estipulaciones de menor importancia no serán excluidos del reino, mas tendrán una menor recompensa **en el reino.** **Vuestra justicia.** A diferencia de la justicia de **escribas** y **fariseos,** que consistía en la observancia externa y no espiritual del código mosaico, por más que lo guardaran con todo escrúpulo. La justicia del creyente se funda en la imputación de la justicia de Cristo, que obtiene por fe (Ro. 3.21,22) y que lo capacita para vivir sanamente (Ro. 8.2-5). Sólo teniendo esa justicia se puede **entrar en el reino** que Cristo proclamó.

21-26. Primer ejemplo: el homicidio. Muestra Jesús que su cumplimiento de la ley iba mucho más allá de la simple observancia externa. **Cualquiera que matare,** es una ampliación tradicional de Ex. 20.13, pero aun así se trata sólo del acto del homicidio. **De juicio.** El tribunal civil judaico, basado en Dt. 16:18 (v. Ant. IV 8:14). **Que se enoje.** Los mejores manuscritos omiten "sin causa", si bien Ef. 4:26 indica que bien cabe inferir alguna restricción. **Necio** (raca). Probablemente "cabeza hueca", de una palabra aramea que significa "vacío". **Fatuo.** Ya que hay una gradación de epítetos cada vez más severos, Bruce considera el término **necio** (raca) como relativo a lo intelectual y **fatuo,** como estigma moral (ExpGT, I, 107). **Infierno de fuego** (Gehenna), referencia literal al valle de Hinom en las afueras de Jerusalén, donde se incineraban basuras, desperdicios y cadáveres; es, pues, una metáfora gráfica del tormento eterno. (Su horripilante historia puede verse en Jer. 7.31,32; 2 Cr. 28.3; 33.6; 2 R. 23.10). Cristo localiza la raíz del homicidio en el corazón del hombre iracundo, y promete que en su reino se hará veloz juicio antes que el homicidio se produzca. **Delante del altar.** Indicio del tono judaico del discurso. **Tiene algo contra ti,** es decir, si has hecho algo contra tu hermano. **Reconcíliate primero** obliga al que pretende rendir culto a arreglarse previamente con el ofendido para que su ofrenda sea aceptable (cf. Sal. 66.18).

Adversario. La contraparte en juicio (cf. Lc. 12:58-59). Ya que el juicio se acerca, los culpables deben apresurarse a arreglar cuentas. **Hasta que pagues.** Probablemente una situación literal en el reino. Pero si **la cárcel** simboliza al infierno, la implícita posibilidad de pago y liberación sólo se aplicaría a la parábola, y no a su interpretación. Claramente establece la Escritura que los que van al infierno permanecen en él para siempre (Mt. 25.41,46), pues su deuda es insaldable.

27-30. Segundo ejemplo: el adulterio. Indica Jesús que el pecado que en Ex. 20.14 se describe implica más que el acto patente. **Cualquiera que mira** caracteriza al hombre cuya mirada carece de un santo freno y cuya lujuria lo arrastra en lo interno tras la mujer. Tan pronto como haya oportunidad se producirá el acto. **Ojo derecho.** A quien le echa al ojo la culpa de su pecado, Jesús le indica lo que lógicamente correspondería hacer. Tal como se amputa un miembro enfermo para salvar una vida, así el **ojo** (o la **mano**) irremediablemente infectado requiere el bisturí. Naturalmente, Jesús quería que sus oyentes comprendieran que la verdadera fuente del pecado no radica en los órganos físicos sino en el **corazón.** Ha de cambiarse el perverso corazón del hombre para que éste pueda evitar la eterna perdición en el **infierno** (Gehenna, v. com. a 5.22).

31,32. Tercer ejemplo: el divorcio. La norma mosaica protegía a la mujer del capricho varonil al exigir la **carta de divorcio** (Dt. 24.1). El divorcio era, no obstante, una concesión al pecado humano (Mt. 19.8). La característica "indecente" que prescribía Moisés se interpretaba de diverso modo: desde el adulterio (Shammai) hasta el desagrado más trivial del marido (Hillel). Según la costumbre judaica, sólo al marido se le otorgaba el divorcio. **Fornicación.** Restringen algunos la expresión al uso judaico, que la atribuía a la infidelidad durante el período del desposorio (cf. el dilema de José, 1.18, 19), y no hallan, por tanto, motivo alguno que justifique el divorcio hoy día. Otros equiparan "fornicación" a "adulterio" en este pasaje, y la dan como única causal de divorcio admitida por Cristo. Desde luego, fuera de esta posible excepción no hay otra causal. **Hace que ella adultere.** Potencialmente, se entiende, ya que ella puede verse forzada a contraer nuevas nupcias. Ya que no es forzoso que así ocurra, Lenski interpreta la difícil voz pasiva así: *acarrea sobre ella el estigma de adúltera (Interpretation of St. Matthew's Gospel,* pp. 230-235), y considera que el pecado es el de suscitar la injusta sospecha contra la inocente.

33-37. Cuarto ejemplo: los juramentos. Se funda en Lv. 19.12 y Dt. 23.21 (cf. Ex. 20.7). **Perjurar.** Jurar en falso, o cometer perjurio. El abuso que los judíos hacían del juramento hizo que Jesús prescribiera: **No juréis en ninguna manera.** Difícil sería hallar excepciones a esta norma (v. Stg. 5.12). El creyente no debe, pues, reforzar con juramentos sus declaraciones. Aun el estado, si se le solicita, por lo común acepta la afirmación en vez del juramento. **Por el cielo.** Los judíos, con su ingenio, clasificaban los juramentos, dando por lícitos los que no mencionaban específicamente el nombre de Dios. Jesús demostró que esa engañosa sutileza era falsa, pues quien jura al cielo, a la tierra o a Jerusalén, implícitamente invoca a Dios; y que hasta el que jura por su propia **cabeza,** implica a Aquel que ejerce dominio sobre ella. **Sea vuestro hablar: sí, sí.** Una solemne afirmación o negación bastan para el creyente. **Lo que es más de esto.** Al añadir juramentos a nuestras declaraciones, o admitimos que no merece confianza lo que comúnmente hablamos, o nos ponemos al nivel del mundo mentiroso, seguidor **"del maligno"** (5.37, VL) Cf. Jn. 8.44.

38-42. Quinto ejemplo: la venganza. **Ojo por ojo.** (Ex. 21.24). Regla judicial que ajustaba el castigo al crimen. Pero no permitía que los hombres se vengaran por mano propia (Lv. 19.18). **No resistáis al que es malo.** Muestra Jesús a los ciudadanos del Reino cómo han de reaccionar ante quien los perjudique. (No habla de la obligación del estado de mantener el orden). Los hijos de Dios han de soportar voluntariamente el ataque físico (v. 39), las pérdidas litigiosas (v. 40), las imposiciones (v. 41), los pedimentos (v. 42 a) y las solicitudes de préstamo (42 b). **Túnica:** vestidura simple, sobre la cual iba la **capa,** que era más cara; a veces se usaba ésta para cubrir el lecho (v. Ex. 22.26,27), por lo cual no era lícito retenerla en prenda durante la noche (Dt. 24.12-13). **Te obligue.** El original es palabra de origen persa, que refleja la costumbre de los correos que tenían autoridad para obligar a las personas a prestar servicio cuando fuera necesario (cf. Simón de Cirene, Mt. 27.32). Esta alta norma de conducta debe hacer que los creyentes se esfuercen en lo posible porque su vida sea consecuente con su profesión cristiana, y anhelen el día en que el justo reinado de Cristo haga realizable este ideal en todos los aspectos de la vida.

43-48. Sexto ejemplo: el amor hacia los enemigos. **Amarás a tu prójimo** (Lv. 19.18, 34) compendia toda la segunda tabla de la ley (cf. Mt. 22.39). **Aborrecerás a tu enemigo.** Esta añadidura extrabíblica pasaba por alto la esencia de la ley del amor; pero ha de haber sido una interpretación popular. El Manual de Disciplina de Qumran contiene la siguiente regla: "... amar a cuantos El ha elegido y odiar a cuantos haya rechazado" (1 QS I. 4). **Amad a vuestros ene-**

migos. El amor (*agapao*) que se prescribe es aquel amor inteligente que comprende la dificultad y se extiende para rescatar de su odio al enemigo. Es amor semejante al acto amoroso de Dios hacia el hombre rebelde (Jn. 3.16), y demuestra, por tanto, que quienes así aman son **hijos** verdaderos de su **Padre. Publicanos.** Recaudadores judíos de los impuestos romanos; eran odiados por sus conciudadanos por sus flagrantes extorsiones y por sus relaciones con el despreciado conquistador. El mandamiento **Sed, pues, vosotros perfectos** ha de circunscribirse, en este contexto, al tema del amor. Así como es de cabal el amor de Dios, que no excluye a grupo alguno, los hijos de Dios han de esforzarse por adquirir madurez a este respecto (cf. Ef. 5:1-2). No puede significar la impecabilidad, ya que Mt. 5:6-7 muestra que los bienaventurados tienen aún hambre de justicia y necesitan misericordia.

d) Actitudes de los ciudadanos del Reino. 6.1—7.12. Contrasta ahora Jesús la vida justa que él espera, con la hipocresía de los fariseos y sus secuaces (5.20). **1-4.** Primer ejemplo, e introducción al tema general: la **justicia.** Se trata de la justicia del hombre en sus actos. **Delante de los hombres.** Si bien se nos encarece hacer que brille nuestra luz (5.16), las buenas acciones no han de tener por fin la exaltación de sí mismo **(para ser visto).** Limosna denota lo que se da por caridad. **Tocar trompeta:** publicar. **Hipócritas.** La palabra griega se aplicaba al actor que representa un papel. **Ya tienen su recompensa.** El uso comercial de esa expresión indicaba pago total, bajo recibo. La justicia exhibicionista tiene en sí misma su paga; Dios no habrá de añadirle nada. Quienes se satisfacen con dar en secreto recibirán la recompensa, no del aplauso humano, sino de manos de su **Padre** celestial. **5-15.** Segundo ejemplo: la oración. **En pie en las sinagogas.** Era lo corriente (Mr. 11.25) en cuanto a forma y lugar, y no se censura. Pero la intención del que afirma que la hora de la oración lo halló en sitio prominente y que se deleita en publicarlo, sí se condena. **Entra en tu aposento.** No se condena la oración en público (Jesús mismo oraba en público, Lc. 10.21,22; Jn. 11.41, 42), sino el exhibicionismo vanidoso. La oración en secreto es el más excelente adiestramiento para orar en público. (En los vv. 4 y 6, omítase "en público"). Las **vanas repeticiones** (es decir, parloteo sin sentido), son característica pagana (o **gentil**) en la oración, así como la ostentación distingue de los **hipócritas.** Tal conducta convierte a la oración en esfuerzo por vencer la indiferencia de Dios, fatigándolo mediante las palabras.

Y sin embargo, no es la simple prolijidad ni la repetición lo que Cristo condena (Jesús oraba la noche entera, Lc. 6.12, y repetía sus peticiones, Mt. 26.44), sino el móvil indigno que las produce.

Inmediatamente presenta Jesús un modelo de oración adecuada, dechado de amplitud y brevedad. Aunque desde luego no era su propósito que se la empleara como recitación supersticiosa (que era precisamente lo que venía censurando, v. 7), y aunque no abarca toda su enseñanza respecto a la oración (cf. Jn. 16.23-24), todo creyente genuino puede elevarlo sinceramente en oración (no rezarlo). Los cristianos desde luego comprenderán, a la luz de revelaciones posteriores, que lo que hace posible la oración son los méritos de Cristo. **Padre nuestro.** Forma de invocación insólita en las oraciones del AT, pero preciosa para todos los creyentes del NT. Las tres primeras peticiones de esta plegaria conciernen a Dios y sus designios; las últimas cuatro, al hombre y sus necesidades. **Santificado.** Aquí significa "sea reverenciado, tenido por sagrado". **Venga tu reino.** El reino mesiánico. No únicamente los judíos, sino todos los creyentes en Cristo deberían interesarse vivamente en su advenimiento.

El pan nuestro. La primera petición relativa a necesidades personales va acompañada de un vocablo, "cotidiano" **(de cada día),** que sólo una vez aparece en el griego secular (Arndt, pp. 296). Varían las interpretaciones entre "cotidiano", "necesario para subsistir" y "para el día de hoy" o "de mañana". Nuestra versión es satisfactoria. **Perdónanos nuestras deudas.** Los pecados son considerados como deudas morales y espirituales para con la justicia de Dios. No se trata de los pecados de los no regenerados (sólo a los discípulos se les enseña esta oración), sino de los creyentes, que deben confesarlos. **Como también nosotros perdonamos.** El perdón de los pecados, tanto bajo la ley mosaica como en la iglesia, se efectúa siempre por la gracia de Dios y se funda en la expiación de Cristo. No obstante, el creyente que confesara sus pecados y demandara perdón de Dios mientras rehusara perdonar al prójimo caería no sólo en incongruencia, sino en hipocresía. Es más fácil para el cristiano ser clemente cuando medita en lo mucho que Dios nos ha perdonado (Ef. 4.32). El espíritu inclemente es pecado, y requiere confesión. **No nos metas en tentación.** Cf. Stg. 1.13-14; Lc. 22.40. Súplica para que Dios, en su providencia, guarde al peticionante de innecesaria tentación. La doxología de 6.13 b es una interpolación litúrgica de 1 Cr. 29.11. **16-18.** Tercer ejemplo: el ayuno. **Cuando ayunéis.** La ley mosaica (bajo la cual vivían los oyentes de Cristo), prescribía un ayuno al año, el día de la expiación (Lv. 16.29, "afligiréis vuestras almas"). El fariseísmo añadía dos ayunos semanales, el lunes y el jueves, y los usaban como ocasiones para exhibir públicamente su piedad. La función verdadera del ayuno, sin embargo, era indicar profunda contrición, y la dedicación temporal de todas las energías de la persona a la oración y a la comunión espiritual. Pero el ayuno que requiere espectadores es un simple espectáculo. Jesús no prescribió ayunos para sus discípulos, si bien de vez en cuando aparece el ayuno voluntario en la iglesia apostólica. (Hch. 13.2-3.)

19-24. Cuarto ejemplo: la riqueza. Error común del fariseísmo y del judaísmo en general era poner énfasis excesivo en la riqueza material como evidencia del favor divino. Jesús explicaba que los **tesoros en la tierra** son pasajeros, sujetos a menoscabo por la **polilla** (cf. vestido, v. 25), el **orín** y los **ladrones.** El ciudadano del Reino lo que debe procurar son **tesoros en el cielo**, consagrándose a la justicia (v. 33). **La lámpara del cuerpo**, que recibe e imparte luz, **es el ojo.** Si el **ojo**, metáfora relativa al conocimiento espiritual, es **sencillo** (Str.) (sin duplicidad), que no vea doble respecto a tesoros (lo cual lo constituiría en ojo **maligno**, cf. com. Mt. 20.15), entonces el individuo puede contemplar las riquezas dentro de la perspectiva debida. La imposibilidad de **servir a dos señores** en categoría de esclavo es una ilustración gráfica. **Mamón.** Aunque es incierta su etimología, parece tratarse de una palabra aramea que significa riqueza, y que aquí se personifica. Nótese que Jesús no condena las riquezas, sino el hacerse esclavo de ellas.

25-34. Quinto ejemplo: la ansiedad. Quienes carecen de riquezas pueden ser víctimas de una preocupación que no es sino falta de fe. De allí la natural transición. **No os afanéis.** No prohibe el ser precavido y planear (cf. 1 Ti. 5.8; Pr. 6.6-8; 30.25), sino el mortificarse por las necesidades diarias. **¿No es la vida más que el alimento?** Si la propia vida y el cuerpo provienen de Dios, ¿no habremos de confiar en que él proveerá lo menos importante? Ya que Dios da el sustento a las aves, que no saben sembrar, segar ni almacenar, ¡cuánto más los hombres, que han sido dotados de esas habilidades, han de confiar en su Padre celestial! **Añadir a su estatura un codo.** El alimento es indispensable para el crecimiento. Pero aun en cuanto a esto Dios es quien manda. En el paso de la niñez a la madurez, Dios añade más de un **codo** (unos 45 cms.), pero el angustiarse lo único que logra es estorbar, y no ayudar. Algunos intentan traducir "término de vida" en vez de **estatura**, y procuran dar ejemplos del empleo del "codo"

como medida de tiempo. No obstante, la anterior interpretación se ajusta bien al pasaje. **Lirios.** No es seguro a qué flores se refiere concretamente, pero por aquella ocasión han debido estar en flor, pues Jesús se refiere a **uno de ellos** (Gr., de **éstos**). **Salomón.** El más esplendoroso rey hebreo. **Hierba del campo.** Los lirios recién mencionados y de belleza fugaz pronto serán segados junto con la hierba y empleados como combustible para satisfacer las necesidades del hombre, **en el horno** (cf. Stg. 1.11). **Vosotros hombres de poca fe.** Cuatro veces se emplea esta expresión en Mateo y una en Lucas, como estímulo para crecer en la fe, y también como suave reprensión. **Los gentiles buscan.** Referencia a la preocupación gentil por lo material, por no conocer a Dios como su Padre celestial (cf. 6.7,8). **Buscad primeramente.** Los oyentes de Cristo, que ya se habían declarado por el Rey, habían de seguir buscando (verbo continuativo) el Reino mediante la consagración a los valores espirituales y la confianza absoluta en Dios; y Dios, que conocía las necesidades temporales de ellos, supliría lo necesario. **El mañana se afanará por sí mismo** (VL). Es una personificación sorprendente. **Basta a cada día su propio mal.** Se trata de mal físico, refiriéndose a los problemas que habrán de surgir. No hay cordura en añadirle a las preocupaciones de hoy las de mañana.

7:1-12. Sexto ejemplo: del juzgar al prójimo. **No juzguéis.** El imperativo presente sugiere que lo que se condena es el hábito de juzgar. Si bien el verbo **juzgar** es neutro respecto al veredicto, el sentido indica que aquí se trata de un juicio adverso. Quien critica al prójimo ha de refrenarse de verter juicio concluyente, ya que no es dado al hombre sino sólo a Dios juzgar los móviles (cf. Stg. 4:11,12). No han de rehuir todo juicio los creyentes cf. 7:6,16), pues los cristianos tienen que juzgarse a sí mismos y a los hermanos que caen en falta (1 Co. 5:3-5,12, 13). **Para que no seáis juzgados.** El subjuntivo aoristo hace pensar más en el juicio de Dios que en el de los hombres (cf. 6:14, 15). **La paja:** brizna o astilla diminuta. **La viga:** madero tal como la viga maestra de un techo, o las del piso; en este caso, espíritu de censura. Es una hipérbole intencional, para exhibir en qué ridículo se pone quien se erige en juez de los demás. **¡Hipócrita!** Pretende hacer de médico, cuando no puede curarse a sí mismo. Este precepto no exonera al creyente de hacer distingos morales. A quienes han escuchado el Evangelio y la invitación de Cristo y por su forma de reaccionar han demostrado que su naturaleza es irremediablemente depravada **(los perros** y **los cerdos** eran aspectos repulsivos para los oyentes de Jesús), no ha de permitírseles que **pisoteen** estos tesoros cf. 13:11-15).

Las siguientes consideraciones respecto a la oración dan respuesta a los problemas que al creyente se le suscitan por los preceptos sobre el juzgar. (Cf. Lc. 11:9-13). La necesidad de discernir entre perros y cerdos al propio tiempo que se evita la viga en el ojo, requiere sabiduría de lo alto. Por tanto, Jesús encarece a sus seguidores que **pidan, busquen** y **llamen,** a fin de recibir de los celestiales depósitos todo lo que les falte. Hay en los tres imperativos una gradación de intensidad, y su tiempo continuativo no sólo sugiere perseverancia sino frecuente oración por cualesquiera y todas las necesidades. Cierto aire de semejanza hay entre un pequeño bollo redondo de **pan** y una **piedra;** y entre un **pescado** y una **serpiente;** pero no hay padre capaz de engañar así a su hijo hambriento. **Siendo malos.** Referencia a la depravación humana (hasta los discípulos tenían tal naturaleza). **Buenas dádivas** se sustituye en Lc. 11:13 (en otra ocasión) por el **Espíritu Santo,** dador de todo bien. **Así que.** El v. 12 es la aplicación de las enseñanzas precedentes. Aunque de naturaleza depravada, Dios nos reconoce como sus hijos, y promete responder a nuestra oración. Por tanto, en vez de juzgar, debemos tratar al prójimo según desearíamos que nos traten. Este compendio del AT **(la ley y los profetas)** es una reafirmación de la segunda tabla de la ley (Mt. 22:36-40; Ro. 13:8-10) y se basa en la primera, pues la relación del hombre para con Dios es siempre la base de su relación con sus semejantes.

e) Exhortaciones finales a los ciudadanos del Reino. 7:13-27.

13,14. Entrad por la puerta estrecha. A los que por la fe habían trabado ya relación con Cristo (y a otros oyentes, v. 28), nuestro Señor les describe la relativa impopularidad de su nueva posición. El orden entre **puerta** y **camino** sugiere que aquélla es la entrada de éste, simbolizando la experiencia inicial del creyente con Cristo, que lo introduce en la vida de santidad. A los primeros cristianos se les llamaba seguidores del "Camino" (Hch. 9:2; 19:9,23; 22:4; 24:14,22). La inmensa mayoría de la humanidad va por el **espacioso camino** que lleva a la **perdición** (condenación eterna), pero la otra **puerta** y el otro **camino** son tan pequeños que se requiere **hallarlos.** Pero el mismo Dios que nos dio a Cristo, nuestra puerta y camino (Jn. 14:6), hace también que los hombres le hallen (Jn. 6:44). **La vida.** Aquí en contraste con **la perdición,** y referente por tanto a la bienaventuranza celestial, aunque esta vida eterna comienza desde el momento de la regeneración.

15-20. Quienes entren por el camino estrecho han de cuidarse de los **falsos profetas** que pretenden guiar a los creyentes cuando lo que hacen es engañarlos. **Vestidos de ovejas** no se refiere a ropaje de profeta, sino que es un contraste evidente con los **lobos rapaces.** En todas las épocas el pueblo de Dios ha necesitado estar alerta contra los guías engañosos (Dt. 13:1; Hch. 20:29; 1 Jn. 4:1; Ap. 13:11-14). **Por sus frutos:** Más bien las doctrinas de estos falsos profetas que sus hechos, ya que la apariencia externa puede que no despierte sospechas. Para probar a un profeta basta ver si concuerda con las Escrituras (1 Co. 14:37; Dt. 13:1-5). **Arbol malo.** Carcomido, sin valor, inútil. La condición de tal árbol demanda que de inmediato se le quite del huerto para que no contamine a los otros.

21-23. Solemnemente implica Jesús su divina filiación **(mi Padre)** y su posición como Juez **(me dirán en aquel día),** y previene a aquellos falsos guías, (los que en su nombre **profetizaron, echaron fuera demonios** y realizaron **muchos milagros)** que serán desenmascarados y juzgados. El simple hecho de efectuar actos asombrosos (y aun sobrenaturales) no constituye señal de divina autenticación (Dt. 13:1-5; 2 Ts. 2:8-12; Mt. 24:24). El juicio que en **aquel día** se producirá determinará quién **entrará en el reino de los cielos** (Mt. 25:31-46). Aunque la referencia específica ha de aplicarse a los que estén en vida al establecerse el reino milenial (de otro modo se hallarían entre los impíos muertos, que no resucitan hasta después del milenio, Ap. 20:5), para ambos grupos el resultado es el mismo, y la admonición resulta por tanto pertinente. **Nunca os conocí.** Con el sentido de **conocer con simpatía,** o **distinguir** (cf. Sal. 1:6; Am. 3:2).

24-27. La suprema importancia de construir sobre buenas bases. El hombre cuya casa se derrumbó tenía la culpa, no por no trabajar sino por no valerse de la roca. **La roca.** El propio Cristo (1 Co. 3.11) y sus enseñanzas. **Me oye estas palabras.** Caps. 5-7. **Las hace.** Practica las enseñanzas. El sermón se dirige a quienes han creído; presupone la fe en Jesús como Mesías. No es legalismo. No hay obras basadas en el simple esfuerzo humano que tengan valor espiritual alguno; pero la fe en Cristo, **la roca,** produce la regeneración que se manifiesta en una vida piadosa.

28,29. Cuando terminó Jesús estas palabras. Señala Lenski lo correcto de la observación sicológica de Mateo. Mientras Jesús hablaba, las multitudes se mantenían en atención extasiada; en cuanto calló, la tensión cesó y fueron presa de la admiración (*Op. cit.*, p. 314). **No como los escribas,** destaca que los escribas, en sus pláticas, se apoyaban repetidamente en las opiniones de distinguidos rabíes y en la interpretación tradicional. ¡Qué tedio, comparado con la autoridad del "Yo os digo" de Cristo! (5.18, 20,22 *et al.*)

5) Diez milagros, e incidentes conexos. 8.1—9.38. Las narraciones de estos dos capítulos tienen un ordenamiento por temas y un tanto diferente del que siguen Marcos y Lucas. No obstante, la colocación, por Mateo, de la curación del leproso como hecho inmediato al Sermón del Monte, ha de ser cronológica (cf. 8.1), visto que ni Marcos ni Lucas especifican la ocasión. **8.1-4.** Curación de un leproso. **Leproso.** La descripción de la lepra bíblica puede hallarse en Lv. 13,14 y en los diccionarios bíblicos. En el AT se simbolizaba con esta repugnante enfermedad los efectos del pecado en el hombre. (Las leyes no eran primordialmente profilácticas, ya que era posible declarar limpio a uno que estuviese totalmente cubierto de lepra; Lv. 13.12,13.) **Se postró ante él.** La fe en el poder de Jesús que mostró el leproso (**si quieres,** no "si puedes") indica en el postrarse una actitud religiosa, y no mera cortesía oriental. **Le tocó.** Fue simultáneo este acto con la curación, por lo cual no hubo contaminación ceremonial. **No lo digas a nadie.** No pretendía evitar la publicidad, pues *mucha gente* había presenciado el milagro; quería evitar que el **sacerdote** se enterase prematuramente, a fin de no suscitar sus prejuicios contra el leproso. Cristo quería que se diese primero la declaración de limpieza, a fin de que la explicación sirviese **para testimonio a ellos** (a los sacerdotes antagónicos). Desdichadamente, el hombre no procedió conforme a la advertencia, y causó así muchas molestias a Cristo (Mr. 1.45). **5-13.** Curación del siervo del centurión. **Centurión.** Lucas indica que éste presentó su petición por medio de unos ancianos de los judíos y otros amigos (Lc. 7.1-10). Los centuriones aparecen siempre en el NT como hombres buenos (Mt. 27.54; Hch. 10.22; 27.3,43 *et al.*). Este era probablemente un comandante gentil de soldados extranjeros, parte de las fuerzas de Herodes Antipas. (Ant. XVII 8.3). **Paralítico.** La palabra griega abarca una serie de dolencias que afectaban los músculos y los órganos. **No soy digno.** Este gentil, que quizá ni era prosélito (si bien había edificado una sinagoga judía, Lc. 7.5), tenía a presunción el pedirle a Jesús que viniera a su hogar. **Soy hombre bajo autoridad.** La idea es: si este suboficial puede dar órdenes a sus subalternos, cuánto más Cristo, poseedor de todo poder, podría mandar y hacer que su voluntad se cumpliera. **Se maravilló.** Indicación de que la omnisciencia propia de la naturaleza divina de Cristo no le impedía manifestar reacciones humanas normales. No obstante la riqueza de Israel en materia de revelación,

era la fe de un gentil en la autoridad de Cristo la que más resplandecía. Y así anuncia Jesús que disfrutarán de su reino mesiánico **muchos** que no son judíos. **Se sentarán con Abraham.** La figura del banquete aparece a menudo relacionada con el reino (Is. 25.6; Lc. 14.15-24). **Los hijos del reino.** A los judíos, receptores de la profecía y herederos originales, se les dice que sin fe genuina la raza no es título suficiente para obtener el reino de Cristo. **Las tinieblas de afuera.** Fuera de iluminado salón del festín (cf. 22.13). **Como creíste.** Creyó que Jesús tenía poder de sanar desde lejos, y así ocurrió. **14-17.** Curación de la suegra de Pedro y de otros. **Vino Jesús.** Venía del servicio en la sinagoga (Lc. 4.38; Mr. 1.29). **Con fiebre.** Ya que se esperaban visitas, ha de haber sido un trastorno para la familia. **Y les servía.** Fue una curación radical, sin restablecimiento gradual. La sugerencia de que el hecho de que la suegra viniese indica que la esposa de Pedro había muerto, contradice a 1 Co. 9.5. **Cuando llegó la noche.** A la puesta del sol, terminado el día de reposo, le trajeron muchos enfermos y endemoniados para que los sanara. **Llevó nuestras dolencias.** Mt. 9.6 muestra que, al curar la enfermedad (uno de los efectos del pecado), Cristo demostraba su capacidad para extirpar la raíz de la misma. De este modo, estas curaciones cumplían parcialmente Is. 53.4, cuyo cumplimiento cabal se realizó en el Calvario, cuando Cristo llevó sobre sí el pecado del hombre. **18-22.** Entrevistas con unos que pretendían seguirle. La relación cronológica de este pasaje se complica por el paralelo de Lucas (9.57 ss), que lo ubica mucho más adelante. Quizá la primera entrevista haya ocurrido cuando Jesús se preparaba para embarcarse, y Mateo añade el incidente posterior al mismo párrafo, mientras Lucas agrupa tres incidentes similares como ocurridos en una sola ocasión. **Un escriba.** Si bien pocos de estos eruditos religiosos sintieron simpatía por Cristo (cf. Mr. 12.28-34; contr. Lc. 11.53, 54), éste se ofreció como discípulo permanente. Evidentemente Jesús vio que este hombre no se daba plena cuenta de las penalidades que el verdadero discipulado acarrea. **Hijo del Hombre.** Título que los judíos comprendían como aplicable al Mesías (Jn. 12. 34), y equivalente a Hijo de Dios (Lc. 22. 69,70). Era el que Jesús acostumbraba darse a sí mismo; aparentemente se deriva de Dn. 7.13,14. **Permíteme que vaya primero y entierre a mi padre.** A éste, que ya era discípulo, le pide Jesús que lo siga (Lc. 9.59). Como acaba de anunciársele que su padre ha muerto, solicita una demora. La sugerencia de que el padre de este hombre vivía aún (ya que los entierros judíos se realizaban el día de la muerte, y que una demora tan insignificante no habría provocado la respuesta que Cristo dio) no aminora la dificultad, pues entre los judíos los deberes hacia el padre anciano eran tan grandes como hacia los muertos. Jesús descubrió en la vacilación de este hombre una tibia lealtad. **Que los muertos entierren a los muertos.** Cuando Cristo llama a alguno para realizar una tarea específica (Lc. 9.60), tiene a veces el discípulo que abandonar lo que en otras circunstancias emprendería. Los muertos en espíritu pueden atender a los físicamente muertos.

23-27. Jesús calma la tempestad. **Tempestad tan grande.** Se emplea aquí la palabra que por lo común se aplica a "terremoto", indicando quizá la turbulencia del agua, tan violenta que hubo de aterrorizar aun a marinos expertos. No son desconocidos las violentas tempestades en Galilea (W.M. Thomson, *op. cit.*, p. 347). **¿Por qué teméis?** (*deiloi*). Indica miedo cobarde, señal de **poca fe.** ¿No había sido el viaje ordenado por Jesús (Lc. 8.22)? Sin embargo, el buscarlo en la angustia revela un germen de fe que puede desarrollarse. **Reprendió a los vientos y al mar..** Si la orden no hubiera sido también para el mar, el oleaje habría continuado por algún tiempo más.

28-34. Curación de dos endemoniados. (cf. Mr. 5.1-20; Lc. 8. 26-39). **La tierra de los gadarenos.** Derivaba su nombre de la ciudad de Gadara, sita al sudeste. En algunas versiones aparece "gerasenos", derivado de Gersa (Gerasa), a orillas del lago, y actualmente en ruinas, que quizá perteneciese al distrito de Gadara. **Dos endemoniados.** Los otros dos sinópticos sólo mencionan al más prominente de los dos. No se pinta a los endemoniados en el NT ni como desenfrenados pecadores ni como víctimas de demencia (si bien el demonismo puede producir tales efectos), sino como personas cuya mente ha caído bajo el dominio de un mal espíritu o varios. Que este fenómeno fuese de especial prominencia durante el ministerio terrenal de Cristo es consecuente con los esfuerzos de Satanás por contrarrestar los planes de Dios. Los demonios sabían exactamente quién era Jesús **(Hijo de Dios),** se daban cuenta de que su propia condena definitiva era segura **(Antes de tiempo,** v. 29) y siempre se sometieron a la autoridad de Cristo. Los propietarios del **hato de cerdos** probablemente eran judíos, que así violaban el espíritu de la ley mosaica en este territorio judío (gobernado por Herodes Filipos). Así pues, no demandan judicialmente a Jesús por su pérdida. ¿Cómo explicar la extraña petición de los demonios? Quizá se aferraban a una última oportunidad de rehuir el encerramiento en el abismo (Lc. 8.31; Ap. 20.1-3). Pero los cerdos, al despeñarse en el mar, frustraron cualesquiera planes que los demonios ha-

yan tramado. **Le rogaron que se fuera** Esta petición, nacida del miedo (Lc. 8.37), vino del gentío y no sólo de los propietarios. Estupefactos pero no arrepentidos, no querían saber nada más de Cristo.

9.1-8. Curación de un paralítico. (cf. Mr. 2.1-12; Lc. 5.17-26). **Su ciudad.** Capernaum (Mr. 2.1; Mt. 4.13). **Un paralítico.** Cuatro amigos lo bajaron desde el techo, dado el gentío (Mr. 2.3,4). **Al ver Jesús la fe de ellos.** Esto abarca la fe del enfermo, ya que el perdón de los pecados sólo se otorga a quienes tienen fe (si bien a veces se concedía la curación antes de que se manifestara la fe). **Tus pecados te son perdonados.** En este caso, la condición del hombre parece ser consecuencia directa del pecado, o, si no, haberlo llevado a meditar seriamente en su maldad. **Este blasfema.** La acusación de los **escribas** y fariseos, que por primera vez aparecen aquí enfrentándosele en Galilea, es que asume las prerrogativas de Dios (Lc. 5.21). **¿Qué es más fácil?** No había respuesta posible. Ambas órdenes eran igualmente fáciles de pronunciar; pero emitir cualquiera de ellas y hacer que se cumpla, requiere poder divino. Un impostor, naturalmente, si quiere evitar que se descubra su impostura, hallaría más fácil la primera. De inmediato, Jesús sana la enfermedad, para que los hombres **sepan** que tiene **potestad** sobre la causa de la misma, preanunciando así la expiación de los pecados. **Que había dado tal potestad a los hombres.** El perdón y la curación otorgados con potestad por Cristo, considerados como dones de Dios para la humanidad.

9-13. Llamamiento de Mateo, y fiesta en su casa. Todos los sinópticos registran este incidente a continuación de la curación del paralítico. **Mateo.** Llamado también *Leví* (Mr. 2:14; Lc. 5:27). **Sentado al banco de los tributos públicos.** Capernaum (9.1) quedaba cerca de la carretera que unía a Damasco con las ciudades costeñas; era, por tanto, sitio estratégico para cobrar los impuestos sobre las mercancías que se despachaban por tierra o a través del Mar de Galilea. Edersheim describe, basado en fuentes rabínicas, las onerosas exacciones y la clasificación de los recaudadores de impuestos entre los cuales Mateo, como oficial de aduanas, pertenecía a la peor categoría (*Life and Times of Jesus*, I, 515-518). **Se levantó y le siguió.** Este acto marcó un total rompimiento con su pasado; había quemado las naves. Otro ocuparía su puesto, y para un publicano hallar nuevo empleo era difícil. Estando Jesús **sentado a la mesa en la casa.** Esta fiesta en casa de Mateo (Lc. 5:29) se efectuó quizá algún tiempo después de su llamamiento. Invitó a **publicanos y pecadores,** antiguos compañeros suyos cuya vida era contraria a la voluntad de Dios tal como se revela en el AT. Los invitó sin duda para que Jesús pudiera atraerlos. A los **fariseos,** que trazaban rígidas distinciones y se consideraban a sí mismos como **justos,** les respondió Jesús que eran los **pecadores** quienes necesitaban su ministerio, así como el **enfermo** necesita del **médico. Los justos.** Se vale Jesús del concepto que los Fariseos tenían de sí mismos para contestar a su objeción. **Misericordia quiero y no sacrificio.** (Os. 6:6). La actitud misericordiosa hacia quien tiene necesidad espiritual es mucho mejor que la mera observancia formal de los deberes religiosos **(sacrificio),** carente de interés por el prójimo.

14-17. Esta entrevista con **los discípulos de Juan** ha de haber ocurrido también durante la fiesta de Mateo (nótese la íntima relación en Lc. 5:33). **Nosotros y los fariseos ayunamos muchas veces.** Al único ayuno bíblico anual (Día de la Expiación) se habían añadido ayunos los lunes y jueves, que los fariseos y algunos otros, incluso los discípulos de Juan (Lc. 5:33), observaban. Cristo responde haciendo recordar lo que el propio Juan había dicho (Jn. 3:29). comparando el ministerio de nuestro Señor con una fiesta de bodas. **Los que están de bodas.** Compañeros y asistentes del esposo. Cuando Cristo, el Esposo, **les sea quitado** por muerte violenta, **entonces ayunarán.** El verdadero ayuno tiene por base el dolor **(luto),** no la ritualidad. **Remiendo de paño nuevo.** Este, al mojarse por primera vez, se encogería, rompiendo la tela a la cual se había cosido. **El vino nuevo,** no fermentado aún, haría estallar los **odres viejos,** ya faltos de elasticidad. Así el mensaje de Cristo era mucho más que remiendos o rejuvenecimiento del judaísmo contemporáneo.

18-26. Curación de la hemorragia de una mujer y resurrección de la hija de Jairo. **Hombre principal.** Uno de los dignatarios de la sinagoga, llamado Jairo, probablemente de Capernaum (Mr. 5:21,22). **Mi hija acaba de morir.** Mateo ha resumido varios detalles. Marcos y Lucas afirman que primero dijo que la niña estaba agonizando, y que luego llegaron mensajeros con la noticia de que había muerto. **Y vivirá.** Si bien su fe era menor que la del centurión (8:8), era, no obstante, notable. Camino del hogar de Jairo, una mujer se acercó por detrás a Jesús; padecía de un **flujo de sangre** desde hacía doce años. Esa enfermedad producía la contaminación ceremonial (Lv. 15:19-30), lo cual quizá explique su conducta. **El borde de su manto.** Probablemente los flecos que en las cuatro puntas del manto usaban los israelitas de acuerdo con Nm. 15:38 y Dt. 22:12. Nuevamente condensa Mateo el relato, pero destaca que Jesús declaró a la mujer que era la **fe** y no el manto lo que había hecho posible la curación. Y Jesús pro-

siguió rumbo a la casa del duelo. Ya se habían reunido los tañedores de **flautas** y las plañideras para efectuar el antiguo ceremonial fúnebre (Jer. 9:17; 48:36). **La niña no está muerta, sino duerme.** (cf. Jn. 11:11, 14). No se trata ni de una equivocación de Jesús ni de una verdad literal de que se hallaba simplemente inconsciente; tampoco de un argumento que pruebe que la muerte es el sueño del alma. Su lenguaje sólo refleja lo que piensa hacer. **La fama de esto** se difundió por toda la región, a pesar de la advertencia de Cristo de no hacerlo notorio (Mr. 5:43; Lc. 8:56).

27-31. Curación de dos ciegos. Esta narración y la siguiente son exclusivas de Mateo. **Hijo de David.** Título mesiánico. Como por esta época Jesús rehuía los títulos públicos que pudieran considerarse de carácter político, no se dio por entendido hasta que toda la gente había entrado en la casa. **Conforme a vuestra fe os sea hecho.** Cf. 8:13. Al reconocer a Jesús como Mesías, con todo lo que para desdichados como éstos implicaba (Is. 35:5-6), obtuvieron la bendición que solicitaban. **Divulgaron la fama de él.** Su incontenible gratitud los llevó a desobedecer el severo mandato de silencio que Jesús les dio.

32-34. Curación de un mudo endemoniado. Si bien los endemoniados solían ser violentos y vociferantes, éste era **mudo** y hubo de ser **traído** a Jesús. La descripción de Mateo da hasta los detalles mínimos, y registra principalmente la reacción del gentío. **Nunca se ha visto cosa semejante en Israel.** Esta afirmación puede ser la impresión acumulada durante cierto período de tiempo, que culmina con este milagro. El cargo de los **fariseos** del contubernio entre Jesús y **el príncipe de los demonios,** ha de referirse a este milagro en particular. Puede que la acusación no se le haya lanzado directamente a Jesús, ya que él no le hace frente sino cuando se repite. (Mt. 12:24-29).

35-38. Otro recorrido por Galilea. Hay divergencia de opiniones acerca de si este párrafo describe un tercer viaje por Galilea (cf. Mt. 4:23; Lc. 8:1; A. T. Robertson, *op. cit.*), o si es un resumen de las actividades de Jesús iniciadas en 4:23 (Lenski; Alford). **Recorría Jesús.** El verbo griego indica acción continuada. **Enseñando, predicando y sanando,** reafirma las actividades mencionadas en 4:23. **Tuvo compasión.** La honda simpatía de Jesús se cita a menudo como móvil de sus milagros (14:14; 15:32; 20:34). Dos comparaciones retratan el concepto que de las multitudes tenía Jesús: ovejas sin pastor, y mies madura. **Desamparadas** (vejadas, VL, fatigados, NC); **Dispersas** (abatidas VL, decaídas, NC), todo por causa de abandono y agotamiento. Pero al mismo tiempo miraba Jesús a la multitud como rica mies que requería obreros para recogerla. Se ordena a los discípulos que oren para que el Señor de la mies (el propio Jesús; cf. 3:12, donde Juan aplica a Jesús la misma figura) envíe obreros. Como suele suceder, se envió a los mismos que oraron (cap. 10).

6) Misión de los Doce. 10:1-42. Tras una nota explicativa y después de nombrar a los Doce, pasa Mateo a las instrucciones para la primera misión a cumplir por ellos. El mensaje tiene tres secciones, señaladas por la repetida llamada de atención: "De cierto os digo" (vv. 15,23 y 42). a) Instrucciones para el viaje inminente (vv. 5-15). b) Advertencia sobre futuras persecuciones que culminarían con la segunda venida (vv. 16-23). c) Palabras de aliento para todos los creyentes (vv. 24-42). **1. Sus doce discípulos.** Poco antes se había formado el grupo y, tras un período de instrucción (Mr. 3:14), se les envía en misión especial. **Les dio autoridad:** Derecho y capacidad. En este poder delegado estaba incluído el de lanzar **espíritus inmundos** y el de **sanar toda enfermedad** (nótese la clara diferencia que hace Jesús entre la posesión demoníaca y la enfermedad). **2. Los nombres de los doce apóstoles** aparecen también en Mr. 3:16 ss.; Lc. 6:14 ss. y Hech. 1:13. La comparación muestra que en cada lista hay tres grupos que contienen los mismos cuatro nombres, si bien no siempre en el mismo orden. No obstante, Pedro es siempre el primer nombre en el primer grupo, Felipe en el segundo, y Jacobo hijo de Alfeo en el tercero. Judas Iscariote cuando se le incluye, es siempre el último. Mateo los anota por pares, probablemente porque así se les envió (Mr. 6:7). **Apóstoles.** Papiros que se han hallado confirman el significado de "representantes con poderes suficientes, de algún oficial de mayor rango." **Primero Simón.** No que se le hubiese elegido primero; tampoco simplemente que encabeza la lista. Probablemente se refiere a la Prominencia de Pedro en el círculo apostólico (cf. 26:40; Pentecostés; en casa de Cornelio, etc.). Pero era el primero entre iguales. No hay en el NT traza alguna de que Pedro tuviera supremacía sobre los otros apóstoles (cf. Gá. 2:11; 1 P. 5:1). **3. Bartolomé** es el patronímico de Natanael (Jn. 1:46). **Mateo el publicano.** Epíteto para restarse importancia, que sólo en este Evangelio se emplea. **Tadeo,** también llamado **Lebeo,** es aparentemente el mismo Judas hermano de Jacobo, (Lc. 6:16; Hch. 1:13). **4. Simón,** a quien se le da el apodo arameo de **cananita,** que significa "celoso" (cf. Zelote, Lc. Hch.). Aparentemente había pertenecido al movimiento de extremistas políticos así llamados. **Iscariote.** Probablemente

significa "hombre de Queriot," pueblo de Judea. **5.** Prohibición de ir a los **gentiles,** ni a **ciudad de samaritanos** (mestizos que mantenían un culto rival y eran menospreciados por los judíos; Jn. 4:9,20). No era Jesús movido de prejuicio (Jn. 4), ni fue permanente la orden (Hch. 1:8). **6, 7.** Por el momento, sin embargo, su mensaje anunciaba el mesiánico **reino de los cielos** (3:2; 4:23), del cual era heredera **la casa de Israel. 8** Entre los poderes milagrosos que se les otorgaron, estaba el de **resucitar muertos,** si bien no hay constancia de que en esta misión hayan usado esa facultad. Habían de hacer estos servicios gratuitamente **(de gracia),** ya que así habían recibido esa facultad. **9. No os proveáis.** Estas instrucciones sólo eran aplicables a esta misión específica, de duración limitada (cf. Lc. 22:35-36). No habían de llevar dinero en los **cintos** (o ceñidores). **10.** No debían proveerse de **mudas** de ropa, ni **calzado** ni **bordón** de repuesto (si bien podían usar el bordón y el calzado que ya tenían, (Mr. 6:8-9). Los oyentes agradecidos les darían el mantenimiento. **11. Informaos quién en ella sea digno.** La reacción al mensaje que proclamaran (v. 7) revelaría quiénes estaban espiritualmente dispuestos a recibirlos. Cuando se les brindara hospitalidad, habían de aceptarla mientras durara la visita. **12.** Su **saludo** debía ser el precioso shalom, "paz". **13.** Si llegaran a descubrir que su huésped no era **digno,** sino más bien antagónico a su propósito y mensaje, su saludo de **paz** no se perdería, sino que se **volvería** para emplearlo en otra parte. **14.** Si el antagonismo los obligaba a abandonar aquella **casa** o **ciudad,** el simbolismo de sacudir el polvo de sus **pies,** sería viva y solemne expresión de que los discípulos quedaban libres de responsabilidad ante la culpa y futuro juicio de sus adversarios. **15. Sodoma y Gomorra.** Dos ejemplos frecuentes de ciudades condenadas (Is. 1:9; cf. Gn. 18:20; 19:24-28). **De cierto os digo.** Con esta fórmula concluye cada sección de estas instrucciones. (cf. vv. 23, 42).

16. Esta segunda sección de las instrucciones va m.s allá de la misión específica; señala peligros futuros y hasta da un vistazo de los tiempos escatológicos. **Lobos:** adversarios malignos (7:15; Lc. 10:3; Jn. 10:12; Hch. 20:29). **Prudentes como serpientes, y sencillos como palomas.** "La prudencia de la serpiente no es más que astucia, y la inocencia de la paloma es un poco mejor que la debilidad; pero combinadas entre sí, la prudencia de la serpiente los salvaría de exponerse innecesariamente al peligro, y la inocencia de la paloma los libraría de echar mano de los recursos (pecaminosos) para evitarlo." (JFB, II, p. 52). **17. Concilios** Tribunales locales de cada ciudad (Dt. 16:

18). **18. Gobernadores y reyes.** Nada sugiere que esto haya ocurrido en su primera misión; así pues, con método profético típico, Jesús se vale del presente para tratar asuntos que aún yacen en el futuro. Agripa I, Félix, Festo, Agripa II, Sergio Paulo y Galio fueron algunos de los que escucharon el testimonio relativo a Cristo y los apóstoles. **19,20. No os preocupéis.** El **Espíritu** (así como habría de inspirar sus escritos) les inspiraría su testimonio oral. **21,22.** Ha de esperarse la persecución más dolorosa, aun en el seno de la familia. Pero no hay que desesperar, pues se promete liberación (cf. 24: 13). **23. Huid a la otra.** No había que ir al encuentro del martirio; debía procurarse razonablemente preservar la vida. **Antes que todas las ciudades de Israel** fuesen visitadas así vendría **el Hijo del Hombre.** En el contexto similar de Mt. 24:8-31, se contempla la Gran Tribulación y la segunda venida. Por tanto, es probable que aquí también la "venida del Hijo del hombre" sea escatológica. Los discípulos habrían de entender esto más fácilmente, pues difícilmente habrían aunado esta "venida" con la destrucción de Jerusalén en 70 d. de C. Aquí se promete liberación de la mayor de las persecuciones.

La porción final proporciona aliento general para todos los creyentes (vv. 24-42). **24, 25.** La relación de Cristo con los creyentes se presenta bajo tres figuras: **Discípulo y maestro, siervo y señor, padre de familia y los de su casa.** Si el propio Jesús fue maltratado, difícil sería para sus subordinados esperar que les vaya mejor. **Beelzebú** (mejor, *Beelzebul* o *Beezebul*) era considerado como "príncipe de los demonios" (Mt. 12: 24; Lc. 11:15), idéntico, según parece, con Satanás. Esta forma de escribirlo no aparece en la literatura judaica fuera del NT. No hay explicación exacta, si bien parece relacionado con "Baal-zebub," dios de Ecrón (2 R.1:16). **26,27. No los temáis.** La voz de ánimo se basa en el conocimiento de que el juicio final de Dios vindicará a los creyentes y dará su pago a los perseguidores. Así pues, en concordancia con esta frecuente máxima de Jesús, lo que en privado **(en tinieblas, al oído)** habían recibido, debían los discípulos proclamarlo sin temor **(en la luz, desde las azoteas). 28.** Adelantándose a la objeción de que tal conducta pondría en peligro sus vidas, Jesús les recuerda que más vale temer al que tiene dominio tanto sobre el **alma** como sobre el **cuerpo,** y puede destruir eternamente a ambos en el **infierno** (Gehenna). Evidentemente se refiere a Dios y no a Satanás, pues jamás se manda a los creyentes que teman a Satanás (sino que le resistan); ni tampoco destruye Satanás a los hombres en el infierno (él sí es castigado allí). **29-31.** La divina providencia, que abarca hasta los detalles mínimos de este mundo, suministra un antídoto adicional en contra del temor. **Dos pajarillos** (gorriones). Eran pájaros comunes en Palestina, y a veces se usaban como alimento. **Un cuarto** (*assarion*). El *as* o *asarión* romano era una moneda de cobre, la dieciseisava parte de un denario (Arndt). Dice Lucas que con dos de estas monedas se podían comprar cinco pajarillos (12.6). **Sin vuestro Padre.** No sólo sin que él lo sepa; la idea, según el contexto, es que, sin la dirección de su divina providencia, ni siquiera esos acontecimientos insignificantes ocurrirían. Esa providencia tiene que ver aún con las partes mínimas de nuestro ser **(aun vuestros cabellos están todos contados). 32,33.** La expectativa del juicio divino puede también impedir que claudiquemos ante la persecución. **Cualquiera . . . que me confiese** se refiere al genuino reconocimiento de Jesús como Señor y Salvador, con todo cuanto estos nombres implican. **Delante de los hombres.** Confesión pública delante de los inquisidores humanos, en contraste con el reconocimiento que de los creyentes hará Cristo delante del **Padre que está en los cielos. Cualquiera que me niegue.** (cf. 2 Tim. 2.12). El tiempo verbal griego no se refiere a un momento aislado de negación (como en el caso de Pedro), sino a la vida en toda su extensión, que Cristo puede evaluar con precisión.

34-39. Las anteriores advertencias sobre peligros que acechan podrían hacernos pensar por qué habrían de existir tales riesgos. Explica Jesús que su mensaje, al proclamarse ante un mundo rebelde y malvado, tropezaría con la hostilidad. **Espada.** Símbolo de conflicto y división ásperos, según los ejemplos de los vv. 35-36 **Poner en disensión** significa, literalmente, *dividir en dos.* A menudo el Evangelio de Cristo ha provocado escisiones aún dentro del círculo familiar; no por defecto alguno del Evangelio, sino por la actitud rebelde de los corazones perversos y no arrepentidos. Nos muestra el ejemplo la división en una familia de cinco miembros: **padre** y **madre, hija** soltera, hijo casado **(hombre)** y **nuera** (según la costumbre oriental, ésta vivía en casa de sus suegros). **37.** Por dolorosas que tales divisiones sean, no debe el discípulo permitir que los afectos naturales debiliten en modo alguno su adhesión a Cristo. Puede que la hora llegue en que se vea forzado a elegir entre unos y otro. **38. Su cruz.** Aunque aún no había mencionado Jesús que sería crucificado, esta primera mención que hace de la cruz no requirió explicación. Los judíos habían visto a millares de sus conciudadanos crucificados por los romanos (*Ant.* XVII 10.10). Por tanto, se requiere fidelidad hasta la muerte, si necesario fuere, de quien quiera ser **digno** de ser tenido por discípulo de Cristo. **39. El que halla su vida.** *Psyche* denota aquello que anima al cuerpo y en que residen la conciencia y el espíritu. "Vida" y "alma" son dos intentos de traducir esta palabra multifacética. El sentido es: Quien salva su vida en la persecución negando a Cristo, eventualmente la perderá por la eternidad (particularmente en cuanto al alma se refiere); pero quien por su consagración a Cristo pierda su vida, salvará eternamente su alma. **40-42.** Como conclusión de sus instrucciones dice Jesús que los que padezcan persecución serán dignamente recompensados. **El que a vosotros recibe.** No como simple visitante sino como mensajero de Cristo. Considera nuestro Señor que es a él mismo a quien se le da la bienvenida. **El que recibe a un profeta por cuanto es profeta,** (vocero autorizado de Dios). Aun quien no sea profeta puede compartir la obra de aquél, y también su recompensa. **Uno de estos pequeñitos.** El más insignificante servicio en favor del menor de los siervos de Cristo (cf. Mt. 25.40) no pasará inadvertido para nuestro Señor.

7) Cristo responde a Juan, y discurso anexo. 11.1-30. Responde Jesús a la vehemente pregunta de Juan, rinde ante la multitud tributo a su precursor prisionero, y luego fustiga a las ciudades que habían rechazado al propio Cristo. **2.** Acerca de la prisión de Juan en Maqueronte, al este del Mar Muerto (*Ant.* XVIII 5.2), véase 4.12; 14.1-12. **Le envió dos de sus discípulos.** Hombres que habían mantenido su lealtad hacia Juan, y no se sentían inclinados a abandonarlo en el trance actual. **3. ¿Eres tú aquel que había de venir?** Designación corriente del Mesías (Mr. 11.9; Lc. 13.35). Vistas las anteriores declaraciones de Juan y la revelación sobrenatural que tuvo (Jn. 1.29-34), atribuirle dudas respecto a Jesús como Mesías pareciera sumamente injusto. Más problable es que, dado que al ministerio de Jesús parecía faltarle el carácter de juicio que Juan había predicho (Mt. 3.10-12), estuviera él en la duda de si habría de aparecer alguna otra figura mesiánica, tal como Elías (cf. Mal. 4.5; Jn. 1.19-21). **4-5.** La benigna respuesta de **Jesús** hizo que fijaran la atención en sus obras, que Juan habría de reconocer como credenciales mesiánicas (Is. 29.18-19; 35.5-6; 61.1). **Los muertos son resucitados.** Lucas narra un milagro tal, poco antes de esta entrevista (Lc. 7.11-17). **6. El que no halle motivo de tropiezo en mí.** (VL). Este alentador estímulo a la fe de Juan le haría recordar a él y a todos los creyentes que el reconocer en Jesús al Mesías es característica del bienaventurado espiritual (Jn. 20.31). **7-19.** Panegírico de Juan. **7. Caña sacudida por el viento.** Persona veleidosa. La intención evidente de Cristo es negar que

Juan fuese tal; por tanto, no ha de atribuirse a falta de fe su anterior pregunta. **8. Vestiduras delicadas.** En un emisario político sería de esperar el vestuario lujoso; pero el conocidísimo atuendo profético de Juan (3.4) proclamaba su misión espiritual. **9-10. Mucho más que profeta** (VL). No sólo era el último de la línea de inspirados portavoces del AT, sino el profetizado precursor del Mesías (Mal. 3.1), electo especialmente para hacer la presentación del Mesías a Israel. **11.** Por consiguiente, no hay entre los humanos otro mayor que él. Despeja Jesús cualquier sospecha de rozamientos entre él y Juan. **El más pequeño en el reino de los cielos, mayor es que él.** En esta declaración parece considerarse a Juan como excluído del **reino.** Por tanto, **el reino de los cielos** ha de entenderse todavía como el reino mesiánico que tanto Juan como Jesús anunciaron (3.2; 4.17). Juan, cuyo ministerio era preparatorio, estaba ahora preso y próximo a morir. Pero quienes habían respondido al anuncio y constituían ahora el círculo de los seguidores de Jesús eran el núcleo de su **reino.** Estaban recibiendo nuevas verdades y prerrogativas, y, después que la nación rechazara a Jesús, por especial bautismo pasarían a constituir un nuevo cuerpo espiritual, la Iglesia (parte del reino mesiánico, Col. 1.13; Ap. 20.6). Juan era el amigo del esposo, pero los discípulos pasaban a ser la esposa (Jn. 3.29). Cuando Jesús pronunció estas palabras (antes de Pentecostés, Hch. 2), **reino de los cielos** era el término más inteligible que podía emplear. **12. El reino de los cielos es tomado a viva fuerza** (VL). La voz verbal puede considerarse media: *se abre paso violentamente* (cf. Lc. 16.16), o pasiva: *es tratado violentamente.* Esta última concuerda mejor con la cláusula siguiente. Desde que Juan anunció la proximidad del reino había sido violenta la reacción, ya fuese de malignos adversarios (vv. 18,19; 14.3,4) o de los seguidores entusiastas. **Los violentos lo arrebatan.** (Cf. Lc. 16.16). Entre los más destacados seguidores de Cristo estaban los publicanos, rameras y otros notorios pecadores, que en grandes cantidades acudían a nuestro Señor. **13-15.** Juan fue el último profeta de la dispensación del AT que predijo el advenimiento del Mesías. Entre las predicciones del AT se hablaba de Elías como precursor del gran día del Señor (Mal. 4.5). Si bien el propio Juan negó ser Elías resucitado (Jn. 1.21), Jesús declara que, si los judíos hubieran recibido como debían a Cristo y a su reino, Juan habría cumplido la profecía del AT (Mt. 17.10-13; cf. Lc. 1.17). Como no fue así, Juan no cumplió todo lo que de Elías estaba profetizado; por tanto, el cumplimiento cabal es aún futuro. Este pasaje muestra claramente la naturaleza contingente del ofrecimiento del reino.

16-19. En áspero contraste con esta brillante ponderación de Juan estaba la animadversión que prevalecía contra Juan y Jesús entre la multitud. **Esta generación.** Los contemporáneos de Juan y Jesús (v. 12). **Semejante a los muchachos.** Esta sencilla parábola pinta una escena común en los contornos: el grupo de niños inquietos que no logran decidir a qué jugar (cf. Lc. 7:31-35). Tanto la proposición de jugar a las bodas (**tocar flauta, bailar**), como a los funerales (**endechar, lamentar,**) les desagradaron; así es que se quedaron sin jugar. De igual modo, el ascético ministerio de Juan hizo que lo tildaran de **endemoniado.** Y la costumbre de Jesús de hacer amistad con los pecadores y participar en sus actos sociales, hizo que maliciosa y falsamente lo acusaran de ser **comilón y bebedor de vino,** y tan malo como sus compañeros. No obstante, **la sabiduría** del proceder de uno y otro fue **justificada** (se demostró) por los resultados.

20-24. Jesús fustiga a unas ciudades, **en las cuales había hecho muchos de sus milagros.** No consta en los Evangelios que se hayan realizado milagros en **Corazín** ni en **Betsaida** (no se trata de Betsaida Julia). Es probable que estas dos aldeas estuviesen tan próximas a la ciudad de **Capernaum,** que muchos de los milagros en ésta ejecutados, fueron presenciados por moradores de los tres pueblos. **Tiro y Sidón.** Prominentes puertos fenicios, que recibieron juicios divinos en días de Nabucodonosor y Alejandro (cf. Ez. 26-28). **Cilicio y ceniza.** (cf. Jon. 3:5-8). Forma oriental corriente de demostrar la angustia. Si hubiesen tenido las oportunidades de estas ciudades judías, dice Jesús, **se hubieran arrepentido.** Por qué no se les dio tales oportunidades, es cosa que pertenece a los soberanos designios de Dios, que primero envió a Cristo a la casa de Israel. Sin embargo, los mayores privilegios espirituales que a Corazín y Betsaida se otorgaron hacen más culpable su incredulidad. En cuanto a **Capernaum,** que como "ciudad de Jesús" tuvo las mayores prerrogativas, la pregunta retórica **¿Serás ensalzada hasta el cielo?** (VL) implica una respuesta negativa. **Hasta el Hades serás abatida.** La condición de sus habitantes **en el día del juicio,** será peor que la de **Sodoma,** que fue proverbial por su iniquidad.

25-30. Jesús concluye su sermón con una explicación del por qué de la incredulidad humana, y con una benigna invitación. **25. Respondiendo Jesús.** Los versículos siguientes son una respuesta a los problemas de la anterior discusión suscita. **Te alabo, Padre.** El verbo **exomologoumai** indica una confesión o reconocimiento pleno aunado con la alabanza. **Los sabios y los entendidos.** No

se alcanza el conocimiento de Cristo y del reino por medios intelectuales o por sentido común. **Niños.** Los que en respuesta al mensaje de Cristo reconocen su impotencia espiritual, están en condiciones de recibir sus enseñanzas (18:3). Gloria del Evangelio es que tanto los sabios como los ignorantes pueden transformarse en niños. **26.** La explicación de la reacción humana está, en fin de cuentas, en lo que Dios tenga a bien (**así fue de tu agrado,** VL). (cf. Ef. 1:5; Fil. 2:13). **27. Todas las cosas me fueron entregadas por mi Padre.** Jesús afirma tener una autoridad que lo distingue de toda otra persona (cf. Mt. 28:18; Jn. 13:3). Aquí se expresa que tal autoridad abarca la revelación de Dios a los hombres. **Ni al Padre conoce alguno, sino el Hijo.** El mutuo conocimiento entre Padre e Hijo es perfecto, pero está circunscrito a ellos, en tanto no se imparta la revelación a la humanidad. **Y aquél a quien el Hijo lo quiera revelar.** El Hijo como la imagen de Dios es quien revela al Dios invisible (Col. 1:15); él es el Logos, la expresión del Dios a quien nadie ha visto. Jn. 1:1,18). Por tanto, Mateo concuerda con las ideas que Juan y Pablo expresaron con mayor frecuencia. Esto demuestra que los escritores bíblicos eran esencialmente unánimes respecto a la verdad de que el hombre depende de la gracia de Dios en Cristo en cuanto a conocimiento espiritual. **28. Venid a mí.** Vista la autoridad de que está investido el Hijo (v. 27), la invitación está pletórica de oportunidades. **Los que estáis trabajados** Aquellos cuyos fatigosos esfuerzos por lograr la paz espiritual no han aliviado la carga de las obligaciones de humana factura (23:4). **29,30. Llevad mi yugo.** Metáfora judía que indica disciplina y discipulado. "Someted a su yugo vuestro cuello, y reciba vuestra alma la instrucción" (Ecl. Sir. 51:34 Str.). Cristo es el único Maestro que mediante su persona y su obra puede instruir a los hombres respecto al Padre, y traer **descanso** a sus **almas,** que es la esencia misma de la genuina experiencia espiritual, descanso que abarca verse libre de la culpa del pecado y en posesión de la vida eterna. **Ligera mi carga.** Benditas son las obligaciones que el Evangelio implica, y junto con el yugo, se nos da la fuerza para llevarlo.

8) Oposición de los fariseos. 12:1-50. Registra Mateo una serie de incidentes que muestran la naturaleza de la hostilidad farisaica.

1-8. Los fariseos critican que en día de reposo se corten espigas. **1.** Mientras el grupo atravesaba **los sembrados,** los discípulos hicieron uso de un derecho legal al arrancar y comer trigo (Dt. 23:25). **2.** A los **fariseos,** que según parece andaban por el mismo trigal les pareció que aquello **no era lícito**, sino que implicaba infracción del **día de reposo**. La interpretación rabínica equiparaba el arrancar espigas a segar, lo cual era una *obra*. (Ex. 20:10) **3-4.** La primera respuesta de Jesús les enfrenta el ejemplo de **David** y los **panes de la proposición**. (1 S. 21:1-6). Si bien el derecho teocrático reservaba dichos panes exclusivamente para **los sacerdotes**, (Lv. 24:9), el *estado de necesidad* en el ser humano abrogaba esta regla, y los rabíes así lo entendían. **5,6.** Un segundo ejemplo muestra que la ley del día de reposo no era absoluta, pues ella misma requería que los sacerdotes trabajaran en dicho día Nm. 28:9,10). El argumento consiste en que si los sacerdotes pueden sin culpa trabajar en el día de reposo en el servicio del templo, con mucho mayor razón están exentos de culpa los discípulos cuando emplean el día de reposo en la obra de Cristo, quien es la realidad que los símbolos del templo representaban. **7.** El tercer argumento de Cristo destaca la equivocación de los judíos respecto a Os. 6:6, **misericordia y no sacrificio** (cf. Mt. 9:13). Más que exterioridades convertidas en muertas fórmulas, lo que Dios quiere es corazones rectos. Si los fariseos hubiesen tenido comprensión espiritual de Cristo y sus discípulos, se habrían ahorrado el juzgar a estos **inocentes. 8. Señor del día de reposo.** Al ser Jesús, como Hijo del Hombre, es Señor del día de reposo, quienes habían empleado tal día en seguirle habían procedido rectamente.

9-21. Los fariseos critican que en día de reposo se hagan curaciones. (Cf. Mr. 3:1-6; Lc. 6:6-11). **9. A la sinagoga.** Lucas dice que fue otro día de reposo. **10,11. ¿Es lícito sanar en el día de reposo?** No hay prohibición en el AT, pero algunos rabíes lo consideraban trabajo. Mas Jesús, al señalar lo que cualquiera haría por una pobre oveja, deja claro cuál era su propio deber. **12.** Ya que mucho **más vale** un hombre que una oveja, fuerza era que él acudiera en su ayuda. Abstenerse de hacer el bien cuando su ejecución es posible, es en realidad mal hacer (v. los relatos de Mr. y Lc.). **14.** El milagro enfureció a los **fariseos**, que de inmediato (junto con los Herodianos, Mr. 3.6) se dedicaron a tramar cómo **destruirle**. Así en Galilea, como pronto ocurriría en Jerusalén (Jn. 5.18), el odio asesino iba tomando cuerpo. Quienes tenían el sanar como violación de los mandamientos, ningún escrúpulo tenían para tramar un homicidio. **15. Se apartó de allí.** Sabedor del complot, Jesús evitó por de pronto el choque directo, porque aún no había llegado su hora. Trasladó entonces su ministerio a otra región (Mr. 3.7), **y sanaba a todos. 16.** No obstante, advertía a quienes sanaba (especialmente a los endemoniados Mr. 3. 11,12), que

no se valieran de los milagros como medio de hacerlo notorio como Mesías, para no excitar a las turbas y a la oposición. **17-21. Para que se cumpliese.** Este ministerio de gracia, nada provocativo, es, según Mateo, consecuente con la profecía mesiánica (Is. 42.1-4). Porque al hacer énfasis en los aspectos de justicia y espiritualidad del reino, no profería Jesús arenga alguna ni caía en la demagogia política. Tampoco usaba a los débiles como peldaños para alcanzar sus fines **Pábilo que humea**: la mecha a punto de extinguirse en la lámpara, por falta de aceite, simboliza a los débiles.

22-37. Los fariseos critican a Cristo por lanzar demonios. **22. Un endemoniado.** Dos consecuencias secundarias se habían derivado de la posesión demoníaca: ceguera y mudez. Al sanarle, se eliminaron los tres males. **23. ¿Será éste aquel Hijo de David?** La respuesta negativa que la pregunta implica revela que si bien el milagro había hecho pensar en la posibilidad de que fuese el Mesías (**Hijo de David**, cf. 1.20; 9-27), la gente estaba predispuesta a la incredulidad. **24.** La maliciosa acusación de que Cristo obtenía su poder sobre los demonios mediante una alianza con **Beelzebul** (v. com. de 10.25) fue de pleno conocimiento de Cristo, que públicamente la refutó en forma irrebatible. **25-26.** La sola tendencia de un **reino, ciudad** o **casa divididos**, a destruirse a sí mismos, refuta la acusación, porque al expulsar a los demonios, naturalmente Jesús frustraba la obra de Satanás, y hemos de conocer que éste posee una razonable astucia. (Tampoco cabe pensar que Satanás haya accedido a una expulsión así con miras a producir confusión, pues no fue éste un caso aislado de lanzamiento). **27. ¿Por quién los echan vuestros hijos?** Ya que algunos asociados de estos fariseos (cf. la expresión "hijos de los profetas" en el AT) decían tener poderes de exorcismo, muy ilógico resultaba atribuir efectos similares a causas diferentes. La validez de los exorcismos de los judíos no es punto pertinente a este argumento (*ad hominem*). El hecho de que los fariseos afirmaran la existencia de tales poderes da eficacia al argumento. Pero si lo que Jesús implica es que por lo menos algunos de los exorcismos farisaicos eran legítimos, ha de concluirse que el poder les venía de Dios (de lo contrario, se debilita mucho el argumento de Cristo). **28,29.** El último argumento de Cristo atrae la atención sobre su propio ministerio, particularmente sobre la expulsión de demonios, que constituía evidencia suficiente de que había **llegado el reino de Dios.** La descripción del ministerio de Cristo como la entrada en **la casa del hombre fuerte** (los dominios de Satanás) y el saqueo de **sus bienes** (el poder de Cristo sobre los demonios), suministra prueba evidente de que el **hombre fuerte** (Satanás) **primero** ha sido atado. La victoria de Jesús sobre Satanás en la tentación (4.1-11) demostró la superioridad de nuestro Señor. **30. El que no es conmigo, contra mí es.** En el conflicto con Satanás, es imposible ser neutral. **31-32. Todo pecado y blasfemia será perdonado a los hombres.** Es el principio general. La expiación efectuada por Cristo en el Calvario sería suficiente para remitir la culpa de todo pecado, aún de las más graves injurias contra Dios **(blasfemia).** Pero hay un pecado imperdonable: **la blasfemia contra el Espíritu Santo.** Visto el principio previamente establecido por Cristo, esta falta de perdón no puede obedecer a insuficiencia de la expiación, ni tampoco podemos inferir que la tercera persona de la Trinidad sea especialmente sagrada. Muchos explican este pecado como el atribuir al poder satánico la obra maravillosa del Espíritu Santo (cf. Mr. 3.29-30), y consideran imposible que hoy día se cometa (Chafer, Broadus, Gaebelein). Pero otros consideran que la acusación de los fariseos era un simple síntoma, y no el propio pecado. Los versículos siguientes demuestran que el corazón corrompido es la causa del pecado. La obra especial del Espíritu es producir convicción y arrepentimiento, y hacer que el hombre se vuelva permeable a la invitación de Cristo. De aquí que los corazones que odian a Dios y blasfeman contra Cristo (1 Ti. 1.13), aún pueden ser llevados por el Espíritu a la convicción y el arrepentimiento. Pero el que rechaza toda insinuación del Espíritu se aísla de la única influencia que puede conducirlo al perdón (Jn. 3.36). Que es posible llegar en esta vida a tal empedernimiento se halla claramente implícito en el pasaje. De los tales dice el AT que proceden "con soberbia" (Nm. 15.30); no hay expiación posible para los tales. Como el hombre no puede ver los corazones, le es imposible juzgar quiénes hayan llegado a tal condición. Que tal pecado sea realmente posible no desdice la invitación del evangelio a todo "el que quiera", ya que la misma naturaleza de aquel pecado hará que sus víctimas "no quieran" aceptar. No se dice si los fariseos que escuchaban a Jesús habían caído plenamente en este pecado, pero la admonición es clara. Su mucha ilustración aumentaba su responsabilidad; su anterior hostilidad demostraba su cerrada incredulidad. **33-35. Haced el árbol bueno.** Pasaje similar a 7.16-20, en que las palabras del hombre aparecen como indicios de la condición del **corazón. 36,37. En el día del juicio,** el Señor examinará la vida entera de cada cual, incluso **toda palabra ociosa** (no necesariamente mala), que emane de su corazón. Sólo el divino Juez puede anotar, evaluar y sentenciar en asuntos tales.

38-45. Escribas y fariseos demandan señal. **38. Deseamos ver de ti señal.** Desdeñaban los milagros anteriores. Lo que pretendían era algún acto sensacional acorde con su noción sobre el Mesías (cf. Mt. 16.1); una señal que no demandara fe, sino vista. **39. Generación adúltera.** Describe a la nación como espiritualmente infiel a sus votos para con Jehová (cf. Jer. 3:14,20). A esa nación se le predice aquí la magna señal de la resurrección (que ya se había sugerido en Jn. 2.19-21). **40. Jonás,** liberado del **vientre del gran pez,** fue símbolo del cercano enterramiento y resurrección de Jesús, después de **tres días y tres noches en el corazón de la tierra.** Los que sostienen la tradición de que la crucifixión fue en viernes, explican que se trata de una expresión idiomática referente a parte de tres días (viernes, sábado y domingo). Los que afirman que la crucifixión fue en miércoles explican literalmente la referencia: setenta y dos horas, desde el anochecer del miércoles hasta el del sábado (p ej. W.G. Scroggie, *Guide to the Gospels,* pp. 569-577). **41.** Los ninivitas, tras recibir a Jonás y su mensaje, **se arrepintieron.** Con ello, dejaron muy mal parado a Israel, que, como nación, continuó impenitente antes y después de la resurrección, a pesar de que tuvo ante sí a uno **mayor que Jonás** (VL). **42.** De igual manera el interés que por la **sabiduría** de Salomón (que era don de Dios) demostró la **reina** de Sabá (1 R. 10.1-13) hará que **en el juicio** luzca en infeliz contraste con la común incredulidad de los judíos. **43-45.** Una parábola notable, surgida de la ocasión (12:22 ss.), retrata la precaria situación de Israel (y de los fariseos). El demonio expulsado que no halla sitio de reposo en **lugares secos** (morada de demonios según Is. 13.21; Baruc 4.35; Ap. 18.2), regresa a su **casa** anterior, más atractiva ahora **(barrida y adornada)** y **desocupada.** Entra de nuevo, con otros siete espíritus, y la consecuencia es mayor degeneración. **Así también acontecerá.** Israel (como nación y como individuos), había sido moralmente purificado por los ministerios de Juan y de Jesús. A partir del exilio se habían desarraigado los males de la idolatría desembozada. Pero en la mayoría de los casos aquella reforma, que debió ser preparatoria, se había estancado. La casa de Israel estaba "desocupada", vacía. No se invitó a Jesús a que la ocupara. Por lo tanto, esta **mala generación** habrá de degenerar más aún. Pocas décadas después, estos mismos judíos hubieron de arrostrar los horrores de los años 66-70. Los miembros de esta raza (*genea*) que vivan al final de los tiempos, serán atormentados por los demonios (Ap. 9.1-11). **46-50.** La madre y los hermanos de Cristo. **46-47. Su madre y sus hermanos.** Presumiblemente se trata de hijos de José y María, nacidos después de Jesús. **Le querían hablar** indica que lo intentaban, pero que el gentío era demasiado grande (Lc. 8.19). Salta a la vista el motivo de su preocupación. Ya antes la predicación de Jesús en Nazaret había obligado a la familia a trasladarse a Capernaum (4.13; Lc. 4.16-31; Jn. 2.12). Ahora él había desatado la pública y blasfema oposición farisaica. Además había informes de sus amigos de que la tensión de su ministerio le estaba minando la salud (Mr. 3.21). El v. 47 da pocos detalles adicionales, y muchos manuscritos antiguos lo omiten. **48. ¿Quién es mi madre?** Mediante esta sorprendente pregunta despierta Jesús la atención de la multitud para que reciba una preciosa verdad. **50. Todo aquel que hace la voluntad de mi Padre.** Este "hacer" no implica en forma alguna la justificación por las obras; es la respuesta del hombre a la invitación de Cristo. "Esta es la obra de Dios, que creáis en el que él ha enviado" (Jn. 6.29). La relación espiritual entre Cristo y los creyentes es más íntima que el más íntimo nexo familiar. La pregunta no implicaba falta de respeto a María ni a sus hermanos, pues más adelante hemos de hallarlos participando de esta relación espiritual (Hch. 1.14). Pero tampoco hay ni la menor insinuación de que la madre de Jesús tuviese privilegio alguno para influir en él.

9) Parábolas del reino. 13. 1-58. Esta primera serie extensa de parábolas se pronunció en uno de los días más atareados del ministerio de Jesús de que se conserve registro. El relato de Mateo contiene siete parábolas y una final como aplicación. Marcos registra cuatro, incluyendo una que no aparece en Mateo. En Lucas hallamos tres, pero no juntas. Jesús dio la interpretación de dos de las parábolas (El Sembrador, La Cizaña), y parcialmente de otra (La Red); esto suministra el plan para comprender las demás. **1. Aquel día.** Sólo Mateo liga este hecho con la narración anterior. Era tal el gentío (por cuya causa ni siquiera su familia logró acercarse a él, 12.46), que **Jesús salió de la casa y se sentó junto al mar. 2.** Valiéndose de una barca como plataforma, **se sentó** según costumbre de los maestros, y habló a los que estaban **en la playa. 3. Parábolas.** Eran narraciones plausibles mediante las cuales Jesús trasmitía la verdad espiritual por comparaciones. Si bien Jesús no inventó esta forma de enseñanza, en su aplicación de las parábolas superó ampliamente a todo otro maestro por su eficacia y por la profundidad de la verdad que contenían. **3-23.** El sembrador. **3. El sembrador.** El artículo definido probablemente sea genérico. Todos los sembradores procedían igual. **4.** Al esparcir la semilla, **una parte** cayó en el sendero reseco que atravesaba el trigal. Esos

granos que se quedaron en la superficie, pronto atrajeron a **las aves. 5-6. Pedregales.** No era tierra cubierta de piedras, sino un yacimiento rocoso cubierto por una delgada capa de tierra. Allí el grano germinaría pronto, pues el sol calentaría rápidamente dicha capa; pero por falta de **profundidad** y humedad la planta pronto habría de **quemarse y secarse. 7. Entre espinos.** Terreno infestado de raíces de espino que el arado no había logrado eliminar. **8. Buena tierra.** La fértil tierra de Galilea era capaz de producir cosechas como las que aquí se mencionan (W.M. Thomson, *op. cit.*, p. 83). **9. El que tiene oídos para oír, oiga.** Indicación de que esta sencilla historia, sin exordio ni explicación, tenía un significado más profundo.

10-17. Respondiendo a la pregunta de los discípulos, Jesús explica por qué habla en parábolas. **¿Por qué?** Anteriormente había empleado parábolas, pero es obvio que esta ocasión era diferente. Ahora las propias parábolas constituían la base de la enseñanza; no eran simples ejemplos. **11. Los misterios del reino de los cielos** identifica el contenido de estas parábolas como revelación, hasta el momento oculta, sobre el reino. La interpretación las conecta con el presente. Las glorias del reino mesiánico estaban claramente bosquejadas en el AT. Pero el rechazamiento del Mesías y el intervalo entre su primera y su segunda venidas no se comprendía. Estas parábolas describen la extraña forma del reino mientras el rey está ausente, tiempo durante el cual se predica el Evangelio y se constituye un núcleo espiritual para el establecimiento del reino mesiánico (Col. 1.13; Mt. 25.34). La revelación de estos **misterios** por medio de parábolas obedecía a la existencia de dos grupos diferentes: **a vosotros os es dado . . . mas a ellos no les es dado. 12. A cualquiera que tiene.** Los discípulos, que por fe habían respondido a Jesús, ya tenían mucha verdad respecto al Mesías y sus planes. La meditación cuidadosa de estas parábolos los iluminaría más aún. **Al que no tiene.** A los incrédulos recalcitrantes que habían rechazado las anteriores enseñanzas de Jesús (cf. cps. 10 y 11) no se les entregarían las verdades desnudas para que las pisotearan (cf. 7.6). Pero aun en esto se manifiesta la gracia, ya que se les ahorraba la mayor culpabilidad de rechazar la enseñanza más patente, y quedaba la posibilidad de que la sugestiva parábola despertase la curiosidad y produjese un cambio de corazón. **13-15.** El empedernimiento espiritual del pueblo, como cumplimiento parcial **(de manera que se cumple)** de Is. 6.9,10. La cita de Mateo se basa en la LXX, y destaca la obstinada incredulidad del pueblo. (La expresión hebrea, *el corazón de este pueblo se ha engrosado*, presenta esa condición como castigo de Dios por su dureza espiritual). **16,17.** Los discípulos, por haber respondido al Mesías, eran receptores de privilegios que desearon los profetas y justos de la economía del AT (cf. 1 P. 1.10-12). **18-23.** La explicación que Jesús da a la parábola expresa que humanamente hablando, el destino de la Palabra en esta época obedece a la condición del corazón de los hombres. **18. El sembrador.** No se identifica, pero según la siguiente parábola es el propio Cristo y quienes lo representan (13.37). **19. La palabra del reino,** (palabra de Dios, Lc. 8.11), representada por la semilla, es el mensaje que concerniente a sí mismo y a su reino proclamó Jesús. **El que fue sembrado junto al camino.** No hay incongruencia de figuras, sino que se contempla la semilla plantada culminar en planta, representando así el caso individual. El oyente de la vera del camino es del todo insensible; pronto Satanás **(el malo),** personalmente o mediante sus agentes **(las aves,** v. suelen simbolizar el mal: Jer. 5.26-27; Ap. 18.2), borra toda impresión espiritual. **20-21.** La semilla sobre el yacimiento pétreo describe al oyente superficial, emotivo **(al momento . . . con gozo),** cuyo entusiasmo inicial se agosta por completo bajo el vigorizante y necesario sol de **la aflicción o la persecución. 22.** La semilla que germina **entre espinos** retrata al oyente que tiene el corazón embargado de **afanes** y de intereses mundanos (las espinas ya se hallaban en el terreno, aunque no eran visibles al tiempo de la siembra). La lealtad dividida impide que maduren los valores espirituales. **23.** Los únicos oyentes que reciben aprobación son los de la **buena tierra.** Sólo éstos dan **fruto** (Gá. 5.22,23), y la fructificación es la prueba de la vida (Jn. 15:1-6). La explicación de cómo los corazones llegaron a ese estado está fuera de los límites de esta parábola. **24-30.** La cizaña. La interpretación se halla en 13.36-43. **24.El reino de los cielos es semejante a un hombre.** Caracteriza Cristo el interregno mediante el hombre a quien ocurrió lo siguiente. **25,26. Mientras dormía.** De noche, la ocasión más propicia para esta maldad. Ni en la parábola ni en su interpretación se atribuye a negligencia este detalle. **Cizaña.** Según común consenso se trata del cominillo (lolium temulentum), mala yerba prácticamente imposible de distinguir del trigo hasta que se desarrolla la espiga. **27. ¿De dónde, pues, tiene cizaña?** La extensa proliferación no podía atribuirse a mera casualidad (p. ej., semilla esparcida por el viento), sino únicamente a una siembra deliberada. ¿No era obvio, sin embargo, que el padre de familia había sembrado buena semilla? (La respuesta afirmativa está implícita.) **28. Un enemigo ha hecho esto.** Hay constancia documental de daños intencionales como éste (Alford, *New Testament for English Readers,* pp. 98, 99). **29,30. La siega.** Cuando ya las diferencias entre trigo y cizaña se habrían acentuado, haciendo la separación menos dispendiosa para los **segadores.** Primero se ataba la cizaña en manojos **para quemarla,** y luego se recogía el trigo.

31-32. La semilla de mostaza. Esta y las dos parábolas anteriores se asemejan en que todas mencionan un hombre, un campo y una semilla. La interpretación consecuente nos presenta al **hombre** como Cristo, **el campo** como el mundo, y **la semilla** como la Palabra que anuncia a Cristo y su reino. **Semilla de mostaza.** Su pequeñez era proverbial (cf. Mt. 17.20). Pero en esta ocasión se desarrolla hasta hacerse **mayor que las hortalizas** (HA), y se hace árbol. Los viajeros han observado en Palestina casos de crecimiento desmesurado, pero rara vez o nunca al extremo que aquí se describe (cf. Mr. 4.32). Que tal desarrollo se considera indeseable lo sugieren **las aves** que **hacen nidos en sus ramas.** En esta serie de parábolas las aves son agentes del mal (13.4, 19), como con frecuencia aparecen en las Escrituras (Jer. 5.26,27; Ap. 18.2). Confirma la historia que de mínimos comienzos se desarrolló asombrosamente la iglesia mediante la proclamación del mensaje de Cristo. Pero ese insólito crecimiento dio lugar a que en ella anidaran los enemigos de Dios, que para provecho propio buscan la sombra y los frutos del árbol (hasta a las naciones les agrada que las llamen "cristianas"). Se previene a los discípulos que la simple grandeza de lo que aparenta ser el reino de Cristo, no contradice en esencia la enseñanza del Señor, respecto a que los creyentes genuinos constituyen una manada pequeña en medio de lobos (Lc. 12.32; Mt. 10.6).

33-35. La levadura. Aunque algunos interpretan esta parábola y la anterior como descriptivas de la creciente influencia del Evangelio, con ello tuercen el empleo que de estos símbolos hace Jesús en otras porciones, así como el sentido de otras parábolas (p. ej., la cizaña), que demuestran que el mal existirá hasta la consumación de los siglos. **Levadura.** Pedazo de masa añeja, sumamente fermentada. La levadura por lo común simboliza en el AT al mal. En el uso que Cristo más adelante hace del símbolo, se refiere a malas doctrinas de los fariseos y Saduceos y de Herodes (Mt. 16.6-12; Mr. 8.15). Las referencias de Pablo (1 Co. 5.6,7; Gá. 5.9), en que claramente se simboliza con la levadura el mal, parecen muy influidas por la parábola de Cristo. **Tres medidas de harina.** Cantidad aparentemente usual para hornear (Gn. 18.6). La **mujer** (en contraste con el **hombre** de las otras parábolas) es adversa a Cristo e inocula su falsa doctrina en el reino de este siglo. En otras partes se la denomina "Maldad" (Zac. 5.7,8), "Jezabel" (Ap. 2:20 ss.), y "la gran ramera" (Ap. 17:1 ss). El símil de la levadura en la masa previene a los creyentes que se guarden de la falsa doctrina que habría de infiltrarse en todas partes del reino en su fase de interregno.

34,35. En esta ocasión habló Cristo en público **(a la gente)** sólo mediante símbolos, sin dar la interpretación. Unicamente a los discípulos les explicó el simbolismo (13.10 ss.; 13.36 ss.). Mateo veía en esto una aplicación de Sal. 78.2, y en Jesús el más completo cumplimiento de la función profética.

36-43. Cristo interpreta "La Cizaña". La parábola se halla en 13:24-30. **36. Explícanos la parábola.** Era más complicada que las de la semilla de mostaza y la levadura, y su implicación de que el mal persistiría quizá haya chocado con las nociones de los discípulos. La explicación que nuestro Señor da a los símbolos demuestra que los rasgos sobresalientes son importantes, pero que ciertos detalles sirven sólo para dar forma a la historia y no son simbólicos (p. ej., los hombres dormidos, los siervos, el hecho de atar los manojos). **38,39. El campo es el mundo.** No es la iglesia. **Los hijos del reino.** Igual que en la explicación del Sembrador, en este caso la semilla ha producido plantas (13:19). Así como surgen los genuinos creyentes de Cristo, surge una falsificación del **diablo,** cuyos **hijos** a menudo se disfrazan de creyentes (2 Co. 11:13-15). **40-43.** Aunque en las etapas iniciales es imposible realizar una desyerba eficaz (v. 29), al final se encargará a los **ángeles** de **recoger** la cizaña **del reino.** Así que la cizaña del mundo se considera también, en algún sentido, como el reino. Ha de referirse, por tanto, a la forma particular que el reino asume durante el interregno. La eliminación definitiva la realizarán los ángeles en **fin del siglo:** el final de las setenta semanas de Daniel, y el tiempo de la segunda venida de Cristo, cuando establecerá su glorioso reino (Mt. 25:31-46; Dn. 12:3). Ha de observarse otra vez que no son coextensivos la iglesia y el reino, si bien antes del rapto los súbditos del reino son también miembros de la iglesia. Después de la remoción de la iglesia en el rapto, habrá en la tierra súbditos del reino durante la Tribulación. La afirmación de que "primero" se recogerá la cizaña (vv. 30, 41-43) claramente demuestra que esto no ocurre durante el rapto (ocasión en que se recoge a los santos) sino al final de la tribulación. Véase una declaración similar en el comentario sobre Mt. 24:40-42, donde se juzga a los que son tomados, mientras los que son dejados entran en la bienaventuranza.

44. El tesoro escondido. Si bien suele interpretarse el tesoro como Cristo, el Evangelio, la salvación o la iglesia, para obtener los cuales debe estar dispuesto el pecador a sacrificarlo todo, y el empleo consecuente de **hombre** en esta serie para designar a Cristo, la circunstancia de que lo vuelva a esconder después de hallarlo, hacen improbable tal interpretación. Más bien **el tesoro escondido en un campo** señala el sitio de la nación israelita durante el interregno (Ex. 19:5; Sal. 135:4). A esta oscura nación vino Cristo. Pero la nación lo rechazó, y entonces, por designio divino, fue derrocada de su momentánea prominencia; hasta el día de hoy, en las apariencias externas, parece nebulosa su relación con el reino mesiánico (Mt. 21:43). Pero Cristo dio hasta su vida **(todo lo que tiene)** para comprar el campo entero (el mundo, 2 Co. 5:19; 1 Jn. 2:2), y así obtuvo el dominio absoluto por derecho de hallazgo y de redención. Cuando él regrese se desenterrará el tesoro y se expondrá a plena luz (Zac. 12, 13).

45,46. La perla. Esta parábola, semejante en su movimiento a la del tesoro escondido, suele explicarse de igual modo. Pero tales explicaciones están expuestas a algunas de las mismas objeciones. Sería consecuente, sin embargo, considerar al **mercader** como Cristo, que vino a buscar hombres y mujeres **(buenas perlas)** que aceptaran a Cristo y su mensaje. El dio eventualmente su vida **(todo lo que tenía)** para comprar **una perla preciosa** (1 Co. 6:20). Esa perla única es retrato de aquella otra gran compañía de los, la iglesia, integrada por hombres y mujeres, hechos uno solo en la iglesia (1 Co. 10:17; 12:12,13).

47-50. La red. Parábola semejante a la de la cizaña, pero con distinto énfasis. Esta **red** es la gran red barredera, que suele dejarse en el agua durante algún tiempo. Simboliza el Evangelio, que fue lanzado al mundo (el **mar** a menudo simboliza en la Escritura a las naciones sin sosiego, Lc. 21.25; Dn. 7.3,17) por Cristo y sus apóstoles. Entre las diversas clases de **peces** que la red encierra, hay peces **malos,** que Jesús interpreta como **los malos** (los impíos), que en la parábola de la cizaña se ve que fueron introducidos por Satanás (cf. las aves en las ramas, v. 32). No todos los que parecen haber aceptado el Evangelio son genuinamente convertidos.

51-53. Epílogo de las parábolas. Los discípulos, que habían recibido no sólo las parábolas sino las normas para interpretarlas (cf. Mr. 4.34), mostraron haber comprendido la enseñanza. Entonces Jesús comparó la posición de ellos como **escribas doctos** (maestros e intérpretes de la verdad de Dios) con la de un eficiente padre de familia que cuenta con un rico tesoro para la ejecución de sus funciones. **Cosas nuevas y**

cosas viejas. Antiguas verdades atesoradas en el AT, y verdades nuevas como las que en estas parábolas se les revelaban.

54-58. Una visita a Nazaret. Mateo narra aquí este incidente como vívido ejemplo de lo extendida que estaba la oposición que obligó al uso del método parabólico (13.11-15). Esta visita, que también consta en Mr. 6.1-6, es posterior a la que se registra en Lc. 4.16-30 (ocurrida antes de Mt. 4.13). **54. Su tierra.** Nazaret y sus aledaños. **55. Hijo del carpintero.** El relato de Marcos (6.3) dice que algunos llamaban a Jesús "el carpintero", lo cual muestra que nuestro Señor había aprendido el oficio de José. **Sus hermanos.** (Sobre si eran hermanos uterinos, hermanastros o primos, véase una amplia exposición en J.A. Broadus, *Comentario sobre el Evangelio de Mateo*, pp. 396-399, o P.S. Schaff, en el *Commentary on Matthew* de Lange, pp. 255-260). En ausencia de indicación alguna de que haya de entenderse de estos **hermanos** un parentesco especial, ha de inferirse el sentido corriente de que eran hijos de José y María. Parece muy probable que dos de ellos, **Jacobo** y **Judas**, sean autores de sendas epístolas del NT. **56,57.** Aunque la madre y los hermanos de Jesús se habían trasladado a Capernaum (4.13), es evidente que sus hermanas se habían casado y permanecían en Nazaret (**con nosotros**). Como la niñez y mocedad de Cristo no se habían destacado por ningún portento (cf. Jn. 2:11), la gente de su aldea no podía explicar ni aceptar su nueva posición. Por esto Jesús nuevamente se vale del mismo proverbio para explicar la actitud de ellos (Lc. 4.24). **58. No hizo allí muchos milagros.** Sólo unas cuantas (Mr. 6.5). **A causa de la incredulidad de ellos.** El poder de Cristo no dependía de la fe de los hombres (cf. Jn. 9.6, 36; Lc. 7.11-15). No obstante, la incredulidad restaba muchas oportunidades de realizar milagros, por cuanto no eran muchos los que a él acudían.

10) Retraimiento de Jesús tras la decapitación de Juan. 14.1-36. El interés de Herodes en los informes referentes a Jesús fueron para nuestro Señor la señal para su retiro. El orden que sigue Mateo, hasta aquí determinado por los temas, se vuelve ahora cronológico.

14.1-12. La conciencia culpable de Herodes. **1. Herodes el tetrarca.** Herodes Antipas, hijo de Herodes el Grande, gobernaba en Galilea y Perea. Su desconocimiento de la obra de Jesús hasta este punto puede haber obedecido a ausencia del país o a su vida sibarítica, que lo alejaba de todo interés en cuestiones religiosas. **2. Este es Juan el Bautista.** Herodes eventualmente adoptó esta versión, que ya otros habían sugerido (Lc. 9.7), atribuyendo los milagros a un Juan

resucitado, aunque en vida Juan no realizó milagro alguno. **3,4. Herodías.** Hija de Aristóbulo, hermanastro de Antipas. Se había casado con su propio tío, Herodes Filipo, del cual había tenido una hija, Salomé. Pero Antipas la persuadió a que abandonara a su marido y se casara con él, no obstante que él estaba casado con la hija del rey Aretas (la cual se refugió junto a su padre, tras lo cual se suscitó una guerra). Tal matrimonio era adúltero e incestuoso. **5. Quería matarle.** Herodes era presa de un conflicto de emociones (v. 9). La presión de Herodías chocaba con las consideraciones políticas y aun personales de él (Mr. 6:20), lo cual había demorado la resolución definitiva respecto a Juan. **6,7.** Pero la implacable Herodías no cejaba, y la fiesta de **cumpleaños** de Herodes fue su oportunidad de vengarse. Mediante el envilecimiento de su propia hija al enviarla a ejecutar delante de Herodes y sus cortesanos una danza sensual, le arrancó a este gobernante títere una grandiosa promesa, digna de un rey persa (Mr. 6:23; cf. Est. 5:3). **8-11. Instigada por su madre** (VL). Aquí aparece la raíz de la conspiración. **Dame aquí en un plato la cabeza de Juan el Bautista.** Aprovechando la oportunidad, hizo su sangrienta petición, que no daba pie a la evasión ni a la dilación. Este banquete ha de haberse efectuado en Maqueronte, donde Juan estaba preso (*Ant.*, XVIII 5:2). **12. Llegaron sus discípulos,** y después de enterrar el cuerpo acéfalo, informaron a Jesús. El problema de otros días (11:2-6) se había resuelto satisfactoriamente; ahora los discípulos de Juan lógicamente acuden a Jesús. Es muy probable que se le hayan unido.

13-21. Alimentación de los cinco mil. Es el único milagro de Jesús que consta en los cuatro evangelios. Ocurrió en la época de la pascua (Jn. 6:4), un año, por tanto, antes de la muerte de Cristo. **13-14. Oyéndolo Jesús, se apartó.** El asesinato de Juan por órdenes de Herodes y el subsiguiente interés de éste en las actividades de Jesús fueron la causa de este retiro. Otra causa fue que cumplida su misión, los Doce habían regresado, y necesitaban reposar lejos del gentío y recibir más enseñanzas de Jesús. (Mr. 6:30; Lc. 9:10). No obstante, pronto hubo Jesús de renunciar a la intimidad para servir a la multitud que **a pie** le había seguido. **15. Al caer la tarde** (VL). Los judíos distinguían dos atardeceres: el primero comenzaba por ahí de las tres de la tarde, y el segundo a la puesta del sol (cf. Ex. 12:6). El v. 15 se refiere al primer atardecer; el 23, al segundo. La armonía demanda colocar los acontecimientos de Jn. 6:5-7 antes de esto. Pero aunque ya desde temprano Jesús le había planteado el problema a Felipe, no habían los **discípulos** hallado mejor solución que **despedir a la multitud.** Ya **la hora** era **pasada** para hallar alojamiento y comida en esta despoblada región (Lc. 9:12). **16-18. Dadles vosotros de comer.** La intención de Cristo al encargarles esto era hacerles sentir que la asociación con él incluye la provisión para toda necesidad. Andrés mencionó al muchacho que tenía **cinco panes** de cebada y **dos peces,** pero no parece haber tenido idea alguna de las posibilidades divinas (Jn. 6:8,9). **19.** No obstante, Jesús pidió que la multitud se reclinara ordenadamente **sobre la hierba,** y después que **bendijo** los panes y los peces (lo cual equivale a "dar gracias", Jn. 6:11), los distribuyó, por manos de **los discípulos, a la multitud. 20. Pedazos.** Porciones que no fueron comidas (no simplemente migajas, en este caso). **Doce cestas llenas.** Cestas pequeñas de mimbre (a diferencia de las canastas grandes que se mencionan en 15:37), que se empleaban para llevar objetos en los viajes. Puede que hayan pertenecido a los apóstoles, y que los fragmentos recogidos les hayan servido de provisión. **21. Cinco mil hombres, sin contar las mujeres y los niños.** La proximidad de la pascua hace pensar que quizá éstos se estaban reuniendo en Galilea para viajar a Jerusalén.

22-36. Cristo anda sobre el mar. 22. En seguida Jesús hizo a sus discípulos entrar. La urgencia de esta partida obedecía al intento de la multitud de hacerlo rey a la fuerza (Jn. 6:15). **23. El monte.** Sitio apartado para la oración, separada de los reclamos de la turba carente de espiritualidad. La significación de esta situación, semejante a la de la tercera tentación de Satanás (4:8,9), hizo que Jesús acudiera a la oración, para que su propósito no fluctuara. Desde este **monte** podía Jesús contemplar a sus discípulos en su barca (Mr. 6:48). **La noche.** Cf. comentario del v. 15. **24.** Algunos manuscritos antiguos dicen **en medio del mar,** y otros, "distaba ya de tierra muchos estadios" (VL). Jn. 6:19 indica que la distancia desde la playa ha de haber sido entre cinco y seis kilómetros. **25. La cuarta vigilia.** De 3 de la madrugada a 6 de la mañana. Los hombres habían estado remando casi desde la puesta del sol, y estaban casi agotados. El mar embravecido y los vientos contrarios les impedían avanzar. Si bien los discípulos habían sido testigos del poder de Jesús sobre la tormenta (Mt. 8:23-27), esta vez no estaba él con ellos. La nueva lección que habían de aprender es que el poder de Cristo los sostendría en toda tarea por él encomendada, ya estuviera él físicamente presente o no. **Andando sobre el mar.** Esto requería tener dominio sobre la gravedad, el viento y las ondas. **26. Un fantasma.** Llenos de pánico, los discípulos cedieron a la supersti-

ción vulgar. Quizá lo tomaron como un presagio de muerte para ellos. **27. Yo soy.** En noche tan lóbrega y tempestuosa, la voz familiar les devolvió la confianza cuando la vista resultaba insuficiente.

28-33. Sólo Mateo cuenta que Pedro anduvo sobre el mar. **28,29. Señor, si eres tú...** Con característica impulsividad, quería que le ordenaran ir a Jesús **sobre las aguas.** Pero acusarlo de ostentación es buscar defectos que Jesús no señala. **30. Al ver el fuerte viento,** es decir, al notar los efectos del mismo. Aunque desde antes el viento era igualmente fuerte, Pedro había concentrado toda su atención en su fe en Jesús, y Jesús premió su fe otorgándole un poder sobrenatural. Al perder esa concentración de fe, Pedro volvió a caer bajo el dominio de las fuerzas de la naturaleza. **31. Jesús extendiendo la mano...** Nuevo despliegue de poder sobrenatural, y no mero socorro humano. **Hombre de poca fe.** Se había realizado el milagro para demostrar, en primer lugar, que la fe en Jesús como Mesías divino basta para toda tarea que se nos encargue, y en segundo lugar, que la negativa de Jesús a aceptar las proposiciones políticas de la multitud (Jn. 6:15) no tenía por qué desalentarlos. **32,33. Eres Hijo de Dios.** Equivale a divino Libertador, Mesías o Cristo. Si bien ya antes los discípulos habían hecho esta identificación (Jn. 1:41,49), progresivamente aumentaba en los Doce la comprensión del significado de dichos términos.

34-36. Vinieron a tierra de Genesaret. Fértil llanura, unos cuantos kilómetros al sur de Capernaum. Ya que el discurso de la sinagoga de Capernaum parece haberse pronunciado el día siguiente al milagro de la alimentación milagrosa (Jn. 6:22,59), puede que este párrafo sea una descripción general de acontecimientos ocurridos durante varios días o semanas, antes y después de la visita a Capernaum. El deseo que los enfermos tenían de **tocar el borde de su manto** quizá haya tenido por causa la noticia de la curación de una hemorragia, efectuada antes en esta región. (9:20).

11) Choque con los fariseos respecto a la tradición: 15:1-20. La oposición local de los fariseos de Galilea se refuerza con una delegación de Jerusalén. En este último año la oposición iría en aumento, tanto en frecuencia como en intensidad. **1. Escribas y fariseos de Jerusalén.** Probablemente enviados desde la capital especialmente para vigilar a Jesús y hostigarlo. **2. ¿Por qué tus discípulos quebrantan...?** Aunque la acusación es sinuosa, claramente se atribuye a las enseñanzas de Jesús la transgresión. **No se lavan las manos.** La costumbre rabínica (no mosaica), tenía fundamento ceremonial y no higiénico. Se tenía popularmente por

más obligante que la propia ley, y algunos rabíes llegaban a extremos absurdos en su observancia (cf. Mr. 7:4). **3. ¿Por qué también vosotros quebrantáis el mandamiento de Dios?** Admisión de que los discípulos de Cristo quebrantaban la tradición de los ancianos, pero el contraste con **el mandamiento de Dios** demostraba la lógica que en ello había. **4-6.** Algunas tradiciones de hecho quebrantaban la ley. Se violaba el quinto mandamiento (Ex. 20:12; 21:17) mediante la cruel artimaña de llamar "ofrenda a Dios" cuanto pudiera servir para el sostén de los padres, privando a éstos de posibilidad de reclamo. ¡Como si Dios quisiera de un hombre lo que a los padres de éste les corresponde! No se dilucida si en fin de cuentas se entregaban a Dios tales bienes, aunque hay evidencias de que se cometían abusos. **7-9.** Como resumen cita Jesús Is. 29:13, en que **este pueblo** puede interpretarse, no sólo como contemporáneos del profeta, sino como la nación israelita a través de su historia; o de otro modo, la denuncia por Isaías contra sus contemporáneos sería un tipo profético de los contemporáneos del Mesías. **10. Llamando a sí a la multitud.** La escaramuza precedente se había efectuado más o menos en privado entre Cristo y los fariseos y escribas. **11. No lo que entra en la boca contamina al hombre. Contamina** significa literalmente en el original, *"que vuelve común"* y se deriva de las distinciones levíticas entre los alimentos lícitos por mandato de Dios, y todos los demás, que eran considerados comunes, profanos o "inmundos". No abroga Jesús el reglamento levítico al hacer esa afirmación (ni ha de interpretarse como abrogatorio Mr. 7:19), pues no se promulgó la abrogación hasta después de Pentecostés (Hch. 10-11); lo que proclama es el principio de que la contaminación moral es cosa del espíritu y no del cuerpo. El alimento es amoral (1 Ti. 4:3-5). El pecado yace en el corazón del hombre que desobedece a Dios y pervierte el uso del alimento. Aun la contaminación del judío que comía alimentos levíticamente impuros no provenía del alimento en sí, sino del corazón rebelde que actuaba en contravención del mandato divino. **12-14.** Los **discípulos** parecen haberse inquietado porque Cristo ofendiera a estos influyentes **fariseos,** y 15:15 indica que no comprendían plenamente el alcance de la declaración de Jesús. **Toda planta.** Doctrinas de humana invención, como las de estos fariseos. **Será desarraigada.** Predice la destrucción definitiva de toda falsa doctrina; el simbolismo quizás abarque a quienes mantienen tales enseñanzas (cf. 13:19,38). **Dejadlos.** En cuanto maestros de verdad espiritual, había que abandonar a los tradicionalistas. Espiritualmente eran tan **ciegos** como quienes en ellos confiaban. **El hoyo.** Se trata de una cisterna abierta en medio del campo.

15. Explícanos esta parábola. Se refería Pedro a la declaración de 15:11 (según lo indica la comparación con Mr. 7.15-17). **Parábola** se emplea aquí como sinónimo de "expresión de sentido velado". La dificultad yacía no en el empleo de símbolos sino en dejar de lado la tradición, que había traído confusión entre la contaminación ceremonial y la moral. **16. ¿También vosotros sois aún sin entendimiento?** La sorpresa de Cristo, aunque antes no había tratado ese tema específico (pero cf. 9:14-17 y cps. 5-7), sugiere que los espiritualmente ilustrados deberían haber comprendido este principio, ya que siempre ha sido cierto. **17.** Cualquier contaminación que se atribuye al alimento que entra en la **boca** es de naturaleza física, y se elimina **en la letrina. 18,19.** Pero lo que **de la boca** procede, contamina espiritualmente, pues toda palabra y acto pecaminosos tienen su raíz en los **malos pensamientos** que del mal **corazón** proceden (cf. 5:21-48). Después de **malos pensamientos** se citan violaciones de los mandamientos desde el sexto hasta el noveno, terminando con **las blasfemias,** lenguaje ofensivo contra Dios o el prójimo. **20. El comer con las manos sin lavar no contamina.** Así, volviendo a la cuestión original, Jesús recapitula.

12) Retiro en Fenicia, y curación de la hija de la cananea. 15 21-28. El ataque frontal de los fariseos (vv. 1,2), envalentonados por la reciente ejecución de Juan y por la oposición de Herodes, motivó este segundo retiro. La entrevista con la mujer muestra claramente el marco histórico del ministerio de Cristo, al par que los más amplios aspectos de su gracia. **21. La región de Tiro y de Sidón.** Aunque algunos argumentan en contrario, parece evidente que de hecho salió del territorio israelita y de la jurisdicción de Herodes (cf. Mr. 7:31), para mantenerse alejado por algún tiempo en Fenicia. **22. Una mujer cananea.** Término racial. Se le aplica a los habitantes de esta región en Nm. 13:29; Jue. 1:30,32,33. Mr. 7:26 dice que era de nacionalidad sirofenicia. **Hijo de David.** Este título mesiánico revela en la mujer cierto conocimiento de la religión judía; pero el pasaje no sugiere que fuera prosélita.

23. No le respondió palabra. Se explica en parte por el deseo de Jesús de mantenerse aislado (Mr. 7:24). No obstante, la discusión que siguió puso de relieve los fines de la misión de Cristo, y el procedimiento de Jesús dio enorme eficacia a la instrucción. El hecho de que Marcos omita mencionar el silencio de Cristo pudiera indicar que no fue algo tan sorprendente como pudiéramos imaginar. **Despídela.** Esta petición de los impacientes discípulos quizá implique el deseo de que

Cristo le concediera lo que pedía para acabar así con la molestia, pues su respuesta demuestra que había habido una petición. **26. Tomar el pan de los hijos, y echarlo a los perrillos.** Esta gentil conocía la costumbre de los judíos de llamar **perros** a los gentiles y a sí mismos **hijos** de Dios. La aparente rudeza de la expresión de Cristo se dulcifica teniendo en cuenta que la palabra original no denota los perros salvajes y sin dueño que pululaban por las calles, sino perritos (*kunaria*), animales mimados del hogar. Jesús le dijo a esta gentil lo que a la samaritana: que en aquel tiempo todos dependían de Israel en cuanto al Mesías y sus bendiciones se refería (Jn. 4:21-23). En otras ocasiones había sanado Jesús a gentiles; pero en tierra fenicia hubo de tener cuidado de no dar la impresión de que abandonaban a Israel (cf. Mt. 4:24; 8:5). **27,28. Aun los perrillos comen de las migajas.** La mujer se sometió por completo a la voluntad divina, y su fe captó la verdad a ella aplicable. Tal fue la fe que Jesús alabó. **Grande es tu fe.** Es el segundo gentil cuya fe se alaba (8:10), y la tercera vez que Jesús sana desde lejos (Mt. 8:13; Jn. 4:50).

13) Regreso al mar de Galilea (Decápolis, Mr. 7:31), y realización de milagros. 15:29-38. Marcos muestra que Jesús prosiguió hacia el norte en Fenicia hasta Sidón, luego al este, atravesando el Jordán, y finalmente hacia el sur, pasando por Decápolis hasta el mar de Galilea. Este itinerario sugiere que deliberadamente rehuía la jurisdicción de Herodes Antipas.

29-31. Jesús sana a muchos. **29. Mar de Galilea.** La costa sudoriental, al parecer. **30. Mucha gente** acudía. Entre los muchos que fueron sanados, Marcos describe a un sordo mudo (Mr. 7:32-37). **31. Glorificaban al Dios de Israel.** Indicación de que era en arrabales gentílicos donde Jesús estaba impartiendo el conocimiento del verdadero Dios y de las promesas mesiánicas.

32-38. Alimentación de los cuatro mil. Pretender que esta narración describe el mismo incidente de la alimentación de los cinco mil es convertir este evangelio y el de Marcos en simples colecciones de tradiciones que se han vuelto confusas, y tratar las palabras de Jesús en Mt. 16:9-10 como meras invenciones. Las diferencias de detalle son numerosas, y nada hay esencialmente improbable en que se repitiera el milagro. **32. Ya hace tres días que están conmigo.** El alimento que hubieran traído consigo ya se había terminado. **33. ¿De dónde tenemos nosotros tantos panes?** Insistir en que los Doce habían olvidado la anterior alimentación milagrosa no se justifica. Sencillamente declaran su propia impotencia personal en cuanto a

abastecimientos, y se refrenan de solicitar presuntuosamente que Jesús realice un nuevo milagro (a la luz de Jn. 6:26). **34-38.** Con **siete** panes y unos pocos **peces** alimentó Cristo a la multitud de **cuatro mil hombres** y sus familias, más o menos como había alimentado a los cinco mil. Los pedazos sobrantes llenaron **siete canastas.** Son estas canastas las *spurides* o cestas grandes, que quizá usaron los discípulos en este viaje reciente, comparadas con las *kophinoi*, cestas más pequeñas, de 14:20, distinción que se mantiene en 16:9-10. Puede que las siete canastas hayan contenido más que las doce de la vez anterior.

14) Nuevos choques con fariseos y saduceos. 15:39—16:4. **39. Magadán** (VL) es mejor ortografía que Magdala, si bien se desconoce la ubicación. Mr. 8:10 dice *Dalmanuta*, cuya ubicación es igualmente incierta. Al parecer, se hallaba en la costa occidental del lago de Galilea. **16:1. Vinieron los fariseos y los saduceos.** Enemigos tradicionales, a quienes unió el común odio contra Jesús. Los saduceos sólo aparecen en dos ocasiones más en este Evangelio: Ante el bautismo de Juan (3:7) y durante la semana de la pasión (22:23). **Señal del cielo.** Esta petición, como la de 12:38, tiene en poco todos los anteriores milagros de Jesús, y demanda una exhibición espectacular que sea indubitablemente de origen divino. La solicitud tenía como segunda intención **tentarle,** forzándolo a realizar lo que antes se había negado a hacer (12:39), o, de lo contrario, desacreditarlo exhibiendo su impotencia. La parte de la respuesta de Jesús que consta en 16:2,3 falta en muchos manuscritos antiguos, pero está contenida en algunos. La figura es similar a la de Lc. 12:54-56. Llama la atención a la habilidad de los hombres en predecir el tiempo basándose en indicios, en contraste con la incapacidad de sus contemporáneos para leer, en lo espiritual, **las señales de los tiempos.** La predicación de Juan; la profecía de las setenta semanas de Daniel; las obras y enseñanzas de Jesús; todo esto debería haber constituido factores significantes para los entendidos. **4. La señal del profeta Jonás.** (Cf. comentario de 12:38-40). Referencia a la resurrección corporal de Cristo. Esta era la magna señal que siempre indicaba al verse acosado (Jn. 2:18-22; Mt. 12:38-40); es para los creyentes garantía de su redención, pero para los incrédulos, portentoso augurio del juicio venidero a manos del Cristo resucitado.

15) Retiro a la región de Cesarea de Filipo. 16:5—17:23. Este cuarto retiro lleva nuevamente a Jesús a los confines gentílicos, lejos de las tensiones de la constante oposición (cf. Betsaida Julia, 14:13; Fenicia,

15:21; Decápolis, 15:29; Mr. 7:31). En este período que quizá duró varios meses, ocurrieron la importante confesión de Pedro, la detallada predicción de la pasión de Cristo que se avecinaba, y la Transfiguración.

5-12. Pláticas por el camino. 5. Al otro lado, es decir, a la parte nordeste (Betsaida Julia, Mr. 8:22), camino de Cesaria de Filipo (Mt. 16:13). **Se habían olvidado de traer pan.** La súbita salida de Magadán puede que fuera la causa de este olvido, de modo que en la barca sólo apareció un pan (Mr. 8:14). **6. Levadura de los fariseos y de los saduceos.** (Acerca de la **levadura** v. 13:33). De la infecciosa y maligna influencia de estos acérrimos adversarios de Cristo es de lo que se trata. **7-11.** Pero los discípulos, aún confusos por su descuido, no lograron captar el simbolismo. **Hombres de poca fe.** Jesús sabía que su falta de comprensión nacía de su preocupación por las provisiones, y les recordó las lecciones de fe que deberían haber aprendido. **12. La doctrina de los fariseos y de los saduceos.** Los fariseos eran tradicionalistas y legalistas, cuyo énfasis en los ritos era hipócrita y espiritualmente deletéreo (Lc. 12:1). Los saduceos eran racionalistas que no creían en la resurrección ni en la existencia de seres espirituales que no pudieran atribuirse a causas naturales (Hch. 23:8). Contaban entre su secta a la alta jerarquía sacerdotal de Israel. Aún hoy es oportuna la admonición respecto a esas sutiles enseñanzas racionalistas.

13-20. La confesión de Pedro. 13. La región de Cesarea de Filipo. Las aldeas de los contornos (Mr. 8:27). No se afirma que Jesús haya entrado en la ciudad. Cesarea de Filipo quedaba a unos cuarenta kilómetros al Norte del mar de Galilea. **14.** La diversidad de opiniones que respecto a Jesús tenían los hombres demuestra que si bien muchos lo relacionaban con las profecías mesiánicas, ninguno había llegado al reconocimiento correcto. **Juan el Bautista** era el precursor profetizado (3:1-3; 14:1,2). **Elías** debía preceder al "día de Jehová" (Mal. 4:5, 6). Algunos esperaban que **Jeremías** apareciera para restituir el arca que se suponía había ocultado él (2 Mac. 2:1-8). **15,16.** Después de hacer que los Doce desecharan estos erróneos conceptos, Jesús les pidió su opinión personal. **Tú eres el Cristo, el Hijo del Dios viviente.** Sin duda todos estaban de acuerdo, pero fue Pedro quien dio la inequívoca respuesta. Declaraciones semejantes se habían hecho antes, algunas muchísimo antes (Jn. 1:41,49), pero era necesario disipar muchas ideas erróneas acerca del carácter y la misión del Mesías. Así pues, la declaración de Pedro no es fruto de prematuro entusiasmo sino de madura reflexión y solemne fe. El concepto popular de un simple dirigente político se sustituye con el del Mesías como el **Hijo de Dios,** en que el artículo definido lo destaca como único. **17.** Este saber espiritual no provenía del hombre por sí solo (**carne ni sangre;** cf. Gá. 1:16; Ef. 6:12; He. 2:14), sino de la revelación divina. La verdad espiritual sólo puede ser comprendida por aquellos cuyas facultades espirituales han sido vivificadas por Dios (1 Co. 2:11-14). Su discernimiento espiritual era evidencia de la **bienaventurada** condición espiritual de Pedro.

18. Sobre esta roca edificaré mi iglesia. Hay un evidente juego de palabras entre **Pedro** (Petros, nombre propio que significa una piedra) y **roca** (petra, masa rocosa). El cuerpo espiritual, la **iglesia,** que aquí se menciona por primera vez, se edifica sobre el hecho relativo a Cristo divinamente revelado y que Pedro confesó (1 Co. 3:11; 1 P. 2:4), conforme los hombres se van dando cuenta de la persona y la obra de Cristo y las reconocen (así opinaron Crisóstomo y Agustín). Otra opinión corriente entre algunos protestantes (Alford, Broadus, Vincent) es que Pedro (junto con los otros apóstoles; Ef. 2:20; Ap. 21:14) es **la roca,** pero sin el atributo de supremacía papal que le atribuye el dogma antibíblico de los romanistas. **Las puertas del Hades no prevalecerán contra ella. Hades** (equivalente de **Seol),** la morada de los muertos. **Puertas.** Entrada del Hades, suele entenderse como la muerte. La iglesia de Cristo, cuya inauguración sería en Pentecostés, no estaría a merced de la muerte física, ya que la resurrección del Señor garantizaría la resurrección de todos los creyentes. Más específicamente, los creyentes que mueren antes de la resurrección van inmediatamente a la presencia de Cristo y no al Hades (Ef. 4:8, VL; Fil. 1:23; 2 Co. 5:8). **19. Las llaves del reino de los cielos. Las llaves** simbolizan autoridad para abrir. **A ti** atribuye esta promesa sólo a Pedro. Se refiere a la elección de Pedro como primero entre iguales, para la apertura oficial del **reino** (a partir de Pentecostés, incluyendo la totalidad de la esfera de la religión cristiana; cf. 13:3-52) a los judíos (Hch. 2:14 ss.) y a los gentiles (Hch. 10:1—11:18; 15:7,14). Pero algunos le dan al pasaje una interpretación escatológica, aplicándolo al reino de los santos sobre la tierra durante el milenio (A.J. McClain, The Greatness of the Kingdom, p. 329 s.). **Todo lo que atares en la tierra.** Esta parte de responsabilidad se extendió más tarde a todos los discípulos (18:18), que eventualmente recibieron poder para su tarea (Jn. 20:22-23). Si Jn. 20:23 ha de tenerse como explicación del atar y desatar en el sentido de remitir o retener los pecados, entonces Hch. 10:43 es un ejemplo del uso de esa potestad. Mediante la proclamación del Evangelio se anuncia que su aceptación produce remisión de la culpa y pena del pecado, y que el rechazamiento deja al pecador atado para el juicio. **20. Que a nadie dijesen que él era Jesús el Cristo.** Tal revelación sólo conseguiría por ahora despertar el entusiasmo político del populacho. **21-27.** Jesús predice su muerte y resurrección. **21. Desde entonces comenzó Jesús.** Ahora que cuenta con un núcleo de seguidores que en verdad creían en él como Mesías (16:16), inicia un período de enseñanza diáfana tocante a su obra redentora. **Ancianos, principales sacerdotes y escribas** integraban el Sanhedrín. **Ser muerto, y resucitar.** Aunque Cristo predijo claramente que resucitaría, los discípulos no lograron captar este hecho. **Tercer día.** Equivalente a "después de tres días", Mr. 8:31. **22.** Reconvención de Pedro. **Señor, ten compasión de ti** (Lejos de ti tal cosa, VL) (modismo que significa: "Dios se apiade de ti, y te libre de eso"); demuestra su absoluta incapacidad para reconocer en el Mesías judío este aspecto del sufrimiento (Is. 53). **23. ¡Quítate de delante de mí, Satanás!** Comparable a lo que Jesús dijo al diablo en 4:10, y que aquí se repite en circunstancias similares. Satanás, tomando a Pedro por instrumento, trataba nuevamente de desviar a Jesús del sufrimiento que le correspondía. **No pones la mira en las cosas de Dios.** La confesión de Pedro, hecha por revelación divina (v. 16), había mostrado fugazmente lo adecuado del nombre que Cristo le había dado, pero ahora muestra la presencia de la debilidad carnal. Antes de Pentecostés los Doce solían fluctuar entre un agudo discernimiento espiritual y la más crasa carnalidad. Por desgracia, tal es a menudo el caso entre los creyentes hoy día. **24.** En este punto la multitud se unió a Jesús y los Doce (Mr. 8:34), a pesar de que el Señor había logrado mantener cierto sigilo. **Niéguese a sí mismo,** es decir, repúdiese o desconózcase a sí mismo, en cuanto poder merecer la vida eterna se refiera. **Tome su cruz, y sígame.** Conocido símbolo de sufrimiento y muerte (cf comentario de 10:38-39). Representa aquí la conversión del pecador que debe reconocer su propia miseria espiritual y luego aceptar a Cristo (como persona y como doctrina), aunque ello apareje en algún sentido sufrimientos que de otra manera no se padecerían. **25. Todo el que quiera salvar su vida, la perderá** (cf. com. 10:39). Quien no esté dispuesto a correr con los riesgos que el ser discípulo de Cristo implica, eventualmente perderá la vida para siempre. Pero lo contrario es cierto también. **26. Si ganare todo el mundo, y perdiere su vida** (VL). **Vida** en griego es *psyche*, término que abarca tanto el concepto de "vida" como el de "alma." Lc. 9:25 emplea la expresión "a sí mismo." Se figura una transacción comercial en que un hombre cambia su pro-

pia vida (incluyendo el alma), por los placeres de este mundo. ¿De qué podría echar mano este hombre para rescatar su *psyche*? **27. El Hijo del Hombre vendrá.** En su segunda venida Cristo, aun hasta la muerte, traerá su recompensa. **28.** Para reforzar la realidad de su **venida** y de su **reino** como incentivos para que los hombres lo sigan, aun en el sufrimiento, dio Jesús la promesa del v. 28. Esta **venida** del **Hijo del Hombre** en su **reino** la explican algunos como la destrucción de Jerusalén, y otros como el comienzo de la iglesia. Pero al aplicarla a la transfiguración cumple todos los requisitos del contexto (en todos los sinópticos, a esta afirmación le sigue la transfiguración, Mr. 9:1; Lc. 9:27). Más aún, Pedro, que era uno de los que *estaban allí,* se refiere con las mismas palabras a la transfiguración (2 p. 1:16-18). Chafer llama a la transfiguración "visión anticipada del venidero reino terrenal." (L. S. Chafer, *Systematic Theology,* V, 85.).

17. 1-13. La transfiguración. En este momento estratégico del ministerio de Jesús, cuando había hecho que Pedro enunciara la designación que le correspondía como Mesías (16:16) y había anunciado su cercana muerte y resurrección, se les concedió a tres de sus discípulos ser testigos de este extraordinario acontecimiento.

1. Seis días después. Ver también Mr. 9:2; Lucas, al decir "como ocho días después", toma en cuenta los días primero y último, además del intervalo. **Pedro, Jacobo y Juan.** A estos antiguos socios en el comercio (Lc. 5:10) se les concedieron especiales privilegios en otras dos ocasiones (Lc. 8:51; Mt. 26:37). ¿Será que por aquellos días su percepción espiritual era más aguda que la de los otros? **Un monte alto.** La tradición afirma que fue el Tabor, pero el contexto lo hace improbable. Más probable es que estuviese ubicado cerca de Cesarea de Filipo (16:13), y que fuese una de las estribaciones del Hermón. **2. Se transfiguró delante de ellos.** El verbo (*metamorfoo*) denota metamorfosis de la forma esencial, por impulso interno, y se aplica en Ro. 12:2 y 2 Co. 3:18 a la transformación espiritual característica del cristiano como nueva criatura. Si bien para los creyentes esta transformación es gradual y ha de completarse cuando Cristo aparezca (2 Co. 3:18; 1 Jn. 3:2), en el caso de Jesús se manifestó fugazmente la forma gloriosa que por lo común se hallaba velada. **3. Moisés y Elías,** según el pensamiento judío representantes sobresalientes de la Ley y los Profetas, aparecieron **hablando con él** respecto a los acontecimientos de Jerusalén, que se avecinaban (Lc. 9:31). Tal conversación demostró a los discípulos que la muerte del Mesías no era incompatible con el AT. Tomando la transfiguración como visión anticipada del reino mesiánico (16:28), hay quienes ven en Moisés (que había muerto) y Elías (que fue llevado de este mundo sin morir), a representantes de los dos grupos que Cristo traerá consigo para establecer su reino: los fieles difuntos resucitados y los santos aún vivos que serán traspuestos. Asimismo se considera a los tres discípulos como representantes de los hombres que vivan en la tierra en ocasión de la segunda venida (L. S. Chafer, *op. cit.* V, 85-94); G.N.H. Peters, *Theocratic Kingdom*, II, 559-561). **4,5. Pedro dijo.** El deseo de prolongar esta experiencia impulsó a Pedro a ofrecerse a construir **(haré,** VL) tres **enramadas,** tales coco para la fiesta de los tabernáculos. Como respuesta, vino la **voz** del cielo, **desde la nube,** dando testimonio de que Jesús era el **Hijo amado** de Dios, y ordenando a los discípulos: **a él oíd.** Moisés y Elías no tenían nada nuevo que impartir (He. 1:1-2). **6-9.** Atemorizados por la voz, los discípulos reciben al final aliento y amonestación. **No digáis a nadie la visión.** Al parecer, ni siquiera a los demás apóstoles se les había de informar por entonces. Lo que habían presenciado solamente lograría confundir y estimular las pasiones políticas en los más romos de percepción. **10. ¿Por qué, pues, dicen los escribas que es necesario que Elías venga primero?** La presencia de Elías en el monte y el subsiguiente mandato de silencio, dieron impulso a la pregunta. Si esta era la prometida venida de Elías (Mal. 4:5), ciertamente era ya tiempo de anunciarlo en público. Y si así no era, ¿cómo podía Jesús ser el Mesías, si éste había de ser precedido por Elías? **11. A la verdad, Elías viene primero.** Presente de futuro. Aquí afirma Jesús que Mal. 4:5 se cumplirá. **12,13. Elías ya vino.** A los judíos faltos de espiritualidad que andaban a caza de señales que le propio Juan les había dicho "No soy" (Elías, el profeta del AT, resucitado, Jn. 1:21). Pero para los espiritualmente sensibles, Juan había venido "con el espíritu y el poder de Elías" (Lc. 1:17), y por su medio los hombres habían hallado a Cristo. De modo que la oferta del reino que Jesús extendía era válida, con tal que la nación la aceptase, e Israel no podía excusar en la ausencia de Elías su negativa para reconocer a Jesús. El omnisciente Dios había previsto que Israel, en la primera venida de Cristo, no estaría lista para el ministerio final de Elías, y por eso envió en su lugar a Juan "con el espíritu y el poder de Elías."

14-20. Curación de un endemoniado epiléptico. Todos los sinópticos ponen este milagro a continuación de la transfiguración, pero la narración de Marcos (9:14-29) es la más completa. **15. Señor, ten misericordia de mi hijo, que es lunático.** Generalmente se consideran sus síntomas como de epilepsia, producida en este caso por la posesión demoníaca. **17. ¡Oh generación incrédula y perversa!** Con palabras semejantes a las de Dt. 32:5, Jesús presenta la incredulidad de los nueve discípulos como características de su generación. Su falta de fe consistía en no apoderarse por completo del poder que se les había otorgado en 10:8. **18.** Jesús, al expulsar al **demonio** (la causa) produjo la curación de la enfermedad (el efecto). **19. ¿Por qué nosotros no pudimos echarlo fuera?** Era sin duda el primer fracaso desde que recibieron la autorización de Cristo (10:8). **20. Por vuestra poca fe.** No era falta de fe en Jesús como Mesías, sino en las palabras que de él habían recibido (10:8). **Como un grano de mostaza.** Su pequeñez era proverbial. El poder de la fe se ejemplifica por el poder de hacer desaparecer **este monte.** (¿Estaría Jesús señalando al monte de la transfiguración?) Mejor que debilitar la expresión al interpretar el "monte" como símbolo de cualquier dificultad es entenderlo literalmente. Pero debe tenerse presente que la fe escritural es la confianza en la Palabra revelada de Dios y en su voluntad. Luego la fe que mueve montañas sólo puede ejercerse cuando Dios revela que tal es su voluntad. Los mejores manuscritos omiten el v. 21, que es una interpolación tomada de Mr. 9:29.

22-23. La muerte y resurrección se predicen de nuevo. **Reuniéndose ellos en Galilea** (VL). Aunque hay variantes en los manuscritos, esta redacción es la mejor confirmada y concuerda bien con Mr. 9:30. Dado el deseo de sigilo que Jesús tenía, puede que los Doce hayan regresado por caminos diferentes, y al reunirse de nuevo se les haya hecho esta revelación. **El Hijo del Hombre será entregado.** No lo dice, pero quizá sugiera traición.

16) Instrucción a los Doce en Capernaum. 17:24—18:35.

24-27. Pago del impuesto del templo. **24. Capernaum.** Es la última visita de Jesús a la ciudad de su domicilio. **¿Vuestro Maestro no paga las dos dracmas?** Este tributo eclesiástico, basado en Ex. 30:11-16, estaba originalmente destinado al sostenimiento del tabernáculo, y se revalidó después del exilio (Ne. 10:32, un tercio de siclo). Por lo visto, en tiempos de Jesús los judíos se ceñían al plan anual de Nehemías, pero cobraban lo estatuido por Moisés. El pago, que solía hacerse en primavera, estaba atrasado en unos meses. **25,26. Jesús le habló primero,** es decir, se le adelantó. Dándose cuenta de la confusión de Pedro por el conflicto entre su lealtad a la integridad de Cristo y quizá la ansiedad por la falta de dinero, muestra el Señor, mediante un ejemplo, que los **hijos** de los **reyes** están exentos de **tributo.** Jesús pues, el Hijo de Dios, no está personalmente obligado a tributar para el sostén de la casa de Dios. **27. Para no ofenderlos.** Si Jesús hubiese hecho valer su privilegio, quizá hubiese creado una falsa impresión entre el pueblo y hasta suscitado irrespeto hacia la casa de Dios. El milagro, que demuestra la omnisciencia de Jesús al saber cuál pez tenía el **estatero,** y su omnipotencia, al hacer que se le pescase primero, ponía de relieve el hecho de su deidad (y por tanto, su derecho a ser exento del tributo), que el pago del impuesto podría opacar. **Estatero.** Equivale a cuatro dracmas o dos didracmas, y bastaba, pues, para pagar por Jesús y por Pedro. **18:1-14.** Trata de la grandeza. **1. ¿Quién es el mayor?** Los antecedentes de esta pregunta se hallan en la disputa que entre los discípulos se suscitó mientras viajaban (Mr. 9:33; Lc. 9:46). Quizá la encendió la prominencia otorgada a tres de ellos en Cesarea de Filipo (17:1) o a Pedro en el incidente del tributo (17:27). **2-4.** Llamando a un **niño,** previene a sus discípulos que a menos que desechen la altivez, la cuestión no será quién es el mayor, sino quién podrá entrar en el **reino de los cielos** (el reino mesiánico que esperaban que él estableciese). El no enorgullecerse por la posición es el rasgo de la niñez a que aquí se alude. Para entrar en el reino de Cristo, el hombre debe comprender su incapacidad personal y su absoluta dependencia del Señor. Tiene que nacer de nuevo (Jn. 3:3 ss.).

5. Un niño como éste, es decir, una persona que, creyendo, se ha vuelto como un niñito (cf. v. 6). Los vv. 5-14 ya no tratan concretamente del niño del ejemplo (vv. 1-4), sino del creyente tornado niño. **En mi nombre.** Por Cristo. Recibir a otros creyentes por causa de Cristo (no de prestigio, riquezas, etc.), se considera como recibir al propio Cristo (10:42). **6. Que haga tropezar a alguno de estos pequeños que creen en mí.** Pequeños se refiere también a los creyentes. El espantoso juicio que espera a quienes destruyan la fe de los creyentes se dramatiza mediante una comparación. **Piedra de molino.** Literalmente, *piedra de asno;* es la gran muela superior del molino, a la cual hacía girar un asno. **7.** Si bien es inevitable que haya **tropiezos,** ya que éstos son algunos de los medios de Dios para disciplinar y para modelar el carácter de los creyentes, el transgresor humano es moralmente responsable de su culpa. **8,9.** Si fuere necesario, pues, han de tomarse las medidas más drásticas para evitar la transgresión. (V. com. 5:29-30). **10. Estos pequeños.** Creyentes como niños (no niños en sentido literal, a menos que éstos hayan creído). **Sus ángeles.** Angeles que tienen a su cargo velar por el conjunto de los creyentes (He. 1:14). No hay aquí base suficiente para la idea de que a cada creyente se le ha asignado un ángel. (Hch. 12:15 refleja una opinión común res-

pecto a los ángeles, pero no necesariamente una verdad). El v. 11 probablemente fue interpolado de Lc. 19:10.

12-14. La importancia que tiene hasta el más insignificante de los creyentes, se presenta mediante la parábola de la oveja perdida. Si el pastor se preocupa tanto por una sola oveja extraviada, cuán importante es nuestra obligación de no tener en poco a tales desdichados. En otra ocasión se usó esta parábola (Lc. 15:4-7) como ejemplo de la salvación de los pecadores.

15-20. Cómo tratar al transgresor. **15.** A despecho de las más severas admoniciones, siempre habrá agravios. Se establece el procedimiento a seguir por la parte ofendida. Lo primero que ha de hacer es buscar en privado al causante del agravio, sin esperar sus disculpas. Tal procedimiento le facilita el llevarlo a confesar. Si logra esto, del hermano delincuente habrá ganado un amigo, restaurándolo a la comunión con el Señor y con la congregación. **16.** De ser necesaria una segunda tentativa, conviene que algunos testigos presencien la entrevista (v. Dt. 19:15). **17. Dilo a la iglesia.** Si el delincuente no se arrepiente (y el pecado es tan grave que afecta a la congregación), la iglesia debe considerar el asunto. La **iglesia** no puede ser aquí equivalente a sinagoga, vistas las prerrogativas mencionadas en 18:18-19. Se tiene en mente la iglesia cristiana, como lo indica la implícita ausencia de Jesús (v. 20). El no atender el consejo de la **iglesia** obliga a tener al ofensor como extraño (**gentil y publicano**). Naturalmente, tal trato ha de abarcar esfuerzos por alcanzarlo mediante el Evangelio. **18. Todo lo que atéis en la tierra** (cf. 16:19). Lo que en tales asuntos resuelva la iglesia mediante la oración, la Palabra y el Espíritu, será ratificado en el cielo (v. Jn. 20:23). **19-20.** La promesa de que la oración alcanzará respuesta con sólo que **dos** se pongan **de acuerdo,** es prueba adicional de que lo que con oración resuelva la congregación en asuntos disciplinarios tendrá respaldo divino. Esta promesa relativa a la oración unánime ha de considerarse a la luz de las demás enseñanzas de Cristo sobre el tema (cf. 1 Jn. 5:14). **Allí estoy yo en medio.** Promete la especial presencia de Cristo aun en la más pequeña congregación.

21-35. Sobre el perdón. **21. ¿Cuántas veces?** La anterior instrucción en cuanto a los transgresores implica inclinación perdonadora en el ofendido. Pedro cavilaba qué alcance habría de tener el perdón en caso de reincidencia. **¿Hasta siete?** La enseñanza rabínica, (basada en Amós 1:3; Job 33:29-30) sólo exigía tres. **22.** Pero Jesús hace que el problema trascienda los límites de la mezquina computación, al exigir **setenta veces siete.** Más que una norma aritmética, el creyente ha de seguir el ejemplo de su Señor (Col. 3:13).

23. La parábola del siervo despiadado enseña que quien ha gustado el perdón divino, fuerza es que sea misericordioso con el prójimo. Esta es la norma del **reino de los cielos** (v. com. 13:11). Al **rey** oriental (que se interpreta como el Padre celestial; v. 35) se le presenta llamando a cuentas a sus siervos. **24.** Resultó que uno, al parecer un sátrapa con acceso a vastas sumas de los ingresos reales, le debía **diez mil talentos.** (El valor del talento varía según las épocas y el metal de que se trate, pero siempre es relativamente alto). **25-27.** Pero postrándose ante el rey, logró la cancelación total de **la deuda** (en griego "préstamo", así considerado benignamente, en vez de peculado). **28-30.** Al alejarse de la presencia del rey, el siervo perdonado exige el pago de uno de sus **consiervos** que le debía **cien denarios** (el denario equivalía al jornal de un día, 20:2), suma insignificante comparada con los talentos. **31-33. ¿No debías tú también tener misericordia?** No cabe duda que los pecadores que han experimentado el perdón de Dios deberían mostrar igual disposición hacia sus semejantes, mayormente si tenemos en cuenta que las mutuas ofensas de los hombres no son nada, comparadas con la enormidad de la deuda del hombre para con Dios. **34-35. Le entregó a los verdugos.** Aquí está el quid de la interpretación. No puede referirse a la perdición eterna de quien haya sido realmente salvo, pues ello chocaría con otras clarísimas enseñanzas bíblicas. Tampoco puede referirse al antibíblico purgatorio. Y sin embargo, el hecho de que se hubiese perdonado la deuda al siervo, hace poco probable que se trate de un mero creyente de boca. Pero si interpretamos los tormentos como males temporales que a título de castigo les envíe el **Padre celestial,** las dificultades anteriores se desvanecen. **Verdugos** (*basanistai*), se deriva del verbo *basanizo,* que se emplea para describir la enfermedad (Mt. 24:4; 8:6), y las adversidades (Mt. 14:24). Lot "atormentaba día tras día su alma" por el contacto con los malos (2 P. 2:8, VL). Dios puede valerse de tales tormentos para castigar a sus hijos, y para suscitar en ellos el espíritu que conviene (1 Co. 11:30-32). De modo que el perdón divino es algo que debemos experimentar cada día para disfrutar de la perfecta comunión con nuestro Padre celestial; y esto concuerda bien con este contexto en que se trata de las relaciones entre creyentes (vv. 15-20).

B. En Perea. 19:1—20:16. Mateo informa que Jesús partió de Galilea y describe su último viaje a Jerusalén. La comparación con Lc. 9:51—18:14 indica que hubo otro viaje a Jerusalén y un breve ministerio de algunos

meses. De modo que ha de inferirse la existencia de una laguna de quizás unos seis meses en 19:1 entre **se alejó de Galilea** y **fue a las regiones de Judea al otro lado del Jordán.**

1) Enseñanzas sobre el divorcio. 19:1-12. **1. Al otro lado del Jordán.** Del griego *peran* **(al otro lado),** se deriva el nombre *Perea,* que corresponde al lado este del Jordán. **3. ¿Es lícito al hombre repudiar a su mujer por cualquier causa?** La estricta escuela de Shammai sostenía que la única causa lícita de divorcio era la conducta inmoral de la esposa. Pero Hillel interpretaba Dt. 24:1 del modo más amplio posible, permitiendo el divorcio por toda causa imaginable. A Jesús, pues, se le preguntaba: "¿Apoyas la interpretación más corriente (la de Hillel)?" **4-6.** En vez de adherirse a alguna de las dos posiciones, Jesús cita el propósito que en la creación tuvo Dios (Gn. 1:27; 2:24). Ya que era el propósito de Dios que marido y mujer fueran **una sola carne,** toda disolución del matrimonio va contra la voluntad de Dios. **7,8. ¿Por qué, pues, mandó Moisés...?** La cita de Moisés (Dt. 24:1) y de la **carta de divorcio** como argumentos contra Jesús demuestra lo mal que comprendían aquellos reglamentos. Esa disposición tendía a proteger a la mujer del capricho del marido, y no a autorizar a éste para divorciarse a capricho. **9,10. Salvo por causa de fornicación** (cf. com. 5:31). Si se considera la **fornicación** como un término genérico que abarque el adulterio (identificación muy incierta en el NT), entonces nuestro Señor sólo permitió el divorcio por infidelidad de la esposa. (Entre los judíos, sólo el varón podía divorciarse. Marcos, escribiendo para lectores gentiles, da el derecho también a la mujer, Mr. 10:12). Pero si se le da a la **fornicación** su sentido usual, refiriéndola a la falta de castidad de la esposa durante el período del desposorio (cf. las sospechas de José, Mt. 1:18-19), entonces Cristo no admitió causal alguna para el divorcio. Por tanto, Jesús no estaba de acuerdo ni con Shammai ni con Hillel. Tan elevado y estricto concepto respecto al matrimonio fue el que provocó la protesta de los discípulos: **No conviene casarse.** Parece improbable que los discípulos después de absorber los ideales de Jesús, hayan considerado la limitación del divorcio como carga intolerable. **11. No todos son capaces de recibir esto,** es decir, la afirmación de los discípulos. Si bien a veces el matrimonio puede ser inconveniente, no todos los hombres están hechos para la continencia. **12.** Algunos son inaptos para el matrimonio por defectos congénitos; otros por lesiones o restricciones impuestas por los hombres. Y otros hay que pueden renunciar al privilegio del matrimonio para dedicarse más de lleno

al servicio de Dios (p. ej. Pablo, 1 Co. 7:7, 8,26,32-35). Esta declaración, desde luego, no va en demérito del matrimonio; por el contrario, cierra un debate en el cual se exaltó al matrimonio a su prístino estado original.

2) Bendición de los niños. 19:13-15. Han de haber sido **niños** muy tiernos, quizá algunos de ellos de brazos (Mr. 10:16). A los discípulos les disgustó la intrusión y reprendieron a los padres que los habían traído (cf. Mr. 10:13; Lc. 18:15). Pero Jesús se interesaba siempre en los jóvenes y en los débiles. En este inefable momento recordó a los discípulos una lección olvidada (18:3). **De los tales es el reino de los cielos.** Ya que la entrada en este reino exige que los hombres se tornen niños en fe, bien harían los discípulos en ser más bondadosos con todos los niños.

3) Entrevista con el joven rico. 19:16-30. **16. ¿Qué bien haré?** El joven interrogante (a quien Lucas llama "principal") tenía la certidumbre de que la **vida eterna** se ganaba por buenas obras **17. ¿Por qué me preguntas acerca de lo bueno? Uno solo es el bueno** (VL). Marcos y Lucas señalan que había saludado a Jesús como "Maestro bueno". Nuestro Señor sondeó al joven haciéndolo examinar el concepto que de Jesús tenía en verdad, y luego lo remitió a lo que ya Dios había revelado en su ley. **18,19.** Jesús citó los mandamientos sexto, séptimo, octavo, noveno y quinto del Decálogo, y un compendio de la segunda tabla: **Amarás a tu prójimo como a ti mismo.** No los presentó como medios de salvación (jamás fue tal el propósito de la ley), sino para poner el dedo en la necesidad del joven. **20. Todo esto lo he guardado.** No son las palabras de un descarado justificador de sí mismo, sino de uno que pensaba que el guardar la ley consistía en observancias externas. **21. Perfecto.** Completo, pleno, sin la triste sensación de que *algo le faltaba*. **Anda, vende, da.** Jesús desenmascaró el problema del joven demostrando uno de sus efectos. La exhortación a deshacerse pronto de sus bienes reveló su enorme deficiencia en cuanto a captar el espíritu de los mandamientos de Dios. **Y ven y sígueme.** He aquí la invitación positiva a que pusiera su fe en Cristo. **22. Se fue triste.** La perspectiva de despojarse de sus grandes posesiones fue tan penosa que no logró descubrir la meta que buscaba.

23. Un rico difícilmente entrará (Str.) El problema de la riqueza no reside en su posesión (muchos justos de la Biblia fueron ricos: Abraham, Job, José de Arimatea) sino en la falsa confianza que inspira (1 Ti. 6:17; Mr. 10:24). **24. Camello** y **ojo de aguja** se emplean en sentido literal, según lo corrobo-

ra un proverbio talmúdico semejante, que sustituye el camello por un elefante. El símil tenía por objeto mostrar una imposibilidad nombrando al mayor de los animales que en Palestina se conocían y la más diminuta oquedad. **25. ¿Quién, pues, podrá ser salvo?** Al parecer, los discípulos participaban en cierta medida de la opinión común de que la riqueza era indicio del favor divino. Por tanto, si se excluía a los ricos, ¿cómo iban a poder salvarse los demás? Quizá se hallaba latente la idea de que, en diverso grado, todos los hombres sufren sed de riqueza mundana. **26.** Sucintamente declara Jesús que la salvación es obra de Dios. Sólo Dios puede vencer esta falsa confianza en las riquezas humanas e impartir la verdadera justicia.

27. Lo hemos dejado todo. Cosa que el joven rico había rehusado hacer, cf. Mt. 4: 20,22; 9:9). **¿Qué, pues, tendremos?** No indica necesariamente espíritu mercenario, sino que es una pregunta franca que obtiene apropiada respuesta. **28. Regeneración.** Sólo en Tit. 3:5 aparece otra vez esta palabra en el NT (indicando renacimiento espiritual del individuo). Aquí denota el renacimiento de la sociedad y la creación, que ha de operarse cuando el Mesías establezca su reino (cf. Hch. 3:21; Ro. 8:19). **Doce tronos.** Específicamente para los Doce en el milenio. **29,30.** Todo sacrificio para Cristo tendrá su amplia recompensa. Pero hay que tener cuidado en esto. **Muchos** (no todos) **primeros serán postreros.** Este axioma, que se repite en 20:16 después de una parábola explicativa, es cierto en muchos sentidos. Aquí el contexto sugiere que es aplicable a quienes fueron primeros (en tiempo) en establecer su relación con Cristo, y podían volverse presuntuosos.

4) Parábola de los obreros de la viña. **20.1-16.** Da luz esta parábola sobre una anterior enseñanza de Jesús, y amplía 19:30 (cf. 20:16). **1. Padre de familia.** El dueño de una viña necesitaba obreros adicionales para la vendimia. **Muy temprano** (VL). Se contrató a los primeros obreros al amanecer. **2. Un denario** por día. Era la paga normal del jornalero y del soldado. **3-7. Otros. . . desocupados,** porque nadie los contrataba. No hay indicio alguno de que fuese por pereza. De entre estos desocupados de la plaza contrató el dueño de la viña otros obreros a las 9 de la mañana, a mediodía, a las 3 de la tarde y a las 5 de la tarde. Cada uno aprovechó de inmediato la oportunidad. **8. Cuando llegó la noche.** (Cf. Dt. 24:15). **9-12.** Para que los que fueron contratados de primeros vieran lo que ocurría, se inició el pago con los obreros contratados en último término. Cada cual recibió un denario, sin tener en cuenta sus horas de servicio. **13,14.**

A uno de los del grupo que más había trabajado y que estaba murmurando, el dueño de la viña le explicó que el contrato se había cumplido al pie de la letra. En cuanto a los demás, su obligación patronal para con ellos era cosa suya. **15. ¿Tienes tú envidia?** Literalmente, *¿es malo tu ojo?* cf. com. cp. 6:23, y Pr. 28:22, donde el **avaro** es literalmente el *hombre de mal ojo*. **16. Los postreros (serán) primeros.** Esta declaración, que se repite de 19:30, muestra que la parábola es continuación de la anterior enseñanza para los Doce (19:27-30). La parábola enseña que el servicio para Cristo tendrá fiel recompensa, y que la fidelidad en emplear las oportunidades de cada cual será la medida de la recompensa. Pero sólo Dios puede evaluar debidamente la fidelidad y las oportunidades, y bien puede que los juicios humanos se vean revocados. La VL, por razones textuales, omite la oración final del v. 16 (v. nota NC).

C. En Judea. 20:17-34. Mateo es particularmente consciente respecto a los desplazamientos geográficos (4:12; 16:13; 17:24; 19:1; 21:1). Después de unos días en Perea, al este del Jordán, Jesús y su grupo ponen rumbo directo a Jerusalén. Esta sección narra acontecimientos del viaje de Perea a Jerusalén, en las vecindades de Jericó en Judea (v. 29).

1) Nueva predicción de la muerte y resurrección de Cristo. 20.17-19. Es la tercera predicción detallada y directa de la pasión de Cristo (cf. 16-21; 17:22,23, y la escueta afirmación de 17:12). Amplía algunos de los datos anteriores. Por primera vez indica Jesús que su muerte será a manos de **gentiles,** los cuales le *escarnecerían,* le *azotarían* y le *crucificarían.*

2) Ambiciosa petición de los hijos de Zebedeo. 20:20-28. Marcos dice que fueron los hijos quienes hicieron la petición. Mateo indica que primero la presentaron por medio de la madre de ellos y luego entraron personalmente en la conversación. **20. La madre de los hijos de Zebedeo.** Salomé, al parecer hermana de la virgen María: cf. Mt. 27:56, Mr. 15:40 y Jn. 19:25. **21.** La petición de altos puestos en el reino de Cristo puede haber sido sugerida por la anterior revelación acerca de los doce tronos (19:28). Si bien surgió de la idea de que el establecimiento del reino estaba muy próximo (19:11), y refleja un espíritu no del todo humilde, debe notarse que se basaba en una firme fe en que Jesús era el Mesías y su reino una realidad. Jesús estaba dispuesto a purificar y alimentar aquella fe. **22,23. El vaso.** En este caso, símbolo de los padecimientos de Cristo (cf. 26:39,42). **Ser bautizados con el bautismo.** Broadus explica: "ser sumergidos en los mismos padecimientos" (*Op. cit.* p. 531. El asentimiento de estos dos a las severas demandas de Jesús fue sin duda sincero. Jacobo fue el primer discípulo que murió por Cristo (Hch. 12:2); Juan fue el que durante más tiempo padeció de diversos modos. Pero el otorgamiento de las posiciones solicitadas está en manos del Padre. **24. Se enojaron.** La reacción de los **diez** puede haber sido tan violenta por el procedimiento de valerse de una parienta de Jesús para influir en su favor. **25-27.** La respuesta de Jesús indica que, si bien los gobiernos humanos mantienen su grandeza mediante la autoridad de diversos funcionarios impuesta sobre los subalternos, no será así su reino. La voluntad de servir es el signo de la grandeza espiritual. **28.** El más sublime ejemplo de este principio es el **Hijo del Hombre.** La suprema demostración se dio en el Calvario, en donde entregó su **vida** como **rescate** ante Dios, contra el cual han pecado los hombres, por lo cual están sujetos a la pena correspondiente. **Por muchos.** La muerte de Cristo aparece aquí claramente como sustitutiva, "en lugar de" (*anti*) **muchos.** (Véase A. T. Robertson, *Grammar of the Greek New Testament,* pp. 572-574). **Muchos** no parece darse aquí en sentido restrictivo, sino como contraste con el **uno** que murió. No obstante, la elección del vocablo fue feliz, vista la clara enseñanza de otras partes de la Biblia en cuanto a que no todos aprovecharán la salvación que se ofrece.

3) Curación de dos ciegos. 20:29-34. Los relatos paralelos (Mr. 10:46-52; Lc. 18:35-43) ofrecen problemas de armonía, pero ello mismo inhibe de pensar que haya habido colusión. **29. Al salir ellos de Jericó.** Marcos concuerda, pero Lucas dice que fue a la entrada de la ciudad. La Jericó romana, que era la principal, habitada por judíos pobres, estaba como a kilómetro y medio de los cuarteles de invierno de Herodes (también llamada Jericó), que abarcaba el palacio, la fortaleza, y las casas de los amigos adinerados de Herodes. (V. Lucetta Mowry, BA, XV, 2, p. 34). De modo que el milagro puede haber ocurrido entre las dos ciudades, siendo lógico que Lucas pensara más en la Jericó herodiana, sitio probable del próximo incidente que narra (Zaqueo). **30-34. Dos ciegos.** Los otros evangelistas sólo citan al más prominente: Bartimeo (cf. los dos endemoniados, Mt. 8:28). **Hijo de David.** Es decir, Mesías. Anteriormente Jesús había prohibido que así se le llamara en público, pero ahora, conforme se acerca a Jerusalén, está dispuesto a tomarlo por derecho propio cf. 21:16; Lc. 19:40).

D. En Jerusalén. 21:1—25:46. Al consignar los movimientos de Jesús rumbo a Jerusalén, omite Mateo el viaje de Jericó a Betania seis días antes de la Pascua (Jn. 12:1), que ocurrió un día antes de la entrada triunfal (Jn. 12:12).

1) Entrada triunfal. 21:1-11. Primera de una serie de visitas a Jerusalén durante la última semana (cf. 21:18; Mr. 11:19). **1. Betfagé.** Aldea al parecer entre Betania y Jerusalén, ya que Jesús se había alojado en Betania la noche anterior (Jn. 12:1,12). No se conoce la ubicación exacta. **Monte de los Olivos.** La colina al este de Jerusalén, desde la cual apareció Jerusalén por primera vez a la vista de los viajeros. **2,3.** Las instrucciones explícitas de Jesús respecto al asna y al pollino indican la trascendencia del acontecimiento. En otras ocasiones Jesús solía ir a pie, y ahora la distancia era apenas de unos tres kilómetros. **4,5.** El cumplimiento de Zac. 9:9 fue el motivo de este acto, si bien los discípulos no se dieron cuenta de esto hasta después de la resurrección (Jn. 12:16). La generalidad de los judíos consideraban mesiánico este pasaje (Edersheim, *op. cit.*, II, 736). **6-8.** Trajeron ambas bestias (se necesitaba el asna para que el pollino, que nunca había sido cabalgado, se estuviera tranquilo), pero todos los evangelistas testifican que Jesús montó en el pollino. Algunos de entre la multitud tendían sus mantos en el camino en señal de homenaje al que ahora aclamaban como rey (2 R. 9:13). Otros echaban palmas en el camino (Jn. 12:13). El asno era una bestia humilde, y desde los días de Salomón ningún rey judío lo había hecho su cabalgadura oficial. Pero la mansedumbre y la humildad eran características del Mesías predichas por Zacarías y que ahora se revelaban. **9. Hosanna.** Expresión hebrea que significa *Salva ahora*. Los gritos del gentío, clamando con palabras de Sal. 118:25,26, claramente proclamaban sus esperanzas puestas en Jesús como Mesías, **Hijo de David.** Hasta aquí, Jesús había rehuido tales manifestaciones públicas (si bien a los individuos les declaraba su condición de Mesías; Jn. 4:26; Mt. 16:16-20); pero esta vez había hecho cuidadosos preparativos para su inequívoca presentación ante la nación. **10, 11. ¿Quién es éste?** La aclamación mesiánica provocó esta pregunta en quienes quizá no conocían a Jesús (durante gran parte de su ministerio había evitado estar en Jerusalén).

2) Purificación del templo. 21:12-17. Una purificación semejante se registra al comienzo del ministerio de Jesús (Jn. 2:13-22), pero no hay razón alguna para dudar de que el hecho se haya repetido. A menudo repitió Jesús sus dichos y sus hechos. Estos malvados habían vuelto pronto a sus malos caminos, pues el incentivo de lucro era muy atractivo.

12. Entró Jesús en el templo. Fue el día siguiente a la entrada triunfal (Mr. 11:11, 12). Mateo registra estos hechos sin indicación de tiempo. **Los que vendían y compraban en el templo.** El atrio exterior o de los gentiles contenía las cuadras en que se podían comprar los animales para los sacrificios y en donde se cambiaba la moneda extranjera por los siclos del templo. Este mercado, verdadera mina del especulador, estaba en manos de la familia del sumo sacerdote Anás. Poco antes de la guerra de los judíos contra Roma, la indignación popular contra estos negocios de Anás había obligado a eliminarlos (Edersheim, *op. cit.*, I, 367-372). **13. Escrito está.** Is. 56:7 y Jer. 7:11. **Cueva de ladrones.** Guarida de salteadores, cuyas prácticas nefandas eran protegidas por el sagrado recinto. **14-16.** Sólo Mateo consigna los milagros que arrancaron de los niños (masculino, *muchachos*) nuevos hosannas en el templo. Como respuesta a las censuras de los sacerdotes cita Jesús Sal. 8:2, para demostrar que Dios acepta la alabanza aun de los que son tenidos como insignificantes por los hombres. **17. A Betania, y posó allí.** Era una aldea al pie del Monte de las Olivas (cf. Lc. 21:37). Se ignora si pasó la noche en una casa de la aldea, o al aire libre (cf. Lc. 24:50 con Hch. 1:12; los nombres eran intercambiables).

3) Maldición de la higuera estéril. 21:18-22. Hay que consultar de nuevo a Marcos (11:12-14, 19-25) en cuanto a cronología. Mateo funde en uno ambos aspectos del incidente. **18. Por la mañana.** Según Marcos, fue la mañana en que purificó el templo. **19, 20. Higuera.** Este árbol, que abunda en Palestina, se usa a menudo como símbolo de la nación de Israel (Os. 9:10; Jl. 1:7). Característica de este arbusto es que hojas y frutos suelen aparecer simultáneamente, si bien a veces el fruto brota primero. El tiempo de la cosecha era junio. Pero esta particular higuera se mostraba tan frondosa ya en abril, que era de esperarse que también tuviera fruto. Parece éste uno de esos casos en que Cristo, "despojándose a sí mismo" (Fil. 2:7, Str.), se abstuvo del empleo de su omnisciencia para que sus reacciones humanas fueran enteramente genuinas. **Nunca jamás nazca de ti fruto.** Se profiere con la solemnidad de una condena. Si bien no se declara que la situación haya de tomarse parabólicamente, sólo así puede explicarse razonablemente el incidente (ya que los árboles no tienen responsabilidad moral). Es una continuación gráfica de la anterior parábola de Lc. 13:6-9 respecto a la nación judía, estéril a pesar de todos sus privilegios. **Y luego se secó la higuera. Luego** bien puede ser bastante amplio para abarcar varias horas. Los discípulos se dieron cuenta por primera vez a la mañana siguiente, cuando ya se había secado hasta las raíces (Mr. 11:20). **21, 22.** A los asombrados discípulos les explicó Jesús que poder semejante (y aun para mayores hechos) estaba al alcance de ellos mediante la oración de fe. Pero tal fe sólo demandará lo que sepa que es la voluntad de Dios (cf. com. 17-20).

4) La autoridad de Jesús puesta en tela de duda, y su respuesta por medio de parabolas. 21:23—22:14.

23. En esta tercera visita al **templo** en días sucesivos, se acercaron a Jesús unos representantes del Sanhedrín (**principales sacerdotes, ancianos** y escribas, Mr. 11:27). **¿Con qué autoridad?** El Sanhedrín o algún rabí eminente eran los que por lo común otorgaban autorización, certificando la validez de la enseñanza como recibida de fuentes tradicionales aprobadas (Edersheim, *op. cit.*, II, 381-383). **Estas cosas.** Referencia a los hechos de Cristo (purificación del templo, milagros), así como a sus enseñanzas y a su aceptación del homenaje como Mesías. **25-27. El bautismo de Juan.** Como muestra del ministerio de Juan. La pregunta con que Cristo replica no era una evasiva frente a la demanda del Sanhedrín, sino que era a un tiempo respuesta implícita (cf. Jn. 5:33-35) y desenmascaramiento de la falta de honradez del Sanhedrín. Juan el Bautista, cuyo ministerio era popularmente reconocido como genuinamente profético, había proclamado públicamente que Jesús era el Mesías y que los hombres debían confiar en él (Jn. 3:26-30; 1:29-37; Hch. 19:4). De modo que los representantes percibieron claramente el dilema que la pregunta de Cristo les planteaba. Si reconocían que Juan había tenido aprobación divina, se verían obligados a reconocer lo que acerca de Jesús había enseñado: que él era el Mesías. Pero si desconocían la autoridad de Juan, se atraerían la ira popular. Hombres tan cobardes y faltos de honradez no merecían más respuesta. **28-32.** Parábola de los dos hijos. Sólo Mateo registra las tres parábolas que en esta ocasión se pronunciaron (cf. Mr. 12:1, en cuanto a "parábolas"). Tuvieron origen en la oposición de los miembros del Sanhedrín a la autoridad de Cristo. Jesús interpreta la parábola de los dos hijos como representación de las divergentes reacciones de los parias de la religión y sus dirigentes respecto al ministerio de Juan, preparatorio del de Cristo. El **hijo** (literalmente, *niño*) que primero dijo **no quiero** pero después *se arrepintió y fue,* representa a los **publicanos** y **rameras,** desheredados de la religión, que eventualmente aceptaron el mensaje de Juan. Muchos de ellos se convirtieron en seguidores de Jesús (Lc. 15:1-2). El **hijo** que manifestó: **Sí, señor, voy,** pero **no fue,** representa a los dirigentes religiosos que primero aprobaron como de lejos a Juan (Jn. 5:35) pero nunca dieron el paso decisivo (Lc. 7:29-30). De ese modo los publicanos y rameras, con su respuesta al mensaje de Juan, demostraron que eran aptos para el mesiánico **reino de Dios.** El **camino de justicia** (2 P. 2:21) es la denominación del mensaje de Juan (cf. 22:16: "camino de Dios) en términos que recuerdan a Noé (2 P. 2:5), y probablemente denota el contenido de su mensaje más que su conducta personal.

33-46. Parábola de los labradores malvados. Esta parábola amplifica la respuesta a la pregunta sobre la autoridad de Jesús, presentándolo como el Hijo divino enviado por el Padre. Si bien los rasgos principales de la parábola eran tan nítidos que los miembros del Sanhedrín no podían dejar de notar su sentido, no se debe hacer énfasis en la interpretación de cada detalle. El padre de familia indudablemente representa a Dios Padre; pero mal se le podría atribuir a Dios su equivocado optimismo (v. 37). Quizá debemos ver en los actos del padre de familia la forma en que al hombre le parece que actúa Dios. **33. Una viña.** Símbolo de la teocracia de Israel, que todo judío conocía. Cf. Is. 5:1-7; Ps. 80:8-16. El v. 43 equipara la **viña** con el **reino de Dios,** y se refiere claramente al reino teocrático sobre Israel administrado por los reyes escogidos por Dios. En la parábola el padre de familia se representa haciendo cuanto a su alcance está por el bien de la viña. **35. A uno golpearon, a otro mataron y a otro apedrearon.** Hay constancias del trato vergonzoso infligido a los emisarios de Dios a Israel, en Jer. 20:1,2; 37:15; 38:6; I R. 19:10; 22:24; 2 Cr. 24:21. **37. Finalmente les envió su hijo.** La extraordinaria paciencia del padre de familia pone en evidencia la total depravación de los labradores. **38. Matémosle, y apoderémonos de su heredad.** Era precisamente el sentimiento que recientemente habían expresado los dirigentes judíos (Jn. 11:47-53). A partir de este punto, la parábola deja el campo de la historia y pasa a la profecía. **39. Le mataron.** Predicción de la muerte de Jesús a manos de estos mismos hombres. **40,41.** En este punto parece que no lograron los judíos captar todo el sentido de la parábola (aunque poco después lo entendieron, v. 45), y de inmediato contestan la pregunta de Jesús, pronunciando su propia sentencia. **42-44.** La cita del Salmo 118:22-23 hecha por Jesús, señala hacia su victoria decisiva después de ser rechazado. El mismo pasaje se cita en Hch. 4:11 y en 1 P. 2:6-7. Como resultado de esa victoria, el **reino de Dios** será **quitado** de manos de estos dirigentes (y de la nación judía contemporánea, según indica la mención de otro **pueblo,** NC). **A un pueblo que rinda sus frutos** (NC). Referencia a la iglesia (a la cual Pedro llama "nación santa" en contexto con el mismo pasaje del AT; 1 P. 2:7-9). El día de Pentecostés trajo la formación de un nuevo cuerpo, la iglesia, que habría de ser el núcleo espiritual del reino mesiánico (medianero). Si bien estos dirigentes judíos como individuos se hallaban permanentemente excluídos del reino, Romanos 9-11 explica que la nación de Israel será de nuevo traída a las bendiciones de la salvación al final de la presente época de prominencia gentil (Ro. 11:25). Hoy día la iglesia disfruta de ciertos aspectos espirituales del reino en cuanto ha aceptado a Cristo como rey (Col. 1:13), y está siendo preparada para participar en el reino venidero. Este aspecto de reino medianero se describe en las parábolas de Mt. 13. **45-46. Temían.** Los planes de los dirigentes judíos para matar a Jesús (Jn. 11:35) se veían estorbados por el temor a la popularidad que entre las multitudes tenía. El mismo temor los refrenaba de difamar el recuerdo de Juan (Mt. 21:26).

22. 1-14. Parábola de la fiesta de bodas. Aunque esta parábola es semejante a la de Lc. 14:16-24, las divergencias en ciertos detalles y en la ocasión hacen innecesario todo intento de interpretarlas como idénticas. Todo maestro tiene el derecho de repetir sus ejemplos y de cambiar detalles para adaptarlos a nuevas circunstancias. **1. En parábolas,** es decir, en estilo parabólico. **2. Reino de los cielos.** El reino medianero tal como lo describe Mt. 13:11 ss., en el intervalo entre la primera venida de Cristo y el cabal establecimiento del reino mesiánico. El rey, su hijo y la fiesta de bodas representan al Padre, a Cristo (Jn. 3:29), y el reino mesiánico (Is. 25:6; 55:1). Si la escena describe una boda que implicaba el reconocimiento del hijo como heredero, entonces la negativa a concurrir, además de descortesía implicaba deslealtad. Esto explica la violenta destrucción de los rebeldes por las fuerzas reales. **3-6. Llamar a los convidados.** La costumbre oriental incluía una invitación inicial y un nuevo llamado a hora prefijada. Los invitados, en este caso obviamente Israel(rechazaron este llamado; y cuando se les hicieron nuevos ruegos explicativos se mostraron descaradamente groseros o francamente inclinados, en este caso obviamente Israel (rechalos judíos dieron a Juan (Mt. 21:25), Esteban, (Hch. 7:59) y Jacobo (Hch. 12:2). **7. Quemó su ciudad.** Predice la destrucción de Jerusalén en 70 d. de C. El ejército romano bajo Tito se considera en la parábola instrumento de Dios **(sus ejércitos). 8,9 Id pues, a las salidas de los caminos.** Suele aplicarse esto a la evangelización de los gentiles (que parece el sentido claro de Lc. 14:23). Pero en el caso presente las bodas implican naturalmente la existencia de una esposa como persona distinta de los invitados; no obstante, la evangelización de los gentiles en la época de la iglesia produce la esposa y no los invitados. Considerando que Cristo estaba explicando a judíos incrédulos las relaciones de ellos con el reino mesiánico, quizá estos invitados que más adelante aceptaron, representen a los judíos que se convertirán durante la Tribulación. **10. Juntamente malos y buenos.** Pecadores notorios y los que eran moralmente rectos. Para ambos es la benigna invitación de Dios, y de ambos grupos hay muchos que responden. **11. Vestido de boda.** Ya que la carencia de vestido excluyó a este hombre de la fiesta, concluímos que el vestido representa un requisito esencial para entrar en el reino. Representa, pues, la vestidura de justicia imputada que, mediante la fe del hombre, gratuitamente le otorga Dios (Is. 61:10). Parece tenerse aquí en mente, la costumbre que los reyes tenían de proveer ropas adecuadas cuando concedían una entrevista, ya que al culpable se le hace responsable de su falla, y los que fueron recogidos de los caminos quizá no hayan tenido vestidos adecuados aunque hubiesen tenido tiempo de cambiar de ropa. **12. Amigo.** Compañero, camarada; modo de dirigirse a uno cuyo nombre no se conoce. El hombre sin vestido de boda representa a quien pretende hallarse listo para el reino de Cristo, pero falsamente. Otras parábolas lo presentan como la cizaña y los peces malos. **13. Las tinieblas de afuera.** En la parábola, son las sombras de la noche en el exterior del palacio profusamente iluminado (la comida, *"ariston"*, v. 4, que había empezado a mediodía, se había prolongado hasta la media noche); las tinieblas, y **el lloro y el crujir de dientes,** claramente indican los tormentos de la Gehenna (13:42; 25:30, 46). **14. Muchos son llamados, y pocos escogidos.** Hay un llamado general de Dios a los pecadores, invitándolos a los goces de la salvación (11:28), pero es posible resistirle y rechazarlo. Son comparativamente **pocos** los que en verdad se eligen para este privilegio. Las Escrituras claramente indican una elección divina que atrae a los pecadores a Dios. Pero también indican las Escrituras que el hombre es responsable por su indiferencia (v. 5), rebelión (v. 6 y autojustificación (v. 12).

5) Varios grupos tientan a Jesús con preguntas. 22:15-46. Estas discusiones ocurrieron el mismo día en que se pronunciaron las parábolas precedentes. Fue uno de los días más atareados en el ministerio de Jesús. **15-22.** Fariseos y herodianos plantean la cuestión del tributo. **15. Sorprenderle.** Enredarlo, atraparlo. **16. Discípulos de ellos.** Alumnos rabínicos, enviados por sus maestros fariseos. **Herodianos.** Grupo de judíos

cuyas características no se conocen bien. Aparentemente eran partidarios del retorno al poder de la familia herodiana (cuyo dominio en Judea y Samaria había cesado el año 6 d. de C. con el nombramiento de procuradores romanos). Ambos grupos se unieron por causa de su común odio contra Jesús como posible Mesías. **17.** Tras muchos circunloquios introductorios (evidentemente insinceros), plantearon la pregunta que traían bien pensada. **¿Es lícito dar tributo a César?** *Kensos* es una palabra tomada del latín, referente al tributo de empadronamiento que pesaba sobre todo judío. La pregunta implicaba un dilema: O reconocía Jesús la servidumbre hacia Roma (comprometiendo así sus pretensiones como Mesías), o corría el riesgo de que lo acusaran de deslealtad hacia Roma. Tan seguros estaban los enemigos de nuestro Señor de lo comprometedor de este cargo, que pocos días más tarde lo enderezaron contra él, no obstante su explícita negación (Lc. 23:2). **19. Mostradme la moneda del tributo.** Se pagaba ese impuesto con el denario, equivalente al jornal de un día para el jornalero o el soldado. **20, 21.** Al hacer sus preguntantes reconocieran la imagen de **César** y la inscripción de la moneda, Cristo obtuvo de ellos el principio que su respuesta implica. **Dad... a César lo que es de César.** Broadus parafrasea: "Recibisteis esto de César, devolvédselo" (*Op. cit.*, p. 579). La moneda de César representaba el gobierno de César, con los beneficios que aparejaba, por los cuales tenía que pagar el súbdito (cf. Ro. 13:1-7). **Lo que es de Dios.** Se considera aquí por separado las obligaciones espirituales, aunque no dejan de tener relación. La debida sumisión al poder civil es parte de nuestra obligación espiritual (1 P. 2:13-15), pero en última instancia el creyente ha de estar siempre sujeto a la voluntad de Dios (Hch. 4:19, 20).

23-33. Pregunta de los saduceos respecto a la resurrección. **Unos saduceos, que dicen.** La ausencia de artículo en los mejores manuscritos hace preferible la traducción de la VL. Como apoyo a su negación de la resurrección pretenden probar lo absurdo de la misma mediante un ejemplo. (Cf. Hch. 23:8 sobre la tesis saducea). **24-27. Moisés dijo.** Referencia a Dt. 25:5 ss. El ejemplo que se aduce era plausible entre los judíos por la ley del levirato (derivado del latín *levir*, "cuñado"). Tal costumbre, practicada también por otros pueblos antiguos, en buena parte había caído en desuso. De modo que el caso que los saduceos suponían no constituía una cuestión de candente interés, sino un acertijo teológico. **28. En la resurrección,** de cuya realidad se burlaban los saduceos, **¿de cuál ...será ella mujer?** Los siete eran maridos de ella y la ausencia de hijos en todas las

uniones excluía toda prioridad. **29. Ignorando las Escrituras y el poder de Dios.** El error de los saduceos consistía en no comprender la enseñanza bíblica en punto a la resurrección, ni el poder de Dios para resolver el problema. Su ejemplo presuponía que en la resurrección los hombres se levantarán para tener una forma de existencia igual a la que antes habían tenido (opinión corriente entre los fariseos), aunque la Escritura en ninguna parte lo afirma. No consideraban que Dios tuviera poder de levantar a los muertos a una condición más gloriosa (cf. 1 Co. 15:40-50). **30. Sino serán como los ángeles,** desde luego, en cuanto al matrimonio se refiere. No dijo Jesús que los resucitados se transformarían en ángeles. Ni tampoco implica el pasaje que la más entrañable de las relaciones terrenales se echará al olvido en la vida por venir. No se explica la forma exacta en que tales relaciones se verán afectadas por la posesión de cuerpos glorificados, pero las Escrituras en su totalidad apoyan la idea de que el estado de los resucitados será de bienaventuranza y perfecta comunión. **31-33. Lo que os fue dicho por Dios.** Remitió Jesús a sus oyentes a una declaración directa de Dios (no por mediación de Moisés como en el v. 24). **Yo soy el Dios de Abraham** (Ex. 3:6). En vez de emplear alguno de los pasajes más específicos de los profetas o de los hagiógrafos (respecto a los cuales la opinión de los saduceos era dudosa), Jesús citó de la Tora una declaración a la cual dio la más profunda interpretación. Usando el reverenciado nombre de Dios según el pacto, Jesús deduce la inmortalidad de esos patriarcas. Como ha observado Plummer, "Lo muerto puede tener un Creador o un Contralor; pero sólo los seres vivientes pueden tener un Dios." (*Gosp. According to St. Matt.*, p. 307).

34-40. Pregunta de un fariseo intérprete de la ley acerca del gran mandamiento. Consúltese Mr. 12:28-34 sobre detalles adicionales, teniendo en cuenta las interesantes consecuencias. **34. Los fariseos, oyendo** ... El descalabro de los saduceos ante la magistral réplica de Jesús a la pregunta sobre la resurrección debería haber complacido a los fariseos. No obstante, el triunfo indiscutible de Jesús tampoco les agradaba, ya que compartían con los saduceos el odio contra él. **35. Intérprete de la ley.** Experto en la exégesis legal de Moisés. **36. ¿Cuál es el gran mandamiento de la ley?** La segunda intención del intérprete no es muy evidente, y ha de notarse que Jesús trató la cuestión en forma directa y luego alabó la discreción de la respuesta del intérprete (Mr. 12:34). Suele sugerirse que trataba de arrastrar a Jesús a una disputa sobre el cálculo rabínico de 613 mandamientos. **37-40.** Nuestro Señor resumió las dos tablas de la ley en palabras de

Dt. 6:5 y Lv. 19:18. La debida relación con Dios y el prójimo constituye la esencia del deber humano. Todo el AT interpreta y aplica estos principios (Ro. 13:8). **Todo tu corazón.** En el pensamiento hebraico el **corazón** simboliza todo el ser, que involucra el **alma** y la **mente,** el elemento animal y el racional. El supereminente amor a Dios impulsará al hombre a cumplir todos los deberes morales. Pero esa norma inalcanzable sólo sirve para demostrar la depravación del corazón humano. **41-46.** Jesús replica con una pregunta sobre el Mesías. **42. ¿Qué pensáis del Cristo?** Virtualmente lo mismo que antes había preguntado a los Doce (16:15). **De David.** Los escribas enseñaban que el Mesías sería del linaje de David (Mr. 12:35). **43-45.** Al remitir a sus oyentes al Salmo 110, que los judíos tenían por mesiánico (Edersheim, op. cit., Ap. IX), Jesús ponía en evidencia lo inadecuadamente que entendían esa porción bíblica. Este Salmo de David (Jesús afirma claramente esa paternidad), presenta al **Señor** (Jehová) hablando con el Mesías y David llama al Mesías **mi Señor** (*Adonai*). De modo que los judíos, que reconocían al Mesías como descendiente de David, se veían confrontados con ese salmo, en que David llama a este descendiente su "Señor" y superior. Se demostraba que la idea predominante respecto al Mesías como rey, mero gobernante político, era inadecuada. Aún más, este salmo se profirió **en el Espíritu** (Espíritu Santo, Mr. 12:36); fue producto de revelación sobrenatural. **46. Ni osó alguno . . . preguntarle más.** Si bien Marcos y Lucas hacen similar comentario en ocasiones ligeramente diferentes (Mr. 12:34; Lc. 20:40), el análisis demuestra que cada sinóptico ubicó el comentario en el sitio que en su respectiva exposición correspondía. **Desde aquel día** no volvieron a producirse interrupciones de tal clase de interrogadores.

6) Jesús acusa públicamente a los fariseos. 23. 1-39. El Señor había usado ya parte del material de este discurso (Lc. 11:39 ss.), pero ahora lanza su denuncia en el templo, en Jerusalén, fortaleza de sus enemigos. **1-12.** Admonición en contra de los fariseos. Se dirige esta porción particularmente a los discípulos, bien que en presencia de la multitud. **2. En la cátedra de Moisés se sientan.** Es decir, ocupan entre vosotros la posición de Moisés como expositores de la ley. **3,4. Así que, todo lo que os digan que guardéis. . . hacedlo.** En cuanto sus enseñanzas presentaran las de Moisés, el pueblo estaba obligado a observarlas. **No hagáis conforme a sus obras.** Sus **obras** incluían sus forzadas interpretaciones y perversiones de la ley, que les permitían hacer burla del sentido espiritual del AT. Sus múltiples adi-

ciones a la ley, denominadas aquí **cargas pesadas y difíciles de llevar,** eran parte de sus **obras. Ellos ni con un dedo quieren moverlas.** Aunque la casuística rabínica lograba sin duda hallar resquicios para evadir lo que les desagradaba, esta afirmación probablemente significa que ni un dedo movían para quitar algunas de las cargas (*mover* se halla aquí en contraste con *poner*). **5. Filacterias.** Cajitas que contenían tiras de pergamino en que estaban escritos Ex. 13:2-10, 11-17; Dt. 6:4-9; 11:13-22). Las cajitas se ataban con fajas a la frente y al brazo izquierdo. Esta práctica se originó después del cautiverio, por una interpretación demasiado literal de Ex. 13:16. Los fariseos las llevaban por ostentación. **Extienden los flecos de sus mantos.** Borlas que se usaban en las cuatro esquinas del manto, de acuerdo con Nm. 15:38 y Dt. 22:12. Jesús las usaba (Mt. 9:20; 14:36), pero los fariseos las abultaban para exhibirse. **6,7. Asientos** de honor en las **cenas** y en las **sinagogas,** eran algo que los fariseos deseaban, junto con las **salutaciones** efusivas en lugares públicos, que pusieran de relieve su elevada categoría. **Rabí.** Título equivalente a *maestro* o *doctor,* y que los judíos aplicaban a sus instructores espirituales. **8-12.** Las palabras siguientes se dirigen especialmente a los discípulos. Los seguidores de Cristo no habían de procurar ser llamados por títulos como **Rabí, Padre** o **Maestro,** como hacían los fariseos. Pero no es ésta una prohibición absoluta de que haya dirigentes, ni del uso de títulos apropiados, ya que Pablo se llama a sí mismo "padre" de los corintios, y a Timoteo "hijo" suyo (1 Co. 4:15, 17). **El que es el mayor,** claramente indica la validez de las diferencias en cuanto a categoría. Pero la humildad debe guiar a los creyentes, y no la egoísta ambición de los fariseos, que usurpaban para sí mismos la autoridad que corresponde a Dios. **13-36.** Siete ayes contra los fariseos. Se aparta la atención de los discípulos para fijarla en los fariseos, que formaban parte del gentío. **13. ¡Hipócritas!** Epíteto que pone de relieve la presunción de los fariseos y de los escribas. **Cerráis el reino de los cielos.** Como dirigentes religiosos e intérpretes reconocidos de las Escrituras, deberían haber sido los primeros en aceptar a Jesús y en influir sobre otros para que le siguieran. **Los que están entrando** (el tiempo presente es de intención o quizá de futuro (Dana y Mantey, *Manual Grammar of the Greek New Testament,* pp. 185-186) estaban siendo estorbados por sus falsos guías. El v. 14 ha sido interpolado de Mr. 12:40 y Lc. 20:47. **15. Recorréis mar y tierra.** Búsqueda empeñosa. **Prosélito.** No el gentil temeroso de Dios pero incircunciso (prosélito de la puerta), sino el gentil a quien se había persuadido a que adoptara el judaísmo en su totalidad, incluyendo todas las tradiciones de los fariseos. **Dos veces más hijo del infierno que vosotros.** Los prosélitos ganados por estos fariseos no espirituales (y que sin duda ingresaban en su secta) no harían sino añadir tradiciones rabínicas a sus conceptos paganos. **16-22.** El tercer **ay** fustiga a los fariseos como **guías ciegos** e **insensatos** por pervertir la verdad con sus juramentos. Ya es bastante malo que no se pueda confiar en la palabra de un hombre a menos que jure. Pero la enseñanza farisaica pretendía que había matices de obligatoriedad en los diversos tipos de juramento. Los juramentos que en forma general mencionaban el **templo** o el **altar** no obligaban al que juraba a cumplirlos; pero la más específica mención del **oro del templo** o por la **ofrenda** que sobre el altar estaba, sí obligaba. Jesús demostró lo absurdo de tal razonamiento señalando que lo mayor **(templo, altar, Dios),** incluye lo menor **(oro, ofrenda, cielo).** Vista tal perversión, la enseñanza del Señor fue: "No juréis en ninguna manera" (Mt. 5:33-37).

23,24. El cuarto **ay** refleja lo escrupulosos que eran los fariseos, en cuanto a minucias, al par que descuidaban deberes más importantes. El diezmar diversas hierbas se basaba en Lv. 27:30. **Menta, eneldo** y **comino** eran hierbas de hortaliza usadas como condimentos. **Justicia, misericordia** y **fe.** Estas obligaciones éticas y espirituales (cf. Mi. 6:8) constituyen **lo más importante de la ley,** aunque se esperaba del pueblo de Dios que cumpliera con **aquello** (el diezmar). Con su proceder, los fariseos habían colado escrupulosamente **el mosquito** (el insecto levíticamente impuro que pudiera caer dentro del vaso), pero se tragaban **el camello** (el mayor de los animales impuros de Palestina; Lv. 11:4). **25,26.** El quinto **ay** pone en evidencia el indebido énfasis farisaico sobre las exterioridades. **Limpiáis lo de fuera del vaso.** La figura indica la preocupación de los fariseos por la purificación ritual (rabínica y no mosaica) y su despreocupación por el contenido del vaso. **Por dentro estáis llenos de rapiña y desenfreno** (VL). Los fariseos mantenían su nivel de vida oprimiendo a otros. El apego al ritual rabínico no podía cambiar esa corrupción interna.

27,28. El sexto **ay** describe la oculta influencia de los fariseos. **Sepulcros blanqueados.** Cada primavera, terminada la estación lluviosa, se blanqueaban las tumbas para que nadie inadvertidamente fuese a contaminarse ceremonialmente, tocándolas (Nm. 19:16; cf. Ez. 39:15). Recién realizado ese acto consuetudinario, sirvió de oportuno ejemplo de la nitidez externa de los fariseos al par de su impureza interior. Lc. 11:44 emplea los sepulcros en un ejemplo un tanto diferente. **29-31.** El séptimo **ay** describe a los oyentes de nuestro Señor como copartícipes de la naturaleza de sus malvados antepasados. Mediante la construcción y embellecimiento de las tumbas de los profetas asesinados, creían repudiar aquellos homicidios. Pero Jesús declaró que sus actos mostraban precisamente lo contrario. Pues al edificar las tumbas, simplemente completaban lo que sus padres (espiritual y racialmente hablando) habían iniciado. Su propio complot para asesinar a Jesús (21:46; 22:15; Jn. 11:47-53) probaba que eran **hijos de aquéllos que mataron a los profetas. 32. ¡Llenad la medida de vuestros padres!** Similar orden se dio a Judas, Jn. 13:27. **33. Generación de víboras.** Semejante a la denuncia de Juan en 3:7. **Yo os envío profetas.** Según una declaración similar en Lc. 11:49, éstos eran enviados por la "sabiduría de Dios". De esta manera Jesús, como personificación misma de la sabiduría divina, reclama para sí este título. **Profetas y sabios y escribas.** Términos particularmente adaptados a su auditorio, y que también abarcan a los primitivos testigos cristianos tales como Pedro, Jacobo, Santiago y Pablo. Las persecuciones que aquí se predicen habrían de llenar la medida de la culpa de los judíos, para que viniera la destrucción divina sobre aquella **generación** de la nación. **De Abel . . . hasta . . . Zacarías:** incluye todos los homicidios que en el AT se registran, desde el primer libro (Gn. 4:8) hasta el último en el canon hebreo (2 Cr. 24:20-22). El que estos fariseos no aprendieran las lecciones de la historia ni se arrepintieran de su maldad, igual a la de sus antepasados, hace que en ojos de Dios compartan su culpa. Las futuras persecuciones harían esto indiscutiblemente evidente. **Zacarías hijo de Berequías.** En 2 Cr. 24:20 se le llama "hijo del sacerdote Joiada", quizá por el nombre de un ilustre antecesor recién muerto a la edad de ciento treinta años (2 Cr. 24:15). Puede que Mateo haya tenido documentos que dieran el nombre del padre. (Para evaluar las diversas opiniones, véase Broadus, *op. cit.,* pp. 476-477).

37-39. Lamento sobre Jerusalén. Jesús había expresado sentimientos semejantes en ocasión anterior (Lc. 13:34,35; 19:41-44). **37. Que matas a los profetas.** Este eslabón con el v. 34 facilita la transición a la endecha pública de Jesús por la rebelde ciudad. **Cuántas veces quise.** Inconsciente testimonio de la autenticidad del Evangelio de Juan, el único que registra numerosas visitas de Jesús a Jerusalén. **38. Vuestra casa os es dejada desierta.** Cf. 1 R. 9:7; Jer. 22:5; 12:7. **Casa** suele interpretarse como la nación, la ciudad, o el templo. Ya que Jesús pronunció estas palabras al salir del templo por última vez (24:1), atribuirla al templo es una interpretación atractiva. El templo que el Mesías abandona se convierte en **vuestra casa,** no

ia de Dios. **39. Desde ahora no me veréis.**
Había finalizado el ministerio público de
nuestro Señor. Después de la resurrección,
Jesús sólo apareció ante testigos escogidos
(Hch. 10:41). **Hasta que digáis.** En la segunda venida de Cristo los judíos como nación reconocerán a su Mesías rechazado, y
se regocijarán por su regreso (Ro. 11; Zac.
12:10).

7) El discurso del Monte de los Olivos.
24:1—25:46. Esta disertación contiene algunas de las expresiones más difíciles de Jesús. La naturaleza apocalíptica del material
la asemeja a algunos de los discursos proféticos del AT, en que la mezcla de elementos
históricos y típicos dificulta la interpretación.
Algunos ven el cumplimiento de la mayoría
de estas predicciones en la destrucción de
Jerusalén en el año 70 d. de C. Otros consideran el sermón como descriptivo de la historia de la iglesia, y de una tribulación que
la iglesia habrá de atravesar antes del regreso
de Cristo. La opinión que ve en este pasaje
la descripción que el Señor hace de la última
de las setenta semanas de Daniel se apoya
fuertemente en los pasajes paralelos de Daniel y Apocalipsis, y concuerda bien con la
pregunta de los discípulos que dio motivo al
discurso. Según tal interpretación, el relato
de Mateo tiene que ver enteramente con
acontecimientos aún futuros. Solamente Lucas (21:12-24) registra la época intermedia
de la iglesia, al introducir, después de una
discusión paralela de acontecimientos escatológicos una sección que comienza diciendo:
"Pero antes de todas estas cosas . . ."
1. Los edificios del templo. La fama de
la magnificencia del templo de Herodes era
extensa. Los grandes bloques de mármol
adornados de oro eran deslumbrantes (Jos.
Guerras, V. 5:6). **2. No quedará aquí piedra sobre piedra.** La respuesta de Jesús está muy lejos de lo que el orgullo nacional de
ellos esperaba. Predijo la más severa destrucción, que ocurrió en el año 70 d. de C. (Jos.
Guerras, VII. 1:1). **3. Monte de los Olivos.**
La colina que desde el este miraba sobre la
ciudad y el templo. **Los discípulos se le
acercaron aparte.** Como ya había quedado
atrás el gentío del templo, los discípulos podían preguntarle en privado. **¿Cuándo serán
estas cosas?** Es decir, la destrucción del
templo. **¿Qué señal habrá de tu venida, y
del fin del siglo?** Los intérpretes judíos del
AT habían comprendido claramente que la
venida del Mesías sería heraldo del "siglo
venidero", acompañado de la destrucción de
los impíos. Debe recordarse que la pregunta
de los Doce tiene por marco los conocimientos tradicionales, y que la respuesta de Jesús
en este discurso indudablemente esto por
sentado. De modo que la **consumación del
siglo** (VL) se refiere a la época de la cual

formaban parte y tenían conocimiento. Que
tal siglo o época constituía gran parte de su
pensamiento resulta evidente de Hch. 1:6.
Dicha época se describe en Dn. 9:25-27 como un período de "setenta semanas", de las
cuales sólo sesenta y nueve habían transcurri-
do cuando *se le quitó la vida al Mesías*. Jesús implica directamente este período cuando en 24:15 describe un acontecimiento que
Daniel coloca "a la mitad de la semana" última de las setenta. Luego, el discurso del
monte de los Olivos tiene que ver primordialmente con la tribulación de Israel, período que en Daniel se conoce como la última de las *setenta semanas,* que también se
describe en Ap. 6-19, y que culminará con el
regreso de Cristo.

a) Primera mitad de la tribulación. 24:4-
14. La septuagésima semana de Daniel tiene
dos mitades claramente definidas (Dn. 9:
27). Hay una asombrosa correspondencia entre el orden de los sellos en Ap. 6 y el de los
acontecimientos en Mt. 24:4-14. De modo
que estos versículos han de colocarse en los
primeros tres años y medio de la tribulación,
después del rapto de la iglesia. **5. Diciendo:
Yo soy el Cristo** (cf. Ap. 6:1,2, primer sello: el Anticristo). Si bien pueden surgir
tendencias como esa durante la época de la
iglesia (1 Jn. 4:3), la referencia específica
es al Anticristo final y a sus asociados. No
consta que alguien haya pretendido ser el
Cristo entre los años 30 y 70 d de C. **6.
Guerras y rumores de guerras** (cf. Ap. 6:
3,4 segundo sello: guerra). **7. Hambres** (cf.
Ap. 6:5,6; tercer sello: hambre). **Pestes y
terremotos** (cf. Ap. 6:7,8; cuarto sello:
muerte de la cuarta parte de la tierra). **8.
Principio de dolores.** Literalmente, *dolores
de parto;* sugiere penalidades que pronto habrán de ser seguidas por un día más ventu-
roso. **9. Os matarán** cf. Ap. 6:9-11; quinto
sello: mártires). **11. Muchos falsos profetas
. . .engañarán a muchos.** Cf. 2 Ts. 2:8-12.
12. El amor de muchos se enfriará. Lo severo de estas calamidades hará que la mayor
parte de Israel se despoje de toda pretensión
de piedad. **13.** Pero la señal distintiva de
los **salvos** del remanente judío será su perseverancia en la fe hasta el fin. **14. Evangelio del reino.** Las buenas nuevas de salvación en el Mesías, con énfasis en el reino
mesiánico está a punto de ser establecido. Este mensaje se esparcirá **en todo el mundo**
durante la tribulación, merced a los esfuerzos
de los dos testigos (Ap. 11:3-12) y del sellado remanente de Israel (Ap. 7).

b) Segunda mitad de la tribulación. 24:
15-28. **15. Cuando veáis . . . la abominación desoladora de que habló el profeta
Daniel.** La **abominación desoladora** reproduce la versión de que Dn. 9:27; 12:11;

11:31 da la LXX; las dos primeras citas son sin duda escatológicas, mientras la última predice la profanación del culto por Antíoco, cuyo acto era símbolo de la obominación final. Este acontecimiento ocurre a la mitad de la septuagésima semana (Dn. 9:27), cuya duración se da ya como "42 meses" (Ap. 11:2; 13:5), "1260 días" (Ap. 12:6) o "tiempo, y tiempos, y medio tiempo" (Dn. 7:25; 12:7; Ap. 12:14). **El lugar santo.** El templo, que había de ser restaurado. Esta enigmática **abominación** se relaciona con el culto, y otros pasajes parecen dar a entender la pleitesía idolátrica que el Anticristo exigirá para sí. Véase Ap. 13:5-8; 2 Ts. 2:1-4. Era un acontecimiento claramente futuro en días de Jesús, lo cual da por tierra con las interpretaciones que pretenden que todo lo predicho por Daniel se cumplió en días de Antíoco. Y tampoco puede limitarse la referencia a la catástrofe de 70 d. de C., ya que Mt. 24.21 limita la referencia a la mayor de todas las tribulaciones (cf. Dn. 12:1). **16-20. Entonces.** El empleo de este adverbio de tiempo aquí y en 24:21, 23; ubica todos los acontecimientos de esta sección dentro de los últimos tres años y medio. Los terrores de la persecución bajo el Anticristo harán necesaria la fuga inmediata (Ap. 12:6,14). No habrá tiempo de prepararse. Se predicen penalidades inevitables. **Ni en día de reposo.** Referencia a la dificultad para viajar (obtener alojamiento, comida y servicios) en una región en que los judíos observarán esas restricciones. Esto no implica necesariamente que los judíos cristianos observarán el culto sabático. Jesús se valía de conceptos familiares para su auditorio, ninguno de los cuales podía por entonces saber del cambio por el domingo.

21. Habrá entonces gran tribulación. La descripción adicional, **cual no la ha habido desde el principio del mundo,** hace inconfundible la referencia de Cristo a Dn. 12:1. Y el dato que añade, **ni la habrá** impide que la identifiquemos con nada menos que la tribulación final bajo el Anticristo, inmediatamente antes de la resurrección (Dn. 12:2). **22. Si aquellos días no fuesen acortados.** Las tropelías del Anticristo tendrán su fin con la súbita aparición de Cristo, que destruirá al inicuo (2 Ts. 2:8). **23-26.** Durante esta intensa persecución de Israel surgirán muchos presuntos libertadores, así como los Macabeos en el período intertestamentario. Pero aquí se previene a **los escogidos** que la liberación no se producirá en forma parcial o gradual. **27.** Por el contrario, como el relámpago de repentino y universal (lenguaje de apariencias, **del oriente . . . hasta el occidente), será la venida del Hijo del Hombre** para juzgar a los opresores. **28. El cuerpo muerto.** Los espiritualmente muertos; la masa putrefacta de los impíos. **Aguilas.** El

término abarcaba las aves que se alimentan de carroña; por lo tanto, *buitres,* agentes del juicio divino. Cf. Ap. 19:17-18.

c) La venida del Hijo del Hombre. 24:29-31. **29. Inmediatamente después de la tribulación de aquellos días.** Cf. com. 24:21. No hay aquí referencia alguna al rapto de la iglesia (cf. 1 Ts. 4:16,17). Se describe más bien el regreso de Cristo en persona a poner fin a la tribulación y establecer el reino mesiánico. **El sol se oscurecerá.** Este cortejo de fenómenos astronómicos se predice también en Jl. 3:15 e Is. 13:9,10. **30. La señal del Hijo del Hombre.** No hay unanimidad entre los intérpretes respecto a qué sea esta **señal.** Muchos eruditos aceptan la explicación de Lange, de que se trata de la *Shekinah* o gloria de Cristo. Sea cual fuere su forma exacta, su aparición hará que los judíos **(todas las tribus) lamenten** al reconocer al Mesías cf. Zac. 12:10-12). **Nubes del cielo, poder y gran gloria** describen la misma escena de Dn. 7:13,14; 2 Ts. 1:7,9. **31. Los ángeles** que juntan a **sus escogidos** son los mismos que en 13:30, 41-43 se describen separando la cizaña del trigo, para que el trigo se pudiera recoger en el granero.

d) Ejemplos para estimular la vigilancia. 24:32—25:30. **32-36. La higuera.** Símbolo frecuente en la Biblia para representar a Israel (Jer. 24; Jl. 1:6-7; Os. 9:10). También Jesús había empleado ya esta figura (Lc. 13:6). El rasgo característico de este árbol, ya mencionado (21:19,20), es que frutos y hojas aparecen casi al mismo tiempo; cuando aparecen las hojas, es señal de la proximidad del verano. De modo que Jesús asoció el remozamiento de la nación con la cercanía de estos acontecimientos escatológicos. **34. No pasará esta generación.** Interpretar **generación** *(genea)* en este caso como la duración de la vida de los discípulos obligaría a buscar el cumplimiento de todos estos acontecimientos alrededor del año 70 d. de C. Pero ello es obviamente imposible, a menos que se espiritualice la segunda venida de Cristo. Pero *genea* también significa "raza" o familia", interpretación que aquí resulta lógica. A pesar de terribles persecuciones la nación judía no será exterminada, sino que subsistirá para participar de las bienaventuranzas del reino milenial. En apoyo de esta opinión señala Alford que los cristianos de la antigüedad continuaron esperando la venida del Señor aun después que los apóstoles y los coetáneos de aquéllos habían muerto *(op. cit.,* p. 169). **35. El cielo y la tierra pasarán.** Cf. Ro. 8:19-22; 1 Co. 7:31; Ap. 21:1. La verdad de estas solemnes predicciones de Cristo no sufrirá ni la mínima alteración. **36.** El momento exacto de su cumplimiento, sin embargo, depende de la sola potestad del **Padre** (cf. Hch. 1:7). No es posible determinar la fecha mediante artificio humano alguno. La frase **ni el Hijo** (omitida en la VR, pero incluída en la VL con base en fuerte evidencia textual), indica que el perfecto conocimiento que estos tres miembros de la divinidad comparten, estaba entre lo que Jesús se abstuvo voluntariamente de usar durante su ministerio terrenal, excepto en las ocasiones en que tal conocimiento era necesario para su propósito redentor.

37-39. Los días de Noé. Así como **los días de Noé** clausuraron con juicio una época, así será el regreso de Cristo. En una época de inmensa maldad (Gn. 6), solían los hombres dedicarse a su diario vivir sin preocuparse del juicio inminente **(comiendo, bebiendo casándose y dando en casamiento).** Pero **el diluvio se llevó a** todos los inicuos, de modo que sólo quedaron los justos para heredar la tierra. De igual modo **la venida del Hijo del Hombre,** después de la gran tribulación (vv. 29-31), barrerá con los malvados para que el remanente fiel que ha venido de la gran tribulación pueda participar de las dichas del milenio (cf. 25:31-46; 13:30, 41-43,50).

40-42. Dos en el campo, y dos en el molino. **Entonces,** ubica el ejemplo en el mismo período que el precedente, que el v. 29 explica precisamente como "después de la tribulación". Por tanto, no se refiere al rapto de la iglesia. **Dos en el campo.** Tan súbita será la segunda venida y tan discriminante, que quienes trabajen juntos se verán separados, siendo **un** hombre (numeral masculino) arrebatado para llevarlo a juicio, y **un** hombre dejado para disfrutar de la bienaventuranza. **Dos mujeres... moliendo en un molino.** Era ésta tarea usualmente realizada por mujeres, ya fuesen madre e hija, hermanas o esclavas (Thomson, *op. cit.*, pp. 526,527). **42.** Velad, pues. Si bien el énfasis se pone en la venida del **Hijo del Hombre** después de la tribulación, la advertencia es válida para todo creyente, pues todos han de mantenerse vigilantes y listos para su venida. La delineación de varias fases de esta venida se revela más adelante. Este estímulo en cuanto a la vigilancia se repite en 24:44 y en 25:13.

43,44. El padre de familia. Si éste hubiese vigilado, habría podido ahorrarse daños y pérdida. **Minar.** Literalmente, *escarbar de lado a lado,* referente a las casas de adobes de Palestina, a las que era relativamente fácil introducirse. Los creyentes tienen menos excusas por su negligencia que este **padre de familia,** a quien no se había advertido que el ladrón estaba por llegar.

45-51. El siervo fiel y el negligente. **45-47.** Se nos pinta a un **siervo fiel y prudente** a quien su señor había puesto sobre **su servidumbre** (VL). El fiel cumplimiento de sus deberes le acarreará mayores privilegios y responsabilidades cuando **su señor** regrese. **48-49.** Como contraste, el **siervo malo** sólo de nombre es siervo, pues se mofa de las instrucciones de su señor y usurpa para sí mismo los derechos y autoridad. Su abandono es tanto doctrinal **(Mi señor tarda en venir),** como ético **(golpear a sus consiervos, comer y beber con los borrachos).** Confunde la incertidumbre del tiempo de la venida con la certeza de que no será pronto. Todo creyente (ya sea de la época de la iglesia, o santo de la tribulación) es un siervo de Dios con un área de responsabilidad definida. **50, 51.** La venida de Cristo será súbita e inesperada, y arrancará la careta a tales hipócritas. **Lo castigará.** Literalmente, "lo partirá en dos", describe un castigo físico (cf. 2 S. 12:31; He. 11:37), y las palabras que siguen **(con los hipócritas... el lloro y el crujir de dientes)** afirman la consecuencia eterna.

25:1-13. Las diez vírgenes. Bella historia tomada de las costumbres matrimoniales de la época, pero a la cual dan los evangélicos divergentes interpretaciones. Algunos interpretan las vírgenes como los miembros profesantes de la iglesia que esperan el retorno de Cristo. Otros aplican la parábola al remanente judío en la tribulación. Si bien el tema central de la vigilancia se aplica a uno y otro grupos, el que esto escribe considera que la última interpretación cumple las demandas del contenido y el contexto con mayor precisión. **1. Entonces,** ubica la parábola dentro del marco mencionado en 24:29 y 24:40. **El reino de los cielos.** Cf. com. Mt. 3:2; 13:11. **Diez vírgenes... salieron a recibir al esposo.** Las bodas judías tenían dos etapas. Primero el novio iba a casa de la novia a que se la entregaran y a observar unas ceremonias religiosas. Luego llevaba a la novia a su propia casa y allí continuaba la fiesta. En modo alguno sugiere la parábola que las vírgenes (plural) esperaban casarse con el novio. No se trata de bodas polígamas. Al finalizar la tribulación, Cristo regresará a la tierra (su dominio) después de llevar al cielo consigo a la iglesia como esposa (que tendrá su cielo por hogar durante la tribulación). Esta idea se refleja en el texto occidental de este pasaje que dice: "a recibir al esposo y la esposa." Cf. también Lc. 12:35-36: "que su señor regrese de las bodas." De modo que la iglesia como tal no aparece aquí. El interés se concentra en las vírgenes que desean participar en la fiesta de bodas, y que representan al remanente de judíos profesantes (Ap. 14:1-4). **3. Insensatas.** Faltas de seso. **Lámparas.** Antorchas provistas de mecha y de un espacio para aceite. **No tomaron consigo aceite.** El **aceite** simboliza en las Escrituras el Espíritu Santo (Zac. 4; Is. 61:1). Aquí se refiere a la posesión del Espíritu Santo en la regeneración

(Ro. 8:9). Las diez eran en apariencia iguales (vírgenes, lámparas, actividad similar), pero **cinco** no tenían el Espíritu Santo, que por este tiempo se le había dado a Israel para que estuviese preparado para recibir al Mesías (Zac. 12:10).

5. Cabecearon todas y se durmieron. La parábola no censura este hecho. Quizá, pues, simbolice la seguridad y no el descuido del remanente, mientras esperaba al esposo; pero en el caso de las vírgenes insensatas, era una falsa seguridad. **6,7. Arreglaron sus lámparas.** Limpiaron las mechas, las encendieron y graduaron la llama. Quien deambule de noche por calles del Oriente ha de llevar una antorcha encendida. Así es que las vírgenes se prepararon para unirse al cortejo, al acercarse el esposo. **8. Nuestras lámparas** se apagan. Las vírgenes insensatas, que no habían hecho acopio de aceite, vieron sus mechas secas parpadear unos instantes y luego apagarse. Insistir en que tenían un poco de aceite, pero no suficiente, es contradecir a 25.3. El no haberse provisto de aceite alguno demuestra su insensatez. **9. Comprad para vosotras mismas.** Es lenguaje figurado. El Espíritu Santo es un don gratuito, pero puede representarse mediante esas metáforas (cf. Is. 55:1). Cada cual ha de obtener su propia porción. **10-12.** Mientras las fatuas andaban de compras vino el esposo y comenzó la fiesta. Más tarde regresaron las necias vírgenes, lo cual implica que a tales horas no pudieron recibir aceite. **No os conozco.** Declaración de sentido similar a 7:23. Cristo rehusará todo nexo con quienes sólo de boca sean suyos.

14-30. Los talentos. Parábola semejante a la de las minas, pronunciada en Jericó unos días antes (Lc. 9:11-27). Las minas enseñaban la verdad de que iguales dones, usados con desigual fidelidad, obtendrán desigual recompensa. Los talentos enseñan que dones desiguales empleados con igual fidelidad tendrán igual recompensa. La parábola de las vírgenes pone énfasis en la necesidad de mantenerse alerta, preparados para la venida de Cristo. Los talentos subrayaban la necesidad del servicio fiel en su ausencia.

14. La naturaleza elíptica de la oración, que obliga a los traductores a suplir varias palabras en el comienzo, indica su íntima conexión con la porción precedente. **Como un hombre que yéndose lejos.** Este **hombre** es sin duda el **Hijo del Hombre** (v. 13). **15.** El talento era una unidad monetaria de valor relativamente elevado. En este caso, los **talentos** eran de plata (v. 18, *argurion*, "moneda de plata"). Según quién los emitiera, el valor de los talentos variaba entre $1.625 (aegino) y $1.080 (atico). El **talento** valía mucho más que la **mina. A cada uno conforme a su capacidad.** Los talentos representan responsabilidades diversas, que se han

de ejercer según la capacidad de cada cual. **16-17.** Los dos primeros siervos, aunque poseían diferentes sumas de dinero, fueron igualmente diligentes y duplicaron su capital. **18.** El siervo que sólo **un** talento tenía, no puso ninguna diligencia; no aprovechó su oportunidad. **Cavó en la tierra.** Escondrijo común (Mt. 13:44). **19. Después de mucho tiempo.** Indicación de que el regreso de Cristo no sería inmediato, si bien la expresión es indefinida. En la parábola, el regreso sería en vida de los siervos. **20-23.** Cuando el señor volvió, los dos primeros siervos tenían sumas distintas que presentar, pero ambos presentaron el ciento por ciento de ganancia, y recibieron iguales alabanzas y recompensas. **Bien, buen siervo y fiel.** La fidelidad es la virtud que se examina. **Sobre mucho te pondré.** Parte de la recompensa consistió en mayores responsabilidades y privilegios de parte del señor. **Entra en el gozo de tu señor.** Referencia probable a la participación del creyente en el gozo de Cristo, que por el perfecto cumplimiento de la voluntad del Padre (Jn. 15:10-11) corresponde a Cristo. **24-25.** Pero el siervo inútil, con su explicación revela un concepto totalmente falso sobre su señor. **Hombre duro.** Aspero, cruel, despiadado. **Siegas donde no sembraste,** es decir, te aprovechas del trabajo ajeno. **Recoges donde no esparciste.** No hay seguridad de si esta cláusula es de sentido paralelo a la anterior, o si retrata la siguiente etapa de la cosecha: el zarandeo. Si es lo último, el siervo está acusando a su señor de recoger en su granero lo que otro dejó caer de su pala de aventar mientras separaba el grano de la paja. **Tuve miedo.** Pone como excusa su temor al riesgo frente a lo imprescindible de rendir cuentas por posibles pérdidas. Este siervo era ciego al hecho de que su señor era un hombre generoso y amoroso, que deseaba que él tuviera parte en gozos inefables. **26. Sabías.** Quizá debería tomarse como interrogación, "¿Sabías que . . . ?" Sin dar por buena la opinión, el amo juzga al esclavo con base en lo que alega, para demostrar la bajeza de esa actitud. **27.** Si el siervo temía de verdad arriesgarse en aventuras mercantiles, debió haber depositado el dinero en manos de **banqueros,** para que ganara. **intereses.** Si bien se prohibía a los Israelitas cobrarse intereses unos a otros, sí les era lícito cobrárselos a los gentiles (Dt. 23:20). **28,29.** Por tanto, se le quita el talento a este siervo negligente y rebelde y se le entrega a uno con mayor capacidad de usarlo provechosamente. **30. Al siervo inútil echadle en las tinieblas de afuera.** El **lloro** y el **crujir de dientes** muestran claramente que se trata del eterno castigo (8:12; 13:42,50; 22:13; 24:51). Aquí está el nudo de la interpretación. Si este ajuste de cuentas es el juicio de las obras del creyente, tenemos aparentemente a un genuino creyente que pierde su alma por su esterilidad en cuanto a obras. Pero tal interpretación sería contraria a Jn. 5:24. O, si el siervo inútil representa sólo al que se dice cristiano, a quien así se desenmascara, parece entonces que el juicio de las obras de los creyentes y la condenación de los impíos ocurren a un mismo tiempo, aunque Ap. 20 señala un intervalo de 1000 años entre uno y otro juicios. La mejor solución es aplicar la parábola a los santos de la tribulación (ya sean judíos o gentiles), dada la clara asociación con los versículos precedentes. Esta explicación concuerda con otras porciones de la Biblia en que aparece que cuando Cristo vuelva, el remanente de creyentes será recogido para que disfrute las bienaventuranzas del milenio, y que los vivientes que no tengan verdadera fe en su Mesías serán eliminados (Ez. 20:37-42). Naturalmente, es válido para los hombres de todas las épocas el principio de que Dios hace responsables a los hombres por el uso que de sus dones hagan.

e) El juicio de todas las naciones. 25:31-46. **31. Entonces se sentará en su trono de gloria.** La misma escena que en 24:30,31, que señala la venida del **Hijo del Hombre** para poner fin a la gran tribulación e iniciar el milenio. **32-33. Serán reunidas delante de él todas las naciones.** Esta escena de juicio debe distinguirse de la de Ap. 20 (el gran trono blanco), ya que esta última viene después de la resurrección de los impíos, al final del milenio. Aquí, **naciones** debe significar los que vivan en la tierra al tiempo del regreso de Cristo. Serán juzgados como individuos y no colectivamente (**los unos de los otros,** v. 32, es masculino, mientras **naciones** es neutro en griego). Tal juicio de los vivientes de la tierra al tiempo de la gloriosa venida de Cristo se predice en Jl. 3:1-2. Como resultado se formarán dos grupos: el de los que se comparan con **ovejas** será colocado a la derecha de Cristo, puesto de honor y bendición. **34.** A los que el **Padre** ha declarado **benditos,** Cristo, como **rey** (única vez que **Jesús** se aplicó este título), los invita: **Venid . . . heredad el reino** (milenial). **35-40.** Como evidencia del carácter regenerado de éstos que son como ovejas, cita Jesús las obras de misericordia de ellos en bien de **"mis hermanos",** y las toma como si hubieran sido ejecutadas para él. Parece evidente que **ovejas** y **cabritos** son cosa distinta de **mis hermanos.** De aquí la interpretación de **las naciones** como gentiles, y **mis hermanos** como el remanente de fieles judíos que proclamarán el evangelio del reino en todo el mundo (24:14; Ap. 7:1-8), que cumple las exigencias del pasaje. (Que Jesús haya llamado a todos los creyentes sus "hermanos" anteriormente, no modifica las demandas de este contexto; 12:47-

50.) Estos creyentes judíos serán instrumento en la conversión de incontables multitudes de gentiles (Ap. 7:9-14), que mostrarán su fe por sus obras. El hecho de que visiten a los que están en la cárcel sugiere que será peligroso reconocer públicamente a Cristo y sus emisarios durante este período. **41. Apartaos de mí, malditos.** Muchos han observado la ausencia del artículo griego con **malditos** (a diferencia de su empleo en "vosotros los benditos", v. 34). Así pues, ya que el participio es circunstancial más que sustantivo, quizá la idea de la oración sea: "Apartaos de mí, bajo maldición". Si bien el Padre ha declarado benditos a los justos y entran en el reino preparado para ellos desde antes de la creación, no se declara el destino de los impíos en términos de tan específica elección. El **fuego eterno** no fue preparado para ellos, sino para el **diablo y sus ángeles** (Ap. 20:10). Ni tampoco heredan los hombres el fuego eterno (contraste con los justos, v. 34), sino que allá van a parar por rehusar la divina gracia. **42-45.** Jesús señala en los cabritos la ausencia de las buenas cualidades de los que son como ovejas. Los pecados de omisión y no horrendos actos de violencia se eligen como indicios de la condición espiritual. **46. Castigo eterno** y **vida eterna:** con ambos se emplea el mismo adjetivo (*aionios*). Cualquier intento de reducir el castigo limitando el sentido de **eterno,** reduce en la misma proporción la bienaventuranza de los justos. Si bien **eterno** puede implicar un concepto tanto cualitativo como cuantitativo, el aspecto de duración sin fin no se puede divorciar de la palabra. Era la palabra normal para expresar "lo perdurable", según atestiguan los léxicos. El castigo eterno se menciona en pasajes como Mt. 18:8; 2 Ts. 1:9; Judas 13; *et al.* De modo que al comienzo del milenio hay un juicio y se aparta a los malvados, de modo que sólo personas regeneradas entren en el reino milenial (cf. Jn. 3:3).

IV. La Pasión de Jesucristo. 26:1—27:66.

Esta sección, que tiene inmenso valor para todo cristiano, rebosa interés humano. Sin embargo, los detalles que nos da el Evangelista han suscitado problemas, principalmente cronológicos, desde los primeros tiempos. No obstante, la forma objetiva en que cada Evangelio (escrito por hombres que tenían participación emotiva en el tema) trata estos asuntos altamente emotivos, hace tanto más admirables estos sublimes tratados.

A. Complot contra Jesús. 26:1-16. **1-5.** Predicción final de su muerte. **2. Dentro de dos días.** Ya que la Pascua se comía la noche del 14 de Nisán (la puesta del sol de hecho iniciaba el 15 de Nisán), esta predicción se hizo la noche del 12 de Nisán. **Pascua.** La primera gran fiesta del calendario judío, conmemoración de la liberación de Israel del cautiverio egipcio y recuerdo del "libramiento" (significado de la raíz hebrea que por trasliteración formó la palabra griega *pascha*) de sus primogénitos cuando Dios hirió a los egipcios (cf. Ex. 12). Inmediatamente después de la Pascua seguía la semana festiva de los panes sin levadura (Nisán 15-21), y solía darse el nombre de "Pascua" a este conjunto total de días festivos. **El Hijo del Hombre será entregado.** Cf. predicciones en 16:21; 17:22; 20:18. Ahora por primera vez predice Cristo que su muerte ocurrirá durante la pascua. **3-5.** Esta predicción, sin embargo, era contraria a los planes de sus enemigos. Temerosos de las multitudes que llenaban a Jerusalén, entre las que había muchos galileos que apoyaban a Jesús, se pusieron de acuerdo en no hacer nada **durante la fiesta.** Puede que esperaran posponer el golpe durante una semana entera. Pero Jesús prefijó el tiempo de su muerte contrariando las intrigas de ellos, y dispuso que moriría como la Pascua verdadera. **Caifás** había actuado con sumo sacerdote desde el año 18 d. de C., más o menos. Ya antes había pedido la muerte de Jesús (Jn. 11:49-50).

6-13. Ungimiento en Betania. No hay unanimidad entre los intérpretes respecto a las conexiones cronológicas de este incidente. Visto que en Jn. 12:1 dice: "seis días antes de la pascua", ya sea Mateo y Marcos o Juan han seguido un ordenamiento por temas en vez del cronológico. Ya que ni Mateo ni Marcos determinan la fecha del acontecimiento sino que dicen "estando Jesús en Betania", lo más acertado parece ser atenerse a la clara cronología de Jn. 12:1. Descrita la conspiración, Mateo retrocede, pues, a un incidente anterior para mostrar las circunstancias que impulsaron a Judas a llevar a la práctica su traición. Son pasajes paralelos Mr. 14:3-9 y Jn. 12:1-8 (Lc. 7:36-50 relata un incidente distinto).

6. Simón el leproso. Sin duda uno que había sido sanado y estaba muy agradecido a Jesús. **7. Una mujer.** María, hermana de Marta y Lázaro (Jn. 12:3; 11:1,2). **Perfume de gran precio.** Relatos paralelos dicen que era de nardo y que valía más de 300 denarios. **8.9.** Al ver **los discípulos** tal derroche de perfume sobre el **cuerpo** (v. 12) de Jesús (**cabeza,** v. 7 y pies, Jn. 12:3), **se enojaron** y murmuraron por tal **desperdicio.** Mateo no señala a ninguno en particular como culpable (quizá por vergüenza de ser uno de ellos). Pero Juan cita a Judas como instigador, y exhibe la hipocresía de su vocinglera preocupación por los pobres. **10-13.** Jesús explicó que hay que tener discernimiento espiritual para no perder oportunidades

que no vuelven a presentarse. Siempre son buenos y oportunos los actos de misericordia (Mr. 14:7). Pero jamás volvería a presentarse otra oportunidad para hacer lo que hacía María. **Lo ha hecho a fin de prepararme para la sepultura.** Carece de base la sugerencia de que Jesús atribuía a María móviles que no eran de ella. Ya antes había anunciado él que se acercaba su muerte (Jn. 10:11,17,18; Mt. 16:21; 17:22; 20:18). En vez de cerrar la mente a la predicción, como parece que hacían los discípulos (cf. Mt. 16:22), María la creyó. Parece que se daba cuenta de que, al sobrevenir la tragedia, no habría tiempo para el tradicional acto piadoso. Unicamente atribuyendo el acto a la comprensión espiritual de María se comprende adecuadamente la grandiosa alabanza de Jesús. Fue esta en verdad la única unción de su cuerpo. Las mujeres que más adelante vinieron con ese fin hallaron la tumba vacía.

14-16. Judas conspira. No podemos saber cuánta proximidad entre la traición y lo que precede indica la palabra **entonces;** (Mr. sólo dice "y"). Si se considera 26:6-13 como un paréntesis que explica una de las raíces de la traición, puede ubicarse la conspiración de Judas al tiempo de vv. 1-5. En tal caso, la indignación en casa de Simón seis días antes de la pascua (Jn. 12:1,2) habría fermentado hasta convertirse en conspiración en los cuatro días siguientes. **Iscariote.** Natural de Queriot, pueblo de Judea. **Le asignaron** (literalmente, le entregaron por peso). Mateo emplea la misma palabra que la LXX en Zac. 11:12, al que parece aludir conscientemente. La LXX usa *histemi* para traducir *shakal,* "pesar dinero" (otro ejemplo es 1 R. 20:39 [LXX, 3 R. 21:39]). Así pues, Judas recibió el pago en esta ocasión, hecho que los demás evangelios ni confirman ni impugnan. **Treinta piezas de plata.** Siclos, probablemente. Suma relativamente pequeña; eso valía un esclavo (Ex. 21:32).

B. La última cena. 26:17-30. Quizá no haya en los Evangelios problema de armonía tan difícil como éste. ¿Fue esta última cena la pascua judaica? Los sinópticos así lo implican. Pero Juan parece igualmente explícito al indicar que la Pascua aún era cosa futura al momento del lavamiento de los pies (Jn. 13:1), la cena (13:29), los procesos (18:28) y la crucifixión (19:14,31). Algunos eruditos se conforman con aceptar que se trata de un conflicto insoluble. Otros insisten en que uno de los relatos tiene que estar errado. También se ha aducido que Jesús comió una pascua adelantada, antes de la fecha legal. Esta opinión se ha robustecido con los hallazgos de Qumram, que muestran que aquella secta siempre celebraba la pascua el martes por la noche. Así, se sugiere que Jesús comió la pascua el martes (como implican los sinópticos), mientras los judíos ortodoxos observaron la pascua el viernes. (V.J.A. Walther, "Chronology of Passion Week, JBL, junio 1958, p. 116 ss.). Se opone a esta opinión lo muy improbable que sería que tan notable desviación del judaísmo ortodoxo pasara inadvertida en los Evangelios, o que en Jerusalén pudiese celebrarse en debida forma una cena pascual antes del día tradicional (había que sacrificar los corderos en el templo poco antes de la cena pascual; cf. 1 Co. 5:7). Otra oposición consiste en dar por buena ya sea la explicación de los sinópticos o la de Juan, y tratar de conciliar la otra. Se han probado ambas posibilidades, si bien ambos métodos ofrecen indudables dificultades. El que esto escribe prefiere explicar los sinópticos a la luz de las claras afirmaciones de Juan, cuyo propósito puede haber sido parcialmente aclarar ciertos puntos ambiguos de la cronología. Según esta tesis, la última cena no fue la cena pascual; Jesús, por el contrario, murió en la hora precisa en que en el templo se sacrificaban los corderos para la pascua (cf. 1 Co. 5:7). No obstante, Jesús dio instrucciones a sus discípulos para que hicieran los arreglos usuales para la fiesta, por dos razones: (1) los discípulos sí la celebrarían; (2) Jesús no deseaba en este momento predecir el instante preciso de su muerte.

17-19. Preparativos para la pascua. **17. Primer día de la fiesta de los panes sin levadura.** El catorce de Nisán, en que se retiraba de las casas toda levadura como preparación para las fiestas de la pascua y de los panes sin levadura (cf. Mr. 14:12; Lc. 22:7). Este día se iniciaba al ponerse el sol el día trece, y aquí se trata de las horas iniciales del mismo. **18,19.** Como respuesta a la pregunta de los discípulos, Jesús los envía a un hombre en cuya casa habrían de reunirse. **Celebraré la pascua.** A esta afirmación general del propósito han de añadirse las palabras de Lc. 22:16: "no la comeré", que indican la interrupción del plan general. Quizá no deseaba que Judas se enterara con tanta anticipación y tan específicamente de sus planes.

20-30. La última cena. **20. Cuando llegó la noche.** Aquella noche, más tarde, (primeras horas del catorce), Jesús se reunió con 14). **21. Uno de vosotros me va a entregar.** Primer anuncio del Hijo del Hombre había de ser "entregado" (17:22; 20:18; 26:2) por uno de los Doce. ¡Qué conmoción ha de haber provocado tal afirmación! **22.** El hecho de que once de los discípulos hayan preguntado cándidamente **¿Soy yo, Señor?** demuestra que reconocían su propia debilidad, aunque su pregunta tiene la construcción de quien espera una respuesta negativa: **"No soy yo, ¿verdad?"**

23. El que mete la mano conmigo en el plato. Ya que el grupo probablemente comía en un mismo plato, esta declaración no identifica al traidor, sino que pone el énfasis en la indecible bajeza de la traición, por producirse entre compañeros íntimos. **24. Según está escrito.** La muerte de Cristo se desarrollaba como había sido predicho en varios pasajes del AT. No obstante, la soberanía de Dios sobre todo lo que ocurre no exonera jamás al hombre de responsabilidad o culpa. **25.** Al notar Judas que su silencio era sospechoso, él también preguntó: **Soy yo, Maestro?** Y Jesús le respondió: **Tú lo has dicho.** No parece que, entre el bullicio de la conversación, los demás hayan escuchado esta respuesta. No hay modo de definir si la explicación de Cristo a Juan (y a Pedro) fue antes o después de la indicación a Judas (Jn. 13:23-26). Al salir luego Judas, ninguno sabía que Satanás lo impulsaba a llevar de inmediato a la práctica su conspiración (Jn. 13:27-30).

26. El relato de Mateo sobre la bendición del pan y el vino es semejante al de Marcos; el de Lucas se asemeja al de 1 Co. 11:23-26. **Esto es mi cuerpo.** Consúltense en los diccionarios bíblicos las opuestas tesis del romanismo, Lutero, Calvino y Zwinglio. El obvio sentido del pasaje nos obliga a entender el pan simbólicamente, ya que el cuerpo real del Señor también estaba presente. (Cf. metáforas similares: Jn. 10:7; 15:1). Estos símbolos habían de servir para que los discípulos recordaran (Lc. 22:19) a su Señor ausente y el precio de su redención. **27,28. El nuevo pacto** o testamento cobró vigencia por la muerte de Cristo. El antiguo pacto de Dios con Israel requería sacrificios continuos por el pecado. Pero la muerte de Cristo fue el sacrificio perfecto, e hizo posible tanto la justificación como la regeneración (He. 8:6-13). **Por muchos es derramada.** Cf. 20:28). Si bien la muerte de Cristo es suficiente para **la remisión de los pecados** de todo el mundo, aquí se la considera eficaz únicamente para los creyentes. **29. No beberé más.** Esta afirmación dirige la mirada de los discípulos hacia el futuro **reino del padre** (el mesiánico **reino de Dios,** Mr. 14:25) y el tiempo de júbilo y comunión de la gran cena de bodas. **30. Cuando hubieron cantado el himno, salieron.** El discurso de Jn. 14 ha de haberse pronunciado antes.

C. Anuncio de la negación de Pedro. 26:31-35. ¿Ocurriría esto antes de abandonar el aposento alto (Jn. 13:36-38; Lc. 22:31-34), o después (Mr. 14:27-31; Mt.)? Ya que parece imposible armonizar estos pasajes sin violentar la una o la otra opinión, vale más pensar en dos distintas advertencias a Pedro. **31. Todos vosotros os escandalizaréis.** Aunque sólo Pedro negó a Jesús, todos los once lo abandonaron y huyeron (v. 56). Jesús vio en esto el cumplimiento de Zac. 13: 7. **32. Iré delante de vosotros a Galilea.** Fue la gran reunión tras la resurrección, que se menciona repetidas veces (28:7,10,16). Pero no excluye apariciones anteriores, algunas de ellas en Judea. **33-35.** La jactancia de Pedro, al tenerse por más leal que los otros **(aunque todos se escandalicen)** hizo que los demás se dieran por aludidos e hicieran protestas de su propia lealtad. Sin duda Jesús tenía esto presente más adelante, cuando preguntó a Pedro: "¿Me amas más que éstos?" (Jn. 20:15).

D. Acontecimientos en Getsemaní. 26:36-56.

36-46. La oración. **36. Getsemaní.** Significa "prensa de aceite;" se trata en este caso del huerto que Jesús y sus discípulos frecuentaban. Estaba al otro lado del Cedrón, en el Monte de los Olivos (Lc. 22:39; Jn. 18:1,2), y sin duda contenía una prensa para extraer aceite. El sitio que hoy se muestra a los viajeros ha de ser aproximadamente exacto, si bien los árboles no pueden ser los mismos (Jos. *Guerras,* VI. 1:1). **37,38.** Jesús dejó a ocho de los discípulos juntos, y se adentró en el huerto con Pedro, Jacobo y Juan. Finalmente se apartó aun de éstos, para orar solo. La angustia espiritual que padeció se describe con palabras como **entristecerse, angustiarse en gran manera, triste, hasta la muerte.** A sus tres discípulos íntimos (y de manera más general a todos), les ordenó: **Velad;** es decir, que le ayudaran con su despierta presencia y simpatía. **39. Si es posible,** en términos morales, es decir, consecuente con la voluntad del Padre. **Pase de mí esta copa.** La clave para comprender la agonía de Cristo está en identificar la **copa.** Si bien cualquier ser humano normal se arredraría ante los horrores de la crucifixión, a menudo los mártires se han enfrentado a las torturas de su muerte sin tan tremendas angustias (cf. Lc. 22:44). Y tampoco podemos adoptar la idea de que temiera morir prematuramente a manos de Satanás, pues la copa provenía del Padre y no de Satanás (Jn. 18:11). Aun más, la vida de Cristo sólo voluntariamente se podía ofrendar (Jn. 10: 17,18). La **copa** suele simbolizar en la Escritura, ya la bendición de Dios (cf. Sal. 23: 5) o su ira (cf. Sal. 75:8). Por consiguiente, la explicación más satisfactoria es tomarla como símbolo de la ira divina que Cristo tendría que soportar en la cruz, al echar sobre sí el pecado de todos los hombres. Este trance durante el cual Dios estuvo durante un tiempo separado de su Hijo, arrancó de éste el espantoso grito de Mt. 27:46. Si un pecado puede producirle al hombre amargo dolor al sentirse extrañado para con Dios, ¡ qué incomparable angustia ha de haber pa-

decido Jesús, que hubo de asumir la culpa de todos los hombres! **No sea como yo quiero, sino como tú.** De principio a fin, la oración de Cristo fue de absoluta sumisión al Padre. Y obtuvo como respuesta, no que lo librara de la copa, sino que le diera fortaleza para libarla (Lc. 22:43), y al final lo resucitara "de (Gr. *ek,* de entre) la muerte" (He. 5:7). **40,41.** Como halló a los discípulos dormidos, agotados por la prolongada emoción y la fatiga, Jesús se dirigió a Pedro para darle un consejo particular (quizá por causa de sus recientes jactancias), y le encareció la continua vigilancia y oración, para que los acontecimientos no lo hallaran desprevenido y lo hicieran ceder a la **tentación. El espíritu... está dispuesto.** La naturaleza espiritual del hombre, iluminada por el Espíritu Santo. **Pero la carne es débil.** Algunos opinan que la **carne** denota en esta oración una parte constitutiva del ser humano, que no es pecaminosa si está bajo el dominio del espíritu (y entonces las palabras de Jesús pueden también referirse a él mismo); otros, que denota la naturaleza pecaminosa propia de todo hombre (excepto Jesús).

42-45. La esencia de esta oración se pronunció tres veces, y cada vez fue absoluta la sumisión del Hijo. No obstante, es evidente que Jesús sabía cuál sería el resultado final. **Dormid ya.** Probablemente no se trata de una simple ironía, sino la simple declaración de que la oportunidad en que pudieron ser útiles había pasado. **46.** Pero en este instante percibe Jesús que se acerca el enemigo. **Vamos.** No invita a la fuga, sino a recibirlos (Jn. 18: 4).

47-56. El prendimiento. **47. Mucha gente.** Un destacamento de soldados romanos, al mando de un tribuno militar romano (Jn. 18:12), armados de **espadas,** como de costumbre; policía del templo, a las órdenes de los **principales sacerdotes** y **ancianos,** armados de palos (Lc. 22:52). **48. El... les había dado señal.** Para la mayoría de los soldados romanos, Jesús sería un desconocido. **49. Le besó.** La forma compuesta, (*katephilesen*) sugiere un abrazo cálido y efusivo (en contraste con la forma más sencilla que se menciona en el v. 48). **50. Amigo.** Camarada, compañero (*hetaire*). El vocablo reconoce la antigua relación entre ellos sin indicar afecto. **¿A qué vienes?** ¿Será una forma elíptica de Jesús, que habría de completarse diciendo, "haz aquello a que vienes"? ¿O una pregunta? ¿O una exclamación lastimera: "¡Mira a qué vienes!"? Sea cual fuere la intención precisa, Judas y la soldadesca llevaron adelante sus planes. **51. Uno.** Juan lo identifica como Pedro. **Sacó su espada.** Los discípulos tenían dos espadas cortas (Lc. 22:38). **Hiriendo a un siervo.** Juan, que conocía bien a la familia del sumo sacerdote, dice que se llamaba Malco (Jn. 18:10,15). **La oreja.** Cf. Lc. 22:51. La temeraria acción de Pedro, aunque bien intencionada, comprometía seriamente la posición de nuestro Señor, y requirió una curación milagrosa para contrarrestar los efectos desastrosos que en el proceso judicial podría haber tenido (cf. Jn. 18:36). Pero el milagro fue tan completo que los acusadores de Cristo ni aun hablaron de la mutilación. **52. Todos los que toman espada, a espada perecerán.** Cristo y su mensaje no habían de defenderse ni abrirse paso con armas carnales. Este principio general que Jesús proclamó se ha confirmado por la humana experiencia. "A la espada se le enfrenta la espada en la guerra; la espada retributiva se le opone a la arbitraria espada de la sedición rebelde; y la espada de espiritualidad que se esgrime en una causa espiritual se acarrea; aunque ello demore, la segura espada de la venganza histórica" (J. P. Lange, *op. cit.,* p. 486). **53,54. Doce legiones de ángeles.** La legión romana se componía de 6.000 hombres. Cristo se abstuvo de llamar en su auxilio las infinitas fuerzas que estaban bajo su mando, para que se cumpliesen las Escrituras que predecían sus padecimientos. **55,56. Como contra un ladrón.** El hecho de que acudieran armados sugiere que esperaban topar con la resistencia violenta de un resuelto bandolero (no con la pronta fuga de un ratero). No obstante, todo lo que el pasado les había mostrado en cuanto a Cristo les debía haber mostrado lo falso de tal idea. ¿Será (como Plummer y otros lo sugieren) que esta extraordinaria reacción de Jesús, atribuyendo estos acontecimientos al cumplimiento de la profecía, marca el punto en que Judas pasa de conspirador diabólico a suicida presa del remordimiento?

E. Acontecimientos ante los tribunales judíos. 26:57—27:2. Primero llevaron a Jesús ante Anás, que había sido sumo sacerdote y que aún conservaba mucho prestigio (Jn. 18:12-23). Después de la audiencia preliminar, que dio tiempo para que el Sanhedrín se reuniera para esta sesión nocturna, absolutamente irregular, llevaron a Jesús ante el Sanhedrín. Al amanecer, una segunda sesión del Sanhedrín lo condenó formalmente (Mt. 27:1). **57-59.** Primera vista ante el Sanhedrín. **57. Al sumo sacerdote Caifás.** Yerno del depuesto Anás. Parece probable que Anás y Caifás tuviesen sus residencias en el mismo edificio, separadas quizá por un patio. A estas alturas, **escribas, ancianos y principales sacerdotes** habían acudido ya a esta extraordinaria sesión. **58.** Pedro le seguía, y logró entrar en el **patio** mediante la ayuda de Juan (Jn. 18:15-16). **59. Buscaban falso testimonio.** Sabían que no tenían causa legítima de proceso contra Jesús; por tanto,

tuvieron que valerse de falsos cargos. **60,61.** Pero tan vagos e inconsecuentes eran éstos, que ni siquiera lograron conseguir dos testigos —el mínimo que la ley exigía (Dt. 17:6)— cuyo testimonio concordara. Finalmente se presentaron **dos** que citaron, falseadas y mal interpretadas, palabras que Jesús había pronunciado tres años antes (Jn. 2:19). **Puedo derribar el templo de Dios.** El en realidad había atribuído la destrucción a los judíos; y se refería a su cuerpo, no al edificio de Herodes (Jn. 2:21). Quizá algunas de las afirmaciones de Jesús en el Monte de los Olivos (24:2), burdamente mutiladas en informes de Judas, se combinaron con aquella declaración (Jn. 2:19). **62. ¿No respondes nada?** Esperaba Caifás arrancar del prisionero alguna afirmación incauta. Pero la mejor respuesta a los disparatados cargos que enrostraban a Jesús fue su digno silencio (cf. Is. 53:7). **63. Te conjuro.** Fórmula que advertía a Jesús que su respuesta se tendría como hecha bajo juramento. **El Cristo, el Hijo de Dios.** Aunque hay quienes discuten cuál sea el pleno significado de **Hijo de Dios,** parece claro que Caifás empleó la expresión en el sentido único de deidad, ya que la admisión provocó el cargo de blasfemia. Esta fue la causal verdadera para la condenatoria de Cristo (Jn. 19:7), y había constituído la base de anteriores tramas en contra suya (Jn. 5:18). A oídos del sumo sacerdote habrían llegado sin duda informes de otros incidentes que corroboraban la pretensión a tal título (Jn. 1:34,49; 9:35-37; 11:27; Mt. 14:33; 8:29 *et al.*). **64. Tú lo has dicho.** Confesión inequívoca de que era el divino Mesías. (La declaración jurada de Jesús no viola la enseñanza de 5:34, en que da mandamiento a sus seguidores. En su posición sin par como Hijo de Dios, los factores que hacen censurable el juramento en labios humanos, no se le aplican.) **Al Hijo del Hombre sentado a la diestra del poder de Dios, y viniendo en las nubes del cielo** (cf. Dn. 7:13-14; Sal. 110:1). Proclama que día vendrá en que se invertirán las posiciones de Jesús y de sus jueces. **65,66. Rasgó sus vestiduras.** Indicación de santo horror, indudablemente sincero (si bien equivocado). La tradición judaica especificaba con bastante minuciosidad la forma de ejecutar ese acto. **Blasfemia.** La mayor atrocidad religiosa. Dado que Jesús reconoció aquello de que se le venía acusando desde largo tiempo (Jn. 5:18) y se atribuía a sí mismo Dn. 7:13,14, se lo declaró **reo de muerte,** probablemente por aclamación en aquel conciliábulo nocturno, más bien que mediante voto formal. **67,68.** La violencia física de sus carceleros (probablemente oficiales subordinados, Lc. 22:63) incluyó salivazos al rostro, puñetazos, palos o bofetadas y el vendarle los ojos (Lc. 22:64) como burla a su posición de profeta.

69-75. Las negaciones de Pedro. Las tres negaciones se produjeron en el transcurso de las varias etapas de los juzgamientos judíos, y los evangelistas los agrupan de diverso modo. Las diferencias en las narraciones son argumento en pro de la independencia de composición. Pero hay acuerdo en lo fundamental, y los detalles admiten varias formas de armonización. (V. tablas de Alford en *op. cit.*, p. 199; S. J. Andrews, *op. cit.* p. 518).

69. Se le acercó una criada. Juan la identifica como la portera que hizo entrar a Pedro (Jn. 18:16,17). **71,72. A la puerta.** Probablemente el vestíbulo o pasadizo que conducía a la calle. **Otra.** Marcos dice "la criada", lo cual sugiere que fue la misma antes mencionada (aunque el significado pudiera ser *la* criada de la puerta); Lucas afirma que se trataba de un hombre. De modo que parece que la segunda negación fue provocada por el escrutinio de varios individuos. **Con juramento.** Olvidando la advertencia de Jesús contra los juramentos como corroboración de la propia veracidad (5:34). **73. Un poco después.** Alrededor de una hora (Lc. 22:59). **Los que por allí estaban.** Un pariente de Malco, en particular (Jn. 18:26). **Tu manera de hablar te descubre.** El acento y la pronunciación galileos. **74. Comenzó a maldecir.** A pedir que algún mal le sobreviniese si mentía. **Y a jurar.** A poner al cielo por testigo de sus palabras (cf. 5:34-37). Cantó el gallo. Por segunda vez aquella noche (Mr. 14:72). **75. Pedro se acordó** (cf. Mt. 26:34). Aunque el confiar en la carne lo había hecho olvidar la admonición de Cristo, bastó el canto del gallo para que Pedro volviera en sí y percibiera la enormidad de su pecado como menosprecio de los benignos intentos de Jesús por librarlo. **Lloró amargamente.** ¡Qué contraste con Judas, lleno de remordimiento, pero no de arrepentimiento! (27:5).

27:1,2. Segunda vista ante el Sanhedrín. Venida la mañana. El derecho hebreo prohibía los juicios nocturnos y especificaba que las causas de muerte habían de tener por lo menos dos vistas, con un día de intervalo. Esta sesión al amanecer fue un esfuerzo por dar al sórdido proceso apariencias de legalidad. **2. Poncio Pilato.** El Procurador romano de Judea, que se hallaba en Jerusalén durante la fiesta de la pascua. Su residencia oficial era Cesarea. Roma se reservaba las resoluciones judiciales definitivas cuando había pena de muerte, así como la ejecución de dicha pena.

F. El remordimiento de Judas, 27:3-10. Viendo que era condenado. Ello era evidente al ver que llevaban a Jesús ante Pilato. **Arrepentido** (*metameletheis*). No es la palabra usual del NT para indicar el arrepentimiento que lleva a salvación. Aquí indica remordimiento, sin indicación alguna de que se haya encomendado a Dios. Su "cambio de sentimientos" fue primordialmente respecto a las monedas, que ahora le resultaban detestables. Al encontrar a los **principales sacerdotes y a los ancianos** (quizá todavía en casa de Caifás, o en camino hacia donde Pilato), trató de devolverles la plata. **5.** Al negarse ellos a aceptarla, Judas (tal vez tras prolongada reflexión), la arrojó en el santuario (*naos*) del templo. **Se ahorcó.** Este detalle y los que siguen no contradicen Hch. 1:18-19. Hay varias formas posibles de armonizarlos. **6. No es lícito.** (Cf. Dt. 23:18). Ese dinero infame no podía echarse en **el tesoro** (*korbanas*) del templo, si bien estos sacerdotes no habían tenido escrúpulos en usarlo para pagar (26:15). **7-8. El campo del alfarero.** Al parecer, un lote de terreno bien conocido. El uso de este "dinero sangre" fue causa de que se le cambiara el nombre (cf. Hch. 1:19: otro detalle que justifica el nombre). **Hasta el día de hoy.** Indicación de que Mateo escribió bastante tiempo después del hecho, pero no después del año 70 d. de C. en que los romanos borraron la mayoría de esos sitios históricos. **9,10. El profeta Jeremías.** Esta referencia de Mateo a una profecía que al parecer es de Zacarías (11:12,13) ha provocado gran despliegue de explicaciones. Afirman algunos que en este caso **Jeremías**, nombre primero de los libros proféticos del AT, se toma como nombre de toda la sección en que Zacarías está comprendido (así como el de "Salmos" se aplica a toda la sección de los Hagiógrafos, por ser su primer libro; Lc. 24:44). Hay un pasaje en el Talmud (*Baba Bathra* 14 b) que apoya este orden, pero debe reconocerse que Isaías usualmente se coloca de primero. Otra posibilidad es que Mateo haya amalgamado Zac. 11:12-13 con Jer. 18:2-12 y 19:1-15, citando tan sólo una de las fuentes.

G. Acontecimientos ante el tribunal romano. 27:11-31. Selecciona Mateo ciertos aspectos del proceso, pero hay que consultar los relatos paralelos para descubrir las conexiones entre dichos aspectos. Pero sólo Mateo consigna los interesantes detalles de 27:19,24.

11. Delante del gobernador. Reanuda la narración que en 27:2 interrumpió. **¿Eres tú el Rey de los judíos?** Pregunta sugerida por los cargos formales que ante Pilato formulaban los judíos (Lc. 23:2; Jn. 18:28-33). **Tú lo dices.** A esta respuesta, que indudablemente era afirmativa, añadió Jesús una explicación sobre la naturaleza de su reino (Jn. 18:34-38). Esta entrevista se efectuó dentro del pretorio, mientras los judíos se mantenían afuera. **12-14.** Pero a los vociferantes judíos que al reaparecer Jesús ante ellos *lo acusaban*, **nada respondió.** Sin embargo, no fue para Pilato este silencio señal de admisión de culpa, sino de una dignidad nada común, que lo hizo iniciar una serie de intentos por librar a Jesús sin ponerse en contra del Sanhedrín. **15. Acostumbraba el gobernador soltar al pueblo un preso.** Se ignora si el origen de esta costumbre era romano o judío. **16. Un preso famoso llamado Barrabás.** Convicto de motín, robo y homicidio (Jn. 18:40; Mr. 15:7). Broadus sugiere que, ya que los dos que fueron crucificados junto con Jesús eran ladrones, quizá hayan sido compinches de Barrabás, y que así haya Jesús tomado literalmente el lugar de Barrabás (*Op. cit.*, pp. 562-563). La exégesis que hace un juego de palabras con la etimología de Barrabás ("hijo de un padre"), o que adopta la inferior grafía "Jesús Barrabás" para alegorizar o con fines homiléticos, carece de base. **18. Sabía que por envidia.** El ridículo carácter de las acusaciones era evidente para Pilato, y los apasionados actos de los acusadores le demostraban que había de por medio inquina personal. Resultaba obvio que un maestro tan espiritual (Jn. 18:36,37) habría de atraerse la oposición de estos materialistas sin escrúpulos. **19. Estando él sentado en el tribunal.** Mientras Pilato esperaba la respuesta de los judíos respecto a Barrabás, la **mujer** de Pilato le envió un mensaje que interrumpió el proceso. El portentoso **sueño** de que daba cuenta perturbó a Pilato y le hizo retardar el juicio. Ignoramos si el sueño provino directamente de Dios, o si fue fruto de una mente preocupada por la intriga en contra de Jesús. (Pilato ha de haber estado enterado de la intriga, ya que permitió que un tribuno y soldados romanos participaran, y su esposa pudo haberse enterado por medio de él; Jn. 18:12.) El apócrifo *Evangelio de Nicodemo* pone en labios de estos judíos estas palabras: "¿No te habíamos dicho que es un nigromante? Mira cómo ha suscitado sueños en tu esposa" 2:3). **20,21.** En este intervalo, **los principales sacerdotes** y los **ancianos** incitaron a la **multitud** a que pidiera que libertara a **Barrabás** y no a Jesús. El grado de depravación moral y espiritual que tal elección refleja es casi increíble. **22, 23. ¡Sea crucificado!** Es decir, ejecutado a la romana, ostensiblemente como resultado de los cargos que se le hacían y, por tanto, como sustituto de Barrabás. **24. Tomó agua.** Costumbre simbólica de los judíos (Dt. 21: 6-9), cuyo significado es natural y obvio. Pero en Pilato era una befa, pues sobre él descansaba la responsabilidad de ordenar la ejecución. (El uso adecuado del símbolo era la absolución del inocente de toda implica-

ción de homicidio culpable.) **La sangre de este justo.** ¿Reflejaba Pilato la influencia del mensaje de su esposa al descubrir a Jesús con palabras de ella? **25. Su sangre sea sobre nosotros y sobre nuestros hijos.** La subsiguiente historia de Israel revela qué espantosas consecuencias ha tenido aquel grito. Estas palabras, tan ligeramente proferidas, han pesado no poco sobre las cabezas de los dirigentes que las provocaron (cf. Hch. 5: 28) y sus descendientes. **26. Habiendo azotado a Jesús.** Esta cruel tortura se infligía sobre el cuerpo desnudo mediante un azote de cuero que tenía pedazos de hueso o de metal en los extremos de sus correas. Lo azotaron antes de entregarlo a los soldados para la crucifixión. Juan indica que no fue esta otra fase de la ejecución, sino un nuevo intento de Pilato por satisfacer a la turba sanguinaria, tratando de moverlos a cejar en sus demandas de crucifixión (Jn. 19:1-6). **Le entregó.** Dio a los soldados la orden oficial de ejecución.

27. Al pretorio. Esto parece ubicar el proceso en la fortaleza Antonia, ya que así es plausible la presencia de una **compañía** entera (600 hombres, la décima parte de una legión) que allí se acantonaba. Otros identifican el pretorio como el palacio de Herodes. **28-31.** Tras recibir la orden de alistar a Jesús para la ejecución, aquellos sayones volvieron fiesta su tarea mediante el escarnio más brutal. Despojando a Jesús de sus vestidos, le echaron encima un **manto de escarlata,** quizá una capa militar tan desteñida que asemejaba a la púrpura real (Mr. 15:17). En vez de corona le pusieron **espinas;** en vez de cetro, una **caña,** en vez de beso de lealtad, salivazos. Así hicieron cruel irrisión del Hijo de Dios:

H. La crucifixión. 27:32-56. **Simón de Cirene.** Sus hijos eran gente conocida para los lectores del Evangelio de Marcos (Mr. 15:21). A éste obligaron. Prestación forzada (v. com. 5:41). **33. Gólgota.** Palabra aramea que significa "calavera", equivalente a "calvaria", en latín. Si el nombre se derivaba de la forma redondeada del cerro, o por su fama como patíbulo, es cosa que no se sabe. Igualmente incierta en su ubicación. La tradicional Iglesia del Santo Sepulcro, que se halla dentro de los muros actuales de Jerusalén pero más allá de la muralla norte de los días de Jesucristo, bien pudiera ser el sitio. Otros dicen que es el Calvario de Gordon, un poco más al norte. **34. Vinagre mezclado con hiel** (cf. Sal. 69:21). Se administraba esa poción estupefaciente para amortiguar el dolor y hacer más fácil el manejo de los prisioneros, pero Jesús, después de probarla, la rechazó. **35. Crucificado.** Véanse en los diccionarios bíblicos los detalles técnicos de las crucifixiones. Nótese que los evangelistas bosquejan la escena con descarnada sencillez, tanto más efectiva por su parquedad. **Repartieron entre sí sus vestidos, echando suertes.** Jn. 19:23,24 repartieron en cuatro partes el botín, pero echaron a la suerte la túnica inconsútil. La parte final, que comienza diciendo **para que se cumpliese,** es textualmente dudosa, interpolación probable de Jn. 19:24. **36. Le guardaban allí.** Parte de la obligación de los soldados era impedir que se llevaran el cuerpo antes de tiempo.

37. Sobre su cabeza su causa. Durante la marcha hacia el Gólgota, el letrero preparado por Pilato (Jn. 19:19) probablemente se exhibía en el encabezamiento o colgaba del cuello de Jesús, según el uso corriente. **Este es Jesús, el Rey de los judíos.** (Cf. Mr. 15:26; Lc. 23:38; Jn. 19:19). Los diversos relatos no son en modo alguno contradictorios. El de Juan es el más completo; los otros toman los elementos esenciales. El hecho de que el letrero estuviera en tres idiomas quizá explique algunas variantes de registro (Jn. 19:20). **38. Dos ladrones.** El mismo calificativo de Barrabás (Jn. 18:40), que indica que Jesús tomó literalmente el lugar de Barrabás. **39. Meneando la cabeza.** (Sal. 22:7). Gesto de mofa y escarnio. **40.** Las injurias de que pretendía *derribar* **el templo** y de que era **Hijo de Dios** se basaban en los acontecimientos del juicio ante el Sanhedrín (26:61,63,64). **41-43.** Los **principales sacerdotes, escribas** y **ancianos** contribuyeron al escarnio, pero no dirigiéndose directamente a Jesús, sino hablando de él en son de mofa a la multitud. **A otros salvó.** No era un reconocimiento de sus milagros sino la insinuación de una gran sospecha contra la validez de los mismos, vista su actual incapacidad para salvarse **a sí mismo.** Esas palabras encerraban mucha más verdad de lo que sospechaban sus autores; pues para salvar a otros en el sentido espiritual, objeto de su venida, tuvo que entregar voluntariamente su propia vida. Heridos en su nacionalismo por el insulto de Pilato, los judíos retaron a Jesús por su título de **Rey de Israel,** demandando una señal y prometiendo: **Creeremos en él.** Pero las anteriores actitudes y reacciones de estos hombres demuestran cuán falsas eran sus promesas (Jn. 12:9,10). **44. También los ladrones.** Más tarde, uno de ellos cambió de actitud respecto a Jesús (Lc. 23:39-43).

45. Crucificaron a Jesús a las 9 de la mañana ("la hora tercera", Mr. 15:25). Pasadas tres horas, **tinieblas** sobrenaturales cubrieron **toda la tierra** desde la hora **sexta** hasta la **novena** (de las 12 a las 3 de la tarde). Ya que la pascua se celebraba en tiempo de luna llena, no puede haber sido un eclipse solar la causa de estas tinieblas. Fue claramente sobrenatural en cuanto al mo-

mento preciso en que se produjo, aunque Dios puede haberse valido de medios providenciales para producirlo. Imposible es determinar si **toda la tierra** ha de circunscribirse a cierta área local, o si ha de entenderse como "todo el globo". **46. Dios mío, Dios mío ¿por qué me has desamparado?** (Sal. 22:1). Unicas palabras exhaladas en la cruz que registran Mateo y Marcos Imposible es sondear el inmenso sentido de este clamor. Pero ciertamente no arrancaba primordialmente del sufrimiento físico, sino del hecho de que por cierto período, Jesús fue hecho *pecado* por nosotros (2 Co. 5:21); y al pagar la pena como sustituto del pecador, fue maldito por Dios (Gá. 3:13). Como Padre, no lo abandonó Dios (Lc. 23:46); pero como Juez tenía que separarse de él, si había de padecer la muerte espiritual en lugar de los pecadores. **47-49.** Este clamor hizo creer que Jesús llamaba a Elías, sin duda por la semejanza entre el sonido de **Eli** (Dios mío), y **Elías.** Aunque algunos sugieren que las tinieblas ya habían hecho a los más supersticiosos temer que la figura mesiánica de la profecía apareciera, la subsiguiente actitud de la gente lo hace dudoso. Lo que hicieron fue burlarse más de sus pretensiones mesiánicas. **Deja.** Fue la turba la que así clamó, pidiéndole al soldado que dejara de auxiliar a Jesús (Mt.); y también el soldado, después de darle de beber, como diciéndole al populacho que dejaran de molestarlo por su acto (Mr.). **50.** Jesús, con la garganta refrescada por el vinagre (no por la poción estupefaciente de 27:34), clamó de nuevo **a gran voz.** Todos los sinópticos indican que la muerte de Cristo no fue por el agotamiento de la crucifixión, sino por la voluntaria entrega de su vida.

51. El velo del templo. La cortina que separaba el lugar santo del santísimo (Ex. 26:31). Este acontecimiento, símbolo de que para el hombre quedaba permanentemente abierto el camino a la presencia de Dios por la muerte expiatoria de Cristo (cf. He. 10:19-23), puede que haya sido dado a conocer por los sacerdotes que luego se convirtieron (Hch. 6:7). **52,53.** Al morir Cristo **se abrieron** muchas tumbas de **santos** del AT, y sus cuerpos resucitaron **después de la resurrección de él** (cf. Hch. 26:23; 1 Co. 15:20). Esta portentosa circunstancia, que sólo Mateo menciona, suscita muchas preguntas pero no puede negarse en forma adecuada. Las seis resurrecciones previas que registra la Biblia (1 R. 17; 2 R. 4; 13; Mt. 9; Lc. 7; Jn. 11) fueron restauraciones a la vida terrenal. Lo mismo no es necesariamente cierto respecto a los de Mt. 27. El fenómeno es claramente simbólico de la victoria de Cristo sobre la muerte en cuanto tal victoria afecta a los creyentes. Muchos ven en esto una demostración palpable de que la muerte y resurrección de Cristo liberó del Seol-Hades a los fieles difuntos (Ef. 4:8,9). No se nos dice qué ocurrió después con estos santos resucitados. **54. Verdaderamente éste era Hijo de Dios.** Si bien hoy se ha hecho popular explicar la afirmación del centurión en términos de conceptos paganos, ha de observarse que su comentario surgió de la observación de ciertos fenómenos notables. Y ha de tenerse como posible que este hombre, que había vivido en ambiente judaico durante algún tiempo, haya llegado en esa ocasión a la fe. Al fin y al cabo, también los paganos pueden convertirse al cristianismo. **55,56. María Magdalena.** Primera vez que Mateo la menciona. Las tradiciones que le asignan un pasado deshonroso carecen de base bíblica. **María la madre de Jacobo y de José;** también llamada "mujer de Cleofas" (Jn. 19:25). **La madre de los hijos de Zebedeo.** Salomé (Mr .15:40); aparentemente hermana de la Virgen María (Jn. 19:25).

I. Sepultura de Jesús. 27:57-66. **Al caer la tarde** (VL). Entre las 3 y las 6 de la tarde. **Un hombre rico.** Cf. Is. 53:9. **José de Arimatea** era miembro del Sanhedrín (Lc. 23:50,51); su riqueza le permitía tener un sepulcro cerca de Jerusalén, aunque viviera en otro lugar. **58. Pidió el cuerpo.** Lo cual requirió no poco valor, ya que, por no ser pariente, tendría sin duda que explicar sus motivos. **59,60.** Obtenido el permiso, el propio José, **tomando el cuerpo,** desprendiéndolo de la cruz, con el auxilio de Nicodemo, lo envolvió en el sudario según la costumbre (Jn. 19:39,40). **61.** Observando la escena estaban las dos Marías que se mencionan en 27:56.

62. El día **siguiente al de la preparación** (VL). Suele interpretarse como el sábado (cf. Mr. 15:42), y considerarse que estuvo sepultado desde la noche del viernes hasta el domingo por la mañana. Pero la **preparación** era la víspera de la fiesta de pascua (Jn. 19:14,31), que aquel año puede haber caído en miércoles por la noche. Quizá sea esta la razón de que Mateo no emplee en esta ocasión la palabra hebrea correspondiente a "día de reposo", para evitar que se confundiese con el sábado. Según esta tesis, Jesús pasó en la tumba setenta y dos horas completas: desde la puesta del sol del miércoles hasta la del sábado. Tal hipótesis hace más comprensible Mt. 12:40. También permite explicar **después de tres días** y **hasta el tercer día** sin tener que forzarlos mucho. **63,64.** No se explica de qué fuente obtuvieron los miembros del Sanhedrín conocimiento de la predicción en privado de Cristo (¿de Judas, quizá?). Los discípulos, por no lograr comprender su alcance, casi habían olvidado la predicción; pero estos

enemigos no querían correr riesgos. Temían que de correrse el rumor de la resurrección **(el postrer error)** sería para ellos mayor el desastre que el apoyo popular que por un tiempo había obtenido Jesús como Mesías **(el primer** [error]**). 65,66.** Obtenida la orden de Pilato, **Ahí tenéis una guardia,** los miembros del Sanhedrín, como medida precautoria adicional, *sellaron* **la piedra,** probablemente mediante una cuerda y cera o arcilla como cierre, de modo que pudiera comprobarse si se forzaba.

V. Resurrección de Jesucristo. 28:1-20.

Mateo suministra menos detalles que Lucas y Juan. Pero a él le debemos el único relato del informe de los soldados (vv. 11-15) y la fórmula bautismal completa (v. 19). La sustancial concordancia de los cuatro relatos, junto con la gran variedad de detalles y puntos de vista, demuestra la veracidad de los mismos, al par que su común independencia.

A. La tumba vacía. 28:1-8. **Pasado el día de reposo.** El empleo de *opse* como preposición incorrecta con el significado de "después" se reconoce hoy claramente (Arndt, p. 606). El significado concuerda con Mr. 16:1-2; Lc. 24:1; Jn. 20:1. **María Magdalena y la otra María** (27: 56,61), y algunas otras mujeres llegaron el domingo al amanecer para ungir el cuerpo de Jesús. **2-4.** Cuando se acercaban hubo un **terremoto,** y un **ángel removió** la gran **piedra** de la entrada. No ocurrió esto en el momento de la resurrección, sino más bien para revelar a los testigos que la tumba se hallaba vacía. Al Cristo resucitado no lo detenían humanas barreras (cf. Jn. 20:19,26), y ha de haberse levantado de entre los muertos al ponerse el sol el sábado (v. com. 27:62). **5-8.** María Magdalena parece haber salido de inmediato a dar aviso a Pedro y Juan (Jn. 20:1-2), sin oir el anuncio, **ha resucitado,** que el ángel le hizo a las demás mujeres. **Va delante de vosotros a Galilea.** Las instrucciones para la gran aparición pública en Galilea conforme a la predicción anterior (26: 32), no excluye que antes haya aparecido a individuos y pequeños grupos en Jerusalén.

B. Aparición de Jesús. 28:9,10. **He aquí, Jesús les salió al encuentro.** Esta aparición de Jesús fue después que las mujeres habían dado a los discípulos el mensaje del ángel (Lc. 24:9-11). Mientras tanto, María Magdalena, después de informar a Pedro y Juan respecto a la tumba vacía, fue tras ellos a ver la tumba y, mientras por allí andaba, fue la primera en ver al Cristo resucitado (Mr. 16:9; Jn. 20:1-18). En esta segunda aparición, Jesús dio a las mujeres esencialmente las mismas instrucciones que el ángel había dado (v. 7).

C. Informe de los soldados. 28:11-15. Sólo aquí consta. Pilato había puesto estos soldados bajo las órdenes del Sanhedrín, y es a este cuerpo al que informan (27:65,66). Resultado de su informe fue la convocatoria a sesión del Sanhedrín, y en ésta se acordó sobornar con una suma cuantiosa a los soldados para comprar su silencio respecto a la verdad. La inverosímil historia que habían de propalar (como si unos soldados **dormidos** pudiesen saber lo que había acontecido, o como si *todos* se hubiesen dormido a un tiempo, o como si fuese propio de soldados romanos confesar así contra sí mismos) hace que fuera difícil de aceptar. Pero, **entre judíos** (sin artículo), tal infundio se propaló ampliamente. Mateo, que escribe particularmente para quienes miraban desde el ángulo judío, suministra los sórdidos detalles que explican el infundio. La promesa del Sanhedrín, de que *persuadirían* a Pilato en caso de que intentase castigarlos, puede indicar que pensaban sobornarlo, o que le darían seguridades de que el Sanhedrín estaba satisfecho con la actuación de los soldados.

D. La Gran Comisión. 28:16-20. Esta aparición de Jesús a los **once** en **Galilea,** de acuerdo con previas instrucciones (26:32; 28:7,10), es sin duda la aparición "a más de quinientos" que Pablo menciona (1 Co. 15:6). Galilea era el lugar natal de la mayoría de los seguidores de Cristo, y el sitio más adecuado para que se reuniera tal gentío sin interferencia de las autoridades. **17. Le adoraron; pero algunos dudaban.** La mayoría aceptaron sinceramente su deidad (cf.

el anterior caso de Tomás, Jn. 20:28); los menos dudaban. Lo difícil de pensar que entre los once hubiera quienes dudaran después que varias veces les había aparecido en Jerusalén, ha hecho que muchos opinen que esos casos se dieron entre los quinientos que cita Pablo. Pero Mateo, aunque desde luego no excluye la presencia de otros, difícilmente puede haberlos tenido en mente en este caso. Es mejor aceptar esto como un sorprendente pero honesto comentario sobre hechos ciertos, y como una indicación más de que no eran los discípulos un grupo de hombres crédulos, sino que creyeron sólo con base en "muchas pruebas indubitables" (Hch. 1:3). **18. Toda potestad me es dada.** La comisión que sigue tiene por respaldo la autoridad de quien es el Rey mediador de Dios, con poder sobre todos los reinos. **19. Haced discípulos a todas las naciones.** La tarea de evangelizar, de enlistar hombres bajo las banderas de Cristo. **Bautizándolos.** Rito simbólico mediante el cual la persona reconoce su aceptación personal del mensaje cristiano. **El nombre del Padre, del Hijo y del Espíritu Santo.** La fórmula completa que había de emplearse, y que pone el énfasis en el carácter distintivamente cristiano de este bautismo, a diferencia de otros tipos anteriores de abluciones judaicas. **20. Enseñándoles.** Inculcando los preceptos de Cristo como diseño de la forma correcta de vida para sus seguidores. **He aquí yo estoy con vosotros todos los días.** Bendita promesa de que tanto la presencia como la autoridad de Cristo darán a sus siervos poder para llevar a cabo esta comisión.

BIBLIOGRAFÍA

Alford, Henry. *New Testament for English Readers.* Chicago: Moody Press, reimpr. 1956.

Andrews, Samuel J. *The Life of Our Lord.* Grand Rapids: Zondervan Publishing House, reimpr. 1954.

Atkinson, Basil F.C. "The Gospel According to Matthew," *New Bible Commentary.* Edit. F. Davidson, A.M. Stibbs y E.F. Kevan. Grand Rapids: Wm. B. Eerdmans Publishing Co., 1953.

Broadus, John A. *Commentary on the Gospel of Matthew.* Philadelphia: American Baptist Publishing Society, 1886. (*Comentario sobre el Evangelio según Mateo:* El Paso, Texas, EE.UU. de A., Casa Bautista de Publicaciones.)

Brown, David. "Matthew". *Commentary Critical, Experimental and Practical of the Old and New Testaments.* Ed., Robert Jamieson, A.R. Fausset, y David Brown. Vol. V. Grand Rapids: Wm. B. Eerdmans

Publishing Co., reimpr. 1948. ("Mateo". *Comentario Exegético y Explicativo de la Biblia.* Tomo II. El Paso, Texas, EE.UU. de A.: Casa Bautista de Publicaciones.)

Bruce, A.B. "The Synoptic Gospels." *The Expositor's Greek Testament.* Ed., W Robertson Nicoll. Vol. I. Grand Rapids: Wm. B. Eerdmans Publishing Co., sin f.

Edersheim, Alfred. *Life and Times of Jesus the Messiah.* Grand Rapids: Wm. B. Eerdmans Publishing Co., reimpr. 1945.

Gaebelein, A.C. *Gospel of Matthew.* New York: Our Hope, 1910.

Lange, J.P. *The Gospel According to Matthew.* Traducido al inglés por Philip Schaff. *A Commentary on the Holy Scriptures.* Grand Rapids: Zondervan Publishing House, reimpr.

Lenski, R.C.H. *The Interpretation of St. Matthew's Gospel.* Columbus: Wartburg Press, 1943.

McCLAIN, A.J. *Greatness of the Kingdom.* Grand Rapids: Zondervan Publishing House, 1959.

PLUMMER, ALFRED. *Exegetical Commentary on the Gospel According to St. Matthew.* New York: Charles Scribner's Sons, 1910.

ROBERTSON, A.T. *A Harmony of the Gospels for Students of the Life of Christ.* New York: Harper & Brothers, 1922. (*Una Armonía de los Evangelios.* El Paso, Texas, E.U.A.: Casa Bautista de Publicaciones).

COMENTARIOS EN ESPAÑOL

BROADUS, JUAN A. *Mateo.* El Paso: Casa Bautista de Publicaciones.

ERDMAN, CARLOS R. *Evangelio de Mateo.* Grand Rapids: T.E.L.L., 1974.

EVANGELIO SEGÚN MARCOS

INTRODUCCIÓN

Paternidad literaria. Si bien el Evangelio de Marcos es intrínsecamente anónimo, hay evidencia suficiente que permite identificar al autor. Todos los testimonios disponibles de los primitivos padres de la iglesia mencionan a Marcos, asistente de Pedro, como escritor del libro. La tradición relativa a dicha paternidad se remonta a Papías, a fines del primer siglo o comienzos del segundo, y halla confirmación en los escritos de hombres como Ireneo, Clemente de Alejandría, Orígenes y Jerónimo, así como en el Prólogo Antimarcionita del segundo siglo. No se afirma específicamente que Marcos, el compañero de Pedro, fuese el Juan Marcos de Hch. 12:12, 25; 15:37-39, pero en esto han coincidido todos los críticos, a excepción de los más radicales. Tal identificación la hacen Vincent Taylor (*The Gospel According to Mark,* p. 26), Harvie Branscomb (*The Gospel of Mark,* p. XXXVIII), y H. B. Swete (*The Gospel According to Mark,* p. XIV).

La evidencia interna del Evangelio concuerda con el testimonio histórico de la iglesia primitiva. Resulta evidente que el autor conocía bien a Palestina, y particularmente a Jerusalén. Sus referencias geográficas son correctas hasta en mínimos detalles (11:1), revelando con ello su conocimiento personal de la región. Conocía el arameo, lengua de Palestina, como lo indica el empleo de palabras de dicha lengua (Mr. 5:41; 7:34), así como la evidente influencia del arameo sobre el griego que emplea. Que era conocedor de las instituciones y costumbres judaicas se nota en la familiaridad con que trata dichos temas (1:21; 2:14,16; 7:2-4). Todas esas características indican que el autor fue un judío palestino; y de acuerdo con Hch. 12:12, Juan Marcos coincide con esa descripción, ya que tenía su residencia en Jerusalén. Más aún, hay en el NT indicaciones de que Marcos y el apóstol Pedro mantuvieron íntima amistad. Se ha observado que hay una sorprendente similitud entre el plan general del Evangelio de Marcos y el sermón de Pedro en Cesarea (Hch. 10:34-43), que podría indicar que fue Pedro la principal fuente de información de Marcos. Añádase a lo anterior que Pedro se refiere a Marcos como hijo suyo (1 P. 5:13).

Basándose, pues, en las evidencias externa e interna, se puede confiadamente afirmar que Marcos, el hijo de María y asistente de Pablo y Pedro, fue el autor del segundo evangelio. La primera mención de este Marcos la hallamos en Hch. 12:12, en relación con la reunión de oración en casa de su madre. En sus mocedades viajó con Pablo y Bernabé hasta Perea, durante el primer viaje misionero de éstos (Hch. 13:5,13). Por cuanto no continuó el viaje sino que se volvió a su casa, Pablo se negó a llevarlo en su segundo viaje (Hch. 15:36-41). Marcos entonces acompañó a su primo Bernabé (Col. 4:10, VL) a la isla de Chipre; mucho después aparece con Pablo en su primer encarcelamiento en Roma (Col. 4:10; Flm. 23-24). Estuvo con Pedro en Babilonia (1 P. 5:13) y Pablo, durante su segunda prisión, le solicitó a Timoteo que trajera a Marcos a Roma, ya que tan útil había demostrado ser en la obra (2 Ti. 4:11).

Lugar y fecha de composición. No hay en el propio Evangelio ni en el resto del NT declaración explícita que nos permita determinar la fecha precisa de origen de este libro. En años recientes, la mayoría de los eruditos la colocan entre 50 y 80 d. de C., inclinándose los más por el quinquenio 65-70. La mejor base que para datarlo tenemos son los escritos de los Padres de la Iglesia. Dice Ireneo: "También Mateo dio a publicidad un Evangelio escrito entre los hebreos, en el dialecto de ellos, mientras Pedro y Pablo predicaban en Roma y echaban las bases de la iglesia. Después que ellos se fueron, Marcos, discípulo e intérprete de Pedro, también nos trasmitió por escrito lo que Pedro había predicado" (Ireneo, *Contra las Herejías,* III, i,1). La palabra *exodon,* que se traduce por *partida,* se emplea en Lc. 9:31, refiriéndose a la muerte de nuestro Señor (V. NC). También el apóstol Pedro emplea esa palabra para aludir a su propia muerte que se avecinaba (2 P. 1:15). Que Ireneo ubicaba la composición de Marcos después de la muerte de Pedro y Pablo se corrobora por el Prólogo Antimarcionita, que afirma claramente: "Después de la muerte del propio Pedro, escribió este mismo evangelio..." Este testimonio exigiría datarlo después del año 67, año probable del martirio de Pablo. Por otra parte, el hecho de que no se dé por cumplida la profecía de la destrucción de Jerusalén (Mr. 13) puede indicar que la fecha fue anterior al año 70 d. de C. La fecha más plausible parece, pues, entre 67 y 70 d. de C.

Si bien Crisóstomo indica a Egipto como lugar de origen de este Evangelio, todo induce a creer más bien que se escribió en Roma. El Prólogo Antimarcionita y Clemente de Alejandría explícitamente declaran tal origen, e Ireneo lo indica implícitamente.

Destinatarios. Ha sido opinión casi unánime que el segundo evangelio se dirige a la mentalidad romana. El hábito de explicar los vocablos y costumbres judaicos indica que los lectores de Marcos eran gentiles (5:41; 7:2-4, 11, 34). Las declaraciones de Clemente de Alejandría en el sentido de que los oyentes romanos de la predicación de Pedro insistieron en que Marcos les suministrase un relato escrito, son base suficiente para creer que este evangelio estaba destinado a cristianos de Roma. En apoyo de que los destinatarios eran romanos puede aducirse la presencia de algunos latinismos en el libro. Y que eran cristianos se corrobora por la introducción del Evangelio, que da por sentada una base de conocimiento previo en los oyentes. Se introduce a Juan el Bautista sin tratar de identificarlo; se habla de su encarcelamiento como si ya los lectores estuviesen familiarizados con el hecho; los términos *bautizar* (1: 4) y *Espíritu Santo* (1:3) se emplean sin explicación alguna.

Características. Ciertas notables particularidades del relato de Marcos lo hacen sin par entre los evangelios. De su modo de escribir se ha dicho que es gráfico, vigoroso y dramático. Un vivo realismo caracteriza tanto su estilo como su llana descripción de hechos. Se describen los acontecimientos sin alteraciones ni extensas interpretaciones, y su presentación tiene el sello del testigo ocular. Un notable vigor y un sentido de urgencia palpitan en casi todas las páginas de su escrito. La palabra clave de este evangelio de acción es *euthys*, que aparece unas cuarenta y una veces, y se traduce en la RVR por *luego, pronto, muy pronto, en seguida, al instante, al momento, entonces, inmediatamente.* Se vale eficazmente de los tiempos griegos para aumentar el dramatismo y efecto gráfico de historias vivas, ya de por sí dramáticas por su naturaleza intrínseca. En numerosos sitios surgen palabras de insólita fuerza, como "le impulsó" (1:12), en contraste con el "fue llevado", que emplean los sinópticos (Mt. 4: 1; Lc. 4:1).

En armonía con estas particularidades está la brevedad del libro mismo, y la concisión del relato de acontecimientos individuales (cf. Mr. 1:12-13; Mt. 4:1-11).

Contenido. Se inicia el Evangelio con el breve relato de dos acontecimientos con que se inaugura el ministerio público de nuestro Señor: su bautismo y tentación. Marcos omite así —intencionalmente, desde luego— toda noticia del nacimiento y de los primeros treinta años de la vida de Cristo. Tampoco menciona el primer ministerio en Judea, que consta en Jn. 2:13—4:3. Sin explicación alguna relativa a los acontecimientos intermedios, de la tentación pasa el autor al ministerio en Galilea. Distinguió al primer período de la obra en el norte de Palestina el éxito superlativo, cuando las turbas se arremolinaban para escuchar al nuevo maestro, lo cual lo obligó a limitar las reuniones a las regiones agrestes (Mr. 1:45). Acudían las gentes desde Judea e Idumea al Sur, desde Perea, al este, y desde Tiro y Sidón, al norte (3:7-8). Casi simultáneamente registra nuestro Evangelio el despertar de la hostilidad de los dirigentes judíos contra Cristo. Esta oposición se fue intensificando hasta convertirse en una de las principales características del segundo período de la obra en Galilea. Como resultado de la enemistad de estos dirigentes y de las supersticiosas sospechas de Herodes Antipas, inicia Jesús una serie de retiradas sistemáticas de la región de Galilea, para mantenerse siempre en la misma área general y regresar a menudo a Capernaum por breves temporadas. Se dedica principalmente en estos días a adiestrar a sus discípulos. Rápidamente se aproximaba la hora hacia la cual venía intencionalmente avanzando, y es en este punto que comienza a preparar a los suyos mediante reiteradas explicaciones, para la consumación de su obra terrenal mediante su muerte y resurrección.

A continuación de los retiros para instruir a los discípulos, presenta Marcos el último viaje de Jesús a Jerusalén, a través de Perea. Al hacerlo, nuevamente nuestro autor omite una considerable porción de material. Deja de lado todo el segundo ministerio en Judea y la mayor parte de la obra allende el Jordán, en Perea. Fiel a su característica brevedad, pasa inmediatamente el evangelista a describir la semana de la pasión A este corto período le dedica Marcos casi seis de sus dieciseis capítulos, proporción que se justifica plenamente al considerar que esta es la consumación que nuestro Señor se había propuesto, y hacia la cual venía avanzando su vida.

BOSQUEJO

I. Título. 1:1.
II. Preparación para el ministerio de Cristo. 1:2-13.
  A. Su precursor. 1:2-8.
  B. Su bautismo. 1:9-11.
  C. Su tentación. 1:12,13.
III. Ministerio de Cristo en Galilea. 1:4—6:30.
  A. Llamamiento de los primeros cuatro discípulos. 1:14-20.
  B. Primer viaje de evangelización por Galilea. 1:21-45.
  C. Surgimiento de la oposición oficial. 2:1—3:12.
  D. Elección de los Doce. 3:13-19.
  E. Preocupación de los amigos de Cristo, y acusaciones de sus enemigos. 3:20-35.
  F. Parábolas junto al mar. 4:1-34.
  G. Viaje a Gadara. 4:35—5:20.
  H. La mujer del flujo de sangre, y la hija de Jairo. 5:21-43.
  I. Nuevo viaje evangelístico por Galilea. 6:1-30.
IV. Retiradas de Cristo de territorio galileo. 6:31—9:50.
  A. Retirada a la costa oriental del lago. 6:31-56.
  B. Discusión de la infundada exaltación de la tradición. 7:1-23.
  C. Retirada a la región de Tiro y Sidón. 7:24-30.
  D. Retirada a Decápolis. 7:31—8:9.
  E. Retirada a Cesarea de Filipo. 8:10—9:50.
V. Ministerio de Cristo en Perea. 10:1-52.
  A. Discusiones sobre el divorcio ,los niños y la riqueza. 10:1-31.
  B. Conversación camino de Jerusalén. 10:32-45.
  C. Curación del ciego Bartimeo. 10:46-52.
VI. Ministerio final de Jesús en Jerusalén. 11:1—13:37.
  A. Entrada en Jerusalén y en el templo. 11:1-26.
  B. Ultimas controversias con los dirigentes judíos. 11:27—12:44.
  C. Apocalipsis del Monte de los Olivos. 13:1-37.
VII. Pasión y resurrección de Cristo. 14:1—16:20.
  A. Traición y devoción. 14:1-11.
  B. Pasión de nuestro Señor. 14:12—15:47.
  C. La resurrección de nuestro Señor. 16:1-20.

COMENTARIO

I. Título. 1:1.

Estas palabras sirven de título e indican el contenido de todo el libro. El **evangelio** no es en este caso el libro, sino el mensaje, las buenas nuevas de salvación por medio de Jesucristo. Los hechos relativos a la vida y muerte de Cristo constituyen el **principio del evangelio**, lo cual implica que la predicación apostólica era la continuación. **Hijo de Dios.** Para Marcos, igual que para Juan, la deidad de Cristo es de primordial importancia, y por tanto la incluye en el título de su evangelio.

II. Preparación para el ministerio de Cristo. 1:2-13.

A. El precursor. 1:2-8. Dejando de lado el nacimiento y los primeros años de la vida de Cristo, se ocupa Marcos de inmediato de los acontecimientos con que se inicia el ministerio público del Señor. Tal como había sido predicho en el AT, precedió a Jesús un heraldo, enviado para preparar a los hombres para la aparición de Cristo. Juan el Bautista vino como último representante del antiguo orden, con el propósito expreso de introducir al personaje clave del nuevo orden.

2. Como está escrito. Esta oración ha de relacionarse con el v. 4. El bautismo y la predicación de Juan concordaban con las Escrituras. Era esta una fórmula que se empleaba para designar "un contrato inalterable" (Adolf Deissmann, *Paul, A Study in Social and Religious History*, p. 101). **El profeta.** La cita es probablemente una combinación de Mal. 3:1 con Ex. 23:20.

3. Esta porción de la cita es una reproducción casi exacta de la versión LXX de Is. 40:3.

4. El verbo **bautizar** significa *hundir* o *sumergir*, y da así a entender la inmersión. No era un rito del todo nuevo, ya que el bautismo de prosélitos judíos era una forma de autoinmersión (G.F. Moore, *Judaism in the First Three Centuries of the Christian Era*, I, 331-335). Juan proclamó el **bautismo de arrepentimiento,** un bautismo que tenía por característica e implicación el arrepentimiento. En el NT el arrepentimiento tiene un significado más profundo que su sentido original de cambio de opinión. Ha llegado a expresar un interno cambio de rumbo y propósito; un volverse del pecado a la justicia. Josefo expresa claramente que tal era el requisito previo para el bautismo de Juan (*Ant., XVIII, V, 2*). **Para perdón de pecados**. La preposición griega *eis* se empleaba a veces con el sentido de *por causa de*. Por consiguiente, el significado puede ser que Juan bautizaba por causa del perdón de los pecados.

5. Marcos describe hiperbólicamente las multitudes que acudían de todas partes de Judea. **Salían**. El tiempo imperfecto retrata cinematográficamente la continua procesión de los que **eran bautizados** (t. imperf. también). Se efectuaba el rito **en el río Jordán**, expresión que debe tomarse literalmente.

7. En los vv. 7-8 da Marcos la esencia del mensaje del Bautista. **Predicaba**, o proclamaba como un heraldo (*kerusso*), el hecho de que estaba por venir el "más poderoso". **Correa**. Tira de cuero que se usaba para atar las sandalias. Juan no se tenía por digno de servir al Mesías ni siquiera como esclavo.

8. Se esperaba el derramamiento del **Espíritu Santo** como característica de los tiempos mesiánicos (Jl. 2:28-29; Hch. 1:5; 2:4, 16-21). Toda la época entre la primera y la segunda venidas de Cristo se considera mesiánica, caracterizada por el ministerio del Espíritu.

B. El bautismo de Jesús 1:9-11. El punto culminante del ministerio del precursor fue el momento en que el **más poderoso** que él acudió para someterse al bautismo. Este acto marca la iniciación oficial del ministerio público de Jesús. **9. En el Jordán**. La preposición griega *eis* (*en, dentro de*), junto con las palabras **subía del agua** (v. 10), indica que entró en el río, lo cual sugiere inmersión. Como respuesta a la pregunta de por qué el impecable Cristo hubo de someterse al bautismo de arrepentimiento, tenemos que decir que fue un deliberado acto mediante el cual se identificó con los pecadores. Además, él simpatizaba plenamente con el ministerio de Juan, y someterse al bautismo era lo que correspondía (Mt. 3:15).

10. Obsérvese la primera aparición del característico *inmediatamente*, VL, (*euthys*), de Marcos; véase en la introducción, "Características". La palabra que se traduce por **abrirse**, es en el original mucho más enfática; implica *romperse, rasgarse*. **Al Espíritu**. Cf. Is. 61:1; Hch. 10:38.

C. Tentación de Jesús. 1:12-13. Marcos compendia concisamente en dos versículos la tentación de Jesús, en tanto que Mateo y Lucas le dedican once y trece versículos, respectivamente. Resulta apropiado iniciar así la historia del ministerio del Salvador. Jesús da un paso más en su demostración de solidaridad con el género humano, sometiéndose a las **tentaciones humanas** (1 Co. 10:13).

12. Luego. La misma palabra que indica *inmediatamente* en 1:10. **El Espíritu**. La tentación de Jesús no fue un accidente inevitable. Obsérvese el vigoroso estilo de Marcos en la expresión **le impulsó**, en donde los otros evangelios dicen "fue llevado".

13. Véanse detalles de la tentación en las secciones correspondientes a Mt. 4:1-11 y Lc. 4:1-13. Que se trató de una genuina tentación que Cristo necesitó resistir, puede deducirse de He. 2:18; 4:15. Fue realidad y no farsa; y mediante esta tremenda realidad Cristo adquirió idoneidad para ser nuestro Sumo Pontífice y nuestro Ejemplo en la hora de la tentación. La omnipotencia de su santa voluntad garantizaba que no cedería ante las seducciones del tentador.

III. Ministerio de Cristo en Galilea. 1:14—6.29.

A. Llamamiento de los primeros cuatro discípulos. 1:14-20. Nuevamente omite Marcos una porción de la vida y obras de Cristo, y pasa directamente de la tentación a la iniciación del ministerio en Galilea. Tras una declaración preliminar (vv. 14-15), relata el llamamiento de cuatro pescadores a ser discípulos.

14. Después que Juan fue encarcelado. Sugieren estas palabras que Juan pasa intencionalmente por alto cierto número de acontecimientos. V. Jn. 1:35—4:42. **El evangelio de Dios** (VL). La evidencia textual apoya claramente la omisión de las palabras **del reino**. El mensaje que de continuo predicó Cristo (*kerysson*, acción continuativa) durante su ministerio en Galilea, consistía en buenas nuevas provenientes de Dios.

15. Marcos da una amplificación del mensaje. **El tiempo se ha cumplido**. La etapa (*kairos*) preparatoria, la era del AT, había llegado a su consumación según el plan de Dios (cf. Gá. 4:4). **El reino de Dios** se aplica a la soberanía, al regio gobierno de Dios. (W.F. Arndt & F.W. Gingrich, *A Greek-English Lexicon of the New Testament and Other Early Christian Literature*, pp. 134-135). De esta soberanía divina se dice que **se ha acercado**. No estaba presente en realidad, pero potencialmente sí. Las condiciones de ingreso son: **arrepentíos** y **creed en el evangelio**. El mensaje de Juan fue de arrepentimiento, pero aquí se añade una nueva nota positiva. En estos versículos el reino es algo espiritual y presente (cf. Jn. 3:3,5; Col. 1:13). En otras porciones de la Escritura se describe el futuro reino escatológico.

16. Simón y Andrés ya habían trabado conocimiento con Cristo como Mesías (Jn. 1:40-42). También es probable que Juan

(Mr. 1:19) haya sido uno de los que en Jn. 1:35-39 se menciona que siguieron a Jesús.

B. Primer viaje de evangelización por Galilea. 1:21-45. Tres viajes de evangelización señalan el ministerio en Galilea, durante los cuales Cristo llevó sistemáticamente su mensaje a todos los ámbitos de aquella región. Marcos da cuenta del primero y tercero de estos viajes. En la presente sección se describe el ministerio en Capernaum y en los campos de Galilea, con mayor énfasis en la primera. Los vv. 21-34 narran las actividades de un solo día en esa ciudad ribereña.

21. Capernaum era una ciudad importante, a la vera del principal camino hacia Damasco; era sede de una estación recaudadora de impuestos, domicilio de los primeros cinco discípulos de Jesús, y centro de operaciones para su ministerio galileo. **Enseñaba.** Era costumbre invitar a personas ideóneas para que enseñaran en la sinagoga.

22. Se admiraban. Palabra muy enérgica cuyo significado es *dejar atónitos.* **Doctrina.** Les maravillaba tanto la forma como el contenido de su enseñanza, dado el contraste con la enseñanza de los escribas. Eran éstos investigadores y maestros de la ley escrita y oral, cuya forma de enseñanza consistía en citar como autoridad los dichos de escribas que les habían precedido. Jesús hablaba como quien había recibido autoridad directamente.

24. Qué tienes con nosotros? Habla el hombre en nombre propio y en el del demonio que lo posee. **Sé quién eres.** Percibía la verdadera personalidad de Cristo como **el Santo de Dios,** lo cual indica un conocimiento sobrenatural impartido por el demonio.

25. ¡Cállate! Enérgica palabra que indica *amordazar.* **Sal.** Los dos imperativos de este versículo exigen obediencia inmediata.

26. Sacudiéndole con violencia. El espíritu, al salir, provocó en el hombre convulsiones.

29. De la sinagoga pasaron a casa de Simón, con quien, al parecer moraba su hermano Andrés. Los acompañaban **Jacobo y Juan,** pero no ha de entenderse que viviesen en la misma casa. Esta es probablemente la casa a que en posteriores ocasiones se refiere; centro de operaciones de Jesús, al cual regresaba después de sus recorridos de predicación.

30. Acostada con fiebre. Pues la había postrado, la fiebre devoraba a la suegra de Pedro.

32. Este atareado día en Capernaum era día de reposo (v:21), razón problable de la cuidadosa explicación de Marcos de que trajeron a los enfermos **cuando llegó la noche.** No era lícito en sábado hacer curaciones ni llevar carga alguna **Trajeron.** El tiempo imperfecto griego indica acción continuada: uno tras otro se los iban trayendo. **Endemo-**

niados. Hay un solo diablo, pero hay muchos demonios. *Daimonizomenous* significa "poseído por demonios" Cf. 1:34,39.

34. No dejaba hablar a los demonios. Los demonios venían identificando a Jesús como **el Hijo de Dios, el Cristo** (Lc. 4:41), pero él reiteradamente les prohibía que hablaran. Este conocimiento de la personalidad de Cristo es una prueba más de que no se trataba de simples dementes.

35. Aún muy oscuro. Se refiere a los comienzos de la última vela de la noche, quizá entre las tres y las cuatro de la madrugada. Era su propósito dedicarse a la oración como preparativo para el viaje de predicación durante el cual habría de recorrer toda Galilea.

39. En toda Galilea no es expresión hiperbólica. Más bien se pretende con ella dar un resumen conciso de la primera gira de predicación por Galilea.

40. La curación del leproso ocurrió sin duda durante el viaje por Galilea. **Puedes limpiarme.** La lepra acarreaba impureza ceremonial (Lv. 13:1-3). Nótese la fe del leproso en el poder de Cristo.

43. Jesús le encargó rigurosamente. El verbo que Marcos emplea tiene gran fuerza emotiva, y tiene en este caso el sentido de advertencia severísima. Originalmente significaba dar *un resoplido de enojo.* **Lo despidió.** Literalmente, *lo echó* (*exebalen*; cf. 1: 12).

44. No digas . . . nada, sino vé. Debía presentarse inmediatamente ante el sacerdote y cumplir con los requisitos de la ley (Lv. 14:1 ss.). Mientras no hubiera declaración oficial de limpieza, no tenía derecho de reanudar sus normales relaciones sociales. Debía hacerlo **para testimonio.** Ningún testimonio podría ser más notable y autorizado, que la declaratoria sacerdotal de limpieza.

45. La desobediencia de este hombre aumentó súbitamente la enorme popularidad de Jesús como taumaturgo. Era tal el gentío, que tuvo que efectuar las reuniones en **lugares desiertos,** es decir, en despoblado. Y **venían a él** afluyendo (*erchonto,* t. imperf.) **de todas partes.**

C. Surgimiento de la oposición oficial. 2: 1-3:12. Se propone el autor en esta sección mostrar el desarrollo del conflicto entre Cristo y los dirigentes judíos. La rapidez con que crecía la popularidad del Señor hubo naturalmente de suscitar la desaprobación de ellos, ya que el mensaje de Cristo, por su propia naturaleza iba en contra de lo que creían y practicaban. En consecuencia, en los cinco incidentes que siguen aparecen los fariseos ya sea cavilando en sus adentros, o suscitando abiertamente problemas y objeciones.

1. Este regreso a Capernaum marca el final del primer viaje por Galilea. Es preferible aplicar la expresión **después de algunos días,** a la noticia de su regreso. Entonces habría que leer el versículo así: "Entró Jesús otra vez en Capernaum, y después de algunos días se oyó que estaba en casa." (V. la VL). La **casa** era probablemente la de Pedro (1:29), y puede que éste le haya trasmitido a Marcos el relato que sigue.

4. Las casas antiguas de techo plano solían tener una escalera que conducía desde fuera a la terraza, lo cual debió permitir a los camilleros levantar sin dificultad al paralítico. **Descubrieron el techo.** Lo cual requirió escarbar a través de la mezcla de paja, argamasa, baldosas y listones de madera, como indica la palabra *exoryxantes,* traducida por **haciendo una abertura.** El **lecho** era un colchón o un jergón de pobre.

7. Quien acepte la suposición de los escribas de que Jesús no era más que un hombre, fuerza es que pare en la misma conclusión de ellos: decía **blasfemias.** El conflicto giraba básicamente en torno a la deidad de Cristo.

10. Para que sepáis. La curación del paralítico asumía la categoría de prueba del poder de perdonar pecados que el Señor tenía, y por tanto, de su deidad. **Hijo del Hombre.** Este es el título que casi exclusivamente se aplicaba a sí mismo Jesús. Su antecedente se halla en Daniel y en la literatura apocalíptica extrabíblica de los judíos, en que así se designa al Mesías (cf. Dn. 7:13-14). **Potestad.** Vale decir, autoridad.

12. El hecho de que se levantara **en seguida** (inmediatamente), prueba que la curación fue instantánea y tan completa que el hombre pudo llevar su propio camastro. Como consecuencia, **todos se asombraron,** al extremo de quedar fuera de sí. El verbo *existemi* significa *sacar de su sitio,* o *hacer que alguien pierda el juicio.*

13. En la serie de choques que Marcos registra, la primera acusación que se le enrostra al Señor es la de blasfemia (2:1-12). Luego, en 2:13-17, se le acusa de asociarse con los parias.

14. Leví hijo de Alfeo es el mismo Mateo (Mt. 9:9; Mr. 3:18). **Banco de los tributos públicos.** Oficina para recaudación de impuestos. El camino desde Mesopotamia y Egipto atravesaba a Capernaum, y cerca se hallaba el empalme con el camino real de Damasco. Su ubicación cerca de la frontera del territorio gobernado por Herodes Antipas explica la existencia de esta aduana.

15. Estando Jesús a la mesa. El verbo significa *reclinado para comer,* que en aquellos tiempos era la posición usual. **En casa de él.** Cf. Lc. 5:29. **Publicanos.** Nombre de los recaudadores de impuestos. Compraban éstos el derecho de recaudación mediante el pago total de la suma de impuestos que el gobierno requería. El recaudador quedaba así facultado para extraer del pueblo cuanto pudiera, mediante la extorsión. Por lo común los que de hecho hacían el cobro eran subadministradores de rentas públicas, categoría a la cual probablemente pertenecía Mateo. A estos hombres se les despreciaba por estar al servicio de los amos extranjeros y por sus prácticas fraudulentas.

16. Escribas y fariseos. Los fariseos constituían una secta de laicos que cumplían estrictamente los preceptos de la ley escrita y oral y eran sumamente escrupulosos en sus empeños de mantener la pureza ceremonial. Desdeñaban a todo el que no fuese tan estricto como ellos en la observancia de los mandamientos, a quienes llamaban "gentes del país" (cf. Jn. 7:49). La clase a la que se designa aquí como **pecadores** probablemente incluye a cuantos no eran fariseos.

17. Los sanos. Jesús respondió a sus críticos basándose en el punto de vista de ellos. Se tenían por justos y no creían, por tanto, necesitar ayuda. Jesús habla como médico que tiene por misión ayudar a los enfermos.

18. El incidente que luego narra Marcos es el interrogatorio respecto al ayuno (2:18-22). **Ayunaban.** En griego dice simplemente que *estaban ayunando* (V. la VL y VP). Quizá la fiesta de Leví haya sido en día de ayuno, ya que los fariseos acostumbraban ayunar dos veces por semana, los lunes y jueves (Lc. 18:12). La naturaleza del mensaje y del ministerio de Juan armonizaba con la práctica del ayuno.

19. Los que están de bodas; literalmente, *hijos de la cámara nupcial.* Eran los amigos íntimos del novio, que le ayudaban en las bodas. La figura se aplica aquí a los discípulos de Jesús. Cristo vino a proclamar buenas nuevas (cf. 1:14-15); el ayuno resultaba absolutamente incongruente con tal mensaje de gozo.

21. Paño nuevo. Tela no abatanada, preencogida, ni almidonada. Al mojarse el remiendo de tela nueva, se encoge, desgarrando la tela vieja, que ya estaba encogida. No es prudente, pues, intentar ponerle al viejo sistema parches del nuevo.

22. Odres viejos. Recipientes hechos de pieles de animales. La expansión provocada por la fermentación del **vino nuevo** reventaría los odres viejos, pues éstos ya se habían estirado a más no poder. De modo que no se puede confinar dentro de los moldes del viejo legalismo la vitalidad de la nueva experiencia que produce la fe en Cristo.

23. Los dos ejemplos de oposición a Cristo que siguen, tienen que ver con la observancia del día de reposo (2:23—3:6). **Los**

sembrados. Los discípulos arrancaron espigas de trigo o de cebada.

24. Lo que no es lícito. No criticaban que tomaran el grano ajeno, pues la ley lo admitía (Dt. 23:25); censuraban que trabajaran en día de reposo. En su celo por la observancia de la letra de la ley hasta en sus mínimos detalles, equiparaban el arrancar espigas con segar, considerándolo, por tanto, como violación de Ex. 20:10.

25. Jesús replicó citando **lo que hizo David** en cierta ocasión, según consta en 1 S. 21:1-6. Su pregunta presupone una respuesta afirmativa. El rasgo sobresaliente del incidente está en la afirmación de que **tuvo necesidad.** Declara así Cristo que la necesidad humana está por encima de todo mero rito y ceremonia.

27. El día de reposo no se dio como cruel déspota al que el hombre tuviera que servir no importa cuánto le perjudicara; se dio más bien para satisfacer la necesidad humana de descanso.

28. Señor aun del día de reposo. No se declara Cristo libre para violar el mandamiento del día de reposo, sino poseedor de autoridad para interpretarlo.

3:1. El segundo choque respecto al día de reposo que narra Marcos (Mr. 3:1-6) ocurrió **en la sinagoga,** probablemente en Capernaum, pues 3:7 habla de una retirada **al mar.**

2. Los críticos del Señor lo **acechaban** persistente y asiduamente. El verbo implica espiar a alguien maliciosamente, para hacerlo caer en una trampa. La práctica de la medicina en día de reposo estaba prohibida por la tradición rabínica, a menos que el paciente estuviera moribundo, lo cual no era el caso presente. Por tanto, si Cristo sanaba al hombre, los judíos estaban dispuestos a **acusarle** por quebrantamiento del día de reposo.

4. ¿Es lícito? La pregunta de Jesús vuelve al estado de necesidad establecido en el anterior encuentro respecto al reposo. Satisfacer la necesidad de este hombre implicaría **hacer bien;** no satisfacerla sería **hacer mal. Ellos callaban.** El t. imperfecto refleja un silencio continuado. Responder les habría perjudicado. Evidentemente no era lícito hacer mal, y hacer el bien significaría en este caso sanar al hombre.

6. Los **herodianos** no eran primordialmente una secta religiosa, sino un grupo de adeptos políticos de la familia herodiana. No tenían por tanto verdadera afinidad con los fariseos, que alimentaban una ardiente fobia contra la dominación extranjera; pero cuando dos tienen un mismo contrincante suelen producirse extrañas coaliciones.

7. El incidente que se registra en los versículos 7-12 nos presenta un nuevo vistazo de la extensa fama del Señor, que hacía que de lejos y de cerca acudieran las gentes por verlo y escucharlo. La multitud se componía de personas de todas las regiones de Palestina exceptuando a Samaria, y hasta incluía a algunos de ciudades extranjeras, como Tiro y Sidón (vv. 7-8). **El mar** al cual **se retiró** Jesús era el de Galilea.

9. Barca. Pequeña embarcación. Tal era el gentío, que oprimían (*thlibo*) a Jesús al punto de que casi lo asfixiaban. De modo que se hizo necesario tener **lista la barca** para permitirle embarcarse si llegaba a ser necesario para librarse de la presión de la multitud.

10. La causa de su gran popularidad estaba en que **había sanado a muchos.** El ansia de los enfermos y afligidos por obtener alivio se evidencia en las palabras **caían sobre él,** con las cuales indica Marcos que prácticamente se le echaban encima. El t. imper. indica acción continuada.

11. V. com. 1:24,34.

D. Elección de los Doce. 3:13-19. Desde que inició la obra en Galilea (1:14) hasta que eligió a los doce apóstoles, había venido Jesús logrando un notable éxito en alcanzar al pueblo con su mensaje. Tenía acceso a las sinagogas, y la oposición oficial apenas comenzaba a cuajar. En esos días fue reuniendo en derredor suyo un grupo de seguidores de entre los cuales habría de seleccionar un núcleo permanente de discípulos. En contraste, el segundo período del ministerio en Galilea se distinguió por la presencia de los doce discípulos como asistentes electos de Cristo. Siguió ministrando a las multitudes, pero al mismo tiempo trató Jesús de iniciar la instrucción de sus discípulos. Su popularidad entre los humildes y la oposición de los líderes continuaron creciendo hasta que se vio por fin forzado a retirarse de Galilea.

13. La elección de los discípulos se efectuó en **un monte,** probablemente en las vecindades de Capernaum. Parece que Jesús invitó a un grupo mayor a ir con él al monte.

14. De entre este grupo mayor seleccionó **doce** a quienes nombró apóstoles suyos (cf. Lc. 6:13). **Estableció.** El verbo griego *epoisen,* eligió, literalmente significa "hizo". Fue doble el propósito de la elección: que estuviesen con él (como compañeros y con fines de instrucción) y saliesen a predicar y echar fuera demonios (v. 15).

16. Respecto a la ocasión en que a Simón se le puso **por sobrenombre Pedro,** véase Jn. 1:42, que emplea el arameo *Cefas* en vez del griego, **Pedro.**

17. Boanerges. Este aspecto de la personalidad de ellos puede verse en Lc 9:54.

18. Andrés. Hermano de Pedro (Jn. 1:40-41). **Bartolomé.** Puede que sea el mismo Natanael (Jn. 1:45-51; 21:2). **Jacobo hijo**

de Alfeo puede que sea el mismo Jacobo el menor (Mr. 15:40). **Tadeo,** llamado también Lebeo (Mt. 10:3), es el mismo Judas, hermano de Jacobo el menor (Lc. 6:16). **Simón el cananita,** más correctamente llamado Simón el Celoso (Hch. 1:13). La palabra **cananita** es engañosa, pues el término que en los mejores manuscritos griegos aparece es *Kananaion,* transliteración de un vocablo arameo que significa fanático, apasionado. Según parece, Simón, antes de hacerse discípulo de Cristo, era miembro del partido de patriotas fanáticos llamados Celosos, partidarios de la revuelta inmediata contra el yugo romano.

19. Es en este punto que Mateo y Lucas ubican el Sermón del Monte. **A casa.** Probablemente Cristo regresó a casa de Pedro, en Capernaum.

E. Preocupación de los amigos de Cristo, y acusaciones de sus enemigos. 3:20-35. Estos versículos muestran la diversa actitud de amigos y enemigos respecto a Jesús. Ni unos ni otros lo comprendían, y en consecuencia sus amigos se preocupaban demasiado por su bienestar, en tanto que sus enemigos le lanzaban malignos cargos.

20. Ni aun podían comer pan. Nos da Marcos un nuevo vistazo de las grandes multitudes que de continuo acudían a escuchar y a ver a Cristo. El **pan** ha de entenderse como alimento en general.

21. Parece que a oídos de su madre y hermanos en Nazaret llegaron noticias de su incansable actividad. Ellos se propusieron **prenderle** y llevárselo a la fuerza, pues lo tenían por sobrexcitado y mentalmente enfermo.

22. Cuando los familiares llegaron a Capernaum hallaron al Señor enfrascado en una controversia con unos **escribas... de Jerusalén.** Motivo de la discusión fue que reiteradamente los escribas **decían** (*elegon*) que Jesús estaba en contubernio con el poder satánico. **Beelzebú.** El origen y significado de esta palabra son inciertos, pero aquí evidentemente se designa con ella al diablo, **el príncipe** de los demonios (no de los *diablos;* v. com. 1:32). La acusación pretendía que era el propio Satanás quien le daba poder a Cristo, y que mediante tal poder echaba fuera demonios.

23. Jesús tomó la iniciativa **llamando** a sus acusadores a entenderse con él cara a cara. Esgrimió contra estos acusadores una lógica irrebatible: convenido que los demonios son siervos de Satanás, resulta ilógico afirmar que él eche fuera a sus propios siervos. El Señor reiteró este argumento en 3:24-27, reforzándolo mediante una serie de ejemplos. **27.** El **hombre fuerte** simboliza a Satanás. Echar fuera a los demonios equivale a

entrar **en la casa** de aquél y **saquear sus bienes.** Lo que Cristo afirmaba era que en vez de estar en liga con Satanás, le estaba dando batalla.

29. La blasfemia **contra el Espíritu Santo** es el acto de calumniar, vituperar y hablar maliciosamente contra el Espíritu. Tal pecado no tendrá **perdón** jamás. **Es reo,** culpado, en el sentido de estar en las garras de algo. Todos los mejores manuscritos tienen *pecado eterno* en vez de **juicio eterno.**

30. Porque ellos habían dicho. De las palabras de los escribas se desprende la naturaleza de este pecado eterno. Ellos explicaban los exorcismos milagrosos de Cristo como productos del poder satánico, cuando era el Espíritu Santo quien los realizaba. No obstante, no debemos interpretar que la enseñanza del pasaje sea que las meras palabras contra el Espíritu constituyan el pecado imperdonable, pues ello contradiría la doctrina general de las Escrituras de que todo pecado se le perdonará al alma arrepentida. La esencia del "pecado eterno" está en la actitud del corazón que impulsa el acto. A la luz de las Escrituras en conjunto, tal actitud sólo puede ser una disposición de ánimo fija, impenitente y que se empecina en rechazar hostilmente toda invitación del Espíritu Santo.

31. Mientras Jesús estaba enzarzado en esta discusión con los escribas, **sus hermanos y su madre** llegaron y **enviaron a llamarle.** Al parecer, habían venido desde Nazaret para llevárselo a casa con ellos a fin de brindarle el reposo y la convalecencia que en opinión de ellos requería (cf. 3:20-21). **Hermanos.** V. com. 6:3.

33. Cristo aprovechó la oportunidad para destacar la importancia de tener parentesco espiritual con él.

35. El requisito para ser miembro de la familia de Dios es obedecer **la voluntad de Dios,** y esa obediencia comienza por oir, creer y seguir al Hijo de Dios.

F. Parábolas junto al mar. 4:1-34. Distinto es el método de enseñanza que ahora se destaca. Si bien ya antes había usado Cristo en forma limitada la parábola como medio educativo, no es sino desde este punto que comienza a emplearla como primordial vehículo de expresión. Conforme crecían las multitudes, se intensificaba la oposición y se multiplicaban los seguidores superficiales, fue adoptando Jesús la parábola como medio para instruir a sus discípulos, al propio tiempo que ocultaba la esencia de su doctrina a los oyentes superficiales y antagónicos. En esta ocasión se valió de parábolas para ilustrar ciertas características del Reino.

1. El telón de fondo para la presentación de estas parábolas fue **el mar,** probablemente el de Galilea. Nuevamente la presión del gentío obligó al Señor a hablarles desde la barca, anclada a corta distancia de la orilla.

4. Los pies de muchos transeúntes habían endurecido la tierra de la vera del **camino,** de modo que la semilla quedó visible sobre la superficie, y vinieron las aves **y la comieron.**

5-6. Otra área en que cayó la semilla estaba constituida por **pedregales,** que más bien deben entenderse como una delgada capa de tierra sobre un subsuelo rocoso. Los rayos del sol la convirtieron primero en tibio vivero que provocó la rápida germinación, y más tarde en horno que **quemó** y **secó** la tierna planta.

8. El resto de la semilla fue sembrado **en buena tierra.** Lógico es pensar que la mayor parte de la semilla se sembró en esta clase de terreno, y no sólo una cuarta parte, como a veces se afirma.

11. El misterio. En las religiones paganas de misterio, se instruía al iniciado en las enseñanzas esotéricas del culto, que al profano no se le revelaban. Respecto al reino de Dios, v. com. 1:15. **El misterio del reino** es en la última fase de su desarrollo el mensaje del Evangelio en su plenitud (cf. Ro. 16:25-26). El propósito de las **parábolas** era instruir a los iniciados, sin revelar los temas de la instrucción a los de **fuera.** Esto armoniza con el principio bíblico de que el entendimiento espiritual se circunscribe a los que han llegado a ser **espirituales** por su adecuada relación con Cristo y su mensaje (1 Co. 2;6 ss.).

12. Que tal era el fin que perseguía Cristo con sus parábolas se corrobora con una cita del Antiguo Testamento. Se introduce dicha cita con la conjunción griega *hina* **(para que),** que indica propósito (Alford, *The Greek Testament,* I, 333). Este versículo es una versión libre de Is. 6:9-10, y da la esencia del pasaje profético sin reproducir las palabras al pie de la letra.

14. El sembrador (v. 3) no se identifica, pero es obvio que representa al propio Cristo y a cuantos proclaman el Evangelio. La simiente simboliza **la palabra;** palabra de Dios, según explica Lucas, o el mensaje que de Dios proviene.

15. Las **aves** de 4:4 representan a Satanás, que se allega a los que escuchan el mensaje, e impide que la simiente germine. Las personas de este versículo oyen la palabra, pero de ahí no pasan.

16. Cf. vv. 5-6. Hay oyentes de la palabra que **la reciben** ávidamente. Tienen toda la apariencia de sinceridad y genuino gozo.

17. Al decir que **no tienen raíz** se indica cuán superficial fue su aceptación de la palabra. **Son de corta duración,** efímeros (*proskairos*). El calor del sol v. 6), figura de

la **tribulación** o **persecución** que pronto han de ser para ellos piedra de tropiezo y lazo que provocarán su caída por no haber tenido la genuina experiencia de la palabra.

19. Cf. 4:7. Los **afanes** son la ansiedad y las preocupaciones respecto a las cosas de la presente época perversa (la palabra *aion* denota un período de tiempo). **El engaño de las riquezas** se refiere a su naturaleza engañosa, que siempre ofrece satisfacer y nunca llega a cumplir la promesa. El tercer obstáculo está en anhelar **otras cosas,** clasificación general que abarca todo lo demás que pueda ahogar la palabra y hacerla **infructuosa.**

20. Cf. 4:8. La **buena tierra** es símbolo de los que **oyen la palabra y la reciben.** Puede verse como comentario de la palabra **recibir,** Mt. 13:23 y Lc. 8:15. Son los que oyen, comprenden, son sinceros, y permanentemente hacen suyo el mensaje del Evangelio.

21. Los aforismos de 4:21-25 son declaraciones generales que Cristo parece haber empleado en otras ocasiones (cf. v. 21 con Mt. 5:15; v. 23 con Mt. 11:15; 13:9, 43; Lc. 14:35; v. 24b y ss. con Mt. 7:2; v. 25 con Mt. 25:29). El propósito de Cristo en esta ocasión era subrayar la responsabilidad que recae sobre quien escucha las parábolas. Quien ha recibido la luz, debe a su vez alumbrar a otros (Mr. 4:21-23). **Luz.** *Lámpara* sería mejor traducción. **Almud.** (Medida de áridos: 8.75 litros. El **candelero** era en realidad un soporte para las lámparas de aceite de vasija abierta que en aquel tiempo se usaban.

25. Al que tiene. El principio que en esta afirmación se establece es aplicable específicamente al ámbito de la verdad y el conocimiento de la misma. Quien se adueñe de la verdad y la ponga en práctica recibirá mayor luz; pero quien rehuse recibir la verdad perderá hasta el entendimiento que de la verdad tenía.

26. La segunda parábola del reino que registra Marcos, es la de la tierra que espontáneamente produce (vv. 26-29). Lo que en realidad hace es reanudar el hilo de la parábola del sembrador, pasando a describir cómo es que en realidad la simiente crece hasta fructificar. El aspecto del **reino** que se considera es el aspecto espiritual presente, tanto en su realidad interna como en sus manifestaciones exteriores. Este reino se extiende con el acto de sembrar la **semilla** de la palabra. (cf. v. 14).

28. La razón de que la tierra produzca fruto **de suyo** (*automate*), "automáticamente") es que la semilla posee vida que, al hallarse en un medio adecuado, da crecimiento. La característica del actual reino espiritual de la gracia, tal como esta parábola lo presenta, es que en razón de su propia naturaleza el mensaje del Evangelio, cuando se siembra en el corazón del hombre, espontáneamente produce crecimiento y fecundidad.

30. La tercera parábola del reino que Marcos presenta trata del grano de mostaza. (vv. 30-32). La AV (en inglés) traduce *parabole* por *comparación*, que es la esencia de toda parábola. La VP usa *ejemplo*.

31. En este caso se compara al reino con el **grano de mostaza.** Mucho se ha escrito respecto a la identidad de esta planta; pero lo más acertado parece que sea considerarla como la mostaza negra común, cuya semilla es más o menos del tamaño de una cabeza de alfiler. (Harold N. & Alma L. Moldenke, *Plants of the Bible,* pp. 59-62), una de las más pequeñas que hayan conocido los habitantes de Galilea.

32. Lo notable de esta clase de mostaza es que no obstante ser una hierba, puede alcanzar hasta cerca de cuatro metros de altura, con un tallo grueso como el brazo de un hombre, y convertirse en lugar de reposo para los pájaros. Esta parábola amplía la presentación de las características del presente reino espiritual de Dios. La enseñanza principal que destaca es que la semilla del mensaje evangélico tendrá por resultado un crecimiento desmesurado. El reino, que en la persona de Cristo apenas se había acercado (1:14,15), por virtud de su propia interna vitalidad sobrenatural pasará de su original pequeñez a un desarrollo extraordinario. Esto no quiere decir que dará por resultado una conversión universal, ni que el hombre por sus propios esfuerzos implantará el reino de Dios en la tierra como producto de una evolución utópica, ni tampoco que el Reino y la Iglesia sean idénticos. Pero el cuadro presentado por la parábola sí incluye en el reino de la gracia a las mutitudes de personas redimidas que a través de los años han ensanchado sus filas hasta proporciones fenomenales.

G. Viaje a Gadara. 4:35—5:20. Probablemente en busca de soledad y reposo, Jesús propone un viaje a través del lago de Galilea. Con la vividez tan propia de nuestro autor, Marcos relata gráficamente el aquietamiento de la tempestad (4:35-41) y la liberación del endemoniado que vino al encuentro de Cristo en la ribera opuesta (5:1-20).

37. La **gran tempestad** fue típica del mar de Galilea, que se halla en una hondonada, rodeado de cerros por todos lados. Al subir el aire calentado por el sol, se produce una corriente de aire frío que desciende arremolinadamente al lago por los barrancos, revolviendo las aguas en furiosa tempestad. Marcos pinta el cuadro a lo vivo, trasladando a sus lectores al escenario mismo de la acción.

Las olas *golpeaban de continuo* (t. imperl.); la embarcación, *ya se está anegando* (t. presente).

39. Como contraste refiere Marcos el mandato de Cristo a la tempestad. Se emplea el tiempo aoristo griego para mostrar que **reprendió** una vez (acción puntual), y **cesó el viento** al punto (Gr. aoristo), y vino la **bonanza** de inmediato (Gr. aoristo). No fue necesario que nuestro Señor repitiera la orden, ya que ésta obtuvo obediencia instantánea. **Calla, enmudece.** Lenski da esta interesante traducción al imperativo compuesto del segundo mandato de Cristo: "Ponte mordaza y sigue amordazado" (R. C. H. Lenski, *The Interpretation of Mark's Gospel,* p. 201).

40. Amedrentados. Cristo los reprendió por su cobarde temor, y transformó la ocasión en estímulo para la fe. Lo que sugería era que si hubieran puesto su confianza en Dios, aunque el propio Jesús hubiese estado durmiendo, ninguna razón habrían tenido para temer.

41. Temieron con gran temor. La palabra griega que aquí se emplea no es la misma del v. 40. La del v. 41 tiene entre sus significados el de temor reverente o respetuoso. No obstante todas las portentosas obras que los discípulos habían presenciado, fue tan extraordinario este milagro que los discípulos aún se preguntaban quién sería realmente su maestro.

5:1. Los gadarenos. Los manuscritos griegos se dividen respecto a este nombre entre tres posibilidades: gadarenos, gerasenos y gergesenos. El mejor atestado es gerasenos, que algunos toman como gentilicio derivado de la conocida ciudad de Gerasa, situada unos treinta y siete kilómetros al sudeste del Mar de Galilea. Pero hay buenos motivos para creer que Marcos se refiere a una aldea del mismo nombre, sita en la costa oriental, cuyas ruinas se conocen hoy con el nombre de Kersa (cf. Harvie Branscomb, *op. cit.,* pp. 89,90).

3. Este hombre **tenía su morada** usual **en los sepulcros,** como indica el t. imperf. griego. A tal estado había llegado, que ya nadie podía atarlo, **ni aun con cadenas.**

4. Lo imposible de refrenarlo se subraya dramáticamente por los vívidos términos y tiempos verbales. Los **grillos** se ponían en los pies. Cuantas veces lo habían atado, había hecho pedazos **las cadenas** y desmenuzado **los grillos. Nadie le podía dominar.** El texto griego indica que nadie tenía fuerzas suficientes para domeñar a esta fiera humana.

5. Día y **noche** andaba **siempre dando voces,** gritando, aullando e **hiriéndose** con piedras. El último verbo está en forma intensiva, dando a entender que con su propia mano se iba despedazando mediante heridas y desgarramientos.

7. Jesús, Hijo del Dios Altísimo. Notable indicio de conocimiento sobrenatural. El endemoniado estaba enterado tanto del nombre humano de Jesús como de su deidad, aunque éste era, al parecer, su primer encuentro con Cristo. Tal conocimiento demuestra que no se trataba simplemente de un loco; estaba poseído por poderes demoníacos que conocían la verdadera identidad de Cristo. **No me atormentes.** Mateo 8:29 expresa: *"¿Has venido acá para atormentarnos antes de tiempo?"* Y Lc. 8:31 añade claridad informándonos que rogaban que no los mandase ir **al abismo.** El tormento al que los demonios se referían es el castigo final que seguirá al día del juicio; pedían que no los encarcelaran en el abismo antes de aquel día.

9. La pregunta **¿cómo te llamas?** se le hizo al espíritu inmundo (demonio) que se menciona en el v. 8. Este mismo espíritu responde en 5:9,10. En contraste, son todos los demonios los que hablan en el v. 12. **Legión.** Cuerpo de ejército romano, que constaba de más de 6.000 soldados. **Somos muchos.** Este demonio hablaba en nombre de los muchos que poseían al hombre.

10. El sentido de la frase **fuera de aquella región** ha de entenderse mediante la referencia de Lucas al **abismo** (8:31). Temían ser devueltos al sitio de reclusión y permanecer desprovistos de cuerpo hasta el día del juicio.

12-13. Para no verse despojados de cuerpo, rogaron que los enviara **a los cerdos. Jesús les dio permiso.** El problema que persistentemente suscita este pasaje se refiere a la corrección ética del acto de Jesús, visto que tuvo por consecuencia la destrucción de bienes ajenos. Una respuesta corriente ha sido que los judíos no tenían derecho de poseer cerdos, y que Cristo con su acto los censuró por quebrantar la ley mosaica. Mas dado que en la población de la región de Decápolis había tanto judíos como gentiles, no hay certidumbre de que los propietarios de los cerdos fuesen judíos ni de que tal fuese el propósito del acto de Cristo. Obsérvese que no ordenó a los demonios que entraran en los cerdos sino que les dio permiso. Los demonios, y no el Señor, provocaron la destrucción. El hecho de que permitiera esto no arroja sobre Cristo responsabilidad alguna, así como no es Dios responsable de la existencia de ninguna forma de mal, por permitirla. La aflicción de Job a manos del diablo ilustra el punto (Job 1:12; 2:6-7).

15. Tuvieron miedo, no del hombre ya en su juicio, sino del extraordinario poder que lo había sanado. Percibían el poder sobrena-

tural que residía en la persona de Cristo, pero no su misericordia y amor infinito.

17. Ignorantemente rogaron a la fuente potencial de bendición y salvación **que se fuera** de tierra de ellos, **de sus contornos.**

18. Cuando Jesús se embarcaba, el que había estado endemoniado le rogaba insistentemente **que le dejase estar con él.** Tan sólo él, entre todos sus coterráneos, vio en Jesús a uno a quien no se debía temer, sino amar.

19. Jesús no se lo permitió. Es decir, no permitió que el hombre lo acompañara. Por el contrario, le ordenó que fuera a su propia gente y les informara de las **grandes cosas que el Señor había hecho.** Un principio básico sirve de fundamento a la orden de Cristo. No se libera al hombre de sus cadenas solamente para su propio disfrute de la libertad que Dios le da, sino también para que pueda dar a otros testimonio respecto al divino Libertador. En la región situada al este del mar de Galilea no había razón alguna para temer que el exceso de popularidad provocara crisis. Por consiguiente se insta al que había estado endemoniado a que propale su historia. **Ha tenido misericordia,** piedad o lástima.

20. Decápolis. Es la región ubicada al sudeste del mar de Galilea, en la cual se hallaban diez ciudades (*deka,* diez; *polis,* ciudad), griegas por su organización y cultura.

H. La mujer del flujo de sangre, y la hija de Jairo. 5:21-43. En los versículos siguientes se describen dos notable milagros. La curación de la mujer víctima de hemorragia parece haber ocurrido sin que mediara ningún acto consciente por parte de Cristo. La resurrección de la hija de Jairo es el segundo caso durante el ministerio terrenal de Cristo, en que se devuelve la vida a un difunto (cf. Lc. 7:11 ss.).

22. Jairo era **uno de los principales de la sinagoga,** expresión que lo identifica como uno de los ancianos a cuyo cargo estaban los servicios de la sinagoga a los que asistía Jesús en Capernaum.

23. Le rogaba mucho, quizá insistente y desesperadamente. **Hija.** En griego, "hijita". Todos los comentaristas subrayan el diminutivo como expresión de cariño. **Agonizando** traduce bien el vocablo griego que indica la enfermedad en su etapa final. **Ven...** forma parte del vívido cuadro del angustiado padre, que según Marcos se presenta implorando con entrecortadas frases: "Mi hijita está agonizando... ven l..."

24. La multitud que seguía a Cristo continuaba apretándolo (imperf.) por todos lados.

25. Flujo de sangre. Ninguno de los evangelios describe específicamente la naturaleza de esta hemorragia, fuera de afirmar que se trataba de un mal crónico.

26. Marcos es muy franco en su comentario tocante a lo experimentado por esta mujer en manos de **muchos médicos.** Anduvo de uno en otro en busca de curación y lo que obtuvo fue sufrir mucho en manos de ellos y gastar cuanto tenía, mientras su enfermedad empeoraba. Lucas, que era médico, no da tan crudamente su descripción (Lc. 8:43).

28. Decía. Probablemente para sus adentros, *se repetía* (acción continuada).

29-30. Fue una curación única, no sólo por lo instantánea, sino porque se produjo sin ninguna participación voluntaria aparente de Cristo. No obstante, Jesús se dio inmediatamente **(luego)** cuenta de lo ocurrido. No hemos de inferir que el tocar el vestido tuvo un efecto mágico, sino que por su omnisciencia Jesús conoció el toque de fe y accedió al deseo de la mujer. O podría suponerse que la curación no se operó por un acto consciente de Cristo, y que fue Dios Padre quien sanó a la mujer. En tal caso Jesús, dada la limitación que su humanidad aparejaba, no lo supo hasta que se realizó el milagro. La pregunta **¿Quién ha tocado mis vestidos?** puede que se haya hecho para revelar el milagro a la multitud, si es que se da por sentado que Cristo efectuó conscientemente la curación. En caso contrario, Cristo puede también haber hecho la pregunta para enterarse.

31. Como le es propio, el gráfico empleo que de los tiempos verbales hace Marcos es revelador. Relata que **sus discípulos** dijeron repetidamente: "Ves que la multitud *continuamente* se aprieta..."

32. Es evidente que no descubrió a la mujer a la primera mirada, pues Marcos dice que estuvo mirando **alrededor** de sí (t. imperf., voz media).

34. Tu fe. Vemos la fe de esta mujer traducida en actos en 5:27-28; tan resuelta es su confianza que no juzga necesario llamar la atención de Jesús. **Te ha hecho salva... queda sana.** La primera expresión se refiere a liberación respecto a su dolencia física. La segunda es un imperativo presente que implica que iba a continuar en sanidad.

35. La pregunta de los mensajeros **¿Para qué molestas más...?** indica que no esperaban que reviviera la niña.

36. Jesús, desentendiéndose de las observaciones de los mensajeros, dice a Jairo: "Abandona tus temores; simplemente persevera en creer." En griego, ambos verbos están en presente. El informe había hecho que el temor le invadiera el corazón, pero Cristo lo insta a no cejar en su anterior fe.

38. El alboroto. El duelo mortuorio entre los judíos estaba lejos de ser algo sobrio

y morigerado. Se empleaban plañideras de profesión para que hicieran demostraciones de dolor. Mt. 9:23 menciona también a los flautistas y al gentío que armaban el alboroto.

39. Lo chocante de la demostración hizo que Jesús preguntara: **"¿Por qué alborotáis...?"** ¿Por qué este tumulto y estas lamentaciones? (Str.) A la declaración de Cristo de que la niña no estaba **muerta** sino dormida le han atribuído algunos el significado de que no estaba efectivamente muerta, sino en estado comatoso. Pero Lc. 8:55 afirma que **su espíritu volvió,** lo cual indica que había estado muerta. La intención de Cristo al llamar sueño a la muerte era sugerir que tal condición era pasajera, y que la niña reviviría.

40. Los dolientes, que tomaron al pie de la letra la expresión figurada de Jesús, **se burlaban de él.** Sabían que la niña estaba muerta, y tenían la certeza de que la muerte es permanente. **Echando fuera a todos.** Marcos expresa vigorosamente la expulsión del gentío burlador.

41. Talita cumi. Trasliteración de la expresión que en arameo significa: "Niñita, levántate." Marcos inserta las palabras **a ti te digo.**

42. Luego (inmediatamente) **la niña se levantó** (acción puntual) y andaba ("Se puso a caminar" VP, Str., acción continua). **Doce años.** Tenía, pues, edad suficiente para andar. Los padres y los discípulos **se espantaron** (quedaron sobrecogidos de asombro, VL) ante el milagro.

43. Jesús mandó **que nadie lo supiese,** no fuera que los padres esparcieran la noticia y que una agitación extensa precipitara la crisis antes de llegar la hora de la muerte del Salvador (Jn. 12:23,27).

I. Nuevo viaje evangelístico por Galilea. 6:1-30. Marcos registra solamente dos de los tres recorridos de Galilea que el Señor realizó: el primero con los cuatro pescadores (1:35-45) y el tercero, al concluir el ministerio en Galilea (6:1-30). La segunda gira fue poco después de la elección de los Doce (Lc. 8:1-3). La tercera se distinguió de las dos anteriores en que se envió a los discípulos "de dos en dos" (Mr. 6:7), después de lo cual Jesús anduvo sin compañía, predicando y enseñando de ciudad en ciudad (Mt. 11:1). La visita a Nazaret (Mr. 6:1-6) debe considerarse incluida en este recorrido. También por esta época fue que Herodes se sintió perturbado por la gran popularidad del Señor (Mr. 6:14-16).

1. De allí. Es decir, de Capernaum. No se dice específicamente a qué lugar fue Jesús; los versículos siguientes hacen evidente que **su tierra** se refiere al hogar de su infancia, Nazaret.

3. A Jesús se le llama **hermano de Jacobo** y de otros, expresión que ha de tomarse literalmente. No hay razón bíblica alguna para no tener a estos cuatro hombres y sus **hermanas** como hijos de José y María, nacidos algún tiempo después de Jesús. **Jacobo** llegó a ser cabeza de la iglesia de Jerusalén (Hch. 15:13 ss.) y autor de la epístola que lleva su nombre (Santiago). **Judas** fue autor de una epístola universal. Los de la ciudad **se escandalizaban.** El significado original de este verbo era "caer en una trampa o lazo". Ellos cayeron en el lazo de su propia incredulidad, y tropezaron cuando podían haber aprovechado la mayor oportunidad de su vida.

5. No pudo Jesús hacer allí **ningún milagro.** Pero no fue que intentara sanar a alguno y fracasara, sino que pocos tuvieron suficiente fe para acudir a él en busca de sanidad.

6. Allí donde el Señor pudo haber esperado que tuvieran más fe en él, halló la más recalcitrante **incredulidad.** Y aun cuando era el omnisciente Hijo de Dios, **estaba asombrado** de lo incrédulos que eran sus conocidos. **Recorría.** El t. imperf. indica la acción en desenvolvimiento. Iba de aldea en aldea enseñando. Este ministerio en Nazaret y por las aldeas es la primera etapa del tercer viaje de evangelización por Galilea.

7. La segunda etapa del viaje se inició cuando Jesús llamó a los doce y **comenzó a enviarlos.** Era ésta al parecer la primera vez que salían sin Cristo y constituía, por tanto, un progreso en su adiestramiento.

8. No debían llevar **nada para el camino.** El objeto de esta prohibición era que pusieran en ejercicio la fe como preparación para el tiempo en que se hallaran solos. **Dinero.** La palabra griega designa monedillas de cobre. Ni siquiera dinero menudo habían de llevar. **Cinto.** La faja o ceñidor con que se sujetaban las amplias ropas orientales, se empleaba también para llevar dinero.

9. La intención era que no llevasen ropa de remuda. **Túnica.** Era la ropa que se usaba bajo el manto; especie de ropa interior.

11. Habían de **sacudir el polvo** no por personal animosidad sino como testimonio de lo serio que era rechazar el mensaje del Hijo de Dios. La afirmación respecto a **Sodoma y Gomorra** no se halla en los manuscritos griegos más antiguos.

13. El ungimiento **con aceite** era una práctica medicinal corriente (cf. Lc. 10:34; Stg. 5:14). W.K. Hobart (*The Medical Language of St. Luke*, p. 28 s.), contiene muchas citas de autores antiguos que lo corroboran. Swete (*Mark*, p. 119) dice que la unción ritual de los enfermos no apareció hasta el siglo segundo. Estas curaciones fueron, pues, una combinación de milagro y medicina.

14. El incidente que se narra en 6:14-29 ocurrió durante el tercer viaje por Galilea (cf. vv. 12,13,30). Este **rey Herodes** era Herodes Antipas, tetrarca de Galilea y Perea, e hijo de Herodes el Grande. El continuado ministerio de Cristo y sus discípulos había esparcido la fama del Maestro por todos los rincones de la región. Por primera vez hallamos aquí constancia de que la reputación de Cristo había ganado la atención de los funcionarios del gobierno.

15. Era voz común entre el pueblo que Jesús era Elías de regreso en cumplimiento de Malaquías 4:5 (cf. Mt. 16:14; Jn. 1:21), o que era un **profeta** al estilo de los del Antiguo Testamento.

17. La **cárcel** en que Juan estaba preso se hallaba en Maqueronte, sobre la costa oriental del Mar Muerto (*Ant.,* XVIII, V, 2). Las relaciones maritales de los Herodes eran escandalosas. Herodías era la esposa de un tío político de ella, Herodes Filipo I, pero lo abandonó para casarse con otro tío político hermano de aquél, Herodes Antipas. Herodes Antipas ya estaba casado con la hija de Aretas, rey de Arabia, pero repudió a esa esposa.

18. Juan decía reiteradamente (t. imperf. gr.).

19. A diferencia de Herodes, Herodías no se sentía atraída por Juan ni por sus prédicas; por el contrario, pertinazmente deseaba matarlo.

20. Diferente era la actitud de Herodes. A pesar de su vida disoluta, la vida y el mensaje de Juan lo conmovían. **Le guardaba,** no permitía que Herodías lo matara. **Muy perplejo.** El conflicto entre su admiración por Juan y el influjo de sus pecaminosas relaciones lo mantenía en un estado de confusión interior. No obstante, **le escuchaba** (en griego, continuaba escuchándolo) **de buena gana.**

21. Herodías había estado astutamente en espera de **un día oportuno** para vencer la protección con que Herodes rodeaba a Juan. Los invitados eran la flor y nata del gobierno, el ejército y los círculos sociales (príncipes, tribunos y principales, respectivamente).

22. La hija que se menciona era Salomé, fruto del anterior matrimonio de Herodías. Se calcula que la joven no ha de haber tenido más de veinte años de edad por este tiempo (Vincent Taylor, *op. cit.,* p. 314). Era absolutamente impropio que la hija de un gobernador divirtiera así a la nobleza: eso era oficio de esclavas, no de princesas. Pero Herodías halló aquí su momento oportuno (v. 21), y Herodes, bajo los efectos del licor y la sensualidad, cayó en la trampa.

A la mesa. No sentados, sino reclinados (v. com. 2:15).

25. Hay un tono de urgencia en la petición de Herodías. Quería que el acto se ejecutase antes que Herodes pudiera eludirlo. Salomé **entró prontamente** y pidió que se le concediese la petición **ahora mismo.**

26. Por más que la petición entristeció profundamente a Herodes, halló imposible retractarse de su juramento ante grupo tan augusto. Halló más importante guardar las apariencias que preservar la vida del profeta de Dios. Nada raro tiene que más tarde le remordiera la conciencia (vv. 14,16).

27. El palacio de Herodes en Maqueronte era también una fortaleza, y como tal había de tener una prisión. De modo que el teatro del suplicio no se hallaba lejos de la sala del festín.

28. Según parece, Salomé permaneció en el comedor hasta que Juan fue ejecutado y le trajeron **su cabeza en un plato.** La aparente calma con que hizo la solicitud y luego llevó el sangriento plato **a su madre** revela que la muchacha tenía un corazón de piedra.

30. Terminado el paréntesis explicativo concerniente al destino de Juan, vuelve Marcos a los discípulos y la gira de predicación. No dice nada sobre el tiempo que emplearon o lo acaecido en el viaje. Simplemente informa que los apóstoles volvieron a reunirse. El título de "apóstol" está muy bien elegido, pues designa a quien es enviado con una misión, y los discípulos regresaban tras cumplir un encargo tal.

IV. Retiradas de Cristo de territorio galileo. 6:31—9:50.

El Señor había diseminado en forma tan cabal su mensaje por toda Galilea que los galileos de todos los niveles sociales estaban enterados de su ministerio. Entre buena parte del pueblo común su popularidad era tan grande que estaban dispuestos a constituirlo en rey por la fuerza. La animadversión de los dirigentes judíos estaba peligrosamente cercana al punto de explosión. Y hasta Herodes había llegado a preocuparse por la popularidad de Cristo. La situación estaba por convertirse en crisis prematura, sin que Cristo hubiera dado cima a su ministerio. Como consecuencia, Cristo realizó cuatro retiradas sistemáticas alejándose de Galilea: una a la costa oriental del mar del mismo nombre (6:31-56), una a la región de Tiro y Sidón (7:24-30), una a Decápolis (7:31—8:9) y la cuarta a Cesarea de Filipo (8:10—9:50). Durante este tiempo Cristo se ocupó del adiestramiento de sus discípulos como preparación para el tiempo de su muerte.

A. Retirada a la costa oriental del lago. 6:31-56. En esta sección del Evangelio consta la alimentación de los cinco mil (6:31-44), la marcha de Jesús sobre el agua (6:45-52) y diversas curaciones en la llanura de Genesaret (6:53-56). Lejos de ser un período de reposo y aislamiento de las multitudes, fue ocasión de continua actividad.

31. El **lugar desierto** estaba probablemente en la costa' noreste del mar de Galilea. El adjetivo desierto significa despoblado, yermo. Después del esfuerzo y la fatiga de la gira de predicación, necesitaban **descansar un poco.**

33. Muchos... le reconocieron. El hecho de que las multitudes pudieran saber a dónde se dirigía Jesús y adelantársele, parece confirmar la opinión de que el lugar desierto (v. 31) se hallaba en la costa nordeste del lago.

34. Cuando Jesús desembarcó se hizo evidente que no podría disfrutar con los suyos del período de reposo que había planeado. Pero su reacción no es de disgusto, sino que **tuvo compasión.** Vio a la gente necesitada como **ovejas** sin pastor, carentes de director espiritual (cf. Nm. 27:17; 1 R. 22:17).

36. Los campos, probablemente indica las haciendas de los contornos.

37. Dadles vosotros. Se subraya el sujeto, vosotros. El **denario** romano valía por entonces unos dieciocho centavos de dólar americano (Arndt, p. 178).

40. En grupos. La palabra griega significaba **macizos de jardín** (Arndt, p. 705). Marcos describe los grupos de personas como macizos de flores sobre el verde césped (v. 39). Indudablemente los variados colores de los vestidos, vistos a la distancia, contribuían a dar esa impresión.

41. Los verbos **tomó, levantando los ojos, bendijo** y **partió** están en el tiempo aoristo griego, que indica acción instantánea. Pero el verbo **dio** está en imperfecto, mostrando, en contraste, que estuvo dando a los discípulos. Es en este punto que se opera el milagro de la multiplicación de las vituallas.

43. El hecho sorprendente no fue que la gente se satisficiera meramente, sino que hubiera provisión superabundante. Las **cestas** eran del tipo grande de cesta manual que se empleaba para el acarreo de alimentos, pero más pequeñas que las de la alimentación de los cuatro mil (V. com. 8:8).

44. Los **cinco mil** no incluían a las mujeres ni los niños. (cf. Mt. 14:21).

45. Cristo obligó a sus discípulos a entrar en la barca y navegar rumbo **a Betsaida.** Evidentemente el milagro se realizó al sur de Betsaida Julia (Lc. 9:10) y Cristo mandó a sus discípulos por barco a la ciudad, para que allá se encontraran con él. El motivo de la súbita dispersión de **la multitud,** según Juan (6:14-15) fue el peligro de un intento revolucionario para hacer rey a Jesús.

47. Al venir la noche. Es decir, cuando fueron las seis de la tarde, hora de la puesta del sol.

48. Como aún no había oscurecido, desde tierra podía verlos **remar con gran fatiga.** Retrata la lucha de los discípulos que procuran remar con viento contrario. **La cuarta vigilia de la noche** se extendía de las tres a las seis de la mañana. Jesús demoró en acudir en auxilio de ellos desde la puesta del sol hasta por ahí de las tres de la madrugada. La afirmación de que **quería adelantárseles** (*parecía querer pasarlos de largo*, Str.) no debe suscitar problema alguno respecto a la sinceridad de Cristo. El no iba directamente rumbo a la embarcación, de modo que a los discípulos les pareció que habría pasado de largo si ellos no hubieran gritado (v. 49). En vez de entrar repentinamente en la barca Jesús les daba sin duda tiempo para que lo vieran.

49. Fantasma. No es la palabra griega que significa "espíritu", sino un término que denota **aparición.** Pensaron que veían visiones.

50. Tened ánimo. El verbo da idea de valor, que era probablemente la idea predominante en la exhortación de Cristo. La prohibición en presente, **no temáis,** significa *dejad de temer.*

51. Sin que mediara mandato de Cristo **se calmó el viento** (Gr., *se cansó*). El asombro de los discípulos provenía de un doble milagro. El texto griego omite la expresión **y se maravillaban.**

52. No sólo habían olvidado que anteriormente Cristo había calmado las olas (4:39) sino que no habían entendido el milagro de **los panes. Por cuanto estaban endurecidos sus corazones,** no captaban la verdad relativa a la deidad de Cristo que los milagros demostraban continuamente.

53. Probablemente Jesús subió a la barca en algún punto frente a la costa de Betsaida Julia, después de lo cual hicieron **la travesía** de regreso a la costa occidental. Genesaret era el nombre de una llanura que se extendía hacia el sur de Capernaum, a lo largo de la costa del lago. También estaba ubicada en las cercanías una ciudad del mismo nombre.

55. Marcos nos presenta un vistazo del espectáculo que ha de haberse producido muchas veces cuando Jesús aparecía en una región. La gente se apresuraba a traer a sus enfermos antes que Cristo se alejara del vecindario.

56. Le rogaban. El verbo refleja las repetidas peticiones que uno tras otro hacía. Esta es la segunda referencia en Marcos a curaciones efectuadas por el acto de tocar el vestido de Cristo (cf. 5:27-29).

B. Discusión de la infundada exaltación de la tradición. 7:1-23. Estos versículos registran el choque entre Cristo y los fariseos sobre la básica cuestión de la fuente de autoridad. ¿Cuenta la tradición con autoridad divina? ¿Es igual o superior a la Palabra escrita de Dios? También se halla envuelta en esta discusión la verdadera naturaleza de la contaminación y la purificación. Según parece, el telón de fondo de esta sección lo constituyen las vecindades de Capernaum.

2. Son notables las explicaciones que hace Marcos de las costumbres judías, ya que indican que este Evangelio se escribió para gentiles. **Manos inmundas.** Ceremonialmente impuras. La expresión **los condenaban** no se halla en los mejores manuscritos (La supresión obligaría a decir "vieron" en vez de "viendo"; v. Str. y VL). La oración queda trunca al pasar Marcos a dar la explicación de los versículos 3 y 4.

3. Los fariseos habían extendido en tal forma su influencia que el lavamiento de las manos se había generalizado como práctica de **todos los judíos.** La expresión adverbial **muchas veces** no tiene base en el texto griego. En su lugar dice **con el puño,** refiriéndose probablemente al acto de restregar el puño de una mano con la palma de la otra al lavarse. **La tradición de los ancianos** era el conjunto de preceptos y enseñanzas consuetudinarios de los respetados rabíes de antaño y constituía un cuerpo de 613 reglas destinadas a regir todos los aspectos de la vida.

6. No quiere decir Jesús que Isaías predijera específicamente las prácticas de los judíos del siglo primero, sino más bien que las palabras de Isaías respecto a sus contemporáneos, eran también aplicables a los judíos de los días de Cristo. La cita es de Is. 29:13 y se ciñe a la LXX ligeramente alterada. El adjetivo **hipócritas** está bien elegido, pues originalmente designaba al actor que usaba máscara y aparentaba ser lo que no era.

8. El argumento esencial de la cita de Isaías tiene que ver con el cambio del **mandamiento de Dios** por **la tradición de los hombres.** No hay en esto exageración, ya que los fariseos consideraban la tradición oral de mayor autoridad que la ley escrita del Antiguo Testamento.

10. Un ejemplo específico de esta exaltación de la tradición lo hallamos en 7:9-13. Se cita la ley de **Moisés** respecto a honrar a los padres. La primera cita es de Dt. 5:16 y coincide en todo con el hebreo y con la LXX. La segunda, que proviene de Ex. 21:17, se ciñe muy de cerca al texto hebreo.

11. Como contraste cita Cristo la tradición rabínica que desecha el mandamiento mosaico proveniente de Dios. *Corbán* es la trasliteración de una palabra hebrea que significa **ofrenda,** según la explicación de

Marcos en beneficio de sus lectores gentiles. Se empleaba esa palabra para designar lo que se dedicaba a Dios mediante voto inviolable. Si un hijo declaraba *Corbán* la suma necesaria para el mantenimiento de sus padres, ese voto era inalterable, prevaleciendo sobre el mandamiento mosaico.

13. La palabra de Dios se presenta en resuelto contraste con la tradición de los hombres. Nótese que Cristo consideraba que la ley mosaica provenía de la boca de Dios. **Invalidando.** Anulando: dejando sin efecto. **Hacéis,** en presente, indica práctica habitual.

14. En los vv. 14-23 retorna el Señor al tema de la contaminación y la purificación, pero ahora se dirige, no sólo a escribas y fariseos, sino a la **multitud** a la cual **llamó.**

15. Nada hay fuera del hombre —es decir, ninguna cosa física— que pueda contaminarlo moral o espiritualmente. En el caso bajo discusión (v. 2), comer sin lavarse las manos no puede producir contaminación espiritual. Esa clase de contaminación tiene origen interno. Contaminan al hombre los pensamientos que se originan en el corazón y surgen en forma de palabra y actos. Así explica Jesús el significado espiritual de las leyes de lo limpio y lo impuro (Lv. 11). Uno de los propósitos para promulgar tales leyes fue enseñar esta misma verdad de la contaminación espiritual; pero los dirigentes judíos jamás lograron llegar más allá de las simples exterioridades.

19. En el lenguaje bíblico no es **el corazón** simplemente el asiento de las emociones, sino también el centro de la **actividad mental** y volitiva. Designa al hombre interior, extrafísico. **El vientre** es la cavidad del cuerpo que contiene el estómago y los intestinos. Terminado el proceso digestivo, los residuos **salen a la letrina.** Mediante su explicación de 7:18-19 Jesús desecha la distinción levítica entre lo limpio y lo inmundo, y así declara **limpios todos los alimentos** (cf. Hch. 10:14-15).

20-22. Estos versículos contienen la explicación que Jesús da de lo que quiso decir con **lo que del hombre sale.** Los **malos pensamientos** han de entenderse como perversos razonamientos y designios, pensamientos deliberados. La palabra **engaño** acarrea el sentido más vigoroso de traición. La **lascivia** es impureza desenfrenada y patente. La **insensatez** tiene en este contexto una aceptación más moral que intelectual.

C. Retirada a la región de Tiro y Sidón. 7:24-30. En esta breve sección refiere Marcos un viaje bastante extenso de Cristo a regiones de Fenicia, en donde ocurrió el incidente con la mujer sirofenicia.

24. La región de Tiro y Sidón. Es esta la única ocasión de que haya constancia bíblica en que Cristo saliera de Palestina y penetrara en territorio estrictamente gentil. Su propósito en estas giras fuera de Galilea no era primordialmente ministrar a las multitudes sino instruir a sus discípulos, razón por la cual **no quiso que nadie supiese** que él estaba allí.

26. Griega. Equivale a identificar a la mujer como gentil Era siria de nacimiento, de la región de Fenicia. **Le rogaba.** El t. imperf. refleja la insistente petición de la mujer.

27. Con el término de **hijos** se refiere Jesús a los judíos. Su misión era primordialmente para con los judíos a fin de que éstos, a su vez, cumpliesen con su deber de ser bendición para todas las naciones mediante la universal proclamación del Evangelio. **Los perrillos.** Perro era un término despectivo con que los judíos designaban a los gentiles. Pero Jesús lo suaviza mediante el empleo del diminutivo que significa los "perritos" o "cachorritos". Eran los consentidos del hogar y no los feroces perros callejeros.

28. La intrépida contestación de la mujer era la respuesta de la fe. **Los perrillos debajo de la mesa.** Valiéndose del diminutivo empleado por Cristo, pinta ella el patético cuadro de los cachorros que recogen las migajas que los hijos dejan caer. Todo lo que ella pedía era una migaja de las bendiciones que para los judíos se habían provisto.

29. En esta palabra de la mujer advierte Jesús la evidencia de la fe genuina (cf. Mt. 15:28). Entre tanto que hablaba, ya el demonio *había salido* (t. perf.) de la hija. Característica sin par de este milagro es que se realizó desde lejos sin que mediara orden hablada de Cristo.

D. Retirada a Decápolis. 7:31—8:9. El regreso de la región de Tiro y Sidón no fue por Galilea; en vez de eso vino bordeando la costa oriental del lago hasta Decápolis. Allí sanó Jesús al sordo y tartamudo (7:31-37) y alimentó a una multitud de cuatro mil personas.

31. Marcos es en este punto el más explícito de los evangelistas. Nos dice que Jesús partió de la región **de Tiro** y pasando **por Sidón,** situada unos cuarenta y seis kilómetros al norte, penetró bastante en territorio gentil. Doblando luego hacia el sur, pasó a lo largo de la costa oriental del mar de Galilea hasta la región de Decápolis (v. com. 5:20).

32. Cabe discusión respecto al grado del impedimento de este tartamudo. *Mogilalon* puede denotar mudez absoluta, pero literalmente significa *que habla con dificultad.* La afirmación de 7:35, de que habló bien, pareciera indicar que anteriormente no podía hablar claramente. Pero la exclamación de la gente en 7:37 fue que Jesús hacía hablar a los **mudos**.

33. Ya antes se había demostrado que el Señor no necesitaba tocar a las personas para sanarlas (cf. 2:3-12; 3:5; 7:29-30). En este caso Jesús **metió los dedos** en las orejas del sordo para darle a entender lo que se proponía y ayudarle así a creer. Realizó luego otros dos actos simbólicos. **Escupió y tocó su lengua**. No dice el texto que aplicara la saliva a la lengua.

34. Gimió. Puede que haya sido una expresión de conmiseración o angustia por el sufrimiento de la humanidad. **Efata.** Palabra aramea que Marcos traduce para sus lectores gentiles.

35. La ligadura que frenaba su lengua fue desatada. **Bien.** Comenzó a hablar correcta o claramente.

36. Todavía necesitaba Cristo evitar el exceso de publicidad (cf. com. 5:43). Pero la gente no quería callar. Seguían divulgando (t. imperf.) el milagro con más empeño aún.

37. En gran manera. "En el colmo de la admiración", Str. Marcos se vale de una palabra de gran fuerza: *hyperperissos*.

8:1. Fuera de la declaración general de que ocurrió en un lugar desierto (v. 4), no se describe específicamente el escenario en que se produjo la alimentación de los cuatro mil. **En aquellos días.** El texto griego añade la palabra "nuevamente", probable referencia a la reciente alimentación de los cinco mil.

2. Jesús sintió **compasión** por esta gente, al igual que la había sentido cuando alimentó a los cinco mil (6:34), pero en el caso presente su preocupación obedece más a la necesidad física que a la condición espiritual de ellos.

6. Nuevamente, como en la alimentación de los cinco mil, los tres verbos **tomar, dar gracias** y **partir** están en griego en tiempo aoristo, pero **dar** está en imperfecto, indicando que Cristo daba continuada el pan a los discípulos para que lo distribuyeran (cf. 6:41).

8. La suficiencia del milagro se muestra en que **se saciaron** y en que hubo abundancia (gr.) de lo que **había sobrado**. Estas **canastas** difieren de las cestas empleadas después de la alimentación de los cinco mil. Lo indica la distinción que entre ambas clases hace el texto griego en 8:19-20. El tipo de canasta que esta vez se empleó solía ser bastante grande. Era de la clase que se usó para bajar a Saulo por el muro de Damasco (Hch. 9:25). De modo que las siete canastas de 8:8 probablemente contenían más que las doce cestas para provisiones de 6:43.

E. Retirada a Cesarea de Filipo. 8:10—9:50. La cuarta y última retirada de Galilea fue hacia el norte, a la región de Cesarea de Filipo. Partiendo Jesús de Decápolis, a través del mar de Galilea pasó a la costa occidental, en donde los fariseos vinieron a él en demanda de una señal (8:10-12). Volvió a embarcarse con rumbo nordeste por a Betsaida Julia (8:13-21), en donde sanó a un ciego (8:22-26). De aquí prosiguió por tierra hasta las vecindades de Cesarea de Filipo. Nuevamente la actividad primordial de Cristo es la instrucción de sus discípulos respecto a temas tales como su personalidad, su muerte y resurrección, el discipulado de ellos y el regreso en gloria de Cristo tal como se prefigura en la transfiguración (8:27—9:13). Aquí también sanó a otro endemoniado (9:14-29). Después, Cristo regresó a Galilea, prosiguiendo con la instrucción de los doce (9:30-50).

10. No ha sido hasta el presente posible a los eruditos ubicar con algún grado de certeza la aldea de **Dalmanuta**. El contexto parece indicar que se hallaba frente a Betsaida, mar de por medio, probablemente en la costa occidental (cf. vv. 13,22). Mateo la llama Magdala (Mt. 15:39), sitio igualmente desconocido hoy día.

11. Los fariseos pedían una señal sensacional de origen divino demostrativa de que Jesús fuese el Mesías. **Para tentarle.** El término griego *peirazo* significa *probar*. Más que inducirlo a pecar, lo que hacían era someterlo a la prueba de sus mentes descreídas.

12. La contumaz incredulidad de ellos hizo que Cristo **gimiera en su espíritu**. El verbo aparece en su forma intensiva, significando probablemente que la fatiga y el dolor que le inundaban el corazón le arrancaron el gemido. La pregunta de Cristo se traduciría mejor diciendo: **¿Por qué esta generación anda continuamente en busca de una señal?** (cf. Jn. 2:18; Mt. 12:38). Mateo añade una excepción a la declaración de que **no se dará señal** (Mt. 16:4). En Mt. 12:39-40 se explica la señal de Jonás como referente a la resurrección de Jesús, el más significativo de los milagros.

15. Jesús **les mandó** reiteradamente (t. imperf.), mostrándoles la urgente necesidad de mantenerse continuamente en guardia, **Mirad, guardaos** (en presente en gr.). La levadura simboliza en este caso algo que tiene una influencia peligrosamente penetrante. Lc. 12:1 explica que **la levadura de los fariseos** es la hipocresía. La **levadura de Herodes** puede ser la influencia de los herodianos, consistente en mundanalidad e infeccioso seglarismo.

19-20. ¡Qué pronto habían olvidado los discípulos las enseñanzas implícitas en la alimentación de los **cinco mil** y los **cuatro mil!** No era problema para el Hijo de Dios dar de comer a trece hombres en una breve travesía del lago. Hacía muy poco había demostrado su poder para suministrar alimento a más de nueve mil personas.

22. La curación del ciego se produjo cuando Jesús pasaba por Betsaida Julia, rumbo a Cesarea de Filipo.

23. Le sacó fuera de la aldea, probablemente para evitar el exceso de publicidad (cf. v. 26). En este caso, como en el del sordo (Mr. 7:33), empleó saliva, no como medicamento, sino para auxiliar la fe del ciego.

24. Esta curación milagrosa es singular porque se realizó en dos etapas. Después de los primeros actos sanativos el hombre ve a las personas borrosamente, como cosas en movimiento, **como árboles . . . que andan.**

25. Precede a la segunda etapa de la curación el tocarle los ojos. El texto griego no afirma que **le hizo que mirase,** sino más bien que el ciego *miró con fijeza* (VP, Str.) y entonces comenzó a verlo todo **claramente.**

26. Otra vez para evitar los resultados de una publicidad desmedida, Cristo envía al hombre **a su casa.** El decirle que **no entre en la aldea** indica que vivía en otra parte, quizá en los aledaños.

27. Siguiendo de Betsaida al norte llegó Cristo a **las aldeas de Cesarea de Filipo.** Mt. 16:13 explica que llegó a la región de Cesarea. Marcos alude a las aldeas situadas en el territorio que rodeaba a la ciudad mayor. Esta Cesarea, situada en el sector noroeste de la tetrarquía de Filipo, se designaba con este último nombre para diferenciarla de la Cesarea de orillas del Mediterráneo.

29. Vosotros, ¿quién decís? Allí quería llegar Cristo con su conversación. El énfasis se coloca en el pronombre "vosotros". "Y **vosotros,** (en contraste con los demás) ¿quién **decís** que soy?" Pedro habló en nombre de los discípulos. Su confesión de Jesús como **el Cristo** está más detallada en Mt. 16:16, que añade las palabras **el Hijo del Dios viviente.** Jesús es a un tiempo el Mesías prometido y el unigénito Hijo de Dios.

30. De nuevo Cristo recomienda silencio, probablemente por las ideas revolucionarias conexas con el concepto mesiánico. En aquellos momentos no estaba Cristo preparado para establecer un reino mesiánico terrenal.

31. Por el contrario, en su primer advenimiento Cristo había de **padecer, ser muerto** y **resucitar.** Póngase especial atención en el fuerte contraste entre la gloriosa confesión de Pedro y el inmediato cuadro de padecimientos y muerte que presenta Cristo. Nótese que a Aquel que había de morir se le designa con el título mesiánico de Hijo del Hombre. La cruz era un aspecto indispensable de la obra mesiánica. **Le era necesario . . . padecer.**

32. Les decía claramente. Se emplea el imperfecto griego para mostrar que Jesús inicia y prosigue sus palabras relativas a su muerte. Ya no toca veladamente el teca (cf. Jn. 12:19), sino que de aquí en adelante instruye a sus discípulos explícita y **claramente** respecto al hecho. Fue esta la siguiente etapa en la instrucción de ellos. **Pedro le tomó aparte** y lo reconvino por hablar así. La mente de Pedro no lograba armonizar la muerte violenta con la dignidad mesiánica.

33. El intento de Pedro por disuadir al Señor de emprender el camino de la cruz fue similar a la tentación en el desierto. En la presente ocasión Satanás muy sutilmente se valió de uno de los discípulos más allegados a Cristo (cf. Lc. 4:13, VL). Nótese la reprensión similar en Mt. 4:10. **No pones la mira.** El verbo griego se refiere a la inclinación mental, al rumbo de las ideas. Las de Pedro eran contrarias al propósito divino.

34. Las instrucciones que recogen los vv. 34-38 son consecuencia natural del hecho de los padecimientos de Cristo. Todo el que quiera **venir en pos de** Cristo ha de seguir la senda que él siguió, el camino de la negación de sí mismo y echarse la cruz a cuestas. La **cruz** es símbolo de sufrimiento, y la negación de sí mismo es el estar dispuesto a padecer por otros. Cristo es el modelo; el discípulo ha de ir siguiéndole (Gr. presente de imperativo).

35. La paradoja de estos versículos se resuelve si comprendemos que el Señor empleó el término **vida** con dos acepciones diferentes. La primera expresión, **salvar su vida,** quiere decir preservar de la muerte la vida física. Quien se entregue por entero a proteger su vida presente malogrará la vida eterna. Contrariamente, quien tan de lleno se consagre a Cristo que esté dispuesto a **perder su vida** es el que alcanza la verdadera vida. Tal persona descubre que **el morir es ganancia** (Fil. 1:21). No es ésta una descripción del camino de la salvación para los perdidos, sino más bien la filosofía de la vida para el discípulo.

36. Aquí se plantea el contraste entre **el mundo** y **el alma.** El último vocablo equivale a **la vida,** en el v. 35. Ambos son traducciones de *psuche.* Este principio es aplicable en el plano físico tanto como en el espiritual. ¿De qué vale obtener cuanto el mundo pueda ofrecer si quien lo obtiene muere y no puede disfrutarlo? ¿O qué se gana con acopiar un mundo de posesiones terrenas durante unos breves años, si ello apareja la pérdida de la vida eterna?

38. Al decir Cristo **se avergonzare de mí y de mis palabras,** contrastaba esta expresión con la actitud de quien se halla dispuesto a perder su vida por causa de él y el Evangelio (v. 35). **Avergonzarse** significa negar a Cristo en la hora de la prueba en vez de confesarlo aun arriesgando la vida. Significa hacer causa común con esta **generación pecadora** y no con Cristo. **Adúltera.** Se emplea en sentido espiritual para indicar la infidelidad para con Dios. De la misma manera, cuando el Señor venga como Juez, **se avergonzará** de quienes lo hayan desconocido, y los desconocerá.

9:1. No es afortunada la división que este capítulo hace, pues resulta claro que el v. 1 es la conclusión del discurso que se registra en el final de Marcos 8. **De cierto** es solemne voz de confianza. Es la palabra griega *amen* de la cual se deriva nuestro amén. **No gustarán la muerte.** Mucho más vigoroso en el original: *"de ninguna manera gustarán la muerte."* El advenimiento del **reino de Dios** de esta declaración se ha interpretado de varios modos. Pero en el versículo precedente Cristo habla de su venida en gloria, y en los siguientes Marcos relata la transfiguración. Puede que el advenimiento del reino sea lo mismo que la gloriosa venida del rey (8:38), sabor anticipado de la cual fue la transfiguración de Cristo.

2. La tradición ha identificado el **monte alto** con el Tabor de Galilea, pero éste se halla demasiado lejos de Cesarea de Filipo. El Hermón parece ajustarse más a la descripción. **Se transfiguró.** Del griego *metamorphoo* (raíz de nuestra palabra *metamorfosis*) que implica un cambio de la forma esencial y no una modificación superficial de la apariencia externa. El cuerpo humano de nuestro Señor fue glorificado, y en ese cuerpo glorificado vendrá un día a establecer su reino.

3. Como la nieve. Expresión que falta en los mejores manuscritos griegos. **Lavador.** *Batanero* (Str.), el que desengrasa y enfurte las telas nuevas.

4. No se declara la razón por la cual se eligió a Moisés y Elías para esta aparición. Llama la atención que ambos partieron de esta vida en circunstancias extraordinarias. Además, Moisés representaba la Ley y Elías era uno de los profetas. Lucas afirma (9:31) que conversaban acerca de la inminente muerte de Cristo, tema que se halla entretejido en el AT, tanto en la Ley como en los Profetas.

6. Espantados. Aterrorizados.

9. El encargo de que **a nadie dijeses** lo ocurrido concuerda con la actitud restrictiva que Jesús venía observando para impedir que erróneas nociones mesiánicas adquirieran proporciones de incendio. Después de la resurrección ya no habría peligro de precipitar un alzamiento popular, y entonces la experiencia del monte tendría para los discípulos valor espiritual como confirmación de su fe (cf. 2 P. 1:16-18).

11. La pregunta sobre Elías tuvo por motivo la presencia del profeta en la transfiguración. **Los escribas** derivaban en este caso su enseñanza de Mal. 4:5,6. Quizá los discípulos hayan estado pensando si la aparición en el monte no sería el cumplimiento de la predicción.

12. Esta profecía fue confirmada por el Señor, y el tiempo verbal que empleó (presente futuro) indica que ha de cumplirse en el futuro. Elías vendrá y restaurará todas las cosas (cf. Mal. 4:6) antes que venga el Mesías. **¿Cómo está escrito . . . ?** Las Escrituras predecían el advenimiento de Elías. ¿Y qué en cuanto a las predicciones de que el Mesías había de padecer y ser rechazado? Cristo estaba procurando poner a sus discípulos a pensar para que comprendieran que era necesario que el Hijo del Hombre padeciese antes de la venida de Elías y del glorioso advenimiento del Mesías en gloria.

13. Pero en un sentido ya Elías había venido. Mt. 17:13 explica que se refería a Juan el Bautista. No afirma que Juan fuese Elías en persona, sino que había venido en la semejanza de Elías (cf. Lc. 1:17; Jn. 1:21). **Todo lo que quisieron.** Se refiere a su muerte a instancias de Herodías.

15. Se asombró. Las explicaciones de tal asombro pueden reducirse a dos posibilidades. Una: les asombraron los restos del fulgor de la transfiguración en el rostro de Jesús. Dos: el asombro proviene de la oportuna pero inesperada aparición de Jesús en el momento de la desconcertante derrota de los nueve discípulos. La primera opinión resulta improbable por la ausencia de toda aseveración respecto a la persistencia del fulgor del rostro de Jesús.

17. El **espíritu mudo** era un demonio que afligía al muchacho con mudez y sordera (v. 25).

18. Le toma. El padre describe la acción del demonio al apoderarse del muchacho. Las reacciones de éste parecen haber sido similares a las que provoca la epilepsia.

19. Está claro que la impotencia de los discípulos provenía de su incredulidad. El desencanto de nuestro Señor casi parece lindar con la impaciencia.

20. Sacudió. La vigorosa palabra indica que eran tan violentas las convulsiones que parecía que lo iban a despedazar. **Se revolcaba.** El tiempo imperfecto indica continuidad de la acción.

23. Si puedes. En el texto griego toda la cláusula va precedida por un artículo con el propósito de llamar la atención a la misma. Es como si Jesús dijese: "Atiende a esta frase: **si puedes.**" La palabra **creer** no aparece en los mejores manuscritos. Después de subrayar específicamente el **si** condicional del hombre, procedió Jesús a mostrarle que necesitaba tener fe.

24. Retrata la angustia que embargaba el corazón del padre su inmediata respuesta hecha de exclamaciones casi contradictorias. Ciertamente **creía**, pero tenía viva consciencia de la **incredulidad** que se debatía contra su deseo de confiar implícitamente. Su incredulidad no era terca negativa a creer; era una flaqueza contra la cual nada podía el propio hombre. De ahí su clamor en procura del auxilio de Cristo.

29. Este género. Indicación de que existen diversas clases de demonios. El que estaba alojado en este muchacho era al parecer extraordinariamente maligno y poderoso. De la anterior referencia de Cristo a la incredulidad (v. 19) y de la declaración de este versículo respecto a la necesidad de la **oración,** se infiere que los nueve discípulos habían intentado lanzar al demonio sin poner la confianza en el poder de Dios (cf. Mt. 17:20). Incredulidad y falta de oración darán por fruto inevitable la impotencia. Muchos de los mejores manuscritos griegos omiten la referencia al **ayuno,** así como el pasaje paralelo: Mt. 17:21. Nótese que no habría habido oportunidad para que los discípulos se enfrentaran a esta situación mediante el ayuno, mientras que sí habrían podido confiar y orar.

31. Enseñaba a sus discípulos. Esta había sido la ocupación principal del Señor durante las retiradas, y aún continuaba instruyéndolos (t. imperf.) pues eran tardos para comprender (v. 32). La médula de su enseñanza era su inminente muerte y resurrección.

33. El regreso a **Capernaum** lo llevó de nuevo a **casa** de Pedro, la cual había sido su centro de operaciones durante la campaña de Galilea. **Les preguntó** se halla en imperfecto en griego, quizá para indicar que Jesús interrogó extensamente a los discípulos sobre el tema que por el **camino discutían.**

34. En vez de responder **ellos callaron.** Nuevamente el tiempo imperfecto griego implica un silencio persistente. Sentían vergüenza de revelar el mezquino tema de su discusión. El había procurado explicar su muerte inminente, pero las mentes de ellos estaban embargadas por pensamientos de grandeza personal en el reino mesiánico (cf. Mt. 18:1).

36,37. El humilde acto de recibir a **un niño** en el nombre de Cristo implica verdadera grandeza. Esta disposición a asumir la humilde posición de servidor, aun con respecto a un niño en pañales, es indicación de genuina estatura, pues ella implica servir a Cristo y, en él, al Padre. Implica humillarse como un niñito (v. Mt. 18:4).

38. Quizá el deseo de cambiar de tema hizo **a Juan** hablar. Pareciera que la referencia de Jesús a hechos realizados en su nombre trajo a la memoria de Juan el exorcista a quien habían visto, y que usaba el nombre de Jesús. **Se lo prohibimos** (imperf. gr.). Opusieron su persistente prohibición al anónimo autor de milagros. La razón que dieron, **no nos sigue** (Str.), revela una actitud básicamente egoísta, renuencia a reconocer a cualquiera que no perteneciera a su propio círculo. Sectarismo llama Scofield a tal actitud.

39. No se lo prohibáis. Literalmente, *dejad de prohibírselo.* No entra Cristo a discutir minucias. Si el hombre empleaba el nombre de Cristo en un esfuerzo sincero por ayudar al prójimo, no había que impedírselo. Se pone en evidencia la amplitud de espíritu que debería caracterizar al pueblo de Dios. La lógica de nuestro Señor destaca dos puntos. Primero, que un hombre tal no estaría pronto a volverse en contra de Cristo después de realizar milagros en su nombre.

40. La segunda razón de la orden de Cristo era en vista de que el hombre no estaba **contra** Cristo ni sus discípulos, estaba hasta cierto punto en favor de ellos.

41. Este versículo pone mayor énfasis a la amplitud que en 9:39-40 se demuestra. Ninguno que procure servir al Señor, por insignificante que su servicio parezca, está excluido del círculo de Cristo. La importancia de este principio se nota en el uso de la expresión **de cierto** (*amen*) y en la vigorosa doble negación que podría traducirse *de ningún modo perderá su recompensa* (RSV).

42. La idea de este versículo se halla ligada a la de 9:37 por el vocablo **pequeñitos.** Asimismo están relacionados los vv. 42-48, que giran en torno a las ofensas u ocasiones de caer. Es posible que la censura de los discípulos contra el exorcista anónimo (v. 38) haya ofendido a aquél. Esto explicaría por qué en este punto trate Jesús de las ofensas. No debía estorbarse sino estimularse la fe no desarrollada del exorcista. Las ásperas críticas a la inmadurez espiritual sólo pueden servir para alejar del Señor a las personas. **Haga tropezar.** La palabra griega *skandalizo* significa poner lazo o trampa en el sendero de alguien, para hacerlo tropezar. Puede entenderse literalmente a **los pequeñitos** como niños que hayan creído, o a los que son niños en la fe, sin desarrollo espiritual. Probablemente sea esta última la intención de Jesús. **La piedra de molino** era la gran muela plana que un asno hacía girar para moler el grano.

43. De los tropezaderos para otros, pasa Jesús a los tropezaderos para uno mismo. Es posible que la persona coloque piedras de tropiezo en su propio camino. Indudablemente el mandato de **cortar la mano** ofensora es figurado o hiperbólico. El sentido del versículo es que todo lo que haga a la persona caer en pecado debe ser inmediatamente desechado. No deben tomarse estos versículos literalmente como mandato de extremo ascetismo. Recuérdese que el asiento del pecado es el alma y no órgano alguno del cuerpo físico. **Entrar en la vida.** La expresión paralela en 9:47 es **entrar en el reino de Dios.** Estos términos son lo opuesto al **infierno,** y han de entenderse como referentes a la vida de los salvados en el reino eterno. **Infierno** es la traducción del griego *geenna,* trasliteración a su vez del hebreo *ge hinnom,* que significa "valle de Hinom". Era éste un valle situado al sudoeste de Jerusalén, maldito por haber sido lugar del culto a Moloc. Luego se convirtió en basurero de la ciudad, en donde un fuego perenne reducía los desechos a cenizas. La basura y desechos que allí se depositaban constituían también una enorme gusanera. En el pensamiento judaico este valle pasó a ser símbolo del sitio de castigo eterno.

48. El lenguaje de este versículo proviene de la LXX, Is. 66:24. **El gusano** que **no muere** es una figura de lenguaje extraída del propio valle de Hinom, en el cual los gusanos estaban en continua actividad. Es una representación de tormento sin fin y destrucción infernal.

49. Este versículo y el siguiente están entre los más difíciles de los Evangelios. Primero, debe notarse que la segunda oración de 9:49 es probablemente una adición posterior, pues tiene poco apoyo en los manuscritos. Puede que haya sido un intento marginal de explicar este difícil pasaje. La palabra introductoria **porque,** (gr. *gar*), normalmente enlazaría esta declaración con la precedente, en cuyo caso serviría de apoyo o explicación a la misma. Podría entonces significar que todo el que vaya a parar al infierno será preservado, así como la sal preserva, durante una eternidad de tormento.

50. Jesús toma de nuevo la palabra **sal** que en 9:49 empleó en relación con el infierno, y afirma que los seguidores de Cristo deben ser como la sal por su influencia en el mundo (cf. Mt. 5:13). **Tened sal en vosotros mismos.** Manda a sus discípulos que estén compenetrados de esa influencia purificadora. Si han de ser una saludable influencia, ellos mismos tienen que poseer esa sanidad. **Tened paz.** Concluye Cristo con una referencia final a la disputa sobre la grandeza que consta en 9:34. Ambos mandamientos están en tiempo presente, con lo cual exigen práctica permanente.

V. Ministerio de Cristo en Perea. 10:1-52.

En una sola declaración resume Marcos unos seis meses del ministerio de Cristo (v. 1). La mención de Judea abarca el segundo período de Judea, que consta principalmente en Jn. 7:10—10:39 y en Lc. 10:1—13:21; al mencionar **el otro lado del Jordán** se refiere al ministerio en Perea, la mayor parte del cual se refiere en Lc. 13:22—19:28. El relato de Mr. 10:2-52 consiste en realidad de los acontecimientos finales de este período de Perea (cf. Lc. 18:15—19:28).

A. Discusión sobre el divorcio, los niños y la riqueza. 10:1-31. Estas conversaciones probablemente ocurrieron en algún lugar de Perea. No se dice el sitio exacto. En 10:2-12 responde Cristo a la pregunta de los fariseos tocante a la legalidad del divorcio; 10:12-16 muestra la actitud de Jesús para con los niños; y 10:17-31 narra la llegada del joven rico y la subsiguiente discusión en cuanto a la riqueza.

1. De allí. Jesús partió de Capernaum, en donde por breve tiempo se había hospedado en casa de Pedro (9:33). La expresión **al otro lado del Jordán** suscita un importante problema textual. A primera vista parece un texto imposible, ya que parece trastrocar el orden natural de Perea y Judea. Como venía de Galilea Jesús hubo de pasar primero por Perea y después por Judea. Pero la dificultad se esfuma si consideramos 10:1 como resumen del segundo ministerio de Cristo en Judea y del período de Perea. Después del período de las retiradas, Jesús estuvo primero en Judea durante tres meses; luego en Perea durante un lapso semejante. Así que el orden del resumen de Marcos —Judea primero y luego Perea— es correcto. **Enseñaba** (tr. imperf.) indica un acto continuado. Ejemplos de tal enseñanza se hallan en Lc. 13:22—18:14.

2. La cuestión que plantean los **fariseos** tocaba uno de los puntos más debatidos en aquellos días. Los escribas que se apoyaban en Hillel afirmaban que era lícito al hombre divorciarse casi por cualquier motivo. Los discípulos de Shammai, por su parte insistían en que el divorcio sólo era lícito por causa de adulterio. **Tentarle.** La misma palabra griega puede traducirse por "tentar" y "probar". La pregunta tenía como segunda intención probar a Cristo.

4. Permitió. La norma mosaica se halla en Dt. 24:1. Nótese que los fariseos no dicen la condición bajo la cual Moisés permitía el divorcio.

5. Por la dureza de vuestro corazón. Lo estipulado por Moisés no era en verdad un mandamiento sino una concesión motivada por la insatisfactoria condición espiritual del hombre. Era un intento de regular y refrenar el divorcio, y no un estímulo para el mismo.

6-8. La declaración que se inicia con **los hizo Dios** (v. 6) y termina con **serán una sola carne** (v. 8) es transcripción verbal de Gn. 1:27; 2:24 (LXX). La condición que al principio existía indica cuál era el ideal de Dios. Era su intención que los lazos conyugales constituyeran en todos los casos una unión de por vida.

11. El hombre en este caso comete adulterio **contra ella,** no por divorciarse, sino por el nuevo matrimonio. Aunque haya cumplido el procedimiento legal del divorcio, a los ojos de Dios continúa casado con su primera esposa. Mateo añade la excepción de la fornicación (Mt. 19:9).

13. Lo que aquí se narra probablemente ocurrió en la casa (cf. v. 10). **Le presentaban.** "Le iban trayendo" (Gr.) niños. La actitud de los discípulos parece haberse basado en el concepto de que el tiempo del Señor era demasiado precioso para desperdiciarlo en niños.

14. Se indignó. Vigorosa expresión. El Evangelio de Marcos es sin par tocante a la descripción de las emociones de Cristo. **No se lo impidáis.** Literalmente, *dejad de impedírselo.* Da como razón de su conducta que el reino de Dios consta de personas como estos niños. Es claro que tenía en mente el presente reino espiritual.

16. Indicio de la edad de estos niños es el hecho de que Jesús los haya **tomado en los brazos. Los bendecía.** Verbo compuesto que describe el sincero fervor con que Cristo expresaba las bendiciones (cf. Gn. 14:19,20; 27:26-29; 48:15-20).

17. La conversación con el joven rico se produjo cuando Jesús partía de la casa en que había estado hospedado, probablemente en algún lugar de Perea (cf. v. 10). Marcos dice simplemente que **vino uno corriendo,** sin mencionar que fuese un joven principal de la sinagoga. Son Mateo y Lucas quienes nos dan estos datos. Este joven creía que **la vida eterna** era algo que se conquista haciendo el bien (Mt. 19:16).

18. La pregunta, **¿Por qué me llamas bueno?** tenía por fin llevar al joven a considerar la verdadera identidad de Jesús. Era una aserción indirecta de su deidad, ya que la bondad o impecabilidad es atributo exclusivo de Dios.

19. Cristo citó algunos de los mandamientos sin ceñirse al orden de Ex. 20. **No defraudes** puede que se haya dado en representación del décimo mandamiento, tocante a la codicia. El propósito de llamar la atención hacia la ley era mostrarle al joven su incapacidad de ganar la vida eterna mediante las buenas obras.

20. Todo esto lo he guardado. Podía ser veraz el joven al hacer tal aserto, pero su justicia era mera obediencia externa, como la de escribas y fariseos (Mt. 5:20; cf. Fil. 3:6).

21. Mirándole. Intensa y escrutadoramente lo miró Jesús, y **le amó.** Reconoció sin duda la sinceridad del hombre en su búsqueda de algo que satisficiera su necesidad espiritual; vio las posibilidades potenciales que en este recto y joven líder se encerraban. Y entonces puso el dedo en el nervio del problema de este joven; su devoción a su riqueza más que a Dios. Ahí residía la **una cosa** que le faltaba. Para **seguir** a Jesús tendría que eliminar el obstáculo: su amor al dinero. No eran las obras de caridad las que pudieran granjearle la vida eterna; era el identificarse con Cristo.

23. El Señor no negó la posibilidad de que el rico se salve. Simplemente dijo que era difícil. **El reino de Dios** es el presente reino espiritual integrado por el pueblo regenerado de Dios (Jn. 3:3,5).

25. La idea de que **el ojo de una aguja** aquí mencionado fuese una puerta pequeña por la cual sólo de rodillas podía pasar un camello, carece de base. La palabra que se traduce por **aguja** se refiere específicamente a la aguja de coser. Además, no hablaba Jesús de lo que el hombre considera posible, sino de lo que parece imposible (cf. v. 27). Desde el punto de vista humano es imposible **pasar un camello por el ojo de una aguja** de coser.

29,30. De cierto introduce una declaración de solemne seguridad. Los mejores textos griegos omiten la palabra **mujer. Cien veces más.** Lo que aquí se enumera puede tomarse literalmente como referente a cosas como las muchas moradas que se pondrán a disposición de los siervos de Dios y a las múltiples nuevas relaciones familiares en la familia de Dios. O puede entenderse en sentido figurado como descriptivas de las múltiples bendiciones espirituales que el Señor derrama sobre quienes con sacrificio le siguen. El siglo venidero es en el original la edad o época venidera. Se refiere al estado eterno que el segundo advenimiento del Mesías introduce, y a los acontecimientos con tal estado conexos, tales como el Día del Señor, los juicios cataclísmicos, el Milenio y el juicio final.

B. Conversación camino de Jerusalén. 10:32-45. La discusión que estos versículos registran se produjo en algún lugar de Perea, mientras Jesús realizaba su último viaje a Jerusalén. Repitió sus aseveraciones relativas a su muerte y resurrección (vv. 32-34), procurando por la repetición imprimir los hechos en la mente de sus discípulos. Y nuevamente la tentación de buscar ventajas personales se apoderó de los discípulos (vv. 35-45).

32. Este viaje **a Jerusalén** era, Jesús lo sabía, el que había de terminar en su propia muerte. El hecho de que Jesús marchara **delante,** solo, contrasta notablemente con su práctica usual de compañerismo con sus discípulos. En este extraño distanciamiento había sin duda algo que **asombró** a los discípulos y les causó **miedo.** Los tiempos griegos que se emplean indican que fue una situación que se prolongó por cierto tiempo.

33,34. Se nota un progreso respecto a las predicciones anteriores en el número de detalles (cf. 8:31; 9:31). Obsérvese la declaración **subimos a Jerusalén,** indicadora de que el cumplimiento de estas predicciones se produciría durante esta visita a la ciudad. Pero todavía no entendían los discípulos lo que Cristo estaba procurando explicarles (Lc. 18:34). Su concepto respecto al Mesías los inducía a pensar sólo en términos de gloria y realeza (cf. Mr. 10:35-37).

35. Mateo afirma que **Jacobo** y **Juan** acudieron con la madre de ellos, de la cual se valieron para presentar su petición (20:20). **Entonces. . . se le acercaron.** Esto puede indicar que la egoísta petición de los dos discípulos se produjo inmediatamente después de las enseñanzas del Salvador referentes a su muerte.

37. La derecha de un rey era el sitio de honor, y la izquierda el que le seguía en importancia. **En tu gloria,** o **en tu reino** (Mt. 20:21), aclara que los discípulos tenían en mente la gloria del reino mesiánico.

38. El Señor, reconociendo que la petición provenía de ignorancia, comenzó a enseñarles que tales recompensas hay que ganarlas. El **vaso** y el **bautismo** hablan de los sufrimientos de Cristo, de los cuales los discípulos habían de estar en condiciones y en disposición de participar. En Getsemaní habló de su muerte como una copa (14:36); en Lc. 12:50 el término "bautismo" es símbolo de padecimiento y muerte.

40. Los sitios honoríficos, **derecha** e **izquierda,** no se asignan por favoritismo. Tal recompensa se otorga a aquellos **para quienes está preparado,** es decir a quienes la conquistan mediante su fidelidad en la vida y en el servicio.

42. Este triste espectáculo de ambición egoísta dio al Señor ocasión para volver a subrayar la naturaleza de la verdadera grandeza (cf. 9:35). En primer lugar recordó a los doce la norma de grandeza según el mundo. Es costumbre de gobernantes y dignatarios **enseñorearse** de los pueblos y ejercer **sobre ellos** potestad.

43. Pero no ha de ser así entre los seguidores de Cristo. Por el contrario, quien quiera **hacerse grande,** será **servidor** de los demás.

45. El propio Jesús era el supremo ejemplo de quien exhibe verdadera grandeza. Quien era el Mesías de Dios (Hijo del hombre; v. com. 2:10) bien pudo afirmar su derecho a **ser servido** por los hombres. Pero en vez de ello vino a servir y a **dar su vida** por la humanidad. **Rescate.** Esta significativa palabra era corriente en el mundo griego de los días de Jesús para denotar el precio que se pagaba por libertar a un esclavo (Adolf Deismann, *Light from the Ancient East,* trad. inglesa L.R.M. Strachan, p. 327 ss.). Tal era el precio que un santo Dios demandaba para que fuese satisfecha la justicia al perdonar los pecados. Como fruto de ese pago, el creyente es liberado del pecado y de Satanás. **Por muchos.** La preposición griega *anti* se traduciría más adecuadamente por *en lugar de,* según lo demuestra abundantísima evidencia de fuentes griegas (cf. J.H. Moulton & George Milligan, *The Vocabulary of the Greek Testament,* pp. 46,47; Arndt, pp. 72,73; Vincent Taylor, pp. 444,445).

C. Curación del ciego Bartimeo. 10:46-52. Narra este pasaje el paso de Jesús y sus discípulos desde Perea, atravesando el Jordán, a Jericó, en Judea, en donde restauró la vista a Bartimeo, última curación milagrosa del ministerio público de Jesús.

46. La Jericó de los días de Jesús se hallaba a unos ocho kilómetros al oeste del Jordán, y a unos veinticuatro al nordeste de Jerusalén. La ciudad cananea de los tiempos de Josué estaba ubicada más de un kilómetro y medio al norte de la otra. Se presenta aquí un problema de armonía. Mateo y Marcos afirman que el milagro se produjo **al salir de Jericó;** Lucas dice que fue **acercándose Jesús a Jericó** (18:35). La solución más plausible quizá sea que la curación haya ocurrido al salir Jesús de la antigua Jericó y entrar a la nueva. La dificultad de esta explicación es que no hay evidencia de que en días de Jesús la antigua Jericó estuviese habitada. No hay duda que el problema surge de nuestra falta de datos geográficos e históricos completos. Podemos tener la certidumbre de que, si conociéramos todos los datos, no habría discrepancia alguna. Mientras tanto, la divergencia da testimonio del carácter independiente de los dos relatos.

47. El mendigo ciego, al llamar a Jesús **hijo de David,** lo reconoció como Mesías. La creencia de que el Mesías sería descendiente de David era corriente entre los judíos de aquel tiempo.

48. Le reprendían. Muchos le ordenaban reiteradamente (Gr.) que se callara. Pero él seguía clamando (t. imperf.) mucho más. No se dejó acallar.

49. Ten confianza. El verbo significa tener ánimo o aliento. Es como si le dijeran: "¡Animo!" (Str.), o "Anímate" (VP.).

50. Los verbos de este versículo sugieren la presteza con que Bartimeo respondió al llamado. **Arrojó** su capa, **se levantó** (se puso en pie de un salto, Str.) y **vino a Jesús.** Esta era la gran oportunidad de su vida, y no había que dejarla escapar.

51. Maestro. Es la misma palabra aramea *rabbouni* que en la resurrección empleó María Magdalena (Jn. 20:16). Era un título de alta estimación, una forma más vigorosa de "rabí" en que se unían de cierto modo los sentidos de maestro y Señor.

52. La curación se produjo en respuesta a la **fe** del hombre, demostrada por su persistente vehemencia, por su reconocimiento de Jesús como Mesías, y por el empleo del término **rabouni.** El verbo **anablepo (recobrar la vista)** indica que el hombre no siempre había sido ciego **Te ha salvado.** La expresión se usa a menudo en el Evangelio para indicar curación física. Podría parafrasearse: "Tu fe te ha sanado" (Str.).

VI. Ministerio final de Jesús en Jerusalén. 11:1—13:37.

En esta sección ha registrado Marcos los actos y enseñanzas finales del Salvador, previos a su pasión. Todos estos acontecimientos ocurrieron en Jerusalén y sus alrededores. Aquí se produjeron la entrada triunfal y la purificación del templo (11:1-26), las numerosas controversias con los líderes judíos (11:27—12:44), y el extenso discurso apocalíptico del Monte de los Olivos (13:1-37).

A. Entrada en Jerusalén y en el templo. 11:1-26. A partir de este punto Cristo abandona la actitud cautelosa que lo había llevado a retirarse de las áreas de tensión y de posibles crisis. Ahora desafía a los dirigentes judíos. En la entrada a Jerusalén abiertamente provoca la crítica y la oposición. Esta "entrada triunfal" debería considerarse no como el advenimiento de un rey glorioso, sino como la presentación de un Salvador que pronto habría de padecer.

1. La comparación con Jn. 12:1 revela que Jesús vino primero a **Betania,** en donde pasó la noche. Luego, el día siguiente al de reposo, realizó su entrada a **Jerusalén.** Betania se hallaba a unos dos kilómetros y medio al sudeste de Jerusalén, no lejos de la vertiente oriental del **Monte de los Olivos.** Más difícil resulta ubicar a Betfagé, pero los indicios más seguros parecen señalar un sitio al pie de la vertiente oriental. El orden que Marcos presenta es contrario al rumbo que Jesús traía, pero es que él considera la ubicación de los lugares desde el punto de vista de Jerusalén, a la cual menciona en primer

lugar. Juan da razones que hacen pensar que Jesús llegó a Betania el viernes (12:1). Ya que Jerusalén se hallaba a una distancia mayor de lo que era lícito andar en día de reposo, se infiere que Cristo pasó el sábado en Betania y que la entrada triunfal fue el domingo.

2. La aldea era Betfagé, según resulta claro de Mt. 21:1. No está claro si Jesús sabía acerca del pollino por observación anterior o por percepción sobrenatural.

3. Al parecer, esperaba que el dueño del pollino sabría quién era **el Señor,** y estaría dispuesto a prestarle la bestia. Los mejores textos griegos dicen *"y al instante lo devolverá aquí,"* (Str.) como promesa de Jesús. Mateo afirma que había dos bestias, un asna y un pollino (21:2).

7. Los llamativos colores de los **mantos** hubieron de dar al pollino la apariencia de estar regiamente enjaezado.

8. Otros tendían sus mantos **por el camino,** haciendo de ellos real alfombra para el cortejo. Otros más cortaban hojas que esparcían por el camino. Juan lo describe como "ramas de palmera" (12:13).

9. El gentío rodeaba al Señor. Unos **iban delante** y otros **detrás.** Y de continuo (t. imperf.) **daban voces,** clamando **¡Hosanna!** Esta es una trasliteración de una palabra hebrea que significa ¡Ayúdanos (oh Dios)! (Nota Str.) y se deriva de Sal. 118:25. Se había convertido en término de alabanza y aclamación, tanto como en petición de auxilio. **Bendito el que viene**. . . es una cita exacta de la LXX, Sal. 118:26. Era éste uno de los salmos Hallel que se cantaba en relación con la fiesta de la Pascua, y resultaba por tanto muy apropiado para esta ocasión. El versículo siguiente deja claro que la multitud empleaba las palabras en su sentido mesiánico.

10. El pueblo tenía la sensación de que el **reino de**. . . **David** estaba a punto de establecerse. **Hosanna en las alturas** significa sin duda, "Sálvanos ahora, tú que moras en las alturas de los cielos." Es un clamor que se eleva al propio Dios.

11. Entró Jesús. . . **en el templo.** La palabra *hieron* se refiere al conjunto de construcciones del templo, incluyendo atrios y pórticos. Al **mirar alrededor** hubo de percibir las mesas de los cambistas y de los vendedores de palomas que al día siguiente serían objeto de su disgusto.

12. Al día siguiente. Es decir, el lunes. Después de pernoctar en Betania, el Señor salió nuevamente hacia Jerusalén.

13. Era normal que las higueras en los alrededores de Jerusalén retoñaran a fines de marzo o principios de abril, al tiempo de la pascua. Este ejemplar ya estaba al parecer lleno de follaje, lo cual hacía de esperar que tuviera higos maduros, si bien el tiempo de las brevas era en junio. Que fueron las hojas las que hicieron que Jesús esperara hallar fruto se desprende del empleo de la palabra griega traducida por **"si tal vez"**. Es la conjunción de inferencia, *ara,* que significa "por tanto, o en consecuencia." Jesús vio desde lejos las hojas y se acercó a ver "si en consecuencia hallaba frutos."

15. Esta es la segunda purificación del templo, y no debe en forma alguna identificarse con la primera, ocurrida al comienzo mismo del ministerio de Cristo (Jn. 2:13-17). Los que **vendían y compraban, los cambistas y los que vendían palomas** eran empleados de Anás y de la familia del sumo sacerdote. Los animales se vendían para el sacrificio, y los cambistas trocaban el dinero corriente por el denario necesario para el pago del impuesto del templo. Pero cobraban exageradamente.

17. La cita que hace Jesús proviene de Is. 56:7, en que el profeta declara la casa de Dios **casa de oración,** sitio apartado para usos sagrados. No solamente los acusó el Señor de profanar el templo al convertirlo en mercado, sino que señaló que obtenían ganancias mal habidas mediante los precios totalmente injustos que cobraban. **Cueva de ladrones.** Expresión de Jer. 7:11.

20. Por la mañana. Era martes por la mañana, y Cristo venía otra vez a pasar el día en Jerusalén.

22. El único significado que los Evangelios atribuyen a la maldición de la higuera se halla en estos versículos. Jesús la empleó como ejemplo de **fe en Dios.** Cualquier otra interpretación simbólica carece de base bíblica.

24. Creed. Imperativo presente, que demanda fe persistente y continua. **Recibiréis.** Los mejores manuscritos lo expresan en tiempo aoristo: *"Creed que lo obtuvisteis ya"* (Str.). En otras palabras, hemos de persistir en creer que ya Dios nos ha concedido lo que le solicitamos.

25. Perdonad . . . para que también vuestro Padre . . . os perdone. Declaraciones como ésta, que hacen depender el perdón de Dios de nuestro propio perdón, se han interpretado mal atribuyéndoles naturaleza legalista. Pero no se dirige Cristo en esta ocasión a los no salvos sino a sus discípulos, a los que ya han entrado en salvadora relación con él. El perdón al cual se refiere no es aquel acto forense inicial que quita la culpa del pecado. Es más bien perdón de padre que restaura la comunión. La enseñanza es que no puede el discípulo orar eficazmente mientras el espíritu inflexible mantenga rota la comunión con Dios.

B. Ultimas controversias con los dirigentes judíos. 11:27—12:44. Todos los debates que en esta ocasión constan ocurrieron en un solo día atareado: el martes de la semana de la pasión. Giraron alrededor de los siguientes temas: la fuente de la autoridad de nuestro Señor (11:27-33); la parábola de la viña y los labradores malvados (12:1-12); la cuestión del tributo (12:13-17); la resurrección (12:18-27); el gran mandamiento (12:28-34); el parentesco entre el Mesías y David (12:35-40). Concluye la sección con el relato de las dos blancas que ofrendó una viuda (12:41-44).

27. Volvieron . . . a Jerusalén. Era martes por la mañana. Los comentarios acerca de la higuera seca se produjeron camino de Jerusalén (vv. 20-25). **Los principales sacerdotes.** Técnicamente sólo había un sumo sacerdote, pero el término había llegado a incluir a todos los que habían ocupado el cargo y estaban aún vivos. En este caso por lo menos Anás, suegro del sumo sacerdote Caifás, ha debido hallarse incluído.

28. Fueron dos las preguntas que hicieron: ¿Qué clase (*poia*) de **autoridad** tienes? ¿Cuál es la fuente de esa **autoridad? Estas cosas** es la forma en que los oficiales se refieren a la purificación del templo por Jesús (cf. Jn. 2:18). Se decía que sólo el Sanhedrín, un profeta o el Mesías tenían autoridad para purificar el templo.

30. Del cielo. En su afán de evitar el empleo del divino nombre, los judíos a menudo empleaban la palabra "cielo" para referirse a Dios.

31-32. Mediante esta pregunta Jesús puso a estos dirigentes religiosos entre la espada y la pared. Si el ministerio de Juan era de origen divino, entonces ellos, como guías espirituales, debieron ser los primeros en **creer** en él. Pero si decían que su ministerio era de origen humano harían de Juan un impostor, lo cual les acarrearía la ira del **pueblo.**

12:1. Parábolas. La comparación con Mt. 21:28-32 muestra que en esta ocasión Jesús pronunció más de una parábola, pues allí la parábola de los labradores malvados viene precedida por la de los dos hijos. La introducción de la parábola en Mr. 12:1 está inequívocamente tomada de Is. 5:1-2. Como en Is. 5:7 la parábola representa a Israel, los dirigentes judíos habrían de tener razón para interpretar así las parábolas de Jesús. **Vallado.** Es ya un cerco de piedra, ya una tapia. **Cavó un lagar.** La operación se refiere a la construcción de una cavidad o a la colocación de una cubeta debajo de la prensa para recibir el jugo. **La torre** era una combinación de puesto de vigía y bodega. Los **labradores** serían en el caso presente viñadores, que aquí se ponen como representantes de los dirigentes religiosos de Israel, como aquellos a quienes se dirigía Jesús (cf. 11:27; 12:12).

2. El siervo, como en 12:4-5, representa a un profeta enviado por Dios a Israel.

3. El **tomarle** y **golpearle** se refiere a la persecución de los profetas del AT (cf. Mt. 23:24,37).

6. Un hijo suyo, amado. Estas palabras son una obvia descripción de Cristo mismo (cf. 1:11; 9:7).

7-8. El complot para **matarlo** describe la intriga a que estaban entregados los dirigentes judíos en ese preciso momento, para dar muerte a Jesús.

9. La predicción de que el dueño **destruiría a los labradores** se cumplió en 70 d. de C., cuando los romanos al mando de Tito destruyeron a Jerusalén y acabaron con toda apariencia de gobierno autónomo que hasta entonces hubieran disfrutado los judíos. Los **otros** a quienes habría de entregarse la viña se describen con mayor detalle en Mt. 21:43 en donde se citan estas palabras de Jesús: **"El reino de Dios será quitado de vosotros, y será dado a gente que produzca los frutos de él."** Es una referencia obvia a los gentiles y la Iglesia.

10. La pregunta **"¿ni aun . . . habéis leído?"** presupone una respuesta afirmativa. La cita en éste y en el siguiente versículos es textual de Sal. 118:22-23, de la LXX. **La piedra** es Cristo que fue rechazado por **los edificadores,** los dirigentes religiosos judíos.

13. En 12:13-17 fariseos y herodianos preguntan a Jesús sobre el pago del tributo al César. Es esta una extraña combinación, pues no había muchos puntos de contacto entre fariseos y herodianos. Aquellos eran irreductiblemente opuestos a toda tutela extranjera, mientras éstos apoyaban el gobierno extranjero de los Herodes. Un grupo se habría manifestado contra el tributo romano; el otro, en favor. Estos incompatibles conspiradores tenían segundas intenciones. Procuraban **sorprenderlo en alguna palabra,** como el cazador que atrapa su presa.

14. No te cuidas de nadie. Lo decían en son de alabanza, con el sentido de que no influía sobre sus enseñanzas lo que amigos o enemigos pensaran. El **tributo** en cuestión era un impuesto por cabeza que debía pagarse al erario romano. **¿Es lícito?** Querían su respuesta respecto a la justicia o injusticia de tal impuesto a los ojos de Dios.

15. ¿Por qué me tentáis? El Señor se daba cuenta del dilema en que querían meterlo. Pensaban que si respondía afirmativamente, los judíos, que detestaban el tributo de capitación, se sublevarían contra él y negarían sus pretensiones; pero si respondía negativamente podía acusársele de subver-

sión contra Roma. **La moneda.** Era el denario con que se pagaba el tributo.

17. Dad. El verbo griego significa cancelar por completo. Presupone una obligación para con César. A cambio de los beneficios que el gobierno romano otorgaba, el pueblo tenía el deber de contribuir al sostenimiento de ese gobierno (Ro. 13:1-7). Por igual razón habían también de cumplir sus obligaciones para con Dios. Y ninguna incongruencia hay en satisfacer ambas deudas, pues ambos pagos se hacen en cumplimiento de la voluntad de Dios. Tal respuesta resolvió completamente el dilema previsto, dejando como consecuencia a los preguntantes completamente **maravillados** (*exethaumazon,* aumentativo de la palabra que expresa gran asombro).

18. La pregunta de **los saduceos** (vv. 18-27) muy naturalmente se refirió a la **resurrección** que Jesús enseñaba y ellos negaban. Según los saduceos no había tal existencia después de la muerte. También negaban la realidad de los ángeles y espíritus (Hch. 23:8).

19. Moisés nos escribió. En Dt. 25:5-10 se encuentra expuesta a grandes rasgos la ley del levirato. Si un hombre moría sin descendencia, su hermano estaba obligado a casarse con la esposa del difunto, y el primer hijo de esta unión se tenía por hijo del marido muerto.

23. El problema que se plantea parece insoluble. **En la resurrección . . . ¿de cuál de ellos será ella mujer?** La posibilidad de la resurrección es de parte de los saduceos sólo una concesión para fines polémicos. Lo que la pregunta perseguía era demostrar la imposibilidad de la resurrección, reduciéndola al absurdo.

24. Erráis. El verbo griego significa *extraviar.* Estaban siendo extraviados (o se extraviaban a sí mismos) por dos razones. Primero, no comprendían lo que las Escrituras del AT enseñan respecto a la resurrección (cf. vv. 26-27). Segundo, subestimaban **el poder de Dios** para resucitar a los muertos y resolver toda aparente dificultad relacionada con la idea de la resurrección.

25. Con esta única afirmación de hechos Jesús despejó el aparente problema de ellos. Erróneamente habían inferido la continuación de la relación marital después de la resurrección. En vez de ello, explicó Jesús, los humanos tendrán entre sí iguales relaciones que **los ángeles.** No habrá necesidad de uniones conyugales ni de reproducción de hijos.

26. La pregunta, **¿no habéis leído?** presupone una respuesta afirmativa, pues Cristo sabía bien que estos saduceos estaban plenamente familiarizados con el Pentateuco.

Hizo referencia específica a Ex. 3:6, citando de la LXX.

27. La verdad que aquí se demuestra es el hecho de la inmortalidad. Ser el Dios de Abraham significa estar en comunión con Abraham. No es pues posible que sea **Dios de muertos**, sino sólo **de vivos**. De modo que cuando Dios habló de entre la zarza ardiente estaba en comunión con los patriarcas, no obstante haber muerto éstos desde hacía años. El argumento de Cristo deduce que, dado que hay vida después de la muerte, esto basta para demostrar que tras la muerte ha de haber resurrección. La existencia humana perfecta requiere la unión de cuerpo y alma.

28. La pregunta tocante al principal mandamiento (vv. 28-34) provino de **uno de los escribas.** Sin duda era fariseo, pues aprobó la respuesta de Jesús a los saduceos. No parece que haya tenido segundas intenciones (cf. vv. 28, 32-34).

29-30. Jesús no echa mano de las tradiciones de los escribas sino de la ley escrita (Dt. 6:4-5) para responder. La cita es tomada de la LXX, con la adición de **y con toda tu mente. Mente** y **corazón** en realidad son una y la misma cosa en el pensamiento hebraico. Las palabras, **Oye, Israel: el Señor nuestro Dios, el Señor uno es,** constituyen el credo conocido con el nombre de "Shema" que diariamente recitan los judíos devotos. Declara el principio distintivo de la fe hebrea, que **Dios es uno.** El significado de este mandamiento de **amar al Señor** es que ha de amársele con todas las potencias y capacidades del hombre. Este es el fundamento y el compendio de todo el deber del hombre para con Dios.

31. El segundo mandamiento es cita verbal de Lv. 19:8 (LXX). También aquí se hallan el fundamento y la suma del deber del hombre para con el hombre. Estos dos mandamientos son fundamentales respecto a las enseñanzas de toda la ley y los profetas (Mt. 22:40).

34. Sabiamente, vale decir, con inteligencia. Cristo declara que este hombre poseía aquel discernimiento espiritual que, de persistir en él, lo conduciría al **reino de Dios.** Lo que se tiene en mente es el presente reino espiritual, al cual se ingresa por la fe y el nuevo nacimiento (cf. Jn. 3:3,5). Marcos concluye su relato de esta discusión con una declaración que muestra cuán completamente había silenciado Jesús a sus opositores. Ya **ninguno** se atrevía a preguntarle. Nunca más volvieron a intentar atrapar a Jesús mediante acertijos teológicos o legales.

35. Pero aún no había acabado Cristo con sus contrincantes. El tenía una pregunta que hacerles tocante al parentesco entre David y el Mesías (vv. 35-40). La cita de la enseñanza de **los escribas** representa la opinión corriente entre los judíos, de que el Mesías sería descendiente de David.

36. La cita proviene de Sal 110:1 (LXX), pasaje desde mucho tiempo atrás considerado mesiánico por los judíos. Mediante su introducción al pasaje Cristo afirmó tanto que David era el autor del Salmo, como que éste era divinamente inspirado. Su propósito al emplear las palabras de David era inculcar, valiéndose de la Escritura misma, la verdad de la deidad del Mesías.

37. El hecho que Jesús destaca es que David **le llama Señor.** ¿Cómo es, pues, posible que el Mesías sea a un mismo tiempo el excelso **Señor** de David, y **su hijo?** Mateo asegura que nadie fue capaz de responder a esta pregunta (22:46). Y sin embargo, de pie ante ellos se hallaba el Hijo de Dios encarnado, el Mesías de Israel, que era la respuesta personificada. Era descendiente de David **según la carne** e Hijo de Dios **según el Espíritu de santidad** (Ro. 1:3-4).

38. Doctrina. "Enseñanza" (VP, Str.) traduce más acertadamente lo que Marcos quiso decir. Las **largas ropas** eran el ondeante manto de los ricos y los dignatarios. Respecto a **salutaciones,** véase Mt. 23:7.

39. Los primeros asientos son los sitios de honor.

40. A despecho de ser reconocidos como honorables dirigentes de la colectividad, los escribas eran en realidad culpables de las más despreciables faltas de honradez. Hacían **largas oraciones** en las casas de las viudas para ocultar el hecho de que estaban entregados a las más negras tramas para despojarlas de esas mismas **casas.**

41. Sita en la parte del templo conocido como el atrio de las mujeres, **el arca** constaba de trece cofres en forma de trompeta para recibir las ofrendas y el impuesto del templo. Jesús parece haber estado observando durante un rato mientras se echaban las ofrendas, y vio a varios ricos mientras echaban su dinero (cf. el t. imperf. gr. que se usa con los verbos **mirar** y **echar**).

42. De entre los sinónimos griegos de "pobreza" eligió Marcos una palabra que denota al pobre vergonzante para caracterizar a esta **viuda pobre.** Ella echó el equivalente de **dos blancas** o **un cuadrante.** La blanca (*lepton*) era la más pequeña de las monedas de cobre, cuyo valor normal era la octava parte de un centavo o.a. (Arndt, p. 473). El cuadrante (*kodrantes*) era una moneda romana que valía un cuarto de centavo o.a. (Arndt, p. 438).

44. El principio enunciado por nuestro Señor en esta ocasión es que el valor de una ofrenda no ha de medirse por el monto de la misma, sino por comparación de lo dado con la totalidad de lo que el dador posee.

Una cuantiosa donación que provenga de la abundancia puede ser menos significativa que la pequeña ofrenda del pobre. Esta mujer dio la ofrenda más pequeña que imaginarse pueda, pero fue un don más significativo que los otros, por ser **todo lo que tenía.**

C. Apocalipsis del Monte de los Olivos. 13:1-37. El discurso de los Olivos se enunció el martes, una vez concluídas las controversias con los dirigentes judíos en los atrios del templo. Puede dividirse en las siguientes secciones: las preguntas de los discípulos (13:1-4); las condiciones que caracterizan la época presente (13:5-13); la crisis venidera (13:14-23); el segundo advenimiento de Cristo (13:24-27); instrucción sobre el mantenerse vigilantes (13:28-37).

1. A la luz de las descripciones que del templo hace Josefo no sorprende que uno de los discípulos haya alzado esas exclamaciones: **qué piedras y qué edificios.** Josefo describe las piedras como bloques de $11.3 \times 3.7 \times 5.5$ m. y añade que ". . . toda la fachada era de piedra pulida, tanto que su perfección, para quienes no lo habían visto, era increíble y para quienes lo veían era cosa de gran maravilla" (*Ant.*, XV, XI, 3-5).

2. Por dos veces en este versículo se vale Jesús de la vigorosa negación doble en griego (*ou me*) para negar que hubiera de quedar **piedra sobre piedra.** Era un hecho positivo que el templo habría de ser destruído por completo, y la historia lo confirmó cuando en 70 d. de C. el templo y la ciudad fueron reducidos a ruinas por Tito.

4. Estas cosas. Referencia obvia a la predicción de 13:2. Hay razón para creer, sin embargo, que los discípulos tenían también en mente la sucesión de acontecimientos de los tiempos del fin. Su segunda pregunta amplía la primera en cuanto pide una señal que indicara que el cumplimiento estaba a punto (*melle*) de producirse. Mateo nos dice que los discípulos pidieron también una señal de la venida de Cristo y del fin del siglo (24:3).

5. Jesús inicia su respuesta trazando un cuadro de las condiciones propias de la época presente (vv. 5-13). La primera es la presencia de engañadores, de los cuales deben constantemente guardarse los discípulos para que no los engañen (**Mirad**, en gr., imperat. pres.).

6. En mi nombre. Estas palabras se refieren al advenimiento de falsos mesías, que pretenderán tener la posición y autoridad que sólo a Cristo pertenecen. En numerosas ocasiones se ha cumplido esta predicción. Quizá el personaje más notable que mantuvo tal pretensión haya sido Bar Cocheba (132 d. de C.).

8. Las guerras son características de la

era en su totalidad, como lo son los **terremotos** y las **hambres.** La palabra **alborotos** falta en los mejores manuscritos griegos. Todas estas condiciones se describen como **principio de dolores.** Se ponen, pues, en contraste directo con el fin (v. 7). **Dolores** significa en realidad *dolores de parto,* término que los judíos empleaban para representar las aflicciones y angustias que serán heraldos del advenimiento del Mesías.

9. Mirad, es la orden que se da a los discípulos, implicando que han de mantenerse constantemente alerta (Gr. imperat. pres.) **Concilios.** Literalmente, *sanhedrines.* Los arrestos y azotamientos que aquí se predicen comienzan a cumplirse en los Hechos (cf. 4:5 ss.; 5:27 ss.), como también las comparecencias **delante de gobernadores y de reyes** (cf. 12:1 ss.; 24:1 ss.; 25:1 ss.). Estas comparecencias habrían de servir como testimonio a ellos (*autois*). Considérese el testimonio de Pablo ante Félix (Hch. 24: 24-25) y ante Agripa (Hch. 26).

10. Otro rasgo de la época es la predicación del **evangelio** por todo el mundo. El fin (v. 7) no podrá producirse sin que **antes** se haya cumplido la tarea de la evangelización. Mt. 24:14 concluye esta declaración diciendo: "y entonces vendrá el fin", refiriéndose al fin de la época.

13. En medio de todos los disturbios, la declinación moral y las persecuciones, viene la **perseverancia** a convertirse en señal de genuina calidad espiritual. **El fin.** Ya que las condiciones descritas en 13:5-13 abarcan toda una época, "el fin" no se refiere ahora al término de la época sino más bien a la conclusión de la vida o de las tribulaciones. **Será salvo.** En este contexto es imposible que signifique liberación física. La promesa es que quien persevere será espiritualmente salvo. Pero no es la perseverancia la base de la salvación. En armonía con la enseñanza general del NT ha de verse en la perseverancia un resultado del nuevo nacimiento (cf. Ro. 8:29-39; 1 Jn. 2:19). Quien haya sido regenerado y por tanto persevere, con toda seguridad experimentará la consumación de la salvación.

14. Tras destacar algunos de los rasgos sobresalientes de esta época, pasa Cristo a describir la crisis venidera (vv. 14-23). La **abominación desoladora** es una expresión tomada al pie de la letra de Dn. 12:11 (LXX). Se halla también con ligeras variantes en Dn. 9:27; 11:31. Entre los judíos, el vocablo **abominación** se empleaba para denotar idolatría o sacrilegio (cf. Ez. 8:9, 10, 15,16). Según parece, tanto Cristo como Daniel hablaban de una horrible profanación del templo. Se cumplió por primera vez la predicción de Daniel, al decir de algunos escritores, con la erección de un altar a Zeus sobre el altar del holocausto, por mandato de Antíoco Epifanes en 168 a. de C. (1 Mac. 1:54,59). Cristo usa las palabras en inmediata relación con la profanación del templo por los romanos (70 d. de C.). Recuérdese que los discípulos habían preguntado sobre la destrucción del templo (vv. 2, 4). Además, las instrucciones que se dan en 13:14b-18 parecen ajustarse con mayor propiedad a tal ocasión. No obstante, la íntima relación de estas condiciones con la segunda venida de Cristo (vv. 24-27) requiere una aplicación adicional al tiempo del fin. Las condiciones de los días de Antíoco Epifanes y de la destrucción del templo por los romanos prefiguraban los días del anticristo inmediatamente anteriores al regreso de Cristo (cf. 2 Ts. 2:3,4; Ap. 13:14,15). **Puesta donde no debe estar.** En el lugar santo (Mt. 24:15). La presencia de la espantosa profanación habría de ser señal para que los moradores de Judea **huyesen a los montes-** a fin de librarse del asedio inminente. Este mandato y los que constan en los vv. 15-18 hacen referencia específica a la inminente destrucción de Jerusalén (70 d. de C.).

15-16. Tan urgente habría de ser la prisa requerida, que no habría tiempo para **tomar algo** para la huída.

17-18. Habría de ser un tiempo dificilísimo para las mujeres embarazadas y para las que tuvieran niños lactantes. Una fuga **en invierno** multiplicaría los problemas de una situación de suyo difícil.

19. Esta concisa descripción de las tribulaciones de **aquellos días** es sin duda aplicable a los horrores del año 70 d. de C., si se compara lo que al respecto narra Josefo en *Guerras de los Judíos* (Prefacio, 4; V, VI). Pero hay motivos para creer que Jesús miraba más allá de los días de los romanos, hacia la gran tribulación que precederá su segundo advenimiento. Sugieren esto las palabras **ni la habrá,** que traducen una vigorosa negación griega (*ou me*).

20. Resulta imposible circunscribir este versículo a la situación del año 70 d. de C. No es satisfactoria ninguna de las explicaciones aducidas con base en tal limitación. Se encuentran aquí elementos que trascienden aquella época y que se asocian con mayor propiedad al fin de los tiempos. La referencia a los elegidos parece indicar a los que se salven durante la gran tribulación inmediatamente antes del regreso de Cristo. Por amor de ellos Dios ha **acortado aquellos días** del tiempo de espantosa aflicción.

22. Tan atrevidos serán estos engañadores que tratarán de extraviar **aun a los escogidos.** No obstante, el paréntesis **si fuese posible,** muestra que no cabe ni pensar que los engañadores logren su propósito. Respec-

to a la identificación de **los escogidos** véase Lc. 18:7; Ro. 8:33; Col. 3:12; 1 P. 1:2.

24-25. Pasa ahora la profecía a la segunda venida (vv. 24-27). Cristo colocó específicamente este gran acontecimiento **en aquellos días, después de aquella tribulación,** refiriéndose obviamente al tiempo que se describe en 13:14-23. Esto demanda una de dos explicaciones. O Cristo habría de venir poco después del año 70 d. de C., o las aflicciones de los vv. 14-23 se referirían tanto a la destrucción de Jerusalén por órdenes de Tito como a la gran tribulación en el fin de los tiempos. Visto que la primera explicación resulta imposible, se considera la segunda interpretación como la clave para la comprensión del capítulo en su conjunto. El lenguaje con que se describen las perturbaciones en los cielos proviene en gran parte del AT (cf. Is. 13:10; 34:4; Jl. 2:10,30,31). Si bien lo mejor es evitar en este punto un literalismo extremado, no existe razón alguna para abstenerse de entender estas expresiones como referentes a verdaderos fenómenos celestiales que habrán de ocurrir inmediatamente antes de la venida de Cristo. Nada de raro tiene que un acontecimiento tan portentoso haya de tener tales preludios.

26. Este es el personal y corporal regreso de Cristo a la tierra **con gran poder y gloria** descrito en pasajes como Hch. 1:11; 2 Ts. 1:7-10; 2:8; Ap. 1:7; 19:11-16. "Sobre el fondo de un cielo entenebrecido el Hijo de Dios se revela en la *shekinah*, en la gloria de Dios . . ." (G.R. Beasley-Murray, *A Commentary on Mark Thirteen,* p. 89). El lenguaje que aquí se emplea proviene de Dn. 7:13. **Verán.** Su venida será visible para todos los hombres.

27. En este momento ocurrirá la resurrección de los fieles difuntos y la transformación de los santos vivientes aún (cf. 1 Co. 15:51-53; 1 Ts. 4:13-18). Entonces **juntará a sus escogidos,** los redimidos de todas las épocas, las pasadas y la presente. Con relación a la palabra escogidos, v. com. 13:22. La palabra *episnaxei,* **juntar** (*congregar,* Str.), es la forma verbal del sustantivo *episynagoge,* **reunión,** de 2 Ts. 2:1. Desde todos los extremos de la tierra (**los cuatro vientos),** aun de los más remotos confines (**desde el extremo de la tierra hasta el extremo del cielo)** serán reunidos en torno al Señor que desciende.

28-29. Bosquejados así los acontecimientos futuros, vuelve el Señor a la exhortación sobre la necesidad de estar alerta (vv. 28-37). Nada hay que indique que en el caso presente la higuera represente a Israel. La parábola es una sencilla demostración de la verdad de que "los acontecimientos venideros proyectan sus sombras ante sí". Cuando comiencen a suceder estas cosas, habremos de saber que la consumación está muy próxima. Las **cosas** a que se refiere Cristo son los acontecimientos descritos en los vv. 14-25.

30. La explicación más natural de la expresión **esta generación** es que se refiere a la de quienes vivían cuando Jesús hablaba. En su tiempo acontecieron todas estas cosas en cuanto la destrucción de Jerusalén habría de constituir un cumplimiento preliminar de los acontecimientos de los tiempos del fin.

32. El **día** y la **hora** exactos del regreso de Cristo no son discernibles para el hombre. En realidad, sólo Dios Padre conoce dicho tiempo. La afirmación de que el **Hijo** no sabía el tiempo de la consumación ha de entenderse a la luz de la limitación de sí mismo en los días de su humillación (cf. Fil. 2:5-8). El había adoptado una posición de absoluta sujeción al Padre, y sólo ejercía sus atributos divinos a instancias del Padre (cf. Jn. 8:26,28,29).

33. Mirad. (Estad alerta, VL.) Este presente de imperativo demanda mantenerse en constante alerta. Lo mismo puede decirse del verbo **velar,** que significa *mantenerse despierto* (Arndt, pp. 13,14). Se requiere mantenerse en vela porque no sabemos el momento en que estos acontecimientos de los tiempos postreros sobrevendrán.

35. Los discípulos deben **velar** continuamente (Gr. presente). Este verbo, como el del v. 33, significa *estar o mantenerse despierto.* Exige mantenerse en constante alerta como contraste con el sueño o la modorra (Arndt, p. 166; cf. v. 36). **Anochecer... medianoche... al canto del gallo... la mañana.** Estas son las cuatro velas de la noche en el sistema romano.

36. Tal vigilancia es necesaria para que al venir el Señor no nos halle desprevenidos. Esto es lo que quiere decir por hallarnos **durmiendo-** Para quien no esté velando, la venida de Cristo será súbita. Quien se mantenga alerta verá las señales del regreso del Señor (vv. 28-29) y no se verá sorprendido.

VII. Pasión y resurrección de Cristo. 14:1—16:20.

La narración de Marcos presenta ahora las escenas finales de la Vida de Cristo en esta tierra, y los acontecimientos en torno a su muerte y resurrección. Fueron los actos que hubieron de efectuar la eterna redención de todos los hombres de todo lugar que quieran recibirla.

A. Traición y devoción. 14:1-11. Comienzan estos versículos describiendo la traición mediante la cual sacerdotes y escribas tramaban la muerte de Jesús (vv. 1-2). Como contraste, se presenta a continuación el conmovedor relato de la devoción de María (vv. 3-9). Luego, en contraste más marcado aún, narra el evangelista el traidor complot de Judas para entregar al Señor (vv. 10-11).

1. Dos días después. El punto de partida de estos dos días fue probablemente el atardecer del martes, hora en que los dirigentes judíos andaban procurando **cómo prenderle por engaño.** Esto ubicaría la cena pascual el jueves por la noche.

3. Esto ocurrió el martes por la noche; Cristo había regresado a **Betania** para pernoctar. Nada sabemos respecto a **Simón el leproso,** fuera de lo que dicen estos versículos, aunque algunos lo han identificado erróneamente con Simón el fariseo de Lc. 7. 36-50. **Sentado a la mesa.** Es decir, reclinado en su triclinio, junto a la mesa. La mujer de esta historia es María, hermana de Marta (cf. Jn. 12:2-3). El **vaso de alabastro** era un frasco cuyo largo cuello había que romper para usar el contenido (Arndt, pp. 33,34). **Perfume de nardo puro de mucho precio.** Unos cincuenta y cinco dólares por libra (cf. v. 5).

5. Trescientos denarios. El denario era una moneda romana de plata, que valía unos cuatro gramos de plata, o sea alrededor de dieciocho centavos o.a. **Murmuraban.** El verbo griego tiene un vigoroso contenido emocional, y su sentido original era *resoplar.* Más expresivamente podría traducirse: **comenzaron a reñir fuertemente a la mujer.**

8. Jesús explicó la razón verdadera del acto de María. No fue un simple acto de devoción, sino que hubo en él la intención consciente de **ungir** a Cristo anticipándose a su inminente muerte y sepultura. El haber pasado tiempo sentada a los pies de Jesús escuchando atentamente sus enseñanzas, había hecho a María capaz de comprender, mejor aún que los discípulos, la verdad de la inminente muerte de Cristo.

10. Traidoramente reaccionó Judas ante la represión de Jesús. Lo poco que sabemos no nos permite hacer el análisis completo de los móviles que impulsaron a este hombre a ir donde **los principales sacerdotes.** Lucas lo explica diciendo que **entró Satanás** en él (22:3). Sabemos que su amor al dinero fue una razón parcial de la traición (cf. Mt. 26:14,15). Es posible también que se haya desilusionado porque Cristo no se levantara contra los romanos para establecer un reino judío libre.

11. La suma que le **prometieron** fue **treinta piezas de plata** (Mt. 26:15), cuyo valor aproximado oscilaría entre veinte y veinticinco dólares. **Buscaba.** Acción continua (t. imperf.). A partir de este momento Judas estuvo constantemente a la mira del momento propicio **para entregarle.**

B. Pasión de nuestro Señor. 14:12—15:47. La reseña que Marcos da de los sufrimientos y muerte de Cristo pueden bosquejarse así: acontecimientos en torno a la última cena (14:12-25); la jornada al Getsemaní (14:26-42); el prendimiento (14:43-52); los juicios (14:53—15:15); la crucifixión (15:16-41); el enterramiento (15:42-47). La cronología usual da por sentado que el miércoles lo pasó reposando en Betania y que los acontecimientos de esta noche ocurrieron el jueves y el viernes. No hay declaración explícita de que se haya interpuesto tal día de reposo, pero la comparación de los evangelios hace necesario presumir que sí existió.

12. El primer día de la fiesta de los panes sin levadura podría, a primera vista, tomarse como el día siguiente a la pascua, o sea el 15 de Nisán (cf. Lv. 23:5-6). Pero Marcos deja claro que se refiere al 14 de Nisán; dice que fue **cuando sacrificaban el cordero de la pascua** (cf. Ex. 12:6). Se sabe que la fiesta de los panes sin levadura se daba por comenzada el día de la pascua (cf. Josefo, **Ant.** II, XV, 1). Esta se celebraba el jueves. Los corderos pascuales se habrían degollado por la tarde y la cena pascual habría sido después de ponerse el sol, al comenzar el 15 de Nisán.

14. Después de seguir al sirviente hasta la morada los discípulos debían presentar su petición **al señor de la casa.** Ignórase quién haya sido éste. Algunos han sugerido que se trataba de la casa de Marcos, pero esto es simple hipótesis. El texto griego también dice: **¿Dónde está mi aposento?** El pronombre parece indicar que el Señor ya había hecho los arreglos para el uso del aposento. **Comer la pascua.** Hay quienes, basándose en ciertas afirmaciones del Evangelio de Juan, suponen que esta cena no fue la pascua, sino una comida anterior a la pascua (cf. Jn. 13:1,29; 18:28; 19:14,31). Pero está claro que Marcos presenta a Cristo en plan de comer la pascua. Además, las afirmaciones de Juan no imponen como indefectible la opinión de que la última cena haya precedido a la pascua (A.T. Robertson, *A Harmony of the Gospels,* pp. 279-284).

16. No sólo pensaba Cristo comer la pascua, sino que Marcos dice específicamente que los discípulos **prepararon** la pascua. Esto incluiría degollar y asar el cordero y proveer lo demás conforme está prescrito.

17. Cuando llegó la noche. La pascua se comía después de ponerse el sol, al comenzar el 15 de Nisán.

19. La pregunta **¿seré yo?** presupone una respuesta negativa, y podría traducirse: "No soy yo, ¿verdad?" Crimen tan monstruoso resultaba increíble para los once. Dice Mateo (26:25) que Judas también hizo esta pregunta, pero evidentemente con ello sólo trataba de ocultar su traición.

20. En el plato. Comer juntos, y especialmente participar en común del contenido de una escudilla era señal de cálida amistad. A la luz de esta costumbre, la premeditada traición de Judas aparece aún más nefanda.

21. Según está escrito. V. com. 1:2. El pasaje del AT al que se refiere Jesús habría de ser uno que describe cómo fue traicionado, quizá Sal. 41:9. Nótese que el soberano propósito de Dios expresado en las palabras **está escrito,** en ningún modo libera a Judas de responsabilidad moral por su acto.

22. El **pan** que Jesús usó en la cena pascual ha debido ser los panes sin levadura prescritos para la fiesta. Cuando Jesús dijo **esto es mi cuerpo** es obvio que quería decir "esto simboliza mi cuerpo". Su cuerpo físico aún estaba presente con ellos. Similar lenguaje simbólico se emplea en Jn. 6:35; 8:12; 10:9. Lo mismo es valedero en cuanto a lo que dice respecto a su sangre (v. 24).

23. La copa. No hay modo de saber cuál de los cuatro cálices pascuales fue el que usó Jesús. En todo caso, el contenido ha de haber sido vino diluído en dos partes de agua.

24. El nuevo pacto. Tanto Mateo como Marcos, en los mejores textos griegos, omiten la palabra **nuevo.** No obstante, véase Lc. 22:20; 1 Co. 11:25. Si bien la palabra griega *diatheke* puede significar testamento, el fondo del Antiguo Testamento sobre el que se alza la afirmación de Cristo requiere que se traduzca "pacto" (cf. Ex. 24:8). Pero no es éste el vocablo que se emplea para expresar convenio entre partes iguales (*syntheke*). Fue Dios unilateralmente quien formuló los términos del pacto y al hombre sólo le fue dado aceptar o rechazar. La sangre de Cristo es la sangre del nuevo pacto prometido en Jer. 31:31-34 (cf. He. 8:6-13). **Por muchos.** Si bien la preposición griega *hyper* puede significar "en favor de", se emplea muchas veces con el sentido de "en lugar de". Taylor dice que esta es una de las más claras evidencias de que Jesús consideraba su muerte como un sacrificio vicario (Vincent Taylor, *op. cit.,* p. 548).

25. No beberé más. Negación vigorosa relativa a la presente época. **El reino de Dios** en esta afirmación es escatológico y se refiere probablemente al establecimiento del reino milenial con ocasión del regreso de Cristo (Ap. 20:4-6).

26. El himno, según las prácticas pascuales, ha de haber sido una porción de los salmos Hallel (Salmos 115-118). La jornada al huerto de Getsemaní, en el **monte de los Olivos** y los tres períodos de oración de Cristo se hallan en 14:26-42.

27. Os escandalizaréis. El sentido original de la palabra era *atrapar mediante trampa o lazo.* Llegó a emplearse también para indicar el acto de hacer tropezar a una persona. Jesús, pues, decía que los acontecimientos de aquella noche los tomaría por sorpresa y resultarían lazo o tropezadero para ellos. **De mí esta noche.** Lo omiten algunos de los manuscritos griegos más importantes. **Escrito está.** V. com. 1:2. La cita proviene de Zac. 13:7 y es traducción libre del texto hebreo.

30. Cristo subraya la inminencia del suceso, **hoy, en esta noche.** Y se dirige a Pedro con el pronombre personal enfático, **tú.** Por más que insistiera en su lealtad, Pedro, de entre todos los discípulos, sería el que **negaría** al Señor. No ha de inferirse que haya contradicción entre los Evangelios respecto al número de veces que el **gallo cantó.** Los otros simplemente declaran que la negación se produciría antes del canto del gallo (la tercera vela de la noche; V. com. 13:35). Marcos suministra detalles adicionales al mencionar el número específico de veces que el gallo cantaría.

31. Decía. Repetidamente sostuvo Pedro su jactancia (t. imperf. gr.) y con gran **vehemencia** (VL). **Jamás** te negaré (Str.) (*De ninguna manera,* VL). Traduce la vigorosa negación doble del griego *ou me.* Y todos los discípulos reiteradamente concordaban (Gr. *elegon,* t. imperf.) en la misma promesa.

33. Entristecerse. (Atemorizarse, Str.). Enérgica palabra que expresa intensa perturbación emocional y zozobra. Se ha traducido de diversos modos (estar completamente turbado, aterrorizado, espantado, intensamente agitado). A esta expresión añade Marcos **angustiarse** (*ademonein*), que connota azoramiento y aflicción (MM, p. 9).

34. Jesús se vio angustiado y entristecido hasta sentirse **morir.** Por tanto, les pidió que **velaran** (Gr. "mantenerse despiertos, alerta y vigilantes").

35. Aquella hora respecto a la cual suplicaba Jesús en oración, era el tiempo en que, de acuerdo con el plan de Dios, habría de sufrir y morir como expiación por el pecado (cf. Jn. 12:23,27; 13:1).

36. Abba es la palabra aramea que significa "padre." **Esta copa** se refiere a lo mismo que abarca **aquella hora** (v. 35). Era el cáliz de aflicción y muerte más que físicos. La agonía que hacía estremecer al Señor era la agonía de espíritu que resultaba de cargar con la culpa de un mundo perdido. El sufrimiento habría de ser de orden espiritual, verse separado de Dios Padre (cf Mr. 15:34). Y fue respecto a esto que Cristo oró rogando que se le apartase la copa, de ser posible que Dios realizara sus propósitos re-

dentores por algún otro medio. No obstante, se mantuvo perfectamente sumiso al Padre, cuya voluntad era lo único que deseaba.

38. En este punto añade el Señor el mandato de **que oraran** (Gr. *permaneced orando*) para que no entraran en tentación. Tal peligro ha de interpretarse como alusivo específicamente a las inminentes pruebas relacionadas con el prendimiento y muerte del Señor.

40. Cargados. Literalmente, los ojos *se les cerraban al peso del sueño.* **No sabían qué responder,** no tenían excusa alguna.

41. Vino la tercera vez después de orar de nuevo (Mt. 26:44). Resulta difícil conocer el sentido de la observación de Jesús respecto al reposo y el sueño. Algunos lo toman como una pregunta (VL); otros ven en ella "cierta triste amargura" (Ezra P. Gould, pp. 271,272). Ahora, dejada atrás la hora lóbrega, ya no necesitaba la certeza de que ellos compartían de algún modo la tribulación con él. Tal parece ser la idea que encierra la palabra **"Basta". Es entregado.** El presente, cuyo sentido es *está siendo entregado* implica que la alevosía estaba ocurriendo en ese preciso instante.

43. Los versículos que siguen (43-52) relatan el prendimiento de Cristo. La chusma traía por guía a **Judas,** quien sabía que Jesús solía retirarse a las soledades del Getsemaní (Jn. 18:12). Entre la **mucha gente** había soldados de la cohorte romana acantonada en Jerusalén y policías del templo (Jn. 18:3). Sin duda los soldados portaban **espadas** y los policías del templo, **palos** (bastones o porras). **Los principales sacerdotes, escribas** y **ancianos** eran los tres grupos que integraban el Sanhedrín; esto indica que el grupo traía orden de arresto expedida oficialmente por dicha corporación.

45. Judas, con respeto simulado, desempeñó el papel de discípulo leal, saludando al Señor con el título de **Maestro** (Gr., *rabbi*) y besándolo efusivamente. El verbo griego que denota esta última acción es una forma intensificada del verbo "besar" que aparece en el v. 44. Este efusivo acto de ficticia devoción sólo hace más censurable la felonía.

48. Cristo los increpa por tratarlo como si fuese un **ladrón** armado, o un *bandolero* (Str.).

49. Este arresto en despoblado y bajo capa de tinieblas era del todo innecesario, pues él había estado **enseñando en el templo** cada día. Mediante esta protesta Cristo destaca lo absurdo del procedimiento y deja sin base las razones que para prenderlo y enjuiciarlo tenían. Pero Dios había previsto los actos de ellos y había predicho el curso de los acontecimientos en **las Escrituras** (p. ej. Is. 53:8,9,12). Por consiguiente, a pesar de la lógica de las protestas de Cristo, el arresto acabaría en juicio y el juicio en ejecución.

51. Cierto joven. La palabra griega *neaniskos* se aplicaba a hombres entre los veinticuatro y los cuarenta años de edad (Arndt, p. 536). En ningún otro Evangelio consta este incidente. Por lo tanto, no poseemos más información respecto a la identidad de esta persona. Con frecuencia se ha sugerido, quizá correctamente, que Marcos se refiere veladamente a sí mismo. No parece haber otra razón para que se haya incluido este insignificante detalle.

52. Desnudo. *Gymmos* no implica necesariamente desnudez; se empleaba esta palabra también para describir a alguien cubierto sólo por su ropa interior.

53. Ahora el relato pasa a los juicios de Cristo ante los tribunales judío y romano (14:53—15:15). Marcos entra de inmediato en la narración de la vista nocturna ante el Sanhedrín (vv. 53-65). Que el cuerpo examinador era el Sanhedrín se demuestra por la presencia de **todos los principales sacerdotes y los ancianos y los escribas.** Por aquellos días el sumo sacerdote era Caifás.

54. Acaso resuelto a sustentar su jactancia de lealtad, **Pedro siguió** a Jesús. Pero el miedo lo mantenía de lejos y ello le impidió meterse en la casa del sumo sacerdote junto con el gentío. Juan explica (18:15,16) que otro discípulo logró hacer que Pedro entrara. **Los alguaciles** con quienes **estaba sentado** eran probablemente policías del templo y sirvientes del sumo sacerdote.

55. La palabra que se traduce por **concilio** es *synedrion*, de la cual se deriva "sanhedrín." Prolongadamente buscaban (*ezetoun*, t. imperf.) testigos contra Jesús. Estos magistrados del tribunal judío se comportaban como parte acusadora.

58-59. Estas personas se referían a una observación de Cristo durante su primer ministerio en Judea, en ocasión de la primera purificación del templo (Jn. 12:19). La falsedad de su testimonio se evidencia por el uso incorrecto de lo dicho y por la falta de concordancia entre sus declaraciones.

60. Desconcertado por el desacuerdo de los testigos, el **sumo sacerdote** trató de incitar a Cristo a que discutiera, con la aparente esperanza de que por boca propia se inculpara.

61. La pregunta **¿Eres tú el Cristo?** le da al pronombre personal una posición enfática; podría traducirse: *"Di tú, ¿eres tú el Mesías?"* Era corriente entre los judíos llamar a Dios **el Bendito** para no pecar tomando en vano el nombre de Dios. Mateo claramente deja ver (26:63) que el sumo sacerdote puso a Jesús bajo solemne juramento, que lo obligaba a responder. No le quedaba otro camino que dar testimonio, el cual se haría valer en su contra.

62. Con directa afirmación responde Cristo: **Yo soy.** El resto de su respuesta se da en términos que provienen de Dn. 7:13 y Sal. 110:1. **La diestra del poder** es la mano derecha de Dios. Cristo asegura a sus jueces que día vendría en que lo verían como Mesías, ejerciendo el poder de la deidad y viniendo como juez (v. com. 13:26).

63. Esta era la clase de respuesta que el sumo sacerdote deseaba. Al punto **rasgó su vestidura,** tal como estaba prescrito en caso de escuchar una blasfemia (cf. H.B. Swete, *op. cit.,* pp. 359-360). No había **más necesidad** de testigos, pues Jesús había sido obligado a declarar contra sí mismo, lo cual era un procedimiento ilegal bajo la ley judaica.

64. Se interpretó como **blasfemia** la declaración de Cristo puesto que los oficiales veían en Cristo un hombre no más (cf. Jn. 10:33). Sometido el punto a la totalidad del concilio para su decisión, unánimemente **todos ellos le condenaron.** La pena estatuida para la blasfemia era la **muerte** (Lv. 24:16).

65. Al parecer fueron **algunos** de los miembros del Sanhedrín quienes comenzaron a dar a Cristo el vergonzoso trato que se describe. En tan altos y respetados dirigentes religiosos del judaísmo, tales actos resultan indignos en sumo grado. **Le cubrieron el rostro** con una venda mientras lo abofeteaban para burlarse de su sobrenatural saber (cf. Lc. 22:64). Cuando lo pusieron en manos de **los alguaciles** (policía del templo), éstos imitaron el ejemplo de los magistrados y comenzaron a golpearlo. La palabra *rapisma* indica ya sea varapalos o bofetadas.

67. Mirándole. La palabra indica que le clavó los ojos. Basada en la intercesión de Juan en favor de Pedro (Jn. 18:15-16), estaba indudablemente segura de que Pedro era adepto de Jesús.

68. La negación de Pedro tiene la fuerza de la reiteración (**no le conozco, ni sé**). Sorprendido por el inesperado reconocimiento, olvidó su jactancia de lealtad. **La entrada** a la cual se retiró Pedro era el atrio o vestíbulo que conducía de la calle al patio interior. Muchos textos antiguos omiten las palabras **y cantó el gallo.**

69. El texto griego indica que ésta fue la misma **criada** que antes había acusado a Pedro. Pero Mt. 26:71 habla de otra criada, mientras Lc. 22:58 declara que otra persona (un hombre) se dirigió a Pedro directamente. No es necesario tener por contradictorios estos relatos. Fueron evidentemente dos criadas: la portera y otra, que señalaron a Pedro ante los circunstantes. Además un hombre le dijo a Pedro: "Tú también eres de ellos."

70. La tercera acusación vino de varios que por allí estaban. Se produjeron probablemente varias afirmaciones, según puede que lo indique el tiempo imperfecto de *elegon*. Jn. 18:26 revela que uno de los que acusaban era pariente de aquel a quien Pedro había cortado una oreja.

71. A maldecir y a jurar. Estos verbos no implican que Pedro usara lenguaje soez, tal como hoy se entenderían. Lo que hizo fue pedir que le sobreviniesen maldiciones (*empezó a echarse maldiciones*, VL) si acaso no estuviese diciendo la verdad, y negar bajo juramento.

72. La evidencia de los manuscritos justifica la inclusión de la frase **la segunda vez** (v. com. v. 68). Los mejores textos contienen también la palabra *euthys*, "al instante" (VL), "al punto" (Str.). El canto del gallo vino inmediatamente después de la tercera negación, como honda puñalada en la consciencia del discípulo caído. Al mismo tiempo vio Pedro a Jesús mirándolo desde una habitación que daba sobre el patio (Lc. 22:61). **Pensando en esto.** La palabra *epibalon* ha constituido desde hace mucho tiempo un problema para los traductores de este pasaje. Quizá sea mejor la traducción de la VL, *rompió a* (MM, p. 235; Taylor, *op. cit.*, p. 576). En tanto que *epibalon* describe el inicio del llanto, el tiempo imperfecto *eklaien*, **lloraba**, refleja la continuación del llanto.

15:1. Este versículo describe una nueva reunión del Sanhedrín en la madrugada. Lc. 22:66-71 suministra mayores detalles de esta fase del juicio judío. Fue al parecer un intento de darle visos de legalidad a la condenatoria, ya que era contrario a la ley efectuar vistas judiciales nocturnas. En aquella época los romanos no permitían a los judíos imponer la pena de muerte. Por consiguiente fue necesario llevar a Jesús ante **Pilato,** quien fungía como procurador romano de Judea.

2. El juicio romano se describe en 15:2-15. Véase un relato más completo de este proceso en Jn. 18:28—19:16. Uno de los cargos era que Jesús se arrogaba el título de **Rey,** y en él se funda la pregunta de Pilato. Atribuirse derecho al trono daba pie a ser procesado por traición. La respuesta de Jesús, **tú lo dices,** puede interpretarse de diversos modos. Pero a la luz de Jn. 18:34-38 lo más adecuado parece ser tomarlo como respuesta afirmativa que, según lo muestra Juan, traía aparejada la explicación en cuanto a qué clase de rey pretendía ser Jesús.

3-4. Estos versículos presentan a **los principales sacerdotes** lanzando contra Jesús una andanada de acusaciones. Fue tan maligno el ataque, que **Pilato** no alcanzaba a comprender el tranquilo porte del prisionero (cf. v. 5).

6. El gobernador había establecido la práctica de soltar **un preso** cada año durante la pascua, acaso como esfuerzo por mantener la buena voluntad de los judíos. Tanto **soltaba** como **pidiesen** están en griego en tiempo imperfecto, lo cual muestra que eran actos consuetudinarios, como si dijese "Acostumbraba soltarles . . ."

7. Barrabás no era un ladrón cualquiera. Era un salteador (Jn. 18:40, BC) o bandolero (NC), al par que sedicioso y asesino. Según parece, era un judío que había participado en un alzamiento contra Roma, delito muy similar a aquel de que los judíos acusaban a Jesús (Ezra P. Gould, p. 285).

8. Viniendo. Los mejores manuscritos antiguos dicen *anabas*, "subió" (VL). La multitud le pedía a Pilato que hiciese según la costumbre (**como siempre les había hecho,** t. imperf.), soltándoles un preso. Al parecer la multitud solicitaba la libertad de Barrabás, tal vez porque lo consideraban una especie de héroe por haber participado en la rebelión contra Roma.

11. En este punto la multitud pudo haberse visto tentada a pedir la libertad de Jesús, pero los sacerdotes los **incitaron** a clamar en favor de Barrabás. La palabra *anaseio* significa literalmente *sacudir*, mostrando lo excitadamente que movían al pueblo.

15. Queriendo satisfacer al pueblo. La expresión griega (*to hikanon poiesai*) implica que estaba dispuesto a satisfacer a los judíos, aun si para ello fuese necesario el sacrificio de un inocente. **Azotarle.** Se efectuaba este castigo con un látigo hecho de correas a cuyos extremos había atados ásperos pedazos de metal. Se inclinaba a la víctima hacia adelante sobre un poste bajo, y se le administraba el castigo sobre la espalda desnuda. Con frecuencia los hondos desgarrones que se producían en la carne llegaban hasta el hueso mismo.

16. Aún no eran las 9 de la mañana. Al juicio ante Pilato había de seguir muy en breve la crucifixión (15:16-41). **Los soldados** en cuyas manos se puso a Jesús eran militares bajo la jurisdicción de Pilato. **El atrio.** La palabra griega es *aule*, igual que en 14:54, en donde la RVR traduce "patio". Marcos explica que se le daba el nombre de **pretorio**, término que puede referirse ya al palacio de Herodes, ya a la fortaleza Antonia, donde se acuartelaban las tropas romanas (cf. Arndt, p. 704). En todo caso, parece referirse al cuartel de los soldados. **La compañía** era una cohorte romana, compuesta de unos seiscientos hombres, aunque el número variaba según las circunstancias, y en este caso puede haber sido mucho menor.

19. Los tres verbos: **golpeaban, escupían** y **hacían,** están en tiempo imperfecto, reflejando la repetición de esos actos. Un soldado tras otro iban haciendo cruel irrisión de la mal entendida afirmación de Jesús, que se decía rey.

21. Jn. 19:17 explica que al salir la procesión rumbo al patíbulo, Jesús llevaba su propia cruz. Pero poco después los soldados tropezaron con **Simón** y lo obligaron a cargar con el instrumento de la ejecución. La identidad de este hombre era evidentemente conocida por los lectores romanos de Marcos, ya que éste menciona a los hijos de aquél, **Alejandro** y **Rufo,** como personajes familiares. En Roma había un hombre llamado Rufo cuando Pablo escribió la Epístola a los Romanos (16:13).

22. Gólgota es una palabra aramea que significa **calavera.** Probablemente derivaba el nombre de su forma. El sitio tradicional, aún apoyado por muchos, es donde hoy está la iglesia del Santo Sepulcro. Otros insisten en que es la colina llamada del Calvario de Gordon. Si hemos de ser objetivos tendremos que admitir que hoy por hoy es imposible la ubicación exacta del lugar.

23. Le dieron. El tiempo imperfecto, *edidoun,* sería mejor traducirlo por *iban a darle.* Después de probarla y descubrir qué era, Jesús rechazó la bebida (Mt. 27:34). La **mirra** servía como estupefaciente para amortiguar la tortura de la horrible muerte por crucifixión. Pero Jesús rehusó permitir que dicho soporífero le nublara los sentidos.

24. Faltan en todos los evangelios detalles en cuanto a la crucifixión. Jn. 20:25 nos informa que se emplearon clavos para fijar las manos a la cruz. La crucifixión era reconocida como una de las más crueles formas de ejecución del mundo antiguo. Con frecuencia se dejaba a la víctima pendiente de la cruz durante varios días antes que la muerte aliviara sus intensos sufrimientos. Los **vestidos** del condenado pasaban a manos de los verdugos.

25. La crucifixión se ejecutó en **la hora tercera,** como llamaban los judíos a las 9 de la mañana. El juicio ante Pilato ocurrió por ahí de la sexta hora según el cómputo romano, correspondiente a las 6 de la mañana (cf. Jn. 19:14).

26. Era costumbre poner alguna clase de letrero con indicación del nombre del condenado y el **título de la causa** penal. Marcos da únicamente el crimen de que se acusaba a Jesús. Juan indica que el **título** también contenía la identificación: **Jesús Nazareno** (19:19). No hay contradicción; Marcos sencillamente es más conciso.

27. Los dos criminales crucificados con Jesús eran más que **ladrones** corrientes. Igual que en 14:48 *lestes* significa "bandido, salteador."

29-30. Le injuriaban. Los transeúntes blasfemaban prolongadamente (*eblasphemoun,* t. imperf.) contra Jesús. **Meneando la cabeza.** Hacían con la cabeza gestos despectivamente desaprobatorios. La lógica del sarcasmo de ellos era un argumento de premisa mayor a menor. Si tenía poder para reconstruir el templo en tres días, desde luego le sería fácil **descender de la cruz.**

31. Sacerdotes y **escribas** participaban por igual en las burlas, pero dentro de su círculo. Su insistente sarcasmo referente a la incapacidad de Cristo para salvarse a sí mismo era en realidad la negación de que pudiera auxiliar a cualquier otro. Si a sí mismo no podía librarse del sufrimiento y la muerte, ¿cómo podría librar a otros?

33. Habían pasado tres horas; ya era mediodía, **la hora sexta.** En la hora en que más brilla el sol sobrevinieron (*egeneto*) **tinieblas sobre toda la tierra.** No es posible que haya sido un eclipse total que oscureciera toda la tierra, como arguye Lenski (Lenski, *Interpret. of Mark,* pp. 713-714), pues la pascua ocurría en el plenilunio, época en que tal eclipse solar es imposible. No se nos dice qué produjo el eclipse. Ciertamente el hecho de producirse el fenómeno en aquellos precisos momentos fue sobrenatural. La **hora novena** eran las 3 de la tarde. (V. com. v. 25).

34. Jesús había estado en la cruz seis horas. Su exclamación repite las palabras de Sal. 22:1. *Eloi, Eloi, ¿lama sabactani?* es una trasliteración del arameo, lengua materna de Cristo. Marcos, según su costumbre, traduce el arameo para sus lectores romanos. Este desolado grito nos permite entrever los sufrimientos internos de Cristo crucificado. Su mayor agonía no fue de orden físico; fue más bien agonía de espíritu bajo el peso de la culpa correspondiente al pecado del mundo. El sentido en que Dios había desamparado a Cristo era que el Padre se había apartado de la comunión con el Hijo. Ya no manifestaba su amor hacia su Hijo. Por el contrario, Cristo se había convertido en objeto del desagrado del Padre, como sustituto de los pecadores. Cristo se hizo "pecado por nosotros" (2 Co. 5:21), y es imposible que un Dios santo mire complacido el pecado.

36. El **vinagre** era vino agriado, más rápido que el agua para quitar la sed (Arndt, pp. 577,578). Como ésta no era una mezcla estupefaciente como la del v. 23, Jesús la aceptó sin protestas (cf. Jn. 19:29-30). **Si viene Elías.** Nada autoriza a suponer que fuesen sinceras las palabras de los que así hablaban. Sin duda seguían la corriente burlona tan evidente en 15:29-32.

37. Expiró. No fue una prolongada agonía, como lo habría indicado el tiempo imperfecto. El aoristo, por el contrario, refleja un suceso breve y momentáneo. Exhaló el espíritu y partió.

38. El velo era la gruesa cortina que separaba el lugar Santo del Santísimo en **el templo** (*naos*, "santuario"). Véase la descripción que da Josefo (*Guerras*, V, v. 4). Se rasgó **de arriba abajo**, quizá como indicación del origen divino del suceso. Ocurrió en hora significativa: ya que era la hora del sacrificio vespertino, no pudo pasar inadvertido el rompimiento del velo. El significado de la apertura del lugar santísimo se halla expuesto en He. 9:7-8; 10:19-22.

39. Cada **centurión** tenía normalmente cien hombres bajo su autoridad. En el caso presente el oficial tenía a su cargo un destacamento menor asignado para la crucifixión. La declaración del centurión de que Jesús **era Hijo de Dios** no ha de tomarse en el pleno sentido cristiano. En primer lugar, nótese la ausencia del artículo definido, en concordancia con el texto griego. Ha de entenderse como está traducido, o como "un hijo de Dios." No debemos desentendernos de la formación pagana del oficial romano. Bien puede que haya visto en Cristo un ser sobrehumano, pero no es probable que haya poseído la plenitud conceptual cristiana de la divinidad de Cristo. Además, Lucas dice que respecto a Jesús declaró: **este hombre era justo** (23: 47). (La opinión contraria aparece vigorosamente expuesta en Lenski, op. cit., pp. 725-727).

40. María Magdalena no debe confundirse con María de Betania (Jn. 12:1 ss) ni con la pecadora de Lc. 7:37. Era de Magdala, en Galilea, y había sido librada de la posesión demoníaca por mandato de Jesús (Lc. 8:2). La segunda María parece haber sido la madre de Jacobo el hijo de Alfeo, uno de los discípulos (Mr. 3:18). De Salomé se dice que fue la madre de Jacobo y Juan, hijos de Zebedeo (Mt. 27:56).

42. El relato de la pasión concluye con la descripción del sepelio de Jesús (vv. 42-47). **Cuando llegó la noche.** Necesariamente es al atardecer a lo que se refiere, entre la hora del sacrificio vespertino (3 de la tarde) y la puesta del sol (por ahí de las 6 de la tarde). Lo relativo al entierro tenía que disponerse antes que a la puesta del sol comenzara el **día de reposo** (cf. Jn. 19:31-37). Nótese la explicación que, para sus lectores gentiles, da Marcos del término **la preparación.**

43. Nada conocemos respecto a **José de Arimatea** excepto lo que nos dicen los Evangelios en relación con este acontecimiento (cf. Mt. 27:57; Lc. 23:51; Jn. 19:38).

46. La **sábana** fue reducida a tiras que se enrollaron alrededor del cuerpo de Jesús (cf.

Jn. 19:40, texto gr.). El **sepulcro** había sido **cavado en una peña,** obra de cantería corriente en aquellos lugares. Mateo afirma que la tumba pertenecía a José y que era nueva (27:60). La **piedra** que se hizo **rodar** ante la entrada del sepulcro probablemente era una losa circular que rodaba en una ranura labrada en la roca para ese propósito.

C. La resurrección de nuestro Señor. 16: 1-20. El último capítulo del Evangelio se divide en dos secciones claramente distinguibles. La visita de las tres mujeres al sepulcro, en 16:1-8. El resto del capítulo, 16:9-20 resume las apariciones del Cristo resucitado y concluye con su ascensión.

1. Puesto que el **día de reposo** finalizaba al ponerse el sol, parece que las tres mujeres que se mencionan en 15:40 fueron a una de las tiendas reabiertas para el expendio nocturno y compraron los ingredientes que deseaban. Las **especias aromáticas** (*aromata*) se hallaban en estado líquido, pues las mujeres planeaban ungir el cuerpo de Jesús.

2. Muy de mañana. Dice Juan que aún estaba oscuro (20:1), mientras Marcos afirma que **había salido el sol.** El aparente conflicto se resuelve fácilmente con suponer que las mujeres iniciaron el viaje mientras todavía estaba oscuro y llegaron al sepulcro acabado de salir el sol.

4. Cuando miraron. La palabra es *anablepo,* que significa *alzar la vista.* Quizá venían con la cabeza hundida en el pecho.

5. Cuenta Marcos que **vieron a un joven.** Mateo lo describe como un ángel que había quitado la piedra (28:2-4). Y Lucas dice que eran dos varones con vestiduras resplandecientes (24:4). La variedad evidencia que son informes de diferentes testigos oculares, cada una de las cuales describió lo que más la impresionó. La historia completa incluiría la aparición de dos ángeles, uno de los cuales hizo rodar la piedra de la entrada y les habló a las mujeres. **Se espantaron.** Más adecuada es la traducción de la VL: "se llenaron de asombro." (*Quedaron llenas de estupor,* Str.) Lenski usa la palabra "estupefactas" (*op. cit.,* p. 742).

6. No os asustéis. Literalmente diríase, "salid de vuestro absoluto asombro." El ángel les aseguró que Jesús había **resucitado** y había partido, en prueba de lo cual les dijo que se fijaran en el lugar **donde lo habían puesto** (Str.). Jn. 20:6-7 nos informa que las fajas y el sudario (Str.) aún estaban allí en su sitio.

7. Nótese como se singulariza a Pedro en las instrucciones relativas a la reunión en **Galilea.** Por este medio se le aseguraba al discípulo caído que Cristo no lo había desechado por causa de sus negaciones (14:66-72). La comparación con los otros Evangelios muestra que los discípulos no partieron inmediatamente rumbo a Galilea, y que Cristo le apareció primero a Pedro (Lc. 24:34) y luego a los discípulos aquella noche (Lc. 24:36). La reunión en Galilea se describe en Mt. 28:16-20.

8. Temor y espanto. El original de Marcos lo expresa mucho más vigorosamente: "... las atenazaban temblores de miedo y asombro." No es maravilla que **se fueran huyendo del sepulcro.** La afirmación de que no dijeron **nada a nadie** ha de entenderse a la luz de los otros evangelios. A nadie dijeron nada durante el camino, pues estaban atemorizadas y con prisa de llevar las nuevas a los discípulos (cf. Mt. 28:8; Lc. 24:9-10).

16:9-20. Nota textual. En los dos manuscritos más fidedignos del NT (el Vaticano y el Sinaítico), el Evangelio termina en 16:8, como ocurre en varias versiones antiguas. Tanto Eusebio como Jerónimo declaran que los versículos posteriores faltaban en la mayoría de los manuscritos de su tiempo. Por añadidura, varios textos y versiones ofrecen un sustituto más breve en lugar de 16:9-20. La inmensa mayoría de los manuscritos tienen la conclusión más extensa, pero son de fecha tardía y de inferior calidad. Según las normas reconocidas de evaluación textual, han de rechazarse tanto la conclusión extensa como la breve, y tal es el veredicto de la mayoría de los eruditos textuales. Lenski es uno de los pocos comentaristas que argumentan en favor de la conclusión extensa (*op. cit.*, pp. 750-755). Por añadidura, el examen de los vv. 9-920 no puede menos que impresionar al lector cuidadoso con el hecho de que su estilo difiere sustancialmente del resto del Evangelio. La explicación más aceptable quizá sea que la conclusión del Evangelio original se haya arrancado y perdido antes de que se lograra sacar suficientes copias adicionales. Quizá otros intentaran suplir una conclusión sustitutiva, la más afortunada de las cuales sería la que hoy aparece en 16:9-20.

9-11. El relato original que aquí se resume aparece en Jn. 20:11-18. Nótese el énfasis que el autor pone en la incredulidad de los discípulos (v. 11, 13,14).

12-13. Un registro más completo de este acontecimiento puede verse en Lc. 24:13-35. **En otra forma.** Lc. 24:16 dice que tenían los ojos tan velados que no reconocieron a Cristo. No sabemos si en verdad Cristo había cambiado de apariencia. **Los otros** eran los once discípulos que estaban en Jerusalén (Lc. 24:33).

14-18. Esta aparición a **los once** ocurrió inmediatamente después del informe de los caminantes de Emaús (Lc. 24:36-49; Jn. 20:19-25). Lucas y Juan no dan la impresión de que Jesús los reprendiera por **su incredulidad y dureza de corazón,** sino que reconoció lo difícil que les resultaba creer, y procuró quitar los impedimentos mediante pruebas de su resurrección. **El que creyere y fuere bautizado.** Hay quienes se han valido de este versículo para tratar de probar que el bautismo es necesario para la salvación. En primer lugar, el hecho de que esa declaración sólo aparezca en esta dudosa conclusión del libro de Marcos debería indicar que hay que ser cauteloso en el empleo de tal versículo como prueba. Y luego debería notarse que en la segunda mitad del versículo la única base para la condenación es el negarse a creer. Puede entonces concluirse que la única base para la salvación es el creer. Tal interpretación armoniza plenamente con la enseñanza del NT como conjunto sobre este tema (cf. Ro. 3:28; Ef. 2:8-9). La declaración respecto a lanzar **demonios** y hablar **nuevas lenguas** (v. 17) bien pudiera referirse a sucesos de la iglesia apostólica, según constan en los Hechos. Hasta las palabras respecto a tomar en las manos **serpientes** puede que aludan a lo ocurrido a Pablo en Hch. 28:1-6. No contiene el NT ningún otro pasaje en cuanto a beber veneno **(cosa mortífera).** Aun si este pasaje fuera incuestionablemente genuino, no puede razonablemente emplearse como base para deliberada y presuntuosamente manipular serpientes y beber veneno, como lo practican ciertas sectas religiosas extremistas.

19-20. Este resumen final tiene que ver con la ascensión de Cristo y al sucesivo ministerio de sus seguidores. La oración expletiva **después que les habló,** pudiera implicar que la ascensión de Cristo se produjo inmediatamente después de su aparición ante los once, la noche del día de su resurrección (vv. 14-18). Pero la comparación con Lc. 24:50-53 y Hch. 1:1-11 muestra que habían pasado cuarenta días desde su muerte. El versículo final del Evangelio bien podría servir como brevísimo resumen del libro de los Hechos. **El Señor... confirmando la palabra...** Nótese la admirable semejanza con He. 2:4.

BIBLIOGRAFÍA

ALFORD, HENRY. *The Greek Testament,* Vol. I. Revisado por Everett F. Harrison. Chicago: Moody Press: 1958.

BEASLEY-MURRAY, G. R *A Commentary on Mark Thirteen. Londres*: Macmillan and Co. Ltd., 1957.

BRANSCOMB, HARVIE. *The Gospel of Mark. (The Moffat New Testament Commentary,* ed. James Moffat). Londres: Hodder and Stoughton Ltd., 1952.

BRUCE, ALEXANDER B. "The Synoptic Gospels," *The Expositor's Greek Testament,* ed. W. Robertson Nicoll. Grand Rapids: Wm. B. Eeerdmans Publishing Co., sin fecha.

EARLE, RALPH. *The Gospel According to Mark. (The Evangelical Commentary on the Bible,* ed. George T. Turner *et al.*) Grand Rapids: Zondervan Publishing House, 1957.

GOULD, EZRA P. *The Gospel According to St. Mark. (The International Critical Commentary,* ed. S. R. Driver, Alfred Plummer, and Charles A. Briggs). Edin-burgo: T. & T. Clark, 1948.

GRANT, FREDERICK C. AND LUCCOCK, HALFORD E. "The Gospel According to St. Mark," *The Interpreter's Bible,* ed. G. A. Buttrick *et al,* Vol. VII. Nueva York: Abingdon-Cokesbury Press, 1951.

LENSKI, R. C. H. *The Interpretation of St. Mark's Gospel.* Columbus: The Wartburg Press, 1951.

ROBERTSON, A. T. *Word Pictures in the New Testament,* Vol. I. Nueva York: Harper & Brothers, 1930.

SWETE, HENRY B. *The Gospel According to St. Mark.* Londres: Macmillan and Co., Ltd., 1953.

TAYLOR, VINCENT. *The Gospel According to St. Mark, Londres*: Macmillan and Co. Ltd., 1953.

VINCENT, MARVIN R. *Word Studies in the New Testament,* Vol. I. Grand Rapids: Wm. B. Eerdmans Publishing Co., 1946.

WEST, KENNETH S. *Mark in the Greek New Testament.* Gran Rapids: Wm. B. Eerdmans Publishing Co., 1950.

COMENTARIOS EN ESPAÑOL

ERDMAN, CARLOS R. *Evangelio de Marcos.* Grand Rapids: T.E.L.L., 1981.

TRENCHARD, ERNESTO. *Evangelio Según Marcos.* Madrid: Literatura Bíblica, 1981.

EVANGELIO SEGÚN LUCAS

INTRODUCCIÓN

El Evangelio según Lucas es el relato más completo de la vida de Jesús que haya sobrevivido a la época apostólica. Fue concebido con miras a presentar el curso completo de la vida del Salvador desde su nacimiento hasta su ascensión, y formaba parte de una obra que incluía el libro de los Hechos, que a su vez abarcaba la actividad misionera de la Iglesia hasta el establecimiento de la comunidad cristiana de Roma.

El autor. Según el testimonio uniforme de la Iglesia, Lucas, médico gentil y compañero de Pablo, fue el autor del tercer Evangelio. Su nombre no aparece en las páginas del libro, pero el consenso de los testimonios de que se dispone tiende a confirmar la tradición.

La estrecha relación entre el Evangelio y los Hechos demuestra que ambas obras tuvieron un mismo autor, y que todo indicio que respecto a su identidad suministre la una es aplicable a la interpretación de la otra. Ambas obras van dirigidas al mismo hombre, Teófilo (Lc. 1:3; Hch. 1:1). El contenido de Lucas concuerda perfectamente con la denominación de "el primer tratado" que menciona la introducción de los Hechos (Hch. 1:1). La continuidad de estilo y de la enseñanza respecto a la persona de Cristo, el énfasis dominante sobre la obra del Espíritu Santo, el interés en el ministerio para con los gentiles que compenetra a ambas, y el atento ojo del escritor sobre los acontecimientos históricos de su época, ponen de relieve la unidad de su concepción.

Sentada esta base, los datos que respecto a su autor suministren los Hechos serán aplicables también al Evangelio. El autor era un gentil convertido, posiblemente de la iglesia de Antioquía, en donde Pablo ministró con Bernabé al comienzo de su apostolado (Hch. 11:25-26). El autor se unió más adelante con él en Troas, según lo indica su empleo del pronombre "nosotros" (Hch. 16:10), lo acompañó a Filipos, y es de presumirse que allí permaneció mientras Pablo visitaba a Jerusalén. Cuando Pablo regresó a Filipos, Lucas lo acompañó en su viaje de regreso a Jerusalén (Hch. 20:5-15), en donde Pablo fue arrestado y puesto bajo custodia protectora. Al terminarse la detención de Pablo en Cesarea, Lucas lo acompañó a Roma (Hch. 27:1—28:15).

Pablo menciona a Lucas tres veces en sus epístolas, llamándole "el médico amado" (Col. 4:14; Flm. 24) y luego indicando que fue el último amigo que hubo de acompañarlo en su segunda prisión (2 Ti. 4:11).

El título de médico que Pablo le da se corrobora en el lenguaje de Lucas y en el interés que muestra en enfermedades y curaciones. Ejemplo interesante de su afición es la diferencia entre su relato y el de Marcos acerca de la mujer de sangre (Lc. 8:43; Mr. 5:26). Lucas diagnostica el caso como incurable, en tanto que Marcos subraya la impotencia de los médicos.

Fue el de Lucas un ministerio amplio. Médico, pastor, evangelista itinerante, historiador y escritor, fue de genio sorprendente por lo múltiple y activo. Conoció ampliamente a los dirigentes cristianos del primer siglo, y parece haber tenido también importantes contactos especiales entre los oficiales romanos.

La tradición ha conservado algunas intesantes leyendas en torno a él, si bien puede que no sean auténticas. Según tales narraciones, Lucas era pintor y pintó un retrato de la Virgen María. Jamás contrajo nupcias, y en sus últimos años se retiró a Bitinia, en donde murió. Otras leyendas afirman que sufrió el martirio en Grecia.

Fuentes. El contenido de Lucas tiene gran semejanza general con el de Mateo y Marcos, ya que los tres Evangelios sinópticos tratan en común los acontecimientos de la vida de Jesús. Probablemente gran parte de la narración de Lucas que coincide con el contenido de Mateo y Marcos se derive de la predicación narrativa de los misioneros apostólicos. Una teoría ampliamente aceptada añade que Lucas empleó como fuente el Evangelio de Marcos más cierto conjunto de discursos, más o menos como lo hizo Mateo. Según su propio testimonio conocía otros relatos (Lc. 1:1), pero hasta dónde los usó es cosa incierta. Gran parte del material de Lucas, sin embargo, no tiene paralelo. Su crónica de los acontecimientos relativos al nacimiento de Cristo difiere de la de Mateo en cuanto a punto de vista y algunos detalles. Más que

Mateo y Marcos, elige las parábolas narrativas, y da más relieve a los personajes individuales de su narración. Al tratar de la resurrección introduce la jornada a Emaús, que ninguno de los otros evangelios contiene completa.

Testigos oculares han de haberle trasmitido estos detalles sin par, pues él no presenció los acontecimientos que describe. Así lo confiesa en su introducción (Lc. 1:2, NC), y más adelante en su Evangelio menciona a personas de quienes bien puede haber obtenido su información. María, la madre de Jesús, puede haberle suministrado el contenido de los dos primeros capítulos; María Magdalena, Juana la mujer de Chuza, intendente de Herodes, y otras mujeres (8:3), puede que le hayan contado muchas reminiscencias personales. Si Lucas viajó por Palestina durante el encarcelamiento de Pablo en Cesarea, puede haber entrevistado a innumerables personas que recordaran prédicas y enseñanzas oídas de labios de Jesús. De la predicación de Pablo y otros apóstoles a quienes escuchó, puede que haya derivado muchas de las aplicaciones doctrinales que aparecen tanto en su Evangelio como en los Hechos.

Fecha. La abrupta conclusión del libro de los Hechos hace probable que Lucas concluyera su escrito al finalizar los dos años de prisión de Pablo en Roma. Si el Evangelio fue escrito antes, como la introducción a los Hechos indica (Hch. 1:1), la fecha más tardía de su composición ha de ser antes del año 62 d. de C., en que terminó la prisión en Roma. Quizá Lucas haya reunido el material para el Evangelio durante sus diez años de servicio como compañero de Pablo, y luego, antes de salir de Palestina con Pablo rumbo a Roma, lo haya enviado desde Cesarea a su amigo Teófilo. De ser así, el Evangelio puede haberse escrito en fecha tan temprana como el año 58. La alusión a un sitio y toma de Jerusalén (Lc. 21:20-24) la han tomado muchos como indicio de que el Evangelio tiene que haberse escrito después de la caída de la ciudad en el año 70 d. de C. Tal conclusión no es inevitable si se considera que el contenido del capítulo es una profecía, y que Lucas se limita a transcribir las palabras de Jesús respecto al futuro.

La afinidad de lenguaje entre la descripción que Lucas traza de la última cena (22:14-23) y el resumen que da Pablo (1 Co. 11:23-26) puede indicar que Lucas repite las palabras que muchas veces le oyera a Pablo. Si así fuese, la composición y publicación del Evangelio estaría más estrechamente relacionada con el tiempo de Pablo que con un período treinta o más años más tarde.

Lugar. No se nos ofrece ningún indicio en cuanto al lugar de publicación. Una tradición relaciona el Evangelio con Grecia, posiblemente con Atenas. Otra sugiere que proviene de Antioquía de Siria, donde quizá hayan vivido los amigos de Lucas. Cesarea parece el lugar de composición más plausible, pero puede que el Evangelio haya sido completado en Roma y enviado a Teófilo desde allí, si no lo fue desde Cesarea misma.

Destinatario. Teófilo, a quien se dirige el Evangelio, era probablemente un gentil de alta posición social. Lucas lo saluda con el título de "excelentísimo," que en otras porciones de sus escritos reserva para los oficiales romanos (Hch. 24:3; 26:25). Nada se sabe directamente acerca de él, fuera de las dos alusiones en Lc. 1:3 y Hch. 1:1. Se había convertido al cristianismo, y estaba interesado en saber sobre su nueva fe algo más que la simple instrucción de rutina. Los dos tratados de Lucas se proponían hacer de él un creyente inteligente.

Desarrollo del contenido. El Evangelio de Lucas presenta el curso de la vida de Jesús como quien proyecta cinematográficamente sus rasgos sobresalientes ante un auditorio. Comienza con sus antepasados y su nacimiento, a través de su ministerio terrenal llega a la pasión, y alcanza el punto culminante en la resurrección. Los Hechos continúan el relato de cómo actúa en la iglesia por medio del Espíritu Santo, hasta la llegada de Pablo a Roma. El Evangelio, pues, se dedica a la primera mitad de esta presentación progresiva de la persona de Cristo.

La estructura de este Evangelio sigue el mismo orden general que los de Mateo y Marcos, puesto que es la vida misma de Cristo la que la determina. La presentación de los hechos es en algunos respectos más completa, bien que menos ordenada por temas, que la de Mateo, pero más flúida que la que ofrece Marcos.

BOSQUEJO

I. **Introducción. 1:1-4.**
II. **Se anuncia al Salvador. 1:5—2:52.**
   A. Anunciación a Zacarías. 1:5-25.
   B. Anunciación a María. 1:26-56.
   C. Nacimiento de Juan. 1:57-80.
   D. Nacimiento de Jesús. 2:1-20.
   E. Presentación en el templo. 2:21-40.
   F. Visita a Jerusalén. 2:41-52.

III. **Aparece el Salvador. 3:1—4:15.**
   A. Juan el Bautista lo anuncia. 3:1-20.
   B. Bautismo de Jesús. 3:21-22.
   C. Su genealogía. 3:23-38.
   D. La tentación. 4:1-13.
   E. Entrada en Galilea. 4:14-15.
IV. **Ministerio activo del Salvador. 4:16—9:50.**

A. Definición de su ministerio. 4:16-44.
B. Demostraciones de su poder. 5:1—6:11.
C. Elección de los apóstoles. 6:12-19.
D. Un resumen de sus enseñanzas. 6:20-49.
E. Vistazo panorámico de su ministerio. 7:1—9:17.
F. Punto culminante de su ministerio. 9:18-50.

V. El camino del Calvario. 9:51—18:30.
A. La perspectiva de la cruz. 9:51-62.
B. Ministerio de los setenta. 10:1-24.
C. Enseñanzas a las multitudes. 10:25—13:21.
D. Iniciación del debate público. 13:22—16:31.
E. Instrucción de los discípulos. 17:1—18:30.

VI. Sufrimientos del Salvador. 18:31—23:56.
A. Rumbo a Jerusalén. 18:31—19:27.
B. Entrada en Jerusalén. 19:28-44.
C. Enseñanza en Jerusalén. 19:45—21:4.
D. Sermón del Monte de los Olivos. 21:5-38.
E. La última cena. 22:1-38.
F. Entrega a traición. 22:39-53.
G. Arresto y enjuiciamiento. 22:54—23:25.
H. La crucifixión. 23:26-49.
I. El sepelio. 23:50-56.

VII. La resurrección. 24:1-53.
A. La tumba vacía. 24:1-12.
B. La jornada a Emaús. 24:13-35.
C. Aparición a los discípulos. 24:36-43.
D. La última comisión. 24:44-49.
E. La ascensión. 24:50-53.

Resumen del mensaje. El mensaje del Evangelio de Lucas puede resumirse en las palabras de Jesús a Zaqueo: "El Hijo del Hombre vino a buscar y a salvar lo que se había perdido" (Lc. 19:10). El carácter y el propósito de Jesús como Salvador constituyen el tema principal del libro. La actividad y enseñanza de Jesús en este evangelio se concentran en sacar a los hombres de sus pecados a un plano superior y devolverles la vida y la esperanza. Los milagros, parábolas, enseñanzas y actos de Jesús son ejem-plos de su poder y voluntad redentores.

El concepto de Jesús como Hijo del Hombre pone el énfasis en su humanidad y en su compasión hacia todos los hombres. El habría de ser "luz para revelación a los gentiles, y gloria de . . . Israel" (2:32). Lucas escribe como cristiano gentil, con intenso aprecio por la revelación de Dios mediante la nación hebrea, pero al mismo tiempo con cálida simpatía hacia quienes no están incluidos en el primer pacto de la ley. El suyo es en verdad un evangelio de alcance universal.

COMENTARIO

1. Introducción. 1:1-4.

El de Lucas es el único evangelio que nos cuenta el método empleado por el autor en su composición. El contenido de la introducción tiene por objeto fortalecer la confianza del lector en lo que el Evangelio le dirá acerca de Cristo. **1. Historia.** La palabra implica un relato formal que sea un conciso resumen de hechos. **Cosas . . . ciertísimas.** Puede tener el sentido de "cosas cumplidas", pero tiene el de "cosas que se dan por sentadas como verdaderas", o "los reconocidos hechos del caso". **2. Enseñaron.** Pablo emplea la misma palabra aplicándola a la trasmisión oral del contenido del Evangelio (1 Co. 11:23; 15:3). **Testigos oculares y ministros de la palabra** (VL). Implica que los que informaron a Lucas habían visto a Jesús en persona, y que al entregarse a él se habían convertido en "ministros de la palabra". No tiene la palabra **ministros** el moderno sentido profesional; se le aplicaba a los "servidores" de la sinagoga (Lc. 4:20, NC). **3. También a mí.** Lucas era tan apto como el que más para escribir un evangelio. **Después de haber investigado** ("que desde hace mucho tiempo he seguido todo

exactamente", Str.). Pablo emplea la misma expresión griega para decir que Timoteo había "seguido" las incidencias de su carrera (2 Ti. 3:10). Tal conocimiento implica la familiaridad del hombre con hechos de sus propios días. **Desde su origen** (gr. *anothen*). Sólo vuelve a usar Lucas la palabra en Hch. 26:5, en donde se traduce "desde el principio". Lucas afirma estar absolutamente familiarizado con la vida de Jesús. **Excelentísimo.** Título que en otros sitios sólo aplica Lucas a oficiales o a patricios (Hch. 23:26; 24:3; 26:25). **4. Que conozcas.** La palabra griega implica *conocimiento cabal.* **Instruído** puede significar haber recibido información oral de carácter general, o instrucción formal. Lucas escribía para confirmar lo que Teófilo había aprendido de oídas.

II. Se anuncia al Salvador. 1:5—2:52.

Los dos primeros capítulos del Evangelio tratan de las circunstancias del nacimiento de Jesús e indican claramente que la venida del Salvador constituía una intervención directa de Dios en los asuntos humanos.

A. Anunciación a Zacarías. 1:5-25.
5. Herodes, rey. Herodes el Grande, edomita de sangre y judío por religión, fue rey

de Judea del año 37 al 4 a. de C. Era un gobernante hábil, pero cruel y corrompido. **Clase de Abías.** Había veinticuatro "clases" o divisiones del sacerdocio, según las familias de los descendientes de Aarón, una de las cuales era la de Abías (1 Cr. 24:10). **7. No tenían hijo.** Para una familia judía esto constituía una calamidad.

8. Ejerciendo . . . el sacerdocio. A cada miembro de la clase correspondía un turno para ministrar ante el altar del templo durante un período específico del año. **9. En suerte.** La oportunidad de ministrar ante el altar se echaba a la suerte, y por lo común sólo una vez en la vida se disfrutaba de ella. **10. Toda la multitud del pueblo estaba fuera orando.** Conforme la nube de incienso subía del altar, el pueblo se unía en oración silenciosa. **11. Un ángel del Señor.** No se describe a ningún ángel en el NT, pero han debido tener alguna característica distintiva que los diferenciara de los hombres. Su aparición por lo común se relaciona con alguna especial comunicación divina. **12. Se turbó Zacarías** por la inesperada presencia de otra persona en el lugar santo, y sintió temor pensando qué anuncio traería.

13. El ángel le dijo. Nótese el paralelismo entre el anuncio del nacimiento de Juan y el del nacimiento de Sansón (Jue. 13:3-5). En ambos casos los padres habían perdido la esperanza de tener hijos, y la criatura prometida estaría desde su nacimiento dotada de poder para una tarea especial. **17. Con el espíritu y poder de Elías.** Elías fue el severo profeta del arrepentimiento que reprendió a Acab, el idólatra rey de Israel (1 R. 21:17-24). La tarea de Juan era despertar a la nación y preparar al pueblo para el advenimiento de Cristo (Mal. 4:5-6). **19. Yo soy Gabriel.** Ese nombre significa *varón de Dios.* Aparece a los hombres con el fin de proclamar anuncios especiales de los designios de Dios (cf. Dn. 8:16; 9:21; Lc. 1:26).

21. Se extrañaba de que él se demorase. Como el rito de ofrecer el incienso por lo común requería poco tiempo, la demora de Zacarías pudo causar alarma. El pueblo pudo haber pensado que el sacerdote había muerto. **23. Los días de su ministerio.** El turno de los sacerdotes era por tiempo limitado, y luego quedaban en libertad de volver a sus hogares. La casa de Zacarías estaba en la región montañosa, probablemente no lejos de Jerusalén (1:39).

B. Anunciación a María. 1:26-56.

27. Una virgen desposada con un varón que se llamaba José. La ley judaica consideraba el compromiso o los esponsales tan obligante como el matrimonio. El compromiso matrimonial quedaba finiquitado una vez efectuados los trámites por el representante del novio y pagada la dote al padre de la novia. Después de los esponsales, el novio podía pedir la entrega de su esposa en cualquier momento. El aspecto legal del matrimonio estaba incluido en los esponsales; la boda era un simple reconocimiento del acuerdo ya celebrado. José tenía perfecto derecho para viajar con María a Belén. **De la casa de David.** Por derecho de adopción, al ser tenido por hijo de José, Jesús podía reclamar para sí la herencia real de la casa de David.

28. Muy favorecida. Puede traducirse como *llena de gracia,* pero con referencia a quien es recipiente de favor o gracia y no fuente de ellos. **29. Qué salutación sería esta.** Ser elegida de entre todas las mujeres para recibir bendición era inquietante. María no lograba comprender por qué se la escogía para este honor.

31. Llamarás su nombre Jesús. Jesús es la forma griega del nombre hebreo *Josué,* que significa *Jehová es salvación.* Compárese el relato que de la anunciación a José hace Mateo (1:21). **32. El trono de David su padre.** Los descendientes de David habían gobernado en Judá como dinastía ininterrumpida desde la unificación del reino hasta el exilio. El ángel predijo que Jesús completaría esa sucesión. **33. Y reinará sobre la casa de Jacob para siempre.** Este reino puede ser temporal y espiritual.

34. ¿Cómo será esto? pues no conozco varón. La pregunta de María confirma la declaración sobre su virginidad en el v. 27. Hasta el momento José no la había tomado por esposa. **35. El Espíritu Santo vendrá sobre ti.** En contraste con las leyendas paganas de la antigüedad respecto a la pretendida prole de dioses y humanos, no hubo intervención física. El acto creador del Espíritu Santo en el cuerpo de María proveyó los medios físicos para la encarnación. **36. Tu parienta Elisabet.** Si María y Elisabet eran primas, Jesús y Juan el Bautista serían primos segundos. **38. He aquí la sierva del Señor.** La resuelta aceptación de María muestra su carácter devoto y obediente. Estaba dispuesta a arrostrar la deshonra y el divorcio por cumplir el mandato de Dios.

43. La madre de mi Señor. El saludo de Elisabet muestra que estaba presta para reconocer al Hijo de María como su Señor.

46. Engrandece mi alma al Señor. Los vv. 46 al 52 se denominan *Magníficat,* primera palabra de la traducción latina. Compárese con la oración de Ana (1 S. 2:1-10). **47. Dios mi Salvador.** María no estaba libre de pecado; ella reconoció su necesidad de un Salvador. **48. Sierva** (gr. *doule*), literalmente, *esclava.* **49. Me ha hecho grandes cosas,** o, mejor, *grandes cosas ha hecho para mí.* **51. El pensamiento de sus corazones** (cf. 1 Cr. 29:18). Tiene la idea de *engreimiento* (v. Str.) o de la jactancia de la confianza en que se enorgullecían.

C. Nacimiento de Juan. 1:57-80.

59. Circuncidar al niño. Al niño judío se le circuncidaba a los ocho días de nacido, tiempo en que por lo común se le ponía nombre. **60. Se llamará Juan.** Derivado del hebreo *Johanán;* significa *Dios es benigno.* **61. No hay nadie en tu parentela que se llame con ese nombre.** Solía darse a los niños nombres de sus antepasados. En este caso la elección de un nombre diferente ponía de relieve una especial expectación en cuanto al niño. **63. Una tablilla.** En la antigüedad se usaban tablillas enceradas para escribir apuntes transitorios.

65. Se divulgaron todas estas cosas. Quizá Lucas se haya enterado de estos hechos por conversaciones con los que vivían en esa región montañosa.

67. Lleno del Espíritu Santo. Ocho veces aparece esta expresión en los escritos de Lucas, incluso dos veces anteriores en este capítulo (1:15,41). Las ocho veces se relacionan con capacitar para hablar o predicar. Implican especial dominio y preparación por el Espíritu Santo para trasmitir un mensaje proveniente de Dios. **Profetizó.** Esta palabra no se aplica exclusivamente a la predicción, sino que puede referirse a la declaración del mensaje de Dios para los hombres, ya se refiera a lo pasado, lo presente o lo por venir.

68. Bendito el Señor Dios de Israel. Lucas, aunque gentil, enlaza la médula del mensaje con el Dios del AT. **Ha visitado y redimido a su pueblo.** Zacarías reconoció en el nacimiento de Juan el inicio del cumplimiento de la venida del Mesías. **69. Donde** antes se decía *cuerno* en este y otros versículos, dan las versiones más recientes "poder" o alguno de sus derivados o sinónimos. Los cuernos del buey eran símbolo de potencia (cf. Sal. 18:2; 89:24; 132:17; 148:14). **Profetas.** Dios ha tenido sus representantes en todo tiempo y lugar. A Enoc, mensajero de Dios antes del diluvio, se le llama profeta (Jud. 14). **73. Del juramento.** Dios le había jurado a Abraham que sus descendientes serían preservados a través del cautiverio egipcio y que serían poseedores de la tierra prometida (Gn. 15:13,18). **78. Nos visitó desde lo alto de la aurora.** El término que se traduce por "aurora" se refiere al surgimiento del "Sol de justicia" (Mal. 4:2). En todo el pasaje resuenan ecos del capítulo final de la profecía de Malaquías.

D. Nacimiento de Jesús. 2:1-20.

1. Edicto de . . . Augusto César. Lucas es el único evangelista que data su historia mediante el emperador reinante (v. 3:1). **Edicto** (gr. *dogma*). Era un decreto imperial. **Augusto César.** Primer emperador de Roma, que reinó del año 27 a. de C. al 14 d. de C. **Todo el mundo.** Quiere decir todo el imperio, y no todo el mundo conocido.

Empadronado. Augusto había decretado un censo del imperio que sirviera como base para la recaudación de impuestos. El decreto se promulgó alrededor del año 8 a. de C., pero probablemente no entró en vigencia sino algunos años más tarde. **2. Siendo Cirenio gobernador de Siria.** P. Suplicio Quirino fue nombrado gobernador de Siria el año 6 d. de C., y por aquel tiempo efectuó un censo de Judea. Existe buena prueba de que fue gobernador de Siria dos veces, la primera entre 4 a. de C. y 1 d. de C. El censo anterior puede que haya estado terminándose la primera vez que él asumió el cargo. **3. Cada uno a su ciudad.** En Judea cada cual regresaba a la ciudad de sus antepasados, en donde se guardaban sus registros familiares. **4. Galilea** era la región en torno al lago de Genesaret o de Galilea. Un alto porcentaje de su población era gentil, y desde los días de los profetas se le conocía como "Galilea de los Gentiles" (Is. 9:1). **Nazaret.** Ciudad situada entre las colinas de Galilea, sobre la ruta mercantil que desde la llanura costeña llevaba a Damasco y el Oriente. **Judea.** Provincia ubicada al sur de Samaria y al norte de Edom y el desierto, limitada al oeste por el mar Mediterráneo y al este por el río Jordán y el mar Muerto. **Belén.** Lugar ancestral de la familia de David. **5. Desposada.** V. com. 1:27.

7. Primogénito. El término puede implicar que más adelante María tuviera otros hijos (cf. Mr. 6:3). **Pesebre.** Especie de artesa para comedero de ganado. Puede que José y María se hayan refugiado en el establo. La tradición dice que éste era una cueva en la ladera de la colina detrás de la posada. **8. Guardaban las vigilias . . . sobre su rebaño.** Se desconoce la fecha exacta del nacimiento de Jesús; la fecha legendaria, 25 de diciembre, aparece no más allá del siglo cuarto. **9. La visitación celestial vino rodeada con destellos de la divina gloria que se hacía visible cuando Dios se manifestaba (Ex. 16:10; 20:18; 40:34; 2 Cr. 7:1; Ez. 1:1-28). **10. No temáis.** Era la salutación usual para hombres a quienes tal aparición ha de haber resultado terrífica (cf. 1:13,30). **Todo el pueblo,** es decir, todo Israel. **11. Salvador.** En el AT Dios era el Salvador de su pueblo (Is. 25:9; 33:22). Mientras los profetas lo consideraban principalmente como un Salvador respecto a la opresión política, Lucas amplía el concepto para hacer de Jesús un Salvador respecto al pecado. **Cristo el Señor.** Cristo significa *ungido,* el Mesías de Israel, que era el Libertador prometido. **Señor.** Título que los paganos griegos aplicaban a sus reyes, a quienes honraban como dioses. El cristiano, sólo a Cristo puede darle tal título (1 Co. 8:6). **12. Servirá de señal.** Literalmente, *será la señal.* **14. Paz, buena**

voluntad para con los hombres. La VL, basándose en un manuscrito diferente, traduce: *paz entre los hombres con quienes él está complacido* (v. Str.). No se otorga la paz a quienes tienen buena voluntad para con Dios, sino a aquellos en cuyo favor se inclina él.

15. Esto que ha sucedido. Los pastores no dudaron de la realidad del mensaje angelical, sino que lo aceptaron literalmente. **19. María guardaba . . . meditándolas en su corazón.** La aparición de los visitantes celestiales confirmaba el misterioso secreto de la anunciación.

E. Presentación en el templo. 2:21-40.

21. Cumplidos los ocho días. A Jesús, como a Juan, se le puso nombre de acuerdo con el mensaje de Gabriel (1:13, 59-63). Puede que la circuncisión se haya realizado en Belén. **22. Los días de la purificación de ellos.** De acuerdo con la ley de Moisés, la mujer que daba a luz un varón se consideraba impura durante siete días. Al octavo día se circuncidaba al niño, y ella permanecía impura durante los treinta y tres días siguientes. Al final de ese período la mujer presentaba un sacrificio en el templo y quedaba ceremonialmente purificada (Lv. 12:2-6). El sacrificio que se ofrecía era proporcional a la capacidad económica de la familia. **24. Un par de tórtolas.** La ofrenda de las aves indica que José y María eran pobres (Lv. 12:8). Para presentar la ofrenda fueron a Jerusalén, distante de Belén sólo unos cuantos kilómetros.

25. Simeón. Puede que Simeón haya sido uno de los *Hasidim*, sinceros y fervientes adoradores de Dios que guardaban el espíritu así como la letra de la ley. **Justo** expresa su actitud hacia los hombres; **piadoso,** su actitud para con Dios. **La consolación de Israel.** El Mesías esperado, que habría de libertar de sus opresores a los judíos. **26. Y le había sido revelado.** A Simeón le había sido dada una especial predicción como recompensa por su devoción. **28. Bendijo a Dios, diciendo.** Las palabras de Simeón, como los salmos de David, se expresaron en poesía hebraica. **32. Luz para revelación a los gentiles.** Simeón percibía el verdadero propósito de Dios de extender la mano a los gentiles tanto como a Israel. Lucas, como gentil, ha de haberse interesado especialmente en esta profecía. **34. Este.** No era Jesús simplemente un niño judío más, sino el personaje cardinal para la fe. Quienes creían en él alcanzaban nuevas cumbres; quienes lo rechazaban caían en más honda desesperación. **35. Una espada.** Simeón da a entender que María habría de sufrir grandes penas por causa del niño. **36. Ana, profetisa.** En los tiempos tanto del AT como del NT, hubo mujeres dotadas de poderes proféticos. Débora (Jue. 4:4), fue una de las primeras personas que gobernaron a Israel, y las hijas de Felipe el evangelista profetizaban (Hch. 21:9). **37. Era viuda hacía ochenta y cuatro años.** Había vivido con su marido siete años. Si se casó cuando tenía doce años, era más que centenaria al tiempo de la presentación, a menos que Lucas haya querido fijar en ochenta y cuatro el total de sus años, según interpretan diversas versiones (VL, Str., NC). Igual que Simeón pertenecía al remanente piadoso del judaísmo. **38. Redención en Jerusalén.** La grandeza de la fe de Ana se manifiesta en su confianza en que este niño era el medio prometido para la redención nacional.

40. Y el niño crecía y se fortalecía. Lucas es la única fuente de información en cuanto a la niñez de Jesús. Toda clase de leyendas fantásticas relativas a los primeros años de nuestro Señor se hilvanaron y publicaron en los evangelios apócrifos, pero ninguna de ellas aparece en las Escrituras.

F. Visita a Jerusalén. 2:41-52.

42. Subieron a Jerusalén. Era costumbre de los judíos devotos asistir a la pascua en Jerusalén. Jesús, ya de doce años, se acercaba a la edad normal para ser recibido en el judaísmo como "hijo de la ley", lo cual lo haría miembro cabal de la comunidad religiosa. **43. Se quedó . . . en Jerusalén.** Igual que a cualquier niño normal, quizá lo atrajeron las escenas de la ciudad; más probable es que le hayan interesado particularmente las enseñanzas de los rabíes. **46. Le hallaron en el templo.** Su interés demuestra que había alcanzado consciencia de la necesidad de comprender la ley. Estaba escuchando atentamente las enseñanzas de los maestros más ilustres, que se maravillaban de la claridad y el discernimiento con que respondía a sus preguntas. **48. Hijo, ¿por qué nos has hecho así?** Como toda madre verdadera, María lo echó de menos cuando al finalizar la primera jornada se detuvo la caravana. Estaba evidentemente preocupada. **49. En los negocios de mi Padre.** La VL traduce *en la casa de mi Padre.* Ambas versiones implican que el joven tenía una fina percepción de su relación con Dios. Le sorprendía que María y José no hubiesen comprendido tal relación, y les recordó que ya que su verdadero Padre era Dios, su sitio estaba en la casa de Dios. **50. Mas ellos no entendieron.** José y María no comprendieron todo el alcance de las palabras de Jesús. Es el primer indicio que se nos cuenta de su creciente independencia (cf. Jn. 2:4). **51. Estaba sujeto a ellos.** La independencia de Jesús no era rebeldía. Volvió a Nazaret y permaneció con la familia hasta el comienzo de su ministerio público. **Guardaba todas estas cosas en su corazón.** Si bien no comprendía qué quería decir él, María no olvidó sus palabras. Quizá fuera de labios de ella que Lucas las recibió. **52. Y Jesús crecía en sabiduría y en estatura, y en gracia para con Dios y los hombres.** No era un niño prodigio en el sentido de ser anormal. **Crecía** (literalmente el verbo significa abrirse paso) quiere decir que aumentaron su tamaño así como su consciencia y su comprensión de los acontecimientos. Era perfecto en cada etapa de su desarrollo. No tenía las fallas que desfiguran al resto de los hombres en cada una de dichas etapas.

III. Aparece el Salvador. 3:1—4:15.

El relato del ministerio de Juan el Bautista, la genealogía y la tentación de Jesús se presentan como fondo del cuadro en que Lucas presenta al Salvador. El bautismo lo enlaza con la vida espiritual de su tiempo; la genealogía afirma su parentesco con la raza humana; y la tentación demuestra su competencia para enfrentarse a los problemas morales que la humanidad confronta.

A. Juan el Bautista lo anuncia. 3:1-20.
1. En el año decimoquinto del imperio de Tiberio César. Cuidadoso historiador, Lucas data el inicio de la carrera del Salvador por el año del emperador reinante. Tiberio era hijo adoptivo de Augusto (2:1). Puesto que ascendió al trono el año 14 d. de C., su decimoquinto año sería por ahí de los años 28 ó 29 d. de C. Los demás personajes que se mencionan gobernaban en Palestina por el mismo tiempo. **Gobernador.** Poncio Pilato, a quien nuevamente se menciona en relación con el proceso de Jesús (23:1-25), fue procurador (gobernador imperial) de Judea del año 26 al 36 d. de C. Respondía ante el emperador por el bienestar de la provincia. **Tetrarca de Galilea.** En términos estrictos, un tetrarca era el gobernador de la cuarta parte de un territorio determinado. **Herodes** era Antipas, hijo de Herodes el Grande; su jurisdicción era Galilea y el territorio al este del Jordán. **Iturea**, el reino de Felipe, otro hijo de Herodes el Grande, se hallaba al nordeste de Galilea y al este del monte Hermón. Poco se sabe de **Lisanias**, excepto que era el monarca del reinecillo de Abilene, ubicado en la vertiente oriental de los montes del Líbano, al nordeste de Damasco. **2. Anás y Caifás.** Caifás era el sumo sacerdote en ejercicio; Anás, su suegro, era sumo sacerdote emérito, y era poderosamente influyente (Jn. 18:13). **Palabra de Dios.** A Juan le vino el divino llamado igual que a los profetas del AT (Os. 1:1; Jl. 1:1; Jon. 1:1; Mi. 1:1). **3. El bautismo del arrepentimiento.**

Plummer (ICC, p. 86) dice que "el bautismo del arrepentimiento" es el rito bautismal enlazado con el arrepentimiento, símbolo externo de un cambio interno. El arrepentimiento significa un cambio de ánimo o de actitud no únicamente emocional sino que involucra un total cambio de rumbo de la anterior conducta y modo de pensar. **Para perdón de pecados.** El propósito de la predicación de Juan era conducir a los hombres a experimentar el perdón. **4. Enderezad sus sendas.** (V. Is. 40:3-5). En la antigüedad existían pocos caminos pavimentados. Cuando un rey viajaba, sus súbditos construían para él calzadas para que su carroza no se atascara en el lodo ni en la arena. De modo semejante, con su predicación Juan estaba preparando el camino para Jesús de modo que toda carne pudiese ver la salvación de Dios. Al equiparar las palabras del profeta (Is. 40:3), "Preparad el camino del Señor (Jehová)" con la misión de Juan, Lucas muestra que atribuye a Cristo la deidad. **6. Y verá toda carne la salvación de Dios.** Desde el inicio del ministerio de Jesús, el escritor deja claro que aquél tenía un mensaje universal.

7. ¡Oh generación de víboras! Como sus proféticos antepasados, Juan denunciaba con palabra vigorosa los pecados del pueblo. **8. Tenemos a Abraham por padre.** Los judíos estaban singularmente orgullosos de Abraham, con quien Dios había establecido su pacto, como cabeza de su raza. En la creencia de que por medio de Abraham eran herederos de la bendición divina, confiaban en que el hecho de ser sus descendientes les acarrearía la salvación (Jn. 8:33). Juan el Bautista les advirtió que Dios podría convertir hasta las piedras mismas en descendientes de Abraham. **9. Ya el hacha está puesta a la raíz de los árboles.** Los árboles estériles se convertían en leña. La nación no había producido los frutos que Dios esperaba, y el juicio era inminente.

12. Los publicanos eran recaudadores de impuestos, notorios por su rapacidad. Cierta parte de los ingresos de los hombres debía pagarse como impuestos, pero los publicanos solían exigir más, enriqueciéndose con la exacción. El pueblo los odiaba, considerándolos traidores por cuanto trabajaban al servicio de Roma. **14. También . . . unos soldados.** Los soldados a menudo se comportaban brutalmente con sus paisanos, a quienes extorsionaban. **No hagáis extorsión.** El verbo gr. (*diaseiete*) significa sacudir violentamente, y es un vulgarismo de aquellos tiempos.

15. Si acaso . . . sería el Cristo. Cristo es un término genérico que significa "Mesías". Es un título y no un nombre propio. **16. El os bautizará en Espíritu Santo y fuego.** Ya que el bautismo con agua significa arrepentimiento, la venida del Espíritu Santo es prueba de la presencia de Dios. El fuego simboliza purificación y poder. **17. Su aventador está en su mano.** El "aventador" era la pala que se empleaba para lanzar el grano al aire para que el viento se llevara la paja y el grano vano, mientras el grano bueno caía en la era.

19. Herodes el tetrarca. Se había casado éste con Herodías, esposa de su hermano Felipe. Cuando Juan lo censuró públicamente, Herodías se enfureció y exigió que se encarcelara a Juan. Herodes lo arrestó, y finalmente a petición de su esposa lo mandó ejecutar.

B. Bautismo de Jesús. 3:21-22.

21. Jesús fue bautizado. Al someterse al bautismo de Juan, Jesús, no obstante no haber pecado en él, se identificó con los pecadores y así comenzaba su obra redentora. El abrirse el cielo fue el divino reconocimiento de Jesús como Hijo. **22. Y descendió el Espíritu Santo.** La paloma era símbolo de inocencia y candidez, y mensajera de paz (cf. Gn. 8:8-9). **Una voz del cielo.** Cf. Lc. 9:35; Jn. 12:28.

C. Su genealogía. 3:23-28.

23. Era como de treinta años, hijo, según se creía, de José. Esta genealogía discrepa con la que registra Mateo, que ofrece la línea legal de ascendencia real. Lucas presenta la línea humana, probablemente a través de María, si se tiene a José como hijo político del padre de ella. Lucas traza la ascendencia hasta Adán para subrayar que Jesús descendía del primer padre de la raza humana, mientras Mateo comienza con las cabezas del pacto: Abraham, a quien Dios le prometió la tierra (Gn. 12:7), y David, con quien pactó un reino eterno (2 S. 7:12, 13, 16).

D. La tentación. 4:1-13.

Tanto Lucas como Mateo narra la tentación de nuestro Señor. Jesús, como Adán (Gn. 3:6), fue probado en las tres áreas del apetito físico, la ambición mundana y el progreso espiritual, a fin de que demostrara su competencia para la misión que le estaba encomendada. En donde el primer hombre fracasó, él triunfó.

1. Llevado por el Espíritu. La primera vez que consta que el Espíritu Santo lo haya dirigido, fue para llevarlo a la tentación. El **desierto.** La tradición ubica el escenario de la tentación en un yermo al noroeste del Mar Muerto, totalmente desnudo de vegetación o abrigo. **2. Cuarenta días.** Era un período de prueba conocido (Gn. 7:4; Ex. 24:18; 1 R. 19:8; Jon. 3:4).

3. Si eres Hijo de Dios. La palabra griega que se traduce por el "si" condicional implica que el diablo no dudaba de que Je-

sús fuese el Hijo de Dios, sino más bien que daba por sentado que sí poseía Jesús el derecho de crear. **Pan.** El pan no tenía en Palestina forma oblonga sino redonda y aplanada. Las piedras del campo semejaban panes. **4. Escrito está.** No formuló Jesús su propia respuesta para el tentador, sino que sacó la réplica de la revelación bíblica. **No sólo de pan vivirá el hombre** (Dt. 8:3). El hombre necesita pan, pero no es eso todo cuanto necesita. La satisfacción material de los apetitos jamás logrará satisfacer los más profundos anhelos del espíritu humano.

5. Todos los reinos de la tierra. Desde las alturas de la cordillera se podían distinguir tierras antiguamente ocupadas por los imperios de Egipto, Asiria, Babilonia, Persia, Grecia y, últimamente, Roma. **6. A ti te daré toda esta potestad.** Cristo había venido a reclamar el mundo como su reino, y el diablo se lo ofrecía como una "ganga." **7. Si tú postrado me adorares.** Al adorarlo, Jesús trocaría su independencia por los reinos del mundo. De aceptar tales condiciones, no sería en verdad el soberano, pues se vería forzado a someterse a la autoridad de Satanás. **8. Al Señor tu Dios adorarás** (Dt. 6:13). Sólo estaba dispuesto a admitir como suprema la autoridad de Dios. No podía entrar en transacciones.

9. El pináculo del templo. Una de las murallas almenadas o torres (gr. *pterygion*, "ala pequeña"), que daba sobre el atrio o quizá sobre el valle del Cedrón. Si Jesús hubiese saltado desde las almenas y sin sufrir daño alguno hubiese tocado tierra en medio de la multitud de abajo, lo habrían aclamado como el Mesías descendido del cielo, y su fama habría quedado instantáneamente hecha. **10. Escrito está.** En la tercera tentación el diablo omitió la parte del versículo que dice "que te guarden en todos tus caminos." No había prometido Dios guardar a su siervo en actos de necia presunción, sino únicamente cuando anduviera en los caminos de Dios (v. Sal. 91:11-12).

13. Por un tiempo. Las palabras implican que más adelante la tentación fue renovada. El Salvador vivió constantemente bajo la presión del mal. El diablo es una persona real, aunque no necesariamente visible.

E. Entrada en Galilea. 4:14-15.

Mateo, Marcos y Lucas dan como lugar de iniciación del ministerio de Jesús a Galilea; Juan registra un ministerio anterior en Judea (Jn. 2:13—4:3). Lucas subraya el lugar del Espíritu Santo en la carrera de Jesús (cf. Lc. 1:35; 3:21-22; 4:1).

IV. Ministerio activo del Salvador. 4:16—9:50.

La primera parte del ministerio de nuestro Señor abarcó un plazo como de dos años y medio. Incluye la elección de los apóstoles y la mayor parte de sus enseñanzas y sanidades, y culmina en la Transfiguración. Lucas se propone mostrar a Teófilo el carácter divino de Jesús y la naturaleza profética de su misión.

A. Definición de su ministerio. 4:16-44.

16. Nazaret. Jesús comenzó su ministerio en la ciudad donde se había criado. **Entró en la sinagoga.** Durante el cautiverio babilónico, después de la destrucción del templo, el pueblo judío estableció sinagogas como centros locales para el culto. El culto en las sinagogas persistió aun después de reedificado el templo. Lucas observa que Jesús había acostumbrado asistir con regularidad a los cultos en la sinagoga los días de reposo. Los miembros participaban en el servicio, y solía pedírseles que leyeran la Escritura e hicieran los comentarios pertinentes. Pablo efectuó la mayor parte de su predicación en las sinagogas (cf. Hch. 13:14-15). **17. El libro del profeta Isaías.** La sinagoga seguía un orden regular de lecturas. Probablemente Jesús tomó el pasaje que usualmente se leía en aquel día. **18. Me ha ungido.** El pasaje proviene de Is. 61:1-2, que es una profecía de la era mesiánica.

20. El libro. Los escritos del AT eran rollos montados en delgados rodillos; se leían enrollando un lado mientras se desenrollaba el otro. **Ministro.** Después de leer, Jesús enrolló el volumen y lo entregó al ayudante que tenía a su cargo las Escrituras. La confección de los rollos era costosa, y se los conservaba con gran esmero. **21. Hoy se ha cumplido esta Escritura.** Las palabras con que el lector iniciaba su comentario debieron sobresaltar a sus oyentes. Lo conocían desde su infancia; estaban acostumbrados a mirarlo. Al oírlo pretender que él era el cumplimiento de aquella profecía mesiánica, se quedaron pasmados.

22. Palabras de gracia. Lucas no transcribe verbalmente todo lo que Jesús dijo. Ha de haber explanado la primera parte del texto, aplicándolo a su propia persona. **¿No es éste el hijo de José?** La pregunta de los aldeanos demuestra que no sabían nada del origen de Jesús sino suponían que fuese hijo de José y María por nacimiento natural. Conforme él planteaba con mayor vigor sus pretensiones, pensaban qué derecho tenía para hacerlo.

23. Médico, cúrate a ti mismo. Con frecuencia enseñaba el Señor por medio de proverbios y parábolas. En esta ocasión se adelanta a la petición de la gente en el sentido de que realizara en Nazaret los milagros que en Capernaum había efectuado. **24. Ningún** profeta es acepto en su propia tierra. En los versículos siguientes Jesús indicó no sólo que esperaba que su propia aldea lo rechazara, sino que su mayor ministerio podría ser en favor del mundo gentil. **28. Todos... se llenaron de ira.** El anuncio de que no haría ninguna obra en pro del pueblo de Nazaret, puesto que ellos no querían aceptarlo, suscitó la ira de ellos, y trataron de matarlo tumultuariamente. **29. La cumbre del monte.** Nazaret estaba edificado sobre colinas, algunas de las cuales eran bastante empinadas. **30. Pasó por en medio de ellos.** Su imponente aspecto y la protección divina le permitieron pasar indemne por entre la airada multitud.

31. Capernaum. Pequeña ciudad ribereña del Mar de Galilea, unos cuarenta kilómetros al nordeste de Nazaret. Jesús efectuó un amplio ministerio en la sinagoga. Lucas presenta un día típico en la carrera de Jesús, abundante en enseñanzas y curaciones.

33. Un espíritu de demonio inmundo. Sólo a Satanás se le aplica con propiedad el nombre de "diablo." La posesión demoníaca era corriente en días de Jesús, y se la diferenciaba de la locura (v. Mt. 4:24). En los lugares en donde se reconoce y adora a las potencias del mal, aún es corriente. Los demonios son inteligencias malignas que procuran adueñarse de seres humanos como medios de expresión. **34. Déjanos.** Los malos espíritus lo reconocían y expresaban el miedo y el odio que le tenían. **35. Cállate, y sal de él.** Nuestro Señor nunca permitía que los demonios le hicieran propaganda. Su autoridad sobre ellos era prueba de la validez de las pretensiones mesiánicas que en Nazaret había planteado.

38. La casa de Simón. El llamamiento de Simón consta en Jn. 1:41-42. Hasta el momento, Lucas no lo había mencionado, pero da por sentado que el lector sabe que ya Simón era uno de los discípulos. Su llamada a servir viene más adelante. **Una gran fiebre.** Solamente Lucas la califica de "grande", reflejo de su interés médico. **40. Al ponerse el sol.** La puesta del sol marcaba el fin del día judaico. Terminado el día de reposo, era lícito transportar a los enfermos. Tan grande fue el número de los que le trajeron, que el Señor ha de haber pasado gran parte de la noche atendiéndolos.

42. Se fue. Después de un día atareado, solía Jesús apartarse de las multitudes para orar (v. Lc. 5:16; 6:12). **43. El reino de Dios.** El reino y gobierno de Dios por medio del Mesías era el tema de la predicación del Salvador. Su ética, sus actos, su obra redentora y su promesa de regresar, todo ello está circunscrito a este tema. El pueblo judío de su tiempo esperaba que el reino fuera primordialmente la restauración de la independencia de Israel. Jesús le dio un contenido mucho más amplio.

B. Demostraciones de su poder. 5:1—6:11. Esta división del Evangelio de Lucas prosigue con las pruebas del poder de Jesús, como preludio a un mayor énfasis en la enseñanza en público.

1. Lago de Genesaret. Otro nombre del lago de Galilea. Es una masa de agua de unos treinta km. de largo por trece de ancho, rodeada de colinas. En días de nuestro Señor los alrededores estaban densamente poblados y en sus riberas había numerosas ciudades. Capernaum, y Betsaida al norte de ella, eran centros de la industria pesquera. **2. Lavaban sus redes.** Era esta una tarea de rutina la mañana siguiente de una noche de pesca. **3. Entrando en una de aquellas barcas.** La tierra ribereña ofrecía un anfiteatro natural, pues se elevaba en suave declive a lo largo de la playa y había buena acústica. Para evitar que el gentío lo apretara tomó prestada la barca de Pedro para usarla como púlpito.

4. Echad vuestras redes para pescar. Durante la noche los peces se acercaban más a la superficie para alimentarse; durante el día buscaban en lo profundo las aguas frescas. **5. Mas en tu palabra.** No obstante que Jesús era carpintero y no pescador, y que la experiencia de Pedro le daba la certeza de que nada iban a pescar, sus palabras demuestran fe en Jesús. Estaba presto a creer en la palabra del Maestro aun en materias en que naturalmente no se consideraría perito. **6. Su red se rompía.** Literalmente, "comenzaban a romperse". Tan abundante fue la pesca que ni redes ni barcas bastaban para contenerla.

8. Apártate de mí, Señor, porque soy hombre pecador. Esta demostración de que Jesús sabía aun más de pesca que Pedro, junto con el obsequio de pescado que compensaba con creces el inútil esfuerzo de la noche anterior, hizo que el discípulo se contemplara a sí mismo bajo una nueva luz. En contraste con Jesús, cuya deidad se hacía evidente por el milagro, Pedro se dio cuenta de que era pecador, y se sintió indigno de tener a Jesús junto a sí. **10. No temas; desde ahora serás pescador de hombres.** Simón y sus socios Jacobo y Juan ya antes se habían hecho discípulos de Jesús, pero aún trabajaban en su empresa. Ahora los llamaba a un especial servicio, y ellos lo dejaron todo por seguirle.

12. Lleno de lepra. La descripción implica un caso avanzado. La lepra era enfermedad común en Oriente. En sus etapas finales desfigura el cuerpo, conforme va carcomiendo los diversos miembros. La ley exigía el aislamiento de los leprosos fuera de las ciu-

dades (Lv. 13:45-46). **Si quieres.** El leproso no dudaba de la competencia de Jesús para sanar, pero estaba inseguro respecto a su actitud. **13. Quiero.** Ya que la enfermedad se consideraba incurable, la súbita sanidad puede que haya sorprendido al enfermo y a cuantos lo conocían. **14. Vé... muéstrate al sacerdote.** La ley requería que los casos de lepra fuesen inspeccionados por los sacerdotes, que actuaban como junta de salubridad en la comunidad judía (Lv. 14:1-32). Jesús quería que el hombre se sometiese a los trámites oficiales para que pudiera reintegrarse a la comunidad.

17. Fariseos y doctores de la ley. La fama del Maestro había atraído a Galilea a dirigentes religiosos de todas partes del país. Daban a sus enseñanzas oídos de inquisidor. **18. Un... paralítico.** Era un caso difícil, lo cual habría de hacer la curación tanto más convincente. **19. Por el tejado le bajaron.** Lucas describe la casa como si fuese una morada romana cubierta de tejas, tal como serían las de las ciudades conocidas de sus lectores. **20. Hombre, tus pecados te son perdonados.** Nuestro Señor comenzó por las necesidades espirituales del hombre, que eran mayores que su necesidad física.

21. Blasfemias. Los críticos de Jesús se horrorizaron al verlo arrogarse un derecho que sólo a Dios pertenece: el de perdonar pecados. El Señor no dijo que él era el Hijo de Dios y que tenía autoridad, y que era un error la inferencia de ellos. Lo que hizo fue proponer una forma de someter a prueba esa autoridad. **23. ¿Qué es más fácil?** Más fácil sería decir "tus pecados te son perdonados", pues en caso de no serlo no habría evidencia externa. Si Jesús hubiera ordenado que el hombre fuera sano y la sanidad no se hubiera producido, todo el mundo se habría dado cuenta de que el sanador era un impostor.

24. Levántate, toma tu lecho. Jesús hizo de su poder sanador una prueba de su poder perdonador. Al efectuar lo que sus censores tenían por más difícil, demostró que era capaz de hacer lo que daban por más fácil. El **lecho** es un jergón y no una cama. **25. Al instante, levantándose...** La curación fue completa, y los censores de nuestro Señor fueron reducidos a silencio. El milagro demostró que Jesús podía quitar la parálisis tanto del cuerpo como del espíritu.

27. Leví es la misma persona que Mateo (Mt. 9:9). **Tributos públicos.** Los impuestos sobre las mercancías que se transportaban por el camino de las caravanas eran cobrados por agentes de Herodes, de cuyo número puede que fuera Mateo. **29. Leví le hizo gran banquete.** Mateo, que era rico, organizó una comida especial para sus asociados con el fin de que conociesen a Jesús. Los fariseos habían rechazado por completo a los publicanos y nada querían con ellos; Jesús, en cambio, les tendía la mano. Había perdón para los publicanos tanto como para los demás. **30. Publicanos y pecadores** se clasificaban juntos. Los publicanos tenían fama de avaros y defraudadores del fisco. **32. No he venido a llamar a justos.** Jesús daba a entender que nada podía hacer en pro de los "justos" fariseos, que se sentían seguros de su propia perfección. El venía en busca de quienes reconocían y aceptaban su propia necesidad.

33. ¿Por qué los discípulos de Juan ayunan muchas veces? La gente estaba confusa, puesto que las normas éticas de Jesús no eran inferiores a las de Juan y los fariseos; les tenía perplejos que los discípulos de Jesús no fuesen tan austeros como los de Juan. **34. Los compañeros del esposo** (Str.). La frase es un idiotismo hebraico, literalmente, "los hijos de la sala nupcial". Eran una especie de padrinos. Mientras Jesús estuviera con los discípulos, ninguna razón había para la tristeza. En el vs. 35 insinúa que algún día él sería quitado del lado de ellos y que entonces sí sería apropiado el ayuno. La figura del amigo del esposo fue usada por el propio Juan el Bautista al referirse a su relación con el Señor (Jn. 3:29).

36. Les dijo también una parábola. Las parábolas del Señor eran cuadros o incidentes de la vida real mediante los cuales impartía enseñanzas espirituales. Revelaban la verdad a quienes fuesen capaces de discernirla, y ocultaban los misterios de la mirada de quienes no estaban maduros para ellos. La ropa remendada era cosa corriente en Palestina, dada la pobreza de la gente. La tela nueva, cosida sobre un vestido viejo, se encoge al lavarla, rasgando el tejido más viejo y más débil. **37. Los odres** eran pellejos de animales, convertidos en recipientes para líquidos. Los odres viejos habían perdido su elasticidad y no eran aptos para guardar vino nuevo, que aún podría estar en proceso parcial de fermentación. De igual modo la nueva enseñanza del reino de Dios no podía ser contenida dentro de las viejas formas de la Ley sino que requería nuevos modos de expresión. Una nueva revelación se había manifestado en Cristo, y demandaba una forma diferente de culto.

6:1. El segundo sábado después del primero, dicen la versión del rey Jaime en inglés y la de Valera de 1862 en español. La frase se relaciona con la usanza del calendario judaico. Puede significar, en el orden de las festividades, el segundo día de reposo después de inaugurarse el año religioso con la pascua. Algunos manuscritos de Lucas, y con ellos la mayoría de las versiones en español, omiten por completo esa frase. **Arrancaban**

espigas. Era lícito para los viajeros recoger grano o frutas para consumo inmediato, pero no segar en campo ajeno (Dt. 23:24-25). **2. Lo que no es lícito.** La interpretación restrictiva de la ley consideraba como trabajo el arrancar y restregar el grano, y no era lícito trabajar en día de reposo. **3. ¿Ni aun esto habéis leído?** Jesús apela a las Escrituras y deriva de la historia de David (1 S. 2:6) una enseñanza diferente. Si en una emergencia pudo David hacer lo que no era lícito, ¿por qué no habría él de poder? **5. Señor . . . del día de reposo.** Además de la autoridad para perdonar pecados, Jesús se proclamaba soberano aun sobre el precepto sabático. **7. Y le acechaban los escribas y los fariseos.** Enfurecidos por su derrota en el debate relativo a la observancia del día de reposo y por los títulos que Jesús se arrogaba, presuntuosamente en opinión de ellos, los escribas y los fariseos estaban ansiosos de atrapar a Jesús. **9. ¿Es lícito en día de reposo hacer bien, o hacer mal?** Como en tal día era lícito hacer bien, y dado que curar es una buena acción, la curación efectuada era inasequible a toda censura. **11. Se llenaron de furor.** Vencidos en la discusión y desprestigiados ante el pueblo, los adversarios de Jesús cayeron en la desesperación. Este versículo señala el comienzo de la controversia de Cristo con los dirigentes judíos, que había de prolongarse por todo el resto de su carrera.

C. Elección de los apóstoles. 6:12-19.

12. Pasó la noche orando. El surgimiento de la oposición y el problema de elegir hombres idóneos para compañeros íntimos hacía necesario hablar por largo tiempo con el Padre. **13. Discípulos . . . apóstoles.** El discípulo es un alumno; el apóstol, un *enviado*, encargado de dar un mensaje. **14-16.** La lista que sigue concuerda con la de Mateo y Marcos (Mt. 10:2-4; Mr. 3:16-19), a excepción de Judas, hermano de Jacobo, quien puede que sea el Tadeo de los otros dos evangelios.

17. Y descendió con ellos, y se detuvo en un lugar llano. Los estudiosos de la Biblia se han preguntado si el texto siguiente será versión paralela del Sermón del Monte de los capítulos 5 al 7 de Mateo, ya que éste se pronunció en un monte. El "lugar plano" bien pudo estar en la ladera de un monte. Hay también la posibilidad de que Jesús repitiera su enseñanza en más de una ocasión.

D. Un resumen de sus enseñanzas. 6:20-49.
La versión del sermón que da Lucas difiere en varios aspectos de la de Mateo. En lugar de presentar nueve bienaventuranzas, equilibra cuatro bienaventuranzas con cuatro

ayes. Omite la discusión relativa a la aplicación de la ley, y algunas de las enseñanzas sobre la oración. Unas cuantas parábolas de este sermón tienen paralelos en otras porciones de Lucas. No hay contradicciones entre los relatos, sino distinto ordenamiento de los materiales. La alocución estaba calculada para los discípulos en particular, si bien la multitud la escuchó.

20. Bienaventurados vosotros los pobres. Mientras viajaban con Jesús, los apóstoles no tenían medios visibles para su sostén, y dependían de lo que se les obsequiara. **21. Bienaventurados los que ahora tenéis hambre.** Sólo pueden satisfacerse quienes tienen un deseo real. Mateo implica que se trata de hambre espiritual. **Bienaventurados los que ahora lloráis.** Jesús sabía que quienes le fueran fieles tendrían que compartir los padecimientos de él, pero también les prometió que compartirían su victoria (cf. Jn. 16:20). **22. Bienaventurados seréis cuando los hombres os aborrezcan.** El conflicto que ya se había iniciado entre Jesús y los líderes de la nación también involucraba a sus discípulos (cf. Jn. 5:18-25).

27. Amad a vuestros enemigos. El amor constituía la entraña de la enseñanza del Salvador, pues es la esencia del carácter de Dios. **29. Al que te hiera en una mejilla, preséntale también la otra.** Trataba el Señor de enseñarles a los discípulos el amor en lugar de la venganza. Debían seguir su ejemplo devolviendo bien por mal. **35. Amad . . . a vuestros enemigos.** El principio que inculcaba Jesús fue el que lo hizo venir al mundo (cf. Ro. 5:8; 1 Jn. 4:10).

38. Medida buena, apretada, remecida y rebosando. La figura de lenguaje es tomada de la costumbre de los comerciantes en granos del Oriente, que llenan la cesta del cliente hasta que el grano se derrame por los bordes.

41. La paja y la viga. Bien puede que le haya ocurrido a Jesús el desagradable percance de que una partícula de serrín se le metiera en el ojo mientras trabajaba en la carpintería de José. La proporción que hay entre un granillo de serrín y una viga es la misma que hay entre la pequeña falta en la vida del hermano y el gran pecado en nuestra propia vida.

48. Cuando vino una inundación. La escasez de vegetación en las colinas de Palestina hacía que las lluvias invernizas provocaran violentas inundaciones que arrasaban todo edificio que hallaran a su paso. La arena es rápidamente arrastrada por el agua. Los edificios fundamentados en la roca se mantenían firmes. Cristo enseñaba que el único fundamento seguro para la vida perdurable se hallaba en sus enseñanzas y en su verdad. Mediante esta exclusiva arrogación se hacía a sí mismo árbitro del humano destino y objeto de toda fe verdadera.

E. Vistazo panorámico de su ministerio. 7:1—9:17.

En la sección que se extiende entre la elección de los discípulos y el punto culminante del ministerio de Cristo, Lucas presenta actos y enseñanzas que no forman un relato conexo pero aclaran el carácter de su ministerio. Parecen haberle interesado primordialmente las curaciones milagrosas y las parábolas con trama narrativa.

1. Capernaum. Después de instruir a los discípulos, Jesús regresó a la ciudad. Acaso los discípulos hayan visitado sus hogares mientras él ministraba en este lugar. **2. El siervo de un centurión.** Los centuriones constituían la columna vertebral del ejército romano. Por lo cual surgían de entre los rasos hasta la oficialidad en razón de su carácter. Este oficial parece haber sido diferente del tipo corriente de militar romano endurecido. Le tenía sincero afecto a su siervo, y amaba a la nación judía, a la cual la mayoría de los romanos despreciaban. **3. Unos ancianos de los judíos.** Ha de haber tenido buenas relaciones con los ancianos, pues de lo contrario no habrían intercedido éstos por él. Quizá el centurión tenía la impresión de que ningún rabí judío estaría dispuesto a hacerle un favor a un romano gentil. **5. Una sinagoga.** Las ruinas de la sinagoga que subsisten en Capernaum muestran arquitectura romana con motivos ornamentales judaicos esculpidos en las piedras. La sinagoga a que se refiere Lucas era más antigua, pero es posible que la posterior haya conservado algo del estilo de la otra.

6. Señor, no te molestes. Literalmente, *no te desuelles.* Puede que haya sido una expresión vulgar, que Lucas ha conservado. **8. Porque también yo soy hombre puesto bajo autoridad.** El centurión reconocía que así como Roma lo investía de autoridad a él, Jesús tenía de Dios autoridad que lo capacitaba para ejercer poder sobre la enfermedad. **9. Ni aun en Israel.** La percepción espiritual y la fe del pagano contrastaban alentadoramente con la incredulidad de los compatriotas de Jesús, de quienes tenía derecho de esperar más.

11. Naín quedaba unos dieciséis km. al sudeste de Nazaret. Cerca de la puerta oriental de Naín, por el camino de Capernaum, se ven sepulcros de roca. Jesús, que venía de Capernaum, puede haberse encontrado con el cortejo fúnebre que venía de la ciudad hacia estos sepulcros. **12. Viuda.** Dura era la suerte de las viudas en el Oriente, pues no les era fácil hallar en qué ganarse la vida y dependían por tanto de sus parientes varones más cercanos. **Mucha gente.** Abundaron los testigos de este milagro, que pudieron dar fe del mismo. **14. El féretro.** El texto griego denota ya sean las parihuelas en que se transportaba el cadáver, o el ataúd.

16. Tuvieron miedo. La súbita resurrección del cadáver ha de haber aterrorizado a los del cortejo fúnebre, por más que les causara gozo. **Dios ha visitado a su pueblo.** Por muchos años había faltado en Israel el testimonio profético. La magnitud del milagro compelía al pueblo a creer que Jesús debía de ser un profeta. **18. Los discípulos de Juan.-** El ministerio de Juan el Bautista iba paulatinamente siendo eclipsado por el de Jesús. El rumor de este milagro de Naín ha de haberse discutido ampliamente, si es que penetró en la fortaleza de Maqueronte (v. Josefo, *Guerras*, VII, vi, 2) en el desierto que se extiende al este del Mar Muerto, en donde Juan estaba preso.

20. ¿Eres tú el que había de venir, o esperaremos a otro? El largo encarcelamiento desalentaba a Juan y lo ponía a pensar si al fin de cuentas sería Jesús el Mesías. **22. Respondiendo Jesús.** Jesús respondió retando a los mensajeros de Juan a observar unas demostraciones de su poder, e instó a Juan a no **hallar tropiezo** en la forma en que Cristo ejercía su ministerio. (El verbo gr. *skandalizo* tiene la acepción de "hacer errar", o "extraviar").

24. El Señor hace el panegírico de Juan valiéndose de tres preguntas al pueblo. **¿Una caña sacudida por el viento?** Los juncos de los pantanos se inclinan ante el viento, incapaces de mantenerse en una posición fija. Jesús declaró que Juan era hombre de firmes convicciones, no un veleta atento a los vientos de la moda. **25. ¿Un hombre cubierto con vestiduras delicadas?** La ropa común era de materiales bastos tejidos a mano; solamente los muy ricos se vestían de linos y sedas importados. Juan era un hombre tosco, hecho a las penalidades, hijo del pueblo común. **26. ¿Un profeta?** Entre los hebreos, la de profeta era considerada la más excelsa categoría de caudillo, ya que era enviado e inspirado por Dios. Los de Naín llamaron profeta a Jesús, y ese mismo título se le aplicó en otras ocasiones (Jn. 4:19; 7:40; 9:17).

27. Este es de quien está escrito. La cita de Mal. 3:1 es doblemente significativa. Caracteriza a Juan como el precursor del Mesías, lo cual lo pone por sobre todos los demás profetas. En el original citado (Mal. 3:1) dice, "preparará el camino delante de mí", refiriéndose a Dios, que es quien habla, añadiendo: "y vendrá súbitamente a su templo el Señor a quien vosotros buscáis, y el

ángel del pacto". Infiérese, pues, que se identifica a Jesús con *el Señor* de Malaquías, y se afirma su deidad. **28. No hay mayor profeta que Juan el Bautista.** Juan fue el mayor y el último de los profetas, y heraldo de una nueva dispensación. **El más pequeño en el reino de Dios.** Juan sabía únicamente que Jesús abriría las puertas a la redención y a la obra del Espíritu Santo (Jn. 1:29-34); no alcanzó a vivir para ver perfeccionada la obra de Cristo. Quienes viven en la época del reino de Dios poseen mayores privilegios y poderes que los de Juan.

29. Justificaron a Dios ("Reconocieron la justicia de Dios", Str.). Lucas emplea esta palabra con mayor frecuencia que los otros evangelistas. El pueblo común reconocía la justicia de Dios, aceptando la condenación de sus pecados mediante el mensaje de Juan, y expresaba su arrepentimiento sometiéndose al bautismo.

31. ¿A qué, pues, compararé los hombres de esta generación? El símil lo toma Jesús de los juegos infantiles en que probablemente había participado en su niñez. Uno proponía que jugaran a las bodas, pero los otros no bailaban; se les proponía que jugaran al entierro, y rehusaban endechar. Fuera cual fuese la propuesta, no había modo de complacerlos. A Juan lo llamaron loco porque se abstenía de lujos; a Jesús lo acusaban de glotón y borracho (Str.) porque iba a las fiestas.

36. Uno de los fariseos rogó a Jesús que comiese con él. Puede que los móviles del fariseo no hayan sido muy buenos; quizá buscaba atrapar a Jesús en alguna declaración indiscreta. **37. Una mujer . . . que era pecadora.** La intrusión de esta mujer resultaba intolerable para el respetable fariseo, por la mala reputación de ella y porque no había sido invitada. **Un frasco de alabastro.** El alabastro es, según la Academia, "mármol translúcido, generalmente con visos de colores". Se empleaba sólo para elaborar objetos decorativos. El frasco de alabastro ha de haber sido valiosísimo, y quizás lo obtuviera en pago de su pecado. **38. Detrás de él a sus pies.** Los huéspedes no se sentaban a comer, sino se reclinaban en lechos, con la cabeza hacia la mesa. Habrá sido fácil para esta mujer arrodillarse a los pies de Jesús al otro extremo del triclinio. **39. Este, si fuera profeta, conocería . . .** El fariseo esperaba que Jesús, como sabio rabí y dirigente religioso, rechazaría como denigrantes las atenciones de la mujer. Los rabíes de aquel tiempo jamás hablaban con mujeres en público, si podían evitarlo, y si lo hacían, su conducta llamaba mucho la atención (Jn. 4:27). La inferencia de Simón fue que Jesús o era estúpido o de baja

moral. **40. Respondiendo Jesús, le dijo.**
Ni una palabra audible había pronunciado
Simón, pero Jesús leía sus pensamientos, y
contestó mediante la siguiente parábola. La
historia ha de haber captado la atención de
los huéspedes del banquete, al propio tiempo
que dejaba claro como el día el punto que
deseaba enseñar.

41. Un acreedor. Como hombre acaudalado, Simón ha de haber sido acreedor en
más de una ocasión. Quizá Jesús supiese que
era generoso, y se valiese de esta historia
para tocarlo en lo personal. **Quinientos denarios.** El denario equivalía a unos 4 gr. de
plata, o al jornal de un labrador. El primer
deudor debía unos 85 dólares (USA), y el
segundo, 8.50 dólares.

42. ¿Cuál de ellos le amará más? Puede que Simón haya tomado la historia como
un simple pasatiempo, parte de la conversación de sobremesa. **43. Pienso.** Puede indicar su renuencia a comprometerse, al pre-
sentir que Jesús tenía segundas intenciones
con su narración. Pero sólo una respuesta
lógica cabía, y él la dio.

44. No me diste agua. El no lavarle los
pies a un invitado era una gran falta de urbanidad, y Jesús podía haberla tomado como una ofensa personal. Su presencia en el
banquete, sin embargo, daba fe de lo dispuesto que estaba a pasar por alto la negligencia de Simón. **45. No me diste beso.**
Aun hoy día en Oriente los hombres suelen
saludarse besándose en la mejilla. Era el saludo de cortesía corriente entre amigos en
los días de Jesús (cf. Ro. 16:16; 1 Co. 16:
20; 1 Ts. 5:26). **46. Mi cabeza con aceite.**
Parte de los preliminares de la fiesta pudo
haber sido el ponerle un poquito de aceite
aromático, pero Simón había omitido aun
este insignificante servicio. La mujer había
usado valioso perfume. **47. A quien se le
perdona poco.** Jesús contrasta la falta de
cortesía de Simón con la devoción de esta
mujer, dando a entender que aquél no había experimentado un perdón profundo.

48. Y a ella le dijo. Ya había declarado
(vs. 47) que los pecados de la mujer —que
él no negaba— habían sido perdonados; pero a fin de absolverla en público, hace una
declaración directa. **49. La misma pregunta**
se suscitó cuando fue sanado el paralítico
(5:21). **50. Salvado** puede entenderse como "sanado", tanto en sentido físico como
espiritual. Es el último sentido el que señala
la intención. No puede identificársele a esta
mujer con María Magdalena ni con María
de Betania, a pesar de la semejanza del acto
de esta última once (cf. la escena de la cena en
Betania (Mt. 26:6-13; Mr. 14:3-9), Mayores son las diferencias que las semejanzas
entre ambos episodios.

8:1. Iba por todas las ciudades y aldeas.
Jesús llevó a cabo un recorrido sistemático
de Galilea y se puso en contacto con las ma-
sas populares como preludio al llamado final
que les haría. **Y los doce con él.** ¿Implica-
rá esta afirmación que anteriormente no
siempre viajaban con él? Quizá emplearan
parte de su tiempo en ganarse la vida. **2.
Algunas mujeres.** Lucas parece haberlas conocido personalmente. A Juana (vs. 3) sólo
en este Evangelio se la menciona. **3. Le servían.** Por gratitud hacia Jesús con motivo
de curaciones recibidas, le daban obsequios
que contribuían a su sostenimiento y el de
los discípulos en las giras de predicación.

4. Les dijo por parábola. Los tres sinópticos narran e interpretan esta parábola (Mt.
13:3-23; Mr. 4:3-25). Es un ejemplo sobresaliente del método didáctico de Jesús.
Aunque se la conoce como la parábola del
sembrador, quizá le vendría mejor el nombre de parábola de las tierras.

5. El sembrador salió a sembrar. Uno
de los espectáculos más comunes en los campos de la antigua Palestina era el del sembrador esparciendo la semilla sobre los surcos
abiertos por el arado. **Junto al camino.** A
excepción de unas pocas carreteras, no había
caminos pavimentados, sólo senderos a través de los campos. El paso de los transeúntes
de una a otra aldea endurecía esa porción
del terreno. **6. La piedra** (gr. *ten petran*, la
roca). Palestina es muy pedregosa. La semilla no cayó sobre roca desnuda, sino sobre
la delgada capa de tierra que cubría un es-
trato rocoso. El calor de la roca provocaría
la rápida germinación, pero el suelo se se-
caría pronto, marchitando las tiernas plantas.
7. Espinos. Estos formaban matorrales difíciles de extirpar. Aun cuando se cortaban
las matas, las raíces quedaban bajo tierra.
8. Buena tierra. El suelo de Palestina es
fértil, y bien irrigado rinde grandes cosechas.

9. ¿Qué significa esta parábola? El problema para los discípulos estaba en descubrir
la aplicación de los hechos presentados; los
hechos en sí eran simples y familiares. **10.
Los misterios del reino de Dios.** Misterio
(gr. *mysterion*) es un hecho o verdad que
sólo a los iniciados se revela. La verdad de
Dios no puede ser comprendida por quienes
carecen de discernimiento espiritual (1 Co.
2:14). Los discípulos hallarían por medio
de las parábolas nuevas verdades; los demás
sólo verían en ellas historias simpáticas.

11. Esta es, pues, la parábola. La parábola de las tierras es una de las pocas que
Jesús interpretó. Suministra la clave, tanto
de su método de enseñanza, como de los
procesos mentales que constituían los antecedentes del mismo. **La palabra de Dios** es la
verdad de Dios, ya sea escrita o hablada. En
el caso presente el Señor tenía en mente sus

propias enseñanzas tal como las trasmitía a las multitudes. **14. No llevan fruto** (no llegan a madurar, Str.). Puede que haya fruto, pero la espiga será mezquina y el grano no se desarrollará plenamente. **15. Corazón bueno y recto.** Se emplean palabras griegas (*kalos* y *agathos*), ambas con el significado de "bueno". La primera connota belleza; la segunda, nobleza o rectitud.

16. Una luz. Propiamente, una lámpara (gr. *lychnon*), un pequeño recipiente de arcilla en el que se ponía aceite y una mecha. Iluminaba muy débilmente. Debajo de una vasija o de un mueble, no alumbraría nada. Solía colocársela sobre un pie de lámpara, en la RVR llamado **candelero,** para que su luz irradiara en todas las direcciones. **17. Porque nada hay oculto, que no haya de ser manifestado.** La verdad es como la luz: si ha de ser útil, no se la puede mantener en secreto. **18. Mirad, pues, cómo oís.** La eficacia del mensaje depende tanto del oyente como del que habla.

19. Su madre y sus hermanos. Poco dicen los Evangelios respecto a la familia de Jesús. Sus hermanos no creían en las cualidades que él se arrogaba (Jn. 7:5). No se sabe propiamente a qué venían. Posiblemente tenían la impresión de que Jesús se arrogaba títulos extravagantes y los colocaba en situación embarazosa con sus pretensiones de autoridad. **21. Mi madre y mis hermanos son los que . . .** Declaró que el parentesco con él era de carácter espiritual y no primordialmente físico.

22. Pasemos al otro lado del lago. La ribera oriental del lago estaba en su mayor parte deshabitada. Jesús quería apartarse de las multitudes para descansar y hablar con sus discípulos. **23. Se durmió.** El Salvador se hallaba sujeto a las limitaciones humanas, y el peso de su ministerio lo había fatigado. **Una tempestad de viento** no era cosa rara en Galilea. El lago se halla a unos 207 m. bajo el nivel del mar, rodeado de cerros. Cuando al atardecer se enfría el aire de las cumbres, baja por los desfiladeros de los cerros hasta la superficie del lago y lo convierte en un hervidero. **Se anegaban y peligraban.** El alto oleaje inundaba la descubierta barca, que se veía a punto de zozobrar. **24. ¡Que perecemos!** Insólita ha de haber sido la violencia de aquella tormenta para asustar a pescadores avezados a las borrascas del lago. **Despertando él, reprendió al viento y a las olas.** Jesús tenía autoridad sobre las fuerzas de la naturaleza. Según el curso natural, no podría haberse producido la calma instantánea como secuela de la tormenta. **26. La tierra de los gadarenos.** Difícilmente podría haberse efectuado el milagro en Gadara, distante unos once kilómetros del lago. Otra lección con bastante apoyo en varios de los más antiguos manuscritos es **Gergesa o Gerasa.** Existe a orillas del lago una aldea frente a Capernaum, cuyas ruinas se conocen hoy con el nombre de **Gersa,** cerca de la cual hay acantilados rocosos y tumbas abandonadas. Esta área pertenecía a Gadara, por lo cual podía llamársela "tierra de los gadarenos". Las diferencias en los manuscritos puede que reflejen la confusión de los primeros amanuenses en punto a la identidad del sitio, o aun diversas opiniones de los evangelistas. El territorio ribereño era yermo. **27. Un hombre . . . endemoniado desde hacía mucho tiempo.** Era tan peligroso este endemoniado, que hubo de ser expulsado de la civilización y tenía por guarida las tumbas abandonadas. **28. ¿Qué tienes conmigo?** Al reconocer en Jesús al Hijo de Dios le sobrevino al demonio el temor del juicio que Cristo pudiera pronunciar en su contra. **29. Le ataban con cadenas y grillos.** Era preciso sujetar al poseso por la fuerza. Con fuerza sobrenatural rompía sus ataduras y escapaba.

30. La **legión** romana constaba de unos 6.000 hombres. Puede que en este caso la expresión sólo indique un gran número. **31. El abismo** significa la sima de perdición a que estaban destinados todos los espíritus malignos (Ap. 9:1; 11:7; 20:1,3). **32. Muchos cerdos.** Se criaban cerdos para venderlos en los mercados gentiles de Decápolis. Los judíos no los compraban ni los usaban. **33. El hato se precipitó por un despeñadero al lago, y se ahogó.** Tan empinada es la ribera oriental del lago, que iniciada la carrera sería imposible que los animales se detuvieran. Los cerdos no son buenos nadadores, de modo que el hato entero se ahogó.

35. Vestido, y en su cabal juicio. Algunos han puesto en duda el derecho que Jesús tuviera para permitir la destrucción de propiedad ajena. Estaba de por medio una elección de valores. ¿Qué valía más: el hombre, o los cerdos? **37. Le rogó que se marchase de ellos.** Era obvio que la gente apreciaba más sus puercos que al hombre, pues tuvieron temor de nuevas pérdidas, e instaron a Jesús para que se fuera. **38. Y el hombre . . . le rogaba que le dejase estar con él.** La actitud del ex-poseso era radicalmente contraria a la de sus vecinos. **Jesús le despidió.** No lo repudió, sino que puso en sus manos una comisión. El hombre se convirtió en eficaz testigo del poder del Salvador.

41. Entonces vino un varón llamado Jairo. Aunque no se menciona el lugar donde fue resucitada la hija de Jairo, lo más verosímil es que haya sido Capernaum. El vs. 40 dice que Jesús "había vuelto", lo cual implica regreso al lugar de donde había salido. Quizá Jairo haya sido uno de los ancianos que intercedieron ante Jesús por el siervo del centurión (7:3).

43. Una mujer que padecía de flujo de sangre desde hacía doce años. Lucas deja fuera de duda que se trataba de un caso incurable, ante el cual era impotente toda ciencia médica. **44. Tocó el borde de su manto.** Era en realidad una borla (gr. *kraspedon*) que los rabíes usaban en su manto. Era éste un amplio cuadro de paño grueso que se echaba sobre la espalda de modo que la borla de una de las esquinas colgara a media espalda. Sigilosamente por entre el gentío vino la mujer por detrás de Jesús y tocó la borla. **45. ¿Quién es el que me ha tocado?** Jesús sintió una corriente de poder que emanaba de él y supo que alguien lo había tocado. A los discípulos les pareció una pregunta necia, visto que la multitud lo empujaba por todos lados. Pero el Señor era capaz de distinguir entre el toque casual y accidental y aquel que provenía de la fe.

47. Cuando la mujer vio que no había quedado oculta. Había procurado no ser notada por no pasar vergüenza, pero al descubrirse su acto, se sintió azorada. **48. Hija...** El tacto y la bondad de Jesús le devolvieron la confianza. El confirmó la curación y la envió en paz.

49. Estaba hablando aún. La demora había resultado fatal. La noticia ha de haber desalentado a Jairo, y quizá haya suscitado en él resentimiento contra la mujer que había interrumpido los planes del Maestro. **50. No temas; cree solamente.** El poder y la compasión de Cristo eran ilimitados. **51. No dejó entrar a nadie consigo.** Después de la notable curación de la mujer, Jesús no quería más publicidad. **52. No está muerta, sino que duerme.** Comparaba la muerte con el sueño, pues pensaba en ella como un estado tras el cual hay un despertar. Las plañideras la consideraban como término de la vida (cf. Jn. 11:11-14).

55. Mandó que se le diese de comer. Se interesaba por las necesidades ordinarias y prácticas tanto como por las emergencias. **56. Les mandó que a nadie dijesen lo que había sucedido.** No quería que el populacho se valiera de sus milagros para convertirlo en figura política. Deseaba emplear su poder en aliviar sufrimientos y socorrer a los menesterosos; quería evitar la mera teatralidad.

9:1. Poder y autoridad. El **poder** es capacidad inherente; la **autoridad** es el derecho de ejercerla. **2. Predicar... y sanar.** El ministerio de ellos había de ser extensión del de Cristo. **3. No toméis nada para el camino.** Jesús quería probar la fe de ellos mediante la falta de preparativos minuciosos para el viaje. Deissman considera que la **alforja** (gr. *pera*) era el saco que llevaban los mendigos (LAE, pp. 108-110). Jesús prohibía a sus discípulos que mendigaran como los representantes de otras religiones que pedían limosna. **4. Quedad allí.** No debían andar de casa en casa en procura del más cómodo alojamiento, sino aceptar lo que se les brindara. **5. Sacudid el polvo.** De ser rechazada la palabra de ellos, debían indicar su repudio de aquella ciudad mediante este enfático gesto. **6. Por todas partes.** Abarcaron a toda Galilea.

7. Herodes el tetrarca era el gobernante de Galilea que había encarcelado y ejecutado a Juan el Bautista. Había tenido miedo de la influencia de Juan, y pensaba que Jesús podría ser el sucesor del Bautista. **8. Elías,** el más espectacular de los profetas hebreos, había ascendido vivo al cielo, y el profeta Malaquías (4:5) había predicho que aquél regresaría a preparar el camino para el Mesías. **9. Herodes... procuraba verle.** La conciencia de Herodes y su curiosidad lo inducían a querer ver a Jesús, probablemente con malas intenciones (cf. 13:32).

10. Un lugar desierto. No se trata de un yermo estéril sino de tierra deshabitada. **Betsaida** era una ciudad pequeña de la ribera norte del lago, al este de la fuente de alimentación del Jordán y a corta distancia de las ciudades más grandes al lado occidental del lago. **12. El día comenzaba a declinar.** Los discípulos se daban cuenta de que las multitudes tenían hambre y de que sería necesario darles de comer antes que las fuerzas les faltaran.

13. Dadles vosotros de comer. Jesús mandó a sus discípulos calcular sus propios recursos y emplear lo que tuvieran. **Cinco panes y dos pescados.** Los panes eran redondos, como arepas; los **pescados** eran del tipo pequeño, encurtidos y se usaban como aperitivo. **14. Cinco mil hombres.** Si había mujeres y niños, como sugiere Mateo (14:21), la multitud puede que haya sido de hasta diez mil personas. **En grupos, de cincuenta en cincuenta.** Jesús sabía organizar a la multitud. El hacer que los grupos se sentaran evitaba la confusión y facilitaba la distribución de los alimentos. **16. Tomando... bendijo... partió, y dio.** Conforme iba partiendo el pan y los pescados, los iba multiplicando, de modo que daba a los discípulos una constante provisión de alimentos para que los acarrearan a la multitud. **17. Doce cestas** proveían una generosa porción para cada discípulo. La cesta (gr. *kophinos*) era grande, tal vez con capacidad para unos 35 litros.

F. Punto culminante de su ministerio. 9:18-50.

En esta sección de su Evangelio, Lucas llega a un punto crítico del ministerio del Salvador. El ministerio en Galilea, que terminó con la alimentación de los cinco mil, había llevado a Cristo a la cumbre de su popularidad, y al rehusar convertirse en rey (Jn. 6:15) comenzó a perder el apoyo popular. La confesión de Pedro y la revelación de la transfiguración hecha al círculo íntimo de los discípulos inició el progreso hacia la cruz, que da la tónica a la última parte de este Evangelio.

18. Oraba aparte. Lucas consigna que en cada gran crisis de su vida, Jesús oraba (Lc. 3:21; 5:16; 6:12; 11:1; 22:44). **¿Quién dice la gente que soy yo?** Jesús hace que los discípulos concentren la atención en él mismo más bien que en sus hechos y enseñanzas. **20. ¿Y vosotros, quién decís que soy?** Puesto que él había nutrido la fe de ellos, era de esperar que su respuesta reflejara la fe personal de los discípulos, y no que opinaran simplemente por salir del paso. **Respondiendo Pedro, dijo: El Cristo de Dios.** La afirmación que hace Pedro de su fe en Jesús como el Mesías prometido en el AT no se fundaba en ninguna pretensión política del Maestro, ni en derecho extravagante alguno que éste reclamara. El poder y la autoridad de Jesús hacían evidente su propia autenticidad.

21. Encargándoselo rigurosamente. No quería el Señor que le hicieran propaganda como cabecilla de un movimiento revolucionario. La obra de la cruz había de preceder a cualquier liberación del pueblo respecto a opresores políticos. **22. Es necesario que el Hijo del Hombre padezca . . . y resucite al tercer día.** Es necesario (gr. *dei*) denota un imperativo lógico. Cristo estaba obligado a cumplir el propósito de Dios tal como lo revelaban las Escrituras. Este concepto se expresa en la predicación de la iglesia apostólica (Hch. 2:23-24; 13:17-34; 17:3; 26:22-23). La muerte de Jesús fue una tragedia, pero no un accidente, ya que él estaba cumpliendo el propósito redentor de Dios.

23. Si alguno quiere venir en pos de mí. Los discípulos, respondiendo al llamado inicial del Maestro, le siguieron (5:12); pero en aquel entonces no se daban cuenta de que su carrera habría de concluir en la cruz. Todavía pensaban en términos de conquista y poder (22:24). Esta exhortación era una solemne admonición para que reevaluaran el costo de ser discípulos de él. **Negarse.** Negar es justamente lo que hizo Pedro en el proceso de Jesús, cuando rehusó reconocer al Maestro. **Tome su cruz cada día.** Acepte voluntariamente las responsabilidades y padecimientos anejos a la condición de discípulos de Cristo. **Sígame** (gr. *akoloutheite*). Imperativo que implica acción persistente: "Continúe siguiéndome." **24. Porque todo el que quiera salvar su vida.** Vida (gr. *psyche*)

es *alma* o *personalidad.* Jesús demandaba la consagración a su causa del hombre en su totalidad. **Por causa de mí.** (*Por amor de mí,* NC). Se erige a sí mismo en norma definitiva de todos los valores humanos.

26. Cuando venga en su gloria. En el mismo discurso predice Cristo tanto la cruz como el establecimiento triunfal de su reino en su segunda venida. **27. Hay algunos de los que están aquí.** Estas palabras requieren en apariencia el retorno de Cristo dentro del lapso de vida de los apóstoles, pero él no regresó. La explicación más lógica es que Jesús se refería a la transfiguración como imagen del advenimiento del reino, ofrecida a **algunos** de los discípulos como garantía respecto al futuro (cf. 2 P.1:11, 16-19).

29. La apariencia de su rostro se hizo otra (*su rostro se transformó,* NC). Durante un breve lapso Jesús reasumió la gloria que para venir a la tierra había dejado. Cuerpo y vestiduras se le volvieron incandescentes con el fulgor de la deidad. **30. Dos varones . . . los cuales eran Moisés y Elías.** Ambos habían abandonado este mundo en circunstancias insólitas. Moisés fue sepultado por la mano de Dios (Dt. 34:5-6); Elías ascendió arrebatado por un torbellino (2 R. 2:11). Representaban la Ley y los Profetas, subordinados a Jesús, pero testigos importantes de su obra. **31. Hablaban de su partida.** La obra de la cruz era de suprema importancia en los designios divinos. **Partida** es literalmente *éxodo.* La muerte de Jesús significaba retirarse de una esfera e iniciar en otra una nueva vida.

32. Rendidos de sueño. Sucedió de noche. **Vieron la gloria de Jesús.** Compárese con el testimonio de Juan (Jn. 1:14). **33. Hagamos tres enramadas.** Pedro pensaba en un refugio temporal, pues deseaba disfrutar por algún tiempo de la compañía de los visitantes celestiales. **34. Una nube.** No era vapor de agua, sino la *Shekinah* (la presencia visible y majestuosa de Dios, Ex. 13:21-22; 40:38; Nm. 9:15; Sal. 99:7; Is. 4:5; 2 Cr. 7:1). **35. Una voz.** El Padre renovó su aprobación de Jesús cuando el Hijo concluía su ministerio popular (v. 3:22).

37. Al día siguiente. Cristo retornó de la gloria de la transfiguración a proseguir su ministerio y a morir. El primer paso en la vía de la humillación fue el bochorno provocado por la impotencia de sus discípulos. **41. ¡Oh generación incrédula y perversa!** Les hablaba a los discípulos, no al padre. A despecho de sus privilegios y experiencia previa en ministrar para él, aún eran impotentes.

44. Haced que os penetren bien en los oídos estas palabras. Jesús estaba haciendo un esfuerzo supremo por enterar a sus discípulos del cambio en sus perspectivas. **46. Quién de ellos sería el mayor.** Este es el complemento del v. 45. No habían aprendido a evaluar la vida con la medida de la cruz (9:23-26). **47. Jesús . . . tomó a un niño.** Presentó al niño como ejemplo de modesta humildad. El niño no había alcanzado ningún puesto prominente en la sociedad, y representaba al **más pequeño** de aquellos a quienes se refería el Señor. **49. No sigue con nosotros.** Los discípulos eran intolerantes. Porque no formaba parte de su grupo, estaban listos para desconocer totalmente la obra de este hombre.

V. El camino del Calvario. 9:51—18:30.

Esta sección del Evangelio de Lucas, que en buena parte es exclusiva de él, contiene muchos episodios y parábolas que no aparecen en ningún otro lugar, y que quizá sean hallazgos de su investigación personal. La cronología es difícil; la sección parece más una colección de historias que una narración organizada. No obstante, representa las enseñanzas de Jesús en el último año de su ministerio, y refleja un período de repulsa y tensión.

A. La perspectiva de la cruz. 9:51-62.
51. En que él había de ser recibido arriba (*los días de su ascensión*, NC). Hay dos interpretaciones posibles: ya sea que Lucas haya dado a la expresión **recibido arriba** (cf. Hch. 1:2) sentido amplio, referente a todo el ministerio de la pasión (incluyendo la ascensión), o que sugiera que Jesús, en vez de regresar a donde el Padre inmediatamente cuando su carrera pública estaba en su cenit, escogiera deliberadamente el sendero de humillaciones que lo condujo a la cruz. La segunda alternativa halla cierto asidero en la enseñanza de He. 12:2 que dice: soportó la cruz" (versión portuguesa de "A cambio del gozo que le era propuesto, Juan Ferrera de Almeida, edición revisada.) (Sobre el uso del gr. *anti* como "cambio" o "trueque", v. *The Vocabulary of the Greek New Testament*, Moulton & Milligan, Edit. Eerdmans,—N. del t.).
52. Una aldea de los samaritanos. Los samaritanos eran descendientes de los colonos que los asirios habían establecido en Palestina después de la caída del reino del norte el año 721 a. de C. Por ser mestizos y por diferencias en cuanto a costumbres religiosas, los judíos los detestaban. Quienes peregrinaban a Jerusalén por lo común no pasaban por Samaria. **54. ¿Quieres que mandemos que descienda fuego del cielo?** Jacobo y Juan se dolían del menosprecio hecho a Jesús, y querían venganza. **56. Porque el Hijo del Hombre no ha venido para perder las almas de los hombres sino para salvarlas.** (Omitido por razones textuales en VL, NC y Str.). La cita de Lucas pone de manifiesto el propósito de Jesús, que era salvar a los

hombres, y que aparece repetidamente en su Evangelio.
58. El Hijo del Hombre no tiene donde recostar la cabeza. El rechazamiento en Samaria motivó esta exclamación. El Señor del universo poseía como propios menos bienes que las bestias y las aves. **59. Déjame que primero vaya y entierre a mi padre.** No quería decir con esa petición que su padre hubiese muerto, sino que el peticionante estaba obligado a cuidarlo hasta que muriera. **60. Deja que los muertos entierren a sus muertos.** Quienes se hallen espiritualmente inertes pueden aguardar a la muerte; a los que están espiritualmente vivos Jesús daba orden de seguirle. **62. Ninguno que . . . mira hacia atrás, es apto para el reino de Dios. Mira hacia atrás** está en forma continuativa en griego. Cuando el labrador está arando debe mirar siempre hacia adelante, si quiere que el surco salga derecho.

B. Ministerio de los setenta. 10:1-24.
Solamente Lucas narra la misión de los setenta. Grande ha de haber sido el número de los seguidores de Jesús si estaba en condiciones de disponer de los servicios de setenta hombres para una misión de predicación en Galilea y Judea. Edersheim (Alfredo Edersheim, *The Life and Times of Jesus the Messiah,* Vol. II, p. 135) sugiere que Jesús los envió en alguna ocasión antes de la fiesta de los tabernáculos que precedió a su muerte. De su lenguaje podría deducirse que había sido rechazado por las multitudes en las ciudades galileas (10:13,15), y que tenía en mente abandonar para siempre aquella región.
1. Después de estas cosas. La cronología de Lucas es indefinida; pero ubica estos acontecimientos después de la crisis de la transfiguración. **De dos en dos.** En la misma forma había enviado Jesús a los doce en una misión anterior (Mr. 6:7). El enviarlos por pares fortalecía el testimonio de ellos y hacía más agradable la jornada. **Delante de él.** Tocaba a los setenta preparar al pueblo para el último llamado que él les habría de hacer. **2. La mies.** A menudo empleó Jesús esta figura hablando del acto de congregar a los creyentes (Jn. 4:35-36; Mt. 13:30,39). **4. No llevéis bolsa, ni alforja, ni calzado.** Había de ser un viaje breve, y la urgencia del mismo demandaba prisa. Se les prohibió la impedimenta de inútil equipaje. **A nadie saludéis.** No era la intención del Señor que fuesen hoscos, pero tan complicadas eran las salutaciones orientales que podrían hacerlos desperdiciar mucho tiempo en cortesías. **6. Algún hijo de paz.** Es un hebraísmo que significa *hombre pacífico*. **Hijo de** solía emplearse junto con un sustantivo para subrayar una característica. A Jacobo y Juan se les llamaba **hijos del trueno** (Mr. 3:17)

a causa de su carácter violento. **7. No os paséis de casa en casa.** Jesús quería que sus discípulos fueran mensajeros, no mendigos. No debían andar de aquí para allá en busca del más cómodo alojamiento y la más agradable compañía. **9. Sanad a los enfermos.** Cristo impartió a los discípulos el poder de sanar como una prolongación de su propio ministerio. Ningún indicio hay de que todos hayan retenido permanentemente este poder. **12. En aquel día.** Esta frase tiene uso frecuente en los libros proféticos del AT para denotar el día final del juicio (Am. 8:9; 9:11; Sof. 1:14; Zac. 12:8,11; 13:1; 14:1). **Sodoma.** Ciudad de los tiempos de Abraham, tan corrupta que Dios la destruyó mediante un castigo excepcional (Gn. 19:13,24). **13. Tiro y Sidón** fueron ciudades fenicias notables por su lujo y depravación. **Cilicio.** Era una tela áspera de la cual se vestían los dolientes para testimoniar su aflicción.

17. Volvieron los setenta. Su misión parece haberse llevado a feliz término. Los doce fracasaron en la curación del joven endemoniado (9:40); pero los setenta informaron que hasta los demonios huían ante el nombre de Jesús. **18. Yo veía a Satanás caer del cielo como un rayo.** Lo observaba en el proceso de su caída. Jesús expresa tácitamente que el poder de Satanás estaba quebrantado, y que el éxito de estos discípulos era una prueba de la victoria. **19. Potestad** equivale a autoridad, derecho de mando. **20. Regocijaos de que vuestros nombres están escritos en los cielos.** La máxima causa de gozo no está en la victoria momentánea sobre las potencias sobrenaturales, sino en el triunfo perdurable de hallarnos enlistados entre los ciudadanos del cielo. **Escritos** puede significar estar inscritos como en un registro público (cf. He. 12:23; Ap. 3:5; 22:19). **21. Jesús se regocijó.** La triunfal gira de los setenta alentó a Jesús, ya que el poder de Satanás no había logrado impedir que la revelación de Dios alcanzara a estos hombres. **22. Nadie conoce quién es el Hijo sino el Padre.** Este versículo tiene una gran semejanza con la fraseología de Jesús según consta en el Evangelio de Juan (cf. Jn. 5:22-23). Ya que se emitió en privado, podría indicar que los discursos conservados por Juan fueron de naturaleza privada. Los discursos públicos de nuestro Señor parecen haber tenido un estilo distinto.

C. Enseñanzas a las multitudes. 10:25—13:21.

25. Un intérprete de la ley. En la comunidad judaica el "intérprete de la ley" era un experto en las enseñanzas religiosas de la ley mosaica más bien que un abogado litigante. **Para probarle.** El intérprete quería probar qué respuesta daría Jesús a una pregunta capciosa. **La vida eterna** era tema corriente de discusión religiosa (18:18). **26. ¿Qué está escrito en la ley?** El Salvador aceptaba la autoridad del AT como revelación de Dios. Su pregunta implica que el intérprete podría haber hallado la respuesta a su pregunta en las Escrituras, si en realidad las hubiera escudriñado. **27. Respondiendo dijo.** La respuesta del intérprete unía dos textos: Dt. 6:5 y Lv. 19:18. El primero formaba parte del *Shema* o credo judaico, que solía recitarse en los cultos de la sinagoga. **Corazón** (gr. *kardia*) es la vida interna, y no necesariamente sólo la emotiva. **Alma** (gr. *psyche*) es la personalidad, el ser consciente. **Fuerzas** (gr. *ischui*) es el vigor físico. **Mente** (gr. *dianoia*) es la capacidad de pensar. **29. Queriendo justificarse.** Al darse cuenta de que había caído en el lazo de sus propias palabras, ya que no había guardado la ley, el intérprete salió con argucias en cuanto a definición. Un judío estricto jamás aceptaría que nadie de otra raza no judaica fuese su prójimo.

30. Un hombre. Aunque se conoce esta historia de Jesús como parábola, bien puede haber sido la narración de un incidente real. **Descendía de Jerusalén.** Esto es literalmente exacto, pues Jerusalén se halla a cerca de 800 m. sobre el nivel del mar, y Jericó unos 390 m. bajo el nivel del mar. El camino, tortuoso y estrecho, serpentea por entre desfiladeros rocosos, fácil guarida de ladrones. **32. Un levita.** Los levitas ministraban en el templo. Ni el sacerdote ni el levita procuraron auxiliar al hombre. Quizá se hayan imaginado que estaba muerto y no hayan querido contaminarse por el contacto con un cadáver. **33. Pero un samaritano.** Los judíos despreciaban a los samaritanos porque éstos tenían ascendencia gentil y porque su forma de culto difería del judaísmo ortodoxo. Adoraban en el monte Gerizim en vez de hacerlo en Jerusalén, y tenían su propia casta sacerdotal. Todavía subsiste un pequeño grupo en la aldea de Nablus, cerca de donde estuvo la antigua Siquem. **34. Acercándose.** De estar los salteadores aún al acecho por ahí, el samaritano estaba arriesgando la vida. Jesús mostró que el samaritano tenía la actitud de amor que la ley demanda. **35. Dos denarios.** Equivalían al salario de dos días de jornalero. No más de buen corazón, se hacía cargo de los gastos de uno que le era absolutamente desconocido. **36. ¿Quién... fue el prójimo?** Esta pregunta hizo al intérprete pasar por la vergüenza de admitir que el verdadero prójimo no fue ninguno de los dignatarios sacerdotales del judaísmo, sino el samaritano. **38. Una aldea.** Jn. 12:1 dice que fue Betania, sita a poco más de 3 km. de Jerusalén, en el camino a Jericó y Transjordania. Jesús ha de haber sido frecuente visitante del lugar en sus viajes entre Galilea y Jerusalén.

Marta parece haber sido la hermana mayor, que tenía a su cargo el manejo del hogar. **39. Oía su palabra.** El verbo griego (*ekouen*) significa que de continuo escuchaba al Maestro, o que tenía por costumbre escucharlo. "Solía siempre escuchar sus enseñanzas", sería una paráfrasis correcta. **40. Se preocupaba.** La palabra griega (*periespato*) significa *ser arrancado o despedazado,* es decir "distraída", "abrumada". **41. Marta, Marta.** Consta en varias partes del relato de Lucas que Jesús solía repetir un nombre cuando quería hacer alguna declaración especialmente solemne (v. 22:31; cf. Hch. 9:4). **42. Pero sólo una cosa es necesaria.** Marta se imaginaba que "muchas cosas" eran necesarias para la comodidad del Señor, y se mataba preparándolas. Para él era más importante la compañía de ella, que sus manjares.

11:1. Estaba Jesús orando. Ni Lucas ni Mateo dicen cuál fue la ocasión exacta en que Jesús dio a sus discípulos esta oración modelo. Mateo la incluye en el Sermón del Monte (Mt. 6:9-13).

2. Cuando oréis, decid. No era su intención que se repitiera esta oración como cotorras. Más bien, sus diversas peticiones habrían de servir como guía en cuanto a la actitud y contenido correctos de la oración. **Padre nuestro.** Jesús empleó la palabra con que el niño llama a su **padre,** la cual aparece también en Ro. 8:15. Los hebreos modernos la emplean en el círculo de familia, y la palabra encierra familiaridad fundada en el amor. Dios es el Padre de todos los que reciben a Cristo (Jn. 1:12). **Santificado sea tu nombre.** La primera petición se refiere al honor de Dios y no a las necesidades del suplicante. La santidad de Dios no debe mancillarse por el acto del que ora. **Venga tu reino.** No habría Jesús enseñado esta petición, si el reino ya estuviera presente. **Hágase tu voluntad.** En el cielo, los ángeles cumplen la voluntad de Dios sin vacilación ni disentimiento. La oración demanda la misma clase de obediencia en el adorador.

3. De cada día. El griego es conciso y gráfico: *continúa dándonos nuestra diaria porción.* **4. Perdónanos nuestros pecados** es plegaria y confesión a un tiempo. Es el reconocimiento de la necesidad, por cuanto el hombre es pecador; y es una súplica en demanda de la divina gracia. **Los que nos deben.** El pecado es una deuda para con Dios, la cual no puede el hombre saldar jamás. "En quien (en Cristo) tenemos redención por su sangre, el perdón de pecados según las riquezas de su gracia" (Ef. 1:7). **No nos metas en tentación.** La tentación no significa necesariamente incitación al mal, pues en ese sentido nunca tienta Dios (Stg. 1:13). Lo que pide la oración es que se

guarde al creyente de pruebas que podrían forzarlo a cometer el mal.

5. ¿Quién de vosotros que tenga un amigo...? Jesús pronunció la parábola siguiente como ejemplo de la certidumbre de que hay respuesta para la oración. En la parábola fundamenta la oración en la amistad personal con Dios. **Medianoche.** La hora más peligrosa e inconveniente para llamar a una puerta. La gente en días de nuestro Señor rara vez se aventuraba a salir de noche por miedo a los bandidos. **6. Un amigo mío ha venido a mí de viaje.** Si el amigo había viajado a pie todo el día y no había llegado hasta la medianoche, estaría terriblemente hambriento. La hospitalidad exigía darle de comer.

7. La puerta ya está cerrada, y mis niños están conmigo en cama. Las casas orientales no tenían dormitorio aparte. Por lo común el dueño de casa atrancaba la puerta y luego extendía esteras en el piso para los niños. El y su esposa ocupaban la cama o espacio más cercano a la pared. Habría sido imposible llegar a la puerta de afuera sin molestar a los niños. **8. Por su importunidad.** El llamado persistente del visitante nocturno era mayor molestia que abrir la puerta y dar el pan.

9. Pedid lo que no poseéis; **buscad** lo que no aparece; **llamad** para que sean quitados los obstáculos. Estas tres palabras resumen el contenido de la oración perseverante. **10. Porque todo aquel.** Nuestro Señor prometió una respuesta cabal; no hizo excepciones. **11. ¿Qué padre?** Jesús indicó que entre Dios y el hombre existe un nexo más fuerte que entre amigo y amigo. Dios es un padre, y concede sus dones no sólo porque el hombre sea perseverante, sino porque él ama a sus hijos. No hará por ellos menos de lo que un padre terrenal haría por su familia. **13. Pues si vosotros.** Si los seres humanos, malos como son, pueden actuar con bondad y amor ¿cuánto más no procederá Dios de ese modo? **El Espíritu Santo.** Mateo, en un pasaje paralelo dice "buenas cosas" (Mt. 7; 11). Lucas pone especial énfasis en el don del Espíritu Santo.

15. Beelzebú. Los mejores manuscritos griegos dicen *Beelzebul,* proveniente del hebreo Baalzebol, "señor de las moscas" o "señor de la morada". Era el título que se daba a uno de los dioses de los filisteos, y había pasado a ser en el judaísmo un título de Satanás. Como los enemigos de Jesús no querían admitir que él procediera de Dios, atribuían su poder sobre los demonios a una fuente superdemoníaca. **16. Señal del cielo.** La sinrazón absoluta de sus enemigos se demuestra en su exigencia de una señal, cuando acababan de presenciar una (vs. 14). **18. Y si también Satanás está dividido contra sí mismo.** El Señor señaló que sería necio imaginar que Satanás estuviese deshaciendo su propia obra. **19. ¿Vuestros hijos por quién los echan?** Si las obras de él hubieran de atribuirse al poder del diablo, ¿podrían los judíos reclamar para sus hijos que exorcisaban demonios una autoridad superior? **20. Por el dedo de Dios.** Es una figura de lenguaje que significa el poder de Dios. El hecho de que Jesús ejerciera el poder de Dios demostraba que había hecho aparecer el gobierno de Dios entre los hombres. **21. El hombre fuerte armado.** Satanás es el hombre fuerte que mantiene en su mano las posesiones suyas. **22. Otro más fuerte que él.** Jesús afirmó la superioridad suya sobre Satanás, y su poder para libertar del poder del diablo a los hombres. **23. El que no es conmigo.** Compárese la expresión opuesta en 9:50. En el primer caso hablaba de un hombre que inconscientemente cooperaba con él, mientras en la presente ocasión habla de quienes conscientemente se le oponen. **24. Cuando el espíritu inmundo sale del hombre.** Cristo se valió del milagro que acababa de realizar para enseñar una verdad espiritual. El vacío que la expulsión de lo malo deja, debe llenarse con lo bueno, pues de lo contrario lo malo se volverá peor. **Por lugares secos.** Se suponía que los desiertos estaban habitados por malos espíritus (v. Is. 13:19-22). **27. Bienaventurado el vientre.** Al bendecir a la madre de Jesús, esta mujer alababa al propio Salvador. **28. Antes bienaventurados los que oyen la palabra de Dios, y la guardan.** Insinúa el Señor que no son alabanzas sino obediencia lo que desea. **29. La señal de Jonás.** El milagroso rescate de Jonás de una muerte inminente para cumplir su misión ante los ninivitas era un tipo de resurrección. El retorno de Cristo de entre las manos de la muerte fue tan grande prueba de su ministerio como el rescate de Jonás lo fue del suyo. **31. La reina del Sur** era la soberana de Sabá, país del extremo sur de Arabia. **Ella vino de los fines de la tierra.** Dado lo lento y difícil de los viajes en aquel tiempo, la venida de la reina demostró el ansia que tenía de conocer a Salomón (1 R. 10:1-10). **La sabiduría de Salomón** (v. 1 R. 3:9-12; 4:29-34; 2 Cr. 1:12). Salomón fue famoso como estadista, poeta, moralista y hombre de ciencia. Y nuestro Señor afirmaba ser mayor que Salomón. **32. La predicación de Jonás** llevó al arrepentimiento a los habitantes de la populosa y corrompida ciudad de Nínive (Jon. 3:5-9; 4:11). Jesús afirmaba ser mayor predicador que Jonás. El mundo no reconoció la grandeza de su sabiduría ni de su persona. **33. La luz.** Literalmente, *una lámpara.* **En oculto.** La palabra (gr. *krypten*) puede tra-

ducirse por sótano (v. Arndt). **El almud** (gr. *modios,* palabra tomada del latín): medida de capacidad de unos 8,75 litros. **El candelero.** Pie de lámpara. **34. Bueno.** Sin nube, sin aberraciones, sano. **Malo** se refiere a defectos físicos.

37. Le rogó un fariseo que comiese con él. Lucas anota numerosas ocasiones en que se invitó al Señor a comer (5:29; 7:36; 14:1; 19:5; cf. Jn. 2:1-11; 12:1-2). El aprovechaba estas oportunidades para acercarse a aquellos que de otra manera no le habrían escuchado. **38. Se extrañó de que no se hubiese lavado antes.** Los fariseos se lavaban metódicamente antes de las comidas como práctica ceremonial. No hacerlo Jesús parecía una abierta rebeldía en cuanto a observar la ley, y un insulto a su huésped. Puede que el fariseo haya expresado su reacción, o que el Señor haya leído sus pensamientos. **39. Vosotros los fariseos limpiáis lo de fuera.** Los fariseos eran los puritanos del judaísmo, severísimos en cuanto a la observancia externa de la ley. Jesús los criticó duramente por su hipocresía, pues en el corazón ocultaban toda suerte de codicia y crueldad. **40. Necios.** Término que rara vez empleó Jesús, y que sólo aplicó a los moralmente pervertidos y no a los simplemente obtusos. **41. Dad limosna de lo que tenéis.** Si los fariseos dieran generosamente a los pobres, no tendrían que preocuparse por las purificaciones ceremoniales. **42. Diezmáis la menta, y la ruda, y toda hortaliza.** Diezmaban hasta las hierbas de sus jardines, pero no cumplían lo más importante, el mandamiento de amar al prójimo. **43. Las primeras sillas en las sinagogas.** Las de adelante generalmente se reservaban para los miembros más prominentes. **44. Sepulcros que no se ven.** Cualquier contacto con una tumba o un cadáver contaminaba. Aun el "pisar una sepultura sin saberlo" (NC) lo consideraban transgresión de la ley. Solíase pintar de blanco las tumbas, para que fueran visibles de día y de noche. Jesús decía que los fariseos eran para otros hombres causa inconsciente de transgresión y contaminación.

47. Edificáis los sepulcros de los profetas. Los mártires de una generación se convierten en los héroes de la siguiente. Más fácil era para los hijos elevar mausoleos a los profetas, que para los padres de aquéllos obedecerles. **50. De esta generación.** El rechazamiento dado a los mensajeros de Dios culminaba con el crimen de la generación de Jesús, que lo rechazaba a él. **51. Abel.** Hijo de Adán, muerto por su hermano Caín por causa de envidia. El asesinato de **Zacarías** (2 Cr. 24:20-22) es el último que se menciona en el canon judío del AT (que da a los libros un ordenamiento distinto al nuestro, cuyo último libro es el segundo de Crónicas). **52. Habéis quitado la llave de la**

ciencia. (Os habéis apoderado, NC, Str.). Jesús acusaba a los peritos de la ley de no cumplir su cometido. Les correspondía ilustrar al pueblo explicándole la ley, y lejos de ello, lo habían mantenido en la ignorancia. **12:1. La levadura de los fariseos.** Generalmente la levadura simboliza el mal. El efecto de la fermentación y la subsiguiente putrefacción tipificaba el insidioso proceso del pecado en el corazón humano. **3. Aposentos** (sótanos, Str.). Las habitaciones interiores o despensas de las casas orientales, a las cuales sólo tenían acceso unos pocos privilegiados. Lo que allí se dijera, normalmente no sería escuchado por nadie más. **En las azoteas.** Alusión a las noticias que se daban al público voceándolas de azotea en azotea. **5. A quién debéis temer.** Se refiere a Dios y no a Satanás, pues éste no puede determinar el destino del alma humana. **Temer** no implica miedo cobarde o servil, sino respeto saludable. **Infierno.** Traducción de Gehenna, forma griega del hebreo Ge-hinnom, "valle de Hinom", el cual queda al sudoeste de la vieja ciudad de David o Jerusalén antigua. En días de los reyes aquel sitio había sido centro de un culto idolátrico, y en las últimas reformas se había convertido en basurero de la ciudad. Allí ardía un fuego perenne que consumía los desperdicios combustibles. Se empleaba aquel lugar como símbolo del destino de los que se condenan. **6. ¿No se venden cinco pajarillos por dos cuartos?** En otra ocasión el precio de los pajarillos que mencionó Jesús fue dos por un cuarto (Mt. 10:29). Eran tan baratos que al vender cuatro se daba uno de más, y sin embargo decía Jesús que el Dios infinito se ocupa de la muerte de cada pajarillo. **7. Más valéis.** La inmensa compasión de Dios hacia el hombre corre parejas con su autoridad sobre el destino humano, y debería evocar amor más que temor. **8. Confesar.** Instaba Jesús a los discípulos a declarar en público su lealtad hacia él. **9. El que me negare.** El que me desconociere. Jesús afirma tener el derecho de recomendar o condenar a cualquier hombre ante la presencia de Dios. **10. Al que blasfemare contra el Espíritu Santo.** El vituperio contra el Espíritu Santo es irremediable porque separa al hombre de la única fuerza capaz de transformar la vida interior. El Espíritu Santo es el mensajero de Dios para con los hombres; de él dependen los creyentes para conocer la realidad de la verdad divina. **11. No os preocupéis.** Era un consejo para mártires, no para predicadores ni maestros. **13. Maestro, dí a mi hermano.** Lo que este hombre deseaba no era justicia, sino posesión. Quería que Jesús ejerciera su autoridad, pero no le pidió que pesara los méritos de la causa. **14. ¿Quién me ha puesto . . . como juez?** El Señor se negó a dar fallo según la conveniencia unilateral del peticionante.

16. La heredad de un hombre rico. Nuevamente, puede que Jesús citara un ejemplo de la vida real (cf. 11:30 ss.) para ilustrar el principio establecido en el vs. 15. **17. ¿Qué haré?** Al terrateniente lo abrumaban las riquezas, pero no le pasaba por la mente la posibilidad de usar su extraordinaria cosecha para beneficio de otros. **19. Alma, muchos bienes tienes guardados para muchos años.** Sintiéndose seguro con su enorme cosecha, aquel hacendado opulento pensaba dedicarse a la vida regalada. Se fundaba en varias presunciones falsas: que se puede satisfacer el alma con bienes; que los bienes durarían muchos años; y que él viviría para disfrutar de ellos. **20. Esta noche vienen a pedirte tu alma.** Aquel rico no había contado con la súbita citación para presentarse ante Dios y abandonar la fortuna que con tanto afán había acumulado. **21. Rico para con Dios.** Daba a entender Jesús que podía invertirse la riqueza en valores eternos (cf. 16:9). **22. No os afanéis por vuestra vida.** Cristo no recomendaba la negligencia, pero enseñaba que el alimento y el vestido no son la única ni la primordial necesidad del hombre. Lo que el hombre *es* importa más que lo que *tiene*. **25. Estatura.** En gr. *helikia* puede significar "edad" (v. Jn. 9:21) más bien que "tamaño". El problema del rico no era su estatura, sino el tiempo de que disponía para disfrutar de los bienes. **27. Considerad los lirios.** Se trataba probablemente de anémonas, flores que abundaban en los campos de Galilea, matizándolos de rojo y púrpura, que eran los colores reales. **Salomón con toda su gloria,** es decir, ataviado con su manto real, no era tan esplendoroso como estas humildes flores. **28. Mañana es echada al horno.** En Palestina es casi imposible obtener leña; por tanto, se emplea hierba y malezas secas para lumbre de cocina. La hierba es de corta vida; pero si Dios tiene a bien vestirla con deslumbrantes colores, ¿cuánto mayor no será el cuidado que dedicará al hombre, cuyo espíritu vive eternamente?

30. Porque todas estas cosas buscan las gentes del mundo. Las posesiones materiales constituyen la primordial preocupación de los gentiles que —desde el punto de vista judío— no conocen a Dios. Jesús decía que para sus discípulos esas posesiones materiales deberían tener valor secundario. **31. Mas buscad el reino de Dios.** El Maestro proporcionó a sus discípulos un nuevo objetivo para la vida: trabajar en pro del reino de Dios. **35. Estén ceñidos vuestros lomos, y vuestras lámparas encendidas.** Dado lo largo y amplio de las vestiduras orientales, había que recogerse el manto prensándolo con el cinturón para tener libertad de movimiento. Las lámparas se encendían mediante brasas, puesto que aún no se conocían los fósforos. **36. Que . . . regrese de las bodas.** En Oriente el novio, después de cenar con sus amigos, iba a que le entregaran la novia en el hogar de ella. Como el cortejo nupcial regresaba a altas horas de la noche, el novio esperaba que sus siervos estuviesen vestidos para trabajar y que tuviesen encendidas las lámparas. Los tradicionales preparativos para las bodas simbolizaban aprestamiento para el regreso de Cristo. **39. A qué hora el ladrón habría de venir.** La transición del símil del novio al del ladrón subraya el elemento sorpresivo del advenimiento. Pablo aplicó la misma figura a la segunda venida (1 Ts. 5:2). **41. Señor, ¿dices esta parábola a nosotros, o también a todos?** Para aclarar si hablaba exclusivamente a los discípulos o a todo el gentío que lo rodeaba, Jesús dijo la siguiente parábola. **43. Aquel siervo** (gr. *doulos,* esclavo). El mayordomo solía ser un esclavo encargado del manejo de la casa de su señor. **45. Mi señor tarda en venir.** La parábola enseña que el escepticismo acerca del regreso del Salvador conduce a los abusos de autoridad y al relajamiento de la conducta. **46. Vendrá el señor de aquel siervo.** La venida del Señor aparejará recompensas para los fieles y castigos para los infieles. **Le castigará duramente** ("lo apartará fuera", Str.). El verbo griego significa literalmente "partir en dos", y probablemente debe tomarse al pie de la letra, pues el amo romano tenía el derecho de dar muerte a sus esclavos. El mal manejo de una propiedad acarreaba la pena de muerte. **48. A todo aquel a quien se haya dado mucho, mucho se le demandará.** El lenguaje sugiere una gradación de castigos. **49. Fuego vine a echar sobre la tierra; ¡y cuánto deseo que ya esté encendido!** (Str.). Nuestro Señor comprendía que su misión era divisoria y perturbadora. Veía claramente que la cruz se convertiría en punto de controversia y argumentación, y deseaba que ya lo hubiesen levantado (Jn. 12:32). **50. De un bautismo tengo que ser bautizado.** Se refería a su muerte (cf. Mr. 10:38). Sentía que su poder estaría restringido hasta que fuese consumada la obra de la cruz. **51. No, sino disensión.** El judaísmo era una religión de familia, en que el culto era actividad del círculo hogareño más que de individuos aislados. Jesús preveía que sus demandas escindirían la vida familiar y requerirían decisiones individuales. **56. ¿Cómo no distinguís este tiempo?** Los contemporáneos de Jesús no comprendían la importancia de su venida, ni la trascendencia de rechazarlo. **58. El alguacil** (gr. *praktori*). Funcionario de policía local, que ejecutaba las órdenes del tribunal.

13:1. Cuya sangre Pilato había mezclado con los sacrificios de ellos. Probablemente los galileos, que eran nacionalistas fanáticos, habían provocado un disturbio en Jerusalén. Pilato, que estaba en la ciudad durante la fiesta, había hecho que intervinieran los soldados. El resultado fue un choque sangriento en los atrios del templo. Tal proceder era muy propio de lo que acerca del carácter de Pilato se conoce. **2. ¿Eran más pecadores que todos los galileos?** Cualquier calamidad fuera de lo corriente suele interpretarse como castigo especial para sus víctimas. **3. Os digo: No.** Jesús no apoyaba la opinión de que las víctimas de Pilato hubiesen sido excepcionalmente pecadoras; decía en cambio que un castigo semejante esperaba a cuantos no se arrepintiesen. Quizá haya pensado en el inminente destino de la ciudad durante el asedio romano del año 70 d. de C. (cf. 19:41-44; 21:20-24). **4. Aquellos dieciocho.** Aludía a otro suceso reciente que había andado en boca de todos, y del cual sacaba una aplicación semejante. **6. Dijo también esta parábola.** La higuera estéril simbolizaba a la nación judía. Isaías (5:2) usó una parábola similar basada en la vid. El dueño de la higuera tenía todo derecho a esperar frutos, y fue natural su decepción al no hallarlos. **7. Córtala; ¿para qué inutiliza también la tierra?** La sentencia no era más que la respuesta a la esterilidad. **8. Señor, déjala todavía este año.** El viñador intercede ante el dueño de la viña en favor de la higuera, a fin de que se le dé una oportunidad más. Daba a entender Jesús que se ofrecía a su nación la última oportunidad de ponerse a derecho antes que le sobreviniese el juicio de Dios por su rebelde esterilidad. **10. Enseñaba . . . en una sinagoga en el día de reposo.** El siguiente episodio es uno de los varios que respecto a curaciones efectuadas por nuestro Señor en día de reposo relatan los evangelios, las que constituían un renovado motivo de choque con los fariseos. **11. Una mujer que . . . tenía espíritu de enfermedad.** Era víctima de posesión demoníaca. El poder demoníaco se manifestaba a veces mediante conducta violenta (8:29) y a veces mediante la inutilización de algún miembro físico (11:14). Jesús dijo de la mujer que había sido atada por Satanás (vs. 16). **12. La llamó.** Fue un acto no solicitado; él tomó la iniciativa. **14. El principal de la sinagoga,** con su restrictiva interpretación de la ley, representaba las normas del judaísmo. En forma indirecta, mediante su declaración condenó el acto de Jesús. **15. Entonces el Señor le respondió.** El principal de la sinagoga conocía la regla; el Señor sabía cómo aplicar la excepción. ¿Por qué no se habría de aliviar de su dolor a esta mujer en día de reposo, si la ley estatuía lo necesario para que los animales no pasaran sed? **16. ¿No se le debía . . . ?** Jesús no se limitó a sugerir que la curación fuese lícita; afirmó que era obligatoria.

18. ¿A qué es semejante el reino de Dios? Las dos parábolas tienen paralelos en Mt. 13:31-33, en donde se citan como parte de una serie descriptiva del reino de Dios. De diversos modos han sido interpretadas, y ha habido mucha controversia sobre ellas. Conviene recordar que por lo común se pronunciaba cada parábola para aclarar un punto determinado, y que no debería ponerse demasiado énfasis en los detalles no pertinentes para dicho punto. **19. Es semejante al grano de mostaza.** Era la mostaza la planta más grande que se daba en Palestina. La tremenda expansión de las semillas en una estación, del grano más insignificante a un arbusto de regular tamaño, ilustraba proféticamente el crecimiento del reino, desde los mínimos comienzos de la compañía de discípulos de Jesús hasta el reino espiritual que llegó a ser universalmente reconocido. **21. Es semejante a la levadura.** La figura se refiere ahora al silencioso pero potente crecimiento del reino entre los hombres (cf. Lc. 12:1). No afirmaba Jesús que el mundo se convertiría; lo que sugería era que se vería afectado por el reino.

D. Iniciación del debate público. 13:22—16:31.

22. Encaminándose a Jerusalén. Con esta frase regresa Lucas al tema de 9:51. Estructura esta sección del Evangelio en torno al último viaje del Salvador. **23. ¿Son pocos los que se salvan?** Tan estricta era la enseñanza ética del Señor que sus oyentes estaban seguros de que sólo unos pocos podrían salvarse. **25. Después que el padre de familia se haya levantado y cerrado la puerta.** Las puertas de las casas orientales se atrancaban de noche para impedir la entrada a los merodeadores, y no se abrían hasta que amaneciera. Si alguien llamaba a altas horas de la noche, se le tenía por sospechoso y por lo común se le despedía. **26. Delante de ti hemos comido y bebido.** En Oriente, comer y beber con alguien era señal de amistad permanente. **27. No sé de dónde sois.** La salvación depende de la amistad personal con él y no del conocimiento acerca de su fama. **30. Hay postreros que serán primeros.** La implicación es que la hora del juicio traerá más de una sorpresa. **31. Herodes te quiere matar.** Puede que los fariseos sólo hayan querido atemorizar a Jesús para que saliera del país. Por otra parte, Herodes tenía la conciencia intranquila, y se imaginaba que Jesús podía ser Juan el Bautista resucitado (cf. 9:7). **32. Aquella zorra.** Uno de los pocos términos despectivos que Jesús haya empleado. Denota astucia al par que cobardía. **Al tercer día termino mi obra.** Indicaba que tenía un plan definido para su vida, y que no temía las amenazas de Herodes. **33. No es posible que un profeta muera fuera de Jerusalén.** Su respuesta a los fariseos quería decir que corría peligro, no por las amenazas de Herodes, sino por la hostilidad de la propia ciudad de ellos.

34. ¡Jerusalén, Jerusalén! Su amor y su presencia hicieron surgir del pecho de Cristo esta lamentación por la ciudad. Bien conocía el destino que a ella le estaba reservado. **35. He aquí, vuestra casa os es dejada desierta.** La destrucción del templo en el año 70 d. de C. y la subsiguiente expulsión de los judíos bajo Adriano (135 d. de C.) quebrantó por completo el estado judío. **Bendito el que viene.** Cita del Salmo 118:26 que se aplicaba al Mesías. Jesús se identificó a sí mismo con la esperanza de la nación.

14:1. Habiendo entrado para comer en casa de un gobernante, que era fariseo (cf. 11:37) **le acechaban.** Los fariseos lo vigilaban (gr. *pareterounto*) con ojos de lince (cf. 6:7) por ver si lograban atraparlo. **2. Y he aquí estaba delante de él un hombre.** La presencia de este hombre fue inesperada. **Hidrópico.** La hidropesía es una hinchazón del cuerpo causada por la retención de un exceso de líquido en los tejidos. La lamentable condición del hombre ha de haber sido evidente para todos. **3. Jesús habló a los intérpretes de la ley y a los fariseos.** Repitió la pregunta de una ocasión anterior (6:9). **4. Ellos callaron.** Sus críticos no sabían qué responder. Si hubieran dicho que no era lícito sanar en día de reposo, se habrían condenado ellos mismos; y si hubieran dicho que sí, no habrían podido censurarlo. **5. ¿Quién de vosotros, si su asno o su buey cae en algún pozo . . . ?** Ya en dos ocasiones anteriores se había valido del mismo argumento (6:9; 13:15).

7. Refirió . . . una parábola. En este banquete nuestro Señor expuso tres parábolas. Las dos primeras (14:7-11, 12-14) fueron evocadas por la conducta de los invitados y el anfitrión; la tercera (vv. 15-24) fue en respuesta a un comentario. **Escogían los primeros asientos.** La posición social era importante en aquellos días, y cada invitado deseaba ocupar el sitio de mayor honor posible. **9. El último lugar.** Mientras el convidado hallaba el mejor puesto y descubría que estaba reservado, ya los puestos intermedios se habrían llenado y sólo quedarían los de menor importancia. **10. Amigo, sube más arriba.** Si el anfitrión hallara un huésped de honor en un sitio inferior, lo invitaría a ocupar un sitio reservado en la cabecera de la mesa. **11. El que se humilla, será enaltecido.** Cristo usó la situación inmediata para ilustrar un principio espiritual general. Dice Plummer: "La humildad es el expediente para obtener ascensos en el reino de Dios" (ICC, p. 358).

12. Dijo también al que le había convidado. Jesús tenía una palabra para el anfitrión, así como para los convidados. **No llames a tus amigos, ni a tus hermanos, ni a tus parientes, ni a vecinos ricos.** El reino de Dios no es una sociedad cerrada de ricos, ni un club exclusivo de amigos. **13. Llama a los pobres, los mancos, los cojos y los ciegos.** Nuestro Señor censuraba la egoísta costumbre de festejar sólo a quienes pueden devolver el favor. Deseaba que su anfitrión se diera cuenta de que su riqueza le brindaba la oportunidad de ayudar a los indigentes y desamparados. **14. La resurrección de los justos.** El lenguaje que emplea apoya la idea de que hay dos resurrecciones: una de los justos y otra de los impíos (cf. Jn. 5:29; 1 Co. 5:23; Fil. 3:11; 1 Ts. 4:16; He. 11:35; Ap. 20:5-6), entre las cuales media un intervalo.

15. Bienaventurado el que . . . El invitado que hacía esta observación trataba de ponerse bien con el Maestro mediante una observación piadosa. Jesús se valió de la parábola siguiente para mostrar que el reino de Dios requiere resolución verdadera, y no aprobación casual.

16. Un hombre hizo una gran cena. La parábola ha de haber interesado a todos los huéspedes presentes, por la semejanza con las circunstancias en que se hallaban. **17. Y a la hora de la cena envió a su siervo.** De acuerdo con la costumbre, la invitación se hacía con varios días o semanas de anticipación, pero la urbanidad exigía que llegado el día, se hiciese invitación personal por medio de un mensajero. **18. Y todos a una comenzaron a excusarse.** Rechazar una invitación en el último momento constituía una imperdonable descortesía. **He comprado una hacienda, y necesito ir a verla.** Era un simple pretexto ya que nadie en su sano juicio compraría una hacienda sin verla. **19. He comprado cinco yuntas de bueyes.** Peor es la segunda que la primera excusa. La tierra es un bien permanente, cuyo valor podía elevarse; pero los bueyes no tendrían valor alguno si en el momento de la compra fuesen insatisfactorios. **20. Acabo de casarme.** Considerando que no es de orientales el llevar a la esposa a reuniones sociales, ésta fue la más débil de las excusas. **21. Enojado el padre de familia.** La negativa de los invitados era una afrenta personal. **Vé pronto.** El banquete estaba preparado y no había tiempo que perder. El anfitrión no iba a quedarse esperando a los invitados que lo habían ofendido, sino que ordenó a sus siervos que invitaran a los mendigos. **22. Aún hay lugar.** Dado que en cualquier ciudad oriental pululan los mendigos, no habría sido difícil reunir a gran número de ellos. **23. Fuérzalos a entrar.** La etiqueta exigía no comenzar la fiesta mientras no estuvieran llenos todos los sitios. Se ordenó a los siervos que invitaran hasta a los que transitaran por los senderos de los aledaños. **24. Ninguno de aquellos hombres que fueron convidados, gustará de mi cena.** Por haber rehusado una vez, se les excluía para siempre. La aplicación de esta parábola destaca el rechazamiento de Jesús por su nación. Cuando los invitados especiales para el reino de Dios rehusaron atender al llamado del Mesías, él se dirigió a otros que normalmente no habrían sido convidados

25. Grandes multitudes iban con él. Los pocos versículos que siguen no tiene relación directa con la fiesta sino con la predicación de nuestro Señor al aire libre; pero Lucas los emplea como conclusión de la historia. Este emplazamiento de Jesús aclaraba la naturaleza del llamado que hacía a los de "los caminos y los vallados". **26. No aborrece.** Desde luego, Cristo no mandaba a los hombres que odiaran a su propia familia en el sentido de tenerles mala voluntad o desearles el mal. Expresa vigorosamente que nuestra devoción hacia la familia debe ser secundaria respecto a nuestra devoción hacia Cristo. **27. Y el que no lleva su cruz.** La cruz del discípulo es la humillación o penalidades especiales que por convertirse en seguidor de Cristo atraiga sobre sí. El cargar en público con una cruz era la infamia reservada al criminal condenado a muerte (cf. 9:23-24). **33. Así, pues, cualquiera de vosotros . . .** El Señor requería que se evaluase inteligentemente el costo del discipulado y que se renunciara por completo a todo derecho sobre la vida propia.

34. Buena es la sal. Una enseñanza similar se halla en el Sermón del Monte (Mt. 5:13). La sal común de aquellos tiempos era de mala calidad, y rápidamente se volvía insípida si se la exponía al aire.

15:1. Los **pecadores** eran el común del pueblo, ignorantes en cuanto a la ley, por lo cual eran menospreciados por los fariseos. (Jn. 7:49). Las tres parábolas de este capítulo se pronunciaron particularmente para ese auditorio, e ilustran cómo Dios se interesaba por ellos. **2. Murmuraban.** Los fariseos refunfuñaban por no comprender el verdadero móvil que Jesús tenía en querer ganar a los abandonados.

4. El desierto es simplemente la pradera abierta. **La que se perdió.** Solía el pastor contar sus ovejas al fin de cada día, para cerciorarse de que ninguna se había extraviado. Si faltaba una, de inmediato salía en su busca. **Tras.** La preposición (gr. *epi*) indica que el pastor no sólo siguió sus huellas sino que llegó hasta ella. La palabra connota perseverancia y éxito. **5. La pone sobre sus hombros.** A diferencia de la mayoría de los animales, la oveja no es capaz de hallar por sí misma el camino de regreso al redil. El pastor tenía que traerla. **6. Perdido.** El griego lo expresa vigorosamente, con énfasis en la posesión: "la oveja mía, la que se me perdió" (gr. *to probaton mou, to apololos*). **7. Justos que no necesitan de arrepentimiento.** Referencia medio irónica a los fariseos, que se creían infinitamente mejores que los publicanos y los pecadores.

8. ¿O qué mujer...? La segunda parábola ha de haber apelado a la mujer que se pasaba casi toda la vida metida en la casa, así como la primera ha de haber apelado a los hombres que vivían al aire libre. **Que tiene diez dracmas.** La moneda era en Palestina más escasa que en las civilizaciones modernas, dado que gran parte del comercio era a base de trueque. Cada dracma equivalía aproximadamente a 3,6 gr. de plata (de 15 a 17 centavos USA). Eran las economías de muchos años. **Enciende la lámpara.** Como las casas pobres de Oriente no tenían ventanas, se requería una lámpara aun de día para buscar en los rincones oscuros. **Barre la casa.** La moneda podía haberse perdido fácilmente en el polvo del piso de tierra. **9. Amigas y vecinas.** Las convocó a festejar el hallazgo.

11. Un hombre tenía dos hijos. A esta se le ha dado el nombre de parábola del hijo pródigo. Más acertadamente podría llamarse de los hijos perdidos, o del padre admirable. **12. La parte de los bienes que me corresponde.** El heredero tenía el derecho de pedir su porción de la heredad mientras el padre vivía. El mayor tenía derecho a las dos terceras partes; el resto se dividía entre los demás hijos (Dt. 21:17). **Los bienes.** Literalmente, "su vida" (gr. *ton bion*); los bienes eran la fuente de su sustento.

13. A una provincia apartada. Muchos de los jóvenes acaudalados de los días de Jesús emigraban a Roma o Antioquía en busca de placeres de urbe. **Desperdició.** La misma palabra se emplea para esparcir o regar semilla (gr. *dieskorpisen*). **Perdidamente.** (gr. *asotos*) Pródigamente. **14. En aquella provincia.** La preposición griega *kata,* que se traduce por **en,** implica que el hambre fue general en todo el territorio en que residía el joven. **Comenzó a faltarle,** o **comenzó a pasarla mal.**

15. Se arrimó a uno. Es una vigorosa expresión: literalmente, *se adhirió* (gr. *ekollethe*). La desesperación lo forzó a "pegársele" a alguien de importancia, para obtener el sustento. **Para que apacentase cerdos.** La mayor degradación imaginable para un judío. **16. Algarrobas.** Vainas del algarrobo, del cual se alimentaba Juan el Bautista (Mt. 3:4). Eran unas semillas alargadas, dulzonas, y solían formar parte de la dieta de los pobres. **Nadie le daba.** El verbo implica hábito o proceso.

17. Jornaleros. En los tiempos bíblicos la suerte del jornalero era peor que la del esclavo, dado lo inseguro del empleo de aquél, mientras éste tenía asegurada casa y comida. **18. Contra el cielo.** Para cumplir el tercer mandamiento. "No tomarás el nombre de Jehová tu Dios en vano," los judíos sustituían la palabra Dios por otros términos, no fuera a ser que accidentalmente blasfemaran (cf. Mt. 5:34; 26:64). **19. Hazme.** Esta petición indica una total transformación en su actitud. Al abandonar el hogar había dicho: "Dame..." Se había despedido con una demanda egoísta; ahora volvía con una humilde súplica.

20. Cuando aún estaba lejos, lo vio su padre. El padre se mantenía en vigilante espera del regreso del extraviado. **21. Padre, he pecado.** No logró el hijo terminar el discurso que había preparado (vss. 18-19). Todo cuanto el padre quería era la confesión. **22. El mejor vestido.** Era el que se reservaba para huéspedes de honor. **Un anillo** señalaba la calidad de hijo que legalmente había perdido al abandonar el círculo familiar. **23. El becerro gordo.** Solía tenerse listo un animal para ocasiones especiales, de modo que a los huéspedes de honor se les pudiera servir prontamente (cf. Gn. 18:7). **25. La música y las danzas** eran probablemente ejecutadas por algún conjunto profesional. El regreso del hijo menor dio ocasión para una gran fiesta.

28. Se enojó. Celos y enfado fueron la reacción del mayor le mortificaba lo que consideraba una injusticia. **29. He aquí, tantos años te sirvo.** Una traducción moderna podría ser: "¡Mira qué gracia! Todos estos años vengo trabajando para ti como un esclavo, y..." Es el lenguaje de quien se tiene por bueno y se compadece a sí mismo, y que espiritualmente se halla tan lejos del corazón de su padre como en distancia física estaba lejos de la familia el hijo menor. **Un cabrito** habría sido de ínfimo valor comparado con el becerro gordo. El hijo acusaba al padre de haberle privado de un obsequio minúsculo, mientras sobre el pródigo derramaba favores extravagantes. **30. Este tu hijo.** El mayor se muestra despectivo, e inclinado a malos juicios respecto de su hermano.

32. Era necesario. Mediante esta parábola, así como mediante las dos anteriores, Jesús mostró la actitud de Dios para con los pecadores. No aprobaba su actitud rebelde ni sus malas acciones, pero les daba la bienvenida a su regreso y los restablecía en su favor si volvían arrepentidos. **16:1. Un hombre rico.** Esta parábola y la que le sigue puede que provengan de la vida real. El **mayordomo** era el administrador de la casa y la propiedad. **Disipador de sus bienes.** Es la misma palabra que se aplicó al hijo pródigo (15:13). **4. Ya sé lo que haré** (gr. *egnon*). En el gráfico estilo de Lucas, "¡Ya lo tengo!" Se le había venido una gran idea. **Me reciban.** Se sobrentiende, los acreedores del amo. La estratagema del mayordomo, si bien falta de honradez, era eficaz.

5. Llamando a cada uno de los deudores de su amo... En tanto fuese oficialmente mayordomo estaba facultado para determinar los pagos rentales, y hasta que fuera despedido sus decisiones eran jurídicamente válidas. Aunque su amo lo destituyera, no podría alterar las resoluciones que el mayordomo hubiese tomado antes. **6. Cien barriles de aceite.** El aceite de olivo era uno de los productos corrientes de Palestina. El barril (gr. *batos*) contenía 37 litros. **7. Medida** (gr. *korous*, derivado del hebreo *cor*), 370 litros. **8. Y alabó el amo al mayordomo malo.** Aunque el patrono no aprobaba la acción del mayordomo, no pudo menos que alabar su astucia.

9. Ganad amigos por medio de las riquezas injustas. El mayordomo prevaricador sabía que podía acudir ante aquellos cuyas deudas había rebajado arbitrariamente. Agradecidos por el alivio económico, le ayudarían. El Señor sugería que las riquezas terrenales pueden emplearse para ayudar al prójimo, cuya gratitud asegura que seamos bien recibidos en la eternidad. **11. Si en las riquezas injustas no fuisteis fieles.** El uso de la riqueza material pone a prueba el carácter. Quienes no sepan usarla prudentemente no merecen que se les confíen responsabilidades espirituales. **16. La ley y los profetas eran hasta Juan.** Jesús declaró que Juan el Bautista constituía el hito de una época. La antigua dispensación de la ley rigió hasta que él comenzó a proclamar el advenimiento del Mesías y a anunciar el reino de Dios. **Todos se esfuerzan.** (Todos le hacen fuerza, Str.). Involucra la idea de violencia. Difieren los expositores respecto a si Lucas quiso decir que los hombres se arremolinan por entrar en el reino, o que ejercen presión hostil en contra del mismo (cf. Mt. 11:12; v. Arndt, *biazomai*). La primera idea es gramaticalmente más aceptable. **17. Una tilde** (gr. *keraian*, "cuernecillo") era una virgulilla que diferenciaba una letra hebrea de otra similar.

Jesús afirmaba que hasta en el mínimo punto la ley mantendría su autoridad y certeza. **18. Todo el que repudia a su mujer, y se casa con otra, adultera.** La ley estipulaba que el marido podía repudiar a su mujer "por haber hallado en ella alguna cosa indecente" (Dt. 24:1). Por más que la disposición original indudablemente se refería a defectos morales, se había llegado a interpretarla con chocante amplitud. Se dice que el rabí Hillel enseñaba que el marido podía divorciarse si la mujer le echaba a perder la comida (Plummer, en ICC, p. 390). Las palabras de nuestro Señor presentan la monogamia permanente como el matrimonio ideal para los creyentes.

19. Había un hombre rico, que se vestía de púrpura y de lino fino, y hacía cada día banquete con esplendidez. La lana teñida de **púrpura** era costosa, y solamente los ricos podían usarla. El **lino**, que se empleaba para las túnicas, también era muy caro. **Banqueteaba... espléndidamente** (Str.). Se daba la gran vida, en continua fiesta, ajeno a toda penalidad o preocupación. **20. Lázaro.** Esta es la única parábola de Jesús en que se da un nombre propio. **A la puerta.** Los amigos de Lázaro lo dejaban ante la puerta del rico para tocarle a éste los sentimientos. **21. Ansiaba saciarse de las migajas.** Los pedazos y sobras eran echados a los perros o se les daban a los mendigos (cf. Mr. 7:28). **Los perros... le lamían las llagas.** Perros semisalvajes constituían los encargados de la higiene en las calles orientales. El mendigo era impotente para ahuyentarlos, y estaba por tanto a merced de ellos. Quizá haya sentido miedo de tener el fin de Jezabel (2 R. 9:35-36). **22. Murió el mendigo.** No se menciona su enterramiento, no porque haya quedado insepulto sino porque probablemente lo echaron en una fosa de caridad, sin pompas fúnebres. **El seno de Abraham.** Al mendigo se le concedió reclinarse al lado derecho de Abraham, sitio que en los banquetes se reservaba al huésped de honor; **el rico... fue sepultado.** La parábola subraya que el mendigo fue llevado por los ángeles al paraíso; lo mejor que en pro del rico puede afirmar es que fue sepultado. **23. Y en el Hades...** Esta palabra, equivalente a la hebrea *seol*, puede connotar el mundo invisible en general, o el lugar de castigo. El Hades contenía tanto el paraíso como el Gehenna. **26. Un gran abismo ha sido establecido** (Str.). La sima que separa al cielo del infierno es infranqueable y permanente. **29. A Moisés y a los profetas tienen.** La ley contenía la revelación de Dios que bastaba para la instrucción de ellos. **31. Si no oyen a Moisés y a los profetas.** Los milagros no engendran fe por sí mismos. Las palabras de Jesús fueron proféticas, pues cuando él resucitó de entre los muertos, no estuvieron sus enemigos más inclinados a aceptarlo que antes.

E. Instrucción de los discípulos. 17:1-18: 30.

17:1. Tropiezos. Son los actos que hacen que otros se desvíen del sendero del bien, y que hieren su sensibilidad moral. **2. Piedra de molino.** El pasaje paralelo, Mr. 9:42, la llama "una piedra de molino de las que mueven un asno" (Str., gr. *mylos onikos*), que indica una muela de mayor tamaño que las caseras. Estas palabras del Señor tienen una severidad insólita. **4. Siete veces al día.** Siete faltas en un día serían como para exasperar a la víctima de las mismas.

5. Auméntanos la fe. No lograban los apóstoles creer que hubiese perdón para el delincuente habitual. **6. Fe como un grano de mostaza.** Era la de mostaza la más diminuta de las semillas que los agricultores de Palestina conocieran (cf. 13:19). Cristo ponía el énfasis más en la vitalidad que en la cantidad de la fe. **Sicómoro.** La mayoría de los eruditos lo identifican con la morera negra, aunque la misma palabra (gr. *sycaminos*) se traduce en la LXX y otras versiones por sicómoro. La morera, que se cultivaba en Palestina por su fruto, abundaba por todas partes. Trasplantar semejante árbol al medio del mar parece algo fantástico; pero Jesús trataba de enseñar a sus discípulos que para la fe no hay imposibles.

7. Luego. En su sentido de "prontamente, sin dilación" (Acad.) **9. ¿Acaso da gracias al siervo?** El trabajo del esclavo se recibía como cosa de obligación; únicamente lo que trascendiera la línea del deber merecía especial alabanza.

11. Yendo Jesús a Jerusalén. Reanuda Lucas la narración del último viaje (cf. 13: 22) que constituye la urdimbre de esta sección (9:51-18:30). **Entre Samaria y Galilea.** Siguió una ruta fronteriza entre las dos provincias, pasó el Jordán y descendió por la ribera oriental del río; porque el siguiente lugar que se menciona es Jericó (19:1), sitio usual de tránsito de los peregrinos al volver a la ribera occidental.

12. Diez... leprosos, los cuales se pararon de lejos. La ley prohibía a los leprosos acercarse al resto de la gente. Tan lejos estaban, que Jesús no los había notado hasta que alzaron la voz. **14. Id, mostraos a los sacerdotes.** Compárese con el pasaje paralelo, Lc. 5:12-14. **Mientras iban, fueron limpiados.** No obstante las apariencias, los diez tuvieron fe para obedecer. Dieron por realizada la curación, aun sin haberla experimentado. **15. Uno de ellos... volvió.** Más escasa que la fe era la gratitud. **16. Y éste era samaritano.** El único entre los diez que rindió gracias pertenecía a la raza de los despreciados

samaritanos, de quienes nada esperaban los judíos religiosos.

20. Cuándo había de venir el reino de Dios. Tanto Juan el Bautista como Jesús habían proclamado que el reino de Dios estaba a las puertas. El fariseo esperaba que de ser Jesús el Mesías, habría de iniciar su reinado con la súbita proclama de su poder y la conquista física del país. El programa en que Cristo pensaba era distinto, y en su respuesta expone los dos puntos principales del mismo. **El reino de Dios no vendrá con advertencia.** Su advenimiento inicial no consistiría en un golpe político ni surgiría de movimiento visible alguno. **21. El reino de Dios está entre vosotros.** ("dentro de", NC; "en medio de", Str.). El griego *entos*, "dentro de", puede significar "en medio de". Un reino no es territorio únicamente, ni sólo sistema de aparato gubernativo. Su existencia básica reside en la unidad y la lealtad del pueblo. Jesús afirmó que el reino de Dios ya se hallaba presente y lo único que requería era ser reconocido. El lo había traído consigo, y vivía entre ellos.

22. Los días del Hijo del Hombre. Mediante esta frase los judíos denotaban la era mesiánica. **Hijo del Hombre** es un título del Mesías que aparece en Dn.7:13-14. **Y no lo veréis.** El advenimiento del Mesías tardaría mucho. **24. Porque como el relámpago que al fulgurar...** Como el relámpago súbitamente ilumina desde uno al otro extremo del horizonte, así el Mesías verdadero se hará evidente ante todos los hombres cuando venga a establecer su reino. No surgirá en la oscuridad ni estará circunscrito a una localidad. **25. Pero primero es necesario que padezca mucho.** Este versículo deja fuera de toda duda que Jesús hablaba de sí mismo, pues en 18:31-34 trata extensamente el mismo tema. Sus interrogadores no tenían noción de un Mesías sufriente, no obstante que Jesús se refería a las escrituras proféticas, tal como se indica en 24:44. Para él, su inminente muerte en Jerusalén era parte de su misión mesiánica, a la que más adelante habría de seguir la revelación de poder **en su día.**

26. Como fue en los días de Noé. El versículo implica un intervalo entre las faltas y el final momento del juicio. **Los días del Hijo del Hombre.** La retribución no sería inmediata, pero sí inevitable. **27. Comían, bebían, se casaban.** No eran de suyo pecaminosos, pero la excesiva preocupación por ellos mostraba que la gente vivía en un plano del todo materialista, sin siquiera pensar en Dios. El diluvio los halló desprevenidos. **Hasta el día en que entró Noé en el arca.** El instante del juicio coincide con la remoción del siervo de Dios o viene inmediatamente después. Tanto en el caso de Noé como en el de Lot (vs. 29), los hijos de Dios fueron retirados del escenario del juicio antes que éste aconteciese. **30. Así será.** La prosperidad material y la seguridad aparente reinarán en los días del retorno de Cristo. **31. En la azotea.** Las azoteas de las casas orientales se usaban como patios, y aun como dormitorios en la estación calurosa. Quien se hallase en la azotea no tendría tiempo para entrar en la casa a recoger sus objetos valiosos; debía huir inmediatamente por la escalera exterior que había en las casas de Palestina. Un paralelo de esta predicción se produjo durante el sitio de Jerusalén. Según Eusebio, los cristianos de la ciudad la abandonaron durante una retirada temporal de los invasores romanos y se refugiaron en una aldea llamada Pella, en donde sobrevivieron a la caída de la ciudad (*Historia Eclesiástica*, III, V). **34. El uno será tomado, y el otro será dejado.** Los vss. 34, 35 y 36 tienen el mismo significado, pero cada uno se refiere a distinto tiempo. Los hombres están en su cama de noche; las mujeres muelen el trigo en la madrugada y los labradores están en el campo durante el día. Se implica un acto instantáneo, pues la venida del Señor en un instante ocurriría a distintas horas en diversos sitios del globo. **Tomado** es una palabra que suele aplicarse a los santos, pero puede referirse al hecho de recoger a los impíos para el juicio. Compárese la alusión a la cizaña (Mt. 13:41-42) y a la viña de la tierra (Ap. 14:18-19). **37. Allí donde está el cadáver, allí se juntarán los buitres** (Str.). Cuando los discípulos quisieron conocer cuál sería el paradero de los que fueran "tomados", Jesús les respondió mediante un proverbio. **Cuerpo,** RVR, v. Mt. 24:28. **Buitres** es buena traducción, pues las águilas verdaderas no se alimentan de carroña. La interpretación que pretende que las aves representan a los santos que se congregan en torno a Cristo es ajena al sentido del proverbio. Más bien se refiere al súbito advenimiento de castigo sobre una cultura decadente y perversa. **18:1. Les refirió Jesús una parábola.** Gran parte del discurso precedente halla su paralelo en Mt. 24, pero esta parábola es exclusiva de Lucas. Muestra que Jesús hacía una aplicación inmediata de su profecía. El aprestamiento para su regreso estará condicionado por la oración. **2. Un juez.** Quizá el juez fuese un magistrado romano, carente de interés por las necesidades del pueblo judío. **3. Venía** (gr. *ercheto*). El tiempo imperfecto indica que acudía al juzgado repetidamente. **Hazme justicia** (gr. *ekdikeson*). Lo que solicita no es el castigo del adversario sino un fallo de amparo contra las injusticias de aquél. **4. Y él no quiso.** El verbo expresa su estado de ánimo más que un acto concreto. La persistencia de la viuda venció la obstinación del juez. **5. Me agote la paciencia** (acabe por molerme, NC), literalmente "me ponga un ojo amoratado" (*hypopiaze*), puede significar ya sea "molestar" o "desacreditar."

7. Sus escogidos. Solamente dos veces emplea Lucas esta palabra: una respecto al Mesías (23:24) y una respecto al pueblo que él ha elegido y llamado. **8. ¿Hallará fe en la tierra?** La pregunta retórica implica que la fe sería escasa. Las palabras de nuestro Señor no predicen un mejoramiento general en las condiciones espirituales del mundo antes de su venida.

9. Dijo... esta parábola. Puede que la segunda parábola de este capítulo no se haya pronunciado en la misma ocasión que la primera. Pero si así fue, sin duda tiene relación especial con la venida del reino. El ambiente de la vida por venir satura todo el capítulo (18:16,24,30). **10. Dos hombres subieron al templo a orar: uno era fariseo, y el otro publicano.** Jesús utilizó este contraste para poner de relieve la diferencia entre la falsa adoración y el arrepentimiento genuino. **11. El fariseo, puesto en pie, oraba.** Esa posición para orar era corriente (Mt. 6:5; Mr. 11:25). Pero en el caso del fariseo podría indicar que procuraba llamar la atención. **Consigo mismo** se refiere más a su actitud que a su posición. Indica un diálogo con su propia persona o a su propio favor, más bien que la oración de un hombre a solas. **No soy como los otros hombres.** Sin duda su conducta era tan buena como él decía. El problema no estaba en lo que hacía, sino en sus ínfulas de santidad. **12. Ayuno dos veces a la semana.** El ayuno era parte del ritual judaico, pero no se requería ayunar dos veces por semana. El fariseo excedía las exigencias de la ley.

13. Estando lejos. El fariseo se plantó en medio templo, en donde pudieran verlo; el publicano como a hurtadillas se metió en un rincón. **Dios sé propicio a mí, pecador.** El verbo propiciar (gr. *hilastheti*), aparece en He. 2:17 traducido como **expiar.** Implica la ofrenda de un sacrificio que constituya base satisfactoria para perdonar la culpa del ofensor. El publicano no aducía buenas obras sino el sacrificio ya ofrendado. **El pecador** (Str.). Se emplea en griego el artículo definido para mostrar que el publicano pensaba sólo en sus propios pecados. En su propia opinión él era el peor de los pecadores. **14. Justificado.** Este es el único pasaje del tercer Evangelio en que esta palabra tiene significado teológico. Puede que Lucas la haya tomado de la teología paulina (Hch. 13:39; Ro. 3:23-26), con la cual estaba bastante familiarizado. Más que ser justo, significa dar por justo. Por su confianza en el sacrificio y la confesión de su pecado, el publicano fue aceptado como justo a los ojos de Dios.

15. Traían a él los niños. Solían los padres traer los niños ante los rabíes para que éstos los bendijeran. A los discípulos les pareció que se estaba abusando del tiempo y las energías de su Maestro. **16. Jesús, llamándolos...** La actitud de Cristo contrastaba con la generalidad de los adultos judíos, que consideraba a los niños carentes de importancia. **17. Como un niñito** (Str.). Los niños acudían a Jesús sin simulaciones ni temores. Tenían toda la fe de que él los recibiría y los trataría bondadosamente. La vehemencia y la expectación distinguen a quienes reciben el reino.

18. Un hombre principal (*cierto dignatario*, Str.). En Mt. 19:16-30 y en Mr. 10:17-31 se cuenta esta misma historia. Solamente Lucas indica la posición del inquiriente. Si era joven, probablemente no tenía edad para pertenecer al Sanhedrín, pero quizá perteneciera a la aristocracia. **Maestro bueno.** El adjetivo (gr. *agathos*) connota bondad moral, nobleza de carácter. **¿Qué haré?** Esta pregunta muestra que estaba descontento de sí mismo y de su condición moral. No había hallado la vida descrita por la ley (Lv. 18:5), y pensaba que seguramente había pasado por alto algún mandamiento. **19. ¿Por qué me llamas bueno?** Jesús quería saber si le daba ese título como simple cumplido o si el joven había meditado cuidadosamente en quién era Cristo. **20. Los mandamientos sabes.** Jesús no citó los cuatro primeros mandamientos, que tienen que ver con la relación del hombre para con Dios, ni el último, que tiene que ver con los sentimientos internos. Solamente citó los mandamientos que tocan a las relaciones externas del hombre. **21. Todo esto lo he guardado.** El joven dijo la verdad, hasta donde él la conocía. Escrupulosamente había observado el código, y sentía que no tenía nada que reprocharse. De sí mismo decía Pablo que, "en cuanto a la justicia que es en la ley" era "irreprensible" (Fil. 3:6). **22. Aún te falta una cosa.** La justicia de la ley era negativa. Jesús exigía una devoción positiva absoluta. **Vende todo lo que tienes.** Jesús adaptaba siempre su enseñanza a la necesidad del individuo. La avaricia era el pecado característico de este hombre, y Jesús le exigía actuar en forma directamente contraria a su debilidad. **23. Se puso muy triste.** Si no hubiera estado sinceramente interesado en Jesús, no se habría entristecido sino que lo habría despedido altivamente. El quería lo que Jesús ofrecía, pero no era su deseo bastante intenso para cumplir los requisitos. La medida de su tristeza era la cuantía de sus bienes. **25. Es más fácil pasar un camello por el ojo de una aguja.** Lucas usa la palabra que

denota la aguja de cirugía (gr. *belones*). Los intentos de explicar este dicho mediante la confusión entre camello (gr. *kamelos*) y cable (*kamilos*), o dándole a la frase un sentido figurativo relativo a una puerta pequeña en la muralla de la ciudad, no han resultado convincentes. Jesús estaba usando una expresión hiperbólica corriente para mostrar lo difícil que sería que el hombre acaudalado aceptara ser discípulo suyo y entrar en el reino de Dios. **26. ¿Quién, pues, podrá ser salvo?** Según el pensamiento judío, la prosperidad material era señal del favor divino para con los observadores de la ley (Dt. 28:1-8). Si se era rico, se era necesariamente bueno. La declaración de Cristo dejó atónitos a sus discípulos, ya que daban por hecho que un rico tenía que ser justo.

VI. Sufrimientos del Salvador. 18:31—23:56.

En este punto Lucas vuelve a su paralelismo con los otros Sinópticos, e inicia su relato de los últimos días de la vida de Jesús. Toda la sección ha de verse a la luz de la muerte de nuestro Señor, si bien no todo el contenido se ocupa directamente de la misma. La pasión constituye el tema subyacente de estas parábolas, milagros y debates.

A. Rumbo a Jerusalén. 18:31—19:27.
31. He aquí subimos a Jerusalén. Con este tercer anuncio de su muerte inminente (cf. 9:22,44) inicia Jesús la última etapa de su viaje a Jerusalén. **Todas las cosas escritas.** Tanto Lucas como los escritores de los otros Evangelios declaran que Jesús vivía en consonancia con las predicciones mesiánicas del AT. **33. Azotado.** En manos vigorosas el azote romano era un instrumento mortífero. Consistía de varias correas unidas a un puño de madera. Cada correa solía llevar pedazos de plomo de trecho en trecho. Unos cuantos latigazos bastaban para hacer trizas la espalda de un hombre. **Al tercer día resucitará.** Los cuatro Evangelios concuerdan en que Jesús predijo que resucitaría al tercer día (Mt. 20:19; Mr. 10:34; Jn. 2:19). **35. Acercándose Jesús a Jericó.** Las diferencias entre la narración de Lucas y las de Mateo (20:29-34) y Marcos (10:46-52) han provocado mucha discusión. Lucas afirma que el milagro se produjo cuando Jesús se acercaba a Jericó; Mateo y Marcos dicen que fue cuando salía de la ciudad. Marcos y Lucas declaran que fue sanado un hombre; Mateo menciona dos. Lucas hablaba probablemente de Jericó de los gentiles, edificada por Herodes a poca distancia de donde estuvo la antigua, que fue la Jericó de los judíos. Esta última era la ciudad que Mateo y Marcos tenían en mente. En otras palabras, el milagro ocurrió entre la Jericó del AT y la

del nuevo. El escritor podía considerar el hecho como ocurrido después que Jesús salió de una ciudad, o antes de que llegara a la otra (v. J. P. Free, *Archaeology and Bible History,* pp. 294-295). **La multitud.** Plummer (ICC, p. 430) opina que la multitud estaba compuesta por peregrinos de Galilea que se dirigían a Jerusalén para celebrar la pascua.

38. Dio voces. El verbo griego *eboesen* significa dar voces pidiendo auxilio. **Jesús, Hijo de David.** Le aplicó a Jesús un título real que involucraba la fe en él como Mesías. **39. Le reprendían.** Estaba provocando desorden e interrumpiendo al Maestro, que quizá iba enseñando mientras caminaba. **Clamaba mucho más.** El verbo griego es distinto al del vs. 38, y significa dar grandes gritos. **40. Deteniéndose.** Se detuvo para ver al hombre y atender su petición.

19:1. Habiendo entrado Jesús en Jericó, iba pasando. Por su clima cálido era un invernadero favorito de la aristocracia. **2. Un varón llamado Zaqueo, que era jefe de los publicanos.** Plummer sugiere que era "administrador de rentas públicas" (ICC, p. 433). Como Jericó era comercialmente muy activa, se prestaba mucho para el cobro de impuestos de importación. **4. Un árbol sicómoro.** Es un vocablo distinto al de Lc. 17:6, y denota la morera-higüera, muy común en Palestina. Alcanzaba gran tamaño, y su conformación achaparrada la hacía fácil de trepar. **5. Jesús... mirando hacia arriba...** No suelen los hombres ver lo que está más arriba del nivel de los ojos cuando a su derredor hay cosas que les interesan o distraen. Pero Jesús ya había notado la presencia de Zaqueo, y se interesaba en él. **Desciende, porque hoy es necesario que pose yo en tu casa.** A Zaqueo ha de haberle complacido la insólita concesión implícita en comer con un publicano, pero habrá sentido vergüenza por la posición en que fue descubierto.

8. Entonces Zaqueo, puesto en pie, dijo. No hay indicio respecto al momento en que Zaqueo haya dicho esto. Lo más probable es que haya sido después de la comida, cuando hubo observado la manera de ser de nuestro Señor y escuchado sus palabras. Había sido convicto de pecado, y tenía que proceder de acuerdo con tal convicción. **La mitad de mis bienes doy a los pobres.** El dar era algo nuevo para Zaqueo. Como la mayoría de los recaudadores de impuestos, había estado interesado sólo en recibir. **Si en algo he defraudado.** La clase de oración condicional que emplea (gr. *ei... esykophantesa*) implica reconocimiento de que había arrancado dinero al prójimo mediante extorsión. Podría traducirse: "Ya que..." El **si** no es hipotético sino que indica un hecho real. **Cuadru-**

plicado. La ley sólo exigía devolver el principal más el veinte por ciento de intereses (Lv. 6:5; Nm. 5:7), pero Zaqueo se impuso una pena mucho mayor, comparable a la que se imponía por robo (Ex. 22:1).

9. Hoy ha venido la salvación a esta casa. En este contexto salvación se refiere a sanidad espiritual, salvación del alma. **Por cuanto él también es hijo de Abraham.** El pacto de la bendición de Dios se había establecido con Abraham, y quienes a tal pacto se acogían eran llamados "hijos de Abraham" (Gá. 3:7). La salvación había llegado a Zaqueo, no por nexos sanguíneos, sino por tener fe semejante a la de Abraham. **10. Porque el Hijo del Hombre vino a buscar y a salvar lo que se había perdido.** Este texto resume todo el mensaje del Evangelio de Lucas, que destaca la búsqueda y la salvación en la obra del Mesías celestial.

11. Prosiguió Jesús y dijo una parábola. Literalmente *añadió y dijo,* redundancia propia quizá del arameo en el cual se expresaba Jesús. Agregó una parábola (Str.) a lo que venía diciendo. **Por cuanto... ellos pensaban que el reino de Dios se manifestaría inmediatamente.** No obstante las repetidas predicciones de Jesús tocante a la cruz, los discípulos aún esperaban su triunfo mediante la inmediata restauración del reino de David. La parábola tenía como fin presentarles la perspectiva correcta de sus planes.

12. Un hombre de noble linaje (Str.). Puede que la parábola se haya fundado en el conocido episodio de Arquelao, el hijo de Herodes, que viajó a Roma para hacer valer sus derechos sobre el reino que le había dejado su padre Herodes el Grande. Su hermano Antipas, con el apoyo de muchos de los dirigentes judíos, se opuso a sus pretensiones y rechazó su soberanía. Como esto ocurrió por los días del nacimiento de Cristo, treinta años después era una historia conocidísima. (Cf. Josefo *Ant.* XVII, 9,3; 11,1). **13. Diez minas.** Esta parábola es diferente a la de los diez talentos (Mt. 25:14-30), si bien hay mucha semejanza entre ambas. En este caso se trató en forma igual a los diez siervos, y sólo se puso a prueba a diez de entre un grupo posiblemente mayor. La **mina** valía cien dracmas, o sean unos $16.50 (USA). **Negociad** (gr. *pragmateusasthe*). Se esperaba de los siervos que invirtieran el caudal y rindieran cuentas al regreso del amo. **14. Sus conciudadanos le aborrecían.** V. com. 19:12.

15. Vuelto él, después de recibir el reino... El paralelismo de la parábola implica que el regreso traía aparejado el derecho a poseer y a administrar el reino. **17. Tendrás autoridad sobre diez ciudades.** La concesión de gobierno (NC) sobre determinadas circunscripciones corrobora la idea de que la parábola se basa en la historia de Arquelao. **18. Vino otro.** No se le reprende por haber obtenido menor ganancia. Recibe alabanza y se le otorgan responsabilidades compatibles con su habilidad. **22. Siervo malvado** (Str.). El siervo se tenía por honrado porque devolvía la mina sin pérdida alguna; el amo lo llama malvado por devolverla sin ganancia. **24. Dadla al que tiene las diez minas.** Desde el punto de vista de los siervos, darle una mina extra al que más tenía parecía injusto. Desde el punto de vista del amo, ya se habían perdido intereses sobre esta mina, y quería invertirlo en lo que prometiera mayor ganancia. **27. A esos mis enemigos** (NC). Se traza una distinción entre la represión al siervo y la ejecución del enemigo. Parece distinguirse aquí entre el juicio de los creyentes para el otorgamiento de recompensas y el del mundo adversario para condenación.

B. Entrada en Jerusalén. 19:28-44.

28. Iba delante subiendo a Jerusalén. Se adelantó a sus discípulos, que quizá lo siguiesen de mala gana. Bien sabían que sobre su Maestro pendía ya la sentencia de los dirigentes judíos (Jn. 11:16). **29. Llegando cerca de Betfagé y de Betania.** Betania estaba en las faldas sudorientales del Monte de los Olivos, a mitad de la rocosa estribación, un poco al oeste de la moderna aldea de *el 'Azariyeh*. Betfagé, de la cual no queda huella, quedaba un poco más arriba, cerca de la cumbre (v. Emil G. Kraeling, *Bible Atlas*, pp. 395-398). **30. La aldea de enfrente.** Quizá no pasaba el camino por en medio de la aldea. **Un pollino atado.** V. Mt. 21:2 El asno era la bestia de carga corriente de los pobres de Palestina. Los caballos eran usados principalmente por los ricos, o destinados a usos militares. La entrada de Cristo en Jerusalén con un asno por cabalgadura era símbolo de su humildad y de sus pacíficas intenciones. **31. Porque el Señor lo necesita.** Jesús ha de haber tenido trato con el dueño para usar la bestia en cualquier momento. **33. Sus dueños les dijeron: ¿Por qué desatáis el pollino?** No reconocían a los discípulos, pero conocían a Jesús. **35. Habiendo echado sus mantos sobre el pollino.** El Señor venía viajando con una compañía de peregrinos (18:36) que habían presenciado el milagrosa curación de Bartimeo. Estaban seguros de que Jesús plantearía su derecho al trono mesiánico en Jerusalén durante la pascua, por lo cual promovieron esta aclamación pública. **37. Toda la multitud de los discípulos.** La expresión parece abarcar a más de los doce. Jesús tenía muchos amigos en Galilea, gran número de los cuales puede que se hallasen entre los peregrinos. Conforme la ciu-

dad de Jerusalén iba surgiendo a su vista, crecía el entusiasmo de ellos. **38. Bendito el rey.** Los peregrinos entonaban esta cita del Salmo 118:25-26 subiendo camino a la ciudad santa. El salmo era mesiánico, de modo que el uso mismo de sus palabras indica el concepto que de Jesús había formado el pueblo.

C. Enseñanza en Jerusalén. 19:45—21:4.

40. Las piedras clamarían. Cristo afirmaba que era fuerza reconocer su soberanía. Esta firme aserción de sus derechos hace tanto más culpable la subsiguiente acción de los dirigentes de la nación. No podrían decir que lo habían rechazado sin saber lo que hacían. **41. Cerca de la ciudad, al verla . . .** Desde la cumbre del Monte de los Olivos se obtiene una vista panorámica de toda la ciudad. Los aplausos del gentío no conmovieron a Jesús, porque veía proféticamente las calamidades que sobrevendrían a Jerusalén después que lo rechazaran. **43. Porque vendrán días.** Preveía el asedio y la toma de Jerusalén por los romanos al mando de Vespasiano y Tito en el año 70 d. de C. **44. No dejarán en ti piedra sobre piedra.** Excepto algún fundamento semienterrado, apenas queda en pie algún vestigio de la Jerusalén de aquellos días.

45. Comenzó a echar fuera a todos los que vendían. Como los peregrinos no podían traer consigo los animales para el sacrificio ni las monedas adecuadas para el impuesto del templo, los sacerdotes habían provisto instalaciones en donde se podían comprar. Este negocio se había convertido en fuente de peculado y había introducido una atmósfera mercantilista en la actividad religiosa del templo. Jesús afirmó sus derechos sobre la casa de su Padre expulsando a los mercaderes.

20:1. Los principales sacerdotes y los escribas. Los dirigentes religiosos estaban exasperados porque Jesús les llevaba delantera en la conquista del favor público. **2. ¿Con qué autoridad haces estas cosas?** ¿De dónde sacaba este profeta galileo el derecho o el poder para modificar la administración del templo y para afectuar milagros? Si lograban forzarlo a plantear alguna pretensión extravagante, podrían desacreditarlo ante la multitud.

3. Os haré yo también una pregunta. Siempre que sus adversarios trataban de meterlo en un callejón sin salida mediante un dilema, nuestro Señor con una pregunta de contragolpe los dejaba peor parados (cf. Jn. 7:53—8:11; Lc. 20:19-40). **4. El bautismo de Juan.** ¿Procedía Juan por autoridad divina, o humana? **5. Discutían entre sí.** El los había forzado o a reconocer que se habían negado a escuchar a un mensajero de Dios, o a exponerse a la ira popular. **8. Yo tampoco os diré.** ¿Por qué habría de dar explicaciones respecto a sí mismo cuando ellos no querían creer la verdad en cuanto a Juan, que fue su precursor? **9. Comenzó luego a decir al pueblo esta parábola.** Deja a los acallados fariseos y se vuelve a la multitud, pronunciando una parábola semejante a otra de Isaías (5:1-7), para explicar los tratos de Dios con la nación. **Un hombre plantó una viña.** El cultivo de la vid era una de las principales ocupaciones en Palestina y consumía mucho tiempo y dinero. **La arrendó a labradores.** Mediante el contrato de aparcería, el terrateniente solía recibir como renta un tercio de la cosecha. **10. Envió un siervo.** La renta se cobraba por medio de un agente. Jesús afirma que mediante sus siervos los profetas, Dios había reclamado sus legítimos derechos sobre el pueblo que había utilizado lo que a Dios pertenecía. **Los labradores le golpearon.** Muchos de los profetas fueron maltratados por el pueblo, y hasta sufrieron muerte violenta. Elías tuvo que esconderse (1 R. 17:1-7); Jeremías fue echado en un pozo (Jer. 38:6), y cuenta la leyenda que a Isaías lo metieron en un tronco hueco y lo aserraron medio a medio. **13. Mi hijo amado.** La última instancia del propietario fue enviar a su hijo. Esperaba que los arrendatarios respetarían la persona y autoridad de su heredero. Con esta parábola Jesús se coloca muy por encima de los profetas, que sólo eran siervos. **14. Matémosle, para que la heredad sea nuestra.** Los fariseos rechazaban las demandas de Jesús, creyéndose los legítimos herederos de Dios. **15. Le echaron fuera de la viña, y le mataron.** El desenlace de aquella semana que Cristo profetiza contrasta de lleno con las expectativas de la multitud. **16. Dará su viña a otros.** Predice que el favor de Dios sería traspasado de Israel a los gentiles. **17. La piedra que desecharon los edificadores.** Esta cita de Sal. 118:22, el mismo Salmo del cual tomó la multitud la salutación para la entrada en Jerusalén, se la aplica nuestro Señor a sí mismo. Los primitivos predicadores del NT la interpretaban (Hch. 4:11; 1 P. 2:7) como clara predicción del rechazamiento del Mesías y de su posterior exaltación. **18. Será quebrantado.** Quienes en Cristo tropiezan, a sí mismos se dañan. **Le desmenuzará.** Los que por él sean juzgados serán del todo destruidos. El verbo significa **aventar el grano, o pisotear.** **19. En aquella hora.** Los sacerdotes se pusieron en acción inmediatamente, pues temían que Jesús incitara un alzamiento popular. **20. Enviaron espías.** Se daban cuenta de que no tenían asidero legal para

condenarlo a muerte, y procuraban hacerlo caer en un lazo que les permitiera ponerlo en manos del gobernador romano bajo alguna acusación criminal. **21. Sabemos que dices y enseñas rectamente.** Aunque literalmente verdaderas, sus palabras eran meras lisonjas. **22. ¿Nos es lícito dar tributo a César, o no?** La pregunta encerraba un dilema mortal. Si respondía que no, podrían acusar a Jesús de tendencias revolucionarias; si decía que sí, aparecería como colaborador de Roma y se enajenaría la pública adhesión. **24. Mostradme la moneda.** Esta (gr. *denarius*), era una moneda de plata acuñada por Roma, y era la unidad monetaria principal. Las monedas de bronce, de menor valor, no llevaban la efigie del emperador. **La imagen y la inscripción.** La **imagen** era la efigie dicha; la **inscripción** era el título imperial. **25. Pues dad a César . . .** El hecho mismo de que los judíos usaran la moneda demostraba que reconocían el gobierno de aquél, pues se consideraba que el dominio de un rey se extendía hasta donde se aceptase su moneda (v. SBK, *Das Evangelium nach Matthaus,* p. 884). Si los judíos de este modo aceptaban a César como su gobernante, no podían criticar a Jesús. **26. Y no pudieron sorprenderle en palabra alguna delante del pueblo.** Su respuesta fue un portento de exactitud, concisión y franqueza. Nada había en ella que pudiese servir para incriminarlo, y no obstante había contestado la pregunta de ellos recordándoles además las obligaciones que para con Dios tenían. **27. Algunos saduceos, los cuales niegan la resurrección** (Str.). Los saduceos, menos numerosos que los fariseos, constituían el partido clerical, y más les interesaba la política que la religión. Se apegaban estrictamente a la ley escrita de los primeros cinco libros de Moisés, rechazando las añadiduras tradicionales de la interpretación. No creían en ángeles, ni en espíritus, ni en la vida de ultratumba (cf. Hch. 23:8). **28. Moisés nos escribió: Si el hermano de alguno muriere . . .** El caso que presentan se basa en la ley mosaica, cuya autoridad tienen por definitiva (Dt. 25:5-10). Estatuyó ésta que de morir sin hijos un hombre, su hermano debía casarse con la viuda y engendrar un hijo que heredara los bienes del difunto. El propósito de esta ley era evitar que las familias se extinguieran. El caso presentado era del todo hipotético. **33. En la resurrección, pues, ¿de cuál de ellos será mujer?** Los saduceos habían usado este pasaje como caballo de batalla para refutar la doctrina de la vida futura. Si uno tras otro los siete la habían tenido por mujer en este mundo, naturalmente en el venidero habría de ser esposa de los siete a un tiempo. En tal caso la ley estaría estatuyendo para la vida futura lo que en la presente condenaba. Tal conclusión sería absurda; por consiguiente, según la lógica de ellos, no podía haber vida futura. **34. Entonces respondiendo Jesús, les dijo.** La lógica de los saduceos era correcta, pero su premisa era falsa. Erróneamente suponían que las condiciones de la vida futura habrían de ser idénticas a las presentes. Jesús afirmó que en la época venidera no existirían ni el matrimonio ni la muerte. **37. En cuanto a que los muertos han de resucitar . . .** Confutado el argumento negativo de ellos, el Señor presenta su propio argumento positivo, valiéndose del mismo método inductivo. **41. ¿Cómo dicen que el Cristo es hijo de David?** Al Mesías solía llamársele hijo (o sea descendiente) de David (cf. 18:38). **44. David, pues, le llama Señor; ¿cómo entonces es su hijo?** Según las costumbres judaicas el hijo quedaba siempre sujeto a su padre. Que David llamara a su hijo "Señor" sería violatorio de los usos correctos.

21:1. Vio a los ricos que echaban sus ofrendas en el arca. En el atrio del templo había cofres en que se podían depositar las ofrendas **2. Dos blancas.** La blanca (gr. *lepton*) valía la ciento veintiochoava parte de un denario. Dos blancas eran la mínima ofrenda aceptable. **4. Todo el sustento que tenía.** Jesús alabó a la viuda, no por el monto de su ofrenda, sino por el sacrificio que implicaba.

D. Sermón del Monte de los Olivos. 21:5-38.

7. ¿Cuándo será esto? Dos perspectivas se descubren en este discurso: la destrucción del templo y el establecimiento del reino cuando Cristo regrese.

8. Mirad que no os dejéis engañar (NC). Muchos falsos Mesías surgieron en la generación siguiente a la de Jesús. **9. El fin no será inmediatamente.** Bien previno que habría guerras y disturbios de varias clases, pero que el fin no sobrevendría de inmediato. Tenía en mente un lapso considerable entre su retirada de la tierra y su regreso. **11. Y habrá grandes terremotos, y en diferentes lugares hambres y pestilencias.** Estas predicciones pueden tomarse literalmente como señales del fin. **12. Os echarán mano y os perseguirán . . . por causa de mi nombre.** Hablaba proféticamente de la comunidad cristiana; la persecución habría de ser por causa de su nombre. Los versículos que siguen hallan su complemento en las persecuciones que en los Hechos se narran.

20. Cuando viereis a Jerusalén rodeada de ejércitos. Es posible que algunos de los oyentes de nuestro Señor vivieran hasta ver el sitio y la toma de Jerusalén en el año 70 d. de C. **21. Entonces los que estén en Judea, huyan a los montes.** Fue sólo la huida de los cristianos de la asediada ciudad la que los libró del fin que tuvieron los habitantes judíos que se quedaron. Durante una suspensión del asedio los cristianos salieron de la ciudad y se fueron a Pella. Los que se quedaron, o murieron de hambre o fueron vendidos como esclavos. **24. Jerusalén será hollada por los gentiles.** Desde el año 70 d. de C. hasta la restauración del estado de Israel, Jerusalén estuvo en manos de gentiles. **Hasta que los tiempos de los gentiles se cumplan.** Cf. "la plenitud de los gentiles", Ro. 11:25. La expresión implica que Dios ha establecido un día de oportunidad para los gentiles, que concluirá cuando Israel sea restaurado al favor divino.

25. Habrá señales en el sol, en la luna . . . Si los versículos anteriores predicen la caída de Jerusalén y la destrucción final del estado judío, los versículos que siguen han de referirse al tiempo del fin y a las señales de la aparición de Cristo (cf. vs. 11). **26. Los hombres desfallecerán de espanto** (Str.). Las crisis políticas y sociales junto con los trastornos de la naturaleza serán superiores a la resistencia humana. **Las potencias de los cielos serán conmovidas.** Los azotes finales de Dios traerán aparejado un cambio en todo el universo físico (cf. 2 P. 3:10-11).

27. Vendrá en una nube. Una nube de fulgurante gloria —"señal" inconfundible de que es él quien viene— traerá a Cristo de regreso a la tierra (cf. Lc. 9:31,32, 34; Mt. 17:5; Hch. 1:9,11; Ap. 1:7). **28. Cuando estas cosas comiencen a suceder . . .** El lenguaje implica un proceso cuyo desarrollo abarcará un lapso y servirá de advertencia para quienes sepan interpretar las señales. **Redención** es libramiento, el complemento de la salvación de Dios (cf. Ro. 13:11).

29. Mirad la higuera. Los renuevos de este arbusto, abundante en Palestina, asomaban al comenzar no más la primavera. **31. Está cercano el reino de Dios.** Mediante estas palabras mostró Jesús que el reino de Dios no se había establecido en su plenitud, y que vendría en el futuro. Estas palabras son complemento de Lc. 17:21: "El reino de Dios está entre vosotros". **32. Esta generación.** Mateo (24:34), Marcos (13:30) y Lucas citan esta declaración sustancialmente en las mismas palabras. Si el significado es la generación que vivía cuando esas palabras se dijeron, todo el capítulo hasta el versículo 25 debe tomarse como relativo a la caída de Jerusalén y al derrumbamiento del estado judío. Pero si **generación** significa la raza de Israel, lo que Jesús predecía era sólo que el pueblo sobreviviría hasta su retorno. Ambas interpretaciones armonizan con el empleo que del término hace Lucas.

34. Y venga de repente sobre vosotros aquel día. No decía el Señor que el fin sobrevendría sin aviso alguno; ya él había descrito ciertas señales de advertencia. Insinuaba que quizá sobreviniese más repentinamente de lo que podría pensarse. **36. Que seáis tenidos por dignos.** Quizá sea algo mejor la forma en que lo expresa otro manuscrito: "que tengáis fuerza suficiente para" (v. NC y Str.). Las pruebas de los días finales demandarán extraordinaria fortaleza.

37. De noche . . . se estaba en el monte . . . de los Olivos. Durante la semana de pascua Jerusalén estaba siempre atestada de peregrinos de todos los rincones del imperio. Puede que Cristo y sus discípulos hayan dormido sobre la hierba entre los olivos del huerto de Getsemaní. **38. El pueblo, muy de mañana, acudía a él** (Str.). Jesús dedicaba horas regulares a la enseñanza en los atrios del templo.

E. La última cena. 22:1-38.

1. La pascua era la mayor y más sagrada fiesta del año religioso de los judíos, y conmemoraba la redención del pueblo del cautiverio egipcio. El cordero pascual, cuya sangre fue originalmente rociada en los postes de las puertas para librar de la hecatombe (Ex. 12:7), simbolizaba a Cristo (1 Co. 5:7). **3. Entró Satanás en Judas, por sobrenombre Iscariote.** La traición de Judas fue fruto de la tendencia de toda una vida. Jamás se había interesado en forma altruista en Jesús. Una vez que el Señor dejó claro que no reclamaría para sí el trono de Israel, sino que era la muerte lo que le esperaba, Judas se desilusionó y resolvió salvarse por su cuenta, de ser posible. Su actitud lo dejó a merced de la sugestión y el dominio satánicos (cf. Jn. 13:2, 27).

7. El día de los panes sin levadura. Rígidamente se excluye toda levadura de los hogares judíos durante los días de pascua. **10. Os saldrá al encuentro un hombre con un cántaro de agua** (NC). Era insólito que un hombre acarrease agua, pues dicha tarea estaba relegada a mujeres y esclavos. El encargo de nuestro Señor a Pedro y Juan da la idea de que previamente había convenido en una señal secreta que permitiera entablar la conexión. Quería que el sitio de reunión permaneciese incógnito, a fin de comer con sus discípulos sin ser arrestado. **12. Un gran aposento alto ya dispuesto,** ya preparado para la fiesta.

15. Antes que padezca. Indicaba que la cena en su totalidad debía interpretarse a la luz de su muerte. **16. Hasta que se cumpla en el reino de Dios.** Hay un vínculo entre la pascua y el reino de Dios. El reino es el cumplimiento del propósito redentor de Dios,

así como la pascua fue una de sus primeras manifestaciones.

19. Esto es mi cuerpo. El se identifica con los emblemas de la pascua. Así como el cuerpo y la sangre del cordero fueron el sacrificio mediante el cual se efectuó la redención del cautiverio egipcio, yo, decía el Señor, seré el sacrificio que conquistará la redención bajo el nuevo pacto. Nada en su lenguaje indica que el pan y el vino hubiesen de transformarse físicamente en su cuerpo y su sangre. **Que por vosotros es dado.** Esta expresión y lo que sigue hasta el final del vs. 20 faltan en el texto occidental, que por lo común amplifica en vez de omitir. Es posible que estas líneas no pertenecieran al texto original de Lucas (v. WH, II, Apéndice, p. 64), aunque hay un paralelo muy semejante en 1 Co. 11:23-26.

22. A la verdad el Hijo del Hombre va, según lo que está determinado. La muerte del Salvador formaba parte del plan de Dios para la redención de los hombres. **24. Hubo también entre ellos una disputa sobre quién de ellos sería el mayor.** Los discípulos no habían perdido nunca el deseo de obtener una alta posición en el reino que esperaban. Fue la rivalidad que entre ellos reinaba, la que produjo la situación que llevó al Señor a lavarles los pies, tal como se relata en Juan 4:13. **25. Bienhechores** (gr. *euergetes*) era título que se daba a los reyes griegos de Egipto y Siria. **27. El que sirve** (gr. *diakonos*) no se aplicaba a esclavos sino a quienes realizaban algo para ayudar a otros. **29. Os asigno un reino.** Jesús no negaba que habría un reino en el que sus discípulos reinarían. Su afirmación demuestra su confianza en que su muerte no truncaría las esperanzas de ellos, sino que al cabo él vería el fruto de sus padecimientos y lo compartiría con sus discípulos. **30. Las doce tribus de Israel.** La promesa de Mt. 19:28 es similar. Los discípulos han de haber entendido esto como gobierno literal sobre Israel, restaurado a su condición de estado.

31. Simón, Simón. Jesús le habló a Simón como representante de los doce. **Os** es pronombre plural. **Zarandearos como a trigo.** Se zarandeaba el trigo para quitarle el polvo y la paja y para eliminar los granos quebrados y vanos. Las tentaciones del diablo suelen servir para revelar tanto la fortaleza como la debilidad de los creyentes. **32. Pero yo he rogado por ti.** El pronombre personal indica que el Señor se preocupaba de manera especial por Pedro. Sabía de la caída inminente provocada por el exceso de confianza de Pedro; pero no lo desechaba ni lo deponía de su puesto directivo.

36. El que no tiene espada . . . compre una. Solamente Lucas registra este raro mandato. Dijo Jesús que dos espadas **bastarían,**

pero difícilmente habrían bastado para defender a todo el grupo contra la partida aprehensora. ¿Habrá querido decir que la posesión de las armas lo colocaría técnicamente entre los transgresores, cumpliendo así al pie de la letra la profecía que cita, de Is. 3:12?

F. Entrega a traición. 22:39-53.

Entre los vv. 38 y 39 hay un cambio de escenario. Jesús y los discípulos ya habían abandonado el aposento alto y se habían ido al Monte de los Olivos.

40. Tentación. Duras pruebas, más que instancia al mal.

42. Padre, si quieres, pasa de mí esta copa. Los cuatro Evangelios mencionan la "copa" (Mt. 26:39; Mr. 14:36; Jn. 18:11), aun cuando Juan no reproduce esta plegaria. De diversos modos se ha interpretado: temor a la muerte, angustias de muerte, posibilidad de morir antes de dar cima a su obra en la cruz, o la opresión por la carga del pecado del mundo. En Ap. 14:10 y 16:19 la "copa" lo inevitable, sino la pronta aceptación de la estas interpretaciones puede ser concluyente, pero la **copa** ha de representar el sufrimiento al que hacía frente. Nada había hecho para merecerlo, pero era fuerza soportarlo si había de coronar su obra. **Pero no se haga mi voluntad.** No expresan estas palabras consentimiento de mala gana o resignación ante lo inevitable, sino la pronta aceptación de la voluntad del Padre como sumo bien y supremo anhelo de su corazón.

43. Y se le apareció un ángel del cielo. Los vss. 43 y 44 no se hallan en el texto occidental, y quizá no sean parte del escrito original de Lucas. Por otra parte, tienen abundante apoyo en otros manuscritos tradicionales, y no son el tipo de afirmaciones que los amanuenses habrían podido inventar (cf. vs. 19). **Para fortalecerle.** La respuesta a su oración no fue retirar el cáliz sino fortalecerlo para que lo libara. **44. Como grandes gotas de sangre.** No dice Lucas que sudara sangre, sino que el sudor era como sangre. La historia médica registra algunos casos en que la intensa agonía mental se ha visto acompañada de la transpiración de sangre producida por la ruptura de vasos sanguíneos. **45. Durmiendo a causa de la tristeza.** Los discípulos no eran insensibles a la agonía de su Maestro, pero estaban agotados por la tensión física y emocional.

47. Estaba todavía hablando (Str.). Si Jesús hubiese querido huir a Perea, fácilmente se habría colocado fuera del alcance de sus enemigos entretanto que Judas completaba sus negociaciones. Voluntariamente se entregó. **48. ¿Con un beso entregas al Hijo del Hombre?** Judas empleó el gesto de amistad común en Oriente para señalar a Jesús como el que debía ser preso. **50. Le cortó la oreja derecha.** Los cuatro evangelistas cuentan que el siervo del sumo sacerdote resultó herido en la refriega, pero sólo Juan y Lucas mencionan su oreja **derecha.** Lucas ha de haber obtenido su informe de algún testigo presencial.

52. A los principales sacerdotes, a los jefes de la guardia del templo y a los ancianos. El pelotón que venía a prender a Jesús probablemente estaba constituido por la guardia del templo, si bien el lenguaje de Juan (Jn. 18:3, 12) puede interpretarse como indicador de una cohorte romana. **53. Vuestra hora, y la potestad de las tinieblas.** Las tinieblas representaban el poder de Satanás (cf. Ef. 6:12). Jesús reconocía el triunfo temporal del diablo, pero preveía su propia victoria.

G. Arresto y enjuiciamiento. 22:54-23:25.

54. A casa del sumo sacerdote. José Caifás era el sumo sacerdote legalmente electo, pero su suegro Anás, como sacerdote emérito, aún era figura influyente y con frecuencia se le consultaba sobre cuestiones de estado. Juan dice que Jesús fue conducido primero ante Anás (Jn. 18:13). Es probable que viviesen en el mismo palacio, de modo que no medió un largo trayecto entre una y otra entrevistas. **Pedro le seguía de lejos.** Lucas no cuenta el meollo de la entrevista con Anás; se interesa primordialmente en presentar la actuación de Pedro.

55. Fuego. Situada casi a ochocientos metros sobre el nivel del mar, Jerusalén tiene noches frías en primavera. **59. Este . . . es galileo.** Los galileos hablaban el arameo con fuerte acento gutural. Pedro no podía ocultar su origen. **60. El gallo cantó.** "El canto del gallo era una de las divisiones romanas del tiempo, y marcaba el fin de la tercera vigilia, por ahí de las tres de la madrugada. **61. El Señor, miró a Pedro.** Una sola mirada mientras iba rumbo al palacio de Pilato bastó para que Pedro recapacitara en la enormidad que había cometido.

63. Y los hombres que custodiaban a Jesús se burlaban de él. El trato dado a Jesús por los parásitos del Sanedrín era del todo ilegal. El preso debía ser intocable hasta que sobre él recayese condenatoria oficial. Pero a nuestro Señor se le dejó a merced de una guardia irresponsable durante el intervalo entre la audiencia ante los sacerdotes y su presentación ante Pilato.

66. Cuando fue de día (NC). De acuerdo con la ley judía no podía el Sanedrín (concilio) sesionar de noche. Mateo (26:57-58) y Marcos (14:53, 55) dicen que hubo una vista preliminar en casa del sumo sacerdote, y que se dictó sentencia formal temprano al día siguiente (Mt. 27:1; Mr. 15:1).

Lucas sólo menciona la última sesión. El **concilio** o Sanedrín estaba constituido por setenta o setenta y dos de los ancianos y maestros de la nación. Roma le permitía dictar sentencia en cuestiones religiosas y civiles, pero no imponer la pena capital sin la concurrencia del gobernador romano. **67. ¿Eres tú el Cristo?** Lucas registra dos preguntas del Sanedrín. La presente, de tener respuesta afirmativa, podía haberse interpretado como confesión de traición, pues todo mesías se consideraba un rebelde potencial contra el gobierno romano. **69. Desde ahora el Hijo del Hombre se sentará a la diestra del poder de Dios.** Jesús se arrogaba la condición de Mesías al afirmar que subsiguientemente sería elevado a la diestra de Dios. **70. ¿Luego eres tú el Hijo de Dios?** La segunda pregunta perseguía incriminar a Jesús delante del pueblo. Si pretendía ser el Hijo de Dios, podría acusársele de blasfemia. **Vosotros lo estáis diciendo** (Str.). Equivale a decir "Sí".

23:1. Levantándose todos, le llevaron a Pilato (NC). Poncio Pilato fue gobernador romano de Palestina del 26 al 36 d. de C. Tenía su residencia oficial en Cesarea, pero solía visitar a Jerusalén en la temporada de pascua para no perder de vista a las multitudes que allí se reunían. Parece probable que le hayan avisado previamente sobre el arresto de Jesús para que estuviese listo temprano por la mañana para el juicio. **2. Y comenzaron a acusarle.** Los cargos que presentaron los sacerdotes estaban calculados para incriminar al prisionero ante un tribunal romano, ya que las violaciones a la ley mosaica ningún valor habrían tenido ante Pilato. Lo falso de las acusaciones ya se ha mostrado con la presentación completa de la vida y palabras de Cristo en este Evangelio.

3. ¿Eres tú el Rey de los judíos? La pregunta en griego tiene mucho mayor fuerza: "¡¿TU eres el Rey de los judíos?!" Pilato se maravillaba de que alguien de apariencia tan común pretendiera ser rey. Lucas no presenta en todos sus detalles el interrogatorio a Jesús; da sólo el veredicto. **4. Ningún delito hallo en este hombre.** Declara que no había cometido acto alguno digno de sanción legal.

5. Galilea era foco de constante turbulencia y revuelta. **7. Que era de la jurisdicción de Herodes.** Pilato carecía de jurisdicción propia sobre Galilea, pues ésta le había sido asignada al reino títere de Herodes. Le vino de perlas la salida de remitir el estorboso prisionero a otro juez. **También estaba en Jerusalén.** Herodes, como judío nominal, tenía obligación de asistir a la celebración de la pascua. **8. Herodes, viendo a Jesús, se alegró mucho.** La fama de Jesús había llegado a oídos de Herodes, excitando sus temores (9:9) y su curiosidad. **9. El nada le respondió.** Jesús no temía a Herodes, y rehusó malgastar tiempo con este bufón. Para Herodes todo el asunto no pasaba de ser una gran farsa. **11. La ropa espléndida** probablemente haya sido un manto desechado de Herodes, con el cual vistió a Jesús para ridiculizar sus pretensiones reales. **12. Se hicieron amigos Pilato y Herodes.** El gesto de Pilato al reconocer la autoridad de Herodes alivió cualquier tensión que hubiese podido originarse en los celos de los dos oficiales.

15. Nada digno de muerte ha hecho este hombre. Pilato estaba a punto de absolver a Jesús de acuerdo con los méritos de la causa. **16. Castigarle.** Pilato sugiere una flagelación ejemplarizante, que "le sirviera de lección." **17. Tenía que soltarles uno** (NC). Era costumbre del gobernador romano libertar un preso político durante la pascua, como gesto conciliador hacia el pueblo (v. Jn. 18:39.). **18. Suéltanos a Barrabás. Bar-abbas** en arameo significa *hijo del padre*. **19. Había sido echado en la cárcel por sedición.** Era un proscrito, quizá un zelote o fanático galileo, capturado en un alzamiento sedicioso (cf. Jn. 18:40).

H. La crucifixión. 23:26-49.

26. Simón de Cirene. Los judíos de Cirene tenían su propia sinagoga en Jerusalén (Hch. 6:9). Simón había pernoctado fuera de la ciudad y venía entrando para efectuar los actos de culto del día en el templo. Los guardias lo detuvieron y lo obligaron a llevar la cruz de Jesús. Por lo común el reo llevaba su propia cruz, pero nuestro Señor, agotado por las tensiones de las horas precedentes, no pudo.

27. Gran multitud . . . que lloraban y hacían lamentación sobre él. Solamente Lucas menciona este episodio. Los actos judiciales se habían producido antes que los amigos de Cristo se dieran cuenta de lo que estaba ocurriendo y pudieran organizar una protesta. **28. Llorad por vosotras mismas y por vuestros hijos.** El señor preveía la destrucción de la ciudad y los horrores que sobre sus habitantes sobrevendrían. **31. Porque si en el árbol verde hacen estas cosas . . .** Cita un dicho proverbial. La aplicación sugiere que si tal injusticia puede perpetrarse contra un inocente en días de paz, ¿qué no habrá de acaecerle a los que moren en la ciudad en tiempos de guerra?

32. Malhechores. Mateo los llama *lestai*, "bandidos" (Mt. 27:44, NC. Cf. "salteadores", Jn. 10:1,8). **33. Al lugar llamado de la Calavera.** Se desconoce su exacta ubicación. Durante el sitio de Jerusalén se borraron todas las señales toponímicas, de modo que la identificación resulta incierta. El sitio de la ejecución quedaba fuera de los muros de la ciudad, cerca de un camino real muy transitado. Las opiniones actuales se dividen, ubicándolo unos en la Iglesia del Santo Sepulcro, y otros en el Calvario (latín) de Gordon, un poquito al norte de la puerta de Damasco. Calvario (latín), o Gólgota (arameo), quiere decir "calavera". Es evidente que el nombre provenía o de la configuración del terreno, semejante a un cráneo, o a que había huesos esparcidos por el campo de ejecución. La segunda alternativa es menos probable, dados los escrúpulos judíos en punto a los cuerpos insepultos.

34. Este versículo, así como uno o dos que le preceden (22:19, 43), no se halla en algunos de los mejores manuscritos. Al igual que otros varios textos discutidos, son evidentemente palabras pronunciadas por Jesús. Más difícil sería explicar su omisión que su inclusión. **Repartieron entre sí sus vestidos, echando suertes.** La ropa de los ajusticiados pasaba a ser propiedad del pelotón ejecutor. Después de hacer cuatro porciones quedaba la túnica (Jn. 19:23-24), la cual tendría que partirse en cuatro partes para que la distribución fuese equitativa, lo cual la inutilizaría, o de lo contrario, habría que echarla a la suerte.

36. Presentándole vinagre. Los soldados bebían vino avinagrado de baja calidad. **38. Un título.** Los crímenes del ajusticiado se inscribían en un letrero que se le colgaba al cuello o se clavaba en la cruz, por encima de su cabeza. Los Evangelios difieren en cuanto al contenido del letrero (cf. Mt. 27:37; Mr. 15:26; Jn. 19:19), y es posible que haya habido ligeras variantes de vocabulario en las diversas traducciones del título. La inscripción completa probablemente haya sido: **Este es Jesús de Nazaret, el rey de los judíos.**

39. Si tú eres el Cristo. El mejor texto griego no contiene el *si* condicional. "Tú eres el Mesías ¿no es cierto? ¡Pues sálvate y sálvanos a nosotros!" (Cf. BC.) ¡Qué sarcasmo el del primer ladrón! **42. Acuérdate de mí cuando vengas en tu reino.** El tono de esta petición es muy distinto del dejo cínico del otro bandido. Este hombre demostró una sorprendente confianza en Jesús; lo veía agonizando en una cruz, y no obstante creía que vendría como rey. **Dijo** (gr. *elegen*) se halla en tiempo imperfecto, lo cual indica que reiteró la súplica. **43. Paraíso** es una antigua palabra persa que designa un parque o jardín, un sitio bello. Había pasado a denotar la morada de Dios (cf. 2 Co. 12:4).

44. La hora sexta. Las horas se contaban a partir de la salida del sol, por ahí de las seis de la mañana. La hora sexta era el mediodía. **Tinieblas.** El oscurecimiento del sol no puede atribuirse a un eclipse, que habría sido imposible durante el plenilunio de pascua. **45. El velo del templo se rasgó por la mitad.** El velo o cortinón se hallaba dentro del templo y separaba el lugar santo, en donde oficiaban los sacerdotes, de la presencia de Dios en el lugar santísimo. Estaba hecho de grueso tejido, que un hombre no habría podido rasgar con toda su fuerza. La rasgadura del velo de arriba abajo fue claramente sobrenatural.

46. Encomiendo mi espíritu. Remite su espíritu al Padre. Su muerte fue consciente y voluntaria. **47. El centurión.** V. com. 7:2. Este hombre, un gentil, y acostumbrado a ver gentes de toda clase y condición, declaró que Jesús "era justo."

I. El sepelio. 23:50-56.

50. José... miembro del concilio. Era un miembro del Sanedrín que no había aprobado la sentencia de muerte dictada contra Jesús. Era discípulo, y quizá no estuvo presente cuando el concilio se reunió; y si concurrió, hubo de hacer constar su voto negativo (vs. 51. a). **52. Fue a Pilato.** La solicitud de entrega del cuerpo de un criminal ajusticiado, de inmediato ha de haber vuelto sospechoso a José. Tal solicitud demuestra su valentía. **53. Lo envolvió en una sábana.** el verbo significa enrollar apretadamente, envolver dándole vueltas. Sólo se halla aquí, en Mt. 27:59 y en Jn. 20:7. La implicación es que no se envolvió el cuerpo de cualquier modo en una sábana, sino que José y sus ayudantes cuidadosamente fueron envolviéndolo en tiras semejantes a vendas, y lo depositaron en el sepulcro del propio José.

54. Era el día de la Preparación (Str.). Según la tradición general, Jesús murió en viernes por la tarde; la "preparación" para el día de reposo comenzaba al ponerse el sol. En consecuencia, se colocó apresuradamente el cuerpo en la tumba, esperando completar los actos fúnebres una vez pasado el sábado.

55. Las mujeres... vieron el sepulcro. Las mujeres presenciaron el sepultamiento y vieron cómo fue colocado el cadáver. No es posible que luego se hayan equivocado en cuanto a la ubicación del sepulcro ni que se hubiesen engañado en cuanto a la realidad del sepelio. **56. Prepararon especias aromáticas y ungüentos.** Se empleaban especias y ungüentos de diversas clases para preservar el cuerpo y como tributo de amor y respeto a los difuntos.

VII. La resurrección. 24:1-53.

La narración que hace Lucas de la resurrección difiere en cuanto a contenido de las que presentan los otros, pero concuerda con ellas en los hechos esenciales. Todos los evangelistas mencionan la visita de las mujeres al sepulcro, pero únicamente Lucas da cuenta de la aparición del Señor a los discípulos en el camino de Emaús. Tres son los episodios principales de la resurrección que él presenta: el anuncio a las mujeres, la jornada a Emaús y la aparición en el aposento alto. Concluye el Evangelio con la ascensión, ocurrida en Betania.

A. La tumba vacía. 24:1-12.

1. El primer día de la semana, muy de mañana. El **primer día** comenzaba el sábado al anochecer. Marcos parece sugerir que las mujeres terminaron la compra de las especias la noche anterior, y que fueron al sepulcro en una hora en que nadie las habría de molestar. **2. Hallaron removida la piedra del sepulcro.** La tumba era una cueva labrada en roca viva, a cuya entrada se podía rodar una piedra circular que impidiera intrusiones. A las mujeres les sorprendió hallar la tumba abierta. **3. No hallaron el cuerpo.** Sabían exactamente dónde buscarlo, pero había desaparecido. Todos los relatos concuerdan en que la tumba estaba vacía la mañana del primer día.

4. Estando ellas perplejas. Las mujeres no tenían ni la menor idea de lo acontecido. Es obvio que no hubo de parte de los discípulos confabulación alguna para robar el cuerpo (según el cargo que lanzaban los dirigentes judíos), pues estas mujeres algo habrían sabido acerca de ello. Tal vez pensaron que José y sus ayudantes habrían pasado el cuerpo a un sitio más seguro. **Se pararon junto a ellas dos varones.** Mateo (28:2-6) y Marcos (16:5) dicen que fue un ángel dentro del sepulcro el que les informó de la resurrección de Jesús. No hay discrepancia esencial; uno pudo hablar en nombre de los dos. Dos testigos acompañaron a Jesús en la transfiguración (Lc. 9:30) y en la ascensión (Hch. 1:10); puede que Lucas sugiera que los mismos aparecieron en la resurrección. **Con vestiduras resplandecientes.** En gr. *astraptouse*, "resplandeciente", significa fulgurar como el relámpago. **6. Acordaos de lo que os habló. . . en Galilea.** El tema de conversación en la transfiguración había sido "su partida, que iba Jesús a cumplir en Jerusalén" (9:31). Y antes de salir de Galilea Jesús había dado a sus discípulos instrucciones explícitas acerca de lo necesaria que era su muerte inminente (19:31-34).

8. Entonces ellas se acordaron de sus palabras. La primera vez que él habló de estas cosas, los discípulos tenían la mente ofuscada por otras nociones; pero la resurrección colocaba todas sus enseñanzas en una nueva perspectiva. **9. A todos los demás.** El número de los seguidores de Jesús en Jerusalén abarcaba mucho más que los once discípulos. José de Arimatea, Nicodemo, las mujeres y muchos más indudablemente formaban parte del grupo. **10. María Magdalena, y Juana, y María madre de Jacobo.** El nombre de María Magdalena probablemente se lo habían dado por haber vivido en la ciudad de Magdala, en Galilea. Juana era la mujer de Chuza, el intendente de Herodes (Lc. 8:3). A María la madre de Jacobo la mencionan Mateo (27:56) y Marcos (15:40). **11. Locura.** Los discípulos no se apresuraron a creer la primera historia que oyeron, sino que iniciaron una investigación crítica.

12. Levantándose Pedro. Todo el versículo doce falta en el texto "occidental" de Lucas, pero forma parte de otros manuscritos, y concuerda con el relato de Jn. 20:2-10 (cf. 22:19; 23:34). **Los lienzos** (mortajas, Str.) eran tiras anchas, como vendas, que se enrollaban alrededor del cuerpo. **Solos.** No tenían ningún cuerpo dentro, pero conservaban la posición en que lo habían envuelto. **Maravillándose.** Pedro no podía comprender por qué estaba allí abandonada la mortaja, ni en qué forma pudo ser sacado el cuerpo de su envoltorio.

B. La jornada a Emaús. 24:13-35.

13. Una aldea llamada Emaús. Probablemente la que hoy se conoce como *Amwas*, a poco más de treinta kilómetros al oeste-noroeste de Jerusalén. **Sesenta estadios.** La distancia que indica el texto convencional equivale a cerca de 13 km., pero dos de los manuscritos más antiguos dicen 160 estadios, lo cual sería unos 32 km. **16. Los ojos de ellos estaban velados.** En diversas ocasiones después de la resurrección, Jesús no fue inmediatamente reconocido.

18. Cleofas era el marido de una de las Marías (Jn. 19:25), y posiblemente era el padre de Jacobo el menor (Lc. 24:10). Puede que éste haya sido la fuente de información de Lucas. **¿Eres tú el único forastero en Jerusalén. . .?** La muerte de Jesús era un suceso tan conocido que los dos hombres no comprendían que ni siquiera quien estuviese de paso por la ciudad pudiese haber dejado de enterarse. **19. Jesús nazareno, que fue varón profeta.** Las palabras de Cleofas revelan el concepto que de Jesús tenían los discípulos. No habían llegado a darse cuenta cabal de la plenitud de su divinidad.

21. Pero nosotros esperábamos. Estaban desilusionados. Habían esperado que Jesús inaugurara el reino mesiánico, y todo en vano. **El tercer día.** Era un caso perdido, pues el tercer día después de la muerte marcaba la liquidación de toda esperanza de vivificación natural. **22. Unas mujeres.** El aturdimiento de los discípulos se vio aumentado con el informe de las mujeres. No tenían cómo negar el informe; pero no se contaba con prueba positiva alguna de la resurrección. **24. Fueron algunos.** Se referían a Pedro y Juan, que habían comprobado el hecho de que la tumba estaba vacía. **Pero a él no le vieron.** Para estos hombres únicamente la presencia comprobable del propio Jesús habría de ser convincente.

25. Todo lo que los profetas han dicho. Claro testimonio de que el advenimiento de Cristo se hallaba predicho en el AT. **26. ¿No era necesario que el Cristo padeciera estas cosas?** Jesús insinuaba que los acontecimientos de la semana anterior no debían haberlos sorprendido. Era lógico esperar que el Mesías sufriera y entrara en la gloria, puesto que el AT lo había prefigurado. **27. Y comenzando desde Moisés.** Desde el comienzo del Génesis hasta el final de Zacarías había esparcidas por toda la Escritura profecías sobre el Mesías venidero. No se ha preservado la exposición de nuestro Señor como un discurso sobre tales pasajes, pero es probable que sus explicaciones hayan constituido la base de la interpretación apostólica del AT que se halla en los sermones de los Hechos y en las epístolas.

29. Quédate con nosotros. Mostraban la cortesía normal para con el forastero que aún tenía una larga jornada que hacer y carecía de albergue para pernoctar. Dados los peligros del camino, no se acostumbraba viajar de noche. **31. Entonces les fueron abiertos los ojos.** El ver al invitado asumir el puesto de anfitrión, y quizá algo en sus gestos al partir el pan, revelaron su identidad.

33. Y levantándose en la misma hora... Tan grande era el descubrimiento que no podían esperar hasta la mañana, sino que volvieron a Jerusalén inmediatamente para informar a los demás de lo sucedido. Su viaje a Emaús puede que muestre la dispersión que se habría producido, de no haber sido los discípulos retenidos en Jerusalén por la esperanza de nuevas apariciones de Cristo. **34. El Señor... ha aparecido a Simón.** No se ha conservado registro de esta entrevista con Pedro, salvo una alusión en 1 Co. 15:5. El efecto que en Pedro produjo se menciona en 1 P. 1:3 ss.

C. Aparición a los discípulos. 24:36-63.
36. Jesús se puso en medio. El Cristo resucitado parece que tenía el poder de aparecer y desaparecer a voluntad. Su cuerpo resucitado poseía facultades que trascendían

las leyes de la materia ordinaria. **37. Espantados y atemorizados.** Es obvio que no lo esperaban, y que tampoco era una mera alucinación. **39. Mirad mis manos y mis pies.** Los cicatrices que llevaba mostraban su identidad con aquel a quien habían visto crucificado. **Palpad.** Un fantasma no habría sido tangible. **41. Como todavía ellos, de gozo, no lo creían...** La actitud de ellos cambió, pero todavía resultaba demasiado portentoso el milagro para comprenderlo. **43. Comió delante de ellos.** Los espíritus no consumen alimento. Pedro mencionó esta convincente prueba al presentar el Evangelio a los gentiles (Hch. 10:41).

D. La última comisión. 24:44-49.
44. Y les dijo. No fue esta su última aparición, pero sí la última que antes de la ascensión registra Lucas. La utiliza para presentar el mensaje que Jesús quería que sus discípulos proclamaran ante el mundo. **En la ley de Moisés, en los profetas y en los salmos.** Estas eran las tres divisiones principales del canon judaico de las Escrituras. Los profetas incluían algunos de los libros históricos, y los salmos incluían otros libros poéticos. **46. Fue necesario que el Cristo padeciese, y resucitase.** Estos dos hechos se convirtieron en la médula de la predicación apostólica (Cf. 1 Co. 15:3). **47. El arrepentimiento y el perdón de los pecados** (Str.) fueron las doctrinas en que se puso énfasis en la predicación de Pentecostés (Hch. 2:38). **En todas las naciones, comenzando desde Jerusalén.** El programa que Cristo bosqueja concuerda exactamente con el tema que desarrolla Lucas en su segundo volumen, los Hechos de los Apóstoles (Hch. 1:8).

49. La promesa de mi Padre. Se refería el Señor al Espíritu Santo, cuyo derramamiento se había prometido en Joel 2:28, el pasaje que usó Pedro en Pentecostés. **Quedaos vosotros en la ciudad.** De haberse dispersado inmediatamente los discípulos cada cual a su casa, el movimiento se habría debilitado, y no se habría producido el impacto de conjunto por el Espíritu sobre el mundo.

E. La ascensión. 24:50-53.
51. Bendiciéndolos, se separó de ellos, y fue llevado arriba al cielo. El texto "occidental" omite "y fue llevado arriba al cielo", pero la comparación con Hch. 1:9 confirma el texto como genuino.

BIBLIOGRAFÍA

FONDO HISTORICO

HAYES, DOREMUS A. *The Synoptic Gospels and the Book of Acts.* Nueva York: The Methodist Book Concern, sin fecha.
MAC LACHLAN, H. *St. Luke, the Man and His Work.* Londres: Longmans, Green, & Co., 1920.
ROBERTSON, A.T. *Luke the Historian in the Light of Research.* Nueva York: Charles Scribner's Sons, 1923.

COMENTARIOS

GELDENHUYS, NORVAL. *Commentary on the Gospel of Luke in the New International Commentary on the New Testament.* Grand Rapids: Wm. B. Eerdmans Publishing Co., 1951.

GODET, FREDERIC. *Commentary on Luke.* Grand Rapids: Kregel Publications, 1981.
MORGAN, G. CAMPBELL. *The Gospel According to St. Luke.* Nueva York: Flemming H. Revell Co., 1931.
PLUMMER, ALFRED. *A Critical and Exegetical Commentary on the Gospel According to St. Luke,* in *The International Critical Commentary.* Quinta edición. Edimburgo: T. & T. Clark, 1922.
THOMAS, W.H. GRIFFITH. *Outline Studies in Luke.* Grand Rapids: Kregel Publications, 1986.

COMENTARIOS EN ESPAÑOL

ERDMAN, CARLOS R. *Evangelio de Lucas.* Grand Rapids: T.E.L.L., 1974.

EVANGELIO SEGÚN JUAN

INTRODUCCIÓN

Carácter del libro. Sencillo en punto a lenguaje y estructura, es no obstante una profunda presentación de la persona de Cristo sobre un fondo histórico. Contiene un mensaje tanto para el humilde discípulo del Señor como para el teólogo más avanzado.

Ciertas semejanzas entre este evangelio y los sinópticos son fácilmente discernibles. El protagonista es el mismo. Se le llama Hijo de Dios, Hijo del Hombre, Mesías, Señor, Salvador, etc. No hace muchos años estuvo de moda en determinados círculos la conclusión de que el Jesús de Juan era fruto de un proceso teológico en la iglesia primitiva, mediante el cual el Nazareno humano había sido exaltado a la posición de la deidad. Hoy día ya no es sostenible tal tesis, pues la profundización de los estudios ha llevado a la convicción de que la cristología de los sinópticos y la de Juan son fundamentalmente una y la misma. Un Jesús meramente humano es tan inconcebible en los sinópticos como en Juan.

Conforme en el cuarto Evangelio se desenvuelve la trama histórica, se descubre la semejanza de sus lineamientos generales con el bosquejo de los acontecimientos tal como los presentan los sinópticos: el ministerio preparatorio de Juan el Bautista, el llamado a ciertos discípulos para aprender y servir, el doble ministerio de palabra y de hecho (milagro), la misma tensión entre el entusiasmo popular a favor del Señor y la oposición del judaísmo oficial, y la importancia crucial de la persona y autoridad de Jesús. De igual modo en cuanto a los acontecimientos finales de la vida terrenal de Cristo, aparece el mismo patrón de traición, arresto y proceso judicial, muerte de cruz y resurrección.

Naturalmente, hay también bastantes divergencias con los sinópticos. Mientras éstos mencionan sólo una pascua y parecen por tanto limitar el ministerio de Cristo a un año, Juan menciona por lo menos tres pascuas (2:23; 6:4; 13:1), lo cual sugiere que dicho ministerio abarcó más tres años. En los sinópticos el ministerio se localiza casi por entero en Galilea, mientras Juan destaca la actividad de Jesús en Judea y poco dice respecto a la campaña de Galilea. En los sinópticos la enseñanza pública de nuestro Señor gira en torno al "reino de Dios," expresión que casi no aparece en el cuarto evangelio, cuyos discursos tienen en su mayor parte como centro al propio Jesús, su relación con el Padre, y lo indispensable que es él para el hombre en su necesidad espiritual (cf. las veces que dice "yo soy"). Ciertos detalles históricos suscitan problemas. Por ejemplo, la purificación del templo, que Juan ubica a inicios del ministerio (cp. 2), mientras los sinópticos lo presentan al finalizar el mismo. La explicación más sencilla es probablemente en este caso la verdadera: que hubo dos purificaciones. Otro ejemplo tiene que ver con el llamado a los discípulos, que según los sinópticos ocurrió en Galilea. Juan describe el llamado de varios hombres en el escenario de Judea, al comienzo no más del ministerio (cp. 1). El problema se aminora teniendo en cuenta que la presteza misma de los pescadores en abandonar sus redes y seguir a Jesús se explica más fácilmente con base en el reconocimiento previo y un primer intento de discipulado, tal como se revelan en el cuarto evangelio. Causa cierta confusión ver a Jesús considerado como Mesías en este evangelio desde el comienzo de su obra (cp. 1), cuando en los demás evangelios el conocimiento de su mesiazgo parece producirse mucho más tarde. No hay incompatibilidad entre las dos narraciones, sin embargo, pues el anuncio de Pedro en Cesarea de Filipo (Mt. 16:16) no ha de entenderse necesariamente como una convicción adquirida en ese momento por primera vez (cf. Mt. 14:33). La verdad anteriormente percibida se había profundizado mediante su propia experiencia con el Hijo de Dios.

Autor. Si bien el libro no menciona al escritor, lo indica como "el discípulo amado" (21:20,23,24) e íntimo compañero de Pedro. El testimonio de la iglesia antigua lo señala como Juan, hijo de Zebedeo (cf. 21:2). Ireneo es el testigo principal. Algunos eruditos han puesto en duda que un hombre inexperto e iletrado (Hch. 4:13) haya podido escribir tal obra. El correr del tiempo, la motivación, y la obra capacitadora del Espíritu Santo no deben subestimarse al evaluar la capacidad de Juan y la superación de los obstáculos.

Muchos de los modernos prefieren la tesis

de que el verdadero autor del Evangelio fue un discípulo desconocido, si bien la mayor parte del material puede haber sido suministrada por Juan. Pero esto es sustituir innecesariamente a un autor conocido por uno desconocido.

Lugar y fecha de composición. Según la tradición cristiana, Juan pasó los últimos años de su vida en Efeso, ministrando en la predicación y la enseñanza al mismo tiempo que escribía. De allí fue a parar al exilio en Patmos bajo el gobierno del emperador Domiciano. Su Evangelio parece presuponer el conocimiento de la tradición sinóptica, razón por la cual debe colocársele de último en la serie, posiblemente entre los años 80 y 90. Algunos le asignan fecha aun posterior. El descubrimiento de Egipto de fragmentos del Evangelio procedentes de la primera mitad del siglo segundo obliga a datar el origen de la obra dentro de los límites del siglo primero.

Propósito. En su aspecto positivo lo expresa Jn. 20:30-31 como la esperanza de inculcar en los lectores la convicción de que Jesús es el Cristo, el Hijo de Dios, a fin que por medio de él puedan obtener vida eterna. El material ha sido seleccionado con miras a conducir precisamente a esa conclusión. Pueden descubrirse objetivos subordinados, tales como refutar el docetismo, doctrina que negaba la verdadera humanidad de Jesús (cf. 1:14), o exhibir el judaísmo como un sistema religioso inadecuado que colmó sus demás pecados rechazando a su Mesías prometido (1:11, etc.).

BOSQUEJO

COMENTARIO

1. Prólogo. 1:1-18.

Sin pérdida de tiempo el escritor presenta la figura céntrica del Evangelio, pero no lo llama Jesús ni Cristo. Por ahora es el Logos (el Verbo). El término tiene raíces en el AT, en donde sugiere los conceptos de sabiduría, poder y relación especial con Dios. Los filósofos también lo empleaban ampliamente para expresar ideas tales como la razón y la mediación entre Dios y los hombres. En los días de Juan, los lectores de todas las clases entenderían lo apropiado que resultaba en este caso en que la revelación es la nota fundamental. Pero su característica especial es que el Logos es también Hijo del Padre, encarnado para revelar a Dios en su plenitud (1:14,18).

A. *Preexistencia del Logos.* 1:1-2. El **principio** del Evangelio (cf. Mr. 1:1) está entrelazado con el principio de la creación (Gn. 1:1) y se extiende aun más allá, dándonos un vistazo de la divinidad "antes que el mundo fuese" (cf. Jn. 17:5). El Verbo no vino a ser; **era.** **Con Dios** sugiere igualdad al par que asociación. **El Verbo era Dios** (deidad) sin que hubiera confusión de personas.

B. *El Logos cósmico.* 1:3-5. Fue el agente de la creación. **Por él.** Por medio de él.
3. Todas las cosas abarca la totalidad de la materia y de la existencia, pero en este caso considerada individualmente más que como universo. **4. La vida** está **en él**; no es él un simple medio para obtenerla. Como vida, el Verbo impartió **luz** (conocimiento de Dios) a **los hombres. 5. Las tinieblas** son primordialmente morales. No todos aprovechan la luz (cf. 3:19). Probablemente la idea no sea idéntica a la de 1:9-10; de modo que "las tinieblas no la comprendieron" de la RV (abrazaron, NC; recibieron, Str.) es una traducción menos adecuada que **las tinieblas no prevalecieron contra ella.**

C. *El Logos encarnado.* 1:6-18. Se incluye aquí un resumen de la misión de Juan el precursor.
6. Hubo. Mejor, *vino* (Apareció, Str.). Así emerge Juan en la Historia, como **enviado de Dios.** La expresión compendia el contenido de Lc. 1:5-80; 3:1-6. **7.** Juan vino **por testimonio,** concepto que recibe especial énfasis en este Evangelio (1:15,34; 5:33,36, 37; 15:26,27; 19:35; 21:24). Su misión era dar testimonio **de la luz** que brillaba desde los días de la creación y que estaba a punto de iluminar a los hombres con su presencia. Correspondía al testigo hacer que los hombres **creyesen** (el sustantivo "fe" no aparece ni una vez en este Evangelio, pero el verbo "creer" es casi un estribillo; cf. 20: 31). **9.** La **luz verdadera** no hace de Juan una luz falsa. Denota la luz en su sentido prototípico, definitivo: luz solar y no llama de vela. Es por tanto erróneo reverenciar indebidamente a Juan, ya venida la Luz (3: 30; Hch. 19:1-7). Es éste un versículo de difícil sintaxis en griego. La versión de la RVR es bastante buena. Mediante su presencia entre los hombres, el Logos derramaría una claridad mucho mayor que la que antes de su venida les prestaba.

10-11. La luz era genuina y fulgurante, pero fue decepcionante la forma en que la recibieron. Bajo la similitud entre los dos versículos yacen diferencias calculadas: **estaba, vino; el mundo, lo suyo; no le conoció, no le recibieron.** Que no lograran discernir al Logos preencarnado es más explicable que la trágica negativa de su propio pueblo a recibirlo cuando entre ellos se presentó.

12-13. No todos rechazaron la luz. Quienes la recibieron obtuvieron **potestad** (autoridad o derecho) de **ser hechos** (en aquel preciso instante y lugar) **hijos** de Dios. A quienes **le recibieron** se les describe como **los que creen en su nombre** (su persona). V. 20:31. Son dos maneras de decir lo mismo. También se les describe a los creyentes en términos de lo que Dios hace por ellos. **Son engendrados... de Dios,** no mediante un proceso natural como el que hace que los hombres nazcan: no **de sangre** (literalmente "sangres"), lo cual sugiere la combinación de los factores biológicos paterno y materno en la procreación. La **voluntad de carne** sugiere el natural deseo humano de procrear hijos, así como la **voluntad de varón** (la misma palabra que significa esposo), sugiere el deseo especial de que haya prole que perpetúe el apellido. De este modo se procura minuciosamente que no haya confusión entre el nuevo nacimiento, de carácter sobrenatural, y el nacimiento natural.

14. Antes que fuese posible que la fe produjese el nuevo nacimiento, era necesario que tuviese un objeto en el cual apoyarse: la encarnación de **aquel Verbo,** el Hijo de Dios. Dios, tras expresarse en la creación y en la historia, en las cuales la actividad del Logos era evidente aun cuando su persona estaba velada, se revelaba ahora por medio del Hijo en forma humana; no como simple apariencia, sino en **carne.** Juan pudo haber usado la palabra "hombre", pero prefirió expresar enfáticamente la verdad de la encarnación para enfrentarse a los que alentaban tendencias nósticas. Este falso concepto del

Cristo rehusaba reconocer que la deidad pura fuese capaz de asumir cuerpo material, puesto que consideraba viciada la materia (cf. 1 Jn. 4:2-3; 2 Jn. 7). **Habitó:** *puso su tabernáculo.* En combinación con **gloria,** sugiere la personificación de la fulgurante nube que se posó sobre el tabernáculo en el desierto (Ex. 40:34). El Verbo encarnado es también la respuesta a la oración de Moisés (Ex. 33:18). Juan no narra la transfiguración, puesto que presenta como tal el ministerio en su totalidad; sólo que la luz de que habla es moral y espiritual (*lleno de gracia y de verdad*), más bien que algo físicamente visible (cf. Jn. 1:17).

15. Se le presta nueva atención al testimonio del Bautista (cf 1:7) a la luz de la aparición pública de Jesús. Jesús vino **después** de Juan en tiempo, pero era **antes** de él en importancia, así como existía antes de él como Dios eterno (cf. 1:1). **16.** El evangelista confirma la singularidad de Cristo. No sólo Juan el Bautista sino **todos** los creyentes han participado de su **plenitud,** la plenitud de la Deidad (cf. **lleno** en 1:14). **Gracia sobre gracia.** Una manifestación de gracia sobre otra es una verdadera plenitud. **17.** Así como Jesús sobrepasó a Juan el Bautista (1:15), de igual modo supera a Moisés. Uno y otro trajeron al mundo algo de Dios; pero si Moisés trajo **la ley** que condena, Cristo aportó **la gracia** que redime de la condenación de la ley. **La verdad** nos sugiere la realidad de la revelación de Dios por Cristo.

18. Por ser espíritu, Dios es invisible (cf. 4:24; 1 Tim. 6:16). Las teofanías no revelan su esencia. Pero el unigénito **Hijo** de Dios sí la revela; (los principales manuscritos dicen en este punto **Dios** en vez de **Hijo;** cf. Jn. 1:1). **En el seno del Padre** nos hace pensar en **con Dios** (1:1). La misión del Hijo era **dar a conocer** (del verbo griego se deriva nuestra "exégesis") al Padre. Cristo interpretó a Dios para los hombres. Nada se ha perdido (cf. He. 1:2-3; Gá. 1:15).

II. Ministerio de Cristo en el mundo. 1:19—12:50.

A. *Testimonio de Juan el Bautista.* 1:19-36. En su ardiente deseo de magnificar a Cristo, Juan convierte una investigación acerca de su propia persona en vigoroso testimonio en pro de Uno mayor que él, que estaba a punto de manifestarse. El bautismo de Jesús por manos de Juan, que este Evangelio no narra, ya se había producido (v. 1:26).

19. Los judíos. Como es costumbre en Juan, el término se aplica a los dirigentes de la nación. Estos **sacerdotes** eran de los fariseos (V. 24). Dos fueron los motivos para enviar la delegación: la vigorosa predicación de Juan, que cautivaba a las multitudes (Mt. 3:5) y su rito bautismal (Jn. 1:26). De

tal manera excitaba un hombre así la preocupación de ellos, que le preguntaron. **¿Tú, quién eres? 20.** Juan adivinó los pensamientos de ellos. Lo mismo que las multitudes (Lc. 3:15), se preguntaba si acaso sería Juan **el Cristo** prometido. **21.** La negativa de él motivó una segunda pregunta. Se esperaba que **Elías** viniera antes del Mesías (Mal. 4:5). Es cierto que Juan no era Elías en persona, pero sí en sus funciones (Mt. 17:10-13). Por **el profeta** hemos de entender probablemente el que se menciona en Dt. 18:15,18. Algunos decían que éste era una persona distinta del Mesías (Jn. 7:40).

22-24. La delegación no se daba por satisfecha con negativas. Ante la presión para que revelara su cometido, Juan respondió en lenguaje profético (Is. 40:3). Era una identificación verdadera. Juan había vivido en **el desierto** y allí había clamado con **voz** que anunciaba el inminente advenimiento del reino (Lc. 1:80; 3:2,3). **25-28.** Ese papel secundario no parecía suficiente justificación para que Juan administrara el bautismo. Pero él se defendió: lo hacía simplemente **con agua.** Proclamaba la presencia del pecado y la necesidad de una purificación que a él mismo no le era dado efectuar. La obra decisiva de la purificación estaba en manos (según sugería) de uno mayor que él, y a quien los dignatarios aún no conocían (1:26). Juan se tenía por indigno de ser siervo de aquél. Esta conversación ocurrió en **Betábara,** al este del Jordán. Los manuscritos principales dicen **Betania,** pero no ha de confundirse con la de 11:1,18.

29. El siguiente día introduce una situación nueva. Había partido la delegación y Jesús aparece en escena. Pero no se cruzó palabras con Juan. Satisfecho de haber manifestado a los fariseos la grandeza de Cristo, Juan trata ahora en forma específica de su persona y su obra. Su propio ministerio, decía, se fundaba en el hecho del pecado; el de Cristo tenía que ver con quitar el pecado. Cristo era el **Cordero** de Dios. La historia (Ex. 12:3) y la profecía (Is. 53:7) se unen para suministrar los antecedentes de este título. Quizá haya tenido también en mente los sacrificios diarios en el templo.

31-34. Cuando Jesús acudió para ser bautizado por Juan, éste no lo reconoció (cf. Lc. 1:80), pero había recibido de Dios una señal identificadora: **el Espíritu que descendía del cielo como una paloma** permanecería sobre el Mesías. Junto con la señal se le indicó la obra que realizaría aquél mediante el poder divino de que así se le dotaba: bautizaría con el Espíritu Santo. Tal persona, Juan lo sabía, no podía ser otro que **el Hijo de Dios.** Ningún ser de categoría inferior podría usar con tal potestad el Espíritu divino. Juan dio tres testimonios de primera orden respecto a la persona y obra de Cristo.

Como Cordero, ejercería una misión redentora. Como administrador del bautismo del Espíritu fundaría la Iglesia. Como Hijo de Dios sería digno de adoración y obediencia.

35,36. Estos versículos constituyen una transición. Nos enteran de que Juan tenía **discípulos,** y deseaba transferírselos a Jesús. Esta fue una parte importante de su ministerio, como lo confirma el resto del capítulo.

B. *Conquista de discípulos.* 1:37-51. El desprendido deseo de Juan de glorificar a Cristo dio fruto entre sus propios seguidores. Sin más orden o sugerencia que este testimonio, **dos discípulos** siguieron a Jesús. A uno se le identifica como **Andrés.** El silencio en cuanto al nombre del segundo señala al autor del Evangelio, que por modestia calla su nombre

37-42. Siguieron a Jesús. El acto físico expresa la intención de seguirle en sentido espiritual. **¿Qué buscáis?** Esa pregunta podría haber sido una repulsa, pero no si se pronunció en tono afectuoso. La pregunta con que responden, **¿Dónde moras?** así como el hecho de que le siguieran, podrían sugerir un sentido más profundo: ¿Cuál es el secreto de tu vida espiritual y tu poder? Su habitación no podía haberlos atraído; en cambio, la elevada conversación que debió producirse hubo de perdurar como recuerdo fragante. Años después, Juan recordaba hasta **la hora** precisa: las cuatro de la tarde.

41. El significado de **primero** es dudoso. No se habla de ninguna actividad posterior de Andrés. Quizá **primero** quiera decir que también el otro discípulo (Juan) buscó a su hermano Jacobo, que en las narraciones sinópticas aparece entre los primeros seguidores de Jesús (Mr. 1:16-20). **Halló... hallado.** Bulle en el relato el júbilo del descubrimiento (cf. Jn. 1:43,45). **Mesías,** el término hebreo que significa "Ungido", tiene su equivalente en el vocablo griego, **Cristo.** ¿Se habrá atrevido Andrés a llamar a Jesús el Cristo por haberlo identificado como tal el Bautista, o como consecuencia de las horas pasadas en compañía de Jesús? **42.** La obra personal de Andrés se inició muy pronto y con los de su misma familia. El cambio de nombre de **Simón** a **Cefas,** equivalente arameo de Pedro, cuyo significado es **piedra,** probablemente denote la promesa de transformar su debilidad en fortaleza (Lc. 22:31,32).

43. De nuevo se indica el cambio de día (cf. 1:29,35, en contraste con el prólogo, que no da tales detalles). Esta vez es Jesús quien hace el descubrimiento (cf. Lc. 19:10), y ordena a Felipe, **sígueme** (Contrastar con Jn. 1:37).

45-51. Felipe justificó la confianza de Jesús en él como discípulo, al hallar a Natanael e imbuirle su convicción de que Jesús de Nazaret era aquel ser por tanto tiempo esperado que cumplía las predicciones de **Moisés** y los **profetas.** Se puede testificar por el Señor aun cuando el conocimiento que se posea sea incompleto o aun defectuoso. **Jesús de Nazaret** poco después se reveló como el celestial Hijo del Hombre (vs. 51). Hasta Natanael llegó prontamente a percibir que **el hijo de José** era el Hijo de Dios (vs. 49). El impulso inicial de Natanael había sido dudar de que Nazaret pudiera producir **algo de bueno,** y mucho menos al Mesías (vs. 46). Esto no implica necesariamente que la ciudad tuviera mala reputación, sino más bien sugiere la escasa importancia del lugar. **Ven y ve.** Más vale experimentar que alegar. **Un israelita sin engaño** sugiere un contraste con Jacob el engañador, que sólo llegó a ser Israel mediante una experiencia de conversión. La penetración que pudo leer el corazón de Simón (vs. 42) y como un libro abierto la vida íntima de Natanael (vss. 47, 48), recibía ahora cordial reconocimiento en la confesión de éste: **Hijo de Dios, Rey de Israel.** La sombra de la higuera, sitio tranquilo para el alma reverente, había sido silenciosamente compartida por el longividente Cristo. Natanael comprendía que el Maestro tenía que ser más de lo que las apariencias demostraban. Y aún no había visto todo, pues el Salvador prometía **cosas mayores.** Aún estaba presente el recuerdo de Jacob (vs. 51). Sus angelicales visiones de Betel se verían superadas cuando los discípulos vieran en **el Hijo del Hombre** al ser a quien **le fueron abiertos los cielos** (cf. Mt. 3:16) y que como Mediador constituye el eslabón que une al cielo con la tierra. **Hijo del Hombre.** Este título que denota un personaje sobrenatural, celestial, en Dn. 7:13 y en los apocalipsis judíos, fue la forma favorita en que Jesús se designaba, de acuerdo con los Evangelios. Era un título preferible al de Mesías, por cuanto no sugería aspiraciones políticas en términos de un reino temporal como el que la mayoría de los judíos buscaba. La gloria del Hijo (1:14), que en parte veían estos primeros seguidores (vss. 39,46), habría de manifestarse en mayor medida **de aquí adelante.**

C. *Las bodas de Caná.* 2:1-11. Este breve regreso a Galilea no se distinguió en punto a ministerio público, pero abarcó un incidente que influyó en el arraigamiento de la confianza de los discípulos en Jesús, prosiguiendo el énfasis de Juan. Da cierta luz sobre las relaciones de nuestro Señor con su madre, así como sobre su actitud hacia la vida social (cf. Mt. 11:19). La transformación del agua en vino se registra como su primer milagro.

1. El tercer día parece tener relación con 1:43. El viaje a Caná, situada a poco más de 12 km. al norte de Nazaret, ha de haber requerido dos días o más. Juan destaca la presencia de **la madre de Jesús** en las bodas. Su renuencia a mencionarla por su nombre "María", aquí y en 19:26, puede obedecer a una inhibición semejante a la que lo hace ocultar su propio nombre. Había entre él y María una particular relación (19: 27).

2. No se sabe si Jesús dispuso el viaje de modo que pudiera estar en las bodas o si fue invitado con sus discípulos después de llegar a Galilea. Si lo ocurrido fue lo último, resulta fácil de explicarse que faltara el vino. Puede que otros huéspedes inesperados hayan llegado también. Natanael, cuyo hogar estaba en Caná, quizá haya tenido que ver con los arreglos.

3-5. María le trajo a Jesús la noticia de que se había agotado el vino. En su respuesta, el uso de la palabra **mujer** no denota falta de respeto (cf. 19:26). **¿Qué tienes conmigo?** La pregunta indica intereses divergentes y pareciera una cierta reprensión. Tal vez María esperaba que Jesús aprovechara la oportunidad para atraerse la atención en forma que promoviera su programa mesiánico. Pero su **hora** no había llegado todavía. Referencias posteriores señalan la cruz como el punto preciso de su **hora** (7:30; 8:20; 12: 23; 13:1; 17:1). Jesús quería que su madre comprendiera que la antigua relación entre ambos (Lc. 2:51) había terminado. Ella no debía interponerse en su misión. Prudentemente, María se abstuvo de discutir el punto. Si no podía darle órdenes, podía en cambio indicar a los sirvientes que obedecieran las órdenes de él. Mostró así su confianza en él.

6-8. Para resolver el problema usó Jesús **seis tinajas de piedra** de las que empleaban los judíos para la **purificación:** lavamiento de las manos antes y después de las comidas, y diversas abluciones ceremoniales. Cada tinaja contendría unos setenta y cinco litros o más. En cuanto las llenaron, Jesús mandó a los sirvientes que **sacaran.** Parece referirse a la operación de transvasar líquidos a recipientes más pequeños, valiéndose de un cazo o escudilla. Lo que se sacaba se presentaba entonces al **maestresala.** Algunos consideran al maestresala más o menos como un despensero; otros ven en él a un amigo del novio, encargado para actuar como maestro de ceremonias (cf. Eclesiástico 32:1 ss).

9,10. Le bastó a este funcionario probar el vino para comprobar que era superior en grado tal que hubo de alabar al esposo por su insólita cortesía para con los invitados al darles buen vino al final de la fiesta, cuando muchos estarían tan repletos que no serían capaces de discernir si era bueno o inferior. La escasez de vino se remedió con la intervención de Jesús. La verdad subyacente es la representación simbólica del judaísmo como deficiente (por su énfasis en los lavamientos ceremoniales con desmedro de lo es-

piritual, y por su vacuidad, indicada por las tinajas vacías), en tanto que Cristo trae plenitud de bendición de la más alta categoría (cf. 7:37-39). Además lo hace sin atraer la atención sobre su persona, lo cual es un grato ejemplo.

11. Principio de señales- Esta declaración refuta los evangelios apócrifos, que narran milagros de la infancia de Jesús. Juan se refiere siempre a los milagros como "señales", indicando que el acto externo tiene por fin revelar el propósito que lo impulsa e iluminar la persona y la obra de Cristo. **Gloria** es en este caso un término que llama la atención al poder de Jesús para transformar espiritualmente, como lo sugiere el cambio del agua en vino (cf. 11:40). **Sus discípulos creyeron en él.** En contraste con el maestresala a quien caracteriza la ignorancia (vs. 9) y con los sirvientes, que tenían *conocimiento* del milagro (vs. 9), a los discípulos los movía la *fe*. Solamente ellos aprovecharon la señal.

D. *Primera visita a Jerusalén y Judea.* 2:12—3:36.

1) *Purificación del templo.* 2:12-22. Aunque no se lo designa como señal, fue este un acontecimiento de mayor trascendencia que el milagro de Caná, pues tenía relación directa con la misión de Jesús por ser un acto mesiánico de carácter público. Nuevamente se pone en evidencia lo deficiente y hasta corrupto del judaísmo, por cuanto se estaba mancillando la casa del Padre. Jesús enlaza el incidente con su resurrección (vss. 19-21). Su acto reveló la incredulidad de los judíos (vss. 18-20) y la fe de los discípulos (vs. 22). Debe diferenciarse entre esta purificación y la otra ocurrida poco antes de la muerte de Jesús (Mr. 11:15-19).

12. Este es un versículo de transición. La importancia de Capernaum en el ministerio de Jesús se destaca en los sinópticos. Ella fue su centro de operaciones en Galilea, "su ciudad" (Mt. 9:1). No se había producido aún el rompimiento con sus **hermanos** (Jn. 7:3-5).

13. La pascua de los judíos (cf. 2:6). Nuevamente Juan está atento a exhibir las deficiencias del judaísmo. Se estaba abusando del sagrado recordatorio de la liberación del cautiverio egipcio. Ya que Jesús tenía por hábito guardar las fiestas nacionales, tal como lo acostumbraban José y María (Lc. 2: 41), subió a Jerusalén.

14-16. Jesús el adorador, se transforma ahora en reformador. El Sanhedrín permitía y probablemente controlaba para su propio beneficio económico el tráfico en animales para el sacrificio y el intercambio de moneda. Tal tráfico, que se efectuaba en la extensa sección conocida como el atrio de los gentiles, beneficiaba al peregrino, ya que le permitía adquirir aquí su ofrenda en vez de traer la bestia consigo. Es de presumirse que se garantizaba que el animal era "sin tacha". Diversas clases de monedas podían cambiarse en las mesas por el medio siclo palestino requerido para el pago del impuesto anual del templo. Este tráfico hacía del templo un mercado. Airado por el sacrilegio, Jesús actúa. Rápidamente forma un **azote** con las cuerdas que había por allí tiradas. Con ese látigo echa a **todos,** hombres y animales, fuera del recinto y vuelca las mesas de los cambistas, con el consiguiente tintineo de las monedas que caían por todos lados en el pavimento. A las palomas no las podía arrear; bastaba que sus dueños se las llevaran. Tan drástico proceder requería justificación, y ésta era que se había hecho degenerar la **casa** del Padre en **casa** de mercado. Súbitamente había venido el Señor a su templo y había purificado a los hijos de Leví (Mal. 3:1-3). Quizá con esta expulsión de los animales del sacrificio se haya propuesto dar una lección más profunda que la eliminación de la corrupción; quizá era un vistazo anticipado del día en que ya no habría más sacrificios en el templo y estuviese cumplido el sacrificio del Cordero de Dios (cf. 2:21; 1:29).

17. El incidente recordó a los discípulos parte de un Salmo mesiánico (69:9): "Me devora el celo de tu casa" (Str.). Puede verse aquí el indicio de que este celo, que por el momento suscitó la oposición, eventualmente habría de costarle la vida (cf. Jn. 2:19).

18-22. Su enérgico proceder motivó una pronta demanda de **los judíos** (los dirigentes), de que presentase una **señal** incontrovertible de la autoridad con que procedía. El siempre se resistió a acceder a tales demandas (6:30; Mt. 16:1). En esta ocasión se limitó a señalar el futuro. **Destruid este templo.** Es evidente el sentido figurado de la expresión, no sólo por lo que dice Jn. 2:21, sino por lo inverosímil que sería pensar que los judíos destruyesen su propio templo. Estas palabras no deben tomarse como una orden o invitación, sino que son una simple hipótesis: "Si destruís . . . yo levantaré". **En tres días** equivale a "al tercer día". Al interpretarlo literalmente, los judíos tuvieron su afirmación por ridícula, visto que se habían necesitado cuarenta y seis años para edificar el templo. Herodes había iniciado la reconstrucción el año 20 d. de C. Aún quedaba algo por hacer, pero la estructura estaba lo bastante completa para poder decirse que estaba edificado. (Cf. en 1 Co. 6:19 el uso de **templo** como símbolo del **cuerpo).** Esta profecía ayudó a edificar la fe de los discípulos, pero sólo después de la resurrección del Señor de entre los muertos (cf. Jn. 12:16).

2) *Señales.* 2:23-25. Esta sección es de transición, pues tiene íntima relación con el incidente que sigue. Tiene carácter de resumen, pues habla de diferentes señales que hizo Jesús en Jerusalén, las cuales se dejan sin describir. Lo importante es la reacción, que en este caso no fue de abierta incredulidad ni de la plena confianza en Cristo que se atribuye a los discípulos, sino algo que podríamos llamar fe del "ver para creer". Lo insatisfactorio de dicha fe se pone en evidencia por el hecho de que Jesús **no se fiaba** de esta gente, pues él conocía el corazón humano y discernía lo faltos de genuina confianza que eran. Véanse casos un tanto semejantes en 8:30-59; 12:42,43.

3) *Incidente de Nicodemo.* 3:1-15. En contraste con los muchos que "creyeron" en Jerusalén, pero de los cuales no se fiaba Jesús, Nicodemo se destaca como uno ante quien el Señor descubrió su corazón y que llegó a ser un verdadero discípulo. Al mismo tiempo el pasaje subraya un tema ya tocado —las limitaciones del judaísmo contemporáneo— al demostrar la incapacidad de este dirigente para comprender la verdad espiritual que Jesús enunciaba.

1,2. Los fariseos eran los dirigentes religiosos de la nación. Nicodemo no sólo pertenecía a ese grupo, sino que era **un principal entre los judíos,** un miembro del Sanhedrín. Vino a ver a Jesús **de noche,** probablemente por razones de conveniencia. La actitud oficial hacia el Nazareno después de la purificación del templo ha de haber sido de vigorosa oposición. Quizá Juan trate de sugerir también la ceguera de este hombre respecto a las cosas divinas. Nicodemo estaba dispuesto a conceder que Jesús era un **maestro** enviado de Dios, testimonio de lo cual eran los milagros. Esto podía significar que era profeta más poderoso que Juan, pues éste no hizo ningún milagro. **Sabemos** sugiere que había otros que pensaban como él. No está claro si quería sugerir que Jesús pudiera ser el Mesías. **3,4.** Quizá en la mente de Nicodemo los milagros hayan sido indicios de la pronta venida del reino de Dios en sentido político. Pero Jesús introdujo un concepto totalmente nuevo del reino, según el cual las señales apuntaban hacia un reino espiritual de Dios. **Nacer de nuevo** es nacer de lo alto. Nicodemo se quedó estupefacto. Sabía que es imposible que el hombre nazca de nuevo físicamente. ¿Querría acaso decir Jesús que es imposible al que ya es **viejo** transformar su punto de vista y su conducta?

5-8. Pasa Jesús a describir el nuevo nacimiento en términos de **agua** y **Espíritu.** De éstos, el Espíritu es lo esencial (v. 6). Puede que el agua se refiera al énfasis de Juan el Bautista en el arrepentimiento y en limpiarse de pecado como antecedente necesario del nuevo nacimiento y aun de su aspecto negativo. Tomarlo como alusivo a la Palabra (1 P. 1:23) resultaría menos natural. El ingrediente positivo es la inyección de vida de nueva creación mediante el poder regenerador del Espíritu (cf. Tit. 3:5). **Os es necesario nacer de nuevo.** No es la demanda a un individuo; es universal. La necesidad proviene de la imperfección de **la carne.** Esto incluye lo meramente natural y lo pecaminoso: el hombre tal como nace en este mundo y como vive alejado de la gracia de Dios. La carne sólo puede reproducirse como carne, y esto no puede satisfacer a Dios (cf. Ro. 8:8). La ley de la reproducción es "según su género" (Gn. 1:24). De igual modo, el Espíritu produce espíritu; vida engendrada, nutrida y madurada por el Espíritu de Dios. Si esto tiene aire de misterio, recuérdese que también en la naturaleza hay misterio. **El viento** (gr. *pneuma,* que también se traduce por "Espíritu") produce efectos observables al pasar, pero su origen y futuros movimientos permanecen ocultos. También la vida redimida se manifiesta como algo eficaz, pero que escapa al análisis del hombre natural (cf. 1 Co. 2:15).

9,10. La perplejidad de Nicodemo hizo que Jesús lo reprendiera suavemente. ¿Era posible que **el maestro** (con art, en gr.) **de Israel** no supiese esto? No eran cosas nuevas (Ez. 11:19). Un reino espiritual y una vida espiritual consecuente con él no son ajenas a la enseñanza del AT.

11-13. Además, otros podían testificar en punto a la realidad de estas cosas: **hablamos.** Agradó a Jesús asociar consigo a sus seguidores. Pero **vosotros** (tú y los que se te parecen) **no recibís** el testimonio. Las **cosas terrenales** son las ya tratadas, como la naturaleza del reino y del nacimiento y la vida espirituales. **Las celestiales** eran aquellas que el Hijo del Hombre, mediante su advenimiento desde el cielo, tenía que revelar como nuevas y distintivas (cf. Mt. 11:25-27). Las últimas cinco palabras de 3:13 no aparecen en los principales manuscritos.

14,15. Hay algo más que **es necesario,** consecuente con el imperativo del nuevo nacimiento (cf. 3:7). El levantamiento del Hijo del Hombre no puede referirse a la ascensión, ya que se compara con el alzamiento de la **serpiente** de bronce sobre un asta (Nm. 21:8). A lo que alude es a la cruz (Jn. 12: 32,33). Así como los mordidos por las serpientes venenosas miraban expectantes y esperanzados a la semejanza del reptil que les había inoculado el veneno mortal, los pecadores debían mirar por fe a Cristo, sustituto suyo, que vino en semejanza de carne de pecado y a causa del pecado (Ro. 8:3). Fruto de tal fe es la **vida eterna.** Quien de tal fe carezca, inevitablemente **se pierde.** Esta perdición no es aniquilamiento sino la tra-

gedia de verse eternamente separado de Dios. Nicodemo al parecer tomó a pecho la advertencia y el reto (Jn. 7:50,51; 19:39,40). Parece, a juzgar por la fraseología, que en este punto cesan las palabras de Jesús y se reanudan las de Juan, pues se notan varias analogías con otras porciones del Evangelio en que el evangelista es incuestionablemente quien se expresa.

4) *Dialéctica del mensaje evangélico.* 3:16-21. El amor al pecado induce a los hombres a rechazar la luz de Cristo, en tanto que quienes acogen la luz están prestos a poner en él su confianza.

16,17. Juan amplía la declaración de Jesús (3:15), reproduciendo las palabras claves **todo aquel, cree, pierda, vida eterna.** Los elementos que añade son el amor de Dios y la consecuente entrega de su Hijo, a quien se describe como **unigénito.** El término griego significa único en su género. Los hijos adoptivos no pasan a formar parte de la Deidad. La amplitud del amor divino se subraya al presentar como objeto del mismo al **mundo** entero. Si bien la venida de Cristo aparejaba juicio, el resto de la sección demuestra que el propósito directo de dicha venida, que emanaba del amor divino, no era la condenación sino la salvación (3:17).

18-21. El creyente en Cristo no es juzgado (Str.) en punto a sus pecados ni en esta vida ni en la venidera (la forma verbal es bastante flexible para abarcar ambos aspectos). Por otra parte, quien se niegue a creer, por esa misma negativa ya está juzgado (Str.); ha sellado su propio destino. La idea esencial del juzgamiento es el distingo, la separación (según la etimología de *krisis,* traducida por "condenación", RVR, y por "juicio", Str.); y el advenimiento de Cristo, la Luz, demostró ser una gran influencia divisoria. En vez de responder al amor de Dios amando a su Hijo, la mayoría de los hombres amaron más las tinieblas que la luz porque estaban apegados a su manera de vivir, que era **mala** (perversa). En 3:20 **lo malo** es una palabra distinta, que denota lo que carece de valor moral. El transgresor sabe que está enmarañado en la maldad, pero rehusa dar el paso hacia la luz de Cristo para que no se descubran sus obras, a las que ama. Por otra parte, el que acude a la luz se dice que **practica la verdad.** Su conducta es consecuente con lo que él sabe que es la verdad (cf. 18:37). Este ajustarse a lo que sabe que es verdad lo capacita para dar el paso hasta colocarse bajo la plena luz de Cristo y obtener la salvación. Todas sus obras **son hechas en Dios,** que lo ha venido guiando hasta la culminación de su fe (cf. 1:47).

5) *Nuevo testimonio de Juan el Bautista.* 3:22-30. El hecho de que Jesús y sus discí-

pulos predicaran y bautizaran en Judea mientras Juan y sus seguidores realizaban una obra similar en otra área hizo sospechar que se hacían la competencia. Juan lo negó enfáticamente, y gustosamente asumió una posición subordinada respecto de Jesús.

22-24. Después de esto. Ha concluido el episodio de Nicodemo. Se menciona la **tierra de Judea** para diferenciarla de Jerusalén, en donde Jesús había estado laborando (2:13—3:21). El que Jesús bautizara presupone que también predicaba. Su relación con el bautismo parece haberse reducido a la supervisión (cf. 4:2; 1 Co. 1:14). Enón y Salim no han sido positivamente identificados, pero hoy se cree que estaban pocos kilómetros al E. del monte Gerizim, y no al S. de Bet-san en el valle del Jordán superior. **Venían** gentes del pueblo en general, interesadas en el mensaje de Juan. Se menciona el encarcelamiento de Juan como algo familiar para los lectores, puesto que todos los sinópticos lo refieren.

25,26. Se produjo una discusión entre los discípulos de Juan y ciertos **judíos**, o tal vez **un judío** (Str.) sobre el tema de la **purificación.** No nos dice el escritor si se trata de la purificación en general, según las prácticas judías, o del bautismo que Jesús y Juan administraban, en contraste con tales prácticas, o del bautismo de Jesús y el de Juan contrapuestos. Quizá lo último sea lo más probable, visto lo que sigue. **Vinieron.** Probablemente los discípulos de Juan. **El que estaba.** El no mencionar a Jesús más específicamente parece una preterición intencional. A los discípulos de Juan les dolía ver eclipsarse la posición de su jefe. Las multitudes seguían ahora a Jesús.

27-30. El Bautista deploraba que se insinuase siquiera la existencia de rivalidad entre él y Jesús. Su propia posición, que le había sido asignada por Dios **(del cielo),** no era la del Cristo sino la del precursor (vs. 28). Su posición no era la del Esposo, que tomaría para sí al pueblo de Dios. Esa posición le estaba reservada a otro. El era sólo el amigo del esposo. Al amigo le correspondía actuar como intermediario para realizar los arreglos de la boda. Se gozaba vicariamente, participando de la felicidad del esposo al ver formarse un nuevo hogar. Juan ya había cumplido su tarea al promover la de Jesús. El podía bautizar solamente con agua y no con el Espíritu. Podía anunciar el advenimiento del reino, mas no entrar en él. Su causa, por la naturaleza misma de ella, tenía que menguar conforme crecía la causa de Jesús (vs. 30). Tal era el plan de Dios. De modo que Jesús, además de superar al judaísmo, superaba al movimiento que se agrupaba en torno a Juan (cf. Hch. 19:1-3).

6) *Credenciales de Cristo.* 3:31-36. Discurre aquí el evangelista sobre los distintivos de Jesús, especialmente en cuanto lo destacan respecto al Bautista. Era de origen divino, lo cual lo coloca por encima de los seres y cosas terrenos (cf. 3:13). Da testimonio de lo que ve y oye de las cosas celestiales (cf. 16:13). Unicamente los regenerados, los que son nacidos del Espíritu, son capaces de apreciar su testimonio (Juan recuerda en ésto a Nicodemo). Y quienes en verdad reciben su testimonio no necesitan ninguna otra autenticación (cf. 1 Jn. 5:10). Cristo declara las palabras de Dios (Jn. 3:34) como fiel testigo. La plenitud y exactitud de esas palabras están garantizadas por el don ilimitado del Espíritu que se le otorga. El original sugiere que por medio de él el mismo Espíritu se otorga a otros sin medida (cf. 1:33). Además, el Cristo es objeto especial del amor de Dios y custodio de las riquezas divinas (cf. 16:15; Mt. 11:27). El es la piedra de toque ya sea para vida eterna o para eterna ira (Jn. 3:36).

E. *Misión a Samaria.* 4:1-42.

Samaria, territorio que los judíos evitaban siempre que pudieran, se convirtió en escenario de una victoria espiritual: un pozo, una mujer, un testimonio y una cosecha de almas samaritanas para la fe. Tanto el samaritanismo como el judaísmo requerían el correctivo de Cristo; necesitaba ser remplazado por la vida de nueva creación.

1-4. La creciente popularidad de Jesús, que excedía a la de Juan, comenzó a alcanzar los oídos de los fariseos. Para evitar por entonces un choque con ellos, Jesús resolvió abandonar esta área y dirigirse a Galilea, en donde según los sinópticos se realizó la mayor parte de su obra. **Le era necesario** pasar por Samaria. En el lenguaje de Juan, esa expresión indica por lo común necesidad del punto de vista divino, y quizá así sea en este caso; la necesidad de tratar con los samaritanos y abrirles la puerta de la vida. Puede a la vez tratarse de la más evidente necesidad de llegar a Galilea por el camino más directo.

5,6. Sicar (muy probablemente Siquem), se hallaba a unos pocos kilómetros al sudeste de la ciudad de Samaria y bastante cerca del monte Gerizim, así como del terreno que Jacob le dio a José (Gn. 48:22). Jacob también dejó como legado un pozo (Jn. 4:12). Se dice que mide unos 26 m. de profundidad. Allí, cansado del camino y del calor del mediodía **(la hora sexta),** se detuvo a descansar.

7-10. Una mujer de Samaria. No de la ciudad de ese nombre, que quedaba demasiado lejos, sino del territorio samaritano. Ella traía lo necesario para **sacar agua.** Puesto que había agua en Sicar, es posible que el diario viaje de esta mujer a buscarla en el pozo de Jacob indique cierto ostracismo en que la tenían las otras mujeres del poblado (cf. 4:18). Jesús rompió el silencio solicitando de beber. Era una petición natural, en vista de su cansancio. Ello nos recuerda vivamente la humanidad de nuestro Señor. Ya sea que la mujer le diera o no (lo último parece más probable), se inició una conversación. La partida de los discípulos fue providencial, pues en presencia de ellos la mujer no habría entablado la discusión con Jesús. Dos detalles asombraron a la mujer: que Jesús hiciera tal petición a una mujer, pues los rabíes evitaban relacionarse en público con las mujeres, y especialmente que hablara así a una samaritana. Para explicar el asombro de la mujer añade el escritor la explicación de que judíos y samaritanos no se tratan entre sí. No ha de entenderse esto en sentido absoluto, pues el vs. 8 lo contradiría. Puede que indique la animadversión que entre ambos grupos existía. Los judíos despreciaban a los samaritanos por ser un pueblo mestizo y de religión híbrida, que no obstante era poseedor del Pentateuco y profesaba adorar al Dios de Israel. Se le ha atribuido al dicho de la samaritana un sentido más reducido: "los judíos no usan (vasijas) en común con los samaritanos". Esto concuerda bien con la situación (D. Daube, *The New Testament and Rabbinic Judaism*, pp. 375-382). En su respuesta Jesús prescindió de su propia necesidad para sugerir que la mujer tenía una necesidad más honda, que él estaba en condiciones de satisfacer mediante **el don de Dios**. Algunos explican esto en términos personales, como referente a Cristo mismo (3:16), pero probablemente sea mejor equipararlo con el **agua viva**. Juan 7:37-39 es el mejor comentario (cf. Ap. 21:6).

11,12. La mujer pensaba perpleja en el pozo que junto a sí tenían. Jesús no tenía con qué sacar agua y el pozo era profundo. Un manantial de **agua viva** (corriente) lo alimentaba en el fondo. ¿Sería este rabí capaz de obtener mediante conjuros lo que sólo mediante arduo trabajo pudo obtener Jacob? Si así fuera, sería en verdad **mayor** que Jacob.

13-15. El agua del pozo requería repetido consumo; pero la que Cristo brinda satisfará de tal modo que **no tendrá sed jamás** quien la beba. Tal es el refrigerio de la **vida eterna**. Puede hacerse un paralelo entre los reiterados sacrificios del antiguo pacto y el sacrificio perfecto, una sola vez ofrecido, del Cordero de Dios, Sin comprender aún bien, pero en actitud receptiva, la mujer pidió de aquella agua para aliviar su suerte (4:15).

16-18. Antes que la mujer pudiera recibir el don del agua viva, había que hacerle comprender cuán urgentemente la necesitaba. Era un don para la vida interior, que en el caso de la samaritana estaba realmente vacía. **Tu marido...no tengo marido...cinco maridos...no es tu marido.** La historia lamentable de su vida marital se descubre por la penetración de Jesús y por la admisión de ella. Es probable que por lo menos de algunos de los cinco maridos haya sido divorciada antes de caer en la ilícita relación final. La mujer venía en descenso moral desde hacía algún tiempo.

19,20. La mujer vio en Jesús primeramente un judío, luego uno que merecía ser llamado **Señor**, y por último un **profeta**. La mirada de él le había traspasado el alma. La referencia al culto en el cercano monte Gerizim, culto rival al de los judíos en Jerusalén, puede haber sido una táctica para desviar la atención, pero es más probable que indicara hambre espiritual por conocer el camino hacia Dios.

21-24. La hora viene. En el nuevo orden que Cristo ha venido a inaugurar, el lugar de culto está subordinado a la persona. Lo que importa es que los hombres **adoren al Padre**, a quien el Hijo ha venido a declarar. El pronombre **vosotros** quizá sea profético respecto a la conversión de los hombres samaritanos. El culto samaritano era cosa confusa (cf. 2 R. 17:33). **La salvación viene de los judíos** en el sentido de que ellos recibieron una revelación especial relativa a la forma correcta de allegarse a Dios; y el propio Jesús, como Salvador, pertenecía a ese pueblo (Ro. 9:5). **La hora...ahora es.** Aún antes de inaugurarse la nueva dispensación con su carácter universal, los verdaderos adoradores tienen por prerrogativa adorar a Dios como Padre **en espíritu y en verdad**. Al decir **espíritu** pareciera lanzar la mirada sobre Jerusalén y su culto a la letra (la ley), mientras que la **verdad** se contrasta con el inadecuado y falso culto de los samaritanos. La nueva forma de culto es imperativa porque Dios es **Espíritu** (no *un* espíritu).

25,26. La alusión de la mujer al Mesías probablemente se basaba en Dt. 18:15-18, que los samaritanos aceptaban como las Escrituras. Como profeta por excelencia, él estaría en condiciones de **declarar todas las cosas**. Era innecesario situar este deseo en el futuro. **Yo soy, el que habla contigo.** Para Jesús habría sido peligroso anunciarse así entre los judíos, cuyo concepto del Mesías estaba teñido de política. Al parecer, consideraba que aquí no corría peligro. Había sembrado la semilla apenas a tiempo, pues la llegada de los discípulos truncó la conversación.

27-30. A los discípulos les extrañó que Jesús quebrantase la costumbre hablando con la mujer (v. com. vs. 9). Pero la reverencia hacia su Maestro los hizo abstenerse de preguntarle abiertamente. Libre del peso del **cántaro**, la mujer se fue presurosa a la ciudad, dejando prenda de su intención de regresar y proclamando su determinación de poseer el agua viva de ahora en adelante. Hizo más de lo que Jesús le pidió, pues no sólo a un hombre fue con las nuevas de su emocionante experiencia, sino a **los hombres** del lugar. No pretendió enseñarles, sino que infiltró en sus mentes una idea expresada en forma tentativa: ¿No será éste el Cristo? La impresión que recibieron fue suficiente para que la acompañaran.

31-38. Mientras tanto los discípulos rogaban a Jesús que comiera, pero él se negaba aduciendo que tenía un alimento desconocido para ellos. Y explicó que consistía en hacer la **voluntad** de Dios (vs. 34). La había estado haciendo en ausencia de ellos, y la había hecho bajo la perspectiva de la cruz, en la cual habría de **acabar** la obra que Dios había decretado (cf. 17:4; 19:30). Su ministerio abarcaba tanto la siembra como la siega. **Cuatro meses** para que llegara la **siega** sería un tiempo normal de espera en el reino natural; pero si levantaban la vista los discípulos podían descubrir una cosecha ya **blanca** (los samaritanos que se acercaban) que era el fruto de su siembra (4:35). En la obra espiritual, **el que siembra** y **el que siega** suelen ser personas diferentes, que se unen en el regocijo de ver el fruto de sus esfuerzos mancomunados (vss. 36,37). En esta ocasión de Samaria y en muchas otras, los discípulos, por ahora sembradores, podían cosechar. **Otros** puede que incluya a Jesús y a la samaritana. En cierto sentido hasta a Moisés puede incluírsele aquí, por haber sido el instrumento humano en la implantación de la semilla de la expectación mesiánica en el corazón de la mujer.

39-42. Aquí se nos revela el fruto que Cristo y la mujer lograron cosechar como sembradora y segador. **Muchos** creyeron en el Señor por el testimonio de ella. Como resultado, lo invitaron a quedarse con ellos y así lo hizo Jesús durante **dos días,** tiempo durante el cual otros que habían escuchado el testimonio de la mujer y se habían sentido inclinados a creer en Jesús se convirtieron en verdaderos creyentes mediante lo recibido **por la palabra de él,** es decir, de labios del propio Jesús (vs. 42). **El Salvador del mundo.** Fue una grata confesión, pues significaba que tanto para judíos como para samaritanos había posibilidad de salvación.

F. *Curación del hijo de un noble.* 4:43-54.

Este es el único acto de ministerio que Juan narra en relación con esta visita de Jesús a Galilea. El joven, postrado en Capernaum, fue sanado por la palabra de Jesús, que se hallaba en Caná, a varios kilómetros de distancia.

43-45. Mucho se ha discutido respecto al significado de la **propia tierra** de Jesús. Quizá la solución más fácil sea considerarla como Galilea en su conjunto. Había de esperarse que allí no le rindieran honra, en contraste con su creciente popularidad en Judea (3: 26; 4:1). El hecho de que entre los galileos que habían estado en Jerusalén y habían presenciado los milagros allá realizados hubiese quienes estuviesen dispuestos a darle la bienvenida, no los coloca en la categoría de creyentes genuinos y permanentes (cf. 2:23-25; 4:48). Los galileos habrían eventualmente de abandonarlo (6:66).

46-50. Mientras estaba en Caná, Jesús recibió la visita de **un oficial del rey** (*basilikos*). La esperanza que el padre tenía en que Jesús le devolviese la salud a su hijo parece haberse fundado en su relación con los galileos que ya habían visto los milagros de Jesús en Jerusalén (4:47; cf. vs. 45). Tras viajar desde Capernaum hasta Caná, el padre suplicaba (*erota*) repetida y urgentemente a Jesús que descendiese y sanase al joven. Jesús expresó el temor de que el padre fuese uno de tantos que, preocupados por los informes respecto a milagros realizados, no tenían la disposición de **creer.** Más importante que la salud del muchacho era la fe del padre. La respuesta del padre revela la desesperación de su necesidad (cf. Mr. 9:22-24). Jesús mostró que era digno de fe y que se compadecía del suplicante: **Vé, tu hijo vive.** La fe del hombre creció rápidamente: creyó **la palabra** de Cristo independientemente de toda señal visible, y se fue satisfecho.

51-54. Los siervos del oficial, que observaban ansiosos al hijo de su señor en ausencia de éste, notaron el súbito cambio en su condición y fueron a encontrarlo con las buenas nuevas. El propio oficial, desde antes tranquilo en su fe, se interesó por saber la hora del cambio. Al comparar la hora en que la fiebre había cedido con la de su entrevista con Jesús, comprendió que la curación no había sido accidental. **Y creyó él.** La experiencia corroboró su fe. Y la fe se extendió a toda la familia (vs. 53). En la ocasión del primer milagro realizado en Caná los discípulos creyeron. Este **segundo milagro** (Str.) en el mismo lugar amplió el círculo de los creyentes.

G. *Curación de un impedido en Jerusalén.* 5:1-16.

Se ha discutido mucho, tanto acerca del tiempo como del lugar en que este milagro se efectuó. Si esta fiesta de los judíos fue la pascua, Juan menciona cuatro de tales fiestas, lo cual significaría que el ministerio hubo de durar de tres y medio a cuatro años, si es que Juan las menciona todas (las otras son 2:23; 6:4; 11:55). Considerando que en los textos más autorizados no aparece el artículo definido, es probable que se trate de otra fiesta distinta de la pascua. Actualmente puede identificarse con alguna certeza el lugar del milagro, después de la excavación, en 1888, de un estanque como el que Juan describe, situado en la parte nordeste de Jerusalén, cerca de la iglesia de Santa Ana. Las distintas grafías que los manuscritos dan al nombre del estanque provocan confusión. Betsata (VL) cuenta con buen respaldo. Probablemente signifique "Casa de las Olivas."

2-4. Los cinco pórticos que han sido descubiertos eran refugio de multitud de enfermos: **ciegos, cojos y paralíticos.** Estaban allí con la esperanza de alcanzar su curación cuando el agua se moviera. Si bien la tradición respecto a los manuscritos hace que no se pueda tener como parte del texto original de Juan el final del versículo 3 ni el vs. 4, dicha porción constituye una tradición de temprano origen. J. Rendel Harris halló en diversos lugares por todo el Oriente evidencias de una superstición en el sentido de que por el día de Año Nuevo se esperaba que un ángel agitara el agua en ciertas localidades, y que el primer enfermo que lograba meterse en el agua después que era agitada sanaba de su dolencia. Con tal base juzga que la fiesta de este capítulo ha de haber sido la de las trompetas, que anunciaba el año nuevo (igual opina Westcott. Véase J. Rendel Harris, *Side Lights on New Testament Research,* pp. 36-39). Entre los restos de la iglesia de Santa Ana existe la figura de un ángel, testigo de esta creencia y de la costumbre de buscar la curación en estas circunstancias especiales.

5-7. Ninguna indicación hay sobre la naturaleza del mal que por tantos años había atenazado a este enfermo, salvo que no podía moverse sin auxilio. No es de creerse que permaneciera allí todo el tiempo. Más bien lo traían cuando se esperaba el movimiento del agua. Jesús **supo.** Puesto que no se dice que alguien se lo haya contado, hemos de inferir que conoció las circunstancias del caso mediante su propio poder perceptivo. **¿Quieres ser sano?** En este caso Jesús tomó la iniciativa. La pregunta no era innecesaria, pues hay más de un inválido crónico sin esperanza de curación. Otros se valen de su dolencia para inspirar lástima y no quieren por tanto ser curados. Este enfermo sí quería ser sanado, pero no tenía cómo (vs. 7). **8, 9.** Las tres órdenes de Jesús implican que le impartía vigor. La curación fue instantánea. **Lecho.** Jergón o estera.

10-13. Bien pronto la curación se volvió tema de disputa, por haberse realizado en **día de reposo. Los judíos.** No se trata en este caso del pueblo sino de sus dirigentes (cf. 1:19). Por lo visto, observaron al hombre mientras iba rumbo a su casa con la estera a cuestas. Esto violaba el reposo sabático (Jer. 17:21). En su confusión, lo único que pudo explicar el hombre fue que su benefactor le había ordenado que lo hiciera (Jn. 5:11). No sabía quién fuese el que lo había sanado, pues no conocía su nombre, y parecía imposible encontrarlo, pues Jesús ya no estaba allí.

14-16. Como el hombre no había violado la ley intencionalmente, le permitieron irse. Más adelante fue al templo a dar gracias por su curación. Allí lo encontró Jesús, y le hizo una advertencia. **No peques más, para que no te venga alguna cosa peor.** La curación física de manos de Jesús puede suponerse que acarreaba el perdón de los pecados (cf. Mr. 2:9-12). No debe aceptarse con liviandad este perdón. Qué sea **alguna cosa peor** queda sin definir, lo que hace más eficaz la admonición. El hombre regresó a donde los judíos e identificó a Jesús como el sanador, probablemente no porque le haya mortificado la advertencia de Jesús, sino porque como miembro de la comunidad se sentía obligado a suministrar los datos que las autoridades buscaban. Esto dio pie para que los judíos **persiguieran** a Jesús. Tenían por clara la culpa de Jesús como transgresor de la ley. Había quebrantado el día de reposo. No aclara cuáles sean **estas cosas.** El verbo **hacía** (estaba haciendo) sugiere que le achacaban otros actos. La expresión **y procuraban matarle** no tiene suficiente base textual.

H. Autodefensa de Jesús. 5: 17-47.

El discurso siguiente trata de la autoridad de Jesús, que él fundamenta en su especial relación con el Padre.

17,18. Ya que el trabajar era la base de la contención, Jesús señala a Dios como incesante trabajador. Si bien el Padre reposó de su obra creadora (Gn. 2:2), tiene que trabajar para sostener el universo. Tiene que trabajar también para producir la nueva creación. Parece significar que todo el tiempo que el Padre había estado trabajando, también el Hijo había estado trabajando. Eso era una pretensión mayor que afirmar que hasta allí venía actuando el Padre y desde ese punto el Hijo asumía la carga. Los judíos comprendieron la inferencia: Jesús afirmaba que tenía a Dios por Padre, con lo cual se proclamaba igual a Dios. Esto era peor que trabajar en día de reposo. Tal blasfemia exigía la pena de muerte (cf. Jn. 7:30).

19,20. El discurso aparentemente continuó sin interrupción de parte de los judíos. No había arrogancia en el aserto de Jesús, pues lo equilibraba su completa dependencia del Padre y subordinación al mismo. La verdadera condición de Hijo, decía Jesús, está en aprender del Padre y reproducir lo que en él se ve (vs. 19). La percepción del Hijo es auxiliada por la revelación del Padre respecto a **todas las cosas** que hace. Para demostrar la realidad de la relación de parentesco entre ambos, **mayores obras que estas** (la curación del impotente y otras señales semejantes) se producirán.

21-24. Una de estas obras mayores es levantar a los muertos (vs. 21). Evidentemente tal acto es tan creador como el original otorgamiento de la vida. Si el Hijo tiene poder de dar vida a quien quiera, participa del poder del Padre. El **juicio** es una segunda esfera en que se manifiesta la divina autoridad. Esa facultad le ha sido entregada al Hijo. Nótese que resurrección y juicio son dos funciones escatológicas íntimamente relacionadas, de las cuales pudo entreverse algo por anticipado durante el ministerio de Cristo, como en la resurrección de Lázaro y el juzgamiento de Satanás (16:11). El motivo de esta participación de poder es que el Hijo reciba la misma honra que el Padre (5:23). Rehusársela es deshonrar al Padre. Los dos temas, (1) el pasar de muerte a vida, y (2) el juicio, ahora se reúnen (vs. 24); pero se trata aquí de una resurrección espiritual y no física; es decir, de participar de la **vida eterna**. Debe creerse en Aquel que envió al Hijo; no en el sentido de restarle importancia al Hijo, sino percibiendo que la fe en el Padre y la fe en el Hijo son indivisibles.

25-30. Jesús amplifica el tema de su poder de impartir vida espiritual (vss 25,26). Esta obra pertenece al futuro, dice, pero también se está efectuando **ahora** (nótese el contraste con el vs. 28). **Los muertos** en este caso no están en el sepulcro, como los del vs. 28, sino que se hallan muertos en el pecado. Su resurrección se produce cuando **oyen la voz del Hijo de Dios** (cf. vs. 24, **el que oye mi palabra;** 6:60; 18:37). El hijo no es en nada independiente del Padre, ni siquiera en cosa tan fundamental como la propia **vida** (5:26). Una vez más Jesús proclama su autoridad en materia de juicio (vs. 27). **Hijo del Hombre** se emplea aquí como en Dn. 7:13, en relación con juicio y dominio. Es un término escatológico técnico, que denota más que humanidad, pero la incluye. Como Señor de la resurrección, Jesús convocará a todos de sus tumbas (cf. Hch. 24:15). En vista de Ap. 20:4,5, tenemos que pensar en un intervalo entre ambas fases de la resurrección. El hacer **lo bueno** incluye el tener fe en el Hijo de Dios, así como el hacer **lo malo** abarca el rechazamiento del Hijo de Dios y sus demandas. **Condenación.** Literalmente, *juicio.* El versículo siguiente (5:30) es de transición: retiene la mención del **juicio** del contexto inmediato anterior, y mediante el pronombre de primera persona anticipa el material siguiente. El Hijo mantiene con el Padre esta relación inigualada.

31-40. En este pasaje el tema sobresaliente es el testimonio. Si Jesús hubiera de dar testimonio acerca de sí mismo, desligado del testimonio del Padre, afirma, tal prueba sería incierta por incompleta y falta de apoyo. No podría esperar que los judíos la aceptaran. Pero no es tal en verdad su testimonio cf. 8:18). Hay **otro** que testifica: el Padre. Desdichadamente, los judíos no reconocen el testimonio del Padre (cf. 7:28; 8:19), y están por tanto incapacitados para reconocer el apoyo que brinda a las demandas de Jesús (5:32). Un segundo testigo fue Juan el Bautista, a quien los propios judíos acudieron en procura de una declaración (1:26; 3:26). Ese testigo estuvo de acuerdo con **la verdad,** tal como lo comprobó el descenso del Espíritu sobre Jesús. No obstante lo útil que tal testigo pueda haber sido en llevar a otros **a** evaluar correctamente su persona, Jesús no se apoyaba en él como necesario para que él mismo reconociera su propia persona y su misión (5:34). Pero la palabra de Juan, aceptada por Jesús, tenía por fin ayudar a esas personas a ser **salvas.** Jesús caracteriza a Juan como **antorcha que ardía y brillaba** (Str.). En cuanto a arder, se fue extinguiendo poco a poco (3:30); pero en cuanto brillaba, hizo que los hombres vieran su necesidad de la luz mayor (cf. 1:8). Por ello, su testimonio le sobrevivió. **Por un tiempo.** La popularidad de Juan fue fugaz. Un tercer testigo en pro de Jesús lo son sus **obras,** que el Padre le encomendó cumplir para certificar su divina misión (vs. 36). **Que cumpliese.** Nada provisional o incompleto. Las obras preparaban el camino para la magna obra que ahora sabemos se coronó en el Calvario, y que no requiere revisión.

Como parte del testimonio mayor incluye nuestro Señor el del Padre en las Escrituras (5:37-40). Lo diferencia claramente del testimonio inmediato del Padre (vs. 32). La inaccesibilidad de Dios por causa de su espiritualidad (vs. 37) es vencida en buena parte por la revelación que de sí mismo hace en las Escrituras del AT. Pero aquella **palabra** no ha arraigado en el corazón de los oyentes de Jesús. Prueba de ello es que no han recibido a aquel de quien habla la palabra (5: indicativo. El sentido del pasaje favorece la ducirse tanto por el imperativo como por el indicativo. El sentido del pasaje favorece la elección del indicativo: "Escudriñáis" (Str.). Los judíos tenían por hábito escudriñar **las Escrituras** porque reconocían que en ellas estaba el secreto de la **vida eterna.** Familiarizarse con la ley era la meta de la piedad judaica, y así la palabra escrita tendió a constituir un fin en sí misma. Pero las Escrituras dan testimonio de una *persona.* La tragedia consistía en que esa persona estaba ante ellos, y los religiosos judíos rehusaban acudir a él en busca de la vida que vanamente buscaban en la letra de la palabra (vs. 40).

41-47. Jesús no quería que los hombres creyeran en él simplemente por recibir de ellos honra (vs. 41). La palabra griega es *doxa,* que suele traducirse por "gloria". La razón básica de que no respondiesen a su persona ni a sus reclamos, es que eran campanas sordas al toque de Dios. No tenían **amor de Dios,** es decir, no amaban a Dios. Puesto que Jesús había venido en nombre del Padre, esta falta de amor a Dios hacía imposible que lo recibieran, visto que él y el Padre eran uno. En caso de que alguno viniera **en su propio nombre,** sin remitirse como Cristo a la autoridad del Padre, obtendría pronta acogida (vs. 43). Probablemente no se dijo esto como profecía respecto a algún personaje venidero sino para destacar un principio que involucra la pecadora naturaleza del hombre. Los judíos eran culpables de procurar cada cual que los otros le rindieran honra y gloria (cf. 12:43), en vez de buscarlas en el único Dios que es sola fuente de genuino y permanente reconocimiento. La misión de Jesús no era acusar ni juzgar. Esto era al fin de cuentas innecesario en cuanto a sus oyentes, pues en Moisés ya tenían un acusador. Los judíos tenían confianza ilimitada en lo que Moisés escribió (vs. 45), pero llegado el punto crucial, en nada quedaba su creencia, pues no recibían los anuncios proféticos de Moisés concernientes al Cristo. Y en este punto no es cosa de pensar únicamente en pasajes aislados, como Dt. 18:15-18, sino precisamente en el carácter incompleto de la revelación si se excluye al que había de venir, y en la condenación impuesta por la ley, que reclamaba un Salvador. La revelación escrita y la revelación personal son básicamente una sola (vs. 47).

I. *Alimentación de los cinco mil, y discurso sobre el pan de vida.* 6:1-71.

Algunos eruditos, aduciendo que los capítulos 5 y 6 han sido traspuestos, han señalado ciertas ventajas que habría de colocar primero el capítulo 6. Pero la falta de prueba manuscrita en apoyo de esa opinión constituye un obstáculo formidable contra su aceptación.

El milagro que consideramos es la única "señal" que consta en los cuatro evangelios. Marcos y Lucas presentan a Jesús enseñando a la multitud antes del milagro, pero sólo Juan registra el discurso que pronunció al día siguiente.

1-4. El otro lado del mar es en este caso la ribera oriental. A este mar se le llama también Lago de Genesaret (Lc. 5:1). Atraída por los milagros de Jesús, una gran multitud lo siguió dando la vuelta por la ribera norte. Esto presupone un ministerio de cierta duración, varios meses quizá, en el área de Galilea, después de los acontecimientos del capítulo 5 ocurridos en Jerusalén. **Un monte.** Las tierras altas. Es significativa la mención de la proximidad de la pascua. Puesto que Juan no narra la institución de la Cena del

Señor como parte de su historia de los acontecimientos de la semana de pasión, quizá trate con esta mención de llevar la atención de los lectores a la relación del milagro y el discurso con el sacramento central de la fe cristiana.

5-7. La ciudad más próxima era Betsaida. Habría sido difícil para la gente ir a comprar pan, considerando la distancia y lo avanzado de la hora. Jesús dio por sentado que él y los suyos suministrarían el alimento (vs. 5). Consultó con Felipe respecto a lo que podía hacerse, pues aunque él lo sabía, quería **probar** (poner a prueba) la fe de sus discípulos. Felipe era oriundo de Betsaida (1:44). Doscientos denarios de pan, según calculó el apóstol, apenas bastarían. El denario equivalía a unos veinte centavos (USA), y era el monto corriente de un jornal. Un jornalero con una familia promedio de cinco personas probablemente gastaba en alimentos la mitad de su ingreso diario. Suponiendo que la familia comiera tres veces al día, puede concluirse que medio denario habría bastado para el alimento de un día, o sean quince raciones. Un denario entero bastaría para dos días, o treinta raciones. Doscientos denarios habrían provisto una comida para 6,000 personas. En esta multitud los hombres no más sumaban 5,000 (6:10). **8,9.** No hubo necesidad de agotar los recursos ni causar enojosa tardanza en la búsqueda de alimentos que comprar. Andrés se adelantó con datos respecto a **un muchacho.** La palabra griega se aplica a una amplia gama de edades. También puede significar esclavo, pero en este caso no es probable. **Panes de cebada.** Era alimento de pobres. Eran panecillos pequeños. La provisión parecía lastimosamente inadecuada para la necesidad.

10,11. Se requería orden para la gran operación que se planeaba. Por orden de Jesús, trasmitida por sus discípulos, la gente se sentó. La mención de la hierba indica que era en primavera (cf. vs. 4). Esto hizo que la gente se sintiera cómoda. Luego Jesús dio gracias por la provisión (¿habrá incluido las gracias por la generosidad del muchacho?), después la distribuyó a los discípulos, y éstos a la multitud. En el proceso de la distribución se realizó el milagro. La gente comió **cuanto quiso** de los panes y los peces, en contraste con el cálculo de Felipe, **un poco.** **12,13.** Con la prodigalidad en dar corrió parejas lo estricto de las medidas para conservar lo que sobró. No se deben desperdiciar los dones de Dios. Se necesitaron **doce cestas** para recoger los **pedazos,** de modo que todos los discípulos tuvieron su tarea.

14,15. No hubo duda de que se había realizado un milagro. La gente lo vio y se impresionó. Todos se beneficiaron. Percibían que su benefactor no era un hombre común, y coligieron que debía ser el **profeta** esperado (Dt. 18:18). Igual que en Juan 4, parece identificarse al **profeta** con el Mesías, mientras en Jn. 1:20,21 se les diferencia. En la mente del pueblo quizá no hubiese una clara línea divisoria entre los dos conceptos. De todas maneras, el profeta habría de convertirse en **rey,** de cumplirse la voluntad de la multitud. Con tal acto expresarían su gratitud por el milagro, y a la vez asegurarían a la nación el beneficio de este poder milagroso para fines militares y económicos. La expectación que el pueblo tenía del Mesías estaba a punto de expresarse dramáticamente. Pero aquel cuyo reino no era de este mundo (18:36), al percibir la intención, la frustró con su retirada.

16-21. El Señor, que había satisfecho la necesidad del gentío, responde ahora a la de los discípulos, sorprendidos por una tormenta nocturna en el lago. Sin Jesús, pero aparentemente en espera de que él acudiera (vs. 17), los discípulos habían puesto proa a Capernaum. Al obstáculo de la **oscuridad** se añadía la zozobra causada por el **gran viento** y el oleaje. Sólo habían avanzado unos veinticinco o treinta *estadios* desde la costa (cada estadio equivalía a unos 180 m.). Cuando la situación se volvía desesperada se acercó Jesús. Al terror de la tormenta se suma ahora el de la aparición. Pero la voz de Jesús que dice, **yo soy; no temáis,** destierra los temores. Le dan la bienvenida a bordo, y en seguida llegan a su destino. Los sinópticos nos dicen que en esta ocasión Jesús anduvo sobre el mar. Su poder milagroso se manifestó también quitando la barrera de la distancia. La gravedad, así como el espacio, están bajo su dominio. Juan no añade interpretación alguna a su relato. El pasaje es útil en cuanto enseña que a despecho de las fuerzas opuestas, Jesús capacita a los suyos para alcanzar las metas que él les ha fijado, incluso el cielo mismo.

22-25. Estos versículos proveen la motivación del discurso. Quizá la tormenta, además de la impresión de que Jesús estaba cerca, haya hecho que la gente no abandonara el área donde ocurrió la multiplicación milagrosa de los panes. Aún palpitaba en ellos el deseo de tener a Jesús por jefe y proveedor. Al ver que no se había ido con los discípulos, estaban perplejos en cuanto a qué se habría hecho. Tras buscar y ver que no estaba allí, aprovecharon unas barcas venidas de Capernaum para atravesar el lago y tratar de hallarlo del otro lado. **¿Cuándo?** (6:25). Jesús era para ellos un misterio.

26-34. Reprendida por el Señor, la gente pide una señal como base para creer en él. Aunque habían visto el milagro (cf. 6:14), Jesús los acusa de no ver, es decir, no ver más allá de lo externo. Sólo veían la provisión de sustento material y sentían su satisfacción (vs. 26). **La comida** (vs. 27). La en-

señanza de Jesús en este punto tiene doble filo, pues contrasta el alimento que perece con el que a **vida eterna** permanece, al mismo tiempo que confronta el **trabajar** con el **dar** (cf. Is. 55:1,2). Aun el alimento suministrado por Jesús al otro lado del lago era perecedero. Pero él tenía para dar algo que era significativo para la vida eterna. Su poder para hacerlo se fundaba en la autoridad que Dios Padre le había conferido (**señalada** por la divina voz en el bautismo y por el don del Espíritu). La admonición respecto a trabajar no fue plenamente comprendida, pues la gente preguntó qué debían **hacer** para ejecutar las obras de Dios (vs. 28), vale decir, para realizar obras que le fuesen aceptables. Jesús responde presentando la fe como la obra mayor e indispensable (vs. 29). Parecía un requisito desusado. Después de todo, muchos en el pasado habían hablado en nombre de Dios, sin exigir fe en sus oyentes, sino en aquel que los enviaba. De modo que la multitud se sentía justificada al demandar una señal especial que apoyara esta especial pretensión. Para creer en él, debían ver algo semejante a hacer descender **pan del cielo** (6:31), en contraste con el milagro realizado al otro lado del lago.

Para evitar malentendidos, Jesús les recordó que no fue Moisés sino Dios quien les dio el pan en el desierto, y que también ahora les estaba brindando el verdadero pan del cielo. Por **verdadero** hemos de entender lo perfecto, lo que responde a la más profunda necesidad del hombre. Cristo identificó el pan como **aquel** (pronombre masculino, vs. 33) que en verdad había descendido del cielo para dar **vida** al mundo. Pero no se llegó todavía a la explícita identificación con su persona. La gente quería **este pan,** pero según parece, aún pensaban en él en términos materiales, más o menos como la samaritana en cuanto al agua viva (vs. 34).

35-65. Esta sección abarca el discurso propiamente dicho, interrumpido en tres ocasiones por preguntas y discusiones.

35. Ahora Jesús se identifica finalmente como **el pan de vida.** No sólo tiene vida en sí mismo, sino que puede impartirla a otros. Pero este pan no es algo externo, separado de su persona. Es necesario **venir a** él, lo cual equivale a creer en él. Los que a él vengan verán extinguirse para siempre su hambre espiritual. El comer y el beber se presentan aquí juntos, quizá anticipándose al vs. 53. No es necesario dejar a Cristo para buscar satisfacción en otra persona.

36. No se cumplió aquello de ver para creer (cf. 6:30). "El era en persona la señal que los judíos no lograron comprender. No podía darse otra más convincente" (B.F. Westcott, *The Gospel According to St. John*). **37.** No por ello se desalentó el Hijo, pues **todo** aquel que fuese don del Padre para él, vendría, y al acudir, no hallaría en él repudio sino cordial acogida. **38.** Tal recibimiento era indefectible, pues la voluntad del Padre es deleite del Hijo. **39,40.** Dicha voluntad no se circunscribe al llamado, sino que se extiende a preservar a quienes le son dados a Cristo (cf. 17:12). La reunión en el **día postrero** desafiará el poder de la muerte.

41,42. El humilde origen del Nazareno les ofendía. Sabían demasiado acerca de él, incluso su parentesco supuesto, para aceptar que hubiese **descendido del cielo** (cf. Mr. 6:2,3). **43,44.** Los que murmuraban (como sus padres lo habían hecho en el desierto) protestando por los altos títulos que se arrogaba el Hijo del Hombre, demostraban no conocer qué era ser **atraído** (Str.) por el Padre. Sin esta atracción, inclinación del corazón inducida por Dios, no puede nadie **venir** a Cristo. No puede uno apoyarse en su propio entendimiento. **45.** La atracción se produce por medio de la enseñanza y no por algún proceso místico. Jesús cita a Is. 54:13. Si el énfasis se pone en **todos,** desaparece cualquier elemento restrictivo que pudiera entreverse en el concepto de la atracción expuesto en 6:44. **46.** Pero el conocimiento inmediato de Dios puede obtenerse sólo mediante Aquel que **ha visto** al Padre. Este es uno de los principales postulados del Evangelio (cf. 1:18). **47,48.** Se vuelve a subrayar verdades anteriormente presentadas.

45-91. Los judíos habían pedido que Jesús hiciera descender pan del cielo. ¿Qué provecho permanente dejaría esto? Los padres que comieron el maná **murieron,** pero quienes comieran el pan personificado en el Hijo de Dios no morirían (espiritualmente), pues poseerían la vida de Dios mismo. La **carne** de Jesús, su real existencia corporal, había de ser entregada para que el mundo tuviera vida. Con ello señalaba hacia la cruz. **52-54.** Pensando aún en términos materiales, los judíos discutían entre ellos cómo sería posible que Jesús les diese a comer su carne (vs. 52). Jesús acentúa la dificultad al indicar que además de su carne tenía que recibir su sangre quien quisiera obtener la vida (vs. 53). Vista la prohibición del AT respecto a beber sangre (Lv. 7:26,27), ha de haber aumentado el enojo que provocaban las palabras de Jesús. Estas palabras parecen un anticipo de la trascendencia de la Cena del Señor.

55-58. La siguiente cita es un excelente resumen de la idea: "El manjar y la bebida eucarísticos físicamente son pan y vino; espiritualmente, la carne y la sangre del Hijo del Hombre; verdadera comida y verdadera bebida porque efectúan la sagrada unión del Hijo de Dios con quienes en él creen, comunicando así la vida eterna y garantizando la inmortalidad. La unión entre Padre e Hijo se extiende por tal medio para abarcar también a los creyentes. Como el Padre imparte vida al Hijo, así el Hijo la imparte a quienes de él se alimentan, y les concederá la inmortalidad" (Hoskyns). El alimentarse no tiene por qué limitarse a la eucaristía.

59. Una bella sinagoga ha sido excavada en Capernaum; uno de sus motivos decorativos es un tazón de maná. Si bien la construcción es de origen más reciente que los días de Jesús, probablemente ocupe el mismo sitio de la sinagoga de este versículo.

60-65. Esta sección trata especialmente de la reacción de unos **discípulos** ante las palabras de Jesús. Hay que diferenciarlos tanto de "los judíos" del contexto anterior, como de los doce en los versículos siguientes. Estos discípulos habían sido seguidores, pero en vista de la enseñanza se convencieron de que no podían continuar con Jesús. La **palabra dura** se refiere a la necesidad de comer la carne de Cristo y beber su sangre. Su ascensión, que para los genuinos creyentes habría de corroborar la legitimidad de sus reclamos, sólo alcanzaría a disgustar más a quienes no podían aceptar su humanidad brindada por ellos al morir en la cruz (vs. 62). Ni siquiera la **carne** de Cristo, proclamada como tan indispensable, serviría de nada a menos que el Espíritu la vivificara para el creyente. Pero sus propias **palabras** participaban de la naturaleza del espíritu, es decir tenían poder de impartir vida. Podían salvar, no independientemente de la obra histórica de la cruz, sino señalando hacia aquella obra e interpretándola. La resistencia misma que sus palabras provocaron entre quienes pretendieron ser sus discípulos demostró lo superficial de la fe de ellos. Jesús discernió no sólo la presencia de la falsa fe, sino la traición potencial en uno de sus seguidores.

66-71. Ahora se revela el efecto que el discurso tuvo sobre los doce. Para muchos que habían sido sus discípulos, llegaba el momento de cambiar de rumbo (6:66). La partida de ellos mueve al Señor a preguntar a los doce respecto a sus intenciones (vs. 67). Pedro se mantiene firme como una roca. Su confesión es similar a la que los sinópticos narran en relación con el incidente de Cesarea de Filipo (Mt. 16:16) pero en armonía con el discurso destaca que Jesús tiene **palabras de vida eterna** (cf. 6:63). Algunos sólo palabras han visto en ellas. Pedro las ve fructificar en vida eterna, aunque todavía no comprende la cruz. Había en el grupo uno que no podría haber hablado así, porque era diablo (*diabolos*). No significa que cuando Jesús lo eligió ya fuese un instrumento de Satanás, sino que en tal se había convertido. El lugar de Judas estaba con la multitud que se alejaba, pero se quedó. Disgustado porque Jesús rehusaba que lo hicieran rey, según se desprende del minucioso estudio de su carrera, habría de traicionarlo un día como venganza por haber traicionado la confianza de quienes esperaban que los condujera a la victoria mesiánica.

J. Jesús en la fiesta de los tabernáculos. 7:1-53.

Este capítulo es totalmente cristocéntrico en el sentido de que Cristo es motivo de muchas discusiones y de diversas reacciones, a la vez que tema de la revelación que de sí mismo hace Jesús.

1. Después de estas cosas. Parece referirse a los acontecimientos del último capítulo. No obstante la separación de tantos discípulos, Jesús consideró más seguro quedarse en Galilea que regresar a Judea, en donde había hostilidad declarada. **2.** El período que pasó en Galilea se extiende entre la pascua y la fiesta de los tabernáculos, o sea un intervalo de poco más de seis meses. A juzgar por los sinópticos, Jesús pasó la mayor parte de este tiempo en lugares retirados, adiestrando a sus discípulos.

3-9. Al acercarse esta fiesta otoñal que atraía a los judíos desde las más apartadas regiones a las alegres fiestas, los hermanos de Jesús dicen ver en la ocasión una magnífica oportunidad para que él extienda su influencia. Sus **discípulos** de Judea, inclusos quizá muchos galileos que se habían disgustado o cuya actitud se había enfriado, podrían ser reconquistados al ver sus **obras.** Los hermanos reproducían en miniatura la actitud de la mayoría de la nación: no contradecían la legitimidad de las obras, pero **no creían en él.** Opinaban que Jesús se mantenía **en secreto** cuando necesitaba **manifestarse al mundo.** Es en esencia lo que Satanás trató de sugerir a nuestro Señor en la segunda tentación. No había llegado aún el tiempo de Jesús (en otras partes suele denominárselo "mi hora", el momento de manifestarse mediante la muerte). Los hermanos carecían de tal regulación espiritual para sus movimientos. No habían experimentado el odio del mundo, porque eran parte del mundo. Por otra parte Jesús, que era la verdad, tenía que testificar de las **malas obras** del mundo. No podía ir a Jerusalén simplemente por hacerse popular. De ir, sería para denunciar el pecado. **Yo no subo todavía.** La palabra **todavía** falta en muchos buenos manuscritos, y quizá haya sido añadida por los amanuenses para evitar la contradicción con el vs. 10. Con su negativa Jesús daba a entender que no iría bajo las condiciones que sus hermanos proponían. Iría cuando y como lo tuviera por adecuado, mas por ahora se quedaría en Galilea.

10-13. Cuando al fin subió a la fiesta, lo hizo sin llamar la atención, **como en secreto,** sin fanfarrias. Mientras tanto **los judíos** (sus dirigentes), lo buscaban de continuo entre el gentío y preguntaban: "¿Dónde está aquel?" También el pueblo discutía acerca de él y expresaba diversas opiniones que variaban entre considerarlo **bueno** y declararlo embaucador. El temor a los judíos hacía que se discutiese en voz baja (7:13; cf. 9:22). **14, 15. A la mitad de la fiesta,** es decir, a media semana de festividades, las cuales terminaban con la convocación del octavo día (Lv. 23:36). Jesús entró en el templo y comenzó a enseñar. Los dirigentes se maravillaban de su exposición, considerando especialmente que no se había preparado en las escuelas rabínicas (contraste con Pablo, Hch. 22:3).

16-18. Al parecer fue el contenido de las enseñanzas de Jesús más que su dicción lo que los maravilló. Lejos de jactarse por su habilidad, Jesús explicaba que su enseñanza pertenecía a aquel que lo había enviado, atribuyéndola directamente a Dios en vez de reconocerse deudor para con algún maestro humano, como acostumbraban los escribas. Todo aquel que tuviese por propósito moral agradar a Dios (hacer su voluntad), estaría en capacidad de juzgar si la enseñanza de Jesús era independiente o era fiel reproducción de la divina enseñanza. Descubriría que Jesús no procuraba su propia gloria sino la del que lo envió. La atracción de la afinidad lo acercaría a Jesús.

19-24. Jesús acusó a los judíos de no cumplir la ley. En este punto no estaban haciendo la voluntad de Dios. ¿Cómo podrían, pues, recibir al que Dios enviaba? Las intenciones homicidas que hacia él tenían quebrantaban por sí solas el sexto mandamiento. La multitud, que estaba de parte de los dirigentes pero no conocía los planes de ellos, tenía a Jesús por loco o poseído de un demonio, por cuanto se imaginaba que su vida corría peligro (vs. 20). Bien estaba que el Señor desenmascarara la raíz de la animadversión de los dirigentes. Había realizado en Jerusalén **una obra** que hizo a todos **maravillarse** pero que le atrajo el antagonismo de los caudillos: la curación de un impedido en día de reposo (cp. 5). El propio Moisés, a quien tan asiduamente honraban los judíos, estatuyó la circuncisión (bien que fueron **los padres** y no Moisés quienes le dieron origen), en tal forma que debía efectuarse al octavo día (Lv. 12:3) aunque éste cayese en **día de reposo. Por cierto** (7:22). No está clara la relación de esta expresión con el tema en debate. Quizá tienda a destacar que la circuncisión en día de reposo estaba en consonancia con obras como las realizadas por Jesús y aun las prefiguraba, ya que restaurar física y espiritualmente a un hombre era algo más significativo que administrarle la señal del pacto.

25-27. Tropezamos aquí con las opiniones respecto a Jesús de un grupo que debe diferenciarse de **la multitud** del vs. 20. Estos eran jerosolimitanos que sabían que la intención de los judíos era matar a Jesús. Pero el hecho de que Jesús pudiera hablar atrevida y **públicamente** los ponía a pensar si los dirigentes no habrían cambiado de opinión y concluido que este hombre fuese el Cristo (vs. 26). Al ahondar en el problema hubieron de descartar esta posibilidad, pues el origen de Jesús la excluía (cf. 6:42). El Mesías tenía que ser un hombre misterioso: **nadie sabrá de dónde sea** (cf. Mt. 24:24-26).

28-31. Jesús concedía como punto de partida que sus oyentes lo conocían y sabían de dónde era (vs. 28). Pero aun en el nivel terrenal no estaban correctamente informados, pues ignoraban dónde había nacido y probablemente también los antecedentes de su nacimiento (cf. vs. 52). Eran ignorantes en cuanto a su ser divino y por ende revelaban ignorancia respecto al Dios que lo envió. Esta reprimenda provocó señas de disgusto. Los jerosolimitanos estaban dispuestos a prender a Jesús, pero fueron providencialmente contenidos (vs. 30). La **hora** de Cristo se refiere al momento fijado por Dios para su muerte. Había entre el gentío algunos que no desechaban la posibilidad de que Jesús fuese el Cristo. Pero según parece sólo creían en él con base en **los milagros** (Str.), y no se diferenciaban por tanto de otros creyentes que sólo de nombre lo habían sido (cf. 2:23-25).

32-36. Atentos siempre a lo que expresaba la gente en la calle, los **fariseos** y los **principales sacerdotes** (saduceos) enviaron **alguaciles** a prender a Jesús. Se les vuelve a mencionar con ocasión del prendimiento en el huerto (18:3,12). Constituían una fuerza policíaca judía con jurisdicción en el área del templo. En vista de este acontecimiento Jesús insistió en que el **poco de tiempo** (cf. 16:16) que mencionaba no estaba determinado por complot humano alguno en su contra, sino por la consumación de su obra y su regreso al Padre (vs. 33). En vano lo buscaría entonces la multitud. Se les estaba agotando el tiempo de oportunidad para buscarlo como se debía. **Los dispersos entre los griegos.** Probablemente se refiera a la dispersión de los judíos en el mundo griego, lo cual también haría posible que alcanzara a los propios griegos en las sinagogas judías. Esto fue exactamente lo que hizo Jesús mediante su iglesia en época posterior, de modo que la declaración resultó inconscientemente profética cf. 11:52).

37-39. En el último y gran día de la fiesta. Puede referirse al séptimo día, o al octavo. El octavo era una especie de añadidura a la fiesta, así como la conclusión del ciclo anual de festividades. Si la mención de la **sed** estaba conscientemente relacionada por Jesús con la costumbre sacerdotal de acarrear cada día en una jarra de oro agua

del pozo de Siloé para derramarla sobre el altar, el clamor de invitación de Jesús tendría que ver especialmente en el octavo día, en que esta ceremonia se omitía, según parece. La sed durante la peregrinación por el desierto fue saciada por divina provisión, pero volvía. Jesús ofrecía satisfacción espiritual perenne (cf. 4:14). Nuevamente se exhibe lo insuficiente del judaísmo. Hay un progreso en la idea: el creyente en Jesús, que halla la saciedad, se convierte a su vez en medio de bendición para otros como canal de **ríos de agua viva** (7:38). Toda alusión a la persona de Cristo resulta dudosa (cf. 19:34). No se puede idenficar la cita de **la Escritura.** Algunos pasajes más o menos alusivos son Ex. 17:6; Is. 44:3,4; 58:11; Ez. 47:1-9; Zac. 14:8. Otra alternativa sería que Juan no se refiere a un pasaje en particular, sino al consenso de varios. La promesa de abundante vida nueva se atribuye aquí al **Espíritu,** que se otorga a cuantos creen. Pero por aquellos días el Espíritu aún no se había derramado con la trascendencia histórica de Pentecostés (cf. 14:26; 15:26; 16:7). **Glorificado.** Aún no había coronado su misión con la muerte, la resurrección y la ascensión. Es entre el Cristo glorificado y los hombres que el Espíritu sirve de mediador.

40-44. El fuerte clamor y la naturaleza de las palabras hicieron que muchos de sus oyentes lo identificaran con el profeta que había de venir (Dt. 18:15; Jn. 1:21; 6:14). Otros estaban dispuestos a ver en él al Mesías. Esto suscitaba el problema de su origen. Para concordar con los requisitos de las Escrituras, el Mesías debía descender de David y nacer en la ciudad de David, Belén. La multitud en su ignorancia creía que Jesús no era más que un galileo. Quienes lo tenían por simulador y embaucador se inclinaban por apresarlo, pero eran providencialmente refrenados (7:44).

45-49. Los alguaciles a quienes antes se había enviado a prender a Jesús (vs. 32) vuelven con las manos vacías. Como a otros les había ocurrido (vss. 30, 44), algo les impidió capturar al Hijo de Dios, y la única explicación que pueden dar es que jamás hombre alguno había hablado como él. Tenían la sensación de algo sobrenatural en él y fueron impotentes para llevar a cabo su comisión. Los fariseos responden que debían orientarse por sus superiores. Hasta el momento los **gobernantes** (miembros del Sanedrín) y los **fariseos** (maestros del pueblo) habían mantenido un sólido frente contra Jesús. **¿Acaso ha creído en él alguno de los gobernantes?** Sólo por breve tiempo continuó esto siendo cierto, ya que uno de ellos estaba a punto de declararse por Jesús, o por lo menos defenderlo. Los fariseos procuraban explicar la popularidad de Jesús con base en lo ignorante que respecto a la ley era el pueblo, por lo cual era maldito (cf. Dt. 28:15). Fuentes judaicas revelan que a menudo había animadversión entre los fariseos y los *am haares* o pueblo de la tierra. **50,51.** Por bien que los fariseos conocieran la ley, no la cumplían, según tuvo Nicodemo el valor de indicarlo. Procuraban prender a un hombre contraviniendo la ley, que requería que el hombre fuese oído en juicio antes de arrestarlo así (Dt. 1:16). De modo que los judíos faltaban a la propia ley en que se gloriaban (cf. vs. 19). **52.** Pasando por alto la denuncia de Nicodemo, los fariseos apelan ahora al localismo, como antes habían apelado al espíritu de clase. Nicodemo se había atrevido a defender a un galileo, como si él también lo fuese. ¿Qué podía ofrecer Galilea? No había producido ningún profeta. Al excluir así a Jesús de entre los profetas, mostraban los fariseos su ignorancia, pues por lo menos Jonás había sido de esta región (2 R. 14:25; cf. Jos. 19:13).

K. *La mujer adúltera.* 8:1-11.

La prueba textual desfavorece fuertemente la autenticidad de este párrafo (incluyendo 7:53), y el lenguaje difícilmente podría ser de Juan. Sin embargo, la historia es claramente verdadera, y en muy temprana época fue admitida dentro del texto del cuarto evangelio. **1.** Cuando iba a Jerusalén, Jesús acostumbraba pasar las noches en el Monte de los Olivos. **2.** Como niño había visitado el templo para recibir enseñanzas (Lc. 2:46). Ahora estaba en él para enseñar, y las gentes se apiñaban en derredor suyo. **3.** La lección se vio interrumpida por la llegada de unos escribas y fariseos que conducían a una mujer tomada en adulterio. Airados por el éxito de Jesús y frustrados por su incapacidad de librarse de él, estos dirigentes aprovechan ahora una oportunidad para crearle dificultades ante el pueblo. También a la mujer la dejaron en posición difícil, **poniéndola en medio.** **5.** Le recuerdan a Jesús que el apedreamiento era la pena estatuída para este delito (Dt. 22:23,24) y le piden dar su veredicto. Lo **tentaban** colocándolo frente a un dilema. Si aplicaba la ley, que según parece no se venía aplicando estrictamente en estos casos, podría presentársele como despiadado. Si se inclinaba por la clemencia, se le podría denunciar de tener miras demasiado blandas en cuanto a la ejecución de la ley. Si los fariseos hubieran tenido celo genuino en cuanto a la observancia de la ley, habrían traído también al cómplice varón. **6.** A nada conduce elucubrar respecto a qué escribiría Jesús. La narración no le da importancia a ese detalle. Lo básico es lo que el grupo **oyó** de sus labios (vs. 9). **7. Sin**

pecado. No indispensablemente el pecado aquí acusado, sino pecado en general. **9.** Las palabras de Jesús tuvieron por efecto desviar la atención concentrada en su persona y la mujer, hacia los acusadores. La **conciencia** comenzó a hacerse sentir. **Comenzando desde los más viejos.** La edad los convertía en guías, y su más larga experiencia en el pecado les proporcionaba mayores motivos para acusarse a sí mismos. Sólo quedaron dos personas: la pecadora y el amigo de los pecadores. Jesús podría haber lanzado la piedra, pues en él no había pecado; pero más le interesaba la rehabilitación del pecador que la minuciosa aplicación de la ley. Si su sentencia, **ni yo te condeno,** pareciera demasiado indulgente, se equilibraba con la conclusión: **vete, y no peques más.** Aquel que escudriña los corazones percibió que en el corazón de la mujer había arrepentimiento. Todo lo que se requería era una admonición para el futuro.

L. *Autorrevelación de Jesús.* 8:12-59.

De entre los opositores a Jesús surge una pregunta: **¿Tú quién eres?** (v. 25). Pregunta perpetua es eso. Desde el punto de vista de Cristo, él era la luz del mundo, el que había venido a libertar a los hombres de sus pecados, el eterno "Yo soy". En cada detalle se alza él en vivo contraste con sus opositores. El templo sigue siendo el escenario (vs. 20). **12. Yo soy la luz del mundo.** Quizá esta declaración tenga como trasfondo la costumbre de encender candelabros en el atrio de las mujeres (en donde se hallaba el receptáculo de las ofrendas (vs. 20) durante la fiesta de los tabernáculos, la luz de la nube de gloria de las peregrinaciones por el desierto, que las luces representaban, y el fulgor de la luz de la creación (1:4,9), ahora concebida en términos espirituales. El es **la luz de la vida.**

13-18. Prontos para criticar, los fariseos objetaron que daba testimonio de sí mismo, diciendo que tal testimonio no era **verdadero** (vs. 13). El testimonio de uno mismo suele ser falso y por lo tanto requiere la corroboración de otros; pero en el caso de Jesús era verdadero, y él poseía un conocimiento absoluto respecto a su origen y destino. Naturalmente, no había testigo humano que pudiera corroborar tales cosas (vs. 14). Los fariseos **juzgaban** (es decir, formaban opinión) con base en consideraciones meramente carnales. Estaban cegados para la verdad espiritual (cf. 1 Co. 2:14). Por otra parte, cuando Jesús juzga (aunque no vino primordialmente con ese propósito; cf. Jn. 3:17) rinde veredicto que es eterno por ser **verdadero.** El Padre lo respalda y es copartícipe del mismo (vs. 16). Si el testimonio de dos **hombres** es fehaciente (la ley requería un mínimo de dos testigos en resguardo de la justicia; Dt.

17:6), cuánto más no habrá de serlo el de Cristo, que tiene al Padre como testigo conteste con él (Jn. 7:18). El testimonio del Padre durante el bautismo de Cristo y en la transfiguración es un detalle muy conocido en la narración de los sinópticos.

19,20. ¿Dónde está tu Padre? En otras palabras: si es testigo ausente, su testimonio no aprovecha. "Esta expresión es el colmo de la incomprensión e incredulidad judías" (E.C. Hoskyns, *op. cit.*). De hecho, el no comprender la verdadera naturaleza de Cristo era una confesión de ignorancia respecto a su Padre (cf. 14:7,9). El choque se vuelve otra vez violento, pero nuevamente Jesús sale ileso porque aún no había completado su misión (vs. 20).

21,22. El advenimiento de **su hora** habría de dejar a Jesús en libertad de **irse** (de regreso al Padre), pero no antes de resolver el problema del pecado. El hecho de que los fariseos rehusaran recibirlo los haría **morir** en sus **pecados.** Su extrañamiento se ahondaría y quedaría sellado. No podrían llegar al sitio en que él habría de estar aquel día. Como en otras ocasiones (7:35), la referencia de Jesús a su partida provocó perplejidad; pero esta vez los hizo sospechar que intentaba suicidarse (vs. 22). No obstante, él no se daría la muerte; ellos serían factores de la misma.

23. La perspectiva de la separación final concentró la atención en los contrastes presentes: abajo, arriba; de este mundo, no de este mundo. No quiso Jesús referirse al cielo como "aquel mundo", pues en el caso presente **mundo** pone énfasis en el hombre como rebelde y distanciado de Dios. **24.** El pecado, que era la fuente de su ignorancia y hostilidad, los llevaría a una muerte sin esperanzas, a menos que creyeran en él como el **Yo soy** (cf. Ex. 3:14).

25. Esto, desde el punto de vista de los judíos, era peor que su afirmación del vs. 12, pues era arrogarse en forma absoluta la deidad. Los oyentes de Cristo exigieron que se definicra. **¿Tú quién eres?** En vista de que ya se había dado a conocer bastante, prefirió apoyarse en sus afirmaciones anteriores. La expresión griega podría significar que desde el comienzo era todo cuanto había venido afirmando (cf. 1:1). **26.** Todas las **muchas cosas** que podría haber añadido habrían sido verdaderas, pero sólo habrían servido para aumentar la culpa de sus oyentes (cf. las muchas cosas que podría decir Jesús a sus discípulos, las que sólo habrían acrecentado la perplejidad de ellos; 16:12). Pero el antagonismo no lograba acallar a Jesús. El habría de continuar hablándole **al mundo.**

28. La muerte del Hijo del Hombre, su alzamiento en la cruz (cf. 3:14; 12:32) lo vindicaría en cuanto su fin sería la resurrección y la exaltación, que a su vez traerían el

ministerio de convicción del Espíritu. Por lo menos algunos llegarían a conocer que su afirmación de que él era el Eterno no era vana palabrería (Hch. 2:41; 4:4; 6:7).

30-32. Las aserciones de Jesús, tan sencillas y elevadas, impresionaron a algunos de los presentes. **Muchos creyeron** pero poco después recogían piedras para lapidarlo (8:59). Es la vieja historia de la fe fingida. En este caso no **permanecieron** en la palabra de él —requisito indispensable del verdadero discipulado, que abre las puertas para profundizar en la verdad— hasta el punto en que ella los libertara (vs. 32). Estas concisas afirmaciones se amplifican en los versículos siguientes.

33. Los judíos se ofendieron ante la insinuación de que no eran libres. Como linaje de Abraham tenían una posición superior a la de cualquier otro pueblo (cf. Gá. 4:22). Eran hijos del Rey celestial. Pasaban por alto, en este caso, como si no viniese al caso, su servidumbre para con Roma. **34.** Su servidumbre abarcaba más que las relaciones externas de la vida. Quien peca, se hace **esclavo del pecado. 35.** El Hijo (Cristo) permanece **en la casa** del Padre **para siempre** como el verdadero Isaac. Ismael, por más que sea descendiente de Abraham, tiene que irse. Tal era la condición de los arrogantes judíos. **36.** La verdad que libera (8:32) aparece ahora personificada. El Hijo, que es la verdad (14:6), libera a los hombres (cf. Gá. 4:4-7).

37. El Señor estaba dispuesto a admitir que sus oyentes eran descendientes de Abraham en sentido ordinario. Pero el antagonismo que contra Jesús mostraban evidenciaba que no eran espiritualmente de la familia de Abraham, quien se caracterizó por la fe y la obediencia. **38.** Quien los inspiraba era otro muy distinto de Abraham, uno cuya siniestra identidad pronto habría de declarar Cristo. **39.** Los hijos de Abraham debían ser capaces de producir las obras de Abraham. **40.** El actuaba por revelación de Dios. Hablaba **la verdad** (no simplemente lo verdadero en contraposición a lo erróneo, sino la verdad en cuanto a su relación con el Padre y acerca de su misión). En vez de acogerla, como lo habría hecho Abraham, estos judíos procuraban matar al Hijo del Hombre.

41. Ciertamente tenían un padre a quien imitaban, cuyas obras reproducían, pero no era Abraham. Los judíos responden con una indirecta: **"Nosotros no somos nacidos de fornicación."** El **nosotros** es enfático. Parece encubrir el cargo de bastardía lanzado a Jesús (es el mismo cargo que matiza el informe de Mateo respecto al nacimiento de Jesús). Nosotros, afirman los judíos, somos los que en verdad tenemos a Dios por padre, no importa cuáles sean tus pretensiones. Más allá de Abraham, descendemos de Dios mismo.

42. Jesús refutó tal pretensión con el hecho sencillo de que la actitud que hacia él tenían no era de **amor,** de afecto familiar. El sabía que procedía de Dios, a despecho de lo que ellos pensaran.

43,44. La verdadera razón de que no lo recibieran era el parentesco que tenían con **el diablo.** Ese era el padre de ellos. No hay que extrañarse de que actuaran como él (cf. Mt. 23:15). Los pecados que a él lo caracterizan son la mentira (vista a la luz de la tentación en el Edén) y el homicidio (como instigador de Caín para que matara a su hermano; 1 Jn. 3:12). **45,46.** Por cuanto eran del diablo, padre de mentira, no querían aceptar la verdad de labios de Cristo. Y sin embargo no podían acusarlo de **pecado** (Str.). Así las cosas, estaban en el deber de aceptar su testimonio. **47.** El mismo hecho de rechazar su palabra confirmaba que no eran de Dios.

48. Heridos por la serie de reprimendas, los judíos se vengan llamando a Jesús samaritano, es decir, indigno de ser tenido por miembro del pueblo de Dios aunque viviera en territorio israelita. O quizá, más perversamente aún, querían repetir su insinuación calumniosa respecto al nacimiento de Jesús. Los samaritanos eran mestizos nacidos de las relaciones entre israelitas y extranjeros. Tratando de explicar las vigorosas denuncias de Cristo contra ellos (cf. vs. 52), los judíos lo acusan de ser un **endemoniado** (Str.)

49,50. Jesús rechazó el cargo. Decir de él tales cosas era sencillamente menospreciarlo, deshonrarlo, actos que acarrearían el juicio del Padre. **51,52.** Pasando a otra arrogación, Jesús prometió la inmortalidad a quienes guardaran su palabra. Esto hizo que los judíos, tomando sus palabras en sentido físico, lo ridiculizaran. Ellos sabían que la muerte había arrebatado al pueblo de Dios, aun al propio Abraham.

53-58. ¿Se creía acaso Jesús mayor que Abraham y los profetas? El dio una respuesta doble. Abraham sabía que uno mayor que él habría de venir. El vio el *día* de Cristo (¿No es el sacrificio de Isaac la más clara manifestación de esta previdencia? V. Ro. 8:32). ¿Quería esto decir que Jesús había visto a Abraham? Los judíos rechazaban como ridícula tal suposición, pues Jesús era un hombre apenas llegado a la edad madura (Jn. 8:57). Esto dio pie a la segunda gran arrogación de Jesús respecto a su relación con Abraham. **Antes que Abraham fuese, yo soy** (cf. vs. 24). Abraham no estaba en el principio con Dios. **59.** Tales aserciones sonaban a blasfemia. Una vez más hubo **piedras** dispuestas a terminar con aquellas pretensiones, pero nuevamente el Señor eludió a sus opositores y se fue.

M. *Curación del ciego de nacimiento.* 9:1-41.

Esta sección tiene afinidad con 8:12, pues la declaración de Cristo, "yo soy la luz del mundo", recibe aquí confirmación. Tiene también íntima relación con el capítulo siguiente, pues el 10:21 da alguna idea de la impresión que este milagro produjo.

1-7. Se efectúa la señal. Jesús **vio** al hombre; luego los discípulos **le preguntaron** acerca del mismo. El interés de Jesús avivó el de ellos, pero desde un ángulo distinto. Para los discípulos el ciego era motivo para iniciar una especulación teológica; para Jesús, era un ser humano que requería piedad y auxilio. La pregunta de los discípulos (vs. 2) tenía por base la creencia de que la enfermedad física y el sufrimiento provenían del pecado, ya fuese de los padres (Ex. 20:5) o del hombre mismo, quizá apoyándose en la preexistencia del alma, que algunos judíos creían. Jesús desechó la idea de cualquier pecado particular del hombre o de sus padres, e indujo a meditar desde un ángulo totalmente distinto. Dios había permitido esta condición para mostrar su gloria, poniendo en operación su poder en este caso (vs. 3). Jesús retrajo a sus discípulos de la vana especulación a la acción. El tiempo de trabajo (**día**) era muy breve. En los mejores manuscritos dice: "Es necesario que **hagamos** las obras del que me envió" (Str.). El Maestro ligaba consigo a los discípulos. Era tarea tanto de ellos como de él, por más que él la llevase a cabo sin ayuda. La idea es como un anticipo de 14:12. Jesús repite ahora la majestuosa aseveración de 8:12, como para aplicar esta verdad al milagro que estaba a punto de realizar (vs. 5). No era necesario para la curación untar con lodo los ojos del ciego, pero sirvió para poner a estricta prueba la fe del hombre. ¿Obedecería? (Cf. la curación de Naamán.) Juan sugiere un significado simbólico en el nombre del estanque: **Siloé** ("enviado"). Quizá el origen del nombre esté en que las aguas fueron "enviadas" o conducidas desde su fuente al estanque. En las circunstancias del milagro el nombre asume un significado más excelso, señalando hacia Cristo como el **enviado** del Padre, verdad repetidamente presentada por este Evangelio. La obediencia dio por fruto el don de la vista (vs. 7).

8-12. Vecinos y transeúntes se agruparon entonces alrededor del que había sido ciego. El que se sentaba y **mendigaba** —ocupación normal para uno impedido así— tenía ahora un aspecto tan diferente que planteó un problema de identificación. ¿Quién era? Lo que él dijo respecto a su identidad puso punto final a la discusión (vs. 9). La pregunta siguiente, como es natural, fue respecto a cómo había sido curado. Sin sucumbir a cualquier tentación de abultar la historia, el que había sido ciego repite fielmente los pasos del milagro. La tercera pregunta era igualmente inevitable. ¿Quién le había ungido los ojos y le había ordenado que se lavara? Para esto no tenía respuesta (cf. 5:13). Más adelante se haría más luz en el asunto (vss. 35-38).

13-17. El grupo que se acaba de mencionar se creyó en el deber de presentar al hombre ante los fariseos, visto lo extraordinario de lo acontecido. Además, la curación se había efectuado en **día de reposo** (vs. 14). El hombre se vio obligado a narrar nuevamente el milagro. Este informe fue más corto que el anterior, lo cual quizá indique que se iba impacientando por tantos interrogatorios (9: 15). El informe provocó una división (*schisma*) entre estos dirigentes religiosos, reunidos indudablemente sin formal convocatoria. Este elemento es prominente en Juan, especialmente la honda división entre la fe y la incredulidad (1:11,12; 3:36, etc.). Un grupo no veía más que una cosa: que había sido quebrantado el día de reposo. Otros de entre ellos no lograban comprender que un pecador pudiese realizar tales cosas; pero no lograron que su voz prevaleciera. Para desviar la atención de la perplejidad que padecían, los fariseos iniciaron el interrogatorio directo del hombre. ¿Qué opinaba de su benefactor? Y el ex-ciego mostró mayor discernimiento que los dirigentes. Era indudable que su amigo no podía ser menos que un **profeta** (vs. 17). Y ciertamente lo era: profeta poderoso en obra (en el caso que se escudriñaba) y en palabra (4:19; cf. Lc. 24:19).

18-23. En vez de los fariseos, se menciona en este pasaje a los judíos, no probablemente porque fuese un grupo distinto, sino para dar énfasis a su posición oficial y a su hostilidad hacia Jesús (antagonismo frecuentemente destacado en este Evangelio). Estos hombres consideraban que Dios no habría permitido que un milagro se realizara en día de reposo, y que por lo tanto algo había de malo en el relato del hombre. Tuvieron por cosa prudente confrontar el caso con los **padres** del ex-ciego (9:18). Los padres confirman sin ambages dos hechos: éste era su hijo y había nacido ciego. También se atreverían a aceptar que ahora veía, puesto que los propios judíos así lo habían dicho. Más allá de esto no se atrevían a declarar, aunque quizá hayan conocido el **cómo,** si no el **quién** del milagro (vs. 21). El temor los hizo descargar en el hijo toda responsabilidad en cuanto a la narración de los hechos. Parece haber sido voz común por entonces que los judíos (los dirigentes) habían resuelto desde antes excomulgar a cualquiera que reconociera a Jesús como el Cristo, es decir, como el Mesías prometido.

24-34. El hombre a quien se le había dado la vista fue llamado para interrogarlo

más. **Da gloria a Dios.** Quiere decir: dinos la verdad V. Jos. 7:19). Pero sus palabras iniciales revelan que no era una investigación lo que realizaban. Tenían la mente cerrada. Esperaban destruir el testimonio del hombre. Incapaces de negar el milagro, persistían en declarar a Jesús **pecador.** En vez de aceptar la polémica —ya antes el ciego había contestado el cargo de que era pecador con su declaración de que tenía a Jesús por profeta— el hombre se coloca en el terreno seguro de su propia experiencia. En este punto podía decir yo **sé.** Era ciego, y ahora **veía.** Otros podían dar el mismo testimonio respecto a él —padres, vecinos, amigos— pero la declaración procedente de sus labios tenía mucho mayor peso. La sabiduría que los judíos se atribuían no pasaba de ser una declaración bombástica, una afirmación excátedra; la confesión de este hombre tenía la eficacia de la verdad que la respaldaba. Débilmente, los judíos vuelven al tema de los medios de ejecución del milagro (vs. 26).

Al intuir que el propósito del interrogatorio no era conocer los hechos, el hombre se impacienta. ¿Para qué querían una segunda declaración si no aceptaban la primera? (vs. 27). Absolutamente disgustado, comienza a su vez su propia ofensiva. **¿Queréis vosotros también haceros sus discípulos?** Recurren ahora los judíos a la agresión verbal, acusando al hombre de ser discípulo de Jesús, cosa que él no había afirmado de ninguna manera. Moisés había dado la ley del día de reposo y ellos militaban bajo las banderas de él. Jesús era un intruso, un alterador de la paz religiosa. El verdadero punto en debate era la observancia de la ley contrapuesta a la libertad sustentada por Cristo. Si los judíos hubieran leído e interpretado correctamente todo lo escrito por Moisés, no habrían rechazado a Jesús (cf. 5:45). Pero de hecho se negaban tercamente a creer que Dios hubiera hablado por medio de él (9.29). Era un advenedizo. Al que había sido ciego esta actitud le pareció irrazonable. Era **maravilloso** (notable, sorprendente) que quienes hacía tan poco decían con todo aplomo, **sabemos,** no supiesen de dónde fuese Jesús, este hombre que había realizado un portento. ¿En qué quedaba entonces la infalibilidad religiosa de ellos? De boca de los propios judíos sin duda había oído el argumento que ahora les devuelve: que Dios no oye a los **pecadores.** Era un argumento sólido. Atrapados en las redes de su propio interrogatorio, los judíos recurren al insulto. La antigua ceguera del hombre demostraba que había **nacido en pecado** (cf. 9:2) y estaba descalificado para **enseñarles.** Cuando **le expulsaron,** no lo excomulgaron formalmente, sino más bien lo echaron de su presencia, lo cual podía luego conducir a su expulsión de la sinagoga. El hombre no había confesado a Jesús como el Cristo, sino sencillamente que venía de Dios.

35-41. Jesús primero **vio** al hombre en su ceguera, luego lo sanó, y ahora **lo halla.** (cf. 5:14). Los dos proscritos se encuentran: Jesús, que desde hacía tiempo lo era, y el hombre que tan gran desilusión sufrió en su trato con los caudillos de su pueblo. Pero el encuentro no fue para condolerse. **¿Crees tú en el Hijo de Dios?** Esto era una aserción de su deidad al par que un reto a la fe. Algunos de los mejores manuscritos dicen en este punto, *Hijo del Hombre*, lo cual no cambia materialmente el sentido, pues denota al hombre enviado del cielo (cf. 3:13). La pregunta halló el corazón del hombre abierto y dispuesto a creer. Sólo pidió que se le indicara quién era el enviado de Dios. Ya era tiempo de que Jesús hiciera la revelación de sí mismo, como en el caso de la samaritana (4:26). Esta vez el empleo del término **Señor** por el hombre fue ciertamente más significativo que en el v. 36, donde algunas versiones lo traducen como simple fórmula de cortesía. Había pensado en su benefactor como adorador de Dios (vs. 31); ahora está preparado para adorarlo (vs. 38). Era mucho más que la deferencia hacia un gran personaje; era adoración religiosa. No concluye el episodio sin que se haga énfasis en la división provocada por Jesús. Uno vio la luz del día y pasó a contemplar la de la vida. Otros, a quienes se suponía poseedores de mayor conocimiento de lo espiritual, eran, no obstante, ciegos, y su contacto con Cristo selló su ceguedad (vs. 39). La jactanciosa afirmación, **vemos,** al arrogarse una sabiduría que no incluía la fe en el Hijo de Dios, equivalía a confesar su ceguera nacida del **pecado** de cerrar los ojos para no ver a quien era la luz del mundo.

N. *Cristo, el buen pastor.* 10:1-42.
Jerusalén es todavía el escenario. Es fácilmente perceptible la relación entre la presentación de Cristo como buen pastor y los acontecimientos del capítulo precedente. Los fariseos, que procedían como asalariados, no tenían genuino interés en las ovejas, como lo demuestra su actitud para con el ciego. Cuando lo hubieron expulsado, vino Jesús y lo acogió en su aprisco.

1-6. A la enseñanza del pasaje la llaman algunas versiones "parábola", pero la palabra original (vs. 6) es distinta de la que comúnmente se traduce así. Denota una figura de lenguaje. Jesús estaba sentando la base para aplicarse a sí mismo la figura en la sección siguiente.

1. El redil. Era el encierro en que se recogía a las ovejas durante la noche; solía estar contiguo a la casa. Tenía sólo una puerta. Quien llegara con intenciones de robo trataría de escalar el muro. **2,3.** El guardián de

la puerta era el **portero,** en contraste con el pastor, a quien el portero le daba entrada. Sólo se habla aquí de un pastor. Cristo no tiene rival, si bien hay en su iglesia pastores subordinados a él. Su interés personal en las ovejas se demuestra en que las llama **por nombre** (cf. 1:43). Ello sugiere la presencia de otras ovejas. No todos aquellos a quienes se contaba entre el pueblo de Dios en aquel tiempo podían ser llamados ovejas del Señor. **Las saca,** en contraste con el acto de los fariseos, de expulsar al que había nacido ciego. La confianza en el pastor se manifiesta en la voz que revela a la persona (cf. Gn. 27:22). **6.** Los que escuchaban a Jesús no captaron el significado de su enseñanza (cf. 9:41).

7-18. El Señor explicó la figura en términos de su propia persona y misión.

7. La verdad es mayor que las formas que le sirven de vehículo. En la vida real no sería posible identificar al pastor con **la puerta.** Pero el pensamiento es demasiado valioso para dejarlo escapar (cf. 14:6). **8. Todos los que antes de mí vinieron.** No se refiere a los santos varones del antiguo pacto, sino a los caudillos judíos que se habían adueñado de la nación antes que se alzara la voz de Jesús. **Ladrones** son los que simplemente roban; **salteadores** los que lo hacen con violencia (cf. Mt. 23:25). Las ovejas **no los oyeron.** Para muestra, el caso del ciego, que lleno de repugnancia se había apartado de esos dirigentes.

9. ¿Se refería Jesús a los pastores subordinados del rebaño, o a todos los creyentes? A favor de la primera posibilidad está el hecho de que el verbo "entrar" se le aplicó antes al pastor (vss. 1,2). Además, **el salir y el entrar** constituyen una expresión familiar del AT relativa a la actividad de los jefes (1 S. 18:16; 2 S. 3:25). Pero la amplitud del lenguaje —(todo) **el que**— las palabras **será salvo** favorecen una interpretación más amplia. Rara vez aparece en Juan el verbo **salvar** con sentido redentor (3:17; 5:34; 12:47). Parece sugerir **el entrar y salir,** la libertad del creyente en contraste con su situación dentro del judaísmo, y su nueva satisfacción (**hallará pastos**) era un cambio bendito respecto a la árida enseñanza a que venía sujeto. **10. La obra del Buen Pastor es constructiva. Vida** rima con el ser salvo (vs. 9), y **abundancia** con el hallar pastos.

11. Se presenta aquí la revelación céntrica de toda esta trama de pensamiento. Como **el buen pastor,** Jesús completó la representación que el AT da de Jehová (Sal. 23:1; Is. 40:11), al mismo tiempo que se contrapone a los dirigentes que por su mal corazón maltratan el rebaño. En vez de quitar la vida, este Pastor estaba dispuesto a dar la suya por las ovejas. Es tanto una profecía como una actitud (cf. 9:17). **12.** Distinto es el **asalariado,** a quien no le importan las ovejas y que las abandona en caso de apuro. Hasta cierto punto se retrata aquí a los malos pastores (caudillos) de los días del AT, tal como los denuncian los profetas (V. especialmente Ez. 34).

14. La dedicación del pastor está ligada al mutuo conocimiento y afecto que caracteriza su relación con las ovejas. **15.** Un nexo de conocimiento existe también entre el Pastor y el Padre que lo envió. El Hijo conoce la voluntad del Padre (incluso el poner la vida por las ovejas), y el Padre conoce al Hijo, y por consiguiente sabe que puede confiar en su obediencia para que cumpla su cruenta misión. **16. Tengo otras ovejas.** El lenguaje es soberano y profético (cf. Hch. 18:10). **No son de este redil.** ¿Se referirá a los judíos de la dispersión? Difícilmente, pues éstos eran básicamente la misma cosa que los judíos de Palestina. Jesús tenía en mente a los gentiles que habrían de responder al Evangelio. **Un rebaño.** Cf. un Señor, un cuerpo, en Ef. 4:4,5.

17,18. El Padre ama al Hijo siempre (17:24), pero tiene un especial motivo de amor en que haya sido obediente hasta la muerte. La muerte era un **mandamiento** del Padre (cf. el **es necesario** de 3:14; Mt. 16:21). Nadie podía dañar al Hijo hasta que llegase su hora (19:11). El mismo habría de entregar su espíritu a Dios (19:30). Pero la muerte no podía ser el fin de todo. Con igual potestad, el Hijo revocaría la sentencia de muerte y nuevamente tomaría su vida. Podía confiadamente predecir su resurrección.

19-21. Por tercera vez en este Evangelio se nos habla de división (*schisma*) provocada por Jesús entre sus oyentes (cf. 7:43; 9:16). **Muchos** querían hacer caso omiso del Señor dándolo por endemoniado e indigno de ser escuchado. A otros les impresionaron sus **palabras** (su devoción por las ovejas, indudablemente) junto con el recuerdo del milagro realizado en el **ciego.**

22-30. Nueva discusión sobre la identidad de Jesús. Probablemente habían pasado unos dos meses desde la anterior ocasión. La fiesta de los tabernáculos se celebraba en otoño, y la de la dedicación en **invierno.** Esta fiesta conmemoraba la purificación y reconsagración del templo por Judas Macabeo, después del sacrilegio cometido por Antíoco Epifanes en el año 165 a. de C. Unos judíos se acercaron a Jesús mientras andaba por el pórtico de Salomón, que era la porción oriental del atrio de los gentiles, el mayor de los atrios del templo, que rodeaba los atrios interiores y el templo propiamente dicho. Le plantearon una pregunta muy directa. **Nos turbarás.** Literalmente *tendrás nuestros espíritus en suspenso* (Str.). En otras palabras, los tenía sobre ascuas. Querían una respuesta clara: ¿Era o no era el Cristo?

Nuestro Señor puso el dedo en la llaga.

Lo que les faltaba no era conocimiento sino ganas de creer. El testimonio que les había dado debió bastarles; y si así no fuese, las obras que él hacía eran **testimonio** a su favor (cf. 14:11). No faltaba claridad; el defecto estaba en ellos. Evidentemente no eran de los que a él pertenecían, pues no habían tenido deseos de **seguirle.** Se daban cuenta de que su símil del pastor implicaba un nuevo orden, y no estaban dispuestos a abandonar el judaísmo que conocían y al cual se aferraban. Y no obstante, el nuevo orden brindaba bendición y seguridad no alcanzables dentro del sistema fariseico. Cristo brindaba la **vida eterna** gratuitamente (10:28; cf. vs. 10). Al decir que si fueran ovejas suyas **no perecerían jamás,** empleó Jesús la forma afirmativa más vigorosa que el idioma poseía. Tal seguridad era posible porque la vida que ofrecía se fundaba en el don que él hace (Ro. 11:29) y no en acto humano alguno. Las ovejas que le pertenecen están protegidas también contra influencias extrañas: **nadie las arrebatará de mi mano.** Pertenecen a Cristo porque el Padre se las ha dado (10:29). Desde luego, el Padre está interesado en preservarlas. Puesto que él es supremo —**mayor que todos**— no cabe siquiera pensar que haya poder capaz de arrebatarlas de su mano protectora (cf. Ro. 8:38,39). El epílogo es que no se puede separar al Padre del Hijo. Son más que colaboradores: son uno en esencia. La palabra **uno** no es masculina —una misma persona— sino neutra, indicando unicidad en el ser.

31-33. Por segunda vez se ve Jesús amenazado de lapidación por sus adversarios (cf. 8:59). Esta vez les provocaba su afirmación de unicidad con el Padre, que para los judíos que negaban el origen divino de Jesús equivalía a blasfemia. Al enfrentarse a la oposición de ellos, no optó Jesús por repetir ni ampliar su anterior afirmación, sino que pasó de sus palabras a sus hechos. Estos eran más fáciles de comprender y de evaluar. **Muchas buenas obras.** La atención se había concentrado principalmente en unas cuantas, pero éstas sólo son ejemplos de otras que no se mencionan (20:30). Eran obras buenas, como era de esperarse si procedían del **Padre.** ¿Sería posible que los judíos realmente intentaran apedrear a un hombre por causa de obras **buenas?** Como respuesta, los judíos rehuyen toda referencia a las obras, que no podían negar, y vuelven a la carga sobre las palabras de Jesús, que se sentían obligados a negar tildándolas de blasfemas. Para ellos, Jesús era un hombre que había osado hacerse igual a Dios. Con base en esto procuraban ahora su muerte, y con esa base la procurarían más adelante (19:7).

34-38. En tal punto muerto, la única esperanza de hallar terreno para proseguir la discusión era apelar a la **ley** (hay fuerte evidencia manuscrita que favorece la omisión de la palabra **vuestra**), puesto que los judíos la aceptaban. Ley se usa en este caso en su sentido amplio, equivalente a Escrituras del AT. Las palabras de que se trata, **Dioses sois,** aparecen en Sal. 82:6, en relación con los jueces hebreos. La **palabra** de Dios les ha impartido cierta condición de divinidad como representantes de Dios. Visto que la Escritura (con referencia especial al pasaje citado), no puede ser **quebrantada** de modo que se permita a los hombres rechazar la enseñanza, ¿cómo podría tacharse a aquel a quien el Padre había santificado y enviado al mundo? Si Cristo hubiera afirmado ser menos que el Hijo de Dios, habría mentido. Afirmar su calidad de Hijo no era blasfemia (Jn. 10:36). Si los judíos eran incapaces de someter a prueba sus arrogaciones verbales, podían por lo menos juzgar con base en sus obras (vss. 37,38; cf. vss. 25,32). Debería ser posible llegar por medio de las obras a la fe en la persona. Hallamos el mismo móvil en 20:30,31.

39-42. La repetida aserción de unicidad con el Padre provocó nuevamente la amenaza de violencia. Ya era tiempo de que el Señor abandonara la ciudad. Halló refugio en Betania, al otro lado del Jordán, en donde antes bautizaba Juan (v. 40). Pero ni en el retiro podía ocultarse. La gente recordaba lo que de él había dicho Juan, y podía notar la diferencia entre el ministerio de Juan, desprovisto de milagros, y el de Jesús, caracterizado por señales. Era evidente que había llegado el que era mayor que Juan, según éste había predicho. Ya no cabía la incredulidad. **Muchos** creyeron en él allí. La fe de ellos deja en oscuro contraste la terca incredulidad de los dirigentes en Jerusalén.

O. *Resurrección de Lázaro.* 11:1-57.

Este relato incluye la narración de la enfermedad, muerte y resurrección del amigo de Jesús, y la reacción que ante el milagro tuvo el judaísmo oficial. Concluye con una nota sobre el avivamiento del interés popular en este hombre que estaba conmoviendo a la nación. El que dando la vista al ciego había demostrado ser la Luz del mundo, se mostraba ahora como la vida de los hombres, el Vencedor de la muerte.

1-4. Juan suministra los antecedentes del milagro: la enfermedad de Lázaro y la comunicación de este hecho a Jesús. María y Marta se mencionan como si el lector estuviese ya familiarizado con ellas (cf. Lc. 10: 38-42), pero Lázaro requiere presentación, pues su nombre no aparece en el relato de Lucas. Es interesante que los tres nombres aparecen en inscripciones de osarios recientemente excavados en Judea, lo que demuestra que eran nombres comunes en este período (W.F. Albright, *The Archaeology of*

Palestine, p. 244). El escritor se anticipa a su propia narración de 12:1-9 al identificar a Lázaro como el hermano de aquella María que ungió al Señor (11:2). Al informar a Jesús respecto a la enfermedad de Lázaro las hermanas muestran extraño comedimiento, contentándose sencillamente con exponer el hecho sin hacer petición alguna (vs. 3). Pero la sola mención del amor de Jesús hacia Lázaro contiene en sí un ruego, ciertamente discreto. **Esta enfermedad no es para muerte.** Quizá en el preciso momento en que decía esto, ya Lázaro había muerto (cf. vs. 39). Las palabras pertenecen a un plano de significado más excelso, asociado a la gloria de Dios, que es también la del Hijo. Una resurrección demostraría aquella gloria (revelación del poder divino) con mayor plenitud que el sanar a un enfermo.

5,6. A la mención del amor que Jesús tenía a la familia entera se contrapone, cuando menos en apariencia, su inacción al quedarse en donde estaba durante **dos días** sin hacer nada por regresar a Betania. La última parte del capítulo ayuda a aclarar el misterio. Al esperar, para luego venir y resucitar a Lázaro, suscitó Jesús tal antagonismo que aseguró su propia muerte. Tal era la medida de su amor para la familia de Betania.

7-16. Discusión entre el Señor y sus discípulos en cuanto a la crisis de Lázaro. Les propuso regresar a **Judea** —no a Betania, como si fueran a visitar a la familia para regresar luego, sino a Judea, centro de la oposición que se erguía contra él. Los discípulos de inmediato le llaman la atención a ese respecto. Parecía una temeridad; era meterse en la boca del león. Poco antes había logrado apenas evitar el ser apedreado (1:8; cf. 10:31,39). La respuesta del Maestro puede haber sido muy gráfica si se dijo poco después del amanecer. Tenía que ver tanto con él como con sus seguidores. Podía sin riesgo regresar a Jerusalén siempre que anduviera a la luz de la voluntad del Padre. Sus enemigos no podrían hacerle ningún mal mientras no llegara su hora. Luego se permitiría que por un breve lapso las tinieblas de la oposición espiritual cerraran alrededor de él (vs. 9). En cuanto a los discípulos, correspondíales no andar en las tinieblas de sus caprichos ni separados de él. Si la luz de él les faltara, sin duda tropezarían (cf. 9:4,5). **Nuestro amigo Lázaro duerme.** Ignorantes de que hubiera muerto, los discípulos interpretaron este dicho del Señor literalmente, hallando así esperanza de que sanaría. Pero Jesús había empleado el verbo "dormir" en sentido especial, refiriéndose a la muerte del creyente (cf. Hch. 7:60; 1 Ts. 4:13). Tras esto les anunció llanamente que Lázaro había muerto (Jn. 11:4). Y una paradoja más: Jesús declara alegrarse de no haber estado allí. La razón está clara. De haber estado allí, Lázaro no habría muerto (jamás murió alguien en presencia suya), y en tal caso una de las más sublimes lecciones de fe, a punto de grabarse en los discípulos mediante la resurrección de Lázaro, se habría hecho imposible (vs. 15). Los discípulos no estuvieron nunca tan adelantados como para no necesitar que su fe fuese confirmada y acrecentada. Fue Tomás, llamado Dídimo (gemelo), el primero en responder a la proposición de Jesús de ir a Judea (11:15,16; cf. vs. 7).

17-19. Cuatro días. Es probable que Lázaro haya muerto poco después de la partida del mensajero. Si éste tardó un día en el viaje, y Jesús se demoró dos días y luego empleó uno de camino, la suma es cuatro días. La distancia de la Betania de allende el Jordán a la Betania cercana a Jerusalén era de unos 32 km. Ya que el hogar sólo distaba de Jerusalén unos 3 km., **muchos de los judíos** pudieron acudir a dar el pésame. En este caso, **judíos** no se refiere a los dirigentes. Pero su presencia tenía doble filo. Llegados a Betania en son de pésame, algunos volvieron a Jerusalén como delatores (11:46).

20-27. Encuentro de Jesús con Marta. Ambas hermanas aparecen en este relato desempeñando un papel característico. Marta, lista para actuar, dio la bienvenida a Jesús. María, absorta en su pena, estaba sentada inmóvil. Una cosa le pesaba a Marta: que el Señor no hubiera estado allí. ¡Qué diferente habría sido aquello, de haber estado él! Y sin embargo no hay reproche en sus labios. Como queda dicho, Lázaro ya había muerto cuando le dieron a Jesús la noticia de su enfermedad. Marta sentía que Jesús era para ella torre de fortaleza. Pero las palabras de ella (vs. 22) casi se resisten al análisis. Expresan confianza en él, en que mantiene íntimo contacto con Dios y tiene poder para obtener de él grandes dones, pero no parece que haya tenido en mente la resurrección inmediata (cf. vs. 24). Al afirmar la resurrección de Lázaro Jesús no mencionó tiempo específico (vs. 23). Marta sí lo fija —en el día postrero— pero lo dice sin entusiasmo, pues su hermano yace entretanto en las garras de la muerte. Pasa entonces nuestro Señor a rectificar la imperfecta fe de Marta (cf. vs. 22) haciéndole fijarse en el señorío que él tiene sobre la muerte. **Yo soy la resurrección y la vida.** En este caso la revelación de palabra precedió a la de hecho. La enseñanza trasciende el caso de Lázaro e incluye a todos los que crean. Dos verdades se establecen aquí. Puede el creyente morir, igual que Lázaro, pero mediante el poder de Cristo **vivirá,** es decir, será resucitado. Pero más importante aún es la posesión de la vida eterna que mediante la fe en Cristo se obtiene. Quienes la posean no mueren en el sentido de ser separados de la fuente de la vida (vss. 25,26). Llamada a creer esto,

Marta hace precisamente la confesión que movió al autor a escribir este Evangelio (11:27; 20:31), pero sin comprender lo que sus propias palabras implicaban. Para ella Cristo no era aún el Señor absoluto de la vida y de la muerte, un Salvador completo (cf. vss. 39,40).

28-32. Jesús y María. Marta hizo saber en voz baja **(en secreto)** a María que el Maestro había llegado; procuraba probablemente que Jesús conversara en privado con su hermana. Pero los judíos que se hallaban presentes la siguieron hasta las afueras de la aldea en donde Jesús y Marta se habían encontrado, pues al principio creyeron que salía de la casa para dirigirse al sepulcro. En señal de reverencia e impotencia a un tiempo, María **se postró a sus pies.** Sus primeras palabras son iguales a las de Marta. Es probable que después de la muerte de su hermano hayan repetido vez tras vez el mismo sentimiento.

33-37. La pena de Jesús. **Se estremeció en espíritu.** La palabra griega que así se traduce reaparece en el vs. 38; normalmente parece expresar la idea de enojo. Puesto que difícilmente podría Jesús estar enojado con María y los amigos, lo probable es que su profunda emoción obedeciera a su interna protesta contra los destrozos que el pecado ha introducido en el mundo, con la enfermedad, la muerte y el duelo como terrible secuela. Camino del sepulcro Jesús **lloró.** Fue un llanto silencioso, en contraste con el que dejó oir a la vista de Jerusalén (Lc. 19:41). Los judíos presentes vieron en su llanto una evidencia del gran afecto que Jesús sentía por Lázaro, pero también de su limitación. Había dado vista a los ciegos (Jn. 11:9) pero su poder no alcanzaba al dominio de la muerte (vs. 37). Quizá la segunda vez que su espíritu se estremeció, hubo en ello algo de indignación por esta miopía respecto a su poder.

38-44. El milagro. Uno que en tiempos recientes inspeccionó esta **cueva** de Betania dice que es del tipo de sepulcro profundo labrado en la roca. **Quitad la piedra.** Sólo Cristo podía resucitar al difunto, pero otros podían colaborar en la medida de sus capacidades. Marta, contrariada por la orden que Jesús daba, trató de interponer una objeción; creía que el cuerpo sin duda había comenzado a descomponerse. **Cuatro días** habían pasado desde la muerte. Sin decir lo que se proponía, Jesús exhorta a Marta a tener fe, recordándole sus palabras anteriores, aparentemente las del vs. 23. Pero esta vez habla del acontecimiento que se avecina como **la gloria de Dios** (cf. 11:4). La gloria **es** en este caso el poder de Dios en acción, como proclama de su soberanía (cf. 2:11). Ya no se podía retroceder; había sido quitada la piedra (vs. 41). Una cosa quedaba por hacer.

Por causa de la multitud debía quedar claro que lo que estaba a punto de acontecer sería realizado mediante la comunidad de vida y poder que entre Hijo y Padre existía **para que creyesen.** No fue esta una petición para ser oída, sino una plegaria de gratitud por el lazo de constante comunión y comprensión. Las cadenas de la muerte se vieron quebrantadas por la voz de autoridad que exclamó: **¡Lázaro, ven fuera!** Cristo había declarado que vendría el tiempo en que todos los fieles difuntos acatarían de igual modo a la misma autoridad (cf. 5:28,29). El Señor dejó intacto lo que manos cariñosas habían hecho en la preparación del cuerpo para el sepulcro, a fin de que tuvieran la emoción de deshacerlo con sus propias manos para dejar a Lázaro en libertad. (Recuérdese la participación humana en la remoción de la piedra).

45,46. El milagro provocó característicamente reacciones diversas. Muchos de los judíos creyeron; otros fueron a informar a los fariseos de lo ocurrido.

47-50. Efecto sobre el Sanedrín. De entre **muchas señales** esta era una. La frustración de los caudillos era completa. ¿Qué podrían hacer? Expresaron temor de que todos **creyeran** en él en el sentido de darle su adhesión y seguirlo como Mesías. Esto indudablemente provocaría el ataque militar de los romanos, pues interpretarían aquello como una revolución política. Y entonces los judíos verían destruido su **lugar** santo (el templo) y su **nación.** Desde los días de Julio César venían disfrutando bajo los romanos de ciertos privilegios como "la nación judía." Precisamente lo que temían se presentó como resultado de la guerra de los judíos contra Roma en 66-70 d. de C. Caifás hizo callar avergonzados a los demás con la censura, "Vosotros no sabéis nada", y trazó un camino sencillo aunque despiadado: eliminar al culpable. Hacerlo morir por el pueblo, para evitar que pereciera toda la nación. **Aquel año.** No se refiere a su duración en el cargo, sino a la trascendencia de aquel año para Israel y para el mundo.

51,52. Juan quería que sus lectores tuvieran plena consciencia de que esta sentencia del sumo sacerdote era profética. Que, por así decirlo, le fueron puestas las palabras en los labios. **Profetizó.** He aquí un Balaam que desea maldecir a Jesús, pero de cuya profecía surge la realización del propósito de Dios de que Cristo muriera por la nación redentora y vicariamente; y no sólo por la nación, sino para que todos los dispersos hijos de Dios (así vistos por su presciencia), fuesen congregados en uno (cf. 10:16). ¡Qué apropiado fue que quien desempeñaba el cargo de sumo sacerdote presentara, sin darse cuenta, la obra de Cristo como Cordero de Dios que quita el pecado del mundo!

53,54. El consejo del sumo sacerdote consolidó de tal modo el propósito del concilio, que de ahí en adelante estuvo absolutamente determinado a dar muerte a Jesús. Por tal motivo Jesús consideró prudente retirarse de la región e ir a un sitio semidesértico llamado Efraín. Sujeto a confirmación se ha ubicado este sitio a unos 18 km. al norte de Betania, cerca del sitio en que la alta meseta se convierte en abrupta pendiente que conduce al valle del Jordán.

55-57. Como estaba próxima la pascua, Jesús no podía estar mucho tiempo ausente de la ciudad. Puesto que el tiempo aún no estaba en sazón, no podía Efraín sustituir al aposento alto. Los siguientes pasos de Jesús han quedado en el silencio. Juan pasa a presentarnos a los peregrinos que comenzaban a encaminarse hacia Jerusalén. En su mayoría simpatizaban con Jesús, en contraste con los dignatarios, y unos a otros se preguntaban si su héroe se atrevería a desafiar el antagonismo del concilio acudiendo a la fiesta. Debe de haber habido más de un soplón, si es que algún ascendiente ejercían los caudillos sobre el pueblo (vs. 57).

P. Jesús en Betania y en Jerusalén. 12:1-50.

Los acontecimientos que aquí se incluyen son: el ungimiento de Jesús por María de Betania (vss. 1-11); la entrada triunfal (vss. 12-19); el ruego de los griegos (vss. 20-26); la consciencia que Jesús tiene de que la pasión se acerca (vss. 27-36); la incredulidad de la multitud y de sus dirigentes (vss. 37-43); el último llamado público de Jesús a la fe (vss. 44-50).

El relato de la cena en Betania tiene ciertas variantes respecto al que hacen Mateo y Marcos. **1. Seis días antes de la pascua,** es decir, un sábado. Los otros relatos dicen que fue en casa de Simón el leproso. Sólo Juan menciona la presencia de Lázaro. **2. Le hicieron allí una cena.** Simón ha de haber sentido gratitud por su curación, y las hermanas de Lázaro por la resurrección de éste. **Una libra** (*litra*) tenía unos 327 gramos. **Perfume de nardo.** Ungüento obtenido de una planta del norte de la India, lo cual explica su alto precio en Palestina. A María se la relaciona siempre con **los pies de Jesús** (Lc. 10:39; Jn. 11:32). **La casa se llenó del olor del perfume.** Esto en cierta forma explica las palabras de Jesús que los sinópticos registran, de que la predicación del Evangelio por el mundo entero esparciría el relato de este acto como recuerdo de esta mujer. La fragancia del hecho tendría amplio y duradero efecto.

5. Judas calculó el valor del perfume en **trescientos denarios,** o sean unos sesenta dólares (USA) **6.** Su aparente preocupación por los pobres era el disfraz de su codicia. Se le acababa de ir de las manos una oportunidad de sisar en escala mayor de lo corriente. Por lo visto, no acostumbraba rendir regularmente informe de tesorería. **7.** Jesús protege a María cortando abruptamente la crítica: **Déjala.** Los sinópticos dejan entrever que Judas, resentido por esta represión, salió a hurtadillas a contratar con los principales sacerdotes la venta de su Maestro. Jesús atribuyó al acto de María un profundo significado: **para el día de mi sepultura ha guardado esto.** No importa cuán caritativa haya sido María ordinariamente con los pobres, había reservado esta preciosa porción para Cristo. Preveía su muerte. En contraste con los dirigentes, María creía en la persona de Jesús; en contraste con muchos cuya fe era general, la de ella incluía la obra del Salvador: su muerte.

9. Lázaro resultó un punto de atracción para muchos, que acudieron tanto por verlo a él como a Jesús. Eran curiosos, pero bien intencionados. **10,11.** En contraste, los **principales sacerdotes** hallaron en el incidente razón para incluir a Lázaro en su negra trama como favorecedor de la causa de Jesús. Un homicidio más no habría de perturbar sus encallecidas conciencias.

El acontecimiento que sigue ha llegado a conocerse tradicionalmente como la entrada triunfal, si bien tal título correspondería mejor a la futura venida de Cristo. **12.** Es claro que quienes procuraban honrar al Señor eran peregrinos y no residentes de Jerusalén. Acudían a participar en **la fiesta** de la pascua. **13.** Sólo Juan menciona el uso de ramas de **palmera.** En el segundo libro de los Macabeos (10:7) se las menciona en relación con la reconsagración del templo después que fue profanado por los sirios. **Hosanna.** Es un vocablo hebreo que significa "(Oh Jehová), sálvanos ahora" (cf. Sal. 118:25). En el NT su empleo se circunscribe a esta ocasión. Algunas veces, como en esta ocasión, no era tanto una plegaria como una exclamación de alabanza. Se saludaba a Jesús como **Rey de Israel,** venido con la autoridad del Señor (Jehová). La multitud esperaba que él estableciera el reino de David con potencia (cf. Mr. 11:10). Estaba plena de esperanzas mesiánicas (cf. Jn. 6:15).

14,15. Halló a Jesús... La historia se narra en Mr. 11:1-6. Juan es el único evangelista que describe la bestia como un **asnillo** (*onarion*). El acto de Jesús cumplió una profecía (Zac. 9:9). El asno simbolizaba mejor que el caballo el carácter manso y pacífico del Rey de Israel. Este detalle en sí proclamaba que Jesús comprendía el acontecimiento de modo diferente al de la multitud. **16.** Sólo cuando Jesús fue **glorificado,** cuando hubo venido el Espíritu para instruirlos y recordarles las cosas de Cristo (7:39; 14:26), lograron los discípulos contemplar toda esta escena a la luz de las Escrituras y del plan de Dios.

17,18. Juan informa a sus lectores que parte no menuda del entusiasmo demostrado durante la marcha a Jerusalén provenía de la resurrección de Lázaro. Los que en aquella ocasión estuvieron con Jesús **daban testimonio** (acción continuada). Otro grupo, peregrinos que apenas habían oído acerca del milagro, salen a recibirlo como su héroe nacional. **19.** Esta oleada de popularidad ensombreció las tiendas de los fariseos. Llenos de pesimismo declaran que todo **el mundo** se va tras él.

20. La afluencia hacia Jesús continúa con el incidente de los griegos que expresaron su deseo de ver a Jesús. Representaban **al mundo** en un sentido más amplio que el sugerido por los fariseos. Fue muy apropiado que los **griegos** aparecieran precisamente en vísperas de la pasión. Ellos, al igual que la gran masa de los gentiles a quienes representaban, obtendrían provecho de la muerte del Salvador. **Adorar.** La costumbre judaica no les permitía pasar del atrio de los gentiles. Pronto, en Cristo, la pared intermedia sería derribada. Estos hombres eran al parecer semejantes a lo que en años posteriores fue Cornelio. Podría decirse que eran "temerosos de Dios" que sin ser prosélitos se habían unido a la. congregación de Israel. **21.** Felipe es nombre griego. Este discípulo era un punto natural de contacto con Jesús. **Ver a Jesús,** es decir, tener una entrevista con él. **22.** También Andrés es nombre griego. Parece que su especialidad fue traer almas a Cristo (1:41; 6:8,9).

23. Sin dirigirse directamente a los griegos, Jesús satisfizo la necesidad de ellos. No tendrían que esperar mucho para recibir el beneficio de su obra: **ha llegado la hora. Glorificado.** El versículo siguiente lo explica. En el Evangelio de Juan la glorificación comienza con la muerte e incluye la resurrección. **24. El grano de trigo.** La naturaleza suministra una parábola de la carrera de Jesús. Desligada de la muerte, su vida permanece aislada, sin poder multiplicativo. La muerte es la clave de la fertilidad espiritual. **25. El que ama su vida.** El mismo principio rige para con los discípulos. "Quien procure rodearse de lo perecedero, en la misma medida perece con ello; quien se despoje de todo cuanto sólo a este mundo pertenezca, en la misma medida se prepara para la vida más excelsa" (Westcott, *op. cit.*). **26. Sígueme.** Servir a Cristo implica seguirle aún hasta la muerte. Ello tendrá por recompensa compartir con él el glorioso futuro, incluyendo el ser honrado por el Padre. Esta posibilidad se abre a cualquiera (sentido de la palabra traducida por **"alguno"**), sea griego o judío. **27.** El hablar de estas cosas recordó vivamente a Jesús el precio que pronto habría de pagar para cumplir su oficio de Redentor. **Sálvame.** He aquí una nota de la angustia del Getsemaní. La inclinación natural de Jesús era verse libre de la hora que se avecinaba. Esta plegaria pone al desnudo el espanto de tal hora. Pero la sumisión de Jesús era tan completa que hubo de hacerle frente. Esa era la razón de su venida. No reiteró, por tanto, la súplica. **28.** Otra oración la sustituye. **Glorifica tu nombre.** El Padre habría de hacerlo capacitando al Hijo para arrostrar su hora y llevar a cabo su misión. **Lo he glorificado.** La gloria del Hijo, manifestada hasta su momento en su vida y obra, irradiaba gloria sobre el nombre del Padre. **Otra vez;** en la pasión que desembocaría en resurrección y exaltación. **29. La multitud,** escasa de entendimiento, interpretó mal el testimonio del Padre.

31. La hora de Jesús no sólo habría de acarrearle padecimientos a él, sino juicio sobre el mundo pecador que lo crucificaría y ruina sobre Satanás, cabecilla del sistema mundanal. El despojado Cristo despojaría, echándolo fuera, a aquel que hace a los hombres rechazar al Salvador (cf. Col. 2:15). **32.** El propio Cristo, aparentemente derrotado, estaría en realidad en condiciones de atraer a sí a los hombres por el poder de su sacrificio. La gloria triunfaría por sobre la afrenta. El fulgor de la victoria irrumpiría a través de la tenebrosa tragedia. **A todos,** incluso a los griegos, se les haría sentir el influjo de su amor redentor. **A mí mismo.** La salvación no sólo es por Cristo, sino hacia él. **33. Qué muerte:** de qué clase. El ser levantado se relacionaba con la crucifixión. Jesús sabía que no moriría apedreado.

34. El Cristo (Mesías) que el pueblo había aprendido a esperar por la enseñanza de la ley (el AT en general), **permanece para siempre.** ¿Cómo entonces podría Jesús, como Hijo del Hombre, cumplir esta expectativa al ser levantado para morir? Tal Hijo del Hombre no concordaba con las expectativas mesiánicas de ellos. Se desvanecían las esperanzas que la entrada de Jesús en Jerusalén había suscitado, **35,36.** Antes que se rompiera el contacto con el pueblo, Jesús les advirtió que la luz iba a brillar sólo por tiempo limitado. Si no la acogían, los cubrirían las tinieblas.

Al parecer la advertencia cayó en el vacío. Juan resume la resistencia que a la luz se le opuso hasta el final (vss. 37-43). **37.** Los milagros no habían producido en las multitudes fe en el Señor. De tantas señales sólo unas cuantas muestras aparecen en Juan. **38.** Esta falta de fe concordaba con los anuncios proféticos de Isaías (53:1). Es significativo que ese es el capítulo de Isaías que destaca prominentemente la muerte del Mesías. **39, 40. No podían creer.** El empedernimiento

de su corazón lo hacía inevitable. **Cegó... endureció.** Estos actos de Dios no pueden considerarse deliberadamente encaminados a hacer imposible la fe en quienes desean creer. Son más bien la respuesta de Dios a la incredulidad. El Señor **los sanaría si se convirtieran** (se volvieran a él); de modo que su fidelidad no queda en entredicho. El endurecimiento judicial es una fase del juicio divino. La cita proviene de Is. 6:10. **Yo los sané.** Cristo pasa a ser el sujeto. **41. Su gloria,** es decir, la de Cristo. Isaías previó tanto sus padecimientos (cf. vs 38) como su gloria (Is. 6).

42,43. Con todo eso prepara al lector para una excepción del general endurecimiento de Israel. Se ignora quiénes serían estos gobernantes que "creyeron". Pero la falta de voluntad para confesarlo hace dudar si era genuina la fe de estos hombres (cf. 2:23-25). Demostraron ser indignos de encomio divino.

En este punto introduce Juan la última presentación que de sí mismo hace Jesús a la nación. **44,45. Clamó,** subrayando el carácter de la enseñanza y la urgencia de la misma. Jesús reafirma que era comisionado del Padre (12:44) y uno con él (vs. 45). **46. La luz.** Cf. 1:7-9; 3:19; 8:12; 9:5; 12:35. **47, 48.** De rechazar ahora las palabras de Cristo, ellas les serían por jueces en el día postrero. Sus palabras no pasarían jamás. **49.** Ninguna cosa tenía Jesús para decir sino lo que el Padre le había dado. ¿Cómo, pues, podría ser culpable de blasfemar o mentir? **50. Vida eterna.** Esta se halla en la palabra hablada de Jesús así como en su propia persona, que es la Palabra, el Verbo (6:63; 1:1,4,18).

III. Ministerio de Cristo a los suyos. 13:1—17:26.

A. *Lavamiento de los pies.* 13:1-17. En los sinópticos se nos dice que Jesús envió a dos de sus discípulos a preparar el aposento alto para la fiesta y el rato de comunión que pensaba pasar con sus discípulos (Lc. 22:7-13).

1. Antes de la fiesta de la pascua. De aquí surgen algunas preguntas. ¿Fue la cena del aposento alto una comida de camaradería o fue en verdad la pascua? En otros dos pasajes Juan parece decir que aún no había llegado la pascua (13:29; 18:28). Los sinópticos dejan claro que Jesús y sus discípulos comieron la pascua. La fecha que da Juan puede que represente una protesta contra la observancia oficial judaica de la fiesta, basándose en un calendario diferente, en concordancia con la práctica de la secta de Qumran (Matthew Black, "The Arrest and Trial of Jesus and the Date of the Last Supper," en *New Testament Essays: Studies in*

Memory of T.W. Manson, editados por A.J. B. Higgins, pp. 19-33). Otra posibilidad es que las referencias en Jn. 13:29 y 18:28 a la pascua como acontecimiento futuro deban explicarse como referentes a la fiesta de los panes sin levadura, a veces llamada pascua (Lc. 22:1). Esta comenzaba inmediatamente después de la pascua y se prolongaba durante una semana. Aun así, la comida que aquí se refiere ha de haber ocurrido antes de la pascua, ya se considere como la observancia regular de la fiesta o no. **Hora.** No se la considera aquí desde el punto de vista del sufrimiento sino de la vindicación y el regreso al Padre (cf. 19:30; Lc. 23:46). **Los amó hasta el fin.** O, en el fin (al concluir los días de preparación y expectación). Esta expresión (*eis telos*) puede también significar "hasta el extremo" (cf. 1 Ts. 2:16).

2. Mientras cenaban. Esto es mejor que "acabada la cena", como decía la RV. El lavamiento de los pies de los discípulos habrá sido más natural durante la cena que al final. El amor de Jesús se muestra en definido contraste con el odio de Satanás y de Judas. **3.** Conocedor de su autoridad, de su origen divino y de su indudable regreso al Padre, Jesús no tuvo a deshonra humillarse para realizar una tarea servil. Esto es lo grandioso del espíritu de la encarnación. **4,5.** Los materiales para el lavamiento de los pies se hallaban presentes (cf. Lc. 22:10), pero no había ningún siervo (Jesús había encargado que la cena fuera absolutamente en privado). Alguno de los discípulos pudo haberse ofrecido, pero todos eran demasiado orgullosos. En estos momentos discutían cuál de ellos debería ser considerado como el mayor (Lc. 22:24).

6. No puede determinarse si Jesús vino primero a Pedro. Lo que sí está claro es que Pedro se dio cuenta de lo impropio de que el Señor le hiciera este servicio. Los pronombres **tú** y **me** (a mí) son enfáticos. El discípulo dice atrevidamente lo que piensa. **7.** En la respuesta de Jesús hay un énfasis similar en el **yo** y el **tú. Ahora . . . después.** Se refiere a la iluminación que el Espíritu Santo daría más adelante. **8.** Más impresionante por lo impropio de la situación que por su oculto sentido, Pedro insiste en que Jesús **no le lavará** los pies **jamás.** Pero la respuesta de Jesús elevó el acto de su calidad servil a un nivel de significado espiritual. No ser lavado por Jesús es estar impuro, **no tener parte** con él. **9.** La posibilidad de ser separado de Cristo era para Pedro mucho peor que la vergüenza de verse servido por su superior en esta forma. De allí la impulsiva inclusión de **manos** y **cabeza.** Desde luego, el resto de su cuerpo estaba cubierto. Pedro no quería excluir nada que pudiera lavarse.

10,11. Pedro necesitaba entender que la virtud del lavamiento no era cuantitativa, pues el acto simbolizaba la limpieza interna.

lavado (*de louo*) denota un baño cabal del cuerpo. **Lavarse los pies.** Esta vez la palabra es *nipto,* aplicable al lavamiento de partes aisladas del cuerpo, como en el caso que se narra. El lavamiento de la regeneración hace al hombre limpio en ojos de Dios. Esto se simboliza en el bautismo cristiano, que sólo una vez se administra. El posterior lavamiento de las manchas de impureza no sustituye la purificación inicial, sino que tiene significado sólo a la luz de aquélla (cf. 1 Jn. 1:9). **Limpios estáis, aunque no todos.** Se refiere a Judas. Jesús sabía los planes y conocía el corazón de aquél (cf. 6:70, 71). En cuanto a la palabra **limpio,** véase 15:3. Judas era un hombre no regenerado.

12. ¿Sabéis lo que os hecho? El aspecto divino del acto ya había sido explicado en términos de purificación, pero se requería aclarar el aspecto humano. El acto simbolizaba lo que los discípulos debían hacerse mutuamente. **13,14.** Si el superior de ellos, el Señor y Maestro, estaba dispuesto a servirles así, es natural que igualmente dispuestos debían estar ellos el uno hacia el otro. La humildad no tiene por esencia la abnegación, sino el perder consciencia de sí mismo sirviendo a los demás. **15. Ejemplo.** Esto excluye cualquier noción de que el lavamiento de pies sea un sacramento. Jamás se menciona esta práctica en las Escrituras salvo como un servicio amoroso prestado como parte de la hospitalidad (1 Tim. 5:10).

B. *Anuncio de la traición.* 13:18-30. Aun durante el lavamiento de los pies no se apartaba Judas de los pensamientos del Señor (vss. 10,11). Ya era imposible mantener en reserva el hecho de que se produciría una traición. Con sumo tacto hizo Jesús que Judas supiera que él estaba enterado de sus intenciones, y al separarlo del grupo íntimo saneó el ambiente para proseguir sus enseñanzas.

18. No hablo de todos vosotros. No era de esperarse que Judas aprovechara el ejemplo que el lavamiento de pies ofrecía. **Yo sé a quienes he elegido.** No se engañaba ni siquiera respecto a Judas. La traición de este hombre estaba preescrita en la Biblia (Sal. 41:9). No se cita el versículo completo, pues la primera parte no es aplicable. **19.** Se cerraba así el paso a toda tentación de los demás discípulos a poner en tela de duda la sabiduría de Jesús en la elección de Judas, pues no tomó al hecho a Jesús por sorpresa. Concluida la pasión, estos hombres podrían, al recapitular lo acontecido, **creer** en su Señor con más firmeza que nunca. **20.** No habría de salir Judas como enviado de Cristo, pero estos hombres sí. Ellos eran portadores del nombre y la autoridad de Jesús. Quienes los recibieran estarían recibiendo a Cristo. Este principio se funda en la relación del propio Cristo con el Padre. **21.** La angustia del corazón de Cristo sale a flor de labio al descubrirse su causa. Había entre ellos un traidor: **uno de vosotros.**

22. La perplejidad se apoderó del círculo apostólico respecto a quién sería el traidor. Judas había desempeñado bien su papel. Sus compañeros no sospecharon de él. **23.** El "discípulo amado" estaba recostado en el triclinio de la cena al lado de Jesús. Esa, que era la posición usual, le permitió "reclinarse sobre el pecho de Jesús" (Str.). **24.** Ansioso por saber quién era el traidor, Pedro, que estaba demasiado alejado para preguntar personalmente, le hace señas a Juan para que lo averigüe con el Señor. **25,26.** Respondiendo a la pregunta que Juan le susurró, Jesús identificó al traidor, no por su nombre, sino diciendo que era aquel a quien él daría el **pan mojado** como prenda de especial afecto y amistad. Y se lo dio a Judas. Iscariote probablemente signifique "hombre de Queriot", un pueblo de Judea.

27. Aceptar el pan sin aceptar el amor suplicante que lo acompañaba era seña de que Judas endurecía su corazón para cumplir con su compromiso de entregar a traición al Señor. Había sido descubierto, y ello le irritó. Desde este momento **Satanás** lo dominó por completo. **Hazlo más pronto.** Ya sería en vano tratar de disuadir a Judas. **28. Ninguno... entendió.** Según parece, Judas ocupaba junto a Jesús sitio opuesto al de Juan. Los demás discípulos no relacionaron la orden de Jesús despidiendo a Judas con la traición. **29.** Como Judas era el tesorero del grupo, supusieron que se le enviaba a comprar cosas necesarias para la fiesta, o a dar algo **a los pobres** (Neh. 8:10). **30. Era ya de noche.** En un escrito tan sensible al simbolismo y tan lleno de sentidos entrelineados, estas palabras han de tener un especial significado. Retratan a un tiempo la tenebrosa condición de Judas al entregarse al odio contra Jesús, y el advenimiento de la hora en que las potestades de las tinieblas circundarían al Salvador.

C. *Discurso del aposento alto.* 13:31—16: 33. Estas preciosas palabras fueron pronunciadas a la luz de la inminente partida de Cristo hacia el Padre, y tenían presentes las condiciones bajo las cuales los seguidores de Cristo tendrían que proseguir, ya sin la presencia personal del Maestro (16:4). Se descubren tres principales vetas de enseñanza: (1) mandamiento respecto a la tarea que ante los discípulos se pone, la cual consiste en un testimonio fructífero sustentado y saturado por el amor; (2) admoniciones respecto al antagonismo del mundo y de Satanás; y ante todo, (3) una exposición de los medios que Dios proveería para sostener a los discípulos y darles la victoria en los días

venideros. De vez en cuando los discípulos interrumpían la enseñanza mediante preguntas que demuestran incomprensión en muchos puntos.

Anuncio de la partida, y mandamiento del amor mutuo (vss. 31-35). **Ahora es glorificado el Hijo del Hombre.** Con la salida de Judas rápidamente se prepara el escenario para la serie de acontecimientos que habrían de glorificar al Hijo y al Padre. Con su muerte Cristo sería glorificado a los ojos del Padre (cf. 1 Co. 1:18,24). El Padre vería en la muerte del crucificado el cumplimiento de sus propios designios. A los discípulos no les sería dado captar la glorificación hasta después de la resurrección. **32. Dios también** le **glorificará en sí mismo.** En la resurrección y exaltación de Jesús, así como en el derramamiento del Espíritu sobre sus discípulos, Dios pondría de manifiesto que aquel había sido obediente hasta la muerte y ahora era honrado por su fidelidad, era uno con el Padre, conforme lo había afirmado.

33. Hijitos. Su amor se enternece por el dolor de la despedida. Movidos de curiosidad los judíos y de amor personal sus discípulos, lo podrían **buscar** vanamente en sentido físico. **34.** Pero había algo a que sí sería propio dedicar sus energías. **Un mandamiento nuevo . . . : que os améis unos a otros.** Era nuevo en cuanto se amaba a la otra persona no por pertenecer a la misma nación sino porque pertenecía a Cristo. Nuevo también por ser la expresión del sin par amor de Cristo, en cuya vida ya lo habían visto los discípulos así como lo verían en su muerte. **Como yo os he amado.** Esta era a un tiempo la norma y la fuerza impulsora del amor que debían manifestar. **35.** Tal amor habría de ser inevitablemente un testimonio para el mundo. Habría de perpetuar el recuerdo de Cristo y mostrar su perenne vida, pues tal amor sólo en él se ha visto. Los hombres reconocen lo bendito de tal amor aun cuando personalmente sean incapaces de producirlo.

36-38. Pedro se negó a aceptar la perspectiva de la separación. Se le dijo que por entonces no podría seguir a Cristo, pero sí **después** cf. Jn. 21:19). Dispuesto a seguirle **ahora,** Pedro estaba preparado para poner **la vida** por su Señor. Tal confianza en sí mismo le acarreó una reprensión dolorosa. La lealtad que Pedro se proponía mantener habría de acabar en triple y indigna negación.

El capítulo 14 trata en gran parte de estímulos específicos para contrapesar la partida de Jesús, la defección de Judas y la predicha caída de Pedro. Tales estímulos son: las moradas que para el final ha provisto el Padre; el regreso de Cristo a recoger a los suyos; la perspectiva de realizar obras mayores; las ilimitadas posibilidades de la oración; el don del Espíritu Santo; y la paz que Cristo da.

1. Si Pedro, caudillo del grupo apostólico, iba a fallar, nada extraño tiene que los **corazones se turbaran.** Esta misma palabra se dice de Cristo en Jn. 11:33; 12:27; 13:21. "El compartió las experiencias para las cuales quiere darnos aliento y dominio" (T.D. Barnard, *The Central Teaching of Jesus Christ*). El verbo **creer** quizá deba ir en ambas ocasiones en imperativo (Str.). Todo parecía a punto de derrumbarse. Era necesario renovar la fe en Dios. La causa de Cristo parecía enfrentarse al desastre, de modo que más que nunca era necesario tener fe en él. Cada nueva prueba así como cada nueva revelación es un llamado a tener fe.

2. La casa de mi Padre (cf. 2:16). El templo de Jerusalén, con sus amplios atrios y numerosas cámaras, sugiere el prototipo celestial. **Muchas moradas.** Habitaciones; es la misma palabra de 14:23. **Os lo hubiera dicho.** El discípulo tiene fundados motivos para confiar en que Dios proveerá adecuadamente, aun cuando no se le diga expresamente. **Voy. . . a preparar.** Así como Pedro y Juan se habían adelantado a preparar el aposento para la cena, Jesús precedería a los demás ascendiendo a la gloria a preparar el "aposento alto" para los suyos.

3. Vendré otra vez. En griego está en presente de futuro, subrayando tanto la certidumbre como la inminencia del acontecimiento. El advenimiento no pone el énfasis en el cielo como tal, sino en la reunión de Cristo con su pueblo. **Donde yo estoy:** he aquí la más satisfactoria definición del cielo. Este lenguaje espacial hace difícil interpretar el versículo como promesa de la continua presencia de Cristo con los suyos mientras permanezcan en la tierra. Aplicar las palabras a la muerte del creyente resulta también inadecuado, pues al ocurrir ese acontecimiento los creyentes parten para estar con Cristo (Fil. 1:23). **4.** Los mejores textos pueden traducirse así: **Y del lugar adonde yo voy, vosotros sabéis el camino** (Str.).

5. Tomás descubrió un doble problema en las palabras de Jesús. Puesto que ni él ni los otros conocían el punto de destino, ¿cómo habrían de conocer el camino? **6. El camino.** Tiene especial prominencia por causa del contexto. En cierta forma se anunciaba ya en la enseñanza respecto a la puerta (10.9). **La verdad.** Cristo, la verdad, hace al camino seguro e infalible (cf. 1:14; 8:32,36; Ef. 4: 20,21). **La vida** (cf. 1:4; 11:25). **Nadie viene.** El verbo coloca a Cristo del lado de Dios más bien que del hombre (no dice "va"). "Nadie puede allegarse al Padre a no ser por la percepción de la verdad y la participación de la vida que en su Hijo se revela a los hombres. De modo que con ser guía, no guía él más allá de sí mismo. Conocer al Hijo constituye el conocimiento de Dios" (Hoskyns).

7. La forma de expresión sugiere que los discípulos no habían logrado conocer a Cristo tal como en realidad era. Pero vista esta última revelación no cabía excusa por no conocer tan cabalmente al Padre como al Hijo. Algunos manuscritos ofrecen esta variante de redacción: "Si me habéis conocido (como así es en verdad), conoceréis también a mi Padre" (V. NC). **8.** El deseo de conocer por experiencia es fuerte: **Muéstranos el Padre** (cf. Ex. 33:17). Felipe era consciente de que conocía a Dios, pero no como Padre en el íntimo sentido en que Jesús hablaba de él.

9. Tanto tiempo hace. Era lamentablemente tarde para tal petición. Todo el tiempo pasado con ellos el Hijo había venido revelando al Padre (10:30). Dar a conocer al Padre era la base misma de su misión (1: 18). **10.** ¿No había, pues, creído Felipe que había comunidad de vida entre el Padre y el Hijo? De la unión de Padre e Hijo provenían **las palabras** que Jesús hablaba. De las obras que hacía surgía la demostración de que el Padre moraba en él y actuaba por medio de él.

11. Dejando a Felipe en particular, la apelación se dirige a los once. **Creedme.** Es decir, aceptad el testimonio que doy en cuanto a mi relación con el Padre. Una visión suficientemente elevada de Cristo constituye en prueba definitiva la revelación que él hace de sí mismo. Para quienes necesiten pruebas adicionales, allí están sus obras en apoyo de su arrogación. **12. Obras. . . aún mayores.** No circunscritas a las señales que Jesús hizo en los días de su carne. Las obras no podían superar a las realizadas por él en calidad, pero sí en extensión. **Porque yo voy al Padre.** Este es el fundamento de las obras mayores. Las restricciones que la encarnación imponía a Jesús serían eliminadas. Su posición respecto al Padre estaría relacionada con las obras mayores en dos maneras: en la respuesta a las oraciones de los suyos, y en el envío del Paracleto como fuente infalible de sabiduría y fortaleza. Las obras, por tanto, no se efectuarían independientemente de Cristo. Sería *él* quien respondería a la oración y *él* quien enviaría el Espíritu.

13,14. Todo. Ese es el ámbito de la oración. **Pidiereis.** Es la condición de la oración. **En mi nombre.** Es la base de la oración. Esto incluye por lo menos dos cosas: orar fundándose en la autoridad que Cristo confiere (cf. Mt. 28.19; Hch. 3:6) y orar en unión con él, para no hacerlo aparte de su voluntad. **Yo lo haré.** Esta es la certidumbre de la oración. **Para que el Padre sea glorificado en el Hijo.** Este es el propósito de la oración. **Si algo pidiereis.** El único factor incierto se refiere al que ora, no a Cristo.

15. Si me amáis. No sólo el mandamiento de orar, sino todo mandamiento del Señor debe ser cumplido con este espíritu por sus siervos. **Guardad** es imperativo en la RVR, pero excelentes manuscritos llevan a traducir mejor por futuro de indicativo: "guardaréis" (Str.). No es el amor mero apego sentimental; es la dinámica de la obediencia. **Mis mandamientos.** En fin de cuentas, sólo Dios tiene la facultad de mandar. Hablaba la deidad. **16.** Sólo el poder del Espíritu Santo, llamado aquí **otro Consolador,** permite guardar estos mandamientos. Mejor que Consolador podría traducirse aquí *ayudador* (V. NC, *Abogado;* Str., Intercesor y VL, nota). "Consolar es estar al lado de un hombre que se encuentra *solo.* Etimológicamente mirado, no expresa otra idea que la de acompañar, y esto fue lo que significó en los primeros tiempos" (Barcia, *Sinónimos Castellanos*). La palabra **otro** coloca al Espíritu en la misma categoría de Jesús (cf. Fil. 4:13, me fortalece; es mi confortador). En el Espíritu tenemos más que un ayudador accidental. **para que esté con vosotros para siempre. 17. El Espíritu de verdad** (cf. 15:26; 16:13). Además de ayudador es iluminador. Su magno tema es Cristo, la Verdad (14:6; 15:26). **Al cual el mundo no puede recibir.** El mundo se gobierna por los sentidos. Puesto que el Espíritu no puede ser visto ni comprendido por la razón, queda fuera de la experiencia consciente del mundo (cf. 1 Co. 2:9-14). **Mora con vosotros.** Constante presencia, que compensa la ausencia del Señor. **En vosotros.** No sólo con ellos como presencia que satura el cuerpo colectivo, sino que mora en ellos individualmente. **18.** Se prosigue con el mismo tema. **Huérfanos.** La necesidad de los discípulos se vería satisfecha cuando Cristo viniera a ellos con las bendiciones de la resurrección. Ello aparejaría el advenimiento de la persona del Espíritu (20:22). Tan seguramente como el Espíritu habría de estar con ellos y en ellos, así habría de estar Cristo. Sería imposible diferenciarlos, así como son indivisibles Padre e Hijo (cf. 2 Co. 3:17). No hablaba Cristo aquí de su futuro advenimiento, como en el vs. 3, sino de una venida que satisfaría una necesidad inmediata. **19.** Sólo por tiempo limitado vería **el mundo** a Cristo. Luego llegaría la muerte, y si bien vendría tras ella la resurrección, no lo restituiría a la vista de los hombres (Mt. 23:29). El tener vida espiritual es lo que capacitaría a estos discípulos para verlo y ser copartícipes de su vida resucitada. **20. En aquel día** estos hombres podrían comprender lo que Jesús había venido procurando decirles respecto a su vida con el Padre, vida de interpenetración y comunión, y también acerca de la vida de ellos mismos, que en igual forma había sido absorbida por, y compenetrado de, la vida divina. **Conoceréis.** *Gnosesthe* connota descubrimiento. Ni hace falta decir que esto no autoriza al creyente

para decirse Dios o el Hijo de Dios. La unión carece de sentido de no ser por la existencia separada de quienes la componen. **21.** Vuelve Jesús al tema del amor y de la observancia de sus mandamientos (cf vs. 15), pero vista la enseñanza del vs. 20, incluye ahora la mención del Padre. La observancia de los mandamientos de Cristo demuestra amor a Cristo. Este amor provoca el recíproco amor del Padre, quien de tal manera ama al Hijo que indefectiblemente ama a cuantos aman al Hijo. Acarrea también la manifestación del Hijo al creyente. Lo que mediante la manifestación física del Señor habían de gustar los discípulos después de la resurrección de él, habrían de saborearlo también en sentido espiritual durante el resto de su peregrinación terrenal. **22. Judas (no el Iscariote).** Tan mala reputación tenía el traidor, que Juan se cuida de no permitir que haya confusión alguna, a pesar de que ese Judas había salido de la habitación. Este Judas no lograba comprender una manifestación circunscrita al grupito de los escogidos, no por imposible (tal cosa estaba ocurriendo en ese preciso momento), sino porque no parecía armonizar con la gloria del oficio mesiánico. Si Cristo había de venir otra vez, ¿por qué no hacerlo a la faz del mundo? Le tenía perplejo la declaración de Jesús en el vs. 19. **23.** "La respuesta a Judas es que la referida manifestación ha de limitarse, pues sólo es posible donde existe la comunión del amor que se demuestra mediante el espíritu de abnegación y de sumisión al mandato de Jesús" (Guillermo Milligan y W.F. Moulton, *Commentary on the Gospel of St. John*). Esta manifestación no solamente es personalísima sino que lleva a una relación permanente: **haremos morada con él.** Obsérvese que el Hijo se siente autorizado para comprometer al Padre en determinado curso de acción, lo cual es otra clara indicación de deidad. **24.** He aquí el corolario negativo de la doctrina del último versículo. Nuevamente Cristo afirma la unidad de la palabra del Hijo con la del Padre. **25,26. Estas cosas... todas las cosas.** La enseñanza de Cristo tocante a las nuevas condiciones de la época venidera era sugestiva y no completa (cf. 16:12). El advenimiento del Espíritu Santo subsanaría esta deficiencia. Su ministerio para con los creyentes habría de ser primordialmente **enseñar** (que fue también uno de los grandes oficios de Cristo; ambos se hallan por implicación combinados en Hch. 1:1). **Todas las cosas** (cf. 1 Co. 2:13-15). Era de presumir que estas "cosas" se basarían en la persona y obra de Cristo y así proveerían la continuación de su enseñanza. Parte de la obra del Espíritu Santo habría de ser, en efecto, recordar lo que Cristo había dicho (cf. 2:22; 12:16).

27. Paz. Palabra común en relación con las despedidas (cf. Ef. 6:23; 1 P. 5:14). Pero esto es un legado y no mera fórmula convencional. **Dejar** (*aphiemi*) rara vez se usa en este sentido. Otro ejemplo es la versión LXX de Sal. 17.14. **Mi paz.** Es una paz muy especial, distinta de la del **mundo**, que en hora como aquella, con la muerte a las puertas, se habría entregado al pánico. El don de esta paz haría a sus discípulos tan inmunes al miedo como él (cf. 16:33).

28. No intentaba el Señor ocultar el hecho de su partida, pero les recordaba que el dolor de la separación se mitigaba con la promesa del retorno. **Si me amarais.** Aún era incompleto su amor. El amor desea lo mejor para el ser amado. Los discípulos deberían haberse regocijado por el regreso de Cristo al Padre. **El Padre mayor es que yo.** Esto no tiene nada que ver con la esencia del ser, y no contradice por tanto a Jn. 10:30 y otros pasajes. El Padre estaba capacitado para recompensar al Hijo por su obediencia hasta la muerte. Se sugiere aquí que del regreso de Cristo al Padre habrían de fluir bendiciones en bien de sus seguidores, de modo que el gozo de ellos no habría de ser del todo desinteresado. **29.** Todas las bendiciones que en el futuro se derramaran corroborarían la palabra de Cristo y aumentarían la confianza y la fe que sus discípulos le tenían.

30. El príncipe de este mundo (cf. 12: 31). Se refiere a Satanás. Aquí el significado inmediato parece referirse a la traición de Judas, instrumento de Satanás, y al arresto de Jesús (cf. Lc. 22:53. **Nada tiene en mí.** No tiene parte ni en la persona ni en la causa de Cristo (cf. 13:8). Quizá se sugiera aquí la verdad de que Satanás no tiene en Cristo nada que tenga derecho a llamar suyo o de lo cual pueda echar mano para su propio provecho. Cristo es impecable y vencedor sobre el mal. **31.** Aquello mismo que Satanás estaba a punto de efectuar, es decir, la muerte de Cristo sobre la cruz, era precisamente lo que el Salvador se apresuraba a **hacer.** Pero no procedía como impotente víctima de Satanás sino movido por su **amor** al Padre, sabiendo que era mandato del Padre (su expresa voluntad). **Levantaos, vamos de aquí.** No hay certidumbre alguna de que esta orden se haya cumplido inmediatamente. Resulta difícil concebir que el resto del discurso haya podido pronunciarse en un sitio público, ni aun en el templo.

En el capítulo 15 se distinguen las siguientes líneas de pensamiento: La fructificación por la unión con Cristo (vss. 1-11); el amor como fruto supremo (vss. 12-17); el odio del mundo contra el discípulo, así como contra Cristo (vss. 18-25); testimonio divino y humano en pro de Cristo (vss. 25-27).

1. Yo soy la vid verdadera. Quizá la intención sea contrastarse con Israel, viña que Dios plantó y que resultó estéril (Is. 5:1-7). **Verdadera.** Real, todo lo que en sentido espiritual debía ser la viña. Cristo no es únicamente la raíz o cepa, sino la planta entera. En él está incluido su pueblo. **El labrador** (*viñador,* Str., NC). Propietario y viñador a un tiempo. **2. Todo pámpano . . . en mí.** Estar en Cristo constituye un hecho espiritual de incalculable valor. **No lleva fruto.** No se trata de un discípulo pretendido. Así como hay en la planta retoños que nada añaden a la utilidad de aquélla y deben ser podados, el hijo de Dios que es estéril y persiste en su voluntariedad debe ser desechado. La mano punitiva de Dios puede hasta podar mediante la muerte al cristiano estéril. **Lo limpiará.** Se refiere al pámpano fructífero. Se le mantiene libre de toda tendencia mortecina y del crecimiento vano que no tienda a dar fruto. Lo que se persigue es **más fruto.**

3. Estáis limpios gracias a la palabra (Str.). Separados de los demás por haber recibido la revelación de Dios en Cristo. **4. Permaneced en mí, y yo en vosotros.** Recuerda a 14:20. Pero allá la idea se refiere a la posición y aquí a la voluntad, decisión de fundarse conscientemente en Cristo como condición para la fecundidad. A esto responde Cristo con una manifestación interna: **yo en vosotros.** El pámpano separado de la vid es necesariamente infecundo. Se tiene en mente una unión vital. **5.** Se hace distinción entre la vida y los pámpanos. La vida procede de la vid; de los pámpanos, como consecuencia, proceden los frutos. Es el mismo orden que hallamos en 14:20 y 15:4. Nuestra permanencia en Cristo nos une a la fuente de la vida. Su permanencia en nosotros es constante fuente de frutos: **mucho fruto.**

6. Es cosa bien sabida que fuera de producir uvas, la vida no sirve para otra cosa que para leña (cf. Ez. 15:6). **Los recogen . . . los echan.** "Lo indefinido del sujeto gramatical armoniza con lo misterioso del acto simbolizado" (Westcott). Puesto que viene tratando del dar fruto y no de la vida eterna, el fuego es un juicio contra la infecundidad y no de entrega a eterna destrucción. El pámpano es la potencialidad de una posible fructificación y no la persona en sí. Trátase aquí de las obras estériles (cf. 1 Co. 3:15).

7. Las **palabras** de Cristo, así como la persona de Cristo, pueden permanecer en el creyente. La enseñanza de Cristo es la que da nacimiento a la oración adecuada. Cuando la palabra de Cristo mora en abundancia en nosotros (Col. 3:16), podemos confiadamente pedir todo cuanto **queramos** y nos **será hecho.** La enseñanza es similar a la de Jn. 14:13,14. **8.** El discipulado es algo dinámico y creciente. Cuanto más fruto llevemos, más plenamente estaremos conformándonos al patrón del **discípulo,** el aprendiz de Cristo que procura la semejanza con su Maestro. En esto es **glorificado** Dios. Esto lo justifica y recompensa por su inversión en la viña.

9. La mención del **amor** en este contexto sugiere que ese es el principal de los frutos que el Padre desea en sus hijos (cf. Gá. 5:22). Pero no es amor en sentido genérico, sino **mi amor,** el amor de Cristo. Cuando Cristo viene a nuestras vidas a morar, aporta su amor, que es a la vez el mismo amor con que lo ama el Padre. De este modo se diviniza el amor cristiano. **Permaneced en mi amor.** No aceptéis sustitutos. **10.** El disfrute del amor del Salvador está condicionado a la observancia de sus **mandamientos.** No es éste un requisito arbitrario, pues Cristo mismo actuó sujeto a dicha norma en su relación con el Padre. No es el discípulo superior su perfecta obediencia a la voluntad del Pa- a su maestro. **11.** La vida de amor produce **gozo.** Cristo lo tuvo primero como fruto de dre y del disfrute de su amor. El lo imparte a los suyos, y llega a individualizarse hasta convertirse en gozo de ellos. Puede que la posesión sea parcial al comienzo, pero la meta es que sea **cumplido,** de modo que no quede resquicio ni al temor ni a la insatisfacción.

La siguiente sección comienza y termina con el mandamiento de amarnos unos a otros. **12,13.** He aquí resumida la obligación del cristiano. No es ya la admonición de guardar los mandamientos para permanecer en el amor de Cristo (vs. 10). Es más bien un mandato de concentrarse en el especial mandamiento de amarse mutuamente. **Como yo os he amado.** La medida del amor de Cristo para los suyos es el sacrificio de sí mismo, del cual se benefician ellos (cf. 1 Jn. 3:16). Esa norma sólo puede cumplirse conforme se permite que el propio amor de Cristo fluya en la vida de su pueblo. Los anuncios que en los sinópticos hace Jesús de la cruz, subrayan su necesidad desde el punto de vista divino; aquí el móvil es el amor. La cruz no es algo que se acepta por obligación sino que se abraza amorosamente: **dar la vida** (Str.). La prueba inmediata del amor es la disposición de declarar por anticipado el propósito de morir por los **amigos.** La muerte a favor de ellos no contradice en modo alguno el propósito de morir por un círculo más amplio, o sea por el mundo entero.

14. Ser amigo de Jesús no excluye la obligación de obediencia. **15.** Si tal necesidad parece convertir a los amigos en **siervos,** existe una diferencia. El siervo no es admitido a la íntima confianza del Señor. La condición de amigos, en el caso de los discípulos, se demuestra con su admisión al conocimiento de los designios de Cristo, incluso todo cuanto el Padre le había revelado al Hijo. Nada se les había ocultado. Esto no implica que los seguidores de Jesús lo hubiesen comprendido todo.

16. Para que los discípulos no fueran a pensar que ellos entraban exclusivamente en los planes de Dios, Cristo les aclara que se les había otorgado su privilegiada posición con miras a que declararan a otros el mensaje. Se les **eligió** no para placer y orgullo de ellos, sino que Cristo los **puso** (los destinó, NC) para servir. **Que vayáis y llevéis fruto.** Ya se empleó el fruto como símbolo de amor. Ahora representa el amor en acción, la proclamación del mensaje de salvación y la conquista de almas. Hay una íntima relación de ideas con Jn. 12:24. **Permanezca.** Que se produciría fruto permanente fue una benigna promesa, vistos los desalentadores resultados que se produjeron durante el ministerio del propio Jesús, en que muchos profesaban interesarse en él, sólo para abandonarlo después de un tiempo.

17. Este es un versículo de transición. Los discípulos debían compartir el amor unos con otros, pues el mundo no habrían de recibirlo. En este punto el verbo "amar" casi desaparece totalmente del pasaje y es sustituido por "aborrecer" (ocho veces en otros tantos versículos).

18. El mundo. La sociedad no regenerada, alejada de Dios, presa del pecado y del maligno, ciega a la verdad espiritual y hostil a quienes poseen en sí la vida de Dios. El odio no se abatiría contra los discípulos con ánimo de antisemitismo sino como continuación de la hostilidad y odio que contra Cristo se manifestaron, tan cierto era que ellos se atraerían el aborrecimiento de los adictos al pecado (cf. Gá. 4:29). **19.** La hostilidad tiene sus raíces en la disimilitud espiritual. El mundo está a sus anchas en presencia de **lo suyo.** Puede sentir cierto afecto por los suyos. El exclusivismo de la sociedad cristiana, una comunidad de redimidos en el seno de los no redimidos, provoca desagrado. Reprendidos por la santidad de los que pertenecen a Cristo (cf. vs. 22), el mundo se muestra resentido.

20. La demostración de la legitimidad del discipulado es la correspondencia entre la reacción de los hombres ante el ministerio de los seguidores de Jesús, y la reacción de los hombres frente a Cristo en los días en que vivió en carne. Unos los **perseguirían;** otros guardarían su palabra. **Acordaos.** Se refiere a Jn. 13:16. Hch. 4:13 ilustra vigorosamente la enseñanza que aquí da Jesús. Después de haberse deshecho de Jesús, según creían, ¡qué desazón sienten los caudillos al ver que se les enfrentan unos discípulos que actúan como él! **21. Por causa de mi nombre.** Cristo fue objeto del rechazamiento porque los hombres no conocían en realidad a Aquel que lo enviaba. A los discípulos se les y comparten con su Señor esta distinción. incluye en el círculo de los incomprendidos, **22.** La raíz de la ignorancia acerca de la identidad y misión de Cristo era el **pecado** de los hombres. Si bien Cristo no había venido para juzgar sino para salvar, su misma presencia y testimonio despertaban manifestaciones del pecado que de otra manera habría permanecido aletargado. Puestos al descubierto por el Salvador, no quedaba escondrijo para sus enemigos. Su único recurso era desterrar a Cristo de su presencia. **No tendrían pecado.** El pecado culminante de la incredulidad y el rechazamiento del Salvador. **23.** El costo de odiar a Cristo es incurrir la condenación de odiar también al Padre. No pueden los hombres tratar de un modo al Hijo y de otro al Padre.

24. Las **obras** (complemento de la palabra de Cristo en el vs. 22) eran de tal naturaleza que los hombres se veían forzados a dar su veredicto en pro o en contra de él. Al rechazarlo, **tenían pecado.** Era pecado al que se sumaba el odio, que lógicamente incluía al Padre en cuyo nombre había venido el Hijo. **25. Su ley.** Las propias Escrituras de las cuales se jactaban los judíos se alzaban para condenarlos (Sal. 69:4). **Sin causa** (*dorean*). Tal odio es inexcusable. No se halla para él motivo en la persona odiada. La misma palabra aparece con idéntico sentido en Ro. 3:24 ("gratuitamente"), en donde se presenta como fundamento de la salvación a Dios mismo y no mérito alguno de los hombres.

Tal odio demanda un vigoroso y valiente testimonio ante el mundo. Pasa Jesús a describir la naturaleza de ese testimonio. **26,27.** Los discípulos no tendrían que enfrentarse solos al mundo. Contarían con un divino auxiliador: **el Espíritu de la verdad.** El convencería de la verdad en cuanto a la pecaminosa condición del hombre y la verdad acerca de Cristo, remedio contra ese pecado. El Espíritu habría de traer una comisión doble, por así decirlo, como enviado del Hijo y procedente del Padre, para dar **testimonio** de Cristo (cf. 16:7-13). **Vosotros daréis testimonio también.** La idea es probablemente indicativa y no imperativa. Desde el punto de vista de la asociación con Cristo, que les había suministrado suficiente conocimiento para rendir testimonio válido, ya estaban capacitados para ello, puesto que habían estado con él **desde el principio:** desde los albores de su ministerio. Pero para ser eficaz, su testimonio tenía que unirse al del Espíritu que actuaría en ellos y por medio de ellos (cf. Hch. 5:32).

En el capítulo 16 la tónica sigue siendo la misma: la partida de Cristo y un vistazo anticipado de lo que esto significaría. El pensamiento sigue las líneas siguientes: Advertencia de Cristo respecto a las persecuciones

venideras (16:1-4 a); su partida explicada a la luz del advenimiento del Espíritu y del ministerio de éste para el mundo (16:4b-11); el ministerio del Espíritu para con los creyentes (16:12-15); consuelos para vencer el dolor de la separación (16:16-28); la victoria del Hijo de Dios (16:29-33). Ya el tema de la persecución se había insinuado con la anterior enseñanza (cp. 15) sobre el aborrecimiento del mundo contra Cristo y sus discípulos.

1. Estas cosas os he hablado. Primordialmente la revelación respecto al odio del mundo, para que los discípulos estuvieran prearmados, pero también el recuerdo de que eran testigos ante ese mismo mundo que los menospreciaría (cf. 15:27). La responsabilidad templa el carácter. **Para que no tengáis tropiezo.** V. Lc. 7:23; Mt. 26:31.

2. Os expulsarán de las sinagogas. Era esto algo muy doloroso para un judío, cuyos nexos nacionales eran muy fuertes. Los creyentes judíos de Jerusalén continuaron mezclándose con sus conciudadanos en el templo después de Pentecostés, mostrando que se sentían miembros de su pueblo. **Pensará que rinde servicio a Dios.** El mejor comentario es la confesión de Saulo de Tarso sobre los días en que era perseguidor (Hch. 26:9-11). Media el celo que por su religión tenía, por el terror y los estragos que causaba a la iglesia (Gá. 1:13; Fil. 3:6).

3. La ignorancia respecto a Cristo y su verdadera relación con el Padre en parte explica la persecución. Tal ignorancia no excusa al perseguidor. Fue precisamente por esta razón que Pablo se tituló a sí mismo el primero de los pecadores (1 Tim. 1:13-15).

4. Cuando sobreviniera la persecución, el recuerdo de la fidelidad de Cristo al prevenirles respecto a estas cosas fortalecería a sus siervos. Enfrentarse desprevenidos a una situación tal provocaría desaliento. **Estaba con vosotros.** Cristo era su escudo contra la oposición. A la luz de su inminente partida, esta enseñanza cobraba una significación que antes no pudo tener.

Ahora era del caso pensar más directamente en esta partida y en lo que ella significaría para los que se quedaran. **5.** Para Cristo, irse significaba regresar a donde el que lo había enviado. Este aspecto de la cuestión no había calado en la mente de los discípulos en modo alguno. No habían preguntado, **¿A dónde vas? 6.** Solamente se habían preocupado por el dolor de la separación. Estaban embargados de **tristeza.**

7. Os conviene que yo me vaya. La desventaja en términos de separación y tristeza se vería más que compensada por la ganancia que significaría el advenimiento del Consolador (ayudador). Basta comparar a los discípulos del final del ministerio de Jesús con estos mismos hombres después de venido el Espíritu para notar cuánto habían progresado en comprensión y en eficacia de su servicio. **Si no me fuere... no vendrá** (NC). Cf. 7:37-39. No indica esto hostilidad o celos entre el Hijo y el Espíritu. Más bien el Espíritu había descendido sobre Cristo para darle poder para su obra, y pronto habría de venir sobre los seguidores de Cristo, como para compensarles la pérdida de la presencia personal del Señor.

8. Convencerá al mundo. El verbo tiene como segunda acepción, según la Academia: "Probarle (a uno) una cosa de manera que racionalmente no la pueda negar". El Espíritu habría de venir primero a los discípulos (v. final del vs. 7), y valiéndose de ellos emprendería su misión de convencer a los hombres. En cierto sentido, este ministerio es correlativo a la actividad persecutoria del mundo. Puede el mundo irrumpir aparentemente contra la iglesia, pero hay un contraataque en la obra del Espíritu, enfilado no a dañar sino a convertir, o por lo menos a convencer. El Espíritu, actuando a través de los apóstoles, produjo convicción de pecado en la misma ciudad en que se le había dado muerte a Jesús (Hch. 2:37).

9. De pecado. En razón de que el pecado del mundo se puso en franca evidencia en el rechazamiento de Jesús cuando debió haber sido aceptado, el Espíritu hace de esto la cuestión importante. En su ceguedad los hombres llamaban a Cristo pecador precisamente en los momentos en que el pecado de ellos los llevaba a darle muerte al Señor. **10. De justicia.** El hecho mismo de que Jesús pudiese resolver el problema del pecado de la humanidad mediante su muerte redentora, reveló su perfecta justicia. De otro modo habría tenido necesidad de un Salvador él mismo. El Padre es el verdadero juez de la justicia. Su prontitud en recibir al Hijo de regreso en la gloria es prueba de que ninguna deficiencia halló en él (Ro. 1:4; 4:25; 1 Ti. 3:16). **11. De juicio.** Los que crucificaron a Jesús se imaginaron que Dios había pronunciado juicio condenatorio contra él por el hecho de que no intervino en su favor. En realidad el que estaba siendo juzgado allí era Satanás, príncipe de este mundo. Satanás reina mediante el pecado y la muerte. La victoria de Cristo sobre el pecado en la cruz y sobre la muerte en la resurrección proclamaba el hecho de que Satanás había sido sentenciado. La ejecución de la sentencia definitiva es sólo cuestión de tiempo.

En este punto el pensamiento se desvía del mundo. Aparece la obra del Espíritu en favor de los creyentes.

12. El discurso no fue una exposición completa de las ideas que Jesús tenía para comunicar a los suyos. **Muchas cosas** quedaban en reserva. Vano sería tratar de ellas, pues los discípulos no las podrían **sobrellevar.** Aún estaban demasiado inmaduros. Estas verdades se les harían más reales conforme crecieran en experiencia. **13.** La comunicación de estas cosas podía dejarse sin peligro hasta que viniera **el Espíritu de verdad,** maestro tan genuinamente como lo era el Señor mismo. **Toda la verdad.** No la verdad en todos los ramos del saber, sino en las cosas de Dios de las cuales hablamos en sentido restringido como las cosas espirituales (cf. 1 Co. 2:10). **No hablará por su propia cuenta.** Al igual que el Hijo no intentaría ser fuente de las enseñanzas que impartiera, sino que daría a los hombres lo que recibiera de Dios Padre. La identidad de fuente garantiza la unidad de la enseñanza. En última instancia los creyentes reciben su instrucción de Dios (1 Ts. 4:9). **Las cosas que habrán de venir.** Puede que se tenga en mente el regreso de Cristo y los sucesos conexos, pero en forma más inmediata esas cosas venideras eran la muerte y resurrección de Cristo y sus efectos, que eran precisamente las mismas cosas en que los discípulos habían tropezado cuando Jesús hablaba de ellas.

14. Me glorificará. Así como Cristo glorificaba al Padre con su obediencia hasta la muerte, el Espíritu glorificaría a Cristo al aclarar el significado de la persona y obra de él. La misión iluminadora del Espíritu consistiría primero en **tomar** el depósito de la verdad cristocéntrica y luego enseñársela a los creyentes. Síguese que el ministerio dirigido por el Espíritu tiene que ser aquel que magnifique a Cristo. **15.** Puesto que lo de Cristo incluye las verdades relativas al Padre y sus designios, cuando el Espíritu da a saber las cosas de Cristo, imparte la verdad completa.

Pasó luego el Señor a tratar de las compensaciones que suavizarían el dolor ocasionado por su partida. Incluían la promesa de que sus discípulos habrían de verlo otra vez (vs. 16); el gozo de verlo (vs. 22); la prerrogativa de la oración (vss. 23,24); la ampliación del conocimiento (vs. 25); y el confortante amor del Padre hacia ellos (vs. 27).

16. Todavía un poco. La frase aparece siete veces en cuatro versículos. Se refiere al breve tiempo que faltaba para su inhumación, tras la cual no volverían los discípulos a **verlo** con sus ojos físicos. **De nuevo un poco** designa el intervalo entre el sepelio y la resurrección, después de la cual lo volverían a ver. El verbo **ver** que ahora se emplea no es el mismo de antes. Tiene ahora el sentido de percibir, además del de contemplar. Un algo del significado de este drama de la redención, que al presente parecía tan misterioso, habría de surgir en la mente de estos hombres. La última cláusula, **porque yo voy al Padre,** no cuenta con suficiente apoyo en

los manuscritos para ser retenida en el texto.
17. Las palabras de Jesús escapaban a la comprensión de sus discípulos. Algunos de ellos ya antes habían hecho preguntas. Estos hombres **(algunos de sus discípulos)**, demasiado tímidos para expresar abiertamente su perplejidad, se preguntaban unos a otros en vez de acudir al Señor. En este versículo, **porque yo voy al Padre** sí está en el original. Es una expresión explicable con base en el uso que de ella hace Jesús en el vs. 10. Este hecho de la partida es la preocupación que todo lo absorbe. **19,20.** Al darse cuenta del ardiente deseo que tenían de que se les aclarase el problema del **todavía un poco** en su doble aplicación, Jesús se ofrece a dar la respuesta, aun cuando no la respuesta precisa que esperaban. Sí les indicó lo que el **todavía un poco** habría de significar para ellos en cada caso. En el primero habrían de llorar mientras el mundo se regocijaba, pues la muerte del Salvador provocaría en los creyentes reacciones muy divergentes de las del mundo (cf. AP. 11:10). Pero aquello mismo que provocaría el dolor se tornaría en causa de **gozo** cuando los discípulos fuesen capaces de ver la cruz a la luz de la resurrección, cuando viniera el segundo "todavía un poco".

21. Jesús ilustra esta sustitución del dolor por el gozo con un ejemplo de la vida humana. Los dolores del parto angustian a la mujer, pero el gozo del alumbramiento la hace olvidar el dolor. Quizá sea significativo que se diga que ha nacido un **hombre** y no un niño. Al resucitar como primogénito de los muertos (Col. 1:18), Cristo une consigo al nuevo hombre, a su iglesia, a la cual imparte su vida resucitada. **22.** El gozo de la reunión habría de ser permanente, de modo que la segunda separación, motivada por la ascensión del Señor, no afectaría ese gozo (Lc. 24:51-53).

23. En aquel día. El Señor pensaba en las condiciones que prevalecerían después que él regresara al Padre. En los cuarenta días de intermedio después de su resurrección los discípulos le hicieron una pregunta (Hch. 1:6). Pero cuando fuera ascendido cesarían todas las oportunidades de hacerle preguntas como la que ahora le presentaban. Ello no implica que sobrevendría una absoluta falta de comunicación. Estaría abierta la puerta de la oración. Bastaría que **pidieran** para que el Padre les **diera** respuesta a sus perplejidades y satisfacción a sus necesidades. **En mi nombre** (v. com. 14:13,14).

24. Nada habéis pedido. Hasta ahora, con la presencia de Cristo entre ellos, no había sido necesario pedir en su nombre. En el nuevo día venidero el **gozo** de volver a ver a Jesús se perpetuaría mediante esta relación de la plegaria.

25. Alegorías. Dichos de oscuro sentido. Su enseñanza solía ser enigmática para sus seguidores. Pero se iba a producir un cambio. "El retorno de Cristo al Padre inició una nueva era, en la cual ya no habla el Señor a sus discípulos en forma velada sino clara y abiertamente; se presume que los lectores del Evangelio entienden que Cristo les habla por medio del Espíritu que han recibido" (Hoskyns, op. cit.). **26,27.** En lo por venir la oración se haría ciertamente en nombre de Cristo, pero no en el sentido de que el Hijo fuera el medio de vencer cierta vacilación o resistencia del Padre, que de otro modo se opondría a los creyentes. Por el contrario, el Padre los **ama** y está dispuesto a recibirlos por causa de la actitud de ellos para con su amado Hijo. En contraste con el mundo, han amado al Hijo y han confiado en él como enviado de Dios.

28. Qué debería abarcar la fe de los discípulos se declara ahora en los términos más sencillos y francos. La primera parte de la declaración había sido afirmada más de una vez por uno o más miembros del grupo; la segunda parte tiene que ver con la preocupación que el discurso encierra: la partida del que los dirigía. Declara franca y claramente esa partida. **Dejo el mundo, y voy al Padre.**

Había llegado prácticamente al fin del discurso. Concluye con una nota doble: la lamentable caída de aquellos a quienes Jesús ha procurado instruir, y su propio triunfo, auxiliado por la presencia del Padre. **29,30.** Alentados tanto por el encomio de su fe como por la forma clara en que Jesús les habla de su carrera, se imaginan los discípulos estarse regodeando al calor de un superior conocimiento del Hijo de Dios. **31,32.** ¡Qué rudo despertar les esperaba! Habrían de ser **esparcidos** (con ocasión del arresto de Jesús) dejándolo **solo,** pero él contaría con el apoyo del Padre. **33.** Como protección les dio su **paz** (cf. 14:27), la cual les sería necesaria al arrostrar la **aflicción** que para ellos guardaba el mundo. No es únicamente paz en medio del conflicto, sino la paz que reposa en la certidumbre de la victoria que ya el paladín de ellos había conquistado sobre el mundo. El triunfo de Cristo es la realidad objetiva que da validez al interno don de la paz suya.

D. *La magna plegaria.* 17:1-26. Jesús se incluyó a sí mismo en esta plegaria (vss. 1-5), pero en ella se ocupa especialmente de los suyos. En ambas secciones el elemento de consagración se mezcla indisolublemente con la petición.

1. Padre. Este vocativo, usual en las oraciones de Jesús, aparece seis veces en esta sección. **La hora ha llegado.** Se deja sin especificar esa hora, como algo bien conocido entre Padre e Hijo Era un tiempo de padecimiento a la vez que de glorificación. **Glorifica a tu Hijo.** Capacítalo para que corone su carrera efectuando la salvación, objeto de su venida. Se hace evidente que no buscaba con ello honra para sí mismo, pues en su glorificación por medio de la muerte, resurrección y exaltación, sólo buscaba Cristo **glorificar** al Padre.

2. Esta glorificación del Padre incluye la elevación del Hijo a una posición de gloria y poder en que él es cabeza de todas las cosas (cf. Mt. 28:18). **Potestad** es señorío (Str.). En este caso implica especialmente la concesión de **vida eterna** con base en la obra consumada de Cristo. Se describe a los beneficiarios como aquellos que han sido dados por el Padre al Hijo. Tal es la descripción de los discípulos que con mayor frecuencia se repite en esta plegaria (vss. 2,6,9,11, 12,24).

3. La vida eterna se describe en términos de conocimiento de Dios (cf. 1 Jn. 5:20). Los judíos, por más que supieran mucho acerca de Dios, no conocían a Dios. La tesis de este versículo y de todo este Evangelio es que el conocimiento de Dios que acarrea vida eterna sólo se obtiene mediante el conocimiento del Hijo. Ya que ambos son uno, el conocimiento es uno. Conocer a Dios implica conocer sus caminos tanto como su persona, e incluye por tanto la percepción de su plan de salvación para liberar del pecado. **Jesucristo** (cf. 1:17). Término raro en los evangelios, pero común en las epístolas.

4. Te he glorificado en la tierra. Lo explica el Señor en términos de dar fin a la obra que el Padre le encomendó: revelación del Padre, denuncia del pecado, elección y adiestramiento de los doce, y por sobre todo, la muerte en la cruz, tan cierta que ya podía darse por efectuada. **Acabado** significa tanto perfeccionado como terminado.

5. Después de hablar de su obra en la tierra (vs. 4), el Hijo busca ahora la glorificación junto con el Padre en el reino celestial. Hay, pues, un doble contraste en cuanto a persona y lugar. **Al lado tuyo... contigo** (en tu presencia), **Antes que el mundo fuese.** Cf. 1:1,2.

Los versículos 6-8 constituyen una transición; tratan aún de la obra de Cristo en la tierra, pero conducen a las peticiones en favor de los discípulos.

6. Gran parte de la obra del Hijo en la tierra había consistido en dar a conocer el Padre a los discípulos (cf. 1:14; 14:7-9). El éxito alcanzado en este proceso está implícito en el hecho de que éstos fueran el don de Dios para su Hijo. No tenían un entendimiento perfecto, pero sí seguro y creciente. **Han guardado tu palabra.** No se refiere primordialmente a la obediencia de ellos a mandamientos o enseñanzas específicas, sino

a su prontitud en aceptar al Hijo, su mensaje y misión, en cuanto eran capaces de hacerlo.

7,8. Los discípulos habían alcanzado aquel punto de conocimiento en que la fuente del carácter, dones y actos de Cristo habían de buscarse en el invisible Dios en cuyo nombre él había venido. En particular los discípulos habían captado la revelación de la verdad en Cristo, reconociéndola como genuinamente procedente de Dios. Habían alcanzado, pues, un estado de madurez en que era posible dejarlos solos. En su obra futura ellos habrían de representar a aquel que a su vez había representado al Dios viviente. **Que tú me enviaste.** Esta expresión reaparece en toda la oración (vss. 3,8,18,21,23,25). Fue una frecuente aserción de Cristo en sus discursos.

Una vez enumeradas las cualidades de los discípulos como representantes suyos en el mundo, pasa el Señor a interceder por ellos.

9. No ruego por el mundo. No quiere esto decir que Jesús nunca rogara por el mundo (cf. Lc. 23:34). Pero suplicaba en favor de sus discípulos porque ellos eran el medio elegido para alcanzar al mundo después que Cristo partiera (vss. 21,23). **10. Todo lo mío es tuyo.** Por tanto, el interés del Hijo en orar por estos hombres y el del Padre en escuchar y responder son igualmente explicables. Es un mutuo interés de copropietarios. **He sido glorificado en ellos. Ellos** pueden ser las cosas que en común poseen Padre e Hijo, o mejor aún, los discípulos mencionados en el versículo precedente. Fue para gloria de Cristo que en medio de la incredulidad y el rechazamiento generales, estos hombres se atrevieran a confiar en él y servirle. La palabra **glorificado** está en tiempo perfecto, lo cual sugiere que su testimonio en pro de Cristo continuaría.

La primera petición específica es que se preserve a los discípulos del mal que en el mundo impera (vss. 11-15). Y esto a su vez debía servir para otro propósito, al cual se le da vigoroso énfasis en el resto de la plegaria: que sean uno.

11. Guárdalos. Se usa en el sentido de cuidado protector, como en 1 Jn. 5:18. Al dirigirse a Dios como **Padre santo,** se subraya su carácter totalmente contrapuesto al mal, e interesado, por tanto, en la preservación de los suyos. El resultado positivo de esta preservación habría de hacer que los discípulos **fueran uno,** como reflejo de la unidad de Padre e Hijo. El nexo es el santo amor de Dios. Tal unidad se observa en la iglesia primitiva (Hch. 1:14; 2:1,44,46). Los textos griegos mejor corroborados dicen: "Yo... los guardaba en tu nombre, que tú me diste" (Str.). No sólo guardaba Cristo a sus discípulos por la autoridad del Padre, sino mediante la verdad y el poder de la naturaleza de Dios, que él mismo revelaba. **El**

hijo de perdición. Afirma con esto Jesús que la pérdida de aquél no desdice de su poder preservador como pastor del rebaño. Judas no le había pertenecido nunca en realidad, sino en sentido nominal, externo (cf. 13:10,11). "Perdición" encierra la idea diametralmente opuesta a preservación. **La Escritura:** Salmo 41:9.

13. Ahora voy a ti. En esto residía la ocasión de la plegaria y de todas las peticiones en ella contenidas. La urgencia de **gozo** para los discípulos era particularmente aguda en vista de la deserción de Judas. Los discípulos necesitaban comprender que ese hecho no iba en demérito del Señor ni de ellos. No había de ensombrecer su gozo en la posesión de la fe y la vida verdaderas. Si en medio de tales cosas podía regocijarse Cristo (**mi gozo**), igual debían hacerlo ellos. **14.** La recepción de la palabra de Cristo identificó a estos hombres con Cristo y los apartó del **mundo,** que a él lo rechazaba y lo odiaba y por tanto tenía igual actitud hacia ellos. **15.** No obstante la unidad entre Cristo y los suyos, él no podía pedir que el Padre los quitara del mundo. Si así se hiciera, ello frustraría el propósito que en llamarlos y adiestrarlos hubo. Conforme lucharan y testificaran, tenían necesidad de ser guardados **del mal;** de lo contrario su testimonio habría perdido su pureza. Puede que se refiriera al propio maligno (cf. Mt. 6:13; 1 P. 5:8). **16.** Como regenerados, ya no pertenecían los discípulos al mundo como reino del mal espiritual, por más que residieran en el mundo como entidad física.

17. Santifícalos en tu verdad, Esta es la segunda petición a favor de sus discípulos. **Santificar** significa apartar para Dios y para propósitos sagrados. Lo que revela la santa voluntad de Dios es su verdad, especialmente la verdad consagrada en la palabra, **la Escritura.** En ella aprendemos lo que Dios requiere, y cómo nos capacita para cumplir sus requisitos. **18.** Ser enviado por él al mundo tal como Cristo fue enviado por el Padre es el más alto honor que al hombre pueda otorgarse. **19.** Cristo no necesitaba santificarse, pues era santo. Pero necesitaba consagrarse (santificarse) a su vocación o llamamiento, a fin de que sus discípulos recibieran no sólo su ejemplo sino también su mensaje para proclamarlo, junto con el poder que de su sacrificio se deriva, con el cual dar eficacia a su proclamación.

20,21. La plegaria ensancha su ámbito hasta incluir a los que habrán de creer por el testimonio de estos hombres (cf. 10:16; Hch. 18:10). La fe es el requisito necesario para disfrutar la vida de Dios y por consiguiente para formar parte de aquella unidad que se manifiesta ante todo en la divinidad y luego en el cuerpo de Cristo, la iglesia. La unidad es básicamente personal: **en nos-**

otros. Su efecto será suscitar fe en los que estén en el mundo (cf. 13:35). **22. La gloria.** Esto sin duda se refiere a la posición final de la iglesia en el cielo, pero incluye el privilegio de servir y sufrir, de la misma manera en que el Padre dio esta comisión al Hijo. Estos privilegios ayudan a unificar a los santos conforme ellos los ejercen a la luz de Cristo que nos precedió a través del velo. **23. Perfectos en unidad.** No se alcanza esto mediante esfuerzo humano sino mediante la benigna extensión de la unidad de la divinidad a los que pertenecen a Cristo. No es una unión mecánica. Su argamasa es el amor de Dios derramado sobre los hombres, el mismo amor —maravilloso es decirlo— que el Padre tiene al Hijo.

24. Última petición. **Quiero.** El espíritu que rigió la encarnación fue, "hágase tu voluntad y no la mía". Fuerza es que Jesús estuviera orando a la luz de la culminación de su obra, que lo autorizaba para expresarse así. No cabe, desde luego, interpretar su voluntad como realmente independiente de la de Dios. Esta petición se basa en la anterior. Ser partícipe del amor de Dios en Cristo inevitable y eventualmente tendrá por fruto compartir la presencia de Cristo: **que donde yo estoy . . . estén conmigo.** La unidad lleva a la comunión: comunión de amor en ambiente de **gloria** (cf. vs. 5).

25. Padre justo. Justo al excluir al mundo de aquella gloria porque no lo ha conocido y en consecuencia no lo ama, lo cual lo incapacita para formar parte de aquella unidad final; justo también al incluir a quienes hayan llegado a conocerlo mediante el conocimiento que Cristo tiene e imparte. **26.** Impartir el conocimiento de Dios significa impartir amor, puesto que Dios es amor. No es una simple etiqueta o un frío atributo. Cristo supo de la realidad y poder del amor del Padre hacia él, y pedía que tal afecto iluminase y diese calor a las vidas de los suyos, con quienes tan estrechamente se había entrelazado su vida.

IV. Padecimientos y gloria. 18:1—20:31.

A. *La traición.* 18:1-14). El relato de Juan pone de relieve la mesura de Jesús y su prontitud en darse preso, que hacían innecesaria la traición de Judas por una parte, y el presunto desplante de lealtad de Pedro por otra. Se incluye aquí el relato del prendimiento y del traslado de Jesús a la casa del sumo sacerdote.

1. Después de la oración, Jesús condujo a sus discípulos al otro lado del **torrente de Cedrón.** Torrente denota un arroyo que sólo en invierno tiene agua. Iban rumbo a un huerto de la ribera oriental. Mateo y Marcos dicen que se llamaba Getsemaní. Juan no cuenta nada de la agonía en el huerto, si bien se muestra enterado de la batalla de oración que allí se libró (cf. vs. 11). Ignoramos por qué omitió este incidente. Quizá su propósito era realzar el elemento de confianza en la actitud de Jesús, que ya había sido expresado en oración (17:4) y que ahora se manifestaba en su porte y sus actos. **2. Muchas veces** (cf. Lc. 22:39). Quizá Jesús y sus discípulos hayan tenido por costumbre pasar la noche allí (Lc. 21:37). Por tanto, Judas sabía dónde localizar al Señor esa noche. **3.** También Judas llevaba un séquito al entrar en el huerto. Pero ¡qué contraste en el despliegue! La **compañía** de soldados (Gr. *speira*) denota una cohorte romana (NC), normalmente integrada por seiscientos hombres pero no necesariamente completa en esta ocasión. Estaban acuartelados en la fortaleza Antonia, castillo ubicado al costado norte de los edificios del templo (cf. Hch. 21:31). Según parece, los dignatarios judíos podían solicitar el auxilio de estas fuerzas en cualquier emergencia que hiciese peligrar el orden público. La ciudad estaba repleta de peregrinos que acudían a la fiesta, muchos de los cuales simpatizaban con Jesús y podrían haber provocado dificultades en caso de hallarse cerca cuando Jesús fue aprehendido. **Alguaciles.** Eran la policía del templo, al servicio de los dirigentes judíos (cf. Hch. 5:22). Traían antorchas para buscar su presa y armas para el caso de tropezar con resistencia. **4. Sabiendo todas las cosas.** Este es un rasgo netamente definido de la forma en que Juan presenta al Cristo, y tiene especial prominencia relacionado con los acontecimientos de la pasión (cf. 13:1,3). Nada le sobrevino a nuestro Señor por sorpresa. **Salió** (NC, BC). Cf. 18:1 y el repetido énfasis en el hecho más trascendental de que *saliera* del Padre para venir al mundo (16:28); en los tres casos se usa el mismo verbo griego). **¿A quién buscáis?** La pregunta pone a la hueste recién llegada momentáneamente a la defensiva, obligándola a declarar que buscan únicamente a Jesús. Esto facilitó su petición de que dejaran ir a los discípulos. **5.** Al responder, **a Jesús nazareno,** indicaba el gentío que no lo reconocían, dada la semioscuridad y la distancia que los separaba de él. **Yo soy.** Esta aserción puede indicar simple identificación, como en 9:9, o puede sugerir el misterioso y majestuoso nombre de Dios mismo (8:58). Quizá en este caso se amalgamen ambos elementos. **Estaba... con ellos Judas.** Por fin se hallaba en su elemento, mezclado con los enemigos de Jesús. **6.** Nada de milagroso se sugiere aquí. El porte de Jesús, sumado al hecho de que en vez de huir avance hacia ellos, acobarda a sus aprehensores. Recuérdese que ya antes algunos de estos mismos hombres habían hallado imposible echarle mano (7:45,46). No cabe

duda que la majestad de su última declaración también tuvo que ver con la reacción de ellos.

7-9. Cuando el gentío vuelve a declarar que su objetivo es Jesús nazareno, tanto más fácil le resultó pedir que dejaran ir a los discípulos. La seguridad física de ellos en esta ocasión puede tomarse como prenda de que su seguridad espiritual estaba garantizada (cf. 6:39; 17:12). **10,11.** El acto de Pedro de recurrir al empleo de la espada resulta explicable vista su declaración de lealtad en Jn. 13:37. Que tuviera una espada se explica por el consejo de Cristo en Lc. 22:35-38. Esa espada era símbolo de días de tribulación por venir, pero no para darle uso literal. De aquí la represión de Jesús. La mención que Juan hace del nombre del siervo que perdió la oreja indica que declara como testigo ocular. Malco no era alguacil sino esclavo personal del sumo sacerdote.

12-14. El prendimiento. Cuando el propio Jesús ordenó a los suyos resistir, la compañía de soldados, dirigidos por el **tribuno** y auxiliados por los alguaciles judíos, lo prendieron **y ataron.** No querían que su plan tuviera falla alguna. Los sinópticos narran la comparecencia de Jesús ante Caifás, pero no dicen nada de Anás en relación con esto. **Primeramente.** Este adverbio trae la atención del lector al material que ahora se le presenta como suplemento de los relatos sinópticos. Si bien Caifás, yerno de Anás, era el verdadero sumo sacerdote por ese tiempo, Anás estaba muy lejos de permanecer inactivo. Además de Caifás, otros hijos de Anás lo sucedieron en el cargo, dando a esta familia el monopolio del sumo pontificado por más de medio siglo. Fuera de Juan, el único evangelista que menciona a Anás es Lucas (Lc. 3:2; Hch. 4:6). Las fuentes judías tildan de corrupto al régimen de Anás. Ya Caifás había vertido su opinión respecto a Jesús en el Sanhedrín (11:49,50).

B. *Jesús ante el tribunal judío.* 18:15-27.

15. Al impulso de su declaración de lealtad al Maestro en presencia de los discípulos, Pedro **seguía** a Jesús. **Otro discípulo.** Éste, a quien no se nombra, puede suponerse que fuera el propio Juan. **Conocido del sumo sacerdote.** La palabra "conocido" se halla también en Lc. 2:44; 23:49. Esa relación, que probablemente derivaba de amistad con su madre y la familia de ella, permitió a Juan lograr que Pedro fuera admitido al patio interior. **17.** La criada portera probablemente dedujo la relación de Pedro con Jesús por conocer como discípulo a Juan, pero al retar a Pedro a declararse obtuvo una negativa. **18.** Luego se halló Pedro entre los aprehensores de Jesús, calentándose junto al fuego en el patio. Juan interrumpe la historia de la negación de Pedro para informar sobre el proceso que dentro se seguía: el interrogatorio de Jesús.

19,20. El sumo sacerdote preguntó a Jesús. Probablemente se refiera a Anás. No era éste un juzgamiento legal, pues no se había reunido el Sanedrín; era más bien una indagatoria en procura de pruebas que presentar a aquel tribunal cuando se reuniera pocas horas después. El interrogatorio tiene que ver con los **discípulos** y con la **doctrina** de Jesús. No se descubre claramente si Anás tenía la intención de procesar a los discípulos. Es más probable que esperase obtener una confesión en el sentido de que estos hombres estaban siendo preparados para la acción revolucionaria. Jesús pasó por alto este punto. En cuanto a su doctrina, negó haber dado instrucción secreta alguna que pudiese interpretarse como complot contra las autoridades. Había hablado **públicamente,** en lugares en donde todos se reunían, como la **sinagoga** y el **templo.** Su enseñanza no era subversiva.

21. ¿Para qué me preguntas a mí? Jesús sugiere que el procedimiento es ilegal. No había testigos. Lo estaban haciendo declarar contra sí mismo **22.** Uno de los **alguaciles** presentes (había otros en el patio) consideró irrespetuosa la respuesta y le dio una bofetada a Jesús para que fuera más dócil ante el sumo sacerdote. **23,24.** Cuando Cristo señaló la injusticia que se cometía, ni el alguacil ni Anás pudieron justificar el procedimiento. No quedaba más que enviar el prisionero a Caifás (la AV correctamente sugiere que ya había sido enviado; sobre la colocación del vs. 24 a continuación del 13, v. Str. y NC).

25-27. Vuelve el relato a Pedro. Mientras con toda razón negaba Cristo las insinuaciones que contra él se enderezaban, Pedro negaba culpablemente a su Señor. Las dos preguntas que se le dirigen a Pedro son totalmente diferentes. La primera era de sondeo, como dando por hecho que negara tener relación alguna con Jesús, mientras la segunda lo pone entre la espada y la pared, dando por sentada su culpa. Ahora se le reconocía como el que había blandido la espada en el huerto. El canto del gallo recordó a Pedro la predicción del Señor (13:38) y le hizo sentir lo pecaminoso de su negación. "El canto del gallo" era el nombre de la tercera de las cuatro velas en que se dividía la noche.

C. *Juicio ante Pilato.* 18:28—19:16.
28. Nada se dice de lo ocurrido en casa de Caifás. Se supone a los lectores enterados de la tradición sinóptica de las deliberaciones nocturnas y del fallo formal vertido por el concilio al amanecer. El **pretorio** era la sede del gobernador (v. com. 19:13. **Pa-**

ra... **poder comer la pascua.** Para mantener la pureza ceremonial, los dignatarios judíos no podían entrar en las habitaciones de un pagano. Les preocupaba más la pureza ritual que la ejecución de la justicia. ¡Estaban sedientos de sangre!

29,30. El Sanedrín no había preparado una acusación formal contra Jesús para ante Pilato. Esperaban que diera validez de tal a su afirmación oral de que era un **malhechor,** es decir, un delincuente. Su respuesta fue insolente. Los judíos detestaban a Pilato.

31. Juzgadle según vuestra ley. A Pilato le bastaba la vaguedad misma del cargo de los dirigentes judíos para darse cuenta de que no le era necesario oir el caso. (cf. Hch. 18:14). **A nosotros no nos está permitido dar muerte a nadie.** Todo lo que los judíos querían era una sentencia de muerte en que la autoridad del gobernador confirmara lo que ellos tenían resuelto contra Jesús. La pérdida del derecho a dictar la sentencia capital hacía que los judíos se dieran cuenta de que eran un pueblo subyugado. Había sus excepciones, como en el caso de quien, aunque fuera romano, traspasaba el límite de separación entre el atrio de los gentiles y la porción interior del área del templo. La muerte de Esteban parece violar la declaración que leemos en Juan, pero quizá se haya basado en la certidumbre de que los judíos tuvieran, de que el gobernador se abstendría de intervenir en el asunto. **32.** Jesús había predicho que moriría crucificado, forma romana de suplicio, mientras los judíos empleaban la lapidación (cf. Mt. 20:19).

33. Pilato asume entonces el conocimiento de la causa, interrogando a Jesús en el pretorio. Juan parece dar por hecho que sus lectores conocen el relato sinóptico, que incluye el cargo que los judíos hacen a Jesús de haberse proclamado rey de la nación. Pilato se vio forzado a examinar la causa como posible intento revolucionario. **¿Eres tú el Rey de los judíos?** El **tú** es enfático, como si Pilato se sorprendiese de que la apariencia y actitud de Jesús armonizaran tan poco con la pretensión de realeza. El prisionero tenía un aire inofensivo.

34. Antes de responder a la pregunta, Jesús necesitaba saber si provenía de Pilato en su condición de funcionario romano, o si la repetía simplemente como un decir anónimo. Quizá el sumo sacerdote hubiese discutido el caso con Pilato al solicitar soldados romanos que ayudaran en la captura de Jesús. **35.** Pilato, que no quería verse llevado a admitir que tuviese nada que ver con la situación, echó la responsabilidad a los judíos. **Tu nación.** Difícil es que Pilato haya sido consciente de la honda emoción que sus palabras sugieren (cf. 1:11).

36. Mi reino no es de este mundo. "No afirma que este mundo no sea la esfera de su autoridad, sino que su autoridad no es de origen humano" (Hoskyns). No constituía él una amenaza para el gobierno romano. No cabía en su reino el empleo de la violencia. **37.** Pilato quedó estupefacto. He aquí un hombre que por tres veces en rápida sucesión había hablado de su reino, y que no obstante carecía de todos los distintivos externos de la realeza. **¿Luego eres tú el rey?** Difícilmente hubiera creído Pilato que alguien pudiese tomar por rey a la figura que ante sí tenía. **Tú dices que yo soy rey.** Jesús vacilaba en declarar que fuese rey, no fuera a suceder que Pilato confundiera la naturaleza de su realeza, que ahora explica en términos de **la verdad.** Para dar testimonio de ella había venido Cristo. **Oye mi voz** (cf. 10:3,16).

38. Pilato percibía que a Jesús no le interesaban la política ni las cuestiones de estado y que estaba muy lejos de poseer espíritu belicoso, de modo que terminó la entrevista con la pregunta, desdeñosa al parecer, **¿Qué es la verdad?** Él no era filósofo ni teórico de la religión, sino hombre de acción. Convencido de que el hombre no constituía un peligro para Roma, así lo anunció a los judíos que estaban fuera. **Ningún delito.** Lo hallaba inocente de los cargos que los judíos le endilgaban como malhechor.

39. Al percibir la tenacidad de los judíos en su afán por obtener una condenatoria, Pilato creyó descubrir un medio de eludir el empeño de ellos y libertar al prisionero. Existía la **costumbre** de que cada año, por la pascua, el gobernador diera gusto a la multitud soltando un prisionero, a elección de ella. Pensaba Pilato que dado que Jesús era muy popular, los que se habían congregado esta vez para hacer su petición anual pedirían que lo pusiera en libertad. **40.** De nuevo supone Juan que se conoce la narración sinóptica, cuando se refiere a Barrabás. **Ladrón.** Salteador, 10:1 (es la misma palabra). (NC) Hch. 3:14.

19:1-3. Jesús fue azotado por órdenes de Pilato. Fue el segundo recurso del gobernador; el anterior había fracasado al preferir la multitud a Barrabás. Pilato pensaba que quizá los judíos se darían por satisfechos al ver a Jesús humillado y torturado en esta forma. El Señor había predicho este tratamiento (Mt. 20:19). Véase también Is. 53:5. **Una corona de espinas.** Fue una burla de los soldados, con motivo de la presunta realeza de Jesús. Algunos han pensado que fue una corona trenzada con agudas espinas de datilera, relacionándola así con las esperanzas nacionalistas de los judíos, expresadas con el agitar de palmas cuando Jesús entró en Jerusalén. Puesto que las palmas expresaban los deseos judíos de independencia desde

los días de los Macabeos, este acto de los soldados habría sido la ruda respuesta de Roma a los judíos en su conjunto. Desde el punto de vista bíblico puede decirse que las espinas representan la maldición del pecado (Gn. 3:17,18), que Cristo soportaba en sustitución de la raza. **Un manto de púrpura;** prenda que solía asociarse con la realeza. Así vestido, Jesús fue convertido en objeto de chanza y escarnio de los soldados.

4,5. Pilato salió otra vez. Se proponía preparar el camino para la exhibición de Jesús mediante una arenga grandilocuente. **Mirad, os lo traigo fuera.** Seguía el humor bufonesco de los soldados. He aquí que él, gobernador romano, presentaría a aquel que era tenido por rey, pero a quien nadie ciertamente podría confundir ahora con un rey. **¡He aquí el hombre!** No está claro qué pretendía Pilato en este punto. Algunos ven en este acto un deseo de infundir lástima en el corazón de los judíos. Pero las circunstancias sugieren más bien escarnio. **Hombre** puede significar tan solo "este infeliz". En todo caso, la declaración de Pilato, **ningún delito hallo en él,** tiene un timbre extraño.

6. La respuesta de **los principales sacerdotes** fue una clamorosa negativa a darse por satisfechos con esa forma de castigo, por doloroso y humillante que fuese. **¡Crucifícale! ¡Crucifícale!** La respuesta de Pilato, **Tomadle vosotros,** subraya el **vosotros.** En otras palabras: "Si ha de haber crucifixión, hacedlo vosotros mismos." Pilato se desligaba del deseo de los judíos, pero sin autorizarlos en serio para ejecutar a Jesús. Esta fue la tercera vez que el gobernador se declaró incapaz de hallar en Jesús **delito** alguno, es decir, causa legal que sustentara la acusación.

7. Pilato se basaba en el derecho romano. Los judíos le contrapusieron otro derecho. **Nosotros tenemos una ley.** Se da énfasis al **nosotros.** Nuestra ley exige la muerte del prisionero, porque éste **se hizo a sí mismo Hijo de Dios.** El pasaje que se presume quebrantado es Lv. 24:16. Jesús había sido acusado de blasfemia durante su ministerio (Jn. 5: 18) y al terminar éste (Mr. 14:62-64).

8. Tuvo más miedo. El temor que antes había tenido Pilato nacía de la enfurecida persistencia de los acusadores de Jesús, que no consentían negativas. Quizá Juan dé también por sentado en sus oyentes el conocimiento del sueño de la esposa de Pilato (Mt. 27:19). El nuevo temor del gobernador era el de tener ante sí a un ser que en algún sentido era sobrenatural: hijo de un dios. **9.** Comienza Pilato a vislumbrar que este caso implicaba más de lo que al comienzo había creído. De modo que vuelve a introducir al prisionero en el pretorio para hablar otra vez con él. **¿De dónde eres tú?** No inquiría por la residencia sino por el origen y la naturaleza. **No le dio respuesta.** La incapacidad espiritual de Pilato (cf. 18:38) hacía inútil la respuesta.

10. El silencio del prisionero disgustó al gobernador. Quizá pensó que la declaración de su autoridad y la mención de que la vida y la muerte pendían de su veredicto harían hablar a Jesús. **11.** Sólo parcialmente surtió ello efecto. Jesús habló, pero unicamente para declararle a Pilato lo limitado del poder de éste. **Autoridad.** Puede que Jesús estuviese afirmando la amplia verdad del dominio de Dios sobre el estado (Ro. 13:1ss), pero el énfasis recae sobre la situación inmediata. Pilato era impotente para hacer otra cosa que ejecutar la voluntad de Dios en este caso. **El que a ti me ha entregado.** Difícilmente podría aplicarse a Judas esta referencia. **Mayor pecado,** es decir, más grave que el de Pilato. "El pecado de Caifás es mayor, por cuanto la autoridad de Pilato procede de Dios; y era deber de Caifás no sólo conocer y enseñar la voluntad de Dios sino cumplirla. Pero él, representante oficial del pueblo de Dios, Israel, acudía ante este pagano que ejercía cierta autoridad conferida por Dios, a fin de que la potestad otorgada por Dios para ejecutar la justicia se empleara en perpetrar la injusticia (William Temple, *Readings in St. John's Gospel*).

12. Como resultado de este intercambio verbal reanudó Pilato sus esfuerzos por libertar al prisionero, movido a un tiempo por el temor que le inspiraba el extraño ser que ante sí tenía y por la convicción de que no merecía la muerte. Los judíos, al percibir que nueva resolución animaba al gobernador, emplearon su argumento decisivo. **No eres amigo de César.** Reinaba por entonces Tiberio, ante el cual era responsable Pilato. Esta era una amenaza de llevar el caso ante la corte imperial. César no habría de mirar con indulgencia un caso en que a alguien se le llamaba **rey** sin el consentimiento de Roma. El habría de considerar esto como traición, y bien podría haber acusado a Pilato de negligencia en el desempeño de su cargo. Sin duda el gobernador temía que de presentarse una queja respecto a su tramitación de esta causa, se descubrirían otras irregularidades en su administración.

13. Había llegado el momento de decidirse. **Pilato... se sentó en el tribunal.** Tenía que emitir su fallo. Las excavaciones de Pere Vincent han permitido identificar con certeza casi absoluta **el Enlosado** *(Lithostroton)* como la gran área pavimentada que formaba parte de la fortaleza Antonia, el castillo situado en la esquina noroeste del área del templo. **Gabata** probablemente signifique terreno alto. **14. Era la víspera de la pascua.** "Se aproxima la hora del doble sacrificio. Es mediodía. Se están preparando para el sacrificio los corderos pascuales, mientras sobre el Cordero de Dios recae también la sentencia de muerte" (Hoskyn). **¡He aquí vuestro Rey!** Sea cual fuere el móvil de Pilato en esta final exhibición (quizá desprecio para los judíos: ¡a tal pueblo tal rey¡), fue providencialmente usado para arrancar de labios de los judíos la cabal repudiación de su esperanza mesiánica: **No tenemos más rey que César.** Si algún significado tiene el lenguaje, estaban repudiando hasta la soberanía misma de Dios sobre la nación. ¿Quién era el que ahora blasfemaba? **16. Lo entregó.** Es el mismo verbo del v. 11. Los judíos pudieron ver ya cumplida su voluntad. Jesús sería crucificado.

D. *Crucifixión y sepelio.* 19:17-42.

17.Cargando su cruz. Todos los sinópticos cuentan que Simón de Cirene fue forzado a llevar la cruz. Sólo Juan menciona que Jesús la llevó. La narración de Lucas da cabida a las dos posibilidades. Al comienzo la llevó Jesús, pero no pudo llevarla hasta el fin. **Gólgota.** El nombre le venía probablemente de su configuración; era, pues, una colina redondeada. El equivalente latino es Calvario (Lc. 23:33). Ha de haberse hallado fuera de la ciudad (He. 13:12). **18. Jesús en medio.** Fue el suyo, aun en la muerte, el sitio de importancia céntrica.

19. Explica su posición el **título** que se puso por encima de la cabeza del crucificado. Mateo y Marcos emplean la palabra *aitia,* que Juan usa tres veces en su relación del proceso, con el sentido de "delito" (Jn. 18:38; 19:4,6). Pilato no halló en Jesús ninguna *aitia* que lo hiciese reo de muerte, pero ahora proclamaba ante el mundo que allí moría el rey de Israel, como si con ello involucrara a la nación en un desafío contra Roma, haciéndola acreedora a esta áspera reprimenda. **20-22.** La publicidad misma dada al título (tres idiomas), así como lo que éste implicaba, enojaron a los judíos, de modo que los principales sacerdotes pidieron que se cambiase la redacción para que expresara que era mera pretensión. Pilato no consintió en esto, mostrando una inflexibilidad que contrasta con su debilidad durante el proceso.

23,24. Cuatro soldados participaron en la crucifixión (cf. Hch. 12:4). Estos se apoderaron de las ropas de Jesús como botín personal, repartiéndoselas entre ellos. Sandalias, turbante, manto *(himation)* y cinturón, fue probablemente lo que se distribuyeron, dejando la **túnica** (chiton), que era más valiosa, para echarla a la suerte. Josefo describe la túnica del sumo sacerdote en lenguaje similar al que Juan emplea *(Ant.* III, 161). Se ha sugerido que a los ojos de Juan esta túnica inconsútil puede que haya simbolizado el poder unificador de la muerte de Cristo en la consolidación del rebaño único. Los soldados con sus actos, cumplieron inconscientemente la Escritura (Sal. 22:18).

25-27. Tres mujeres, las tres con el nombre de María, se pusieron junto a la cruz, contemplando dolorosamente al que tanto habían amado. Pero el texto griego tiende a favorecer la mención de cuatro, con la hermana de la madre (Salomé, madre de Juan), a quien se menciona sin nombrarla. De ser así, las cuatro puede que se presenten como un cierto contraste con los soldados romanos. Con solicitud para con su madre, Jesús la deja al cuidado del "discípulo amado". Por aquel entonces sus propios hermanos aún no eran creyentes. La unidad de la iglesia, que el Señor estaba creando, había de ser espiritual más bien que natural (Mt. 12:50). **En su casa.** Si Juan tenía una casa en Jerusalén, es más fácil explicar que fuera conocido del sumo sacerdote (18:16).

28. Tengo sed. La necesidad física de la víctima se hizo sentir, de la cual fue éste el único indicio que dejó escapar de sus labios. Aun así, era la declaración de un hecho más bien que una súplica. **30. El vinagre** era vino agrio. Reavivó la energía de Jesús, permitiéndole decir (a gran voz, según los otros Evangelios): **Consumado es.** La misma palabra *(tetelestai)*, aparece en el vs. 28. El énfasis no está en la terminación de los sufrimientos sino en que se había completado la misión de la redención. **Entregó el espíritu** a Dios.

31. En el día de reposo. Faltaba muy poco para la puesta del sol y el comienzo de un nuevo día. No importa qué día fuese, la Ley exigía desprender del madero al ajusticiado el mismo día que muriera (Dt. 21:22, 23). Desobedecer esta ley durante la Pascua habría sido una violación especialmente nefanda del día de reposo. La fractura de las piernas tenía por fin apresurar la muerte. **33,34.** El soldado, hallando que la muerte le robaba el placer de quebrarle las piernas a Jesús, abrió de una lanzada el costado del Salvador. **Sangre y agua.** Esto es fisiológicamente muy creíble en el período inmediatamente posterior a la muerte. **35.** Juan le atribuye particular importancia a este incidente, pues lo atestigua solemnemente. La muerte del Salvador abrió un manantial de vida: sangre para purificar del pecado y agua como símbolo de la vida nueva en el Espíritu (cf. 1 Jn. 5:6-8). **36,37.** Estos detalles de la muerte de Cristo sirvieron también para cumplir las Escrituras (Sal. 34: 20; Zac. 12:10).

38-40. En la hora de la muerte de Jesús hubo dos discípulos secretos en quienes nació una valentía que antes no tenían. José obtuvo de Pilato el permiso para desprender el cuerpo de la cruz; luego se presentó Nicodemo con las **especias** y los **lienzos** para amortajar el cadáver según la costumbre funeraria. Más datos sobre José pueden verse en Mr. 15:43. **41.** El sepulcro pertenecía a José (Mt. 27:60). **42.** Los preparativos funerarios se hicieron precipitadamente porque el día tocaba a su fin. Afortunadamente el sitio estaba próximo al de la crucifixión. Pasado el día de reposo podría ungírsele mejor.

E. *Resurrección y apariciones.* 20:1-29. Se pasa en silencio lo ocurrido en Jerusalén durante el día de reposo. El cuerpo de Cristo reposó en la quietud de la tumba. Pero lo "necesario" de Mt. 16:21 abarca la resurrección tanto como la pasión y muerte. Había llegado el momento de la prueba suprema de las arrogaciones de Jesús de Nazaret.

1. El primer día de la semana. Era el siguiente al de reposo, o sea el tercero a partir del de su crucifixión, de acuerdo con la costumbre judaica de contar los días inicial y final de un lapso. La resurrección de Jesús en este día determinó el día de adoración de los cristianos (Hch. 20:7). **María Magdalena.** Era bien sabido que varias mujeres acudieron temprano al sepulcro, pero Juan concentra su narración en María únicamente. La presencia de otras se da por aceptada en el "no sabemos" del vs. 2. El propósito de las mujeres era ungir en forma más permanente el cuerpo de Jesús (Mr. 16: 1). **Quitada la piedra.** Si la piedra hubiera estado en su sitio, el problema de María habría sido cómo entrar; quitada la piedra, se halló con un problema diferente. A su modo de ver, esto era peor.

2. María pensó en los discípulos principales: Simón Pedro y el "discípulo amado", y corrió a darles la noticia. Resulta interesante que en los ojos de María, no obstante su negación, Pedro aún era el jefe reconocido del grupo. Juan, hasta cierto punto responsable por la caída de Pedro (18:16), había estado procurando consolarlo. El relato de María respecto al sepulcro abierto sugirió a los dos discípulos el mismo temor que atenazaba el corazón de ella: alguien se había llevado el cuerpo.

3,4. La angustia hizo que los dos discípulos echaran a correr, dejando a María que los siguiera a su propio paso. La misma angustia hizo que Juan dejara a Pedro atrás, si bien habían comenzado juntos la carrera. Quizá Juan fuese más joven. **5. Bajándose.** Mejor dicho, *asomándose.* Frenado por el temor reverente y la timidez, Juan escrutó el interior del sepulcro, mas no entró.

6,7. Con su atrevimiento característico, Pedro no se detuvo a mirar desde la entrada sino entró, y pudo así ver más claramente que Juan la disposición de las mortajas. Observó que no estaban amontonadas sino que el sudario estaba enrollado con cuidado y puesto aparte. Si se habían llevado el cuerpo, era extraño que hubieran dejado los lienzos, y más aún que el sudario estuviese tan cuidadosamente colocado. **Enrollado.** Este verbo se usa como "envolver" en el amortajamiento del cuerpo de Jesús para su enterramiento (Mt. 27:59; Lc. 23:53). Puede significar que la cabeza se deslizó dejando el sudario en su forma de envoltura, o que Jesús lo enrolló deliberadamente antes de salir del sepulcro. **8.** Animado por la entrada de Pedro, Juan entró, vio, y **creyó** que el Señor había resucitado. No se dice lo mismo de Pedro. **9.** Los discípulos no habían recibido de Cristo instrucción que relacionara su resurrección con las Escrituras del AT (Lc. 24:46). El había predicho su resurrección, pero ellos no la entendían literalmente (Mr. 9:10). **10. A los suyos** (Str., "a casa"). De este modo María (cf. 19:27) habría de enterarse muy pronto de que la tumba estaba vacía.

11. María Magdalena se quedó junto al sepulcro, esperando descubrir algún indicio sobre el paradero de Jesús, debatiéndose en la doble pena de su muerte y de la desaparición de su sagrada forma. **Se inclinó** (cf. vs. 5). **12.** Vio algo que los otros dos discípulos no habían visto: **dos ángeles.** Lo mismo vieron las otras mujeres (Lc. 24:22,23). **13.** En circunstancias corrientes, la aparición de los ángeles habría sido conmovedora, pero tan grande era la carga de dolor de María que era incapaz de cualquier otra emoción. Se alejó antes de recibir de ellos indicación alguna de que Jesús había resucitado (cf. Mr. 16:6).

14,15. Igual indiferencia muestra ante otra figura que ante ella surge conforme se interna en el huerto. Lo único que le interesaba era continuar la búsqueda, y quizá éste fuese el jardinero y hubiese retirado el cuerpo. **16.** Un escalofrío se apodera de ella al oir pronunciar su nombre en la conocida voz de Jesús, y exclama ¡Raboni! (Maestro, o Señor). La forma original significaba "mi gran señor", pero con el uso había perdido su fuerza posesiva. No debe sorprendernos mucho que María reconociera la voz de Jesús cuando pronunció su nombre y no al hacerle la pregunta anterior. Hasta lo familiar puede parecernos extraño cuando se nos presenta en forma inesperada.

17. No me toques. (*Deja ya de tocarme,* NC). *Deja de aferrarte a mí,* podría traducirse lo que dice en griego. Al parecer, el primer impulso de María, llevada de su jubiloso frenesí, fue aferrarse a la sagrada figura. Jesús no reprendió a las otras mujeres por abrazar sus pies (Mt. 28:9), pues eso era un acto de adoración; tampoco se abstuvo de invitar a Tomás a tocarlo. (Jn. 20:27). Pero a María era necesario enseñarle que ya su relación con el Señor no era la misma de antes. Ya estaba glorificado. Ya pertenecía al reino celestial, si bien consentía en quedarse por algún tiempo para encontrarse con sus amigos. **Aún no he subido.** Parece dar a entender que María podría tocar a Jesús en algún sentido después de la ascensión, es decir, mediante la fe, viviendo la bendita vida del Espíritu. Lo íntimo de la nueva relación se pone de manifiesto por el hecho de referirse a sus seguidores como **hermanos** (cf. un anticipo de esto en Mt. 12:49). Pero aun en la intimidad del nuevo orden, Cristo retenía su propia relación especial para con el Padre. **Mi Padre** es el lenguaje de la deidad; **mi Dios** es el de la humanidad.

18. La sensación de ser útil, de cumplir el mandato de Jesús de **ir** a donde los discípulos, alivió cualquier resentimiento que María haya podido sentir ante la reprensión que había recibido. Su tarea es en miniatura la misma que se ha encargado a la iglesia: ir a contar que Jesús ha resucitado.

19. Después de haber recibido el mensaje de María, los discípulos como grupo tuvieron la primera oportunidad de ver a Jesús resucitado. Fue la noche del día que resucitó. **Por miedo de los judíos.** Era natural, vista su huída de Getsemaní, las preguntas de Anás respecto a ellos (18:19) y la expectación que provenía de la enseñanza de Jesús de que si él padecía, igual cosa debían esperar ellos (Mt. 16:24; Jn. 15:20). Se infiere claramente que Jesús pasó a través de las puertas cerradas. Tenía el poder de desmaterializar su cuerpo. **Paz a vosotros** (cf. 14:27; 16:33). **20.** El saludo de paz había quitado el temor. Correspondía luego identificarse. **Les mostró las manos y el costado.** Según Lucas, fue necesaria una demostración más palpable aún para convencerlos (Lc. 24:37-43). **Y los discípulos se regocijaron** (cf. 16:22).

21. La primera **paz** (vs. 19) fue para tranquilizar sus corazones; la segunda, para aprestarlos para una nueva declaración de la comisión que se ponía en sus manos (cf. 17:81). Nada había cambiado en el plan del Maestro para ellos. **22. Sopló sobre ellos** (Str.). Nos hace recordar la creación del hombre (Gn. 2:7), como si anunciase la nueva creación, resultante, no tanto del infuso aliento de Dios como de la recepción del Espíritu Santo (cf. 7:39). Esto no excluye necesariamente toda relación con el Espíritu en los tempranos días del discipulado, así como no excluye el advenimiento del Espíritu sobre ellos el día de Pentecostés. En esta ocasión el Espíritu era el apresto necesario para la tarea que les esperaba y que a continuación se declara.

23. Cristo confirió potestad a los apóstoles, y posiblemente a otros (cf. Lc. 24:33 ss.), para perdonar o retener los pecados de los hombres. "O los discípulos habían de poseer una percepción infalible que penetrara el corazón humano (tal como en ciertos casos se le otorgó a un apóstol, (cf. Hch. 5:3), o la remisión que proclaman ha de proclamarse *condicionalmente*. No hay quien pueda sostener la primera alternativa. Síguese por consiguiente que lo que el Señor confiere en este caso a los discípulos, a su iglesia, es la potestad de declarar con autoridad, en su nombre, que hay perdón para el pecado de los hombres, junto con las condiciones para el otorgamiento de tal perdón" (Milligan & Moulton, *Commentary on John*). Esta escena involucra la muerte de Cristo (exhibición de sus heridas), su resurrección, (proclamada por su viva presencia), la comisión resultante de ir y dar testimonio en pro de él, la capacitación para esa tarea, y el mensaje mismo, cuya médula es el perdón de los pecados.

24,25. Juan menciona la ausencia de Tomás pero no la explica. Puesto que Jesús no reprendió a Tomás acusándolo de haber perdido interés en su discipulado, no tenemos nosotros base para hacerlo. Quizá haya preferido hallarse solo con su pena por la muerte del Salvador. El relato de los demás en cuanto a su reunión con el Señor ponía el énfasis en haber visto las manos y el costado heridos del Señor. Tomás requirió no sólo ver estas cosas sino tocarlas, como condición para creer que Jesús había resucitado. **26.** Una semana después en condiciones idénticas a la ocasión anterior, incluso con las puertas cerradas, se presentó nuevamente Jesús con la misma salutación de paz. **27.** Sus propias palabras revelan que Jesús sabía lo que había dicho Tomás. Por tanto, ha de haber estado vivo cuando el apóstol de la duda pronunció las palabras acerca de las **manos** y el **costado. 28.** Eliminadas por completo sus dudas, Tomás responde al reto de Jesús con una vigorosa declaración de fe. **¡Señor mío, y Dios mío!** Sabía que estaba en presencia de la deidad. **29. Porque me has visto.** Nada demuestra que Tomás haya tocado al Salvador. Verlo bastó ¿Y las multitudes que no habrían de tener esta oportunidad de verlo? Una bendición se instituye para ellas, para quienes se atrevan a emprender la aventura de la fe (cf. 1 P. 1:8).

F. *Propósito de este evangelio.* 20:30-31. Las **señales** que tachonan el relato de Juan culminan con la mayor de todas: la resurrección. Para que el lector no vaya a creer otra cosa, se apresura el escritor a observar que las señales fueron **muchas**. Sólo algunas escogidas se han incluido en este libro. Pero es la esperanza del autor que éstas conduzcan al lector a creer que Jesús es el Cristo (el objeto de la expectación de los judíos basados en las profecías del AT, cuando esa ex-

pectación no se pervierte mediante falsas opiniones respecto a la mesianidad) y el Hijo de Dios, que revela al Padre con sus palabras y sus hechos, culminando con la obediencia a la voluntad del Padre hasta la misma muerte. **Creer** abarca las dos ideas del acto inicial de la fe y de la fe progresiva. **Vida en su nombre,** es decir, en la unión con su propia persona.

Considerando que esta parece la conclusión natural del Evangelio, algunos eruditos deducen que el capítulo siguiente es una añadidura posterior, hecha ya sea por Juan u otra persona. Pero nada hace forzosa tal conclusión respecto al capítulo final. Este abunda en sugerencias respecto al modo en que la perenne presencia y poder del Señor capacitan a la iglesia para cumplir su ministerio en el mundo.

VI. Epílogo. 21:1-25.

1. El escenario de las apariciones del resucitado se cambia ahora de Jerusalén a Galilea. El **mar de Tiberias,** otro nombre del mar de Galilea (cf. 6:1). **2. Juntos.** No por ser socios en el trabajo, sino en el discipulado, y por la compartida experiencia de ver a Jesús resucitado de entre los muertos. Pedro y Juan habrían de ser protagonistas de relieve en el incidente que se iba a relatar. **3. Voy a pescar.** Pedro no soportaba la inactividad. La vista de su barca y de su amado mar de Galilea, y quizá la necesidad de alimento, motivaron el súbito anuncio. Es aventurado deducir que Pedro volvía a la pesca como su oficio permanente. Cierto es que el verbo "pescar" está en presente, lo cual puede sugerir acción continuada. Pero esto se ve contrapesado por el **yo voy,** que sugiere una expedición más que una carrera. Además, la compañía de los otros discípulos deja ver que tenían por temporal el propósito de Pedro. Vistas las apariciones del Señor ante ellos (cf. 20:21-23), no es de pensarse que volvieran a dedicarse a la pesca como oficio. **No pescaron nada.** esto fue providencial, en preparación de la intervención de Cristo. **4,5.** Jesús habló desde la playa, pero no fue reconocido. **Hijitos** puede también traducirse por "muchachos", sin forzar el sentido. **¿Tenéis algo de comer?** La forma de la pregunta apareja la sospecha de que no tenían (¿No tenéis...? NC). **De comer** (*prosphagion*) es una expresión que indica alimento en general (Moulton & Milligan, *The Vocabulary of the New Testament*). **No.** Es humillante para un pescador admitir que no ha pescado nada. **6. Echad la red a la derecha.** La barca permaneció en la misma posición, los aparejos de pesca eran los mismos, y no habían cambiado los hombres ni su habilidad; pero las redes vacías se llenaron, sólo por la palabra de Cristo (v. Jn. 15:5).

7. El milagro hizo que el "discípulo amado" comprendiera de pronto que el desconocido tenía que ser Jesús. ¡Es el Señor! El pensamiento de Pedro ha de haber retrocedido veloz como el relámpago a la ocasión aquella, cuando en ese mismo lago había echado la red en el nombre del Señor, cosechando una portentosa cantidad de pescado (Lc. 5:1-11). Lo presto que estuvo Pedro a encontrarse con Jesús sugiere que no era consciente de estar contrariando la voluntad de Dios al irse de pesca. **La ropa.** Habría sido indecoroso saludar al Señor sin estar adecuadamente vestido. **8.** Los demás discípulos los siguieron en la barca. **Doscientos codos:** unos noventa metros.

9. Iba a recordarse a los seguidores de Jesús que aquel que otorga el éxito en la obra cristiana tiene también poder para satisfacer las necesidades de los suyos cada día. **Un pez . . . y pan.** Un solo pez y un solo pan. Jesús haría que bastaran, como al alimentar a la multitud con los panes y los peces.

10. Traed de los peces que acabáis de pescar. El propósito no era aumentar lo que ya había provisto. Nada indica que fueran preparados, cocidos ni comidos. Cristo quería que los hombres disfrutaran completa la emoción de la pesca. Generosamente dijo: que **acabáis** de pescar; no obstante que sin él eran impotentes. **11.** Según la costumbre, contaron los peces. Su número indica sencillamente que fue una gran pesca. Si algún simbolismo hay en que la red no se rompiera, sería que las almas ganadas mediante el servicio dirigido por Cristo no se perderán, sino que serán preservados hasta alcanzar la playa celestial.

12. Comed. La palabra se aplica especialmente al desayuno, si bien a veces se refiere a otras comidas. Fue ésta una solemne ocasión, en que los discípulos sintieron de nuevo el asombro de la presencia del Señor. **14. La tercera vez.** Dos apariciones anteriores a los discípulos se narran en el capítulo precedente. El resto de esta aparición tiene que ver casi exclusivamente con Pedro y Juan, si bien los demás aprovecharon la enseñanza.

15. Esta escena ha sido a veces llamada "la restauración de Pedro", pero esto puede conducir a error. Ya Pedro había sido restaurado o rehabilitado en el sentido del perdón (Lc. 24:34). Pero la dirección en manos de un discípulo que había fallado difícilmente podría ser aceptada para el futuro, ni por Pedro ni por sus hermanos, de no mediar la explícita indicación de Cristo ¿Me amas? Más importante que amar a los hombres es amar a Cristo. **Más que éstos.** Algunos creen que **éstos** se refiere a los aparejos de pesca (usados como complemento directo). De ser así, Pedro podría haber respondido sin evasivas y sin valerse de una palabra que traduce **amar,** distinta a la empleada por Jesús. El mismo hecho de que Jesús someta a examen el amor de Pedro en presencia de sus hermanos sugiere que se implica a los demás. Pedro se había jactado de que mantendría su lealtad aún cuando no lo hicieran los otros (Mr. 14:29). **Apacienta mis corderos.** No quiere Cristo confiar sus pequeños en manos de quien no le ame.

16. La pregunta y respuesta siguientes encierran un encargo diferente, por lo menos en lo verbal. **Pastorea mis ovejas.**

17. La tristeza que Pedro manifiesta aquí puede obedecer a dos causas. Primero, la triple pregunta bien puede haberle sugerido su triple negación. Segundo, Jesús abandona su palabra que se traduce **amar** (agapao), y adopta la que venía empleando Pedro (phileo), palabra que implica afecto ferviente, pero que tal vez se considere inferior a la otra. Esta distinción, sin embargo, pierde fuerza considerando que Juan usa en otras partes la segunda palabra con un significado muy elevado (5:20, p. ej.) **Mis ovejas** (cf. 10:14,27). Son preciosas para el Señor; por ellas dio él su vida. Pedro necesitaba amor para asumir el oficio pastoral.

18. La aceptación de este encargo habría de resultar costosa. En su juventud Pedro había disfrutado de libertad. Un día se vería privado de dicha libertad, y sería cuando estuviera **viejo.** La profecía le auguraba con certeza muchos años de servicio. **Extenderás tus manos.** Lenguaje aplicable a la crucifixión. La tradición de la iglesia primitiva favorece la opinión de que así fue la muerte de Pedro. **19. Con qué muerte** (qué clase). Tendría la honra de morir como su Maestro. La palabra **glorificar** se ha aplicado también a la muerte de Jesús (12:23). **Sígueme.** Él lo siguió físicamente, pero hay implícito mucho más (cf. 13:36). Se demandaba de Pedro una marcha fiel y sin desviaciones; que pusiera su rostro como pedernal, tal como Jesús a la vista de la cruz que se aproximaba.

20. Juan, sin ser invitado, les seguía. Pedro se dio cuenta e hizo una observación al respecto. **21.** Como amigo de Juan, Pedro sentía curiosidad en cuanto al futuro que para **éste** tuviera en mente Jesús. **22.** La respuesta de Jesús tenía por fin reprender a Pedro por distraerse pensando en el futuro de Juan. Debía bastarle pensar en cumplir la voluntad de Dios en su propia vida. El empleo enfático del **tú,** ausente en el vs. 19, sugiere la represión. **23.** No obstante, las palabras de Jesús fueron bien pronto mal interpretadas como una seguridad de que Juan continuaría viviendo hasta el regreso del Señor. Fácilmente olvidaron el **si** condicional. El propio Juan corrige esta errada opinión.

24. Este. Se refiere a **aquel discípulo del** vs. 23, es decir, a Juan **Da testimonio.** Puede referirse al testimonio oral de Juan sobre el contenido del Evangelio, para diferenciarlo del hecho de que también **escribió** estas cosas. **Sabemos.** La identidad de los que suman su testimonio en cuanto a la veracidad de Juan se ignora. Probablemente estuvieron asociados con Juan en Efeso; posiblemente fueron ancianos de la iglesia.

25. La idea amplía lo ya dicho en 20:30. **Pienso.** No concuerda con el **sabemos** del versículo anterior. Algunos creen que el amanuense de Juan se dio la libertad de poner esta palabra final. Se nos recuerda nuevamente que nuestros registros conservados en los Evangelios no pretenden ser relatos completos de cuanto nuestro Señor hizo en los días de su carne.

BIBLIOGRAFÍA

BARRETT, C.K. *The Gospel According to St. John.* Londres: S.P.C.K., 1955.

DODD, C.H. *The Interpretation of the Fourth Gospel.* Cambridge: The University Press, 1953.

BERNARD, T.D. *The Central Teaching of Jesus Christ.* Nueva York: Macmillan and Co., 1892.

HOSKYNS, E.C. Edited by F.N. Davey. *The Fourth Gospel.* Londres: Faber and Faber, Ltd., 1940.

MILLIGAN, WILLIAM AND MOULTON, W.F. *Commentary on the Gospel of St. John.* Edimburgo: T. and T. Clark, 1898.

RIGG, W.H. *The Fourth Gospel and Its Message for Today.* Londres: Lutterworth Press, 1952.

TEMPLE, WILLIAM. *Readings in St. John's Gospel.* Londres: Macmillan and Co., Ltd., 1950.

WESTCOTT, B.F. *The Gospel According to St. John.* Londres: John Murray, 1896.

COMENTARIOS EN ESPAÑOL

ERDMAN, CARLOS R. *Evangelio de Juan.* Grand Rapids: T.E.L.L., 1974.

HARRISON, EVERETT F. *Juan: El Evangelio de la Fe* (Comentario Bíblico Portavoz). Grand Rapids: Publicaciones Portavoz Evangélico, 1981.

HECHOS DE LOS APÓSTOLES

INTRODUCCIÓN

El título. El título, tal cual lo conocemos, no pertenecía al libro original sino que le fue dado en el siglo segundo d. de C. El Evangelio de Lucas y los Hechos son dos tomos de una sola obra (v. el Comentario sobre Lucas) y el título que se le haya dado originalmente el Evangelio correspondía a ambos libros. Cuando el segundo tomo comenzó a circular independientemente, se usó este título para designar su contenido.

El autor. Ni el Evangelio ni los Hechos mencionan el nombre de su autor, pero muy probablemente fue Lucas, amigo y compañero de Pablo. La clave de la paternidad está en las tres secciones (Hch. 16:10-17; 20: 5—21:18; 27:1—28:16) donde el uso de la primera persona de plural sugiere que el autor fue compañero de Pablo en esas tres ocasiones y se vale de su diario de viaje como fuente de su obra. Algunos han sugerido que este documento de viajero fue escrito por un desconocido compañero de Pablo y más tarde incorporado a los Hechos por un autor posterior, también desconocido. Pero la uniformidad de estilo entre la narración de esos viajes y el resto de los Hechos, así como la retención de la primera persona de plural, hacen esto sumamente improbable. La tradición eclesiástica uniformemente identifica a Lucas como el compañero de Pablo, y los datos que suministran los Hechos corroboran esta tradición.

Fecha. La fecha de los Hechos está relacionada con el problema de su abrupto final (véase el Comentario sobre Lucas). No *sabemos* cuándo fue escrito, pero es muy probable que haya sido en fecha ligeramente posterior a la conclusión de lo narrado. De ser así, el libro fue escrito alrededor del año 62 d. de C.

Fuentes. Además de su propio diario de viaje, puede que Lucas se haya valido de fuentes escritas, especialmente para los primeros capítulos de su obra. Como compañero de Pablo pudo haber obtenido del apóstol datos de primera mano. Es más, puesto que Lucas estaba en Palestina durante el encarcelamiento de Pablo en Cesarea (21:18; 27:1), tuvo amplia oportunidad para recopilar, de labios de testigos presenciales, datos relativos a los primeros días de la iglesia.

Propósito. Lucas escribió para reafirmar a Teófilo en "la verdad de las cosas en las cuales has sido instruido", Lc. 1:4). Teófilo era probablemente un gentil convertido al cristianismo, y Lucas le escribió para ampliar su conocimiento sobre el origen del cristianismo. Esto abarca la historia de la vida, muerte y resurrección de Jesús (el "Evangelio"), y el establecimiento y extensión de la iglesia.

Hablando en términos precisos, Lucas no escribió una *historia* de la iglesia primitiva. Con esto no queremos sugerir que su narración sea antihistórica o inexacta. Pero la tarea del "historiador" es suministrar una narración que abarque todos los hechos importantes. Es obvio que Lucas no se propuso tal cosa. Nada nos dice de las iglesias de Galilea (Hch. 9:31), ni de la evangelización de Egipto o de Roma. Su historia no es la de los hechos de los Apóstoles, pues sólo tres de los doce aparecen en el relato: Pedro, Jacobo y Juan, y a estos dos últimos apenas se les menciona. El libro de los Hechos trata de los hechos de Pedro y Pablo. Aun más, a Pedro prácticamente se le descarta después de la conversión de Cornelio, y nos quedamos pensando cuál sería su fin. Tampoco explica Lucas el surgimiento de ancianos en la iglesia (11:30), ni cómo llegó Jacobo a ocupar un puesto directivo en la iglesia de Jerusalén (15:13), ni qué hizo Pablo en Tarso después de convertido (9:30; v. 11:25), ni muchos otros aspectos históricos importantes. Aun más, despacha en pocas palabras ciertos acontecimientos (18:19-23) mientras relata otros minuciosamente (21:17—26:32). En otras palabras, Lucas narra un relato y no escribe una "historia". Su relato es el de los rasgos sobresalientes de la extensión de la iglesia desde Jerusalén hasta Roma, pasando por Samaria, Antioquía, Asia y Europa; y en este relato, sólo Pedro y Pablo desempeñaron papeles de importancia. El ministerio de los demás apóstoles en alguna otra parte del mundo oriental no tenía importancia para Lucas.

Dos temas subyacen la trama de esta exposición: el rechazamiento del Evangelio por los judíos y su recepción por los gentiles, y el tratamiento que a la iglesia primitiva daban los oficiales locales y romanos. El propósito primordial de Lucas en los dos volúmenes de su obra (Lucas y Hechos) es, por consiguiente, explicar a Teófilo cómo el Evangelio que comenzó con la promesa de restauración del reino a Israel (Lc. 1:32,33) terminó con el establecimiento de la iglesia gentil en Roma, desligada del judaísmo.

Más aún, el judaísmo era una religión reconocida por Roma. La nueva fraternidad religiosa que surgió dentro del judaísmo sin que fuera una simple secta de la anterior religión recibió de Roma el mismo reconocimiento que el judaísmo. De esta manera la iglesia cristiana se estableció en el mundo romano como una religión legítima, distinta del judaísmo.

Los Hechos y las Epístolas. El mayor problema que se ha suscitado en el estudio de los Hechos toca a su autenticidad en comparación con las epístolas de Pablo. Lucas no menciona estas epístolas, no siempre resulta fácil armonizar con el relato de Lucas los movimientos de Pablo según se reflejan en las epístolas. El problema mayor es: ¿Cómo pueden armonizarse los acontecimientos de Gá.

1:16—2:10 con lo que cuenta Lucas? Eruditos igualmente competentes han creído que la visita de Gá. 2:1-10 se refiere (a) a la visita en tiempos del hambre Hch. 11:27-30, y (b) a la visita al concilio de Hch. 15. Muchos eruditos opinan que el relato de Hechos sale perdiendo en la comparación con las epístolas.

El contraste entre el retrato de Pablo que presentan los Hechos y el que reflejan las propias epístolas del misionero plantea otro aspecto del problema. El Pablo de los Hechos parece un hombre flexible y razonable, dispuesto a transigir en punto a principios por razones de conveniencia (v. 16:3; 21:26), en tanto que el Pablo de las epístolas es un hombre inflexible, de convicciones inquebrantables (Gá. 1:8; 2:3). La antigua escuela crítica de Tübingen elaboró su teoría de la historia de la iglesia primitiva sobre un supuesto conflicto entre el cristianismo paulino y el judaizante, y sostenía que los Hechos reflejan una etapa tardía en la historia del conflicto, en que se efectuaba una síntesis entre estos dos puntos de vista contrarios.

Resulta imposible, naturalmente, tratar en detalle estos problemas, pero permanecen en el trasfondo del estudio y a menudo se reflejan directamente en el comentario.

BOSQUEJO

COMENTARIO

1. El comienzo de la iglesia. 1:1—2:47.

A. Preparación. Ministerio de Jesús resucitado, y su ascensión. 1:1-14.

1,2. Los dos primeros versículos son una breve introducción que une a los Hechos con el Evangelio de Lucas. Los versículos introductorios del Evangelio (Lc. 1:1-4) corresponden tanto al Evangelio como a los Hechos. Hch. 1:1,2 es una especie de introducción secundaria que vuelve la vista a Lc. 1:1-4. **El primer tratado.** Es el Evangelio de Lucas. Los Hechos es la segunda parte de una obra en dos tomos, Lucas-Hechos. El Evangelio contiene "todas las cosas que Jesús **comenzó a hacer y a enseñar;"** los Hechos presentan la continuación del ministerio del Cristo ascendido mediante el Espíritu Santo que opera en los apóstoles. Ignoramos quién fue **Teófilo;** puede haber sido un cristiano que requería mayor enseñanza, o un simpatizante pagano (v. Lc. 1:3).

2. Esta referencia al **Espíritu Santo** presenta la tónica teológica de los Hechos: la obra del Espíritu Santo.

3. El ministerio de nuestro Señor durante cuarenta días después de su resurrección tenía un doble objetivo: dar una demostración positiva de la realidad de su resurrección, y ampliar la explicación de su enseñanza respecto al **reino de Dios.** Podemos por lo tanto esperar que este tema resurja en el ministerio de los apóstoles. Las buenas nuevas acerca del reino de Dios fueron el contenido del mensaje de Felipe en Samaria (8:12), de la prédica y enseñanzas de Pablo en Éfeso (20:25), y del mensaje paulino tanto a judíos como a gentiles en Roma, cuando por fin llegó a esa urbe (28:23,31).

4. Se repite aquí el mandato de Lc. 24:49. Puesto que el ministerio de los apóstoles había de ser obra del Espíritu Santo, debían esperar en Jerusalén hasta que la promesa del advenimiento del Espíritu Santo —hecha por el Padre en el AT (Jl. 2:28; Ez. 36:27) y confirmada por medio del Hijo— se cumpliera. La palabra que se traduce por **"estando juntos"** es un tanto ambigua, ya que puede traducirse también por "comer con" o "alojarse con" alguien.

5. El ministerio de Juan Bautista, que bautizaba a los hombres **con agua,** fue la preparación para la venida del Mesías. La magna realidad, el bautismo del **Espíritu Santo,** habría de producirse en breve.

6. Este versículo amplía las últimas palabras del vs. 3. Para los judíos del siglo primero, el **reino** de Dios significaba un reinato terrenal, político, para Israel.. Hubo un momento en el ministerio de nuestro Señor en que el pueblo estaba dispuesto a apoderarse de Jesús para hacerlo rey a la fuerza (Jn. 6:15). Pero la misión de Cristo no era traer el reino en esplendor terrestre, sino en poder espiritual. Fue ésta una lección de difícil aprendizaje para los discípulos. Durante los cuarenta días una de sus principales preguntas fue si Jesús establecería pronto ese reino terrenal por medio de Israel.

7. Jesús contestó que la respuesta a tal pregunta no era cosa con que ellos al presente tuviesen que ver. Los **tiempos** y las **sazones** probablemente se refieran al lapso que debe correr antes del establecimiento final del reino de Dios, y al carácter de los acontecimientos concomitantes. El Padre ha determinado tales acontecimientos por **"su sola potestad".** Esto no implica que Dios haya descartado a Israel; Ro. 11:26 dice que todo Israel será salvo. El NT casi nada nos dice del tiempo y el modo de la salvación futura de Israel.

8. En vez de entregarse a lucubrar sobre el establecimiento final del reino judaico, debían los discípulos preocuparse por otra cosa. El Espíritu Santo estaba a punto de venir sobre ellos y dotarlos de poder sobrenatural, con cuya potencia serían testigos de Cristo por el mundo entero. Este versículo es un sumario de todo el libro de los Hechos: **en Jerusalén** abarca los capítulos 1—7; **en toda Judea, y en Samaria** abarca los capítulos 8: 1—11:18; y **hasta lo último de la tierra** abarca del 11:19 hasta el final del libro.

9. La **nube** que recibió a Cristo en su ascensión no era simple vapor condensado, sino un símbolo de la fulgente Shekinah, representativa de la gloriosa presencia de Dios (Ex. 33:7-11; 40:34; Mr. 9:7). La ascensión de Cristo significaba que había roto su visible comunión terrenal con sus discípulos, y que todavía con su cuerpo resucitado había entrado en el mundo invisible, la morada de Dios.

10. Blanco es el color de las ropas angelicales (Mt. 28: 3; Jn. 20:12).

11. Los ángeles enteraron a los apóstoles de que esta experiencia no era una repetición de la transfiguración (Lc. 9:27-36). Jesús los había dejado, pero un día volvería a la tierra de la misma manera visible y gloriosa en que se había ido. La expectación del regreso corporal de Cristo es medular en la fe cristiana.

12. La ascensión ocurrió en el **Monte de los Olivos,** situado directamente al este de Jerusalén, distante poco menos de un kilómetro. Era la distancia que al judío le era lícito caminar en día de reposo sin quebrantar la ley.

13. Este **aposento alto** quizá haya sido el escenario de la última cena (Lc. 22:12), y es posible que perteneciera a la casa de María, madre de Juan Marcos (Hch. 12:12). Otras listas de los Doce pueden verse en Mt. 10: 2 ss.; Mr. 3:16 ss.; Lc. 6:14 ss. **Simón el Zelote.** Simón el cananista. **Zelote** (fanático), quizá se refiera al carácter ferviente de Simón, pero es más probable que indique su afiliación a una facción nacionalista de los judíos, partidaria de la franca rebelión contra Roma.

14. Sus hermanos. Los hermanastros de Jesús (Mt. 13:55), que antes de su muerte no creían en él (Jn. 7:5), pero quienes la resurrección trajo a la fe. En 1 Co. 15:7 consta una aparición del Resucitado a Jacobo. **Las mujeres** puede que indique a las esposas de los discípulos, o bien las que se mencionan en Lc. 8:2; 24:10.

B. Elección de Matías. 1:15-26. El colegio apostólico había quedado trunco con la deserción de Judas, y los apóstoles consideraban que era necesario elegir un sustituto. **15.** Surge Pedro como dirigente natural entre los 120 creyentes, a quienes se les llama **hermanos. 16.** Pedro hace recordar a los presentes que la traición de Judas no fue una tragedia imprevista, sino parte de los providenciales designios de Dios y por lo tanto predicha en el AT (v. vs. 20).

18,19. Estos versículos son una aclaración que Lucas intercala en la transcripción de las palabras de Pedro, para enterar a sus lectores sobre el fin de Judas. Según Mt. 27:7 fueron los principales sacerdotes quienes compraron este campo; pero por lo visto lo compraron en nombre de Judas, puesto que legalmente el dinero era de él. **Cayendo de cabeza,** quizá estaría mejor traducido por *hinchándose,* y se refiere a una ruptura fatal. Agustín interpreta el pasaje así: "se ató una cuerda al cuello, y al caer sobre el rostro, reventó por en medio". **Acéldama.** Palabra aramea que significa *campo de sangre.*

20. Pedro hace una cita libre de Sal. 69: 25; 109:8. **Obispado** significa *oficio de supervisor,* en sentido no técnico.

21,22. Dos requisitos debía llenar el sucesor de Judas en el colegio apostólico: haber sido compañero de Jesús, y haber sido testigo de su resurrección. Ninguna referencia a la ordenación se hace en estos versículos. **23.** No tenemos ningún dato adicional acerca de estos dos candidatos igualmente idóneos.

24-26. La elección por suertes tenía un precedente en el AT (Pr. 16:33), pero no vuelve a presentarse en el NT, ni es procedimiento normativo en la práctica cristiana. **Para irse a su propio lugar.** A Judas le correspondió recibir su merecido por su nefanda traición. Fue necesario remplazarlo, no por defunción sino por defección. Cuando Jacobo, el hermano de Juan, fue ejecutado (Hch. 12:2), no se nombró sustituto. El **Señor** a quien se le dirige la oración (1:24) era probablemente Jesús ascendido, pues al que había escogido a los doce del principio (vs. 2) ahora se le pide que elija otro. **Señor** es la palabra usual en el AT griego para designar a Dios; desde la época más temprana de la Iglesia se empleó para designar a Jesús ascendido.

C. Advenimiento del Espíritu Santo. 2:1-41. En un sentido muy real la Iglesia nació el día de Pentecostés, cuando de un nuevo modo se dio a los hombres el Espíritu Santo para unir a los creyentes en Cristo en una nueva relación.

1. Pentecostés, que significa quincuagésimo, es el nombre griego que corresponde a la fiesta de las (siete) semanas descrita en Lv. 23:15-22, con la cual se celebraba el fin de la cosecha.

2. Los 120 discípulos estaban congregados en un cuerpo y **en el mismo lugar** (VM Str., VLA), probablemente en el aposento alto (1:13). **Unánimes** es variante procedente de un texto inferior. El **estruendo** que vino del cielo no era viento, sino que se oía **como el de un viento recio.** *Pneuma* se puede traducir tanto por viento como por espíritu; el viento simboliza la potencia del Espíritu así como su invisibilidad (Jn. 3:8). Lo que vieron no fue realmente lenguas de fuego, sino **lenguas . . . como de fuego. 3.** La señal visible fue algo que sólo pudo describirse como una llama que se **repartía** separándose en lenguas de fuego que se asentaban sobre los discípulos individualmente. Muchos tienen esto como el cumplimiento de la promesa del bautismo de fuego dada por Juan (Lc. 3:16). Pero no hubo fuego en Pentecostés, sino algo **como** fuego; y el bautismo de fuego es el castigo de los que rechazan al Mesías: la quema de la paja en fuego inextinguible.

4. Al ser dado a los hombres el Espíritu Santo, los discípulos fueron bautizados (1: 5) y al propio tiempo **llenos del Espíritu Santo.** El bautismo del Espíritu se describe en 1 Co. 12:13. Es la obra del Espíritu Santo al fundir a gentes de diversa extracción racial y social en un solo cuerpo: el cuerpo de Cristo, su Iglesia. En el sentido estricto de la palabra, Pentecostés fue el día en que nació la Iglesia. Jamás volvió a repetirse este bautismo del Espíritu. Más tarde se extendió a los creyentes de Samaria (Hch. 8), a las gentiles (caps. 10; 11), y a los discípulos de Juan el Bautista (19:1-6). A menudo se repitió la plenitud del Espíritu, pero no el bautismo del Espíritu.

5. Parece que los discípulos habían descendido del aposento alto y se habían ido a un sitio al aire libre, posiblemente en el área del templo, en donde se había reunido una multitud. Los **varones piadosos** eran judíos de la Diáspora que habían sido esparcidos por todo el mundo mediterráneo pero que habían retornado a vivir en la Ciudad Santa. **6.** Las **otras lenguas** (vs. 4). No es el habla del éxtasis místico. Milagrosamente el lenguaje de los apóstoles fue traducido por el Espíritu Santo en múltiples lenguas distintas, sin mediación de intérprete humano. Este fenómeno no es lo mismo que la *glossolalia* o don de lenguas de 1 Co. 12; 14, pues éstas eran ininteligibles hasta ser interpretadas. Posiblemente el Espíritu Santo haya servido de intérprete en Pentecostés, de modo que diversos grupos lingüísticos oyeran su propia lengua sin que mediara ningún intérprete humano. **7.** Resultó sorprendente que éstos, a quienes el acento delataba como judíos galileos, pudieran hablar muchas lenguas extranjeras. **9-11.** Estos países formaban un semicírculo alrededor del Mediterráneo. La mayoría de estos pueblos podían hablar el griego popular del mundo helenístico, y hablaban además su propio idioma (cp. 14:11). **Romanos aquí residentes. Judíos** y gentiles convertidos al judaísmo (**prosélitos**) procedentes de Roma, sólo por un tiempo residentes en Jerusalén.

12,13. Los oyentes se quedaron **perplejos,** dudosos, ante lo que estaba ocurriendo. La acusación de embriaguez hace pensar en un elemento extático, tanto como en las lenguas extrañas, este primer don de lenguas. **14.** un gran gentío se había reunido por causa de esta conmoción (vs. 6), probablemente en el atrio exterior del templo. Pedro dio una explicación de lo que ante los ojos de ellos había sucedido, y de allí pasó a proclamar el Evangelio, involucrado esencialmente en el anuncio del mesiazgo de Jesús. **15.** Pedro descarta en primer lugar el cargo de embriaguez de los discípulos, señalando que apenas eran las nueve de la mañana, demasiado temprano para que alguien pudiera haberse embriagado. **16.** Estaban bajo la influencia no de bebidas espirituosas, sino del Espíritu Santo. Pedro citó Jl. 2:28-31, que predice el derramamiento del Espíritu sobre Israel en la era mesiánica. Es importante notar que una profecía que en Joel se dirige a Israel como nación halla su cumplimiento en la iglesia cristiana. No obstante, en el propósito redentor de Dios, Israel también será incluido en el cumplimiento de esta profecía (Ro. 11:26). **17.** **Los postreros días** no es expresión de Joel sino que Pedro la añadió bajo inspiración del Espíritu Santo. En el AT esta frase designa la época mesiánica del Reino de Dios (Is. 2:2; Os. 3:5). La era del Evangelio es por tanto una etapa en la realización de las bendiciones de la época mesiánica. En la era del AT el Espíritu Santo fue dado principalmente a individuos que ocupaban posiciones oficiales en la teocracia de Israel: reyes, sacerdotes y profetas. La nueva misión del Espíritu Santo era posarse sobre **toda carne,** es decir, sobre todo el pueblo de Dios y no sólo sobre los dirigentes oficiales. La promesa de que este nuevo derramamiento del Espíritu resultaría en una nueva manifestación de la **profecía,** en **visiones** y **sueños,** se cumplió en la experiencia de los apóstoles y profetas de la era del NT. Era creencia de los judíos que el Espíritu Santo, que había inspirado su mensaje a los profetas del AT, había guardado silencio durante el período intertestamentario. Pedro afirmó que el Espíritu Santo había renovado su actividad en una nueva manifestación del propósito redentor de Dios. Esto se evidencia en las últimas palabras de Hch. 2:18, en que Pedro añade a la profecía de Joel esta afirmación: **y profetizarán.** Esta nueva manifestación de la profecía no consistía tanto en la predicción del futuro, como en la exposición del propósito redentor de Dios por medio de Jesús, el Mesías.

19,20. La segunda mitad de la profecía de Joel no se cumplió en días de Pedro como lo fue el derramamiento del Espíritu. **El día del Señor.** Es el día del advenimiento de Cristo en gloria, para establecer su reino en el mundo con poder y gloria. Esta consumación final vendrá acompañada del juicio que sobrevendrá sobre el orden terrestre, y de la catástrofe cósmica surgirá un nuevo orden redimido de la naturaleza y del mundo (Ro. 8:21). De este modo los postreros días se diferencian del Día del Señor.

21. Este derramamiento del Espíritu Santo producirá un gran día de salvación, y **todo aquel que invocare el nombre del Señor, será salvo.** El Señor se refiere en Joel a Dios, pero Pedro y la iglesia primitiva aplicaban el título a *Jesús exaltado.*

22,23. Pedro hace un resumen de la vida y muerte de Jesús para mostrar que no fue mero accidente, sino que se produjo dentro del propósito redentor de Dios. A pesar de que Dios había dado su respaldo a Cristo mediante **maravillas, prodigios y señales que Dios hizo** entre los judíos, éstos lo entregaron **en manos de inicuos** (gr. *anómon,* hombres sin ley), o sean los romanos, que hacían caso omiso de la ley de Dios, quienes lo **mataron crucificándole.** Si bien ni a romanos ni a judíos se les absuelve de culpa, la muerte de Jesús se había producido de acuerdo con **el designio determinado** (Str.) **y anticipado conocimiento de Dios.**

24. Jueces humanos habían ejecutado a Jesús, pero por un tribunal superior lo había levantado de los muertos, puesto que era imposible que el Mesías fuese retenido bajo el poder de la muerte. **25-28.** Pedro demuestra luego que la muerte de Cristo era parte del plan redentor de Dios, mostrando que había sido prevista en las escrituras del AT. Cita de Sal. 16:8-11, pasaje que en su propio contexto se refiere a David y su esperanza de verse salvo de la muerte. Aun en la muerte, David esperaba contemplar el rostro del Señor. Podía, por tanto, someterse a experimentar la muerte esperando que Dios no dejaría su **alma en el Hades** (Sheol), morada de los muertos, ni permitiría que le sobreviniese la **corrupción** de la fosa. Puesto que Dios es el Dios de los vivientes, a pesar de que el AT no tiene una cabal revelación sobre la vida después de la muerte, David confiaba en que Dios le mostraría **los caminos de la vida** y lo llevaría a la plenitud de gozo de la divina presencia aun después de morir.

29. El apóstol dejó claro que estos versículos no podían referirse a David, ya que éste en verdad murió y experimentó la corrupción. En verdad podía verse su sepulcro al sur de Jerusalén. Por lo tanto, el salmista ha de haberse referido al hijo de David mayor que él: al Mesías. **30,31.** El salmista, pues, hablaba proféticamente de uno de **su descendencia,** el Cristo, que habría de sentarse en el **trono** de David. En estas palabras de David descubre Pedro una profecía de la resurrección de Cristo. **32.** La resurrección del Mesías, vista proféticamente por el salmista, podía ahora ser atestiguada por la experiencia de los apóstoles.

33. No sólo había sido Jesús resucitado de entre los muertos; también había sido **exaltado a la diestra de Dios** (VLA Str., cp. vs. 34), y desde esa excelsa posición había **derramado** sobre su pueblo el don del Espíritu Santo predicho por Joel. **34,35.** Nuevamente cita Pedro los Salmos (110:1) para demostrar que la exaltación de Cristo también constaba en las Escrituras proféticas. El Señor Dios había dicho al Señor de David, al Mesías, que se sentara a la diestra de Dios hasta que fueran subyugados todos sus enemigos. Estos versículos nos llevan a concluir que aun ahora Cristo ocupa su trono en el cielo y en un sentido muy real está ejerciendo su reinado mesiánico (Ap. 3:21). **36.** Esta es la médula del Evangelio: que Jesús resucitado de los muertos y exaltado a la diestra de Dios, ha sido hecho **Señor y Cristo** (Mesías, BC). Su mesiasgo involucra su señorío; reina a la diestra de Dios como Señor y Rey. Queda instaurado el oficio mesiánico en forma nueva e inesperada. El hecho de que Cristo es Señor fue la doctrina cardinal del cristianismo primitivo. Jesús asumió el ejercicio de su señorío en virtud de su exaltación (Fil. 2:9-11) y la salvación se obtiene al confesar a Jesús como Señor (Ro. 10:9).

37. Los oyentes de Pedro fueron convencidos y convictos. **Fueron compungidos de corazón** (VLA) al darse cuenta de que habían dado muerte al Mesías de Dios, y entonces preguntaron qué podrían hacer para verse libres de tan tremenda culpa. **38.** Pedro respondió que la misericordia de Dios era capaz de perdonar aun este pecado. Una doble reacción se requería: *arrepentirse, y bautizarse* **en el nombre de Jesucristo.** Arrepentirse implicaría virar en redondo apartándose de sus malos caminos y confesar su fe en Jesús como su Mesías. El bautismo habría de ser la evidencia pública de ese espíritu penitente. El resultado sería **el perdón de los pecados** y el recibir **el don del Espíritu Santo.** Recibir el Espíritu Santo no depende del bautismo, pero le sigue al bautismo como signo externo y visible de un espíritu penitente. En la iglesia primitiva se bautizaba a los creyentes sin demora, de modo que el bautismo y la recepción del Espíritu eran prácticamente simultáneos.

39. Explica Pedro que esta nueva era de bendición mesiánica otorgaría el Espíritu Santo no sólo a dirigentes tales como profetas, sacerdotes y reyes, sino a todos cuantos se arrepintiesen, a sus descendientes, y aun a quienes no pertenecieran a la familia de Israel, a cuantos el Señor llamara a salvación. **El don del Espíritu Santo** es el propio Espíritu que se da a sí mismo y no un obsequio que el Espíritu brinda.

40,41. El apóstol exhorta luego a sus oyentes a que mediante la aceptación de su llamado al arrepentimiento y su testimonio de que Jesús era el Mesías de ellos, se salven de **esta perversa generación** que había dado muerte a Jesús. Como resultado, unas tres mil personas recibieron su palabra y tras confesar su fe fueron bautizadas y añadidas a la hermandad del pequeño círculo de creyentes. No se indica que los apóstoles hayan impuesto las manos a los nuevos adeptos para que recibieran el Espíritu Santo.

D. Vida de la iglesia primitiva. 2:42-47. Ahora Lucas bosqueja brevemente la vida y el carácter de la primitiva comunidad cristiana.

42. La doctrina de los apóstoles, o sea sus *enseñanzas.* Las enseñanzas del Señor, junto con la proclamación de la vida, muerte y resurrección de Jesús y lo que ello implicaba para la salvación del hombre. Tal enseñanza constituyó en la iglesia primitiva una tradición autoritativa, y más tarde pasó a integrar nuestro Nuevo Testamento. Estos primitivos creyentes se deleitaban en tener **comunión** unos con otros, particularmente en **el partimiento del pan** (que probablemente consistía en una comida fraternal, junto con la Cena del Señor) y en períodos regulares de oración en conjunto. **43.** El carácter de la primitiva comunidad cristiana provocaba entre el pueblo una sensación de *temor,* reforzado por los múltiples milagros que los apóstoles realizaban. **44,45.** Tal era el mutuo afecto en esa primitiva hermandad cristiana que los creyentes ricos vendían sus posesiones para ayudar a satisfacer las necesidades de los miembros pobres. El amor cristiano se manifestaba mediante un programa social de ayuda material a los pobres. Esta coparticipación cristiana parece haberse limitado a los años iniciales de la iglesia de Jerusalén, y no pasó a otras iglesias cuando el Evangelio fue llevado más allá de Judea. **46.** Los creyentes todavía eran judíos que continuaban adorando todos los días a Dios en el templo según la costumbre judaica. No les pasaba por la mente retirarse del judaísmo y fundar un movimiento separado. Su confraternidad cristiana se manifestaba particularmente mediante las comidas fraternales que se tenían en diversos hogares. La alegría y el corazón generoso eran dos de las características sobresalientes de los primitivos cristianos. **47.** No todos los judíos aceptaron el testimonio respecto al mesiasgo de Jesús resucitado, pero hasta quienes lo rechazaban miraban con gran simpatía la primitiva fraternidad cristiana. Como resultado, diariamente el Señor añadía a la nueva hermandad a los que habían aceptado el testimonio, y la comunidad cristiana los recibía como hermanos en la fe.

II. La iglesia de Jerusalén. 3:1—5:42.

La primitiva iglesia cristiana no se mostró al comienzo inclinada a lanzarse a la misión de la evangelización mundial. Los primeros cristianos eran judíos que vivían en Jerusalén como judíos que habían hallado en Jesús el cumplimiento de la profecía del AT. Lucas elige varios episodios que iluminan esos años primitivos.

A. Milagro y sermón típicos. 3:1-26. La curación de un cojo fue uno de tantos milagros similares, pero tuvo singular importancia por cuanto dio ocasión a un típico sermón que ilustra el contenido de la predicación apostólica a los judíos. A su vez este sermón provocó la primera oposición de los dirigentes judíos. **1. Pedro** y **Juan,** el hermano de Jacobo, suelen mencionarse como los dirigentes apostólicos de la iglesia primitiva. Los discípulos continuaban adorando a Dios en el **templo. La hora novena,** las 3:00 de la tarde, era hora de oración simultánea con el sacrificio vespertino. **2.** Atravesando el amplio atrio de los gentiles, los apóstoles fueron a la puerta conocida por **la Hermosa,** que daba acceso al atrio de las mujeres, donde hallaron un cojo que todos los días era llevado allí para que pidiera limosna. **6-8.** Pedro no tenía dinero que darle, pero le dio algo mucho mejor: vigor para sus pies y piernas inválidos. Fue una curación instantánea, y el hombre sanado siguió a los apóstoles al interior del templo, saltando de gozo por su recobrado vigor y alabando a Dios clamorosamente. **9,10.** Sus clamores atrajeron a un gentío que se maravillaba al contemplar dando saltos de alegría al que todos los días veían en la Puerta Hermosa.

11. Pedro aprovechó este milagro como nueva ocasión para dar testimonio del poder salvador de Jesús. Pareciera que después del servicio de oración y sacrificio Pedro y Juan junto con el que había sido cojo se fueron al peristilo al lado oriental del atrio de los gentiles, que era conocido como **pórtico de Salomón.** Allí se reunió el gentío y Pedro les habló. **12.** Pedro comienza por negar que le corresponda mérito alguno por el milagro. No fue mediante **poder** o **piedad** de los apóstoles que el inválido había sido sanado. **13.** El Dios de Israel, el Dios que había dado las promesas a los padres, era el que había realizado el milagro. El hombre había sido sanado porque Dios había **glorificado a su hijo Jesús** mediante su resurrección y ascensión. Mejor traducción es *siervo* (VM, VHA, VLA) que **hijo,** pues la palabra se refiere al siervo del Señor del cual se profetiza en Is. 52:13—53:12. Jesús podía ser glorificado sólo después de ser *entregado y negado* por los judíos ante el gobernador romano, **Pilato. 14. El Santo** y **el Justo** eran títulos que a veces se aplicaban al Mesías. ¡Qué inconcebible crimen fue que los judíos demandaran la liberación de un homicida para llevar al patíbulo al Santo y al Justo! **15. Autor de la vida.** Pedro designa a Jesús como fuente y origen de la vida. Los judíos trataron de matarlo, pero Dios revocó esa sentencia resucitándolo de los muertos. **16.** La redacción de este versículo es torpe tanto en griego como en español, pero su significado es claro. El nombre de Jesús no poseía poder mágico, pero **la fe en su nombre** producía sanidad. **17.** El monstruoso crimen, el asesinato de Jesús, podía ser perdonado, pues Pedro reconoce que los judíos y sus gobernantes no se dieron cuenta de que estaban matando a sus Mesías. **18.** El AT no profetiza un Mesías sufriente, pero sí un sufriente siervo del Señor (Is. 53). Después de su resurrección Jesús enseñó a sus discípulos que esas profecías se referían a su pasión. **Cristo** no es nombre propio en este caso, sino un título que significa *Mesías* (VM, marg.; VHA, Str., *su Ungido*).

19. Ahora Pedro llama a los judíos a arrepentirse de sus pecados y volverse a Dios. **Convertíos:** dad la espalda al pecado y volveos a Dios. Implicaría que revocaran su veredicto respecto a Jesús y confesaran que era el Mesías de Dios. Como resultado verían **borrados** sus pecados y disfrutarían los **tiempos de refrigerio** prometidos por los profetas del AT.

20. La conversión de Israel traerá aparejado el regreso del Mesías. Es propósito de Dios traer la salvación a Israel antes del advenimiento del reino de Dios (Ro. 11:26), y Pedro instaba a Israel a que aceptara esa salvación.

21. La muerte, la resurrección y la ascensión de Jesús no terminan su obra redentora. Ha de venir nuevamente con poder, para establecer un nuevo orden libre de mal y pecado. Esta restauración abarcará la redención de la naturaleza (Ro. 8:18-23) así como el perfeccionamiento de la humana sociedad cuando la voluntad de Dios sea hecha así en la tierra como en el cielo. **Los tiempos de refrigerio** son una bendición presente; los de **la restauración de todas las cosas, de que habló Dios por boca de sus santos profetas** es una bendición futura; pero ambas son fruto de la obra redentora del Mesías.

22,23. Los días que Pedro menciona fueron predichos desde tiempos tan antiguos como los de Moisés, quien profetizó que Dios suscitaría otro profeta como él (Dt. 18:15-19), que con autoridad traería la Palabra de Dios para su pueblo. La amenaza que contiene el vs. 23 es combinación de Dt. 18:19 con Lv. 23:29. **24,25.** Estos días de redención que Pedro proclamaba habían sido preocupación constante de los profetas desde los días de Samuel. Los judíos eran hijos de los profetas y del pacto hecho con Abraham, y por tanto herederos legítimos de estas promesas mesiánicas.

26. Si bien la promesa de Abraham incluía a los pueblos gentiles, las bendiciones del Mesías han sido ofrecidas **primeramente** a los herederos legítimos del pacto, para que se conviertan de su maldad. **Hijo** es la palabra que hallamos en 3:13, y que significa *siervo* (VM, VHA, VLA). **Levantado** se refiere a la aparición histórica de Jesús y no a su resurrección.

B. Primera oposición de los dirigentes judíos. 4:1-37. Uno de los fines primordiales de los Hechos es demostrar que los judíos, que rechazaron y crucificaron a Jesús, continuaban en rebelión contra Dios al rechazar las buenas nuevas de Jesús resucitado y ascendido que los apóstoles proclamaban. Este capítulo describe el comienzo de esa oposición, que culminó con el complot de los judíos para matar a Pablo en su última visita a Jerusalén (23:12-15; 25:1-3).

1. Tan grande fue el gentío que se reunió en el pórtico de Salomón que la policía del templo hubo de intervenir. Los **sacerdotes** pertenecían al partido judío llamado de los **saduceos.** Discordaban de los fariseos en cuanto a interpretación de la Ley, y además negaban las doctrinas de la resurrección y de la existencia de ángeles y demonios. **El jefe de la guardia del templo** era un alto dignatario inferior apenas al sumo sacerdote, y tenía a su cargo velar por el orden en el templo.

2. Los saduceos estaban **enojados** (VHA, VLA) porque Pedro y Juan proclamaban insistentemente que Jesús había resucitado de los muertos, y anunciaban con base en ese hecho la esperanza de resurrección para los hombres. Los fariseos creían en la resurrección futura. Los apóstoles declaraban que Dios había dado nuevo fundamento a esa esperanza.

3. Como era tarde, la policía del templo, por orden de los sacerdotes, prendió a los dos discípulos y los hizo pasar la noche en la cárcel. **4.** Lucas añade el comentario de que estos acontecimientos produjeron mucho efecto entre el pueblo y que muchos creyeron, de modo que el número de creyentes ascendió a cinco mil.

5,6. La siguiente mañana se reunió el Sanedrín. Era éste el más alto tribunal de los judíos, y estaba integrado por **gobernantes** (gr. *archontes*, "magistrados", VHA, VLA) —que eran los sacerdotes—, por **ancianos** y **escribas.** Los **escribas** eran investigadores profesionales y maestros de las Escrituras (AT). Sus discípulos eran llamados fariseos. Por aquel entonces **Caifás** era el sumo sacerdote titular y presidía el Sanedrín. **Anás** su suegro era ex sumo sacerdote y estadista veterano. El título de **sumo sacerdote,** o mejor aún *sacerdote principal,* puede aplicarse a varios miembros de las familias de las cuales provenían los sumos sacerdotes. De **Juan** y **Alejandro** nada sabemos.

7. Pedro y Juan fueron traídos ante el Sanedrín y se les exigió que dijesen con qué autoridad unos simples laicos como lo eran ellos habían procedido en tal manera. **8-10.** Pedro fue nuevamente lleno del Espíritu Santo para su defensa. Señaló que se había limitado a hacerle bien a un inválido. El que había sido cojo estaba de pie junto con Pedro y Juan, y Pedro afirmó que había efectuado su curación en el nombre de Jesucristo de Nazaret y no mediante **poder** (VM, VHA, VLA, en vez de "potestad") alguno que los discípulos poseyesen.

11,12. Teóricamente Pedro hablaba en su propia defensa, pero en este punto abandona la defensa y comienza a proclamar el Evangelio. Cita de Sal. 118:22, afirmando que Cristo era la **piedra** que **los edificadores** de la nación judía habían **reprobado,** pero que Dios había convertido en la más importante piedra del edificio. Dice además que solamente en él hay salvación, y que si los judíos rechazaban el poder salvador de su nombre no tendrían ningún otro medio de salvación. La destrucción sería inevitable para ellos individualmente y para la nación. **Cabeza del ángulo** puede designar ya sea la piedra clave del fundamento o la unión en el ángulo superior de dos muros. **Salvación** probablemente se refiere aquí a la vida en la edad futura.

13. Tal discurso asombró al Sanedrín. **Sin letras y del vulgo** no se refiere a su intelecto ni a que no supieran leer, sino a que eran *indoctos* (VHA, VLA) en la tradición de los escribas, pues eran simples legos. Era insólito que legos sin preparación hablasen con tal efectividad y autoridad. Ya los magistrados sabían que Pedro y Juan eran discípulos de Jesús, pero ahora recordaban que también Jesús, aunque indocto en las tradiciones de los escribas (Jn. 7:15), había asombrado al pueblo por la autoridad con que hablaba (Mr. 1:22). Algo de aquella misma autoridad se reflejaba ahora en sus discípulos, y el milagro realizado en la persona del cojo hacía difícil desvirtuar la eficacia de esa autoridad.

15-17. Hicieron salir a los discípulos mientras el Sanedrín deliberaba. Aunque Pedro y Juan no habían quebrantado ley alguna, se estaban volviendo peligrosamente populares. El Sanedrín resolvió que lo único que cabía era amenazarlos y ordenarles que no predicaran más en el nombre de Jesús. Como apunta F.F. Bruce (*Commentary on the Book of Acts*), nada hizo el Sanedrín para desvirtuar la aseveración medular de la predicación apostólica: que Jesús había resucitado de entre los muertos. La predicación de los apóstoles podría fácilmente haberse invalidado con sólo demostrar la falsedad de la resurrección que proclamaban. La desaparición del cuerpo de Jesús había sido tan completa que el Sanedrín fue del todo imponente para refutar el mensaje de los apóstoles. **18.** Llamados de nuevo ante el Sanedrín, Pedro y Juan no fueron castigados sino que se les ordenó suspender toda predicación en el nombre de Jesús. **19,20.** Ellos respondieron que en la disyuntiva de elegir entre la voluntad de Dios y una orden humana lo único que podían hacer era obedecer a Dios. **21.** Tal popularidad habían alcanzado los apóstoles que el Sanedrín no se atrevió a provocar la ira del pueblo, castigándolos. Además, los saduceos carecían del apoyo popular con que contaban los fariseos, y tenían

que ser cautelosos para no herir la opinión pública.

22. Lo más asombroso del milagro residía en que la edad del cojo pasaba de los cuarenta años.

24. Los creyentes efectuaron a continuación un culto de oración, no para pedirle a Dios que los librara de futuras tribulaciones y persecuciones sino para alabarlo por cuanto es soberano sobre todas las cosas. Lo invocan como **Soberano Señor** (RVR, RHA), no simplemente como *Señor* (RV). **25,26.** Los cristianos padecían la persecución predicha en Sal. 2:1-3. Los dirigentes se oponían tanto a Dios como a **su Cristo** (su Ungido, VHA, VLA, Str.) o *Mesías.* **27.** Los creyentes se refieren de nuevo a Jesús como el **santo siervo** (VM, VHA, VLA), que al mismo tiempo era el Ungido. **Herodes** Antipas, tetrarca de Galilea y Perea, representaba para ellos a los reyes de la tierra. **Poncio Pilato,** gobernador romano de Judea, representaba a los príncipes. Los demás adversarios del Salmo se identifican como romanos **(gentiles)** y el **pueblo de Israel. 28.** Pero ellos sabían que tras los malvados actos de estos perversos hombres estaba lo que el divino consejo había **antes determinado que sucediera. 29,30.** No imploraron los cristianos seguridad y protección, sino que al enfrentarse a la oposición pudiesen mantenerse fieles en la proclamación de la Palabra de Dios.

31. Como respuesta a su oración recibieron nueva plenitud del Espíritu Santo, manifestada en el arrojo con que proclamaron la Palabra de Dios. Pero esto no fue un nuevo bautismo del Espíritu.

32. Los vss. 32-37 dan otro bosquejo del carácter de la primitiva hermandad cristiana semejante al de 2:42-47. Una de las características sobresalientes de esta iglesia plena del Espíritu Santo fue su unión, un sentido de unicidad que se manifestaba en la coparticipación de los bienes materiales. **34.** Para satisfacer las necesidades de los cristianos pobres, los creyentes más afortunados vendían sus casas o tierras y traían el dinero para ser usado para el bien común. **35.** Los apóstoles supervisaban este ministerio de amor, que se rendía no sobre una base de igualdad, sino de necesidad personal. **36,37.** Hay un cristiano sobre el cual se enfoca especial atención: **José,** cristiano judío procedente de la isla de Chipre, que tenía parientes en Jerusalén (cp. 12:12; Col. 4:10). Su sobrenombre, **Bernabé,** puede traducirse ya sea por *hijo de consolación* o *hijo de aliento* o *de exhortación.* Solían darse tales sobrenombres para indicar el carácter de las personas.

C. Muerte de Ananías y Safira. 5:1-16. Este incidente nos demuestra que la iglesia primitiva no se hallaba exenta de problemas internos. Lucas no anda con reticencias sino que relata el suceso con colores sombríos.

1,2. Safira en arameo significa *hermosa.* Igual que Bernabé, vendieron **una heredad** (una posesión, VM, VHA, VLA). Ananías, **sabiéndolo** su mujer, tramó entregar a los apóstoles sólo una parte del dinero, simulando que lo daba todo. **3.** No se nos dice cómo descubrió Pedro el engaño; probablemente fue por divina iluminación. Pedro acusa a Ananías no de engañarlo a él sino de intentar engañar al Espíritu Santo. El Espíritu Santo es obviamente una persona, y el vs. 4 muestra que es también Dios.

4. El programa de compartimiento de la riqueza en la iglesia primitiva era absolutamente voluntario, no obligatorio. Mientras el terreno estuviese en manos de Ananías, podía disponer de él como a bien tuviese; y aun después de vendido podía hacer del dinero lo que se le antojara. El pecado de Ananías no fue retener el dinero sino simular entera consagración a Dios mientras deliberadamente retenía parte del dinero. Su pecado fue la consagración fingida, que implicaba mentirle a Dios.

5. Al confrontar la enormidad de su pecado Ananías quedó totalmente anonadado, se desplomó y **expiró.** No se nos explica qué lo fulminó. Está claro que Pedro no pidió su muerte. Haya ocurrido su muerte por conmoción emocional o por otra causa, fue el castigo de Dios por su hipócrita consagración. **6.** En el antiguo Oriente, como los cadáveres comenzaban a corromperse casi inmediatamente, se les enterraba sin dilación.

7. Safira ha de haber estado lejos de allí, pues de otro modo la noticia de la muerte de su marido le habría llegado más pronto. **9.** Pedro la acusa de complicidad en tratar de burlar a Dios. **Tentar** a Dios (Ex. 17:2; Dt. 6:16), es decir probar hasta dónde se puede abusar de su bondad, es un espantoso pecado. Fue esta una de las tentaciones que hubo de afrontar nuestro Señor (Mt. 4:7). **10.** El mismo fin de Ananías le tocó a Safira: cayó y expiró. Nada induce a pensar que Ananías y Safira no fuesen salvos. Su muerte física fue un castigo de Dios, pero no involucra la salvación. Fue precisamente el hecho de ser creyentes el que determinó la enormidad de su pecado. Simulaban haber consagrado a Dios su todo, pero se reservaban una parte. Sólo el cristiano puede cometer tal pecado.

11. Este acontecimiento infundió gran temor en la iglesia y ejerció una influencia purificadora. Aquí aparece por primera vez la palabra *ekklesia* para designar a la iglesia. Su significado es *llamado a salir,* y se aplicaba a la convocatoria a los ciudadanos griegos para que abandonando sus casas concurrieran a la asamblea popular con fines cívicos. El AT griego adopta la palabra y se la aplica a Israel como pueblo de Dios. Su empleo en el NT indica por tanto que la Iglesia es el nuevo pueblo de Dios. Jamás se le aplica esta palabra a un edificio. Designa la iglesia en general (5:11; 9:31; 20:28) tanto como las congregaciones locales de creyentes (11:26; 13:1).

12. Los cristianos primitivos no tenían edificio propio para el culto sino que se reunían en el pórtico de Salomón, que bordeaba el lado exterior de la extensa área del templo.

13,14. Fue tal la influencia purificadora de la muerte de Ananías y Safira que no hubo quien osara afiliarse a la nueva hermandad por móviles meramente humanos. Sin embargo, el pueblo sentía gran estimación por la iglesia. Sólo quienes pasaban por una genuina experiencia de la obra salvadora de Cristo se atrevían a unirse a la iglesia, pero el número de tales creyentes era grande.

D. Segunda oposición de los dirigentes judíos. 5:17-42. La popularidad de los creyentes hizo que nuevamente el sumo sacerdote y los saduceos fijaran en ellos su atención. Uno de los temas principales de los Hechos es el rechazamiento del Evangelio por la nación judía. La presente sección narra un nuevo paso en el rechazamiento y la persecución emprendida por los dirigentes judíos.

17. Secta significa simplemente *partido,* sin la connotación peyorativa que el uso moderno ha dado a la palabra. **18.** Esta vez se detuvo a todos los apóstoles y se les hizo guardar arresto durante la noche en espera de una vista ante el Sanedrín la mañana siguiente. **19,20.** Los apóstoles fueron sobrenaturalmente liberados durante la noche, y se les instó a continuar testificando ante el pueblo acerca del camino de la vida y de la salvación. **Esta vida.** Inusitado nombre para el mensaje cristiano.

21. Al clarear la mañana (VHA, VLA) se reunió el **concilio** (*Sanedrín,* VHA, VLA, también llamado *senado,* NC), integrado por saduceos y fariscos, y ordenaron que los apóstoles fuesen traídos ante ellos. **22,23.** Fueron los guardias a la cárcel y hallaron todo en orden, las puertas bien atrancadas y los centinelas alerta; pero los apóstoles se habían esfumado. **24. El jefe de la guardia del templo** era miembro del Sanedrín. **Los principales sacerdotes** eran jefes de varias familias pontificias y ex sumos sacerdotes que continuaban en uso del título. Estos dignatarios del Sanedrín parecen haber creído que los cristianos habían ganado adeptos entre la propia guardia del templo, y que el movimiento llevaba trazas de volverse indomeñable.

25. Están en plena deliberación cuando llega a oídos del Sanedrín que los apóstoles están de nuevo en el templo, **y enseñan al pueblo. 26.** El jefe de la guardia junto con sus subalternos persuadieron a los apóstoles a ir con ellos por las buenas al Sanedrín. El jefe se abstuvo de violencia al llevar a los apóstoles por temor a una turbulenta reacción del pueblo, que estimaba mucho a estos predicadores y sanadores.

27,28. Los apóstoles acompañaron a la guardia desde el atrio hasta el salón de sesiones del Sanedrín. El sumo sacerdote los acusa de dos cosas: primero, habían desobedecido una orden anterior del Sanedrín en cuanto a abstenerse de enseñar en el nombre de Jesús. Segundo, estaban tratando de culpar al Sanedrín ante el público por la crucifixión de Jesús. Desde luego, no era esa la intención de los apóstoles, pero al predicar la cruz daban esa impresión.

29. Pedro replica que tal orden del Sanedrín los coloca realmente ante la disyuntiva de obedecer a Dios o a los hombres. **30.** En tal situación sólo una cosa cabía elegir, especialmente en vista de que Dios había resucitado a Jesús, a quien los judíos habían matado. La expresión **Dios de nuestros padres** indica que Pedro seguía teniéndose por judío. La iglesia primitiva no rompió sus lazos con los judíos sino que existía como una fraternidad dentro del judaísmo. **31.** Si bien los judíos habían infligido a Jesús la degradación de la cruz (Dt. 21:23), Dios le había conferido la honra más excelsa al hacerlo **Príncipe** o *Caudillo* (BC) y **Salvador. Príncipe** es la misma palabra que se traduce por "Autor" en Hch. 3:15.

32. La proclamación de los apóstoles se fundaba en el hecho de que ellos habían sido testigos de lo que proclamaban. Además, no hablaban como simples individuos, sino que su testimonio tenía el poder del Espíritu Santo que por medio de ellos hablaba. El Espíritu Santo había sido dado no sólo a los apóstoles sino a cuantos estaban dispuestos a obedecerle.

33. Estas palabras de Pedro hirieron a los sacerdotes hasta lo vivo y los llenaron de ira. La palabra traducida por **se enfurecían** literalmente significa "se sintieron como partidos por una sierra". La fracción saducea del Sanedrín se puso de inmediato a tramar la muerte de los apóstoles. **34.** Su malvado propósito se vio frustrado por un escriba **doctor de la ley,** llamado Gamaliel. Josefo, el historiador judío, nos dice que el partido de los fariseos era pequeño, pero su popularidad e influencia eran tan grandes entre el pueblo que los saduceos no se atrevían a llevar a la práctica ninguna medida a la cual se opusieran los fariseos. La influencia del consejo de Gamaliel refleja esa situación. Además, Gamaliel era uno de los rabíes más notables de su tiempo. Saulo de Tarso había sido discípulo suyo (22:3) y Gamaliel era ampliamente reconocido como el más grande maestro de la Ley en su tiempo. **35.** Gamaliel previno a los saduceos que se inclinaban a actuar sin el apoyo de la mayoría farisea, que no tomaran una resolución precipitada.

36. Citó acontecimientos históricos recientes para recordarles que entre los judíos se habían producido otros movimientos que en nada pararon, y que por consiguiente, ningún temor debían tener de este nuevo grupo que proclamaba a Jesús como Mesías. Dice Josefo que en aquellos intranquilos días hubo muchos movimientos semejantes. Gamaliel les recordó a un tal Teudas, que pretendía ser personaje importante y persuadió a unos cuatrocientos judíos a seguirlo. El movimiento fue aplastado y Teudas ejecutado. Eso es todo cuanto de él sabemos. Alrededor del año 45 d.de C. un mago que tenía el mismo nombre condujo a un gran número de judíos al Jordán con la promesa de que separaría las aguas de modo que pudiesen pasar el río en seco. El gobernador romano Crispo Fado envió la caballería y aplastó el movimiento. Pero este falso mesías era persona distinta de la que menciona Gamaliel.

37. Hubo otra insurrección capitaneada por **Judas el Galileo.** Cuando Herodes Arquelao, uno de los hijos de Herodes el Grande, (Mt. 2:1,22) fue depuesto como gobernador de Judea, se puso el país bajo un gobernador romano y se levantó un **censo** para determinar el monto del tributo que podía exigírsele al pueblo para Roma. Este Judas provocó una revuelta religioso-nacionalista fundándose en que sólo Dios era el rey de Israel y sólo a él correspondía el derecho de gobernar al pueblo judío. Este movimiento fue el comienzo de lo que más tarde habrían de ser los zelotes; pero la rebelión de Judas fue debelada por los romanos.

38,39. Gamaliel aconseja al Sanedrín confiar en la divina providencia. Si el movimiento era de Dios, prosperaría; de lo contrario, fracasaría.

40. Tanta era la influencia de Gamaliel que el Sanedrín votó por su tesis. Se impuso la pena más leve de azotes, probablemente en número de treinta y nueve (2 Co. 11:24), por desobediencia al anterior mandato del Sanedrín.

41,42. Los apóstoles no se desalentaron en modo alguno, pues tenían a honra sufrir por el nombre de Jesús. No cesaban **de enseñar, y de proclamar la buena nueva de que Jesús era el Mesías** (VM), tanto en público, en el atrio de los gentiles **en el templo,** como en sus reuniones privadas en los hogares cristianos.

III. Extensión de la iglesia de Palestina mediante la dispersión. 6:1-12:25.

A. Elección de los siete. 6:1-7. La iglesia en los primeros días no tenía organización formal ni otros dirigentes que los apóstoles. El crecimiento numérico y el surgimiento de problemas en su fraternidad interna hicieron necesario el comienzo de la organización y la elección de dirigentes o ministros adicionales.

1. Los judíos oriundos de Palestina hablaban principalmente en arameo; pero los que habían vivido en el mundo mediterráneo fuera de Palestina hablaban griego y con frecuencia ignoraban el arameo. Muchos de estos judíos de la Diáspora regresaron a vivir en Jerusalén, y algunos se convirtieron y formaron parte de la iglesia. Surgió por entonces una desavenencia entre los cristianos de habla griega **(griegos)** y los de lengua aramea **(hebreos),** porque parecía haber parcialidad a favor de éstos en la distribución de víveres a las **viudas.** Se trataba de viudas carentes de todo medio de subsistencia a quienes la comunidad cristiana suministraba lo estrictamente esencial para vivir.

2. Los doce apóstoles convocaron una asamblea de toda la iglesia e hicieron ver que la responsabilidad de velar por los pobres se había convertido en tarea tan grande que este ministerio material consumía la mayor parte de su tiempo en detrimento del ministerio de la Palabra. Tal situación **no conviene** (VHA, VLA), dijeron. **3,4.** Recomendaron que la distribución de víveres se encomendase a siete varones llenos del Espíritu Santo, y **de buena reputación** (VM). Así los apóstoles quedarían en libertad para dedicarse al ministerio de la oración y de la predicación y enseñanza de la Palabra.

5. Esteban fue uno de los siete elegidos. Todos tenían nombres griegos, y pertenecían según parece al ala griega de la iglesia. **6.** Fue la iglesia en conjunto la que seleccionó a estos siete; pero los apóstoles aprobaron la selección y los designaron para el cargo. Luego los siete fueron ordenados para el cargo mediante la imposición de las manos de los apóstoles. Esta imposición de manos era una costumbre del AT (Gn. 48:13 ss; Lv. 1:4; Nm. 27:23), y también la practicaban los judíos cuando alguien era admitido como miembro del Sanedrín. La iglesia primitiva adoptó la ceremonia para la ordenación de estos dirigentes. Pero había un requisito preliminar: que fueran llenos del Espíritu Santo. Fuera de los apóstoles, estos siete fueron los primeros dirigentes de la iglesia. Por tradición se les llama diáconos, pero no los designa con ese nombre el texto.

7. La solución de este problema aumentó la eficacia del testimonio cristiano; aun **muchos de los sacerdotes** creyeron.

B. Ocasión de la dispersión: ministerio y martirio de Esteban. 6:8—8:3.

8. Esteban se destaca inmediatamente por sus dotes y poder sobresalientes.

9. Daba testimonio del mesiasgo de Jesús en las sinagogas judías de Jerusalén, especialmente en una a la que asistían **libertos** que habían vivido en los cuatro lugares que se mencionan. La sinagoga solía consistir de diez o más judíos que se reunían a escuchar la lectura e interpretación de las Escrituras. Una tradición exagerada dice que en Jerusalén había 480 sinagogas. **10,11.** Este ministerio de Esteban parece haber dado lugar a un debate formal. Incapaces de vencer en la discusión al fogoso dirigente a causa de su **sabiduría** y el poder del Espíritu, sobornaron a unos para que atestiguaran haberle oído blasfemar contra la ley de Moisés y contra Dios. **12.** El fiel "diácono" fue llevado ante el Sanedrín a responder de estos cargos. **13-15.** La presunta blasfemia de Esteban contra Dios fue definida como blasfemia contra el templo. Según parece, había estado enseñando que ya el templo judío no era necesario para la verdadera adoración de Dios. Se le acusó ahora de enseñar que Jesús de Nazaret iba a destruir el templo y a pervertir la práctica de la ley de Moisés. La acusación no era mera invención sino una astuta distorsión de lo que Esteban realmente había enseñado.

7:1. El sumo sacerdote y presidente del Sanedrín aún era Caifás, que había presidido en el juicio y condenación de Jesús. **2.** El siguiente discurso de Esteban no es en verdad una refutación de los cargos de que se le acusaba sino más bien una afirmación positiva de su testimonio en pro de Jesucristo y del Evangelio. Esteban no intenta demostrar que los cargos que se le hacen sean falsos. Por el contrario, expone su convicción de que el templo y la tierra de Palestina no son necesarios para la verdadera adoración de Dios. Traza un breve bosquejo de la historia de Israel para demostrar: (a) que Dios bendijo a los padres de la nación aunque no vivían en Palestina; (b) que durante gran parte de su historia Israel no adoró a Dios en el templo; (c) y que ni aun la posesión del templo evitaba que Israel fuese rebelde y desobediente para con Dios. El propósito de este discurso era demostrar, con base en la historia de Israel, que la posesión del templo no había sido necesaria para la verdadera adoración de Dios, ni garantía de dicha adoración. Y esto servía para fundamentar el argumento esencial de Esteban: que venido ya el Mesías, el templo de Jerusalén había caducado.

No fue llamado Abraham estando en la tierra prometida sino en la lejana **Mesopotamia.** Narra Esteban una divina visitación ocurrida mientras Abraham estaba aún en Mesopotamia, como resultas de la cual fue primero a **Harán,** en donde vivió por algún tiempo y de donde más adelante se fue a Palestina. Gn. 11:31,32 no contiene esa inicial revelación divina; pero Gn. 15:7 y Neh. 9:7 indican que originalmente el llamado de Dios a Abraham se produjo en Ur de los caldeos, en Mesopotamia. **5.** Aunque Abraham moró en tierra de Palestina, no la poseyó en verdad sino que la tuvo como promesa de Dios para él y su descendencia. La bendición de Abraham no dependía, pues, de la posesión de la tierra sino de la promesa de Dios.

6,7. La descendencia de Abraham no poseyó inmediatamente la tierra, sino que pasó cuatrocientos años en cautiverio fuera de Palestina. **Cuatrocientos** es un número redondeado (cp. Gá. 3:17, cuatrocientos treinta). **8.** Dios pactó con Abraham y sus descendientes y dio la señal de la circuncisión como sello del convenio. La bendición del pacto, sugiere implícitamente Esteban, no dependía de la existencia del templo sino de las promesas y la fidelidad de Dios.

9,10. Aunque los patriarcas vendieron **a José para Egipto,** Dios no lo abandonó por hallarse fuera de la tierra prometida, sino que lo liberó en forma maravillosa y lo puso por gobernador **sobre Egipto** y **la casa** de Faraón. **11-15.** Cuando sobrevino la gran hambre a Egipto y Palestina, Dios dotó a José de previsión para acumular en Egipto reservas de trigo como medio para preservar a los patriarcas. Jacob y su famlia emigraron a Egipto, en donde José les dio el sustento. **Setenta y cinco,** según el cómputo de la LXX o traducción griega del AT; el número setenta de Gn. 46:27 y Ex. 1:5 corresponde al texto hebreo. Uno y otro textos reflejan dos modos diferentes de contar la familia de Jacob.

16. Si bien los patriarcas murieron en Egipto, sus cuerpos fueron llevados de regreso a Palestina y sepultados en la tierra que Dios había prometido a Abraham y su descendencia.

17-43. Esteban había sido acusado de blasfemar contra Moisés. Con la narración de la historia de Moisés y de la entrega de la Ley, él les demuestra que la posesión de la Ley no impidió a Israel rebelarse contra Dios.

17. Al aproximarse el tiempo en que Dios había prometido a los patriarcas sacarlos de Egipto para darles la tierra de Canaán, el pueblo no se mostró inclinado a dejar a Egipto, en donde estaban prosperando y multiplicándose. **18,19.** Dios, por tanto, suscitó en Egipto **otro rey** que no continuó la política de favorecer a José y a su familia sino que valiéndose de astucia obligaba a los israelitas a exponer *sus niños* a la muerte.

20,21. Moisés, que nació por aquellos días, era *hermoso* a los ojos de Dios (VLA, Str., NC). Cuando tres meses después sus padres se vieron obligados a *exponerlo,* **la hija de Faraón le recogió y le crió como a hijo suyo** en la familia real. **22.** Como hijo de la hija de Faraón, Moisés recibió la más esmerada educación posible en Egipto, y llegó a ser un joven elocuente y vigoroso. **23.** Al llegar a la edad viril Moisés resolvió salir del palacio y visitar a su pueblo. Pareciera que durante estos cuarenta años no había tenido relación con ellos, sino que había vivido como un egipcio en casa de Faraón. **24,25.** Cuando vio maltratar a uno de sus compatriotas acudió en su defensa, y golpeando al egipcio, lo mató. Moisés pensaba que sus compatriotas lo reconocerían como uno de los suyos enviado por Dios para liberarlos; pero no fue así. **26.** Al día siguiente, al ver peleando a dos de su propio pueblo, trató de reconciliarlos, recordándoles que eran hermanos y por tanto no debían maltratarse uno al otro. **27,28.** El agresor rechazó con vehemencia la pacífica mediación de Moisés, y lo acusó de entremetido y de tratar de encubrir el homicidio que el día anterior había cometido en la persona de un egipcio. **29.** Al darse cuenta de que se sabía que había matado a un egipcio en defensa de los israelitas, huyó de Egipto y **vivió como extranjero** en Madián, la parte noroeste de Arabia. Allá se casó y engendró dos hijos. **30.** Fue allí en el monte Sinaí, lejos de la tierra prometida y donde no había templo alguno, donde Dios se reveló portentosamente a Moisés. **31,32.** Al principio Moisés no comprendió el significado de la zarza ardiente. Entonces Dios le habló, revelándosele como el Dios de los patriarcas. La voz del Señor dejó a Moisés temblando de temor, de modo que no osaba mirar la zarza ardiente. **33.** Aquel desolado paraje del desierto se convirtió en lugar sagrado porque Dios se había manifestado en él. Por esto se le ordenó a Moisés quitarse el calzado en señal de reverencia. Dondequiera que Dios aparezca y hable a los hombres es tierra santa. **34.** Dios aseguró a Moisés que no se había olvidado de su pueblo aun cuando estuvieran en Egipto, y que pronto habría de cumplir sus promesas pactadas y libertarlos. **35.** Dios revocó el juicio de los compatriotas de Moisés. Ellos se mofaban de él porque pensaban que trataba de constituirse en **gobernante** y **juez;** Dios hizo a Moisés **gobernante y libertador** de su pueblo, al que sacó de Egipto. La palabra **libertador** incluye la idea de "redentor". **36.** Esta redención se realizó mediante un despliegue de magna potencia en Egipto, en el paso del Mar Rojo y en la peregrinación de cuarenta años entre Egipto y la tierra prometida.

37. La experiencia de Moisés sólo fue pálido reflejo de lo que un Ser mayor que él realizaría más adelante. Porque Moisés había predicho el advenimiento de otro profeta, a quien Israel debía oír (Dt. 18:15, 18, 19).

38. Israel, guiado por Moisés, era un prototipo de la iglesia. La palabra griega *ekklesia* se emplea en Dt. 18:16 para designar a Israel como **congregación** de Dios. **El ángel.** El especial ángel del Señor que representa a Dios y hace real su presencia para los hombres. También Moisés recibió de Dios palabras de vida, es decir, la Ley del AT (Ex. 20). De todas estas bendiciones de la mano de Dios disfrutó Israel mientras todavía estaba en el desierto, fuera de la tierra prometida y sin templo.

39. A pesar de estas bendiciones de la mano de Dios, los israelitas no quisieron obedecerle sino que rechazaron a Moisés y ansiaron volverse a Egipto. **40.** Mientras Moisés estaba en el monte ellos pidieron a Aarón que les fabricara ídolos para adorar. En vez de adorar a Dios su Creador, adoraron a un becerro de oro que ellos mismos habían hecho (Ex. 32:16,18). Pretendieron disculparse diciendo que Moisés había desaparecido e ignoraban su paradero.

41. Esteban había sido acusado de blasfemar contra Moisés. Su narración histórica demostraba que los propios progenitores de sus acusadores habían quebrantado la ley de Moisés y habían trocado el sistema divino de culto por la adoración de ídolos.

42. Esta inclinación a la idolatría que toda la historia de Israel refleja llegó a su punto culminante durante el cautiverio babilónico, cuando Israel imitó a sus vecinos adorando a los astros como si fuesen divinidades (Dt. 4:19; 17:3; 2 R. 21:3,5; 23:4,5; Jer. 8:2; 19:13; Sof. 1:5). Dios entregó a Israel a ese culto idolátrico. Cita Esteban de Amós 5:25-27 como ilustración de la apostasía de Israel. La diferencia entre el pasaje de Amós y su cita en Hechos obedece a que Esteban citaba la traducción griega del AT, que en este punto se aparta del original hebreo. Esteban apunta que los sacrificios presentados a Dios son formalidades externas y carecen de realidad espiritual (cp. Is. 1:10-14, en donde Dios rechaza los sacrificios de su pueblo porque no provienen de corazones obedientes).

43. Moloc y **Renfán** eran dos divinidades asociadas con las estrellas. La idolatría manifestada por Israel en su adoración del becerro en el Sinaí, junto con su culto formal y carente de espiritualidad en el desierto, los condujo finalmente a la adoración de las paganas divinidades astrales. Como castigo por esa apostasía Dios los hizo llevar cautivos **más allá de Babilonia.**

44,45. La apostasía de Israel se produjo no obstante que Dios les había dado un claro testimonio. En el desierto Dios había ordenado a Moisés que construyera un **tabernáculo** o tienda que sirviera de testimonio de la presencia de Dios en medio de ellos (Ex. 25:9,40; 26:30; 27:8). Los patriarcas, encabezados por Josué, trajeron consigo a la tierra prometida ese tabernáculo. Dios arrojó a las naciones de la tierra (la palabra gr. **gentiles** significa también "naciones") para que Israel pudiese poseerla.

46,47. Durante muchos años después de entrar en la tierra Israel no tuvo templo, sino que continuó adorando a Dios en el tabernáculo. La palabra **tabernáculo** de este v. es distinta de la empleada en 6:44. David, varón conforme al corazón de Dios, anheló proveer morada para Dios; pero ese privilegio fue diferido hasta los días de Salomón. **48-50.** Esteban declara enfáticamente en este punto que el **Altísimo** no se le puede circunscribir a edificios de humana construcción, pues él llena el universo entero y no hay edificio que pueda contenerlo.

51,52. Si el templo no es necesario para adorar a Dios, tampoco es garantía de que los hombres hayan de adorar correctamente. Esteban acusa a los que adoraban en el templo de ser **duros de cerviz** (tercos) e **incircuncisos de corazón y de oídos,** de resistir al Espíritu Santo y de haber entregado y matado al **Justo,** siguiendo así el ejemplo de sus rebeldes antepasados. Esteban había sido acusado de blasfemar contra la ley de Moisés. Su respuesta es que no es él el culpable de ese pecado, sino el pueblo judío que desde los días de Moisés venía transgrediendo la Palabra de Dios. Se le acusaba de blasfemar contra Dios porque descartaba el templo. Su respuesta es que la historia de Israel demuestra que el templo fue sólo una institución temporal y que no era esencial para adorar a Dios en verdad.

54. Cuando Esteban acusó de blasfemia a los judíos, se enfurecieron de modo incontenible, como lo demuestra su gesto de crujir los dientes (Job. 16:9; Sal. 35:14).

55,56. No desconcertó a Esteban la ira del Sanedrín. En ese momento Dios le dio la visión del cielo abierto, con **el Hijo del Hombre en pie, a la diestra de Dios** (VM, VHA). Las palabras de Esteban eran en verdad una afirmación de que la calidad de Hijo del Hombre que hacía poco Jesús había sostenido ante el Sanedrín como suya no era blasfemia, como había pretendido ese tribunal, sino la verdad misma de Dios (Mr. 14:62). En realidad Esteban afirmó que Jesús ya había pasado a ser el Hijo del Hombre a la diestra de Dios.

Suele representarse a Jesús sentado a la diestra de Dios (Sal. 110:1; He. 1:13). Quizá aquí se le presente como levantándose del trono para recibir a este mártir. **Hijo del Hombre** no denota la humanidad de Jesús; es un título mesiánico basado en Dn. 7:13, 14 y designa al Mesías como un ser celestial y sobrenatural. Este es el único lugar del NT fuera de los evangelios en que el título se aplica a Jesús.

57-59. No está del todo claro si el martirio de Esteban fue una ejecución formal o un linchamiento. El ajusticiamiento legal requería aprobación del gobernador romano, y visto que faltó ese requisito la segunda alternativa parece más probable. No obstante, la mención de testigos de cargo según los requería la Ley (Lv. 24:14; Dt. 17:7) sugiere una ejecución legal. Es posible que el Sanedrín haya ejecutado a Esteban sin la ratificación oficial de Pilato. Esteban fue llevado al campo de ejecución en las afueras de la ciudad, y apedreado. Los **testigos** fueron los verdugos oficiales. **Saulo,** que más adelante fue el apóstol Pablo, presenció la ejecución y estuvo de pie guardando las ropas de los verdugos. Aparece en la narración súbitamente y sin explicación.

59-60. En su agonía Esteban invoca, como a Dios mismo, a Jesús exaltado, suplicándole que reciba su espíritu. Sus últimas palabras fueron de perdón para sus verdugos. **Durmió.** El sueño es en la Biblia una metáfora común para representar la muerte.

8:1. Saulo consentía. Algunos han interpretado esta expresión en el sentido de que Saulo era miembro del Sanedrín. No es una inferencia indispensable. Sin embargo, como era de Cicilia, indudablemente pertenecía a la sinagoga a la cual había discutido Esteban (6:9). Hasta aquí la iglesia no había mostrado inclinación a llevar el Evangelio a todo el mundo sino que se había circunscrito a Jerusalén. Dios se valió de la persecución que vino tras la muerte de Esteban como medio providencial para esparcir el Evangelio fuera de Jerusalén. Los creyentes de la congregación jerosolimitana fueron esparcidos por todas partes, pero los apóstoles lograron permanecer en la ciudad para darle estabilidad a la iglesia.

3. Saulo era el promotor de esa persecución (v. Gá. 1:13,23; 1 Co. 15:9; Fil. 3:6). Estaba convencido de que este nuevo movimiento que proclamaba como Mesías a un criminal crucificado no podía en modo alguno provenir de Dios, pues el AT declara maldito a cualquiera que fuera ajusticiado en un madero. Esto, para Pablo, era la demostración bíblica de que Jesús había sido un farsante y que este nuevo movimiento era blasfemo.

C. El Evangelio en Samaria. 8:4-25. Lucas narra primero cómo se extendió el Evangelio a Samaria. Los samaritanos eran descendientes de una mezcla del remanente de Israel con extranjeros establecidos como colonos por los conquistadores asirios cuando las clases dirigentes fueron llevadas al exilio (2 R. 17). Los samaritanos habían edificado un templo rival en Gerizim (v. Jn. 4:20). Los judíos consideraban mestizos a los samaritanos, tanto en lo racial como en lo religioso, lo cual obligaba a vencer violentos prejuicios raciales antes que la iglesia llegase a ser un pueblo verdaderamente universal.

5. La ciudad de Samaria. No está claro si **Samaria** se da como nombre de la ciudad o de la región. En el NT el nombre suele designar el territorio más que la ciudad. La ciudad de Samaria había sido reedificada por Herodes el Grande como ciudad griega con el nombre de Sebaste, en honor del emperador romano. El tema del mensaje de Felipe en Samaria fue **el Mesías** (*VM, marg.*), es decir, que Jesús era el Cristo.

9-11. Antes que Felipe llegara a Samaria, un mago llamado **Simón** había ejercido allí sus artes, haciéndose pasar por "algún grande". La gente, engañada por sus artimañas, le atribuyó el poder de Dios que llamaban **Grande** (VM, VHA, VLA). **Grande** era el nombre con que los griegos designaban al Dios de los judíos.

12. El mensaje de nuestro Señor había sido el evangelio del reino de Dios (Mt. 4:23; 9:35). Había ordenado a sus discípulos que predicaran el evangelio del reino en todo el mundo (Mt. 24:14). Felipe fue a Samaria, "evangelizando", para usar la forma verbal griega, respecto al **reino de Dios.** La frase de Hch. es idéntica a la de Mt. excepto que se emplea la forma verbal en vez del sustantivo, y se inserta la preposición. El evangelio del reino de Dios y el nombre de Jesucristo son en este caso conceptos intercambiables.

14-17. Los apóstoles desde Jerusalén supervisaban a toda la iglesia, y por tanto enviaron a Samaria a Pedro y a Juan para investigar este suceso novedoso. (En cierta ocasión Juan y su hermano Jacobo habían preguntado a Jesús si no se debía invocar fuego del cielo sobre cierta aldea samaritana; v. Lc. 9:52 ss.) Juan y Pedro descubrieron que el don del Espíritu Santo recibido el día de Pentecostés todavía no se había extendido a los creyentes de Samaria. Habían recibido el bautismo de agua, pero no el del Espíritu. Para los dos apóstoles era obviamente genuina la fe de aquellos creyentes. Por tanto impusieron las manos a los convertidos, y el Espíritu Santo descendió sobre ellos. Lo que pueda significar este acontecimiento ha sido motivo de controversia, pero debe señalarse que en Pentecostés y en la casa de Cornelio (Hch. 10) el Espíritu Santo fue otorgado sin la imposición de manos. Es por consiguiente arbitrario aislar este particular acontecimiento y convertirlo en norma para la experiencia cristiana, e insistir en la existencia de un especial bautismo del Espíritu que se otorga con posterioridad a la fe salvadora y mediante la imposición de las manos de aquéllos que ya lo hayan recibido. La significación de este acontecimiento reside en el hecho de tratarse de **samaritanos.** Era la primera ocasión en que la iglesia rompía sus ataduras judaicas y avanzaba hacia una verdadera fraternidad mundial. La imposición de manos no era necesaria para los samaritanos, pero era necesaria para los apóstoles, a fin de que pudieran convencerse plenamente de que Dios estaba en verdad derribando las barreras del prejuicio racial e incluyendo a este pueblo mestizo en la comunidad de la iglesia. No fue un nuevo Pentecostés sino una extensión del único Pentecostés al pueblo samaritano.

18-24. El afán de Simón por comprar con dinero los dones de Dios dio origen a la palabra "simonía". La respuesta de Pedro fue: "Tu dinero perezca contigo... si no te arrepientes." Parece que Simón era realmente convertido, pero que los hábitos de la vieja vida y el **lazo de iniquidad** (VHA, VLA, NC) aún no habían sido destruidos. Simón se llenó de temor y rogó a los apóstoles que intercedieran por él en solicitud de perdón de Dios (vs. 24).

25. Pedro y Juan se lanzan de inmediato a una vigorosa campaña de evangelización que los llevó por muchas aldeas de Samaria. Completada esa gira, volvieron a Jerusalén.

D. Conversión del eunuco etíope. 8:26-40. A continuación presenta Lucas un nuevo progreso en la extensión de la iglesia más allá del inicial marco judaico, al narrar la conversión del eunuco etíope, probablemente un "medio prosélito" (v. com. 10:2), del judaísmo aunque bien pudiera haber sido judío.

26. Gaza, antiguamente una de las cinco ciudades de los filisteos, distaba unos 4 km. del mar. Fue destruida el año 93 a. de C. pero unos treinta y seis años más tarde fue reedificada en un nuevo sitio más próximo al mar. **El camino... el cual va por el desierto** (VHA, VLA), o *el cual es desierto* (RVR, VM) podría más probablemente referirse al sitio en que estuvo la vieja ciudad.

27. Solía en las cortes orientales colocarse a los eunucos en puestos de gran autoridad. **Candace** no es nombre propio sino título del oficio real. Se tenía al rey de Etiopía por hijo del sol y por lo tanto demasiado sagrado para ejercer de hecho las funciones de gobierno. La reina madre, que recibía el título de **Candace,** era la regente. Este eunuco era probablemente un gentil piadoso o medio prosélito judaico que había hecho la peregrinación a Jerusalén. Como eunuco, jamás pudo haber pertenecido al pueblo de Dios del AT (Dt. 23:1), pero personas como él habían de recibir el Evangelio.

28. Viajaba en un carro entoldado tirado por bueyes, y probablemente leía la traducción griega del profeta Isaías. **30.** Los antiguos solían leer en voz alta, y Felipe oyó que leía en Isaías. **32,33.** El pasaje bíblico era Is. 53:7,8. Describe a uno que padeció en silencio, a quien se denegó la justicia, y que fue muerto.

34. Antes de la venida de Cristo ya los judíos entendían que este era un pasaje mesiánico y que los padecimientos del siervo eran una profecía sobre los sufrimientos de su Mesías. Más adelante algunos interpretaron al siervo sufriente como referencia al profeta, y otros, al pueblo de Israel. **35.** Felipe mostró al eunuco que era una profecía referente a Jesús. En esto remonta a la enseñanza de nuestro Señor, de que había venido a servir y a dar su vida en rescate por muchos (Mr. 10:45).

36. Hay al nordeste de Gaza un wadí o valle que tiene una corriente de agua. La explicación de Felipe parece haber incluido una instancia a que creyera en Jesús y se bautizara, pues el eunuco pidió a Felipe que lo bautizara. **37.** Este versículo, "Felipe dijo........" etc., no se halla en los textos griegos más antiguos. Fue añadido en época temprana, y refleja la primitiva práctica cristiana de bautizar al creyente tan pronto como confesaba su fe en Jesucristo. **38.** Uno de nuestros primeros escritos postbíblicos, la Didache (c. 125 d. de C.), dice que de ser posible el bautismo debía administrarse en agua corriente.

39,40. Ignoramos qué fue del eunuco, pero la tradición asegura que fue misionero entre su propio pueblo. Felipe visitó a **Azoto,** la antigua Asdod, sita unos 32 km. al norte de Gaza, y luego siguió hacia el norte por la costa predicando el Evangelio en diversas ciudades que probablemente incluían a Lida y Jope (9:32 ss.). Pasó luego a **Cesarea,** en donde parece haberse quedado, porque en fecha posterior aparece viviendo allí (21:8). Cesarea era una ciudad gentil, residencia oficial de los procuradores de Judea.

E. Conversión de Saulo. 9:1-31. El relato de la conversión de Saulo se inserta en el de la extensión del Evangelio por Palestina. El ministerio de Pedro, que había recorrido a Samaria predicando el Evangelio (8:25) se resume en 9:32. Conforme el Evangelio iba avanzando hacia el mundo gentil, Dios preparó un vaso escogido para que fuese el principal instrumento en esa misión. Por eso Lucas interrumpe su relato para contar la conversión de Saulo y para explicar cómo terminó la persecución contra la iglesia.

1. La conversión de Saulo se relata también en 22:4-16 y en 26:12-18. Aunque Saulo nació y creció en la ciudad gentil de Tarso, en Cilicia (22.3), había estudiado en Jerusalén a los pies de Gamaliel, uno de los rabíes sobresalientes de aquellos días (5:34 ss). Era conocido como estudiante talentoso (Gá. 1:14) y estricto fariseo (Fil. 3:5). Por aquellos días era el más celoso representante de los judíos en la persecución contra la iglesia. Lo violento de su persecución se describe en Hch. 26:10,11. Era su empeño forzar a los cristianos a renegar de su fe bajo pena de prisión y aun de muerte. Ignoramos cuán corriente haya sido el martirio durante esa persecución.

2. El **sumo sacerdote,** presidente del Sanedrín, tenía jurisdicción sobre los judíos de toda Palestina. Saulo obtuvo de él órdenes de extradición (**cartas**) dirigidas a las **sinagogas de Damasco,** para traer preso a Jerusalén a cualquier cristiano que hubiera huido a Damasco. Había en Damasco una comunidad judía de entre diez mil y dieciocho mil personas. El **Camino.** Expresión con que se describe la fe cristiana (19:9,23; 22:4; 24:14,22).

3,4. Saulo vio el resplandor luminoso alrededor de mediodía (22:6; 26:13), pero fue un fulgor más brillante que el sol. La voz que venía de la luz habló a Saulo en hebreo o arameo (26:14). Aunque la mayoría de los judíos de la dispersión hablaban griego, los padres de Saulo hablaban arameo y le enseñaron esa lengua (Fil. 3:5). Era el idioma en que se daba la enseñanza en las escuelas rabínicas de Jerusalén. La voz le hace saber a Saulo que al perseguir a los cristianos había venido persiguiendo a Cristo.

5. Pablo no comprendió de momento el significado de esta experiencia. Preguntó a la voz quién era. **Señor** suele emplearse en griego corriente, lo mismo que en español, como tratamiento formal, respetuoso, entre personas (16:30; 25:26); pero en este caso indica una respuesta llena de reverencia y temor. La voz dijo ser la de Jesús glorificado. La expresión **dura cosa te es dar coces contra el aguijón,** no aparece en los textos griegos más antiguos; ha sido introducida aquí tomándola de 26:14.

7. Saulo iba acompañado de una caravana. La afirmación de este v. de que los hombres oyeron la voz pero no vieron a nadie parece contradecir a 22:9 y 26:14, en donde se asegura que no oyeron la voz. Hay dos soluciones posibles para este problema. La construcción griega de 9:7 difiere de la de 22:9. La primera declaración puede significar que oyeron el sonido de la voz, y la segunda, que no comprendieron su contenido. La segunda posibilidad es que 9:7 se refiera a la voz de Saulo hablándole a la luz; los hombres oyeron la voz de Saulo, pero no la que desde la luz le hablaba a Saulo (22:9).

9. Fue una experiencia tan perturbadora que durante tres días Pablo no pudo comer ni beber.

10,11. Lo único que sabemos sobre **Ananías** es lo que este pasaje nos cuenta. El vs. 13 parece indicar que residía en Damasco y no era un refugiado procedente de Jerusalén. No sabemos cómo llegó el Evangelio a Damasco ni cómo se convirtió Ananías. Los Hechos no nos suministran una historia completa de la iglesia primitiva, sino que dan únicamente los detalles más relevantes de su crecimiento. La calle llamada **Derecha** atravesaba el centro de Damasco, y aun hoy puede verse.

13. A Damasco habían llegado informes sobre los destrozos que Saulo había causado a los cristianos de Jerusalén. **Santos.** Palabra con que suele designarse a los creyentes en el NT. **15,16.** En el servicio de Cristo no deben considerarse los padecimientos como excepcionales sino como lo normal.

17. La obediencia de Ananías fue completa e inmediata. La recepción del Espíritu Santo mediante la imposición de las **manos** de Ananías fue una experiencia excepcional y no lo corriente (cp. 8:17). Al usar la palabra **hermano,** Ananías dio a Pablo la bienvenida a la comunión cristiana. **18.** Una sustancia escamosa se desprendió de los ojos de Pablo, e inmediatamente recobró la vista y fue bautizado.

19,20. Algunos días indica un lapso muy incierto de permanencia en Damasco. Apenas tuvo la visión de Cristo, Saulo se fue a Arabia, en donde pasó dos o tres años (Gá. 1:15 ss.). El breve ministerio en Damasco puede haberse producido ya sea antes o después de la permanencia de Pablo en Arabia. En Damasco abundaban las sinagogas, y en ellas Pablo proclamó a **Jesús** (VHA, VLA, NC) como **el Hijo de Dios.** Esta es la primera vez que esta frase aparece en los Hechos. Puede referirse al rey mesiánico como objeto del divino favor (2 S. 7:14; Sal. 2:7). Este sentido mesiánico de **Hijo de Dios** se nota en la pregunta del sumo sacerdote a Jesús (Mr. 14:61). Probablemente el vocablo tenga aquí significado mesiánico, pues Hch. 9:22 afirma que la predicación de Saulo demostró **que Jesús era el Mesías** (NC, VM, marg.).

21,22. La transformación operada en Pablo asombró profundamente a sus oyentes. *Demostrando.* Literalmente en gr., *ligar entre sí* (McKibben-Stockwell, *Léxico gr.-español del NT*), es decir, relacionando las profecías del AT con su cumplimiento, para demostrar que Jesús era **el Mesías.** La preparación rabínica de Saulo en materia del AT ahora lo colocaba en ventaja.

23,24. Muchos días abarca un período de dos a tres años posteriores a la conversión de Saulo (Gá. 1:18). "Tres años" puede, al modo judío, significar un poco más de dos años cabales. La comparación de este v. con 2 Co. 11:32 nos informa que los judíos complotaban con el representante del rey Aretas de Arabia. Es posible que el reino nabateo de Aretas abarcase en aquellos días a Damasco; pero más probable aún es que Aretas estuviese representado por un etnarca con jurisdicción sobre los numerosos nabateos que vivían en Damasco. Cuando el ministerio de Saulo en Damasco provocó la animosidad de los dignatarios judíos y nabateos, éstos se coligaron para vigilar las puertas de la ciudad para capturarlo cuando saliera.

25. Uno de los cristianos tenía una casa que daba sobre el **muro** de Damasco. A través de una ventana en dicho muro bajaron a Pablo metido en una gran canasta, burlando así la celada.

26. De regreso en Jerusalén, ya Pablo no podía relacionarse con sus antiguos correligionarios, y el puñado de cristianos que permanecía en la ciudad (8:1) sospechaba que su profesión de fe podía ser una simple añagaza para llevar adelante su persecución contra la iglesia. **27.** Bernabé quizá haya conocido a Saulo desde antaño; o si no, era un hombre de extraordinario discernimiento, pues percibió la sinceridad de Saulo y lo presentó a **los apóstoles.** Los únicos apóstoles que por entonces había en Jerusalén eran Pedro y Jacobo, hermano del Señor (Gá. 1:18,19). Jacobo había sido incluido en el círculo apostólico.

28. Pablo se dedica entonces al ministerio evangélico en Jerusalén. Todavía su ministerio no se extendía por Judea sino que se limitaba a la capital (Gá. 1:22-24). **29.** Se dirigía primordialmente a los judíos de habla griega, o **helenistas** (VM, VHA, VLA), el mismo sector ante el cual había testificado Esteban (Hch. 6:9). Así como habían hecho con Esteban, los helenistas procuraban matar a Saulo.

30. Sólo con el auxilio de sus hermanos cristianos pudo Pablo escapar con vida. Lo llevaron al puerto de Cesarea, en donde se embarcó rumbo a Tarso de Cilicia, su ciudad natal. Perdemos ahora de vista Saulo hasta que reaparece en 11:25, pero no cabe duda que estaba entregado a la predicación del Evangelio en Tarso, aun cuando no tengamos el relato de ese ministerio.

31. A continuación describe Lucas el crecimiento numérico y espiritual de **la iglesia** (VM, VHA VLA, NC) por toda **Judea, Galilea y Samaria.** Iglesias (RVR) en plural es incorrecto. Por más que haya muchas iglesias locales, la iglesia es una. Aquí se mencionan por primera vez las iglesias de Galilea. No se sabe cuándo ni cómo se fundaron.

F. Ministerio de Pedro en Palestina, y primeros adeptos gentiles. 9:32—11:18. En este punto retorna Lucas a la historia de la expansión del Evangelio por Judea mediante el ministerio de Pedro. Se había mencionado por última vez a Pedro en 8:25, cuando regresaba con Juan de Samaria a Jerusalén. Ahora se nos cuenta que se había dedicado al ministerio itinerante por Judea, predicando a los cristianos que habían sido esparcidos por las diversas poblaciones. Sería muy interesante tener un registro completo del ministerio de Pedro. En Lida halló un grupo de cristianos, probables fugitivos de la persecución jerosolimitana. Ya Felipe había evangelizado esta región (8:4). Aquí Pedro sanó al paralítico Eneas.

35. La historia de la curación de Eneas se esparció por **Lida** y por la llanura costanera de **Sarón,** resultando en la conversión de muchas personas. Esta región estaba parcialmente poblada por gentiles; Lucas va trazando la expansión de la iglesia desde la comunidad judaica de Jerusalén hasta la conversión de los gentiles.

36. Jope. Ciudad del litoral, a unos 16 km. al noroeste de Lida. **Tabita** en arameo significa *gacela;* **Dorcas** significa lo mismo en griego. Los cristianos la amaban sobremanera por sus buenas obras y su caridad. **37.** Las leyes ceremoniales judaicas de la purificación exigían que el cadáver fuese lavado. La pusieron en un aposento alto (VM, VHA, VLA) en espera del funeral. **39.** Las **viudas** del mundo antiguo se hallaban entre la clase más menesterosa, y eran particular objeto de la caridad de Tabita. Probablemente iban vestidas con ropas que Dorcas les había hecho.

43. El oficio de curtidor era tenido por inmundo entre los judíos, pues obligaba a tocar cuerpos muertos. Es significativo que Pedro, siendo judío cabal, se haya hospedado con un hombre de tal oficio.

10:1. Pasa Lucas a narrar un último e importantísimo paso en la expansión del Evangelio hacia los gentiles. Su importancia resalta por la doble mención que hace Lucas de la visita de Pedro a Cornelio. Este paso suscitó serios problemas en cuanto a las condiciones de relación social entre los cristianos judíos y los gentiles, y a las condiciones de admisión de gentiles en la iglesia. Esa cuestión fue tema de la conferencia efectuada en Jerusalén (Hch. 15).

Un **centurión** era un oficial del ejército romano con mando sobre cien hombres, y cuyo rango y funciones eran similares a las de nuestros sargentos o cabos. Cornelio pertenecía a la **cohorte** (VHA, Str. VLA) **italiana.** Se conserva una inscripción latina que indica la presencia en Siria de la "segunda cohorte de ciudadanos romanos" en el año 69 d. de C.

2. Unos cuantos gentiles se convertían al judaísmo y aceptaban todas las prácticas judaicas, incluyendo la circuncisión. Un número mayor se quedaban sin circuncidar, pero aceptaban la creencia judía en Dios, el culto en la sinagoga, las enseñanzas éticas del AT y algunas de las prácticas religiosas judías. Estos, a quienes se llamaba **temerosos de Dios,** estaban familiarizados con la versión griega del AT que se leía en la sinagoga. Los devotos temerosos de Dios constituyeron el terreno más fértil en que el Evangelio arraigó. Cornelio era uno de estos "medio prosélitos". Su carácter **piadoso** se manifestaba en las generosas **limosnas** que daba al pueblo y en que **oraba** a Dios continuamente (VLA, BC, NC).

7. Cornelio eligió a dos criados de confianza y un soldado temeroso de Dios como él, para que fueran a Jope en busca de Pedro.

9. Jope dista unos 48 km. de Cesarea. Los tres mensajeros salieron de Cesarea temprano por la mañana y llegaron a Jope por ahí de mediodía.

Mientras tanto Dios estaba preparando a Pedro para que los recibiera. Al mediodía **Pedro** subió a la terraza de la casa en procura de un sitio tranquilo **para orar. 10.** Como era hora de almuerzo, tendría hambre, y quizá haya pedido desde arriba que le alistaran de comer. Mientras oraba cayó en éxtasis y tuvo una visión. **11.** Vio cierto objeto **semejante a un gran lienzo,** que sostenido por los cuatro ángulos descendía del cielo abierto.

12. Vio en el lienzo las tres clases de criaturas que se mencionan en Gn. 6:20: **cuadrúpedos terrestres, reptiles y aves. 13,14.** Cuando se le ordenó respecto a algunos de estos animales, **mata y come,** Pedro respondió que de hacerlo violaría la ley ritual judaica tocante a los animales **inmundos.** Dicha ley está en Lv. 11. Los animales que no fueran rumiantes de pezuña hendida estaban catalogados como inmundos y no debían comerse. Además, los animales limpios tenían que prepararse de modo que no les quedara sangre en el cuerpo. Si bien Pedro era cristiano, también era judío cabal, y jamás violaba las normas dietéticas de su pueblo.

15. La voz celestial le dijo que ya Dios había abolido las leyes relativas a los alimentos limpios e inmundos. En efecto, Jesús había enseñado lo mismo (Mr. 7:14-23) al decir que los alimentos que de fuera entran en el cuerpo del hombre no pueden conta-

minar su corazón. La expresión de Mr. 7:19b, "Esto decía, haciendo limpios todos los alimentos," es una aclaración que probablemente recibió Marcos de labios de Pedro. El apóstol estaba aprendiendo por experiencia personal el verdadero significado de las enseñanzas de Jesús.

23,24. Al día siguiente salió Pedro rumbo a Cesarea en compañía de los tres mensajeros y de seis judíos cristianos de Jope (11:12). En casa de Cornelio, Pedro halló al centurión esperándolo, con sus parientes y amigos íntimos a quienes había reunido.

27-29. A Cornelio y sus acompañantes Pedro explicó que según la ley judaica era para el judío un tabú **juntarse o acercarse a un extranjero.** Pero Dios había elevado a Pedro tan por encima de sus prejuicios judaicos que ya no podía tener a ningún hombre por ceremonialmente inmundo y por ende indigno de trato social. Tan clara había sido para Pedro la voluntad de Dios, que sin objeción alguna acompañó a los siervos de Cornelio, lo cual como judío no habría hecho jamás.

34. El apóstol comprendía el significado de la visión que había tenido en la azotea. Se daba cuenta de que la distinción entre alimentos limpios e inmundos era aplicable a los seres humanos, y que a diferencia del credo judaico, a nadie debía considerársele inmundo a los ojos de Dios. Dios **no hace acepción de personas,** no tiene parcialidad hacia ningún pueblo. Quien tema a Dios y haga justicia, sea judío o gentil, es aceptado por Dios. Para un judío esta era una gran lección que aprender, y ella marca un paso bien definido en la extensión de la iglesia, de comunidad judía a fraternidad universal.

36. Pedro predicó el Evangelio a Cornelio y destacó que si bien Dios envió su Palabra primeramente a Israel, Jesús es en verdad el Señor de todos los hombres. **37,38.** Pedro incluyó en su proclamación del Evangelio un breve resumen del ministerio de Jesús en Judea y Galilea, su ungimiento como Mesías en ocasión de su bautismo, los bienes que hizo, sus curaciones y exorcismos. **39-41.** Llama la atención que Pedro dice poco respecto a la significancia de la muerte de Cristo y no proclama la doctrina de la expiación. El Evangelio consiste en los hechos concernientes a la muerte y resurrección de Jesús. La resurrección de Jesús no ocurrió pública y notoriamente, pero de ella daban testimonio hombres escogidos, y la confirmaba particularmente el hecho de que estos testigos hubiesen comido y bebido con Jesús después que él resucitó. **42,43.** El Evangelio incluye el anuncio de un juicio venidero para vivos y muertos ante Jesús resucitado, y la oferta del perdón de los pecados a cuantos crean en él.

El sermón de Pedro es el primer ejemplo de predicación a los gentiles. Es mínimo lo que refleja en cuanto al significado de la persona de Cristo; no subraya su preexistencia, encarnación ni deidad, ni el carácter expiatorio de su muerte. Su cristología es en verdad "primitiva" y consiste primordialmente en la proclamación de los hechos relativos a la vida, muerte y resurrección de Jesús, y en el llamado a creer en él para obtener el perdón de los pecados.

44. El día de Pentecostés Pedro había instado a sus oyentes al arrepentimiento, a bautizarse para perdón de los pecados y a recibir el Espíritu Santo (2:38). En Cesarea se cambió el orden de los acontecimientos, y **el Espíritu Santo cayó** sobre Cornelio y su familia antes que fueran bautizados. No fue un nuevo Pentecostés, sino la extensión de Pentecostés para abarcar a los gentiles.

45. Los **fieles de la circuncisión** se refiere a los judíos cristianos que venían acompañando a Pedro desde Jope. Su asombro proviene de no comprender que el Evangelio se iba a extender a los gentiles. Aunque eran cristianos, aún eran judíos, y había necesidad de quebrantar sus prejuicios judaicos.

46. El don de lenguas se otorgó en esta ocasión para no dejar duda alguna de que Dios había dado a los gentiles el mismo don que había otorgado a los creyentes judíos.

47,48. Pedro comprendió en el acto que los gentiles tenían que ser admitidos a la fraternidad de la iglesia, y por tanto ordenó el bautismo de Cornelio y su familia en el nombre de Jesucristo. El bautismo en agua fue posterior al bautismo del Espíritu Santo. Pedro no regresó inmediatamente a Jerusalén sino que permaneció con Cornelio por algunos días, probablemente instruyéndolo en las cosas del Señor.

Capítulo 11. Sorprende que en su breve libro dedique Lucas tanto espacio a narrar de nuevo la conversión de Cornelio. Esto indica que consideraba este hecho como uno de los más importantes en la vida de la iglesia primitiva.

1-3. La noticia de la recepción del Evangelio por los gentiles llegó a oídos de los apóstoles y de los judíos cristianos de Judea. Parece que Pedro fue citado para que compareciera en Jerusalén, y que algunos de los judíos cristianos de la ciudad disputaron con él sobre si había sido correcto fraternizar con los gentiles hasta el punto de comer con ellos. Es probable que la expresión **los de la circuncisión** tenga aquí una connotación un tanto distinta de la que tiene en 10:45. Mientras los judíos cristianos de Jerusalén discutían la trascendencia de la salvación de los gentiles, surgió un grupo disidente que más tarde exigía a los gentiles observar la ley judaica para alcanzar la salvación (15:1). Este grupo conservador criticaba a Pedro por considerar que el judío que comía junto con los gentiles desechaba de hecho las prácticas judaicas, y por tanto dejaba de ser judío. No estaban preparados para aprobar tal conducta; pensaban que los creyentes judíos no debían renunciar a las prácticas judaicas.

4-15. Como respuesta, Pedro hizo ante la iglesia de Jerusalén el relato de su visión del lienzo que descendió del cielo, de su visita a Cesarea, y del advenimiento del Espíritu Santo sobre los gentiles igual que había venido sobre los judíos en Pentecostés (vs. 15).

16. Fue esta la tercera vez que se dio el don del Espíritu Santo. La primera fue a la iglesia judía en Jerusalén, el día de Pentecostés (cap. 2); la segunda fue a los creyentes samaritanos (8:17); y esta tercera, a los gentiles. Indudablemente la experiencia de Pedro en Samaria lo preparó para este ministerio entre los gentiles. **17.** El **don** de lenguas dejaba claro que Dios había otorgado a los gentiles el mismo don que a los creyentes judíos cuando creyeron en el Señor Jesucristo. Negarles el bautismo a los gentiles habría significado negarse a aceptar la obra de Dios, y de hecho *oponerse* (VLA, NC, Str.) a Dios.

18. La narración de Pedro satisfizo por el momento a los de la circuncisión. Pero la cuestión de la posición de los cristianos gentiles dentro de la iglesia habría de suscitarse nuevamente en breve y crear nuevos problemas.

G. Establecimiento de una iglesia gentil en Antioquía. 11:19-30. Esta sección marca una nueva etapa en la expansión de la iglesia al pasar de fraternidad judaica jerosolimitana a comunidad universal. Previamente ha relatado Lucas la inclusión de los samaritanos en la iglesia y la conversión de una familia gentil: la de Cornelio. Ahora describe el nacimiento en Antioquía de la primera congregación gentil independiente, la que habría de convertirse en "iglesia madre" del movimiento misionero a los gentiles en Asia y Europa. El relato vuelve a tomar el hilo dejado en 8:4, a raíz de la persecución realizada por Saulo.

19. Fenicia es el estrecho territorio que bordea al Mediterráneo. Se extiende hasta a unos 190 km. al norte de Cesarea y abarca a Tiro y a Sidón. La predicación del Evangelio aún estaba limitada a los judíos, pues la iglesia primitiva tardó mucho en comprender el carácter universal de la misión del Evangelio.

20. Algunos creyentes procedentes de la isla de **Chipre** y de la ciudad norafricana de **Cirene** (cp. 2:9; 13:1) llegaron a Antioquía y dieron al Evangelio un nuevo rumbo. Antioquía era la tercera entre las grandes ciudades del imperio romano, y residencia del gobernador romano de la provincia de Siria.

Aunque había en Antioquía una numerosa colonia judía, la ciudad era primordialmente griega y gentil. El culto a las divinidades paganas Apolo y Artemisa, que incluía la prostitución ritual, tenía su centro en los alrededores. Antioquía era notoria por su degradación moral.

Los **griegos** en este contexto se refiere a griegos puros y no a judíos de habla griega. El Evangelio que se predicaba a los gentiles proclamaba primordialmente a Jesús no como Mesías sino como Señor. El mesiasgo era un concepto judaico que difícilmente habrían podido comprender los gentiles sin conocimiento del judaísmo.

22. La nueva empresa tuvo éxito inmediato y la **iglesia** madre en **Jerusalén** envió a **Bernabé** a supervisar y consolidar la nueva iglesia, tal como Pedro y Juan habían hecho con la nueva obra de Samaria (8:14-17). Bernabé, como su nombre sugiere, era pródigo en aliento para los nuevos cristianos y exhortaba a los recién convertidos a **que con propósito de corazón permaneciesen fieles** y perseveraran.

25,26. Bernabé comprendió pronto que la iglesia, que iba creciendo, necesitaba mayor atención, y pensó en **Saulo** de **Tarso,** que indudablemente había estado entregado al trabajo misionero en las vecindades de su ciudad natal (9:30; Gá. 1:21). Después de algunas dificultades halló a Saulo y lo trajo a Antioquía, en donde pasaron **todo un año** trabajando con la iglesia. Las únicas veces que en el NT aparece la palabra **cristiano** son aquí, en 26:28 y en 1 P. 4:16. Dicha palabra se forma con el sufijo latino que indica "partidario o militante" (cp. "herodiano" en Mr. 3:6). No hay base suficiente para afirmar que el término se usara en son de mofa. Significa sencillamente "persona partidaria de Cristo."

27. La importancia creciente de la iglesia de Antioquía se deja ver por su auxilio a la iglesia madre en tiempos de hambre. Hay mención de profetas en 13:1; 15:32; 21:9, 10. No eran ministros oficialmente ordenados sino laicos que declaraban la voluntad de Dios o predecían eventos futuros bajo la inspiración directa del Espíritu Santo. V. 1 Co. 14:29-39. El rango de profeta seguía al de apóstol en la iglesia primitiva (1 Co. 12:28; Ef. 2:20; 3:5; 4:11; Ap. 22:9).

28. Agabo vuelve a aparecer en 21:10. **El tiempo de Claudio.** Los historiadores romanos mencionan diversas hambres durante el reino de Claudio (41-54 d. de C.) y Josefo, historiador judío, menciona un hambre tremenda que se produjo en Judea el año 46 d. de C.

30. Los ancianos. Esta es la primera vez que se menciona en los Hechos a estos funcionarios de la iglesia. Lucas nada indica respecto al origen del puesto de anciano, ni al respectivo procedimiento de elección. Un grupo de ancianos gobernaba cada sinagoga judaica, y es probable que la iglesia cristiana haya adoptado el modelo judaico. Probablemente los creyentes constituyeron cierto número de congregaciones en diferentes hogares, y los ancianos hayan sido los dirigentes de esas varias congregaciones (v. Hch. 15:6, 23). Muchos eruditos creen que esta visita en tiempos del hambre es el que se menciona en Gá. 2:1-10. La "revelación" de Gá. 2:2 puede que se refiera a la profecía de Agabo. De ser así, habían pasado catorce años (Gá. 2:1) desde la primera visita de Pablo a Jerusalén, y ya era un cristiano maduro y un dirigente experto. Resolver si la visita que menciona Gá. 2:1-10 es la visita de los días del hambre de Hch. 11 o la del concilio de Hch. 15 constituye uno de los más arduos problemas de la historia novotestamentaria.

H. Persecución de Herodes Agripa I. 12:1-25. Lucas interrumpe el hilo de su narración para registrar un acontecimiento ocurrido algunos años atrás. Puesto que Herodes murió el año 44 d. de C., el socorro de los días del hambre ha de ubicarse alrededor del año 46 d. de C. La comunidad jerosolimitana había tropezado desde temprano con la oposición de los dirigentes religiosos judaicos, pero los cristianos disfrutaban de popularidad entre el pueblo. Bajo la dirección de Saulo se había suscitado la persecución violenta contra Esteban y el grupo helenista. Ahora por primera vez registra Lucas una persecución proveniente del gobierno civil de Palestina. No procedió de las autoridades romanas sino de un rey judío.

1. El rey Herodes es Agripa I. Era nieto de Herodes el Grande, el rey de toda Palestina cuando nació Jesús. Durante el ministerio de nuestro Señor gobernaba a Galilea Herodes Antipas, hijo de Herodes el Grande, mientras Judea era gobernada por procuradores romanos.

2. Jacobo fue el primer apóstol mártir, y su muerte marca una nueva actitud de hostilidad del pueblo judío contra la iglesia. Al principio los judíos habían tenido a los cristianos en gran estima (5:13). La persecución del Sanedrín había tenido por campeón a Saulo. Ahora el rey de los judíos, con el beneplácito popular, fue el director de la persecución contra los apóstoles. De este modo cumplió Jacobo la profecía de Jesús en Mr. 20:39.

3. Es sabido que Herodes tuvo por política darle gusto a los judíos, y al ver que les había agradado la ejecución de Jacobo, prendió también a **Pedro. Los días de los panes sin levadura,** o sean los siete siguientes a la Pascua, eran días santos, en los cuales no cuadraría una ejecución. **4.** Hablando con propiedad, la Pascua era la víspera de los días de los panes sin levadura, pero Lucas emplea ambos términos como sinónimos (Lc. 22:1). Cuatro piquetes (BC, Str.) de cuatro soldados cada uno tuvieron a su cargo custodiar a Pedro durante las vigilias de tres horas en que se dividía la noche. **5. Hacía sin cesar oración.** La palabra griega puede significar que la oración era *incesante*, o que era **ferviente** (VLA). La misma palabra se aplica en Lc. 22:44 a la oración de Jesús en Getsemaní.

6. Pedro estaba encadenado a dos soldados, y otros dos montaban guardia en la puerta. Aunque el apóstol esperaba ser ejecutado al día siguiente, pudo dormir tranquilamente. **7,8.** El **manto** era la capa que se usaba sobre la ropa corriente. **9.** Pedro creía soñar o ver visiones; no podía creer que aquello fuese cierto. **10.** Pedro y el ángel pasaron dos puertas, y cada una con la correspondiente guardia. La tercera puerta, que daba a la ciudad, se abrió automáticamente. Es posible que Pedro estuviera preso en la torre Antonia, fortaleza situada en la esquina noroeste de las construcciones del templo. Uno de los textos dice que siete escalones conducían a la ciudad.

11. Fue entonces que Pedro *volvió en sí,* pues venía como hipnotizado. Por primera vez capta el significado de lo ocurrido. **12.** Corre primero al sitio en que los cristianos estaban reunidos orando. **La casa de María** era uno de los principales sitios de reunión de la iglesia. En el NT se desconocen las "iglesias" en el sentido de edificios construidos para el culto cristiano. **Juan Marcos** (12:12,25; 13:5,13; 15:37-39; Col. 4:10; Fil 2:1; 2 Ti. 4:11) aparece aquí por primera vez. Una buena tradición cuenta que más adelante llegó a ser el intérprete de Pedro en Roma y que su Evangelio tuvo por fuente la predicación de Pedro. El fue probablemente una de las fuentes informativas de Lucas.

14-16. Los discípulos habían estado orando fervientemente por la liberación de Pedro, pero se asombraron al recibir la contestación. Cuando la muchacha que atendió la llamada reconoció la voz del apóstol, se fue corriendo a donde estaba reunida la iglesia y lo dejó plantado ante la puerta cerrada. Los creyentes pensaban que **Rode** fantaseaba o que había visto al **ángel** guardián de Pedro (Mt. 18:10; He. 1:14). Cuando hicieron pasar a Pedro, sus amigos prorrumpieron en preguntas agitadas y él tuvo que hacerles ademán de que callasen.

17. Jacobo el hermano de Jesús había llegado a ser el principal dirigente de la iglesia de Jerusalén, pero en esta ocasión no estaba entre los presentes. Puede que **los hermanos** sean los ancianos de 11:30, que compartían con Jacobo el gobierno de la iglesia. Después de rendir ante la iglesia el informe de su liberación, Pedro pasa a la "clandestinidad", y Lucas no vuelve a dar cuenta de sus actividades. Sin embargo, la tradición de que se haya ido inmediatamente a Roma se ve refutada por Hch. 15:2, pues Pedro estuvo presente en el concilio de Jerusalén.

19. La expresión que se traduce **llevarlos a la muerte** puede también significar "llevarlos a la cárcel"; pero la ley romana exigía que en caso de fuga, se infligiese al guardián la pena que correspondía al preso. **Cesarea** era la capital romana de la provincia de Judea; pero en este pasaje **Judea** se aplica no a la provincia romana sino a la región habitada por los judíos.

20. Aunque **Tiro** y **Sidón** eran ciudades libres, dependían para su alimentación del trigo de Galilea, en la jurisdicción de Herodes. Por alguna razón que se ignora, Herodes estaba irritado contra esas dos ciudades, y se presume que para hacer las paces con él, sobornaron a Blasto para que intercediera por ellas a fin de hacerse escuchar por el rey. **21.** El **día señalado,** según Josefo, era una fiesta en honor del emperador. Para recibir a los delegados de Tiro y Sidón con toda pompa, Herodes se vistió todo de plata. **22,23.** Los paganos solían considerar a sus gobernantes dotados de atributos divinos. Cuenta Josefo que después de su discurso sobrevino a Herodes un fuerte dolor de estómago que obligó a llevarlo al palacio, en donde, tras cinco días de sufrimientos, falleció. Murió en el año 44 d. de C., y Judea pasó a ser regida por gobernadores romanos, dos de los cuales (Félix y Festo) figuran más adelante en los Hechos.

24,25. Ahora Lucas reanuda su historia de la iglesia de Antioquía (v. 11:30).

IV. Extensión de la iglesia en Asia Menor y Europa. 13:1—21:17.

Con el cap. 13 llegamos a la segunda mitad de los Hechos. En la primera Jerusalén ocupa el centro de la narración y el tema principal es la expansión de la iglesia desde ese centro a toda Palestina. Ahora Jerusalén pasa a segundo plano y Antioquía se convierte en el centro del relato, porque ella auspició la expansión de la iglesia por Asia y Europa. Esta expansión se lleva a cabo mediante tres misiones de Pablo, cada una de las cuales se inicia y termina en Antioquía.

A. Primera misión: Galacia. 13:1—14:28.

La primera misión llevó el Evangelio desde Antioquía hasta Chipre y a las ciudades del sur de la provincia romana de Galacia.

1. La iglesia de Antioquía se caracterizaba por contar con muchos cristianos sobre-

salientes. **Niger** es palabra latina que significa *negro*, y se usa aquí como sobrenombre. Parece denotar que Simón era moreno y sugiere su origen africano. Quizá haya sido el Simón de Cirene que se menciona en Mr. 15:21, el portador de la cruz de Jesús. **Hermano de leche** (NC, BC, Str.), adjetivo que se aplica a **Manaén**, era un título que se daba a los niños de una misma edad con los hijos del rey, y que se criaban en la corte. Este título se conservaba aun en la edad adulta. El **Herodes** cuyo compañero de infancia había sido Manaén era Herodes Antipas, que gobernó a Galilea y Perea de 4 a 39 d. de C. Los **profetas** estaban capacitados para dar nuevas revelaciones de la voluntad de Dios por inspiración directa del Espíritu Santo. Los **maestros** tenían el don de interpretar las Escrituras del AT.
2. El **Espíritu Santo** se expresó problablemente por medio de un profeta. **3.** El llamamiento a esta misión provino del Espíritu Santo; la iglesia reconoció y confirmó ese llamamiento. La imposición de manos no constituye ordenación sino la consagración a una tarea especial y la aprobación de la misión.
4. **Seleucia** era el puerto de Antioquía. Allí se embarcaron Bernabé y Saulo rumbo a **Chipre,** una isla grande e importante. Quizá la misión evangelística haya comenzado por Chipre por ser el lugar natal de Bernabé.
5. **Salamina** era el puerto oriental de Chipre y su mayor ciudad. Los judíos eran tan numerosos que había varias sinagogas. Pablo tenía por costumbre predicar "al judío primeramente" (Ro. 1:16); pero el Evangelio prendía por lo común entre los gentiles que asistían a las sinagogas judías. **Juan Marcos** acompañaba a los apóstoles, como **ayudante** o "auxiliar" (NC,BC), título que según algunos eruditos se daba al encargado de instruir a los recién convertidos en lo tocante al Evangelio y la vida cristiana.
6. **Pafos** era la capital oficial de la provincia. Barjesús significa **hijo de salvación.** Era *falso profeta* no porque predijese falsedades sino porque falsamente pretendía ser profeta. Era corriente que los gobernantes tuviesen en su séquito magos y astrólogos. **7. Sergio Paulo** era el procónsul de la provincia. Roma tenía dos clases de provincias: unas que dependían del emperador y otras bajo la jurisdicción del senado. Las primeras, como Judea, eran gobernadas por procuradores de nombramiento imperial; las otras eran regidas por procónsules. En el año 22 d. de C. pasó Chipre de provincia imperial a senatorial, según lo indica Lucas correctamente.
8. **Elimas** es otro nombre que se le da a Barjesús; probablemente sea una palabra semítica de significado similar a la griega *magos*, equivalente a "hechicero" o "mago". Elimas se daba cuenta de que su posición peligraba si el procónsul aceptaba el mensaje de Bernabé y Saulo, y por tanto procuraba apartarlo de la fe.
9. **Saulo** es la forma semítica; **Pablo,** la griega. Entre las diversas razones que se han sugerido para la introducción del nombre griego, la más plausible es que como Pablo asume desde este punto la posición de jefe de la misión a los gentiles, el nombre griego resultaba más adecuado y Lucas así lo designa. **10.** En vez de "hijo de salvación", Elimas era un **hijo del diablo. 11.** La palabra que VHA y VLA traducen por **niebla** designa en escritos médicos cierta inflamación de los ojos, que les da una apariencia nebulosa.
13. De la tierra natal de Bernabé pasan los misioneros al país limítrofe con la tierra natal de Pablo. **Panfilia.** Distrito costanero de Asia Menor. **Perge.** Ciudad situada unos 20 km. tierra adentro. Por alguna razón ignorada Juan Marcos abandonó a Pablo y Bernabé, volviéndose a Jerusalén. Pablo consideró inexcusable esta deserción, pues más adelante, cuando Bernabé quiso que Marcos los acompañara en otro viaje, Pablo se negó a llevarlo (15:37,38), lo que motivó su separación de Bernabé. La deserción de Marcos puede haber obedecido a algún cambio en los planes misioneros de ellos que él no aprobara. Otros han sugerido que estaba celoso porque Pablo iba eclipsando a su primo Bernabé. No hay base alguna para creer que el motivo del desacuerdo fuese doctrinal.
14. Pablo y Bernabé marcharon tierra adentro, pasando los montes Tauro, y penetraron en el sur de la provincia romana de Galacia. **Antioquía** era la ciudad más importante de aquella parte de Galacia. No estaba ubicada *en* **Pisidia,** pero estaba próxima a la región de ese nombre, por lo cual se la llamaba *de* Pisidia.
Muchos eruditos, basándose en las investigaciones de William M. Ramsay, llegan a la conclusión de que estas ciudades de Galacia del Sur fueron las destinatarias de la carta de Pablo a los gálatas. Otros eruditos creen que **Galacia** designa la parte norte de la provincia de Galacia, en donde había pobladores de origen galo llamados gálatas. Pero esta teoría de la "Galacia del norte" tropieza con mayor número de problemas que la de la "Galacia del sur". Es probable que la epístola a los Gálatas haya sido dirigida a las iglesias de Antioquía, Iconio, Listra y Derbe. Sir William Ramsay lanzó la hipótesis de que Pablo había contraído malaria en el bajo litoral de Perge y que llegó enfermo a Antioquía. Aunque no pueda probarse, es una interesante posibilidad. Según su costumbre, Pablo fue primero a la sinagoga de la colonia judía de Antioquía el día de reposo.
15. El culto judío en la sinagoga consistía en gran parte de oración, **lectura de la**

ley, otra lectura de **los profetas,** y una exposición sobre lo leído, que podía estar a cargo de cualquiera de la congregación. **Los principales** (los jefes, NC) **de la sinagoga** no eran "clérigos" sino personas encargadas de supervisar la sinagoga y su culto. Su puesto los autorizaba para invitar al que había de presentar el sermón. De acuerdo con este procedimiento se invitó a los dos visitantes a decir unas palabras de exhortación. Las siguientes son las verdades principales del sermón de Pablo: 1. Jesús es el coronamiento de la historia del trato de Dios con Israel. 2. Los judíos de Jerusalén lo rechazaron, pero al crucificarlo cumplieron el propósito divino. 3. Dios cumplió la promesa hecha a los padres resucitando a Jesús. 4. Las bendiciones del perdón y la justificación, que eran imposibles para la ley, se ofrecen ahora en el nombre de Jesús a los judíos de la dispersión.

16. La congregación de la sinagoga comprendía dos grupos: **varones israelitas,** es decir judíos, y *temerosos de Dios,* gentiles que adoraban a Dios y asistían a la sinagoga sin someterse a todas las demandas de la ley judaica (cp. 10:2).

17. Cita Pablo en primer lugar algunos de los puntos sobresalientes de la historia de Israel para demostrar que el Dios que a través de los siglos había conducido a Israel había últimamente enviado a Jesús como el Hijo de David profetizado. El meollo de la fe bíblica es que Dios ha ejercido en la historia su actividad redentora, primero en Israel y últimamente en Jesucristo. El nacimiento de Israel como nación comenzó con su liberación del cautiverio egipcio. **Con brazo levantado** significa con despliegue de poder. **18. Los soportó** puede también significar que los sustentó como un padre. **19,20.** Las **siete naciones** se mencionan en Dt. 7:1. Difícil sería que los 450 años se refieran sólo al período de los jueces, sino que probablemente incluyan el período del cautiverio, la peregrinación y la distribución de la tierra durante el período de los jueces.

21,22. El AT no menciona estos **cuarenta años,** pero Josefo se refiere a ellos. David fue varón conforme al corazón de Dios, obediente a su voluntad, pero Dios prometió por medio de sus profetas que levantaría un sucesor de David mayor que éste (Ez. 34:23; 37:24; Jer. 23:5,39). La expectación de un rey davídico era viva esperanza de los judíos del primer siglo (v. los Salmos seudoepigráficos de Salomón, 17:23 ss.).

23. Pero el prometido Hijo de David había aparecido como **Salvador** y no como rey; el nombre **Jesús** significa Salvador (Mt. 1:21). **Levantó** no se refiere a la resurrección sino a la aparición histórica de Jesús el Salvador. **26,27.** La prometida salvación se cumplió en la muerte de Jesús. Sin darse

cuenta de ello, los judíos de Jerusalén habían cumplido las Escrituras al no comprender el verdadero significado de las mismas y condenar a muerte a Jesús. Cuando el Sanedrín quiso que el cuerpo de Jesús fuese quitado de la cruz antes de iniciarse el día de reposo (Jn. 19:31) el cuerpo fue sepultado por José de Arimatea y Nicodemo (Lc. 23:50 ss.; Jn. 19:38 ss.).

30,31. La resurrección de Jesús, tema central del primitivo mensaje y fundamento de la iglesia, fue atestiguada por muchos testigos cuyas declaraciones aún podían oírse.

32,33. Jesús —declara Pablo— es el cumplimiento de la promesa contenida en el AT; la esperanza mesiánica dada a los padres se cumple en él. **Resucitando a Jesús.** En gr. dice "levantando a Jesús" y probablemente se refiere a la aparición de Jesús en la historia. Pero esa aparición en la historia incluía la resurrección de Jesús, como lo indican los versículos que siguen. **Mi Hijo eres tú** (Sal. 2:7) no se refiere tanto a la deidad como al mesiasgo de Jesús. Parte de esta cita se oyó durante el bautismo de Jesús (Mr. 1:11), indicando la entrada de Jesús en su misión mesiánica. "El Hijo" es un concepto bíblico polifacético, y puede designar al Mesías sin restar nada a la realidad de la deidad de Cristo.

34,35. La resurrección de Cristo se halla predicha en Is. 55:3 y en Sal. 16:10. Puesto que David murió, la promesa de Sal. 16:10 no podía referirse a él sino a su prometida descendencia. **36,37. David, habiendo servido a su propia generación según la voluntad de Dios,** puede también traducirse por *habiendo hecho durante su vida la voluntad de Dios* (NC, y similarmente BC, Str.). La carrera de David se circunscribió a su propia generación, pues murió y vio corrupción; la carrera de Jesús no puede circunscribirse a tiempo alguno, pues pertenece a la eternidad.

38,39. Dos bendiciones se desprenden de la muerte y resurrección de Jesús: el **perdón** y la **justificación.** Hay dos interpretaciones posibles de 13:39: que la ley justifica de algunas cosas pero Cristo justifica de todo; o que mientras la ley de nada justifica, Cristo justifica de todo. La última es la interpretación más natural, si bien muchos eruditos prefieren la primera y en ella ven una enseñanza que difiere de la doctrina paulina de la justificación. **40,41.** Concluye Pablo con una admonición extraída de Hab. 1:5. Si el pueblo de Dios no se arrepentía le sobrevendría una enorme tragedia.

42. Este nuevo y conmovedor mensaje provocó gran excitación. Después del servicio en la sinagoga, muchos de sus oyentes se mostraron dispuestos a aceptar su mensaje. Los mejores originales no mencionan a judíos ni gentiles, sino a **la gente** (VLA). **43.**

Prosélitos piadosos. Expresión no corriente que debería referirse a convertidos por completo al judaísmo. No obstante, según el contexto parece tratarse de "temerosos de Dios" o gentiles medio convertidos al judaísmo, que aceptaron el Evangelio. **44,45.** Durante la semana corrió por toda la ciudad la fama del sermón de Pablo, y el siguiente día de reposo la sinagoga se llenó de gentiles que venían a escucharlo. Tal invasión de gentiles en la sinagoga provocó la envidia de los judíos, que rebatieron su mensaje y lo denostaron en lo personal. **Blasfemando** no implica aquí ofensa contra Dios sino insulto contra un hombre. **46.** Pablo replicó que el orden establecido por Dios era que primero se ofreciera el Evangelio a los judíos para que pudieran aceptarlo, y después se evangelizara a los gentiles. Pero como ellos rechazaban la Palabra de Dios, mostrando así que se tenían por indignos de la vida de la era venidera, Pablo se veía forzado a volverse a los gentiles. **La palabra de Dios** abarca en este caso mucho más que las Escrituras; designa la proclamación de la muerte y la resurrección de Jesús. **Vida eterna** se refiere en este caso a la posesión futura y no a la experiencia presente. Sin embargo, la una incluye a la otra. **47.** Se aplica aquí a los apóstoles, que habrían de traer luz a los gentiles, una profecía de Is. 49:6, que originalmente se refería al siervo del Señor. **48. Ordenados para vida eterna.** El significado de esta referencia a la predestinación es histórico y no teológico. Conforme el Evangelio trasponía el ambiente judío al extenderse al mundo gentil, muchos que estaban ordenados para vida eterna lo aceptaron y creyeron. Pero esto no va en mengua de la doctrina de la predestinación para la vida. Aquí tenemos una especie de estribillo de los Hechos: en cada nuevo y estratégico avance del Evangelio, los judíos lo rechazan y los gentiles lo reciben. **50. Los judíos** no solamente rechazaron el Evangelio; dieron pasos enérgicos para frustrar el ministerio de Pablo. Había entre los temerosos de Dios (cp. com. 10:2) las que asistían a la sinagoga, **mujeres distinguidas.** Los judíos influyeron en ellas para que presionaran a sus maridos en el sentido de expulsar a Pablo y Bernabé de aquella región. Esta es una auténtica pincelada de localismo: en las ciudades griegas no ejercían las mujeres la influencia que sí tenían en Asia. **51,52.** Jesús había ordenado a sus discípulos que sacudieran **el polvo de sus pies** (Lc. 9:5; 10:11) como señal de rompimiento de toda relación. Tal acto equivalía entre los judíos a declarar pagano a un individuo. **14:1,2. Iconio** era la ciudad situada más al este del distrito de Frigia, y estaba ubicada en la provincia romana de Galacia. Otra vez el contraste: la oposición judía y la fe

gentil. **3.** No obstante, como la oposición tardó un tanto en tomar impulso, los apóstoles lograron predicar la Palabra durante mucho **tiempo.** Esta forma imprecisa de expresar el correr del tiempo es típica del estilo de Lucas. En unos cuantos casos da referencias cronológicas precisas; pero resulta imposible extraer de su relato un cuadro cronológico exacto de los viajes y ministerio de Pablo. **4,5.** Por fin lograron los judíos hostiles provocar un tumulto e incitar a los gobernantes, de modo que Pablo y Bernabé tuvieron que irse de Iconio.

6. Lucas, indefinido en lo cronológico, suele en cambio ser muy preciso en cuanto a datos geográficos. Esta afirmación de que **Listra** y **Derbe** pertenecían a la región de **Licaonia** implica que Iconio estaba fuera de ésta. Escritores casi contemporáneos de Lucas ubican a Iconio en el distrito de Licaonia. Muchos eruditos daban por hecho que en este punto Lucas era inexacto. Ramsay nos cuenta cómo le llamó la atención esa referencia y la forma en que el examen minucioso reivindicó la declaración de Lucas. Este fue el comienzo del cambio de actitud de Ramsay con respecto a los Hechos, que lo llevó a convertirse en uno de los más vigorosos y eruditos mantenedores de la exactitud del libro (v. *The bearing of Recent Discovery on the Trust-worthiness of the New Testament,* cap. III).

11. A causa de la excitación el pueblo rompió a hablar en *licaónico,* su lengua natal, y Pablo y Bernabé no podían comprender lo que ocurría. Gran parte del mundo mediterráneo era bilingüe: cada pueblo, además del griego, lengua general, hablaba su propio dialecto. **12.** Creyeron que los dos visitantes eran dioses. *Zeus* (VLA, NC, BC) era el dios principal del Panteón griego; *Hermes* era el heraldo de los dioses. **Júpiter y Mercurio** (RVR, VM, HA) son los equivalentes latinos de los nombres griegos de esas divinidades, pero es más adecuado el empleo de los nombres griegos. Como Pablo hablaba en nombre de los dos, lo llamaron Hermes; a Bernabé, el compañero silencioso que se mantenía en segundo plano, llamaron Zeus, padre de los dioses. Había leyendas que contaban de anteriores visitas de estos dioses a esta región.

13. Frente a la ciudad probablemente indique que su templo estaba fuera de la ciudad. El sacerdote de Zeus preparó bueyes con adornos de lana para ofrendar en sacrificio a los inesperados visitantes. **Las puertas** probablemente sean las de la ciudad, cercanas al templo. **14.** Si bien los apóstoles no entendían el dialecto licaónico, los actos de los sacerdotes pronto les mostraron que se proponían ofrecer el sacrificio, y los apóstoles protestaron con vehemencia. **Rasgaron**

sus ropas: gesto judío que expresaba horror ante la blasfemia (Mr. 4:63).

15-17. Pablo urgió al pueblo a adorar al Dios viviente y no a sus emisarios. Este sermón dirigido a un auditorio netamente pagano contrasta vivamente con el que pronunció en la sinagoga judía de Antioquía. Antes que los paganos puedan apreciar la misión de Jesús han de reconocer la unicidad de Dios. El sermón de Pablo se apoya en gran parte en las evidencias de la teología natural que señalan la existencia de un Creador y Sustentador. Si bien Dios permite a los hombres seguir su propio camino, les ha dejado un testimonio que señala hacia él: épocas de lluvia y de cosecha, destinadas a satisfacer las necesidades humanas. **18.** Con dificultad pudo Pablo convencer al pueblo de que él y Bernabé no eran en verdad seres divinos.

19. No se menciona que hubiera sinagoga judía en Listra, pero sí ha de haber existido, puesto que **judíos de Antioquía y de Iconio** pudieron suscitar oposición contra Pablo hasta el punto de que lo **apedrearon** y lo arrastraron como muerto fuera de la ciudad. Pablo se refiere a este incidente en 2 Co. 11: 24,25. **20.** Lo abrupto de estas palabras sugiere que se produjo un milagro. Es difícil imaginar que un hombre sea apedreado de esa manera sin recibir grave daño físico. "Las marcas del Señor Jesús (Gá. 6:17) bien puede que se refieran a las cicatrices que esas piedras dejaron. **Derbe.** Ciudad fronteriza de la provincia de Galacia.

21. No consta que haya habido oposición en Derbe. **Hacer muchos discípulos.** La idea es que enseñaron, doctrinaron. Los apóstoles vuelven a recorrer en sentido inverso las ciudades de Galacia. **22.** El **reino de Dios** es en este caso el futuro reino escatológico que se establece con el retorno de Cristo en gloria. Es propio de la misma estructura de las cosas, que en esta vida la iglesia espere como inevitable las **tribulaciones** mientras pone la mirada en la gloria del **reino** futuro. **La fe** es sinónimo del Evangelio.

23. Los apóstoles instituyeron un cuerpo directivo formal en varias iglesias mediante la selección de **ancianos,** de acuerdo con el modelo de las iglesias de Palestina (v. com. 11:30). No está claro cuál fue el método de selección, pues la palabra griega puede indicar o que fueron elegidos por la congregación, o que fueron nombrados por los apóstoles. En todo caso, no se trata de una ordenación formal. El lenguaje sugiere que en cada iglesia local había varios ancianos; pero la iglesia en una ciudad determinada puede haber estado constituida por varias congregaciones hogareñas, con un anciano como jefe de cada grupo.

24,25. Pisidia era la región más meridional de la provincia de Galacia **Panfilia** era una pequeña provincia entre Galacia y el Mediterráneo. Tenía por capital a **Perge** y por puerto principal a **Atalia.**

26,28. Los apóstoles regresan ahora a **Antioquía** de Siria, de donde se les había enviado a esa empresa misionera. Es significativo que no se haya enviado informe a Jerusalén. La iglesia de Antioquía se había independizado de la iglesia madre. **Se quedaron allí mucho tiempo** es una de esas indefinidas expresiones de tiempo tan propias de Lucas. Probablemente el viaje misionero por Galacia duró cerca de un año, y luego los apóstoles se quedaron en Antioquía otro año.

B. Problema de la iglesia gentil, y concilio de Jerusalén. 15:1-35. El éxito de la misión a los gentiles colocó en su punto crítico el problema más importante de la iglesia primitiva: la relación entre creyentes judíos y creyentes gentiles, y las condiciones para admitir a los gentiles en la iglesia. En sus primeros días la iglesia estaba compuesta de judíos y no se preveía la misión a los gentiles, a pesar de la comisión de nuestro Señor. Felipe llevó el Evangelio a los samaritanos, y Pedro, después de ser preparado por Dios, venció sus escrúpulos judíos y llevó el Evangelio a Cornelio, fraternizando de lleno con los gentiles. El establecimiento de una iglesia gentil en Antioquía y el éxito de la misión a los gentiles de Galacia concentran ahora la atención en un problema que requiere solución.

Había en la iglesia de Jerusalén un grupo que insistía en que de no *circuncidarse los gentiles* **conforme al rito de Moisés** era imposible que se salvaran y fueran aceptados por la iglesia. El vs. 5 indica que habían pertenecido a la secta de los fariseos, la más estricta entre los judíos. Este grupo consideraba el cristianismo como un movimiento dentro del judaísmo. Retenían todas las prácticas y costumbres de la Ley, añadiéndoles simplemente el Evangelio de la muerte y resurrección de Jesús como prometido Mesías de Israel. Es evidente que ningún convertido del judaísmo abandonaba sus prácticas judaicas al convertirse al cristianismo. Pero los convertidos fariseos insistían en que los gentiles tenían que hacerse judíos para poder ser cristianos.

Ya antes se había suscitado este problema en la iglesia. Si, como parece, Gá. 2:1-10 describe la visita en días del hambre de Hch. 11:27-30 (v. exposición de la otra tesis, o sea que Gá. 2:1-10 describe un aspecto del concilio de Hch. 15, en el Comentario Wycliffe a Gá. 2:1 ss.— Editor), entonces los dirigentes de Jerusalén habían aprobado en principio la misión de Pablo a los gentiles y no insistieron en que los gentiles se circuncidasen. Pedro estaba de acuerdo con esta tesis, pues algún tiempo después, visitando a Antioquía, mostró que había aprendido la lección que le fue dada en su visión celestial, y fraternizó ampliamente en la mesa con los convertidos gentiles (Gá. 2:11,12). Existían por este tiempo dos iglesias diferentes: la iglesia judaica de Jerusalén, en la cual los judíos cristianos tenían libertad de continuar practicando la Ley del AT por el hecho de ser judíos y no por ser cristianos; y la iglesia gentil de Antioquía, en la cual no se practicaba ningún ceremonial judaico. Pedro aceptó que el gentil estaba libre de la Ley; y cuando estaba en ambiente gentil, con miras a mantener la comunión cristiana, dejaba de lado las prácticas judaicas.

El "ala derecha" de Jerusalén percibió algo que Pedro no veía: que el crecimiento de la iglesia gentil acarrearía inevitablemente el fin de la iglesia judaica. Conforme aumentara la relación entre las dos iglesias, los judíos cristianos tendrían que seguir el ejemplo de Pedro y abandonar las prácticas judaicas. Por tanto, cuando llegaron a Antioquía unos enviados de Jacobo (Gá. 2:12) acusaron a Pedro de abandonar la Ley y le indicaron que su conducta implicaba la extinción del judaísmo. Pedro no había comprendido las consecuencias de su proceder. Comenzó entonces a retraerse de fraternizar con los gentiles en sus comidas, para reflexionar sobre la situación. Esto provocó de inmediato un cisma en la iglesia de Antioquía. Pablo percibió al punto la implicación del retraimiento de Pedro; significaba nada menos que la existencia de dos iglesias separadas: judaica la una y gentil la otra. O los judíos cristianos abandonaban las normas judaicas y comían con los gentiles, o éstos tendrían que aceptar toda la Ley de Moisés; de otro modo la iglesia se dividiría. Pablo estaba muy de acuerdo en que los judíos como tales se ciñeran a la Ley de Moisés. Pero insistía en que cuando los judíos cristianos ingresaban en una iglesia gentil tenían que poner a un lado sus escrúpulos judaicos y fraternizar plenamente con los gentiles. Una iglesia dividida era inconcebible, y la aceptación de la Ley por los gentiles implicaría echar por tierra la salvación por gracia. Parece que el punto de vista de Pablo triunfó, pero el grupo judaizante de Jerusalén no quedó satisfecho. Vuelven a Antioquía e insisten en que para ser cristianos, los gentiles se circunciden.

2. Tal fue la disensión que esto provocó, que la iglesia de Antioquía consideró necesario que el asunto se resolviera en Jerusalén. Por tanto, se nombró una delegación para enviar ante **los apóstoles y los ancianos**, a fin de que el asunto se definiera. **3.** Nada sabemos de las iglesias de **Fenicia**. No se propuso Lucas narrar la historia completa de la iglesia primitiva, sino trazar los rasgos esenciales de su nacimiento y desarrollo.

4,5. La iglesia de Jerusalén recibió bien a la delegación y escuchó el informe sobre el éxito de la iglesia gentil de Antioquía y de la misión a los gentiles de Galacia. Surgió la crítica de los fariseos convertidos, que mantenían su tesis de que los convertidos gentiles tenían que hacerse judíos y aceptar la Ley de Moisés. **6.** Como resultado se convocó a una conferencia formal entre los **apóstoles y ancianos** y la delegación de Antioquía. Sin embargo, los versículos 12 y 22 muestran que la iglesia en conjunto participó en la decisión.

7-9. La represión que Pedro había recibido de Pablo (Gá. 2:11) hizo efecto. Ahora Pedro, como uno de los principales apóstoles, vuelve a la posición que había asumido después de su misión ante Cornelio: que Dios había aceptado a los gentiles como gentiles, a base de la fe únicamente y no bajo condiciones judaicas. **10,11.** El **yugo** en el pensamiento judío no implica necesariamente carga, pero sí obligación. Pedro declara que el legalismo judaico constituía una carga y una obligación que los judíos eran incapaces de sobrellevar. En contraste con lo gravoso de la Ley, la salvación es por gracia, tanto para el gentil como para el judío. Si los judíos observan la Ley, no es como medio de salvación.

12. La asamblea escucha luego los informes de Bernabé y de Pablo, que narran las maravillosas obras de Dios entre los gentiles.

13-16. Fue **Jacobo** quien pronunció la palabra final y decisiva. Este hermano del Señor había alcanzado una posición directiva entre los ancianos y apóstoles de Jerusalén. Se refirió a la misión de Pedro ante Cornelio, y mediante la cita de Amós 9:10-12 demostró que la misión a los gentiles formaba parte del plan de Dios. Algunos eruditos han visto en esta cita el programa que Dios tiene para el fin de los tiempos. **Después** de la misión a los gentiles Dios reedificará *el tabernáculo de David* mediante la restauración de Israel como nación (Hch. 15:16). El resultado de la restauración de Israel al final de los tiempos será que el resto de los gentiles tenga mayor oportunidad de salvación (v. 17). Esta interpretación ve tres etapas en el plan de Dios: 1. La formación de un pueblo para su nombre (época de la iglesia); 2. La restauración y salvación de Israel; 3. La salvación final de los gentiles.

Sin embargo, la cita de Amós se adujo para ilustrar y dar apoyo bíblico a la misión de Pedro a los gentiles (vs. 14). El vs. 15 se refiere a la misión de Pedro ante Cornelio: **Y con esto**, es decir con que **Dios visitó por primera vez a los gentiles para tomar de ellos un pueblo para su nombre**, concuerda la profecía de Amós. Si la salvación del

resto de los hombres (vs. 17) se refiere a un acontecimiento del fin de los tiempos, la cita de Amós no tiene relación con la presente visitación a los gentiles. Pero Jacobo cita el AT precisamente con este fin: demostrar que la salvación presente de los gentiles se halla dentro del predicho propósito de Dios y que los gentiles deben por tanto ser libremente aceptados en la iglesia. **Pueblo para su nombre** (vs. 14) es la palabra usual en el AT para designar a Israel como el verdadero pueblo de Dios. Ahora se incluyen a los gentiles en este **pueblo.** La reconstrucción del **tabernáculo de David** ha de referirse, por tanto, a la salvación del remanente de judíos creyentes, el "Israel dentro de Israel" (v. Ro. 9:8; 11:1-5). En otro lugar la Escritura hace claro que las promesas hechas a Israel se cumplen en la iglesia. "Los que son de fe, éstos son hijos de Abraham" (Gá. 3:7). "Es judío el que lo es en lo anterior, y la circuncisión es la del corazón, en espíritu, no en letra" (Ro. 2:29). Esto no implica que no haya un futuro para Israel como nación. Ro. 11 afirma claramente que todo Israel será salvo; Dios aún tiene un futuro para la nación israelita. Pero no era eso lo que preocupaba a Jacobo; citaba a Amós para demostrar que la auspiciosa misión a los gentiles estaba dentro del plan de Dios y se hallaba predicha por el AT.

19. Por tanto, Jacobo considera que no se debe **inquietar** más a los gentiles exigiéndoles que acepten la circuncisión y la Ley de Moisés.

20. Quedaba en pie el problema de la fraternización entre judíos y gentiles. Las prácticas gentiles eran repulsivas a los judíos y judío-cristianos. Por eso, como transacción de convivencia y expresión de caridad cristiana, Jacobo recomienda que los cristianos gentiles se abstengan de ciertas prácticas que repugnarían a sus hermanos judíos. **Las contaminaciones de los ídolos.** Solía venderse en los mercados carne sacrificada en los templos en honor de las divinidades paganas. El hecho de que se comiera esa carne repugnaba a la sensible conciencia judía, pues tenía visos de participación en el culto a la divinidad pagana. **Fornicación** puede referirse a inmoralidad en general, o a la prostitución religiosa que se practicaba en los templos paganos. Era tan notoria entre los gentiles esta inmoralidad que merecía especial atención. Lo **ahogado** (lo estrangulado, VHA, VLA) eran las carnes de las cuales no se había escurrido adecuadamente la sangre. Muchos paganos tenían por exquisito manjar tales carnes. **Sangre.** Se refiere a la costumbre pagana de usarla como alimento. Las dos últimas prohibiciones implicaban una misma falta, pues los judíos creían que "la vida de la carne en la sangre está" (Lv.17:11), y

tenían por falta especialmente grave el comer sangre en cualquier forma. Se estatuyó esto para las iglesias gentiles no como medio de salvación sino como base para la convivencia, de acuerdo con el espíritu de la exhortación paulina de que el fuerte en la fe debe estar dispuesto a restringir su libertad en estos asuntos antes que ofender al hermano débil (Ro. 14:1 ss.; 1 Co. 8:1 ss.).

21. Se requería de los cristianos gentiles abstenerse de prácticas ofensivas para los judíos en vista de que en **cada ciudad** había judíos, y en las **sinagogas,** ya fuese de Palestina o de la Diáspora, **Moisés** era **leído cada día de reposo** y se observaban estrictamente los requisitos de la Ley.

22. Judas, llamado Barsabás (VHA, VLA, NC). Aparentemente hermano de aquel José llamado Barsabás (1:23). **Silas** es el *Silvano* de 1 Ts. 1:1; 2 Co. 1:19; 1 P. 5:12, que más adelante llegó a ser compañero de Pablo.

23. El saludo de la carta menciona dos grupos y no tres: ya sea **los apóstoles y ancianos hermanos** (NC), o *los apóstoles y hermanos ancianos* (VHA; los presbíteros hermanos, Str.). **24. Perturbando vuestras almas,** o turbándoos la mente. La iglesia de Jerusalén como conjunto no respaldaba la posición de los judaizantes extremistas.

31-33. La resolución de la iglesia jerosolimitana y la carta a Antioquía aparentemente resolvieron el problema. Después de cierto tiempo Judas y Silas regresaron a Jerusalén; Pablo y Bernabé se quedaron en Antioquía.

34. Este versículo no aparece en la mayoría de los textos más antiguos.

C. Segunda misión. Asia Menor y Europa. 15:36—18:22. A continuación narra Lucas los preparativos para lo que se conoce como el segundo viaje misionero. Después de un lapso indefinido Pablo decide volver a visitar las iglesias ya establecidas. Un desafortunado rompimiento se produce entre Pablo y **Bernabé.** Quería éste que llevaran como compañero a Juan Marcos, que los había acompañado en el primer viaje pero los había abandonado cuando llegaron a tierra firme de Asia Menor, volviéndose a Antioquía. Pablo consideraba esto como una muestra tan grave de falta de estabilidad que se negó. El resultado fue que Pablo y Bernabé se separaron. **Bernabé** y **Juan Marcos** navegaron **a Chipre** a visitar las iglesias establecidas en el primer viaje misionero. Pablo solicitó a Jerusalén que le enviaran a **Silas,** que recientemente había visitado a Antioquía y de quien el apóstol esperaba mucho.

41. En vez de navegar, Pablo y Silas se dirigieron a Galacia por tierra. No sabemos cómo se establecieron las **iglesias de Siria**

y **Cilicia,** pero por el 15:23 nos enteramos de que existían. Posiblemente hayan sido fruto de la obra de Pablo antes de trasladarse a Antioquía.

16:1. En Listra Pablo toma por compañero de viaje a Timoteo, quien según parece se había convertido durante el primer viaje misionero. Fue éste uno de sus principales ayudantes. A él dirige Pablo, ya en el ocaso de su vida, dos de sus últimas epístolas. Timoteo provenía de un hogar mixto, de **padre griego** y **madre judía.** También su madre ha de haber creído en Cristo cuando Pablo visitó a Listra en su primer viaje; pero el padre, si aún vivía, no se convirtió. 2 Ti. 1:5 nos dice que la madre se llamaba Eunice y era mujer piadosa. **2.** A partir de la primera visita de Pablo, Timoteo se había conquistado una buena reputación entre los creyentes de Listra e Iconio.

3. Como Timoteo era medio judío, para hacerlo compañero de viaje aceptable para los judíos entre quienes habrían de trabajar, Pablo lo **circuncidó.** Aunque el joven había sido educado por su madre en la fe del AT (2 Ti. 3:15), los judíos lo considerarían como hijo incircunciso de un griego. Los gentiles por su parte lo tendrían por judío por causa de su religión. Como uno que profesaba ser adepto del judaísmo pero que seguía siendo gentil incircunciso, Timoteo habría provocado la aversión de los judíos con quienes Pablo entraba en contacto en una ciudad tras otra y a quienes predicaba primeramente el Evangelio. Pablo lo circuncidó por razones de conveniencia y no por principio religioso. No hay conflicto en el hecho de que Pablo se negara firmemente a circuncidar a Tito (Gá. 2:3), pues Tito era gentil del todo y, no había razón cultural alguna para circuncidarlo. Así, pues, Timoteo fue circuncidado no por ser cristiano sino por ser judío. Este es un ejemplo del principio que Pablo expresó en 1 Co. 9:20: "Me he hecho a los judíos como judío, para ganar a los judíos; a los que están sujetos a la ley (aunque yo no esté sujeto a la ley) como sujeto a la ley, para ganar a los que están sujetos a la ley." En donde no se involucraba ningún principio esencial Pablo se resolvía por la conveniencia y lo conciliatorio en forma que muchos cristianos de tiempos posteriores no logran comprender ni apreciar. Fue probablemente por aquel tiempo que Timoteo fue apartado para su misión por los ancianos de Listra (1 Ti. 4:14).

6-8. De dos modos pueden interpretarse estos versículos: según la teoría de la "Galacia del norte" o la de la "Galacia del sur"; y la interpretación depende del significado de la palabra **Galacia. (a)** Galacia puede referirse a la parte norte de la provincia romana del mismo nombre, en donde vivía un pueblo de origen galo. De ser así, Pablo pa-

só por la región de **Frigia** (las ciudades de Iconio y Antioquía) y se proponía dirigirse directamente al oeste, a las grandes ciudades de la provincia de Asia. Cuando el **Espíritu** Santo le prohibió ir al Asia, dobló hacia el norte, hacia Galacia, es decir a la parte norte de la provincia romana. Luego se dirigió hacia el oeste rumbo a **Misia,** extremo norte de la provincia de Asia, e intentó penetrar en la provincia de **Bitinia,** ubicada entre Galacia y el Mar Negro. Cuando tampoco se le permitió esto, pasó por **Misia,** y fue a **Troas,** en la costa del Mar Egeo. Esta teoría de "Galacia del norte" tropieza con una dificultad: parece extraño que Lucas no dejara ningún relato sobre la formación de iglesias tan importantes como las destinatarias de la epístola a los gálatas, y no hay evidencia positiva de que tales iglesias hayan existido.

(b) Es más fácil, por tanto, aceptar la teoría de la "Galacia del sur", que entiende por la región de **Frigia y Galacia** (VM) o frigio-gálata (HA) no dos regiones separadas sino una sola área: *la Galacia frigia,* lo que significaría la parte meridional de la provincia romana de Galacia, en la cual estaba ubicada la región de Frigia y que abarcaba la ciudad de Antioquía. Según esta opinión, después de visitar a Derbe y Listra Pablo tenía intenciones de atravesar a Frigia y Galacia yendo directamente al oeste, a las grandes ciudades de Asia. Cuando por algún medio no especificado el Espíritu Santo le hizo ver que esto era inaconsejable, Pablo viajó por *la Galacia frigia* y luego tomó rumbo norte hacia **Misia** y **Bitinia.** Al aproximarse a Misia intentó penetrar en Bitinia, pero nuevamente el Espíritu Santo se lo impidió. Por esto pasó junto a Misia y llegó al puerto marítimo de **Troas.**

9. En **Troas** Dios reveló su propósito enviando a un hombre que dijo: **Pasa a Macedonia y ayúdanos.** La petición descarta todo problema en cuanto a cómo pudo reconocerlo Pablo como macedonio: su ruego revela su nacionalidad.

10. Nos hallamos ante la primera de las "secciones autoinclusivas" de los Hechos en las cuales la narración pasa de la tercera persona a la primera de plural. La razón de este fenómeno literario se ha discutido arduamente, pero la explicación más fácil es que en este punto el autor de la narración se unió a Pablo como compañero de viaje. De ser correcta esta explicación, Lucas se unió al grupo de Pablo en Troas y fue con él hasta Filipos (en el v. 16 termina esta primera "sección autoinclusiva"), en donde se quedó mientras Pablo siguió adelante.

11,12. En **Troas** Pablo se embarcó rumbo a la isla de **Samotracia,** de donde al día siguiente partió hacia **Neápolis,** el puerto marítimo de **Filipos,** ciudad ubicada unos 16 km. tierra adentro. Macedonia estaba dividida en cuatro partes o **provincias,** y Filipos era cabecera de una de dichas "provincias" (gr. *meridos*) o distritos. Era asimismo **colonia** romana. La palabra es una trasliteración del término latino. Las "colonias" eran ciudades pobladas en su mayoría por ciudadanos romanos y ubicadas en sitios estratégicos por todo el imperio; disfrutaban de privilegios especiales tales como la autonomía, exención de impuestos imperiales, y derechos de ciudadanía idénticos a los de las ciudades italianas. Tales ciudades eran Romas en miniatura, lejos de la madre patria.

13. Aparentemente no había en Filipos colonia judía ni sinagoga. Bastaban diez hombres para integrar una sinagoga. Sin embargo, había en las afueras de la ciudad, junto al río, un lugar extraoficial de reunión que agrupaba a unas cuantas mujeres judías y algunos "temerosos de Dios". Según los mejores textos **donde solía hacerse la oración** debería traducirse por *donde pensamos que estaba el lugar de la oración* (VHA, VM, NC, Str.). *Lugar de oración* se emplea en los escritos judíos como sinónimo de sinagoga. **Sentándonos.** Es la posición normal de un maestro judío.

14. Puede que **Lidia** sea nombre propio, o gentilicio indicativo de la región en donde está ubicada Tiatira. Esa región era famosa por la manufactura y empleo de la **púrpura,** a cuya venta se dedicaba Lidia en Filipos. Era ella una gentil que había aceptado los más nobles elementos del judaísmo. **15.** Su holgura económica permitía a Lidia mantener familia y servidumbre, quienes siguieron su ejemplo al profesar la fe y bautizarse. La palabra **familia** puede abarcar niños pequeños, pero no indispensablemente.

16. Espíritu de adivinación. Literalmente, espíritu *pitónico*. A la sacerdotisa de Apolo en Delfos se la llamaba *python*, de donde proviene la palabra pitonisa, aplicable a las adivinadoras. Al que tenía espíritu pitónico se le consideraba inspirado por Apolo, dios relacionado con los oráculos. Esta joven estaba bajo posesión demoníaca y sus voces desordenadas eran recibidas como provenientes de un dios. Sus amos la explotaban empleándola como adivina. Así como un demonio había reconocido a Jesús como el Santo de Dios (Mr. 1:24), este demonio reconoció el poder divino que residía en Pablo y sus compañeros. **17. Dios Altísimo.** Así llamaban los paganos a la suprema deidad judía. **El camino de salvación.** Expresión corriente en la religión helenística, y asunto que preocupaba grandemente a muchos paganos.

19. Prendieron a Pablo y a Silas no por predicar el Evangelio sino por echar a perder un negocio lucrativo. Por ahora desaparecen de la escena Lucas y Timoteo. Lo que

interesaba a Lucas era mostrar las relaciones de los funcionarios romanos con los emisarios del Evangelio, y demostrar que la hostilidad provenía de fuentes no oficiales. **20.** En las colonias romanas la autoridad era ejercida por dos **magistrados,** llamados a veces "pretores" (VM, BC, Str.). La palabra griega que se traduce por "magistrado" es equivalente a *praetor* en latín.

21. La ley romana permitía a los judíos practicar su propia religión, pero prohibía la diseminación de religiones extranjeras entre los ciudadanos romanos. Pablo y Silas no eran reconocidos como cristianos sino como judíos que abusaban de las prerrogativas que el derecho romano les otorgaba.

22,23. No se investigaron con cuidado los cargos. Se provocó un turbamulta, ante cuya presión cedieron los magistrados. Pablo y Silas fueron desnudados y azotados. El v. 35 menciona **alguaciles,** policías o *lictores* (BC, NC) bajo las órdenes de los magistrados. Cada lictor portaba un haz de varillas entre las cuales estaba metida un hacha, símbolo de la facultad de infligir la pena de muerte. Azotaron a Pablo y a Silas con las varillas de los lictores. Pablo nos cuenta que en tres distintas ocasiones sufrió esta humillación (2 Co. 11:25). Este es el único de dichos incidentes que Lucas registra. Luego Pablo y Silas fueron encerrados en **el calabozo de más adentro,** con los pies bien sujetados en cepos de madera. Los cepos eran ajustables en tal forma que las piernas del preso quedaran separadas en una posición dolorosa.

26. Dice Ramsay que cualquiera que haya visto una prisión turca de su época no se maravillaría del efecto producido por este terremoto. Las puertas se abrieron violentamente y los **grillos** (NC) se desprendieron de los muros. **27.** Al ser despertado el carcelero y ver abiertas las puertas de la cárcel, pensó que los presos habían escapado y quiso tomar el único camino honorable que le quedaba: el del suicidio. **28.** Aunque no había luz, desde el interior de la prisión pudo Pablo ver la silueta del carcelero en la puerta, y comprendió lo que estaba a punto de hacer. El llamado de Pablo le salvó la vida.

30. No está claro lo que el carcelero quería decir con su pregunta respecto a la salvación. ¿Había escuchado la predicación de Pablo y Silas? ¿Había oído a la pitonisa declarar que estos hombres proclamaban el camino de la salvación? Sea como fuere, Dios bendijo su granito de fe, y él y los de su casa fueron bautizados. **34.** Los carceleros romanos podían hacer de sus prisioneros lo que quisieran, siempre que al ser requeridos los presentaran. Este carcelero tomó entonces por huéspedes a Pablo y a Silas. **35.** Al día siguiente los magistrados resolvieron que los azotes y la noche de cárcel eran castigo suficiente para estos dos alborotadores judíos, y enviaron lictores a la cárcel con la orden de que se pusiese en libertad a Pablo y a Silas y se los escoltase hasta las afueras de la ciudad.

37. Como los ciudadanos romanos eran inmunes a ciertas formas de castigo, Pablo ahora señala que se habían violado flagrantemente sus derechos de ciudadano romano. Había en lo actuado contra él y Silas un vicio procesal, al castigárseles **sin sentencia judicial.** Insiste Pablo en que ahora los magistrados los traten con la cortesía que corresponde al ciudadano romano, si desean que abandonen la ciudad. Pablo indudablemente toma esta actitud no por venganza sino para que la pequeña comunidad cristiana de Filipos no quede bajo una sombra de desprestigio.

38,39. Los magistrados quedaron sobrecogidos de preocupación por su ilegal proceder, que bien pudo haberlos descalificado para el ejercicio del cargo. Por tanto, **presentaron sus excusas** (VHA, VLA, NC) a Pablo y Silas; y comprendiendo que no podían echar de la ciudad a estos ciudadanos romanos, **les rogaron** que se fueran. **40.** Los apóstoles aceptaron las excusas, y después de visitar y animar a los creyentes en casa de Lidia, se despidieron. Timoteo acompañó a Pablo y a Silas, pero Lucas se quedó en Filipos. Aparece en 20:5, al comienzo de la segunda "sección autoinclusiva".

17:1. Pablo, Silas y Timoteo viajaron hacia el oeste por la gran carretera militar llamada Vía Egnacia. El hecho de que pasaran por **Anfípolis** y **Apolonia** muestra que Pablo cumplía un plan definido de sembrar el Evangelio en ciudades estratégicas. No se proponía simplemente predicar doquiera hallara oyentes. El era un misionero estadista cuya política era establecer iglesias en puntos claves desde los cuales pudieran evangelizarse los territorios adyacentes. **Tesalónica** era la principal ciudad y capital de la provincia de Macedonia. En la epístola que más tarde escribió a la iglesia tesalonicense Pablo indica que desde allí se había difundido el Evangelio no sólo a Macedonia y Acaya, sino a todo lugar (1 Ts. 1:8).

2. El apóstol siguió su costumbre de predicar el Evangelio primero en la sinagoga judía. Lo hizo así **por tres días de reposo** consecutivos. En la correspondencia a los tesalonicenses recuerda que puso en práctica su oficio de fabricante de tiendas para no ser gravoso a los creyentes (1 Ts. 2:9; 2 Ts. 3:7-12). Las tres semanas no indican, por tanto, la duración total del tiempo que pasó en Tesalónica.

3. El método de la predicación de Pablo consistía en abrir (explicar, Str., gr. *dianoí-*

gon) el AT y **demostrar** (HA, VLA) *que era necesario que el Cristo (Mesías,* VM, NC, BC) *padeciese y resucitase;* y que este Mesías era en verdad **Jesús,** a quien anunciaba. **Exponiendo.** Literalmente, *poniendo al lado* (gr. *paratithémenos*). Pablo citaba las Escrituras del AT y al lado de ellas ponía su cumplimiento histórico en Jesús de Nazaret. Los judíos no comprendían cómo el Mesías podía ser a un tiempo rey vencedor y siervo padeciente, y no estaban, por tanto, acostumbrados a aplicarle al Mesías las predicciones de sufrimientos.

4. Como de costumbre, unos cuantos judíos **se persuadieron** (VM, VHA, VLA), mejor traducción que *creyeron*), y se unieron a Pablo y Silas. Pero la mayoría de los que se convirtieron provenían del considerable número de gentiles temerosos de Dios.

5. Recurriendo a vagabundos callejeros, los judíos solivantaron una turba de hombres malos. **Jasón,** equivalente griego de Josué, probablemente era un creyente judío que había hospedado a Pablo y a Silas. La turba asaltó la casa de Jasón con intenciones de llevar por la fuerza a Pablo y a Silas ante las autoridades. Al **pueblo.** Ante la asamblea general del pueblo griego.

6. Jasón había barruntado el plan del populacho y había puesto a salvo a Pablo y Silas. Así, pues, en lugar de los evangelistas, fueron traídos ante los magistrados de la ciudad Jasón y varios hermanos. **Las autoridades de la ciudad,** literalmente *politarcas*

7. Se acusó a Jasón de albergar hombres cuyas enseñanzas religiosas tenían implicaciones políticas sediciosas, pues proclamaban que **Jesús era rey,** rival del emperador romano. **Rey.** Era el vocablo griego común para designar al emperador romano (Jn. 19:15; 1 P. 2:13,17). Este incidente aclara por qué las epístolas paulinas y los Hechos hablan relativamente poco del reino de Dios. Mucha importancia se ha dado al hecho de que Pablo casi nunca designe a Jesús como Rey, llamándolo en cambio Señor. Se ha dicho a veces que Jesús era Rey de Israel pero Señor de la Iglesia, y que son dos conceptos totalmente diferentes. Este incidente sugiere que Pablo subraya poco la realeza de Jesús y el tema del reino de Dios porque estas ideas, familiares y preciosas para los judíos, tendían a ser mal entendidas por los romanos al sugerirles un poder político rival. Tal cargo de sedición fue el que se le hizo a Jesús ante Pilato (Lc. 23:2). Muchas cosas toleraba Roma, pero no la sospecha de sedición. Por eso Pablo proclamaba a Jesús ante los gentiles como Señor, concepto religioso que les resultaba familiar y aceptable, sin implicaciones políticas.

8,9. A los politarcas les inquietó tal cargo, pero ya que no pudieron dar con Pablo y

Silas, arreglaron las cosas poniendo a Jasón y compañeros como garantes de que no se alteraría más la paz; la fianza que se les exigió sería hecha efectiva en caso de desorden. Probablemente sea este el estorbo satánico a que se refiere Pablo en 1 Ts. 2:18, que le impidió volver a Tesalónica y continuar su ministerio.

10,11. Berea estaba a unos 80 km. al oeste de Tesalónica. En este punto Pablo y Silas abandonan la calzada militar principal y se dirigen al sur, hacia la provincia de Acaya. Los judíos de este lugar tenían menos prejuicios que los de Tesalónica. Fueron amplios en someter el mensaje de Pablo a la prueba del AT para decidir si era verdadero o no.

13-15. Cuando de Tesalónica llegaron a Berea judíos hostiles y suscitaron la oposición, algunos de los hermanos acompañaron a Pablo a la costa y luego a **Atenas. Silas** y **Timoteo** no acompañaron a Pablo sino que se quedaron en Berea con instrucciones de unirse a Pablo tan pronto como fuera posible en Atenas.

16. Atenas no era una ciudad de gran importancia política o mercantil, pero era el centro intelectual más famoso del mundo. Hasta los jóvenes de Roma solían acudir a Atenas para obtener su educación universitaria. La estrategia misionera de Pablo no incluía la evangelización de Atenas. Pero mientras esperaba allí a Silas y Timoteo, lo conmovió profundamente la **idolatría** que vio. Los famosos templos de Atenas eran obras de arte de insuperada belleza; pero tras la belleza Pablo descubría las tinieblas de la idolatría. **17.** Por tanto, **discutía** en la sinagoga con los **judíos** y los **piadosos** o temerosos de Dios, así como con quienes casualmente hallaba por la plaza de mercado.

18. Adeptos de las dos escuelas filosóficas más influyentes de aquellos tiempos oyeron su mensaje. Los **epicúreos,** que derivaban su nombre de su fundador Epicuro (341-270 a. de C.), creían en la existencia de los dioses, pero que éstos no se interesaban en modo alguno por el bienestar de los hombres. El fin principal de la vida, según los epicúreos, era el placer, y había que procurárselo mediante una vida feliz y reposada, libre de dolor, tribulaciones o temor, especialmente del temor a la muerte. Los **estoicos,** cuyo fundador fue Zenón (c. 300 a. de C.), creían que Dios era el alma del mundo que moraba en todas las cosas, y que la vida feliz era aquella que armonizaba con la naturaleza. Puesto que Dios estaba en todos los hombres, todos eran hermanos. Muchos estoicos eran hombres de elevada moral. Para estos filósofos Pablo era un **charlatán** (NC). En griego, esta palabra significa literalmente *recogedor de semillas* y se empleaba para describir

tanto a ciertas aves como al que recogía fragmentos de conocimiento no asimilados. **De Jesús y de la resurrección.** En oídos griegos, *Jesús* y *Anástasis* (resurrección), podían sonar como los nombres de un dios y una diosa.

19. Areópago puede ser o la colina de Marte (v. notas VHA, VLA), entre el mercado y la Acrópolis, o el consejo que en tiempos antiguos se reunía en dicha colina. los vss. 22 y 33 hacen que lo último sea más probable. No se trataba de un tribunal judicial sino de un grupo de varones que supervisaban las cuestiones religiosas y educativas. Pablo compareció ante este consejo a dar cuenta de su "filosofía", aparentemente para que ellos pudieran dictaminar si habría de permitírsele enseñar en Atenas. **21.** Los **atenienses** y los **extranjeros residentes** se distinguían por su curiosidad, atentos siempre a "la última novedad intelectual" (Lake y Cadbury). **22.** De pie ante el consejo, Pablo trató de hallar un punto de contacto comentando que ellos eran **muy religiosos;** esta es mejor traducción que *supersticiosos,* aunque ambas connotaciones son posibles.

23. Santuarios. VM, VHA y NC traducen literalmente, *los objetos de vuestro* **culto.** No se ha descubierto ninguna inscripción AL DIOS NO CONOCIDO, pero hay escritores griegos que dicen que había en Atenas altares "a los dioses ignotos" y "de haber dos o más altares con sendas inscripciones 'a un dios desconocido', bien pudiera conocérselas bajo ese nombre genérico de 'altares a los dioses ignotos' " (F.F. Bruce, *Commentary*). En su celo religioso, los atenienses no querían dejar fuera de su culto a ningún dios que les fuera desconocido. Pablo afirma que había en verdad uno que no conocían, y éste es el que deseaba proclamarles.

24,25. Puesto que este Dios es el Creador de todas las cosas, explicaba Pablo, y Señor de cielo y tierra, no puede habitar en edificio alguno de humana construcción. Tampoco puede necesitar nada que el servicio o el culto de los hombres le puedan brindar, ya que él mismo es la fuente de toda vida.

26. Puesto que Dios es el Creador, todos los hombres provienen **de uno** (NC, Str.) y dependen de Dios (la palabra **sangre** no se halla en los mejores manuscritos). Dios les ha dado la tierra por habitación y **las estaciones** (NC) para suministrarles el sustento. Es la misma idea que aparece en 14:17 en el discurso a los griegos de Listra. **27.** La bondad de Dios manifestada en el mundo creado debería impulsar al hombre a buscar a Dios (v. Ro. 1:20).

28. El Señor es a un tiempo Dios trascendente que no puede ser identificado con su creación, y el Creador y Sustentador de quien todos los hombres dependen aun en cuanto a su vida física. El apóstol ilustra esto con palabras que según parece toma del poeta cretense Epiménides. Cita luego al poeta Arato, de su nativa Cilicia. Pablo quiso decir que todos los hombres son descendientes de Dios en el sentido de que son criaturas suyas y de él dependen para su sustento. Hay una doctrina bíblica de la paternidad universal de Dios y de la fraternidad humana basada en el hecho de la común creación más bien que en el parentesco espiritual, según indica este pasaje. **29.** Puesto que Dios es el Creador de los hombres, debe ser por lo menos más grande que los hombres. Por consiguiente, identificar a la Deidad con algo hecho o imaginado por los hombres es colmo de locura y sima de pecado (v. Ro. 1:22, 23).

30,31. Dios **pasó por alto** (no *disimuló*, como dicen VHA, VLA y NC) **los tiempos de esta ignorancia,** pero ahora se ha dado a conocer plenamente a los hombres. Ro. 3: 25 se refiere a esta paciencia de Dios respecto a "los pecados pasados", y Hch. 14:16 alude a la misma paciencia. Pero su paciencia no será eterna; visto el pleno conocimiento ahora revelado en Cristo, ordena a los hombres que se arrepientan, y **ha establecido un día en el cual juzgará al mundo con justicia** por mano del hombre en quien esta nueva luz se manifestó. Y de ello ha dado **fe** (*seguridad*) mediante la resurrección de Jesús.

Se ha dicho a menudo que en Atenas Pablo procuró colocarse en un terreno intelectual y trató de ser filósofo entre los filósofos, en vez de predicar el sencillo Evangelio de Cristo. No es una crítica válida, pues la entraña de la primitiva proclamación cristiana era la resurrección de Cristo, y en ella puso Pablo su principal énfasis en Atenas. Ningún mensaje podría haber sido más desagradable a los filósofos griegos que el de la resurrección corporal y de un día de juicio. Un mensaje de inmortalidad personal incorpórea habría sido aceptable, pero afirmar la resurrección corporal era como obrar con "falta de tacto." Pablo no diluyó su Evangelio; proclamó la verdad que atacaba el corazón mismo de la filosofía griega.

32-34. Algunos ridiculizaron el mensaje de Pablo; otros estaban dispuestos a discutirlo más ampliamente. Así terminó la audiencia, y Pablo **salió de en medio de ellos.** El resultado no fue del todo nulo, pues **algunos creyeron, juntándose con él.** Uno de los creyentes era miembro del propio Areópago. Pero fueron pocos los que en Atenas se convirtieron. No sólo se carece de referencia a iglesia alguna en Atenas, sino que "las primicias de Acaya" (1 Co. 16:15) se produjeron en Corinto y no en Atenas. Ninguna razón adecuada induce a pensar que el fracaso de Pablo haya obedecido al uso de un método errado que él haya abandonado más tarde; se debió más bien al carácter de los propios atenienses. Pablo no había planeado ningún programa evangelístico o misionero para aquella ciudad.

18:1. El apóstol **salió de Atenas** rumbo a **Corinto,** en donde esperó la llegada de Timoteo y Silas, procedentes de Macedonia. Corinto era la capital de la provincia romana de Acaya. Quedaba en un istmo que dominaba las rutas marítimas hacia oriente y occidente, así como las rutas terrestres hacia el norte y el sur. Era un próspero centro mercantil, famoso por carácter cosmopolita y notorio por inmoral. Según Estrabón, el templo de Afrodita contaba con mil sacerdotisas-prostitutas. La reputación de Corinto se ilustra con el hecho de que "portarse como un corintio" se refería a practicar la fornicación, y a las prostitutas se las llamaba "corintias". No es de extrañar que más adelante la iglesia de Corinto se haya visto llena de problemas de inmoralidad.

2. Suetonio (*Vida de Claudio,* 25:4) nos cuenta que los judíos, instigados por Cristo, se amotinaban constantemente, por lo cual Claudio los expulsó de Roma el año 49 d. de C. Es probable que *Cresto* (cuyo significado es "útil") sea una mala interpretación romana de *Cristo,* nombre que para los romanos carecía de significado. De ser así, ello significa que el Evangelio de Cristo se estaba predicando en las sinagogas de Roma y hallaba tan vigorosa resistencia que Claudio ordenó a todos los judíos salir de la ciudad. No está claro si **Aquila** y **Priscila** (a quien se llama Prisca en las epístolas paulinas) eran creyentes antes de salir de Roma. Ya que no se dice nada de que Pablo les haya predicado el Evangelio, probablemente se habían hecho cristianos en Roma. Nada sabemos del origen de la iglesia de Roma. Estos dos judíos llegaron a Corinto y se dedicaron a su oficio. **3.** Fabricantes de **tiendas** (NC, *lonas*). Pueden haber sido tejedores de la tela gruesa de pelo de cabra de que se hacían tiendas de campaña y otros artículos, o pueden haber sido "talabarteros" (Lake y Cadbury). Era costumbre de los rabíes judíos no recibir paga por su enseñanza, y por tanto Pablo, que había sido educado como rabí, había aprendido el oficio de fabricante de tiendas. El apóstol no se dedica inmediatamente a la evangelización de Corinto, sino que junto con Aquila y Priscila se dedica a trabajar en su oficio entre semana. **4.** Dedicaba los días de reposo a predicar en la **sinagoga.** Se ha descubierto en Corinto una inscripción de comienzos del primer siglo, que dice: "Sinagoga de los hebreos."

5. Según parece, Pablo pensaba regresar de Corinto a Macedonia para continuar su ministerio en **Tesalónica** y **Berea** después que llegaran Silas y Timoteo. De los movimientos de estos dos las epístolas nos cuentan más que los Hechos. Pablo los había dejado en Berea con instrucciones de que se unieran con él en Atenas tan pronto como fuera posible (17:15). Efectivamente, se le unieron en Atenas (1 Ts. 3:1), y aparentemente trajeron noticias de que no era conveniente que él volviera a Macedonia. Entonces envió a Timoteo nuevamente a Tesalónica y a Silas a otra ciudad de Macedonia, posiblemente a Filipos. Ahora Timoteo y Silas se le vuelven a unir en Corinto, y cuando le informan que no puede volver a Macedonia, Pablo se entrega con nuevo vigor a la evangelización de Corinto. El mensaje de Pablo era que Jesús es el Mesías (VM, VHA, NC).

7. Junto a la sinagoga quedaba la casa de un cierto **Tito** (BC) o Ticio (VHA, NC, Str.) **Justo**, gentil "temeroso de Dios" (cp. com. 10:2), que asistía a la sinagoga. Éste puso su casa a disposición de Pablo para la predicación del Evangelio cuando el apóstol abandonó la sinagoga. **8.** La conversión de **Crispo, el principal de la sinagoga,** (v. 13:15) junto con su familia, ha de haber constituido un golpe para los judíos y dado ímpetu a la misión de Pablo. El bautismo de Crispo se menciona en 1 Co. 1:14.

9-11. Aparentemente Pablo no había estado seguro de que fuese la voluntad de Dios que él se dedicara a evangelizar a Corinto. Pero Dios le da seguridad mediante una **visión** en que le ordena: **no calles;** y le da la certeza de que su misión se verá coronada por la divina bendición y el éxito. Por tanto, Pablo pasa en Corinto más tiempo de lo acostumbrado, enseñando la Palabra de Dios durante año y medio.

12. Al final de este período vino un nuevo **procónsul** a Acaya, provincia cuya capital era Corinto. Las provincias de este tipo estaban bajo la supervisión del Senado y eran gobernadas por procónsules que ejercían el cargo durante dos años. **Galión** era hermano de Séneca el filósofo. Este cambio nos proporciona la única fecha relativamente precisa en la carrera de Pablo, pues Galión llegó a Corinto en julio del año 51 o del 52, siendo más probable la primera fecha. Pablo llevaba ya año y medio de residencia en Corinto. *Los judíos* aprovechan la oportunidad para poner a prueba el brío del nuevo procónsul, con la esperanza de hacerlo ceder a su presión. Un veredicto del gobernante romano adverso a Pablo habría sido eficaz no sólo en Corinto sino en toda la provincia. Por tanto, provocaron un motín y llevaron a Pablo ante el **tribunal** de Galión, acusando al evangelista de propagar una religión que iba **contra la ley** romana. La ley romana reconocía como legítimo el judaísmo. Los judíos acusaban a Pablo de enseñar una nueva religión contraria al judaísmo, y por ende al derecho romano.

14-16. Galión vio que Pablo no era culpable de ningún **agravio** ni de **crimen enorme.** Y el mensaje del apóstol, hasta donde él lograba comprenderlo, era sólo una variante del judaísmo y de la interpretación de la ley judaica. Por tanto, rehusó fallar contra Pablo y echó a los judíos del tribunal.

17. El incidente que sigue revela que existía entre el pueblo un fuerte sentimiento antijudaico. **Sóstenes** había reemplazado a Crispo como **principal de la sinagoga;** la gente la emprendió contra él y lo golpeó delante de Galión. Que a éste **nada se le diera** de ello no significa que fuese indiferente a los valores espirituales, sino que deliberadamente **no hacía caso** (VM, VLA) de este motín, que técnicamente era un delito contra el orden público.

18. Pablo se queda luego en Corinto durante un período indefinido (**muchos días**), además del año y medio. Antes de partir de Corinto hace voto de nazareno (v. Nm. 6:1-21), acto de agradecimiento o de consagración a Dios, regulado por el AT. Durante la duración del voto el nazareo se dejaba crecer el cabello, sin cortárselo hasta que terminase el período prometido. Es significativo que Pablo, que por un lado rehusaba persistentemente la imposición de la Ley a los gentiles, personalmente, como judío, continuaba sometiéndose a muchas de sus demandas. Rumbo a Siria y Palestina, al llegar a Cencrea, puerto oriental de Corinto, termina el período de su voto y se hace *rapar* la cabeza.

19-21. Aquila y **Priscila** se quedaron a vivir en Efeso, separándose de Pablo. Por un breve tiempo predica Pablo en la sinagoga, pero rehusa quedarse. La expresión **es necesario que en todo caso yo guarde en Jerusalén la fiesta que viene** no se halla en la mayoría de los textos; pero fuera de esta explicación no se da razón alguna de la prisa de Pablo por volver a Palestina.

22,23. Estos dos breves versículos resumen un largo viaje de ida y vuelta entre Éfeso y Palestina. **La Iglesia** a la cual saludó Pablo fue sin duda la de Jerusalén, aunque no se menciona la ciudad. Pero **Antioquía** había apadrinado la misión, y allí pasó algún tiempo.

D. Tercera misión. Asia Menor y Europa. 18:23—21:17. Pablo regresó al Asia en lo que llamamos su tercer viaje misionero, pasando primero por la región de Galacia frigia que había visitado en su segundo viaje misionero (16:6).

24,25. Interrumpe Lucas su relato de los viajes de Pablo para narrar un incidente ocurrido en Éfeso. Los peregrinos judíos que acudían a Jerusalén en días del ministerio de nuestro Señor oyeron a Juan el Bautista predicar que el Mesías estaba a punto de venir. En la persona y obras de Jesús reconocieron el cumplimiento de las profecías mesiánicas del AT. Dichos peregrinos han de haber llevado a sus tierras el relato de la predicación de Juan y de la vida y ministerio de Jesús, aun sin saber de su muerte y resurrección ni del advenimiento del Espíritu Santo en Pentecostés. El elocuente **Apolos** había aceptado estas buenas nuevas respecto a Jesús, y como era **poderoso en las Escrituras** pudo presentar eficazmente a los judíos el mesiasgo de Jesús.

26. Cuando Priscila y Aquila lo conocieron en Efeso, le aclararon **más exactamente** el Evangelio cristiano, que abarcaba la muerte y resurrección de Jesús y el advenimiento del Espíritu Santo. Es muy posible que luego Apolos haya sido bautizado por Aquila en el nombre de Cristo. **27,28.** Cuando quiso ir a Acaya, Aquila y Priscila enviaron cartas de recomendación a su favor, y él pudo reforzar la obra de Pablo en Corinto refutando a los judíos mediante la prueba bíblica de **que Jesús era el Mesías** (VM, NC). El hecho de que algunos cristianos corintios formaran un partido que proclamaba a Apolos como jefe suyo (1 Co. 1:12; 3:4) probablemente no obedeció a conducta impropia de parte de él.

19:1. Pablo viajó de Galacia a Éfeso por el camino de los altos, más directo que la ruta comercial de los valles, que pasaba por Colosas y Laodicea. En **Éfeso** halló **discípulos** que tenían acerca de Cristo el mismo conocimiento incompleto que había tenido Apolos. No hay razón válida para rechazar el sentido corriente de la palabra discípulos: creyentes en Jesús. **2.** El apóstol se dio cuenta de que el conocimiento que respecto a Jesús tenían estos discípulos era deficiente. Por tanto preguntó: **¿Recibisteis el Espíritu Santo cuando creísteis?** El participio griego lo mismo puede traducirse *cuando creísteis* (como hacen varios) que *después de abrazar la fe* (Str.). Ya que solía recibirse el Espíritu al tiempo de creer en Cristo, la primera versión parece preferible. Su respuesta tiene que significar que no habían oído ninguna doctrina característicamente cristiana acerca del Espíritu Santo, pues cualquiera que estuviese familiarizado con el AT habría oído acerca del Espíritu Santo. **3,4.** Estos discípulos no habían oído acerca de Pentecostés. Sólo conocían el mensaje de Juan el Bautista — que los hombres debían recibir el bautismo de arrepentimiento como preparación para el advenimiento del que había de venir: **Jesús.** La palabra *Cristo* no se halla en los mejores textos. **6,7.** No es esta la descripción de un nuevo Pentecostés sino la extensión de la experiencia pentecostal para incluir a todos los creyentes. No ha de buscarse especial significado a la imposición de las manos de Pablo como medio de otorgar el Espíritu Santo. Esta experiencia, como la de Pedro y Juan en Samaria (8:16,17), tiene por fin demostrar la unicidad de la iglesia. Puesto que los creyentes son bautizados por un Espíritu para formar parte de un cuerpo (1 Co. 12:13), no pueden existir grupos fraccionarios, como el de estos discípulos de Juan, fuera de la iglesia. No viene al caso discutir si estos discípulos eran cristianos antes de su encuentro con Pablo, así como es inútil preguntarse si los apóstoles eran salvos antes de Pentecostés. Eran discípulos de Jesús, pero tenían un conocimiento incompleto del Evangelio.

8,9. Éfeso era la capital de la provincia romana de Asia, y residencia del procónsul romano. Era la principal ciudad de Asia en punto a la promoción del culto al emperador. Era también un importante centro mercantil, con un activo puerto marítimo, y su prosperidad era grande. El mensaje de Pablo en la **sinagoga** respecto al **reino de Dios** difícilmente podría referirse al establecimiento del reino en el segundo advenimiento de Cristo. El Evangelio cristiano anuncia que las bendiciones del reino de Dios han venido anticipadamente a los hombres en la persona de Jesús el Mesías (v. Col. 1:13). La mayoría de los judíos aceptó el mensaje de Pablo en Éfeso; solamente **algunos, endureciéndose,** no creyeron. Pero este puñado era tan influyente en **la congregación** (VLA) que Pablo se apartó de la sinagoga y consiguió el uso de una escuela o sala de conferencias, propiedad de un hombre llamado **Tiranno.** Hay un texto que dice que Pablo enseñaba desde las once de la mañana hasta las cuatro de la tarde, horas en que ordinariamente se suspendía el trabajo. Se dedicaba a su oficio durante la mañana y predicaba el Evangelio en las horas calurosas del día. **El Camino.** Nombre técnico del cristianismo en la iglesia primitiva.

10. Durante estos **dos años** Éfeso fue el centro para la evangelización de toda esa área, y desde allí se establecieron iglesias en Colosas, Laodicea y Hierápolis (Col. 2:1; 4:13). Probablemente las otras iglesias que se mencionan en Ap. 2:3 nacieron por este tiempo. **12.** Los **paños** o **delantales** eran prendas de vestir propias del oficio de Pablo.

13. Lucas presenta una ilustración de la eficacia del ministerio de Pablo en Éfeso. Los **judíos exorcistas ambulantes** eran cosa corriente en el mundo antiguo. En la antigüedad se consideraba que el **nombre** de una persona o de una deidad poseía un poder especial que podía dar el dominio sobre esa persona si el nombre se usaba de modo adecuado. Estos exorcistas judíos, al presenciar los milagros que Pablo hacía en el nombre de Jesús, intentaron usar el nombre en sus hechizos. **14-16.** No se tiene conocimiento de ningún *pontífice* (NC) o sumo sacerdote (VHA, BC) llamado **Esceva.** Quizá estos **siete** judíos pretendían falsamente pertenecer a la casta sacerdotal y Lucas se limite a expresar lo que ellos pretendían. Tal pretensión habría sido útil, pues indudablemente los sacerdotes habrían de saber emplear en la forma más eficaz el divino nombre. El nombre de Jesús no podía emplearse mágicamente, y el demonio reconoció que estos judíos no tenían potestad para usarlo.

18,19. Lo ocurrido a los siete judíos dio por resultado la conversión de muchos otros magos. **Confesando y dando cuenta de sus hechos** significa que abandonaban la magia, pues se creía que los secretos mágicos perdían su poder cuando se declaraban en público. Otros magos trajeron los rollos de papiro en que tenían sus fórmulas mágicas y sus hechizos y los quemaron en público. Se han descubierto algunos de tales papiros de magia. El valor de los quemados en Éfeso era de cuando menos $10.000 USA.

21. Pasa luego Lucas a exponer el plan de Pablo para su ministerio futuro. **Se propuso en espíritu** podría referirse al espíritu de Pablo (VM), o a la dirección del Espíritu (VLA). El plan del Apóstol era visitar las iglesias de **Macedonia** y **Acaya** para colectar dinero destinado a socorrer a los santos de Jerusalén (2 Co. 8; 9; Ro. 15:25 ss.). Después de llevar a Jerusalén esos donativos, pensaba visitar a **Roma.** No tenía en mientes un largo ministerio allá, pero camino a España (Ro. 15:24,28) deseaba visitar a los cristianos romanos. Tenía por norma predicar el Evangelio donde no hubiera sido escuchado, y no edificar sobre fundamento ajeno (Ro. 15:20).

22. Pablo hizo que **Timoteo** y **Erasto,** dos de sus compañeros, se le adelantaran a **Macedonia,** adonde pensaba seguirlos en breve. Lucas no menciona a Timoteo en el lapso entre su reunión con Pablo en Corinto (18: 5) y este momento; pero había estado con el apóstol en Éfeso. Tampoco registra Lucas lo ocurrido entre Pablo y la iglesia corintia mientras el misionero estaba en Éfeso. Pablo había enviado antes a Timoteo a Corinto para enfrentarse a ciertos problemas suscitados en la iglesia (1 Co. 4:17; 16:10,11). Además el misionero de más edad les había hecho una visita rápida, según se informa en 2 Co. 12:14; 13:1.

23. La decisión de Pablo de irse de Éfeso fue apresurada por un disturbio que se suscitó respecto **del Camino.** Éfeso era centro del culto a la gran diosa **Artemisa** (VLA, NC, vss. 24,27,28). *Diana* es el equivalente latino —aquí mal empleado— del griego Artemisa. No era Artemisa la diosa griega tra-

dicional de este nombre, sino la antigua diosa madre de Asia Menor, comúnmente llamada Cibeles. El templo de Artemisa, cuyos cimientos se han descubierto, era una de las siete maravillas del mundo antiguo.

24-27. Una asociación de plateros hacía pingüe negocio con la fabricación y venta de templos en miniatura, dentro de los cuales había diminutas imágenes de la diosa. Tan eficaz fue el ministerio de Pablo que la venta de los templecillos iba disminuyendo. Por ello un cierto **Demetrio** convocó una reunión de asociados e hizo notar a los plateros que su trabajo corría peligro de **desacreditarse,** y que de no refrenar a los evangelistas la propia diosa Artemisa podía ser **despojada de su magnificencia** (VHA, VLA). Se sabe que el culto de Artemisa se practicaba por lo menos en treinta y tres lugares del mundo antiguo.

28-30. El espíritu turbulento de los plateros se contagió por toda la ciudad y provocó una demostración pública en el **teatro** al aire libre. Se han descubierto las ruinas de dicho teatro; tenía capacidad para más de 20.000 personas. Como de momento no pudieron dar con Pablo, se apoderaron de dos de sus compañeros; y cuando el apóstol trató de salir para enfrentarse al populacho, los otros discípulos no se lo permitieron.

31. Asiarcas, NC, BC, Str. (*Autoridades de Asia* es traducción deficiente). Eran oficiales provinciales a cuyo cargo estaba la supervisión y promoción del culto de adoración a Roma y sus emperadores. Sólo una persona ejercía el cargo a la vez, pero quienes lo habían desempeñado retenían el título en forma honorífica. Entre estos asiarcas Pablo contaba con algunos amigos, quienes le rogaron **que no se presentara en el teatro.**

32. Mientras tanto, en el teatro reinaba la confusión, al punto que muchos aun ignoraban el objeto de la reunión. **33,34.** Algunos judíos entre el gentío pensaban que estaban en peligro de que se les achacase la culpa del motín. Por ello llevaron empujado a cierto **Alejandro** para que pronunciara un discurso exculpándolos. Pero éste fue acallado a gritos, y prevaleció el caos.

35. Por fin el **secretario** (NC, Str.), oficial ejecutivo de la asamblea popular, logró restablecer el orden. Como oficial de enlace entre Éfeso y el gobernador romano, le incumbía la responsabilidad por tal reunión tumultuosa. Cuando hubo **apaciguado** (*calmó,* Str.) al pueblo, le recordó que Éfeso no corría peligro de verse degradada, pues era famosa en el mundo entero como **guardiana del templo** de Artemisa. **Imagen venida de Júpiter** es traducción de una sola palabra griega que literalmente significa *caída del cielo,* y probablemente se refiera a un aerolito en el cual los adoradores de Artemisa creían ver la imagen de la diosa, y que adoraban en el templo.

37,38. Estos hombres, dijo, no eran **sacrílegos** (literalmente, *robadores de templos,* VM) ni **blasfemos**. Además, había días regulares de **audiencia** (abiertos están los tribunales, VM), y **procónsules** cuya función era atender tales asuntos. Los interesados debían formalmente *acusarse* los unos a los otros (que recurran a la justicia para defender cada uno su derecho, NC). **39.** Otros asuntos debían resolverse en **legítima asamblea** y no en una reunión irregular. **Asamblea** es la palabra griega *ekklesia,* que designa la reunión regular de ciudadanos griegos.

40,41. Los plateros temían la ruina de su negocio. El secretario les indicó que el peligro verdadero estaba en que los romanos los acusaran de **sedición**, puesto que no podían presentar justificación por la tumultuosa reunión. Con estas palabras la multitud se aplacó y se disolvió la reunión.

20:1. El propósito de Pablo de volver a visitar a **Macedonia** y Acaya, expresado en 19:21, se cumple ahora. La partida de Éfeso se refleja en 2 Co. Cuando llegó a Troas se le presentó una gran oportunidad para predicar el Evangelio, pero su preocupación por los problemas de la iglesia corintia no le permitió libertad de espíritu para aprovecharla. Ya Pablo había enviado a Tito a Corinto para enfrentarse con los serios problemas que había entre los hermanos de allá, y esperaba encontrarse en Troas con su colaborador. Al no llegar Tito como se esperaba, Pablo se apesadumbró y por ello salió de Troas rumbo a Macedonia para encontrar allí a su ayudante (2 Co. 2:12,13). Cuando finalmente llegó Tito de Corinto, traía buenas noticias respecto al mejoramiento de las condiciones en la iglesia (2 Co. 7:5-16). Fue entonces que Pablo escribió su segunda carta a los corintios y la envió por mano de Tito y otro hermano, anticipándose a su llegada personal (2 Co. 8:17-19).

2,3. Lucas pasa por alto todas esas actividades. Después de visitar las iglesias de Macedonia Pablo llegó a **Grecia,** o sea Acaya, en donde pasó **tres meses**, probablemente en Corinto. Durante este tiempo escribió la Epístola a los Romanos, informando a dichos creyentes de su propósito de visitar a Jerusalén y luego ir a Roma (Ro. 15:22-29). Lucas no menciona una de las principales razones del último viaje de Pablo a Jerusalén: la entrega de un generoso donativo de dinero que los santos de Macedonia y Acaya habían recogido para ayudar a los pobres (Ro. 15:25-27; 2 Co. 8; 9). Estaba Pablo a punto de embarcarse en Corinto rumbo a Siria, cuando se enteró de un **complot** (VHA) de los judíos para matarlo durante este viaje. Cambió de planes e hizo el camino de regreso por tierra, a través de **Macedonia. 4. Hasta Asia** es expresión sacada de un texto inferior; los compañeros de Pablo viajaron con él a Jerusalén. El grupo estaba formado por representantes oficiales de varias iglesias que enviaban dinero a los santos de Jerusalén.

5. Aquí se inicia otra "sección autoinclusiva" que se prolonga hasta 20:15 y se reanuda en 21:1. Lucas había sido dejado en Filipos en el segundo viaje (16:16). Ahora vuelve a reunirse con el apóstol en Filipos y continúa con él hasta Jerusalén. El resto del grupo se adelantó y se reunió con Pablo en Troas. **6.** El apóstol se quedó en Filipos para guardar la fiesta de **los panes sin levadura** y luego fue por mar con Lucas a **Troas** para reunirse con el resto del grupo.

7. Los misioneros se reunieron con los creyentes de Troas **el primer día de la semana** para predicar y celebrar la Cena del Señor. Esta es la primera referencia clara a la práctica cristiana de observar el domingo como día de culto. Los primeros cristianos, como judíos, probablemente continuaron observando el sábado judaico así como el primer día de la semana. No se nos dice cómo ni cuándo surgió en la iglesia la práctica del culto dominical. **8,9.** La reunión fue en un aposento alto del **tercer piso**. La iluminación era con **lámparas** de aceite, que hacían pesado el ambiente y lo llenaban de humo. **Estaban** (vs. 8); debe decirse *estábamos* (VM, VHA, VLA, etc.). **11. Partido el pan** se refiere al de la Cena del Señor. **Comido** se refiere al *ágape* o fiesta de amor, comida de comunión que acompañaba a la Cena del Señor (*después de partir el pan y de tomar alimento,* VHA, VLA).

13-15. Lucas y los demás miembros del grupo se embarcaron luego y partieron de Troas, y dando vuelta a un promontorio llegaron a **Asón**, mientras Pablo viajaba **por tierra**. Pablo se reunió a bordo con su grupo en Asón, y navegaron a **Mitilene,** principal ciudad de la isla de Lesbos. Desde Mitilene navegaron entre el continente y las islas de **Quío** y **Samos** hasta llegar a **Mileto.**

16,17. Dado el deseo de Pablo de llegar a **Jerusalén** a tiempo para el **día de Pentecostés**, había tomado un barco que hacía escala en Mileto sin tocar en **Éfeso**. No quería por entonces visitar esa ciudad, por carecer de tiempo para ocuparse de los problemas y la vida de la iglesia del lugar. Pero como el barco ancló en Mileto por varios días, hubo tiempo para enviar un mensajero a Éfeso y para que los dirigentes de la iglesia vinieran a hacerle una breve visita.

18-35. El sermón de Pablo a los **ancianos** de Éfeso tiene gran significación por reflejar la sencillez orgánica de la iglesia primitiva. A los dirigentes efesios los llama Lucas **ancianos** (vs. 17, VM, VHA) o *presbíteros*

(BC, NC, Str.), mientras Pablo en el vs. 28 los llama **obispos** (Str. da como traducción alterna *supervigilantes;* VM marg., *sobreveedores o inspectores,* Moulton & Milligan, The Vocabulary of the NT, *guardianes.* Se traduce *obispo* en Fil 1:1; 1 Ti. 3:1,2; Tit. 1:7). **Presbítero** (versiones católicas) o **anciano** (evangélicas), es de ascendencia hebrea; **obispo** (supervigilante o supervisor) es de ascendencia griega. Es claro que los dos términos designan un solo oficio: el de anciano-obispo. Solamente en una época posterior pasó el obispo a ser un dirigente distinto del anciano (v. nota de Str. *in loc.*). Pablo resume su ministerio de Éfeso al decir que ha dado **testimonio del evangelio de la gracia de Dios** (vs. 24), **predicando el reino de Dios** (v. 25), dos expresiones en este caso sinónimas e intercambiables. Por lo común, en los Hechos el reino de Dios se refiere al reino escatológico de la salvación (14:22). Pero en este pasaje **el reino de Dios** es el resumen de todo el mensaje de Pablo en Éfeso y se refiere a las bendiciones presentes de la redención en Cristo.

22. Pablo iba a Jerusalén compelido por Dios. La VLA y Str. probablemente estén en lo correcto al traducir **ligado yo en el Espíritu,** en vez de RVR, VM y VHA que sólo se refieren a la compulsión interna de Pablo. **23.** El Espíritu Santo había revelado a Pablo, posiblemente por palabra de profetas (v. 21:1-14) que le aguardaban **prisiones** y tribulaciones.

28. Este versículo presenta un difícil problema textual. El mejor texto y la versión más lógica es la que habla de **la iglesia de Dios,** (RVA, VM, VHA, BC, NC) **la cual el ganó por su propia sangre.** Pero en este contexto **Dios** se refiere al Padre, y en ninguna parte se refieren las Escrituras a la sangre de Dios. Por consiguiente, hay antiguos e importantes textos que dicen *la iglesia del Señor* (RV, RVR, VLA, Str.). Pero esta es una versión inferior; ha de preferirse **la iglesia de Dios.** Las notas de la VLA dan como alternativa "la iglesia de Dios, la cual él adquirió *con la sangre del Suyo*" (v. Bruce, *Commentary*).

29,30. Pablo predijo que la iglesia de Éfeso se vería turbada por dos causas: *lobos rapaces* entrarían en la iglesia desde fuera, y falsos maestros surgirían de su propio medio para descarriar de la fe a los discípulos. El crecimiento de la herejía en Éfeso se refleja en 1 Ti. 1:3-7.

33-35. Pablo recuerda a los efesios su costumbre de fabricar tiendas no sólo para su propio sostenimiento, sino para subvenir a las necesidades de quienes con él estaban. Cita un dicho de nuestro Señor que no registra ninguno de nuestros Evangelios, respecto a la bienaventuranza del dar. Poquí-simos dichos auténticos de Cristo han sobrevivido de este modo fuera de nuestros Evangelios. El propósito principal de las ofrendas en la iglesia primitiva era ayudar a los pobres, más bien que costear la predicación del Evangelio como en nuestros días.

36-38. El presentimiento de los ancianos efesios de que **no verían más su rostro** no ha de tomarse necesariamente como indefectible profecía de que Pablo jamás volvería a visitar a Éfeso. Las epístolas pastorales indican que hubo un ministerio posterior después de ser liberado del encarcelamiento en Roma. Lo que sí refleja, como en 20:22, 24, es el presentimiento de que a Pablo le esperaban serias tribulaciones y posiblemente la muerte.

21:1,2. Pablo y su grupo reanudaron el viaje en barco, navegando entre las islas y el continente. **Cos** y **Rodas** son dos islas en donde pernoctaron anclados. Rodas era también el nombre de una ciudad sita en la isla del mismo nombre. En **Pátara,** ciudad de tierra firme, hallaron un barco a punto de emprender viaje directo a **Fenicia,** dejando a babor la isla de Chipre. Parece que condiciones favorables les permitieron hacer un viaje rápido, pues desde este punto no vuelve Pablo a manifestar prisa por llegar a Jerusalén a tiempo para Pentecostés.

3-6. Cuando desembarcaron en Tiro pudo Pablo darse un respiro, pues se requirieron siete días para **descargar** el barco. Habían llegado discípulos a Fenicia como resultado de las persecuciones que siguieron a la muerte de Esteban (11:19), y en Tiro Pablo *los buscó y los halló* (VLA). Había en esta iglesia profetas que **por el Espíritu** revelaron que serios peligros aguardaban a Pablo en Jerusalén. Por tanto, procuraban disuadirlo de su propósito. Pero ante la persistencia de Pablo toda la iglesia lo acompañó hasta la embarcación, y después de orar en la playa, el evangelista y su grupo subieron a bordo.

7. Reanudado el viaje, navegaron hasta **Tolemaida,** puerto meridional de Fenicia, en donde Pablo pasó un día con los creyentes de la ciudad.

8. Cuando llegó a **Cesarea** el apóstol fue hospedado por **Felipe,** que había conquistado fama de evangelista. Felipe, uno de los siete elegidos para supervisar la atención de las viudas en la iglesia primitiva (6:3 ss.), había evangelizado a Samaria (8:5 ss.), al eunuco etíope (2:26 ss.) y la llanura costanera (8:40). La última vez que lo habíamos encontrado fue en Cesarea (8:40), en donde parece haber fijado su residencia. Se le llama **Felipe el evangelista** para diferenciarlo de Felipe el apóstol.

9. Las **cuatro hijas** de Felipe tenían el don de la profecía. El hecho de que fuesen **doncellas** (*vírgenes,* VM, NC) es sólo un detalle interesante, sin necesaria significación religiosa.

10,11. Pablo, ya sin prisa por llegar a Jerusalén, pasó varios días con Felipe. **Agabo,** un profeta procedente de Jerusalén (11:27, 28), siguiendo el ejemplo de algunos profetas del AT, lleva a cabo simbólicamente los actos inherentes al destino que preveía esperaba al apóstol en Jerusalén, y predijo que sería entregado **en manos de los gentiles. 12,13.** Nuevamente trataron los creyentes de disuadir a Pablo de ir a Jerusalén. Éste respondió que para él no tenían importancia ni el vivir ni el morir, pero que las lágrimas de ellos amenazaban "debilitarle la voluntad" (F.F. Bruce).

14,15. Los amigos de Pablo se sometieron entonces a la voluntad del Señor. Ninguna razón hay para pensar que Pablo haya ido a Jerusalén contrariando la voluntad de Dios. Hemos de entender las diversas predicciones proféticas no como prohibiciones del Espíritu Santo sino como prevenciones en cuanto a lo que le aguardaba. Como resultado de estas profecías los amigos de Pablo trataron de disuadirlo de arriesgar la vida; pero el apóstol se mantuvo firme en la línea que se había trazado y en el cumplimiento de la voluntad de Dios no obstante el peligro personal.

16. En griego este vs. es algo oscuro, y puede traducirse por **nos condujeron a casa de Mnasón...en la cual nos hospedamos** (NC, BC, Str.), o **trayendo consigo a... Mnasón...con quien nos hospedaríamos** (RVR, VM). De ser correcto lo primero, Mnasón vivía en algún punto entre Cesarea y Jerusalén (distantes unos 105 km. entre sí), y en su casa pasó el grupo la noche. Pero es igualmente posible que Mnasón, discípulo desde los primeros días pero judío helenista, poseyera una casa en Jerusalén, en la cual pensaba hospedar a Pablo y sus compañeros. Pablo iba acompañado de cristianos gentiles, y no se sabía cómo éstos serían recibidos por los judíos cristianos de Jerusalén. El hospedaje brindado por Mnasón evitaría tensiones que pudieran surgir por la asociación entre creyentes gentiles y judíos.

V. Extensión de la iglesia a Roma. 21: 18—28:31.

Lucas ha narrado la expansión de la iglesia desde Jerusalén, a través de Judea y Samaria, hasta el establecimiento en Antioquía de una iglesia gentil cuasi autónoma. Desde Antioquía llevó Pablo el Evangelio hasta Asia y Europa en tres viajes misioneros. Otros apóstoles estaban indudablemente llevando a cabo la evangelización y la obra misionera al mismo tiempo. Carecemos, por ejemplo, de informes respecto a la evangeli-

zación de Egipto y su gran urbe, Alejandría. Sólo interesa a Lucas trazar los rasgos principales de la que considera la más significativa línea de expansión: la que conduce a Roma. Lo único que resta es registrar la misión de Pablo en llevar el Evangelio a Roma.

Es evidente que Lucas no se propuso narrar la evangelización inicial de Roma y el nacimiento de la iglesia de dicha ciudad, ya que nos cuenta de hermanos cristianos que dieron la bienvenida a Pablo a su llegada a la capital (28:15). Sabemos que Pablo había escrito una carta a la iglesia de Roma (Ro. 1:7), pero Lucas no informa cómo llegó originalmente el Evangelio a la ciudad imperial.

Visto que no fue el propósito de Lucas describir la evangelización inicial de Roma, quizá se haya propuesto mostrar que aun cuando Pablo predicó primeramente a los judíos al reino de Dios, cuando ellos rechazaron su mensaje se volvió a los gentiles (28: 24-31). La extensión geográfica de la iglesia no era la primordial preocupación de Lucas; se interesaba más bien en **el movimiento de la historia redentora desde los judíos hacia los gentiles.** En consonancia con ese propósito Lucas dedica espacio considerable a la última visita de Pablo a Jerusalén, no porque tal visita fuese de suyo importante, sino porque mostraba el rechazamiento definitivo del Evangelio por Jerusalén.

A. Rechazamiento del Evangelio por Jerusalén. 21:18—26:32. **18,19.** Pablo fue recibido en Jerusalén por Jacobo, hermano del Señor, que había llegado a ser el dirigente de la iglesia de la ciudad (15:13), y por los **ancianos.** Por lo visto ninguno de los apóstoles se hallaba por entonces en Jerusalén. Pablo fue cordialmente recibido por los dirigentes de la iglesia, a quienes contó el éxito del Evangelio entre los gentiles. Afirmó que a los creyentes gentiles se les introducía a la vida cristiana sobre la fe como única base, sin la observancia de la ley judaica. Los dirigentes de la iglesia jerosolimitana dieron su cordial aprobación a tal proceder.

20,21. Si bien los dirigentes de la iglesia de Jerusalén se mostraron encantados con el informe de Pablo, le hicieron una advertencia. Le dijeron que había miles de **judíos** creyentes que aun siendo cristianos, no dejaban de ser **celosos por la ley** de Moisés, y que a los tales se les había informado que Pablo no sólo predicaba a los gentiles un evangelio totalmente ajeno a la Ley, sino que también enseñaba a los judíos de la dispersión a **apostatar de Moisés** y echar a un lado *la circuncisión* y la observancia de las prácticas del AT. Esto significa que Pablo instaba a los judíos a dejar de serlo, abandonando el judaísmo, es decir, haciéndose gentiles.

22-24. Jacobo y los ancianos de Jerusalén se daban cuenta de que tal informe era falso y que Pablo permitía a los creyentes judíos que como judíos continuaran en la Ley. Pero opinaban que debía hacerse algo para demostrar a los judíos cristianos que el informe era falso. **La multitud se reunirá de cierto** es expresión que no se halla en los mejores textos. Sugirieron a Pablo que se sometiera a la Ley para demostrar a los judíos que él no propugnaba la abolición de la Ley tratándose de judíos cristianos. **Cuatro** judíos habían hecho **voto** de nazareos. Solía éste durar treinta días, pero los cuatro se habían contaminado en alguna forma que los hacía impuros durante **siete días** (vs. 27). Al final de dicho período debían rasurarse la cabeza y ofrecer a Dios ciertos sacrificios de purificación. Los ancianos sugirieron a Pablo que se identificara con los cuatro, y según común costumbre de los judíos pagara los gastos del sacrificio. Esto demostraría a la iglesia judía que el propio Pablo aceptaba las costumbres judaicas.

25. Jacobo aseguró a Pablo que esto no implicaría modificación de lo acordado en el concilio de Jerusalén en el sentido de que los gentiles estarían libres de la ley, y que sólo debían *abstenerse* de ciertas cosas especialmente repulsivas a sus hermanos judíos cristianos.

26. Pablo aceptó el consejo de los ancianos, y durante varios días sucesivos (el verbo está en tiempo imperfecto) entraba en el templo con los cuatro judíos a ofrecer por cada uno de ellos el sacrificio de purificación.

No hay inconsecuencia fundamental entre la disposición de Pablo a acatar la Ley como judío, y su inflexible insistencia en que los creyentes gentiles no fueran puestos bajo la Ley, puesto que estaban bajo la gracia. Como nueva criatura en Cristo, para Pablo ni la circuncisión ni la incircuncisión podían tener importancia vital (Gá. 6:15). El evangelista consideraba indiferente tales prácticas religiosas, pues el mundo estaba para él crucificado, como él para el mundo (Gá. 6:14). Él mismo decía que si alguien se convertía como judío, debía seguir siendo judío (1 Co. 7:18), pues la circuncisión no significa nada en sí misma. Los judíos cristianos podían guardar la Ley como judíos, no como cristianos. Pero cuando se hacían esfuerzos para imponer la Ley a los cristianos gentiles como base de salvación, Pablo se oponía e insistía en la absoluta libertad de la Ley. Indudablemente si los creyentes judíos hubieran querido abandonar la práctica de la Ley, Pablo no se habría opuesto. La tesis paulina de que en ciertos asuntos los principios deben determinarse por las conveniencias es cuestión tan delicada que muchos no han logrado entenderla e innecesariamente lo acusan de inconsecuencia radical.

27-29. Según parece, el proceder de Pablo satisfizo a los judíos cristianos, pero le atrajo la enemistad de un grupo de **judíos de Asia** no creyentes que habían acudido a Jerusalén para adorar en la fiesta de Pentecostés. Habían conocido a Pablo en Asia, y en Jerusalén lo habían visto en compañía de **Trófimo,** gentil convertido de Éfeso. Al ver al apóstol en el atrio de Israel, en donde sólo se admitía a judíos, dedujeron apresuradamente que había introducido con él a Trófimo en el templo. El área del templo incluía el extenso atrio de los gentiles, en el cual tenían éstos facultad de circular libremente. Este atrio exterior estaba separado del de Israel por un bajo parapeto en el cual había inscripciones que bajo pena de muerte prevenían a los gentiles no penetrar en el atrio de Israel. Dos de tales inscripciones han sido descubiertas. Los judíos de Asia daban por sentado que con ello Pablo había **profanado** el templo, **este santo lugar.**

30. La histeria colectiva se apoderó de pronto del gentío, y a rastras llevaron a Pablo del atrio de Israel al de los gentiles, y **cerraron las puertas** que comunicaban ambos atrios para evitar mayores disturbios dentro del sagrado recinto.

31. Al noroeste del área del templo se hallaba la torre Antonia, donde estaba acuartelada una cohorte romana al mando de un tribuno militar. Dos escalinatas, que permitían rápido acceso en caso de disturbio, comunicaban esta torre con el atrio del templo. Mil hombres integraban una **cohorte** (NC, BC) o **compañía** (RVR, VM, VHA). Pablo estaba a punto de morir a manos de la turba cuando se dio al "quiliarca" o **tribuno de la cohorte** (VHA, VLA) aviso del motín. **32.** Este tomó una fuerza de cuando menos doscientos hombres con sus centuriones, e intervino a tiempo apenas para salvarle la vida a Pablo. **33. Prendió** a Pablo, lo puso bajo custodia protectora y ordenó que fuese encadenado a dos soldados como medida de seguridad.

34. Cuando el tribuno trató de averiguar la causa del tumulto, fueron tan contradictorios los gritos de la multitud que no logró saber lo ocurrido. Por tanto, ordenó que llevaran a Pablo por las escalinatas a **la fortaleza** (RVR, VM, VHA) o **cuartel** (NC, BC). **35.** Pero al llegar a las gradas que llevaban del área del templo a la torre Antonia el furor de la turba había llegado a tal punto que los soldados tuvieron que llevar a Pablo **en peso.**

37. Llegados a lo alto de la escalinata, Pablo sorprende al tribuno hablándole en griego.

38. Unos tres años antes de esto un judío egipcio había provocado una **sedición** llevando a cuatro mil hombres al monte de los Olivos con la promesa de que los muros de la ciudad se allanarían al paso de ellos y podrían derrotar a la guardia romana. A estos sediciosos se los llama **sicarios** porque cada uno llevaba un puñal (del lat. *sica;* gr. *sikarion*) oculto entre el vestido, destinado a asesinar a los opositores políticos. El procurador Félix había aplastado esta revuelta, pero el egipcio había escapado. Por alguna razón desconocida el tribuno tomó a su cautivo como el rebelde judío.

39,40. Cuando Pablo sostuvo ante el tribuno que como judío tenía derecho de entrar en los recintos del templo y que era ciudadano de la importante ciudad de Tarso, el oficial le permitió que tratara de aplacar a la turba. El apóstol estaba de pie en el rellano de la escalera que dominaba el atrio de los gentiles; los soldados estaban más abajo, en las gradas. Una vez ganada la atención de la multitud, Pablo comenzó a hablar en **arameo,** el dialecto local y lengua común de Palestina y del Asia occidental.

22:1,2. Muchos judíos de la Diáspora sólo hablaban griego, de modo que cuando inesperadamente el apóstol se dirigió a la multitud en el propio dialecto, captó la atención de todos.

3. Pablo trató de ganarse la simpatía de ellos asegurándoles que conocía perfectamente la fe judía. Si bien había nacido en Tarso, había sido **criado** en Jerusalén e **instruido a los pies de Gamaliel,** uno de los rabíes más famosos de aquellos días. Había sido educado, pues, **estrictamente conforme a la ley** de los judíos y había sido **tan celoso de Dios** como ellos.

4,5. Se esforzó además por captar la simpatía de los judíos recordándole a la multitud que como fanático de la Ley había perseguido a los seguidores de **este Camino.** Les recordó que **el sumo sacerdote** y **todos los ancianos** (el Sanedrín judío) podrían corroborar su testimonio, pues ellos le habían dado cartas de extradición dirigidas a los hermanos judíos de Damasco con el fin de arrestar a los creyentes judíos que habían huido a dicha ciudad.

6-16. El apóstol contó a los judíos qué lo había apartado de su celo por las tradiciones judaicas (cp. el anterior relato de su conversión, Hch. 9). Puso énfasis en que la comisión del Cristo resucitado y ascendido le había llegado por medio de un creyente judío, **varón piadoso según la ley,** de buena fama entre los judíos damascenos. Este le había informado que **el Dios de nuestros padres,** es decir el Dios de Israel, lo había elegido para que reconociera **su voluntad** y viera **al Justo** (v. 3:14 y 7:52 en cuanto al

Justo), y para que fuera testigo ante todos los hombres de lo que había experimentado. Ananías exhortó luego a Pablo a bautizarse como señal del levantamiento de sus pecados, **invocando el nombre** del Señor.

17-21. Pablo narró una confirmación de este llamamiento mediante una visión que tuvo después de su regreso a Jerusalén (9:26). Como Pablo no tenía interés en un relato completo de su experiencia, omitió toda mención de los tres años pasados en Arabia (cp. Gá. 1:17,18). Relató otro aspecto de su experiencia en Jerusalén que Lucas no había registrado en su anterior narración. Hch. 9 dice que fueron los hermanos de Jerusalén quienes hicieron salir a Pablo de la ciudad para que escapara a un complot de asesinato (vss. 28-30). Aquí nos dice Pablo que se fue de Jerusalén obedeciendo a un mandato del Señor. Mientras oraba en el templo como fiel judío, estando en **éxtasis** Dios le había advertido que Jerusalén no recibiría su mensaje, y que por tanto debía darse **prisa** y salir **prontamente de Jerusalén.** Pablo protestó diciendo que el conocimiento de su antiguo celo y sinceridad en perseguir a los cristianos los convencería de la realidad de su conversión. El Señor respondió que debía salir de Jerusalén, pues sería enviado **lejos a los gentiles.** *Esteban tu testigo.* Testigo en griego se dice *mártir,* de donde esta palabra llegó gradualmente a designar al testigo que sella con su sangre su testimonio.

22,23. La turba lo escuchó hasta que mencionó a los gentiles. La palabra **gentiles** fue la chispa que encendió la ira de los judíos, que comenzaron a pedir la muerte del prisionero entre clamores y agitar (VLA, BC) de mantos. Lanzaban **polvo al aire** como gesto de cólera.

24. El tribuno, al darse cuenta de que no podría obtener de la turba datos ciertos, resolvió tratar de arrancar a Pablo una confesión por la tortura. Si bien los azotes eran procedimiento legal tratándose de esclavos, no era lícito azotar al hombre libre. **25.** Cuando ataron a Pablo y estaban a punto de azotarlo, él preguntó si era **lícito** azotar a un ciudadano romano sin haberlo sometido a juicio legal.

26-28. Podía obtenerse la ciudadanía romana por nacimiento de padres de tal ciudadanía, o por compra, o como donación gratuita del gobierno romano. Después del mal trato padecido el aspecto de Pablo ha de haber sido lamentable; quizá las palabras del tribuno fueran una indirecta en el sentido de que su ciudadanía de seguro le habría salido barata. Pablo respondió que no la había comprado, sino que la había heredado de padres que ya eran ciudadanos romanos. No sabemos cómo habían adquirido sus padres esa calidad, pero suele suponerse que se les otorgó en recompensa de un servicio a favor de algún gobernante romano anterior.

29. Al oir esto, los soldados que se aprestaban para torturar a Pablo súbitamente **se apartaron de él.** El tribuno **tuvo temor** por haber iniciado un procedimiento ilegal contra un ciudadano romano. **30.** Resolvió que lo adecuado sería pedirle al Sanedrín que celebrara audiencia y determinara si había motivos suficientes para procesar legalmente a Pablo.

23:1. Pablo inicia su defensa ante el Sanedrín alegando que había procedido **con toda buena conciencia... delante de Dios** no sólo en lo relativo a la acusación que se le hacía, sino en toda su vida. **2. Ananías** fue sumo sacerdote por ahí de los años 48-58 d. de C. Tenía fama de codicioso, insolente y despótico. Airado por las osadas palabras de Pablo, ordenó a unos que estaban cerca del apóstol **que le golpeasen en la boca. 3.** Durante su proceso, también Jesús fue golpeado en la cara (Jn. 18:22) y había señalado lo improcedente de la bofetada.

Con palabras indignadas protesta Pablo contra este irregular proceder de un miembro del Sanedrín, acusando a los que pretendían poner la ley en vigor, de estarla quebrantando de hecho. **Pared blanqueada** sugiere una tapia tambaleante cuya precaria condición se disfraza con un enjalbegado abundante (Bruce, *Commentary*). El significado es que a pesar de la elevada posición de Ananías, le esperaba la desgracia. Unos ocho años más tarde Ananías fue asesinado.

4,5. Al ser reprendido Pablo por hablar con tal rudeza al **sumo sacerdote de Dios,** se excusa diciendo que **no sabía que era el sumo sacerdote.** No se da la explicación de por qué no reconoció Pablo al sumo sacerdote, que solía presidir las reuniones regulares del Sanedrín y por tanto ha de haber sido fácil de identificar. Posiblemente no fuera ésta una reunión regular del Sanedrín, y por tanto el sumo sacerdote no ocupaba el sitio habitual o no llevaba su ropaje oficial. Posiblemente Pablo no haya distinguido de quién provenía el mandato de golpearlo. Algunos han sugerido ironía en estas palabras y que con ellas Pablo declara no creer que un hombre que así procedía pudiera ser el sumo sacerdote.

6. Esta conducta arbitraria e ilegal del sumo sacerdote hizo que Pablo comprendiera que no podía esperar del Sanedrín un juicio imparcial. Por esto se valió de una estratagema para dividir a sus adversarios. El Sanedrín estaba integrado por **saduceos** y **fariseos,** que divergían sobre importante puntos doctrinales. Los fariseos, que habían desarrollado una intrincada tradición basada en todo el AT, creían en la resurrección corpo-

ral y en una complicada jerarquía de ángeles y demonios en el mundo de los espíritus. Los saduceos rechazaban las tesis teológicas de nuevo cuño en el judaísmo y negaban la doctrina de la resurrección junto con la angelología y la demonología. Como fariseo, Pablo había creído en la doctrina de la resurrección. Como cristiano, la enseñanza de la resurrección asumía para él nuevo significado, pues estaba indisolublemente ligada a la resurrección de Jesucristo. En opinión de Pablo, la negación saducea de la resurrección haría totalmente imposible el cristianismo, "porque si los muertos no resucitan, tampoco Cristo resucitó" (1 Co. 15:16). Los cristianos primitivos hallaron su primera oposición entre los saduceos cuando proclamaron en Jesús la resurrección de entre los muertos (4:1,2). Ahora Pablo declara ser fariseo, y que el principal asunto en debate es la resurrección de los muertos y que en el fondo era por causa de esta doctrina que se le traía a juicio.

9. El resultado de esto fue la división de la asamblea. Los escribas, es decir los escudriñadores de la Ley que pertenecían al bando de los **fariseos,** apoyaban a Pablo hasta el extremo de sugerir que las dos visiones que había tenido cerca de Damasco y en Jerusalén quizá hubiesen sido visitaciones de **un espíritu o un ángel.** La expresión **no resistamos a Dios** sólo aparece en textos griegos tardíos y fue insertada como eco de las palabras de Gamaliel en 5:39.

10. Podemos suponer que la oposición de los judíos ortodoxos contra Pablo estaba encabezada por el clero saduceo, por causa de la acusación de que Pablo profanaba el templo (21:28). En cuanto Pablo se granjeó la simpatía de los fariseos el orden se transformó en caos y el prisionero estuvo a punto de sufrir daño corporal a manos de los bandos contendientes del Sanedrín. Entonces el tribuno romano ordenó la intervención militar y que Pablo fuese trasladado a la torre Antonia **(la fortaleza).**

11. Estos incidentes hicieron a Pablo pensar que estaban por cumplirse los peores presentimientos respecto a padecimientos en Jerusalén (20:22-24). Esa noche recibió una visión consoladora en la cual se le informó que no sería muerto en Jerusalén, sino que finalmente llegaría a **Roma.**

12,13. Los fanáticos adversarios de Pablo idearon entonces otra forma para intentar deshacerse de él. Un grupo de más de cuarenta judíos se confabularon y **se juramentaron bajo maldición:** o mataban a Pablo o se dejarían morir de hambre. Hasta dónde llegaba su fanatismo puede comprenderse viendo que la ejecución del complot indefectiblemente llevaría a la muerte a muchos de ellos a manos de la poderosa guardia romana que custodiaba a Pablo. Pero el riesgo no detenía a estos fanáticos.

14,15. Para obtener la cooperación de aquellos **sacerdotes** y **ancianos** que se habían enfrentado a Pablo, les expusieron el plan. Los sacerdotes debían convocar a sesión el concilio, y éste había de solicitar del tribuno una segunda presentación de Pablo ante el Sanedrín bajo pretexto de que deseaban establecer con mayor exactitud los hechos del caso. Los judíos conjurados tenderían a Pablo y a la guardia romana una emboscada entre la torre Antonia y el edificio del concilio, y matarían al apóstol. Si bien el complot se frustró, los conjurados no murieron de hambre en verdad, pues la casuística de los escribas siempre hallaba modo de sacar del paso a quienes se vieran comprometidos por juramentos tales.

16. Casi nada sabemos respecto a la familia de Pablo. Suele suponerse que las palabras del apóstol en Fil. 3:8, "lo he perdido todo" significan que al hacerse cristiano su familia lo desheredó. Pablo jamás alude a ningún miembro de su familia. Pero sabemos que tenía un sobrino, **hijo** de una **hermana** suya, que en alguna forma se enteró de la **celada.** Cómo pudo enterarse apenas si se puede conjeturar. Pero tal era su afecto por Pablo que le dio aviso en la torre Antonia. Pablo lo envió inmediatamente a darle los pormenores al tribuno.

23,24. El tribuno, al darse cuenta de que tenía entre manos un asunto explosivo, decidió solucionar el problema enviando a Pablo fuertemente escoltado al procurador romano en la capital, Cesarea. **La hora tercera de la noche** era entre las 9:00 y las 10:00 p.m. La palabra que se traduce por **lanceros** no ha sido hallada en ninguna otra parte, y su significado es inseguro. Literalmente significa *que sostiene por la derecha.* Era una escolta inusitadamente fuerte; el tribuno no quería correr el riesgo de que el prisionero fuera asesinado y cargar con la responsabilidad. **25-30.** Su carta al procurador **Félix** explica sus motivos para enviar a Pablo. Por primera vez se nos da el nombre del tribuno: Claudio Lisias. Al **gobernador** (RVR, VM, VHA) o **procurador** (NC, BC) lo trata Félix de **excelentísimo.** Esta era la forma corriente de dirigirse a los miembros del orden ecuestre romano, y también a los gobernantes de ciertas provincias. Es el mismo título que se le da a Teófilo en Lc. 1:3. La explicación del tribuno da a entender que había reconocido a Pablo como romano antes de rescatarlo de los judíos (vs. 27). El vs. 28 sugiere que la vista ante el Sanedrín no fue un juicio regular sino una investigación preliminar para determinar la naturaleza del caso. Desde luego, Lisias no menciona el hecho de que estuvo a punto de azotar a Pablo.

31. Antípatris distaba entre 55 y 65 km. de Jerusalén. A marcha forzada, llegaron Pablo y su escolta a la mañana siguiente. **32, 33.** Pasado el peligro inmediato de asesinato, los cuatrocientos soldados de infantería y lanceros regresaron a Jerusalén, y sólo los setenta de caballería prosiguieron el viaje con Pablo hasta Cesarea.

34. Antonio Félix fue gobernador o **procurador** de Judea del año 52 al 58 d. de C. Nuestras fuentes históricas lo señalan como mal hombre. Dice Tácito que "con toda suerte de crueldad y concupiscencia ejerció el cargo de príncipe con alma de esclavo" (Historia 5:9). Su período de gobierno en Palestina se caracterizó por un creciente espíritu de insurrección, y su mano de gobernante fue dura e implacable.

En un caso como el presente tenía que determinar de qué provincia provenía el prisionero, pues el acusado podía ser procesado en su país de origen o en el país en donde se hubiese cometido el delito. Puesto que Cilicia era provincia romana, era de competencia de un gobernador romano hacer la indagatoria sin consultar con ningún príncipe nacional. Cuando Jesús apareció ante Poncio Pilato, procurador de Judea, éste lo envió a Herodes Antipas, que gobernaba a Galilea, de donde procedía Jesús. En el caso de Pablo no se juzgó necesaria tal consulta externa.

35. Félix puso a Pablo bajo custodia en el **pretorio de Herodes.** Herodes el Grande había hecho de Cesarea la capital de toda Palestina y había edificado un palacio en dicha ciudad. Los gobernadores romanos la convirtieron en su residencia y sede de sus actividades administrativas.

24:1. Tértulo era un nombre corriente en el mundo romano. Era **abogado,** como bien traduce la VP (**orador,** en la mayoría de las versiones), y estaba familiarizado con los procedimientos judiciales romanos. Este fue el asesor legal de **Ananías** y los **ancianos.** En calidad de representante de sus clientes, compareció ante el gobernador "como acusador" (Str.) contra Pablo.

2. El uso del pronombre de primera persona plural en el discurso de Tértulo podría indicar ya sea que él fuese judío o simplemente que se asociaba a sus clientes. La expresión "nuestra ley" (vs. 6), de ser genuina, sugeriría que era judío. Comienza Tértulo su alegato con un característico exordio adulatorio del gobernador. En los mejores textos menciona que "se están efectuando reformas en beneficio de esta nación" (VHA, VLA, Str.). **3.** La palabra que se traduce **excelentísimo** Félix es la misma que se emplea en 23:26 y en Lc. 1:3. **4. Equidad** podría también traducirse por "amabilidad" (VHA, VLA), "benignidad" (Str.), "clemencia" (VM, BC, Faivre-de la Cruz). Pero la verdad es que si algo distinguió a Félix fue su ferocidad.

5,6. Tértulo planteó una triple acusación contra Pablo: 1. Era una plaga, promotor de sediciones entre los judíos por todo el mundo. 2. Era el cabecilla de la secta de los nazarenos. 3. Había intentado profanar el templo. La expresión **promotor de sediciones** puede referirse simplemente a que causaba "disensiones" (VM marg.) entre los judíos, pero podría también entrañar el cargo velado de que Pablo era el jefe de movimientos sediciosos en contra de Roma. De ser así, el cargo era totalmente infundado, pues cada vez que Pablo había comparecido ante gobernantes gentiles había sido declarado exento de toda tendencia sediciosa.

Este es el único pasaje del NT en que a los seguidores de Jesús se les llama nazarenos. El vocablo siguió usándose para designar a los cristianos en el lenguaje semítico, y se emplea hoy día en hebreo y árabe. **Secta** es la palabra que emplea Josefo para nombrar las diversas facciones del judaísmo, tales como los fariseos y los saduceos. No se reconocía aún a los cristianos como grupo separado, sino que se les consideraba una facción del judaísmo. Tértulo suaviza un poco el cargo anterior (21:28) de que Pablo había profanado el templo, y lo acusa de haber intentado hacerlo. El fallo condenatorio por profanación del templo habría constituido base suficiente para la ejecución legal.

6b-8a. Estas palabras no aparecen en los textos más antiguos, pero bien puede que sean auténticas. Tértulo alegaba que el Sanedrín judío venía siguiendo el proceso contra Pablo en forma absolutamente legal cuando el tribuno romano Lisias, sin justificación alguna, intervino por la fuerza y arrebató de sus manos al prisionero. Esto, desde luego, es una grave falsificación de los hechos; pero Lisias no se hallaba presente para presentar su propia versión.

10. Pablo incia su defensa con una modestísima fórmula de cortesía hacia Félix, cuya implicación era que la extensa experiencia del gobernador como autoridad entre los judíos garantizaba al acusado un juicio imparcial.

11-13. El apóstol rechazó de plano la acusación de que promovía disensiones. **14,15.** Admitió ser adepto **del Camino**, pero alegó que éste era el verdadero cumplimiento de la fe del Antiguo Testamento, y que se basaba en la esperanza de la resurrección. **Herejía** es la misma palabra griega que en 24:5 se traduce por "secta"; así la vuelve a traducir correctamente VM, VLA y BC. No denota tendencias "heréticas", sino una rama legítima del judaísmo. No hay parte alguna de sus epístolas en que Pablo afirme la **resurrección así de justos como de injustos**,

si bien su doctrina del juicio de los impíos necesariamente lo involucra. En sus epístolas Pablo se ocupa primordialmente de la resurrección de los que están en Cristo. No ha de concluirse necesariamente que Pablo sugiera aquí que la resurrección de todos los hombres haya de producirse simultáneamente. 1 Co. 15:23,24 sugiere que la resurrección de los que están en Cristo ocurre antes del "fin", cuando se producirá la resurrección final.

17,18. Aquí hallamos la única referencia clara de los Hechos al propósito de Pablo en su visita a Jerusalén, que tanto espacio ocupa en sus epístolas. El evangelista era portador de una ofrenda de las iglesias gentiles para los empobrecidos cristianos de Jerusalén.

19-21. Pablo aduce que no se ha aportado prueba alguna de mala conducta suya, y que el único cargo real que se le hace es de naturaleza doctrinal concerniente a la resurrección de los muertos. Era éste un punto en que un tribunal romano carecería de interés y de jurisdicción.

22,23. Félix **sabía con bastante exactitud** (VM, VLA) lo relativo a esta nueva secta del judaísmo llamada **el Camino**. Quizá su esposa Drusila (vs. 24) haya sido su fuente de conocimientos a este respecto. No obstante, las declaraciones de Tértulo y de Pablo eran contradictorias, y por tanto Félix suspendió la audiencia hasta que Lisias el tribuno romano descendiera a Cesarea, ocasión en la cual prometía **fallar** el **caso** (VLA). Pablo fue colocado bajo custodia con bastante **libertad**, que permitía a sus amigos servirle en su necesidad. No nos dice Lucas si Lisias llegó a Cesarea o si se reanudó la vista de la causa.

24. Drusila era la hija menor de Herodes Agripa I (v. 12:1). Había estado casada con el rey de Emesa, un pequeño estado de Siria, pero Félix la había persuadido a que abandonara a su primer marido y se casara con él. El gobernador deseaba conocer mejor el Camino, y por tanto hizo que Pablo le diera mayores detalles **acerca de la fe en Jesucristo**. **25.** Pablo adaptó su mensaje a las circunstancias, con énfasis en las implicaciones éticas del Camino. Su mensaje acerca **de la justicia, del dominio propio y del juicio venidero** lógicamente alarmó a Félix, quien suspendió la entrevista hasta otra ocasión.

26. El gobernador se daba perfecta cuenta de que no había base para procesar a Pablo, y que se imponía su absolución. Si bien la ley romana prohibía aceptar cohecho para libertar a un prisionero, esa corruptela era corriente y armonizaba muy bien con el carácter de Félix. El procurador retuvo, por tanto, a Pablo preso y a menudo conversaba con él, con la esperanza de recibir soborno.

27. Dos años más tarde el gobernador fue citado por el emperador Nerón a comparecer en Roma, acusado de peculador por los judíos. Lo sustituyó **Porcio Festo** como procurador de Judea. Aunque Félix sabía que lo justo era libertar a Pablo, lo dejó en la prisión por creer que así podría congraciarse con los judíos. Aun cuando esta prisión de dos años ha de haberle resultado dura a Pablo, tuvo la ventaja de que permitió a Lucas pasar todo ese tiempo en Palestina con el apóstol. Es bastante seguro que Lucas haya empleado este tiempo en reunir datos sobre la vida y ministerio de Jesús, y en compilar apuntes sobre la vida de la iglesia primitiva. Este material posteriormente vio la luz en el Evangelio de Lucas y en los Hechos.

25:1. Festo era un magistrado mucho más honorable y justo que Félix. Pero por aquellos días Palestina se había convertido en un vivero de bullente inquietud, y Festo murió mientras ejercía el cargo, sin haber logrado aquietar la turbulenta situación.

Festo llegó primero a Cesarea, capital de su provincia. Pero como Jerusalén era la capital religiosa, juzgó prudente hacer una pronta visita a dicha ciudad para establecer cordiales relaciones con los guías de sus nuevos súbditos.

2,3. Los dirigentes judíos creyeron ver en esta visita la oportunidad para presionar al gobernador nuevo e inexperto. Insistían en **pedir favor** (VM, Str.) en el sentido de que enviara a Jerusalén al prisionero Pablo. Quizá aquellos cuarenta judíos que antes se habían conjurado planeaban ahora matar a Pablo en el camino hacia Jerusalén. **4,5.** Festo no halló razón alguna para acceder. Pensaba regresar pronto a Cesarea, e invitó a **los principales de entre** (VLA, Str.) los acusadores a acompañarlo en su viaje de regreso y promover la causa en la capital.

6-8. Unos diez días después, al celebrarse la vista en Cesarea, los dirigentes judíos presentaron **graves acusaciones** contra el apóstol, pero no pudieron sustanciarlas con prueba válida alguna. Pablo negó categóricamente haber cometido ninguna infracción contra la Ley, contra el templo, o contra César.

9. Como recién llegado a Palestina, ignorante de las costumbres judías, Festo no logró captar el punto céntrico de este argumento (v. vs. 20). La acusación y la defensa se contradecían de plano. Pero vistas las inestables condiciones de Palestina, consideró factible granjearse la buena voluntad de los dirigentes judíos. Anteriormente le habían solicitado que llevase a Pablo a Jerusalén para juzgarlo allá. Festo sugiere por tanto al prisionero el traslado del juicio a Jerusalén, lugar de los hechos sobre que versaba la acusación.

10. Este plan le pareció a Pablo absolutamente irrazonable. Fue en Jerusalén donde hubo que rescatarlo de un complot contra su vida, y parecía insensatez correr nuevamente ese riesgo. Aunque Pablo no había sido condenado por ningún crimen, Festo parecía dispuesto a hacer las paces con los judíos a costa del prisionero, y éste sin duda temía en qué podrían parar tales concesiones. Para librarse de tal peligro, como ciudadano romano tenía un camino ante sí: apelar para ante César. Confiaba que en Roma sería juzgado imparcialmente, mientras que ante el inexperto Festo temía la influencia de los judíos. **11.** Este versículo sugiere que era real el peligro de muerte que a manos de los judíos esperaba a Pablo en Jerusalén. El apóstol declara que está dispuesto a sufrir la pena capital si se le declara culpable de algún delito. Pero sólo un tribunal romano podía imponer la pena de muerte; a los judíos les estaba vedado. Por consiguiente, Pablo apela para ante César.

12. El consejo. No es el Sanedrín judío sino el círculo de asesores de Festo. Pareciera que la apelación ante César no prevalecía automáticamente; pero Festo, apoyándose en su **consejo,** aceptó la apelación.

13. Aún no había podido ser remitido el preso cuando **Agripa,** un rey local, llegó a Cesarea a felicitar a Festo como nuevo gobernador romano. Herodes Agripa II era hijo del primer perseguidor de la iglesia (cap. 12). Cuando murió Agripa I su reino no fue dado a su hijo, sino quedó bajo la jurisdicción de un gobernador romano. El año 53 d. de C. se pusieron bajo la jurisdicción de Agripa II las antiguas tetrarquías de Filipo y de Lisanias; esta última abarcaba una pequeña área al norte de Palestina. Más adelante se le añadieron algunas ciudades de Galilea y Perea. Además tenía a su cargo las importantes funciones de contralor del tesoro del templo de Jerusalén y de elector del sumo sacerdote. Esto le proporcionaba considerable influencia en los asuntos judaicos, y sus intereses traslapaban los de Festo. **Berenice,** hermana de Herodes, había estado casada con un tío, Herodes de Cálcide. Muerto su esposo, vivía ahora con su propio hermano en Cesarea de Filipo.

14-21. A Festo se le ocurrió que la presencia de Agripa en Cesarea era una magnífica oportunidad de ayuda en la formulación del informe que debía enviar a César explicando el proceso de Pablo y el motivo de la apelación del apóstol ante el emperador. Agripa, conocedor de la religión judaica, estaría en capacidad de analizar correctamente la naturaleza del problema que Festo no lograba comprender. Por lo tanto, le hizo un resumen de la causa, indicando que los cargos no parecían implicar ningún crimen verdadero (vs. 18), sino **cuestiones** o disputas relativas a minucias acerca de la religión judaica (la palabra **religión** aquí empleada es la misma que aparece en Hch. 17:22) y de un cierto Jesús, de quien Pablo aseguraba que había resucitado de entre los muertos. **Augusto** es traducción que puede inducir a error. La palabra, traducida del latín *Augustus* es un adjetivo que significa "venerable" o "augusto" y se aplicaba a todos los emperadores romanos. Augusto fue el primer emperador romano; por los días de esta historia imperaba Nerón. El equivalente moderno más adecuado de Augusto sería "su majestad" (VM, VHA, **del Emperador;** cp. BC, Str., **del** Augusto).

23. Se fijó, por tanto, otra audiencia ante Festo, Agripa, Berenice y un consejo integrado por **tribunos militares** y los **principales hombres de la ciudad. 24-27.** Festo explicó el propósito de esta audiencia. No hallaba razón para sentenciar a Pablo a muerte, como pretendían los dirigentes judíos. Pero dado que Pablo había apelado para ante el emperador, Festo tenía que redactar una carta explicatoria de los cargos, y él no los entendía. **Señor** (vs. 26) es en este caso título del emperador. Se usaba este título en las provincias romanas de Asia y tenía una connotación de divinidad. El emperador Calígula (12-41 d. de C.) fue el primero que se atribuyó el título de *Dominus,* práctica que luego se hizo común.

26:1. Obtenida licencia de Agripa para hablar por sí, el apóstol, **extendiendo la mano** como saludo al rey, **comenzó su defensa.**

2,3. Expresó satisfacción de poder formular su defensa en presencia del rey Agripa, por ser éste experto en costumbres y cuestiones judaicas. Si bien Agripa había recibido su trono del gobierno romano, entendía a los judíos y era fama que favorecía los intereses de los mismos, en cuanto era posible. Por eso Pablo confiaba que podría convencerlo de que su mensaje era ni más ni menos que el cumplimiento de la fe hereditaria de los judíos. El apóstol hace un resumen de su vida, primero en su **nación,** Tarso de Cicilia, y luego en Jerusalén. (La RVR omite la importante cópula entre **nación** y **Jerusalén.**) Todos los judíos sabían que Pablo se había educado en **la más rigurosa secta** de la **religión** judía; es decir, que era fariseo.

6-8. La doctrina de la resurrección era medular en la fe de los fariseos. La promesa hecha por Dios a los padres estaba ligada a esta esperanza en la resurrección. Y precisamente por causa de esta misma esperanza que los fariseos mantenían, se hallaba Pablo acusado por los judíos. Para cualquiera que conociese la promesa hecha a los padres, sostenía Pablo, no debía parecer increíble que Dios resucitase a los muertos. En griego la posición de "por judíos" es muy enfática ("soy acusado por judíos, oh rey," v. 7; el artículo *los* no está en el griego) como sugiriendo que es muy raro que los judíos, que esperan en la resurrección, acusen a Pablo por mantener esa misma esperanza.

9-11. Pablo explica cómo llegó a asociar su fe en Jesús con la resurrección. No siempre había tenido esta creencia, pues antes había estado convencido de que su deber era oponerse al nombre de Jesús de Nazaret. Este relato describe con mayores detalles que los anteriores cómo persiguió Pablo a la iglesia primitiva. En ningún otro lugar de los Hechos se menciona que a los cristianos los hayan *matado.* El método de Pablo era que **les hacía fuerza para que blasfemasen** (VM) el nombre de Cristo, como apóstatas de su fe. El tiempo del verbo griego muestra que Pablo no logró su intento. *Los forcé a blasfemar* (RVR) es una afirmación excesiva.

12-14. De los tres relatos de la conversión de Pablo, sólo éste contiene las palabras **dura cosa te es dar coces contra el aguijón. Dura** significa en este caso "dolorosa" y no "difícil". **Aguijón.** Es la aguijada o el pincho que se usa para acicalar a las bestias de carga. Este es un dicho popular que se halla en griego y latín, pero no en el hebreo ni el arameo de aquellos días. Probablemente insinúa que la conciencia de Pablo no había estado del todo tranquila mientras perseguía a los cristianos. Pero no ha de creerse que Pablo se hallara bajo gran convicción de pecado, pues en otra parte él nos dice que perseguía a la iglesia por ignorancia (1 Ti. 1:13). No obstante, en lo profundo de su conciencia no lo dejaba tranquilo la duda de si acaso Esteban y los demás cristianos no estarían en la verdad; y ahora el Señor le muestra que esa inquietud provenía de Dios.

16-18. Ante Herodes Agripa no era necesario referirse a Ananías, como lo había sido anteriormente (22:14), cuando Pablo apelaba a judíos ortodoxos. Pablo atribuye por tanto su llamado directamente al Señor, sin mencionar los agentes humanos. Su experiencia le había convencido de que Jesús, a quien había perseguido, estaba vivo y lo había enviado tanto al **pueblo** (es decir, los judíos) como a los **gentiles.** Pablo plantea ante Agripa el punto crucial: su mensaje no era sólo para Israel, sino para los gentiles también; unos y otros debían ser esclarecidos para que se convirtieran **de las tinieblas a la luz** y **de la potestad de Satanás a Dios.** Así recibirían **perdón de pecados y herencia entre los santificados** por la fe en Cristo. Este versículo, que resume el mensaje de Pablo, es muy semejante a Col. 1:12-14.

19,20. Estos versículos no se proponen dar un bosquejo cronológico sino un ligero resumen de la carrera misionera de Pablo. Pablo predicó el arrepentimiento y la conversión primeramente en Damasco, luego en Jerusalén, después por toda Judea y también a los gentiles, conforme se le había encargado. Hay un problema de armonía entre esta declaración y Gá. 1:22, que afirma de Pablo que era desconocido para las iglesias de Cristo en Judea. Quizá la redacción correcta del texto haya debido ser "en toda tierra, tanto a judíos como a gentiles" (v. Bruce, *Commentary,* basado en Blass).

21. Festo no había logrado comprender la razón básica de la animosidad de los judíos contra Pablo. Pablo explica que él había venido proclamando el cumplimiento de la promesa hecha a los padres en el sentido de que abarcaban tanto a judíos como a gentiles. Por esta razón los judíos lo prendieron en el templo e intentaron matarlo. "Por su conocimiento de los judíos, quizá haya comprendido Agripa el motivo de que se hubieran sentido tal animosidad contra un ex-rabí que pretendía extender a los creyentes gentiles privilegios espirituales en pie de igualdad con el pueblo escogido" (F.F. Bruce).

22,23. Concluye Pedro insistiendo en que su mensaje no entrañaba nada diferente de lo que Moisés y los profetas habían predicho: que el Mesías **había de padecer, y ser el primero de la resurrección de los muertos, para anunciar luz** tanto a los judíos como **a los gentiles.** Esto explica el gran énfasis que antes había puesto Pablo en la resurrección. La tradicional esperanza judía en la resurrección había adquirido nuevo sentido por la resurrección de Cristo. La resurrección del Mesías no había sido un hecho aislado, sino el punto de partida de la resurrección misma. Cristo era "primicias de los que duermen" (1 Co. 14:20), "primogénito de los muertos" (Col. 1:18).

24. Para el romano Festo tal línea de razonamiento no cabía en ninguna mente cuerda. Pablo era sin duda hombre de vastos conocimientos, pero tenía que estar loco si abrigaba ideas como las de la resurrección de los muertos.

25-27. Pablo replica que está en su sano juicio y que habla **palabras de verdad.** Luego apela al rey Agripa a fin de que éste dé testimonio de la cordura y mesura de lo que viene diciendo. Le recuerda a Agripa que la muerte y resurrección de Jesús no le eran *ignoradas,* pues no habían ocurrido **en algún rincón** en donde nadie pudiera enterarse. Cualquiera que comparase estos hechos con las profecías tendría que convencerse de la solidez de la argumentación de Pablo; por tanto, Pablo apela directamente al rey: **"¿Crees... a los profetas? Yo sé**

que crees". Tal interpelación colocó a Agripa ante un dilema incómodo. Como representante de Roma y colega de Festo en la gestión administrativa, no quería aparecer ante Festo como partícipe de la locura de Pablo, y por consiguiente habría sido desagradable apoyar a Pablo manifestando que creía a los profetas. Por otra parte, negar tal creencia habría perjudicado su influencia entre los judíos. Agripa desvía, por tanto, la interpelación de Pablo respondiendo: **"En suma, estás tratando de lograr que yo haga el papel de cristiano."** La construcción griega de este pasaje es muy difícil; literalmente traducida diría: *En poco me estás persuadiendo de hacer cristiano. En poco* puede traducirse indistintamente por "en poco tiempo" o "en breve", "en pocas palabras". *Hacer cristiano* puede significar "hacerse cristiano" o representar el papel de cristiano. La traducción de la RVR es a todas luces incorrecta; Agripa no estaba a punto de hacerse cristiano. Puede que su intención haya sido sarcástica respecto a la interpelación de Pablo: "¡Con poco piensas hacerme cristiano!" (VHA). Sin embargo, la versión que dimos atrás (cuyo autor es F.F. Bruce), presenta a Agripa desechando la interpelación de Pablo, al responder que no va a permitir que éste lo haga representar el papel de cristiano, tratando de persuadir a Festo de la legitimidad de la tesis de su prisionero.

29. Pablo tomó en serio el trivial comentario de Agripa y replicó solemnemente que **por poco o por mucho** (literalmente, *en poco en mucho),* él anhelaba que cuantos lo escuchasen se hiciesen cristianos como él lo era, a excepción de las cadenas que por serlo le habían puesto.

30-32. Terminada la defensa de Pablo, se retiraron a deliberar Festo, Agripa y Berenice. Era evidente que Pablo no había violado ley alguna y no era acreedor a la muerte ni a la cárcel. Lo que le correspondía era la libertad; pero dado que había apelado ante César, el proceso legal tenía que seguir su curso; la apelación tenía que seguir su trámite. Ha de suponerse que Festo, ayudado por Agripa, redactó la carta al emperador explicando las acusaciones de los judíos y recomendando la absolución de Pablo.

B. Recepción del Evangelio en Roma. 27:1—28:31. Pasa Lucas a relatar el viaje de Pablo de Palestina a Italia y su recepción en Roma. El hecho de que Lucas lo narre minuciosamente demuestra lo importante que dentro de su propósito era este viaje. Lo que lo motivó, según el relato de Lucas, no fue la evangelización inicial de la capital romana sino el rechazamiento del Evangelio por los judíos de Roma y su aceptación por los gentiles. Con ello se llega al clímax de uno de los principales temas de todo el libro: el rechazamiento de Israel y el surgimiento de la iglesia gentil.

27:1,2. El relato del viaje de Pablo inicia la tercera sección "autoinclusiva". La última vez que usó el "nosotros" fue en 21:18, cuando Pablo llegó a Jerusalén acompañado por Lucas, y hemos de suponer que en los dos años del encarcelamiento de Pablo, Lucas estuvo en la región de Cesarea. Ahora acompañaba a Pablo, junto con **Aristarco** de Tesalónica (v. 19:29; 20:4), que había venido con el apóstol desde Tesalónica a Jerusalén. Las autoridades romanas pusieron a Pablo en manos de un centurión llamado Julio. No se ha logrado identificar con certeza la **compañía** o cohorte **Augusta**. El centurión era responsable de entregar sanos y salvos a Pablo y otros prisioneros. No se menciona el puerto de embarque, pero probablemente fue Cesarea. Hallaron ahí un barco de navegación costera procedente de **Adramitina**, puerto de Misia sito al sur de Troas, en Asia Menor. Este barco tocaba los puertos de Asia en viaje de regreso a su puerto de origen.

3. El primer puerto que tocaron fue Sidón de Fenicia. El centurión **Julio, tratando humanamente** a Pablo, le permitió bajar a tierra mientras descargaban, por lo cual pudo visitar a sus amigos, que integraban la comunidad cristiana del lugar, y recibir ayuda de ellos.

4. Como prevalecían los vientos veraniegos del norte o noroeste, el barco navegó entre **Chipre** y tierra firme, en vez de hacerle frente al viento directamente. **5.** Se hacía luego necesario dejar la costa y tomar hacia el oeste por alta mar, al sur de **Cicilia** y **Panfilia**. **Mira** en Licia era puerto de escala para grandes embarcaciones, especialmente las que transportaban trigo entre Egipto y Roma y que no podían seguir la ruta directa por mar abierto por causa de los vientos del noroeste. **6.** En **Mira** transbordaron; dejaron la nave costera y tomaron un barco de **Alejandría** que iba rumbo a Italia. Egipto era la principal proveedora de trigo para Roma, y el transporte frumenticio entre Alejandría y Roma era un gran negocio que se efectuaba bajo supervisión estatal.

7. El viaje desde Mira con viento contrario era difícil. Pero al cabo de varios días **a duras penas** llegaron a **Gnido** situada en un promontorio del extremo sudoccidental de Asia Menor. En ese punto tenían que decidir si esperaban vientos más favorables para navegar directamente hacia el oeste, o ponían proa al sur, rumbo a Creta. **No dejándonos el viento adelantar** (VLA), dice el autor, **navegamos** siguiendo la última alternativa, al sur, bordeando a **Salmón** en la cos-

ta oriental de Creta. Luego siguieron costeando la isla hacia el oeste.

8. Después de costear **con dificultad a** Creta (*penosamente*, NC) llegaron al sitio llamado **Buenos Puertos,** en el centro de la costa insular. Al oeste de Buenos Puertos la costa de Creta dobla bruscamente hacia el norte, de modo que de ahí en adelante el barco quedaría expuesto a los vientos del noroeste. Los veleros que se usaban antiguamente en el Mediterráneo no tenían la solidez ni el tamaño necesarios para arrostrar las tempestades invernales. A partir del 14 de setiembre comenzaba la época peligrosa para la navegación; y del 11 de noviembre en adelante toda navegación se paralizaba mientras duraba el invierno. El **ayuno** a que se refiere Lucas era el del Día de Expiación, que variaba entre fines de setiembre y comienzos de octubre.

10,11. Pablo, como experto viajero (2 Co. 11:25 cuenta que naufragó tres veces), opinó por no continuar el viaje en tal época, no fueran a incurrir en gran pérdida de vidas y mercancías. De opinión contraria fueron el **piloto** (mejor traducido sería "capitán") y el **patrón** o dueño de la nave. El **centurión** que llevaba a su cuidado los presos, como oficial de más alto rango en la nave, actuaba como comandante y **tenía más confianza** (VM) en la opinión de ellos que en la de Pablo y resolvió no quedarse en Buenos Puertos.

12. Buenos Puertos no era una rada propia para invernar, por quedar bastante descubierto. Según parece se consultó a todos los de a bordo y **la mayoría** opinó por zarpar de Buenos Puertos **por si pudiesen** arribar a **Fenice,** un poco más al oeste en la misma Creta, y que mira al **nordeste y sudeste.**

13. Al zarpar de Buenos Puertos les favoreció **una brisa del sur** y pudieron seguir costeando la isla. **14.** Pero súbitamente la suave brisa se convirtió en **viento huracanado del nordeste. Euroclidón** significa "del nordeste" y es palabra híbrida del griego y latín. **15.** No se hallaban lejos de Fenice, su puerto de destino; pero al no lograr **poner proa al viento** por lo violento de éste, tuvieron que **abandonarse a él** y seguir con viento de popa hacia alta mar.

16. Al abrigo de la pequeña isla llamada **Clauda** (algunos manuscritos dicen *Cauda*) pudieron recoger a bordo el esquife que traían a remolque. Este había hecho tanta agua que costó izarlo.

17. Luego **ciñeron por debajo la nave con cables** (NC), para reforzarla. Iba la nave impelida hacia el sudoeste, rumbo a Cirene. Frente a la costa norte de Africa quedaban las peligrosas arenas movedizas conocidas como **la Sirte**, y por temor a ir a encallar en ella, los marineros **arriaron las**

velas; también podría interpretarse que echaron el ancla flotante (BC) para reducir la velocidad, o que izaron una vela de capa o de fortuna para ponerse al pairo. De todas maneras, quedaron a la deriva. **18.** Al día siguiente aún no había amainado la tormenta y fue necesario **alijar,** o sea echar la carga por la borda. **19.** Visto que al tercer día aún no cejaba la tempestad, arrojaron todos los aparejos no indispensables. **20.** Como el único medio de orientación con que contaban los navegantes eran el sol y las estrellas, finalmente abandonaron toda esperanza de salvación, pues no tenían noción a dónde los arrastraba la tempestad.

21-26. El cabeceo de la nave, el mareo, la humedad de las provisiones, todo hace decir a Lucas: **hacía ya mucho que no comíamos.** Finalmente Pablo da una palabra de aliento, precedida de un muy humano: "Yo os lo había dicho." Enteró a la tripulación y a los pasajeros de que un ángel de Dios le había aparecido asegurándole que saldría ileso para **comparecer ante César,** y que junto con él se salvarían del mar sus compañeros de viaje.

27. Los expertos han calculado que se requerirían exactamente catorce días para recorrer a la deriva la distancia que indica el relato. En el griego no se menciona el **mar Adriático,** sino el **Adrio,** nombre que se aplicaba corrientemente a todo el Mediterráneo oriental. Hubo algo que hizo creer a los marineros que (literalmente) *alguna tierra se aproximaba.* Probablemente el retumbo de las rompientes en medio de las tinieblas les advirtió que se aproximaban a tierra. **28.** Luego los sondeos indicaron un constante decrecimiento de la profundidad.

30. Algunos marineros resolvieron abandonar el barco y dirigirse a la costa en el esquife en vez de arriesgarse a naufragar contra las rocas. Así es que **aparentando** que iban a largar las anclas de **proa,** intentaban huir de la nave. **31,32.** Pablo descubrió el plan y advirtió al **centurión** y a los soldados que la seguridad estaba en hacerlos permanecer en el barco. El plan de los marineros se vio frustrado cuando los soldados cortaron las amarras del esquife, dejándolo **perderse.**

33-36. Al amanecer Pablo aconsejó a la tripulación y a los pasajeros que rompieran su involuntario ayuno y comiesen para reanudar su vigor; y les aseguró que ninguno de ellos perecería en el desembarco que les aguardaba. Para darles el ejemplo, él mismo dio gracias a Dios y comió. Todos cobraron ánimo y siguieron su ejemplo. **38.** Una vez satisfechos, echaron al mar el trigo sobrante para aligerar la nave como preludio al desembarco. **39.** Ya amanecido, pudieron ver la costa pero no reconocieron el lugar. No obstante,

descubrieron **una ensenada que tenía playa,** en la cual resolvieron **varar la nave,** de ser posible **40.** Por tanto, **cortaron las anclas y las dejaron en el mar.** Hacían de **timón** dos grandes remos a uno y otro lado de la embarcación, para gobernarla; durante la tempestad han debido sujetarlos con amarras. Ahora los soltaron, e izaron un trinquete o **vela de proa,** y enfilaron hacia la playa.

41. Pero no llegaron a la playa, porque el barco encalló en una pequeña lengua de tierra sumergida que separaba dos extensiones de agua más profunda (en griego, literalmente, **un lugar de dos mares).** La proa encalló profundamente y las olas golpeaban tan rudamente la popa que estaban por partir el barco.

42,43. Los soldados que cuidaban a los prisioneros querían, de acuerdo con la tradicional disciplina romana, matar a sus presos antes que arriesgarse a que alguno se les fugara. Pero el centurión, que había cobrado simpatías por Pablo y no quería que muriera, prohibió esa matanza. Por el contrario ordenó que todos escapasen hacia la playa, ya fuese nadando, en tablas, o llevados a horcajadas por los tripulantes (la frase griega dice: **sobre algunos de los del barco;** ese **los** puede ser neutro [objetos], o masculino [personas]). Así llegaron todos a tierra sanos y salvos.

28:1. Después de llegar a la playa descubrieron que la isla se llamaba **Malta** (en aquel entonces *Melita,* VM, Str.), situada unos 160 km. al sur de Sicilia. Los habitantes de Melita (que en cananeo significa "refugio") eran de origen fenicio. **2.** Los trataron con mucha **humanidad,** pues encendieron un fuego para que los náufragos empapados y transidos de frío se calentaran y secaran sus ropas.

Bárbaros (VM, BC, NC) no se refiere a que fueran feroces o de una cultura primitiva, sino tan solamente indica que su idioma (fenicio) no era ni el griego ni el latín. Para romanos y griegos, todo aquel que hablaba en idioma extranjero era bárbaro.

3. Una fogata para tantas personas hubo de requerir constante atizamiento, y Pablo se puso a buscar leña para avivarla. En un haz de leña estaba una **víbora** entumecida por el frío, que mientras el apóstol se calentaba las manos al amor de la lumbre, revivió con el calor, y huyendo del fuego clavó los colmillos en la mano de Pablo. **4.** Los naturales de la isla interpretaron el acontecimiento a la luz de su superstición. Dedujeron que Pablo necesariamente había de ser un homicida sobre quien, no obstante haber escapado ileso del naufragio, **Dike** (Str.), la diosa de la justicia, descargaba ahora el merecido castigo. **5,6.** Cuando Pablo se libró de la serpiente, lanzándola al fuego sin sufrir daño alguno, ellos concluyeron que se habían equivocado. Lejos de ser víctima de los dioses, lo tuvieron por un ser divino que no podía ser alcanzado por las desgracias humanas corrientes.

7. **El hombre principal de la isla** era el primer oficial de la misma. La palabra griega correspondiente ha sido descubierta en dos inscripciones como título de oficial de la isla. Ignoramos si este **hombre principal** era un oficial autóctono o un representante de Roma. Este Publio poseía una propiedad en las cercanías, en la cual hospedó a Pablo y a sus compañeros con noble hospitalidad.

8. La disentería y la fiebre eran males comunes en la isla de Malta. **9,10. Sanados,** en 28:9, es palabra distinta a la de 28:8, y una traducción más adecuada sería: *fueron curados o tratados.* Sugiere no un sanamiento milagroso sino tratamiento médico, probablemente a manos del médico Lucas. Los versículos 10 y 11 sugieren que dicho ministerio médico se prolongó durante los tres meses que pasaron en Malta, por lo cual los **honraron con muchas atenciones** y cargaron su barco con todo lo necesario para el resto del viaje.

11. El naufragio se había producido en la primera quincena de noviembre. **Pasados tres meses,** o sea a mediados de febrero, todavía se consideraba prematuro en cuanto a seguridad para navegar, pero pareciera que la primavera se había adelantado. Hallaron un barco que iba de Alejandría a Italia y que había invernado en la isla. Las naves de la antigüedad derivaban su nombre de su mascarón de proa. El mascarón de proa o **enseña** de este barco era una representación de los *Dióscuros,* término que significa "hijos de Zeus" y que designaba a los gemelos Cástor y Pólux, considerados dioses patronos de los marineros. Navegando con rumbo norte llegaron a **Siracusa,** la ciudad más importante de Sicilia, ubicada en la costa sudoriental de la isla.

13. Desde Siracusa, dado que los vientos no los favorecían, hubieron de **costear alrededor** o virar repetidamente de borda (VM, *hecho un giro*) para llegar a Regio de Calabria, en el extremo sur de Italia. Allí esperaron vientos más favorables, y cuando al día siguiente rompieron los vientos del sur, fácilmente llegaron a Puteoli en la bahía de Nápoles, punto normal de llegada de los barcos cargados de trigo o provenientes de Alejandría.

14. Julio, el centurión que tenía bajo su custodia a los prisioneros, parece haber tenido asuntos oficiales que lo retuvieron en Puteoli, y permitió a Pablo aceptar la invitación de los hermanos cristianos de la ciudad para pasar con ellos los siete días. Un permiso similar se le había otorgado en Sidón (27:3).

15. La noticia de que Pablo se acercaba llegó a Roma durante estos siete días, y los hermanos cristianos viajaron por la Vía Apia para encontrar a Pablo y a Lucas y regresar con ellos a la ciudad. La palabra que se traduce por **recibirnos** es el mismo verbo que se aplica al "rapto" de los creyentes que irán a **recibir** al Señor en el aire en su segunda venida (1 Ts. 4:17). Es un vocablo que se aplica normalmente al recibimiento oficial que daba la delegación que salía al encuentro de un funcionario visitante y que lo escoltaba a su entrada a la ciudad. El **Foro de Apio** dista unos 70 km de Roma, y **Tres Tabernas** unos 16 km menos. Ambos eran lugares de parada en la Vía Apia, y tenían posadas donde los viajeros podían hospedarse.

16. La afirmación **el centurión entregó los presos al prefecto** sólo se halla en unos pocos de los textos antiguos y probablemente no sea auténtica. Pablo no fue encarcelado sino puesto bajo la custodia de un soldado que respondía con su vida de la presentación del prisionero en el momento oportuno. Pablo estaba encadenado al soldado por la muñeca (vs. 20) pero se le permitía tener su propia morada y disfrutar de bastante libertad. Esta es la última de las secciones "autoinclusivas". No obstante, visto que se menciona a Lucas en la correspondencia de Pablo proveniente de Roma (Flm. 24; Col. 4:14), resulta claro que permaneció con el preso en Roma.

17-20. Había en Roma varias sinagogas judaicas, pero como Pablo era un prisionero, aun cuando disfrutaba de alguna libertad, no era conveniente que las visitara. Por tanto, convocó a los dirigentes judíos para exponerles su caso. Afirmaba no haber violado ninguna de las costumbres judaicas, y haber sido puesto en manos de los romanos siendo inocente. A pesar de que los romanos habían estado dispuestos a libertarlo, los judíos se habían opuesto a ello, de modo que Pablo había considerado que la apelación para ante César era única escapatoria. No obstante, no era el deseo de Pablo sustentar acusación alguna contra los judíos por la forma en que lo habían tratado. Si era prisionero, era únicamente **por la esperanza de Israel.** Quería decir con esto que su fe cristiana era el verdadero cumplimiento de la esperanza del pueblo de Dios.

21,22. Los dirigentes judíos dijeron no haber recibido cartas ni emisarios de Jerusalén acusando a Pablo de algún mal. Además dan a entender que no están familiarizados con la **secta** a que Pablo pertenecía, pues sólo habían oído decir que en todas partes se la censuraba. F.F. Bruce (*Com-*

mentary on Acts) sugiere lógicamente que sobre este punto los dirigentes judíos no decían toda la verdad. Habría sido imposible que desconocieran la existencia de la iglesia cristiana de Roma, pues por la epístola de Pablo a los romanos sabemos que en esa ciudad había una vigorosa iglesia (v. también 18:2). Además es muy improbable que los judíos de Roma no hubieran recibido noticias de Jerusalén, pues los de ambas ciudades se mantenían en constante comunicación. Pero era evidente que no había base sólida para acusar formalmente a Pablo, y los judíos juzgaron más prudente desentenderse por completo del proceso contra Pablo y evitar así incurrir en la ira del gobierno romano.

23. Algún tiempo después los judíos se reunieron de nuevo en la casa donde se hospedaba Pablo para escuchar sus opiniones. El mensaje de Pablo consistió en testificar del **reino de Dios** y persuadirles **acerca de Jesús.** Ambas expresiones son claramente conceptos sinónimos. Pablo se propuso demostrar que las cosas concernientes a Jesús y el reino de Dios eran el verdadero cumplimiento de la ley de Moisés y los profetas, y que la fe ancestral de Israel había hallado su cumplimiento en la fe cristiana.

24-27. La reacción de los dirigentes judíos de Roma ante el mensaje de Pablo fue idéntica a la que por doquier habían mostrado. Algunos creyeron, pero la mayoría rechazó el mensaje. Al verlo, Pablo citó Isaías 6:9,10, que describe la torpeza y dureza espirituales del pueblo de Dios. Su condición es desesperada, y son incapaces de volverse a Dios para que los sane.

28. El libro de los Hechos llega a su punto culminante con esta afirmación: **a los gentiles es enviada esta salvación de Dios, y ellos oirán.** Los últimos ocho capítulos del libro de los Hechos —más de la cuarta parte del libro— están dedicados a registrar los trances de Pablo en Jerusalén y su viaje a Roma. Surge la pregunta: ¿Por qué dedicaría Lucas tanto espacio a estos acontecimientos cuando en su narración precedente se limitó a un somero resumen de sucesos igualmente importantes? La respuesta tiene que ser que el principal propósito de Lucas fue mostrar que así como la nación judía había rechazado a Jesús como su Mesías y lo había enviado a la cruz, los dirigentes judíos tanto en Jerusalén como en Roma confirmaron su carácter apóstata rechazando a la más grande figura de la iglesia apostólica y su Evangelio. Por otra parte, doquier fue Pablo, era bien recibido por los adoradores gentiles en las sinagogas, y recibió la protección de las autoridades romanas. Esta tónica del recalcitrante carácter de Israel y de la buena reacción de los gentiles se resume en Hechos 28:25-28. Estas palabras constituyen el formal veredicto del desagrado divino ante la rebeldía de Israel. De ahí en adelante el Evangelio habría de hallar acogida entre los gentiles. La rebeldía de Israel estaba consumada.

30,31. La conclusión de los Hechos deja al lector cuidadoso con muchas preguntas sin respuesta en la mente. Pablo vivió en Roma dos años enteros, no confinado en la cárcel sino con licencia para tener **casa alquilada** bajo la custodia de un soldado romano. Esto no le daba completa libertad de acción, pero sí le permitía recibir a cuantos quisieran hablar con él y escuchar su mensaje. Lucas vuelve a resumir el ministerio de Pablo en Roma con las dos frases: **predicando el reino de Dios y enseñando acerca del Señor Jesucristo.** La conclusión obvia es que las buenas nuevas acerca del reino de Dios es expresión sinónima de lo concerniente al Señor Jesucristo. Es el mismo mensaje que había predicado a los dirigentes judíos cuando fueron a visitarlo a su llegada a Roma (vs. 23).

Se nos deja con estas preguntas: ¿Cómo terminó la prisión de Pablo? ¿Qué resultado hubo de su apelación ante César? ¿Se le condenó y ejecutó, o fue absuelto y libertado? ¿O prescribió la acción por abandono? Lo que 28:30 hace inferir lógicamente es que después de los dos años el apóstol fue puesto en libertad. La tradición dice que fue ejecutado en Roma en el año 64 o poco.después. Esto deja un intervalo entre el fin de los Hechos y la muerte de Pablo. Las tres epístolas pastorales que contienen la afirmación de haber sido escritas por Pablo reflejan un ministerio de predicación y viajes que no pueden encuadrarse en la narración del libro de los Hechos. A pesar de los argumentos contra la autenticidad de las epístolas pastorales, la conclusión más verosímil es que Pablo fue libertado después de los dos años, que se dedicó nuevamente al ministerio, actividad que estas epístolas reflejan, y que finalmente sufrió un nuevo encarcelamiento en Roma, que se refleja en 2 Timoteo.

El brusco final del libro de los Hechos ha sido explicado de diversos modos. Algunos han afirmado que era la intención de Lucas escribir un tercer tomo para narrar el proceso y la liberación de Pablo y sus subsiguientes viajes misioneros, pero que por alguna razón no pudo realizar su propósito. Otra explicación posible es que los Hechos hayan sido escritos durante los dos años de prisión, pues sabemos según Flm. 24 y Col. 4:14 que Lucas estuvo con Pablo en Roma durante ese intervalo. Es probable que Lucas hubiera reunido materiales para su narración acerca de la iglesia primitiva durante los dos años de prisión de Pablo en Cesarea, y que haya redactado el libro de los Hechos durante estos dos años en Roma. En tal caso, la narración termina como está porque ya quedaba al día la historia y no había nada que registrar.

Es probable que las epístolas a los Filipenses, Efesios y Colosenses, así como la de Filemón, hayan sido escritas por Pablo durante su detención en Roma. Sin embargo, algunos eruditos son de opinión que las "Epístolas de la Prisión" fueron escritas ya sea durante un encarcelamiento en Éfeso que no se menciona en los Hechos, o posiblemente desde la cárcel de Cesarea.

BIBLIOGRAFÍA

BLAIKLOCK, E. M. *The Acts of the Apostles (Tyndale Commentaries)*. Grand Rapids: Wm. B. Eerdmans Pub. Co., 1959.

BRUCE, F. F. *Commentary on the Book of the Acts (The New International Commentary)*. Grand Rapids: Wm. B. Eerdmans Pub. Co., 1954.

JACKSON, F. J. FOAKES, y LAKE, KIRSOPP. *The Beginnings of Christianity*. 5 tomos. Londres: Macmillan & Co., 1933-1943.

RACKHAM, R. B. *The Acts of the Apostles (Westminster Commentaries)*. Londres: Methuen & Co., 1908.

COMENTARIOS EN ESPAÑOL

ERDMAN, CARLOS R. *Los Hechos de los Apóstoles*. Grand Rapids: T.E.L.L., 1974.

RYRIE, CHARLES R. *Los Hechos de los Apóstoles.* Grand Rapids: Publicaciones Portavoz Evangélico, 1981.

TRENCHARD, ERNESTO. *Los Hechos de los Apóstoles*. Madrid: Literatura Bíblica, 1976.

EPÍSTOLA A LOS ROMANOS

INTRODUCCIÓN

Destinatarios. Es de gran ayuda para comprender las cartas o epístolas del Nuevo Testamento el informarse lo más posible acerca de las personas que recibieron originalmente dichos escritos. Así ocurre en el caso de la carta a los romanos. Si bien gran parte de los once primeros capítulos del libro parece de carácter muy general, en los últimos cinco capítulos el lector viene a conocer a una comunidad específica con necesidades específicas. Entonces caemos en la cuenta de que la enseñanza de los once primeros capítulos, aunque de carácter universal, contiene ciertas perspectivas que a Pablo le pareció que los creyentes de Roma necesitaban de una manera especial (la base sobre la que serían juzgados los que no conocieron la ley judía, la relación de los gentiles con Abraham y los patriarcas, etc.).

El apóstol dirige su carta a los creyentes— "a todos los que estáis en Roma, amados de Dios, llamados a ser santos" (1:7). Al escribir a las iglesias Pablo solía incluir la palabra 'iglesia" en el saludo (cf.1 Co.1:2; 2 Co. 1:1; Ga.1:2; 1 Ts.1:1; 2 Ts.1:1) o la palabra "santo" para designar a los destinatarios (Ef.1:1; Fil.1:1; Col.1:2). El encabezamiento en este caso es una variante del segundo de estos procedimientos. El saludo en Romanos no da por supuesta una organización eclesiástica compacta, y el capítulo 16 ofrece el cuadro de pequeños grupos de creyentes y no el de un solo grupo grande.

¿Fueron estos creyentes en su mayoría gentiles o judíos? Esta pregunta hay que contestarla a la luz de lo que Romanos mismo dice explícitamente. Es cierto que mucho de su contenido se refiere al pueblo judío—el trato de Dios con ellos en el pasado, el presente y el futuro. Pero la forma de dirigirse a los lectores no deja lugar a dudas de que eran en su mayoría gentiles (véanse 1:5,6; 1:13; 11: 13; 15:15,16). Es probable que hubiera judío-cristianos en la iglesia, pero eran minoría.

Parece oportuno preguntarse cómo fue fundada la iglesia de Roma. Por desgracia no existen documentos del siglo primero que nos den una respuesta. Se han hecho diversas sugerencias. Se ha dicho que los "romanos aquí residentes, tanto judíos como prosélitos", que fueron testigos de la venida del Espíritu Santo (Hch.2:10), posiblemente regresaron a la ciudad y establecieron en ella un núcleo de cristianos. Sin embargo, los cristianos después de Pentecostés no se sintieron de inmediato separados del judaísmo ni comenzaron iglesias locales distintas de las sinagogas. De ahí que sea improbable que la iglesia de Roma comenzara de inmediato después de Pentecostés. Otros creen que la iglesia de Roma la fundaron misioneros de Antioquía (cf. Hans Lietzmann, *The Beginnings of the Christian Church,* trad. Bertram Lee Woolf, pp. 111, 133, 199). Como Antioquía era centro misionero, esta explicación es plausible. Pero la sugerencia mejor parece ser que la iglesia la fundaron e incrementaron convertidos de Pablo, de Esteban y de otros apóstoles que fueron a la ciudad imperial, ya fuera para negocios, ya para residir en la misma.

¿Cuándo llegaron a Roma Pedro y Pablo? Si se comparan las afirmaciones de los Padres de la primitiva Iglesia con las pruebas del Nuevo Testamento, parece improbable que ninguno de los dos llegaran a Roma antes del año 60 de la era cristiana, varios años después de la composición de Romanos. Si Pedro hubiera estado en Roma cuando Pablo escribió esta carta, ciertamente le hubiera enviado saludos. El deseo de antiguo de Pablo de predicar en Roma (Ro.1:11-13) y su sistema de no edificar sobre fundamento ajeno (15:20) hace parecer improbable que Pedro ni siquiera hubiera estado en Roma antes de la composición de Romanos.

Paternidad literaria y Fecha. Es casi opinión unánime que Pablo fue el autor de esta carta. Ello se basa en afirmaciones de los capítulos 1 y 15, en el estilo y argumento de los capítulos intermedios, y en el testimonio de todos los escritores antiguos que citan la carta.

Las únicas dudas respecto a la paternidad literaria se refieren al capítulo 16 y a las doxologías. En 16:3-16 hay una larga lista de personas a las que se envían saludos. Priscila y Aquila se mencionan en 16:3-5, pero Hechos 18:18,19 afirma que Pablo las dejó en Éfeso. Debido a ello, algunos han deducido que Romanos 16, que contienen estos nombres, fue dirigida originalmente a Éfeso.

Epeneto se menciona en 16:5, donde se le llama primer fruto de Asia (es decir, Asia Menor). También esto se toma como confirmación de que esta sección fue escrita a Éfeso. Pero las pruebas no exigen tal conclusión. Priscila y Aquila viajaron mucho. Puesto que eran originarias de Italia (Hch. 18:2), no sería extraño que regresaran. El hecho de que Epeneto fuera el primer convertido de Asia Menor no prueba que viviera ahí toda la vida. Una de las prácticas constantes de Pablo fue no enviar saludos, mencionando por el nombre, a individuos de lugares en los que había estado personalmente de ministerio (cf. 1 Co., 2 Co., 1 y 2 Ts., Fil., Ef. [Éfeso y Asia Menor], y Gá.). Pero en Romanos y Colosenses sí envía saludos a personas que menciona por el nombre. En esos lugares en los que no había estado podía incluir a todas las personas que conocía a fin de establecer relaciones cordiales. O, caso de que escogiera, el propósito sería claro, para que nadie se sintiera desairado.

En la Versión Reina Valera de Romanos hay cinco doxologías o bendiciones—15:13; 15:33; 16:20; 16:24; 16:25-27. En cada una de ellas se pide ya a Dios, ya a Cristo, que hagan algo, que sean con los lectores o que les concedan la gracia. La primera (15:13) cierra la sección en la que Pablo expone cuál ha de ser la conducta ética del cristiano y la necesidad de que los cristianos vivan en armonía y comprensión mutuas. La segunda (15:33) concluye la sección en la que Pablo habla de sus planes de viaje y de llevar una colecta a Jerusalén, y pide oraciones para dicha colecta y para su ida a Roma. La tercera (16:20) le sigue a una advertencia en contra de quienes obran y hablan en forma contraria a lo que se les ha enseñado. Pablo asegura a sus lectores que Dios, quien trae paz, pronto habrá de aplastar a Satanás bajo sus pies. Entretanto, Pablo expresa el hondo deseo de que la gracia del Señor Jesús sea con ellos. La cuarta (16:24), al no estar respaldada con pruebas manuscritas suficientes, se omite en todas las versiones modernas basadas en un texto griego mejor. La última (16:25-27) es la más interesante ya que se halla en distintos lugares en los antiguos manuscritos. El grupo textual alejandrino y el manuscrito D del grupo textual occidental tienen esta doxología más bien larga al final mismo del capítulo 16. Este es su lugar adecuado. Otros manuscritos la colocan después de 14:23. Unos pocos la sitúan tanto después de 14:23 como en 16:25-27. Un manuscrito, el G, la omite del todo. El manuscrito papiro, P⁴⁶, la coloca después de 15:33. Algunos peritos han tratado de demostrar que el contenido de esta última doxología requiere que haya sido compuesta en el siglo

segundo como fórmula litúrgica conclusiva (cf. John Knox, "Romans", *The Interpreter's Bible*, IX, 365-68). El Dr. Hort, hace casi un siglo, hizo un estudio comparativo cuidadoso de las expresiones que contiene con las de cartas de Pablo anteriores y posteriores y descubrió una cantidad notable de semejanzas (F.J.A. Hort, "On the End of the Epistle to the Romans", en *Biblical Essays*, compilación de J.B. Lightfoot, pp. 324-329). Ello es prueba satisfactoria de la paternidad literaria paulina de esta doxología final aparte del hecho de que se halla al fin o casi al fin de Romanos.

¿Cuál es la razón, entonces, de que esta doxología de la conclusión de Romanos aparezca en diferentes lugares en distintos manuscritos? Pueden haber intervenido varios factores. Orígenes, en su comentario sobre la Epístola a los Romanos, afirma que el hereje Marción (quien estuvo muy activo en 138-150 d.C.) cercenó Romanos desde 14:23 hasta el final. Los discípulos de Marción habrían difundido copias de Romanos terminadas en 14:23. Además, los encabezamientos de sección —frases sucintas que describen el contenido— de los últimos dos capítulos no se hallan en dos manuscritos de la Vulgata-Codex Amiatinus y Codex Fuldensis. El no leer estos capítulos en público habría influido en la colocación de la doxología. Más aún, Pablo, o los cristianos de Roma, de inmediato después de la muerte del apóstol, quizá abreviaron la carta a fin de hacerla llegar a otras iglesias. El hecho mismo de que poseamos tantos manuscritos primitivos de Romanos nos permite ver algunas de estas divergencias y caer en la cuenta de lo que han hecho los mejores manuscritos. Ya sea que tengamos en cuenta los manuscritos mejores (es lo más importante), ya la cantidad total de los mismos, la mayoría de ellos incluyen todo Romanos excepto 16:24, que sin duda no formó parte del texto original.

Esta carta la escribió Pablo durante el tercer viaje misionero. Puesto que el apóstol pasó tres meses en Grecia (Hch. 20:3) y recomienda a Febe, diaconisa de Cencrea (puerto oriental de Corinto) quien es probable llevara la carta a Roma, es muy posible que la carta fuera escrita en Corinto. Pero es posible que la fuera en otra ciudad griega, como Filipos. Las fechas de la carta se sitúan desde el 53 al 58 d.C. Las fechas más probables parecen ser los años 55 ó 56.

Ocasión y Propósito de la Carta. El apóstol tenía planes para salir de Grecia y dirigirse a Palestina con la colecta que había reunido entre las iglesias gentiles. Pablo quería entregar dicha colecta a los santos pobres de Jerusalén en persona junto con representantes de iglesias gentiles. Le parecía que este gesto de los gentiles sería prueba del amor que sentían por sus hermanos cristianos de Palestina y demostraría la unidad de la iglesia. Luego tenía la intención de ir a Roma. De Roma deseaba llegar hasta España. Antes de dejar de lado por un tiempo estos planes para occidente, redactó esta vigorosa carta a los romanos y la envió hacia occidente.

¿Qué clase de escrito es Romanos? Es una carta a un grupo (o grupos) de creyentes de Roma. El hecho de que contenga pensamientos importantes, profundos y sublimes acerca de Dios no invalida la clasificación de este libro como carta. Pablo había orado sin cesar por los lectores (1:9,10) y deseaba tener comunicación espiritual con ellos (1:11). Quería que oraran por él dados los peligros que lo amenazaban (15:30-32). Romanos, pues, no es un tratado doctrinal sistemático. Los pensamientos de Pablo se desarrollan en forma lógica, pero no trata en modo alguno de exponer toda la enseñanza doctrinal posible. Romanos tampoco es un escrito polémico en favor del cristianismo paulino contra el cristianismo judío. La *unidad* y *unión* de los creyentes es básico en la metáfora del olivo en Romanos 11.

Romanos es una carta de instrucción que toca las verdades principales del Evangelio que a Pablo le pareció que necesitaban los romanos. Puesto que las necesidades de los gentiles eran parecidas ya se hallaran en Roma, ya en Colosas, la enseñanza tiene carácter universal. Romanos es una síntesis de las verdades claves que Pablo enseñó en las iglesias en las que por un tiempo predicó el Evangelio. Una razón de que esta carta haya tenido tan vasta influencia es que Dios guió a su siervo a que presentara estos soberbios pensamientos en forma de carta, de modo que tanto el erudito como el lego pudieran aprender verdades que modelarían su destino eterno.

Desarrollo del Pensamiento. Pablo comienza con algunos comentarios preliminares para preparar al lector para todo lo que va a escribir (1:1-17), y de este modo establece una relación cordial con los lectores. Luego trata el tema de la importancia de la justicia en las relaciones del hombre con Dios (1:18—8:39). Primero pone de relieve en forma gráfica que el hombre no es justo, y luego responde con detalle a la pregunta: ¿Cómo llega el hombre a ser justo delante de Dios? Da más fuerza al tema con una exposición de cómo debería vivir el hombre que ha llegado a ser justo delante de Dios. Siendo judío, Pablo considera al género humano dividido en dos grupos — judíos y gentiles. Como cristiano, ¿cómo debería considerar tales grupos? Responde a esto cuando pasa revista al plan de Dios para los judíos y los gentiles (9:1—11:36). En esto pone el fundamento concreto para una filosofía cristiana de la historia. Luego, pasando al campo práctico, da exhortaciones específicas a los cristianos romanos respecto a su actitud y acción (12:1—15:13). Como conclusión muestra el profundo interés que siente por los creyentes romanos (15:14—16:27). Se hallaban en el territorio que le correspondía y tenía la intención de visitarlos. Hasta que esto fuera posible, tenía que enviar saludos por correo, da una advertencia final y los encomienda a Dios, el único que los puede sostener.

Al estudiar Romanos, no debemos olvidar el todo del que cada uno de los pasajes concretos forma parte. Aislar un pasaje de su contexto siempre es perjudicial; en Romanos podría hacerle decir a Pablo lo contrario de lo que quiere.

BOSQUEJO

I. Afirmaciones iniciales de Pablo apóstol. 1:1-17.
   A. Quién es el escritor. 1:1.
   B. El Evangelio se identifica con Jesucristo. 1:2-5.
   C. Destinatarios. 1:6,7.
   D. El interés de Pablo por los romanos es parte de una preocupación más general. 1:8-15.
   E. Síntesis de la naturaleza y contenido del Evangelio. 1:16,17.
II. Justicia — clave de la relación del hombre con Dios. 1:18—8:39.
   A. La Justicia, estado necesario del hombre ante Dios. 1:18—5:21.
      1. Fracaso del hombre en alcanzar justicia. 1:18—3:20.
         a. Culpa de los gentiles. 1:18-32.
         b. Culpa del hombre que juzga en contraste con el justo juicio de Dios. 2:1-16.
         c. Culpa del judío. 2:17-29.
         d. Objeciones a la enseñanza de Pablo respecto a la culpa del hombre. 3:1-8.
         e. Culpa de todo el género humano frente a Dios. 3:9-20.
      2. Justicia por la fe, no por las obras. 3:21-31.
      3. Justicia por la fe en la vida de Abraham. 4:1-25.
         a. Alcanzó la justicia por la fe, no por las obras. 4:1-8.
         b. Abraham es hecho padre de todos los creyentes por su fe anterior a la circuncisión. 4:9-12.
         c. Cumplimiento de la promesa que la fe, no la ley, trajo. 4:13-16.
         d. Dios, Señor de la muerte, es el objeto de la fe tanto para Abraham como para el cristiano. 4:17-25.

4. Centralismo de la justicia por la fe en las vidas individuales y en el marco de la historia. 5:1-21.
    a. Efectos de la justicia por la fe en los que la reciben. 5:1-11.
    b. Efectos de la desobediencia de Adán y de la obediencia de Cristo. 5:12-21.
B. La justicia como forma de vida cristiana ante Dios. 6:1—8:39.
    1. Falacia de pecar para que la gracia abunde. 6:1-14.
    2. Falacia de pecar porque los creyentes están bajo la gracia, no bajo la ley. 5:15—7:6.
        a. Obediencia, fruto, destino. 6:15-23.
        b. Anulación y régimen nuevo producidos por la muerte. 7:1-6.
    3. Interrogantes surgidos ante la lucha contra el pecado. 7:7-25.
        a. ¿Es pecado la Ley? 7:7-12.
        b. ¿Lo bueno es causa de la muerte? 7:13,14.
        c. ¿Cómo se puede resolver el conflicto? 7:15-25.
    4. La victoria por el Espíritu en conexión con el propósito y acción de Dios. 8:1-39.
        a. Liberación del pecado y de la muerte por la actividad del Padre, del Hijo y del Espíritu. 8:1-4.
        b. Forma de pensar de la carne contra la del Espíritu. 8:5-13.
        c. Guía y testimonio del Espíritu. 8:14-17.
        d. Consumación de la redención que tanto la creación como los creyentes aguardan. 8:18-25.
        e. Ministerio intercesor del Espíritu. 8:26,27.
        f. Propósito de Dios para los que lo aman. 8:28-30.
        g. Triunfo de los creyentes sobre toda oposición. 8:31-39.
III. Israel y los gentiles en el plan de Dios. 9:1—11:36.
A. Preocupación de Pablo por su propio pueblo, Israel. 9:1-5.
B. Dios libre, justo y soberano en el trato con Israel y con todos los hombres. 9:6-29.
    1. Dios elige a Isaac y no a los otros hijos de Abraham. 9:6-9.
    2. Dios elige a Jacob y no a Esaú. 9:10-13.
    3. Misericordia de Dios con Israel y endurecimiento del Faraón. 9:14-18.
    4. Dominio de Dios sobre los vasos de ira y de misericordia. 9:19-24.
    5. Testimonio de Dios en Oseas e Isaías en cuanto a la extensión y limitación de la obra salvadora suya. 9:25-29.
C. Fracaso de Israel y éxito de los gentiles. 9:30—10:21.
    1. Los gentiles consiguen lo que Israel perdió. 9:30-33.
    2. Israel ignora la justicia de Dios. 10:1-3.
    3. Conexión entre la justicia de la fe y el objeto de la fe. 10:4-15.
    4. Rechazo de las buenas nuevas. 10:16-21.
D. Situación de Israel en tiempo de Pablo. 11:1-10.
E. Perspectiva de Israel para el futuro. 11:11-36.
    1. Grado de bendición derivada de la caída y riqueza de Israel. 11:11-15.
    2. Carencia de razón para jactarse por parte del gentil. 11:16-21.
    3. Bondad y rigor de Dios según aparecen en su respuesta a la fe y a la incredulidad. 11:22-24.
    4. Salvación para el pueblo de Israel. 11:25-27.
    5. La misericordia de Dios para con todos manifestada en su acción en la historia. 11:28-32.
    6. Excelencia y gloria de Dios — Fuente, Sustentador y Meta de todas las cosas. 11:33-36.
IV. Actitud y conducta que se espera de los cristianos de Roma. 12:1—15:13.
A. Consagración de cuerpo y mente. 12:1,2.
B. Humildad en el uso de los dones de Dios. 12:3-8.
C. Rasgos de carácter que hay que manifestar. 12:9-21.
D. Sumisión a las autoridades civiles acompañada de una forma amorosa y recta de vivir. 13:14.
E. Tolerancia necesaria para los de conciencia fuerte y débil. 14:1—15:13.
    1. Diferencias de opinión acerca de la comida o de los días especiales. 14:1-6.
    2. El juicio pertenece al Señor, no al hermano. 14:7-12.
    3. Supresión de las piedras de tropiezo. 14:13-23.
    4. El fuerte ha de ayudar al débil y no agradarse a sí mismo. 15:1-3.
    5. La paciencia, el consuelo y la armonía dan gloria a Dios. 15:4-6.
    6. El ministerio de Cristo es tanto para los judíos como para los gentiles. 15:7-13.
V. Párrafos de interés y cuidado personal por los lectores. 15:14—16:27.
A. Razón de Pablo para escribir con valentía a lectores maduros. 15:14-16.
B. Confirmación sobrenatural de la obra misionera pionera de Pablo. 15:17-21.
C. Planes de viaje: Jerusalén, Roma, España. 15:22-29.
D. Peticiones específicas de oraciones. 15:30-33.
E. Recomendación de Febe. 16:1,2.
F. Saludos concretos a individuos y a grupos. 16:3-16.
G. Naturaleza peligrosa de los que enseñan falsas doctrinas. 16:17-20.
H. Saludos de los colegas de Pablo en Corinto. 16:21-23.
I. Confirmación de los creyentes por el soberano Dios de la historia. 16:25-27.

COMENTARIO

I. Afirmaciones iniciales de Pablo apóstol. 1:1-17.

Lo extenso de la introducción es prueba de que Pablo daba gran importancia a esta carta. Obsérvese el espíritu de dedicación que está difundido en estas frases iniciales. Adviértase también cuán rápido es el paso de un pensamiento a otro.

A. Quién es el escritor. 1:1. La palabra traducida por **siervo** significa en realidad *esclavo*. Para Pablo quería decir que pertenecía a Jesucristo. Era propiedad de Cristo, y, como tal, tenía una misión divina que cumplir. Su **llamado** a ser apóstol le llegó con toda claridad en Damasco (Hch. 9:15, 16; 22:14,15; 26:16-18). Fue **apartado** para el Evangelio de Dios. En Gálatas Pablo remonta este llamado hasta su nacimiento (Gá. 1:15), pero aquí en Romanos subraya el propósito del haber sido apartado: para el **evangelio** que Dios había producido. Pablo tenía un Maestro divino, un oficio divino y un mensaje divino.

B. El Evangelio se identifica con Jesucristo. 1:2-5. En estos versículos el Evangelio se contempla en dos dimensiones — la histórica y la personal.

2. Históricamente, Dios **había prometido** estas **buenas nuevas** por medio de enviados especiales, **sus profetas.** La constancia de lo que proclamaron se halla en **las Santas Escrituras.** Estas son las palabras técnicas que designan todas las partes de la Escritura, la Escritura como un todo.

3. Las buenas nuevas de Dios son acerca de su Hijo. Pablo subraya primero su humanidad: **que era del linaje de David según la carne.** Se centra la atención en su nacimiento. Se hizo hombre.

4. Luego se pone de relieve su calidad de Hijo de Dios: **que fue declarado Hijo de Dios con poder . . . por la resurrección de entre los muertos.** Siempre que Pablo usa la palabra "muertos" después de la palabra "resurrección", la palabra griega por "muertos" está en plural. A veces se refiere explícitamente a una resurrección de personas concretas (cf. 1 Co. 15:12,13,21,42). Pero aquí en Ro. 1:4 y también en Hch. 26:23 se refiere a la resurrección de Jesucristo. Y con todo la palabra "muertos" está en plural. De ahí que en la resurrección de esta persona está implícita la resurrección de todos los que él resucitará. Pero en forma explícita en Ro. 1:4 Pablo se refiere a la victoria de Cristo sobre la muerte (cf. 6:9). El uso del plural en este caso es un simple rasgo estilístico del escritor.

Según el Espíritu de santidad. La resurrección de entre los muertos los cristianos la proclamaron. Pero la poderosa declaración de Jesús como Hijo de Dios por medio de su resurrección fue obra del Espíritu Santo al iluminar el significado pleno del hecho histórico. Algunos eruditos consideran que "espíritu de Santidad" es una forma reforzada de "el Espíritu Santo" (Véase Arndt, *hagiosyne,* p. 10). Otros defienden que la expresión se refiere al espíritu humano de Cristo, al que caracterizaba una gran santidad — "en relación al (su) espíritu de santidad" (véase Sanday y Headlam, ICC, p. 9; cf. Arndt, *pneuma,* 2, p. 681). Otra opinión equipara "santidad" con la Divinidad o Dios. Pero el Espíritu de Dios, según este parecer, no es el Espíritu Santo sino el Principio Vivo Creador, Dios actuando en los asuntos humanos (véase Otto Procksch, TWNT, I, 116: "La Divinidad de Cristo se hace manifiesta con la resurrección en la que la nueva creación se pone de relieve según el principio de la . . . Divinidad".). **Nacido** (1:3; Reina-Valera, *era*) indica origen. **Fue declarado** (v. 4) afirma lo que es. En estos dos versículos se contrastan lo humano y lo divino. Se debe decidir si la expresión, *pneuma hagiosynes* (Espíritu de Santidad, espíritu de santidad, Principio Creador de la Divinidad), modifica la declaración, o describe a la persona de Cristo, o da la idea de la actividad de Dios en el mundo. La primera interpretación, que sin duda parece la mejor, exige que se traduzca, "Espíritu de Santidad".

5. Por medio del Hijo, Pablo había recibido **gracia** y **apostolado.** La expresión, **por amor de su nombre** debería unirse a apostolado — literalmente, un apostolado *en bien de su nombre.*

C. Destinatarios. 1:6,7. Es evidente por estos versículos que los "romanos" a los que se dirige vivían entre gentiles. Dos veces subraya Pablo el hecho de que fueron **llamados.** Fueron llamados a ser **santos.** La idea que implica la palabra "santo" no es la de alguien apartado de toda relción con otros sino del *consagrado a Dios.* El impacto que un grupo de creyentes consagrados o dedicados a Dios producen en la sociedad no debería nunca tenerse en menos. Las palabras **gracia** y **paz** son una fórmula cristiana de saludo epistolar (véanse Ro. 1:7; 1 Co. 1:3; 2 Co. 1:2; Gá. 1:3; Ef. 1:2; Fil. 1:2; Col. 1:2; 1 Ts. 1:1; 2 Ts. 1:2; Tit. 1:4; Flm. 3; 1 P. 1:2; 2 P. 1:2; Ti. 1:2; 2 Ti. 1:2; 2 Jn. 3). **Gracia** (*charis*) se usa en este caso en lugar de la palabra griega *chairein,* que significa "saludos". **Paz** tiene un paralelo hebreo y arameo, *shalom,* que implica la idea compleja de prosperidad, buena salud y éxito. Con todo, este saludo cristiano subraya lo que Dios ha hecho en las vidas de los creyentes. Pero el estudioso debe siempre recordar que es una fórmula de saludo — no una referencia independiente a la gracia y paz. La expresión debe tomarse en conjunto: **gracia y paz a vosotros, de Dios nuestro Padre y del Señor Jesucristo.**

D. El Interés de Pablo por los Romanos es Parte de una Preocupación más General. 1:8-15. Pablo les habla a sus lectores del deseo largo tiempo acariciado de visitarlos. Esta visita, creía, ayudaría no sólo a los romanos sino a él mismo. Roma, encrucijada de la humanidad, compendiaba las distintas clases de gente para las cuales el apóstol tenía obligación.

8. Doy gracias a mi Dios. La frecuencia de las acciones de gracias al comienzo de las cartas de Pablo es testimonio de lo cerca que Pablo estaba de Dios y de lo gozoso de su visión general (*eucharisteo,* "dar gracias": Ro. 1:8; 1 Co. 1:4; Ef. 1:16; Col. 1:3; 1 Ts. 1:2; 2 Ts. 1:3; Flm. 4; *charin echo,* "estar agradecido": 1 Ti. 1:12; 2 Ti. 1:3). Adviértase que tanto las gracias como las peticiones se ofrecen a Dios **mediante Jesucristo.** El objeto de la acción de gracias se menciona en forma específica.

9. Obsérvese el relieve que se le da en este caso al aspecto interior del servicio — **a quien sirvo en mi espíritu.** Dios, que conocía al hombre interior, daría testimonio del interés de Pablo por los romanos.

10. El apóstol no sólo recordaba con frecuencia a los romanos en las oraciones, sino que oraba siempre para poder ir a ellos. Se ve que si bien Pablo oraba con ahínco para cumplir **la voluntad de Dios** en este asunto, no estaba seguro, al escribir, de si era la voluntad de Dios que fuera a Roma. Estas son sus palabras: **rogando que de alguna manera tenga al fin . . . un próspero viaje para ir a vosotros.** Dios no había dicho "no"; por esto Pablo seguía orando.

11. El **don espiritual** era lo que Pablo quería comunicar a los romanos para fortalecerlos. No se trataba de algún don especial, como los que Pablo enumera en Ro. 12:6-8, sino un conocimiento creciente de las distintas verdades de Dios que los capacitarían para ser mejores cristianos.

12. De poder visitarlos, Pablo al igual que sus lectores tendría aliento o consuelo. Incluso este gran evangelista, quien quizá no haya tenido igual en estatura espiritual, dice claramente que necesitaba el aliento que la hermandad cristiana produce. No nos atrevamos pues a subestimar la importancia de la asociación entre cristianos para el crecimiento cristiano. La fe mutua es simplemente el hecho de que tanto Pablo como sus lectores eran cristianos. Obsérvese cómo los pronombres personalizan dicha fe — **a vosotros y a mí.**

13. La última frase de este versículo debería unirse al verbo "proponerse". **Me he propuesto** ir a vosotros . . . **para tener . . . entre vosotros algún fruto.** Los lectores de Roma eran gentiles, y Pablo esperaba obtener del ministerio entre ellos los mismos resultados que había conseguido entre otros gentiles que había visitado.

14,15. El apóstol se veía como deudor para con todos los que hablaban griego y para con los que no lo hablaban (**no griegos).** Es una división lingüístico-cultural del género humano. El segundo par de contrastes en 1:14 trata de los logros intelectuales. El **sabio** es el que ha desarrollado la inteligencia. El **no sabio** o *no inteligente* descubre su necedad en lo que hace. En Roma había representantes de ambas clases. Pablo se sentía impelido a proclamar las buenas nuevas a todos ellos. De ahí que hable de su anhelo de **anunciaros el evangelio.** Es importante advertir que esperaba llegar hasta todas estas clases en su ministerio a los creyentes romanos — **a vosotros que estáis en Roma.** En consecuencia, si bien el cristianismo tuvo como seguidores sobre todo a miembros de los estratos sociales más bajos (cf. 1 Co. 1:26-29), contenía un impulso apremiante de alcanzar a todos los hombres.

E. Síntesis de la Naturaleza y Contenido del Evangelio. 1:16,17. En estos versículos se hallan tres factores: (1) La actitud de Pablo hacia el Evangelio; (2) la naturaleza del Evangelio, y (3) el contenido del Evangelio. Estos versículos indican que las buenas nuevas de la fe cristiana no es un sistema filosófico, ni un código ético.

16. En contraste con una serie de ideas abstractas, el Evangelio, o buenas nuevas, es dinámico. Pablo no se avergonzaba del Evangelio. Las palabras **de Cristo** de algunas versiones no se hallan en los mejores manuscritos y deberían omitirse. Pablo no se avergonzaba del Evangelio porque estas buenas nuevas son el poder de Dios, cuyo propósito y meta eran traer la liberación o salvación. El hombre consigue esa salvación cuando la respuesta personal constante al Evangelio es confianza y fe — **a todo aquel que cree.**

La palabra griega *pisteuo* es una palabra profunda. Creer en el contenido del Evangelio es sólo parte del significado. Por encima de esto, significa confianza o entrega personal hasta el extremo de ponerse completamente a disposición de otra persona. Aunque la fe implica respuesta a una verdad o serie de verdades, esta respuesta no es un simple asentimiento intelectual sino una integración voluntaria en la verdad creída. Creer en Cristo es entregarse a él. Confiar en Cristo es involucrarse completamente en las verdades eternas que él enseñó y que se enseñan acerca de él en el Nuevo Testamento. Esta entrega total produce seriedad moral, dedicación y consagración palpables en todas las manifestaciones de la vida. Adviértase que la salvación de la que aquí se habla es primero para el judío, pero que el gentil experimenta la misma salvación.

17. Porque. En el Evangelio se revela la justicia que Dios concede, produce, imputa. El resto de la carta nos habla más acerca de lo que dicha justicia implica. En este punto Pablo subraya que la justicia es **por fe y para fe.** Esta justicia (que Dios produce) le llega al cristiano sólo por la fe. Al caer el creyente cada vez más en la cuenta de todo lo que significa la justicia de Dios, debe seguir entregándose si quiere recibir la justicia de Dios.

El orden de las palabras en la última parte del versículo es éste: **el justo por la fe vivirá.** En este caso uno ve el peligro de seguir el orden del texto griego demasiado literalmente. Podría implicar que el justo que lo fuera de alguna otra forma no podría vivir aunque reuniera los requisitos de ser justo. La fe se coloca primero para mostrar que es esencial para que el hombre pueda ser justo. El griego *dikaios,* **justo,** también se puede traducir por *honrado, recto;* de ahí la traducción: **el justo** (*honrado, recto*) **vivirá por la fe.** ¿La vida a la que aquí se refiere describe la secuencia temporal de vida que queda por delante o bien se refiere tan sólo a la vida eterna? Bauer en el léxico traducido y editado por Arndt y Gingrich afirma que "la línea divisoria entre la vida presente y la futura a veces no existe o cuando menos no se puede discernir" (Arndt, *zao,* 2.b., p. 337). Traduciría esta cláusula por: **el que es justo por la fe tendrá vida.** ¡Qué grande es el papel de la fe en la justicia del hombre, en la vida presente, en la vida venidera!

II. Justicia — Clave de la Relación del Hombre con Dios. 1:18—8:39.

Pablo trata aquí de los grandes problemas de la vida. ¿Cómo puede el hombre ser justo ante Dios? ¿Qué efecto produce en el hombre la acción de Adán y la de Cristo? ¿Cómo debe vivir el justo? ¿Cómo puede vivir de este modo?

A. La Justicia, Estado Necesario del Hombre ante Dios. 1:18—5:21. La justicia es necesaria para los hombres. Esta necesidad se basa en la naturaleza y ser de Dios.

1) Fracaso del Hombre en Alcanzar Justicia. 1:18—3:20.

La razón de que la justicia sea tan importante es que el hombre no la posee. Primero, debe hacérsele caer en la cuenta de que no la posee. A través de los tiempos ha habido quienes han creído que había que agra-

dar a Dios por medio de la propia conducta. En estos capítulos Pablo procede a demostrar la superficialidad de esta perspectiva.

a) Culpa de los Gentiles. 1:18-32.

18. Tanto la justicia como la ira de Dios expresan la acción divina hacia el hombre. La justicia es la respuesta de Dios a la fe o confianza; la ira es su reacción a la **impiedad** e **injusticia.** Ambas **revelan** claramente la respuesta de Dios. ¿Qué hace el impío o injusto? **Detiene la verdad** (participio presente) en la esfera de injusticia en la que vive. Desea eludir la verdad de lo que es y lo que hace. Por ello trata neciamente de librarse de la verdad.

19. La verdad llega al hombre en la esfera de injusticia en la que se halla. **Porque lo que de Dios se conoce.** Ahí está la afirmación de que se puede conocer a Dios. **Les es manifiesto.** Se podría traducir *les es visible* (Arndt, *phaneros,* p. 860; *en,* IV, 4. a, p. 260) o *está manifiesto entre ellos.* El contexto ciertamente favorece las dos últimas. ¿Por qué se puede conocer a Dios? Dios obra. Dios **manifestó** o *reveló* a los hombres lo que se puede conocer acerca de sí mismo. Esta revelación es una manifestación de sí mismo que Dios puede hacer en la forma que le plazca.

20. Las cosas invisibles de él. Esta expresión se refiere a la naturaleza o atributos invisibles de Dios. **Se hacen claramente visibles desde la creación del mundo.** Pablo hace una afirmación valiente en este punto. Desde el tiempo en que Dios había creado al mundo, sus atributos invisibles —características que lo declaran Dios— se perciben con claridad. ¿Quiénes y cómo las perciben con tal claridad? **Siendo entendidas por medio de las cosas hechas. En** sería mejor que *por medio de.* Los atributos invisibles de Dios los entienden los hombres ya que pueden reflexionar y comprender racionalmente. ¿Cuál es la base de esa comprensión? Está **en las cosas hechas** (*poiema*). La palabra *poiema* significa "lo hecho", "obra" o "creación". Bauer traduce: *en las cosas que han sido hechas* (Arndt, *kathorao,* p. 393) o *por medio de las cosas que ha creado* (Arndt, *poiema,* p. 689). El sustantivo está en plural. En griego clásico la palabra se usa en plural para referirse a obras, a poemas, a ficción, a actos — v.g. a todo lo hecho (LSJ. p. 1429). La palabra *poiema* se halla treinta veces en los LXX. Excepto en un caso, traduce el hebreo *ma'aseh,* "acción" u "obra". En esta excepción traduce el hebreo *po'al,* "hecho", "acción" u "obra". Por consiguiente, es evidente que se dice que las cosas que Dios ha creado dan testimonio de su naturaleza invisible.

¿De qué aspecto de la naturaleza invisible de Dios dan testimonio? Pablo es específico — de **su eterno poder.** En la creación se ve el poder eterno o perpetuo de Dios. A medida que crece la habilidad del hombre para explorar el espacio y analizar la estructura del átomo, así debería crecer en la conciencia del poder de Dios. **Y deidad.** El Creador que ha demostrado poder tan ilimitado es el Ser supremo que los hombres deben tener en cuenta. Al observar su obra, un Dios vivo se les pone delante. Como consecuencia, **no tienen excusa.**

21-23. Pablo enumera lo que los hombres ponen en lugar de Dios. ¡Qué lista tan trágica de sustitutivos! **Pues habiendo conocido a Dios.** Son hombres puestos frente a frente a las obras de Dios y a Dios, de modo que lo conocieron. Pero no respondieron como debían a este conocimiento. No lo **glorificaron** (alabaron, honraron, magnificaron) como Dios; tampoco le **dieron gracias.** Estos fallos muestran cuál debería ser el principal fin del hombre: glorificar a Dios por lo que es y darle gracias por lo que ha hecho.

Los pensamientos de estos gentiles se volvieron a cosas indignas. **Su necio corazón fue entenebrecido.** Repudiar a Dios, apartarse de la luz, trae naturalmente las tinieblas. Esta oscuridad les entró en lo más íntimo del ser — mente, raciocinios, emociones, etc. En su idolatría, es decir, en los seres con que substituyeron a Dios, creyeron ser sabios. Los pensamientos inútiles pronto produjeron objetos inútiles de culto.

24,25. Los versículos 24,26,28 repiten todos la misma solemne frase: **Dios los entregó.** El Señor entrega a los hombres a las consecuencias de lo que ellos mismos han escogido para sí. Cuando los hombres escogen una forma mala de vida, también escogen las consecuencias que la misma trae. Ello es prueba de que Dios ha establecido un universo moral. **En las concupiscencias de sus corazones** (o, *que sus corazones produjeron,* v. 24). La palabra traducida por "concupiscencia" o deseo se puede referir tanto a lo bueno como a lo malo. En este caso sin duda se refiere a un deseo malo. La palabra concupiscencia da la idea de sensualidad, adecuada en el contexto de impureza. Adviértase que Dios entrega a los hombres precisamente a lo que desean. Como consecuencia, entre ellos el cuerpo no es honrado. La idolatría consiste en dar culto y servir a las criaturas (v. 25); en la sensualidad el hombre da culto y se sirve a sí mismo.

26,27. La impureza produce más impureza. En este caso tenemos un juicio divino por el que Dios entrega a los gentiles a **pasiones vergonzosas.** Se acusa de homosexualismo a las mujeres en el v. 26 y a los hombres en el 27. Pablo emplea lenguaje directo para condenar la perversión sexual al sacarla del contexto matrimonial. Considera la unión de los sexos en el matrimonio como una relación natural (RVR, *uso natural*). Pero las mujeres cambiaron las relaciones sexuales naturales por otras contra la naturaleza. Los hombres hicieron lo mismo. Pablo describe la perversión y degradación de los hombres abrasados de deseo sexual unos por otros. A esto le sigue la nota de juicio. **En sí mismos la retribución debida.** Pablo no entra en detalles en cuanto a la índole exacta del juicio — las consecuencias sicológicas y físicas. Pero se dice que el castigo correspondió a la enormidad del pecado.

28-32. Los que quisieron tener a Dios en su conocimiento, Dios los entregó a sus mentes reprobadas. La palabra griega tiene los significados: "indigno", "inepto", "inútil", "no resistir la prueba", o "reprobado". Esta mente no tiene un punto de equilibrio sobre el cual construir armónicamente. Dicha mente sólo puede producir lo **inadecuado (RVR,** *que no convienen*), o *cosas que no convienen.* La lista de los versículos 29-31 muestra que tal mente se halla en conflicto consigo misma y con los demás hombres. De la mente que aparta a Dios de su conocimiento proceden anarquía y caos. En algunos buenos manuscritos no se halla **fornicación** (v. 29). **Murmuradores** son chismosos o calumniadores. **Detractores** son los que tratan de difamar a otros — difamadores de la reputación. El que esto hace se vuelve repulsivo. Adviértase la desagradable combinación del versículo 31: **necios, desleales, sin afecto natural, sin misericordia. Implacables** no se halla en los primeros manuscritos. Recuérdese que las personas que se describen aquí tuvieron oportunidad de conocer las exigencias de Dios. Además, sabían que la muerte era el castigo de las malas acciones. Con todo no sólo pecaban por placer sino que aplaudían a otros que pecaban. Su pecado había llegado a un punto en que recibían satisfacción de las acciones pecaminosas de otros.

b) Culpa del Hombre que Juzga en Contraste con el Justo Juicio de Dios. 2:1-16. El hombre que juzga, al cual Pablo se refiere, no se dice ser judío o gentil. Es probable que Pablo tuviera en mente al judío, ya que el que juzgaba había experimentado la bondad y paciencia de Dios en forma concreta. La recompensa del Señor a cada individuo estará de acuerdo con las obras del hombre — no con sus privilegios. Dios juzgará adecuadamente, ya sea que el hombre viva bajo la Ley Mosaica o no.

1-4. La palabra **juzgar** (*krinon*) se da tres veces en el versículo 1. Significa en este caso juzgar desfavorablemente criticando o hallando faltas. El hombre inexcusable es el que tiene gran poder de crítica pero no autodisciplina. **El juicio de Dios contra los que practican tales cosas es según verdad. Tales cosas.** Las acciones del criticón son iguales que las de los que critica. La lista de pecados de Romanos 1 es casi exhaustiva. Envidia, murmuración y disensiones se consideran como faltas en los demás, pero el criticón puede excusar tales cosas en sí mismo como "necesarias", "decir sólo la verdad", o "defensa de la verdad". Pablo recurre a la conciencia del hombre: **¿Piensas esto. . . que tú escaparás del juicio de Dios** (es decir, la sentencia que él pronuncia?) La traducción **menospreciar** (v. 4) quizá sea demasiado fuerte para *kataphroneo* en este contexto. Parece mejor traducir: **¿O tienen ideas equivocadas acerca?** (Arndt, p. 421). ¿Bondad de Dios, paciencia, longanimidad? La palabra **arrepentimiento** implica mucho más que apartarse de una práctica anterior. Supone el comienzo de una vida religiosa y moral nueva (Arndt, pp. 513, 514). La bondad de Dios al no castigar de inmediato no es prueba de que Dios sea indiferente al pecado. ¡Lejos de ello! Con su bondad quiere conducir a los hombres a una vida nueva. Tener ideas equivocadas acerca de ello es descansar en una complacencia falsa. El juicio de Dios es seguro.

5-11. El Todopoderoso examina la conducta del hombre y juzga en consecuencia. El hombre cuyo corazón está endurecido e impenitente acumula ira divina para sí. **La ira de Dios** almacenada en el cielo es el depósito más trágico que el hombre se pueda reservar. Obsérvese la nota de juicio individual en el versículo 6. ¿Cuál es la perspectiva de los que buscan gloria, honor e inmortalidad? Con una perspectiva que se caracteriza como **perseverando en bien hacer** (v. 7), buscan las metas enumeradas. La consecuencia es que reciben del Juez la vida eterna. Los que debido a contiendas son desobedientes a la verdad y obedecen a lo injusto reciben ira y cólera. Las obras ocupan siempre un lugar importante en el cuadro que el NT presenta del juicio. Son una indicación exterior de la confianza o entrega interior del individuo. Sólo se debe comparar la forma del verbo en 2:9 —**que hace lo malo**— con la de 2:10 —**que hace lo bueno**— para ver que las acciones revelan convicciones (o carencia de ellas). Esto no significa que los que hacen constantemente lo bueno tengan un conocimiento pleno de Dios. Pero sin la confianza en Dios, que exige un cierto conocimiento, los hombres no harían con constancia y determinación lo que Dios ha dicho ser bueno.

12-16. Como en Dios no hay acepción de personas, ¿cómo trata a los que pecan sin la ley y a los que pecan bajo la ley?

La respuesta está en las palabras — **perecerán** y **serán juzgados.** (v. 12) Tanto los que viven sin la ley como los que están bajo la misma han pecado. El tiempo aoristo (*han pecado*, RV) subraya lo total de la acción. Sintetiza todos los pecados que el individuo ha cometido durante la vida.

Por la totalidad de sus pecados, los que no han tenido la oportunidad de vivir bajo la ley mosaica **perecerán.** De igual modo, por la totalidad de los suyos, los que han vivido bajo la ley **serán juzgados.** Aunque se usan distintas palabras para describir el juicio de Dios, este juicio es seguro y se administra con justicia, ya sea que la ley mosaica intervenga o no. En cuanto al juicio, lo que cuenta es lo hecho, no el estar consciente de tal o cual requisito. El **hacedor** de la ley **será justificado;** es decir, *declarado justo.*

Una pregunta profunda surge: ¿Son los hacedores de la ley sólo los que conocen y cumplen la ley mosaica? En 2:14 Pablo responde "No" a esta pregunta y muestra por qué. Los gentiles que no tienen la ley mosaica pueden **hacer por naturaleza lo que es de la ley.** La expresión **por naturaleza** (*physei*) ha de interpretarse "siguiendo el orden natural de cosas" (véase Hans Lietzmann, *Der Brief and die Römer,* también *Handbuch zum Neuen Testament.* Excursus de Ro. 2:14-16). Pero el contexto en este caso no pone de relieve lo mismo que en 1:20. Por ello parece mucho mejor tomar **por naturaleza** en el sentido de "por instinto". ¿Qué implica esta clase de respuesta? Cuando los gentiles cumplen por instinto lo requerido por la Ley, **son ley** (2:14). **Muestran la obra de la ley escrita en sus corazones.** Estos gentiles tienen una norma o pauta interna que Dios ha puesto en sus corazones. Esta norma interna es la base de la respuesta de su conciencia y también de su razonar. La **conciencia** (v. 15) es una respuesta intelectual automática a una norma determinada. En contraste, la **razón** reflexiona. Los **pensamientos** que dicha reflexión produce representan un juicio ponderado de valor en contraste con la respuesta intelectual automática de la conciencia. Las conciencias de muchos individuos en relación mutua producen juntas un testimonio mutuo. También circulan los juicios combinados de valor que el grupo hace. Las decisiones que se producen a veces son un reproche de los individuos del grupo y a veces hablan en su defensa. Si bien Pablo no describe el contenido pleno de esta norma interna, sí afirma que existe. Sabemos que tanto la conciencia como la razón pueden decidir que cierta acción es mala y otra buena. Los gentiles que actúan correctamente según dicha norma no se hallan por tanto completamente sin ley. Son hacedores obedientes de la ley que Dios pone en sus corazones. Parecería mejor relacionar 2:16 con 2:13: "Los hacedores de la ley serán justificados. . . en el día en que Dios juzgará los secretos de los hombres".

Este pasaje puede arrojar cierta luz sobre el eterno destino de los que nunca han oído el Evangelio. ¿Cómo tratará Dios a dichas personas el día del juicio? Estos versículos parecen indicar que observará sus acciones del mismo modo que observará las de los que conocieron la Ley, y las de los que han oído el Evangelio, y que juzgará en consecuencia. Entonces, ¿acaso la obediencia a esta norma interna no anula el principio de la salvación por fe? No. La fe es esencial para los que obedecen la norma interna y para los que obedecen la Ley o el Evangelio. ¡Pero cuánto más rico y pleno es nuestro conocimiento de Dios revelado por medio de su Hijo! El buscar **gloria, honra e inmortalidad** podría ser simple egoísmo. Pero buscar tales cosas con la determinación de hacer lo que es bueno (v. 7) significa que el que eso busca está consciente de una norma de bondad. Si dicha norma fuera una simple abstracción, sería sumamente difícil perseverar en la bondad. Pero si la norma es Dios mismo — aunque percibido en forma imperfecta (¿y quién percibe a Dios a la perfección?), la fe o entrega a él será el fundamento de la perseverancia en lo bueno. ¿Por qué, pues, deberíamos tratar con ahínco de llevar el Evangelio a los que no lo han oído? Ante todo, porque Dios nos lo ha mandado (Mt. 28:19,20; Hch. 1:8). En segundo lugar, es esencial porque por ser Dios quien es, quiere que todo individuo se enfrente con el conocimiento de Dios (Is. 11:9; Hab. 2:14; Is. 45:5,6; 52:10; 66:18,19; 2 Ts. 1:8) y tenga la oportunidad de entregarse a él y de crecer en el conocimiento de él (Jn. 14:7; 17:3; 2 Co. 2:14; Tit. 1:16; 1 Jn. 2:3-6; 5:19,20; Fil. 3:8-10; 2 P. 3:18). Por fin, es esencial por ser Cristo quien es — la culminación de la revelación de Dios (He. 1:1,2).

Puesto que Cristo es la revelación suprema de Dios, y ya que el NT es el relato que pone a los hombres frente a Cristo, los demás métodos de revelación no son más que fragmentarios. Este es sobre todo cierto de dos métodos mencionados en Romanos 1:2: (1) el testimonio de las cosas creadas (1: 20); (2) la norma interna puesta en los corazones (2:14,15). Sin embargo, estos son canales elegidos por Dios y cuya existencia y función Pablo invita a los lectores a que consideren seriamente.

c) Culpa del Judío. 2:17-29. Pablo describe con viveza las oportunidades de los judíos, y señala cómo incluso ellas no condujeron a los judíos a una vida de obediencia e intimidad con Dios.

17-20. El fracaso de los judíos fue tanto más conspicuo debido a sus privilegios y confianza. Se **apoyaban** en la Ley. Se **gloriaban** (enorgullecían) en Dios. Conocían la voluntad de Dios. **Instruido por la ley apruebas lo mejor** (lo que de verdad importa, lo esencial). Podía hacerlo porque había sido oralmente instruido acerca de la Ley. Había oído a los rabinos exponer los puntos cruciales. Debido a esta formación, el judío tenía confianza. Podía ayudar e instruir a los demás hombres porque estaba seguro de que poseía **la forma** del conocimiento y de la verdad de la Ley (v. 20).

21-24. Pablo echa en cara al judío su fracaso preguntándole si su forma de vivir se conforma a su enseñanza (2:21,22). **Tú, pues, que enseñas a otro, ¿no te enseñas a ti mismo?** (v. 21) Pues desde luego, lo hacía. En las otras tres preguntas: **¿hurtas? ¿adulteras? ¿cometes sacrilegio?** Pablo no dice qué respuesta espera. Pero señala que el judío, al transgredir la misma Ley de la que estaba tan orgulloso, deshonraba a Dios el que dio la Ley. El nombre de Dios era blasfemado entre los gentiles debido al modo de obrar de los judíos. La última frase **—como está escrito—** no se refiere a ningún pasaje específico del AT que hable de los pecados de los judíos como causantes de que se blasfeme el nombre de Dios. Más bien parece que Pablo ha juntado Is. 52:5 y Ez. 36:21-23.

25-29. El apóstol indica qué significa ser verdadero judío. Muestra que el gentil que cumple (la palabra *phylasso* también se puede traducir *observar*, o *seguir*) **las ordenanzas de la ley** (v. 26) es verdadero judío. El rito de la circuncisión declara sólo que el hombre es judío con tal que practique la Ley. Si el judío se convierte en transgresor de la Ley equivale a los ojos de Dios a hacerse incircunciso. No sólo el gentil es judío si observa los requerimientos de la Ley, sino que el físicamente incircunciso se sentará a juzgar al judío que reúne los requisitos físicos pero no es obediente (v. 27). Esta es una afirmación de Pablo, no una pregunta. En el versículo 27 Pablo subraya que el judío al que el gentil juzgará es el que transgrede la Ley aunque **posea la letra de la ley y la circuncisión** (cf. *dia*, Arndt, III,1,c, p. 179). Esta es la tragedia del que posee una ley escrita objetiva y la señal externa del pacto de Dios con su pueblo, pero que todavía no ha hecho suya la realidad. En una palabra final a los judíos, Pablo pone de relieve que no es en lo externo sino en la condición interna del corazón que el hombre es verdadero judío, es decir, hijo de Dios (v. 29). La verdadera circuncisión es una circuncisión de corazón (v. Lv. 26:41; Dt. 10:16; 30:6; Jer. 4:4; 9:26; Hch. 7:51). Esta verdadera circuncisión no se da en la esfera de lo legal —de un código escrito— sino en la del espíritu, o sea, en el campo de la voluntad.

d) Objeciones a la Enseñanza de Pablo respecto a la Culpa del Hombre. 3:1-8. Pablo habla sobre todo de objeciones provenientes de los judíos. Pero la idea de que la justicia de Dios resalta más debido al pecado del hombre podría provenir de cualquier adversario de la enseñanza de Pablo.

1-4. ¿Cuál es la **ventaja** del judío? ¿Cuál es el **provecho** de la circuncisión? Estas preguntas parecen tomadas de las experiencias de Pablo en la proclamación del Evangelio. La respuesta de Pablo es: "Mucho, en todas maneras" (v. 2). Le recuerda al que pregunta que los **oráculos de Dios** fueron confiados a los judíos. En griego clásico la palabra *logion* ("oráculo") se usa sobre todo para dichos breves de alguna divinidad (Arndt, p. 477). En Hch. 7:38 se usa la palabra para las revelaciones hechas a Moisés. En He. 5:12 se usa en relación con los primeros elementos pertenecientes a los oráculos o dichos de Dios. El pasaje de Hebreos se refiere a un todo en conjunto. Pedro dice que si alguien que ha recibido gracia habla, debe hacerlo como los mismos oráculos o dichos de Dios (1 P. 4:11). En Ro. 3:2 se subrayan las promesas de Dios a los judíos. En todos los contextos los "oráculos" implican proclamación oral y se refiieren a la voz viva de Dios y a las verdades que Dios comunica a los hombres. Dios confió dichas verdades a los judíos en el curso del tiempo. Los judíos las compilaron, y se hallan **referidas** en todo el AT. Pero la palabra *logion* misma subraya la manifestación concreta de Dios. El hecho de que todas estas manifestaciones fueran hechas a los judíos fue en verdad provechoso para ellos.

Pablo comienza el versículo 3 con una pregunta: **¿Cuál es entonces la situación?** Los judíos recibieron de Dios estas verdades vitales. Pero ¿cómo respondieron? **Puesto que algunos se volvieron incrédulos, su incredulidad no vuelve nula la fidelidad de Dios ¿no es cierto?** Pablo responde de inmediato: **De ninguna manera.** La palabra *algunos* no significa por necesidad una pequeña parte. El contraste es entre "parte" y "todo". No sólo es fiel Dios sino que es veraz. Para confirmarlo el apóstol cita Sal. 51:4: "Para que seas justificado en tus palabras, y venzas cuando fueres juzgado". Dios es fiel, veraz y triunfador, aunque los judíos en su mayoría se hayan vuelto incrédulos.

5-8. La traducción de *synistemi* por **resaltar** satisface. Realmente quiere decir *demostrar o poner de relieve*. Si nuestra injusticia —la de los judíos y de los gentiles— hace resaltar la justicia de Dios, ¿entonces qué? **Dios, que castiga airado, no es injusto ¿verdad?** Pablo nos dice que habla desde un punto de vista humano. Luego responde. **De ninguna manera** (v. 6). Pablo es tan conciso al comienzo del versículo 6 que se pierde la fuerza plena de la respuesta. **De otro modo,** si el Señor no inflige castigo airado, **¿cómo castigará Dios al mundo?** El hecho de que la justicia divina brille más en contraste con la tenebrosa historia de la injusticia del hombre nada tiene que ver con la justicia de Dios al juzgar y con la condenación que debe llegar. Dios debe juzgar, condenar, castigar, porque es santo. Como ser santo *debe* ocuparse de cualquier profanación de la santidad. Pablo afirma el *debe* sin ocuparse del por qué. En el versículo 7 propone en una forma algo diferente la objeción del que lo interroga, pero es la misma objeción. **Pero si por mi mentira la verdad de Dios ha demostrado ser soberanamente grande, para su gloria** (*perisseuo*, Arndt, p. 656), **¿por qué se me sigue castigando como pecador?** Antes trató del tema de que la justicia de Dios resalta con más claridad sobre el fondo del pecado del hombre. Ahora ataca el raciocinio de que la verdad de Dios se vuelve más clara si se la contrasta con la falsedad humana. Pablo menciona entonces la caricatura que se solía presentar de su propia enseñanza referente a la salvación por gracia: **Hagamos el mal a fin de que venga el bien** (v. 8). El único comentario que hace Pablo a los que así responden es: **Su condenación es merecida.** Estas dos argumentaciones falsas se basan en la idea de que el Señor necesita el pecado para demostrar que es Dios. No necesita nada semejante. Puesto que es Dios, en presencia del pecado demostrará lo que es. Pero sería mucho más glorioso ver qué es y quién es por la intimidad eterna con él que por el alejamiento definitivo de su presencia con todas sus secuelas.

e) Culpa de todo el Género Humano frente a Dios. 3:9-20. Pablo concluye que esta enseñanza armoniza con el AT y con el papel de la Ley, que es hacer resaltar la conciencia de pecado.

9. **¿Qué, pues?** (RV) debería parafrasearse como: **¿Qué debemos concluir, pues?** Antes de dar la conclusión, Pablo formula una pregunta más. Si esta pregunta —**¿Somos nosotros mejores que ellos?** (RV)— se refiere a los judíos de los que Pablo se ha ocupado en la primera parte del capítulo 3, el verbo *proechometha* debería traducirse: **¿Somos nosotros** (los judíos) **superados?** Es decir, ¿Estamos los judíos en peor situaciión que los gentiles? A lo que Pablo responde, **De ninguna manera.** Pero si la pregunta se refiere a todo el tema comenzado en 1:18, entonces tomando *proechometha* en la voz media, la traducción sería: **¿Podemos** (los lectores) **esgrimir algo para protección?** El verbo *proecho* en voz media significa "esgrimir" (véase LSJ, p. 1479). La pregunta sería entonces: ¿Tenemos algo propio con qué poder protegernos de la ira de Dios? La respuesta de Pablo es: **De ninguna manera. Pues ya hemos acusado tanto a judíos como gentiles que están bajo pecado.** El pecador no tiene nada en sí con que enfrentarse al pecado. Está **bajo pecado,** es decir, bajo el poder, dominio, égida del pecado. Necesita ayuda exterior. Sus propios recursos no lo pueden liberar.

10-18. En estos versículos Pablo cita una serie de pasajes del AT: 3:10-12 de Sal. 14:1-3; 3:13 a,b de Sal. 5:9; 3:13 c de Sal. 140:3; 3:14 de Sal. 10:7, 3:15-17 de Is. 59:7,8; 3:18 de Sal. 36:1. El apóstol no cita el texto hebreo sino la versión griega del AT, la Septuaginta (LXX). A veces la cita a la letra; otras veces la parafrasea o la resume; de vez en cuando manipula las palabras con toda libertad (véase Sanday y Headlam, *The Epistle to the Romans,* ICC, pp. 77-79). Pero el pensamiento del AT lo transmite adecuadamente. Todas estas citas son de los Salmos excepto una — Is. 59:7. En el contexto original no todos estos versículos subrayan la universalidad del pecado. La primera (Sal. 14:1-3) sí. Las tres siguientes (Sal. 5:9; 140:3; 10:7) tratan de la situación, actitud y conducta del malo. El pasaje de Is. (59:7,8) trata de la injusticia de Israel. El Sal. 36:1 proclama la falta de respeto por Dios que tiene el malo. Por ello este grupo de citas del AT ilustra las distintas formas del pecado, las características indeseables de los pecadores, el efecto de sus acciones, y su actitud hacia Dios. Es el mismo cuadro que Pablo mismo ha venido pintando.

19,20. Todo (*cuantas cosas*) **lo que la ley dice.** La palabra **ley** se debe referir a las citas que Pablo acaba de hacer. Puesto que proceden de los Salmos, con la sola excepción del pasaje de Isaías, Pablo no se refiere a la ley mosaica. Estas citas están tomadas de "los Escritos" y de "los Profetas" —dos partes generales del AT— con lo que se ve que Pablo entiende por **ley** todo el AT. De ahí que el AT habla a **los que están bajo la ley** (Arndt, *en,* 5.d., p. 257). Esto incluye tanto judíos como gentiles — todos los que toman con seriedad el mensaje del AT. La enseñanza del AT es tal que **toda boca se cierra** —no puede defenderse— y que **todo el mundo debe**

rendir cuentas a Dios. En el versículo 20 Pablo parece volver al concepto más estrecho y frecuente de ley — la mosaica. **Nadie será justificado** por las obras que prescribe la ley mosaica. Pablo ha mostrado el fracaso de tanto judíos como gentiles. Por tanto, el veredicto de culpabilidad es parte importante del cuadro general. Si la Ley y lo que ésta prescribe no traen absolución, ¿qué traen? **Por medio de la ley viene la conciencia** (v. Arndt, *epignosis,* p. 291) **de pecado.** La palabra **pecado** está en singular. La Ley hace al hombre consciente de los defectos de su naturaleza, índole moral o ser. El hombre obra como lo hace por ser lo que es. La Ley hace al hombre consciente de que no es lo que debería ser. Conducir a los hombres a que lo reconozcan es una gran tarea. Puesto que Pablo le asigna tal tarea a la ley, sin duda que no la tiene en menos.

2) Justicia por la Fe, no por las Obras. 3:21-31.

Si el hombre ha fracasado en conseguir la justicia, y si la justicia es necesaria delante de Dios, entonces ¿cómo ha de alcanzarla? ¿Cómo puede Dios ser justo si absuelve al hombre y lo declara justo? Pablo acaba de agudizar el problema al mostrar que todos los hombres son pecadores. De modo que si Dios declara a alguien justo, declara ser justo al que es injusto. La respuesta de Pablo muestra la sabiduría de Dios y su involucramiento en la cuestión del pecado humano.

21. La justicia de Dios. Pablo quiere decir la justicia que Dios da. Esta justicia es **aparte de la ley** en el sentido de que no se ha merecido ni alcanzado mediante la observancia de la Ley. Aparte de la Ley **se ha manifestado** la justicia de Dios. Es justicia que Dios ha revelado y enviado. Si bien es distinta de cualquier justicia tratada de conseguir por la observancia de la Ley, es testificada **por la ley y por los profetas.** Esta expresión significa todo el AT (Mt. 5:17, 7:12; 11:13; 22:40; Lc. 16:16; Hch. 13:15; 14:14; 28:23). Que Dios contara la fe como justicia no es nuevo en el AT (véase Ro. 4).

22-24. Si la justicia se otorga, ¿a quién se otorga? Esta justicia se consigue por medio de la causa eficiente — la fe, que tiene como objeto a Cristo. Es una justicia **para todos los que creen.** El participio presente hace ver con claridad que se trata de una entrega de toda la vida a Cristo manifestada día a día en la respuesta de la fe (véase 1:16). Lo que se requiere es confiar y sólo confiar. **No hay diferencia** entre judío y gentil en cuanto al pecado (3:23). **Por cuanto todos pecaron** (véase 2:12). Este pecado se refiere a la participación de todos los hombres —tanto judíos como gentiles—

en la transgresión. El tiempo del verbo reúne las transgresiones personales individuales en un todo colectivo.

Todos los hombres manifiestan su participación en la desviación de Adán por cuanto **constantemente carecen de la gloria de Dios. Carecen** significa no tener o estar sin. ¿Qué no tienen los hombres? La **gloria de Dios** indica el esplendor o resplandor de Dios — la manifestación externa de lo que Dios es. La majestad y sublimidad son también parte de la gloria de Dios. La majestad implica poder. La sublimidad conlleva una posición superior y elevada — la del que es Ser Supremo. Sin embargo la gloria de Dios no sólo la van a *ver* los que creen (Jn. 11:40), sino que la *reciben* los que creen, es *hecha parte de* ellos (2 Co. 3:18) y es su destino (1 Ts. 2:12, 2 Ts. 2:14). No sólo la tributa a Dios la gran muchedumbre celestial por haber triunfado sobre el pecado (Ap. 19:1), sino que es característica de la Ciudad Santa, de la morada eterna de Dios con su pueblo (Ap. 21:11,23). Los hombres están constantemente sin la gloria de Dios porque la práctica ininterrumpida del pecado es negación de todo lo que la gloria de Dios significa.

La justicia de Dios que ha sido revelada y que Dios otorga a todos los que creen o confían significa que estos **son justificados o libremente declarados justos** (Ro. 3: 24). ¿Cómo puede ser esto? Es **por la gracia de Dios.** Dios está dispuesto a hacerlo, no por los méritos de algún hombre sino porque es benigno y decide manifestar su gracia a los hombres. Pero ¿puede Dios hacerlo simplemente por decisión de su voluntad sin ninguna acción objetiva por su parte? Pablo respondería "No". Por ello agrega: **mediante la redención que es en Cristo Jesús.** A los hombres se les puede absolver (declarar justos) porque Dios ha actuado. Ha suministrado **redención.** Originalmente la palabra significaba *el rescatar* un esclavo o cautivo, *el liberarlo* mediante el pago de un rescate (Arndt, *apolytrosis*, p. 95). En este caso redención se refiere a la liberación que Cristo proporcionó del pecado y sus consecuencias. Esta redención o liberación es **en Cristo Jesús.** Estar en Cristo significa pertenecerle y formar parte de todo lo que ha hecho y ha producido por medio de su obra redentora. Pablo pasa ahora a mostrar qué conllevó esta obra.

25,26. Esta obra es una transacción objetiva, un acto concreto de Dios que involucró a la persona de su Hijo. Fue un acto necesario. La necesidad no le fue impuesta a Dios desde fuera, porque entonces no hubiera sido Dios. Le fue impuesta desde dentro, en virtud de su propia naturaleza. **A quien** (Cristo Jesús) **Dios ostentó como medio de propiciación en su sangre por la**

fe. Pablo une a Dios y a Cristo, a la obra realizada y a la respuesta del hombre a dicha obra. Dios puso públicamente de manifiesto a Cristo como medio de propiciación en o por su sangre. La muerte de Cristo fue un hecho que todos debían contemplar. Pero el aspecto compensatorio —el que propicia por el pecado— fue la entrega de su vida. Se ve en el hecho de derramar su sangre. Estos detalles se mencionan no para despertar compasión sino para mostrar lo real de su muerte. Dios fue el oferente. Cristo fue el sacrificio. El pecado humano quedó cubierto, es decir, limpiado para siempre. Sin embargo, para que esta propiciación sea eficaz en la vida del individuo, tiene que haber fe. La fe o confianza es en Dios, ante todo, aunque también implica lo que ha hecho. Tomó el pecado en sí mismo (2 Co. 5:21), lo trató en forma objetiva, y con ello **dio prueba de su justicia.** Pero ¿**pasó** Dios **por alto los pecados cometidos** antes de la muerte de Cristo? La muerte objetiva, pública, de Cristo en el Calvario demuestra que no los pasó por alto. Sabemos que ahí se ocupó del pecado humano —tanto de los pecados pasados del género humano como de los que se cometían en ese entonces y de los que se iban a cometer— porque lo declaró por medio de sus apóstoles y profetas. Estos pecados pasados fueron hechos **en el tiempo de la paciencia de Dios** (Ro. 3:25). El Señor no olvidó estos pecados, si bien no se ocupó de ellos de inmediato.

La acción de Dios en la cruz fue más que vindicarse a sí mismo frente a la historia humana pasada. Fue también **la prueba de su justicia presente** (Ro. 3:26). El Señor debe ser justo ahora al declarar justo al que cree en Jesús. No promulgó una ley diciendo que el que crea en Jesús será declarado justo sólo porque él así lo dice. Más bien, actuó. El Padre, el Hijo y el Espíritu Santo entraron en la liza del pecado del hombre. El Todopoderoso echó la base para poder perdonar el pecado y para poder declarar justos a los pecadores y con todo seguir él mismo siendo justo.

27-31. Pablo pasa ahora a los efectos de la obra salvadora de Dios en Cristo en la cruz. Afirma que la **jactancia** queda **excluida.** ¿Cómo? **¿Por qué clase de ley?** ¿Por qué sistema, principio, código o norma se pudo eliminar la jactancia? ¿Por **un sistema de obras?** Oh, no. Este sistema engendra orgullo. Más bien, por **la ley de la fe.** La vida centrada en las obras es una vida centrada en sí misma. La ley o código de fe en cambio produce una vida centrada en Dios. El cristianismo se considera aquí como una nueva ley — un código de vida cuyo centro es la fe. Esta idea de la palabra *ley* se halla en Ro. 3:27; 8:2; Stg.

1:25; 2:8,9; 2:12. La esencia de **la ley de la fe** es que **el hombre es declarado justo por la fe sin las obras de la ley** (Ro. 3:28). El Señor es el que declara justos a los hombres. Es el Dios tanto de los judíos como de los gentiles (v. 29). Declara a los judíos justos **debido a** (*ek*) la fe, a los gentiles **por medio** o **por** (*dia*) la fe. En ambos casos la fe es la causa de la declaración de Dios. De modo que tanto judíos como gentiles hallan aceptación en Dios de la misma forma—por medio de una entrega personal a él. Este hecho no significa que la Ley quede anulada. Antes bien, **la ley es confirmada** o **hecha válida.** Se confirma en su papel de hacer a los hombres conscientes de pecado (v. 20). La ley pone frente a los hombres no sólo sus pecados sino al Legislador mismo. Cuando los hombres confían en Dios, el Legislador, se sitúan en el lugar al que la ley tenía que conducirlos.

3) Justicia por la Fe en la Vida de Abraham. 4:1-25.
El tema de Pablo de que somos declarados justos por la fe no era algo nuevo. El objeto de la fe para Pablo era Cristo. La clara presentación de la fe en Cristo como medio de justicia hace que el nuevo pacto sea eterno. Pero el antiguo pacto también conl!evaba el principio de ser declarado justo por la fe. ¿Qué otro ejemplo mejor que Abraham? Fue padre del pueblo judío. Por ella Pablo considera minuciosamente su vida.

a) Alcanzó la Justicia por la Fe, no por las Obras. 4:1-8. **1.** Pablo presenta a los judíos que preguntan: **¿Qué diremos que halló Abraham, nuestro padre según la carne?** Estas preguntas que Pablo plantea a menudo son probablemente las que se le hacían en sus viajes de ciudad en ciudad. **2.** Supongamos por un momento que Abraham fuera justificado por las obras; entonces se podría jactar. Esta jactancia, sin embargo, no sería en Dios sino en sí mismo. **3.** El testimonio de la Escritura es la autoridad última para zanjar toda disputa. Abraham creyó o confió en Dios. Esta fe o confianza le **fue contada por justicia** (Arndt, *dikaiosyne*, 3, p. 196; *eis*, 8. b., p. 229). Pablo cita Gn. 15:6.

4,5. Al que obra, la paga se le cuenta no como gracia sino como deuda. El salario que se gana nada tiene que ver con el favor no merecido. **Al que no obra, sino cree en aquel que declara justo al impío, su fe o confianza se le cuenta como justicia.** Este es el núcleo de la doctrina paulina de la justificación por fe. La confianza o entrega constante a Dios es el primero y único requisito que se exige del hombre que es declarado justo. Para los judíos esto era un escándalo de proporciones no escasas. Para ellos resultaba inimaginable que Dios absolviera al hombre culpable, impío. Dos cosas no tenían

en cuenta los judíos que objetaban que decir esto era difamar a Dios. Ante todo, los judíos rechazaban a Jesús como Mesías, y, por tanto, descartaban la transacción redentora que involucraba a Dios y a Cristo. En segundo lugar, no acertaban a ver el signficado de la fe o confianza por parte del impío. Esta confianza demuestra que el hombre ya no está sin Dios sino que es alguien que se ha entregado a todo lo que Dios es, a todo lo que Dios ha hecho, y a todo lo que Dios hará.

6-8. David también habla de lo bienaventurado (afortunado) que es el hombre **a quien Dios atribuye justicia sin obras.** Al hacerlo así, confirma lo afirmado antes acerca de Abraham. En la cita del Sal. 32:1,2, es evidente que la justicia se atribuye al hombre, le es puesta a su cuenta. Se describe a esta misma persona como alguien cuyas acciones perversas han sido perdonadas y cuyos pecados han sido cubiertos. El Señor no pone el pecado a su cuenta. En lugar de una deuda que nunca puede pagar, tiene puesta a su cuenta una justicia que no ganó. ¿Cómo puede el hombre ser justo ante Dios? Dios otorga su justicia al que confía en él (Fil. 3:9). El AT afirma que Dios lo hace. El NT muestra con más claridad cómo lo hace.

b) Abraham es hecho Padre de Todos los Creyentes por su Fe Anterior a la Circuncisión. 4:9-12. Si Abraham es un caso típico, ¿qué relación tiene su fe con la circuncisión? Fue el primero en participar en este rito que se convirtió en signo del pacto de Dios con su pueblo. Esta pregunta sin duda salía a relucir en cualquier discusión de Pablo con los judíos. **9,10.** El apóstol insiste en que el contársele la fe por justicia ocurrió antes de la circuncisión de Pablo. De hecho en las Escrituras la circuncisión se considera como **confirmación de la justicia que perteneció a la fe que Abraham tuvo siendo incircunciso** (v. 11). De ahí que la circuncisión fuera para Abraham signo de la justicia que Dios le otorgó por su confianza. Dado que la fe y la concesión de justicia ocurrieron antes de la circuncisión, Abraham es el padre de los gentiles que creen pero que no poseen este símbolo religioso. El orden en el caso de Abraham —fe y luego justicia que se le imputa— ponía claramente a la luz que se podía atribuir justicia a los gentiles que creían. El hecho de que la circuncisión fuera un signo de la justicia impartida a Abraham por su fe hace que Abraham sea también el padre de los judíos, quienes —como él— reciben la circuncisión, ejercitan la fe, obtienen una justicia que Dios otorga, y consideran la circuncisión como la señal de esta fe y justicia. **12.** Adviértase que Abraham no es el padre (en un sentido vital, espiritual) de los que sólo poseen la señal exterior, sino que es el padre de los que andan en la fe que tuvo antes de poseer ninguna señal externa. Los judíos tenían que seguir las pisadas de Abraham, el hombre de fe, no las pisadas de alguien que cumpliera por ley un rito que Dios le exigió.

c) Cumplimiento de la Promesa que la Fe, no la Ley, Trajo. 4:13-16. **13.** Pablo afirma que la promesa le llegó a Abraham y a su descendencia **la ley.** ¿Qué promesa tiene Pablo presente? Es la promesa de que **él** (Abraham) **sería heredero del mundo.** Esta expresión exacta no se halla en el AT, pero sin duda que Pablo habla de que Abraham es el padre de una gran posteridad (Gn. 15:5,6; 22:15-18). Lo numeroso de su descendencia —como las estrellas de los cielos y como la arena de las playas (Gn. 22:17)— los judíos lo entendían sólo en relación a los descendientes físicos. Pero en Ro. 4:11 Pablo dice que Abraham es el padre de los gentiles que creen— "todos los creyentes no circuncidados". Abraham es, pues, el heredero del mundo porque es el padre de los creyentes. Esta promesa es **por medio de la justicia que la fe otorga.** Desde luego: la fe no da en realidad la justicia. Dios la otorga basado en la fe. **14.** ¿Qué ocurre si suponemos que los de la Ley son los herederos? **La fe viene a ser invalidada. La promesa viene a ser anulada.** Si hay que escoger entre fe o ley, escoger la ley como base para heredar el mundo y agradar a Dios significa abandonar la fe y la promesa basada en ella. **15. La ley produce ira.** Lo hace al proclamar la norma de conducta de Dios. Los hombres que prescinden de ella y obran a su gusto se colocan directamente bajo la ira de Dios. **Donde no hay ley, tampoco hay transgresión** (RUR). A uno no se le acusa de exceso de velocidad si el estado no ha establecido límite, y si no hay nada inadecuado ni temerario en la forma de manejar. La palabra **transgresión** (*parabesis*) se refiere a una conculcación o violación de un mandamiento específicamente formulado. El papel de la Ley, pues, es aclarar lo que Dios exige a los hombres.

16. La promesa es por fe. El verbo **es** de RV tiene sin duda como sujeto a la promesa. Tiene su origen en la fe a fin de dejar bien claro que el contenido de la promesa es **una gracia,** no un pago ganado, merecido. Además, la promesa adquiere firmeza **para toda la descendencia.** Pablo aclara que la descendencia no ha de equipararse con los que vivieron bajo la Ley. Antes bien, la descendencia se refiere a los que, como Abraham, creyeron a Dios—a los que participan de la fe de Abraham. Si ésta es la definición de la palabra **descendencia,** entonces **Abraham** es en verdad el **padre de todos nosotros.**

d) Dios, Señor de la Muerte, es el Objeto de la Fe tanto para Abraham como para el Cristiano. 4:17-25. En esta sección el lector ve al Dios en quien Abraham creyó. También se entera de los obstáculos y dificultades que Abraham superó por su firme confianza. Tanto Abraham como los cristianos participan de la misma convicción: Dios da vida a los muertos.

17. Un año antes de que Isaac naciera, Dios volvió a aparecerse a Abraham, volvió a subrayar el pacto con él de que sería padre de muchas naciones y cambió su nombre de Abram a Abraham (Gn. 17:1-5). El apóstol cita la frase, **Te he puesto por padre de muchas gentes.** Pablo presenta a Abraham, en el momento de decírsele esto, **delante del Dios a quien creyó.** Se dicen dos cosas importantes acerca del Dios en quien Abraham creyó: (1) Es un Dios que **da vida a los muertos.** Abraham experimentó este poder en el nacimiento de Isaac (Ro. 4:19). Pablo pensaba en el Padre sobre todo como en el que resucitó a Cristo (v. 24). (2) Además **llama las cosas que no son, como si fuesen.** Es el poder de Dios para crear. También se podría traducir: *Dios llama a ser lo que no es igual* (que llama) *lo que es.* Ningún mortal puede comprender el poder creador divino. El dar la existencia a los objetos animados e inanimados y el sostenerlos es actividad de Dios. La naturaleza de los objetos se puede discutir —mente, energía, materia— pero el por qué y el cómo de su existencia se pueden conocer con precisión sólo en cuanto el Señor nos revele. **18.** Como Abraham conoció a ese Dios, pudo, **en contra de todas las esperanzas humanas, creer en esperanza.** Su fe tenía como propósito y fin el ser padre de muchas naciones. **19.** Dos grandes obstáculos se oponían a la consecución de este fin. Estaba físicamente incapacitado para tener hijos. Su esposa Sara no podía físicamente concebir. **Como Abraham no era de fe débil, contempló** (*consideró*) **el estado de impotencia de su cuerpo** (v. 19). Pablo describe a Abraham que se enfrenta con la dificultad. Tenía cerca de cien años. También considera la esterilidad del vientre de Sara. **20. No debatió consigo mismo en cuanto a la promesa de Dios por incredulidad.** La palabra que se traduce por "combatir consigo mismo" (*diakrino*) también se podría traducir por "dudar" o "vacilar". El patriarca no dudó por incredulidad. Frente a tales obstáculos Abraham **se fortaleció por fe** o *confianza.* Nótense los efectos de la incredulidad y de la fe. La incredulidad lo hace a uno discutir consigo mismo; la fe conlleva fortaleza para enfrentarse al obstáculo. Abraham dio gloria a Dios al ser fortalecido. **21.** Se convenció de que **lo que Dios había prometido** podía hacerlo. El verbo "prometer" está en tiempo perfecto. Esto significa que Abraham había estado en un estado de poseer la promesa, tan grande era su convicción de que la promesa se cumpliría. **22.** Esta fue la clase de fe que se le imputó a Abraham como justicia. **24.** El imputársele la fe como justicia no fue sólo en provecho de Abraham. La mención escrita de dicho hecho fue **por nosotros.** La justicia se imputará a los que **están en proceso de confiar en el que resucitó a Jesús nuestro Señor de los muertos.** Hay una diferencia entre Abraham y el cristiano. Abraham creyó o confió en Dios (v. 3). El cristiano confía en el mismo Dios, pero ahora se le conoce como el Dios que resucitó a Jesucristo de entre los muertos (v. 24). En esto se ha revelado el Señor como actuando en beneficio del hombre en la forma más inesperada. **25.** El centro de su acción es Cristo, quien **fue entregado por nuestras transgresiones.** El verbo "entregar" está en pasiva, lo que significa que fue Dios quien hizo la entrega (cf. 8:32). La misma palabra se usa para Judas y su entrega de Cristo. Pero si bien Judas fue el instrumento humano que entregó a Cristo a los soldados, y aunque el pecado de Judas fue muy grande, fue propósito de Dios que Cristo fuera entregado a manos de pecadores. (La palabra "entregar" *paradidomi*, se usa en una serie de interesantes contextos. Para un estudio detallado de este término véanse C. Buchsel, *TWNT,* II, 171-175; Karl Barth, *Church Dogmatics,* Vol. II, Parte 2, *La Doctrina de Dios,* pp. 480-494). Cuando vemos que "nuestras" transgresiones hicieron necesaria la entrega de Cristo a la muerte, la muerte de Jesús se presenta en una luz diferente. Un observador imparcial podría sacar la conclusión de que Cristo murió y resucitó de nuevo. Pero el que se ha entregado a Dios dice: "Jesús fue entregado por *mis* transgresiones". El pronombre plural **nuestras** demuestra que Pablo se identificaba con sus lectores romanos. **Fue resucitado para nuestra justificación.** El verbo también está en pasiva. Dios resucitó a Cristo de entre los muertos. En este caso se dice que la resurrección es esencial para poder ser declarados justos. La resurrección significó no sólo la victoria de Cristo sobre la muerte sino también su vida para dar testimonio de que había completado la obra redentora querida de Dios (la obra para la que se hizo hombre), y que vive para interceder por quienes creen en él y en su obra redentora.

4) Centralismo de la Justicia por la Fe en las Vidas Individuales y en el Marco de la Historia. 5:1-21.

En la primera parte de este capítulo Pablo examina el significado de la justicia por la fe para los creyentes. ¿Qué poseen? ¿Qué deberían hacer? ¿Cómo los encontró Dios y cuál es su futuro? Luego pasa a comparar los efectos de la separación de Adán de Dios con los efectos de la obra reconciliadora de

Cristo. La importancia de la justicia en la última parte del capítulo se pone en evidencia con el uso del término en 5:17,18,19,21.

a) Efectos de la Justicia por la Fe en los que la Reciben. 5:1-11. **1.** El participio indica acción que ha ocurrido. Habiendo sido **justificados por la fe.** Este ha sido el tema desde 3:12 hasta 4:25. De este tema nacen ciertas condiciones y respuestas. Las formas verbales principales en 5:1,2,3 se pueden traducir: "tenemos paz . . . nos gloriamos en las tribulaciones . . ." O también estos verbos se pueden traducir como exhortaciones: "Gocemos de la paz que poseemos . . . gloriémonos en las tribulaciones . . ." Todos los verbos están en presente y expresan actividad constante. La **paz** que el creyente tiene es **paz con Dios.** Es un estado objetivo para el que es declarado justo. Es **por medio de nuestro Señor Jesucristo.** La obra redentora de Cristo proveyó una satisfacción, una compensación por el pecado del que es declarado justo por la fe. Este tal ha sido reconciliado con Dios. Por tanto la hostilidad y animosidad entre Dios y los creyentes ha quedado eliminada. En lugar de ella hay una paz bendita.

2 a. Hay también intimidad —**por medio del que hemos tenido el acceso.** La maravilla de ser declarado justo consiste en este acceso libre a la presencia de Dios. *Prosagoge* se puede traducir por "acercamiento", "acceso", o "introducción" (véase LSJ, p. 1500). Pero la idea de "introducción" va unida a la de "acceso" o "acercamiento". El que iba a ver al rey necesitaba tanto acceso —el derecho de acudir y la introducción— como la debida presentación. El derecho o acceso es fundamental, la introducción o presentación es más asunto de protocolo. De ahí que la insistencia en este caso deba ser en el **acceso.** El acceso es **a esta gracia en la que estamos firmes. Esta gracia** es el favor inmerecido de Dios de declarar justos a los que han puesto la confianza en Jesús.

2 b. La traducción **y nos gloriamos en la esperanza** (RV) indica la relación que existe entre este verbo y el del 5.3, "nos gloriamos en las tribulaciones". El significado de 5:2 es, pues, **Y nos gloriamos en la esperanza de la gloria que Dios manifestará.** La esperanza juega una parte vital en la vida del creyente, porque se refiere a todo lo que Dios ha prometido hacer por él en Cristo.

3,4. Pero esta esperanza se vuelve más clara bajo las presiones diarias de la vida. El creyente se gloría en las tribulaciones porque sabe que le traerán una visión más clara de lo que le aguarda — esperanza con convicción de ello. El orden de estos versículos es significativo — **tribulación, paciencia, carácter,** y luego **esperanza.** La prueba conlleva la respuesta de la paciencia. La paciencia produce carácter. El resultado de todo esto es la esperanza. **5. La esperanza no desengaña.** Si bien la esperanza se centra en la acción futura de Dios (8:24,25), posee algo muy importante ya desde ahora — el **amor de Dios,** es decir, el amor que Dios imparte, **ha sido derramado en nuestros corazones por el Espíritu Santo que nos fue dado.** Cristo dice que la abundancia de este amor en el corazón del justificado y el alcance del mismo son los rasgos distintivos del cristiano (Jn. 13:34,35).

Este amor, derramado en nuestros corazones, con la esperanza que no desengaña, tiene como ejemplo supremo el amor de Dios por nosotros (Ro. 5:6-8). **6.** En realidad, **cuando aún éramos débiles** (debilidad moral) **a su tiempo Cristo murió por los impíos.** Raros son los ejemplos de alguien que muera **por** un hombre recto. Que alguien pudiera querer morir **por** el hombre bueno debido al impacto de su vida es muy plausible. Pero que Dios demostrara su amor por nosotros en cuanto que siendo nosotros pecadores Cristo muriera **por** nosotros no sólo es sorprendente sino casi increíble. Cuatro veces se usa la preposición *hyper* en este pasaje (vv. 6,7,7,8). Tiene un significado tan amplio que no hay palabra española que lo pueda transmitir. En realidad implica en un solo término las ideas de "en beneficio de", y "en lugar de". Si se ven todas estas ideas en la palabra española "por", entonces comienza a vislumbrarse el significado completo que la muerte de Cristo tiene para nosotros.

9. Pero Pablo rápidamente pasa del cuadro de nuestro estado anterior como pecadores al **actual.** Si Dios nos amó siendo pecadores, si Cristo murió por nosotros entonces, mucho más ahora, una vez hemos sido declarados justos por su sangre, seremos salvos por medio de él (Cristo) de la ira futura de Dios. Nótese que el fundamento de la justificación es la sangre de Cristo. Esta salvación futura es del castigo airado de Dios, del que se habla en 2 Ts. 1:9 como "pena de eterna destrucción, excluidos de la presencia del Señor y de la gloria de su poder". **10.** De los justificados se dice que han sido reconciliados con Dios **siendo enemigos.** La base de esta reconciliación se afirma en forma explícita — **por la muerte de su Hijo.** Fuimos reconciliados por su muerte cuando éramos enemigos. Si esto es verdad, concluye el apóstol, mucho más lo es que **seremos salvos en** o **por su vida.** En otra parte Pablo señala que el que es unido al Señor es un espíritu con él (1 Co. 6:17), o sea, participa de la vida resucitada y del poder espiritual de Cristo. También dice: "Cuando Cristo, nuestra vida, se manifieste, entonces vosotros también seréis manifestados con él en gloria" (Col. 3:4).

Seremos salvos por la vida de Cristo porque participamos de esta vida. Pertenecemos a Cristo. El autor de Hebreos subraya que Cristo vive para interceder por nosotros (He. 7:25). La vida intercesora de Cristo en la gloria desempeña un papel vital en la salvación de los creyentes. Pero el contexto en nuestro caso parece poner de relieve la participación de los creyentes en la muerte y vida resucitada de Cristo. Los creyentes serán salvos (fut.) por su participación presente y futura en la vida de Cristo.

11. El gloriarse en Dios por lo cual el creyente afirma su consagración a Dios es por medio del Señor Jesucristo. Por medio de él **hemos recibido ahora la reconciliación.** Dios es la parte activa en la reconciliación (2 Co. 5:18,19), y de los hombres se dice que son reconciliados (Ro. 5:10; 2 Co. 5:20), es decir, que Dios obra en ellos. Por ello se dice que los creyentes reciben la reconciliación. Son receptores de una relación de paz y armonía que Dios produce.

b) Efectos de la Desobediencia de Adán y de la Obediencia de Cristo. 5:12-21. Este pasaje es uno de los más difíciles de la carta, debido a que Pablo es tan escueto. La repetición aparente se debe sólo a la mención frecuente de Adán y Cristo — y de aquellos en quienes su acción influye. En realidad, Pablo expone con cuidado su argumentación. Emplea el argumento *a fortiori* (con mayor motivo, más decisivo): Si el pecado de Adán produjo esto, con mayor razón la obra de Cristo producirá esto. Aunque la obra redentora de Cristo es mucho más poderosa que la transgresión de Adán, como el apóstol demuestra, ello no significa que todos los hombres se salvarán. Para que los hombres reinen en vida deben **recibir** la abundancia de gracia y la justicia que Dios pone a disposición (v. 17).

12-14. *Universalidad del Pecado y la Muerte.* **12. Por un hombre entró el pecado en el mundo y por el pecado, la muerte.** El hombre es Adán. El tiempo del verbo indica una entrada histórica clara. **Mundo** se refiere al género humano (uso común de la palabra en Romanos; v. 1:8; 3:6; 3:19; 5:12,13). **La muerte pasó a todos los hombres, por cuanto todos pecaron.** La muerte física vino a todos los hombres no porque todos pecaran individualmente. Todos los hombres pecaron (excepto los niños que murieron en la niñez) experimentalmente. Pero Pablo no habla de esto aquí. El pecado de **todos** se basa en el de **un hombre,** Adán. **Por cuanto todos pecaron.** Pablo afirma que todos los hombres pecaron cuando Adán pecó, pero no explica cómo. Mucho se ha escrito acerca de este problema del cómo. El concepto de Pablo de solidaridad racial parece ser una universalización del concepto hebreo de solidaridad familiar. Un cuadro trágico de solidaridad familiar se ve en Jos. 7:16-26, donde se descubre que Acán fue la causa de la derrota de Israel en Hai. Se había apropiado parte del botín de Jericó en contra del mandato específico del Señor (Jos. 6:17,18). Acán no culpó a nadie — "vi . . . codicié . . . tomé" (Jos. 7:21). Pero en el castigo, no sólo Acán sino todo lo suyo, sus hijos e hijas, sus bueyes, asnos, ovejas y su tienda fueron destruidos. Todo lo relacionado con Acán fue extirpado de Israel. Otro ejemplo de solidaridad familiar se halla en el pago de diezmos de Abraham a Melquisedec (Gn. 14:18-20). El autor de Hebreos considera que Leví también pagó diezmos a Melquisedec y sin embargo no nació hasta unos 200 años después. Considera que Leví estaba todavía en los lomos de su padre cuando Melquisedec se encontró con él (Heb. 7:9,10). En el mismo sentido Adán fue tanto el individuo como la raza humana. Se consideraba que su posteridad actúa con él porque son *su* posteridad. Como hijos de Adán constituyen la raza de *Adán*.

13. Desde el tiempo de Adán hasta el de la ley mosaica el pecado estuvo en el mundo. Estuvo presente en las acciones de los hombres y en su misma naturaleza (o sea, en el principio de rebelión que se halla en ellos) **Pero el pecado no se inculpa mientras no hay ley.** El pecado de Adán se le inculpó a él y también a su posteridad porque quebrantó un mandamiento explícito de Dios. Los hombres desde Adán hasta Moisés, al no tener tales leyes explícitas, no podían ser culpados de pecado del mismo modo que Adán. No tenían normas definidas y específicas como las que se dieron luego en la ley mosaica. **14.** Pero estos hombres compartieron el efecto del pecado de Adán, porque la muerte reinó desde Adán hasta Moisés incluso **en los que no pecaron a la manera de la transgresión de Adán.** Al considerar a estos hombres desde el punto de vista de solidaridad racial, Pablo ve a los hombres desde Adán hasta Moisés como implicados tanto en el pecado de Adán como en sus consecuencias. Los que de este grupo no pecaron al no transgredir un mandato específico también murieron. A Adán se le llama en este versículo **figura del que había de venir.** Pablo no dice que los hombres entre Adán hasta Moisés no conocieran mandatos dados por Dios (cf. Gn. 26:5). Sí afirma que la ausencia de un código legal —de una norma dada por Dios— afecta la forma en que el pecado se le imputa al hombre.

15-17. *Efectos Contrastantes de Acciones Diversas.* Pablo señala las diferencias entre Adán y Cristo.

15. La transgresión de **uno** (Adán) se contrasta con la gracia de Dios y el don en la esfera de la gracia que Cristo otorga. **Murieron los muchos** debido a la transgresión de Adán. Puesto que la muerte se transmitió a todos los hombres (v. 12), es evidente que la expresión **los muchos** significa "todos los hombres". **Mucho más.** La gracia de Dios y el don en el campo de la gracia, el cual Cristo provee, han abundado para los muchos. "Los muchos" es el mismo grupo que quedó afectado por el pecado de Adán y que en consecuencia murieron. La gracia de Dios y el don en la esfera de la gracia de Cristo abundaron para todos los hombres. El don es la justicia (véase v. 17). El acto de Adán trajo la muerte. La gracia divina abunda para todos los afectados por la acción de Adán.

16. El veredicto de condenación que nace de la transgresión se contrasta con el don gratuito que vino a existir debido a muchas transgresiones. **El juicio vino a causa de un solo pecado para condenación.** El veredicto se refiere a la sentencia de Dios. La palabra que se usa para **condenación** implica las ideas de "castigo" y "perdición". Por ello preguntamos: ¿Condenación a qué? La respuesta es, al castigo divino y a la perdición. La gravedad de esta condenación no se puede exagerar. **El don gratuito vino a causa de muchas transgresiones para justificación.** El resultado de la única transgresión de Adán fue condenación. Muchas transgresiones pusieron a actuar el don gratuito de Dios, y el resultado o meta del mismo es absolución. ¡Qué poderoso debe ser este don gratuito si lleva a tal meta!

17. El reino de la muerte, debido a la transgresión de uno, se contrasta con el reino en vida — por parte de los que reciben la abundancia de gracia y el don de justicia. **La muerte reinó por uno.** Adán transgredió el mandato de Dios de no comer del árbol de la ciencia del bien y del mal (Gn. 2:17). Este mandato fue una prueba de la obediencia del hombre a Dios. Con la entrada del pecado en la experiencia del hombre, también vino la muerte. La muerte se convirtió en reina. Reinó soberana. **Mucho más.** Otra vez la acción del hombre; pero ahora es la acción del hombre simplemente en respuesta a lo que Dios ha hecho. **Los que reciben la abundancia de la gracia y el don, es decir, la justicia.** Aquí vemos al hombre obligado a responder a la acción de Dios. La abundancia de gracia se refiere a todo lo que Dios ha realizado y ha prometido hacer en Cristo. El don se define en este caso como **la justicia.** Es la justicia que Dios otorga según la fe (Ro. 1:17; 3:21,22,26; 5:17,21; 9:30; 10:3). Los que reciben el favor abundante de Dios para con ellos en Cristo y la justicia que ofrece **reinarán en vida por un solo hombre,**

Jesucristo. Debido a lo que un solo hombre, Jesucristo, realizó, la muerte ya no sigue reinando, sino que los **hombres reinan en vida.** ¿Por qué no hay tantos que reinan en vida como los que se hallaban bajo el reino de la muerte? Porque la abundancia de gracia y el don de justicia muchos no los aceptaron sino que los rechazaron.

18,19. Todos los hombres quedaron afectados por una sola transgresión (la de Adán) y por la acción justa de uno (la muerte expiatoria y la resurrección de Cristo). **Así que** (*en consecuencia entonces*). Pablo está listo a resumir en pocas palabras la argumentación. **Como por la desobediencia de un hombre vino a todos los hombres el veredicto para condenación.** El sujeto, el **veredicto** (RV, *juicio*), debe tomarse del versículo 16. El verbo **venir** es una traducción satisfactoria del verbo griego *egeneto*, que debería incluirse. **De la misma manera por una acción justa vino a todos los hombres el don gracioso para la absolución que da vida.** Para la traducción **una acción justa,** véase Arndt, *dikaioma,* 2, p. 197. Romanos 4:25 prueba que Pablo concibió la muerte y resurrección de Cristo como un todo único. El sujeto, **el don gracioso** (VM, *el don gratuito*), se debe tomar de 5:16. Este don gracioso viene a todos los hombres **con el fin de** (*para*) otorgar la **absolución que da vida** (véase Arndt, *dikaiosis,* p. 197). En ambas partes del versículo se tiene la misma expresión — **todos los hombres.** Por una transgresión el veredicto o sentencia de condenación vino a **todos los hombres.** Así por una acción justa el don gracioso de redención (véase Arndt, *charisma,* 1, p. 887) vino a **todos los hombres** para darles la absolución que trae vida. Pablo afirma con claridad que el efecto de la acción justa de Cristo alcanza tanto como la transgresión de Adán.

19. Ahora bien, así como por la desobediencia de uno los muchos fueron designados (NC, *fueron hechos*) **ser pecadores, así también de este modo por la obediencia de uno los muchos serán designados** (NC, *serán hechos*) ser justos. La desobediencia de Adán se contrapone a la obediencia de Cristo. En el versículo precedente Pablo emplea los términos y el ambiente de un tribunal — condena por una parte y absolución por otra. También en este versículo usa términos legales. El verbo *kathistemi,* que la NC traduce por **ser hecho,** forma parte de la terminología legal. ¿En qué sentido *fueron los muchos* **hechos pecadores, y** *los muchos* **hechos justos?** El lenguaje legal sugiere los siguientes significados: "designar", "colocar en la categoría de", "constituir", "establecer". Debido a la desobediencia de Adán Dios designó a los muchos que eran pecadores. Fueron colocados en la categoría de pecadores y fueron constituidos tales. Debido a la obediencia de Cristo, los muchos serán designados ser justos. El verbo está en futuro porque Pablo pensaba en las generaciones venideras de creyentes que por la confianza en Cristo serán declarados justos. ¿Ha cambiado el apóstol el alcance de **los muchos** en alguno de los dos términos de la correlación? No, porque muestra en qué categorías pone Dios a los hombres al considerarlos en función del efecto *presente* de la desobediencia de Adán y del efecto *potencial* de la obediencia de Cristo. Pablo no enseña, como lo prueba 5:17, que todos los hombres se salvarán. Pero en el versículo 19 sí afirma que la obediencia de Cristo alcanza a todos los que quedaron afectados por la desobediencia de Adán.

20,21. *El Reino del Pecado Contra el Reino de la Gracia.* Pablo concluye en este punto la exposición que comenzó en 5:12 acerca del problema: ¿Qué es más poderoso — el pecado o la gracia?

20. El escritor nos recuerda que si bien la justicia por la fe es básica en la historia humana, la Ley ocupa un lugar importante. La Ley vino **para que la transgresión abundase** (aumentara cuantitativamente, se multiplicara). **Pero donde el pecado abundó.** Las palabras **transgresión** y **pecado** se hallan ambas personificadas en este pasaje para hacer del mal un enemigo concreto y no una simple abstracción. **Sobreabundó la gracia.** O, *es mucho en mayor abundancia.* La gracia es mucho más poderosa que el pecado. Pero cuando los creyentes ven el poder tremendo del pecado, se olvidan de esta verdad.

21. Así como el pecado reinó en la esfera de la muerte, la gracia abunda **para que la gracia pueda reinar por la justicia.** El pecado se relaciona con la muerte en este versículo al igual que en 5:12. La gracia reina por medio de la justicia que Dios otorga. El hecho de que la justicia de Dios se otorgue a todos los que creen significa no sólo que son declarados justos sino también que pertenecen al reino y al triunfo de la gracia. **Para vida eterna mediante Jesucristo, nuestro Señor.** La gracia reina para un fin — la vida eterna. La vida eterna es una cualidad de la vida; es vivir por la vida de Dios y para Dios. Los creyentes poseen ya esta vida. Pero la vida eterna significa no sólo vivir por Dios y para él, sino en un ambiente que él ha perfeccionado — liberado de todo pecado. De ahí que la vida eterna sea el destino del creyente al mismo tiempo que su realidad inmediata. ¿Cómo se alcanzará dicha vida? Por medio de una persona — **mediante Jesucristo, nuestro Señor.**

B. La Justicia como Forma de Vida Cristiana ante Dios. 6:1—8:39. Hasta ahora Pablo ha puesto de relieve que Dios es justo (3:26) y que otorga justicia a los que creen (3:22). A la pregunta de cómo llega el hombre a ser justo delante de Dios, ha respondido: "No por obras sino por la confianza en Dios" (4:1-8). Pero el que posee la justicia que Dios otorga debe vivir una vida justa. Pablo muestra ahora qué significa esto. Primero, descarta ciertas ideas erróneas respecto a su enseñanza acerca de la gracia. Luego, muestra que en la lucha contra el pecado, el creyente no debe condenar la Ley. Describe al pecado como a un tirano poderoso que no se puede derrotar con sólo el esfuerzo humano. Pablo concluye esta sección indicando cómo se puede alcanzar la victoria.

1) Falacia de Pecar para que la Gracia Abunde. 6:1-14. **1.** Si la gracia es tan poderosa, ¿no podría alguien seguir en el pecado y con todo experimentar el poder liberador de la gracia? **2.** La respuesta de Pablo es enfática: **De ninguna manera.** El que confía en Cristo se ha identificado con el Señor Jesús en su muerte. **Los que hemos muerto respecto al pecado.** El versículo 10 deja ver con claridad que Pablo habla de la muerte de Cristo. Pero usa la primera persona del plural. *Hemos* muerto al pecado. Se trata de una experiencia pasada. Siendo así, ¿cómo podemos seguir viviendo en pecado si ya hemos muerto al mismo?

3-5. Una vez dicho que el creyente murió con Cristo, Pablo pasa ahora a referirse al bautismo. El apóstol sigue su esquema conocido de afirmar primero la verdad y luego ilustrarla. **3. Todos los que fueron bautizados en Cristo Jesús, fueron bautizados en su muerte.** La expresión "ser bautizado en" (*baptizein eis*) también se puede traducir *ser bautizado con respecto a.* Se usa en el sentido de ser bautizado con respecto al nombre de alguien (cf. Hch. 8:16; 19:5; 1 Co. 1:13,15; Mt. 28:19; véase Arndt, *baptizo*, p. 131). La ceremonia del bautismo se centra en la muerte de Cristo — su significado y efecto. Pero Pablo en este caso indica las implicaciones del bautismo con respecto a la forma de vivir de los romanos. **4. Por el bautismo, por tanto, fuimos sepultados juntamente con él con respecto a su muerte.** "Ser sepultados juntamente" subraya la realidad de la muerte de Cristo. Cristo murió, y el creyente realmente murió con él. **Así como Cristo fue resucitado de los muertos por la gloria del Padre.** Es una frase comparativa. La resurrección produjo en Cristo una forma nueva de vida. Del mismo modo **también nosotros deberíamos vivir en vida nueva.** Puesto que nos identificamos con

Cristo en su muerte, estamos identificados con él en su resurrección. Para el Salvador la resurrección significó una vida nueva. Fuimos sepultados con Cristo a fin de que, al igual que él, vivamos una vida nueva. La traducción *andemos en vida nueva* (RV) implica las rutinas diarias del vivir cotidiano. **5. Como hemos sido unidos con la semejanza de su muerte** (MM, p. 598), **sin duda también debemos estar unidos con la semejanza de su resurrección.** La palabra **semejanza** se usa con dos palabras en la traducción de este versículo — **muerte y resurrección.** Aunque en el original sólo figura una vez, es evidente que Pablo quiso aplicarla tanto a la muerte como a la resurrección. Algunos han querido añadirle un "él" al versículo — "Como hemos sido unidos a él en la semejanza". Pero **su** muerte y resurrección dejan, sin embargo, ver con claridad que lo central es Cristo. La palabra **él** no se halla en el texto, y el versículo tiene sentido sin ella. La palabra **semejanza** (*homoioma*) es el eje del versículo. Pecar a semejanza de la transgresión de Adán (5:14) significa pecar en forma semejante, es decir, quebrantar un mandato específico. No significa cometer el mismo pecado. La palabra puede significar, pues, "representación", "copia", "facsímil", y "reproducción". (Para una exposición excelente de la palabra y las diversas interpretaciones que se le han dado en este contexto, véase Johannes Schneider, TWNT, V, 191-195). Puesto que los creyentes han tenido una muerte como la de Cristo, también tendrán sin duda una resurrección como la de él. Esto no quiere decir que tendrán la idéntica resurrección de Cristo; más bien, tendrán una resurrección como la de él. En el bautismo los creyentes están unidos con la representación de su muerte. Estar unido con la semejanza de la resurrección de Cristo es una esperanza futura de la que están seguros. Ambos hechos (bautismo y resurrección) indican una forma distinta de vida entre ambos acontecimientos — el caminar en vida nueva.

En los versículos **6-10,** como en el versículo 2, Pablo se refiere al suceso histórico de la muerte de Cristo. **Nuestro viejo hombre.** El hombre anterior o no regenerado antes de llegar a ser un hombre renovado, cambiado, transformado. Este hombre no regenerado fue crucificado con Cristo **para que el cuerpo pecaminoso fuera destruido.** Se insiste en el cuerpo, dado el papel que juega en la satisfacción de los deseos pecaminosos del hombre. **Para que no estuviéramos en permanente esclavitud al pecado.** Se personifica el pecado. Como tirano, mantiene al hombre en abyecta esclavitud.

El que ha muerto ha sido liberado del

pecado. El que está muerto no puede actuar en la vida cotidiana. El que ha muerto al pecado no sigue la pauta de la vida pecaminosa. **8. Y si morimos juntamente con Cristo.** Nuestro morir con Cristo es la base de nuestra fe de que seremos resucitados con él. **9.** La muerte de Cristo estuvo en relación con el pecado. Su victoria sobre la muerte es permanente. Sucedió una vez por todas. **10.** Desde su muerte vive sólo para Dios, es decir, para bien y gloria de Dios. Vivía sólo para Dios ya antes de la muerte. Pero una vez que Jesús hubo llevado a cabo la obra redentora que culminó en la muerte, su vivir para Dios tuvo una nueva perspectiva. Se había ocupado del pecado una vez por todas. Había triunfado sobre la muerte. Una vez derrotados el pecado y la muerte, pudo vivir por Dios con estas experiencias ya superadas.

Todo esto tenía ciertas consecuencias para los creyentes (6:11-4). **11. Hemos de seguir considerándonos de verdad muertos al pecado y vivos para Dios.** El hecho de que debemos seguir considerándonos muertos al pecado muestra que la posibilidad de pecar sigue viva. Pero nuestra consideración es más que negativa. Nos consideramos vivos (estar constantemente viviendo) para Dios. La expresión **en vuestro cuerpo mortal** equivale a **vosotros mismos** (v. 13). **No reine el pecado** en vosotros, es decir, en vuestras personas, **de modo que lo obedezcáis en vuestras concupiscencias.** Si estamos en Cristo, tenemos el poder de eliminar el pecado de nuestras vidas. Si el creyente permite que el pecado reine, obedece a los malos deseos que el pecado engendra. **13. Dejad de tratar a vuestros miembros como armas** (o *instrumentos*) **de injusticia para pecado.** Cuando el tirano, el pecado, reina en el corazón del hombre, el pecador entrega manos, pies, ojos y mente a la causa de la injusticia. En lugar de esta entrega al mal, Pablo apremia: **Entregaos una vez por todas a Dios . . . y vuestros miembros como armas de justicia.** ¿Por qué debemos entregarnos a Dios? Porque los que están en Cristo viven como resucitados de entre los muertos. Morimos con Cristo. Por ello vemos la vida desde una perspectiva nueva. Nos hemos consagrado a Dios. El yo entregado, desde luego, incluye todos nuestros miembros o partes y todas las actividades a las que podamos dedicarnos. Todo esto contribuye a que la personalidad humana sirva activamente a la injusticia o a la justicia. ¿A servicio de quién se utilizan nuestros miembros? **14.** La abundancia de gracia es tal que el pecado ya no se **enseñorea de** los creyentes. No estamos **bajo la ley** sino **bajo la gracia.** Los que están en Cristo no están bajo el régimen de la ley mosaica como

medio para alcanzar la salvación. Estamos bajo la gracia de Dios y de Cristo. La totalidad del AT — la Ley, los Profetas, y los Escritos (p. ej. los Salmos) — sin duda traen el conocimiento del pecado. (Ro. 3: 20; 5:20) cuando se entienden a la luz de la enseñanza de Cristo y de los apóstoles después de la muerte y resurrección de Cristo. El AT también enseña a los cristianos grandes verdades acerca de Dios. Pablo considera lo que Cristo enseñó y a Cristo mismo como ley. "Sobrellevad los unos las cargas de los otros, y cumplid así **la ley de Cristo**" (Gá. 6:2). "A los que están sin ley, como si yo no estuviera sin ley (no estando yo sin ley de Dios, sino *bajo la ley de Cristo*), para ganar a los que están sin ley (los gentiles)" (1 Co. 9:21).

2) Falacia de Pecar porque los Creyentes están bajo la Gracia, no bajo la Ley. 6:15—7:6.

Cuando estamos bajo la gracia, tenemos un nuevo amo. Este hecho cambia la conducta toda del creyente. Nuestra situación bajo la gracia es como la de la mujer casada con otro hombre después de la muerte de su marido. Implica una forma del todo nueva de vida. De este modo, por analogía, Pablo muestra por qué el estar bajo la gracia no permite nunca al creyente mostrarse indiferente al pecado.

a) Obediencia, Fruto, Destino. 6:15-23. Pablo recurre a lo que sus lectores conocen. Les recuerda sus vidas anteriores y los frutos que produjeron. Les habla de las consecuencias de su nueva consagración. Contrapone los efectos eternos de las dos diferentes clases de obediencia.

15. ¿Acaso debe el hombre cometer actos pecaminosos porque no se halla bajo la ley sino bajo la gracia? Pablo responde: **De ninguna manera. 16.** Recuerda a los lectores que son esclavos de aquellos a quienes se entregan. Si se entregan al pecado, el resultado es la muerte. Si se convierten en esclavos de obediencia a Dios, el resultado es justicia. El entregarse se considera en este caso como un proceso u obediencia permanente.

17. Antes eran esclavos del pecado. Luego las cadenas se soltaron. **Habéis obedecido de corazón a aquella forma de doctrina a la cual fuisteis entregados.** La forma de doctrina es, desde luego, el cristianismo. Fueron entregados al mismo para aprender su contenido. Respondieron con obediencia — obediencia que procedió de las profundidades de su ser. Esto produjo un cambio decisivo. Fueron liberados del pecado. Se convirtieron en esclavos de la justicia. Se personifican tanto el pecado como la justicia, y esta metáfora —ser esclavo del pecado o de la justicia— nos ayuda a entender qué problema se ventila. **19. Hablo como**

humano, por vuestra humana debilidad.
Esta analogía humana es indispensable, dice
Pablo, debido a lo pobre del juicio de quienes se convierten en instrumentos voluntarios del pecado. El hombre que está bajo el
dominio del pecado está "en la carne". Antes los lectores de Pablo habían presentado
sus miembros como esclavos a la inmundicia
y a una acción mala después de otra. Esto
fue prueba de su dedicación a la perversión
en sus distintas formas. **Así ahora para santificación presentad una vez por todas
vuestros miembros como esclavos a la
justicia.** Con el mismo abandono con que
los hombres se entregan al mal, deberían
ahora entregar sus miembros como esclavos
a la justicia. La consecuencia es la **consagración** o **santificación.** ¿Consagrados a
quién? A Dios. La santificación es el resultado de la consagración a Dios. **20.** Pablo
sostiene que cuando los lectores pertenecían
al pecado, sin duda no tenían a la justicia
por señora. **21. ¿Qué fruto teníais entonces?** Cuando erais esclavos del pecado, ¿qué
fruto teníais? Tenían fruto de aquellas cosas
de las que ahora os avergonzáis. Los pecadores producen frutos malos (véase Mt.
7:16-20). **Ahora bien el fin de ellas es
muerte.** Por **muerte** en este caso Pablo
quiere decir muerte eterna (véase Arndt,
thanatos, 2,b, p. 352; Ro. 1:32; 6:16,21,
23; 7:5; 2 Co. 2:16; 7:10; 2 Ti. 1:10;
He. 2:14b; 1 Jn. 5:16; Ap. 2:11; 20:6,15;
21:8).
22. Quedar libre del pecado significa ser
esclavo de Dios. El fruto inmediato que se
produce es consagración. La consecuencia
última de pertenecer a Dios es la vida eterna. **23. La paga del pecado** (por los servicios prestados al mismo) **es muerte.** Pablo modifica algo la analogía. El pecado
paga salario a quienes trabajan por él. El
salario que se paga es la muerte. **Mas el
don gratuito de Dios es la vida eterna en
Cristo Jesús nuestro Señor.** La dádiva de
Dios de liberación del pecado, la transformación de todo el ser del pecador, es la
vida eterna. La vida eterna es una nueva
clase de vida. El pecador la consigue como
favor inmerecido. Esta clase de vida, esta
forma de existencia, se halla en una sola
persona — **en Cristo Jesús.** La expresión
final —**nuestro Señor**— es la forma en que
Pablo dice que el Señor nos pertenece así
como nosotros le pertenecemos a él. Lo hemos hecho Señor nuestro con nuestro acto
de entrega. Su señorío alcanza hasta nuestra
forma de vivir.
b) Anulación y Régimen Nuevo Produ-
cidos por la Muerte. 7:1-6. **1. La ley,** dice
el apóstol, **se enseñorea del hombre entre
tanto que éste vive.** Pablo deja sentado
este axioma tanto por razón de la ilustración que va a emplear como para mostrar

que ésta es la naturaleza de la ley. Las exigencias de la misma siguen en vigor mientras se vive bajo su régimen. **2. La mujer
casada está sujeta por la ley al marido
mientras éste vive.** En el primer versículo
Pablo dice que habla a los que conocen la
ley. Puesto que la mayoría de romanos eran
gentiles, la ley en este caso no es concretamente la ley mosaica sino tan sólo el principio legal de que la mujer casada está atada
a su marido. Sin duda Pablo trata de este
mandato concreto a la luz de su formación
judía en la ley mosaica. **Si el marido muere, la mujer queda libre de este mandato
concreto acerca del marido.** La muerte
produce la supresión de la relación con el
marido. **3. Si en vida del marido perteneciera a otro hombre sería llamada adúltera.** La traducción "pertenecer" (cf. Arndt,
ginomai, II, 3, p. 159) tiene la fuerza de
estar casada con. Pero después de la muerte del marido puede volver al estado matrimonial sin que se la pueda acusar de
adulterio. El cónyuge vivo (la esposa) tiene libertad de pertener a otro.
4. Cuando Pablo aplica la ilustración a
la relación de una persona a la Ley y a
Cristo, el que muere (el creyente que murió
con Cristo) es el liberado de la Ley y el
que tiene libertad de pertenecer a Cristo.
**Habéis muerto a las desventajas de la ley
mediante el cuerpo de Cristo.** La expresión **mediante el cuerpo de Cristo** (RVR)
se refiere a la identificación del creyente con
Cristo en su muerte física. En 6:6 Pablo
ya ha dicho que nuestro ser no regenerado
ha sido crucificado con Cristo. Esta muerte
desposeyó a la Ley de su poder sobre nosotros y tiene como fin que **pertenezcamos a
otro — al que resucitó de los muertos.**
Este es el régimen nuevo. Ahora pertenecemos a Cristo, a fin de que produzcamos
fruto para Dios. Traducir la frase, *eis to
genesthai humas heterô,* "a fin de que os
desposéis a otro", sin duda es correcto. Forma parte de la analogía de Pablo y está de
acuerdo con el uso que en otra parte hace
de la comparación con el matrimonio (2
Co. 11:2; Ef. 5:25,29).
5. Estar en la carne significa estar bajo
el dominio y gobierno del pecado. **Las pasiones pecaminosas,** que la Ley puso de
manifiesto al hacer presente a los hombres
las exigencias de Dios, **actuaban sin cesar**
en sus miembros. Dominados por estas pasiones pecaminosas, los hombres producían
frutos de muerte. En este pasaje se personifica a la muerte. Significa muerte eterna
(véase 6:21). **6. Pero ahora al haber sido
liberados de la ley.** La Ley era impotente
para eliminar las pasiones pecaminosas. El
ser liberado de la Ley se equipara en este
caso al ser liberado del estar en la carne.
Porque morimos (con respecto a aquella)

en que (refiriéndose a la Ley) **estábamos sujetos.** Cuando aún se hallaba bajo la ley, el creyente murió con Cristo. Murió a los derechos de la Ley que exigía condenación. Pablo habla de esta muerte de la Ley en Gá. 2:19. El ser liberado de la Ley inicia una relación nueva con una nueva actitud. La relación es la de **ser constantemente esclavo** de Dios. Esto significa que servimos a Dios, plenamente conscientes de que le pertenecemos. Nos posee porque nos redimió. Le servimos **en un nuevo espíritu, no en la antigua letra.** O mejor, en el régimen nuevo del Espíritu en contraste con el antiguo código legal. En lugar de un legalismo que impone normas, hay un espíritu de amor y consagración.

3) Interrogantes Surgidos Ante la Lucha contra el Pecado. 7:7-25.

Pablo descubre aquí sus propias luchas internas. No lo dice a modo de detalles interesantes de su autobiografía, sino porque sabe que sus lectores han pasado por lo mismo. Pablo dominado por el pecado hizo cosas que Pablo dominado por Dios no quiso hacer. Pablo dominado por el pecado no era su verdadero yo sino uno falso. Pero el mismo yo. Pablo era culpable cuando el pecado lo dominaba y santo cuando lo dominaba Dios. Como judío conocía la voluntad de Dios (Fil. 3:6; Hch. 22:3; 26:4,5). En tanto que cumplía la voluntad de Dios lo dominaba Dios. Esto no hacía que fuera creyente en Cristo o cristiano. Pero sí lo hacía consciente de la lucha entre el obrar bien o mal. Cuando se hizo cristiano, la lucha se intensificó. Todo creyente, consciente de la justicia que Dios otorga, y de la justicia que constituye la forma cristiana de vivir, puede decir al leer este pasaje, "Mi experiencia es igual". Pablo también representa a los judíos —el pueblo de la Ley— que pasaron de la complacencia bajo la Ley a una condición de preocupación por las tremendas luchas a las que la misma dio origen, y luego a una posición de serenidad y triunfo en Cristo.

a) ¿Es pecado la Ley? 7:7-12. **7.** Sí, cuando alguien se vuelve cristiano, queda liberado de la Ley, ¿significa esto que la Ley es mala? Pablo responde: **De ninguna manera.** La Ley le mostró (y nos muestra) qué es el pecado. Por ejemplo dice Pablo: **No me habría sentido culpable de desear lo prohibido si la ley no dijera: no desearás lo prohibido.** El deseo de lo malo se pone de manifiesto cuando el mandamiento afirma: Lo malo está prohibido. Entonces el pecador lo desea. **8.** El apóstol dice cómo el pecado tomó al mandamiento como **base de operaciones** y produjo en él **toda clase de deseos** (por lo prohibido). **Pero sin la ley el pecado está muerto.** Pablo no dice que no se cometa pecado sin la ley. Dice que sin

la ley el pecado no se nos hace manifiesto. Se necesita el nivel del carpintero para poder apreciar el desnivel de una tabla. **9. En realidad estuve vivo por un tiempo sin la ley. Pero venido el mandamiento, el pecado revivió y yo morí.** El apóstol habla de su propia conciencia de pecado. Cuando era joven, el contenido de la Ley en realidad no lo afectaba. No entendía el verdadero propósito de la misma. Esta falta de comprensión no se limita a los niños. Un adulto como el joven rico pudo afirmar con seguridad: "Todo esto lo he guardado desde mi juventud" (RV) (Mr. 10:20; Mt. 19:20; Lc. 18:21). **10.** Pero llegó un día en la vida de Pablo en que el mandamiento concreto, "No desearás lo prohibido", le dio de lleno en el rostro. Supo que deseaba lo prohibido. Pablo tuvo conciencia del pecado, y supo que estaba espiritualmente muerto. Este mandamiento concreto ("No codiciarás") no sólo puso de relieve lo pecaminoso del deseo sino que también le enseñó cómo vivir. Le recordó que no vivía con rectitud. **11.** El pecado le había engañado. Al entender el mandamiento, el alcance del engaño del pecado se le hizo del todo manifiesto. El mandamiento le hizo ver a Pablo que el pecado había producido su muerte. El pecado primero **engaña** y luego **mata.** Este orden muestra cuán falso es el pecado y cuál es el objetivo que persigue —la perdición eterna de las personas.

b) ¿Lo bueno es causa de la muerte? 7:13,14. Pablo se plantea así mismo la pregunta. La responde enfáticamente: **De ninguna manera.** Dios arregló las cosas de tal modo que el pecado trajo la muerte por medio de lo bueno. **A fin de que por el mandamiento el pecado llegase a ser sobremanera pecaminoso.** Como el hombre es pecador, no cree que el pecado sea lo que realmente es. La ley muestra con claridad qué es y qué pretende conseguir.

Tanto los lectores como el autor sabían que **la ley es producida por el Espíritu** (divino) (véase Arndt, *pneumatikos*, p. 685). La palabra *pneumatikos* también se puede traducir por *perteneciente* o *correspondiente al Espíritu* (divino) (*ibid.*). Este es el gran homenaje que Pablo hace a la Ley. La causa el Espíritu de Dios o está llena del mismo. Pablo condena la ley sólo por una razón —por el legalismo. Repudia la opinión de que la ley es una atadura en el ser de Dios— por la cual Dios está obligado a hacer en favor del hombre esto o aquello (p. ej. salvarlo) si el hombre cumple con ciertas normas. En contraste con la Ley, que está llena del Espíritu de Dios o es causada por él, Pablo se ve a sí mismo como perteneciente a la carne. Estaba **en un estado de ser vendido como esclavo bajo la soberanía del pecado.** Sin duda que el apóstol no quiso decir que fuera completamente carnal (véanse vv. 16,18,22). Sí quiso decir que sabía que estaba bajo el dominio del pecado. La lucha de Pablo no fueron algunas escaramuzas aisladas sino una batalla continua.

c) ¿Cómo se puede resolver el conflicto? 7:15-25. En esta sección el escritor describe con viveza el conflicto dentro de sí. Emplea algunas expresiones para describir su propia persona como sirviéndose a sí mismo o al pecado. Utiliza otras para describirse al servicio de Dios. El conflicto surge porque desea servir a Dios pero se encuentra con que se sirve a sí mismo y al pecado.

15. No sé lo que hago. Es la afirmación del que se encuentra frustrado. Pero no ignora lo que es malo. El problema es cómo superar lo malo. **Pues no hago lo que quiero, sino lo que aborrezco, eso hago. 16.** Aquí tenemos a alguien que sabe. Cuando dice que odia sus acciones que son contrarias a la ley muestra que **aprueba que la ley es buena.** Por tanto no era el verdadero yo de Pablo el que hacía el mal sino el pecado que moraba en él (v. 17). El autor identifica su verdadero yo con "Yo" (*ego*). Cuando dice que es el pecado el que hace el mal, Pablo no se exime de responsabilidad, sino que simplemente reconoce que es el pecado el que hace que su yo se vuelva mentiroso.

18. Porque sé que en mí, esto es, en mi carne, no mora el bien. Las expresiones **en mí** y **en mi carne** describen a Pablo como bajo el dominio del pecado. La ausencia de bien en la esfera de la carne es otra manera de decir que el aceite y el agua no se mezclan. Si la carne es poderosa, la voluntad de hacer el bien se vuelve impotente. **El desear** o *querer* **el bien está en mí, pero no el hacerlo.** Pablo quería decir que estaba en condiciones de querer pero no de hacer. **19. Porque no hago el bien que quiero, sino el mal que no quiero, eso hago.** Pablo sentía que nada conseguía en cuanto pudo hacer el bien. Pero en la esfera del mal estaba consciente de lo activo que estaba. **20.** Siendo esto así, concluye una vez más, como en el versículo 17, que no es el **Yo** el que lo hace, sino **el pecado que mora en mí.**

21. De ahí el escritor concluye que cuando quiere **hacer el bien, el mal está en mí.** Su deseo de hacer el bien se ve contrarrestado por un contrincante poderoso al que llama **la ley** o **el principio.** Al pecado se le llama ley o principio por lo constante de su actividad. **22.** En el aspecto alentador, Pablo afirma: **Me deleito** (véase Arndt, *synedomai,* p. 797) **en la ley de Dios según el hombre interior.** Aquí tenemos la respuesta de Pablo a la ley de Dios como hijo de Dios. La expresión "hombre interior" sólo se encuentra tres veces en los escritos de Pablo — Ro. 7:22; 2 Co. 4:16; Ef. 3:16. En el segundo y tercero de estos pasajes Pablo habla de la renovación del hombre interior y del fortalecimiento del mismo. Aquí en Ro. 7:22 se halla una respuesta espiritualmente saludable a la ley de Dios.

23. Al mismo tiempo, Pablo vio **una ley diferente en sus miembros.** Su verdadero yo, el hombre interior, andaba de acuerdo con la ley de Dios. Pero otra ley (la ley del pecado) lo redujo a "cautiverio", convirtiéndolo en prisionero. Pero antes de hacer prisionero a Pablo, la ley del pecado **se rebeló** contra **la ley de la mente.** Esta ley de la mente junto con el hombre interior, representa el verdadero yo de Pablo al que Dios gobierna. Pablo dice que su verdadero yo era **hecho cautivo** a la ley del pecado que estaba en sus miembros. Si Pablo se hubiera detenido en este punto, habría discrepado de lo dicho en 6:14. Pero no se detiene aquí. Afirma que el pecado que está en sus miembros es una fuerza poderosa (y nadie pretendería negarlo). **24.** El pensamiento de que el pecado pudo reducirlo a cautiverio lo hace exclamar: **¡Miserable de mí! ¿Quién me librará de este cuerpo de muerte?** El cuerpo es el escenario de esta lucha. El pecado que vive en los miembros produce la muerte espiritual del cuerpo, y el hombre adquiere conciencia de que necesita ayuda externa. Pablo no clama por verse libre del cuerpo como tal, sino del cuerpo en cuanto espiritualmente muerto — de hacer lo malo en contra del deseo de hacer lo bueno. **25. Gracias doy a Dios, por Jesucristo nuestro Señor.** Sobrecogido de emoción, el apóstol no da una respuesta concreta a su propia pregunta. Pone de relieve a Aquel al que se deben dar gracias, subrayando quién es el Libertador. La afirmación completa hubiera sido: "Gracias doy a Dios; la liberación viene por Jesucristo nuestro Señor". En Romanos 8 vuelve a hablar de esta liberación. Pero en este caso sólo sintetiza la exposición de 7:7-25. Con la **inteligencia** o **mente** sirve sin cesar la ley de Dios. Pero con la **carne** (el yo al que controla el pecado) sirve al **principio** del pecado.

Las siguientes expresiones describen a Pablo bajo el dominio del pecado: "el pecado que mora en mí" (vv. 17,20); "la ley" (v. 21); "otra ley en mis miembros" (v. 23), "en mí, esto es, en mi carne" (v. 18); "en o con la carne" (v. 25). Las siguientes expresiones retratan a Pablo bajo el dominio de Dios: el "yo" enfático que el uso del pronombre expresa (vv. 17,20); "el hombre interior" (v. 22); "la ley de mi mente" (v. 23); "en o con la mente" (v. 25).

4) La Victoria por el Espíritu en Conexión con el Propósito y Acción de Dios.

8:1-39.

Nadie está en condiciones de apreciar el significado de la victoria hasta tanto no conoce la naturaleza de la oposición y la clase de lucha que ella conlleva. En Romanos 8 Pablo muestra lo que Dios ha hecho para conducir al cristiano a que triunfe sobre el pecado. Señala lo que Dios hace y lo que el creyente debe hacer. Pasa revista al propósito de Dios y a la crisis que tanto la creación como el creyente experimentan. Subraya la relación del Espíritu con el creyente y la interrelación del Espíritu con Cristo y el Padre. Describe el destino glorioso de los que aman a Dios y muestra que nada puede separarlos del amor de Dios. Cuando el creyente se preocupa sólo de sí mismo no puede elevarse por encima de Ro. 7:25. Cuando ve lo que Dios ha hecho y sigue haciendo por él, debe responder con las expresiones de 8:37-39.

a) Liberación del Pecado y de la Muerte por la Actividad del Padre, del Hijo y del Espíritu. 8:1-4. **1. Ahora, pues** une con el versículo anterior, 7:25. Puesto que la liberación viene por Jesucristo, no hay **condenación** (en el sentido de castigo o perdición) **para los que están en Cristo Jesús.** Los que están en Cristo no son condenados, porque Cristo fue condenado en lugar de ellos. No se les castiga, porque Cristo sufrió su castigo. **2.** Pero, ¿qué ocurre con la lucha con el pecado de la que Pablo ha venido hablando? **Ahora bien la ley,** es decir, **el Espíritu de vida en Cristo Jesús os libró de la ley,** o sea, **del pecado y de la muerte.** Tanto al Espíritu como al pecado y a la muerte se les llama **ley** debido a lo permanente de su influjo y acción. **3.** La **ley** en este caso se refiere a la Ley Mosaica, y el lector ve que Dios hizo lo que la Ley no podía hacer. La Ley se enfrentaba con *una imposibilidad.* Prescribía una forma de vida que los hombres que se hallaban en la carne no podían seguir. Podía parecer que la seguían en lo legal, pero en ningún caso estaban en condiciones de llenar cabalmente los requisitos de todo lo que Dios exigía. Dios envió a su Hijo **en semejanza de carne de pecado.** La palabra **semejanza** es importante, porque significa que Cristo vino en carne como la nuestra, y fue **verdadero** hombre, pero no **pecador.** Esta es la diferencia entre Cristo y los que vino a salvar. Estuvo libre de pecado tanto por naturaleza como en sus actos. Dios **condenó al pecado en su carne.** La expresión podría traducirse por *en la carne,* pero el contexto favorece **su carne.** La palabra **carne** se refiere a la humanidad verdadera de Cristo. **4.** En este versículo **carne** se refiere a los hombres que viven bajo el dominio del pecado. El pecado como fuerza rebelde contra Dios fue condenado en la carne de

Cristo. Dios juzgó al pecado en la carne de Cristo **para que las exigencias de la ley se cumpliesen en nosotros, que no andamos** (*vivimos*) **conforme a la carne sino conforme al Espíritu.** La palabra que se traduce por **exigencias** está en singular. Significa la exigencia total de Dios. Dios se ocupó del pecado en la muerte de su Hijo a fin de que los que están en Cristo pudiesen entender la exigencia total de Dios que la Ley expresa. Los que cumplen este propósito de Dios viven conforme al Espíritu, no conforme a la carne.

b) Forma de Pensar de la Carne contra la del Espíritu. 8:5-13. **5.** En 8:4 se describe a aquellos que **viven** conforme a la carne o al Espíritu. En este versículo se habla de los que **son** conformes a la carne o al Espíritu. De un grupo forman parte los que viven ocupados de lo que constituye una vida pecaminosa. Del otro los que se ocupan de lo que da vida bajo la dirección y poder del Espíritu. **6. Ahora bien la forma de pensar de la carne produce muerte, pero la forma de pensar del Espíritu produce vida y paz.** La carne —el principio de rebelión dentro del hombre— produce una cierta forma y manera de pensar. Del mismo modo, el Espíritu Santo produce también una forma determinada de pensar. La traducción **forma de pensar** pone de relieve la dirección y perspectiva de la mente. La **muerte espiritual** se presenta como equivalente a la forma de pensar de la carne. **Vida y paz** se equivalen a la forma de pensar del Espíritu. **7,8.** La forma de pensar de la carne es hostil a Dios, no quiere someterse a la ley. Quienes son de tal índole no pueden agradar a Dios.

En los versículos 9-11 el apóstol muestra la diferencia entre los que están en la carne y los que están en el Espíritu. **9.** Sus lectores están "en el Espíritu". Da por supuesto que **el Espíritu de Dios mora** en ellos. El **si es que** (RVR) da una impresión errónea. En realidad, el autor no escribe una afirmación dudosa. Si uno no tiene **el Espíritu de Cristo,** no pertenece a Cristo. Los que pertenecen a Cristo poseen el Espíritu Santo. El hecho de que al Espíritu se le llame Espíritu de Dios y luego Espíritu de Cristo muestra que el Padre y el Hijo tienen la misma relación con el Espíritu. **10.** No sólo del Espíritu se dice que mora en los creyentes — **vosotros,** sino que **Cristo está en ellos.** Para el creyente, tener al Espíritu de Cristo dentro de sí es tener a Cristo mismo (cf. 8:16,17). Pablo habla de la realidad de Dios en la vida del cristiano. Pero aunque esté lleno de Dios en la forma indicada, dice, **el cuerpo está muerto a causa del pecado; mas el Espíritu es vida a causa de la justicia.** El término **cuerpo** significa el hombre bajo el dominio del pecado — la idea que se suele expresar con la palabra "carne". El yo falso está muerto o inutilizado debido al pecado. Este yo no puede ser eficiente para Dios. Pero el espíritu —el verdadero yo— está vivo debido a la justicia que Dios otorga. Claro que no hay dos yo. Cuando el yo se vuelve falso, actúa conforme a la carne. Cuando el yo es verdadero, actúa conforme al Espíritu.

11. La presencia del Espíritu de Dios en los creyentes garantiza que el Dios que resucitó a Cristo de entre los muertos vivificará los cuerpos mortales de los creyentes **por su Espíritu que mora en** (ellos). El papel del Espíritu Santo en la resurrección de los creyentes es un tema olvidado. El cuerpo mortal es el cuerpo que puede morir. El cuerpo vivificado por el Espíritu se vuelve inmortal. La transición de la mortalidad a la inmortalidad es obra del Espíritu.

12. Los creyentes están en el Espíritu, y el Espíritu mora en ellos. Por medio de él tendrán cuerpos glorificados. Estos hechos conducen a una conclusión cierta. **Así que, hermanos, somos deudores, no a la carne, para vivir según sus exigencias** (véase Arndt, *opheiletes*, 2b, p. 603). **13.** Si vivís según la carne, dice Pablo a sus lectores, vais a morir. Es la muerte espiritual. Pero si por el Espíritu dais muerte a las malas acciones (v. Col. 3:9) del cuerpo, viviréis. Ambos "si" en 8:13 dan por supuesta la realidad de lo que se afirma. Las conclusiones siguen con toda lógica. La solemnidad de las mismas armoniza con la gravedad de lo afirmado en las frases condicionales — "si". Puesto que la muerte espiritual se considera como culminante —la exclusión definitiva de la presencia de Dios— la vida a la que se refiere debe ser la vida glorificada que espera al creyente.

c) Guía y Testimonio del Espíritu. 8:14-17. **14. Hijos de Dios** son los que son guiados por el Espíritu de Dios. El Espíritu guía. El verbo está en presente de la voz pasiva — **todos los que permiten ser guiados** (v. Arndt, *ago*, 3, p. 14). **15.** Las expresiones **Espíritu de esclavitud** y **Espíritu de adopción** son paralelos. Sería una traducción mejor: "el *estado mental que pertenece a la esclavitud* y *el estado mental que pertenece a la adopción*. El resultado del primero es temor; el resultado del segundo es la capacidad de orar y de dirigirse a Dios como Padre. La palabra *Abba* es una palabra aramea escrita en griego y luego transcrita en español. Significa "Padre". La reunión de tanto judíos como griegos (gentiles) en Cristo se percibe en estas palabras al iniciar la oración.

16. El Espíritu Santo da testimonio junto con **nuestro espíritu humano** de que somos hijos de Dios. Significa en realidad que el Espíritu da testimonio con nuestro mismo yo (véase 1 Co. 16:18; Gá. 6:18; Fil. 4:23). El testimonio se dirige a todos los aspectos de nuestra personalidad que componen nuestro yo. El testimonio del Espíritu se dirige a la persona. **17.** Se advierte que el creyente es **heredero de Dios** y **coheredero con Cristo.** Somos herederos de todo lo que Dios va a conceder, lo cual significa que somos coherederos con Cristo, a quien el Padre ha dado todas las cosas. Pero ser heredero junto con Cristo significa tener que sufrir junto con él. El tiempo es presente: **puesto que en realidad padecemos juntos.** Lo que Dios había asignado a Cristo fue sufrir (Lc. 24:26,46; Hch. 17:3; 26:23; He. 2:9,10). También es la experiencia que ha prescrito a los que creen en Cristo. (Mt. 10:38; 16:24; 20:22; 1 Ts. 3:3; 2 Ts. 1:4, 5; 2 Co. 1:5; Col. 1:24; 2 Ti. 3:12; 1 P. 1:6; 4:12). Los que comparten el sufrimiento con Cristo heredarán con él la gloria (Ro. 8:17). La experiencia del sufrimiento precede a la de la gloria.

d) Consumación de la Redención que tanto la Creación como los Creyentes Aguardan. 8:18-25. ¿Cómo se deben considerar los sufrimientos presentes? Deben verse a la luz de **la gloria que se manifestará en nosotros** (v. 18). Los sufrimientos no han de compararse con la gloria venidera, porque no son iguales ni en intensidad ni en valor. **19.** No sólo ha de revelarse la gloria a los creyentes, sino que los creyentes mismos se han de revelar. Pablo dice que este acontecimiento es **el anhelo ardiente de la creación.** La palabra **creación** (NC, *criatura,* excepto en v. 22) de 8:19-22 se refiere a toda la creación de Dios por debajo del hombre; en este caso se personifica para poner de manifiesto las tensiones y descoyuntamiento que se hallan en la creación debido al pecado. El pecado produjo perversión no sólo en las relaciones del hombre con Dios sino en el universo en el que vive. **20. La creación fue sometida a frustración contra su propia voluntad.** Tornados, huracanes, terremotos, sequías, inundaciones, son unos cuantos ejemplos del desequilibrio de la naturaleza. Pablo dice que Dios redujo a la naturaleza a este estado. Si bien el Señor lo produjo, lo hizo **en esperanza,** es decir, con la esperanza concreta de un futuro en el que desaparecerá la frustración. **21. Porque también la creación misma será libertada de la esclavitud de corrupción.** Dios ha prometido que la creación misma que ha sido sujeta a deterioro y corrupción será liberada de tal condición. La nueva condición se describe como **la libertad gloriosa de los hijos de Dios. 22.** Qué diferencia entre esto y la situación actual — tanto para la creación como para los hijos de Dios. La creación gime y agoniza con los hombres que moran en la tierra. **23.**

No sólo la creación, sino también los creyentes que **poseen las primicias del Espíritu** gimen dentro de sí. **Primicias** puede significar las bendiciones y transformaciones que el Espíritu ha producido ya en las vidas de los creyentes. O puede significar que se considera al Espíritu mismo como primicia (cf. 2 Co. 1:22; Ef. 1:14). Por el contexto, la primera interpretación parece mejor. El **gemir** del creyente nada tiene que ver con el quejarse. Antes bien, es el gemido dentro de sí por vivir en un mundo pecador. **La adopción** que el creyente aguarda se refiere **a la redención de nuestro cuerpo**, la liberación del pecado y de la finitud, cuya presión experimentamos sin cesar mientras vivimos en cuerpo mortal. **24. Porque fuimos salvos para la esperanza.** La esperanza para la que Dios nos salvó es la liberación de un cuerpo que se halla bajo la presión del pecado, y de un estado de finitud mortal en la que esperamos el día en que, revestidos de inmortalidad, veremos a Dios. ¿Qué es la esperanza? Pablo dice que es una expectación confiada de las bendiciones prometidas que no se poseen ni ven. Esta esperanza no es un deseo de algo demasiado bueno para ser verdad e improbable que ocurra. Lo que se espera (en este caso, la redención del cuerpo) es real y concreto pero todavía no presente. **25. Pero como esperamos lo que no vemos, con** (*dia;* véase Arndt, III,1,c, p. 179) **paciencia** (o *fortaleza*) **la aguardamos con ansia.** El cuerpo redimido será glorificado, libre de todo pecado. Con tal esperanza frente a sí, el creyente espera con fortaleza que se realice.

e) Ministerio Intercesor del Espíritu. 8:26,27. **26. De igual manera,** el Espíritu ayuda a nuestra debilidad. La debilidad a la que se refiere es nuestra incapacidad para analizar situaciones y para orar por ellas con tino. Sabemos que se refiere a esta debilidad por la frase siguiente. Se dice que el Espíritu **suplica** o *intercede* **con gemidos indecibles** (véase *alaletos,* Arndt, p. 34). A veces no sabemos orar porque las palabras no pueden expresar las necesidades que experimentamos. La respuesta del Espíritu de **gemidos indecibles** muestra cómo Dios por medio de su Espíritu entra en nuestras experiencias. **27.** Dios Padre que escudriña los corazones [de los hombres] **sabe cuál es la forma de pensar del Espíritu.** Dios conoce la respuesta total del Espíritu a cualquier situación o problema. La intercesión que presenta por los suyos está **conforme con el ser de Dios.** Estas palabras sin duda afirman que dos miembros de la Divinidad —Padre y Espíritu (es decir, el Espíritu Santo)— participan de la comunicación de pensamiento y conocimiento mutuo.

f) Propósito de Dios para los que lo

Aman. 8:28-30. **28.** Pablo parte de un axioma básico: **Sabemos.** Luego afirma esta verdad: **A todos los que aman a Dios, él** (o sea, Dios) **reúne todas las cosas para bien.** Pablo coloca primero la frase "a los que aman a Dios" a fin de que no haya errores en cuanto a quienes son los beneficiarios del "Dios reúne todas las cosas para bien". Es en bien de los que constantemente manifiestan amor a Dios en actitudes y obras. Se les describe además como **los que son llamados conforme con el plan** o *propósito* (de Dios). El llamamiento y la elección se hallan juntos en 2 Ts. 2:13,14; 2 P. 1:10. El llamamiento se puede centrar en el destino eterno (2 Ts. 2:14) o en la vida terrena de libertad y santidad (Gá. 5:13; 1 Ts. 4:7).

29. Porque a los que conoció antes. El pronombre **a los que** es plural. Pablo piensa en un grupo de individuos que constituyen un todo orgánico. Esto se asemeja al procedimiento del apóstol en Ef. 1:4, donde dice: Según **nos** (plural) escogió en él (o sea, en Cristo). Cristo es **el** Elegido o Escogido (véanse Lc. 9:34; [NC; BC] 23:35; 1 P. 2:4,6); y los creyentes —los que pertenecen a Dios— son **los** elegidos o escogidos en él (es decir, en Cristo). La palabra **conocer antes** tiene como elemento básico el conocimiento. Este grupo de individuos, los miembros de este todo orgánico, ¿en qué sentido son conocidos antes? Lo son en cuanto poseen un lugar concreto en el plan o propósito de Dios (Ro. 8:28). Tienen que representar un papel en el plan de Dios. ¿Cuál es su destino? **A los** (pl.) **que conoció antes, los predestinó para que fueran hechos conformes a la imagen de su Hijo** (v. 28). La decisión de Dios es que los que forman parte de dicho grupo sean hechos conformes a su Hijo en forma y apariencia. No es un número pequeño. Dios lo decidió de antemano a fin de que su Hijo pudiera ser el primogénito **entre muchos hermanos.** El término **primogénito** significa el de posición o rango más elevado. En Col. 1:18 Pablo deja bien sentado que Cristo es primero o supremo: "Y él es (el) cabeza del cuerpo, la iglesia, el que es (el) principio, (el) primogénito de entre los muertos, para que en todo tenga la preeminencia". La condición de cabeza se ejerce sobre y en medio de muchos hermanos — los que reciben la abundancia de gracia y el don, es decir, la justicia (Ro. 5:17). El rango de Cristo como primogénito muestra que él es la cabeza glorificada de la nueva humanidad — como el segundo Adán (Ro. 5:12-21; 1 Co. 15:22).

El punto neurálgico de esta sección (Ro. 8:28-30) es la acción de Dios — su plan y la realización del mismo. **30.** Los verbos: **llamó, absolvió** (o *justificó*) y **glorificó** se refieren tanto al plan (designio eterno de Dios) como a la realización de dicho propósito. Porque Dios tiene un plan — recapitularlo todo, reunirlo todo en Cristo, lo del cielo y lo de la tierra (Ef. 1:10,11), puede reunir todas las cosas para bien de los que lo aman. Pablo pone de relieve aquí lo que Dios hace por todos los hermanos. La única respuesta humana que se menciona es la de amor a Dios.

g) Triunfo de los Creyentes Sobre toda Oposición. 8:31-39. **31,32.** Pablo comienza ahora a indicar las implicaciones de lo enseñado. Dios se involucró en el dilema del hombre a fin de llevar a cabo su plan. **Entregó a su propio Hijo por todos nosotros.** Cristo fue entregado por nuestro bien y por nosotros. Dios no pudo hacer gracia de su Hijo y realizar al mismo tiempo su plan de redención. Por ello lo entregó a la muerte a fin de que pudiéramos ser redimidos. Pablo saca ciertas conclusiones de esta acción de Dios. Con Cristo nos **dará** graciosamente **todas las cosas,** si bien puede ser que no las poseamos todas ahora. **33,34.** Nadie puede acusar de nada a los escogidos o elegidos de Dios ni condenarlos, porque Dios y Cristo han participado en esta acción divina de entregar a Cristo.

35,36. Por formidables que sean los obstáculos, no nos pueden separar del amor que Cristo nos ofrece. Estos obstáculos son: **tribulación, angustia, persecución, hambre, desnudez, peligro o espada** (es decir, muerte violenta). El apóstol cita el Sal. 44:22 para mostrar qué dificultades experimenta el pueblo de Dios. **37.** La conclusión que saca es que en todas estas dificultades **conseguimos un triunfo gloriosísimo por medio de aquel que nos amó.** El significado en este caso es: "Estamos en el curso de vencer". En medio de las presiones externas de la vida podemos ir triunfando por medio de aquel que nos amó. Estamos triunfando no por nuestras propias fuerzas o cualidades sino por medio de Cristo. **38, 39.** Pablo amplía el número de experiencias, personalidades y cosas que hacen frente al creyente: **muerte o vida, ángeles o principados, lo alto o lo profundo, ni ninguna cosa creada.** Luego afirma en forma enfática que nada de esto podrá separarnos del amor que Dios manifiesta, este amor que es en Cristo Jesús nuestro Señor. El poder del amor de Dios es un tema que nunca se puede agotar.

III. Israel y los Gentiles en el Plan de Dios. 9:1—11:36

Pablo considera el plan de Dios en su relación con los dos grupos que él, como judío, veía — Israel o el pueblo judío y los gentiles.

A. Preocupación de Pablo por su Propio Pueblo, Israel. 9:1-5. **1,2.** Este capítulo comienza con un tipo de prueba de que Pablo tenía **gran tristeza** y **continuo dolor** en el corazón respecto a su propio pueblo. La prueba es ésta: dice la verdad en Cristo; no miente; su conciencia da testimonio de él en presencia del Espíritu Santo. El apóstol dijo esto porque sabía cómo los judíos lo difamaban (ver, p. ej., Hch. 21:28 — suceso que ocurrió después de escribir Romanos pero que indica cómo sentían los judíos.) **3.** Pablo sentía tan hondamente acerca de su pueblo que emplea en este caso términos de deseo inalcanzable (condicional imperfecto en griego): **Desearía yo mismo ser anatema** (y con ello separado) **de Cristo por amor a mis hermanos, mis compatriotas en cuanto ascendencia terrenal.** El lenguaje se parece al de Moisés cuando suplicaba a Dios que lo borrara de su libro (Éx. 32:31,32).

Pablo enumera luego las bendiciones de sus compatriotas. **4.** A los israelitas pertenecía **la adopción** — es decir, constituían un pueblo que Dios había hecho suyo (cf. Is. 43:20,21). Poseían **la gloria.** Podría ser ya el honor de ser el pueblo de Dios, ya la gloria de Dios que se manifestó en medio de su pueblo (Éx. 24:16,17). La palabra **pactos** está en plural porque Dios habló a su pueblo en varias ocasiones acerca de las relaciones con ellos nacidas del pacto. Se podría traducir *decretos* o *garantías.* A ellos pertenecía **la legislación** es decir, la ley mosaica, y **el servicio** o *culto* **de Dios** — el ritual del Templo y del Tabernáculo. Poseían las promesas de Dios, en especial las promesas mesiánicas. **5.** Los padres —Abraham, Isaac y Jacob— también les pertenecían. Pero la bendición más importante fue que Cristo, en cuanto a la carne, salió de entre los compatriotas de Pablo, los israelitas. Pero este (Cristo), que en lo humano procedía de Israel, era mucho más que un israelita más; era **Dios sobre todas las cosas, bendito por siempre.** (Como prueba de que esta última cláusula se refiere a Cristo, véase Sanday y Headlam, *Epistle to the Romans,* ICC, pp. 232-238). El estar consciente de la posición eminente de Cristo no hacía sino aumentar la angustia de Pablo por la ceguera de su pueblo. Habían negado a tal Mesías. Estas frases no son una doxología a Dios, porque esto no armoniza con la línea de pensamiento. Más bien muestran el lugar eminente de Cristo, lo cual encaja perfectamente en la línea de pensamiento.

B. Dios Libre, Justo y Soberano en el Trato con Israel y con Todos los Hombres. 9:6-29. Desde 9:6 hasta el final del capítulo 11 Pablo trata de un problema profundo: *¿Cómo pudo Dios repudiar a su pueblo ele-*

gido? Señala hasta qué extremo ha sido repudiado el pueblo, por qué ha sido repudiado, la existencia de un remanente, y qué plan tiene Dios para el futuro de su pueblo, Israel. En 9:6-29 el autor responde a la argumentación de sus oponentes judíos que decía: "Tenemos la circuncisión como señal (cf. Gn. 17:7-14) de que somos el pueblo elegido de Dios. Los miembros del pueblo de Dios no pueden perecer. Por tanto no pereceremos". Hay pruebas rabínicas que muestran que ésta era la actitud de la mayoría de los judíos del tiempo de Pablo. Hermann L. Strack y Paul Billerbeck han preparado un *Commentary on the New Testament* en el que reúnen textos paralelos del Talmud y del Midrashim que arrojan luz sobre el NT. En el vol. IV, Parte 2, han dedicado un apéndice completo (31) al tema del Sheol, Gehena (lugar de castigo), y al Jardín Celestial del Edén (Paraíso). Las citas siguientes incluyen títulos de secciones de escritos rabínicos de los que están tomadas sus ideas acerca de dichos lugares, al mismo tiempo que se indica la ubicación en Strack-Billerbeck.

El rabí Leví dijo: En el futuro (en el otro lado — lo que los griegos llamaban mundo espiritual) Abraham está sentado a la entrada del Gehena y no permite que ningún israelita circunciso entre en él (es decir, el Gehena). [Midrash Rabba Génesis, 48 (30ª, 49) SBK, IV, Parte ii, p. 1066].

En este mismo contexto se plantea la pregunta ¿Qué les ocurre a los que pecan en exceso? La respuesta es: Se los devuelve al estado de incircuncisión al entrar en el Gehena. La siguiente cita trata de la cuestión de qué le sucede al israelita después de la muerte.

Cuando el israelita entra en su morada eterna (= tumba), un ángel se halla sentado en el jardín celestial del Edén, el cual toma a cada uno de los israelitas circuncisos para introducirlos en el jardín celestial del Edén (paraíso). [Midrash Tanchum, Sade, waw, 145ª, 35; SBK, IP, Parte ii, p. 1066.]

De nuevo se suscita la pregunta: ¿Qué ocurre a los israelitas que sirven a los ídolos? Como antes, la respuesta es: Serán devueltos al estado de incircuncisión en el Gehena. He aquí una cita que considera a los israelitas en bloque:

Todos los israelitas circuncisos entran en el jardín celestial del Edén (paraíso). [Midrash Tanchuma, Sade, waw, 145ª, 32; SBK, IV, Parte ii, p. 1067].

Es evidente por estas citas que la mayoría de los judíos creían y enseñaban que todos los israelitas circuncisos que habían muerto estaban en el paraíso y que ningún circunciso estaba en el Gehena.

A la alegación de que el Señor no podía repudiar a su pueblo elegido, Pablo responde ante todo poniendo de relieve la libertad, justicia y soberanía de Dios. Dios *obra* con libertad, *obra* en justicia y con soberanía porque *es* libre, justo y soberano en su mismo ser eterno.

1) Dios Elige a Isaac y no a los Otros Hijos de Abraham. 9:6-9.
6. Pero no es en modo alguno como si la palabra de Dios hubiera fallado. El estado actual de los judíos no indica que la promesa divina haya sido abolida. No todos los que descienden de Israel son de verdad hijos de Dios. Las promesas del Señor en un período de la historia pueden afectar a los que él quiera del pueblo elegido. **7.** En el caso de los hijos de Abraham, Dios escoge. **En** (*por medio de*) **Isaac tendrás descendencia** (cf. *Kaleo*, Arndt, 1a., p. 400. **8.** Se distingue entre los hijos de la carne, los nacidos de Agar y Cetura (Gn. 16:1-16; 25: 1-4), e Isaac, nacido según la promesa. **Esto es, no los que son hijos según la carne son los hijos de Dios, sino los hijos de la promesa son considerados como descendencia.** Pablo pone lo negativo primero para poner de relieve que los hijos según la carne no son automáticamente hijos de Dios. Isaac nació por la promesa. Dios escogió bendecir a todo el género humano por medio de él.

2) Dios Elige a Jacob y no a Esaú. 9: 10-13.
Los judíos contemporáneos de Pablo hubieran podido replicar: "Somos hijos de Isaac, por lo cual podemos estar seguros de que Dios no nos va a repudiar". **10,11.** Pero Pablo muestra que Dios había escogido entre los dos hijos de Isaac, incluso antes de que nacieran o de que hubieran hecho nada bueno o malo. Esta elección se dio **para que el propósito o plan de Dios que actúa por medio de selección permaneciera no por las obras sino por el que llama.** La selección de Dios no se basó en obras legales sino en sí mismo y en el plan que tenía para el mundo. **12,13.** ¿Qué implicaba tal selección? **El mayor estará sometido al menor.** Puesto que dicha selección se efectuó antes de que nacieran los gemelos (Gn. 25:23), Pablo sin duda pensaba en este caso en dos individuos. En la cita de Mal. 1:2,3, que considera el trato de Dios para con Jacob y Esaú, el interés se centra en las naciones. Lo que comenzó en vida de los fundadores de estos pueblos continuó entre sus hijos. La selección con-

cernía a los papeles que estos dos grupos iban a desempeñar en la historia. El Señor mostró su amor por Jacob al hacer a los descendientes del patriarca los canales por medio de los cuales emitió sus oráculos y dio a conocer su verdad. Dios **aborreció** a Esaú en cuanto que no hizo de los descendientes del mismo canales de revelación sino, como dice Malaquías: "Convertí sus montes en desolación, y abandoné su heredad para los chacales del desierto". (Mal. 1:3). Al recordar la historia de Esaú, Malaquías también emplea la palabra "aborrecer" debido al rigor de Dios en el trato con Esaú. La situación histórica tanto de los individuos como de los pueblos sin duda afecta su destino eterno. Pero **elección** en Ro. 9:10-13 no es selección para salvación o condenación eterna. Más bien, es selección para los papeles que Dios ha llamado a desempeñar en esta vida terrenal a individuos y naciones.

3) Misericordia de Dios con Israel y Endurecimiento del Faraón. 9:14-18.

14. Por tanto, ¿qué diremos? ¿Que hay injusticia en Dios? De ninguna manera. El hecho de que la selección de Dios no se base en obras humanas no hace que Dios sea injusto. Es libre, justo y soberano. **15.** Estas cualidades se ven en acción para con Moisés y Faraón. Su declaración a Moisés —**Tendré misericordia del que tenga misericordia y me compadeceré del que me compadezca** (Éx. 33:19)— vino *después* del pecado de Israel del becerro de oro. En ese momento Israel no pudo en modo alguno haber merecido la misericordia de Dios. Una idolatría como la suya sólo mereció ira. **16. Misericordia y compasión no son propias del que quiere o del que corre sino de Dios que tiene constantemente misericordia.** O sea, nadie tiene derecho a la misericordia de Dios. Dios también hace sentir su ira cuando lo considera oportuno. **17.** El verbo "levantar" en este versículo se traduce mejor por: **Por esto mismo te hago aparecer.** Dios hizo aparecer al Faraón en el escenario de la historia en Egipto a fin de mostrar su poder y demostrar que su nombre sería proclamado en toda la tierra. El Faraón hubiera seguido siendo el mismo obstinado si Dios lo hubiera colocado en algún poblado oscuro a orillas del Nilo. Pero Dios lo puso sobre todo Egipto a fin de llevar a cabo su propósito y plan. **18.** Al recordar estos dos casos de Moisés y Faraón, Pablo concluye: **De manera que tiene misericordia de quien quiere y al que quiere endurecerse.** Dios fue libre y soberano en el endurecimiento del corazón del Faraón, pero no fue arbitrario.

El estudio del relato de Éxodo muestra

que Faraón endureció su corazón antes de que Dios lo hiciera. E incluso después de que Dios lo hubo endurecido, el Faraón siguió teniendo poder para endurecerlo más.

El Señor predijo con claridad que iba a endurecer el corazón del Faraón: "Yo endureceré (*hazaq,* piel, "volver rígido, duro; endurecer") su corazón" (Éx. 4:21; 14:4); "Endureceré (*qashâh,* hiphil, "volver duro, embotado, obstinado") el corazón de Faraón" (Éx. 7:3). Pero hasta 9:12 no dice el relato de Éxodo que Dios endureció de verdad el corazón del rey: "Jehová **endureció** (*hazaq,* piel, "volver rígido, duro; endurecer") el corazón de Faraón".

Las Escrituras tienen mucho que decir acerca del hecho de que el corazón de Faraón iba "endureciéndose", y acerca de que el Faraón "volvía su corazón duro, obstinado, insensible", incluso antes de que Dios lo endureciera. La frase, "el corazón de Faraón se endureció", significa que la moralidad del Faraón (véase BDB, p. 525) se endureció. La moralidad es el aspecto más importante de una persona. De ahí que, en un sentido verdadero el Faraón se endureció como consecuencia de sus propias acciones. "Y el corazón de Faraón **se endureció**" (*hazaq,* qal, "hacerse firme, rígido, duro"; véanse Éx. 7:13,22; 8:19 [Texto hebreo 8:15]).

"El corazón de Faraón está **endurecido**" (*kâbed,* adj., "firme", "obstinado", "duro"; véase Éx. 7:14). "El corazón de Faraón se **endureció**" (*kâbed,* qal, "ser firme, insensible, obstinado, duro"; véase Éx. 9:7). "El Faraón **endureció** (u *obstinado, insensible;* todas las traducciones posibles de *kâbed,* hiphil) su corazón" (véanse Éx. 8:15 [Texto hebreo 8:11]; 8:32 [Texto hebreo 8:28]). Después de toda esta actividad de parte de Faraón, "Jehová **endureció** (*hazaq,* piel, "volver rígido, duro; endurecer") el corazón de Faraón" (véase Éx. 9:12). Pero el Faraón tenía el poder de seguir haciendo lo mismo: ". . . (él) se obstinó en pecar, y él **endureció** (u volvió *obstinado, insensible;* todas las traducciones posibles de *kâbed,* hiphil) su corazón, él y sus siervos. Y el corazón de Faraón se **endureció**" (*hazaq,* qal, "volverse recio, rígido, duro"; véanse Éx. 9:34b, 35a).

Entonces Jehová completó el castigo justiciero de Faraón. "Pero Jehová endureció (*hazaq,* piel, "volver rígido, duro"; "endurecer") el corazón de Faraón", (véase Éx. 10:20,27; 11:10; 14:8). "Jehová dijo a Moisés: Entra a la presencia de Faraón; porque **yo he endurecido** (*obstinado, insensible;* todas las traducciones posibles de *kâbed,* hiphil) su corazón y el corazón de sus siervos" (véase Éx. 10:11).

De manera que la conclusión de que Dios endurece al que quiere se basa en su justicia y al mismo tiempo en la libertad con que trata con el Faraón.

4) Dominio de Dios Sobre los Vasos de Ira y de Misericordia. 9:19-24.

Pablo ha venido arguyendo con los judíos, quienes pensaban que, debido a la circuncisión y a que eran miembros del pueblo elegido de Dios, el Señor tenía obligación de darles prosperidad material y felicidad eterna. El apóstol ha puesto de relieve la soberanía y libertad divinas como correctivo de esta concepción judía errónea. El Señor sólo está obligado para con su propia justicia — no frente a las exigencias que le impongan los que conciben equivocadamente su ser y su actividad.

19. Ahora Pablo imagina que uno de sus oponentes dice: "Mira a qué conduce tu manera de razonar. El Señor endurece a alguien como el Faraón y luego lo halla culpable. Esto no tiene sentido". La pregunta es: **¿Por qué todavía halla culpable? ¿Quién puede resistir a su voluntad?** La respuesta de Pablo está formulada en términos adecuados para el que objeta y no en fórmulas intelectuales de análisis de la objeción. Pablo escribe (v. 20a): **Mas antes, oh hombre, ¿quién eres tú, para que alterques con Dios?** El genuino conocimiento del verdadero Dios vuelve ridícula tal objeción. Pablo ofrece una ilustración "vv. 20b, 21): **"Lo que es moldeado no dice al moldeador, ¿por qué me has hecho así? ¿O no tiene potestad el alfarero sobre el barro, para hacer de la misma masa un vaso para honra y otro para deshonra?** Este ejemplo del alfarero lo había usado Jeremías con mucha eficacia siglos antes (Jer. 18:4-6). Pablo subraya el dominio absoluto del alfarero sobre el barro en función del fin para el cual se utiliza el vaso. Según el uso al que se lo destine el vaso recibe honra o deshonra (cf. Arndt, *time*, 2,b, p. 825). Una vasija puede estar destinada para llevar agua y otra para desecho. Ambas están hechas del mismo material. Pero están hechas para fines diferentes, y por ello el alfarero les da la forma adecuada para dicho uso.

Pablo pasa a aplicar el principio. Lo hace en una larga frase que va desde Ro. 9:22 a 9:24. Si el alfarero puede hacer lo que quiera con los vasos que fabrica, sin duda que Dios también puede hacer lo que quiera con los suyos. Si bien Pablo sigue poniendo de relieve la soberanía y libertad de Dios, tiene mucho cuidado en evitar describir al Señor en el sentido de que tenga la misma relación con los vasos de ira que con los de misericordia. **Ahora bien si Dios, aunque quiso mostrar su ira y dar a conocer su poder, llevó pacientemente** (*soportó*) **con mucha lenidad los vasos de ira**

dispuestos (*preparados*) **para destrucción y** [si lo hizo] **para poder dar a conocer** (*revelar*) **las riquezas de su gloria a los vasos de misericordia, que había preparado de antemano para gloria, a nosotros a quienes también llamó no sólo de entre los judíos sino también de entre los gentiles** [¿cómo puedes (cf. v. 19) objetar nada contra la justicia de Dios?] En la frase concesiva que comienza con "aunque", Pablo sin duda tiene presente a Faraón y a otros como él. Las palabras **quiso mostrar su ira y dar a conocer su poder** son una simple variante de los términos usados en el v. 17: "para mostrar en ti mi poder". Pablo quería a toda costa poner de relieve la paciencia y lenidad de Dios para con los vasos de ira. **22.** Se los describe como **dispuestos** (*preparados; ver katartizo*, LSJ, II, pass., p. 910) **para destrucción.** Algunos expertos toman el participio en voz media y traducen: *a los que han estado en estado de prepararse para la destrucción.* Otros toman al participio en pasiva y traducen: *a los que han estado en estado de ser preparados por Dios para destrucción.* El contexto sin duda favorece la forma pasiva sin limitar al agente a un ser o cosa. **23.** A Dios se le pone en relación específica con la preparación previa (voz activa) de los vasos de misericordia. Pero cuando se trata de los vasos de ira, el estudioso se encuentra con el tiempo indefinido en pasiva. ¿Qué actúa en el hombre para hacer que esté **dispuesto** (*preparado*) para la destrucción eterna? La respuesta es compleja. Abarca sus actos pecaminosos y su naturaleza rebelde. Incluye el ambiente, que vuelve atractivo el pecado, lo mismo que el juicio justiciero de Dios (v. 1:24,26,28). Estos factores influyen para que ciertos vasos se vuelvan vasos de ira, o sea, objetos que están en el estado de ser preparados para destrucción. Dios preparó de antemano en forma específica vasos de misericordia para gloria, y les reveló también las riquezas de dicha gloria. **Gloria** se refiere al esplendor del ser de Dios. La comunicación de la munificencia de Dios significa para los que la reciben riquezas inenarrables. ¿Quiénes son estos vasos de misericordia? En 9:24 Pablo especifica que el **nosotros** abarca a los que Dios ha llamado no sólo de entre los judíos sino también de entre los gentiles. La libertad, poder y soberanía del Señor por una parte se contraponen a su lenidad, su revelación de las riquezas de su gloria y su preparación previa de los vasos de misericordia (vv. 22-24). El destino de los que son así preparados es la gloria (8:30).

5) Testimonio de Dios en Oseas e Isaías en cuanto a la Extensión y Limitación de la Obra Salvadora Suya. 9:25-29.

El **nosotros** del versículo 24 se refiere a los que Dios ha llamado, tanto de entre los judíos como de entre los gentiles. El escritor pasa ahora al AT para mostrar que justifica tal llamamiento.

25,26. Pablo cita a Os. 2:23; 1:10; en su origen tales pasajes se dirigieron a las diez tribus. Las palabras **no era mi pueblo** y **no amada** fueron dirigidas a las diez tribus por haberse apartado del Señor. Se habían vuelto como gentiles. Dios prometió a las diez tribus que un día serían llamadas hijos del Dios vivo en el mismo lugar en que se les había dicho que "no eran mi pueblo". El apóstol toma la cita de los Setenta y la aplica a los gentiles.

27,28. El escritor pasa al testimonio de Isaías acerca de Israel y cita Is 10:22,23. Utiliza los Setenta, que en Is. 10:23 es muy distinto del texto hebreo. Pero en cuanto al punto principal debido al cual Pablo cita tal pasaje, el texto hebreo y el de los Setenta coinciden. Sólo un remanente **se salvará** (Setenta), *volverá* (texto hebreo), *regresará*, o sea, retornará a Dios. Pablo desarrolla más este punto en Ro. 11. Es difícil interpretar Ro. 9:28 por razón del lenguaje y de las variantes textuales. Las palabras "en justicia y con prontitud" de RVR no se hallan en los textos mejores. Éstos son los dos modos posibles de traducir e interpretar este versículo (véase Arndt, *suntemmo*, p. 800). (1) **El Señor actuará por medio del cumplimiento de su palabra y del reducir o extirpar.** Se puede interpretar la reducción en el sentido de cumplimiento de las promesas sólo hasta un cierto punto o en el de reducir a la nación a un remanente. (2) **El Señor actuará cerrando las cuentas y reduciendo** [el tiempo]. Esto significa que Dios no prolongará indefinidamente el período de su sufrimiento, sino que llegará su juicio. En el contexto en que Pablo habla aquí, la segunda interpretación parece la mejor.

29. Por fin, al completar el cuadro que el AT ofrece de la acción salvadora de Dios, Pablo cita Is. 1:9 de los Setenta. El "dejado descendencia" de los Setenta es "un remanente muy pequeño" en el texto hebreo. Si Dios no hubiera dejado a algunos, la nación israelita habría quedado exterminada.

C. Fracaso de Israel y Éxito de los Gentiles. 9:30—10:21.

Pablo trata ahora de la relación de Israel y de los gentiles con la justicia, la fe y la salvación. Muestra que esta cuestión es vital dado que los judíos creían que por estar marcados por la circuncisión como pueblo elegido de Dios, el Señor no los podría rechazar.

1) Los Gentiles Consiguen lo que Israel Perdió. 9:30-33.

30,31. Puesto que Dios nos ha llamado a **nosotros**, los cristianos (v. 24) tanto de entre los judíos como de entre los gentiles, **¿qué diremos entonces** acerca del hecho que los gentiles e Israel consigan la justicia? La respuesta es: Decimos o declaramos **que los gentiles, que no iban tras la justicia la consiguieron, a saber, la justicia que es por fe. Pero Israel, que iba tras la ley que produjera justicia, no alcanzó la ley que produjera tal justicia.** Pablo es muy conciso. Obsérvese, con todo, que en el versículo 30 la palabra **justicia** figura tres veces. Los gentiles creyentes habían hallado la clave de la relación del hombre con Dios — la justicia. Habían hallado la justicia que Dios otorga por la fe o confianza (cf. 3:21-26). Israel había ido tras el principio de la ley (el código mosaico era la personificación más preciosa de dicho principio) para obtener la justicia, pero nunca la alcanzó.

32. ¿Por qué Israel no alcanzó la justicia? La respuesta llega cargada de tragedia: **porque no por fe sino como por obras** [buscaban la justicia]. La fe o confianza es importante por razón del objeto (Cristo) creído o en quien se confiaba. **Rechazaron** (o *tropezaron en*) **la piedra que hace tropezar a los hombres.** En la advertencia de Is. 8:14, Jehová es la piedra de tropiezo para la mayoría de los pertenecientes a las dos casas de Israel. En el NT Cristo es la piedra de tropiezo (en este caso y en 1 P. 2:6-8). **33.** La mayor parte de la cita de Pablo en este versículo está tomada de la promesa de Is. 28:16. Pero el apóstol toma la expresión de advertencia de Is. 8:14 —**piedra de tropiezo y roca de caída**— y la coloca en medio de la enseñanza positiva acerca de la piedra de Is. 28:16, y luego completa el versículo. La cláusula final, Ro. 9:33 —**y el que creyere en él no quedará frustrado**— introduce un rayo de luz en lo que no era sino un cuadro de tinieblas. Esta respuesta positiva, sin embargo, no fue la de Israel como un todo, porque Israel tropezó en la piedra que Dios colocó en Sion.

2) Israel Ignora la Justicia de Dios. 10:1-3.

1. El apóstol vuelve a expresar preocupación por su pueblo. En lugar de **por Israel** los mejores textos rezan *en favor de* ellos. Pablo pedía **salvación** por ellos — es decir, que hicieran suya dicha salvación. **2.** El celo que tenían por Dios no iba respaldado de conocimiento — **conforme a** (*verdadero*) **conocimiento** (véase Arndt, *epignosis*, p. 291). **3.** En la mente de los lectores judíos surgiría espontáneamente otra pregunta: ¿Por qué tantos israelitas fueron rechazados a pesar de poseer el pacto de circuncisión como señal de que eran miembros del pueblo elegido de Dios? Pablo responde: **Ahora bien, ignorando la justicia que Dios otorga y tratando de establecer la suya propia, no se sometieron a la justicia de Dios.** Este versículo ofrece dos contrastes. Primero, los israelitas trataron de establecer una justicia propia. Adviértase la confianza que mostraron tener en sí mismos. Segundo, no se quisieron someter a lo que Dios había establecido — fueron de voluntad rebelde. Habiendo tropezado en la piedra de tropiezo (Cristo), nada vinieron a saber del don de la justicia que Dios hizo.

3) Conexión entre la Justicia de la Fe y el Objeto de la Fe. 10:4-15.

En el versículo **4** se subrayan dos cosas: (1) qué es Cristo; (2) quién se beneficia de lo que Cristo es. **Para el que cree Cristo es la meta y término de la ley respecto a la justicia.** La palabra **fin** (RVR) —*telos*— parece combinar las ideas tanto de meta como de término (véase Arndt, *telos,* 1,a.b.c., p. 819). No podemos decir simplemente que Cristo es la meta y término de la Ley. Más bien, es la meta y término de la Ley **respecto a la justicia.** Antes de que Cristo viniera, los que creían en Dios vivían en tensión. Es decir, se les había prometido la vida con la condición de que vivieran una vida que estaba fuera de su alcance. **5.** Si bien Pablo, al citar a Moisés, modifica algo los textos hebreo y griego de Lv. 18:5, da el sentido sustancial del versículo. **El hombre que practique** [la justicia que la Ley exigía] **vivirá por ella** (pronombre femenino, que se refiere a justicia). En el texto griego de Lv. 18:5, se le manda al creyente judío que guarde **todas** las normas y dictámenes. Si bien el que confiaba en Dios hacía lo posible para cumplir las exigencias de la Ley, estaba también consciente de sus fallos. Esta inconsecuencia causaba tensión. De ahí que presentara constantemente ofrendas por el pecado y las transgresiones. Por ello, el creyente judío no podía tomar Lv. 18:5 como garantía legal de la vida eterna, sino como promesa de Dios que implicaba asociación del hombre con Dios. No podía considerarla como requisito legal. El tomar este versículo en ese sentido habría vuelto intolerable la tensión. Cristo rompió dicha tensión. Con su vida y muerte reveló la justicia perfecta de Dios, que el Padre otorgaba sobre la base de la fe en el Hijo. Esta era la meta hacia la que la Ley señalaba. Eliminaba la tensión que había surgido de la promesa de vida hecha al hombre por observar lo que no podía. Como el hombre no podía vivir como Dios exigía, la salvación tanto en el antiguo pacto como en el nuevo debía ser por fe.

En Ro. 10:6-8 Pablo cita Dt. 30:12-14, intercalando comentarios y expresiones propios. En el pasaje del AT, el "quien" de las preguntas referentes al ascender y descender para traer-"lo" a los hombres, se refiere al mandamiento de "amar al Señor tu Dios". Este mandamiento de Dios estaba en el corazón y la boca del Israelita. **6,7.** Pero Pablo toma el lenguaje en Deuteronomio y lo aplica a la justicia que viene de la fe. Refiere el ascender y descender a Cristo. **8.** La palabra que está en la boca y el corazón es **la declaración acerca de la fe.** Pablo no dice que Moisés en Deuteronomio predijera que la justicia iba a venir por fe. Más bien dice, "La justicia por fe debe decir así" (10:6). La compatibilidad de los dos pactos se muestra en el hecho de que esta justicia del NT se puede expresar en forma tan adecuada con el lenguaje del AT.

9. La confesión con la boca y la fe en el corazón se refieren a la respuesta exterior e interior del creyente. Su convicción íntima debe expresarse en lo exterior. Cuando confiesa que Jesús es Señor, afirma la divinidad de Cristo y su exaltación, y el hecho de que él mismo, el creyente, le pertenece. La creencia de uno en la resurrección demuestra que sabe que Dios actuó y triunfó en la cruz. El que confiesa que Cristo es Señor y tiene tal creencia o convicción alcanzará salvación. **10.** Esta confianza o fe es una actividad constante y se refiere a la justicia; la confesión también es una actividad constante y se refiere a la salvación. Estas verdades confesadas y creídas son convicciones constantes y para toda la vida.

12. Dado que esta confesión y fe son esenciales para la salvación, la siguiente afirmación de Pablo es pertinente y casi indiscutible. En cuanto a obtener la salvación, no hay **distinción** (o *diferencia*) **entre judío y griego.** Cristo que es el mismo **Señor de todos es rico** (y *generoso*) **con todos los que lo invocan.** Los escritores del NT convirtieron el nombre Señor (*kyrios*) en uno de los títulos favoritos de Jesús (véase Arndt, *kyrios,* 2.c., pp. 460,61; Foerster, *TWNT,* III, 1087-94). Pablo toma las citas del AT que hablan de Jehová como Señor y aplica el término a Jesús (vv. 13 y 12). Invocar el nombre del Señor significa invocar a Jesús. Este lenguaje alude en forma explícita a la oración dirigida a Jesús.

14,15. La relación entre la justicia de la fe y el objeto de la fe es sencilla. Creer en el objeto de la fe (Cristo) produce en el creyente la justicia de la fe. Cuando los hombres confían en Cristo, lo invocan. Esto lleva a Pablo a ciertas cuestiones relacionadas con el invocar el nombre del Señor. No puede haber *invocación* sin *creencia* o *confianza.* No puede haber *creencia* o *confianza,* sin *oír.* No puede haber *oír* sin *predicación.* No puede haber *predicación* a no ser que los predicadores hayan recibido la *comisión* de hacerlo. Adviértase que el llevar a los hombres a Dios comienza con la comisión de los mensajeros. Entonces por la predicación, el escuchar y la confianza los hombres son conducidos a invocar el nombre del Señor. La hermosura de los pies de los mensajeros se refiere a su ansia por difundir las buenas nuevas. La cita de Is. 52:7 se refiere al informe de los mensajeros de que Jehová había liberado a Jerusalén. Pablo aplica dichas palabras a las buenas nuevas acerca de Cristo — el Evangelio.

4) Rechazo de las Buenas Nuevas. 10: 16-21.

16. Aunque se proclamen las buenas nuevas, esto no quiere decir que los oyentes las obedezcan. Pablo cita a Isaías que pregunta: "Señor, ¿quién ha creído a nuestro anuncio?" (Is. V. 53:1). **17.** El apóstol saca la conclusión de que la **fe** procede de la **predicación** (las cosas oídas). Y la **predicación** llega **por medio del mensaje** (mandato, orden, dirección) **de Cristo.** RVR dice **Dios,** pero los mejores manuscritos dicen **Cristo. 18.** Dado que Israel ha poseído tanto los mensajeros que proclaman las buenas nuevas como las buenas nuevas mismas, ¿por qué no han obedecido los judíos? El apóstol se ocupa de dos excusas que podrían avanzarse. **No es que no escucharan, ¿verdad?** No, desde luego que escucharon. Cita Sal. 19:4, que en un principio se refería a la proclamación universal de la gloria y poder de Dios por medio de las obras de la naturaleza. Aplica las palabras de este salmo al Evangelio — **Por toda la tierra ha salido la voz de ellos. Y hasta los fines de la tierra sus palabras.** La segunda excusa trata de un error de conocimiento. **19. No es que Israel no conociera, ¿verdad?** No, claro que conocieron. Moisés fue el primero en decir que Dios utilizaría una nación o pueblo insensato para dar celos o provocar a celos a los judíos (v. Dt. 32:21). Los judíos no sólo habían escuchado el mensaje acerca de Cristo sino que supieron que Dios había tratado también con otros pueblos. **20.** Pablo cita al profeta Isaías en el sentido de que afirma esto (Is. 65:1,2). En realidad, los dos versículos de Isaías que se citan se refieren al desobediente Israel. Pero en Ro. 10:20 el apóstol aplica Is. 65:1 a los gentiles. En Ro. 10:21 aplica Is. 65:20 Israel. Aplicar Is. 65:1 a los gentiles es semejante a aplicarles Os. 2:23 y 1:10 (cf. Ro. 9:25,26). El apóstol presenta a Dios como diciendo a los gentiles: **Me he dejado hallar por los que no me buscan; me revelé a los que no preguntaban por mí. 21.** En contraste, el Señor implora a Israel — extendió las manos **a un pueblo desobediente y rebelde.**

D. Situación de Israel en Tiempo de Pablo. 11:1-10. ·

1. Aunque Pablo acaba de describir la desobediencia y obstinación de su pueblo, afirma ahora: **Dios no ha repudiado a su pueblo, ¿verdad? De ninguna manera.** Como Pablo mismo era israelita, la idea de que Dios rechazara a su pueblo le parecía odiosa. **Su pueblo** significa la nación israelita. **2a. Dios no repudió a su pueblo a quien conoció desde antes.** La expresión **su pueblo** pone de relieve la elección previa de Dios. El verbo **conoció desde antes** indica que el Señor sabía de antemano que Israel sería desobediente y rebelde (cf. 10:21). Dios conoce desde antes los pecados de su pueblo, pero no los ordena en forma directa (ver Stg. 1:13).

2b-5. Pablo muestra que hay un remanente del pueblo de Israel que es fiel, y con ello demuestra que Dios no repudió a su pueblo. El apóstol recuerda a sus lectores que hubo un remanente religioso en tiempo de Elías, y afirma que existe un remanente semejante en su propio tiempo (Ro. 11:5). **Así también en este tiempo hay un remanente** (véase Arndt, *ginomai*, II, 5, p. 159) **según elección por gracia** (véase Arndt, *ekloge*, 1, p. 242). La gracia produce esta elección o selección. **6.** Se repite esta verdad. La causa de la elección es la gracia o favor de Dios — no las obras de los hombres. Las obras indican legalismo y anulan la gracia.

7. ¿Qué conclusión hay, pues, que sacar? Que en Israel hay ahora un remanente fiel y una gran mayoría infiel. **Lo que Israel buscaba, no lo consiguió; pero los escogidos sí lo alcanzaron, y los demás fueron endurecidos.** El intérprete debe preguntar, ¿Qué buscaba Israel que no llegara a conseguir? Pablo ya ha contestado a esto en 9:32 y 10:3. Israel buscaba justicia. Pero en lugar de someterse a la justicia de Dios, trató de constituir una justicia propia. Los escogidos sí consiguieron la justicia que Dios otorga. **8.** Los demás **fueron endurecidos.** Así sucedió porque dejaron de someterse a la justicia de Dios. Dios vuelve a administrar castigo justiciero. Cuando a alguien se le presenta la justicia de Dios y con todo decide seguir con sus propios criterios, el resultado es endurecimiento, embotamiento y ceguera. Pablo aplica estas palabras del AT a su propia generación. La primera cita es de Dt. 29:4, incluyendo algo de Is. 29:9,10. Le da más intensidad a este pasaje del AT para subrayar el endurecimiento judicial. Dios da un espíritu de estupor (cf. Is. 10), ojos para que no vean y oídos para que no oigan. **9,10.** Por fin, el apóstol cita Sal. 69:22,23 —traducción de los setenta— en el que el salmista describe la mesa de sus enemigos como desolada, los ojos entenebrecidos y las espaldas doblegadas bajo el sufrimiento. Con ello Pablo dice que si bien la mayoría del pueblo de Dios se halla en la actualidad bajo el juicio divino, la existencia de la minoría escogida prueba que el Todopoderoso no ha repudiado a su pueblo.

E. Perspectiva de Israel para el Futuro. 11:11-36.

Pablo concluye la exposición del lugar de Israel y de los gentiles en el plan de Dios. El propósito de la acción de Dios en la historia es el poder tener misericordia de todos — tanto judíos como gentiles. El papel de Israel es sumamente impresionante tanto en el repudio como en la aceptación. En el sublime cuadro aparecen combinados el propósito de la historia, las actitudes y respuesta de Israel y de los gentiles, y la sabiduría de Dios en las relaciones mutuas de estos dos grupos. En la metáfora del olivo vemos la unidad impresionante del pueblo de Dios de ambos pactos.

1) Grado de Bendición Derivado de la Caída y Riqueza de Israel. 11:11-15.

11. Pablo comienza como de costumbre con una pregunta. **No tropezaron una vez portados para caer en perdición, ¿verdad?** Por el contrario. por medio del pecado (transgresión) de Israel la salvación llegó a los gentiles a fin de provocar celos en Israel. **12.** ¿Qué pecado o transgresión es éste? El de incredulidad. **Y si su pecado** (*transgresión*) **es la riqueza del mundo, y su defección la riqueza de los gentiles, ¿cuánto más** [lo será] **su** (de los judíos) **cumplimiento** (de lo que Dios pide) [llevar riqueza al mundo]. El pecado (incredulidad) y defección de Israel fueron los medios por los cuales Dios llevó la bendición a los gentiles. El apóstol arguye pasando de menos a más; por ello vemos que la acción positiva de los judíos —el cumplimiento de lo que Dios pide (véase *pleroma*, Arndt, 4, p. 687)— debería producir una bendición aún mayor. **13.** El escritor recuerda a los gentiles que esta bendición les ha llegado a ellos — **A vosotros** (pl.) **hablo, gentiles.** Pablo subraya bien el hecho de que su ministerio es para los gentiles. **14,15.** Espera con ello provocar los celos de sus hermanos en la carne y conducir a algunos de ellos a salvación. **Si su repudio es la reconciliación del mundo, ¿qué será su aceptación** (por parte de Dios) **sino vida entre los muertos?** Adviértase que Pablo sigue la exposición de menos a más. El repudio de Israel implicó la reconciliación del mundo. Tanto judíos como gentiles han sido reconciliados unos con otros y con Dios en Cristo. Es un logro significativo. Pero la aceptación de Israel por parte de Dios producirá un re-

sultado todavía más significativo — **vida de entre los muertos.** Es una referencia indudable al momento culminante de la reconciliación cuando Cristo regrese, la resurrección de los muertos, la liberación de la creación del sometimiento al deterioro y corrupción (8:21), y el reino glorioso de Cristo.

2) Carencia de Razón para Jactarse por parte del Gentil. 11:16-21.

Debemos recordar que Romanos es una carta dirigida a un grupo de personas en Roma. En el versículo 13 el escritor aclara: "A vosotros (pl.) hablo. gentiles". Pero en 11:17-24 tiene presentes a cada uno de los lectores gentiles. En estos versículos hay ocho pronombres y trece verbos en segunda persona del singular. Si bien la mayoría de los gentiles habían fallado y sido repudiados, ningún gentil debía atreverse a volverse orgulloso o autosuficiente. Por ello Pablo hace que cada uno de los gentiles tome conciencia de su posición con respecto a Israel. Luego en el versículo 25 vuelve al vosotros (plural) y considera a gentiles y a Israel como creyentes y como dos grupos.

16. Se usan dos metáforas: **las primicias de la masa** y **toda la masa; la raíz** y **las ramas.** Las primicias de la masa y la raíz se refiere a Abraham y a los otros patriarcas, Isaac y Jacob (véase la insistencia de Pablo en "los padres" en 9:5 y 11:28). La masa entera y las ramas se refiere al pueblo de Dios, Israel, que ha salido de los patriarcas. La santidad que se atribuye a la parte y el todo, a la raíz y a las ramas, es el estar dedicado. consagrado, separado para Dios. Es una santidad legal del grupo por ser el pueblo escogido de Dios.

17-24. Pablo desarrolla la segunda metáfora en los versículos 17-24. Algunas de las ramas fueron desgajadas (v. 17). Cada gentil, como rama silvestre de olivo, ha sido injertado en el olivo genuino. De este modo esta rama, cada gentil, **participa de la rica raíz propia del olivo cultivado** (v. 17). Pero luego Pablo advierte al gentil que deje de gloriarse frente a las ramas. No tiene motivos para hacerlo: **no sustentas tú a la raíz, sino la raíz a ti** (v. 18). Se insiste en la unidad que caracteriza al pueblo de Dios de ambos pactos. El apóstol se ocupa luego de la alegación de que las ramas fueron desgajadas a fin de que **yo** (el gentil) pudiera ser injertado. **20,21. Bien, por su incredulidad fueron desgajadas y tú estás firme por la fe. Deja de ensoberbecerte, antes bien teme. Si Dios no perdonó a las ramas naturales, a ti tampoco te perdonará.** La diferencia entre las ramas desgajadas y la injertada consiste en la fe. La incredulidad significó repudio. La fe, aceptación. En lugar de descansar con soberbia en un falso sentido de seguridad, el gentil debe temer. El verdadero temor de Dios y el respeto por él constituyen la base de la seguridad genuina. Dios desgajó las ramas naturales por su incredulidad (v. 20). Si no toleró en ellas la incredulidad, tampoco la tolerará en ti.

3) Bondad y Rigor de Dios según Aparece en su Respuesta a la Fe y a la Incredulidad. 11:22-24.

22. Por tanto. El escritor concluye la extensa metáfora de la raíz y las ramas. **Mira, por tanto, la bondad y la severidad de Dios.** Por una parte, para con los que cayeron, severidad; **pero para contigo la bondad de Dios, si permaneces en la esfera de la bondad** (de Dios); **pues de otra manera, (si no permaneces en la misma) tú también serás cortado.** Pablo apremia al gentil a que permanezca en la bondad de Dios. Esto, desde luego, implica permanecer en la fe (v. 20), pero Pablo subraya que Dios cuida de los que confían o creen en él. O sea que **permanecer en la bondad de Dios** expresa muy bien esta idea. Esta bondad será del gentil si **permanece**, *persiste, persevera* (véase Arndt, *epimeno*, 2. p. 296) en dicha bondad. Luego viene una frase causal que implica contraste, **de otra manera** (*epei*, véase Arndt, 2., p. 283. Con elipsis **pues** [si no fuera así] **pues de otra manera;** Ro. 3:6; 11:6,22 etc.). Como en otros contextos en Romanos en los que se usa esta palabra **de otra manera** (gr. *epei*), el lector, para captar el significado, debe invertir el pensamiento precedente y luego sacar la conclusión. Así pues diría, "De otra manera si tú no permaneces en la esfera de la bondad de Dios, **serás también cortado".** Estas palabras solemnes del apóstol nos recuerdan las de Jesús: "Todo pámpano que en mí no lleva fruto, lo quitará" (Jn. 15:2a); "El que en mí no permanece será echado fuera como pámpano" (Jn. 15:6a). Para asegurarse de que la advertencia sea eficaz. la construcción griega muestra que Pablo no afirma si el individuo permanecerá o no: **Si permaneces en la bondad de Dios,** la bondad de Dios será tuya.

Este mismo Pablo escribió en Ro. 8:28-30 que el propósito de Dios para los que lo aman comienza con el conocimiento previo y la predestinación y concluye con su glorificación. Dios no ha revelado todos los aspectos de su propósito ni todo lo que dicha elección implica. Lo que ha dado a conocer se centra en el hecho de que los creyentes son elegidos en Cristo (Ef. 1:4). Es evidente que Dios ha actuado "para" y "en" los que están "en Cristo". Pero también lo es que los que están "en Cristo" deben actuar: deben permanecer; deben dar fruto. Su acción, muestra el escritor, es tan esencial como la de Dios al atraerlos a sí y ponerlos en Cristo. Si alguien tiene en menos cualquiera de los dos aspectos —la acción de Dios o la respuesta de los creyentes— se ha apartado del NT. Si alguien piensa que entiende a la perfección la relación entre ambos elementos, ha olvidado que Dios ha dejado ciertas cosas para revelar en los siglos venideros (cf. Ef. 2:7).

23,24. Si los israelitas no permanecen o persisten en la incredulidad, **serán injertados.** Pablo subraya ahora la capacidad de Dios. Dios es poderoso, fuerte, — capaz de volver a injertarlos. Puesto que, según los términos de la metáfora, el Señor hizo lo que es contrario a la naturaleza, sin duda puede restaurar las ramas genuinas del olivo a su estado natural. **24. Mucho más** demuestra la confianza que Pablo tiene en el plan de Dios.

4) Salvación para el Pueblo de Israel. 11:25-27.

25. El misterio que Pablo no quiere que sus lectores ignoren es **que a Israel el endurecimiento le ha ocurrido hasta que haya entrado todo el número de los gentiles** (entre a gozar de las bendiciones prometidas). A no ser que los lectores caigan en la cuenta de ello, pueden venir a caer en arrogancia en cuanto a sí mismos. **En parte.** Afirmación incompleta característica en Pablo. Esta "parte" es una parte muy grande, pero se reduce su importancia al contraponerle **todo el número** de gentiles — los que Dios conoció antes y predestinó (cf. 8:28-30).

26. Y de esta manera todo Israel será salvo. Todo Israel. La nación de Israel. Compárese el texto paralelo de **Jacob** en la cita siguiente. **Todo.** No necesariamente todos y cada uno, pero sí la cantidad suficiente como para que los creyentes en Cristo representen a la nación. La expresión **de esta manera** está correlacionada con la cita de Is. 59:20,21 e Is. 27:9. La salvación de Israel se relaciona directamente con la acción personal del libertador, Jesús el Mesías. El **y** (*kai*). con que comienza el v. 26 es una conjunción copulativa. Sugiere que la obra del Libertador (Cristo) al apartar la impiedad de Jacob y conducir a todo Israel a la salvación corre parejas con la entrada de todo el número de los gentiles en la bendición y favor de Dios. Después de esta mirada al futuro, Pablo vuelve a su propio tiempo.

5) La Misericordia de Dios para con Todos Manifestada en su Acción en la Historia. 11:28-32.

28. La gran mayoría de israelitas contemporáneos eran hostiles a los cristianos romanos por lo que respecta a las buenas nuevas de Cristo. Pero como los judíos seguían siendo el pueblo elegido de Dios, los cristianos romanos debían considerarlos como amados por causa de sus padres. Obsérvese que en este caso se habla de un grupo que, si bien elegido, estaba lejos de Dios. Los lectores gentiles de Pablo estaban en una relación contrastante con los judíos. **Por una parte en cuanto al evangelio son enemigos por causa de vosotros.** Por haber rechazado el Evangelio, la mayor parte del pueblo judío se volvió hostil a los cristianos. Como Dios los había repudiado mientras había mostrado misericordia para con los gentiles, trataban a los gentiles como enemigos. **Pero por otra parte, en cuanto a su** (*de los judíos*) **elección** (por parte de Dios), **amados por causa de los padres.** Esto se refiere a la elección de toda la nación judía y al hecho de que el pueblo era amado porque Dios había elegido a sus padres. La elección puede ser de toda una nación, como en este caso; puede ser de un remanente, como en 11:5; puede ser de un grupo más pequeño, como los Doce (Jn. 6:71). En cada uno de estos casos, la elección se refería a una misión específica que Dios encomendaba al grupo.

29. Pablo enseña la fidelidad de Dios cuando dice: **los dones y el llamamiento de Dios son irrevocables. Dones.** Los privilegios de que Israel disfrutó (cf. 9:4,5). **Llamamiento.** La declaración de Dios a Israel o Jacob de que eran su pueblo (cf. Is. 48:12). Los gentiles, quienes habían sido desobedientes a Dios, consiguieron misericordia debido a, o por medio de, la desobediencia de Israel. Ahora bien, debido a la misericordia que los gentiles obtuvieron, el pueblo de Israel iba a conseguir misericordia. **32.** La conclusión de Pablo es que **Dios sujetó a todos en desobediencia, para poder tener misericordia de todos.** Los dos **todos** de este versículo se refieren tanto a los gentiles como a los judíos. Dios encierra a los hombres con el fin de liberarlos. **Misericordia de todos.** No la salvación de todos. La enseñanza de Pablo acerca de los que rechazan la bondad de Dios también se aplica a los que rechazan su misericordia (véase 2:4).

6) Excelencia y Gloria de Dios — Fuente, Sustentador y Meta de Todas las Cosas. 11:33-36.

El plan de Dios en la historia le permite mostrar misericordia tanto a Israel como a los gentiles a fin de poder tener misericordia de todos. Y también le permite hacer que la rebelión de los hombres represente un papel dentro de su plan. Esto hace que Pablo prorrumpa en alabanzas.

33. Profundidad. Las riquezas, sabiduría y conocimiento de Dios son inagotables. Sus **decisiones** o *decretos* van más allá de lo que el hombre puede comprender. **Sus caminos** —su conducta en conjunto— no se pueden escrutar ni seguir. Ningún hombre tiene grandeza suficiente como para poder observar todas las acciones de Dios y escrutarlas. Las citas del AT (Is. 40:13; Job 41:11) muestran la independencia de Dios respecto al hombre. **36.** Por fin, en vehemente oleada de devoción, Pablo da gloria a Dios por siempre, al Dios que es la Fuente, el Sustentador y la Meta de todas las cosas.

IV. Actitud y Conducta que se Espera de los Cristianos de Roma. 12:1—15:13

Sin duda que Pablo estaba bien informado de las necesidades de los creyentes de Roma. Casi todas sus exhortaciones son adecuadas para cualquier grupo creyente; con todo, muchas de ellas demuestran que el apóstol, al escribir, pensó en un grupo específico. Es sorprendente lo mucho que abarcan dichas exhortaciones. Tocan casi todos los aspectos de la vida. El vivir cristiano es sencillamente ser cristiano y actuar como un cristiano debería hacerlo en todos los momentos de su vida.

A. Consagración de Cuerpo y Mente. 12:1,2.

1. La forma de hablar está tomada del AT, y nos recuerda que los creyentes judíos presentaban sacrificios al Señor. Pero los creyentes cristianos, en lugar de dar algo exterior, deben ofrecer sus propios cuerpos a Dios como un sacrificio vivo, santo y agradable. Esta clase de sacrificio es un servicio espiritual que conlleva todas las facultades racionales. **2.** Debido a la dedicación que implica, los creyentes han de **dejar de conformarse a** este siglo y permitir **ser transformados por la renovación** del entendimiento (12:2). Esta renovación y transformación se ha de demostrar en el esfuerzo por examinar (aprobar o descubrir) la voluntad de Dios en cuanto a qué es bueno, agradable y perfecto.

B. Humildad en el Uso de los Dones de Dios. 12:3-8.

3. Al presentar el asunto de los dones, Pablo habla de la **gracia** que le ha sido dada que lo capacitó para ser apóstol. Luego exhorta a cada uno de los lectores a que no sean arrogantes, es decir, a que no piensen demasiado bien de sí mismos. Recurre a un juego de palabras, con el empleo de varios términos griegos que tienen como elemento básico la palabra "mente" o "pensar" — **que no piense más altamente de sí que lo que conviene pensar, sino que se apli-que con el fin de tener una mente cuerda**

(*equilibrada en cuanto a juzgar*). Debemos juzgarnos **conforme a la medida de fe que Dios repartió a cada uno.** Pablo no habla aquí de "fe que salva" sino "fe que hace obrar para Dios". La "fe que salva" no sería una norma adecuada para un juicio propio correcto. El orgullo diría: "Mira cuánta fe que salva tengo". Pero es una experiencia humillante decir: "Esta es la fe que tengo para llevar a cabo para Dios tal o cual tarea". Esto puede conducir sólo a la oración, "Señor, aumenta mi fe" (véase Lc. 17:5). En el relato de los héroes de la fe en He. 11, vemos que la medida de la fe dada corresponde a la tarea que hay que llevar a cabo.

4,5. El **cuerpo** que es uno y del que los muchos somos miembros. aunque al mismo tiempo somos individualmente miembros unos de otros, es la Iglesia universal, constituida de todos los que creen en Cristo. (Véanse 1 Co. 10:17; 12:12,13,27,28; Ef. 1:22,23; 2: 15b,16; 4:3-6, 11-13, 15,16; 5:22-30; Col. 1:17,18,24,25). El símbolo del cuerpo presenta a la Iglesia como a un organismo y a cada miembro que recibe la vida de Cristo (véase Col. 3:3). Puesto que todos los miembros reciben la vida de Cristo. todos se pertenecen unos a otros. Los grupos locales de creyentes son la manifestación local del cuerpo de Cristo, la Iglesia. Este grupo local es **cuerpo** de Cristo, pero no todo *el cuerpo* de Cristo (véase 1 Co. 12:27). *El cuerpo de Cristo* consiste en la totalidad de creyentes que están unidos a Cristo, la cabeza de la Iglesia.

6. La gracia de Dios dada a los creyentes se manifiesta en dones diferentes. Pablo enumera los dones y luego expresa la manera en que cada uno ha de usarse. En cada caso, el lector, para captar el sentido adecuado, debería suplir el verbo, *usemos,* y luego el don concreto. **Si profecía, usemos la profecía de acuerdo** *o en relación adecuada* **con la fe. Fe** en este caso significa el cuerpo de fe o doctrina (véase Arndt, *pistis,* 3, pp. 669-670). La profecía, que es para exhortar, alentar y confortar (véase 1 Co. 14:3), debe cumplir con su papel en relación adecuada con la verdad revelada de Dios. **7.** La palabra *diakonia,* tomada en sentido general se puede traducir por *servicio.* Si se toma en sentido particular, se refiere al **oficio de diácono.** Lo que se subraya en este caso es que estos dones han de usarse. Los que tienen dones de **enseñanza** y **exhortación** deben ejercitarlos. **8.** El **repartir** debe hacerse con liberalidad. La palabra *proistemi,* que se traduce por **presidir** (RVR), puede significar esto o también **dar ayuda.** Esto ha de hacerse **con solicitud.** El que tiene el don de **hacer misericordia,** debe usarlo **con alegría.** Los dones que se mencionan son — (1) profecía, (2) servicio

o el oficio de diácono, (3) enseñanza, (4) exhortación (posiblemente consolación, aliento), (5) repartir, (6) presidir o dar ayuda, (7) hacer misericordia. Cada uno de ellos es un talento especial para una clase concreta de actividad.

C. Rasgos de Carácter que Hay que Manifestar. 12:9-21.

Debemos meditar en esta lista si queremos que produzca efecto toda la fuerza que tiene. **9.** El **amor** ha de ser genuino (o sincero, sin hipocresía). Se manda a los creyentes que se aparten sin cesar del mal y que sigan siempre el bien. **10.** Deben estar unidos unos a otros con amor fraterno y han de emularse unos a otros en cuanto a respeto mutuo. **11.** No deben ser indolentes. Deben **fulgurar,** literalmente, *hervir.* con el Espíritu. Deben servir sin cesar al Señor. **12.** Los creyentes han de regocijarse en la **esperanza,** o sea, en todo lo que Dios ha prometido hacer para los que están en Cristo. Deben soportar la aflicción y estar siempre en oración. **13.** Deben tratar de satisfacer las necesidades de los **santos** (hermanos creyentes) y practicar la hospitalidad. **14.** Los creyentes han de bendecir a los que los persiguen y han de dejar de maldecir a los bribones. **15.** Deben gozarse con los que se regocijan y lloran con los afligidos. Sentir gozo genuino por el éxito de otro es señal de verdadera madurez espiritual. **16.** Los creyentes han de vivir en armonía mutua. En lugar de buscar lo que es demasiado elevado para ellos, deben adaptarse a lo humilde y dejar de ser sabios según su propio criterio. **17.** No deben devolver mal por mal. Antes bien, deben preocuparse por todo lo bueno delante de los hombres. **18.** En lo que depende de los cristianos, han de procurar, en lo posible, estar en paz con todos. **19.** Los creyentes no han de tomar venganzas personales sino dar oportunidad a la ira de Dios para que lleve a cabo su propósito (véase Arndt, *topos,* 2.c, pp. 830-831). El AT indica que la venganza y la recompensa pertenecen a Dios. **20.** Los creyentes han de tratar a sus enemigos que están en necesidad como tratarían a los amigos que estuvieran en las mismas circunstancias. Al darles de comer y de beber, los creyentes ponen ascuas sobre las cabezas de ellos. Esta metáfora parece significar que el enemigo enrojecerá de vergüenza o remordimiento ante esa amabilidad inesperada. **21.** El último rasgo de conducta que se menciona en Romanos 12 muestra la idea que tenía Pablo de la vida cristiana como de una pugna — "No seas vencido de lo malo, sino trata de vencer el mal con el bien".

D. Sumisión a las Autoridades Civiles

Acompañada de una Forma Amorosa y Recta de Vivir. 13:1-14.

Es de gran importancia el cómo el cristiano hace frente a las responsabilidades que tiene frente al gobierno, el cómo actúa con el prójimo. y el cómo se conduce en su vida personal. **1,2.** La obediencia al estado es un mandato de Dios. Las palabras iniciales: **Que toda persona se someta a las autoridades que gobiernan** definen la obligación del cristiano. Lo demás de los dos primeros versículos muestra por qué tiene dicha obligación. **No hay autoridad humana sino de parte de Dios y las que hay han sido establecidas por Dios.** La construcción pone de relieve tanto al poseedor del cargo como al cargo mismo. Nada se dice de la forma de gobierno. El pasaje subraya el gobierno y la administración del mismo cuando funciona adecuadamente. Oponerse a la autoridad gubernamental es resistir el mandato de Dios. Los que resistan a la misma recibirán condenación.

3,4. Pablo describe a los gobernantes en el ejercicio justo de sus atribuciones. Como los gobernantes en el ejercicio de sus funciones causan terror al que obra mal — no al que obra bien, el que no quiera ser atemorizado obrará constantemente bien. Pablo describe al hombre que así actúa como si la autoridad lo alabara. La descripción de la autoridad que gobierna como *servidor* o *agente* de Dios nos parece muy fuerte. El que obra mal debería temer. La autoridad no esgrime la espada porque sí. Es evidente que Dios ha querido la fuerza (espada) para que las autoridades humanas la usen para impedir la anarquía y la tiranía del mal en la sociedad humana. Por segunda vez en el versículo (13:4) se le llama al gobernante servidor de Dios. Luego Pablo agrega — vengador que castiga (en nombre de Dios) al que obra mal.

5-7. Hay dos razones para obedecer a las autoridades gubernamentales, y se siguen ciertas consecuencias. Las razones para obedecer son: (1) La ira de Dios que administra el gobernante caerá sobre los que desobedezcan; (2) la conciencia del cristiano declara que debe obedecer las disposiciones de Dios. La sumisión al gobernante es una de dichas disposiciones. Implica el pagar impuestos, mostrar respeto al que tiene derecho al mismo y honrar a los que tienen derecho a la honra. Estas son las obligaciones de los creyentes para con los gobernantes.

Se dice que el amor es el cumplimiento de la Ley (13:8-10). **8. No debáis a nadie nada, sino el amaros unos a otros.** El amor es la única deuda que el creyente nunca puede pagar del todo. **8b. Ahora bien, el que ama está cumpliendo la ley.**

9. Pablo muestra que los mandamientos referentes al adulterio, homicidio, robo, deseo de lo prohibido, y todos los demás mandamientos que se puedan mencionar se sintetizan en la admonición a amar al prójimo como a sí mismo. **10. Así que el cumplimiento de la ley es el amor.** El mandamiento de amar al prójimo como a sí mismo está tomado de Lv. 19:18. En este pasaje del AT se halla, casi al final de una serie de mandatos, una descripción de cómo debe actuar el individuo respecto a aquellos con quienes vive. Si bien el AT *implica* que el amor es el cumplimiento de la Ley, Pablo lo dice en forma *explícita*. El amor demuestra con claridad la entrega positiva del creyente y su obediencia activa a Dios.

La conducta recta es esencial debido a la proximidad de la salvación completa (Ro. 13:11-14). El amor es una manifestación positiva y creadora de la propia personalidad. Ciertos pecados hacen imposible este amor y por ello deben evitarse a toda costa. **11.** La naturaleza del siglo presente es tal que los creyentes deben **despertar del sueño.** A la indiferencia ante el pecado debe sustituírsele la vigilancia. La salvación "que está más cerca que cuando los creyentes primero creyeron" se refiere a todo lo que Cristo hará por los creyentes en su segunda venida. Sin duda Pablo esperaba que Cristo volviera durante su vida. **12.** El contraste entre **noche** y **día, luz** y **tinieblas** no sólo es un tema bíblico conocido sino que se halla también en los Manuscritos del Mar Muerto. El pueblo de Dios sabe que hay una línea divisoria clara entre mal y bien. Con todo es necesario recordárselo constantemente. **Desechemos, pues, las obras de las tinieblas, y vistámonos las armas de la luz. 13.** Después de exhortar a los lectores a actuar rectamente, como a la luz del día, Pablo enumera acciones específicas que hay que evitar. Son francachelas u orgías, borracheras, actividades sexuales ilícitas y excesos sensuales, contiendas y envidia. **14.** Finalmente, la victoria exige que el creyente actúe. Debe revestirse del Señor Jesucristo. Debe dejar de proveer (pensar de antemano) para la carne a fin de no despertar el deseo por lo que Dios ha prohibido.

E. Tolerancia Necesaria para los de Conciencia Fuerte y Débil. 14:1—15:13.

En esta sección Pablo discurre acerca de las actitudes que dos clases de cristianos se tienen mutuamente. Respecto a cuestiones ceremoniales —lo que se come, los días de observar— los cristianos más maduros, en tiempo de Pablo, veían esas cosas como sin importancia. Los cristianos más débiles, que todavía no tenían criterios morales claros y firmes y "andaban a tientas", se sentían muy turbados ante la forma de actuar de los hermanos más fuertes. Se dice que la conciencia es fuerte si tiene criterios y normas sanos y débil si la norma es inferior.

1) Diferencias de Opinión acerca de la Comida o de los Días Especiales. 14:1-6. **1.** Pablo trata primero de si los cristianos deberían admitir en su seno al que tiene un conocimiento pobre de lo que significa ser cristiano y de cómo hay que vivir como cristiano. El apóstol afirma que ese tal debe ser recibido pero no **para contender sobre opiniones** (véase Arndt, *diakrisis.* 1, p. 184). **2.** El cristiano débil era el que sólo quería comer verduras. El cristiano fuerte era el que creía que podía comer de todo. **3.** El que comía no debía **menospreciar** al que no comía. El que no comía no debía **condenar al que comía.** El comer o no comer ciertos manjares no es en sí un problema moral para el cristiano. Es una simple cuestión de preferencia. Luego, sin embargo, Pablo muestra que *puede* ser una cuestión moral. **4.** El cristiano débil no debería condenar al siervo de otro; esto le corresponde a su amo. Pablo agrega que el amo puede hacerlo permanecer firme.

5. Pablo trata luego del asunto de los días festivos. El cristiano débil **prefiere un día a otro.** El cristiano fuerte los **juzga a todos por igual.** El apóstol no muestra preferencias pero sólo insiste que cada uno **esté plenamente convencido en su propia mente.** Esto sugiere indirectamente que cada uno examine en qué se basa su opinión. **6.** Ambos grupos, ya sea que observen o no un día festivo, ya sea que coman o no, dan gracias a Dios. Por ello no hay por qué dudar de su dedicación al Señor.

2) El Juicio Pertenece al Señor, no al Hermano. 14:7-12. **7.** Al dar gracias al Señor, se nos recuerda que los creyentes no pueden vivir o morir para sí mismos. Para el creyente tanto la vida como la muerte se centran en Cristo. En cualquier situación o experiencia pertenecen al Señor. **9.** Cristo murió y resucitó a fin de tener Señorío sobre vivos y muertos. **10.** Si Cristo es Señor, entonces ¿por qué debería el cristiano débil condenar a su hermano? Si Cristo es Señor, ¿por qué debería el cristiano fuerte despreciar a su hermano? Tanto el cristiano débil como el fuerte —**todos**— debemos **comparecer ante el tribunal de Dios.** RVR dice *tribunal de Cristo,* pero los mejores manuscritos tienen **Dios.** En 2 Co. 5:10, Pablo habla del "tribunal de Cristo". El cambio es de poca importancia, ya que Jesús mismo nos dijo que el Padre no juzga a nadie sino que ha dado "autoridad de hacer juicio" al Hijo (véase Jn. 5:22,23,27,29). Dios juzga a los

hombres en el sentido de que los juzga por medio de su Hijo. **11,12.** Pablo cita Is. 45:23, según los setenta, para mostrar que los hombres deben presentarse ante el tribunal de Dios, y luego concluye: Cada uno de nosotros dará cuenta de sí [a Dios]. **A Dios** debe agregarse, pero no está en el texto original.

3) Supresión de las Piedras de Tropiezo. 14:13-23. **13.** Pablo apremia a sus lectores a que dejen de condenarse unos a otros, y a que en vez de ello, **decidan no poner tropiezo u ocasión de caer al hermano.** En el versículo 14 el apóstol demuestra que está con el hermano fuerte. Sabe que nada es impuro por sí mismo. Pero para el que piensa que algo es impuro, para ése tal lo es. **15.** Sin embargo, la comida no debe ser ocasión de herir los sentimientos del hermano (RVR, **contristar**). Los sentimientos así heridos podrían empujar al hombre a apartarse más y más de Cristo. **No hagas que por la comida tuya se pierda aquel por quien Cristo murió.** Al exponer la palabra "perder" (*apollumi*), Arndt coloca Ro. 14:15 bajo el título. "Referencias a la destrucción eterna" (*apollumi,* Arndt, 1.a., alpha, p. 94). De ahí que asuntos indiferentes en lo moral pueden convertirse en morales si destruyen la relación de alguien con Cristo. **16.** La libertad cristiana es una de las cosas buenas de la fe cristiana. Pero el cristiano no debería actuar de tal modo que se pueda renegar de tal bien.

17-19. Adviértase que el reino de Dios es una realidad presente. Como vida cristiana se define: rectitud de conducta, paz y armonía, y gozo. Esto sucede en el campo de influencia del Espíritu Santo (v. 8:9) quien fortalece a los creyentes para que **agraden a Dios** y **sean respetados por los hombres.** En lugar de entrar en conflictos, Pablo apremia a los creyentes a que busquen lo que contribuye a la paz y edificación de los hermanos creyentes.

20,21. Por causa de la comida no destruyas la obra de Dios. Si bien todo es puro, puede volverse **malo para el hombre comer con agravio.** ¿Con agravio para qué o para quién? Si es con agravio para los escrúpulos de otro, entonces el que come es el cristiano fuerte. Si es con agravio para sí mismo, entonces es el hermano débil el que come. El contexto del versículo 21 favorece lo primero. **O se debilite** lo omiten muchos buenos manuscritos de los más antiguos.

22,23. Fe. Mejor, **convicción. Ten para ti la convicción que tienes ante Dios. Feliz el que no halla falta con lo que aprueba. Pero el que no está seguro de sí mismo, si come, siente condenación y permanece en tal estado porque no come por**

convicción. Y todo lo que no proviene de convicción es pecado. Se dice bien claramente en este texto que todos deben tener una norma de conducta. Si es justa, no nacen conflictos de conciencia con el comer, pero si es equivocada. p.ej., una norma nacida de una forma de vivir ya pasada, se produce condenación. **Convicción** es la seguridad de que la norma de uno es justa. Sin una base sana para juzgar, la conciencia del creyente lo puede acusar de pecado cuando en realidad no lo hay. Es sumamente importante que el creyente tenga una norma justa, y que ayude a sus hermanos creyentes a que también tengan dicha norma. Debe evitar todo lo que impida al hermano creyente formarse una norma adecuada y todo lo que aparta al hermano creyente de la relación con Cristo.

4) El Fuerte ha de Ayudar al Débil y No Agradarse a Sí Mismo. 15:1-3.
1. Llevar con paciencia los escrúpulos —**flaquezas**— **de los sin fortaleza** (madurez cristiana) es la obligación de **los que son fuertes** (en la fe). **2.** El creyente ha de agradar al prójimo por el bien del prójimo y para su edificación. **3.** El ejemplo del creyente es Cristo, quien no trató de agradarse a sí mismo. Pablo aplica las palabras de David en el Sal. 69:10 a Cristo. Los reproches que se le hicieron a Cristo son prueba de que no se agradó a sí mismo.

5) La Paciencia, el Consuelo y la Armonía dan Gloria a Dios. 15:4-6.
4. ¿Qué valor tiene el AT para el cristiano? Contiene instrucciones para los creyentes cristianos. Al leer y responder a las Escrituras del AT, el cristiano aprende tanto **paciencia** como **consolación.** Instrucción, paciencia, y consolación son los elementos esenciales para el cristiano que tiene **esperanza** (v. 4). El AT lo puede hacer porque es un libro acerca de Dios y de su pueblo más que acerca de ideas. **5.** Pablo pide que Dios que da paciencia y consolación ayude a sus lectores a vivir juntos en armonía, con Cristo Jesús como norma. **6.** El propósito de esta armonía es que **con una mente y con una voz puedan glorificar a Dios y Padre de nuestro Señor Jesucristo.** Adviértase que la unidad entre los creyentes es esencial si quieren glorificar a Dios.

6) El Ministerio de Cristo es Tanto para los Judíos como para los Gentiles. 15:7-13.
7. Al concluir el problema de la relación del cristiano fuerte con el débil, Pablo los apremia para que **se reciban los unos a los otros como también Cristo recibió** a estas mismas personas a tener relación consigo. El resultado de tal recepción es la gloria de Dios.

8,9. Por dos razones Cristo se convirtió en **ayudador para la circuncisión** (es decir, los judíos): (1) Para demostrar que las promesas hechas a los padres eran merecedoras de confianza; (2) para capacitar a los gentiles para glorificar a Dios por su misericordia. Al participar de las promesas hechas a los judíos y por medio del pueblo judío, los gentiles han venido a glorificar a Dios (cf. Ro. 11:11-36; Ef. 3:6, etc.). Al convertirse en ayudador del pueblo judío, Cristo se convirtió en ayudador de todos los hombres. **9b-12.** Pablo cita cuatro pasajes de la versión griega del AT (LXX). Estas citas describen a los gentiles como escuchando al testimonio personal (Sal. 18:49), como regocijándose con el pueblo de Dios (Dt. 32:4, LXX), como recibiendo exhortación a que alaben al Señor (Sal. 117:1), y como bajo el dominio del rey mesiánico y con esperanza en él (Is. 11:10). **13.** Después de mostrar lo que implica la conducta cristiana, Pablo concluye con una oración por sus lectores. **Y el Dios de esperanza os llene de todo gozo y paz en el confiar, para que abundéis en esperanza por el poder que el Espíritu Santo otorga.** "Abundar en esperanza cristiana" debería ser una descripción adecuada de cualquier cristiano. El cristiano mira hacia adelante con un entusiasmo contagioso. Dios lo ha llenado de esperanza.

V. Párrafos de Interés y Cuidado Personal por los Lectores. 15:14—16:27.

La conclusión de Pablo es larga porque quería hablar a sus lectores acerca de los fines que perseguía como apóstol. Quería que sus lectores sintieran que participaban en su ministerio. Junto con saludos da instrucciones, advertencias y enseñanzas concretas. Esta sección es prueba segura de que Romanos es una carta.

A. Razón de Pablo para Escribir con Valentía a Lectores Maduros. 15:14-16.
14,15. Si bien el apóstol tenía seguridad de que los cristianos romanos estaban llenos de bondad y *siendo llenados* de conocimiento cristiano, con todo había escrito esta carta para recordarles ciertas verdades que ya conocían. Adviértase la modestia de Pablo. Su justificación para escribir **más bien con atrevimiento acerca de algunos puntos** era que había recibido gracia especial para su oficio. **16.** Consideraba su apostolado a los gentiles como ministerio sacerdotal, en el cual servía **el evangelio de Dios como sacerdote.** El propósito de su ministerio era que la **ofrenda** de los gentiles fuera aceptable porque había sido consagrada por el Espíritu Santo.

B. Confirmación Sobrenatural de la Obra Misionera Pionera de Pablo. 15:17-21.

17. Como Pablo había recibido gracia como apóstol y administraba el evangelio de Dios como sacerdote, podía afirmar: **Por tanto, puedo gloriarme en Cristo de mi relación con Dios. 18,19.** Pero no se gloriaba de lo que había hecho sino de lo que Cristo había llevado a cabo por medio de él de palabra y obra, por el poder de las señales y prodigios, por el poder del Espíritu. Su meta era que los gentiles obedecieran — lo cual ya estaban haciendo. El territorio abarcado se extendía ya desde Jerusalén hasta el Ilírico (también llamado Dalmacia, provincia romana al norte de Macedonia, y que se extendía por la costa oriental del Adriático. la actual Yugoeslavia). **20.21.** Su ambición era predicar el Evangelio donde todavía no se había escuchado el nombre de Cristo — o sea, donde no era conocido. Cumplía las palabras de Is. 52:15, que se refieren a reyes. Pero Pablo las aplica a los gentiles que creyeron cuando oyeron por primera vez las buenas nuevas referentes a Cristo.

C. Planes de Viaje: Jerusalén, Roma, España. 15:22-29.

22. Me he visto impedido muchas veces de ir a vosotros. Como Roma era la siguiente etapa —al otro lado mismo del Adriático— Pablo había esperado a menudo hacer el viaje. **23. Campo** (RVR). Mejor, *oportunidad*. En el territorio donde había estado ya no tenía oportunidad de predicar a Cristo donde no fuera conocido. **24.** Por ello el apóstol esperaba ver a los romanos de paso hacia España. Anuncia el plan que tiene de **visitarlos** y de **ser enviado** por ellos después de que haya **gozado** de su **compañía por un tiempo.**

25,26. Pero antes de poder ir, Pablo tenía que completar su proyecto inmediato. Había recibido contribuciones de los creyentes de Macedonia y Acaya para los santos pobres de Jerusalén. Consideraba dicha colecta como parte de la obligación espiritual de los gentiles. **27.** Como habían participado de las bendiciones espirituales de Israel, sin duda que ahora debían servir a los cristianos israelitas con sus bienes materiales. **28.** El apóstol consideraba este donativo como un depósito sagrado. **Cuando haya puesto a seguro en sus manos la cantidad recolectada. pasaré entre vosotros rumbo a España** (véase Arndt, *sphragizo*, 2.d., p. 804). Pablo menciona esta colecta en 1 Co. 16:1 y 2 Co. 8 y 9. **29.** Adviértase la confianza de Pablo de que iría con **la abundancia de la bendición de Cristo.** La palabra **evangelio** (RVR) no se halla en los mejores manuscritos. Pablo sí llegó con la bendición de Cristo, pero como

prisionero. Dios satisfizo su deseo, pero de una forma imprevista. Sabía sin embargo, que lo que le esperaba sería difícil. Por ello quería que sus lectores oraran por él.

D. Peticiones Específicas de Oraciones. 15:30-33.

30. Pablo ruega a sus lectores por o por medio de **nuestro Señor Jesucristo** y del **amor que el Espíritu produce** que oren por él. Quería oración activa — **contendamos juntos en oración. 31.** Les pedía que oraran. en primer lugar, para que fuera liberado de los judíos desobedientes de Judea. Sabía cuánto lo despreciaban los judíos no creyentes de Palestina. Pedía también a los cristianos romanos que oraran para **que la contribución para Jerusalén fuera aceptable a los santos.** Pablo deseaba que los cristianos judíos creyentes respondieran a este gesto de amor cristiano por parte de los cristianos gentiles — la colecta de todas las iglesias gentiles. **32.** Por fin, debían orar para que con gozo pudiera hallar en ellos aliento cuando por la voluntad de Dios fuera a ellos. Cuando Pablo llegó a Roma, lo hizo como prisionero, sin motivos externos de gozo. No halló alivio en los romanos, porque no tuvo libertad para ir a ellos, aunque ellos sí pudieron ir hasta él. La voluntad de Dios pasó por alto algunos de los detalles de esta petición, pero la petición misma fue escuchada. **33.** Como Dios es el único que puede de verdad producir paz, qué natural es que Pablo concluya estas peticiones para oraciones con una oración suya por los lectores: **Y el Dios de paz sea con todos vosotros. Amén.**

E. Recomendación de Febe. 16:1,2.

1. Al recomendar a Febe, Pablo dice quién es y de dónde viene. Era diaconisa de la iglesia en Cencrea. Sus obligaciones, como las de los diáconos, eran bastante generales. Creyentes como Febe atendían a necesidades materiales y también espirituales de otros (cf. Hch. 6:1-6; compárese con Hch. 6:8-15 y 7:1 60). **2.** Pablo pide a los romanos que **reciban** a Febe **en el Señor. de una forma digna de los santos.** y que **la ayuden en todo lo que pueda necesitar.** Merece tal acogida, afirma Pablo, **porque ella ayudó a muchos** y a Pablo mismo. Este capítulo refuta la idea de que el apóstol se molestaba de que las mujeres trabajaran en las iglesias o entre los creyentes. Este tributo a Febe va seguido de saludos para distintas personas y grupos. Entre las personas mencionadas hay ocho mujeres. Pablo hace un comentario específico de lo mucho que trabajaron cinco de estas mujeres (María, v. 6; Priscila, colaboradora, v. 3; Trifena y Trifosa, v. 12; Pérsida, v. 12). La madre de Rufo era tan querida de Pablo que hasta la llama madre suya (v. 13). Sólo se mencionan dos mujeres sin añadir ningún comentario — Julia y la hermana de Nereo (v. 15).

F. Saludos Concretos a Individuos y a Grupos. 16:3-16.

La frecuencia con que aparecen estos nombres en las catacumbas e inscripciones de los antiguos cementerios romanos y el significado de dicha información lo exponen con detalle C.H. Dodd, *The Epistle to the Romans*, en *The Moffatt New Testament Commentary;* y William Sanday y Arthur C. Headlam, *The Epistle to the Romans*, en *The International Critical Commentary*. En estos comentarios a Romanos hay que consultar tanto las introducciones como los comentarios textuales.

3. Pablo comienza con dos de sus amigos más queridos — Priscila y Aquila. Desde que Pablo las conociera en Corinto en el segundo viaje misionero, habían trabajado con generosidad en servicio de Dios (véase Hch. 18:2,18,26; Ro. 16:3,4; 1 Co. 16:19; 2 Ti. 4:19). **4.** No dice en qué forma arriesgaron la vida por Pablo. Pero el hecho de que no sólo Pablo sino todas las iglesias de los gentiles dieran gracias por ellas muestra hasta dónde llegaron sus esfuerzos por Cristo. **5a.** Pablo saluda a la iglesia de su casa. Esto muestra que el celo de estas dos mujeres por Cristo no era diferente en Roma respecto a otros lugares. Es probable que se trate también de iglesias domésticas en 16: 10,11,14,15. Si esto es así, entonces la mención de cinco iglesias domésticas le hace a uno caer en la cuenta de que los cristianos de Roma eran miembros de grupos más pequeños y no de una asamblea extensa.

5b. Epeneto recibe saludos como el primer converso de **Asia Menor.** Es errónea la mención de *Acaya* en RVR. **7.** Andrónico y Junias eran compatriotas de Pablo, y habían estado encarcelados con él por un tiempo. Pablo los presenta como prominentes entre los apóstoles y como cristianos antes que él. Esto quiere decir que habían sido creyentes por unos veinticinco años. **13.** Como lo escogido se puede considerar como excelente, **Rufo, el escogido en el Señor,** podría traducirse también por: *"Rufo, el destacado cristiano"* (Arndt, *eklektos*, 2, p. 242). **16.** El mandato de **saludarse los unos a los otros con ósculo santo** (v. 1 Co. 16:20; 2 Co. 13:12; 1 Ts. 5:26) o con ósculo de amor (1 P. 5:14) muestra que era característica de la iglesia primitiva una cálida relación cristiana. Los cristianos deberían sentir y manifestar unos para con otros lo que en la cultura moderna sea simbólico de afecto profundo —beso en la mejilla, un cálido estrecharse la mano, cogerse

ambas manos, etc.— y sería lo equivalente de lo que manda el apóstol.

G. Naturaleza Peligrosa de los que Enseñan Falsas Doctrinas. 16:17-20.

Pablo no dice que ya hubiera falsos maestros entre los creyentes romanos. Pero sabía lo que ya había ocurrido en otras partes. **17. Os ruego. hermanos, que os fijéis en los que causan disensiones y tentaciones para pecar en contra de la enseñanza aprendida.** La enseñanza es la norma. Ahí radica la autoridad del mensaje apostólico. Los lectores de Pablo han de **apartarse** de los que crean disensiones y causan tentaciones de pecar. **18.** Esta gente, en lugar de ser esclavos de Cristo, son esclavos de sus propios vientres. Pero su forma de actuar cautiva al auditorio. **Con palabras suaves y plausibles y con falsa elocuencia, engañan los corazones de los ingenuos. 19.** Pablo quería que sus lectores fueran sabios en cuanto al bien, pero inocentes en cuanto a la participación en el mal. Por ello hace esta advertencia. **20.** Después de la advertencia viene la promesa: **el Dios de paz aplastará en breve a Satanás bajo vuestros pies.** Con la victoria final ante sí, la oración es muy oportuna: **La gracia de nuestro Señor Jesucristo sea con vosotros.**

H. Saludos de los Colegas de Pablo en Corinto. 16:21-23.

21. Parientes (RVR). Más bien, *compatriotas.* Timoteo, colaborador, es bien conocido. No hay forma positiva de identificar a los otros tres. Lucio quizá fue el Lucio de Cirene (Hch. 13:1). Jasón parece ser el Jasón mencionado en Hch. 17:5-9. Sosípater parece el Sófater de Hch. 20:4. **22,23.** El escriba, Tercio, al que Pablo dictó la carta, envía sus propios saludos. Gayo, que quizá es el Gayo mencionado en 1 Co. 1:14, se dice ser no sólo el anfitrión de Pablo sino el de toda la iglesia. Esto parece indicar que la iglesia se reunía en su casa. El hecho de que Erasto fuera el tesorero de la ciudad demuestra que la fe cristiana había llegado a algunas personas de posición elevada. Cuarto, **nuestro hermano,** es el último que envía saludos.

I. Confirmación de los Creyentes por el Soberano Dios de la Historia. 16:25-27.

Véase la introducción para la discusión de las oraciones y de la doxología finales con respecto a su ubicación en la carta. **25.** Esta doxología se basa en la capacidad o poder de Dios para fortalecer a los lectores. El fortalecimiento de parte de Dios es **según el evangelio y la predicación de Pablo acerca de Jesucristo.** Esta predicación se lleva a cabo **debido a la revelación del misterio** o *secreto*. Tres cosas se dicen acerca del misterio o secreto: (1) Estuvo **oculto por mucho tiempo** o *desde siglos ha* (v. 25). (2) **Ha sido revelado ahora por medio de las escrituras proféticas** (es decir, el AT) **por el mandamiento del Dios eterno** (v. 26). (3) **Ha sido dado a conocer a todas las naciones para que la obediencia de fe actúe** (v. 26). Este misterio se refiere a Dios que llega a judíos y gentiles por medio de la redención que es en Cristo Jesús (véanse Ro. 9:11; Ef. 3:1-7; Col. 1:26,27; 2:2,3; 4:3). Según los términos de Ef. 3:6, el misterio consiste en que los gentiles sean herederos junto con los judíos creyentes, que pertenezcan al mismo cuerpo que ellos, y que compartan con ellos la promesa (cf. Ro. 11:11-32).

Por la capacidad y plan de Dios Pablo pasa a dar gloria a Dios. En el último versículo (v. 27) hay un pronombre relativo, **a quien,** que, si bien un manuscrito bueno y algunos otros lo excluyen, parece formar parte de lo que Pablo originalmente escribió. Pero es muy difícil incluirlo en el texto, simplemente porque toda esta doxología se centra en Dios. La gloria llega al único Dios sabio por medio de Jesucristo. Esta gloria es por siempre. Quizá el sentido del texto se puede ver mejor si se lee así: **Que la gloria por siempre** [sea] **al único Dios sabio, por medio de Jesucristo, a quien** [también pertenece] **la gloria por siempre. Amén.** En el texto original la expresión **la gloria por siempre** está sólo una vez. El pronombre relativo **a quien** sigue a Jesucristo. La expresión **la gloria por siempre** sigue al **a quien.** Puesto que la doxología se centra en Dios y esta última cláusula se centra en Cristo, parece mejor concluir que Pablo atribuye gloria eterna tanto a Dios como a Cristo. Qué adecuado es que Romanos concluya con el tema, "¡Gloria a Dios por siempre!"

BIBLIOGRAFÍA

ALTHAUS, PAUL. *Der Brief an Die Römer. Das Neue Testament Deutsch.* Herausgegeben von Paul Althaus und Johannes Behm. Göttingen: Vandenhoeck und Ruprecht, 1949.

GODET, FREDERIC. *Commentary on Romans.* Grand Rapids: Kregel Publications, 1977.

HODGE, CHARLES. *Commentary on the Epistle to the Romans.* New Edition. New York: A.C. Armstrong and Son, 1890.

LAGRANGE, P.M.J. *Saint Paul Épitre aux Romains.* Paris: J. Gabalda et Cie, 1950.

MEYER, H.A.W. *Critical and Exegetical Handbook to the Epistle to the Romans.* Translated by J.C. Moore and E. Johnson. New York: Funk and Wagnalls, 1884.

MURRAY, JOHN. *The Imputation of Adam's Sin.* Grand Rapids: Wm.B. Eerdmans Publishing Co., 1959.

PHILIPPI, FRIEDRICH ADOLPH. *Commentary on St. Paul's Epistle to the Romans.* Translated by J.S. Banks. 2 vols. Edinburgh: T & T Clark, 1878.

SANDAY, WILLIAM, and HEADLAM, ARTHUR C. *A Critical and Exegetical Commentary on the Epistle to the Romans.* New York: Charles Scribner's Sons, 1915.

SHEDD, RUSSELL PHILIP. "The Pauline Conception of the Solidarity of the Human Race in Its Relationship to the Old Testament and Early Judaism", *Man in Community.* London: The Epworth Press, 1958.

SHEDD, WILLIAM G.T. *A Critical and Doctrinal Commentary upon the Epistle of St. Paul to the Romans.* New York: Charles Scribner's Sons, 1879.

COMENTARIOS EN ESPAÑOL

ERDMAN, CARLOS R. *Epístola a los Romanos.* Grand Rapids: T.E.L.L., 1974.

CALVINO, JUAN. *Epístola a los Romanos.* Grand Rapids: T.E.L.L., 1977.

MOULE, HANDLEY C.G. *Exposición de la Epístola de San Pablo a los Romanos.* Buenos Aires: Imprenta Juan H. Kidd y Cía., 1924.

NEWELL, WILLIAM R. *Romanos: Versículo por Versículo.* Grand Rapids: Publicaciones Portavoz Evangélico, 1949.

TRENCHARD, ERNESTO. *Epístola a los Romanos.* Madrid: Literatura Bíblica, 1976.

PRIMERA EPÍSTOLA
A LOS CORINTIOS

INTRODUCCIÓN

La Ciudad de Corinto. Corinto era un centro comercial opulento, situado en el estrecho istmo que une a Grecia propiamente dicha con el Peloponeso. La historia de la misma se puede dividir en dos partes. La ciudad, que según la leyenda fue el lugar en que se construyó Argos de Jasón, la destruyó el cónsul romano Lucio Mummio Acaico en el 146 a.C. Con ello concluyó el primer capítulo de su historia. Una ciudad tan convenientemente ubicada, sin embargo, tenía que resurgir. En el 46 a.C. Julio César mandó construir la nueva ciudad a la que dio categoría de colonia romana. Muy pronto volvió a conseguir importancia comercial y, además, se convirtió en muchos sentidos en la ciudad más importante de Grecia.

La importancia de la ciudad sin duda influyó en los esfuerzos misioneros de Pablo. Por ser el punto de enlace comercial entre norte y sur y entre este y oeste y tener una población mixta —romana, griega y oriental— Corinto era un centro estratégico. De hecho, ha sido llamada "el Imperio en miniatura; el Imperio sintetizado en un solo Estado" (ICC, p. xiii). Lo que se proclamaba y escuchaba en Corinto podía abrirse paso hasta las regiones más distantes de la tierra. No sorprende, pues, que Pablo fuera "constreñido por la Palabra" (Hch. 18:5) para que testificara en Corinto. Además de la presión interior de parte del Señor y de la Palabra puede muy bien ser que existiera un apremio externo — las puertas abiertas de la cosmopolita Corinto.

Finalmente, las condiciones morales de Corinto hacían de ella terreno abonado para las gloriosas buenas nuevas del Mesías. La antigua ciudad había albergado el famoso Templo de Afrodita, en el que mil prostitutas sagradas estaban a la disposición de los que acudían a los cultos. El mismo espíritu, si no el mismo templo, preponderaba en la nueva ciudad. El refrán de tintes sexuales, "No a todos les es dado visitar a Corinto", persistía (cf. MNT, p. xviii). La palabra griega *Korinthiazomai,* cuyo significado literal era, *hacer el corintio,* vino a querer decir "fornicar" (cf. LSJ, p. 981). "Todos los griegos", escribe Moffat, "sabían qué significaba "muchacha corintia" (MNT, *loc. cit.*). El conocido comentarista escocés, William Barclay, ha dicho, "Eliano, el antiguo escritor griego, nos dice que cuando en alguna obra de teatro griega aparecía un corintio era como borracho" (William Barclay, *The Letters to the Corinthians,* p. 3). No hace falta multiplicar las citas y los ejemplos; Corinto era una ciudad famosa por todo lo depravado, disoluto y corrompido. Fue providencial que Pablo se hallara en Corinto cuando escribió la Carta a los Romanos. Desde ninguna otra ciudad hubiera podido recibir más incentivos para escribir acerca del pecado del hombre, y en ninguna otra ciudad hubiera podido contemplar más ilustraciones adecuadas del mismo. Quizá el gran catálogo de vicios del hombre que figura en Romanos 1:18-32 se lo inspiró lo que se veía desde la casa de Gayo. En este ambiente, pues, surgió la Primera Carta de Pablo a los Corintios, la carta de la santidad. Es como si hoy día uno fuera a escribir una carta acerca de la santidad a un grupo de creyentes de París o Singapur.

Origen de la Iglesia. El relato de la fundación de la iglesia de Corinto lo escribió Lucas en Hechos 18:1-17. Pablo llegó a la ciudad durante el segundo viaje misionero en el año 50 d.C., y fue el primero en predicar en ella el evangelio de Cristo. Vivió en casa de Aquila y Priscila, trabajó con ellas, y al mismo tiempo comenzó el ministerio en la sinagoga, ministerio que se prolongó por dieciocho meses. El texto Occidental de Hechos 18:4 da una idea sorprendente del método de predicación del apóstol; dice así, *Entraba en la sinagoga todos los sábados donde hablaba en público, presentando el nombre del Señor Jesús, y trataba de persuadir no sólo a los judíos sino también a los griegos. Presentando el nombre del Señor Jesús* debe referirse a la aplicación de las Escrituras del Antiguo Testamento a Cristo. En otras palabras, predicaba a Jesús de Nazaret como el cumplimiento de la profecía mesiánica. Seguía, por tanto, el método del Señor mismo, quien, camino a Emaús con los dos discípulos, comenzó por Moisés y los demás profetas y les declaró en todas las Escrituras lo que de él decían (cf. Lc. 24:27). La respuesta a la predicación de Pablo fue diferente de la dada a la enseñanza de Jesús. En general los corazones de los oyentes de Pablo no ardieron de interés por la verdad; ardieron más bien de oposición a la misma. Y Pablo se vio obligado a abandonar la sinagoga (Hch. 18:6). Se trasladó a la casa vecina de Tito Justo (posiblemente el Gayo de 1 Co. 1:14 y Ro. 16:23; William Ramsay, *Pictures of the Apostolic Church,* p. 205), y siguió predicando "con debilidad, y mucho temor y temblor" (1 Co. 2:3). ¿Y quién no hubiera temido en tales circunstancias? ¡El lugar de reunión del pequeño grupo estaba junto a la sinagoga! El Señor, sin embargo, vino a Pablo en visión y lo alentó con la promesa de que tenía "mucho pueblo" en Corinto (cf. Hch. 18:9,10). Esta promesa tuvo que ser de mucho consuelo para el apóstol en años posteriores, cuando la flojedad moral de los creyentes le hubieran podido hacer dudar del valor de su labor entre ellos. Después de concluir el ministerio en Corinto, Pablo regresó a Jerusalén y Antioquía.

Paternidad Literaria de la Carta. Las pruebas externas e internas en favor de la paternidad literaria paulina de esta carta son tan poderosas que en realidad no es necesario dedicar a este tema más que una atención sumaria. Clemente de Roma, que escribió alrededor del año 95 d.C., se refiere a la carta del "bienaventurado Pablo, apóstol". Este es el primer ejemplo en el que se le cita por el nombre un escritor del Nuevo Testamento (ICC, p. xvii). Ignacio, Policarpo, y otros ofrecen abundantes pruebas externas adicionales. Las pruebas internas —de estilo, léxico y contenido— concuerdan con lo que se sabe tanto de Pablo como de Corinto. Esta carta es un fruto genuino del apóstol Pablo.

Lugar de Composición. Pablo escribió la carta desde Éfeso (cf. 1 Co. 16:8), no desde Filipos, como sugieren algunas versiones.

Fecha. No se puede determinar con certeza absoluta la fecha, pero parece probable que fue escrita durante la última parte de la prolongada estancia de Pablo en Éfeso (cf. Hch. 19:1—20:1). Esto haría que la fecha fuera alrededor del 55 d.C.

Ocasión. Antes de hablar de la ocasión de la carta, sería conveniente resumir el orden de los contactos y correspondencia con la asamblea corintia. Si bien casi todos los puntos del esquema están sujetos a discusión, no entra dentro del propósito de esta breve introducción defenderlos.

1. El contacto inicial de Pablo fue el mencionado antes, la visita en la que por primera vez se predicaron las buenas nuevas a los corintios. Según 2:1, 3:2 y 11:2 parece que esta fue la única visita antes de escribir la Primera Carta canónica a los Corintios.

2. Después de esta visita inicial Pablo escribió a la iglesia una carta que se ha perdido (cf. 5:9).

3. Cuando llegaron noticias preocupantes procedentes de los creyentes y una carta en la que se pedía información, Pablo escribió 1 Corintios.

4. Según parece los problemas de la iglesia no quedaron resueltos con la carta, porque el apóstol se vio obligado a hacer una visita rápida y dolorosa a la iglesia (cf. 2 Co. 2:1; 12:14; 13:1,2).

5. Después de esta dolorosa visita el apóstol escribió a la iglesia una tercera carta muy dura, a la que se refiere en 2 Co. 2:4.

6. La preocupación del apóstol por la iglesia era tan grande que no pudo esperar en Troas a Tito, portador de la carta dura, sino que salió para Macedonia. Ahí se encontró con Tito y por él supo que la carta había producido efecto; todo iba bien en Corinto. Desde Macedonia escribió Pablo la Segunda Carta canónica a los Corintios (cf. 2 Co. 2:13; 7:6-16).

7. La última visita, de la que hay constancia, a la iglesia siguió a esta última carta (cf. Hch. 20:1-4).

La ocasión de escribir 1 Corintios es múltiple. En primer lugar, por dos conductos distintos le habían llegado al apóstol informes de divisiones en la iglesia (cf. 1 Co. 1:11; 16:17). Los elementos extraños más graves quizá fueron los judaizantes (cf. 1:12; 9:1). En segundo lugar, procedentes de Corinto llegaron a Éfeso Estéfanas, Fortunato y Acaico (cf. 16:17). El tercero trajo una carta de los creyentes en la que se le hacían a Pablo una serie de preguntas. Se alude a las preguntas con la expresión repetida, "en cuanto a" (*peri de;* véanse 7:1, 25; 8:1; 12:1; 16:1,12). En tercer lugar, ciertos temas parecen ser simplemente "la expresión espontánea de las preocupaciones del apóstol por la Iglesia corintia" (ICC, p. xxi).

Características Principales de la Carta. Quizá el rasgo predominante de esta carta es el énfasis que hace en la vida de la iglesia local. El orden y los problemas de una iglesia primitiva están a la vista del lector. Si Romanos se puede considerar como escrito teológico, 1 Corintios es sin duda un escrito práctico. Si en Romanos Pablo se parece al profesor moderno de Teología Bíblica, en 1 Corintios se parece al pastor-maestro, que se enfrenta con el cuidado de la iglesia en la línea de fuego de la pelea cristiana.

Por otra parte, la carta no es de carácter completamente práctico. El capítulo más importante de todo el Nuevo Testamento en cuanto a la resurrección de Jesucristo es quizá 1 Corintios 15, y sin duda que el fragmento más importante del Nuevo Testamento acerca de los dones espirituales se halla en 1 Corintios 12; 13; 14.

Y, desde luego, esta gran carta es sobre todo conocida por el gran canto al amor, capítulo 13. En él se ve a qué alturas de inspiración espiritual puede llegar el hombre al escribir cuando el Espíritu Santo lo eleva en sus alas. El genio de Pablo el hombre resplandece en él con efectos indescriptibles.

Finalmente, puede ser interesante advertir que esta es la carta más larga de Pablo.

Plan de la Carta. La argumentación de Pablo es sencilla y clara; a un tema le sigue otro en forma ordenada, y con la división puesta bien de relieve. El siguiente esquema se va a utilizar en la exposición.

BOSQUEJO

COMENTARIO

I. Introducción. 1:1-9.

A. Saludo. 1:1-3.

La introducción, compuesta de un saludo y de una acción de gracias, prepara el terreno para la exposición que sigue y, de acuerdo con el genuino estilo paulino, contiene indicaciones importantes respecto al contenido de la carta.

1. Llamado a ser apóstol (Gr., *apóstol por llamamiento,* fuerza del adjetivo verbal) subraya la iniciativa divina en el llamamiento de Pablo para su misión. Esta expresión, junto con el refuerzo, **por la voluntad de Dios,** es una referencia destinada a los corintios que quizá discutían el derecho de Pablo de hablar con autoridad (cf. 9:1). **El hermano Sóstenes** quizá designa al dirigente de la sinagoga mencionada en Hechos 18:17, si bien no se puede demostrar. El artículo definido quizá no significa nada más que era un cristiano bien conocido. Pero si se trata del corintio Sóstenes del relato de Lucas, entonces los golpes que recibió de los griegos fueron una bendición; ¡se hizo cristiano!

2. La iglesia es **la iglesia de Dios,** no de Cefas, ni de Apolo, ni siquiera de Pablo (cf. 1:12). **Santificados en Cristo Jesús** sugiere una doctrina importante aunque muy mal entendida. La palabra griega *hagiazo* significa "santificar", no en el sentido de "hacer santo", sino en el de "apartar" para la posesión y uso de Dios (cf. Jn. 17:19). Los cristianos no son impecables, si bien no deberían pecar. La santificación en el sentido bíblico es cuádruple: (1) el primario, equivale a la gracia eficaz de la teología sistemática (cf. 2 Ts. 2:13; 1 P. 1:2); (2) en sentido de situación, estado perfecto de santidad, que se cumple en todos los creyentes desde el momento de la conversión (cf. Hch. 20:32; 26:18); (3) progresivo, que equivale a crecimiento diario en gracia (cf. Jn. 17:17; Ef. 5:26; 2 Co. 7:1); (4) anticipado, o semejanza definitiva con Cristo, en estado y en la práctica (cf. I Ts. 5:23). El empleo del participio perfecto en este caso alude a la santificación de estado. Los cristianos ya son santos, no por canonización de los hombres, sino por la acción divina. El propósito de Pablo en la carta es conseguir que la vida práctica de los corintios se conforme cada vez más al estado de Cristo. **Con todos los que en cualquier lugar invocan el nombre de nuestro Señor Jesucristo. Señor de ellos y nuestro** no significa que se dirija a todos los cristianos, sino que previene en contra de la tendencia de confinar la enseñanza a solo Corinto (cf. 1

Co. 4:17; 7:17; 11:16; 14:33,36), lo cual viene a confirmar la unidad del cuerpo.

3. Los conocidos **gracia** y **paz** se refieren a la gracia y paz *en* la vida cristiana. No se refieren a la gracia que introduce al hombre *en* esa vida ni a la paz que sigue (cf. Jn. 1:16; 14:27).

B. Acción de Gracias. 1:4-9.

La acción de gracias no es irónica, ni tampoco va dirigida sólo a cierta parte de la asamblea. Mucho menos es un simple intento cortés de "ganarse amigos e influir en la gente", si bien es cierto que el "reproche se acepta mejor si va precedido por el elogio" (MNT, p. 7). Se trata más bien de una apreciación sincera de la situación de los corintios en Cristo y constituye la base para que Pablo pueda invitarlos a que se conformen a dicha situación. El apóstol escoge para ponerlos de relieve sus dones de palabra y de ciencia.

4. Gracia de Dios. La fuente de donde proceden los dones espirituales que se mencionan luego. **5. Palabra** probablemente abarca más que el don de lenguas (cf. 12: 8-10, 28-30). Los corintios poseían una gran variedad de dones de palabra (véase 14:26). **7.** La consecuencia de tal riqueza es que **nada les falta en ningún don.** Si bien la palabra *charisma,* traducida por **don,** tiene muchos significados, probablemente en este caso se refiere a los dones espirituales en sentido técnico (cf. 12:1—14:40). **Esperando,** palabra compuesta y muy vigorosa, que significa *esperar ardiente o ansiosamente* (Arndt, p. 82), expresa la actitud de los creyentes al usar los dones en servicio de Dios.

8. Confirmar se usaba en griego koiné como término legal técnico para referirse a una protección debidamente garantizada (*ibid.,* p. 138). Tienen la garantía de Dios de que estarán en su presencia cuando Cristo regrese. **Irreprensibles.** Literalmente, *irrecusables,* o "intachables" (Leon Morris, *The First Epistle of Paul to the Corinthians,* p. 37). "Significa no sólo absolución, sino ausencia incluso de acusación contra una persona" (W.E. Vine, *Expository Dictionary of New Testament Words,* I, 131; cf. Ro. 8: 33). **9.** Todo se apoya en el hecho de que **fiel es Dios. Comunión** incluye básicamente el concepto de tener participación, luego el de participación común. Así pues, todos los creyentes tienen participación en Cristo y, en consecuencia, participación mutua. Este es el fundamento sobre el cual Pablo construye sus ataques contra el espíritu partidista, cuyo punto culminante están en 3:21-23.

II. Divisiones en la Iglesia. 1:10—4:21.

A. Hecho de las Divisiones. 1:10-17.

Ahora se trata del primer tema básico de la carta, la disensión dentro de la iglesia. El apóstol no se saldrá de él hasta que escriba las palabras, "¿Qué queréis? ¿Iré a vosotros con vara, o con amor y espíritu de mansedumbre?" (4:21). Los primeros versículos del pasaje (1:10-17) establecen los hechos tal como los relataran siervos de la casa de Cloé.

10. Pero (adversativo *de*) introduce el diagnóstico de Pablo. Sus primeras palabras son un llamamiento a la unidad. **Perfectamente unidos.** Palabra griega muy adaptable, que se usa para el ajuste de partes de un instrumento, para el ajuste de huesos que hace el médico, para el remiendo de redes (Mc. 1:19), y también para el apresto de un barco para navegar. Se les invita a que se ajusten unos a otros con el pensamiento puesto en la unidad.

11. Porque. Introduce la razón de la invitación. **Contiendas.** Obras de la carne (cf. Gá. 5:20), que revela la presencia de divisiones.

12. Quiero decir. El partido de **Apolos** indica el grupo que prefería el estilo más pulido y la retórica del dotado alejandrino. Esta camarilla sigue teniendo muchos partidarios, como la mujer que decía, "¡Casi lloro cada vez que oigo al ministro pronunciar la venerable palabra *Mesopotamia!*" El partido de **Cefas** parece que ponía en tela de juicio las credenciales de Pablo y prefería la asociación con Jerusalén por medio de Pedro. Los que eran de **Cristo** despreciaban toda conexión con los demás partidos, con lo que formaban uno por sí mismos. Las palabras siguientes dan por supuesto que Pablo censuraba abiertamente este grupo (cf. ICC, p. 12; 2 Co. 10:7).

13. Las preguntas apelan a la unidad del cuerpo de Cristo y a la identificación de los creyentes con él. Barclay comenta acerca de **en el nombre** (lit., *a nombre*) en este sentido: "Dar dinero a nombre de alguien era ponerlo en su cuenta. Vender un esclavo a nombre de alguien era hacer que dicha persona lo poseyera en forma absoluta e indiscutible. El soldado juraba fidelidad a nombre de César; pertenecía absolutamente al Emperador" (*op. cit.*, p. 18).

14,16. Pablo da **gracias a Dios** por la providencia que lo hizo bautizar a tan pocos en Corinto. Es evidente que no tiene en menos al bautismo; simplemente lo coloca en el lugar que le corresponde, como acto simbólico que aludía al hecho real de la identificación con Cristo por la fe. También es evidente que Pablo bautizó. **17. Pues.** Razón de por qué no había insistido en el bautismo. Su misión principal fue predicar

la buena nueva. ¿Hubiera podido Pablo pronunciar tales palabras si el bautismo fuera necesario para la salvación? (cf. 4:15; 9:1,22; 15:1,2). Difícilmente. La comisión que tenía también implicaba el no adornar la verdad con el lenguaje florido del retórico profesional (cf. ICC, p. 15), con lo que hubiera vaciado de contenido al Evangelio. La traducción **se haga vana** deja bastante que desear. El verbo *kenoo* significa "vaciar", es decir, quitar la sustancia. El Evangelio apela no a la inteligencia del hombre, sino al sentido de culpa debido al pecado. La cruz revestida de la sabiduría de la palabra corrompe dicha fuerza. El Evangelio nunca debe presentarse como sistema filosófico humano; se debe predicar como salvación. **Sabiduría de palabras** (lit., *sabiduría de palabra*) señala la transición al análisis que Pablo hace de la causa de la disensión en Corinto, este amor por una falsa sabiduría.

B. Causas de las Divisiones. 1:18—4:5.

En primer lugar, no han entendido la naturaleza e índole del mensaje cristiano, la verdadera sabiduría (1:18—3:4). En segundo lugar, su espíritu sectario indica que no entienden de verdad el ministerio cristiano, lo que tiene de colaboración con Dios en la propagación de la verdad (3:5—4:5).

1) 1ª Causa: Mala Interpretación del Mensaje. 1:18—3:4. Primero, el apóstol muestra que el Evangelio no es un mensaje para el intelectual (1:18-25). Esta verdad quedaba ampliamente demostrada con el hecho de que la iglesia de Corinto incluía pocas personas sabias según el mundo (1:26-31) y de que Pablo no predicó tal clase de mensaje cuando estuvo en Corinto (2:1-5). Luego, el apóstol expone la verdadera sabiduría de Dios, poniendo de relieve su índole espiritual (2:6-12), y su percepción espiritual (2:13-16); y concluye con una afirmación franca de que la carnalidad es la causa de las divisiones (3:1-4).

18. Porque introduce la razón de por qué no llegó con sabiduría de palabra. Para los que se pierden, la cruz debe siempre parecerles una locura. **Palabra** sin duda se contrapone a **palabras** (v. 17; lit., *palabra*). Pablo consideraba la cruz como el instrumento salvador de Dios. **Perderse** y **salvarse** (tiempo presente, pero frecuentativo más que de duración) describen con viveza la corriente constante de los que se pierden, que caen en la eternidad sin Cristo, y la corriente más escasa, aunque también constante, de los que se salvan, que entran por la puerta de la comunión eterna con Cristo. **19,20. Pues está escrito.** Recurso a la Escritura como sostén. Buena costumbre paulina (cf. Is. 29:14; 19:12; 33:18). Las palabras son la denuncia que Dios hace de la práctica de los 'sabios' de Judea que buscaron aliarse con Egipto cuando Senaquerib los amenazaba.

21. Agradó es más que afirmar la disposición; se refiere al propósito y plan bienaventurado de Dios (cf. Ef. 1:5). **Predicación** se refiere al contenido de la proclamación, no al método de predicar (cf. 1 Co. 2:4); es el mensaje o **predicación** lo que salva, mensaje destinado a los simples **creyentes. 22-25.** En forma paradójica, Pablo afirma que los **llamados** (cf. v. 2) han conseguido lo que los **judíos** que andaban en busca de señales y los **griegos** amantes de la sabiduría (v. 22), o gentiles (v. 24; RVR tiene otra vez *griegos,* aunque las pruebas son débiles) buscaban, el **poder de Dios, y sabiduría de Dios. Cristo crucificado** es el secreto. Judíos y griegos no iban a reconocer su pecado. Cristo crucificado sí; de ahí que sea el poder y sabiduría de Dios. El empleo de la palabra **crucificado** sin el artículo subraya en forma enfática el aspecto de Cristo que Pablo predicaba, el de crucificado (cf. 2:2; Gá. 3:1). Un Cristo sin cruz no podía salvar.

26. Pues introduce el "irrebatible *argumentum ad hominem"* (ICC, p. 24). "Pues, mirad entre vosotros mismos, hermanos", es la traducción de Moffat (MNT, p. 19). Un vistazo a su propia iglesia demostraría el argumento de Pablo, porque **no** había muchos sabios y poderosos entre ellos. **Vocación** sigue poniendo de relieve la iniciativa de Dios en la salvación del hombre. En línea con la tradición paulina está la famosa observación de John Allen del Ejército de Salvación, "Merezco condenarme; merezco estar en el infierno; ¡pero Dios se interpuso!" **27,28.** El triple **Dios escogió** insiste en lo mismo. **29.** El propósito del método de Dios se proclama aquí en forma negativa y en forma positiva en el último versículo del capítulo. Como dijo Bengel, "Gloria no *ante* Él, sino *en* Él". Jonás tuvo toda la razón al decir, "La Salvación es de Jehová" (Jon. 2:9; cf. Jer 9:23,24).

30. Mas introduce el bendito contraste. **Por él** y no por la sabiduría están los corintios **en Cristo Jesús.** Ahí radica el único fundamento sólido para gloriarse. Debido a la construcción de la frase griega, es evidente que la palabra básica es sabiduría, y que las palabras **justificación, santificación y redención** amplían y explican la sabiduría. Sabiduría en este caso, pues, no es sabiduría práctica, sino sabiduría de posición o situación, el sabio plan de Dios para nuestra completa salvación. **Justificación** es legal, la justicia recibida con la justificación, lo que Pablo explica en Ro. 1:1—5:21. **Santificación** se usa en su sentido inmediato y completo (cf. 1 Co. 1:2). La justificación

le hace a uno posible estar frente a Dios en el tribunal de la justicia divina, en tanto que la santificación lo pertrecha a uno para servirle en el templo del servicio divino. Esto es lo que Pablo expone en Ro. 6:1—8:17. **Redención,** dado el orden de las palabras, es probablemente la redención final del cuerpo (cf. Ro. 8:23), de la que trata el apóstol en Ro. 8:18-39. **31. Para que.** El propósito de esta obra de Dios es que se le glorifique en su gracia, propósito que tiene un cumplimiento glorioso. Porque el sabio según el mundo ha sido aniquilado, y los llamados que creen, gozan ya de una salvación soberanamente otorgada y suficiente para todas las exigencias del tiempo y de la eternidad.

2:1-5. El tema prosigue, y el escritor habla ahora de su propio testimonio entre los corintios. Tampoco éste se basó en la sabiduría del mundo, ni en su mensaje (vv. 1, 2), método (vv. 3,4) ni motivo (v. 5). **Así que** sirve de enlace.

1,2. Testimonio (por pruebas internas es preferible a *misterio,* lectura de muchos manuscritos antiguos). No hay indicios ni en este pasaje ni en Hechos 17, de que Pablo predicara el sencillo mensaje de Cristo **crucificado** debido a un sentimiento de fracaso (como algunos han sugerido) en el enfoque filosófico de Atenas. De hecho, el enfoque utilizado en Atenas no fue básicamente filosófico. El sermón de Pablo comenzó con la revelación bíblica de la creación (cf. Hch. 17:24) y concluyó con la mención de la resurrección (Hch. 17:31). Moffat tiene razón al decir: "En Atenas no había podido tomar como punto de partida la creencia en la resurrección, como en la sinagoga" (MNT, p. 22; cf. N.B. Stonehouse, *Paul Before the Areopagus and Other New Testament Studies,* pp. 25-27).

3,4. En vez de utilizar la persuasión humana, el método de Pablo implicaba la **demostración del Espíritu y de poder.** La palabra **demostración** se refiere a la presentación de pruebas ante la corte (MM, pp. 60,61). La vida nueva de los corintios era prueba concluyente del poder de Dios en ellos (cf. 1 Ts. 1:5). **5. Para que** introduce el motivo. La sencilla predicación de Pablo tenía como fin impedir que los corintios tuvieran una **fe** que se apoyara en argumentaciones lógicas y fiilosóficas, fe que estuviera a merced de otras argumentaciones de la misma índole. "Lo que depende de una argumentación hábil estará a la merced de una argumentación más hábil" (ICC, p. 34). Pero la fe que se apoya **en el poder de Dios** tiene un fundamento sólido y permanente.

2:6-12. Alguien podría deducir a estas alturas que Pablo no tenía para nada en cuenta a la sabiduría y que consideraba que la verdad cristiana estaba fuera del campo de la inteligencia. El apóstol sale al paso de esto al indicar que el Evangelio sí contiene una sabiduría, aunque espiritual. Las palabras iniciales, **sin embargo, hablamos sabiduría,** sirven de enlace (*sophian*, "sabiduría", ocupa el puesto clave en el texto griego).

6. Madurez en las cosas de Dios (cf. 14:20; Fil. 3:15), que Pablo parangona con **espiritual** (1 Co. 2:15). La cláusula **hablamos sabiduría entre los que han alcanzado madurez,** puede ser una síntesis de la sección. La **sabiduría** sería el tema de los versículos 6-12, el *hablar*, o enseñar, la misma, el tema del versículo 13 (adviértase el **hablamos**), y **los que han alcanzado madurez** el tema del resto de la sección (G. Godet, *Commentary on St. Paul's First Epistle to the Corinthians*, I, 135).

7-9. Misterio. No algo misterioso, sino un secreto divino, verdad oculta a no ser por revelación divina.

10-12. A nosotros (posición enfática en el texto griego) contrasta a los creyentes con el mundo. A ellos **reveló Dios** su sabiduría **por el Espíritu,** que ha sido dado para que los creyentes **sepamos lo que Dios nos ha concedido.**

13. Pablo pasa con naturalidad a hablar del método de comunicación. Esta sabiduría, dice, la **hablamos con palabras que enseña el Espíritu** — afirmación enfática de que el conocimiento de la divina verdad no procede primordialmente del entendimiento o capacidad mental. Pablo lo atribuye a la posesión del Espíritu de Dios, Maestro perfecto y Juez perfecto de la doctrina. Las **palabras** algunos las han entendido en sentido de prueba de la inspiración verbal (doctrina verdadera). Pero Pablo dice **hablamos,** no *escribimos,* por lo que se refiere a la presentación oral. La cláusula final crea un problema grave de interpretación. **Acomodando** (RVR); la palabra griega se halla sólo una vez más en el Nuevo Testamento (2 Co. 10:12) y se traduce por *comparar.* El contexto en el caso presente excluye este significado. Puede tener el sentido de "interpretando", o "explicando" (cf. Gn. 40:8; Dn. 5:15-17, LXX). La traducción sería entonces, *explicando lo espiritual a los hombres espirituales.* Ahora bien, el sentido corriente de la palabra, "combinar", quizá dé el sentido, y entonces la traducción sería, *combinando cosas espirituales con palabras espirituales* (conservando la referencia a *palabras* que se menciona inmediatamente antes). Esto parece preferible, y Pablo con ello se refiere a "acomodar al pensamiento palabras adecuadas" (Exp. GT, II, 783). El apóstol recibió esta verdad de Dios y la revistió con palabras que el Espíritu de Dios le dio. Lo que sostiene es

que las declaraciones que hizo, Dios se las dio y el Espíritu los guió.

14. El tema ahora es la percepción subjetiva de dicha verdad. **Pero** introduce el contraste con el **hombre natural,** el no cristiano (cf. Jud. 19; Ro. 8:9). La palabra griega que se traduce por **natural** significa "dominado por el alma", el principio de la vida física. Este hombre anímico no **percibe** (lit. *acoge*); cf. Hch. 17:11; 1 Ts. 1:6) las verdades divinas ni **las puede entender,** porque sólo por el Espíritu se pueden **discernir** (cf. 1 Co. 2:10,11). El oído humano no puede captar las ondas sonoras de alta frecuencia; el sordo no puede ser juez de concursos musicales; el ciego no puede disfrutar de un paisaje hermoso, y el no salvo no puede juzgar cosas espirituales, verdad sumamente práctica.

15,16. El hombre **espiritual** tiene capacidad para entender **todas las cosas. No es juzgado de nadie** (que no sea espiritual), porque el no espiritual no tiene la relación necesaria con el Espíritu para poder juzgar al espiritual. Esto explica por qué el cristiano a menudo es un enigma para el mundano, y a veces también para el cristiano carnal. Muchas controversias entre cristianos se pueden atribuir a este principio.

3:1-4. Ahora se hace la aplicación a la condición de los corintios, como lo indica el cambio de primera persona (2:6-15) a segunda (3:1-4). **De manera que yo, hermanos, no pude hablaros como a espirituales** sirve de fácil enlace.

1. Su inmadurez impidió que Pablo los alimentara con carne en la primera visita. La palabra griega por **carnales** (de *sarkinos*) significa literalmente, *hecho de carne,* que equivale a la expresión *en la carne* (A-S, p. 402). En la base de *sarkinos* está el pensamiento de debilidad (cf. Mt. 26:41), como lo indica **niños.** En la primera visita de Pablo los corintios fueron débiles, por la simple razón de que acababan de creer. El apóstol no condena a los que están en dicha condición.

2,3. Una acusación grave de incapacidad espiritual se hace en **ni sois capaces todavía** (expresión muy fuerte en griego). La razón (**porque**) es que **aún sois carnales.** Se debe advertir un cambio importante de palabra. **Carnales** en este caso no es *sarkinos,* sino *sarkikos* que significa, literalmente, *que se caracteriza por la carne,* lo cual es equivalente a *según la carne* (cf. Ro. 8:4). En la base de ello está el pensamiento de obstinación; a éstos sí los censura Pablo. La debilidad prolongada se convierte en obstinación. La negativa a responder a la leche de la Palabra impide recibir la carne de la Palabra. **Y disensiones** no es un significado legítimo, si bien el pensamiento va implicado en el contexto (1 Co. 3:4).

Pablo ha descrito a cuatro tipos de hombres. Primero, el *hombre natural,* es el hombre que no tiene el Espíritu, que necesita nacer de nuevo (cf. Jn. 3:1-8). El segundo es el *hombre carnal-débil* (1 Co. 3:1), el niño en Cristo, que necesita crecer por medio de la recepción de la leche de la Palabra. El tercer tipo es el *hombre carnal-obstinado.* el cristiano más viejo pero inmaduro, que necesita con la confesión de su obstinación, o pecado (cf. 1 Jn. 1:9) volver a la comunión, o a la condición de salud adecuada para recibir alimento. El cuarto es el *hombre espiritual o maduro,* que ha respondido a la leche y ha llegado a la edad adulta espiritual, de modo que es fuerte y capaz de recibir la carne de la Palabra (1 Co. 2:15; 3:2). Este es el hombre que Dios quisiera que todos los cristianos fueran. Que Pablo equipara al *hombre maduro* con *el hombre espiritual* se puede ver si se comparan 2:6 y 2:15 (cf. 3:1; contrasta a los **niños** con los **espirituales**). También afirma que la sabiduría de Dios es para los **perfectos,** pero no vuelve a usar más este término en toda la sección. En lugar de ello, escribe acerca de **los espirituales** (2:15; 3:1), que tienen capacidad ilimitada para **juzgar todas las cosas.** La mejor ilustración es la analogía de la vida física con todo esto.

2) 2ª Causa: Mala Interpretación del Ministerio. 3:5—4:5. La segunda causa de las divisiones, la interpretación equivocada del ministerio cristiano, se expone a continuación. Los ministros son simples siervos; en realidad quien actúa es Dios (3:5-9). Son responsables por los materiales adecuados en la construcción del templo de Dios, la Iglesia (3:9-17). Nadie debe gloriarse en alguno de ellos, porque todos ellos pertenecen a cada creyente (3:18-23) y serán juzgados por Dios solo (4:1-5).

5. Qué. Esto desvía la atención de los hombres para centrarla en sus funciones (Morris, *op. cit.,* p. 64). Pablo y Apolos no eran más que **servidores** de Dios. **6.** Pablo **plantó** y Apolos **regó,** pero solo Dios pudo hacer crecer la semilla. **8,9.** En su ministerio Pablo y Apolos eran *uno,* es decir, estaban en armonía. Sin embargo, en cuanto a la **recompensa,** habrá distinciones. **Colaboradores de Dios** puede significar que eran compañeros de trabajo que pertenecen a Dios, o colaboradores de Dios. El contexto está en favor de la primera interpretación.

10. Edificio de Dios (v. 9) conduce a la exposición de la construcción del mismo. Se debe poner de relieve que Pablo tenía en mente *constructores* y *obras,* no *creyentes* y *vida;* el tema es *servicio,* no *salvación.* La **gracia de Dios** es la capacidad que Dios puso en Pablo para la fundación de las iglesias. Dios pudo haber usado ángeles, o incluso pecadores, pero emplear al "primero" de los pecadores (cf. 1 Ti. 1:15) era motivo de constante maravilla para el amado apóstol. **Puse** (aoristo; subraya lo acontecido) indica la predicación primera, mientras que **otro edifica encima** (presente; indica el edificar constante) abarca la obra de Apolos (cf. 1 Co. 3:6). **11.** Se debe tener cuidado, porque **Jesucristo** es el único fundamento (cf. Jn. 8:12; 10:9; 14:6; Hch. 4:12).

12. Hay tres tipos de constructores — el prudente (vv. 12,14), el poco prudente (v. 15), y el necio. que perjudica al edificio (v. 17). Se siguen tres efectos diferentes. Incluso entre los obreros de Dios se pueden hallar dos clases de trabajo, uno sólido y duradero, otro perecedero y transitorio (el obrero necio no pertenece a Dios, v. 17). **13.** La expresión, **la obra de cada uno,** mira a la responsabilidad individual. **El día** es el del juicio de Cristo (cf. 4:5; 2 Co. 5:10); se presentarán sólo los creyentes. **Cuál sea** indica que la base del juicio es la *calidad* del trabajo, no la *cantidad,* hecho consolador para los que tienen pocos dones (cf. 1 Co. 4:2).

14. Pablo no explica la naturaleza de la recompensa (cf. 2 Jn. 8). **15. Sufrirá pérdida.** Pérdida de recompensa, no de salvación. No existen diferencias entre las *ovejas* del Señor; puede haber diferencias entre sus *servidores* (cf. Lc. 19:17). **Él mismo** (enfático) contrasta a la persona con su trabajo y defiende en forma señalada la seguridad del creyente. **Por fuego.** Mejor, *por medio del fuego.* El pensamiento básico es que uno se pone a salvo a través del fuego mientras el edificio se derrumba (la preposición es local; cf. ICC, p. 65).

16,17. La tercera clase de constructor, que daña al edificio, es el que profesa ser cristiano, pero que no es poseedor (cf. Gá. 2:4; 2 P. 2:1-22). **Profanar** y **destruir** son dos traducciones de la misma palabra griega, que es mucho más vigorosa que **sufrir pérdida** (1 Co. 3:15). El **templo** es la iglesia local, pero sin duda la iglesia local como manifestación local del único templo verdadero de Dios, la Iglesia invisible, compuesta de todos los verdaderos creyentes en Cristo.

18-23. Sigue una advertencia para los que se creen ser sabios (vv. 18-20), y una exhortación a la gloria en la posesión de todas las cosas, incluyendo a Pablo, Apolos y Cefas (vv. 21-23). **Se cree** o **piensa.** Todo creyente pertenece a Cristo, y no a algún servidor humano (reproche a los seguidores de Pablo, de Apolos y de Cefas), y todos los creyentes le pertenecen (reproche al partido de Cristo; cf. 1:12). ¡Pablo es un maestro hábil!

4:1-5. Concluye el análisis de las causas de división. Los ministros de Dios son servidores, cuya única responsabilidad es ser fieles (vv. 1,2). El juzgarlos pertenece sólo al Señor (vv. 3,4). Por consiguiente, el juicio tiene que esperar su venida (v. 5). ¡No tenía que haber tribunal antes del juicio!

1. Servidores (en griego. palabra distinta de la de 3:5) da la idea de subordinación; originalmente la palabra se refería al que remaba en la sección inferior del trirreme (cf. Lc. 1:2). **Administradores** eran los que se encargaban de grandes patrimonios; el pensamiento es el de un privilegio encauzado. **2.** Fidelidad es la virtud necesaria para todos los servidores y administradores, sobre todo en las cosas de Dios. **3.** Pablo repudia toda clase de juicios, tanto hechos por otros como por sí mismo. **Tribunal humano** (lit., *día del hombre*) quizá alude a 3:13. Nada significa para Pablo que los hombres se aprovechen para juzgar ahora. **4. Porque** explica su despreocupación. **De nada** resulta una pretensión notable. Pablo experimentó una comunión ininterrumpida (cf. 1:9); su manera de actuar armonizaba con su posición. No había fallado como administrador. **5. Así que** (conclusión) puesto que sólo el Señor puede juzgar, hay que dejárselo a él. A su debido **tiempo** lo hará de una manera competente y completa, llegando hasta **lo oculto de las tinieblas.** Ese tiempo es su venida (cf. 1:7). Y —maravilla de maravillas— **cada uno** (creyente) recibirá **alabanza de Dios.**

C. Aplicación y Conclusión. 4:6-21.

Pablo ahora formula una serie de preguntas indignadas para demostrar el orgullo de los creyentes corintios (vv. 6-13), y luego concluye con una nota más cordial al recordarles su relación como padre (vv. 14-21). Era su padre, y por tanto ellos, sus hijos, tenían que seguirlo. De lo contrario tendría que utilizar la vara cuando los fuera a visitar (v. 21).

6. Lo he presentado como ejemplo es la traducción de un verbo que significa "cambiar la apariencia externa", sin que la cosa misma se modifique (cf. Frederick Field, *Notes on the Translation of the New Testament,* p. 169). Una buena traducción sería *he adaptado.* **Esto** se refiere a 3:5—4:5, no a 1:10—4:5. Pablo y Apolos eran simplemente ilustraciones de la situación en Corinto. El escritor omitió los nombres de los verdaderos delincuentes para evitar resentimientos. **A no pensar más de lo que está escrito** es difícil. Quizá sería mejor traducir, *no ir más allá de lo que está escrito* (NC); o, *a vivir de acuerdo con la escritura.* El apóstol quería que andaran según la Palabra (cf. R.A. Ward, "Salute to Translators",

Interpretation, 8:310. Julio, 1954; C.F.D. Moule, *An Idiom Book of New Testament Greek,* p. 64. Su solución es que se trata de una glosa marginal).

7. Porque explica por qué el orgullo no sirve de nada. Los pronombres están en singular; Pablo se dirige a la persona. Agustín vio la verdad de la gracia de Dios en la segunda pregunta de este versículo. **8. Ya** tiene como punto de referencia **antes de tiempo** (v. 5). La edad mesiánica, que iba a comenzar después del juicio de Cristo y de su segunda venida, ya había comenzado para los corintios, les increpa Pablo. "Tenían un milenio propio" (ICC, p. 84). El versículo ofrece ciertos indicios en cuanto al concepto que Pablo tenía del Reino.

9. Los apóstoles, por el contrario, estaban muy lejos de haber entrado en el Reino. De hecho, estaban condenados a muerte, como los criminales o prisioneros condenados, que en las festividades paganas luchaban con fieras y raras veces sobrevivían. O bien, Pablo quizá tenía presente la entrada triunfal de un general romano, de la cual formaban parte los soldados prisioneros que eran conducidos al circo para que lucharan con las fieras (cf. 15:32; 2 Co. 2:14-17). En el circo del mundo de hombres y ángeles, los apóstoles sentenciados eran un **espectáculo** (la palabra *teatro* procede de la palabra griega, y constituye una estampa viva). **10-13.** Una serie de contrastes cáusticos entre los apóstoles y los corintios, con el fin de amonestar a los creyentes. ¡La nueva dispensación no había comenzado para los apóstoles!

14. Hijos míos amados indica la tierna solicitud de un padre por sus hijos espirituales. **15. Porque.** Pablo explica por qué los puede exhortar como un padre. **Ayos** eran esclavos romanos que ejercían las funciones de custodios; eran responsables del cuidado general de los hijos hasta que llegaran a la edad adulta y pudieran vestir la *toga virilis* (cf. Gá. 3:24). Es como si el apóstol dijera que los corintios tenían muchos que supervisaran su vida espiritual, pero sólo uno los hubiera conducido a dicha vida. El **engendré** introduce una tercera imagen de la relación de Pablo con ellos (cf. 1 Co. 3:6, "planté," y 3:10, "puse el fundamento"). No los condujo a la vida con buenos consejos, sino por medio de las buenas nuevas, **por medio del evangelio.**

16. Pablo era el extraordinario predicador que podía decir, **os ruego que me imitéis** (lit., *imitadores míos*). La mayoría de los hombres deben decir, "Hagan lo que digo, no lo que hago" (c. Barclay, *op. cit.,* p. 46). **17-20.** Timoteo iba a **recordarles.** Dr. Johnson observó que más gente necesitaba que se les recordara que no se les instruyera (MNT, p. 51). Esto no es cierto, pero no cabe duda que se necesita mucho el ministerio de recordar. **El reino de Dios** (cf. v. 8). El reino de los corintios era un reino en **palabras,** no en **poder. 21.** Concluye con un reto. ¿Escogerán la **vara** de la disciplina o el **amor y espíritu de mansedumbre** surgidos de la restauración de la hermandad? La respuesta depende de ellos. La **vara** introduce la nota de disciplina, que sobresale en la sección siguiente de la carta.

III. Desórdenes en la Iglesia. 5:1-6:20.

A. Ausencia de Disciplina. 5:1-13.

Se ha dicho con frecuencia que la única Biblia que el mundo leerá es la vida diaria del cristiano, ¡y lo que el mundo necesita es una versión revisada! Pablo quiere que los dos capítulos siguientes produzcan una versión corintia revisada, a fin de que a la ortodoxia le siga la ortopraxia (cf. Roy L. Laurin, *Life Matures,* pp. 103, 104)). El capítulo 5 trata de un conocido caso de incesto en la iglesia. Los creyentes, más que dolerse de ello, permitían que el asunto siguiera adelante sin condenación, quizá incluso se sentían orgullosos de su libertad (vv. 1,2; cf. 6:12). Pablo expresa su actitud en cuanto al problema (5:3-5), apremia a la iglesia a que ejerza disciplina (vv. 6-8). y concluye con una aclaración de la instrucción previa de la carta (vv. 9-13). **Envanecidos** (v. 2) indica una ligera conexión con lo precedente (cf. 4:6, 18, 19), pero la verdadera conexión es con lo que sigue (cf. v. 1; 6:9, 13-20). Ambos capítulos tratan de desórdenes. La ausencia de un término de conexión en 5:1 lo confirma, y también da a las palabras iniciales una fuerza explosiva para los oídos de los tranquilos corintios.

1. De cierto. Es decir, *en realidad* (cf. Arndt, p. 568). La **fornicación** era incesto, prohibido por la Ley (Lv. 18:8; Dt. 22:22). **Tiene** (tiempo presente) sugiere que era una unión estable (cf. Mt. 14:4). El que se mencione al hombre puede significar que la mujer, su madrastra, no era cristiana. El padre quizá había muerto o se había divorciado. **Se nombra.** Mejor omitirlo dadas las escasas pruebas textuales. El pecado estaba prohibido por la ley romana. **2.** Hinchados por una falsa libertad, la iglesia se había **envanecido.** Ninguna iglesia puede impedir del todo el mal, pero siempre debería ejercer disciplina. **Fuese quitado de en medio de vosotros** se refiere a la censura eclesiástica y a la excomunión. **3, 4.** Pablo ya había juzgado el problema en espíritu. Sus palabras les ofrecen guía respecto a cómo proceder. **5.** Aquí tenemos la esencia de su juicio. **Entregar a Satanás** es difícil (cf. 1 Ti. 1: 20). Es probable que se refiera a entregar al hombre al mundo en cuanto pertenece a Satanás (cf. 1 Jn. 5:19). **Destucción de la**

carne se ha tomado en el sentido moral de supresión de los apetitos carnales. **Destrucción** es demasiado fuerte para que pueda significar esto, si bien, desde luego, la disciplina tiene carácter de remedio. Es probablemente mejor entenderlo en el sentido de castigo corporal, al cual conduce el pecado constante, según enseña el NT, no sólo en esta carta (cf. 1 Co. 11:30), sino también en otros pasajes (cf. 1 Jn. 5:16,17). El propósito de la acción se da en el pasaje siguiente.

6. El principio en el que se basa la necesidad de disciplina se expresa aquí. "Nunca hay que alegar como excusa que sólo se trata de un caso. Es sólo uno, pero contagiará a **toda** la masa (xv. 33)" (MNT, p. 57). El pecado siempre se propaga y contamina si se le deja, como el veneno, o las malas hierbas, o el cáncer. **7. Pues.** Es necesario actuar con decisión. **Para que seáis nueva masa** expresa la posición de los oyentes, a la que debe corresponder su condición. Su purificación se debe manifestar en una vida limpia. **Porque** lo explica. Las observaciones del apóstol tienen como referencia las fiestas de la Pascua y de los panes sin levadura. La Pascua (cf. Éx. 12:1-28) prefiguraba a Cristo como Cordero de Dios quien iba a quitar el pecado del mundo con su sacrificio en el Gólgota (cf. Jn. 1:29). La fiesta de los panes sin levadura (cf. Ex. 12: 15-20; 13:1-10), durante la cual los israelitas no debían tener levadura en la casa (levadura que desde luego era símbolo del pecado), se prolongaba por toda la semana que seguía al sacrificio del cordero. Esta fiesta prefiguraba la vida de santidad que debía seguir al sacrificio del cordero y al comerlo. ya que siete días era un ciclo completo de tiempo. La Pascua, pues, es símbolo y ejemplo de la obra de Cristo al morir. Así ocurrió, tal como Pablo escribe **ya fue sacrificado por nosotros** (tiempo aoristo, ya que considera el acontecimiento como ocurrido una vez por todas). La fiesta de los panes sin levadura es ejemplo de la vida de santidad del creyente, algo permanente, y por ello Pablo escribe **así que celebremos la fiesta** (v. 8; tiempo presente, acción habitual). Así como una pizca de levadura en la casa del israelita significó ser juzgado (cf. Ex. 12: 15), el pecado en la vida del creyente significa juicio. Por ello es necesaria la disciplina.

8. La conclusión **(así que)** de la exhortación de Pablo está en este versículo. Las características de la vida del creyente debían ser pureza y rectitud, no la perversidad del hombre y de la iglesia en este asunto de incesto. Esta virtudes debían ser el alimento de la fiesta del cristiano.

9. El apóstol aclara ahora las instrucciones dadas en una carta anterior (véase la introducción), que se ha perdido. **10,11.** El cristiano debe tener cierto contacto con el mundo; de lo contrario tendría que **salir del mundo,** lo cual es imposible (¡por lo menos antes del advenimiento de la era espacial!). La clave para entender el mandato del versículo 9 es el verbo **juntarse** (vv. 9,11), que significa literalmente *mezclarse con* (cf. Arndt, p. 792). La idea es la de intimidad familiar. El apóstol sabía que cierta intimidad con el mundo debe darse en las tareas cotidianas de la vida. Sin embargo, al hermano bajo disciplina se le debía negar dicha relación, y sobre todo los creyentes no debían **ni aun comer** con ese tal, que era la muestra más obvia de intimidad.

12. Porque explica por qué Pablo en la carta perdida no se refería al mundo, sino a los hermanos, cuando hablaba del negar asociarse. No le preocupaban los que **están afuera;** Dios se ocupaba de ellos (cf. A. R. Fausset. en JFB V, 297). Los corintios, en cambio, tenían la obligación de juzgar a los de **dentro. 13.** El **pues** (RVR) debería omitirse, lo cual da a la frase final de excomunión una fuerza sucinta notable (cf. Dt. 24:7).

B. Pleitos Ante Paganos. 6:1-11.
Prosigue la exposición de desórdenes. Si bien no hay partícula de enlace en 6:1, la idea de *juzgar* une claramente los dos capítulos. La competencia judicial de la iglesia respecto a sus miembros está bien patente en ambos. Godet lo expresa bien, " 'No sólo no juzgan a los que tienen la misión de juzgar **(los que están dentro);** además de esto, dejan que los juzguen los que están por debajo de ustedes **(los que están fuera)' "** (*op. cit.,* I, 284). Primero se introduce el problema de los pleitos (v. 1) y luego se expone (vv. 2-11). La solución utiliza tres veces el **no sabéis** (gr., *ouk oidate;* vv. 2,3,9).

1. Osa alguno de vosotros (muy enfático en griego). ¡Qué audacia la de los *justificados* (aunque los griegos eran dados a pleitear) solicitar justicia a los *no justificados!* (cf. v. 11). **2.** El primer punto del reproche es el hecho conocido de que **los santos han de juzgar al mundo,** debido a su unión con el Mesías, a quien pertenece todo juicio (cf. Jn. 5:22, Mt. 19:28). **3.** El segundo punto es el conocido hecho de que **hemos de juzgar a los ángeles; cuánto más,** entonces, **las cosas de esta vida** (cf. Jn. 5:22; Jud. 6; 2 P. 2:4,9). **4. Pues** introduce una deducción algo oscura debido a un problema de traducción. **Ponéis para juzgar** puede tomarse como imperativo o como indicativo. En este caso, puede ser declarativo o interrogativo. Probablemente es preferible el indicativo con fuerza interrogativa; el sentido sería, **¿po-**

néis para juzgar a los que son de menor estima en la iglesia? 5. Sugerencia muy irónica de que quizá no haya ni un solo **sabio** entre los sabios corintios.

7,8. Se sugiere un proceder mejor. **Falta** puede traducirse por *derrota;* se indicaría con ello que el recurrir a la ley en contra de un hermano es haber perdido ya el caso.

9. El tercer punto de Pablo es una apelación a "principios más amplios" (ICC, p. 117). El injusto no está calificado para juzgar; sólo el creyente, el justo, puede juzgar. Primero se presenta lo negativo (vv. 9,10) y luego lo positivo (v. 11). El centro de interés en **el reino de Dios** es **Dios;** el injusto está excluido de su reino. La enumeración de pecados que sigue muestra que Pablo y Santiago concuerdan en lo básico. Ambos afirman que la fe genuina produce buenas obras (cf. Ef. 2:8-10), y que la ausencia de buenas obras indica falta de fe (cf. Stg. 2: 14-26). La laxitud moral que prevalecía entre griegos y romanos quizá indujo al apóstol a recalcar el vicio antinatural. Por ejemplo, Sócrates, al igual que catorce de los primeros quince emperadores romanos, practicaron el vicio contra la naturaleza (cf. Barclay, *op. cit.,* p. 60).

11. Contiene el llamamiento positivo. **Y esto erais algunos** alude a los abismos de los que la gracia de Dios en Cristo los había rescatado. **Habéis sido lavados.** Literalmente, *dejásteis que os lavaran* (voz media de permiso), u, *os lavásteis* (voz media directa, que recalca el aspecto activo del acto; cf. Hch. 22:16, Gá. 5:24). **Lavados, santificados,** y **justificados** reflejan la nueva situación de los corintios. Que se mencione la santificación antes de la justificación no es problema, ya que Pablo tiene presente sobre todo la posición (véase 1 Co. 1:2,30). Los verbos se refieren a la misma realidad bajo distintos aspectos; uno subraya la purificación del creyente, el siguiente el llamamiento nuevo del creyente, y el último la nueva situación del creyente. **Justificados** figura en último lugar, punto culminante adecuado de la exposición acerca del buscar justicia ante el injusto (vv. 1-8).

C. Laxitud Moral en la Iglesia. 6:12-20.
Pablo pasa a ocuparse de la laxitud moral que contaminaba a la iglesia, según parece causada por la aplicación de la verdad de la libertad cristiana al campo de la sexualidad. El problema es: si no existen restricciones *si no hay* en cuanto a lo que se come, es decir, en uno de los apetitos corporales, ¿por qué debe haberlas en lo sexual, que es otro de los deseos físicos? La respuesta de Pablo, en la que comienza con el principio de la libertad y lo aplica a la fornicación en forma específica, vuelve a emplear el triple **no sabéis** (vv. 15,16,19).

12. Se formula el principio de la libertad, con dos limitaciones: (1) conveniencia (cf. 10:23); (2) auto-dominio. **Lícitas** y **convienen** tienen la misma raíz y se emplean con un juego de palabras: "Todas las cosas están bajo mi poder, pero yo no seré colocado bajo el poder de ninguna". El ceder a un hábito que lo domina a uno no es libertad sino esclavitud.

13. Las viandas son **para el vientre y el vientre para las viandas** (necesidad mutua), pero no ocurre lo mismo con el cuerpo y la fornicación. El cuerpo tiene como fin el glorificar al Señor, y el Señor es necesario para el cuerpo si se quiere que ese fin se cumpla. Pablo emplea el término **cuerpo** en un sentido más amplio que el de simple morada física. Casi equivale a personalidad, algo así como *alguien*, o *cualquiera* (cf. MNT, pp. 68, 69, 71-73); Morris, *op. cit.*, p. 100; Moule, *op. cit.*, pp. 196, 197). En el v. 19 parece que equipara **cuerpo** con **vosotros**. Desde luego que esta no es la costumbre de Pablo (2 Co. 12:3). **14.** Una diferencia más entre el cuerpo y el vientre y el cuerpo y la fornicación radica en el hecho de que el cuerpo está destinado a la resurección, en tanto que el vientre será destruido (v. 13). Que el cuerpo continúe tiene un significado más que teórico. Por ejemplo, ¿qué decir acerca de la incineración?

15. Debido a la unión del creyente con Cristo (cf. 12:12-27), la fornicación le priva al Señor de lo que es suyo. **16.** Contiene la segunda razón. **O no sabéis** es la traducción mejor. No sólo se priva al Señor, sino que se efectúa una unión nueva (cf. v. 15; Gn. 2:23). La prueba práctica de ello es que de la unión puede nacer una nueva personalidad. **17. Un espíritu.** Una de las expresiones más vigorosas de unidad y seguridad en la Palabra de Dios. Como ha dicho un autor, "La oveja puede alejarse del pastor; el sarmiento puede ser desgajado de la vid; el miembro puede ser amputado del cuerpo . . . pero cuando dos espíritus se funden en uno, ¿qué los separará?" (Arthur T. Pierson, *Knowing the Scriptures,* p. 146). **18. Huid** (tiempo presente de acción habitual). Mandato positivo. Morris comenta, "Tengan como hábito huir" (*op. cit.*, p. 102). Alguien ha dicho, "Si bien se dice a menudo que se halla más seguridad en lo que hace la mayoría, ¡hay veces en que es más seguro huir!" Viene a la mente la experiencia de José (cf. Gn. 39:1-12). Las expresiones finales, **fuera del cuerpo** y **contra el cuerpo,** son difíciles. Quizá signifiquen que otros pecados, como la embriaguez, producen efecto *en* el cuerpo, en tanto que la fornicación es un pecado dentro del cuerpo y (en la unión con la prostituta), implica un rechazo monstruoso de la unión de Cristo.

19. La última razón es el hecho de que el **cuerpo es templo del Espíritu Santo. Vuestro cuerpo.** Expresión "distribuitiva", es decir, *el cuerpo de cada uno de vosotros* (cf. Charles J. Ellicott, *Paul's First Epistle to the Corinthians,* p. 107). El cuerpo del creyente es templo del Espíritu (cf. 3:16). ¡Qué inconsecuente es que los creyentes oren, como a veces lo hacen, por la venida del Espíritu!

20. Porque presenta la razón de por qué los creyentes no se pertenecen. El Espíritu habita en lo que Dios ha comprado. El derecho de propiedad se demuestra por la compra o la ocupación. Dios ha hecho ambas cosas; de ahí que los cristianos no se pertenezcan a sí mismos, sino que sean de él (cf. Jn. 13:1). **Comprados** (aoristo) se refiere al Gólgota, donde se pagó el precio. Se emplea la imagen de la manumisión sagrada, por la que el esclavo, al pagar el precio de su libertad al tesoro del templo, era considerado en adelante como esclavo del dios y no de su amo terrenal. **Glorificad, pues,** es la conclusión lógica, negativa y positiva al mismo tiempo. Negativamente, el creyente debería evitar todo lo que contamina, como la fornicación, y positivamente debería reflejar a Aquel que ha venido a habitar en él. El precio terrible de la sangre de valor incalculable (cf. 1 P. 1:18,19) exigía nada menos que esto. **Y en vuestro espíritu, los cuales son de Dios** tiene escasa base en los manuscritos.

IV. Dificultades en la Iglesia. 7:1—15:58.

A. Consejos Respecto al Matrimonio. 7: 1-40.

Una vez tratados los asuntos de los que había sido informado (cf. 1:11; 5:1), el apóstol pasa a los asuntos conocidos por correspondencia (cf. 7:1, *peri de;* véase Introducción). Primero se discuten los problemas matrimoniales. El capítulo, después de un prólogo que trata de principios generales (vv. 1-7), se ocupa de los problemas de los casados (vv. 8-24) y de los no casados (vv. 25-40).

1) Prólogo. 7:1-7. El apóstol formula el principio general, a saber, que en tanto el celibato es asunto de preferencia personal (vv. 6,7,), el matrimonio es un deber para los que no poseen el don de continencia (vv. 1,2), el verdadero matrimonio que satisface debidamente las necesidades sexuales de los cónyuges (vv. 3-5).

1. En cuanto a las cosas de que me escribisteis. Equivale a nuestra fórmula, *En respuesta a su carta.* Es posible que se le hubiera pedido a Pablo que defendiera el celibato como obligatorio para todos. Concede que es un estado **bueno. 2.** El matrimonio, sin embargo, es un deber para quienes la sociedad y los hábitos malos de la época les resultaran demasiado duros. No es un punto de vista desfavorable del matrimonio; es enfrentarse con sinceridad con los hechos a fin de evitar **ias fornicaciones,** plural que probablemente se refiere a los muchos casos ocurridos en Corinto (cf. 6: 12-20). **3—5.** El matrimonio bien entendido, sin embargo, es una sociedad, una unión de dos personas que se hacen "una carne" (6:16), e implica obligaciones mutuas y derechos conyugales.

6.7. Lo dicho antes contenía una **concesión,** no un **mandamiento.** Casarse es problema de *decisión,* no de *obligación.* La dirección del Señor, el **don** de Dios que uno posee, es lo más importante (cf. Mt. 19:10-12).

2) Problemas del Matrimonio. 7:8-38. El escritor trata ahora de problemas específicos en los que se encuentran casados y no casados.

8,9. Se dirige primero a los que no estaban casados cuando Pablo les escribía, pero que habían tenido experiencia sexual. **Solteros,** eran probablemente los viudos, en contraposición a las **viudas.** Los solteros y vírgenes se mencionan en otras partes (vv. 1,2,25,28-38). **Quedarse** (aoristo) es la decisión definitiva para toda la vida. **10,11.** Lo siguiente que dice Pablo se refiere a la continuación o rotura del vínculo matrimonial, en el caso de matrimonios de creyentes (vv. 10-11) y de matrimnios mixtos (vv. 12-16). La regla para los creyentes es, Jamás separarse, ya que este es el querer del Señor, **no yo, sino el Señor** (cf. Mr. 10:1-12). En el caso de una separación desaprobada, Pablo menciona dos posibilidades. La mujer debe **quedarse sin casar,** tiempo presente, poniendo de relieve lo permanente de dicho estado. O debería **reconciliarse,** aoristo, que subraya algo ocurrido una vez por todas, sin más separaciones posibles.

12. ¿Qué decir de los matrimonios en los que uno de los cónyuges se ha hecho cristiano? La ley judía exigía que el inconverso fuera repudiado (cf. Ez. 9:1—10:44). La norma vuelve a ser, Jamás separarse (1 Co. 7:12,13).

14. Porque. La primera razón es que el cónyuge no creyente y los hijos de un matrimonio mixto son **santificados.** Esto no significa que el hijo nacido de un hogar en el que sólo uno de los padres es cristiano haya nacido "en la familia de Cristo" (cf. Barclay, *op. cit.,* p. 71). Pablo simplemente quiere decir que el principio del AT de la transmisión de la impureza no persiste (cf. Hag. 2:11-13). La unión es legítima y confiere ciertos privilegios a los miembros (cf. ICC, p. 142), privilegios como la protección de Dios y la oportunidad de estar en contac-

to íntimo con un miembro de la familia de Dios. Esto podría facilitar el camino a la conversión del no creyente.

15. Una segunda razón para la preservación de la unión radica en el hecho de que Dios **a la paz nos llamó.** Sin embargo, se presenta una situación curiosamente ambigua. Algunos intérpretes creen que Pablo en este caso alienta al creyente a que permita la separación con tal de preservar la paz, si el no creyente desea separarse. ¡De lo contrario podría haber discusiones constantes! Por otra parte, el pensamiento de Pablo podría ser que hay que impedir la separación si es posible, ya que ella perturbaría la paz de la unión matrimonial. El principio general del contexto (vv. 10,11) favorece la segunda explicación; también el versículo siguiente. Nada se dice acerca de un segundo matrimonio del creyente; de nada vale hacerle decir a Pablo lo que no ha dicho. Es cierto que el verbo "separarse" en voz media (en este versículo está en esta voz) era casi un término técnico para el divorcio en los papiros (MM, p. 695,696). Esto, sin embargo, nada prueba en este caso.

16. Porque. La tercera razón en favor de la no separación es que la salvación del otro cónyuge puede conseguirse si la unión se preserva. Otros entienden la afirmación en el sentido de que la separación debería aceptarse con gusto, ya que uno nunca puede saber si el cónyuge se convertirá o no. El contexto general favorece la primera opinión. Pero no es fácil descubrir qué quiso decir Pablo.

17-24. El apóstol ahora sintetiza, e indica que este principio de permanecer en la relación conyugal en la que uno está es simplemente parte de un principio más general que afecta a todas las esferas de la vida. La norma en cualquier esfera es ser fiel al llamamiento de uno, a no ser que el llamamiento sea inmoral. Pablo afirma el principio tres veces (vv. 17,20,24), intercalando dos ilustraciones, una religiosa (cf. Ro. 2:28,29) y la otra secular. La expresión **con Dios,** que cierra la sección, pone de relieve el hecho de que la presencia de Dios hace de cualquier trabajo secular un trabajo con Dios. En un sentido, pues, todo cristiano está involucrado en trabajo cristiano completo. A la luz de la enseñanza que Pablo da en este caso, ¿no es acaso algo discutible "presionar" a los jóvenes para que se dediquen al servicio completo de Dios como misioneros, pastores, etc.? Lo de importancia suprema para todo cristiano es seguir el llamamiento que Dios le haga.

25. En cuanto a (*peri de*) indica a los lectores que va a dar respuesta a otra parte de la carta de la iglesia. En el resto del capítulo Pablo trata de tres grupos: (1) las vírgenes (v. 25-35); (2) los padres (vv. 36-

38); (3) las viudas (vv. 39,40). La sección está encerrada entre dos afirmaciones referentes a la autoridad del escritor (vv. 25, 40). La esencia del párrafo es: el celibato es deseable, pero no exigido.

26—28. Hará bien el hombre en quedarse como está. La primera razón para permanecer soltero es la **necesidad que apremia,** expresión que probablemente se refiere a las presiones de la vida cristiana en un mundo hostil (cf. v. 28; 2 Ti. 3:12). Si la vida cristiana es difícil por sí misma, ¿por qué imponerse la carga del matrimonio? **29—31.** Una segunda razón va implicada en la afirmación, **el tiempo es corto** (lit., *ha sido abreviado* de modo que es demasiado corto). El apóstol se refiere al tiempo anterior a la venida del Señor (cf. Ro. 13:11). Hay que vivir toda la vida a la luz de este gran hecho. Luego, **la apariencia de este mundo** pasará y amanecerá un día nuevo glorioso. **32—35.** Estos versículos contienen una tercera razón. Se halla en forma negativa en las palabras, **Quisiera que estuvieseis sin congoja** (v. 32), y en forma positiva en las palabras **para que sin impedimento os acerquéis a Dios** (v. 35). Las palabras que enlazan los vv. 33 y 34 crean un complicado problema textual. Se puede solucionar si se modifican las palabras, **Hay asimismo diferencia entre la casada y la doncella** (v. 34), por "También están divididas por una parecida diferencia de intereses la mujer casada y la soltera" (ICC, pp. 150,151). Lo que el apóstol quiere decir está claro: el matrimonio es algo que distrae. Así lo dice en forma concreta al final del versículo 35. Las palabras **Para que sin impedimento os acerquéis al Señor** recuerda el relato lucano del incidente de la visita del Señor a la casa de Marta y María en Betania. También hay varios puntos verbales de contacto en el texto griego del relato lucano y de las palabras de Pablo (cf. Lc. 10:38-42). Es como si Pablo dijera tácitamente que el matrimonio hace Martas de las Marías, con lo que se impide la elección de la "buena parte" —ocuparse del Señor y de su Palabra.

36—38. Se refiere a los padres. El pasaje debe entenderse a la luz de las costumbres de la época. El padre dirigía los arreglos de matrimonio de su hija. **Es impropio para su hija virgen** se refiere al impedirle el matrimonio cuando se sabe que falta a la continencia. Es dudoso que Pablo tenga en mente en este caso "matrimonios espirituales", en los que dos personas se casaban pero vivían juntos como hermanos (cf. Barclay, *op. cit.,* pp. 74,75; MNT, pp. 98-100), **Está firme en su corazón,** es decir, no cree que actúa inadecuadamente. **De manera que** introduce el resumen, en realidad un suma-

rio del capítulo. Uno hace **bien;** el otro hace **mejor.** El estado célibe no es más santo que el matrimonial; el celibato simplemente es de mayor ventaja para el servicio del Señor. Pero incluso en el matrimonio todo ha de estar en lo posible sujeto a los intereses del Señor. La palabra **dar en casamiento** (v. 38) siempre tiene este sentido en el NT (cf. Mt. 22:30; 24:38); nunca significa simplemente *casarse,* lo cual parece confirmar la interpretación que se ha ofrecido antes como mejor.

3 Postdata. 7:39,40. A la viuda se la declara **libre para casarse,** pero **con tal que sea en el Señor,** es decir, con un cristiano. Esto parece indicar con claridad que Pablo nunca hubiera aprobado matrimonios mixtos (matrimonios entre creyentes y no creyentes), verdad que hoy día tiene amplia aplicación. Pablo vuelve de nuevo a la utilidad, sin embargo, cuando escribe **más dichosa será si se quedare así** (cf. v. 8). Las palabras finales parecen indicar que Pablo pensaba que sus palabras en este caso tenían la aprobación divina (él **también** quizá alude a algunos en Corinto que pretendían tener la aprobación del Espíritu para sus actitudes no escriturísticas); y el hecho de que hayan quedado conservadas en la Sagrada Escritura puede ser la confirmación de este parecer.

B. Consejos Respecto a lo Sacrificado a los Idolos. 8:1—11:1.

El *peri de (En cuanto a,* RVR) indica que comienza un tema nuevo. **Lo sacrificado a los ídolos** eran los restos de los animales sacrificados a los dioses paganos. Ya fuera que el animal se ofreciera en sacrificio privado, ya en público, le quedaban al oferente partes de la carne. Si se había ofrecido como sacrificio privado, la carne se podía usar para un banquete, al cual se invitaban amigos del oferente. Si el sacrificio había sido público, la carne que quedaba después de que los magistrados se reservaban lo que quisieran podía ser vendida a los mercados para su distribución a la gente de la ciudad. Los problemas, pues, eran estos: (1) ¿Podría el cristiano comer de la carne ofrecida a un dios falso en una fiesta pagana? (2) ¿Podría el cristiano comprar y comer carne ofrecida a los ídolos? (3) ¿Podría el cristiano, si se le invitaba a casa de un amigo, comer carne que había sido ofrecida a ídolos?

1) Principios. 8:1-13. Pablo primero establece principios generales para guía del creyente en estos delicados problemas. **1. Todos tenemos conocimiento** puede ser una cita de la carta que le escribieron. Los cristianos poseen conocimiento, pero

puede ser superficial e incompleto (cf. vv. 2,7). El **conocimiento,** además, no basta para solucionar todos los problemas, porque por sí mismo **envanece. 2. Aún no sabe nada** se refiere al verdadero conocimiento de Dios. En esta carta, el conocimiento que el hombre tiene de Dios es siempre incompleto (cf. 13:12). **3. Amar a Dios** produce tanto conocimiento de Dios como sentido del conocimiento que Dios tiene del individuo. Por ejemplo, en la corte todos conocen al rey, pero el rey no conoce a todos. La segunda parte indicaría intimidad personal y, como consecuencia, conocimiento directo (cf. Godet, *op. cit.*, 1, 410; Gá. 4:9). **4. Un ídolo nada es en el mundo** probablemente debería ser *no hay ídolo en el mundo.* Un ídolo no puede en realidad ser una representación de Dios. ¿Cómo podría un trozo de madera o de piedra representar la incorruptibilidad de Dios? **5.** El apóstol reconoce, sin embargo, que existen los **llamados dioses. 6. Para nosotros** indica un marcado contraste. **Del cual proceden todas las cosas** se refiere a la primera creación; el Padre es la fuente de todo (cf. Gn. 1:1). **Nosotros somos para él** se refiere al Padre como fin de la nueva creación, la Iglesia. La función de la Iglesia es glorificarle. **Por medio del cual son todas las cosas** apunta al Señor Jesucristo como agente de Dios en la creación (cf. Jn. 1:3). **Nosotros por medio de él** lo presenta como el agente responsable de la nueva creación (cf. Col. 1:15-18). **7.** Desde este punto hasta el final del capítulo Pablo explica las palabras, **el amor edifica** (v. 1). Es necesario, porque **no en todos hay este conocimiento** del único Dios y Señor, que le permita a uno comer sin peligro carne sacrificada a los ídolos. **Habituados hasta aquí, a los ídolos** es la traducción preferible. **8.** Pablo señala que la carne por sí misma no acerca a los creyentes a Dios. **No nos hace más aceptos.** El sentido es *acercar.* "Es el corazón puro, y no los alimentos puros, lo que importa; y el hermano débil confunde ambas cosas" (ICC, p. 170). **9.** En los siguientes versículos Pablo advierte al fuerte que **mire** que su **libertad** (lit., *autoridad,* el ejercicio de su derecho) no sea piedra de tropiezo para los **débiles.** En otras palabras, el conocimiento no resuelve el problema (cf. vv. 1-3). **10. Será estimulada** (lit., *vigorizar*) es irónico. ¡Buena edificación es ésta; estimula al pecado! **11. Y** (lit., *porque*) introduce la razón de por qué el creyente fuerte se ha convertido en piedra de tropiezo. La última cláusula es muy atractiva. Si Cristo amó al hermano tanto como para morir por él, entonces el hermano fuerte debería amarlo lo bastante como para renunciar al derecho de comer ciertas carnes. **Perderá** se refiere a la per-

dición corporal, no a la eterna. El hermano débil, al ir contra su conciencia una y otra vez al comer algo que cree no debería comer, peca y se expone al pecado que es para muerte (cf. 5:5; 11:30; 1 Jn. 5:16, 17). Es tiempo presente; el proceso de perderse dura mientras persiste el comer. **12.** La consecuencia peor de este asunto es que los creyentes fuertes pecan **contra Cristo** al pecar contra los hermanos. La argumentación se basa en la unidad del cuerpo de Cristo (cf. 12:12,13,26). **13. Por lo cual** lleva a la conclusión de Pablo. El *amor* y no la *luz* (conocimiento) resuelve el problema. En asuntos morales, acerca de los que la Palabra ha hablado, la Palabra es suprema. En asuntos moralmente indiferentes, tales como comer carne ofrecida a los ídolos, la libertad ha de estar dirigida por el amor. Sin embargo, varias cosas se deben tener presentes. En primer lugar, el pasaje no se refiere a legalistas deseosos de imponer sus estrechos escrúpulos a otros. Estos no son hermanos débiles, sino hermanos voluntariosos que desean gloriarse en la sumisión de otros a sus propias ideas (cf. Gá. 6:11-13). Esto es tiranía, y el cristianismo debe estar siempre alerta en contra de ello. En segundo lugar, debería advertirse en este versículo que la decisión de seguir el camino del amor se apoya en Pablo, no en el débil. Los fuertes han de seguir voluntariamente la llamada del amor, no porque el débil lo exija (los legalistas siempre piden sumisión a sus leyes). Finalmente, es significativo que Pablo, al tratar de la fornicación y de la carne de los sacrificios a ídolos, no apela al decreto del Concilio de Jerusalén (cf. Hch. 15:19,20). En lugar de ello, apela a conceptos espirituales altísimos, que los griegos sabrían valorar.

2) Ilustración de los Principios. 9:1-27. Pablo no abandona el tema. Más bien, ilustra los principios enunciados recurriendo a su propia experiencia. Como apóstol y poseedor de la libertad cristiana, podía exigir sostén económico de aquellos a quienes predicaba (vv. 1-14). De hecho, en cambio, se negaba a ejercer sus derechos a fin de ganar una recompensa (vv. 15-23). Tal decisión demandaba disciplina y privación personales (vv. 24-27). Los corintios, desde luego, tenían que aplicar la lección de autonegación y disciplina al problema de la carne sacrificada a los ídolos. **1. ¿No soy libre?,** la pregunta precede al problema concerniente al apostolado (En los manuscritos mejores). Este orden además es adecuado, porque el proceder de los derechos como cristiano a los derechos como apóstol es un comienzo adecuado de la sección. **¿No he visto a Jesús el Señor nuestro?** Base de su idoneidad para el apostolado (cf. Hch. 1:21,22). **¿No sois vosotros mi obra en el Señor?** Palabras destinadas a recalcar la legitimidad de la obra de Pablo entre los corintios. **2,3.** Los corintios eran **el sello** de su apostolado. Es decir, eran la garantía del fruto espiritual de su labor entre ellos, o, en otras palabras, la prueba de que Dios realmente "dio el incremento" (cf. 3:5-7). **Contra los que me acusan.** Los que ponían en tela de juicio la posición apostólica y oficio de Pablo. **Esta** mira a lo pasado (vv. 1-3), no a lo futuro (vv. 4-14).

4. Una vez sentada la cuestión del apostolado, el apóstol procede a tratar de la autoridad o derecho de sostén, que se derivaba del oficio. Compárese 8:9, en que la palabra "libertad" es la misma que en este caso **derecho. Comer y beber** no se refiere a las carnes sacrificadas a los ídolos, sino a la comida y bebida ordinarias.

5,6. Se pueden descubrir cinco razones para el derecho de sostén. La primera que se menciona sería el ejemplo de otros. **Los hermanos del Señor,** que no creyeron en él, eran ahora misioneros (cf. Jn. 7:5; Mt. 13:55). La mención de la esposa de **Cefas** es interesante. Si Pedro fue el primer papa (*no* lo fue, desde luego), es evidente que fue un papa casado (cf. Mt. 8:14). El derecho de Pablo incluía el sostenimiento de su familia. **7.** La segunda, el principio del derecho común, se presenta por medio de ilustraciones bien conocidas —el soldado, el agricultor y el pastor.

8—10. La tercera razón, la enseñanza de las Escrituras, se presenta luego (cf. Dt. 25:4). Pablo afirma que el AT enseña el derecho de sostenimiento de los que predican la Palabra. A menudo se ha discutido el uso que hace de la Escritura. Se ha dicho que indica desdén por el uso literal del AT (cf. MNT, pp. 116,117). Esto no es cierto. Todo lo que Pablo enseña es que el pasaje de Deuteronomio tiene un significado más hondo que el literal. Ambos sentidos, el literal y el alegórico (ambos son sentidos *espirituales*), se hallan en este pasaje. **¿Tiene Dios cuidado de los bueyes?** El sentido literal de la pregunta no se debe forzar. La construcción griega es tal que se espera la respuesta, "No". Pablo quiere decir que el cuidado de Dios no es en primer lugar para los animales, sino para los hombres. Sin embargo, el cuidado de Dios por los animales se afirma en uuchos pasajes del AT (cf. Sal. 104:14,21,27; Mt. 6:26). La argumentación de Lutero fue más atrevida que la de Pablo. Dijo que el pasaje de Deuteronomio fue escrito exclusivamente pensando en nosotros, ya que los bueyes no saben leer. La palabra **enteramente** probablemente significa en este caso *sin duda* (ICC, p. 184).

11-13. El derecho del ministerio santo, la cuarta razón, se establece en este pasaje, y la argumentación gira en torno al valor mayor de lo espiritual sobre lo material **Lo material** es lo referente al cuerpo, ya que la palabra empleada tiene sentido neutro. **Este derecho sobre vosotros** es el privilegio del maestro de participar de las cosas materiales de los creyentes. Según parece ciertos maestros habían ejercido este derecho sobre los corintios. Pero Pablo se jacta con razón de no haber **usado de este derecho.** El aceptar ayuda económica hubiera podido **poner obstáculo al evangelio de Cristo,** porque algunos hubieran podido decir que predicaba sólo por esto. **Del altar participan** alude a los derechos de los sacerdotes del antiguo pacto (cf. Nm. 18:8-24). **14.** El mandato del Señor, quinta razón, concluye la exposición del derecho de sostén por parte de la iglesia (cf. Mt. 10:10; Lc. 10:7).

15. El apóstol ahora muestra cómo el amor actuó en su caso, aun cuando tenía perfecto derecho al sostén de parte de los corintios. Contrasta, pues, su sacrificio personal con el egoísmo de los que usaban su libertad en la cuestión del comer carne en detrimento de otros. **Pero** indica el contraste, y el cambio a primera persona señala la ilustración personal, la ilustración del conocimiento regulado por el amor. **16.** Se conduce a los lectores a fijarse en el propósito de Pablo al predicar sin salario —a saber, el deseo de recompensa del Señor. **Me es impuesta necesidad** se refiere al llamamiento en el camino a Damasco, llamamiento que no pudo rechazar.

17. Por lo cual, si lo hago de buena voluntad introduce una suposición que nunca podría cumplirse en Pablo. Así pues, en su caso no podía haber recompensa por el predicar, porque predicaba por necesidad. La clave de la argumentación de Pablo se halla en la expresión, **la comisión me ha sido encomendada.** *Administración* (NC), o sea, trabajo encomendado a uno bajo un dueño. El administrador, por tanto, pertenecía a la clase de los esclavos (cf. Lc. 12:42,43). Y el esclavo no recibía recompensa; tenía que trabajar (cf. Lc. 17:10). Pablo, por tanto, tenía que presentar la idea de predicar sin recompensa. Como dice Moffat, "Su pago era hacerlo sin pago" (*op. cit.,* p. 121). Así se ganó el apóstol la recompensa. Así pues, la *luz* está regulada por el *amor.* **18. Presente gratuitamente el evangelio de Cristo** era la meta y el medio de su recompensa. Este, desde luego, no es principio que haya de aplicar a todos los predicadores del Evangelio. Es la decisión voluntaria de alguien que, aunque tenía derecho a que lo sostuvieran, fue llevado a proclamar la verdad por medio de una visión sobrenatural del Salvador ascendido.

19. Pablo agrega ahora otras formas en que, por el bien de otros, no quiso ejercer sus derechos. **Libre de todos** se refiere al no depender de otros en ninguna forma (cf. v. 1).

20. El principio que Pablo abrazó fue el de movilidad en métodos, no en moral. Después de las palabras **como sujeto a la ley,** el texto griego añade, **aunque yo no esté sujeto a la ley,** afirmación notable que recalca lo completamente que Pablo había roto con la Ley de Moisés. Es difícil hallar una afirmación más vigorosa de este hecho en ningún otro escrito suyo. **21. A los que están sin ley** se refiere a los gentiles. **No estando yo sin ley de Dios, sino bajo la ley de Cristo** se agrega para evitar malas inteligencias. Si bien Pablo no estaba bajo la ley, no era un sin ley. La ley del amor a Cristo es un motivo más poderoso para la justicia que el temor del juicio del Sinaí. Los que no están bajo la ley mosaica pero andan por el Espíritu de Dios con amor hacia el Señor Jesucristo cumplirán las exigencias de la Ley (cf. Ro. 8:3; Gá. 5:16-23).

22. Débil es el demasiado escrupuloso al que se refiere en 8:7, 9-12. Pablo nunca se aparta del tema general de la carne sacrificada a ídolos. **A todos me he hecho de todo** expresa su principio. (El verbo está en perfecto, no en aoristo como en el versículo 20, lo cual expresa el efecto permanente de su acción anterior). No es el fin que justifica los medios, sino la adaptabilidad por el amor dentro de la Palabra. *Salvar* es más vigoroso que **ganar** (v. 19). *Para que . . . salve a algunos* no quita la salvación de las manos de Dios; sólo pone de relieve la cooperación humana del siervo de Dios en el ministerio de la verdad.

23. Por causa del evangelio no significa a fin de promover el evangelio, sino debido a lo valioso que es para el apóstol.

24. La decisión de Pablo exigía disciplina personal. Cuando alguien no quiere disciplinarse a sí mismo y ejerce su libertad en detrimento del débil, no sólo perjudica al débil, sino también a sí mismo. Este es el contenido de los versículos restantes (vv. 24-27). La sección se refiere al gran espectáculo atlético de los juegos Ístmicos, que se celebraban cada dos años cerca de Corinto. **El premio** indica que el apóstol tenía presente el servicio y las recompensas, no la salvación y la vida (cf. v. 17, "recompensa"; Fil. 3:11-14). **25.** Después de la ilustración del versículo 24, sigue la aplicación que contiene una comparación y un contraste. **De todo se abstiene.** *Se restringe* (MNT, p. 125). Lo que Pablo dice es que los atletas que quieren ganar deben entrenarse con esmero —verdad bien ilustrada en los esfuerzos de los atletas de nuestro tiempo, ya sea en atletismo, fútbol o cualquier otro deporte. **Una corona corruptible** introduce el contraste. Los atletas se limitan para ganar un premio insignificante (en los juegos Ístmicos era una corona de pino). Cuánto más debería hacerlo el cristiano para ganar **una incorruptible** (cf. 2 Ti. 4:8, 1 P. 5:4; Ap. 2:10; 3:11).

26,27. Sigue la conclusión de Pablo, que comienza con el **así que.** Pablo **corrió,** pero **no como a la ventura;** sabía a dónde iba (cf. Fil. 3:14). No era como el niño que aprendía a montar en bicicleta y que le gritaba con orgullo a su hermanita, "Ya camino". La hermanita, observando con indiferencia el vacilante progreso del hermano, respondió, "Sí, caminas, ¡pero no adelantas!" **Golpea el aire** es una metáfora tomada del boxeo. La afirmación no se refiere a los ejercicios necesarios y adecuados del boxeador, sino a los golpes en el vacío durante el combate. Pablo era un pugilista experto; siempre acertaba en el blanco. **Golpeo mi cuerpo.** Esta es la mejor versión según los manuscritos. El pensamiento, desde luego, es el de la disciplina personal. El andar con Dios exige sacrificio personal, sacrificio de cosas que en sí no son malas, pero que impiden la dedicación completa del alma a Dios —como por ejemplo, placeres y empeños mundanos. En una época de lujos, como la actual, estas palabras significan mucho para el servidor de Cristo serio. **Habiendo sido heraldo para otros.** Referencia a la costumbre de que un heraldo llamara a los participantes en la carrera (a *keryx*, derivado de la misma raíz que la palabra **predicar**). Pablo invitó a muchos a la carrera de la vida cristiana por medio del Evangelio. Después de esto no quería ser **eliminado.** La palabra no se refiere a la pérdida de la salvación. Literalmente significa *censurado.* **Es evidente que al apóstol le preocupaba que el árbitro lo descalificara para el premio. No temía que el heraldo pudiera impedirle participar en la carrera. Todos corren, pero no todos reciben el premio; Pablo quería ganar el premio.**

3) Admonición y Aplicación a los Corintios. 10:1—11:1. Pablo concluye con una admonición vv. 1-13) y una aplicación 10:14—11:1) la exposición del tema de la carne ofrecida a los ídolos. En la aplicación trata de la participación en las fiestas religiosas paganas (vv. 14-22), del comer carne vendida en el mercado público (vv. 23-26), y del comer carne en casas particulares (10:27—11:1).

1. Porque expresa el enlace íntimo entre los capítulos 9 y 10. El escritor ya ha mostrado la necesidad de disciplina personal y la posibilidad de que el que no se disciplina fracase en cuanto a recompensas. Para mostrar lo real de esta posibilidad, recurre a

Israel como ejemplo de fracaso, y con esta ilustración amonesta a los Corintios a que "presten oído", no sea que también ellos fallen. Israel fue **eliminado** (9:27).

Pero primero Pablo debe mencionar las ventajas de los judíos. **Todos,** que se repite cinco veces, pone de relieve la universalidad de la bendición divina en Israel; y si se tiene en cuenta el hecho de que casi todos perecieron (a excepción de Caleb y Josué), esta palabra une íntimamente esta sección con 9:24. Ahí Pablo dijo, "¿No sabéis que los que corren en el estadio, **todos** a la verdad corren, pero **uno** sólo se lleva el premio?" **Estuvieron bajo la nube** indica la prolongada guía sobrenatural (cf. Éx. 13:21, 22; 14:19; Mt. 28:20). **Pasaron el mar** indica una liberación sobrenatural, el segundo privilegio (cf. Éx. 14:15-22; 1 P. 1: 18-20). **2. En Moisés fueron bautizados,** su tercer privilegio, relaciona su unión con el líder de ellos, quien bajo la guía de Dios fue su líder sobrenatural (cf. Éx. 14:31; Ro. 6:1-10). **3. Comieron el mismo alimento espiritual.** El comer mamá, "pan de nobles" (Sal. 78:25), fue el cuarto privilegio de la nación. El pueblo participó de alimento sobrenatural (cf. Éx. 14:31; Ro. 6: 1-10). **3. Comieron el mismo alimento espiritual.** El comer maná, **"pan de nobles" (Sal.** 78:25), **fue el cuarto privilegio de la nación. El pueblo participó de alimento sobrenatural (cf. Éx.** 16:1-36; 1 P. 2: 1-3). **Espiritual** probablemente tiene el sentido de *sobrenatural* (cf. ICC, p. 200).

4. La misma bebida espiritual, quinto privilegio, se refiere a los sucesos mencionados en Éx. 17:1-9 y Nm. 20:1-13 (cf. Nm. 21-16). Las palabras **la roca espiritual que los seguía** no significa que Pablo creyera la leyenda rabínica de que una roca material siguió a Israel durante toda la travesía y de que Miriam, más que otros, tuvo el secreto de sacar agua de la misma (cf. Godet, *op. cit.,* II, 56). En realidad, dice el apóstol, **la roca era Cristo,** o sea, era el medio visible de suministrar agua que en último término procedía de Cristo. Puesto que el pueblo de Israel recibió esta agua en los primeros años de la travesía por el desierto (Éx. 17:1-1) y en los últimos años (Nm. 20:1-13), es natural deducir que Cristo, el Suministrador del agua, estuvo con ellos durante toda la marcha. El sentido literal de que **la roca era Cristo** no ha de forzarse más que el sentido literal de "Yo soy la vid verdadera" (Jn. 15:1). El **era,** y no *es,* quizá indica, sin embargo, la pre-existencia de Cristo (cf. 2 Co. 8:9; Gá. 4:4). El sostenimiento espiritual fue el quinto privilegio de Israel. Se puede intentar la comparación con las dos leyes u ordenanzas de la Iglesia.

5. Se podría pensar que estos privilegios deben significar éxito. **Pero** introduce el penoso contraste. El pueblo de los privilegios puede experimentar el desagrado divino. **De los más de ellos** no lo dice todo; sólo Caleb y Josué no fueron objeto de ese desagrado. **Postrados** puede traducirse por *esparcidos,* cuadro gráfico del desierto cubierto de cuerpos saciados de pan de nobles y de bebida (cf. Nm. 14:29).

6. Ejemplos. Probablemente es la traducción correcta de la palabra griega *typoi;* no **tipos** en el sentido técnico (MNT, p. 131). La primera razón del fracaso de Israel fue que **codiciaron** (cf. Nm. 11:4), prefiriendo el pan del mundo, Egipto, al del Señor, el maná. **7.** También se volvieron **idólatras,** segunda causa del fracaso (cf. Éx. 32:1-14, 30-35; 1 Jn. 5:21). **8.** La tercera razón, **forniquemos,** es una referencia al incidente entre Israel y las mujeres moabitas (cf. Nm. 25:1-9). La inmoralidad es siempre la consecuencia de la idolatría (cf. Sal. 115:8). **Veintitrés mil** no es un error, si bien Moisés escribió la cantidad de 24,000. El **un día** debe tenerse en cuenta. Se refiere a los que murieron en un día de una plaga, si bien Moisés incluye a los que murieron después de los efectos.

9. La presunción, cuarta razón, está contenida en las palabras **tentaron al Señor** (cf. Nm. 21:4-9; Sal. 78:19); se atrevieron a desafiar a Dios de que cumpliera la promesa de castigarlos si dudaban de su Palabra. Este fue el pecado de "desconfianza desagradecida" (MNT, p. 132). **10. Murmuraron** introduce la quinta razón (cf. Nm. 16:41-50), y esto podría ser una alusión benigna de Pablo a la actitud de los corintios hacia sus líderes espirituales en la cuestión de carne de ídolos (las otras cuatro razones se pueden relacionar con este problema).

11. Si bien los acontecimientos fueron **como ejemplos** para ellos, el relato de dichos sucesos fueron escritos **para amonestarnos a nosotros. Los fines de los siglos** (lit., *las edades*) se refiere al fin de las edades antes de la actual. Los creyentes de esta edad van a cosechar los beneficios de las anteriores (cf. ICC, p. 207).

12,13. Dos palabras finales concluyen la sección admonitoria, una para los seguros de sí mismos, los fuertes que no piensan en la conciencia del débil (v. 12), y la otra para los desalentados, que sienten que la vida cristiana es tan dura que no pueden esperar sobrevivir a las pruebas de la misma (v. 13). **Piensa estar firme.** Escrito para el fuerte que emplea la libertad en detrimento del débil (8:9-13). **Caiga.** No de la salvación, sino bajo la disciplina de Dios, y con ello sea eliminado (9:27). **Que no sea humana** es lo que es fortuito (la Vulgata tiene *humana*). Dios no trata a los creyentes como a ángeles, o como a demonios, sino como a hombres (vv. 1-11). **Pero.** Mejor, *y*; sigue el estímulo. **Más de lo que podéis resistir.** ¡No más de lo que creen poder resistir! **La salida.** La conveniente y necesaria. No es salida de la tentación, no simplemente una esperanza de fortaleza para vencer en el futuro, sino el poder actual de resistir en medio de la tentación (cf. He. 2:18), promesa gloriosa para los sometidos a dura prueba. **14. Por tanto.** *Dioper,* conjunción fuerte, que en el NT sólo se usa aquí y en 8:13. Introduce la aplicación para los lectores. Primero se trata de las fiestas religiosas paganas (10:14-22). **Huid de la idolatría.** Esta orden podría sorprender a los que se enorgullecían de su libertad, pero Pablo manda que se huya inmediatamente. **16.** El comer de la misma mesa religiosa, ya sea cristiana (vv. 16,17), ya judía (v. 18) o pagana (vv. 19-21), implica unión con aquel a quien se dirige el culto. Por consiguiente, el cristiano no debe comer de la carne ofrecida a los ídolos en una festividad pagana; en eso no cabe libertad. **La comunión** (lit., *comunión,* sin artículo en el texto griego). Participar es compartir, según Pablo. **17.** El apóstol explica por qué (**pues**) participar significa compartir la divinidad, o unión con la misma. **18.** El ejemplo de Israel confirma la unión del que da culto con la divinidad. **19-21.** Sigue el ejemplo de las festividades gentiles. **A los demonios lo sacrifican,** no significa que el ídolo sea después de todo alguna divinidad. Lo que el escritor más bien quiere decir es que, en tanto los ídolos y cosas sacrificadas a los mismos no son nada, las fuerzas diabólicas se sirven de ello para apartar a los hombres del verdadero Dios (cf. Dt. 32:17,21). **22.** ¿**Provocarán** los corintios **a celos al Señor** (*Cristo,* en este caso, *Jehová* en Deuteronomio) como hicieron los padres? ¿Pueden desafiar impunemente su ira? (MNT, pp. 136,137). **23.** Se habla ahora de la carne comprada en el mercado. Pablo repite el principio general de libertad (cf. 6:12), y lo supedita al principio de conveniencia y edificación. **24.** Este es el esfuerzo que edifica. **25,26.** Se da permiso para comer cualquier carne vendida en el mercado. No es necesario turbar la conciencia haciéndose preguntas acerca de la carne. **27.** Finalmente, el apóstol trata del caso de comidas privadas en casas de amigos incrédulos. Los creyentes pueden **comer, sin preguntar nada por motivos de conciencia. 28. Mas** si otro "huésped puritano" (MNT, p. 144) le susurrara al creyente, **Esto fue sacrificado a los ídolos,** entonces **no lo comáis, por causa de aquel que lo declaró.** En otras palabras, el creyente debe

respetar voluntariamente la conciencia débil. La cita del Sal. 24:1 no se halla en los mejores manuscritos. **29,30. Pues.** Pablo explica el proceder. ¿De qué serviría comer si ello significa que se censura su libertad? ¿Cómo se puede dar gracias por lo que ofende a un hermano? **31. Pues.** Introduce el principio que sintetiza toda la exposición. **La gloria de Dios** es el objetivo último. **32.** Luego viene el bien de los demás, ya sean **judíos, gentiles,** o **la iglesia de Dios** (cf. Ro. 14:21). Se tienen en cuenta tres grupos distintos. **33; 11:1.** Pablo concluye con el ejemplo de sí mismo y del Señor. **Agrado** no significa buscar el favor de otros con adulaciones, sino hacer lo que es de **beneficio** para los hombres (la misma raíz que **convenir,** v. 23). Nuestro Señor no fue alguien que "se agradó a sí mismo" (Ro. 15:3). Es una conclusión intensa de la exposición. La actitud correcta en este problema, por tanto, es la libertad, la libertad del amor por el Señor, por la verdad, y por los hermanos. Ni el legalismo ni el libertinaje son buenos; el principio que hay que seguir es la libertad condicionada.

C. Consejos Respecto al Velo de las Mujeres en el Culto Público. 11:2-16.

Desde el capítulo 11 al 14 Pablo expone asuntos referentes sobre todo al culto público de la iglesia. La sección acerca de los dones espirituales (12:1—14:40) fue escrita en respuesta a una pregunta hecha por la iglesia (cf. 12:1 *peri de*). El capítulo inicial es el resultado de un informe personal (11:18). Lo primero que se discute es el velo o la toca de las mujeres, y la norma de Pablo es que las mujeres deben cubrirse la cabeza durante la reunión. Consideraba la innovación corintia (al parecer algunas asistían sin cubrirse) como "irreligiosa más que indecorosa" (MNT, p. 150), lo cual demuestra que sus objeciones nada tienen que ver con costumbres sociales. (Algunos comentaristas han apelado a la costumbre social a fin de prescindir de la decisión de Pablo.) Sólo se tiene en cuenta la reunión para el culto. El apóstol alega varias razones en favor de su punto de vista.

1) Motivo Teológico. 11:2-6. Pablo indica primero que en el orden de Dios la mujer está bajo el hombre. Esto no implica, desde luego, desigualdad entre los sexos (cf. Ga. 3:28; Ef. 1:3). La subordinación no implica necesariamente desigualdad. Ser cabeza no es lo mismo que ser señor. La clave de la situación de los sexos se halla en las últimas palabras de 1 Co. 11:3. El hombre es cabeza de la mujer como el Padre es cabeza del Hijo. Hay cuatro órdenes en el mundo —personal, familiar, eclesiástico y

gubernativo. Se debe distinguir con cuidado la verdad relativa a cada uno de ellos.

2. Os alabo. Palabra general de encomio, que constituye el marco general para las decisiones específicas. **Instrucciones** (NC, *tradiciones*). Enseñanza oral.

3. El varón es la cabeza de la mujer. Base teológica para el uso de toca. La condición de cabeza en el hombre se remonta a Gn. 3:16. **4.** También el hombre tiene un orden que observar; **la cabeza** no debe ser **cubierta.** ¡Los hombres no deben predicar con el sombrero puesto! **5. Ora o profetiza** no significa que Pablo estuviera de acuerdo con estas actividades de las mujeres en el servicio público. Más bien se refiere simplemente a lo que ocurría en Corinto sin autorización (cf. 14:34,35). **La cabeza.** La cabeza física de la mujer, no su marido. **6. Que se corte también el cabello.** Ignominia para la mujer. Palabras irónicas de Pablo a las rebeldes. Dice, "Que la censura sea completa, entonces".

2) Motivos Bíblicos. 11:7-12. Se alegan los hechos de la creación (vv. 7-9,12,13) y de la presencia de ángeles en el culto (v. 10).

7. Él es (probablemente, *representa,* como en v. 25) **imagen y gloria de Dios.** Se refiere a Gn. 1:26,27. El varón ostenta la autoridad de Dios en la tierra (cf. MNT, p. 151). **8,9.** Las dos preposiciones **de** y **por causa de** revelan el lugar de la mujer. Tiene el origen y propósito de la vida en el hombre (cf. Gn. 2:21-25). La mujer que toma apellido nuevo al casarse implica tácitamente la enseñanza de Pablo. **10. Autoridad** significa, por una metonimia infrecuente, símbolo de autoridad. La palabra por **ángeles** en la expresión **por causa de los ángeles** no se refiere a ancianos (cf. Ap. 2:1. La misma palabra se refiere a ángeles en 1 Co. 4:9). Tampoco se refiere a ángeles malos (cf. Gn. 6:1-4). Se refiere a los ángeles buenos que están presentes en las reuniones de culto, puesto que viven en la presencia de Dios (cf. 1 Co. 4:9; Lc. 15:7,10; Ef. 3:10; 1 Ti. 5:21; Sal. 138:1). La insubordinación de las mujeres que se niegan a reconocer la autoridad de sus maridos ofendería a los ángeles que, bajo Dios, custodian el universo creado (cf. Col. 1:16; Ef. 1:21), y no conocen la insubordinación.

11,12. Pablo da la otra cara de la verdad. El hombre y la mujer tienen necesidad uno del otro **en el Señor**; de hecho, el hombre siempre debe recordar que existe **de la mujer.** Y ambos son **de Dios.**

3) Motivo Físico. 11:13-16. Otro motivo para cubrirse es el indecoro, basado en la naturaleza misma. La palabra **propio** se refiere a la necesidad basada en la conveniencia íntima de las cosas (cf. He. 2:10; Mt. 3:15).

14,15. El hecho del cabello corto para el hombre y el cabello largo para la mujer es una indicación divina en la **naturaleza misma** de que el hombre y la mujer han de tener en cuenta en la forma de vestirse para la asamblea. Las palabras **en lugar de velo le es dado el cabello** no significa que el cabello de la mujer *es* su velo y que no necesita otro, punto de vista que le quitaría fuerza a 11:2-14. La palabra **porque** ha de traducirse *en respuesta a* (cf. Ellicot, *op. cit.,* p. 208).

16. Tal costumbre, es decir, de que las mujeres asistan al culto sin cubrirse. Algunos dicen que era una costumbre propia de Corinto, pero las palabras de Pablo, **ni las iglesias de Dios,** demuestran lo contrario. Otros dicen que hoy día no hay que aplicar la norma (cf. Morris, *op. cit.,* p. 156; Barclay, *op. cit.,* p. 110). Debería advertirse, sin embargo, que los motivos dados para llevar velo están tomados de hechos permanentes, que subsisten mientras dure la economía actual (cf. Godet, *op cit.,* II, 133). Pablo sí inculcó esta norma, porque la historia de la iglesia primitiva es testimonio de que en Roma, Antioquía y África dicha costumbre se convirtió en norma. Una última palabra: A fin de cuentas, el sombrero o el velo no es lo importante, sino la subordinación que indica. Seguir ambas cosas es lo ideal.

D. Consejos Respecto a la Cena del Señor. 11:17-34.

La Cena del Señor, el único acto de culto del que Cristo se ocupó, recibe ahora la atención de Pablo. Está en conexión con la sección anterior por cuanto ambos asuntos se refieren al culto público. Puede ayudar a reconstruir la situación al recordar que en la iglesia primitiva la Cena solía ir precedida de una comida en común, llamada *Agape,* o Festín de Amor (cf. Jud. 12). Desórdenes ocurridos en el *Agape* despertaron la indignación del apóstol (vv. 17-22), exigieron una revisión de lo ya enseñado (vv. 23-26), y una aplicación rigurosa de la verdad a la asamblea corintia (vv. 27-34).

1) Indignación de Pablo. 11:17-22. La comida de hermandad era sobre todo religiosa, no social, pero ciertos abusos habían hecho de ella una farsa lamentable.

17. Esto se refiere a la instrucción siguiente. Sus reuniones eran **para lo peor,** porque incurrían en juicio como consecuencia de los desórdenes (cf. v. 29). **18. Divisiones.** Mejor, *grupos.* Según parece se formaban porque los ricos, en contra de la costumbre, se comían los platos más apetitosos antes de que llegaran los pobres, para así no tener que compartirlos como manifestación visible de la unidad del cuerpo. **19. Disensiones.** *Facciones,* grupos con puntos de vista independientes, es lo que la palabra significa y recalca. Estos grupos existían, dice Pablo con una cierta resignación, para que los **aprobados** (cf. 9:27; 11:28) pudieran ser reconocidos.

20. Era una cena, pero no **la cena del Señor** (el adjetivo es enfático); es decir, no era una verdadera repetición de la Última Cena. **21,22.** La pregunta indignada, **¿No tenéis casas en que comáis y bebáis?** iba dirigida a los que consideraban la reunión simplemente como algo social y no como una comida de hermandad espiritual.

2) Repaso de Instrucciones Pasadas. 11: 23-26. El apóstol justifica su censura con un repaso del significado real y verdadero de la Cena, cuya enseñanza se remonta hasta el Señor mismo.

23. Pablo no podía alabarlos, **porque** su conducta no estaba de acuerdo con lo que él había recibido **del Señor.** No aclara si recibió su instrucción directamente del Señor o por medio de otra fuente. Lo segundo es lo más probable.

24. Las palabras **tomad, comed,** y la palabra **partido,** no figuran en los mejores manuscritos. El pan se distribuía primero, puesto que representa la encarnación. Luego seguía el vino, lo cual representa la muerte que cierra el antiguo pacto y establece el nuevo. Una cosa es segura: en las palabras, **esto es mi cuerpo,** Pablo no enseña la transubstanciación. El pan sin duda no era el cuerpo del Señor en el momento en que dijo esto, como tampoco la copa es literalmente el nuevo pacto (v. 25). La palabra **es** tiene el sentido ordinario de "representar" (cf. v. 7; Jn. 8:12; 10:9; 1 Co. 10:4), "como se dice en alemán, no *'das ist',* sino *'das heiszt'"* (MNT, p. 168). **Por vosotros** recalca el aspecto de sacrificio. **En memoria** implica más que simple recuerdo; la palabra sugiere un esfuerzo mental vivo. Y la expresión **de mí** es más amplia que *de mi muerte.* La persona que realizó la obra es el objeto del recuerdo. El imperativo presente **haced** sugiere que el participar a menudo de la Cena del Señor es un mandato divino (cc. Hch. 20:7).

25. El nuevo pacto recuerda al oyente el antiguo pacto mosaico, que sólo podía condenar. El griego *diatheke* en contraste con *syntheke,* la palabra común en el AT para "pacto", pone de relieve la iniciativa de Dios en el mismo. El nuevo pacto ofrecía una remisión eficaz de los pecados. **En mi sangre** indica la esfera y base de las bendiciones del pacto. La sugestiva traducción de Barclay es, "Esta copa es el nuevo pacto y me cuesta la sangre" (*op. cit.,* p. 114). La repetición de **en memoria de mí** es para los desordenados corintios; necesi-

taban aprender que la *unión* con Cristo, no la *comida,* era lo importante en la Cena.

26. Pues introduce la razón de que la Cena se repita constantemente. Es un sermón gráfico, porque **con ella la muerte del Señor anunciáis.** La Cena es al mismo tiempo una mirada hacia el pasado y hacia el futuro, porque hay que observarla **hasta que él venga** (cf. Mt. 26:29).

3) Aplicación a los Corintios. 11:27-34. Pablo ahora aplica la enseñanza a los creyentes desordenados.

27. De manera que introduce la aplicación, consecuencia de la instrucción. **Indignamente** no se refiere a la persona de alguien que participa, sino a la forma de participar. Todos son siempre indignos. **Culpado del cuerpo y de la sangre del Señor.** Culpable de pecado contra el cuerpo y la sangre. **28. Por tanto** introduce la alternativa adecuada, el juzgarse a sí mismo. Antes de participar hay que prepararse. **29. Porque.** La razón de que el juzgarse a sí mismo, o la confesión de pecados, deba preceder a la participación es que de lo contrario el creyente se expone a juicio (el significado de *krima*). **Sin discernir** significa no "juzgar rectamente" (ICC, p. 252; el verbo aparece dos veces en el v. 31). Es decir, el creyente no reconoce la unidad **del cuerpo,** la Iglesia (cf. 10:16,17; 11:20,21). **30.** Sobre algunos ya ha descendido el juicio. **Por lo cual** — por abuso de la Mesa del Señor. Algunos habían cometido pecado para muerte y ya dormían (el verbo *koimao,* **dormir,** cuando se refiere a la muerte, siempre es a la muerte de creyentes; cf. Jn. 11:11, 12; Hch. 7:60; 1 Co. 15:6,18,20,51; I Ts. 4:13,14,15; 2 P. 3:4). Estos creyentes no habían perdido la salvación sino el privilegio de servir en la Tierra.

31. El preservativo es **examinarnos a nosotros mismos** rectamente. **32.** El mismo juicio de Dios, sin embargo, no es eterno; tiene como fin servir de disciplina familiar, **castigados por el Señor,** para impedir ser **condenados con el mundo.** Pablo emplea el vigoroso *katakrino,* que significa **condenar** eternamente. **33. Así que.** Siguen las palabras finales, llamamiento práctico a los corintios para que recuerden la unidad del cuerpo en la observancia del festín. **34. Juicio.** La palabra vuelve a ser *krima,* como en el v. 29. **Las demás cosas** en relación con la Cena del Señor, dice Pablo, serán puestas **en orden** en su próxima visita.

E. Consejos respecto a los Dones Espirituales. 12:1—14:40.

Con el familiar *peri de* **(acerca de)** Pablo pasa a referirse a otro problema propuesto por los Corintios. El nuevo tema, los dones espirituales, sin embargo, está vinculado con la sección precedente por su relación común al culto público. Es importante distinguir los dones espirituales de las gracias y oficios espirituales. Las gracias espirituales son características de la personalidad cristiana. El creyente es responsable de su desarrollo (cf. Gá. 5:22,23). Los oficios espirituales son posiciones administrativas dentro de la iglesia, como la supervisión espiritual de los hermanos (ancianos) o supervisión espiritual de lo temporal (diáconos; cf. 1 Ti. 3:1-13). Sólo ciertos creyentes poseen oficios espirituales. Los dones espirituales son dotes divinos relacionados con el servicio en la iglesia local, tanto no oficial como oficial. Todo creyente posee dones espirituales, pero no todos los creyentes poseen el mismo don (cf. 1 Co. 12:4-11). La iglesia de Corinto, que sin duda no estaba muerta, corría el peligro de abusar de sus privilegios con una insistencia exagerada en algunos dones espectaculares. El apóstol afirma primero la unidad y diversidad de los dones (12:1-31a), luego la superioridad del amor sobre los dones (12:31b—13:13), y por fin la evaluación y regulación del ejercicio de los dones de profecía y lenguas (14:1-40).

1) Valor de la Manifestación. 12:1-3. Pablo comienza con una advertencia a la iglesia para ayudarlos a definir la manifestación espiritual genuina. Los antecedentes paganos de los corintios no los iban a ayudar en este problema.

1. Dones espirituales (lit., *cosas espirituales*) no se refiere a hombres espirituales (cf. F.W. Grosheide, *Commentary on the First Epistle to the Corinthians,* p. 278, si bien Grosheide no opina así); ni simplemente a **los espirituales** (G. Campbell Morgan, *The Corinthian Letters of Paul,* pp. 145, 146). La palabra **dones** del versículo 4, al igual que las palabras de Pablo en 14:1 (debería advertirse el género neutro), confirman el que se agregue la palabra **dones** (RVR). **2,3. Por tanto,** debido a la necesidad que tienen de instrucción, tienen que **saber que nadie que hable por el Espíritu de Dios llama anatema a Jesús** (criterio negativo); y nadie puede **llamar a Jesús Señor, sino por el Espíritu Santo** (criterio positivo). El apóstol, desde luego, se refiere a la manifestación que brota del corazón (cf. Mt. 26:22,25).

2) Unidad de los Dones. 12:4-11. Después de la breve digresión, Pablo considera primero la unidad de los dones, unidad de origen y propósito.

4-6. Dones. El griego *charismaton*, en relación con la palabra *charis,* "gracia", se ha traducido no impropiamente **dones de gracia.** En este caso la palabra se usa en su sentido técnico de dones espirituales. Considerados (1) como procedentes del Espíritu, son **dones;** (2) como procedentes del Señor, **ministerios,** o servicios, a la asamblea; (3) como procedentes del Padre, **operaciones,** o acciones sobrenaturales. **7. A cada uno les es dada** distingue el don del oficio (cf. 1 P. 4:10).

8-10. Se enumeran algunos de los dones. **8. Palabra de sabiduría,** probablemente un don temporal como el apostolado, tenía relación con la comunicación de sabiduría espiritual, tal como está contenida en las Cartas. Era necesaria en los primeros tiempos cuando la iglesia no poseía el NT. **Palabra de ciencia** tenía relación con la verdad de una naturaleza más práctica (las secciones prácticas de las Cartas); también éste era un don temporal. Ahora la Palabra de Dios es suficiente. **9. Fe.** No ha de confundirse con la fe salvadora, que todo cristiano posee. Esta es la fe que se manifiesta en actos de confianza insospechados (cf. 13:2). La fe de un George Mueller, o de un Hudson Taylor, lo serían. **Dones de sanidades.** No ha de confundirse con los llamados curanderos espirituales de hoy. Este don de curación restauraba la vida, lo cual está fuera del poder de los 'curanderos divinos' (Hch. 9:40; 20:9). La Palabra habla de una *curación divina* según ciertas normas (cf. Stg. 5:14,15); no habla de 'curanderos divinos'. **10. Profecía.** El don de *predecir* y *anunciar* revelaciones nuevas de Dios también era temporal, necesario mientras el canon estuvo incompleto. Ahora ya no se necesita más revelación; la proclamación y enseñanza de la revelación ya completa es la tarea actual de la iglesia. **Discernimiento de espíritus** le corresponde ahora al Espíritu por medio de la Palabra. **Lenguas** e **interpretación** también eran temporales (véase la exposición siguiente), y se referían a lenguas conocidas más que a manifestaciones extáticas, si bien el problema del hablar en lenguas es muy discutido.

11. Como él quiere. El Espíritu es el dispensador soberano de los dones. Estas palabras son clave para la sección siguiente, ya que muestran a los más favorecidos en dones que no hay mérito propio en ello, y a los menos favorecidos que los dones no carecen de importancia (cf. Godet. *op. cit.,* II, 206).

3) Diversidad de los Dones. 12:12-31a. Pablo, utilizando la ilustración del cuerpo humano, describe la relación de los creyentes con dones entre sí, y para con Cristo en la Iglesia, que es su cuerpo. **12. Porque** introduce la explicación de la unidad en la diversidad y de la diversidad en la unidad de los creyentes en el cuerpo. Que Cristo da su nombre al cuerpo se ve

en las palabras **así también Cristo** (lit., *el Cristo*). **13. Porque** da la razón de la unión, el bautismo del Espíritu **en un cuerpo. Por un solo Espíritu** (lit., *en un Espíritu;* cf. Mt. 3:11; Lc. 3:16; Hch. 1:5) expresa la esfera en que se realiza la unión que el bautismo produce. **Un cuerpo** es el fin al cual se dirige el acto (cf. ICC, p. 272). El aoristo en **bautizados** indica con claridad que la acción es un hecho pasado que es verdad de **todos** los creyentes (incluso de los carnales corintios; cf. 1 Co. 3:1-3), que nunca hay que repetir. De hecho, el bautismo que une a Cristo no hay que buscarlo; ya ha sido dado a todos. Como consecuencia de esta unión con Cristo, a los creyentes se les **dio a beber de un mismo Espíritu.** La unión con él implica por necesidad la presencia del Espíritu.

14-20. En estos versículos se desarrolla la ilustración del cuerpo; se recalca la diversidad de los miembros por el bien de los que parecen inferiores, que pensaban que sus dones no eran importantes. El pensamiento clave es: **el cuerpo no es un solo miembro, sino muchos** (v. 14). y los miembros han sido **colocados . . . en el cuerpo, como él quiso** (v. 18). Por ello, los que parecían inferiores no tenían que envidiar a los que parecían superiores.

21-24. La relación de dependencia de los miembros surge a primer plano. Los miembros que parecen superiores (que poseen dones más espectaculares) no deben despreciar a los que parecen inferiores. En realidad, dice Pablo, las partes **menos decorosas** del cuerpo humano necesitan más atención (en cuanto a vestido), y según esta analogía los que parecen inferiores pueden esperar de Dios el mismo nivel de dignidad en el cuerpo único, la Iglesia. De hecho, esto es precisamente lo que Dios ha hecho, porque **ordenó el cuerpo. Ordenar** se refiere a la mezcla de dos elementos, de modo que formen un compuesto, como vino y agua (A-S, p. 245). El cuerpo es una unidad. **25. Para que.** El propósito (negativo) de la unidad es que no haya **desavenencia** (cf. 1:10; 11:18), o división, **en el cuerpo;** y (en forma positiva) **que los miembros todos se preocupen los unos por los otros. 26.** El resultado natural de la fusión perfecta de los miembros es el sufrir y gozar en común. **27. El cuerpo de Cristo** (lit., *cuerpo de Cristo;* sin artículo definido) no se refiere a la iglesia local de Corinto, porque no hay *muchos* cuerpos; el pensamiento sería contrario al contexto. Más bien alude al todo, cuya calidad cada una de las iglesias locales ayuda a formar (ICC, p. 277). **28.** Otra enumeración de los dones; varios de ellos no se hallan en los versículos 4-11. **Primeramente, luego,** y **lo tercero** se re-

fieren a la categoría, pero el **luego** y el **después** probablemente no. **29-30.** Las preguntas refieren al lector a 12:14,27. Y en estos versículos Pablo da un golpe mortal a la teoría de que hablar en lenguas es la señal de poseer el Espíritu, porque la respuesta que se espera para cada pregunta es "no" (cf. griego). **31. Los dones mejores** (lit., *los dones mayores*) se refiere a la enseñanza, a la ayuda, etc. Es significativo que el don de lenguas figure al final de la lista. Pablo explicará en el capítulo 14 esta importancia menor de las lenguas. De momento, dice que va a describir un camino más importante que el de cualquier don espiritual.

4) Supremacía del Amor Sobre los Dones. 12:31—13:13. La última frase del capítulo 12 ha sido mal interpretada. Muchos piensan que Pablo va a mostrar *cómo* hay que administrar los dones, es decir, con amor. Sin embargo, el uso de **camino** (*hodos*) en el sentido de "senda" en lugar de *tropos,* "manera", y la afirmación de 14:1, indican que Pablo más bien señala un camino superior al de la vida dedicada a la búsqueda y ostentación de dones espirituales. En cierto sentido, pues, esta exposición es como un paréntesis, aunque en íntima relación con el tema. El pensamiento es éste: En el ejercicio de los dones, esfuércense por comprender el lugar que ocupan en el conjunto. El amor es lo más importante (31b—13:3), ya que posee cualidades elevadísimas (vv. 4-7), y permanece para siempre (vv. 8-13). Ofrece la respuesta a la pregunta perenne, ¿cuál es el *summum bonum?*

1. Lenguas humanas y angélicas. Probablemente del don de lenguas. **Amor.** Amor que incluye la caridad. **Metal que resuena** (MNT, *gong estrepitoso*). El poder de expresión no depende de la forma y estilo; la hondura de corazón se lo da. **2.** El apóstol pasa de las lenguas a la **profecía, ciencia** y **fe** (cf. 12:8-10). El **amor** es mayor que la **fe,** porque el fin es mayor que los medios (cf. Lc. 9:54). **Nada.** "No *outheis,* nadie, sino un cero absoluto" (A.T. Robertson, *op. cit.,* IV, 177).

3. El pensamiento pasa de los dones a los hechos que parecen ser expresiones de amor, uno un gran acto de filantropía y el otro un acto de martirio. En lugar de **ser quemado,** muchos manuscritos buenos tienen, *para poder gloriarme.* Pero en conjunto parece que la versión RVR representa el texto genuino. Podría ser una alusión al indio, Zarmano-chegas, que se quemó en público en una pira funeral e hizo poner la siguiente inscripción en su sepulcro en Atenas, "Zarmano-chegas, indio de Bargosa, según la costumbre tradicional de los indios, se inmortalizó y yace en este lugar" (Barclay, *op. cit.*, p. 132). Este exhibicionismo era simple egoísmo. El espíritu del yo entra a formar parte de la mayoría de los actos humanos. Esto **de nada sirve.**

4-7. Sigue una descripción de la naturaleza del amor, con sus nobles cualidades. Se podría decir que casi se personifica el amor, puesto que la descripción es prácticamente una descripción de la vida y conducta de Jesucristo. Sin embargo, la descripción se relaciona directamente a los corintios. El observar las verdades de este capítulo, como se advertirá en los comentarios siguientes, hubiera resuelto sus problemas. **El amor es sufrido, es benigno** puede ser el resumen de la sección; las ocho cualidades siguientes se referirían al sufrir con paciencia y las cuatro siguientes a la benignidad. **No tiene envidia** (MNT, *no conoce los celos*) se refiere a la actitud de los hermanos que creían que sus dones eran inferiores (12:14-17). El amor hubiera resuelto ese problema. **No es jactancioso.** Se refiere a 12:21-26. **No se envanece** sin duda alude a la sección inicial del libro (1:10—4:21).

5. Las palabras **no es indecoroso** se refieren claramente a varias secciones del libro (cf. 7:36; 11:2-16, 17-34). **No busca lo suyo** hubiera sido la respuesta al problema de la carne ofrecida a los ídolos (cf. 8:1—11:1). **No se irrita.** Esta propiedad del amor hubiera resuelto el problema de los pleitos (cf. 6:1-11). **No guarda rencor.** O, *no planea nada malo.* **6. No se goza de la injusticia** sugiere el problema de la inmoralidad y falta de disciplina para la misma en 5:1-13.

7. Todo lo cree no incluye la credulidad. Significa, más bien, que el creyente no ha de ser desconfiado. Si el pecado es evidente, empero, el creyente debe juzgarlo y defender que se castigue. Por esta descripción del amor, es evidente que Moffat tiene razón de decir, "La letra del poema es como un bisturí". Pablo explora la herida abierta del pecado en la iglesia corintia con esta hermosa descripción de una cosa, el amor, que hubiera resuelto todos los problemas de los creyentes.

8-13. En los versículos restantes se explica la permanencia del amor. El amor, a diferencia de los dones de profecía, lenguas y ciencia, nunca se acaba, ni cesa de actuar. El pensamiento central del versículo 8 es que llegará un tiempo en que los dones mencionados desaparecerán o cesarán.

9. El **porque** introduce la explicación de por qué los dones pasarán. Se aproxima un tiempo de conocimiento y profecía perfectos. **10. Lo perfecto** no puede ser una referencia a la terminación del canon de la Escritura; de lo contrario nosotros en nuestro tiempo, al vivir en la era del canon ya completo, veríamos con más claridad que Pablo (v. 9). Incluso los teólogos más pagados de sí mismos y porfiados no se atreverían a admitir esto. La venida de lo perfecto sólo puede ser una referencia a la segunda venida del Señor. Este acontecimiento señalará el fin del ejercicio de la profecía, lenguas y ciencia. ¿Cómo se puede entonces decir que estos dones son temporales? El versículo siguiente responderá a la pregunta.

11. Es sumamente importante para entender el pensamiento de Pablo darse cuenta de la fuerza de la ilustración que utiliza. Tiene como fin mostrar la naturaleza del período que se extiende entre las dos venidas de Cristo. Respecto a estos dones particulares, se pueden comparar al desarrollo de una persona desde la infancia hasta la edad adulta. Los dones especiales y espectaculares fueron necesarios en las primeras etapas del crecimiento de la verdadera iglesia (cf. Ef. 4:7-16) con el fin de autenticarla (cf. He. 2:3,4) y de edificación (1 Co. 14:3) cuando no había NT para iluminar. Era el "hablar como niño" de la iglesia. Tal como la historia lo ha demostrado en abundancia, con la Palabra y la madurez cada vez mayor, la necesidad de dichos dones vino a desaparecer. Hoy día es discutible que exista en ninguna parte el ejercicio escriturístico de los tres dones a los que Pablo se refiere en este pasaje. **Hablaba** (lit., *solía hablar*) tal vez se refiera en forma específica a las lenguas; **pensaba,** a la profecía; y **juzgaba,** a la ciencia. Pero no se puede dogmatizar acerca de ello. **Dejé lo que era de niño** (lit., *he dejado,* el perfecto recalca los efectos de la acción) se relaciona en último término con la venida de **lo perfecto** (v. 10).

12. Pablo explica que el tiempo presente es la fase de infancia. **Ahora** podría traducirse *en la actualidad* (la palabra *arti* suele referirse al tiempo presente en contraste con el pasado o futuro). Dado que los corintios veían sólo **oscuramente** y **en parte** por medio del ejercicio de los dones, ¿por qué deberían gloriarse de lo que no era sino fragmentario?

13. Ahora (*nuni* se suele referir al tiempo en general, sin relación a otros períodos, aunque en este caso podría ser no temporal sino lógico y traducirse por *de modo que*) **Permanecen la fe, la esperanza y el amor.** Estas virtudes perduran más que los dones y, por tanto, han de cultivarse con más ahínco. No es verdad que "la fe se volverá visión. y la esperanza se transformará en deleite", porque todas perdurarán eternamente. ¿Cómo permanecerán la fe y la esperanza? Godet ha acertado con el significado: "La esencia inmutable de la criatura es no tener nada propio, ser eternamente desvalido y pobre . . . En la eternidad la fe se cambia en visión y la esperanza en posesión no de una vez por todas sino constantemente. Estas dos virtudes, por tanto, permanecen para volver a vivir sin interrupción" (*op cit.*, II, 261). El amor es la fuerza **mayor** del universo, y su fuente verdadera y expresión más preclara es el Gólgota. Bajo la fascinación de ese amor uno no puede menos que cantar con adoración:

El mundo entero no será
Dádiva digna de ofrecer.
Amor tan grande, sin igual,
En cambio exige todo el ser.

5) Superioridad de la Profecía, y el Culto Público de la Iglesia. 14:1-36. Según parece una de las causas principales de desorden en la iglesia procedía del uso inadecuado del don de lenguas. El apóstol trata de ese asunto en este capítulo. Afirma la superioridad de la profecía respecto a las lenguas (vv. 1-25), luego agrega directrices para el uso de los dones (vv. 26-33) y de la participación de las mujeres en las asambleas públicas (vv. 34-36). Siguen un resumen y una conclusión (vv. 37-40).

Nadie que haya estudiado la naturaleza del don de lenguas se atrevería a dogmatizar en este asunto. La exposición de este capítulo parte de la base de que el don de lenguas consistía en hablar en lenguas conocidas, no en forma extática. La mayoría de los comentaristas modernos presumen que el don implicaba el hablar en forma extática (cf. MNT, pp. 206-225; Morris. *op. cit.*, pp. 172, 173, 190-198). Hay ciertos factores, sin embargo, que suscitan ciertas dudas en cuanto a lo adecuado de esta interpretación.

En primer lugar, parece claro que el hablar en lenguas que se menciona en Hechos fue en lenguas conocidas (cf. Hch. 2:4,8, 11). Dado que Lucas fue compañero íntimo de Pablo (quizá incluso estuvo en Corinto) y que escribió Hechos después de las cartas a Corinto, parecería lógico que mencionara la distinción entre el fenómeno descrito en Hechos y el mencionado en Corintios, si es que existía. En otras palabras, 1 Corintios debería interpretarse según Hechos, lo desconocido por lo conocido, principio hermenéutico básico. Además. la terminología de Pablo es idéntica a la de Lucas en Hechos, aunque Lucas precisa más su terminología. Pablo emplea la palabra griega *glossa,* que significa **lengua**; Lucas emplea la misma palabra y la califica más con el término *dialektos* (Hch. 1:19; 2:6,8; 21:40; 22:2; 26:14), que siempre se refiere a la lengua de una nación o región (cf. Arndt, p. 184). Es muy improbable que los fenómenos que

los dos escritores describen en términos idénticos fueran distintos.

Finalmente, el fin del don era que sirviera de señal para los judíos (1 Co. 14:21, 22), ya profetizado en el AT (cf. Is. 28:11), y también indicación respecto al método de llevar a cabo la comisión de Hechos 1:8. En Pentecostés comenzó la obra del Espíritu que iba a trastocar la maldición de Babel (cf. Gn. 11:1-9), cuando se dio la confusión de las lenguas [conocidas]. Así pues, en la concesión del don había un doble aspecto. Era una señal para provocar a los judíos (en todos los casos en que se habla de este don en Hechos, los judíos también figuran; cf. Hch. 2:4ss.; 8:17,18; 10:46; 19:6). y señal de la acción de Dios que uniría a los redimidos bajo el estandarte del Mesías Rey en su reino futuro. El incluir el hablar extático en este cuadro sólo sirve para crear confusión en más de una forma. En la exposición de esta sección se hallan razones adicionales en favor de la tesis de que las lenguas eran conocidas.

1. El versículo inicial, que no tiene partícula de enlace, es una reafirmación del contenido de 12:31b—13:13 con una expresión de transición. **Seguid** (lit., *persiga*) es más vigoroso que **procurad.** Por esta afirmación parece que, si bien los dones espirituales los otorga Dios soberanamente, no se conceden a todos en el momento de convertirse. **Sobre todo** indica cómo Pablo valora la profecía con respecto a las lenguas. El hablar en lenguas no edifica (vv. 2-5), no aprovecha si no se interpretan (vv. 6-15); de hecho, sólo confunde (vv. 16-19). **2.** Las palabras **nadie le entiende** se refiere al hablar en lenguas sin intérprete. **3-5.** La evaluación del apóstol es clara. La profecía es mayor que las lenguas **a no ser que las interprete.** En el caso de que haya interpretación, el hablar en lenguas viene a tener el carácter de profecía. (¿Será por esto que ambos dones aparecen relacionados en Hechos? Cf. Hch. 10:46; 19:6).

6-15. Pablo ilustra la inutilidad de las lenguas sin interpretación con hechos tomados de la vida. La **revelación** precede a la **profecía** y la **ciencia** a la **doctrina** (lit., *enseñanza*).

7. Distinción de voces es necesario en la música y en el hablar; de lo contrario no puede haber comprensión. **9. Así también vosotros** introduce la aplicación de la ilustración. **10,11.** Otra ilustración en el terreno de las lenguas; y el sentido es, "el hablar de nada sirve al oyente, a no ser que lo entienda" (ICC. p. 310). **12. Así también vosotros** introduce la conclusión de la argumentación a base de las ilustraciones. El objeto de los dones espirituales es la edificación.

13,14. El que habla en lenguas debería orar para pedir el don de interpretación. De lo contrario **mi espíritu ora, pero mi entendimiento** (lit., *mi mente*) **queda sin fruto.** Es decir, no produce fruto en la comprensión de los oyentes. **15. Oraré también con el entendimiento** significa orar para que haya fruto en la comprensión de los oyentes, tal como indican los versículos siguientes. El hablar en forma inteligible es esencial. **16. El que ocupa lugar de simple oyente** probablemente se refiere al que no tiene el don de lenguas o interpretación, o quizá al que sólo pregunta (cf. F.F. Bruce, *Commentary on the Book of Acts*, p. 102; Morris, *op. cit.*, pp. 195, 196). Se refiere a los cristianos ordinarios.

18,19. La preferencia de Pablo es evidente. Por mucho que use las lenguas aparte de la asamblea (en público o en privado), **en la iglesia** (enfático en griego) debe hablar con **entendimiento** a fin de **enseñar también a otros.**

20-25. Pablo ha indicado la superioridad de la profecía para los de adentro, y ahora habla de su superioridad para los de afuera.

21,22. El apóstol utiliza una cita libre tomada de **la ley** (en este caso se llama **ley** al AT) para mostrar que las lenguas tienen como fin ser **señal** de la presencia de Dios también entre los no judíos. En Is. 28:11, 12, de donde se toma la cita. a los asirios se les llama hombres de **lengua extraña.** Así pues, el don está principalmente destinado para los no creyentes. En Hechos este don se menciona cuatro veces ("vio" en Hch. 8: 18 parece sugerir que en Samaria hubo alguna señal exterior), y en todos ellos se mencionan los judíos. La intención de Dios era dar a entender a este grupo no creyente que él estaba con el nuevo movimiento. Es bastante evidente que las lenguas conocidas, como las empleadas en Pentecostés, eran las únicas señales adecuadas para los difíciles judíos. Las lenguas extáticas permiten demasiadas explicaciones naturales, entre las cuales se destaca el conocido hecho histórico de que grupos no cristianos han hablado a menudo en esta forma (MNT, pp. 208, 209).

23—25. Pablo describe los efectos diferentes de las lenguas y de la profecía en los de afuera, e indica la superioridad de la profecía. No contradice a lo dicho en 14:22, como a primera vista podría parecer (las lenguas no ayudan al no creyente, en tanto que la profecía sí parece ayudarles). En el último versículo, se tienen presentes personas que han oído y rechazado la verdad, según aparece por la comparación con los israelitas rebeldes, en tanto que en los versículos siguientes se tienen presentes los que oyen por primera vez (ICC, p. 319). La profecía conduce al convencimiento de la condición pecadora de uno, al juicio (lit., *examinado*), y a la manifestación de **lo oculto de su corazón.** El efecto es la **adoración,** objeto genuino de todo ministerio (cf. Mt. 14: 33).

26—33. Se instruye acerca del ejercicio de los dones. Es una sección importante porque contiene "el vislumbre más íntimo que poseemos de la iglesia primitiva que da culto" (Morris, *op. cit., pp.* 198, 199). ¡Qué contraste con el orden formal e inflexible de servicio que predomina en la mayoría del Cristianismo hoy día! Barclay, comentando acerca de esta libertad e informalidad, destaca dos hechos que sobresalen. Primero, "Es evidente que la iglesia primitiva no tenía ministros profesionales" (*op. cit.*, p. 149). En segundo lugar, en el servicio mismo, "no había un orden fijo" (*ibid.*, p. 150). Los primeros cristianos no acudían a la asamblea de culto para escuchar un sermón de alguien o para recibir; acudían para dar. Con el renunciar a estos privilegios se ha perdido mucho.

26,27. Cada uno indica la participación libre, pero como dicha libertad podría conducir al desorden, Pablo aconseja, **hágase todo para edificación.** El hablar ha de ser **por turno. 28,29.** No debían emplearse las lenguas a no ser que estuviera presente un intérprete, y tenían que participar a lo sumo tres personas. Según parece las directrices para profetizar eran más suaves. **32,33.** Los impulsos proféticos están **sujetos a los profetas,** es decir, a los que profieren las profecías. Siempre debe haber dominio propio; de lo contrario podría crearse **confusión.**

34,35. Se agregan unas palabras para las mujeres, posiblemente porque algunas se entrometían en el culto de la iglesia. Debían **callar** (1 Ti. 2:12). Si bien, como algunos piensan, se les permitía a las mujeres orar y profetizar en la iglesia primitiva (cf. 11:5, aunque se debe recordar que el profetizar era un don temporal), el hablar de otra forma no estaba permitido. ¡Pablo nada dice de las solteras que no tienen **en casa a sus maridos!**

36. El apóstol contesta con indignación a la sugerencia implícita de que Corinto tenía derecho a ser diferente de las otras iglesias. Los creyentes corintios no ocupaban un lugar único ni tenían autoridad superior.

6) Conclusión. 15:37-40. Resumen y conclusión que se inicia con una afirmación vigorosa de autoridad. **38. Ignore.** Al que ignoraba las palabras de Pablo había que dejarlo en la condición en que se hallaba. La traducción correcta, no obstante, parece ser, Dios *no le hace caso* (según una variante que se halla en varios manuscritos buenos). **40. Decentemente** se refiere quizá a la conducta de las mujeres y a la observancia de la Cena del Señor (11:2-34), y **con orden** a los dones espirituales (12:1—14:40).

F. Consejos Respecto a la Doctrina de la Resurrección. 15:1-58.

Antes de entrar en materia será útil tener una idea de lo que los griegos pensaban acerca de la vida. En general los griegos creían en la inmortalidad del alma, pero no en la resurrección del cuerpo. No podían ni imaginar dicha resurrección ya que para ellos el cuerpo era la fuente de la debilidad y pecado del hombre. La muerte, pues, era bien acogida, ya que significaba que el alma quedaba libre de la atadura del cuerpo; pero la resurrección quedaba descartada, porque hubiera supuesto encerrar de nuevo el alma en la cárcel del cuerpo. Con este escepticismo se enfrentó Pablo en Atenas (cf. Hch. 17.31,32) y el cristiano se halla también frente al mismo en el mundo moderno. James S. Stewart, profesor de Nuevo Testamento en la Universidad de Edinburgh, ha compendiado así este conflicto de siempre, "Veinte siglos han repetido las burlas del Aerópago".

1) Certeza de la Resurrección. 15:1-34. El problema de Corinto afectó a la iglesia del lugar. Los creyentes habían aceptado la resurrección, por lo menos en el caso de Cristo; pero bajo el influjo del pensamiento griego, algunos dudaban de la resurrección corporal de los cristianos. Por ello escribió el apóstol, para combatir esta vacilación doctrinal. El método que sigue es bien claro. Primero expone la certeza de la resurrección; para ello hace ver la conexión necesaria entre la resurrección de Cristo y la resurrección de los creyentes (vv. 1-34). Trata luego de ciertas objeciones (vv. 35-57). Concluye con un llamamiento (v. 58).

1,2. Además introduce el nuevo tema, la resurrección, como parte integral del **evangelio. Sois salvos** (gr. presente) puede referirse a la salvación permanente del poder del pecado en las vidas de los creyentes, o puede referirse a la salvación en que se iba produciendo en los habitantes de Corinto cuando recibían el mensaje y entraban a formar parte de la iglesia de Jesucristo. **Si no creísteis en vano** no indica la pérdida de la salvación como una posibilidad. El apóstol quiere decir o bien que la fe que no persevera no es una verdadera fe salvadora, o bien que una fe que se sostiene en la supuesta resurrección de Cristo carecería de fundamento si la resurrección de Cristo fuera falsa. Probablemente la segunda interpretación es la correcta. Si Cristo no fue crucificado ni resucitó, la salvación es imposible.

3,4. Primeramente (lit., *entre lo primero*) se refiere a la importancia, no al tiempo. La substancia del mensaje de Pablo se contiene en los cuatro *ques* que siguen a **recibí**, e incluyen la muerte, entierro, resurrección y apariciones de Cristo. Estas cosas constituyen el Evangelio. **Por nuestros pecados, conforme a las Escrituras** debe entenderse a la luz de otros pasajes, como Isaías 53. La preposición **por** (gr., *hyper*, que los expertos modernos ahora admiten que puede denotar substitución) sugiere su muerte en lugar nuestro. La palabra **sepultado**, única referencia al entierro de Cristo fuera de los evangelios, a excepción de las palabras de Pablo en Hch. 13:29 (cf. Hch. 2:29), echa por los suelos la teoría de que Cristo no murió sino que se desvaneció. Murió realmente. También conduce espontáneamente al sepulcro vacío, testimonio de la resurrección que nunca ha podido ser rebatido. **Resucitó**, tiempo perfecto, conlleva efectos permanentes. (En cuanto al problema de traducción respecto a la expresión temporal concreta, **al tercer día,** véase James Hope Moulton, *A Grammar of New Testament Greek*, I, 137).

5. Y que apareció introduce pruebas que no se hallan en el Nuevo Testamento. **6.** La referencia a **muchos** que **viven aún** tiene un gran valor apologético. ¡En cuanto sepamos, nadie a los veinticinco años de ocurrido, discutía el hecho de la resurrección! La aparición es quizá la de Mt. 28:16-20. **7.** Este **Jacobo** era probablemente el hermano del Señor, y esta aparición quizá lo condujo a la fe en Cristo (cf. Jn. 7:5, Hch. 1:14).

8. Como a un abortivo (lit. *aborto*) no se refiere a los vituperios de sus enemigos, ni al hecho de que llegara a Cristo antes que su pueblo, Israel, el cual llegará a Cristo en el futuro (cf. Ro. 11:1-36). El **porque** del versículo siguiente explica la razón. Pablo se considera con respecto a los demás apóstoles como lo sería un hijo abortivo entre los hijos normales, porque había sido sacado de su condición de perseguidor y llevado al oficio de apóstol. Los otros respondieron al llamamiento amoroso del Salvador, mientras que el llamamiento de Pablo en la ruta de Damasco comportó casi un elemento de presión. Por esta causa, glorifica a **la gracia de Dios** que le fue dada (cf. Ef. 3:8, 1 Ti. 1:15).

10. He trabajado más que todos ellos es ambiguo. Se puede referir a los otros apóstoles individual o colectivamente. Parece mejor lo segundo, porque la historia parece favorecerlo en este sentido. El apóstol siempre recalca que no tiene mérito personal en ello. **11. Así predicamos** relaciona la resurrección con el mensaje apostólico. **Así habéis creído** relaciona a los corintios con la fe en la resurrección de Cristo. Tomado como punto de partida su fe en la resurrección del Señor, Pablo demostrará ahora que ello implica por lógica fe en la resurrección corporal de todos los que están *en él* (vv. 12-19).

12,13. El hecho de la resurrección de Cristo implica fe en la resurrección corporal. No hay por qué discutir la resurrección, puesto que uno ya ha resucitado. Es obvio que la argumentación de Pablo gira en torno a la humanidad de Cristo (cf. 1 Ti. 2:5, "Jesucristo *hombre*"). **14. Vana.** Sin contenido (gr. *kenos*). Si no hubiera resurrección, el evangelio carecería de contenido. Y la fe de los corintios no se basaba en un hecho real; era un espejismo. **15.** Además, si no había resurrección, los heraldos del evangelio eran **falsos testigos de Dios.**

17. Vana es traducción de un adjetivo distinto en este caso, y significa "carente de propósito o efecto útil" (gr. *mataios*). Si Cristo no había resucitado, su fe había fracasado en cuanto no les aseguraba el objetivo de la misma, la salvación. No habría seguridad de que no había muerto por su propio pecado. La resurrección era necesaria para demostrar la perfección del carácter del Redentor (cf. Hch. 2:24) y la aceptación de la obra del Hijo por parte del Padre (cf. Ro. 4:25). Como alguien ha dicho, la resurrección es el "Amén" de Dios al "consumado es" de Cristo. Contemplamos la cruz y vemos realizada la redención; vemos la resurrección y sabemos que la redención ha sido aceptada. **18,19.** Sin la resurrección, los creyentes que pensaban que morían **en Cristo,** con la esperanza de la resurrección bendita, en realidad **perecían** (contraste enfático). Se llega a la amarga conclusión de que el negar la resurrección hace de los cristianos **los más dignos de conmiseración de todos los hombres.** Sufren ahora por una fe que no es más que ficción (cf. Ro. 8:18). **20.** Pablo, una vez afirmado el hecho de que Cristo resucitó y de que el creer en la resurrección no está de acuerdo con el negar la resurrección de los muertos, pasa ahora a hablar del fruto y resultado de la resurrección del Señor. **Mas ahora Cristo ha resucitado** elimina toda suposición y presenta los hechos desnudos. La palabra **primicias,** derivada de la Fiesta de las Primicias en Israel (cf. Lv. 23:9-14), sugiere el pensamiento de prenda y muestra.

21,22. Hay una relación causal entre Adán y la muerte, y Cristo y la vida. El pensamiento del apóstol se mueve en el marco de Romanos 5. Cuando Pablo escribe **en Cristo todos serán vivificados,** no enseña el universalismo (herejía), ni la resurrección universal (verdadero, aunque no es lo que se enseña aquí), sino la resurrección universal en Cristo. Los dos **todos** no son idénticos en cantidad, ya que están calificados con las expresiones **en Adán** y **en Cristo** (cf. Ro. 5:18). La palabra **vivificados** nunca se usa para los malos en el NT (cf. Jn. 5:21; 6:63; Ro. 8:11; Gá. 3:21; 1 Co. 15:45, el mismo contexto). El capítulo sólo tiene en cuenta la resurrección de los creyentes.

23. El **orden** de la resurrección es lo que se expone a continuación. Cristo primero, luego los creyentes, **los que son de Cristo, en su venida** para la Iglesia (cf. 1 Ts. 4:13-18).

24. Luego, en griego *eita,* abarca un intervalo, del mismo modo que el *epeita,* **luego,** del versículo precedente con el que está en íntima conexión, abarca un largo intervalo, el intervalo del reino de Cristo en la tierra. El uso paulino de *eita* siempre alude a un intervalo. ¡Adviértase que el *epeita* del versículo 23 ya ha abarcado un intervalo de al menos 1900 años! **El fin** se refiere al fin del reino, como indica el versículo siguiente. **25. Porque** da la razón de que no pueda renunciar al reino hasta tanto no llegue el fin. El Hijo debe reinar como hombre bajo el Padre (cf. Sal. 110:1). Luego de este reino, el reino de mediación se confundirá con el reino eterno del Dios trino. **26.** La destrucción de la **muerte** tendrá lugar ante el Gran Trono Blanco del Juicio, después del reino y rebelión final de Satanás (cf. Ap. 20:7-15). Esta es la respuesta cristiana a los filósofos griegos. Decían que no hay resurrección, pero Pablo dice que no hay muerte (cf, Exp. GT., II, 928).

27,28. La afirmación de que **también el Hijo mismo se sujetará a** Dios algunos la han interpretado como una disminución de la dignidad del Hijo de Dios, y también, quizá, como una sombra sobre su divinidad. La sujeción, sin embargo, no es la del Hijo *como Hijo,* sino la del hijo encarnado. Esto, desde luego, no implica desigualdad en la esencia. El hijo de un rey puede estar oficialmente subordinado a su padre y con todo ser de la misma naturaleza que él (cf. Charles Hodge, *An Exposition of the First Epistle to the Corinthians,* pp. 333-335). Lo que Pablo dice es que el Hijo como Hijo encarnado posee ahora todo el poder cf. Mt. 28:18). Cuando entregue la administración del reino terrenal al Padre, entonces el Dios trino reinará como Dios y ya no por medio del Hijo encarnado. El ser Mesías es un aspecto en la condición eterna del Hijo como tal (cf. Mofft, MNT, p. 249).

29—34. Después de exponer los efectos positivos de la resurrección (vv. 12-28), el apóstol pasa al aspecto negativo. **29. Se bautizan por los muertos** es una expresión difícil, a la que se han dado muchas interpretaciones, algunas curiosas y otras erróneas. Por ejemplo, algunos pretenden que Pablo se refiere a la práctica del bautismo substitutivo, como lo tienen los mormones, si bien no lo aprobaba (cf. Morris, *op. cit.,* pp. 218-219). Esta práctica, sin embargo, sólo se conoce desde comienzos del siglo segundo, y por parte de herejes. Otros piensan que el apóstol se refiere a los que se bautizaban basados en el testimonio de algunas personas ya fallecidas. La preposición *hyper,* que RVR traduce **por,** puede significar "con respecto a los muertos", si bien este no es el significado normal. Otros creen que Pablo se refiere al bautismo de jóvenes conversos que pasaban a ocupar en la iglesia los puestos de los hermanos fallecidos. *Hyper* tiene el significado de "en lugar de" muy a menudo, incluso en el NT, como 2 Co. 5:15 y Flm. 13 indican, aunque no es el significado predominante. Los comentaristas del griego explican la expresión como "bautizados con interés por (la resurrección de) los muertos", pero es una traducción forzada por muchas razones (cf. ICC, pp. 359-360). La segunda y tercera explicaciones están más de acuerdo con la teología paulina, pero la interpretación sigue siendo difícil.

31. Cada día muero se refiere a los peligros externos con los que Pablo se enfrentó. Era necio enfrentárseles si no había resurrección (cf. 2 Co. 1:8,9; 11:23). **32. Batallé en Efeso contra fieras** se suele creer que es una referencia metafórica a las persecuciones de que le hicieron objeto los hombres (cf. 16:9). **Comamos y bebamos** expresa la consecuencia inevitable del negar la vida futura —descomposición moral (cf. Is. 22:13).

33,34. Después de una sutil advertencia contra el asociarse con los que socavaban la fe de los creyentes en la resurrección, Pablo les dice a los creyentes, **velad debidamente** (lit., *sean moderados con determinación justa*), **y no pequéis** (lit., *dejad de pecar*). Las consecuencias morales inevitables de la doctrina errónea se ven con toda claridad. Acusa a los corintios, quienes se preciaban de sus conocimientos, de **no conocer a Dios.** No sorprende que agregue, **para vergüenza vuestra lo digo.**

2) Consideración de Ciertas Objeciones. 15:35-57. El apóstol se ocupa en esta sección de las objeciones. A dos de ellas se refiere en el primer versículo. ¿**Cómo resucitarán los muertos?** pone en tela de juicio la *posibilidad* de la resurrección (no el modo), y se responde a esta objeción en el versículo 36. ¿**Con qué cuerpo vendrán?** toca la **naturaleza** del cuerpo resucitado, y este problema se expone desde el versículo 37 hasta el 49. El problema final, el cual va implicado, es éste: ¿Qué les ocurre a los que no mueren? Pablo se ocupa de ello en los restantes versículos de la sección (vv. 50-57). **35,36.** La respuesta simple del apóstol a la primera pregunta es que el cuerpo **no se vivifica** (resucita), **si no muere antes.** La muerte, enemiga del cuerpo, es en realidad el medio para la resurrección.

37—41. Pablo trata de dos errores comunes y utiliza ilustraciones tomadas del mundo natural. Un error es considerar el cuerpo resucitado como idéntico al cuerpo original aunque transformado; el otro es considerar

que el nuevo cuerpo no tiene relación alguna con el original. El hecho es que hay continuidad (v. 36), identidad (v. 38), y con todo diversidad (vv. 39-41) entre los dos cuerpos. **No es el cuerpo que ha de salir** repudia la noción de que el cuerpo será idéntico en cuanto a la constitución física. **38. Su propio cuerpo.** Al igual que en el caso del grano, cada uno conserva su identidad personal. **39,40. No toda carne es la misma carne.** Afirmación interesante, a la luz de la teoría de la evolución. Tiene como fin preservar el elemento de diversidad entre los cuerpos resucitados de los creyentes. **Cuerpos celestiales** son el sol, la luna, las estrellas, etc. **41.** La afirmación, **una estrella es diferente de otra en gloria,** quizá alude a la recompensa diferente que reciben los glorificados (cf. ICC, pp. 371, 372). **42. Así también** introduce la aplicación paulina al cuerpo resucitado. En el esfuerzo por describir lo indescriptible y de expresar lo inexpresable, el apóstol menciona cuatro aspectos. Primero, el cuerpo **resucitará en incorrupción;** ya no podrá descomponerse (cf. vv. 53,54). **43.** También **resucitará en gloria** y **en poder.** En el cuerpo no habrá el principio del pecado ni la debilidad física. **44.** Finalmente, **resucitará un cuerpo espiritual.** Parece una referencia al uso del cuerpo, y no a su substancia. Será formado para ser órgano del Espíritu. **45.** Pablo subraya que la Escritura está de acuerdo con lo que él dice, porque **está escrito.** Los dos Adanes imprimen sus características en sus respectivas descendencias. El término, **el postrer Adán,** lo acuñó Pablo (cf. MNT, p. 263) para indicar que no puede existir un tercer hombre representativo, sin pecado y sin padre humano, como lo fueron tanto Cristo como Adán. Si el postrer Adán de Dios hubiera fracasado, no habría habido otro. **Vivificante** (cf. Col. 1:17; Fil. 3:20,21). **47. Que es el Señor, es del cielo** mira hacia su venida. **48,49. Traeremos también** es una promesa placentera. Muchos manuscritos excelentes dicen *traigamos,* pero esta lectura es probablemente el resultado de una corrupción antigua del texto. **La imagen del celestial** es la nota final en cuanto a la naturaleza del cuerpo resucitado. Será como el propio cuerpo glorioso de Cristo (cf. Lc. 24:29-43; Fil. 3:21; Sal. 17:15). **50.** La pregunta a la que Pablo tiene que contestar a continuación brota espontáneamente. ¿Qué sucederá a los que no mueren? ¿De qué forma participarán en la resurrección del cuerpo? El principio es que debe haber transformación, porque **la carne y la sangre** (no dice el *cuerpo*) **no pueden heredar el reino de Dios. 51. Misterio** (cf. 2:7). No todos los creyentes **dormiremos** (morir), pero **todos** serán **transformados,** es decir, sus cuerpos serán transformados. El **todos** de la última frase niega la doctrina de que la Iglesia será parcialmente arrebatada. **52. En un momento.** Del griego *atmos,* "lo que no puede ser cortado", del cual se deriva la palabra *átomo.* **En un abrir y cerrar de ojos.** Un parpadeo. Estas expresiones recalcan lo rápido del cambio. El sonido de **la trompeta** se refiere al tiempo (cf. 1 Ts. 4:16). **53.** Los vivos y los muertos están frente al escritor; **corruptible** se refiere a los muertos y **mortal** a los vivos.

54. Esta transformación gloriosa de la resurrección hará que se cumpla **la palabra que está escrita: Sorbida es la muerte en victoria** (aplicación libre de la traducción que Teodoto hace de Is. 25:8). Se alcanza la consumación de Gn. 3:15.

55. En la exultación del triunfo de la resurrección, Pablo se mofa de la muerte. Los mejores manuscritos tienen las dos preguntas invertidas, y ambas van dirigidas a la **muerte** (Pablo nunca usa *hades;* cf. Os. 13:14). **56.** Afirmación breve y concisa de la relación entre **muerte, pecado** y **ley;** le da pie al pensamiento de que haya sido quitado el **aguijón** de la muerte. **El aguijón de la muerte es el pecado** porque por el pecado la muerte adquiere autoridad sobre el hombre, y por **la ley** el **pecado** adquiere **poder.** La ley da al pecado carácter de rebelión, de desafío consciente (cf. Ro. 4:15; 7:7-13). La ley, pues, llevaba al pecado, y éste a la muerte. Cristo, al morir, derrotó al pecado, a fin de que los creyentes puedan cantar, "Con la muerte mató a la muerte".

57. El apóstol lleva a la acción de gracias de los redimidos al **Dios** que lo comenzó todo y que **nos da la victoria. Por medio de nuestro Señor Jesucristo** indica el instrumento divino, la obra de Cristo; esta expresión es un breve sumario de todo el contenido en los versículos 3-5,20-22. Estas palabras, que concluyen la exposición de la resurrección, responden a las palabras del apóstol —"así estaremos siempre con el Señor (1 Ts. 4:17).

3) Llamamiento Final. 15:58. **Así que** introduce la conclusión. Como dicen Robertson y Plummer, "Especulemos menos y actuemos más" (ICC, p. 379).

V. Conclusión: Asuntos Prácticos y Personales. 16:1—24.

A. Colecta Para los Pobres. 16:1-4.

El último capítulo de la carta está dedicado a asuntos prácticos y personales, el primero de los cuales es la colecta para los pobres de Jerusalén. El capítulo ofrece una ilustración de cómo poner en práctica la

gran realidad espiritual expuesta en 1:9 —a saber, que los creyentes son llamados "a la comunión con su Hijo Jesucristo nuestro Señor" (cf. 15:58).

1. En cuanto a introduce el tema como uno mencionado en la carta de los corintios a Pablo. **2. Primer día de la semana,** o domingo, era el día en que los creyentes se reunían para el culto. Esta es la primera mención de este hecho (cf. Hch. 20:7). El dar debía ser sistemático. **Según haya prosperado** propone la medida neotestamentaria de dar (cf. Hch. 11:29). El dar era un asunto privado. Pablo quería que la colecta se hiciera antes de que él llegara, a fin de que no hubiera presiones (cf. 2 Co. 9:5). ¡Este sistema revolucionaría la costumbre actual de la iglesia!

3,4 El cuidado de Pablo en los asuntos de dinero debería advertirse. Nunca pidió dinero para sí ni tampoco quiso manejar dinero para otros si en ello hubiera podido haber la más mínima duda. **Si fuere propio** probablemente significa, "Si es suficientemente abundante como para que valga la pena dejar otro trabajo para llevar el donativo" (cf. Ro. 15:25).

B. Proyectada Visita de Pablo. 16:5-9.

El apóstol deseaba pasar algún tiempo con los corintios. Por ello, proyectaba pasar primero por Macedonia en vez de ir de inmediato a Corinto. Esto suponía un cambio de planes, lo cual fue luego objeto de críticas en la iglesia (cf. 2 Co. 1:15-17). **5,6. Vosotros me encaminéis** no implica que le den dinero (cf. 9:15). **7. Si el Señor lo permite.** El apóstol reconoce que hay una voluntad por encima de la suya. Maneja su propia vida con mano suelta. **8,9. Puerta.** Metáfora por oportunidad (cf. 2 Co. 2:12; Col 4:3). **Muchos son los adversarios** puede ser motivo para que Pablo permanezca en Efeso (cf. 15:32; Hch. 19:1-41).

C. Recomendaciones, Exhortaciones, Saludos y Bendición. 16:10-24.

Su proyectada visita le recuerda a dos ayudantes en el ministerio en Corinto —Timoteo y Apolos.

10,11. Si llega Timoteo indica ciertas posibles dificultades (cf. 4:17; Hch. 19:22). Timoteo era joven y al parecer algo tímido (1 Ti. 4:12; 5:21-23; 2 Ti. 1:6-8; 2:1, 3,15; 4:1,2), pero obrero fiel. Es difícil imaginar una recomendación mayor que **él hace la obra del Señor así como yo. 12.** Si bien Pablo pudo haber tenido razones para envidiar a Apolos (cf. 1:12), no tenía celos del atractivo y dotado alejandrino. Tampoco tenía autoridad sobre Apolos, porque si bien Pablo **mucho** le rogó **que fuese** con ellos, Apolos creyó que no era el tiempo oportuno y no fue.

13. Ahora comienza una serie de exhortaciones dirigidas a la iglesia. Las cuatro primeras son de carácter militar; de hecho, **portaos varonilmente** recuerda uno de los gritos de batalla de los filisteos (cf. 1 S. 4:9). Cada uno de los imperativos de este versículo y el del versículo siguiente están en presente; expresan acciones continuas. **15,16. La familia de Estéfanas** (cf. 1:16). **Se han dedicado** (lit., *se nombraron a sí mismos*) se refiere a "un deber autoimpuesto" (ICC, p. 395). **17,18. Estéfanas, de Fortunato y de Acaico** fueron probablemente los portadores de la carta a Pablo (cf. 7:1). **Mi espíritu y el vuestro** se refiere a la satisfacción de Pablo y a la de ellos cuando oyeran el informe de sus representantes al leer esta carta después de su regreso.

19—24. Saludos finales, advertencia y bendición. **Aquila y Priscila,** ya estuvieron en Roma (Ro. 16:3-5) ya en Efeso, tenían la casa abierta para las reuniones de los santos. **20.** El **ósculo santo** (cf. Ro. 16:16; 1 Ts.

5:26; 2 Co. 13:12; 1 P. 5:14). Costumbre antigua. Es una exhortación implícita a que descarten las divisiones. **21,22.** El apóstol toma la pluma del amanuense y escribe las palabras finales. La primera afirmación resuena con el estallido de un terremoto. **Anatema.** Equivalente griego del hebreo *herem,* y significa "algo destinado a destrucción, el objeto de una maldición" (cf. Ro. 9:3; Gá. 1:8,9; 1 Co. 12:3). La palabra siguiente, **Maranatha** (gr. transliteración de una expresión aramea) puede significar "Ven, Señor nuestro", o "Nuestro Señor ha venido" (refiriéndose a la encarnación), o "Nuestro Señor viene" (segunda venida). El contexto, con su nota de advertencia, favorece la última traducción. **23,24.** La advertencia no es lo último, sin embargo. Incluso la bendición no sería un final adecuado; Pablo debe agregar el tierno **Mi amor en Cristo Jesús esté con todos vosotros.** Sus reproches han sido los reproches del amor, y su amor es para **todos,** incluso para los descarriados y rebeldes.

BIBLIOGRAFÍA

BARCLAY, WILLIAM. *The Letters to the Corinthians (The Daily Study Bible Series).* Philadelphia: Westminster Press, 1956.

FINDLAY, G.G. "St. Paul's First Epistle to the Corinthians", *The Expositor's Greek Testament.* Vol. II. Grand Rapids.: Wm. B. Eerdmans Publishing Co., n.d.

GODET, FREDERIC. *Commentary on First Corinthians.* Grand Rapids: Kregel Publications, 1977.

GROSHEIDE, F.W. *Commentary on the First Epistle to the Corinthians (The New International Commentary).* Grand Rapids: Wm. B. Eerdmans Publishing Co., 1953.

HODGE, CHARLES. *An Exposition of the First Epistle to the Corinthians.* Grand Rapids: Wm. B. Eerdmans Publishing Co., reprinted 1950.

IRONSIDE, H.A. *Addresses on the First Epistle to the Corinthians.* New York: Loizeaux Brothers, 1938.

MOFFATT, JAMES. *The First Epistle of Paul to the Corinthians (The Moffatt New Testament Commentary).* New York: Harper and Brothers, 1938.

MORRIS, LEON. *The First Epistle of Paul to the Corinthians (Tyndale New Testament Commentaries).* Grand Rapids: Wm. B. Eerdmans Publishing Co., 1958.

ROBERTSON, ARCHIBALD, and PLUMMER, ALFRED. *A Critical and Exegetical Commentary on the First Epistle of Paul to the Corinthians (The International Critical Commentary).* New York: Charles Scribners Sons, 1911.

VINE, W.E. *First Corinthians.* London: Oliphants, 1951.

COMENTARIOS EN ESPAÑOL

ERDMAN, CARLOS R. *Primera Epístola a los Corintios.* Grand Rapids: T.E.L.L., 1974.

HOVEY, ALVAH. *Comentario Expositivo Sobre el Nuevo Testamento.* 1 Corintios—2 Tesalonicenses. El Paso: Casa Bautista de Publicaciones, 1973.

TRENCHARD, ERNESTO. *Primera Epístola a los Corintios.* Madrid: Literatura Bíblica, 1980.

SEGUNDA EPÍSTOLA
A LOS CORINTIOS

INTRODUCCIÓN

Ocasión de la Carta. En la introducción a 1 Corintios se tratan en forma más específica que aquí los problemas principales referentes a las relaciones de Pablo con la iglesia de Corintio. La ocasión inmediata de la composición de 2 Corintios fueron ciertas tensiones que se habían suscitado en la iglesia después de recibir la primera carta. En forma concisa los hechos conocidos son: parece que Pablo había enviado a Tito a Corinto para corregir ciertos abusos y para estimular a los creyentes a que completaran la contribución para los santos pobres de Jerusalén. Pablo, turbado, había salido de Efeso y habíase dirigido a Troas con la esperanza de encontrarse con Tito. Más turbado todavía al no hallar a Tito en Troas, salió apresuradamente para Macedonia. Ahí Tito, recién llegado de Corinto con noticias alentadoras, se encontró con Pablo. Pero las cosas no andaban como hubieran debido en la iglesia de Corinto. Las noticias alentadoras quedaban poco menos que disipadas ante la amenaza de tormenta que se cernía sobre la vida de la iglesia de Corinto. Era necesario que Pablo actuara con rapidez y rigor. Tenía que hacer tres cosas: (1) presentar el Evangelio con más claridad a los corintios; (2) presionarlos para que completaran la contribución prometida; (3) pulverizar toda oposición con una defensa a fondo de su ministerio y autoridad apostólicos. Estos puntos constituyen el marco en el que se encuadran todos los pensamientos de esta segunda carta.

Fecha y Lugar de la Carta. No cabe casi ninguna duda de que esta carta fue escrita durante el tercer viaje misionero de Pablo (57 d.C.) — unos meses o quizá un año o más después de 1 Corintios. Fue escrita desde Macedonia, probablemente desde Filipos.

Unidad de la Carta. Algunos expertos modernos sostienen que 2 Corintios no tiene unidad. (1) Afirman que 6:14—7:1 es una interpolación, porque rompe la ilación del pensamiento. Pero los movimientos de Pablo no siempre corresponden a las ideas modernas de desarrollo. Quien escribe acerca de una situación presente puede tener razones para ciertas digresiones, razones que son del todo desconocidas al crítico moderno. (2) Estos expertos dicen también que el capítulo 9 en gran parte repite lo dicho en el 8. Sin embargo, si uno estudia estos capítulos con esmero, sin dejarse influir por teorías preconcebidas, ve que el capítulo 9 nada tiene de repetición del 8. (3) Sobre todo, estos objetantes pretenden que la última sección (10:1—13:14) difiere tanto en tono y pensamiento de las secciones anteriores (1:1—9:15) que debe haber pertenecido en un principio a otra carta "perdida" o "severa" que Pablo envió a Corinto. La objeción fatal contra esta popular teoría es que no hay prueba alguna en los manuscritos en favor de tal carta fragmentada o truncada. Además, un estudio más preciso de esta carta revela una unidad sencillamente sorprendente. Por lo demás, nuestro conocimiento de la situación total de Corinto es obviamente tan nebuloso que ningún experto moderno puede afirmar con seguridad que alguna parte de la carta no se acomoda al resto de la misma o es ajena a la situación verdarera de Corinto.

Desarrollo del Pensamiento. El progreso del pensamiento en esta carta es como las maniobras de un ejército poderoso por un terreno accidentado y todavía poblado de reductos de persistente resistencia. Pablo nunca se rinde mientras exista resistencia alguna a su ministerio. Su carta es, de hecho, un llamamiento final a que se sometan en forma total e incondicional a la autoridad del apóstol de Cristo. A pesar de su rudeza, esta carta tiene una simetría tan hermosa como la de una flor silvestre —y posee mucha más fragancia espiritual. El esquema que ofrecemos intenta poner de relieve dicha simetría.

Influencia. Resulta quizá odioso comparar entre sí las cartas de Pablo. Cada una de ellas posee características especiales que hacen de ella algo único en su campo. Pero en 2 Corintios hallamos ciertos rasgos que no son tan visibles en otros escritos de Pablo. Al defender su autoridad apostólica en contra de los ataques sutiles e insidiosos de los "falsos apóstoles" que querían eliminar su influencia sobre los corintios, el gran evangelista revela su alma y agrega muchos detalles acerca de su vida que de no ser por esto se hubieran perdido. Pero esta carta es un monumento al hecho de que Pablo, lleno de vida e inspiración, no tenía igual para derribar "toda altivez que se levanta contra el conocimiento de Dios" (2 Co. 10:5).

BOSQUEJO

I. La Conciliación. 1:1—7:16.
  A. Reciprocidad a la angustia de Pablo. 1:1-7.
    1. Saludo. 1:1,2.
    2. Adoración. 1:3.
    3. Tribulación angustiante. 1:4-7.
  B. Alivio para la desesperación de Pablo. 1:8-14.
  C. Justificación de la Desviación de Pablo. 1:15—2:17.
    1. Plan que proyecta. 1:15,16.
    2. Crítica del Plan. 1:17.
    3. Concepción del Plan. 1:18-22.
    4. Cambio de Plan. 1:23—2.4.
    5. Corrección del Plan. 2:5-11.
    6. Consumación del Plan. 2:12-17.
  D. Superioridad de la Dispensación de Pablo. 3:1-18.
    1. Por la Prueba Documental. 3:1-3.
    2. Por el dinamismo. 3:4-6.
    3. Por la intensidad. 3:7-9.
    4. Por el fin que tiene. 3.10,11.
    5. Por el diagnóstico. 3:12-17.
    6. Por el éxito. 3:18.
  E. Explicación del dualismo de Pablo. 4:1-18.
    1. Lo oculto y lo manifiesto. 4:1,2.
    2. Los ciegos y los iluminados. 4:3,4.
    3. Los esclavos y el Maestro. 4:5.
    4. Oscuridad y luz. 4:6.
    5. Los débiles y el Poderoso. 4:7.
    6. Pruebas y triunfos. 4:8-10.
    7. Muerte y vida. 4.11,12.
    8. Lo escrito y lo hablado. 4:13.
    9. El pasado y el futuro. 4:14.
    10. Gracia y acción de gracias. 4:15.
    11. El hombre exterior y el interior. 4:16.
    12. Aflicción y gloria. 4:17.
    13. Lo visible y lo invisible. 4:18a.
    14. Lo temporal y lo eterno. 4:18b.
  F. Motivos de la dedicación de Pablo. 5:1—6:10.
    1. Motivo del conocimiento. 5:1-9.
    2. Motivo del juicio. 5:10.
    3. Motivo del temor. 5:11.
    4. Motivo del desinterés. 5:12,13.
    5. Motivo del amor. 5:14,15.
    6. Motivo de la regeneración. 5:16,17.
    7. Motivo de la reconciliación. 5:18-21.
    8. Motivo del tiempo. 6:1,2.
    9. Motivo del sufrimiento. 6:3-10.
  G. Pablo intenta disuadir. 6:11—7:1.
    1. Tesis: Cambien de actitud respecto a mí. 6:11-13.
    2. Antítesis: Cambien de actitud para con el mundo. 6:14-16.
    3. Síntesis: Obedecer y vivir: 6:17—7:1.
  H. Ejemplos del deleite de Pablo. 7:2-16.
    1. Alto aprecio de Pablo por los corintios. 7:2-4.
    2. Razones de este alto aprecio. 7:5-16.
II. La Colecta. 8:1—9:15.
  A. Primera razón para completarla: el ejemplo de los macedonios. 8:1-8.
  B. Segunda razón para completarla: el ejemplo de Cristo. 8:9.
  C. Tercera razón para completarla: las exigencias del honor. 8:10—9:5.
  D. Cuarta razón para completarla: las exigencias de la mayordomía. 9:6-15.
    1. Principios tomados de la naturaleza. 9:6.
    2. Principios tomados de la naturaleza de Dios. 9:7-10.
    3. Principios tomados de la naturaleza cristiana. 9:11-15.

COMENTARIO

1. La Conciliación. 1:1—7:16.
A. Reciprocidad a la Angustia de Pablo. 1:1-7.
1) Saludo. 1:1,2. **1.** El epíteto **apóstol**, muy frecuente en las cartas de Pablo (cf. Ef. 1:1, Col. 1:1, 1 Ti. 1:1, 2 Ti. 1:1), sintetiza en forma concisa y vigorosa la comisión y misión de Pablo (cf. Gá. 1:1). **Santos** es equivalente a hermandad cristiana (cf. Ro. 1:7; 1 Co. 1:2, Ef. 1:1; Fil. 1:1, Col. 1:1). El término recuerda siempre el cambio radical que se ha producido (cf. 2 Co. 5:17; 1 Co. 6:11). El territorio comprendido en **toda Acaya** abarcaba Atenas (cf. Hch. 17.34) y Cencrea (cf. Ro. 16:1). **2.** En el proceso de salvación, que se manifiesta incluso en el saludo, la **gracia** siempre es antes que la **paz**. Aquélla es la base y fundamento de ésta; por ello no se puede cambiar el orden. Nadie puede tener **paz** si antes no ha experimentado la **gracia** divina (cf. 8:9). La divinidad de Cristo se pone de relieve en el saludo y en la doxología (13:14) de la carta. La preposición simple **de** (*apo*) une en forma indisoluble a **Dios nuestro Padre** y al **Señor Jesucristo**. Debería ponderarse debidamente el título completo de Cristo.
2) Adoración. 1:3. El adjetivo verbal **bendito** (*eulogetos*), que siempre en el NT se aplica a las personas divinas (11:31; Mr. 14:61; Lc. 1:68; Ro. 1:25; 9:5; Ef. 1:3; Col. 1:3, 1 P. 1:3) describe la felicidad y bienaventuranza infinitas que existen en la Trinidad. Pablo en este caso presenta a Dios (1) como **bendito** —según su naturaleza íntima; (2) como **Padre de nuestro Señor Jesucristo** —según la relación trinitaria; y (3) como **Padre de misericordia y Dios de toda consolación** —según sus atributos. La palabra *oiktirmos* significa "piedad, misericordia, compasión"; en el NT siempre está en plural (Ro. 12:1, Fil. 2:1; Col. 3:12; He. 10:28) —posiblemente para expresar la naturaleza multiforme de la virtud.
3) Tribulación Angustiante. 1:4-7. **4.** Dios consuela a los creyentes. El consuelo de Dios es (1) activo —**nos consuela;** (2) comprensivo —**en todas nuestras tribulaciones** (3) intencional —**para que podamos;** (4) específico —**en cualquier tribulación;** (5) reflexivo —**por medio de la consolación con que nosotros somos consolados por Dios.** **Tribulación** (*thlipsis*) se usa a menudo en esta carta (1:8; 2:4; 4:17; 6:4; 7:4; 8:2, 13). **5.** Cristo consuela a los creyentes. **De la manera... así** en griego compara dos cosas de la misma categoría o naturaleza (como en Lc. 11:30; 17.26, Jn. 3:14; 14:31; Col. 3:13). **Las aflicciones de Cristo** son los sufrimientos del Mesías, el Ungido (cf. Lc. 24:26,46; Fil. 3:10; Col. 1:24; 1 P. 1:11). El verbo **abundar** (*perisseuo*) es bastante típico de esta carta (2 Co. 3:9; 4:15; 8:2,7,8,12).
6. La mejor traducción es la de RVR. Adviértanse los presentes de pasiva en el original —*somos atribulados... somos consolados.* En ambos casos, la consecuencia es buena para los hijos de Dios. Las palabras, **la cual se opera,** traducen el presente de participio en voz media de *energeo.* En voz media siempre implica alguna clase de fuerza misteriosa o sobrenatural (cf. 4:12; Ro. 12; 6,11; Gá. 5:6; Ef. 3:20; Col. 1:29; 1 Ts. 2:13; 2 Ts. 2:7; Stg. 5:16). En activa Dios es siempre el sujeto (cf. 1 Co. 12:6,11; Gá. 2:8; Ef. 1:11,20; Fil. 2:13). **7.** El escatológico **nuestra esperanza** (cf. 1 Ts. 2:19) se basa simplemente en el hecho de que la salvación es **firme** (*bebaios*, "seguro, confiable, cierto" —Arndt). **Sabemos** indica la causa objetiva de su seguridad respecto a los corintios (cf. 1 Ts. 1:4). El **así como... también** (como en 2 Co. 7:14; Ef. 5:24) difiere en muy poco de la construcción del versículo 5. La palabra (*koinonos*) **compañeros** se usa para compañerismo físico (cf. 2 Co. 8:23), participación moral (cf. Mt. 23:30; 1 Co. 10:18,20; He. 10:33), y unión espiritual (cf. 1 P. 5:1; 2 P. 1:4).

B. Alivio para la Desesperación de Pablo. 1:8-14.

8. La naturaleza de **nuestra tribulación** (*thlipsis*; véase v. 4) que se presentó **en Asia** (o sea, en la provincia romana de Asia) ha sido largamente debatida. Algunos comentaristas opinan que el alboroto de Éfeso (cf. Hch. 19:23-41; 1 Co. 15:32) fue la ocasión de esta **tribulación**. Fuera cual fuese —y los términos con que se menciona hacen suponer que fue una experiencia sumamente dolorosa— fue una de esas pruebas que Pablo soportó por Cristo (cf. Hch. 9:16; también Sal. 69:1 ss.; Is. 43:2).

9. Como Isaac (cf. He. 11:17-19), Pablo tuvo sobre sí **sentencia de muerte;** y, como Abraham, podía ahora confiar de nuevo en **Dios que resucita a los muertos** (cf. Gn. 22:1-18). **10.** El verbo (*rhuomai*) traducido como **librar** se usa también para Lot (2 P. 2:7,9) Pablo (2 Ti. 4:17), y los creyentes (1 Ts. 1:10). Pablo pasó por la tribulación aquí descrita y fue librado **de** (*ek*) la misma (cf. Ro. 8:35-39; también Sal. 66:12; 69: 14; 144:7). La descripción **tan gran** (cf. su empleo es He. 2:3; Stg. 3:4; Ap. 16:18) revela las dimensiones excepcionales de tal prueba. La liberación de Pablo fue (1) una maravillosa providencia —**nos libró;** (2) una profecía —**nos librará** (RVR); (3) una radiante promesa —**en quien esperamos que aún nos librará.** La liberación futura se cumplió en 2 Ti. 4:17.

11. Este versículo se puede traducir de diferentes maneras. Los pensamientos básicos son: (1) la eficacia de la oración en el caso de la liberación de Pablo; (2) el **don** otorgado al apóstol; (3) la acción de gracias posterior que **muchas personas** dieron **a favor nuestro.** Pablo tenía gran fe en la oración de intercesión (cf. Ro. 15:30,31; Fil. 1:19; Col. 4:12). La palabra *charisma* significa "un don (otorgado libre y gratuitamente), un favor concedido" (Arndt). No es exclusivo de los dones para el ministerio (cf. Ro. 1:11; 1 Co. 1:7; 1 P. 4:10).

12. La palabra griega *kauchesis*, **gloriarse,** se encuentra siete veces en esta carta (1:12; 7:4,14; 8:24; 9:3; 11:10,17), pero sólo cinco veces en el resto del NT. **Nos hemos conducido** para Pablo significa que tres jueces decidieron su conducta: (1) su **conciencia;** (2) la **sencillez y sinceridad de Dios;** (3) el **mundo** y los corintios. **Sabiduría humana** (cf. Stg. 3:15) y la **gracia de Dios** (cf. 1 Co. 3:10; 15:10; Ef. 3:2,7,8,) son elementos irreconciliables e incompatibles.

13. Pablo era una persona consecuente, tanto al tratar con los hostiles judíos (cf. Hch. 26:22) como con los cristianos recalcitrantes. Lo que había escrito en las cartas lo habían podido leer fácilmente y *entender del todo* (significado usual de *epiginosko*, traducido aquí como **entender;** cf. 1 Co.

13:12). La expresión griega *heos telous* se puede traducir **hasta el fin** (RVR) o *plenamente*. El hecho de que la palabra que se emplea en este caso suela designar "el fin" (cf. Mt. 24:6,14; 1 Co. 15:24), además del hecho de que el versículo siguiente se refiera a la Segunda Venida, parece refrendar **hasta el fin** como la mejor traducción (cf. 1 Co. 1:8). **14.** La alabanza que Pablo hace de los corintios es mordaz porque el verdadero motivo de su ministerio entre ellos fue "entendido plenamente" (el mismo verbo que en el v. 13) sólo **en parte** es decir, sólo por algunos de ellos (véase la misma construcción en Ro. 11:25; 1 Co. 13:9). A la Segunda Venida se le llama **el día** (como en 1 Co. 1:8; 3:13; 5:5; Fil. 1:6,10; 1 Ts. 5:2; 2 Ts. 2:2).

C. Justificación de la Desviación de Pablo. 1:15—2:17.

1) Plan que Proyecta. 1:15,16. **15.** La palabra *pepoithesis*, que se traduce aquí como **confianza,** sólo Pablo la usa en el NT (3:4; 8:22; 10:2; Ef. 3:12; Fil. 3:4). La **segunda gracia** (*charis*) sintetiza la doble bendición que recibirían con sus dos visitas (cf. Ro. 1:11). **16.** El plan que Pablo proyectaba incluía cuatro fases: (1) un viaje directo a Corinto; (2) viaje por tierra desde Corinto hasta Macedonia; (3) viaje de regreso a Corinto; (4) viaje de Corinto a Judea. Pablo a menudo daba el itinerario proyectado (cf. Ro. 1:10; 15:22; 1 Ts. 2:18). 2) Crítica del Plan: 1:17. Pablo responde a las acusaciones que se le han hecho —de vacilar y emplear métodos carnales— (1) con el uso de la lógica (**así que;** pero en griego se emplean tanto *oun* como *ara*); (2) con una negación enfática (*meti;* cf. Mt. 7:16; 26:22,25)); (3) con repetición (**sí, sí; y no, no)**; (4) poniendo de relieve el orden (lo cual sólo se puede ver en griego).

3) Concepción del Plan. 1:18-22. **18.** **Mas, como Dios es fiel** se puede tomar como una orden solemne o como una simple afirmación ("Pero Dios es fiel porque nuestra palabra a vosotros no es sí o no". Pablo a menudo apela a la fidelidad de Dios como prueba de la veracidad del Evangelio que proclamó (cf. 1 Co. 1:9; 1 Ts. 5:24; 2 Ts. 3:3). **19.** Este versículo revela (1) la persona; (2) la predicación; (3) los predicadores, y (4) lo positivo del mensaje: todo tiene su unidad en Cristo. La diferencia entre **ha sido** (aoristo de *ginomai* en el **no ha sido** sí y **ha sido** (perfecto de *ginomai*) en **ha sido sí** ha de tenerse en cuenta: "no ha sido sí y no, sino que en él ha sido (y sigue siendo) sí" (cf. Jn. 1:14; Ap. 1:17,18). **20. Todas las promesas;** el pronombre griego se traduce mejor como *cuantas promesas* (véase su uso en Mt. 14:36; Jn. 1:12; Hch. 3:24; Ro. 2:12; Fil. 3:5). Todas las pro-

mesas de Dios se realizan y cumplen en Cristo (cf. Ro. 15:8,9).

21,22. No se deberían pasar por alto las referencias a la Trinidad en 1:18-22: (1) la certeza que Dios da (v. 18); (2) lo central de Cristo (vv. 18-20); (3) la atestación del Espíritu (vv. 21,22). Pablo apela a una experiencia presente **(confirma,** presente de *bebaioo;* cf. su uso en Mr. 16:20; Ro. 15:8; 1 Co. 1:6,8; Col. 2:7; He. 2:3; 13:9), que se confirma con tres acciones simultáneas y decisivas que ocurrieron en la regeneración **—ungió . . . sellado . . . dado** (todos en aoristo). El verbo *(chrio)* traducido por **ungió** se usa con relación a la unción del Espíritu Santo (cf. Lc. 4:18; Hch. 4:27; 10:38; He. 1:9). El nombre *Cristo* ("El Ungido") procede de la misma raíz. Las **arras** *(arrabon;* en el NT sólo se usa aquí y en 2 Co. 5:5; Ef. 1:14) es el pago inicial en la compra: como la garantía.

4) Cambio de Plan. 1:23—2:4. **23.** Pablo da una razón negativa **(por ser indulgente;** 1:23—2:4a) y una positiva **(para que supiéseis cuán grande es el amor,** etc.; 2:4b) de por qué cambió el plan proyectado. **Invoco a Dios por testigo sobre mi alma** es una traducción correcta de las palabras de Pablo (cf. 11:31; Ro. 1:9; Fil. 1:8; 1 Ts. 2:5,10). El **no . . . todavía** se podría traducir "ya no" en el sentido de que Pablo desistió de su visita a Corinto hasta tanto no se corrigieran ciertas cosas (cf. 2 Co. 13:2,10). **24.** Para que las palabras "ser indulgente" no se entiendan mal, Pablo recuerda a sus lectores que no busca dominar en forma tiránica su **fe** (cf. 4:5; 11:20; 1 P. 5:3). La palabra **gozo** *(chara)* se usa con tanta frecuencia en esta carta (1:24; 2:3; 7:4,13; 8:2) como en Filipenses (1:4, 25; 2:2,29; 4:1). Se puede leer **por la fe** o *en la fe* —la primera indica el medio, y la segunda, la esfera o ámbito. Para **firmes,** véanse también Ro. 5:2; 11:20; 1 Co. 15:1; 1 P. 5:9.

2:1. La "determinación" de Pablo nacía del hecho de que su visita se hubiera caracterizado por la **tristeza** si el plan original (cf. 1:15,16) se hubiera llevado a cabo. Las palabras **ir otra vez** han producido debates interminables. Complica mucho el problema el hecho de que en Hechos sólo se menciona una visita a Corinto (18:1-18) anterior a esta carta. Sin embargo, en 2 Co. 12:14; 13:1 parece que la siguiente visita del apóstol iba a ser la tercera. Algunos peritos sostienen que Pablo hizo una segunda visita (no referida). **2.** El **si** supone que el hecho es verdadero (como en 2:5,9; 3:7,9,11; 5:14). Pablo no encuentra placer sádico en el dolor que causa a sus conversos: su tristeza y gozo dependen del estado espiritual de ellos. **3.** ¿A qué carta se refiere? Los comenta-

ristas antiguos solían presumir que se trataba de 1 Corintios; los comentaristas más recientes creen que Pablo se refiere a una carta más dura (perdida o quizá contenida en los capítulos 10-13 de esta carta) que escribió después de 1 Corintios. Estos mismos comentaristas también presumen que antes de esta carta dura tuvo lugar otra visita que no se menciona. No se puede dogmatizar en cuanto a las circunstancias que rodearon la relación de Pablo con la iglesia de Corinto.

4. La vida emotiva de Pablo se sintetiza en este versículo (1) en profundidad **—mucha tribulación y angustia del corazón;** (2) en su expresión visible **—con muchas lágrimas;** (3) en su propósito negativo **—no para que fuéseis contristados;** (4) en su propósito positivo **—para que supiéseis cuán grande es el amor que os tengo.** La última frase da la razón positiva (véase 1:23) del porqué del cambio del plan (cf. 1:15,16).

5) Corrección del Plan. 2:5-11. **5.** La interpretación del **alguno** depende de la opinión que se tenga en cuanto a las visitas y cartas de Pablo a Corinto. Según el punto de vista antiguo, se refiere a la persona incestuosa de 1 Co. 5:1-8. Los comentaristas más recientes opinan que había surgido en Corinto una persona o partido que discutía la autoridad apostólica de Pablo (cf. 2 Co. 10:7; 1 Co. 1:12). Es probable que nunca se llegue a resolver el problema mientras no poseamos más que los escasos hechos de que disponemos. En **exagerar** *(epibareo,* "recargar, poner sobre" —Arndt) tenemos quizá una expresión discreta y educada de la preocupación de Pablo (cf. la misma palabra en 1 Ts. 2:9; 2 Ts. 3:8). **6.** La **represión** le **basta.** "La represión es lo bastante dura" (Arndt). Pero el silencio era cortés **(tal persona)** y siniestro **(por muchos** —lo cual implica que una minoría recalcitrante todavía se rebelaba contra Pablo).

7. El **debéis** no lo exige el griego. Plummer traduce así: "Para que por el contrario podáis más bien perdonarlo" *(A Critical and Exegetical Commentary of the Second Epistle of St. Paul to the Corinthians).* La palabra **perdonar** *(charizomai;* véase su uso en 2 Co. 1:10; 12:13; Ro. 8-32; Gá. 3:18; Ef. 4:32; Col. 2:13; 3:13) significa "dar libre o gratuitamente como favor" (Arndt). Debería advertirse que esto debía hacerlo toda la iglesia. El uso de **para que no,** que traduce *me pos* (cf. su uso en 2 Co. 9:4; 11:3; 12:20; 1 Co. 8:9; 9:27), indica que la acción mencionada entraba en el campo de lo posible. **8. Confirméis** *(kyroo;* sólo se vuelve a encontrar en Gá. 3:15) significa o "reafirmar" (Arndt) o "ratificar" (Plummer). Que lo aceptaran como hermano reincorporado a la hermandad cristiana sería la manifestación pública de dicha "confirmación".

9. Pablo da tres razones de porqué escribía: (1) para prepararlos para su visita (2:3); (2) para manifestarles su amor (2:4); (3) para someter a prueba su obediencia (2:9). La palabra **prueba** (*dokime*) se halla cuatro veces en esta carta (2:9; 8:2; 9:13; 13:3); en el resto del NT sólo en Ro. 5:4; Fil. 2:22. **En todo** muestra que para Pablo la obediencia incompleta es inaceptable.

10. Pablo ratifica la acción de la iglesia de Corinto en el deber corporativo de "perdonar" (cf. Jn. 20:23). Para el **perdonáis,** véase 2 Co. 2:7. Se puede leer la última parte como *en la persona de Cristo,* es decir, actuando como su representante; o **en presencia de Cristo** (RVR), es decir, actuando con él como testigo nuestro. **11.** Tenemos (1) un enemigo común —Satanás; (2) un peligro común —**no gane ventaja alguna sobre nosotros;** (3) una protección común —**no ignoramos sus maquinaciones:** El verbo *pleonekteo* (en el NT sólo se halla en 7:2; 12:17,18; 1 Ts. 4:6) significa "aprovecharse de, abusar, defraudar, estafar" (Arndt). En este caso se puede leer: "para que Satán no se aproveche de nosotros" (Arndt).

6) Consumación del Plan. 2:12-17. **12.** Desde este punto hasta el final del capítulo Pablo nos dice cómo se consumó este plan en la prueba (vv. 12,13), en el triunfo (vv. 14-16), y en el testimonio (v. 17). ¡Qué oportunidad —una **puerta!** ¡Qué responsabilidad —**se me abrió!** ¡Qué relación —**en el Señor!** Los viajes de Pablo respondían siempre a un propósito evangelístico —**el evangelio de Cristo. 13.** El **espíritu** perturbado de Pablo exigió esta salida repentina de Troas. Su obsesión inmediata era tener noticias de la iglesia de Corinto; todo lo demás —incluyendo la evangelización de Troas— era causa secundario. No se dice qué o quién fue causa de que Pablo y Tito fallaran en los planes. ¿Habría que decir que en Troas se perdieron almas debido al fallo de alguien? La dirección de Dios se manifestó en el confiarle a Pablo un ministerio en Troas a su regreso de Corinto (Hech. 20:6).

14. En griego el orden es enfático: "Mas a Dios gracias" (cf. 8:16; 9:15). Este versículo ilustra Ro. 8:28. El verbo *thriambeuo* debería traducirse **nos lleva en triunfo** (RVR). Este verbo se usa sólo otra vez en Col. 2:15. Pablo se considera a sí mismo como esclavo (cf. Ro. 1:1) llevado triunfalmente en el séquito del Mesías (cf. Ef. 4:8; después de una victoria militar los emperadores romanos solían desfilar en triunfo por las calles de Roma con los prisioneros). Adviértase el **siempre** (*pantote;* cf. 2 Co.

4:10; 5:6; 9:8) y el **en todo lugar** (cf. Hch. 1:8; Ro. 10:18; Col. 1:6,23). El verbo (*phaneroo*) traducido por **manifiesta** es frecuente en esta carta (3:3; 4:10,11; 5:10; 7:12; 11:6). El uso de **olor** muestra que Pablo sigue con la imagen del desfile triunfal. La palabra griega *gnosis* **conocimiento** se usa veintinueve veces en el NT; Pablo la usa veintitrés veces. En esta misma carta se vuelve a emplear en 4:6; 6:6; 8:7; 10:5; 11:6.

15. En el NT, la salvación se describe como (1) pasada (aoristo; 2 Ti. 1:9; Tit. 3:5); (2) presente (tiempo presente: aquí y en 1 Co. 1:18; 15:2); (3) futura (tiempo futuro: Ro. 5:9,10; 1 Co. 3:5; 2 Ti. 4:18); (4) completa (tiempo perfecto: Ef. 2:5,8). El verbo **pierden** (*apollumi;* cf. su uso en 2 Co. 4:3; Jn. 3:16; 10:28; 17:12; 18:9; 2 Ts. 2:10) designa destrucción y ruina más que aniquilación. **16.** El mismo **olor** les llega a todos procedente de los mensajeros del Evangelio. Para algunos resulta fatal; para otros es portador de vida (cf. Jn. 3:19; 9:39; 15:22; 16:8ss.; Hch. 13:4ss.; 28:25-28). El **de muerte para muerte** probablemente indica la transición de la muerte espiritual (cf. Ef. 2:1) a la muerte eterna (cf. Ap. 2:11; 20:14; 21:8).

17. El testimonio de Pablo es que él no medra, **como muchos** (los falsos maestros mencionados en 11:4,12-15), **falsificando** (*kapeleuo,* que significa "intercambiar, vender con regateos" —Arndt) **la palabra de Dios.** La sinceridad de Pablo es evidente por su (1) origen —**de parte de Dios;** (2) manifestación —**delante de Dios;** (3) esfera de acción —**hablamos de Cristo** (cf. 13:3).

D. Superioridad de la Dispensación de Pablo. 3:1-18.

1) Por la Prueba Documental. 3:1-3. **1.** Pablo denuncia con vehemencia a los que necesitan **cartas de recomendación** (cf. 5:12; 10:12,18; 12:11). Su misión y ministerio no necesitaban semejantes alabanzas presuntuosas. **2.** Por el contrario, la carta de Pablo es (1) personal —**nuestras cartas;** (2) permanente —**escritas en nuestros corazones;** pública —**conocidas y leídas por todos los hombres. 3.** La autenticidad de los Corintios como **carta de Cristo** la demostraban (1) el ministerio administrado —**expedida por nosotros;** (2) el origen sobrenatural de los corintios —**con el Espíritu del Dios vivo;** (3) el testimonio interno de los mismos —**en tablas de carne del corazón** (cf. Jer. 24:7; 31:33; 32:39; Ez. 11:19; 36:26).

2) Por el dinamismo. 3:4-6. **4.** Esta **confianza** (*pepoithesis;* véase 1:15) es **mediante Cristo.** El uso del artículo definido antes de **Cristo** ("El Cristo"; o sea, "El Ungido") es muy común es esta carta (1:5; 2:12,14;

3:4; 4:4; 5:10,14; 9:13; 10:1,5,14; 11:2,3; 12:9). Para **mediante** (*día*), véase 5:18.

5. Nuestra **competencia** (*hikanotes*, en el sentido de "idoneidad, capacidad, calificación" —Arndt) es **de Dios.** El de (*ek*) indica origen (como en 4:7,18; Jn. 10:47; 18:36,37. Cf. 1 Co. 15:10).

6. Sígase la traducción de RVR: **el cual asimismo nos hizo ministros competentes.** El **nuevo pacto** (cf. Mt. 26:28; He. 8:8,13) exige un "nuevo nombre" (Ef. 2:15; 4:24) que es una "nueva criatura" (2 Co. 5:17). Esta persona regenerada tiene un "nuevo nombre" (Ap. 2:17), observa un "nuevo mandamiento" (1 Jn. 2:7,8), canta un "nuevo cántico" (Ap. 14:3), busca un "cielo nuevo y una nueva tierra" (2 P. 3:13; Ap. 21:1) y en los que está la "nueva Jerusalén" (Ap. 21:2) y en los que todas las cosas son "nuevas" (Ap. 21:5). El contraste entre **la letra mata** y **el espíritu vivifica** no se refiere al contraste entre la interpretación literal de la Escritura y la completamente libre (como en el método alegórico de interpretación); el contraste es más bien entre la Ley como sistema de salvación que exige perfecta obediencia (cf. Ro. 3:19,20; 7:1-14; 8:1-11; Gá. 3:1-14) y el Evangelio como don de la gracia de Dios en Cristo. Incluso la Ley, sin embargo, podía conducir al alma a Cristo (cf. Gá. 3:15-29); pero el judaísmo corrompido la había convertido en un cúmulo de formalismos (cf. Is. 1:10-20; Jer. 7:21-26). La nueva era de "gracia y verdad" (Jn. 1:17), ya anticipada en el AT (cf. Ez. 37:1-14; 47:1-12), tiene su existencia plena en la dispensación dinámica de la gracia (cf. Jn. 4:23; 6:63; Ro. 2:28; 7:6).

3) Por la Intensidad. 3:7-9. **7.** Léase Éx. 34:29-35 como antecedentes. La dispensación de "la letra" es inferior a la dispensación del "espíritu" en (1) la naturaleza esencial —**muerte** (cf. Ro. 7:5,10,11; Gá. 3:10,21,22); (2) la forma externa —**grabado en piedras** (cf. Éx. 24:12; 31:18); (3) mérito permanente —**la gloria había de perecer.** El verbo (*katargeo*) en la última frase significa "abolir, suprimir, descartar" (Arndt); excepto en dos lugares (Lc. 13:7 y He. 2:14), sólo Pablo la emplea en el NT (p. ej. 2 Co. 3:1,13,14; 1 Co. 15:24,26; 2 Ti. 1:10).

8. El negativo **no** (*ouchi*) pide una respuesta positiva vigorosa (como en 1 Co. 9:1; 10:16,18). El argumento que se emplea en este caso se llama *argumentum a minore ad majus*: si de dos cosas la menor es verdadera, mucho más lo será la mayor.

9. Se reconoce que la antigua dispensación tuviera **gloria** (cf. Ro. 9:4,5); pero la nueva mucho más **abundará en gloria** (cf. He. 8:6ss.; 9:11-15). En el AT se pro-

metió "justicia perdurable" (Dn. 9:24) como asociada con la venida del Mesías (cf. Is. 51:5-8; 56:1; Jer. 23:5,6). Esta **justicia** la realizó Cristo (cf. 2 Co. 5:21; Mt. 3:15; Ro. 10:4) y ahora se imputa a todos los que creen en él (cf. 2 Co. 5:21; Ro. 3:21-31; 4:1-13).

4) Por el Fin que Tiene. 3:10,11. **10.** La nueva dispensación es superior a la antigua por cuanto la nueva no está sujeta a disminución ni destrucción. La **gloria** de la antigua no era más que un reflejo de la nueva; era "figura y sombra" (He. 8:5; 10:1) de la nueva. **11.** La antigua es abolida: la nueva permanece. Los verbos **parece** y **permanece** son participios de presente. Cf. He. 12:18-28.

5) Por el Diagnóstico. 3:12-17. **12.** La nueva supera con mucho a la antigua en claridad y lucidez. El uso de **tal** exige que se trate de una cualidad inherente a la cosa a la que se aplica (como en Mt. 19:14; Jn. 9:16; Gá. 5:21,23; He. 13:16). Pablo usa la palabra **esperanza** en todas las cartas excepto Filemón. **Franqueza** (*parresia*; cf. 2 Co. 7:4) indica la osadía en el hablar que caracterizaba a los primeros cristianos (cf. Hch. 2:29; 4:13,29,31) y a Pablo (cf. Ef. 6:19; Fil. 1:20) en el testimonio contra judíos y gentiles. Los creyentes no debían avergonzarse del Evangelio, porque sabían que tenía un poder y vitalidad internos y exclusivos (cf. Ro. 1:16,17). **13.** Se nos da el porqué de la "gran osadía" de los cristianos. Moisés solía ponerse (el verbo está en imperfecto) un velo en el rostro para que los israelitas no pudieran ver **el fin de aquello que debía ser abolido.** Según la inspirada interpretación que Pablo da al AT, lo pasajero de la gloria que resplandecía en el rostro de Moisés después de haber estado en comunión con Dios es símbolo de la gloria pasajera de la antigua dispensación.

14. Pablo ofrece una aplicación espiritual del **velo** físico del rostro de Moisés. Ese **velo** pasa a ser el **velo** que impide que los judíos comprendan el verdadero significado del **antiguo pacto.** La palabra *noema*, traducida por **entendimiento**, casi sólo se usa en esta carta (2:11; 4:4; 10:5; 11:3; cf. Fil. 4:7). La forma verbal afín (*noeo*) indica "reflexión racional o percepción interna" (Arndt; cf. su uso en Jn. 12:40; 1 Ti. 1:7; He. 11:3). La forma pasiva **se embotó** denota la ceguera judicial que cayó sobre Israel cuando la nación rechazó a Cristo (cf. Jn. 12:40; Ro. 11:7,25). Esta ceguera se puede deber a Dios (cf. Ro. 11:7,8), a Satán (cf. 2 Co. 4:4), o al hombre mismo (cf. He. 3:8). En la frase, **el cual por Cristo es quitado,** el verbo **quitado** (presente de pasiva de *katargeo*; véase 2 Co. 3:7b) significa que este **velo** de ceguera espiritual es quitado de los corazones de los israelitas creyentes en el momento en que "ven" a Cristo como a su Salvador (cf. Jn. 9:40,41).

15. El Pentateuco se solía leer —**cuando se lee a Moisés**— en las sinagogas (cf. Hch. 15:21). Pablo no discutía su paternidad literaria (cf. Hch. 26:22; 28:23; Ro. 10:5, 19; 1 Co. 9:9). Incluso fue necesario que Cristo "abriera" los entendimientos de sus propios discípulos en cuanto al significado mesiánico del AT (cf. Lc. 24:25,26,32,44, 45). **16.** El **cuando** debe mantenerse. Es la misma partícula indefinida del versículo 15 (y en ningún otro pasaje del NT). El sujeto de **se conviertan** puede ser o "el corazón" o "él" (o sea, el israelita como individuo). El verbo **convertirse** (*epistrepho*) a menudo indica conversión (cf. Lc. 1:16,17; Hch. 3:19; 26:20; 1 Ts. 1:9). Cuando el alma cree, entonces "se quita el velo" —la remoción del velo es simultánea con el acto de fe salvadora (cf. Is. 25:7; Zac. 12:10).

17. El Señor es el espíritu. Esta construcción, en griego, con el artículo definido que precede tanto al sujeto como al predicado (cf. 1 Jn. 3:4), indica identidad de naturaleza. **Señor** en este lugar es Jesucristo (así es casi siempre en los escritos de Pablo; p. ej. 2 Co. 5:6,8,11; 8:5; 10:8; 12:1,8). Pablo enseña en este caso que Cristo y el Espíritu tienen la misma esencia (cf. Jn. 10:30); sus personas siguen siendo distintas. Tal como lo anunciaron los profetas (Is. 61:1,2; J. 1.2:28-32), la característica de la nueva dispensación iba a ser el derramamiento del Espíritu (cf. Jn. 16:7). **Donde** y "cuando" (2 Co. 3:16) el Espíritu regenera el corazón hay verdadera **libertad** (cf. Jn. 8:32; Gá. 5:1,13).

6) Por el Éxito. 3:18. Esta es la gran conclusión. Pablo utiliza Éx. 34:29-35 como fondo y da un sumario de las ventajas que tiene la nueva dispensación: (1) libertad —**a cara descubierta**; (2) intimidad —**mirando . . . la gloria del Señor** (cf. Éx. 33: 17-23, 1 Jn. 3:1,2); (3) eficacia —**somos transformados . . . en la misma imagen**; (4) perfección —**de gloria en gloria** (cf. Is. 66:11,12); (5) origen sobrenatural —**como por el Espíritu del Señor.** Esta última afirmación equipara a Cristo con el Espíritu en la obra común de salvación (cf. 2 Co. 3:17; Jn. 7:39; 15:26; 16:6-14).

E. Explicación del Dualismo de Pablo. 4:1-18.

1) Lo Oculto y lo Manifiesto. 4:1,2. **1.** Adviértanse tres cosas: (1) nuestra riqueza —**teniendo nosotros este ministerio;** (2) nuestro recordatorio —**según la misericordia que hemos recibido** (cf. 1 Ti. 1:13,16); nuestra fortaleza —**no desmayamos** (cf. el mismo verbo en 2 Co. 4:16; Lc. 18:1; Gá. 6:9; Ef. 3:13; 2 Ts. 3:13). **2.** El acto decisivo, **renunciamos** se explica por medio de dos elementos: (1) **no andando con astucia;** (2) **ni adulterando la palabra de Dios.** La vida que se produce se describe según sus (1) medios —**la manifestación de la verdad;** (2) método —**recomendándonos a toda conciencia humana;** (3) medida —**delante de Dios.** Los cristianos deberían renunciar (como en este caso), repudiar (cf. 6:14-17), y condenar (cf. Ef. 5:11) **lo oculto y vergonzoso** (cf. Ro. 6: 21; 1 Co. 4:5).

2) Los Ciegos y los Iluminados. 4:3,4. **3.** El **si** equivale a la realidad. **Nuestro evangelio.** El único evangelio cf. Gá. 1:6ss.). **Está aún encubierto.** El tiempo perfecto indica el estado fijo. El participio presente se traduce adecuadamente por **los que se pierden** (cf. 2:15). Hay una referencia implícita a 3:13-18; el "velo" que "cegó" a los judíos se ha convertido en el "velo" que Satán emplea para "cegar" a los **que se pierden. 4.** A Satán se le llama **dios de este siglo** (cf. Jn. 12:31; 14:30; 16:11; Ef. 2:2). La palabra **imagen** (*eikon*) se aplica dos veces a Cristo en otros pasajes (Col. 1:15; He. 1:3). El verbo **resplandecer** (*augazo*) se halla sólo en este pasaje en todo el NT.

3) Los Esclavos y el Maestro. 4:5. Pablo predicaba a **Jesucristo como Señor.** El Señorío supremo de Cristo era un punto básico de la predicación apostólica (cf. la misma construcción en Ro. 10:9; Fil. 2:11). El original de **siervos** es *esclavos.* Pablo se llama a sí mismo "esclavo" muchas veces (*doulos;* cf. Ro. 1:1; Gá. 1:10; Fil. 1:1; Tit. 1:1). En este caso usa el término para describir su relación con los conversos de Corinto.

4) Oscuridad y Luz. 4:6. Hay notables diferencias entre las distintas versiones de este versículo. RVR presenta con claridad el original. Pablo se remonta hasta la creación (Gn. 1:3) en la que ve el prototipo de su conversión (cf. Hch. 9:3ss.). El Dios que creó la luz física ilumina nuestras mentes al recrearnos cuando contemplamos la **faz de Jesucristo.**

5) Los Débiles y el Poderoso. 4:7. **Este tesoro** lo usa Pablo para recordarnos que el Evangelio es una joya de valor incalculable (cf. Mt. 13:44,52) que le ha sido encomendado (cf. Ef. 3:1,2,7,8). A la naturaleza humana en su debilidad y fragilidad se la describe con la expresión **vasos de barro** (cf. Hch. 9:15). La palabra **excelencia** (*hyperbole*) significa "exceso, cualidad o índole extraordinaria" (Arndt). La palabra solo Pablo la usa en el NT (2 Co. 1:8; 4:7,17; 12:17; Ro. 7:13; 1 Co. 12:31; Gá. 1:13).

6) Pruebas y Triunfos. 4:8-10. Estos versículos se pueden sintetizar así: (1) Todos

los verbos en 8-10a son participios de presente y están relacionados gramaticalmente al "nosotros" en 4:7. Explican o ilustran el secreto del poder de Pablo en "los vasos de barro". (2) Estos participios parecen ir en orden ascendente —como un crescendo. (3) Son paradójicos y antitéticos —contrastan la naturaleza con la gracia. (4) Además, si bien se basan en 2:14ss., suben más por la ladera que nos conducirá por 6:4-10 hasta la cima en 11:16-23. **llevando en el cuerpo siempre por todas partes la muerte de Jesús** (v. 10). Cf. Ro. 8:36; 1 Co. 15:31; Gá. 6:17; Col. 1:24. El gran deseo de Pablo era que **también la vida de Jesús se manifieste en nuestros cuerpos** (cf. Gá. 2:20; Fil. 1:20).

7) Muerte y Vida. 4:11,12. El pensamiento del versículo 10 se repite, con el significativo aditamento de **por causa de Jesús** (cf. Hch. 9:16; Fil. 1:29). La vida del apóstol era un continuo riesgo de muerte —**siempre estamos entregados a muerte** (cf. 2 Ti. 4:6). Acerca del **actúa** (*energeo*), véase 2 Co. 1:6. El poder de Dios también actuaba en Pablo (cf. Ef. 3:20; Col. 1:29).

8) Lo Escrito y lo Hablado. 4:13. Pablo cita el Sal. 116:10 (LXX) y da la razón de por qué habla así. **Teniendo** equivale a "porque tenemos". Este versículo enseña implícitamente que el Espíritu Santo es el autor de la **fe**, de la Escritura y del testimonio. El **nosotros** es enfático; Pablo, como David, cree y habla; las dos dispensaciones están unidas en la **fe** (cf. He. 11:39,40).

9) El pasado y el Futuro. 4:14. La resurrección de los creyentes se presenta con relación a su (1) Autor—**el que resucitó al Señor Jesús** (cf. Hch. 3:26); (2) tiempo—**nos resucitará** (cf. 1 Co. 15:51,52; 1 Ts. 4:13ss.); (3) causa—**también . . . con Jesús** (cf. 1 Co. 15:20-23); (4) propósito —**nos presentará juntamente con vosotros** (cf. Ef. 5:27; 2 Ts. 2:19,20).

10) Gracia y Acción de Gracias. 4:15. La filosofía de Pablo (**todas estas cosas . . . por amor a vosotros**) tiene un propósito (**para que**) que halla su plenitud de **gracia** que hace que **la acción de gracias sobreabunde para gloria de Dios**. Acerca de **sobreabundar** véase 1:5.

11) El Hombre Exterior y el Interior. 4:16. **No desmayamos**. Véase 4:1. **Se va desgastando . . . se renueva**. El tiempo presente en ambos verbos indica acción simultánea. **El hombre exterior** corresponde a los "vasos de barro" de 4:7 y a la "morada terrestre" de 5:1. La semilla de descomposición y disolución está en el cuerpo desde el nacimiento. Léase Ro. 8:18-25 como comentario de este versículo. "Porque

no tenemos aquí ciudad permanente" (He. 13:14).

12) Aflicción y Gloria. 4:17. Tenemos aquí (1) la disparidad, (2) el propósito, y (3) el desenlace. La disparidad es triple: (1) en el tiempo—**momentánea** en contraposición a **eterno;** (2) en dimensión— **lo leve** en contraposición al **peso;** (3) en carácter—**tribulación** en contraposición a **gloria**. El propósito se halla en el **produce**, verbo (*katergazomai*), que significa "producir, crear" (Arndt). Este verbo se encuentra siete veces en esta carta (5:5; 7: 10,11; 9:11; 12:12). El desenlace se indica en el **cada vez más excelente**, en el que Pablo casi agota el griego en un crescendo de superlativos.

13) Lo Visible y lo Invisible. 4:18a. **No mirando nosotros** es el participio presente de *skopeo* (verbo que se usa en el NT sólo en Lc. 11:35; Ro. 16:17; Gá. 6:1; Fil. 2:4; 3:17). No se debe "tener puestos los ojos en lo que se puede ver" (Arndt). Consúltese He. 11:1,7,13-25,26 para el mismo pensamiento.

14) Lo Temporal y lo Eterno. 4:18b. La palabra **temporal** (proskairos; en el NT sólo vuelve a hallar en Mt. 13:21; Mr. 4:17; He. 11:25) define lo efímero y pasajero en contraposición a lo permanente y **eterno**. La eternidad es el *ahora* perdurable; vivimos en él, si bien no lo podemos ver. En el estado glorificado conoceremos plenamente (cf. 1 Co. 13:12) y veremos plenamente (cf. 1 Jn. 3:2). Ahora caminamos por fe.

F. Motivos de la Dedicación de Pablo. 5:1—6:10.

1) Motivo del Conocimiento. 5:1-9. **1.** Los cristianos pueden **saber** (*oida;* el mismo verbo se emplea en 1 Jn. 2:21; 3:1,2) la verdad acerca del mundo invisible (cf. 2 Co. 4:17, 18). El **si** (*ean;* cf. su uso en 1 Jn. 3:2) indica incertidumbre respecto al tiempo pero no al hecho. La **morada terrestre** (cf. 2 Co. 4:7) se llama **tabernáculo**—muy vulnerable y transitorio. El verbo **se deshiciere** (*kataluo*) significa "derribar, demoler" (Arndt). La descomposición del cuerpo señala su partida de la tierra hacia un estado mucho más glorioso arriba (cf. Fil. 1:23; 3:20,21; 1 Jn. 3:2,14). Ninguna filosofía puede dar la seguridad del **tenemos** (cf. *echo* en 2 Co. 3:4,12; 4:1,7,13; 7:1; 9:8 para el tesoro de bienes espirituales).

2. Probablemente **tabernáculo** (v. 1) es el antecedente de **esto**. El uso de **gemimos** (*stenazo;* cf. su uso en Ro. 8:23) sugiere que hay algo desagradable en el estado presente (cf. Fil. 1:23). El adverbio **con ahínco**, que se omite en RVR, traduce la preposición *epi* en *epipotheo*—verbo que expresa vehemencia de deseo, como se puede ver en pasajes como Ro. 1:11; Fil. 1:8; 2 Ti. 1:4. **3.** El significado de **vestidos y desnudos** se ha debatido sin cesar. Pasajes como Jn. 11:25,26; 1 Co. 15:37-49; Fil. 1:21-23; 3:20,21; 1 Ts. 4:13-18; 1 Jn. 3: 1ss.; Ap. 6:9; 20:4 se deben tener en cuenta en nuestra interpretación.

4. Este versículo vuelve a formular y exbida es la muerte en victoria" (1 Co. 15:54, transfiguración que se tiene presente es **que lo mortal sea absorbido por la vida.** "Sorbida es la muerte en victoria" (2 Co. 15: 54). Compárense los casos de Enoch (Gn. 5:24) y Elías (2 R. 2:11). El uso absoluto de *la vida* (como dice el griego) debe conllevar cierto significado en este caso como ocurre en los demás casos en que se emplea el artículo definido (2 Co. 4:12; 1 Jn. 1:2; 2:25; 3:14; 5:12). **5.** El aoristo **hizo** (véase 4:17 en cuanto al verbo) nos refiere a los decretos de Dios (cf. Ro. 8:30; 9:23; 1 Co. 2:7-9). Acerca de **arras** véase 1:22.

6. El adverbio **siempre** (*pantote*) se halla en todas las cartas de Pablo. Se aplica por ejemplo a la oración (Ro. 1:9), a la acción de gracias (1 Co. 1:4), al trabajo (1 Co. 15:58), y a la obediencia (Fil. 2: 12). Cf. también 2 Co. 2:14; 4:10; 9:8. El verbo *endemeo* ("estar en casa"—Arndt) debería traducirse siempre igual, tanto en este caso como en 5:8,9 (únicos lugares del NT en que aparece). **7. Andamos** (*peripateo*). Verbo que se usa a menudo para describir la vida entera del cristiano (cf. Ro. 6:4; 13:13). En 2 Co. 1:12 "nos hemos conducido" es una expresión parecida.

8. El pensamiento de 5:6 se reanuda. **Más quisiéramos.** Pablo no quiere decir que está deseoso de hallar la oportunidad de salir de la vida presente. El verbo que se traduce por **querer** (*eudokeo*) simplemente denota lo que produce satisfacción placentera (cf. su uso en Mt. 3:17; 12:18; 17:5). Cf. Fil. 1:23. El verbo **procuramos** (*philotimeomai;* en el NT sólo se vuelve a hallar en Ro. 15:20; 1 Ts. 4:11) significa "tener como ambición" (Arndt). La palabra **agradables** (*euarestos*) sólo Pablo la usa en todo el NT (Ro. 12:1,2: 14:18; Ef. 5:10; Fil. 4:18; Col. 3:20; Tit. 2:9) y en He. 13:21.

2) Motivo del Juicio. 5:10. Este importante versículo se puede sintetizar así: (1) el plan—**es necesario;** (2) los protagonistas —**todos;** (3) la presencia—**comparezcamos;** (4) el lugar—**ante el tribunal de Cristo** (cf. Ro. 14:10); (5) el propósito—**para que,** etc. El propósito (1) incluye a todos —**cada uno;** (2) recompensa a todos— **reciba;** (3) lo tiene presente todo—**lo que haya hecho mientras estaba en el cuerpo;** (4) discierne entre todo—**sea bueno o sea malo.**

3) Motivo del temor. 5:11. **Conociendo** es causal ("ya que conocemos"). *Phobos* (como en Hc. 9:31; Ef. 5:21) debería traducirse por **temor.** Denota el miedo reverencial que debería caracterizar la vida del creyente dado que tiene que aparecer ante Cristo como Juez. El orden y la perspectiva del original es así: "...a los hombres persuadimos; pero a Dios le hemos hecho manifiesto, y espero que a vuestras conciencias lo hayamos hecho manifiesto". Pablo trataba de **persuadir a los hombres** ya (1) respecto al juicio venidero (2 Co. 5: 10), ya (2) de su propia integridad como ministro, ya (3) de la necesidad de reconciliación (v. 5:18-21). Sólo (2) parece ser de importancia inmediata.

4) Motivo del Desinterés. 5:12,13. **12. Recomendamos** (*sunistano*). "Presentar alguien a alguien" (Arndt). Este verbo es tan característico de esta carta (3:1; 4:2; 6:4; 7:11; 10:12,18; 12:11) que en ella sola se usa más veces que en el resto del NT. Es evidente que algunos corintios se gloriaban **en las apariencias.** Pablo deseaba dar a sus conversos una **ocasión** genuina para **gloriarse por** él, como por alguien que se gloría verdaderamente **en el corazón,** es decir, en la realidad más íntima. **13.** Plummer traduce correctamente así: "Porque ya sea que estuviéramos locos, (fue) por Dios; o si estamos cuerdos, (es) por vosotros". El "estar loco" (aoristo) se puede referir a alguna ocasión en que sus enemigos lo acusaron de locura (cf. Mr. 3:21; Hch. 26:24). Es extraño comprobar cómo el mundo considera que alguien está desequilibrado cuando vive del todo consagrado a Dios.

5) Motivo del Amor. 5:14,15. **14. El amor de Cristo** cf. Ro. 8:35; Ef. 3:19) es el amor de Cristo por nosotros. El verbo **constreñir** (*sunecho*) normalmente significa "mantener junto"; pero en este caso Arndt traduce "impeler, apremiar". **Nos regula** parece justificarlo a la luz del versículo anterior. El amor de Cristo impedirá que el creyente caiga en extremos anormales. El juicio de Pablo, formado de una vez por todas en el momento de su conversión, fue este: "uno murió por todos, luego todos murieron". El **que** en el **uno murió por todos** enseña la substitución (como en Jn. 10:15; 11:50,51; Ro. 5:6ss.; Gá. 1:4) El aoristo en **todos murieron** identifica al creyente con Cristo en la muerte de éste (cf. Ro. 6:2-11; Gá. 2:19; Col. 3:3). **15.** Los que han sido redimidos por Aquel **que murió y resucitó por ellos** deberían vivir completamente para su Señor, no para sí

(cf. Ro. 14:7ss.; 1 Co. 6:19,20; 1 Ts. 5:10; Ap. 14:1-5).

6) Motivo de la Regeneración. 5:16,17. **16.** Antes del momento trascendental de la conversión, Pablo conoció a Cristo **según la carne** (o sea, sólo como un hombre más). Después de que conoció el significado de la muerte de Cristo (5:15), no conoció ni a hombre alguno ni a Cristo **según la carne**. La visión espiritual había cambiado el centro de gravedad de Pablo; la eternidad había pasado a ser la medida de todo. **17.** El creyente es una **nueva criatura.** Véase 3:6 para **nueva. Pasaron.** Es aoristo, y por ello indica el cambio definitivo que tuvo lugar en la regeneración. El mismo verbo (*parerchomai*) se usa para el paso catastrófico de cielos y tierra en la conflagración final (Mt. 5:18; Lc. 21:32,33; 2 P. 3:10). El tiempo perfecto en **son hechas nuevas** dramatiza el cambio permanente que la regeneración inició.

7) Motivo de la Reconciliación. 5:18-21. **18.** Dios es el autor de **todo** (cf. Ro. 11: 36; Ap. 4:11). **Reconcilió. . . dio;** ambos actos son propios de Dios. La reconciliación precede a la donación. Los pecadores son reconciliados por la muerte de Cristo (cf. Ro. 5:10). La palabra **ministerio** (*diakonia*) se usa bastante en esta carta (2 Co. 3:7ss.; 4:1; 5:18; 6:3; 8:4; 9:1, 12,13; 11:8). **19.** El pensamiento básico, **Dios estaba en Cristo reconciliando,** se explica en forma negativa—**no tomándoles en cuenta** y en forma positiva—**nos encargó.** La Escritura enseña que hay una no imputación del pecado (Ro. 4:8) y una imputación de justicia (Ro. 4:3,6,11,22; Gá. 3:6) al que cree en Cristo. **20.** Este versículo presenta (1) a los mensajeros—**somos embajadores;** (2) los medios—**como si Dios rogase por medio de nosotros;** (3) la mediación—**os rogamos en nombre de Cristo;** (4) el mensaje—**reconciliaos** (Alfred Plummer *op. cit.*) El **como si** (*hos*) no expresa duda; *viendo que* sería mejor. **21.** El griego dice: *El que no conoció pecado por nosotros pecado fue hecho, para que nosotros fuésemos hechos justicia en él.* El Sin Pecado se hizo pecado (por imputación) por el pecador, para que el pecador pudiera hacerse (por imputación) sin pecado en el Sin Pecado. Esta es la entraña misma del Evangelio; este versículo es equiparable a Jn. 3:16. En el AT, la imputación de la justicia de Dios al creyente se enseña en forma didáctica (Gn. 15:6; cf. Ro. 4:3,9), en forma profética (Is. 53:11; 61:10; Jer. 23:6), y en forma típica (Zac. 3:1-5).

8) Motivo del Tiempo. 6:1,2. **1.** El participio en griego **colaboradores suyos** es de *sunergeo* (verbo que en el NT sólo apa-

rece en Mr. 16:20; Ro. 8:28; 1 Co. 16:16; Stg. 2:22. Después de la salvación hay un verdadero 'sinergismo' (cf. Fil. 2:12,13). **En vano.** Cf. Gá. 2:2; Fil. 2:16; 1 Ts. 3:5. Pablo siempre busca pruebas verdaderas del poder del Evangelio entre sus conversos (cf. 1 Ts. 2:13). **2.** Con una cita de Is. 49:8 (LXX) Pablo refuerza el apremio de **recibir** en el versículo 1. La afirmación de Isaías se refería originalmente al Mesías; Pablo la aplica a los creyentes (cf. Ro. 10: 15, una aplicación semejante). El **ahora** (*nun;* cf. su uso en Ef. 3:5,10; He. 12:26; 2 P. 3:7) concluye cuando la era del Evangelio termina (cf. He. 9:26-28).

9) Motivo del Sufrimiento. 6:3-10. Todos los participios de 6:10 se han de relacionar con el **os exhortamos** de 6:1. El **ministerio** no será vituperado si el ministro no da **a nadie ninguna ocasión de tropiezo.** El pensamiento negativo de 6:3 se expone en forma afirmativa en 6:4a, y luego en 6:4b-10, se desarrolla en forma antitética y creciente con el uso de **en** (dieciocho veces), **con** (una vez), **por** (cuatro veces), y **como** (siete veces). Es como un arcoiris de las gracias del ministerio de Pablo. Cf. 2:14ss.; 4:8-10; 11:16-23.

G. Pablo Intenta Disuadir. 6:11—7:1. 1 Tesis: Cambien de actitud respecto a mí. 6:11-13. El verbo **se ha abierto** está en tiempo perfecto e indica por tanto estado permanente—permanece **abierta** (cf. el mismo tiempo en Hch. 10:11; Ap. 4:1). Lo mismo se puede decir de **se ha ensanchado**—verbo (*platuno*) que sólo vuelve a usarse en el NT en 2 Co. 6:13 y Mt. 23:5. Es evidente que los **corintios** no percibían lo dicho. **12.** El verbo **estrechos** es de *stenochoreo,* que significa "amontonar, atestar, confinar, restringir" (Arndt). Describe en forma mordaz lo "mezquinos" que eran los corintios en su afecto por el apóstol. **13.** Léase así: "(concededme la misma compensación—como a niños hablo—ensanchen también (el corazón)". Los malos sentimientos de los corintios hacia Pablo habían endurecido sus corazones.

2) Antítesis: Cambien de actitud para con el mundo. 6:14-16. **14.** El mandamiento podría expresarse: "Dejen de unirse en forma indiscriminada con los no creyentes". El principio se remonta a la legislación mosaica (cf. Lv. 19: 19; Dt. 22:10). Los cristianos son "nuevas criaturas" (2 Co. 5:17); no deben unirse espiritualmente con no creyentes muertos (cf. Ef. 2:1). La palabra (*metoche*) traducida por **compañerismo** se encuentra sólo en este pasaje del NT; significa "compartir, participación" (Arndt). La palabra (*anomia*) para **injusticia** en realidad significa "licencia" (Arndt). **Comunión** (*koi-*

nonia) implica "relación íntima" (Arndt), como en el matrimonio o en la relación espiritual con Dios (cf. 2 Co. 13:14; 1 Co. 1:9; 1 Jn. 1:3,6). El contraste entre **luz** y **tinieblas** ocupa un lugar especial en la literatura del NT (cf. Jn. 1:5; 3:19; Ef. 5:7,11; Col. 1:12,13; 1 Jn. 1:6,7; 2:10,11). **15.** La palabra **concordia** (*symphonesis*) sólo aparece en este versículo del NT. La santidad y pureza de **Cristo** no puede armonizar con la maldad e impureza de **Belial** (sinónimo de Satán). Cf. 1 Co. 10:21. ¿**Qué parte el creyente con el incrédulo?** Los dos son espiritualmente incompatibles. La palabra (*meris*) traducida por **parte** sugiere una participación profunda en las cosas comunes (cf. su uso en Lc. 10:42; Hch. 8:21; Col. 1:12).

16. La palabra **acuerdo** (*sunkatathesis*) culmina las cuatro palabras anteriores que Pablo emplea para explicar la unión pecaminosa entre los hijos de Dios y los hijos del diablo. Esta palabra indica una unión armónica de mente y voluntad en algo que se ha acordado mutuamente. El templo (*naos*) es el santuario íntimo (como en 1 Co. 3:16,17; 6:19,20). En períodos de apostasía, se practicaban abominaciones en el lugar santo (cf. 2 R. 21:7; 23:6,7; Ez. 6:3-18). El templo pagano en Corinto era un pozo de iniquidad (cf. Ro. 1:18-32). La cita introducida con **como Dios dijo** es una combinación de Lv. 26:11,12 y Ez. 37:27 según la LXX (cf. también Éx. 25:8; 29:45; Jer. 31:1). Debería advertirse cómo Pablo refrenda su mandato (2 Co. 6:14a): (1) con una serie de cinco preguntas evidentes por ellas mismas (vv. 14b-16a), (2) con el testimonio de Dios (v. 16b), y (3) con la autoridad de la Escritura (v. 16b).

3) Síntesis: Obedecer y vivir. 6:17—7:1. **17. Por lo cual** (*dio*) siempre introduce una conclusión lógica (como en 2:8; 4:13, 16; 5:9; 12:10). El aoristo imperativo en **salid . . . apartaos . . . no toquéis** subrayan lo apremiante y definitivo de la acción indicada. La cita es de Is. 52:11 (cf. Ap. 18:4). El género de **inmundo** es ambiguo; puede ser masculino o neutro (*cosa*). En cuanto a la separación del mal, véase Ro. 13:11-14; Ef. 5:3-14; 1 P. 2:9-12; 4:1-5; 1 Jn. 2:15-17. **Yo os recibiré** introduce la primera de tres promesas (cf. Ez. 20:34). Dios no puede acoger con amor a los que voluntariamente se mezclan con el mal. **18.** Las dos promesas que se citan (basadas en 2 S. 7:8,14; Is. 43:6; Os. 1:10) ilustran cómo las promesas hechas en un principio a Israel ahora se aplican a los cristianos. Para mayor información acerca de este principio cf. Éx. 19:5 con 1 P. 2:5,9,10; Os. 1:10 con Ro. 9:25; Jer. 31:31-34 con He. 8:8-12.

7:1. Conclusión del pequeño sermón del apóstol (6:11—7:1). Da la causa, el mandato y la consecuencia. **Amados, puesto que tenemos tales promesas** introduce la causa. **Tales** es muy enfático en el original— las **promesas** que se acaban de mencionar. **Limpiémonos.** El aoristo hace al acto absolutamente perentorio y definitivo (cf. 1 Co. 6:11). Acerca del "limpiarse de" véase He. 9:14; 1 Jn. 1:7,9; también Ef. 5:26; Tit. 2:14. La conclusión, **perfeccionando la santidad,** subraya el hecho de que el proceso es continuo; *epiteleo*, "completar, conseguir, realizar" (Arndt) se usa en presente. Para **temor** en la vida del creyente, véase Hch. 9:31; Ef. 5:21; Fil. 2:12; 1 Ti. 5:20; 1 P. 1:17; 3:15.

H. Ejemplos del Deleite de Pablo. 7:2-16.

1) Alto Aprecio de Pablo por los Corintios. 7:2-4. **2.** Oigamos el ruego del apóstol: **Admitidnos.** Salgan de los enojos y petulancias tontas; hágannos sitio en su corazón. Oigamos la respuesta de ellos: "a nadie agraviamos, a nadie corrompimos, a nadie engañamos" (en griego este es el orden y el tiempo). Cf. 1 S. 12:3. Pablo vivía "sobria, justa y piadosamente" (Tit. 2:12) entre ellos. Nadie podía demostrar que hubiera caído en laxitud moral. **3.** El **antes** recuerda 6:11-13. Hay tres cosas implícitas: (1) el propósito de Pablo—"estáis en nuestro corazón para —*eis to*—vivir y morir juntamente"; (2) la unión indisoluble entre Pablo y sus conversos—**para morir y para vivir juntamente;** (3) la prioridad del "morir" respecto al "vivir". Colocar el "morir" antes del "vivir" nos enseña ya que uno debe "morir" antes de poder vivir (cf. Jn. 12:24; Ro. 6:1-14) ya, lo cual es igualmente probable, que la muerte física debe preceder a la vida eterna en la gloria (cf. Jn. 11:25,26; He. 9:27,28).

4. La actitud objetiva de Pablo se manifiesta en las expresiones **tengo franqueza** (véase 3:12) y **me glorío** (véase 1:12); su actitud subjetiva se demuestra en **lleno estoy** y **sobreabundo** (RVR). El "lleno" (tiempo perfecto) se había convertido en condición permanente; el "sobreabundo" (perfecto) era un río que fluía incesantemente. En cuanto a **gozo** en **tribulaciones,** véase 2 Co. 1:4; cf. Mt. 5:12; Ro. 5:3; Jud. 1:2,3.

2) Razones de este Alto Aprecio. 7:5-16. **5.** Los versículos 5-7 dan la primera razón: La estima que le tenían. Su "tribulación" (7:4), que ya había experimentado en Éfeso (1:8) y Troas (2:12,13), lo siguió hasta **Macedonia.** Fue incesante (**ningún reposo**), agobiante (**en todo**), externa (**de fuera**), e interna (**de dentro**). **6.** *Tapeinos* puede significar abatido o humilde (RVR). En el NT (cf. 10:1; Mt. 11:29;

Lc. 1:52; Ro. 12:16; Stg. 1:9; 4:6; 1 P. 5:5) el empleo de la misma muestra que significa "de posición baja, pobre, humilde" (Arndt). La palabra **venida** (*parousia*) significa tanto "llegada" como "presencia". A menudo designa la Segunda Venida (p. ej. 1 Ts. 2:19; 3:13; 4:15; 5:23). **7.** Tres expresiones—**vuestro gran afecto, vuestro llanto, vuestra solicitud por mí**—proclaman el gozo que produjo en Pablo la llegada de Tito.

8. Los versículos 8-12 dan la segunda razón de Pablo: Su respuesta a la carta de él. Cuatro puntos en 7:8 necesitan cierta aclaración: (1) la palabra *metamelomai* es mejor traducida por **pesar** como en RVR. (2) El verbo **contristé** (*lupeo*) significa "dar dolor, pesar" (Arndt). No conlleva por necesidad la idea de falta moral. (3) Algunos expertos sostienen que la **carta** que se menciona es una bastante dura que se perdió; otros opinan que se refiere a 1 Corintios. No se dispone de información para zanjar en forma dogmática esta cuestión. (4) Si se refiere a 1 Corintios, la inspiración de Pablo no sufre porque diga que, hablando en términos humanos, lamenta que **aquella carta, aunque por algún tiempo, contristó. 9.** El gozo de Pablo tenía un aspecto negativo —**no porque hayáis sido contristados;** y uno positivo—**sino porque fuisteis contristados para arrepentimiento;** una razón fundamental—**porque habéis sido contristados según Dios;** y un propósito final—**para que ninguna pérdida padecieseis por nuestra parte.** Por **padecer pérdida** Pablo entiende el mal eterno que podría resultar de su irresponsabilidad y lenidad (cf. 1 Co. 3:15; Fil. 3:8).

10. Nótense los contrastes: (1) **Según Dios** y **del mundo;** (2) **salvación** y **muerte** (o sea, "la segunda muerte"—Ap. 2:11; 20;6,14); (3) los dos verbos diferentes que se traducen **produce**—*ergazomai,* "trabajar" (como en 1 Ts. 2:9), y *katergazomai* (véase 2 Co. 4:17), "producir" (como en 12:12). **11.** La fuerza de este versículo es casi intraducible. El ser contristados **según Dios. . . produjo** (cf. v. 10) salvación (cf. Fil. 2:12, en que también se usa *katergazomai*), no muerte. Pablo usa siete nombres en forma ascendente para describir la naturaleza explosiva de su arrepentimiento. Los corintios salieron **limpios en el asunto.**

12. Fueran cuales hubieran sido el mal y la persona ofendida, la preocupación primordial del apóstol al escribirles esta carta fue que **se os hiciese manifiesta nuestra solicitud que tenemos por vosotros delante de Dios** (cf. 5:11; 11:6). Su obediencia era la principal preocupación de Pablo (cf. 2:9; 7:15; 10:6).

13. En 7:13-16 Pablo da la tercera razón: El recibimiento que le hicieron a Tito. Se hace la calma después de la tempestad. Adviértanse los dos perfectos (**hemos sido consolados . . . haya sido confortado**). El gozo de Pablo se incrementó **por el gozo de Tito. Todos vosotros** refleja la unidad de la iglesia. **14.** Tres pensamientos: (1) vulnerabilidad de Pablo—**si de algo me he gloriado;** (2) su veracidad—**así como en todo os hemos hablado con verdad;** (3) su vindicación—**también nuestro gloriarnos . . . resultó verdad. Así como . . . también;** véase 1:7. Es el único lugar del NT en que **verdad** se usa como predicado después de *ginomai* ("resultar"). "Nuestro gloriarnos . . . resultó [cf. Jn. 1:14] verdad"—como si la **verdad** se hubiera encarnado ante ellos.

15. Nótense las facultades del hombre: (1) las emociones—**su cariño;** (2) la mente—**cuando se acuerda;** (3) la voluntad—**cómo le recibisteis.** Los Corintios habían aprendido **obediencia** (cf. He. 5:8). . . **con temor y temblor** (cf. Fil. 2:12). **16. Tengo confianza.** *Tharreo* (sólo vuelve a usarse en el NT en 5:6,8; 7:16; 10:1,2; He. 13:6) significa en este caso "poder depender de otro" (Arndt). **Perfecta confianza** es quizá demasiado vigoroso; sin embargo, el optimismo de Pablo en este punto no es completamente irreconciliable con su pesimismo en 12:20,21. En resumen, Pablo sentía que, a pesar de obstáculos al parecer insuperables, nada podría en el futuro socavar su convicción de que todo iba a resultar por fin bien.

II. La Colecta. 8:1—9:15.

A. Primera Razón Para Completarla: El Ejemplo de los Macedonios. 8:1-8.

1. En **hacer saber** tenemos un verbo (*gnorizo*) que se usa veinticuatro veces en el NT y dieciocho en las cartas de Pablo, de ordinario en relación con alguna revelación importante (p. ej. Ro. 16:26; 1 Co. 15:1; Ef. 1:9; 3:3,5,10; Col. 1:27). Pablo suele usar el verbo *didomi,* "dar", con *charis,* **gracia** (cf. Ro. 12:3,6; 15:15; 1 Co. 1:4; 3:10; Gá. 2:9; Ef. 3:2,8; 4:7). El tiempo perfecto (**se ha dado**) y la preposición *en* (**a**—RVR) hacen que este versículo sea algo único. Las **iglesias de Macedonia** ya habían recibido la gracia de Dios. **2. Tribulación** (*thlipsis*). Véase 1:4. **Grande prueba de tribulación** había venido sobre las iglesias macedonias (cf. Hch. 16:20; 17:5, 13; Fil. 1:28; 1 Ts. 1:6; 2-14; 3:3-9). Hay un contraste entre **grande prueba** y **abundancia de . . . gozo,** entre **profunda pobreza** y **riquezas de . . . generosidad.**

3.5. Estos versículos constituyen una sola

frase, cuyo principal elemento es **a sí mismos se dieron** en el v. 5. La "liberalidad" de los macedonios se explica así (1) dan con sacrificio—**más allá de sus fuerzas;** (2) dan con gusto—**con agrado;** (3) dan con deseo—**pidiéndonos con muchos ruegos;** (4) dan espiritualmente—**a sí mismos se dieron primeramente al Señor.**

6. Tal como . . . también; véase 1:5. Cf. Fil. 1:6. Por **acabe** (*epiteleo;* véase 2 Co. 7:1) entiéndase que **esta obra de gracia** de dar debe "concluirse" (Arndt). Parece (cf. 8:10; 9:2; 1 Co. 16:1-4) que la iglesia de Corinto se había demorado demasiado en cuanto a dicha colecta. **7.** Estaban muy adelantados en algunas gracias (**fe . . . palabras . . . ciencia . . . solicitud);** pero en una gracia (**también en esta gracia)** eran muy deficientes. "Una cosa te falta" (Mr. 10:21).

8. La palabra (*epitage*) traducida por **como quien manda** sólo Pablo la usa en el NT (Ro. 16:26; 1 Co. 7:6,25; 1 Ti. 1:1; Tit. 1:3; 2:15). Una "orden" no tendría el mismo efecto que el *spoude* ("ansia, ahínco, diligencia"—Arndt) de los macedonios conseguía para **poner a prueba** "lo que tenía de genuino su amor" (Plummer).

B) Segunda Razón Para Completarla: El Ejemplo de Cristo. 8:9.

9. Veamos las maravillosas verdades contenidas en el versículo: (1) un conocimiento dado—**conocéis;** (2) un estado dejado—**siendo rico;** (3) una razón alegada —**por amor a vosotros;** (4) un estado asumido—**se hizo pobre;** (5) un recurso tomado—**con su pobreza;** (6) una exaltación conferida—**para que vosotros . . . fueseis enriquecidos.** Cf. Fil. 2:5-10. Dar según la dimensión de la riqueza poseída en Cristo Jesús.

C. Tercera Razón Para Completarla: Las Exigencias del Honor. 8:10-9:5.

10. Mi consejo es razonable: **conviene** (*symphero*—verbo que significa "conferir un beneficio, ser ventajoso"—Arndt) a los corintios—**os,** es decir, quienes eran "tales" (esto implica el **que)** que comenzaron **antes . . . desde el año pasado.** ¡Qué ahora sepan ser consecuentes con lo que pensaban hacer! **11. El ahora** (*nuni;* cf. su uso en 1 Co. 15:20; Ef. 2:13; 3:10; He. 8:6; 9:26) es más enfático que la forma regular (*nun;* cf. su uso en 2 Co. 5:16; 6:2; 7:9). La forma *nuni* solo Pablo la usa en el NT (veintidós veces). **El consejo** de 8:10 se convierte en mandato—**llevad a cabo.** *El* aoristo de *epiteleo* (véase 7:1) implica apremio y urgencia. **12.** La respuesta en ofrendar debe ser **según lo que uno tiene;** el legalismo intransigente no cabe en el ofrendar cristiano.

13. Literalmente: *Porque no* (es que)

esa ayuda (*anesis,* como en 2:13; 7:5) *para otros* (los santos de *Jerusalén,* (y) *para vosotros aflicción* (*thlipsis;* véase 1:4). Los santos de Jerusalén no debían sentarse en asientos mullidos mientras que los corintios se sentaban en duros bancos. ¡Que no haya "beneficios marginales" a vuestra costa! **14.** La **igualdad** deseada (producida por la **abundancia** de los corintios) (1) colmará su necesidad; (2) hará más agradable el que satisfagan su necesidad (futura); (3) producirá una **igualdad** éticamente satisfactoria. Este pasaje no va en favor ni del comunismo ni de las obras supererogatorias. Ni siquiera hay una alusión necesaria a Ro. 15:27. Pablo habla de una desigualdad temporal en las necesidades de la vida que existían en Jerusalén y en Corinto. **15.** El apóstal cita un incidente de la historia de Israel(Éx. 16:18) para apoyar el principio de "igualdad" (2 Co. 8:14).

16. Gracias: véase 2:14. Literalmente: *Pero gracias a Dios que sigue poniendo la misma solicitud por vosotros en el corazón de Tito* (cf. 8:1). **17.** El "corazón" de Tito (v. 16) respondió con espontaneidad: (1) **recibió la exhortación** de Pablo; (2) se mostró muy diligente; (3) **por su propia voluntad partió para ir a vosotros.** El verbo **estando** (participio presente de *huparcho*) subraya la verdadera existencia en la esencia de una cosa (cf. su uso en Hch. 2:30; 16:20; 1 Co. 11:7; 2 P. 1:8; 2:19; 3:10).

18. Pablo no especifica quién es **el hermano** "cuya alabanza en el evangelio se oye por todas las iglesias" (Plummer). Nadie puede asegurar en forma dogmática que sea Lucas **el hermano** al cual se refiere. **19.** Tenemos (1) el pasado — **designado** ("levantando la mano"); (2) el presente — **este donativo** ("que es administrado por nosotros" Plummer); (3) el futuro — para ((manifestar) la gloria de Dios y nuestra voluntad". Lo humano y lo divino están intermezclados.

20. Este verso ofrece el lado negativo: el siguiente presenta el positivo. Con una ofrenda tan **abundante** Pablo evitaría que nadie lo **censure** (la misma palabra que en 6:3) por la posible mala administración de dichos fondos (cf. 1 Ts. 5:22). **21.** El verbo (*proneo*) traducido por **procurando** sólo se vuelve a usar en el NT en Ro. 12:17 y 1 Ti. 5:8. Pablo veló para garantizar su integridad moral **delante del Señor** y **delante de los hombres** (cf. Ro. 14:18; Fil. 4:8; 1 P. 2:12,15,16).

22. Un tercer **hermano,** que había sido **comprobado** y era **ahora mucho más diligente,** formaba parte del grupo. **23.** A Tito se lo describe como **compañero y colabora-**

dor de Pablo (cf. Ro. 16:3; Col. 4:11; Flm. 17). A los otros dos hermanos se les llama **mensajeros de las iglesias, y gloria de Cristo.** La palabra (*apostolos*) traducida por **mensajeros** se halla traducida en otras partes por *apóstol* (excepto en Jn. 13:16; Fil. 2:25). **24.** Hay tres grupos implicados: (1) los corintios — **mostrad;** (2) los "mensajeros" (v. 23) — **para con ellos;** (3) las **iglesias.** Todos los ojos estaban puestos en Corinto para ver cómo los cristianos del lugar iban a recibir a los "mensajeros". Dos cosas estaban en juego: **vuestro amor** y **nuestro gloriarnos.**

9:1. Literalmente: *Porque respecto al ministerio (que es) para los santos, no me es necesario el escribiros* (constantemente). Sin embargo, sigue escribiendo más. **2.** Los cristianos de Acaya (incluyendo a los corintios) se caracterizaban por su **buena voluntad,** preparación **(está preparada desde el año pasado),** y **celo.** El verbo (*erethizo*) traducido como **estimular** se usa en este caso en buen sentido. En el otro uso en el NT (Col. 3:21) tiene un sentido malo — "irritar, amargar" (Arndt).

3. Pablo estaba plenamente convencido de que los medios son necesarios para conseguir el fin. Este versículo tiene muchas aplicaciones espirituales (cf. Hch. 27:24, 31). **4.** Una contingencia indeseable se expresa con **no sea que** (*me pos*; cf. su uso en 2:7; 11:3; 12:20). **5.** El triple uso de *pro*, "primero" o "antes" es significativo: **fuesen primero . . . preparasen primero . . . antes prometida. Exigencia** es demasiado fuerte para *pleonexia*. Es mejor traducir "avaricia, insaciabilidad, codicia, voracidad" (Arndt).

D. Cuarta Razón Para Completarla: Las Exigencias de la Mayordomía. 9:6-15.

1) Principios Tomados de la Naturaleza. 9.6. La correspondencia entre lo sembrado y lo segado tiene aplicación en terreno espiritual: el que siembra según el principio de la bendición, según el principio de la bendición segará (Plummer; cf. Pr. 11:24; Lc. 6:38; Gá. 6:7,8).

2) Principios Tomados de la Naturaleza de Dios. 9:7-10. **7.** Se puede sintetizar así: (1) la persona — **cada uno;** (2) la proporción — **como propuso;** (3) el lugar — **en su corazón;** (4) la perversión — **no con tristeza, ni por necesidad;** (5) el principio — **porque Dios ama al dador alegre.**

8. Muy literalmente: *Pero Dios puede hacer que abunde toda gracia en vosotros a fin de que, teniendo siempre toda la suficiencia en todas las cosas, podáis abundar para toda buena obra.* Adviértase la repetición de **todo.** En cuanto a **Dios puede,**

véase Mt. 3:9; 10:28; Mr. 2:7; Ef. 3:20; Jud. 24. El sustantivo **suficiencia** (*autarkeia*) se usa en el NT sólo una vez más, en 1 Ti. 6:6 (pero Pablo aplica el adjetivo a sí mismo en Fil. 4:11). Esta palabra, que usaban los estoicos, describe "un estado perfecto de vida en el que no se necesita ni ayuda ni sostén" (Thayer, *Lexicon*). La palabra "suficiencia" (*hikanotes*) en 2 Co. 3:5 designa "habilidad o competencia para hacer algo" (Thayer). Los dos términos no son idénticos; una persona puede poseer uno sin el otro.

9. El apóstol emplea una construcción **como está escrito** doce veces en Romanos, dos en 1 Corintios, y dos en esta carta (8:15 y aquí). No la usa en ninguna parte más. La cita es de Sal. 112:9 (LXX). La **justicia** que permanece pertenece a la recompensa más que a la salvación (cf. 2 Ti. 4:8; Ap. 19:8; 22:11). **10.** La plenitud en la naturaleza **(el que da)** es una garantía de la plenitud en la gracia **(proveerá y multiplicará).** Cf. Is. 55:10; Os. 10:12.

3) Principios Tomados de la Naturaleza Cristiana. 9:11-15. **11.** El primer principio es el enriquecimiento espiritual. Literalmente: *en todo siendo enriquecidos para toda liberalidad* (como en 8:2) *que es tal que* (el relativo cualitativo, como en 8:10) *produce* (véase 4:17) *por medio de nosotros acción de gracias a Dios.* **12.** El segundo principio es **acciones de gracias.** El **servicio** (*leitourgia*; cf. su uso en Lc. 1:23; Fil. 2:17,30; He. 8:6; 9:21) subraya el aspecto ministerial de la contribución. El verbo **suple** traduce a *prosanapleroo*, que significa "llenar agregando" (A.T. Robertson). El dar para las necesidades de otros multiplica **muchas acciones de gracias a Dios.**

13. El tercer principio es obediencia. La **experiencia de esta ministración** produce dos beneficios: (1) los cristianos de Jerusalén **glorifican a Dios por la obediencia que profesáis;** (2) por ello conocerán "la sinceridad de vuestra hermandad" (Charles Hodge, *An Exposition of the Second Epistle to the Corinthians*) para con todos los creyentes.

14. El cuarto principio es oración. Acerca de **aman** (*epipotheo*) véase 5:2. Para entender **superabundante** (*huperballo*), consúltense los otros lugares en que se usa (3:10; Ef. 1:19; 2:7; 3:19). La expresión **en vosotros** es mejor traducirla *sobre vosotros* (cf. la misma preposición, *epi*, en 12:9; 1 P. 4:14). **15.** El quinto principio es alabanza. Tenemos aquí a Pablo en un "estallido de gratitud por el don de su Hijo" (Hodge, *op. cit.*). Cf. Jn. 3:16; Ro. 6:23.

III. Las Credenciales. 10:1—13:14.

A. Armadura Espiritual. 10:1-6.

1. Adviértase el enfático **Yo Pablo** — como si previera el papel defensivo que ahora toma contra quienes impugnaran su autoridad apostólica. Para **estando presente**, véase 10:10; 1 Co. 2:3,4. **2.** Pablo dice que actuará con rigor **contra algunos** corintios que le atribuían criterios mundanos (cf. 13:2,10). **3. Carne** no debería cambiarse en **mundo** (RSV). Acerca de **andamos**, véase 5:7; cf. también 12:18. El apóstol a menudo emplea lenguaje bélico (cf. Ro. 13:12,13; Ef. 6:13-17; 1 Ti. 1:18; 2 Ti. 2:3,4).

4. Este versículo a modo de paréntesis —con una posible referencia a la caída de Jericó (Jos. 6:1-27)— describe las **armas** del cristiano tanto positiva como negativamente. **5.** Es un comentario en miniatura de Apocalipsis. La terminología militar nos recuerda Ef. 2:2; 6:12. Los pensamientos básicos son subyugación y sumisión. Esa **altivez** que *es levantada* (presente pasivo de *epairo;* cf. *huperairo* en 12:7; 2 Ts. 2:4) **contra el conocimiento de Dios** será aniquilada. Adviértase la repetición doble de **todo.** Acerca de **pensamientos** (*noema*), véase 3:14. Todas las teorías que son contrarias a la palabra de Dios serán reducidas a la nada.

6. Las implicaciones teológicas de 10:5 iban a manifestarse en forma práctica en Corinto. Literalmente: *Estando listos para vengar toda desobediencia, cuandoquiera que vuestra obediencia sea completa.* **Cuando** (*hotan,* como en 12:10; 13:9; 1 Co. 15: 24,27,28) se refiere a un tiempo indefinido, no a un acto. En Corinto había dos grupos: uno desobediente, el otro que trataba de obedecer.

B. Autoridad Constructiva. 10:7-18.

7. Es evidente que en Corinto había quienes juzgaban a los hombres por **la apariencia** (cf. 1 Co. 1:12; 3:3,4). El **si** da por verdadera la situación (como en 2 Co. 5: 17). El verbo **está persuadido** (perfecto segundo de *peitho,* "confiar" — como en 5:11) habla de una persuasión interna que produce una convicción exterior (cf. su uso en Fil. 3:4; 2 Ti. 1:5,12). No hay grupo que tenga más seguridad que los que han sido engañados por el diablo (cf. 2 Co. 4: 3,4; 11:13ss.). Para **como . . . así,** véase 1:5.

8. Tenemos una **autoridad** (1) sobrentendida —**aunque me glorie.** (2) poseída — **nuestra autoridad,** (3) recibida — **la cual el Señor nos dio,** (4) definida — **para edificación,** y (5) justificada — **no me avergonzaré.**

9. A pesar de insinuaciones siniestras, Pablo no iba a **amedrentar** (*ekphobeo;* sólo aquí en el NT) a sus conversos con **cartas.** **10.** La implicación sutil de la murmuración en Corinto era que la **presencia** (*parousia;* véase 7:6) de Pablo era algo menos eficaz que sus **cartas.** Si los listros llamaron a Pablo Hermes (cf. Hch. 14:12), es probable que el degradante calificativo de **menospreciable** fuera más fruto de animosidad que de realidad. Cf. 2 P. 3:15,16. **11.** Acerca de **esto,** véase 3:12; cf. 12:2,3,5. **Así como somos** corresponde al griego (*hoioi esmen*). Las palabras y las obras de Pablo armonizaban — bien estuviera presente bien ausente. ¡Tengan cuidado los difamadores!

12. Pablo nunca se contaría entre los que se calificaban a sí mismos de eruditos. Tales personas (1) **se alaban a sí mismos;** (2) se miden a **sí mismos por sí mismos;** (3) **no son juiciosos** (*suniemi;* cf. su uso en Mt. 13:13ss.; Hch. 7:25,26; Ro. 3:11 — no saben sumar dos y dos). El apóstol no admitía el mito del "todos los eruditos concuerdan". **13.** Pablo no iba a *gloriarse* como sus oponentes (cf. 10:12). Dios le había asignado un territorio para evangelizar (cf. Gá. 2:7; Ef. 3:1-9). De ese territorio, que incluía Corinto, sí iba a gloriarse.

14. Pablo y sus ayudantes no se inmiscuyeron en Corinto en forma presuntuosa. Llegaron (1) por incumbencia — **no nos extralimitamos;** (2) con prioridad — **fuimos los primeros en llegar;** (3) para proclamación — **con el evangelio de Cristo.** Pablo habla en forma constante del evangelio "de Cristo"; es decir, del Ungido (como en 2:12; 4:4; 9:13; Ro. 15:19; Gá. 1:7; Fil. 1:27; 1 Ts. 2:3). **15,16.** Estos versículos enuncian principios espirituales, tales como: (1) el ministro no debe gloriarse **en trabajos ajenos** ni **en la obra de otro".** (2) La fe de la iglesia **(conforme crezca vuestra fe)** afecta a la actividad del ministro. (3) Con el crecimiento espiritual una iglesia puede conseguir que el ministro evangelice **en los lugares más allá de vosotros** (cf. Ro. 15:19-29).

17. Citado como Escritura en 1 Co. 1: 31 (cf. Jer. 9:24). En las cartas de Pablo, el **en** en la expresión **en el Señor,** siempre expresa una relación íntima y mística con Cristo. La expresión es como una marca registrada espiritual (p. ej. Ro. 16:12,13, 22; Fil. 4:1,2,4,10; Flm. 20). Ningún otro escritor del NT la emplea. **18.** Pablo prefería muchísimo más la aprobación de Cristo (Mt. 25:21,23) que las alabanzas de los que se consideraban a sí mismos eruditos (cf. 2 Co. 10:12). Acerca de **Dios,** véase 2 Ti. 4:8,14,17,18,22.

C. Recelo Justificable. 11:1-6.

1. Literalmente: *Me tolerarίais un poco de locura pero tolerάdmela de verdad.* La última parte se puede entender en sentido algo irónico. **Ojalá me toleraseis** expresa una manifestación emotiva vigorosa (como en Ro. 9:3). **2.** Tenemos (1) la pasión de Pablo — **os celo;** (2) su posición — **os he desposado con un solo esposo;** (3) su propósito — **para presentaros como una virgen pura a Cristo.** Los falsos maestros de Corinto trataban de apartar a la iglesia de Cristo. El "desposorio" tuvo lugar en la conversión; la "presentación" se consumará en la Segunda Venida (cf. Ef. 5:26,27; Ap. 21:2,9; 22:17).

3. La turbación de Pablo se pone de relieve con una comparación **(como la serpiente . . . engañó a Eva** cf. Gn. 3:4,13) que, en el caso de los corintios, podía provocar una perversión parecida **(vuestros sentidos sean de alguna manera extraviados).** El verbo **engañó** es una palabra compuesta (*exapatao*) que da la idea de engaño absoluto, completo (cf. 1 Ti. 2:14). Acerca de **sentidos,** véase 2 Co. 3:14. El griego en la última mitad dice así: *vuestros pensamientos se corromperίan de la sencillez y la pureza para con Cristo.*

4. Los verbos están en aoristo — **hemos predicado . . . recibίs . . . habéis recibido.** Pablo se refiere al tiempo de la conversión de ellos (cf. 1 Co. 15:1,2). Debería traducirse **espíritu** *diferente* y **evangelio** *diferente* (cf. Gá. 1:6-8). **5.** Parece que **grandes apóstoles** —calificativo no de cumplido— eran para Pablo los apóstoles falsos de 11:13-15. **6.** El apóstol admite sus deficiencias **(tosco en la palabra).** Pero afirma sus cualidades de **conocimiento** (cf. 1 Co. 2:6-13; Gá. 1:11-17; Ef. 3:1-13) y la eficacia que posee para que este **conocimiento** "se manifieste entre todos los hombres" (Plummer; cf. Ro. 16:26; Col. 1:26; 4:4; 2 Ti. 1:10; Tit. 1:1-3).

D. Humillación Razonable. 11:7-15.

7. ¿**Pequé yo?** indica lo grave de la acusación hecha a Pablo. En **humillándome** tenemos la enseñanza (Mt. 18:4; 23:12) y ejemplo (Fil.2:8) de Jesús. La "exaltación" de los corintios fue sacarlos de los abismos de las tinieblas paganas y llevarlos a las alturas de la intimidad con Dios (cf. Ef. 2:1ss.; 1 P. 2:9,10). Para **de balde** véase 2 Co. 12:14; Hch. 20:33-35; 1 Co. 9:4-18; 1 Ts. 2:9. **8,9.** La justa indignación de Pablo contra las falsas insinuaciones lo condujo a emplear lenguaje fuerte para defenderse. (1) Ha recibido **salario . . . de otras iglesias.** (2) La necesidad agobiante que pasó en Corinto la socorrieron los macedonios (cf. Fil. 4:15,16). (3) Su práctica constante era guardarse de **serles gravoso.**

10. Este versículo contiene una vigorosa afirmación, cuyo punto básico es el **está:** "La verdad de Cristo está en mí de modo que no será impedida en las regiones de Acaya". El verbo **impedirá** (*phrasso*) se usa también en Ro. 3:19; He. 11:33. **11.** Pablo invoca a Dios como testigo de que ama a los corintios aunque le atribuyan motivos malos (cf. 12:15).

12. Este versículo ha sido traducido e interpretado de distintas formas. Tres cosas son claras: (1) Pablo iba a continuar con la costumbre de no tomar fondos de los corintios. (2) El motivo de esto era el deseo de socavar a los falsos maestros. (3) Como no tenían nada de que acusar a Pablo a este respecto, estos falsos maestros serán **hallados semejantes** a Pablo, es decir, serán juzgados por los mismos criterios; su jactada superioridad se iba a disipar. **13.** Pablo describe a sus antagonistas así: (1) su índole — **falsos apóstoles;** (2) su mezquindad — **obreros fraudulentos;** (3) su falsedad — **que se disfrazan como apóstoles de Cristo.** En cuanto a **éstos,** véase 3:12. El verbo *metaschematizo,* traducido por **disfrazan,** difiere del verbo *metamorphoo* de 3:18 como un cambio *externo* difiere de uno *interno.*

14. No es maravilla (*thauma;* sólo se vuelve a usar en el NT en Ap. 17:6) que Satán *se transforme* (práctica habitual indicada con el presente de la voz media) **como ángel de luz** (cf. Gn. 3:5; Job 2:1; Is. 14:13ss.; Ez. 28:1-19; Mt. 4:8,9; 2 Ts. 2:4). **15.** Estos **ministros** satánicos participan de la perversidad de su padre (cf. Jn. 8:44), andan ostentando sus atavíos teológicos, y perecerán con su misma perdición (cf. Mt. 7:22,23; 25:41; Ap. 20:10,15). ¿Cómo hombres semejantes, que todavía hoy los hay, se **disfrazan como ministros de justicia?** (1) Rechazando la justicia de Dios e insistiendo en el mérito de la justicia del hombre. (2) Negando los efectos letales del pecado para la justicia original del hombre e insistiendo en que la naturaleza del hombre sigue siendo básicamente recta. (3) Anulando la justicia imputada de Cristo (cf. 5:21) e insistiendo en que su muerte tiene un cierto efecto moral en el género humano. (4) Discutiendo la justicia absoluta de Cristo e insistiendo en que su vida, aunque imperfecta, es para ser imitada.

E. Asiduidad Bien Conocida. 11:16-33.

16. La palabra **loco** (*aphron*) significa

"insensato" — el que actúa "sin reflexión o inteligencia" (Thayer). **17.** Con **no lo hablo según el Señor** Pablo sólo quiere decir que su **gloriarme** obligado no se basa en la vida de Cristo. **18.** Con **según la carne** (cf. 5: 16) se debe entender el linaje, los logros, las ayudas (cf. Fil. 3:4). Pablo muy a pesar suyo recurrió a los métodos de **muchos** a fin de salvar de la ruina su obra en Corinto.

19. Literalmente: *Porque con gusto toleráis a los necios, siendo* (vosotros) *cuerdos.* La ironía mordaz de estas palabras podían entenderla fácilmente los sofisticados corintios (cf. 1 Co. 4:8-10). **20.** Cinco verbos, de intensidad creciente, expresan las indignidades que los adulterados corintios con gusto soportaban de manos de un falso profeta. Estos hombres (1) los envilecieron — **os esclaviza;** (2) los devoraron — **os devora;** (3) los engaña — **toma lo vuestro;** (4 se burlaron de ellos — **se enaltece;** (5) los escarnecieron — **os da de bofetadas.** ¡Las víctimas de engaño son los defensores más vehementes de los que los defraudan! Mr. 12:40; 1 P. 5:2,3; 2 P. 2:10-22; Jud. 8-16.

21-31. En estos versículos tenemos (1) la provocación de Pablo (v. 21) — su defensa a regañadientes en contra de calumnias injustificables; (2) las pretensiones de Pablo (vv. 22-24a) — su superioridad en todos los asuntos de orgullo humano (cf. Fil. 3:4ss.); (3) las persecuciones de Pablo (2 Co. 11:24b,25) — sus muchos sufrimientos por amor a Cristo; (4) los peligros de Pablo (vv. 26,27) — los riesgos frecuentes en los viajes; (5) las perturbaciones de Pablo (vv. 28,29) — la constante **preocupación por todas las iglesias;** (6) el principio de Pablo (v. 30) — su paradójico gloriarse en su **debilidad;** (7) la protesta de Pablo (v. 31) — el referir en último término al conocimiento de Dios la fidelidad de su vida.

32,33. El incidente que se menciona (que, en apariencia, parece como un anticlímax) armoniza muy bien (1) con el relato de Hch. 9:23-25, (2) con los hechos conocidos de la historia antigua (Aretas gobernó desde el 9 a. de C. hasta el 39 d. de C.), y (3) con la providencia de Dios. Pablo recordó este incidente al comienzo de su ministerio (cf. Gá. 1:17) como al suceso dramático que fijó la pauta de su vida en los años siguientes.

F. Aflicción Compensatoria. 12:1-10.

1. Tenía algo de "obligatorio" (*dei*, como en Ef. 6:20; Col. 4:4) en el gloriarse de Pablo, si bien no le **convenía** (*sumphero;*

véase 8:10; cf. el mismo verbo en Jn. 11: 50; 16:7; 18:14; 1 Co. 6:12; 10:23). Este versículo expresa la compulsión de Pablo y su repulsión (**no me conviene**), y el impulso (**pero vendré,** etc.).

2-4. El apóstol se coloca en tercera persona para defender sus visiones y revelaciones en comparación con los falsos éxtasis de los falsos maestros. Su visión fue (1) personal — **conozco a un hombre;** (2) cristiana — **en Cristo** (por tanto, no perteneciente ni al judaísmo ni al paganismo); (3) histórica — **hace catorce años** (por tanto en un marco histórico — no ficticio; (4) misteriosa — **si en el cuerpo,** etc.; (5) extática — **fue arrebatado hasta el tercer cielo** (cf. Enoc, Elías, Ezequiel); (6) reveladora — **oyó palabras inefables;** (7) indeleble — un "aguijón" le fue colocado en la carne (v. 7).

5. En este versículo y en 9,10; 11:30 la mejor traducción es **debilidades** (cf. 12:9, 10). **6.** Los pensamientos principales son dos: (1) Si Pablo quisiera **gloriarse** más, **no sería insensato;** porque dijo la **verdad** (*aletheia;* cf. su uso en 4:2; 6:7; 7:14; 11:10; 13:8). (2) Les ahorraba (*pheidomai,* como en 1:23; 13:2) una explicación ulterior de sus privilegios únicos por temor de que alguien pudiera valorarlo por encima de lo que se podía ver y oír de él. Pablo no quería convertirse en un "superhombre" o cultivar el culto al héroe.

7. Pasaje clásico. La magnitud de las **revelaciones** (véase 4:7 para **grandeza)** hizo que el Señor le diera algo **(aguijón)** que lo disuadiera de cualquier tendencia a enorgullecerse. Pablo necesitaba algo que le recordara que, a pesar de haber sido arrebatado a los cielos, seguía siendo un hombre más. Nuestra información es demasiado escasa (cf. 1:8) para justificar cualquier posición dogmatizante respecto a la índole exacta de este **aguijón en la carne.** En cuanto a **exaltarse,** véase 10:5. **8.** Pablo oró en forma específica **(respecto a lo cual),** con ahínco **(he rogado al Señor),** repetidas veces **(tres veces),** y con un propósito **(que lo quite de mí).** Acerca de **Señor,** véase 10:17,18).

9. El tiempo perfecto en **me ha dicho** indica la aceptación completa por parte de Pablo de la respuesta concreta de Cristo. Sólo en este pasaje del NT encontramos **mi gracia** (cf. Fil. 1:7). El verbo (*arkeo*), en el predicado **bástate,** indica que la gracia de Cristo "posee una fuerza infalible" (Thayer). Este verbo a veces se traduce por *conténtate* (Lc. 3:14; 1 Ti. 6:8; He. 13:5). El presente pasivo de *teleo* (cf. el perfecto en Jn. 19:28,30; 2 Ti. 4:17) significa *es constantemente) perfeccionado* (cf. He. 5:

9). El verbo **repose** (*episkenoo*) sólo se encuentra aquí en griego bíblico. El verbo simple *skenoo* se halla en Jn. 1:14; Ap. 7:15; 21:3. La traducción de Plummer, "extiende un tabernáculo sobre mí", recuerda la terminología del AT (cf. Éx. 33:22; Sal. 90:17; 91:4; Is. 49:2; 51:16). **10.** Nadie puede **gozarse** (*eudokeo;* véase 5:8) en las cinco cosas adversas mencionadas aquí a no ser **por amor a Cristo** (cf. 5:20; Fil. 1:29; Col. 1:24; 3 Jn. 7). Acerca de **cuando** (*hotan*), véase 2 Co. 10:6.

G. Testimonio Suficiente. 12:11-13.

11. Un repentino caer en la cuenta (**me he hecho un necio**) se justifica (1) por el carácter obligatorio de la autodefensa del apóstol; (2) por la superioridad de su apostolado; y (3) por su humildad básica (**nada soy;** cf. 1 Co. 15:9; Ef. 3:8; 1 Ti. 1:15). **12.** Las **señales de apóstol** es probable que pudieran sintetizarse así: (1) un llamamiento divino (Gá. 1:15,16); (2) una comisión divina (Hch. 9:5,6,15ss.); (3) una vida transformada (1 Ti. 1:13-16); y (4) milagros que atestigüen (Hch. 5:12-16). Acerca de **han sido hechas**, véase 2 Co. 4:17. Cf. Hch. 2:22; 2 Ts. 2:9; He. 2:4. **13.** Evidentemente los corintios adquirieron un "complejo de inferioridad" porque Pablo no les había **sido carga** financiera. ¡Oraba (¿irónicamente?) para que **este agravio** (*adikia*), que significa "injusticia, maldad" — Arndt) fuera perdonado!

H. Asociación Beneficiosa. 12:14-18.

14. Pablo manifiesta su propósito — **para ir a vosotros**, preparación — **preparado**, precaución — **no os seré gravoso**, principio — **porque no busco lo vuestro, sino a vosotros**, y precepto — **porque . . . los hijos**, etc. cf. 13:1. **15.** Literalmente: *Pero yo, con sumo placer me gastaré y seré gastado del todo por vuestras almas. ¿Si os amo con más abundancia, soy amado menos?* Pablo excedió el amor de los padres por sus hijos; pero su amor fue correspondido en proporción inversa a su intensidad.

16-18. Los detractores del apóstol lo acusaban de engaño **astuto**. La sutil insinuación parece haber sido que, si bien Pablo no era una **carga** para ellos como iglesia, con todo había manipulado de tal modo los fondos de la colecta que le habían pagado sin darse cuenta. El apóstol responde a este ataque difamatorio (1) citando la conducta intachable de los dos hombres que había **enviado** a Corinto, y (2) afirmando que su norma de conducta era como la de ellos. Las preguntas exigen una respuesta negativa. Acerca de **como soy** (*huparcho*), véase 8:17.

I. Ansiedad Justificada. 12:19-21.

19. Pablo no se había **disculpado** ante los corintios como jueces suyos (cf. 1 Co. 2:15). Todo su ministerio fue desempeñado (1) **delante de Dios,** (2) **en Cristo** (cf. 2 Co. 12:2), y (3) **para vuestra edificación.**

20. El apóstol revela: (1) su temor subjetivo — la disparidad entre su ideal para los corintios y la condición verdadera de los mismos; (2) su temor objetivo — la disparidad entre el aprecio de ellos por él y su propio proceder entre ellos después de llegar; (3) las razones de ambos temores: la posible existencia entre ellos de ocho males — contiendas, envidias, iras, divisiones, maledicencias, murmuraciones, soberbias y desórdenes. ¡El silbido de la serpiente (cf. 11:3) todavía se oía en Corinto! Acerca del **que . . . no os halle**, véase 2:7; 9:4. **21.** Este versículo ilustra gráficamente: la perturbación causada por el pecado — **quizá tenga que llorar**; la pertinacia del pecado — **no se han arrepentido**; la depravación — **inmundicia y fornicación y lascivia**; y práctica — **que han cometido.**

J. Aspereza Comprensible. 13:1-10.

1. Pablo prometió que, empleando el método de la Escritura (cf. Dt. 19:15; Mt. 18:16; Jn. 8:17), investigaría con esmero cualquier acusación (cf. 2 Co. 13:1). **2.** La duda que expresa el **si** (*ean;* véase 5:1) se refiere al tiempo, no al hecho, de su visita. Pablo hasta entonces los había eximido (cf. 1:23); ahora el juicio iba a recaer sobre ellos (cf. 1 P. 4:17,18).

3. Contiene la razón de que Pablo no pueda eximirlos más: andan en realidad buscando una prueba (*dokime;* véase 2:9) *del Cristo que habla en mí* (griego). Este pasaje es una afirmación concreta de la inspiración y autoridad del apóstol. El rechazarlo a él era repudiar a Cristo. Este mismo **Cristo** es **poderoso** en ellos, es decir, entre ellos externamente (cf. 11:12) y en ellos internamente (cf. 5:17). **4.** Omítase el **aunque.** El **por** indica origen (*ek;* cf. Gá. 3:8). El contraste es triple: (1) entre **debilidad** y **poder de Dios**; (2) entre la muerte de Cristo (**fue crucificado**) y su vida resucitada (**vive**); (3) entre la debilidad humana de Pablo (**también nosotros somos débiles en él**) y el poder apostólico de Pablo por Cristo (**pero viviremos con él por el poder de Dios para con nosotros**). Con esta última afirmación hemos de entender, no la vida resucitada en la gloria, sino la eficacia del ministerio de Pablo como embajador del Señor resucitado. Cr. 1 Co. 2:3-5.

5. Pablo se dirige a sus acusadores y los somete a un examen abrumador. (1) Somete a prueba a los hombres — **a vosotros mismos** (enfático). (2) El método de probar — **examinaos . . . probaos.** Los imperativos presente expresan acción repetida ("seguid . . ."). (3) Los criterios de la prueba. El primero es objetivo. ¿Estáis **en la fe?** ¿Pertenecéis en realidad a "la familia de la fe"? (Gá. 6:10; cf. Hch. 6:7; 14: 22). El segundo es subjetivo: **¿Está Jesucristo en vosotros?** (cf. Ro. 8:10; Gá. 2: 20; Col. 1:27). (4) El posible resultado de la prueba — **a menos que estéis reprobados.** Véase el siguiente versículo. Esta prueba no excedía su capacidad, porque podían "conocer del todo" (*epiginosko;* véase 2 Co. 1:13,14) estas cosas. **6.** La palabra (*adokimos*) traducida por **reprobados** designa lo opuesto de "aprobados" (cf. 10:18; 13:7). Sólo Pablo la usa (Ro. 1:28; 1 Co. 9:27; 2 Ti. 3:8; Tit. 1:16; He. 6:8).

7. Tenemos (1) la petición **(oramos);** (2) el propósito — formulado negativamente **(que ninguna cosa mala hagáis)** y positivamente **(hagáis lo bueno);** (3) la posibilidad — formulada negativamente **(no para que nosotros aparezcamos aprobados)** y positivamente **(aunque nosotros seamos como reprobados). 8.** Con **nada podemos** Pablo expresa una imposibilidad moral. El verbo que se emplea (*dunamai*) se usa a menudo en esta forma (p. ej. Ro. 8:8; 1 Co. 2:14; 2 Ti. 2:13; 3:7; He. 3:19). Para **verdad** (*aletheia*), véase 2 Co. 7:14; 12:6.

9. La paradoja de que Pablo fuera **débil** en tanto que los corintios eran **fuertes** hace que el apóstol se goce; pero con todo sigue orando por su **perfección** (véase v. 11). **10.** El propósito presente de Pablo al escribir **(os escribo)** previene su inminente llegada **(cuando esté presente);** entonces ejercerá su poder delegado **(la autoridad que el Señor me ha dado)** y su prerrogativa constructiva **(para edificación, y no para destrucción).**

K. Adiós Cristiano. 13:11-14.

11. Los cinco mandatos que se dan están en imperativo presente ("seguid . . ."). Los preceptos son: (1) **Tened gozo** (*chairo;* cf. su uso en 2:3; 6:10; 7:7,9,13,16; 13:9); (2) **perfeccionaos** (*katartizo,* que significa "devolver a su posición anterior" — Arndt; cf. la forma sustantivada en v. 9); (3) **consolaos** (*parakaleo;* cf. su uso en 1:4,6; 2: 7; 7:6,7,13); (4) **sed de un mismo sentir** (lit., *pensad lo mismo* — como en Ro. 12: 16; 15:5; Fil. 2:2; 4:2); (5) **vivid en paz** (*eireneuo;* en el NT sólo se vuelve a hallar en Mr. 9:50; Ro. 12:18; 1 Ts. 5:13; Arndt utiliza en este caso *mantener la paz*). El **amor** de Dios (cf. Jn. 3:16; 1 Jn. 3:1; 4:9,10) y la **paz** de Dios (cf. Ro. 16:20; Fil. 4:7; He. 13:20) están unidos en una bendita promesa de fruición en el futuro. **12,13.** El **ósculo santo,** luego restringido debido a abusos, era un símbolo de la hermandad cristiana entre los primeros creyentes (cf. Ro. 16:16; 1 Co. 16:20; 1 Ts. 5: 26; 1 P. 5:14).

14. Esta carta maravillosamente humana concluye con la más sublime de todas las doxologías. La carta comienza (cf. 1:2) y concluye con una afirmación de la divinidad de Cristo que recuerda a Mt. 28:19. Los genitivos en esta doxología son probablemente subjetivos — **la gracia** que procede del **Señor Jesucristo;** el **amor** que **Dios** comunica; la **comunión** que el **Espíritu Santo** engendra. ¡Así concluye esta magnífica carta!

BIBLIOGRAFIA

DENNEY, JAMES. *The Second Epistle to the Corinthians (The Expositor's Bible).* New York: A.C. Armstrong and Son, 1900.

HODGE, CHARLES. *An Exposition of the Second Epistle to the Corinthians.* New York: A.C. Armstrong and Son, 1891.

MENZIES, ALLAN. *The Second Epistle of the Apostle Paul to the Corinthians.* London: The Macmillan Company, 1912.

PLUMMER, ALFRED. *A Critical and Exegetical Commentary on the Second Epistle of St. Paul to the Corinthians.* New York: Charles Scribner's Sons, 1915.

ROBERTSON, A.T. *The Glory of the Ministry.* New York: Fleming H. Revell Company, 1911.

TASKER, R.V.G. *The Second Epistle of Paul to the Corinthians* (Tyndale New Testament Commentaries). Grand Rapids, Michigan: Wm. B. Eerdmans Publishing Co., 1958.

COMENTARIOS EN ESPAÑOL

ERDMAN, CARLOS R. *Segunda Epístola a los Corintios.* Grand Rapids: T.E.L.L., 1976.

WICKHAM, PABLO. *Segunda Epístola a los Corintios.* Grand Rapids: Publicaciones Portavoz Evangélico, 1985.

EPÍSTOLA A LOS GÁLATAS

INTRODUCCIÓN

Ocasión de la Carta. Las iglesias gálatas debían su existencia a la labor misionera de Pablo. Por ello le causó mucha ansiedad espiritual al apóstol enterarse de que ciertos perturbadores judíos cristianos habían estado tratando de imponer a los conversos gentiles la circuncisión y el peso de la ley mosaica como necesarios para la salvación (Gá. 1:7; 4:17; 5:10). Bajo gran tensión (como lo indica la omisión de la acostumbrada acción de gracias) se puso a escribir para enfrentarse con decisión al problema; el resultado fue esta carta a los gálatas en la que dejó a la Iglesia una vigorosa polémica en contra del error de los judaizantes.

Destinatarios de la Carta. Estas iglesias estaban muy próximas unas de otras y eran suficientemente parecidas como para que alguien se dirigiera a ellas en grupo. En 3:1 Pablo llama a sus lectores "gálatas". A mediados del siglo primero *Galacia* tenía varios significados. (1) Indicaba la zona de la parte norte central del Asia Menor en la que los galos se habían establecido después de emigrar de Europa occidental. Los centros principales eran Pesino, Ancira y Tavio. (2) También indicaba la provincia romana de Galacia. Los romanos la habían constituido en el año 25 a. de C. con la anexión de territorio meridional a Galacia septentrional. La parte sur incluía las ciudades de Antioquía, Iconio, Listra y Derbe, que el apóstol visitó en su primer viaje misionero. Es muy poco probable que la carta fuera dirigida a los cristianos tanto de Galacia septentrional como meridional (cf. 4:14).

El debate acerca de los destinatarios de la carta continúa, y quizá nunca llegue a zanjarse. Lightfoot sostiene la teoría de Galacia septentrional. La mayoría de los comentaristas germanos siguen manteniendo esta teoría (p. ej. Schlatter, Lietzmann, Schlier), si bien algunos permanecen neutrales. Sir William Ramsay defendió con tesón la teoría de Galacia meridional, la cual ha tenido mucha aceptación entre los expertos de habla inglesa. De ser el punto de vista correcto, tiene la ventaja de que suministra información acerca de la fundación de dichas iglesias (Hch. 13;14). Por otra parte, Lucas emplea el término "Galacia" (lit. *región gálata*) sólo cuando describe el progreso misionero más allá del territorio de Galacia meridional (Hch. 16:6; cf. 18:23). Sin embargo, la circunstancia de que no mencione a las *iglesias* de Galacia septentrional, sino sólo a los *discípulos,* milita en favor de la teoría de Galacia meridional (véase Hch. 18:23).

Fecha y Lugar de Composición. Si se acepta la teoría de Galacia meridional, se podría deducir que la carta fue escrita con anterioridad al concilio apostólico descrito en Hechos 15 (en el que se tomó posición oficial acerca de la relación de los gentiles con la Ley). Como Pablo y Bernabé visitaron dos veces las iglesias durante el primer viaje, las exigencias de Gá. 4:13 quedan satisfechas (*el principio* significa *la primera* de dos visitas), si bien no consta con certeza que Pablo mismo hubiera considerado como una segunda visita su paso de nuevo por el lugar. Muchos opinan que en el relato de su encuentro con ciertos apóstoles en el capítulo 2, Pablo no se puede referir al concilio apostólico, puesto que no menciona el decreto que se promulgó en el mismo, lo cual hubiera sido muy ventajoso para reforzar lo dicho en la carta. Esta argumentación, sin embargo, no es decisiva, ya que el propósito del decreto no fue fijar las condiciones de admisión de los gentiles a la Iglesia, sino más bien facilitar las relaciones de esos gentiles conversos con los de extracción judía. Por ello el decreto no tenía relación directa con el tema de la carta.

Lightfoot recalca las semejanzas entre Gálatas, Corintios y Romanos. Todas ellas tratan hasta cierto punto de la controversia judaizante. Según esto Gálatas podría haber sido compuesta en el tercer viaje misionero de Pablo, en Éfeso o en Macedonia. Esto pondría la fecha de la carta hacia el 56 d. de C. La otra teoría pone la composición de la carta en el 48 ó 49, probablemente en Antioquía. Tiene cierto atractivo una fecha intermedia, hacia el 53, al principio del ministerio en Éfeso. Es necesario que haya un intervalo adecuado de tiempo entre Gálatas y Corintios y Romanos para poder explicar las diferencias de tono y tratamiento.

Desarrollo del Pensamiento. Los dos primeros capítulos se dedican en gran parte a la exposición de la índole del apostolado de Pablo. Esta explicación era vital para el evangelio del apóstol, ya que si sus adversarios podían demostrar que no había sido llamado ni encargado de predicar la verdad, entonces sus oyentes con razón podrían poner en duda su mensaje. Aunque a Pablo no le agradaba hablar de su persona, tenía que salir al paso a la dificultad. Lo hizo demostrando que poseía un apostolado independiente, de la misma categoría que el de los demás apóstoles. Había recibido el evangelio no de hombres sino por revelación divina, y dicho evangelio había demostrado estar en perfecto acuerdo con el de los demás apóstoles.

Luego Pablo pasa a hablar del contenido del Evangelio (caps. 3; 4). Es un mensaje de gracia que pide la fe. La ley no produce la fe, sino más bien la maldición, de la que Cristo tuvo que redimir a los hombres.

Además de recibir el Evangelio, es necesario vivirlo (caps. 5; 6). El poder de la cruz y la fuerza del Espíritu Santo se presentan como eficaces y no como esfuerzos para observar la Ley.

Influencia. Esta carta contiene la afirmación más enfática de todas las Escrituras respecto a la salvación aparte de las obras. Revolucionó el pensamiento de Lutero y desempeñó un papel muy estratégico en la Reforma. Lutero dijo que estaba desposado a este libro; era su Catalina.

En el siglo XIX F.C. Baur hizo de este libro el eje de su teoría de que la controversia legalista en la primitiva iglesia fue tan seria que sacudió sus mismos cimientos. Según Baur, afectó toda la literatura del Nuevo Testamento en los dos extremos, positivo y negativo, ya que los autores o bien escribieron en favor de un punto de vista o del otro, o bien trataron de ocultar el hecho de la divergencia entre ley y gracia como medios de salvación. Como Gálatas presenta esta controversia en forma inequívoca, se debe admitir su autenticidad. Este fallo no ha vuelto virtualmente a ser discutido.

BOSQUEJO

I. Introducción. 1:1-9.
   A. Saludo. 1:1-5.
   B. Tema de la carta. 1:6-9.
II. Defensa del apostolado de Pablo. 1:-10—2:21.
   A. Se trata de un apostolado especial. 1:10-17.
   B. Ausencia de contacto con los apóstoles en Jerusalén. 1:18-24.
   C. Falta de contacto luego; exclusión consiguiente de toda oposición a su apostolado o de añadiduras a su evangelio. 2:1-10.
   D. Vindicación de su autoridad independiente en el encuentro con Pedro en Antioquía. 2:-11-21.
III. Explicación del evangelio de Pablo. 3:1—4:31.
   A. Argumento por la experiencia (de los gálatas). 3:1-5.
   B. Argumento por la Escritura (el caso de Abraham). 3:6-9.
   C. Argumento por la Ley. 3:10—4:11.
     1. Maldición de la Ley, de la que Cristo debe librar. 3:10-14.
     2. Inviolabilidad del pacto de la promesa y prioridad respecto a la Ley. 3:15-18.
     3. Propósito de la Ley —temporal en permanencia y negativo en efectos. 3:19-22.
     4. Filiación no por la Ley sino por fe. 3:23—4:7.
     5. Invitación a no volver a la esclavitud. 4:8-11.
   D. Argumento por la recepción personal de los gálatas. 4:12-20.
   E. Argumento por el pacto de la promesa. 4:21-31.
IV. Práctica del evangelio de Pablo. 5:1—6:15.
   A. Práctica del evangelio en libertad. 5:1-12.
   B. Práctica del evangelio en amor. 5:13-15.
   C. Práctica del evangelio en el Espíritu. 5:16-26.
   D. Práctica del evangelio en servicio. 6:1-10.
   E. Práctica del evangelio en separación del mundo. 6:11-15.
V. Conclusión. 6:16-18.
   A. Oración final. 6:16.
   B. Testimonio final. 6:17.
   C. Bendición. 6:18.

COMENTARIO

I. Introducción. 1:1-9.

A. Saludo. 1:1-5. Se utiliza el marco tradicional de las cartas aunque superado, porque el escritor era un apóstol con autoridad emanada de la Divinidad, y se dirigía a quienes por gracia habían sido liberados del siglo presente. Tampoco ellos eran hombres ordinarios, sino cristianos.

1. Apóstol. El significado de *enviado* no basta en este caso. Todos los creyentes han recibido dicha comisión. Pablo pasa a defender su autoridad especial como maestro cristiano, fundador de iglesias, hombre riguroso y reformador de enseñanzas falsas. **No de hombres ni por hombre.** El **no** da el tono de la carta; es una polémica, una denuncia del error a fin de presentar mejor la verdad. Si los judaizantes poseían algún apostolado, procedía de hombres. No el de Pablo. El suyo procedía de una fuente eminente. Tampoco era **por hombre.** Ninguna persona, apóstol o no, había mediado en la autoridad de Pablo (cf. 1:12). Le vino por medio de la intervención de **Jesucristo** en su vida. El contraste presenta a Cristo como más que hombre. Detrás de él y en igualdad con él está **Dios el Padre,** que en este caso se presenta como el que **resucitó** a Cristo **de los muertos.** Quien se apareció a Pablo y lo constituyó apóstol fue Cristo.

2. No se sabe quiénes eran los **hermanos** que estaban con Pablo. En cuanto a la ubicación de **las iglesias de Galacia,** véase la Introducción.

3. Gracia y paz son dos dones de Dios, siempre presentados en este orden. El favor divino recibido hace posible una vida de plenitud y de armonía con Dios y con los hermanos creyentes. Estas bendiciones vienen tanto del Señor Jesucristo como de Dios el Padre.

4,5. El cual se dio a sí mismo. Determinación puramente voluntaria. **Por nuestros pecados. Por** (*hyper*) se suele usar para las personas beneficiadas con la obra de Cristo (cf. 3:13). El pecado personal no es la única barrera entre el hombre y Dios. El hombre necesita ser liberado de su situación total en el **presente siglo malo.** El Evangelio no es un mensaje de mejora sino de liberación. **Siglo** es una palabra temporal y no se refiere a la naturaleza o al hombre como tales, sino a las circunstancias de la vida del hombre, corrompida como está por el pecado y dominada por Satán, el dios de este siglo (2 Co. 4:4). Cristo, en su obra redentora, actuó en unión con Dios, según su **voluntad** (cf. 2 Co. 5:19). A Dios le pertenece la gloria, la alabanza de los santos, por siempre. El apóstol no afirma la divinidad del Hijo,

pero la sugiere al asociar a Cristo con el Padre en el llamamiento apostólico, en el don de gracia y paz, y en la realización de la salvación.

B. Tema de la Carta. 1:6-9. En lugar de dar gracias a Dios por sus lectores, Pablo manifiesta sorpresa por su defección. No pronuncia bendición alguna, sino que lanza un anatema de admonición.

6. Os hayáis alejado. Más bien, *os estéis alejando,* tomando otra posición y con ello negando la esencia misma del llamamiento divino a la filiación, que es en **la gracia** de Cristo. **Tan pronto.** Probablemente no se refiere a que la conversión sea reciente, porque los conversos recientes son los más propensos a dejarse desviar por falsas enseñanzas. Si se interpreta en forma temporal, significa tan pronto después de que los falsos maestros comenzaran a actuar, o tan pronto después de que el apóstol se separara de los gálatas. (Quizá se refiere al *modo —tan fácilmente,* sin ofrecer resistencia.) El alejamiento seguía teniendo lugar, de modo que no era completo. Había esperanza de volver las tornas. Pero se indica lo grave de la defección. Era alejamiento de Dios, quien había llamado por gracia, para ir a un **evangelio diferente.** Pablo usa **evangelio** como concesión. En realidad no hay uno **diferente,** un segundo evangelio que uno pueda escoger, y conservar al mismo tiempo el mensaje divino de salvación eterna.

7. Si bien la responsabilidad de la defección era de los gálatas (**os hayáis alejado**), la explicación de ello es otra. Los causantes son los que los perturbaban (cf. Hch. 15:24), a saber, los maestros judaizantes que querían **pervertir** el Evangelio, cambiándolo en algo totalmente diferente. No les correspondía a ellos el cambiarlo, porque era el **evangelio de Cristo.** El privilegio de anunciarlo no incluye el derecho de cambiarlo.

8. Aun, Pablo dice, si **nosotros** (plural de redacción aplicado a Pablo, el último que hubiera pensado en cambiarlo, dadas las circunstancias de su llamamiento) o **un ángel del cielo** (quien todavía menos cambiaría un mensaje divino; cf. Mt. 6:10), anunciáramos como Evangelio algo contrario a la palabra que proclamamos en Galacia, seríamos **anatema,** maldecidos por Dios (cf. 1 Co. 16:22).

9. Pablo ya les había advertido de ello cuando estuvo en las iglesias de Galacia. En esta carta lo **repite.** Era guardián celoso de la pureza del Evangelio. Al repetir la vigorosa afirmación, el apóstol cambia del modo subjuntivo de posibilidad al indicativo de realidad —si alguien predica un evangelio diferente (como hacen los judaizantes), sea **anatema**.

II. Defensa del Apostolado de Pablo. 1:10—2;21.

A. Se trata de un Apostolado Especial. 1:10-17.

10. Como había hablado con tanta dureza, el apóstol sintió que debería ser evidente **ahora** que no trataba de persuadir a los hombres en el sentido de ganárselos ni de buscar su favor. Más bien le preocupaba estar en buenas relaciones con **Dios**. El agradar a los hombres acomodando el mensaje de forma que convenga a sus deseos no está de acuerdo con el ser **siervo de Cristo**.

11. Como siervo de Cristo, el apóstol sólo podía dar a conocer el mensaje del Evangelio. Aunque lo predicaba, no era él el autor, ni ningún otro **hombre**.

12. Como Pablo se había incorporado tarde a la categoría de apóstol, los hombres habrían podido suponer que había recibido el Evangelio de sus predecesores o que lo había aprendido en un curso de instrucción. No era así. Había llegado a poseerlo por **revelación** de Jesucristo. Esta era la autoridad suprema. ¿Cómo se podría, entonces, discutir su mensaje?

13. Fue necesaria una intervención directa en la vida de Pablo para abrirle el corazón a la verdad del Evangelio. Era bien conocida su manera de vivir antes de la conversión. La palabra **conducta** (gr., *anastrophe*) significa "forma de vida". En el judaísmo todo estaba prescrito. Cualquier persona conocedora del farisaísmo podía predecir la forma de conducirse de Pablo. Pero en su caso específico había habido un elemento concreto que le destacó por encima de todos. Había sido perseguidor de los cristianos (no todos los fariseos fueron tan lejos en mostrar su devoción al judaísmo). Como el lobo enfurecido de Benjamín, se dedicó a destruir a la iglesia, a la que luego reconoció como el verdadero pueblo de Dios.

14. Este empeño infrecuente y exceso de frenesí le ganaron a Pablo una reputación excepcional entre los judíos. Siguió progresando en dedicación a la fe y tradiciones de los suyos, superando a hombres de su edad, y dando prueba de su celo en la persecución a los cristianos. Las consideraciones humanas nada significaban para él en comparación con el cumplimiento de su vocación en bien de su religión. Consideraba su actividad destructora como los judíos consideraron la lapidación de Esteban: como un servicio a Dios (Jn. 16:2; Hch. 26:9-11). Es evidente, pues, que antes de la conversión, Pablo no simpatizaba con el Evangelio, y que no pudo haber recibido de los hombres el mensaje del mismo, tal como alegaban los judaizantes.

15. La conversión de Pablo estaba dentro del plan de Dios. El apóstol, como Jeremías (Jer. 1:5), había sido elegido desde el nacimiento para su labor. Su conversión llegó con una revelación del Hijo de Dios a su alma. Lo dicho no pretende ser una especulación en cuanto a la sicología de su experiencia de conversión, sino dejar sentada la realidad y hondura de esa transformación. Pablo había estado ciego a la divinidad del Hijo de Dios. Sus prejuicios en contra de los compatriotas que tenían a Jesús como Mesías se debía a su convencimiento de que el Nazareno era un impostor.

16,17. El propósito divino último de esta revelación hecha al alma del apóstol fue que él a su vez proclamara este conocimiento a otros, especialmente a los gentiles. La realidad y suficiencia de ese encuentro con el Señor resucitado se puede ver en el hecho de que no consultara **con carne y sangre** (expresión que denota humanidad, en especial en lo que tiene de débil e inadecuado) ni en Damasco ni en Jerusalén, centro de la iglesia, donde los **apóstoles** tenían el cuartel general. Si Pablo se hubiera sentido incierto en cuanto a su mensaje, lo natural y necesario habría sido ir a uno de esos lugares. Pero era tan apóstol como los Doce, en plena posesión de la verdad del Evangelio recibido del Señor mismo.

El apóstol menciona a Arabia no como lugar de predicación, porque, si bien en el llamamiento iba involucrada la predicación, no es lo que se considera en este pasaje. Pablo está hablando del *origen* de su Evangelio. Menciona a Arabia en contraste con Jerusalén. En ella no residía ningún apóstol. Nadie había en dicho lugar que pudiera instruirle acerca del Señor y de su obra salvadora. Es probable que el neoconverso fuera a Arabia para estar solo con Dios, para reflexionar acerca de las implicaciones del Evangelio. No hay por qué suponer que todos los aspectos de la verdad se le hicieran claros al convertirse. Desde Arabia regresó a Damasco. Esta referencia tangencial confirma la información recogida en Hch. 9:3 de que la conversión ocurrió cerca de esa ciudad.

B. Ausencia de Contacto con los Apóstoles en Jerusalén. 1:18-24. No fue una ausencia total, desde luego, tal como Pablo con franqueza reconoce, sino contactos breves, personales, y del todo incidentales.

18. Qué parte de los **tres años** pasó en Arabia y qué parte en Damasco no se puede decir, pero el intervalo corrobora la contención de Pablo. Si en la conversión no hubiera recibido el Evangelio, no hubiera tardado tanto en buscar información acerca del mismo. **Para ver a Pedro.** El verbo **ver** (en griego) está en premeditado contraste con **consulté** (1:16), porque éste implica el hablar con la intensión de ser informado acerca de algo, mientras que aquél se refiere al conocer una persona o cosa. A veces se usa para la visita a puntos de interés. La visita fue breve (quince días).

19. Pablo no vio a ningún otro apóstol, con excepción de Santiago, el hermano del Señor. Este es el Santiago que llegó a ser la cabeza de la iglesia de Jerusalén (cf. Hch. 12:17).

20. El apóstol se declara dispuesto a jurar que dice la verdad. Ningún judío se hubiera atrevido a hacerlo si iba a mentir, porque hubiera equivalido a invitar a Dios a que descargara su ira sobre él. La solemnidad de la declaración de Pablo es la indicación de lo mucho que se desconfiaba de su palabra, desconfianza que los judaizantes habían sembrado en el corazón de sus convertidos.

21. El siguiente desplazamiento de Pablo, que la oposición a su predicación en Jerusalén hizo necesario (Hch. 9:29,30), fue a Siria y Cilicia. Es obvio que en esos lugares tan remotos no tuvo oportunidad de recibir instrucción de los apóstoles.

22. Probablemente el apóstol mencionó las iglesias de Judea para dar fuerza a su argumentación. Es probable que por ese tiempo la mayor parte de los apóstoles estuvieran en distritos lejanos, de modo que la falta de contacto de Pablo sin las iglesias de Judea significó falta de relación con los apóstoles que se hallaban laborando en ellas. Los Doce no supervisaron la obra de Siria; enviaron a Bernabé (Hch. 11:22-26). Durante los años en que Pablo laboró en dicha región, en la que había crecido, gozó de gran independencia respecto a los otros apóstoles. Otro propósito que tuvo al mencionar a las iglesias de Judea fue destacar lo grande del cambio que su conversión había producido en su persona. Ahora **predica la fe** el que antes había tratado de destruirla. El cambio significó paz para los creyentes de Palestina (Hch. 9:31).

C. Falta de Contacto Luego; Exclusión Consiguiente de Toda Oposición a su Apostolado o de Añadiduras a su Evangelio. 2:1-10.

1. Son claras las diferencias entre esta última visita y la anterior. Esta vez Pablo no fue solo sino acompañado de Bernabé, y fue con el propósito deliberado de discutir el Evangelio, en especial la aplicación del Evangelio a los gentiles. No es fácil situar esta visita en el marco del relato de Hechos. Los que la quieren identificar con la visita llamada de la gran hambre, de Hechos 11:27-30, pueden alegar el hecho de que Bernabé acompañó a Pablo en dicha ocasión. Sostienen que Pablo se vio obligado a mencionar todos los contactos que tuvo con la iglesia de Jerusalén. Pero esta argumentación es precaria. Los únicos contactos que había que mencionar eran los que hubieran podido significar comunicación del Evangelio. Como los ancianos sólo se mencionan en relación con la recepción del donativo por parte de la iglesia de Jerusalén, es poco probable que Pablo tuviera contacto con los apóstoles por ese tiempo. Este fue un período de persecución (Hch. 12:1-3), y en consecuencia es probable que los apóstoles no estuvieran a mano para consultas.

Si la cuestión de la admisión de los gentiles a la Iglesia fue resuelta en la visita de la gran hambre (implicación de la comparación de Hch. 11 con Gá. 2), entonces es raro que fuera necesaria otra reunión para decidir la misma cuestión (Hch. 15). Además, hubiera sido muy descortés que los apóstoles insistieran en que Pablo debía recordar a los pobres (Gá. 2:10) cuando precisamente había sido portador del donativo de la iglesia de Antioquía para ayuda de los santos de la Ciudad Santa. Finalmente, identificar Gálatas 2 con Hechos 15 es virtualmente imposible por la cronología. La visita de la gran hambre tuvo lugar por el tiempo de la muerte de Herodes, que ocurrió en el año 44 d. de C. Si se añaden catorce años (Gá. 2:1) a los tres años de 1:18 y luego se restan 17 del 44, se llega al año 27 para la conversión de Pablo, la cual es una fecha demasiado temprana. Incluso si los catorce años de Gá. 2:1 se refieren a la conversión y no a la primera visita a Jerusalén, la fecha de la conversión sigue siendo demasiado temprana; no deja intervalo alguno entre la resurrección de Cristo y la conversión de Pablo.

La identificación de Gálatas 2 con Hechos 15 tiene cierta fuerza por el hecho de que el tema que se expone es el mismo en ambos casos y por el hecho de que Pedro y Santiago, al igual que Pablo y Bernabé, ocupan un lugar destacado en ambos pasajes. Hay dificultades en esta identificación, empero. Hechos 15 da la impresión de una reunión pública numerosa, en tanto que Gálatas 2:2 describe una sesión privada. Es posible armonizar ambos relatos si se presume que la fricción mencionada en Hechos 15:5,6 quizá obligó a los líderes de la iglesia a disolver el concilio por un tiempo y a reunirse en sesiones privadas como la descrita en Gálatas 2. Según el acuerdo al que llegaron, Pedro y Santiago tomarían espontáneamente un papel directivo y decisivo en la fase final pública de la reunión que se menciona en Hechos 15:7-21. Es posible que la palabra

los que (Gá. 2:2) sea una referencia a la iglesia como un todo en contraste con los apóstoles, con los que Pablo y Bernabé pasaron a reunirse en privado. Una ulterior dificultad que hay que resolver es el hecho de que Pablo no mencione en Gá. 2:1-10 el llamado decreto apostólico, decreto que por otra parte ocupa un lugar destacado en el relato de Lucas (Hch. 15:20,28,29; 16:4; 21:25). Sin embargo, como Pablo en todo este pasaje se ocupa del Evangelio, y como el decreto no se ocupó directamente del mismo sino simplemente de las relaciones armoniosas entre creyentes judíos y gentiles, no tenía por qué incluir el decreto en su argumentación.

2. La segunda visita de Pablo a Jerusalén siguió a una **revelación,** de acuerdo con la fuerte insistencia en lo sobrenatural en el capítulo precedente. Esta indicación de la revelación quizá le llegó antes de la decisión de la iglesia de Antioquía de enviar a Pablo, o quizá después, en cuyo caso sirvió de confirmación de la decisión de la iglesia (Hch. 15:2). Pablo y Bernabé se reunieron con **los que tenían cierta reputación.** Literalmente, *los que parecían,* término bastante curioso para aplicarlo a los apóstoles. La misma expresión se usa dos veces en Gá. 2:6 y en 2:9, si bien en este caso se agrega la palabra "columnas". Quizá Pablo creía que la iglesia corría peligro de idolatrar a estos líderes con un exceso de acatamiento. ¿Temía en realidad Pablo estar corriendo (al seguir el curso del servicio cristiano) **en vano** y haber corrido en vano desde la conversión, haber estado equivocado en cuanto al Evangelio y que ahora necesitaba ser enmendado? De ninguna manera. Pero las circunstancias lo obligaron a someter su mensaje a los apóstoles, porque sólo así podía esperar cerrar la boca de sus detractores, los judaizantes, y las de los que habían sido convencidos por su propaganda.

3-5. Aparece con claridad la razón que tuvo Pablo para hacerse acompañar de Tito (v. 1). Iba a ser una ocasión de demostrar la recepción de los gentiles en la Iglesia. Si fuera **obligado a circuncidarse,** lógicamente los demás creyentes gentiles tendrían que someterse al mismo rito. Si salía de la reunión sin circuncidar, todos los demás gentiles que habían puesto la confianza en Cristo podrían disfrutar de libertad sin temor de ser desviados. Pablo parece decir que se ejerció una cierta presión para hacer circuncidar a Tito (cf. Hch. 15:5). Es muy improbable que esta presión procediera de los apóstoles, porque éstos habían estado de acuerdo con Pablo (Hch. 15:19). Los culpables eran los **falsos hermanos** que se habían introducido en el grupo de creyentes. Llevaban el nombre de cristianos pero estaban con todo opuestos a conceder esa **libertad** que el evangelio de Pablo proclamaba —libertad de la esclavitud de la Ley, incluyendo la libertad de la circuncisión. La resistencia de Pablo a estos judaizantes no procedía de testarudez sino de un sentido de superioridad. Veía que el problema de la circuncisión implicaba **la verdad del evangelio** (Gá. 2:5). Imponer a un gentil la señal del pacto dado a Abraham y a sus descendientes era descartar la sencillez de la fe salvadora por admitir la necesidad de una obra específica. Si esta obra era necesaria para pertenecer a la iglesia, también iban a serlo otras obras.

6-8. Reunidos con Pablo, los apóstoles no descubrieron error ninguno en su evangelio. **Nada . . . comunicaron** a lo que había recibido ya por revelación del Señor. Pero se dieron cuenta de que se le había sido encargado **el evangelio de la incircuncisión.** Era responsable de los gentiles en un sentido especial (Ro. 1:5). Por esta causa el Señor no le permitió trabajar en Jerusalén (Hch. 22:17-21). Este llamamiento especial no excluía el ministerio a los judíos cuando Pablo predicaba en las sinagogas, en las que se reunían tanto judíos como gentiles temerosos de Dios). Pedro, a quien se le encargó predicar el mismo evangelio de gracia, tenía que dedicarse a llegar a los de la circuncisión, a los judíos. Su nombre arameo, Cefas, tiene un empleo adecuado en este caso. El éxito de ambos en sus respectivos campos de labor fue prueba de que Dios los había llamado.

9,10. Al privilegio de Pablo como predicador del Evangelio a los gentiles se le llama **gracia** (cf. 1 Co. 15:9,10; Ef. 3:2). Los líderes de Jerusalén reconocieron esta gracia y por esto les extendieron a Pablo y Bernabé la diestra de la hermandad. No fue una simple formalidad, sino un respaldo significativo del mensaje de gracia que habían proclamado entre los gentiles. Los apóstoles también sancionaron la división de trabajo por la que un grupo de evangelistas iría a los gentiles y otro a los judíos. Sin embargo, pidieron a los misioneros al mundo gentil que no se aislaran de los creyentes judíos —en especial de los que estaban en Jerusalén, quienes eran, como bien se sabía, **pobres** (Ro. 15:26)— de tal modo que llegaran a olvidarse de su necesidad. La prueba de la buena fe de Pablo en acceder a esta petición fue que reunió una cantidad sustanciosa entre las iglesias gentiles para esas personas (1 Co. 16:1-4), la cual él mismo junto con otros llevaron a Jerusalén en su última visita.

D. Vindicación de su Autoridad Independiente en el Encuentro con Pedro en Antioquía. 2:11-21. Es la tercera ocasión en que Pablo estuvo en contacto con Pedro. La primera vez sólo lo conoció; la siguiente, descubrió su unidad e igualdad; esta vez tuvo que discrepar de él y censurarlo. Esto confirma el hecho de que el propósito de Pablo en toda la carta a los gálatas es demostrar su apostolado independiente.

11,12. Resistió a Pedro porque la conducta de éste daba la falsa impresión de que negaba la posición adoptada en Jerusalén. La acción del concilio en cuanto al decreto (Hch. 15:28,29) había abierto la puerta a la libertad en la relación entre judíos y gentiles en la iglesia de Antioquía, libertad que Pedro también se alegró en compartir. Incluso comió con los gentiles (cf. Hch. 10:28; 11:3). Pero la llegada de ciertos hombres enviados de Santiago, cabeza de la iglesia de Jerusalén, despertó temor en el corazón de Pedro, porque recordaba que la iglesia madre lo había reprendido por haberse asociado y comido con gentiles en la casa de Cornelio (Hch. 11:1-18). Es imposible saber qué relación tenían los visitantes con Santiago y con qué misión habían llegado. Pedro **se retraía y se apartaba** gradualmente de los hermanos gentiles; quizá un día no asistía a una comida, al día siguiente a dos, hasta por fin cortar toda relación con ellos.

13. El ejemplo de Pedro influía en otros. La palabra **simulación** que se suele traducir por *hipocresía,* significa falta de acuerdo entre las acciones de uno o su comportamiento y su estado interior. En el fariseísmo las acciones eran buenas pero el estado interior corrompido. En el caso de Pedro, sus convicciones íntimas eran buenas, porque apoyó la igualdad de los gentiles en la Iglesia, pero su conducta negaba tales convicciones. Hay una nota de queja en este pasaje —**aun Bernabé,** como si Pablo hubiera esperado más de él que de los demás creyentes judíos.

14. La afirmación de que Pedro no actuaba según la verdad del Evangelio necesita explicación. Era judío y por tanto no estaba obligado a vivir **como los gentiles,** como lo había hecho al comer con ellos. Pero ahora, después de haber llegado tan lejos, rompía con ellos y por tanto por lógica obligaba a los gentiles creyentes a vivir como los judíos, es decir, a adoptar la circuncisión y las dietas de los judíos para con ello quitar todas las barreras entre ellos y hombres como Pedro. Pero si los gentiles creyentes lo hacían, iban a sacrificar la verdad del Evangelio, que había sido afirmada en Jerusalén. La iglesia había decidido que no había que imponer a los gentiles creyentes ninguna carga legal. Estaba en juego el principio mismo de la gracia. La consecuencia lógica de la conducta de Pedro era hacer judíos de los gentiles cristianos, o bien obligar a formar una iglesia gentil a la par de la iglesia judía, lo cual iba a romper la unidad del cuerpo de Cristo.

Por ello estaba implicada la verdad del Evangelio.

15-18. Pablo hizo que Pedro reconociera que ambos, judíos de nacimiento con todas las ventajas del judaísmo, incluso la posesión de la Ley, se habían visto obligados a confiar sólo en Cristo para la salvación, como cualquier pobre gentil. Pedro tuvo que estar de acuerdo, ya que antes esta había sido su actitud (Hch. 15:11). El AT mismo da testimonio de que la justificación no procede de **las obras de la ley** (cf. Sal. 143:2). Ser justificado significa ser declarado y considerado justo a los ojos de Dios, ser excusado de toda acusación de pecado consecuencia del no guardar la santa ley de Dios. **La fe de Jesucristo** significa fe *en* Cristo (gr. genitivo objetivo). Este rebajar a los judíos al nivel de los gentiles parecía involucrar a Cristo, hacer de él **ministro de pecado** en cuanto que él liberaba al hombre de la esclavitud de la Ley, puesto que tanto para judíos como para gentiles la fe en Cristo es la condición de la salvación. Pero Pablo descartó la conclusión, porque se basaba en una premisa falsa; a saber, la supuesta superioridad de los judíos sobre los gentiles. Pablo con delicadeza se imputa lo que había hecho Pedro. El verdadero transgresor no es Cristo, sino el que, como Pedro, vuelve a erigir una distinción que ya había sido destruida. Esto hacía Pedro al apartarse de la relación con los gentiles, con lo que hacía presumir que los creyentes judíos eran superiores.

19-21. La Ley le había prestado un servicio a Pablo aunque no le hubiera dado la justificación. Por medio de la Ley había muerto a esa misma Ley, porque la Ley le había dado una conciencia de pecado que lo preparó para aceptar a Cristo. También había llevado a Cristo a la cruz a fin de redimir a los que habían conculcado esa Ley. Cristo había representado a Pablo en esa muerte a la Ley. La consecuencia fue una vida nueva **para Dios. Con Cristo estoy juntamente crucificado.** El tiempo perfecto recalca tanto el suceso pasado como sus efectos permanentes. Esta muerte produjo vida, pero no la misma vida vieja con toda la debilidad del hombre natural, sino una vida completamente nueva; no tan sólo vida divina otorgada en forma impersonal, sino el mismo Cristo vivo que hace su morada en el redimido. En esta solución, sin embargo, no hay supresión de la personalidad humana—**lo que ahora vivo.** La vida nueva se vive basada en el principio de fe en Cristo (cf. 2:16) más que en el de obediencia legal. Esta fe se basa en el hecho del amor personal del Salvador por quienes murió (cf. Ef. 5:2). No confiar en Cristo en este sentido sería **desechar** la gracia de

Dios. Si la justicia pudiera obtenerse por la ley, la muerte de Cristo sería inexplicable; sería un gesto superfluo.

III. Explicación del Evangelio de Pablo. 3:1—4:31.

A. Argumento por la Experiencia (de los gálatas). 3:1-5. El apóstol afirma que la experiencia de sus lectores, basada en la fe en Cristo crucificado y corroborada con el don del Espíritu Santo, estaba completamente fuera de la esfera de la Ley. ¿Renunciarían entonces a la perfección de lo que Dios les había proporcionado, pregunta, para volver a la vaciedad de sus propios esfuerzos?

1. Quizá alguien los **fascinó,** fueron víctimas de un ensalmo malo (cf. 1:7). Este cambio resultaba extraño si se tenía en cuenta que les había predicado en forma dramática a Cristo crucificado (cf. 1 Co. 1:23; 2:2). ¿Habían olvidado ya la viva impresión recibida? **2,3.** Después de recibir a Cristo vino el don del Espíritu (cf. Gá. 4: 4-6; Ef. 1:13), pero nunca basado en la observancia de la ley como esfuerzo de la **carne** (cf. Gá. 5:18,19). **4. Habéis padecido** probablemente no se refiere a la persecución o a la carga de la observancia de la ley, sino que se usa en un sentido bueno— *experimentado.* Esta interpretación la refrenda el hecho de que en el versículo siguiente se menciona al Espíritu. **5.** La acción permanente del Espíritu en las **maravillas** que hace, como su venida a los corazones de los gálatas, dependía no de las obras sino del **oír con fe,** es decir, de la respuesta en fe al mensaje del Evangelio que les era predicado.

B. Argumento por la Escritura (el Caso de Abraham). 3:6-9. La mención de la fe invita a una breve incursión en el AT para mostrar que Abraham, el reverenciado patriarca, dependió de la fe para conseguir justificación. Sólo a los que poseen una fe semejante los bendice de verdad Dios. Consúltese el desarrollo del mismo tema en Ro. 4:9-12.

6,7. Abraham fue justificado por fe (Gn. 15:6; Ro. 4:3; Stg. 2:23). Los verdaderos hijos de Abraham no son sus descendientes naturales (Mt. 3:9), sino los que comparten su **fe. 8.** Esto estaba implícito en los términos mismos del pacto del Abraham, que tuvo presentes a **todas las naciones.** Las palabras **en ti** exaltan a Abraham como ejemplo de fe. **9.** Fue **creyente** en el sentido de estar lleno de fe. Su justificación está a disposición de todas las naciones. Esta es la bendición que se les ha prometido.

C. Argumento por la Ley. 3:10—4:11.

1) Maldición de la Ley, de la que Cristo Debe Librar. 3: 10-14. Pablo, después de repudiar la confianza de los judíos en su relación física con Abraham como fundamento de justificación, pasa a otro argumento del Judaísmo, la posesión de la Ley.

10. La fe trae bendición, mientras que la Ley produce maldición debido a la exigencia de tener que *continuar* observándola con fidelidad (Dt. 27:26). **11,12.** A la imposibilidad práctica de ser justificado por la ley se agrega ahora la verdad de que Dios usa de todos modos otro medio—**el justo por la fe vivirá.** A juzgar por el contexto, el apóstol usa la cita (Hab. 2:4) para subrayar la verdad de que uno puede aparecer justo ante Dios sólo por la fe. Sólo así puede vivir verdaderamente la vida de Dios. Ro. 1:17 exige un sentido parecido. Bajo la ley, uno debe *hacer* antes de *vivir* (Lv. 18:5). Bajo el Evangelio uno recibe la vida de Dios por medio de la fe, luego comienza a hacer la voluntad de Dios con la fuerza de dicha fe. Puede parecer que el apóstol excluye toda bendición en el caso de los que vivieron bajo la Ley en los tiempos precristianos. ¿Qué decir del salmo 1? **13.** La ley es espejo de la voluntad de Dios para su pueblo y a la vez capataz que maldice. Pero en este caso Pablo no trata del aspecto mejor de la Ley, sino que se limita a hablar de la Ley como medio de condenación (cf. 2 Co. 3:6-9). La maldición de la Ley era verdadera. Condujo a Cristo a la cruz. La inflexibilidad de las exigencias de la Ley se ve claramente en el hecho de que cuando Cristo conculcó la ley, si bien era santo, tuvo que pasar por el mismo castigo que hubiera sufrido cualquier otro que hubiera caído bajo la maldición de la Ley. La circunstancia de que Cristo muriera colgado de un **madero** pone de relieve el elemento de maldición (Dt. 21:23).

14. El ejemplo de Abraham sigue siendo el telón de fondo del pensamiento de este pasaje. La muerte de Cristo actuó para comunicar **la bendición de Abraham** (Justificación) a los gentiles. Dios, después de librar a su propio pueblo (los judíos) de la maldición de la Ley, ya no tuvo por qué no poder dar la misma gracia a los gentiles. La prenda de la aceptación por parte de Dios es **la promesa del Espíritu,** o sea, el Espíritu prometido (cf. 4:6; Hch. 1:4, 5). Nosotros **recibiésemos** incluye tanto a judíos como a gentiles.

2) Inviolabilidad del Pacto de la Promesa y Prioridad Respecto a la Ley. 3:15-18. Por naturaleza un pacto, aunque sea un acuerdo humano es algo fijo, no sujeto a cambio. El Señor no puede desechar la promesa, que vino mucho más tarde.

15. Hablo en términos humanos. Es una expresión técnica, como una apología. La inmutabilidad de las decisiones de Dios no debería discutirse, pero a Pablo le parece necesario hablar de ello para aclarárselo a sus lectores. Incluso en un acuerdo humano, una vez confirmado, una de las partes no puede por sí misma no considerarlo ya como obligatorio, ni tampoco puede modificar los términos del mismo como se hace con un testamento.

16. Dios hizo **promesas** (la misma promesa repetida) a Abraham y a **su simiente.** ¿Qué incluye la palabra **simiente?** No se incluían todos los descendientes de Abraham (no es **simientes**), ni todas las líneas de descendencia. **Simiente** es un término colectivo. Abarca a los patriarcas, porque las promesas les fueron hechas a ellos. Pero también incluye a Cristo, como se ve en 3:19, en el que se le llama una vez más **la simiente,** la que acabó con la era de la ley. Este sentido colectivo de la palabra **Cristo** vuelve a aparecer en 1 Co. 12:12.

17. La promesa hecha a Abraham tuvo prioridad respecto a la entrega de la Ley; ocurrió 430 años antes. Pablo parece incluir en este caso la continuación de la promesa a los patriarcas que vino luego, porque el intervalo entre Abraham y la entrega de la Ley fue mayor. Lo esencial, en armonía con la verdad de 3:15, es la consideración de que la Ley no podía en forma alguna desplazar el acuerdo previo que Dios había tomado y confirmado.

18. Se presenta otra característica. La Ley no condiciona la promesa en forma tal que cambie su índole, porque esto sería violar la naturaleza incondicional de la promesa. La **herencia** (el disfrute de las bendiciones del pacto con Abraham—que una justificación como la suya la recibirían por fin todas las familias de la tierra) nada tiene que ver con la **ley.** Ambas cosas, **ley** y **promesa,** son fundamentalmente diferentes. Si la herencia dependiera de la ley, entonces la promesa quedaría anulada dado el conocido carácter que tiene la ley—yugo que nadie puede soportar. Es un hecho indiscutible que Dios dio la herencia a Abraham por la promesa. Nada puede cambiar esta verdad básica.

3) Propósito de la Ley—Temporal en Permanencia y Negativo en Efectos. 3:19-22. El apóstol parece descartar la Ley y esto por necesidad hace plantearse una pregunta.

19. Si la **Ley** no descartó la promesa de Dios ni la condicionó, ¿por qué fue dada? **Fue añadida a causa de las transgresiones,** es decir, para dar al pecado su carácter distintivo de transgresión (cf. Ro. 4:15; 5:20). **Hasta que.** La Ley tenía que seguir cierto curso, cumpliendo la misión de preparar el camino para la **simiente**—Cristo, quien es "el fin de la ley para justicia" (Ro. 10:4). La Ley **fue ordenada por medio de ángeles en mano de un mediador.** La Ley no sólo fue temporal, sino que la misma forma de entregarla indica que es de importancia menor. Tuvo una doble mediación, por medio de **ángeles** (Hch. 7: 53; He. 2:2) y por medio de Moisés el legislador.

20. La idea misma de mediación implica dos participantes. Así fue en la entrega de la Ley. Pero Dios es uno, lo cual se pone de relieve en el pacto con Abraham. Dios actuó con soberanía absoluta. No necesitaba que nadie mediara entre él mismo y el patriarca. Lo que Pablo quiere destacar es que la mediación es señal de inferioridad de la Ley. Muestra que Dios actúa de propósito en forma distanciante. Ello no implica, empero, que la mediación de Cristo se considere como algo inferior, porque Cristo no es una tercera persona que media entre Dios y los hombres. Dios estaba en Cristo, reconciliando al mundo en él.

21,22. No es adecuado concebir la Ley como algo opuesto a las promesas de Dios, porque su esfera de acción era diferente. La Ley no podía dar vida. Los que disfrutaron de vida espiritual en la dispensación de la Ley, la poseyeron no a causa de la Ley sino de la gracia de Dios, que perdonó los pecados cometidos contra la Ley. Los pasajes del AT que prometen vida en relación con la observancia de los mandamientos de Dios (p. ej. Dt. 8:1), deben interpretarse en el sentido de que se refieren a la vida en cuanto temporal, al disfrute del favor y bendiciones de Dios en esta vida terrenal. La **Justicia** (estado de justicia ante Dios) ni fue posible con la ley en tiempo de Moisés ni lo fue en el de Pablo. Más aún, la Ley no se puede contraponer a las promesas, porque ayuda a realizarlas al hacer sentir al hombre la necesidad del favor divino y al mostrarle que debe poner su confianza en Cristo (cf. Gá. 3:19).

4) Filiación no por la Ley sino por la Fe. 3:23—4:7.

23. Antes que viniese la fe. La nueva dispensación de gracia gratuita brindó a los hombres la primera oportunidad, hablando históricamente, de poner la fe en Cristo. **24.** La época de la ley fue un tiempo de disciplina; la Ley servía de **ayo** (no maestro; de hecho, un simple ayudante del maestro, de ordinario un esclavo cuya misión era procurar que el niño llegara a salvo a la escuela). Cristo es el verdadero maestro, quien nos toma de la mano y nos muestra el camino de Dios como gracia. "Una idea baja de la ley conduce al legalismo en religión; una visión elevada de la misma lleva al hombre a buscar la gracia" (J. Gresham Machen, *The Origin of Paul's Religion*, p. 179).

25. La función disciplinar de la Ley, en el sentido histórico, acaba con la venida de Cristo. Pero la Ley puede seguir actuando en una vida determinada para crear un sentido de pecado y necesidad, con lo que se prepara al corazón para que se vuelva a Cristo.

26-29. Todos. Tanto los judíos como los gentiles son bienvenidos a la familia de Dios **por la fe.** Con ello todos alcanzan una posición **en Cristo Jesús. Bautizados en Cristo.** El bautismo de agua conduce al hombre al cuerpo de la Iglesia, pero en el fondo de este rito está el aspecto más significativo del bautismo—el ser apartado por el Espíritu para una unión viva con Cristo y su cuerpo (cf. 1 Co. 12:13). **De Cristo estáis revestidos.** El Señor Jesús pasa a ser el secreto y la esfera de la nueva vida que se comparte con los demás creyentes. **Todos vosotros sois uno en Cristo Jesús.** La filiación respecto a Dios implica hermandad en Cristo. En él hay un único hombre nuevo (cf. Ef. 2:15). Las distinciones y divisiones ordinarias de la vida quedan absorbidas en esta relación. Estar en Cristo Jesús, pertenecer a él, lo hace a uno parte de la **simiente de Abraham,** puesto que Cristo es dicha simiente, como Gá. 3:16,19 afirma. La afiliación hace también heredero al creyente (cf. Ro. 8: 17).

4:1-7. La tensión es entre las palabras **esclavo** e **hijo. 1. Digo,** o sea, quiero decir. El sujeto no ha cambiado. El **heredero,** hasta que alcanza madurez, es tratado como si fuera **esclavo. 2.** Hay quienes lo dirigen y gobiernan—**tutores** (custodios) y **curadores** (directo)—hasta que posea la herencia en el momento indicado en el testamento de su padre.

3. Comienza la aplicación. La infancia era el período del freno de la Ley, cuando se estaba **en esclavitud bajo los rudimentos del mundo.** No se trata de los elementos físicos, como en 2 P. 3:10,12, ni de los cuerpos celestiales, ni de los espíritus fundamentales que los antiguos asociaban con dichos cuerpos (Pablo nunca hubiera estado de acuerdo en que había servido a tales espíritus cuando vivió bajo la Ley). Son elementos en el sentido de *rudimentos,* porque pertenecen a la religión legalista del judaísmo, y no al cristianismo, la fe más madura y espiritual. Esta opinión acerca de la materia lo confirma el uso de la palabra **elementos** en Gá. 4:9.

4,5. El cumplimiento del tiempo corresponde al "tiempo señalado por el padre" (4:2). Sugiere que la obra disciplinaria y preparatoria de la Ley exigía un tiempo largo. **Su Hijo.** Medio apropiado para conducir a muchos a la gloria. La verdadera filiación es imposible hasta que el Hijo por excelencia hace su aparición. Se sugiere la preexistencia. **Nacido de mujer.** No es una referencia al nacimiento virginal (Mt. 11: 11). La argumentación de Pablo exige insistir en la semejanza de Cristo con nosotros, no en las diferencias. Por su nacimiento entró a formar parte de nuestra humanidad. **Nacido bajo la ley.** Circuncidado, presentado, educado según las exigencias de la Ley, cumplidor de toda justicia. Fue necesario que cumpliera la Ley a la perfección a fin de **redimir** a su pueblo de la esclavitud y maldición de la Ley y conseguirles **la adopción de hijos.** El privilegio les llegó como don de gracia y no como consecuencia de un largo período de tutela bajo la Ley.

6,7. Da testimonio de esta aceptación el Espíritu, llamado **el Espíritu de su Hijo,** ya que la misión del mismo es promover y aplicar la obra del Hijo. Con el testimonio que le da al corazón engendra en el creyente seguridad de que es acepto a Dios, Pablo emplea **Abba,** equivalente arameo de *padre,* seguido de la traducción griega (cf. Mr. 14:36; Ro. 8:15,16). La filiación excluye la esclavitud e incluye la condición de heredero. El Espíritu Santo es la garantía de estas bendiciones futuras (cf. Ef. 1:13,14).

5) Invitación a no Volver a la Esclavitud. 4:8-11. El apóstol vuelve una vez más al tema de los gálatas y su situación en relación con el legalismo y la libertad cristiana.

8. Antes de convertirse servían a seres que **por naturaleza no son dioses** (por ser ídolos). Esta conducta es comprensible, porque por ese entonces no conocían a Dios. **9,10.** Ahora lo conocían porque él los había conocido, como lo demostraban las iniciativas que había tomado. Es increíble que un pueblo con semejante historia se vuelva **de nuevo a los débiles y pobres rudimentos** (en contraposición al Evangelio). para acumular mucho con fiestas especiales. Al parecer los judaizantes primero presentaban el aspecto más agradable de la obediencia a la Ley (los gálatas ya las observaban cuando Pablo escribía) como menos agobiante y ofensivo que la circuncisión, que los gálatas todavía no habían aceptado del todo (cf. 5:2). **11.** Pablo temía que de continuar y aumentar este apego al legalismo, significaría que su labor entre ellos había fracasado.

D. Argumento por la Recepción Personal de los Gálatas. 4:12-20. La actitud de esta gente hacia Pablo en la época de composición de la carta estaba en rígido contraste con el aprecio que la habían tenido al principio como mensajero de Dios.

12,13. Les suplica que abandonen el legalismo y que sean como Pablo era, que disfrutaba de libertad en Cristo, porque él se había hecho como ellos. Es decir, al abandonar lo distintivo de los judíos, se habían vuelto como uno de ellos (cf. 2:15-18). Por muy apenado que estuviera ahora, recordaba que los gálatas no lo habían agraviado en nada al **principio,** en su visita anterior, sino que pasaron por alto **una enfermedad del cuerpo** que lo había obligado a demorarse entre ellos, como un enfermo. No salió de su territorio hasta que los hubo familiarizado con las buenas nuevas del Evangelio. **14.** Su enfermedad fue como una **prueba** para que pensaran con un cierto desprecio de él y lo rechazaran. Pero no fue así; al contrario, lo recibieron como si hubiera sido un ángel, o como si hubieran recibido a Cristo mismo.

15,16. Satisfacción. Se felicitaron por haber sido tan favorecidos con un enviado del Señor. Su gratitud fue ilimitada; hasta los **ojos** hubieran sacrificado por Pablo. Esto no demuestra que el apóstol estuviera enfermo de los ojos (cf. el texto griego de Hch. 23:1). Probablemente escoge los ojos por lo valiosos que son. Debe ser, dice Pablo, que la presente frialdad de los gálatas hacia él se debe al hecho de que ha dicho **la verdad.** El error judaizante los había apartado de la verdad, y como consecuencia se habían vuelto en contra de Pablo y de su mensaje.

17,18. Contrariamente a la costumbre de Pablo de decir la verdad, los propagadores de error habían recurrido al halago y a las atenciones serviles para ganarse a los gálatas. Para que nadie pensara que el apóstol escribía por rencor y egoísmo, aclaró que no se oponía a que otro les predicara, con tal que fuera la predicación y ministerio adecuados—para difundir la verdad. ¡Qué distintos eran los judaizantes, quienes quisieran **apartar** a todos los que fueran a predicar la Palabra, para mantener alejados a sus discípulos del apóstol y de otros heraldos de la gracia!

19,20. El dolor y preocupación de Pablo eran como los de una madre en dolores de parto. Pero lo que buscaba en agonías no era el nuevo nacimiento de sus amigos (ya eran sus **hijos** en el Señor), sino la formación completa de la nueva vida en ellos (Ef. 4:13; cf. Fil. 3:10). Creía que otra visita sería muy deseable. Conseguiría más que el escribir. De esta forma podría hablarles con suavidad, como una madre a su hijo desviado pero siempre querido, y de este modo **cambiar de tono,** el cual ahora necesariamente parecía duro.

E. Argumento por el Pacto de la Promesa. 4:21-31. Después de llamarlos **hijos,** el apóstol procedió a contarles una historia con moraleja, con la esperanza de que llegarían a ver su locura.

21-23. Parecían desear estar bajo la ley. Que oigan **la ley** (el relato del Génesis formaba parte de la Ley en el sentido más amplio, la cual incluía todo el Pentateuco). Un hijo de Abraham **nació según la carne** —en el curso ordinario de las cosas, con la posible sugerencia de que el hombre trató de ayudar al plan de Dios. Fue Ismael, nacido de Agar. El otro, a saber, Isaac, hijo de Sara, fue dado por la **promesa** de Dios.

24,25. Lo cual es una alegoría. Es decir, puede expresar algo más que un simple relato histórico. Pablo pasa a destacar los aspectos que importan para la situación gálata. **Estas mujeres** responden a los **dos pactos.** Agar equivale al dado en el **Monte Sinaí,** el código mosaico. Del mismo modo que salió del lugar bendito en Canaán para venir a parar a este lugar inhóspito (Gn. 21:21), así habían hecho también los gálatas al apartarse de la gracia de Cristo. Triste era decirlo, no sólo los gálatas fueron afectados. La Jerusalén de la época **junto con sus hijos, está en esclavitud**—no la iglesia de Jerusalén, sino el judaísmo en cuanto tenía su centro en dicha ciudad.

26,27. Pero hay otra Jerusalén, la de arriba, que es la **madre** de **todos** los hijos de gracia. Es una referencia no a la Nueva Jerusalén futura del Apocalipsis sino a la realidad espiritual actual, al hogar de los creyentes. Esta casa corresponde a los "lugares celestiales" de Ef. 1:3 y a la "ciudad del Dios vivo" de He. 12:22. Pablo cita ahora a Isaías que prevé la gloria y el triunfo de Israel debido a la obra expiatoria del Siervo de Jehová después de la esterilidad de los días de asedio y cautiverio (Is. 54:1). Este cambio de suerte está expuesto en términos que reflejan la historia de Sara, quien, aunque estéril al principio y al parecer olvidada en favor de otra, recuperó su posición, cuando Dios lo quiso, con un hijo mayor que el de Agar. La iglesia disfrutaba de un crecimiento rápido en los tiempos apostólicos, en tanto que el judaísmo permanecía casi estático e incluso perdía terreno por causa del testimonio de los creyentes judíos de su fe en Cristo.

28-31. Los santos del Nuevo Testamento eran **hijos de la promesa,** como Isaac. Al igual que Isaac estuvo sujeto a la persecución de Israel (cf. Gn. 21:9), así los cristianos sufrían persecución de manos de los legalistas. Ejemplo de ello era la presión para circuncidar a Tito (Gá. 2:3). Pero la prueba no duró, porque Dios mandó expulsar **a la esclava y a su hijo** (Gn. 21:10). Los judaizantes no tienen la autoridad ni la bendición de Dios. Su obra se reducirá a la nada.

IV. Práctica del Evangelio de Pablo. 5:1 —6:15.

A. Práctica del Evangelio en Libertad. 5:1-12. La primera señal del disfrute de esta libertad era el negarse a ser circuncidado.

1. En la libertad con que Cristo nos hizo libres. El apóstol afirma un hecho, y luego agrega un llamamiento a que permanezcan firmes en esa libertad y a que no vuelvan a someterse a esclavitud. En cierto modo es más fácil vivir como esclavo que usar rectamente la libertad (p. ej. Israel en el desierto deseaba regresar a Egipto).

2-4. Se debe escoger, dice Pablo, entre **Cristo** y la **circuncisión.** No se les dice a los judíos (cf. Hch. 21:21), sino a los gentiles, que no pertenecían a la tradición de la circuncisión. En su caso el rito sólo podía significar un intento deliberado de conseguir mérito con la adopción de una posición legalista y buscar la justicia por las obras. Al principio, la circuncisión no tenía tal implicación, porque en el caso de Abraham fue una señal y sello de la justicia que ya tenía por fe (Ro. 4:11). Pero en el curso del tiempo, se había convertido en distintivo de mérito. Siendo esto así, Cristo no podía **aprovechar** al que recibía la circuncisión, quien se había colocado bajo obligación de **guardar toda la ley,** para con ello ser justificado. Aceptar la circuncisión significaba dejar la gracia de Cristo (**de la gracia habéis caído**) por la justicia propia, fundamento muy inferior e imposible. El verdadero creyente vive de gracia (Ro. 5:2).

5. Mientras el legalista vive hundido en la inseguridad—porque no puede saber cuándo ha hecho lo suficiente para satisfacer la norma de la justicia divina—los que están justificados por fe, los cuales tienen al **Espíritu** como prenda de que Dios los acepta, esperan con confianza **por fe** la consumación (**la esperanza de la justicia**) en la gloria (cf. Ro. 8:10,11).

6. Después de mostrar el alcance vertical de la fe en la esperanza, el apóstol indica el horizontal en el **amor.** En Cristo ni hay ventaja en la circuncisión ni se pierde nada si no se tiene. Lo que cuenta es el amor, que sintetiza todo lo que la Ley exige (Ro. 13:9,10). La fe que justifica no descarta esta importancia cardinal del amor. Al contrario, la fe, que actúa por el amor, es el único medio viable por el que se pueden cumplir las exigencias del amor.

7-10. El adelanto espiritual de los gálatas se había detenido. Alguien había puesto obstáculos a estos conversos apartándolos de **la verdad.** En otro lugar (1:7; 5:12) se refiere a un grupo de agitadores legalistas; en este caso, sin embargo, alude a un individuo, probablemente al líder. Esta propaganda no procedía del que los había llamado y los había hecho iniciar su curso (cf. 1:6). Los lectores habían sido engañados por escuchar enseñanzas falsas. Y que nadie pretenda que Pablo estuviera demasiado excitado, que exagerara los problemas de Galacia. Un proverbio recalcaría su locura. **Un poco de levadura leuda toda la masa.** Quizá los verdaderos conversos al legalismo fueran hasta ese entonces pocos en número. Sin embargo, los creyentes deben vigilar para que el error no se propague. Si se le salía al paso con sinceridad, podía ser detenido. Pablo confiaba en que la dificultad se resolviera bien, no basado en sus conversos ni en su propio ministerio, sino en **el Señor.** Sin embargo, un giro favorable de los acontecimientos no quitaría la responsabilidad de quien había desviado a las ovejas. Este tal **llevará la sentencia.**

11,12. "Algunos quizá digan", indica Pablo, "que soy inconsecuente al oponerme a la circuncisión". Se sabía, por ejemplo, que había circuncidado a Timoteo (Hch. 16:3). Pero este caso fue especial, porque el joven era medio judío y su padre, griego, no lo había circuncidado. Si Timoteo se hubiera opuesto a Pablo en esta condición, habría suscitado oposición innecesaria entre los judíos. Esta circuncisión concreta no violó ningún principio. La prueba de que Pablo no predicó **la circuncisión** radica en el hecho de que siguió padeciendo **persecución** (de parte de los judíos). Si hubiera circuncidado a los gentiles, estos mismos judíos lo habrían mirado con mucha mayor benevolencia. Pero si hubiera predicado la circuncisión, **el tropiezo de la cruz** se habría **quitado** en cuanto a su ministerio. La gracia implica la incapacidad radical del hombre de contribuir a su propia salvación. Esta verdad contraría a su orgullo humano. Para Pablo el tropiezo no estaba en la cruz sino en los que **os perturban.** Su indignación lo lleva a hacer una aseveración fuerte: **Ojalá se mutilasen.** Del mismo modo que el hombre castrado ha perdido el poder de propagar, así también estos agitadores deberían ser reducidos a la impotencia en la difusión de su falsa doctrina. Este es el deseo ferviente que manifiesta Pablo.

B. Práctica del Evangelio en Amor. 5:13-15.

13. Si bien la libertad forma parte intrínseca del llamamiento cristiano a la salvación, no se debe convertir en licencia. Así sucede cuando la libertad se toma como oportunidades que **la carne** tiene de satisfacer sus deseos. El servir a los demás **por amor** es el remedio más eficaz. Una paráfrasis del pensamiento sería: Profesan ustedes mucho celo por la Ley, la cual ya les dije que esclaviza. Si buscan esclavitud, hay una clase que es innocua, más aún, beneficiosa. Se la recomiendo. Sean esclavos unos de otros en el amor (cf. Ro. 13:8). **14.** Esta es la exigencia del AT (Lv. 19:18) y el NT no conoce nada superior. **15.** Las iglesias gálatas necesitaban con urgencia ejercitar el amor, porque Pablo da a entender que había luchas y tensiones entre ellos. El antagonismo agudo existía probablemente entre quienes habían sucumbido ante la propaganda de los legalistas y los que habían resistido. Pablo simpatizaba con el segundo grupo, aunque reconocía que sin amor no se podía triunfar sobre quienes pensaban distinto. El discutir sin amor no produce sino fricciones constantes.

G. Práctica del Evangelio en el Espíritu. 5:16-26. Si bien la libertad no se menciona en forma expresa, no se ha perdido de vista (5:1,13). "El amor es el guardián de la libertad cristiana. El Espíritu Santo es su guía" (G.G. Findlay, *The Epistle to the Galatians* en *The Expositor's Bible*, p. 347). Esta sección, con su contraste entre carne y Espíritu, estaba en cierto modo contenida en la afirmación de 3:3. La vida en el Espíritu se considera ahora como el antídoto eficaz contra los impulsos de la carne, principio pecaminoso que perdura en los santos. Hay, pues, una guerra legítima y necesaria, en contraste con la insinuada en 5:15.

16,17. Andad en (mejor, **por**) **el Espíritu.** Sólo así pueden los creyentes elevarse por encima de las limitaciones de la carne y evitar sucumbir ante sus deseos. La promesa es enfática—**no satisfagáis los deseos de la carne. Carne** y **Espíritu** se oponen, están en lucha constante. Si el cristiano camina con el poder de uno, no puede estar bajo el dominio del otro. La afirmación, y **estos se oponen entre sí,** es en cierto modo como un paréntesis, y la conclusión del versículo depende directamente de la segunda de las afirmaciones contenidas al comienzo de este mismo versículo. En el fondo de la resistencia del Espíritu a la carne está el propósito divino de que los creyentes no deberían hacer lo que (de otro modo) harían.

18. Para conseguir la victoria sobre la carne, uno debe colocarse bajo la dirección del Espíritu. La ley conduce al hombre a Cristo (3:24). Luego el Espíritu asume la dirección y dirige al hijo de Dios hasta la plenitud de la vida en nuestro Señor. Esta plenitud siempre se da a no ser que el pecado del creyente limite la acción del Espí-

ritu (Ef. 4:30). En lugar de decir, de acuerdo con lo afirmado al comienzo de esta sección, que ser guiado por el Espíritu significa ser librado de la carne, el apóstol saca una conclusión inesperada. Ser guiado por el Espíritu demuestra libertad de la ley. El adherirse a la ley significa multiplicar las transgresiones (cf. Gá. 3:19) en lugar de disminuirlas. Es evidente que existe un nexo íntimo entre la ley y la carne (cf. Ro. 8:3).

19-21. Las **obras de la carne** hay que esperar que se produzcan en abundancia dentro del legalismo. Hay una cierta ironía en el empleo de la palabra **obras** — "¡Miren lo que hace la carne!" Primero se mencionan los pecados sensuales. **Adulterio** es la relación ilícita con una persona casada, **fornicación,** con una no casada. **Inmundicia** abarca toda clase de contaminación sexual. **Lascivia** indica descaro en esta clase de vida. Luego se enumeran los pecados religiosos. **Idolatría** es devoción a los ídolos. La palabra griega por **hechicerías** produce la palabra castellana "farmacia", y denota básicamente la administración de drogas y brebajes mágicos. Pero había venido a significar la práctica toda de las artes mágicas (cf. "hechicerías" en Ap. 9:21; 18:23). La tercera clase incluye los pecados de temperamento. Recorren la escala desde las **enemistades,** que son algo latente, pasando por los **pleitos,** que son algo activo (en este caso denota disputas nacidas del egoísmo), y **disensiones** (o, *divisiones*) y **herejías,** o manifestaciones de espíritu partidista (**envidias** quizá se refiere a lo precedente en cuanto que producen divisiones, o también se puede referir al caso siguiente), hasta **homicidios,** punto culminante de los antagonismos. En una cuarta clase se pueden poner las **borracheras** y **orgías.** La lista se podría alargar — **y cosas semejantes a estas.** Los que practican tales cosas no **heredarán el reino de Dios** (cf. 1 Co. 6:9,10). El creyente puede caer en esta clase de proceder si camina según la carne. De ahí que se incluya esta lista precisamente en esta carta que trata de la vida del cristiano.

22,23. Todo lo que ahora se dice contrasta con lo precedente: **fruto** en lugar de obras; **el Espíritu** en lugar de la carne; y una lista de virtudes sumamente atractivas y deseables en vez de las cosas horrendas mencionadas. La palabra **fruto,** en singular, como suele hallarse en los escritos de Pablo, tiende a poner de relieve la unidad y coherencia de la vida del Espíritu en cuanto se opone a la desorganización e inestabilidad de la vida bajo los dictámenes de la carne. También es posible que el singular quiera ser una alusión a la persona de Cristo, en quien todas estas cosas se hallan en estado perfecto. El Espíritu busca producirlas tratando de reproducir a Cristo en el creyente (cf. 4:19). Pasajes como Ro. 13:14 sugieren que los problemas morales de los redimidos se pueden solucionar con la suficiencia de Cristo cuando se apropia por la fe.

A la luz de la preferencia de Pablo por la forma singular de **fruto,** no es necesario recurrir al expediente de poner un guión después de **amor** para hacer depender del mismo el resto de lo enumerado. El amor es crucial (1 Jn. 4:8; 1 Co. 13:13; Gá. 5:6). El **gozo** lo confiere Cristo a sus propios seguidores (Jn. 15:11) por la mediación del Espíritu (1 Ts. 1:6; Ro. 14:17). La **paz** es el don de Cristo (Jn. 14:27) e incluye el reposo interior (Fil. 4:6) y las relaciones armónicas con los demás (contrasta con Gá. 5:15,20). **Paciencia** se refiere a la actitud de uno hacia otros y conlleva el no tomar represalias ni vengarse por el mal recibido. Es literalmente *grandeza de espíritu.* **Benignidad** se traduce mejor por *amabilidad.* Es mostrarse benévolo, virtud eminentemente social. **Bondad** es la rectitud de alma que aborrece el mal, honestidad rectilínea en motivos y conducta. **Fe,** en este caso, significa fidelidad (si fuera *fe* se hallaría al comienzo de la lista). En Tit. 2:10 tenemos un uso paralelo ("fidelidad") **Mansedumbre** se basa en la humildad y denota una actitud para con otros que es consecuencia del negarse a sí mismo. **Templanza** se traduce mejor por *dominio propio* (lit., *sostener con mano firme*), o dominio de la vida propia por medio del Espíritu. **Contra tales cosas no hay ley.** "La Ley tiene como fin constreñir, pero en las obras del Espíritu nada hay para constreñir" (J.B. Lightfoot, *Galatians,* p. 213). Lo mismo se afirma en otras partes, por ejemplo, Ro. 8:4.

24-26. Los que son verdaderamente de Cristo deben ser como él en cuanto participan en su cruz. **Han crucificado la carne.** Idealmente, alude a su identificación con Cristo en su muerte (2:20). En la práctica, subraya la necesidad de llevar el principio de la cruz a la vida redimida, ya que la carne, con sus **pasiones y deseos,** sigue estando presente (cf. 5:16,17). Con respecto al Espíritu se halla la misma tensión entre la provisión divina y la apropiación humana. **Vivimos** en el Espíritu por decisión de Dios, por medio del don del Espíritu en la conversión. Pero andamos en el Espíritu sólo por voluntad personal, dando un paso tras otro en dependencia de él. Si uno anda así, no se hará **vanaglorioso** —ambicioso ni frustrado cuando fracasa. "La vanagloria induce a la competencia, a la que los de temperamento fuerte responden del mismo modo, en tanto que los débiles

se sienten conducidos a la envidia" (Hogg y Vine, *Galatians,* p. 305).

D. Práctica del Evangelio en Servicio. 6:1-10. Los cristianos todavía tienen una ley que cumplir, la ley de Cristo. Sólo la pueden cumplir con el poder del Espíritu, sirviéndose unos a otros en la hermandad de la Iglesia.

1-5. Alguno. Uno de pasiones como las de todos y por tanto propenso a caer. **Fuera sorprendido.** Cogido en el acto. **Falta** debería expresarse con más vigor. Es una caída (cf. Ro. 5:15). Un santo que peca necesita tanto perdón divino como reincorporación. El que está en condiciones de ayudarlo es el **espiritual,** es decir, el que posee en grado notable el fruto del Espíritu, en especial amor (5:22) por el hermano con problemas y también **mansedumbre** (5:23), viendo que también él un día podría caer en pecado y necesitar las mismas atenciones amorosas. El verdadero espíritu de servicio también debe demostrarse en otros asuntos — **sobrellevad los unos las cargas de los otros** (en contraste con Lc. 11:46). La ley de Moisés se describe como carga (Hch. 15:10), pero no la **ley de Cristo** (1 Jn. 5:3). Su carga es leve (Mt. 11: 30). Esto hace que el discípulo esté libre para servir a los demás (Mr. 10:43-45). La advertencia del final de Gá. 6:1 prosigue en 6:3. El juzgarse demasiado bien es engañarse. Hay que someter a prueba las propias acciones. Si halla algo que lo satisfaga, puede **gloriarse.** Pero la satisfacción será más bien contento y satisfacción y no orgullo y superioridad sobre sus hermanos. Lo mejor sería juzgarse bien desde ahora, en preparación para el juicio del Señor a su venida, cuando cada uno **llevará su propia carga.** Será considerado responsable por su propia vida y obras (Ro. 14:12).

6-10. El pensamiento se dirige de nuevo al llevar mutuamente las cargas, pero en el caso concreto de dar para sostener la obra cristiana (cf. 2 Co. 11:9; 2 Ts. 3:8). **6. Haga partícipe** significa compartir con otros. **El que es enseñado en la palabra** comparte los bienes materiales con el que lo enseña. De este modo participa en la obra del Señor. Este es el plan divino. Hay que vigilar que nadie lo descarte. **7. Dios no puede ser burlado.** La palabra traducida por burlado significa *levantar la nariz.* Nadie puede desairar a Dios o eludir sus decretos de que, "lo que uno siembre, eso cosechará" —la ley inmutable de vida (cf. 2 Co. 9:6 en un contexto semejante). **8.** El cristiano egoísta **siembra para su carne,** gasta lo propio en la satisfacción de sus deseos personales. Debe esperar segar **corrupción.** Lo que hubiera podido traer recompensa al invertirlo en la obra del Señor no será más que una masa en descomposición, una pérdida completa para la eternidad. Por otra parte, los creyentes añaden interés al capital de la vida eterna si responden al Espíritu con amor y amabilidad, y participan con gozo en la extensión del Evangelio por el sostenimiento de los obreros cristianos. Este pasaje admite una aplicación más amplia de acuerdo con el carácter de proverbio de lo dicho en el versículo 7. Pero **carne** y **Espíritu** sugieren una aplicación primaria al creyente (cf. 5:17,24, 25), según el contexto inmediato. **9.** El tema específico de dar conduce con naturalidad a la consideración del tema más general del hacer el bien, que es una siembra. La cosecha llegará **a su tiempo.** Uno puede desmayar si espera la cosecha de inmediato. **10.** Se sugieren dos campos de beneficencia cristiana — **todos** y **la familia de la fe.** Este último grupo es **mayormente** la obligación de los hijos de Dios. Si uno neglige el cuidado de lo propio (y los creyentes son la familia de Dios), es peor que el incrédulo (1 Ti. 5:8).

E. Práctica del Evangelio en Separación del Mundo. 6:11-15. Pablo utiliza esta sección final como medio para poner más de relieve algunos de los puntos sobresalientes de la carta. Subraya la centralidad y suficiencia de la cruz, y la división que establece entre los creyentes y los hombres del mundo. **11.** El apóstol se refiere al tamaño de las letras que usó cuando tomó la pluma de la mano del escriba y escribió estas palabras finales para darles mayor eficacia. Vuelve al tema de la circuncisión y denuncia los motivos de los que perturbaban a sus lectores. **12. Quieren agradar en la carne,** en el único aspecto de la vida que conocían, ya que no andaban en el Espíritu. **Obligan** en este caso significa "tratar de obligar" (cf. 2:3). Se ejercía presión. Al insistir en la circuncisión e ir a los gentiles para imponérsela, los judaizantes esperaban evitar la ira de los judíos no creyentes por haber abrazado la causa de Cristo. Tenían miedo de **padecer persecución a causa de la cruz de Cristo** (cf. 5:11). A estos se les llama "mutiladores del cuerpo" en Fil. 3:2. **13.** Después de haber puesto al desnudo el motivo verdadero de los judaizantes, Pablo pasa al motivo que ellos alegaban, el celo

por la Ley. Tomaban un punto, y precisamente externo, y de él hacían depender toda la observancia de la Ley. Esperaban que, obligando a los gentiles a circuncidarse, iban a merecer alabanzas por haberlos conducido bajo la Ley. Iban a **gloriarse** en esta señal hecha en la carne de sus conversos. **14.** Pablo no quería gloriarse ni en la circuncisión ni en ninguna otra cosa excepto **la cruz** de aquel por quien el mundo con todos sus motivos pusilánimes había quedado crucificado para él, completamente separado de su pensar y de su modo de vida. A Pablo no le preocupaba ni el bienestar ni la reputación, como a los judíos (cf. 1:10). **15.** ¿Por qué el apóstol desestima la circuncisión? Porque la crucifixión había hecho de ella una ceremonia meramente mundana. Lo que de verdad cuenta, afirma, es la vida nueva que viene del estar en **Cristo Jesús.** Esto equivale a **una nueva creación.** La palabra **nueva** denota lo que es superior a lo viejo.

V. Conclusión. 6:16-18.

A. Oración Final. 6:16. Para quienes andan conforme a la **regla** o norma que acaba de formular, a saber, la cruz de Cristo y el mensaje de gracia que se centra en ella, Pablo pide **paz** y esa amabilidad amorosa y misericordiosa que da continuidad a la gracia ya recibida en el Evangelio. Busca la misma bendición para el **Israel de Dios.** Si bien es posible que se refiera a toda la iglesia, si se tiene en cuenta el **y,** lo más probable es que aluda a los judíos cristianos, como Pablo mismo. Estos son el verdadero Israel, en oposición a los que sólo llevan el nombre (cf. Ro. 2:29).

B. Testimonio Final. 6:17. Si los gálatas habían sido perturbados, también Pablo lo había sido. Pero si a alguien se le ocurría poner en tela de juicio su devoción a Cristo, ese tal debía caer en la cuenta que las **marcas** de la persecución que llevaba en su cuerpo, cicatrices recibidas por el Señor Jesús, hablaban con más elocuencia que las marcas corporales (circuncisión) que los judaizantes querían imponer a otros como demostración de celo.

C. Bendición. 6:18. Esta palabra de despedida, en su insistencia en la gracia, sintetiza el mensaje de la carta en su totalidad. Nada hubiera sido más apropiado.

BIBLIOGRAFÍA

Burton, E.D. *The Epistle to the Galatians (International Critical Commentary).* New York: Charles Scribner's Sons, 1920.

Ellicott, C.J. *Commentary on St. Paul's Epistle to the Galatians.* Andover: Warren F. Draper, 1896.

Findlay, G.G. *The Epistle to the Galatians (The Expositor's Bible).* New York: A. C. Armstrong and Son, 1889.

Hogg, C.F. and Vine, W.E. *The Epistle of Paul the Apostle to the Galatians.* London: Pickering and Inglis, 1922.

Lightfoot, J.B. *St. Paul's Epistle to the Galatians.* London: MacMillan and Co., 1896.

Ramsay, W.M. *A Historical Commentary on St. Paul's Epistle to the Galatians.* New York: G.P. Putnam's Sons, 1900.

Ridderbos, H.N. *The Epistle of Paul to the Churches of Galatia.* Grand Rapids: Wm. B. Eerdmans Publishing Co., 1953.

COMENTARIOS EN ESPAÑOL

Erdman, Carlos R. *Epístola a los Gálatas.* Grand Rapids: T.E.L.L., 1976.

Hendriksen, Guillermo. *Gálatas* (Comentario del Nuevo Testamento). Grand Rapids: T.E.L.L., 1984.

Tenney, Merrill C. *Gálatas: La Carta de la Libertad Cristiana.* Terrassa: Editorial CLIE.

Trenchard, Ernesto. *Epístola a los Gálatas.* Madrid: Literatura Bíblica, 1977.

Vos, Howard F. *Gálatas: Una Llamada a la Libertad Cristiana* (Comentario Bíblico Portavoz). Grand Rapids: Publicaciones Portavoz Evangélico, 1981.

EPÍSTOLA A LOS EFESIOS

INTRODUCCIÓN

Autor, Fecha y Lugar. Pocos críticos han negado en serio que Pablo sea el autor de esta carta. Más se ha atacado la fecha y el lugar tradicionales de composición de la misma, al igual que los destinatarios tradicionales (véase abajo).

Efesios pertenece al mismo grupo cronológico de cartas de Pablo que Colosenses, Filemón, Filipenses, llamadas "Cartas del Cautiverio" por haber sido escritas durante el primer confinamiento de Pablo en Roma. Pablo sin duda llegó a Roma en la primavera del 61. Hechos habla de que vivió dos años enteros en una casa alquilada (Hch. 28:30), lo cual nos llevaría a la primavera del 63. Probablemente fue puesto en libertad antes del incendio de Roma en el 64. En Filipenses esperaba esta puesta en libertad (1:19-26), esperanza a la que se refiere también en Filemón 22. Efesios, Colosenses y Filemón fueron enviadas al mismo tiempo de mano de los mismos mensajeros (Ef. 6:21,22; Col. 4:7-9; Flm. 12,23,24).

Se ha intentado colocar estas cartas en una época anterior y en otro lugar de prisión, como Cesarea o incluso Éfeso (George S. Duncan, *St. Paul's Ephesian Ministry*), pero sin éxito. No existe razón válida para rechazar el lugar tradicional de composición — Roma. Esta carta, junto con Colosenses y Filemón, fue escrita probablemente en el año 62.

Destinatarios de la Carta. Como las palabras **en Éfeso** no se encuentran en el manuscrito original del Codex Sinaiticus (Aleph) y del Codex Vaticanus (B), dos de los manuscritos más antiguos del Nuevo Testamento, algunos niegan que esta carta fuera dirigida a Éfeso. Otro punto difícil es el hecho de que en Col. 4:16 se menciona una carta desde Laodicea mientras que nada se dice de Éfeso. Algunos opinan que esta carta pudo haber sido una carta circular dirigida a un cierto número de iglesias. [Es-

ta es la opinión más común hoy día. —Ed.]. Parece más probable, sin embargo, que se tuviera presente una congregación específica, y no hay razones sólidas para rechazar los destinatarios tradicionales — los efesios (véase John W. Burgon, *The Last Twelve Verses of St. Mark,* 1959 edition, pp. 169-187). Incluso Aleph y B están encabezados con el título *A los Efesios (Pros Ephesious).* Pablo había permanecido por un tiempo relativamente largo en Éfeso durante el tercer viaje misionero (Hch. 19: 1—20:1; 20:31). Su relación con los creyentes del lugar había sido sumamente íntima, como se puede ver por sus palabras a los ancianos de Éfeso (Hch. 20:17-38).

Contenido de la Carta. Esta carta, junto con Colosenses, recalca la verdad de que la Iglesia es el cuerpo del que Cristo es la Cabeza. Si bien Pablo ya había mencionado la misma verdad antes, en Romanos 12 y 1 Corintios 12, en este lugar la desarrolla más plenamente. No hay verdad revelada más elevada que la contenida en esta carta, la cual muestra al creyente sentado con Cristo en los lugares celestiales y lo exhorta a vivir según este elevado llamamiento. De hecho la carta se divide en dos secciones principales de tres capítulos cada una. Del 1 al 3 el apóstol les dice a los creyentes lo que son en Cristo; del 4 al 6 les dice lo que han de hacer puesto que están en Cristo. Se ha indicado a menudo que el contenido de esta carta se puede resumir en tres palabras *estar sentado, andar* y *estar firme.* El creyente está sentado con Cristo en los lugares celestiales (2:6); su responsabilidad es andar en forma digna del llamamiento recibido (4:1); este andar se ve además como una lucha constante contra Satán y sus huestes y en la cual se le exhorta a que esté firme contra las asechanzas del diablo (6:11).

BOSQUEJO

I. Posición del Creyente en Cristo. 1:1—3:21.
   A. Saludo. 1:1,2.
   B. Bendiciones espirituales. 1:3-14.
      1. Escogidos por el Padre. 1:3-6.
      2. Redimidos por el Hijo. 1:7-12.
      3. Sellados por el Espíritu Santo. 1:13,14.
   C. Primera oración de Pablo. 1:15-23.
   D. Salvación por gracia. 2:1-10.
      1. Lo que éramos en el pasado. 2:1-3.
      2. Lo que somos en el presente. 2:4-6.
      3. Lo que seremos en el futuro. 2:7-10.
   E. Unidad de judíos y gentiles en Cristo. 2:11-22.
      1. Lo que eran los gentiles sin Cristo. 2:11-12.
      2. Un cuerpo. 2:13-18.
      3. Un edificio. 2:19-22.
   F. La revelación del misterio. 3:1-13.
      1. Administración de la gracia de Dios. 3:1-6.
      2. Intimidad del misterio. 3:7-13.
   G. Segunda oración de Pablo. 3:14-21.
II. Conducta del creyente en el mundo. 4:1—6:24.
   A. Andar en forma digna. 4:1-16.
      1. Unidad del Espíritu. 4:1-6.
      2. Don de Cristo. 4:7-12.
      3. Unidad de fe y conocimiento. 4:13-16.
   B. Andar en forma diferente. 4:17-32.
      1. Descripción del andar de los gentiles. 4:17-19.
      2. Despojarse de lo viejo y revestirse de lo nuevo. 4:20-24.
      3. Aplicación práctica. 4:25-32.
   C. Andar en forma amorosa. 5:1-14.
      1. Andar en amor. 5:1-7.
      2. Andar en luz. 5:8-14.
   D. Andar en forma sabia. 5:15—6:9.
      1. Ser circunspectos. 5:15-17.
      2. Estar llenos del Espíritu Santo. 5:18—6:9.
         a. Gozo y acción de gracias. 5:19,20.
         b. Sumisión en las relaciones prácticas. 5:21—6:9.
            (1) Esposas y maridos. 5:21-33.
            (2) Hijos y padres. 6:1-4.
            (3) Siervos y amos. 6:5-9.
   E. El andar cristiano como lucha. 6:10-20.
      1. Ser fuerte en el Señor — la armadura de Dios. 6:10-17.
      2. Oración por todos los santos y por Pablo. 6:18-20.
   F. Saludos finales. 6:21-24.

COMENTARIO

I. Posición del Creyente en Cristo. 1:1—3:21.

A. Saludo. 1:1,2. Los saludos en todas las cartas de Pablo tienen un parecido muy marcado. Si bien en este caso la forma es la epistolar corriente, hay menos elementos personales que en la mayoría de las cartas de Pablo.

1. Pablo, apóstol de Jesucristo por la voluntad de Dios. Al igual que en otras cartas, Pablo recalca que Dios lo ha escogido para el oficio especial de apóstol. **A los santos.** En el NT **santos** son los que han sido puestos aparte, es decir, todos los creyentes. **Que están en Éfeso.** Véase la introducción. **Fieles.** Los creyentes (cf. Gá. 3:9). La ausencia de artículo antes de **fieles** en el original indica que los santos *son los creyentes.* **En Cristo Jesús.** Expresión muy importante en esta carta. Sea cual fuere la posición geográfica de los santos, su verdadera posición a los ojos de Dios es en Cristo Jesús. Han sido puestos en una unión vital con él de modo que están identificados con él (cf. Jn. 14:20).

2. Gracia y paz a vosotros. En todas las cartas de Pablo se halla el mismo saludo, si bien en las Pastorales se agrega la palabra *misericordia.* La gracia siempre debe preceder a la paz. La palabra griega **gracia,** *charis,* está relacionada con el saludo común griego, *chairein,* si bien le da al saludo un sentido marcadamente cristiano. **Paz** es el saludo usual hebreo. **De Dios nuestro Padre y del Señor Jesucristo.** El segundo **de** no está en el original. Hay una conexión muy íntima, que muestra la identidad del Padre y del Señor Jesucristo en cuanto a su esencia.

B. Bendiciones Espirituales. 1:3-14. Al creyente se le considera como receptor de **toda bendición espiritual.** Por esto no necesita buscar más bendiciones de Dios. En lugar de ello, debe hacer suyas las que ya han sido ofrecidas. Las tres personas de la Santísima Trinidad intervienen en esta provisión de bendiciones espirituales.

1) Escogidos por el Padre. 1:3-6. Primero se menciona la obra del Padre.

3. Bendito sea el Dios y Padre de nuestro Señor Jesucristo. "Casi todas las cartas de Pablo comienzan con alguna alabanza" (Alf.) Adviértase el juego de palabras en el uso de **bendito. Que nos bendijo.** Somos llamados a bendecir a Dios, quien nos ha bendecido antes. Desde luego que Dios nos ha bendecido con lo que ha hecho, en tanto que nosotros lo bendecimos de palabra, es decir, alabándolo. Es **el Dios y Padre de nuestro Señor Jesucristo.** Lo identifica como el único verdadero Dios, y no como una divinidad falsa o imaginaria. El único camino para conocerlo es Jesucristo (cf. Jn. 14:6). **En los lugares celestiales.** Si bien el adjetivo se usa en otros pasajes, esta expresión sólo se emplea en Efesios en todo el NT. Se encuentra cinco veces —1:3; 1:20; 2:6; 3:10; 6:12. La palabra **lugares** no está en el original. Denota las esferas o ámbitos de nuestra asociación con Cristo. Todavía no estamos en el cielo, pero nuestro llamamiento es celestial; el poder de nuestro vivir diario es celestial; la provisión de Dios es celestial. Adviértase la constante repetición de la expresión **en Cristo** en la carta. Sólo en él podemos recibir estas bendiciones.

4. Según nos escogió. En voz media en griego; es decir, nos escogió para sí. La Escritura habla mucho del amor de Dios que elige. La doctrina de la elección nunca se presenta en la Escritura como algo que hay que temer, sino como algo que es motivo de gozo para los creyentes. Adviértase que somos escogidos **en él,** es decir, en Cristo, y que esta elección tuvo lugar **antes de la fundación del mundo.** Los propósitos de Dios son eternos. **Para que fuésemos santos y sin mancha delante de él.** Este es el propósito para el cual nos ha escogido en Cristo (cf. Ro. 8:29; Jud. 24,25). La expresión **en amor** es más probable que vaya con lo que sigue que no con lo precedente; o sea, *en amor habiéndonos predestinado* (Nestlé).

5. Habiéndonos predestinado. La elección que Dios ha hecho de nosotros en Cristo fue para un propósito eterno. **Para ser adoptados hijos suyos.** La palabra que se traduce por **adoptados hijos** se emplea cinco veces en el NT (Ro. 8:15,23; 9:4; Gá. 4:5; y en este pasaje). Se refiere al ser colocados en la posición de hijos. No es la idea moderna de adopción, sino el colocar a un niño en la posición de hijo adulto. El propósito de Dios es que todos los creyentes sean hijos adultos en su familia, en la que Cristo es el "primogénito" (Ro. 8:29). **Según él puro afecto de su voluntad.** Cualquier tentativa de basar la elección y predestinación de Dios en el mérito humano, ya sea previsto o no, no tiene fundamento escriturístico y es vana. La causa de la elección que Dios hace de nosotros no se halla en nosotros, sino en él sólo (cf. Tit. 3:5; Ef. 2:8-10). La voluntad de Dios es el factor determinante.

6. Para alabanza de la gloria de su gracia. Adviértase el uso triple de esta expresión (cf. vv. 12,14). Las tres ocasiones señalan la parte que cada una de las tres Personas de la Divinidad desempeña en nuestra salvación al darnos las bendiciones que hemos recibido. La consideración más importante en el universo es la gloria de Dios. El catecismo Breve de Westminster lo expresa muy bien en la respuesta a la primera pregunta, "¿Cuál es el fin principal del hombre?" "El fin principal del hombre es glorificar a Dios y gozar de él para siempre". **Su gracia.** "La gracia es inmerecida, no se gana ni se recompensa" (Chafer). Es el favor de Dios que se concede al hombre pecador, que sólo merece su ira. **Con la cual nos hizo aceptos.** Más literalmente, *que nos ha otorgado libremente.* Hay otro juego de palabras en el original —"su gracia que nos gratificó". Es difícil de verter al castellano. Esta concesión es **en el Amado,** a saber, el Señor Jesucristo (cf. Col. 1:13; Mt. 3:17).

2) Redimidos por el Hijo. 1:7-12.

7. En quien —o sea, Cristo— **tenemos redención.** Esta es nuestra posesión actual. **Por su sangre.** La Escritura presenta la sangre de Cristo como el precio infinito de compra de nuestra redención (cf. Hch. 20:28; 1 Co. 6:20; 1 P. 1:18-20). Colosenses 1:14 es paralelo con este versículo. **El perdón de pecados.** Los fariseos con razón observaron (por una vez) que nadie puede perdonar pecados sino Dios (Mr. 2:7). El hecho de que el Señor Jesucristo perdone es prueba de que es Dios. **Según las riquezas de su gracia.** Otra vez la insistencia en la ausencia absoluta de mérito humano (cf. Ro. 5:21). Adviértase la palabra **riquezas.** Su gracia no es limitada.

8. Que hizo sobreabundar para con nosotros. En Dios todo es abundancia. Es el Infinito. La **sabiduría** del Señor Jesucristo es ilimitada, y abundó en el sentido de que ha puesto esta sabiduría a nuestra disposición, como indica el versículo siguiente. **9.**

Dándonos a conocer. Explicación de la abundancia. **El misterio.** En el NT la palabra **misterio** (literalmente, *secreto*) indica algo no revelado antes con claridad, y ahora dado a conocer. **Según su beneplácito, el cual se había propuesto en sí mismo.** Una vez más vemos que Dios es absolutamente autónomo y suficiente.

10. En la dispensación del cumplimiento de los tiempos. La palabra **dispensación** significa "administración". Se emplea en el NT para referirse a las diferentes administraciones de las bendiciones divinas. Sin duda que **la dispensación del cumplimiento de los tiempos** es la última dada a los hombres, la cual hará que los propósitos divinos se disfruten en la historia humana. El propósito al que se ha referido se resume en la expresión, **de reunir todas las cosas en Cristo.** Es una observación literaria (Robertson) —"para que pueda encabezarlo todo en Cristo" (cf. Col. 1:18). **Todas las cosas** incluye toda la creación. Puesto que Cristo ocupa un puesto eminente en el propósito de Dios en el universo y en la Iglesia, el hombre para quien Cristo no ocupa un lugar preeminente está del todo desarmonizados respecto al propósito del Padre.

11. En él asimismo tuvimos herencia. Las opiniones difieren en cuanto al texto griego —si es activo o pasivo. Esto último parece más probable, en cuyo caso podríamos traducirlo *en quien hemos sido hechos herencia.* Somos la herencia de Cristo, así como él es la nuestra. **Habiendo sido predestinados conforme al propósito del que hace todas las cosas según el designio de su voluntad.** Las palabras **predestinados, propósito, designio** y **voluntad** están en relación íntima. No hay ningún otro pasaje de la Escritura más claro y más sublime referente a la soberanía de Dios. Por toda la Biblia se descubren dos líneas paralelas —la de la soberanía de Dios y la de la responsabilidad del hombre. No podemos armonizarlas del todo, pero las podemos creer porque ambas se hallan contenidas en la Palabra.

12. A fin de que seamos para alabanza de su gloria, nosotros los que primeramente esperábamos en Cristo. Algunos opinan que el **nosotros** en este caso se refiere a los judíos, debido a la expresión **los que primeramente esperábamos.** Parece probable si se tiene presente el contraste entre el **nosotros** del versículo 12 y el **vosotros** del 13. **Para alabanza de su gloria.** Esto concluye la segunda sección en esta gran tríada.

3) Sellados por el Espíritu Santo. 1:13, 14.

13. En él también vosotros. Es decir, vosotros los gentiles, en contraste con los judíos. **Habiendo oído la palabra de verdad.**

Cuando oyeron la palabra de verdad, o la palabra que es la verdad. Esto se equipara con **el evangelio de vuestra salvación**—las buenas noticias que les trajeron salvación. **Y habiendo creído en él.** Literalmente, *en quien también cuando creyeron, fueron sellados.* Este sellar no ocurrió como algo posterior a la salvación sino simultáneo con la misma. El ministerio de confirmación del Espíritu Santo se menciona varias veces en el NT (cf. 2 Co. 1:22; Ef. 4:30). El sello indica propiedad y seguridad. El Espíritu Santo mismo es el sello. Su presencia es garantía de nuestra salvación. **El Espíritu Santo de la promesa.** La palabra **santo** debería ir con mayúscula, porque es la tercera Persona de la Divinidad, y el adjetivo es enfático en el original. **De la promesa.** El Espíritu Santo mismo es el objeto o contenido de la promesa que fue dada.

14. Que es las arras de nuestra herencia. Es decir, la prenda que garantiza que todo lo demás seguirá. **Hasta la redención de la posesión adquirida.** Jesucristo nos ha comprado para sí mismo y nos ha dado al Espíritu Santo como prenda de que la redención que comenzó de manera tan maravillosa se completará. Volvemos a encontrar el estribillo **para alabanza de su gloria.** La repetición del mismo nos recuerda otra vez al Dios trino —padre, Hijo y Espíritu Santo, tres Personas, pero un solo Dios.

C. Primera Oración de Pablo. 1:15-23. La oración que sigue tiene como punto de arranque el párrafo que acaba de concluir. Como Dios ha hecho todas estas cosas para el creyente, conduciéndolo desde su propósito eterno en la eternidad pasada hasta la culminación de la redención en la eternidad futura, Pablo puede orar como lo hace. Adviértase que, en contraste con la mayoría de nuestras oraciones, la intercesión de Pablo se dirigía primordialmente en favor del bienestar espiritual de aquellos por quienes oraba.

15. Habiendo oído de vuestra fe en el Señor Jesús, y de vuestro amor para con todos los santos. A veces olvidamos que deberíamos orar tanto por las personas después de que son salvas, como oramos por su salvación. La fe y el amor de estos creyentes efesios impelían a Pablo a orar por su constante crecimiento espiritual. **16. No ceso de dar gracias por vosotros.** Gracias por ellos; es decir, gracias a Dios por lo que había hecho por los efesios. **Haciendo memoria de vosotros en mis oraciones.** Pablo no consideraba que la oración fuera algo vago e indefinido. Recordaba en forma específica delante de Dios tanto a ellos como a sus necesidades.

17. Para que el Dios de nuestro Señor

Jesucristo (cf. v. 3) **el Padre de gloria.** Es decir, el Padre cuya característica es la gloria. **Os dé espíritu de sabiduría y de revelación.** Probablemente es algo objetivo; es decir, el Espíritu Santo que da sabiduría y revelación. **En el conocimiento.** Esta palabra indica conocimiento experimental pleno. **18. Alumbrando los ojos de vuestro entendimiento.** Literalmente, *los ojos de vuestro corazón.* "El corazón en la Escritura es la entraña y centro de la vida" (Alf). **Para que sepáis.** Sólo en cuanto Dios nos ilumina podemos conocer en realidad lo que quiere que conozcamos. **Cuál es la esperanza a que él os ha llamado.** Esperanza, en la Escritura, es la certeza absoluta del bien futuro. **Las riquezas de la gloria de su herencia en los santos.** Compárese con "las riquezas de su gracia" en el versículo 7 (cf. también Dt. 33:3,4).

19. La supereminente grandeza de su poder. Las expresiones siguientes no son sino una acumulación de palabras que indica el poder asboluto de Dios respecto a **nosotros. 20. La cual operó en Cristo, resucitándole de los muertos.** A menudo en el AT la pauta que indica el poder de Dios en la liberación de Egipto, en especial la travesía del Mar Rojo. Pero en este caso el ejemplo de poder es mucho mayor. El mismo poder que resucitó a Cristo de los muertos está a nuestra disposición, y podemos conocerlo en nuestra experiencia. **Y sentándole a su diestra.** Es probable que las referencias del NT a Cristo situado a la diestra de Dios se remonten al Salmo 110. **En los lugares celestiales.** Esta es la segunda de las cinco veces que se usa esta expresión y sin duda tiene sentido local; el Señor Jesús está literal y corporalmente en los cielos. **21. Sobre todo principado y autoridad. Todo** en el sentido de "cada". En el NT se emplean distintas palabras para las distintas categorías y clases de seres celestiales, tanto ángeles buenos como caídos. Compárese con Fil. 2:8-11 para esta exaltación de Cristo. **En este siglo.** Palabra temporal. **22. Y sometió todas las cosas bajo sus pies.** Otra alusión al Salmo 110:1 (cf. también Sal. 8:6). Indica el triunfo final completo de Cristo. **Lo dio** (cf. Jn. 3:16) **por cabeza.** Es la primera mención en la carta a Cristo como cabeza de la Iglesia, verdad que se desarrolla bastante plenamente (véase la Introducción). **23. La cual es su cuerpo.** Si bien decimos que es una metáfora, es más que eso. Denota la unión completa de la Iglesia con el Señor Jesús, la identificación absoluta de los creyentes con él (cf. 1 Co. 12:12). **La plenitud.** Lo que está lleno. "Ella (la Iglesia) es la revelación constante de su vida divina en forma humana" (JFB). Se ve que la oración genuina incluye mucha alabanza. La adoración de nuestro maravilloso Dios debería tener el lugar preferente sobre nuestras peticiones egoístas y centradas en el yo. ¡Qué diferentes serían nuestras vidas si oráramos de este modo los unos por los otros sin cesar!

D. Salvación Por Gracia. 2:1-10. En este apartado el apóstol nos habla acerca de nuestra salvación por la gracia de Dios, y para ello muestra qué éramos en el pasado, qué somos ahora, y qué seremos en el futuro.

1) Lo Que Éramos en el Pasado. 2:1-3. La primera afirmación de esta sección recuerda a los creyentes efesios la necesidad extrema que en otro tiempo tuvieron de la gracia salvadora de Dios.

1. Y él os dio vida a vosotros. Hay una construcción interrumpida. Las palabras **os dio vida** no figuran en el original. Literalmente es, *y vosotros que estabais muertos en vuestros delitos y pecados.* Los versículos 2 y 3 son, pues, a modo de paréntesis, y el pensamiento central se reanuda en el versículo 4. El contraste se establece entre el vosotros, muertos en delitos y pecados, y Dios, rico en misericordia. La muerte a que aquí se refiere no es la física, sino la espiritual, es decir, la separación de Dios.

2. En los cuales anduvisteis en otro tiempo. El andar lo usa la Escritura para referirse a la conducta diaria, al modo de vivir (cf. en cuanto al andar del creyente, véanse los últimos pasajes de esta carta). **Siguiendo la corriente de este mundo.** Es infrecuente hallar la palabra *aion*, "siglo", y la palabra *kosmos*, "mundo", juntas —"la era del sistema de vida del mundo". Ambas palabras han adquirido un sentido ético debido al uso de las mismas en el NT. **Conforme al príncipe de la potestad del aire.** Referencia obvia a Satán. Es paradójico que los muertos se describan como andando. Todo el que está separado de Cristo está muerto y anda conforme al príncipe de la potestad del aire. A Satanás se le describe además como **el espíritu que ahora opera en los hijos de desobediencia;** es decir, hijos que se caracterizan por la desobediencia. Desde el pecado de Adán, los hombres han sido hijos desobedientes.

3. Entre los cuales también todos nosotros vivimos. La palabra **vivimos** indica conducta, modo de vida. El **nosotros** contrasta con el **vosotros** de 2:1. **Nuestra carne.** La palabra **carne** en el NT se usa a menudo en sentido ético para referirse a la naturaleza vieja, la que heredamos de Adán. **La voluntad de la carne y de los pensamientos.** Sin duda el cuerpo y el pensamiento están relacionados, ya que ambos forman parte de la carne, es decir, de la vieja naturaleza. Mucha gente se ha acostumbrado a pensar en los pecados de la carne, como en distintas clases de inmoralidades, olvidando que también hay pecados de pensamiento. **Hijos de ira.** O sea, los que están bajo la ira, cuyo destino es la ira, sobre quienes se ha posado la ira de Dios (cf. Ro. 1:18; Jn. 3:36; véase también He. 10:26,27).

2) Lo Que Somos en el Presente. 2:4-6. La Palabra de Dios está llena de notorios contrastes entre la incapacidad del hombre y la suficiencia de Dios.

4. El escritor reanuda la afirmación comenzada en el versículo 2. **Pero Dios.** Es el contraste salvador. **Rico en misericordia** (cf. las riquezas de su gracia y de la gloria, 1:7,18). La misericordia de Dios no tiene límite. **Por su gran amor.** Literalmente, *a causa de su gran amor con que nos amó.* La Escritura indica repetidas veces que lo más importante no es nuestro amor hacia Dios sino el amor de Dios hacia nosotros (cf. 1 Jn. 4:9,10. **5. Muertos en pecados.** Mirada retrospectiva a 2:1. **Nos dio vida juntamente con Cristo.** Hay un verbo compuesto que está unido a la palabra **Cristo,** para mostrar que nuestro ser que ha sido vivificado está en relación con el ser de él vivificado en la resurrección. El paréntesis, **por gracia sois salvos,** se explica y amplía en el versículo 8.

6. **Y juntamente con él nos resucitó, y asimismo nos hizo sentar en los lugares celestiales con Cristo Jesús.** La Escritura enseña que hemos sido identificados con el Señor Jesucristo, no sólo en su muerte (Ro. 6). sino también en su resurrección y ascensión a la diestra del Padre. La palabra **sentar** es una de las palabras fundamentales de la carta, e indica la posición que ocupamos en Cristo, como participantes en una redención consumada y en una victoria. **En los lugares celestiales.** Tercera vez que se emplea esta expresión en la carta. Debido a nuestra posición en Cristo, ya estamos potencialmente en el cielo, donde él está en realidad.

3) Lo Que Seremos en el Futuro. 2:7-10. El hecho de que Dios haya hecho de los pecadores redimidos una lección objetiva eterna de su gracia es sorprendente pero cierto.

7. **Para mostrar en los siglos venideros.** La Iglesia ha de ser una demostración eterna de la gracia de Dios. **Las abundantes riquezas de su gracia** (cf. 1:7) **en su bondad** (cf. Tit. 2:14; 3:4).

8. **Porque por gracia sois salvos.** O sea, *han sido salvados.* La gracia de Dios es la fuente de nuestra salvación. **Por medio de la fe.** Pablo nunca dice *a causa de* la fe, porque la fe no es la causa, sino sólo el canal por medio del cual nos llega la salvación. **Y esto no de vosotros.** La palabra **esto** no se refiere ni a la gracia ni a la fe, sino al acto

completo de la salvación —"Esta salvación no de vosotros". **Don de Dios.** Cf. Ro. 6:23. **9. No por obras.** Es el complemento negativo de lo anterior. El Espíritu Santo ha tenido sumo cuidado en salvaguardar esta preciosa doctrina de salvación por gracia frente a las distintas herejías. **Obras** en la Escritura son el producto o fruto de salvación, no la causa de la misma. **Para que nadie se gloríe.** En el cielo no habrá vanagloria porque nadie llegará ahí que tenga algo de que gloriarse (1 Co. 4:7).

10. **Somos hechura suya.** El **suya** es enfático en el original. **Creados en Cristo Jesús para buenas obras.** El propósito de la nueva creación es que andemos. El pasaje ha quedado redondeado, porque este andar está en contraste directo con el andar descrito en el versículo 2.

E. Unidad de Judíos y Gentiles en Cristo. 2:11-22. Una de las grandes verdades de esta carta es que judíos y gentiles están unidos en el cuerpo de Cristo. Ya se ha referido a este cuerpo en 1:23; ahora se describe la unión, y en el cap. 3 se amplía más.

1) Lo Que Eran los Gentiles sin Cristo. 2:11,12. Los términos empleados en estos versículos ofrecen un cuadro muy tenebroso de la posición de los gentiles antes de la venida de Cristo.

11. **Por tanto, acordaos.** La mayor parte de los primeros lectores de Pablo eran gentiles. El apóstol les recuerda ahora cómo estaban antes de oír el Evangelio. **En otro tiempo vosotros, los gentiles.** Ante los hombres seguían siendo gentiles, pero no ante Dios. Dios mira a los hombres todos ya como judíos y gentiles, ya como Iglesia (1 Co. 10:32). Cuando uno acepta al Señor Jesucristo, ya sea judío ya gentil, ya no sigue siendo tal ante los ojos de Dios, sino miembro del cuerpo de Cristo. **Llamados incircuncisión.** Epíteto despreciativo que los judíos aplicaban a los gentiles. **12. Alejados de la ciudadanía de Israel.** En el AT Dios hizo un pacto con la nación de Israel y la gobernó en forma directa. Los que no eran judíos eran extranjeros. **Sin esperanza y sin Dios,** sólo podían conocer el pacto y las promesas de Dios por medio de Israel. Las expresiones descriptivas se vuelven cada vez más graves.

2) Un Cuerpo. 2:13-18. Judíos y gentiles han quedado unidos en Cristo; y éstos ahora están tan cerca de Cristo como aquéllos.

13. **Pero ahora.** Es enfático. Indica contraste con su posición anterior. **En Cristo Jesús.** Antes estaban **en el mundo** (v. 12). Su condición era desesperada. Ahora están **en Cristo,** con todos los privilegios del cielo. Adviértanse varios contrastes en estos versículos —en el mundo, en Cristo Jesús; en otro tiempo, ahora; lejos, cercanos. **14. Él es nuestra paz.** Obsérvese el progreso del

pensamiento: **Él es nuestra paz** (v. 14); **haciendo la paz** (v. 15); **anunció las buenas nuevas de paz** (v. 17; cf. Col. 1:20). **De ambos pueblos hizo uno.** Es decir, de judíos y gentiles. **La pared intermedia de separación** puede ser una alusión a la pared que separaba el patio de los gentiles del de los judíos en el Templo. En esta pared había una inscripción que advertía a los gentiles que la entrada en el patio de los judíos se castigaba con la muerte. Ahora, ante Dios, ya no hay distinción (véase Ro. 1;2;3).

15. Las enemistades. Quizá en oposición con "la pared intermedia de separación". **Un solo y nuevo hombre.** No un individuo sino la nueva creación de la que Cristo es la Cabeza. **16. Ambos.** Otra referencia a judíos y gentiles. **Matando en ella las enemistades.** Es decir, en la cruz. Los versículos 17 y 18 amplían más esta verdad de la unión de judíos y gentiles en Cristo. **Lejos.** Los gentiles. **Los que estaban cerca.** Los judíos. **18.** Adviértase el énfasis puesto en la palabra **los unos y los otros** (vv. 14,16,18). Ambos hechos uno, ambos reconciliados con Dios, ambos con acceso.

3) Un Edificio. 2:19-22. La metáfora de la Iglesia como cuerpo humano se convierte ahora en la metáfora del gran edificio. En varios pasajes también el cuerpo humano se describe como un edificio (p. ej., 1 Co. 6:19; 2 Co. 5:1).

19. Así que. Conclusión lógica de lo dicho. **No sois extranjeros ni advenedizos.** La posición actual de estos gentiles es completamente opuesta a su condición anterior, descrita en este mismo capítulo. **Sino conciudadanos de los santos.** En Cristo, judíos y gentiles tienen una nueva ciudadanía (cf. Fil. 3:20,21).

20. Edificados sobre el fundamento. La Iglesia, cuerpo de Cristo, se considera como un gran edificio, templo de Dios. **Los apóstoles.** Hombres a quienes Jesucristo mismo eligió al comienzo de la Iglesia. No tuvieron sucesores. **Y profetas.** No los profetas del AT sino los cristianos, los profetas del NT, algunos de los cuales se mencionan y describen en el libro de Hechos y en las cartas. **Siendo la principal piedra del ángulo Jesucristo mismo.** Pasajes como éste y 1 P. 2:5 nos ayudan a comprender el significado de Mt. 16:18. Pedro, que no era más que apóstol, fue uno de los fundamentos junto con los demás apóstoles y profetas. pero el edificio todo está edificado sobre Cristo. Compárese con lo que Pablo dice en 1 Co. 3:11.

21. Todo el edificio. En este contexto, esta traducción es la preferible. "La traducción *todo edificio* estaría fuera de lugar, por cuanto el apóstol evidentemente habla de un vasto edificio, el cuerpo místico de Cristo" (Alf.) Confirman esta interpretación los términos empleados en el versículo siguiente. Israel en el AT tuvo un templo de madera y piedra. En contraste con ello, la Iglesia es un templo (cf. 1 Co. 3:16; 1 P. 1:2-9). El templo es la morada de Dios, como dice el versículo 22.

F. La Revelación del Misterio. 3:1-13. Dios escogió al apóstol Pablo para dar a conocer y explicar por lo menos dos grandes revelaciones. La primera fue el Evangelio mismo —las buenas nuevas de salvación por medio de la muerte y resurrección del Señor Jesús. La segunda fue la verdad de la Iglesia como cuerpo de Cristo. En las grandes Cartas del evangelio —Romanos, 1 y 2 Corintios y Gálatas— Pablo desarrolla por extenso la primera revelación. En las cartas del grupo cronológico que estamos considerando, las "Cartas del Cautiverio", trata en gran parte de la segunda revelación —la Iglesia como cuerpo de Cristo. El capítulo 3 constituye el punto culminante de la primera parte de la carta, que expone nuestra posición en Cristo.

1) Administración de la Gracia de Dios. 3:1-6. El misterio de la Iglesia como cuerpo de Cristo.

1. Por esta causa. Se refiere a todo lo anterior. **Yo Pablo.** La repetición del nombre del escritor muestra que daba importancia decisiva a lo que iba a escribir. **Prisionero de Cristo Jesús.** Desde luego que Pablo fue prisionero de Cristo en el sentido de que había sido puesto en prisiones por causa de Cristo, pero en este caso no es éste el pensamiento básico. Estaba prisionero en Roma al escribir, y precisamente por causa de Cristo. **Por vosotros los gentiles.** Pablo era en forma específica el apóstol de los gentiles por voluntad del Señor Jesús (cf. Ro. 15:16).

2. La administración de la Gracia de Dios. El mensaje de gracia era un depósito sagrado confiado a Pablo para que lo diera a conocer a los gentiles. **Me fue dada para con vosotros.** No se le confió para que se la guardara, sino para que la comunicara, sobre todo a los gentiles. **3. Que por revelación me fue declarado.** Pablo siempre insistía en la comunicación directa del Evangelio que el Señor Jesús mismo le había hecho, sin intermediarios humanos (cf. Gá. 1:11,12). **El misterio.** Véase el comentario a 1:9. **Como antes lo he escrito brevemente.** Probablemente no otra carta sino algo ya mencionado en esta misma carta (cf. 1:9ss.).

4. Este versículo y el siguiente arrojan mucha luz sobre el uso de la palabra **misterio** en el NT. La palabra significa no algo místico o mágico, sino un secreto sagrado que no se había dado a conocer antes; una vez revelado, sólo los iniciados —en este caso, los salvados— lo entienden. **5. A sus santos apóstoles y profetas por el Espíritu.** Del mismo modo que el Espíritu Santo inspiró a

los hombres santos de Dios en tiempos del
AT (2 P. 1:20,21), así también lo hacía con
los escritores del NT. **6. Los gentiles.** El
misterio no era que los gentiles fueran salvos —en el AT, sobre todo en Isaías, se habla muchas veces de la salvación de los gentiles— sino que formaron un solo cuerpo con
los judíos.

(2) **2) Intimidad del Misterio. 3:7-13.**
7. Ministro. Pablo fue hecho ministro por
don de Dios. Esta es la palabra que se trans-
litera en castellano como *diácono* —alguien
que sirve o atiende a las mesas. Pablo nunca
consideró que su oficio fuera algo elevado
que lo apartara de los demás hombres. Siempre habló con humildad de sí mismo.
**8. A mí, que soy menos que el más pe-
queño de todos los santos.** En varios otros
lugares Pablo, al recordar lo que había sido
antes de ser salvo y lo que había hecho a la
iglesia, habla de sí mismo en esta forma humilde (cf. 1 Co. 15:9,10; 1 Ti. 1:15). La
expresión traducida por **menos que el más
pequeño** es infrecuente —comparativo del
superlativo. **Me fue dada esta gracia.** La
gracia de Dios fue dada a Pablo no para su
disfrute personal, sino para que la diera a
conocer a otros. **De anunciar entre los gentiles el evangelio.** El Señor Jesús les hizo
saber a Ananías esta palabra referente a Pablo. (Hch. 9:15). **Las inescrutables riquezas.** Otra vez la palabra **riquezas** se coloca
en lugar prominente con un adjetivo que indica su carácter ilimitado. **9. Y de aclarar a
todos.** Echar luz en **cuál sea la dispensación del misterio.** Otros manuscritos tienen
intimidad en vez de *dispensación.* **Escondido
desde los siglos en Dios.** Confirmación ulterior de la definición de "misterio" dada
antes. **Que creó todas las cosas.** Todo lo
que existe —no meramente la creación física
o la espiritual solas.
10. En los lugares celestiales. Cuarta
vez que se emplea esta expresión en la carta.
Una indicación más de que los seres celestiales contemplan a la Iglesia y ven en la
Iglesia la manifestación de la sabiduría de
Dios. Tanto los ángeles buenos como los malos están sin duda sorprendidos ante la obra
de Dios según se manifiesta en los hombres
redimidos. **11. Propósito eterno.** Cf. Ro. 8:
29; Ef. 1:11. **12. En quien.** O sea, en Cristo. **Acceso con confianza.** Sin Cristo no podríamos acercarnos. Se ha demostrado en el
capítulo 2. **La fe en él.** Genitivo objetivo.
Cristo es el objeto de nuestra fe.
13. Mis tribulaciones por vosotros. Compárese con lo que Pablo dice en Hechos 20:
18-35 acerca de su labor en Éfeso; también
en 2 Co. 1:8-11. *Aprecia un del*
G. Segunda Oración de Pablo. 3:14-21.
Esta es la segunda oración de Pablo por los

efesios, y como la anterior en Ef. 1, se preocupa de su bienestar espiritual. Mientras la
primera oración se centra en el conocimiento, esta segunda tiene como punto focal el
amor.
14. Por esta causa. Reanuda el pensamiento de 3:1. Es evidente que el pensamiento principal de este capítulo es la oración, y que 3:2-13 es a modo de explicación.
Doblo mis rodillas. Si bien la Escritura no
indica que una determinada postura corporal sea necesaria para orar, con todo el do-
blar las rodillas indica reverencia. **El Padre
de nuestro Señor Jesucristo.** Algunos manuscritos omiten las palabras **de nuestro Señor Jesucristo.** Hay un juego de palabras
con la palabra **Padre** de 3:14 y la traducida
por **familia** (que es *paternidad*) de 3:15.
**15. De quien toma nombre toda fami-
lia.** Tiene dos explicaciones posibles. Algunos prefieren traducir por *toda familia,* con
la idea de que el concepto de familia o paternidad viene de Dios. Esto es cierto, desde
luego, aunque menos común. Gramaticalmente la otra explicación parece cuadrar
mejor en el contexto general de la Escritura;
es decir, **toda la familia.** La expresión **en los
cielos y en la tierra** parece favorecer esta
última. O sea, toda la familia de los redimidos —los que nos precedieron y los que todavía vivimos en la tierra— estamos bajo un
Padre, quien es el Padre de nuestro Señor
Jesucristo.
16. Conforme a las riquezas. Una referencia más a la abundancia que tenemos de
Dios (cf. 1:7; 2:4; Fil. 4:19). **Fortalecidos
con poder.** Lugar paralelo a la oración anterior, que tanto habló del poder de Dios. **Por
su Espíritu.** El Espíritu es el agente de la
Divinidad para aplicarnos la redención. **En
el hombre interior.** Es decir, nuestra parte
interior la verdadera personalidad.
17. Para que habite Cristo. No sólo vivir, sino estar en casa —morar. Esto es lo que
siempre necesita el cristiano, no orar para
que Cristo entre por primera vez, porque ya
mora en el creyente, sino que esté en él
como en casa en el sentido de que el creyente le ha entregado la vida entera. **Arrai-
gados y cimentados en amor.** Metáfora
mixta que se refiere a lo que se planta y
edifica (cf. Col. 2:2, en cierto modo paralelo a esto).
**18. Seáis plenamente capaces de com-
prender con todos los santos.** Conocimiento que todo creyente debería tener. **Cuál sea
la anchura, la longitud, la profundidad y
la altura.** Esta clase de conocimiento crece-
ría sin cesar, porque nunca podríamos me-
dirlo. **19. De conocer el amor de Cristo,
que excede a todo conocimiento.** Algunas
cosas no las podemos conocer del todo; a
menudo pasamos por experiencias que no

podemos entender ni explicar. Sin embargo, en este caso se usa la misma raíz en el infinitivo y en el nombre, lo cual parece implicar la idea de conocer lo que es esencialmente no cognoscible —y conocerlo de tal modo que nos regocijemos en ello. **Llenos de toda la plenitud de Dios.** Dios es infinito y nosotros finitos. Esto es desde luego paradójico, pero es un intento de expresar en palabras que nos digan algo, la sobreabundancia de gracia que nuestro Padre celestial por medio de nuestro Señor Jesucristo pone a nuestra disposición.

20. Esta plenitud se describe más en la bendición que cierra la primera parte de la carta. **Y a Aquel.** El verbo y el predicado están en el versículo siguiente. **Poderoso.** Lo que Dios puede hacer no tiene límite. **Mucho más abundantemente.** Se acumulan los superlativos para dejar bien grabada esta verdad. **Lo que pedimos o entendemos.** A menudo nuestro pedir es muy limitado, porque pensamos que Dios no nos otorgará algo determinado. Puede hacer, sin embargo, mucho más de lo que pidamos; en realidad, mucho más de lo que podríamos imaginar. Y lo hace **según el poder que actúa en nosotros.** Es decir, su Espíritu nos ha fortalecido. En consecuencia, este poder es activo en nosotros. **21. A él sea gloria** se puede tomar como afirmación —*a él es la gloria;* o como frase imperativa —*a él sea la gloria.* **En la iglesia.** La gloria de Dios se manifiesta por toda la eternidad en el cuerpo de Dios redimido. **Por todas las edades, por los siglos de los siglos.** Literalmente, *por todo el curso del siglo de los siglos.* Forma vigorosa de expresar la eternidad. Con esta oración y bendición Pablo concluye esta parte de la carta que nos habla acerca de lo que Dios ha hecho por nosotros y acerca de nuestra situación en Cristo.

II. Conducta del Creyente en el Mundo. 4:1—6:24.

A. Andar en Forma Digna. 4:1-16. Dios siempre une la doctrina y la práctica, la enseñanza y los efectos prácticos de la misma. En Ef. 1-3 nos ha hablado de las riquezas de su gracia y su gloria por Jesucristo. Ahora nos exhorta a una vida digna en este mundo.

1) Unidad del Espíritu. 4:1-6. Dios ha producido una unidad maravillosa que los creyentes tienen la obligación de mantener en su propia experiencia.

1. Yo, pues. Como es costumbre en las cartas de Pablo, esta exhortación se basa en la enseñanza precedente (cf. Ro. 12:1). **Preso en el Señor.** O sea, preso a causa del Señor (cf. Ef. 3:1). **Os ruego.** Esta palabra, que ocupa el primer lugar en el original, para más realce, es una súplica, un aliento. Dios tiene desde luego el derecho de mandar y exigir, pero en lugar de ello suplica, ruega, porque quiere la entrega, el servicio voluntario. **Que andéis como es digno.** La palabra **andar** se emplea a menudo en la Escritura para indicar nuestra conducta, nuestro proceder, nuestro modo de vida (cf. Introducción). **Digno.** No que podamos jamás merecer lo que Dios ha hecho, sino que deberíamos andar de una manera que corresponda a lo que él ha hecho por nosotros. No nos hacemos cristianos por vivir vida cristiana; más bien, se nos exhorta a vivir una vida cristiana porque somos cristianos, a fin de que nuestras vidas se adecuen a nuestra situación en Cristo (cf. Fil. 1:27). **Vocación.** Nuestro llamamiento, que se describe como celestial y santo (cf. He. 3:1; 2 Ti. 1:9).

2. Humildad y mansedumbre. Sólo el Espíritu Santo que mora en nosotros puede producir estas virtudes. Son del todo ajenas a la carne y por desgracia raras en las vidas de muchos cristianos. **Humildad** connota modestia; **mansedumbre** implica amabilidad (véase Trench). **Paciencia** es mantener ecuanimidad de genio frente a adversidades y persecución. **3. Solícitos en guardar.** Dios sabía que esto no es siempre posible porque una persona sola no puede mantener la unidad. Obsérvese que Pablo no pide que los cristianos hagan la unidad, porque sólo Dios podría establecer el vínculo; pero los creyentes tienen la responsabilidad de tratar de mantenerla. Esta es **la unidad del Espíritu.** Es decir, la unidad que el Espíritu Santo mismo ha creado, y su vínculo o lazo es de paz.

4. Un cuerpo. El organismo que se compone del Señor Jesús como Cabeza y de todos los verdaderos creyentes en él. Es la nueva creación, el cuerpo mencionado antes en la carta (1:23). **Un Espíritu.** El Espíritu Santo mismo es la vida que penetra cada una de las partes del cuerpo. **5. Un Señor, una fe, un bautismo.** Adviértase la insistencia en la unidad. El bautismo que es uno es sin duda el del Espíritu Santo—el ministerio del Espíritu por medio del cual hemos sido incorporados al cuerpo de Cristo (1 Co. 12:13).

6. Las tres Personas de la Divinidad se mencionan en estos versículos en orden inverso al corriente: **un Espíritu** (v. 4); **un Señor** (v. 5), es decir, el Señor Jesús; **un Dios y Padre** (v. 6). **El cual es sobre todos,** etc. Tenemos una relación triple del único Dios y Padre con todo lo que es suyo. Está **sobre todos.** Esto expresa su soberanía, su trascendencia. **Él es por todos,** "lo cual expresa la presencia íntima vivificante, dominadora de ese Dios y Padre único" (Salmond). **En todos.** Permanece constantemente con su pueblo—en distintos pasajes de la

Escritura se dice que las tres Personas del Dios Trino moran en el creyente.

2) Don de Cristo. 4:7-12. El Señor ascendido ha comunicado dones a su Iglesia para la edificación de la misma.

7. A cada uno de nosotros. Se limita a los que creen en él. **Fue dada la gracia.** No la gracia salvadora, sino la gracia como don a los creyentes—el favor de Dios, inmerecido y sin posibilidad de compensarlo. **Conforme a la medida.** Una medida sin medida.

8. Por lo cual dice. La cita es de Sal 68:18. No es del todo clara la relación. Pero se dice que en su ascensión el Señor Jesús se **llevó cautiva la cautividad;** es decir, cautivó lo que nos había cautivado, y anuló su poder. **Y dio dones.** En algunos pasajes de la Escritura, se mencionan dones que el Señor hizo a los individuos; p.ej., 1 Co. 12. En este caso los dones son las personas con distintas aptitudes que ha dado a la iglesia. **9.** El apóstol, al comentar la cita, menciona que el Señor Jesús tuvo que descender primero para poder ascender. Algunos consideran esto como una referencia a la muerte de Cristo y a su llamado descenso al Hades. Parece más probable, sin embargo, que se refiera simplemente a su descenso de los cielos. Descendió a **las partes más bajas** que son **de la tierra**—genitivo de aposición (cf. Jn. 3:13). **10. Por encima de todos los cielos.** Cf. He. 4:14.

11. Constituyó a unos. Las varias clases que se mencionan son dones de Cristo a la iglesia. **Apóstoles.** Era un oficio especial al comienzo de la iglesia. Los apóstoles no tuvieron sucesores. Recibieron una misión especial del Señor Jesús (cf. 2:20). **Profetas.** El profeta era el portavoz de Dios. En el uso común de la Escritura este término se refiere a alguien a quien ha sido comunicada una revelación directa, para transmitirla a los hombres (cf. 2:20). En su sentido más estricto, este término también designaba un oficio temporal en la iglesia, porque después de la conclusión del NT no hubo ya más profetas en el sentido técnico. **Evangelistas.** Los que proclaman las buenas nuevas—los que predican el Evangelio. **Pastores y maestros.** Estos dos términos van unidos. La primera palabra significa *pastor de ovejas.* Los que pastorean el rebaño deben ser también maestros. El verdadero pastor debería exponer la Palabra en su predicación.

12. A fin de perfeccionar a los santos para la obra del ministerio. A todos los santos —y no a unos pocos líderes— les corresponde llevar a cabo la obra del ministerio. Los líderes tienen como misión el perfeccionar o pertrechar a los creyentes para que lleven a cabo dicha obra. La ma-

yoría de las iglesias locales hoy día no siguen esta idea del NT. Lo común es dejar que el pastor desarrolle todo el ministerio. A veces el pastor puede pensar que es mejor por un tiempo hacer las cosas por sí mismo que preparar a otros. Pero su misión es preparar obreros, y a la larga su ministerio será más eficaz si así lo hace.

3) Unidad de Fe y Conocimiento. 4:13-16. La Unidad de los creyentes en Cristo tiende hacia la unidad en la fe y el conocimiento.

13. La unidad de la fe. La fe misma es un cuerpo de verdad. Al aceptarla, estamos a la vez unidos unos a otros. **A un varón perfecto.** Referencia no al creyente como individuo sino al hombre completo, es decir, al cuerpo del que Cristo es Cabeza.

14. Para que ya no seamos niños. Literalmente, *bebés.* **Fluctuantes.** Que oscilan frente al viento, que en este caso, desde luego, se usa metafóricamente—*viento de doctrina.* **Por estratagema de hombres.** La palabra que se traduce por **estratagema** significaba originalmente juego de dados. Luego vino a significar trampa de cualquier clase, debido a los trucos que se empleaban en el juego de dados. La única manera de poder descubrir el error es conocer la verdad; de ahí que, debemos alcanzar el conocimiento del Hijo de Dios, la madurez cristiana. Nadie tiene que estudiar todos los casos de falsificación para saber que una factura determinada está falsificada. Le basta conocer la forma auténtica.

15. Siguiendo la verdad en amor. Es posible proclamar la verdad sin amor. Para que **crezcamos en todo en aquél.** Dios quiere que alcancemos madurez, que seamos adultos. Tenemos una Cabeza, Cristo mismo, absolutamente perfecta.

16. Adviértase la perfección del cuerpo. ¡De qué manera tan precisa está organizado el cuerpo humano! Es, pues, una ilustración muy adecuada del cuerpo de Cristo. Alguien ha dicho que no todas las partes pueden ser miembros grandes, pero que las articulaciones son muy importantes. Todas las partes actúan juntas (cf. 1 Co. 12; Ro. 12).

B. Andar en Forma Diferente. 4:17-32. Las Escrituras, tanto del Antiguo como del Nuevo Testamento, recalcan que el pueblo de Dios ha de ser diferente del resto de la humanidad.

1) Descripción del Andar de los Gentiles. 4:17-19. Los gentiles son como ovejas descarriadas (1 P. 2:25; cf. Is. 53:6). Los creyentes tienen un Pastor grande y bueno a quien seguir.

17. Esto, pues, digo. El andar del cristiano se describe de distintos modos en este pasaje. En este caso tenemos una descripción negativa. **Requiero.** O exhorto, ruego. **Ya no.** Sus vidas han de ser diferentes ahora. **No andéis como los otros gentiles.** Se ha descrito en 2:2. La mayoría de los efesios eran de origen gentil. Algunos manuscritos no tienen la palabra traducida por **otros.** O sea, *no andéis como los gentiles.* Ante Dios, los creyentes en el Señor Jesucristo ya no son ni judíos ni gentiles (cf. 1 Co. 10:32). **En la vanidad de su mente.** La palabra traducida por **vanidad** parece significar en este contexto maldad o perversidad. **18. El entendimiento entenebrecido.** Cf. 2 Co. 4:4. **Ajenos de la vida de Dios.** Cf. 2:12. **Dureza de su corazón.** Literalmente, *dureza o percepción embotada* (cf. Mr. 3:5).

19. Toda sensibilidad. Cf. 1 Ti. 4:2 **Impureza.** En general. No sólo entregarse a la impureza sino hacerlo con el afán de entregársele más y más. Afirmación gráfica de la índole insaciable del deseo pecaminoso.

2) Despojarse de lo Viejo y Revestirse de lo Nuevo. 4:20-24. La vida cristiana se compara al quitarse una prenda de vestir y ponerse otra. No se refiere a nuestra situación en Cristo, sino a nuestra experiencia. Es posible ser un hombre nuevo en Cristo Jesús y con todo vivir como un "hombre viejo"; es decir, con el vestido del "hombre viejo".

20. Mas vosotros. En contraste con lo precedente. **No habéis aprendido así a Cristo.** Es el tema más importante que uno pueda estudiar. **21. Si en verdad le habéis oído, y habéis sido por él enseñados, conforme a la verdad que está en Jesús.** Lo que habían aprendido después de oír al Señor Jesucristo les debiera haber hecho mejorar la vida, porque los cristianos deberían actuar como cristianos, no como no cristianos paganos.

22. En cuanto a la pasada manera de vivir. Para **manera,** véase la nota de 2:3. **Viejo hombre.** Es decir, la naturaleza de Adán, lo que somos en cuanto tales. **Viciado conforme a los deseos engañosos.** La Escritura enseña que en la naturaleza vieja nada bueno hay (cf. Ro. 7:18). **23. Y renovaos.** Cf. Ro. 12:2. **24. Vestíos del nuevo hombre.** Correlativo con lo anterior, producto del nuevo nacimiento. En cuanto al conflicto entre lo viejo y lo nuevo, compárese Ro. 7 con Gá. 5:16,17. **Según Dios.** Dios es el creador del hombre nuevo.

3) Aplicación Práctica. 4:25-32. Dios en su Palabra nunca enseña la verdad en forma abstracta, sino que siempre hace aplicaciones concretas.

25. Por lo cual. De acuerdo con lo que precede; es decir, nuestra situación en Cristo. **Desechando la mentira.** Adviértase lo negativo y lo positivo. No basta con simple-mente abstenerse de mentir; se debe decir la verdad (cf. Zac. 8:16). **Somos miembros.** Miembros no sólo de Cristo, sino unos de otros (Ro. 12:5). **26. Airaos, pero no pequéis.** Sí existe la ira justa, aunque se abusa mucho del término. El apóstol dice que si se está airado, hay que asegurarse de que sea con la clase de ira que no es pecaminosa. **No se ponga el sol.** "Incluso la ira justa, si hay exceso de complacencia, puede convertirse fácilmente en pecado" (Salmond). **27. Ni deis lugar al diablo.** Cf. 2 Co. 2:10,11; Ef. 6:10 ss.

28. Sino trabaje. El cristiano no sólo ha de abstenerse de robar sino con el trabajo sostenerse a sí mismo y a la familia. La Escritura siempre alaba el trabajo honesto (cf. 1 Ts. 4:11,12). De hecho, el apóstol establece el principio que el que no trabaje no debe comer (2 Ts. 3:10). **Compartir con el que padece necesidad.** Esta es la base de la caridad cristiana genuina.

29. Ninguna palabra corrompida. La palabra por **corrompida** originalmente significó *podrido* o *putrefacto.* Otra vez encontramos recalcado lo positivo—**sino la que sea buena.**

30. Y no contristéis al Espíritu Santo de Dios. Lo que contrista al Espíritu Santo es el pecado. El remedio es la confesión (cf. 1 Jn. 1:9). Si bien el Espíritu Santo puede estar contristado, nunca abandona al creyente. Es nuestro sello. Hemos sido sellados por él **para el día de la redención** (cf. Ef. 1:13). Es la garantía de que nuestra redención será completada. **31.** Se mencionan algunos de los pecados que contristan al Espíritu Santo. Si bien algunos cristianos considerarían como pecados sólo las acciones malas más crasas que también el mundo ve como malas, Dios menciona asuntos de pensamiento y espíritu además de corporales.

32. El tema de revestirse al igual que el de despojarse ocupa un lugar destacado en toda la sección. El vivir la vida cristiana es no sólo observar una lista de prohibiciones; es también cultivar virtudes positivas. **Sed benignos.** El verbo significa en este caso *sigan demostrando ser benignos* unos con otros. **Misericordiosos.** La palabra del original se ha entendido muchas veces mal. Significa de corazón tierno. "Corazón" es acertado. En griego clásico esta palabra se refería al lugar interior de la parte alta del cuerpo; en especial al corazón, pulmones e hígado en cuanto se distinguían de los órganos de la parte inferior (véanse los diccionarios). **Perdonándolos unos a otros.** La única manera como podemos perdonar es por medio del perdón que nosotros mismos hemos recibido ya a causa de Cristo. Como el amor de Dios produce nuestro amor, así el darnos cuenta del perdón de Dios produce nuestro perdón de los demás (cf. 1 Jn. 4:19).

C. Andar en Forma Amorosa. 5:1-14. El vivir cristiano implica no sólo andar en forma digna de nuestra vocación y de una manera diferente de la de los gentiles, sino también andar en amor.

1) Andar en Amor. 5:1-7. Como los creyentes son los "hijos queridos" de Dios y han experimentado su amor, tienen una norma que mantener, una senda que seguir. **1. Sed, pues.** Literalmente, *háganse, pues*, o *demuestren, pues*. **Imitadores. . . como hijos amados.** Como los hijos pequeños aprenden a hacer cosas imitando a sus padres, así nosotros hemos de ser imitadores de Dios. **2. Y andad en amor.** Es descripción de nuestra manera toda de vivir. **Como también Cristo nos amó y se entregó a sí mismo por nosotros.** Es decir, se entregó a sí mismo por nuestro bien (cf. Gá. 2:20). **Ofrenda y sacrificio a Dios.** Cf. Sal. 40:7, que se cita en He. 10:7. **En olor fragante.** Recuerda las ofrendas de dulce sabor del libro de Levítico, que prefiguraban el sacrificio voluntario de Cristo a Dios.

3. Pero fornicación. Término general para inmoralidad sexual. **Ni aun se nombre entre vosotros.** Es evidente la conexión con lo que precede. El amor no murmura de los pecados de otros (cf. 1 Co. 13:4-8). Se corre el peligro de experimentar mórbida satisfacción al hablar de los pecados de los otros. **Como conviene a santos.** En la posición elevada que ocupamos debemos saber qué es conveniente y adecuado. **4. Ni palabras deshonestas, ni necedades.** Estas palabras no excluyen la alegría y sentido del humor cristianos espontáneos, pero indican que los cristianos no deben dedicarse a frivolidades vacías. En griego, sugiere la clase de necedades que son vulgares y sucias. El antídoto para el cristiano es la acción de gracias.

5. Porque sabéis esto. Cf. 1 Co. 6:9,10. **Ningún . . . avaro.** Es interesante ver que este tipo de pecador forma parte de la misma clasificación en la que se incluyen personas inmorales e impuras. La forma que Dios tiene de distinguir entre pecados no es la nuestra. Ante él todos los pecados son odiosos. Debemos aprender a mirar a los pecados como él lo hace. **6. Con palabras vanas.** Es decir, palabras vacías, sin significado. **Los hijos de desobediencia.** Cf. 2:2 donde se usa la misma expresión.

7. No seáis, pues, partícipes. El uso del imperativo presente con esta forma negativa *(me)* indica la prohibición de algo ya existente; literalmente, *dejen de hacerse partícipes.*

2) Andar en Luz. 5:8-14. El amor y la santidad (que la Escritura a menudo describe como luz) no se deben separar, explica

el apóstol. El andar en amor es también un andar santo.

8. En otro tiempo erais tinieblas. Expresión hermosa del contraste entre nuestro pasado y nuestro presente (cf. la misma clase de contraste en 1 Co. 6:9-11; 1 Ts. 5:5). **Andad como hijos de luz.** Dios siempre coloca frente a nosotros el hecho de nuestra situación en Cristo como base de nuestra conducta. **9. El fruto del Espíritu.** Algunos manuscritos dicen *el fruto de luz* (cf. Gá. 5:22,23). **10. Comprobando lo que es agradable.** Es decir, sometiéndolo a prueba. El ser aceptable al Señor es el criterio (cf. 2 Co. 5:9), donde se usa la misma expresión).

11. No participéis. Literalmente, *dejad de participar.* **Más bien reprendedlas.** Si el cristiano vive en intimidad con su Señor, su misma vida será una represión del mundo. **12. Porque vergonzoso** (cf. v. 3 más arriba). El Dr. A.C. Gaebelein llamó "comunión de pecadores" a la discusión pública de pecados secretos, en contraste con la comunión de santos de la Escritura. **13. Son puestas en evidencia por la luz.** Cf. Jn. 3:19-21; 1 Jn. 1:5-7. **14. Por lo cual dice.** La cita que sigue es difícil de identificar. Posiblemente es una combinación de diferentes referencias (cf. Is. 26:19; 60:1).

D. Andar en Forma Sabia. 5:15—6:9. El apóstol describe luego cómo la vida del creyente ha de ser circunspecta. Apremia a los efesios a que vivan llenos del Espíritu Santo y les muestra los efectos de esa plenitud en las relaciones prácticas de la vida.

1) Ser circunspectos 5:15-17. El andar con cuidado depende de la sabiduría, que sólo puede proceder del conocer la voluntad de Dios.

15. Mirad, pues. O sea, procuradlo en vista de lo que se ha dicho. **Cómo andéis.** Con diligencia, con cuidado. **16. Aprovechando bien el tiempo.** Apoderarse de la oportunidad. **Porque los días son malos.** Cf. Gá. 1:4. **17. No seáis insensatos.** De nuevo el mandato de detener lo que ya existe—*dejad de volverse necios.* **Sino.** Adversativa vigorosa en griego *(alla)*.

2) Estar Llenos del Espíritu Santo. 5:18—6:9. A ningún creyente se le manda que el Espíritu Santo more en él. Que mora en él es cierto y permanente (Jn. 14:16,17). Tampoco se le manda al creyente que se bautice con el Espíritu. Esto ya se ha realizado (1 Co. 12:13). Pero sí se les manda a los creyentes que se llenen con el Espíritu. Tienen, pues, responsabilidad espiritual; hay ciertas condiciones que cumplir si se quiere experimentar la dirección del Espíritu en nuestras vidas.

18. No os embriaguéis con vino. En la Escritura se encuentran advertencias repetidas en contra de la embriaguez (cf. Pr. 23:31). **Antes bien sed llenos del Espíritu.** Como en la mayor parte de los contrastes, hay un punto de comparación. El que se intoxica con vino actúa de una manera antinatural que es mala; el que está lleno del Espíritu actúa de una manera antinatural que es buena. Compárese con lo que se les dijo a los apóstoles el día de Pentecostés (Hch. 2:13). **Sed llenos del Espíritu.** Seguid llenandoos; llenaos sin cesar del Espíritu. El creyente nunca puede conseguir más del Espíritu Santo, porque éste mora en él en toda su plenitud. Pero el Espíritu Santo sí puede conseguir más del creyente; es decir, puede ejercer una dirección completa de la vida que se le entrega.

a) Gozo y Acción de Gracias. 5:19,20. Una de las pruebas de la plenitud del Espíritu Santo es la exuberancia de vida que se demuestra en el gozo y la acción de gracias continua a Dios.

19. Hablando entre vosotros. La consecuencia del estar lleno del Espíritu es alabanza y acción de gracias y también sumisión en las relaciones ordinarias de la vida (vv. 19-21). **Salmos.** Esta palabra suele indicar cantos con acompañamiento instrumental; lo mismo significa la palabra **alabando** *(psallontes)*. **Al Señor en vuestros corazones.** Algunos no saben alabar mucho en lo exterior. Pero, si están llenos del Espíritu, también ellos alabarán al Señor en el corazón. **20. Dando siempre gracias.** Sin límites de tiempo (cf. 1 Ts. 5:18). **Por todo.** Sin restricción ninguna. Algunos quisieran reducir el alcance de esta expresión a las bendiciones mencionadas en la carta, pero parece mejor tomarla en su sentido más amplio (cf. Ro. 8:28).

b) Sumisión en las Relaciones Prácticas. 5:21—6:9. Otra consecuencia del estar lleno del Espíritu, aparte de la alabanza y acción de gracias, es la sumisión. Se afirma lo que deberíamos hacer en nuestras relaciones terrenales. "En contraposición, al buscarse a sí mismos y al imponer los propios derechos característicos de los paganos" (Salmond; cf. 1 P. 5:5).

(1) Esposas y Maridos. 5:21-33. La primera relación humana que se menciona y también la más íntima, en la que ha de manifestarse la plenitud del Espíritu Santo, es la matrimonial.

21. Unos a otros. Adviértase que es una sumisión mutua. **En el temor de Dios.** Es decir, reverencia hacia aquel que hace que uno tema desagradarle (cf. 2 Co. 5:11).

22. El apóstol ahora muestra la forma de esta sumisión mutua en las tres relaciones más comunes de la vida—matrimonio, familia y trabajo. **Las casadas están sujetas a sus propios maridos.** Este pasaje es

una expresión del ideal de Dios para el matrimonio. La relación matrimonial quiso que fuera simbólica de la relación espiritual entre Cristo y la Iglesia. El apóstol lo indica en el versículo 32. **23. Porque el marido es cabeza.** La razón de la sujeción de la esposa se halla en esta relación que Dios ha querido. **24. Como la iglesia está sujeta a Cristo.** Si bien es diferente la posición del marido respecto a la esposa y la de Cristo respecto a la Iglesia, con todo esto no afecta la relación de cabeza que el marido tiene con la esposa.

25. Maridos, amad a vuestras mujeres. Las obligaciones no son unilaterales. La responsabilidad del marido es tan obligatoria como la de la esposa. Esto no se refiere al amor marital normal, que no debería imponerse, sino al amor de voluntad que procede de Dios y se parece a su propio amor. En contraste con el deseo sexual normal, que por naturaleza es egoísta, este amor es desprendido. **Así como Cristo amó a la iglesia.** Si bien los maridos nunca pueden alcanzar el grado de amor que Cristo manifestó, sin embargo se les exhorta que tengan la misma clase de amor, que se demuestra en la frase que sigue, **se entregó a sí mismo por ella.**

26. Para santificarla, habiéndola purificado. Este fue su propósito al entregarse para morir por la Iglesia. **En el lavamiento del agua por la palabra.** Probablemente agua y palabra se usan como sinónimos. Es evidente que esto no puede ser una referencia al bautismo o a la regeneración bautismal. Del mismo modo como el agua lava el cuerpo, así la Palabra de Dios limpia el corazón (cf. Ez. 36:27). **27. A fin de presentársela.** El objeto último por el que Cristo se dio a sí mismo. La palabra **santificar** muestra el objeto inmediato (cf. 2 Co. 11:2). **Una iglesia gloriosa.** El adjetivo es predicativo más que atributivo; es decir, *a fin de presentar a la iglesia como gloriosa.* **Que no tuviese mancha.** Explicación ulterior de la palabra **gloriosa** como descriptiva de la "esposa" de Cristo.

28. Así también los maridos deben amar a sus mujeres como a sus mismos cuerpos. Es decir, como si fueran sus propios cuerpos. Este **amar** es natural, no sólo por sentido de deber. Dios dijo, "Serán (los dos) una sola carne" (Gn. 2:24). **29. Porque nadie.** Razón de la afirmación anterior.

30. Porque somos miembros de su cuerpo. El pensamiento oscila entre la relación matrimonial y el de la Cristo y la Iglesia. **31. Por eso.** Cita libre de Gn. 2:24. Establece la base escriturística del matrimonio como resultado natural de la creación de la mujer. El vínculo matrimonial es más vigoroso que el que existe entre padre e hijo, ya que establece una intimidad tan estrecha que la Escritura la llama *unicidad* — unidad más que unión. **32. Grande es este misterio.** Es decir, si bien la explicación de este significado de la relación matrimonial ya había sido indicada en el AT (cf. Cantares), no había sido revelada con claridad hasta el NT. Pablo dirige nuestros pensamientos de la unidad matrimonial misma a lo que simboliza.

33. Resumen de la sumisión mutua que Dios espera en esta relación como consecuencia natural de la plenitud del Espíritu Santo.

(2) Hijos y Padres. 6:1-4. El apóstol pasa a otra relación específica, la de padres e hijos, con las obligaciones que corresponden a ambos.

1. Hijos, obedeced en el Señor a vuestros padres. *Obediencia* es un término más fuerte que *sumisión,* que se dijo ser el deber de la mujer. **En el Señor.** "Esfera en la que debe moverse, obediencia cristiana prestada en comunión con Cristo" (Salmond). **Porque esto es justo.** Se dice ser principio eterno de Dios.

2. Honra a tu padre y a tu madre. Pablo muestra que la Ley contenía el mismo requisito. Los Diez Mandamientos excepto el cuarto se vuelven a proclamar y a aplicar bajo la gracia. **El primer mandamiento con promesa.** Es decir, promesa dada para obediencia. **3. Para que te vaya bien.** Debe tomarse como continuación de la cita de la Ley y no como aplicación directa al creyente en la dispensación actual. Si bien el principio es siempre verdadero, la bendita esperanza del cristiano no es la longevidad sino la pronta venida del Señor.

4. Y vosotros, padres. Como antes, la responsabilidad tiene un segundo aspecto. Se afirma primero en forma negativa, y luego afirmativa. **Sino criadlos.** Cf. Dt. 6:7. Un pasaje paralelo es Col. 3:20,21.

(3) Siervos y Amos. 6:5-9. Se presenta un tercer conjunto de relaciones — el de amos y siervos. En tiempo del NT existía la esclavitud. La misión del Evangelio no fue eliminarla, si bien un efecto lateral del cristianismo ha sido abolirla paulatinamente.

5. Siervos. Literalmente. *esclavos.* Sin embargo, los principios se aplican a toda clase de empleados y patronos. **Con sencillez de vuestro corazón.** Realmente y con sinceridad — no hipócritamente. **Como a Cristo.** Cf. 1 P. 2:18; Col. 3:22-25. **6. No sirviendo al ojo, como los que quieren agradar a los hombres.** Ampliación de lo precedente. La expresión **los que quieren agradar a los hombres** está en la Setenta, pero en el NT sólo en este caso y en Col. 3:22. **De corazón haciendo la voluntad de Dios.** Literalmente, *de alma* — es decir, con

todo el ser. **7. Sirviendo de buena voluntad.** El cristiano esclavo ha de reconocer que su obligación primordial es para con el Señor Jesucristo. Cuando hace lo que debe y lo hace bien, agrada al Señor. **8. Sabiendo que.** Enlace causal — *porque sabemos.* **Sea siervo o sea libre.** La situación de uno en este mundo nada tiene que ver con su fidelidad y con la recompensa a la misma.

9. Y vosotros, amos. Se recalcan las obligaciones de los patronos. **Haced con ellos lo mismo.** El lado positivo, que muestra el carácter mutuo de la obligación. **Dejando las amenazas.** Lo que no deben hacer los patronos. **Sabiendo.** O sea, *porque saben.* **Que el Señor de ellos y vuestro.** Estos amos tienen también un amo. Es el Señor (*Kurios*). En él no hay acepción de personas (cf. Col. 4:1). Todas estas relaciones prácticas proceden de la plenitud del Espíritu Santo, mandada en Ef. 5:18.

E. El Andar Cristiano Como Lucha. 6:10-20. A lo largo de la carta se ha dicho mucho acerca de la vida práctica del cristiano. En esta sección se describe el andar del cristiano como lucha. como conflicto mortal contra el poder de Satanás y sus secuaces.

1) Ser Fuerte en el Señor — la Armadura de Dios. 6:10-17. Como este andar es una lucha, tal como aquí se describe, el cristiano debe estar preparado y pertrechado. Este pasaje acerca de la armadura de Dios muestra cuán maravillosamente ha provisto Dios a sus soldados.

10. Por lo demás. Exhortaciones generales finales de la carta. **Hermanos míos.** Pablo recuerda a sus lectores la relación que los une en el Señor. **Fortaleceos en el Señor.** El Señor Jesús había dicho, "Separados de mí nada podéis hacer" (Jn. 15:5; cf. también Fil. 4:13). **Y en el poder de su fuerza.** Tres palabras distintas se usan en este versículo para **poder** o *fortaleza.* Primero, el imperativo *fortaleceos,* luego la palabra para *poder,* y por fin la palabra por *fuerza—en el poder de su fuerza.*

11. Vestíos de toda la armadura de Dios. Si bien Dios la ha provisto, cada cristiano tiene la responsabilidad de ponérsela; es decir, debe hacer suyo conscientemente el poder que el Señor Jesucristo pone a su disposición. **Toda la armadura de Dios.** Se describe con detalle tanto la armadura como los enemigos del creyente. **Para que podáis estar firmes.** Sin esta armadura de Dios el cristiano no puede permanecer firme. El que está sentado con Cristo en los lugares celestiales y que anda en este mundo también tiene que hacer frente a **las asechanzas** —las estratagemas y artimañas— **del diablo.**

12. Porque no tenemos lucha. Dice por

qué necesitamos toda la armadura de Dios. **Contra sangre y carne.** Los israelitas bajo Josué tuvieron que luchar contra sangre y carne para conquistar la tierra de Canaán. Nuestra lucha es espiritual más que física. **Sino contra principados.** No es una negación comparativa, sino absoluta. Entre los secuaces de Satanás hay varias categorías. No es posible distinguir con claridad entre las varias clases de enemigos que se mencionan. **Contra los gobernadores de las tinieblas de este siglo.** Literalmente, *los gobernadores mundanos de las tinieblas.* **Contra huestes espirituales de maldad en las regiones celestes.** Regiones celestes es la misma palabra griega que se traduce por "lugares celestiales" en otras partes de la carta. Es la última de las cinco veces en que aparece *en tois epouraniois,* "en los lugares celestiales".

13. Por tanto. Porque nuestros enemigos son los que se han descrito. **Tomad toda la armadura.** Vuelve a recalcarse la responsabilidad humana. **Para que podáis resistir.** Adviértase que el pasaje habla tanto de resistir como de estar firmes. Lo primero es la capacidad de vencer en la lucha, de mantener la propia posición; lo segundo muestra la consecuencia de la lucha.

14. Estad, pues. En este versículo y en los siguientes se describe con detalle la armadura. Todas estas cosas hablan en cierto sentido del Señor Jesucristo mismo, quien es nuestra defensa. **Ceñidos vuestros lomos con la verdad.** Quien tiene los lomos ceñidos está listo para actuar (cf. 1 P.1:13). **La coraza de justicia.** Cf. Is. 59:17. **15. Y calzados los pies.** Muchas de las expresiones de esta sección están tomadas de distintos pasajes del AT (cf. Is. 52:7). **El apresto.** Es decir, lo que nos prepara. Correspondería a los zapatos o botas. **El evangelio de paz.** Las buenas nuevas que se caracterizan por la paz o producen la paz.

16. Tomad el escudo de la fe. Genitivo de aposición; es decir, *el escudo que consiste en la fe,* o *es la fe.* **Dardos de fuego del maligno.** La palabra **maligno** está en singular y sin duda en masculino más que en neutro —o sea, *el que es maligno*— es decir, Satanás mismo. En este pasaje se enumera toda la vestimenta del soldado romano, y cada una de sus partes se aplica espiritualmente. **17. Y tomad el yelmo de la salvación.** De nuevo, el yelmo que *es la salvación.* **La espada del Espíritu.** No es la misma cla-

se de genitivo que antes; quizá es ablativo de procedencia u origen. Es decir, *la espada que el Espíritu suministra.* **Que es la palabra de Dios.** La palabra de Dios es espada penetrante. En este caso se usa *hrema,* "palabra" en el sentido de manifestación. En un pasaje similar en He. 4:12 se emplea *logos,* "palabra" como concepto o idea. Las Escrituras son tanto *hrema* como *logos.* Todas las partes de la armadura que se han mencionado hasta ahora son defensivas. La palabra del Espíritu es la única tanto ofensiva como defensiva.

2) Oración por Todos los Santos y por Pablo. 6:18-20.

18. Orando en todo tiempo. La armadura de Dios siempre debe llevarse en conexión con la oración confiada (cf. 1 Ts. 5:17, Col. 4:2). **Oración y súplica.** La primera palabra se emplea para oración en general, la última para la petición. **En el Espíritu.** El mismo Espíritu Santo que esgrime la espada de la Palabra debe actuar en nuestro orar. **Por todos los santos.** Pablo no quiere que la oración se limite a su persona, si bien se menciona a sí mismo en el versículo siguiente. **19. Y por mí.** Es decir, para mí en particular, dadas las circunstancias en que se hallaba. **A fin de que . . . me sea dada palabra.** En el mismo confinamiento Pablo no pensaba en su propio bienestar sino en el testimonio que podía dar el Señor Jesucristo. Leemos en Hch. 28:30,31 que Pablo hablaba a todos los que acudían a él durante el confinamiento en la casa alquilada de Roma. **Para dar a conocer con denuedo el misterio del evangelio.** No porque el evangelio siga siendo un misterio para quienes quieran recibirlo.

F. Saludos Finales. 6:21-24.

21. Para que también vosotros sepáis mis asuntos. Una de las pocas referencias personales de la carta. **Tíquico.** Sin duda el portador de la carta (cf. Col. 4:7). **22. El cual envié.** Tiempo aoristo epistolar. Pablo lo envía en este momento, pero cuando lean la carta ya lo habrá enviado. Al igual que al escribir a los filipenses, Pablo desea que sepan cómo le va, y desea saber acerca de ellos.

23. Paz sea a los hermanos, y amor con fe. Sólo Dios puede dar estas cosas. **24. Gracia.** Literalmente, *la gracia;* es decir, la gracia fuera de la cual no hay otra. **Con todos los que aman a nuestro Señor Jesucristo.** O sea, los creyentes.

BIBLIOGRAFÍA

ALFORD, HENRY. "The Epistle to the Ephesians", *The Greek Testament*. Vol. III Chicago: Moody Press, 1958.

CHAFER, LEWIS SPERRY. *The Ephesian Letter Doctrinally Considered*. Chicago: The Bible Institute Colportage Assn., 1935.

ERDMAN, CARLOS R. *Epístola a los Efesios*. Grand Rapids: T.E.L.L., 1975.

FINDLAY, G. G. The Epistle to the Ephesians. *(Expositor's Bible)*. New York: A. C. Armstrong & Son, 1903.

HARRISON, NORMAN B. *His Very Own*. Chicago: The Bible Institute Colportage Assn., 1930.

MOULE, H. C. G. *Studies in Ephesians*. Grand Rapids: Kregel Publications, 1977.

PAXSON, RUTH. *The Wealth, Walk, and Warfare of the Christian*. New York: Fleming H. Revell Co., 1939.

SALMOND, S.D.F. "The Espitle to the Ephesians", *The Expositor's Greek Testament*. Vol. III. Grand Rapids: William B. Eerdmans Pub. Co., n.d.

SIMPSON, E.K. *Commentary on the Epistle to the Ephesians and Colossians (New International Commentary)*. Grand Rapids: William B. Eerdmans Pub. Co., 1957.

WESTCOTT, B.F. *St. Paul's Epistle to the Ephesians*. Grand Rapids. William B. Eerdmans Pub. Co., 1950.

COMENTARIOS EN ESPAÑOL

HENDRIKSEN, GUILLERMO. *Efesios* (Comentario del Nuevo Testamento). Grand Rapids: T.E.L.L., 1984.

KENT, HOMER A., JR. *Efesios: La Gloria de la Iglesia* (Comentario Bíblico Portavoz). Grand Rapids: Publicaciones Portavoz Evangélico, 1981.

TRENCHARD, ERNESTO y WICKHAM, PABLO. *Epístola a los Efesios*. Madrid: Literatura Bíblica, 1980.

EPÍSTOLA A LOS FILIPENSES

INTRODUCCIÓN

Fundación de la Iglesia. En respuesta al llamamiento de Macedonia, Pablo y sus compañeros habían atravesado el Mar Egeo desde Troas hasta Neápolis, y después de seguir la famosa Vía Ignacia en dirección norte y de superar la cadena montañosa de la costa, llegaron a la ciudad de Filipos. Filipos (llamada así por Felipe de Macedonia, padre de Alejandro Magno) era famosa por sus yacimientos de oro y su situación estratégica como puerta de acceso a Europa. Era una Roma en miniatura, colonia romana orgullosa, exenta de impuestos y organizada según la pauta de la capital del mundo. Con la conversión de Lidia, la muchacha esclava, y del carcelero (Hch. 16), vino a ser "la cuna de la cristiandad europea". Pablo salió pronto de ella con dirección a Tesalónica, dejando a Lucas al cuidado de la grey que ocupó siempre un lugar especial en su corazón.

Autor. A excepción de F. C. Baur y otros críticos germanos, nadie ha puesto seriamente en tela de juicio que Pablo sea el autor. Las pruebas externas son sustanciosas y antiquísimas. Algunos ven alusiones a ello en la carta de Clemente de Roma a los corintios (alrededor del 96 d. de C.). Hacia mediados del siglo segundo Policarpo escribió a los filipenses, "Pablo . . . les escribió cartas cuando estaba lejos de ustedes" (iii. 2).

Lugar de Composición. Es evidente que fue escrita desde la prisión. No se sabe, sin embargo, donde estaba dicha prisión. Si suponemos que Lucas menciona todos los encarcelamientos de Pablo, entonces Roma sería el lugar más probable. (Filipos queda descartado, y la esperanza de Pablo de ser puesto pronto en libertad socava la hipótesis de Cesarea).

Sin embargo, en tiempos recientes se ha sugerido que Éfeso fue el lugar, teoría que ha ganado muchos adeptos. El argumento ofrece muchos cabos. Los más importantes son:

(1) Es plausible un encarcelamiento en Éfeso (1 Co. 15:30-32; 2 Co. 1:8-10).

(2) Hay inscripciones que hablan de la presencia de un destacamento de la "guar-dia pretoriana" y de miembros de la "casa del César" en Éfeso (A.H. McNeile, *St. Paul,* p. 229, notas 1 y 2) —elementos que antes se presentaban como pruebas irrefutables en favor de Roma.

(3) La afinidad de Filipenses con las primeras cartas de Pablo, a saber, Romanos y 1 Corintios.

(4) En Filipenses se supone que las comunicaciones fueron frecuentes, lo cual habría sido mucho más fácil desde Éfeso (de Éfeso a Filipos se tardaba de siete a diez días, mientras que de Roma a Filipos había unas ochocientas millas por tierra, además de tener que cruzar el mar, lo cual no se podía hacer en invierno; cf. Hch. 27:12).

(5) El propósito manifiesto de Pablo de dirigirse hacia el oeste; lo cual, de haber sido en Roma el encarcelamiento, hubiera estado en contradicción con sus planes de volver a visitar a Filipos (1:25; 2:24) después de que fuera puesto en libertad. (Una presentación concisa de esta teoría se puede hallar en la introducción de J.H. Michael, *The Epistle of Paul to the Philippians* en *The Moffat New Testament Commentary.* Cf. también G.S. Duncan, *St. Paul's Ephesian Ministry.* En G.H. Dodd, *New Testament Studies,* pp. 85-128, puede hallarse una exposición sustanciosa que ofrece los argumentos en favor del origen romano de la carta y discute las pruebas en favor del origen efesino de la misma considerándolas dudosas).

Por fortuna la interpretación de la carta no depende del lugar de composición. Si bien la hipótesis efesina tiene mucho en su favor, no cambia gran cosa nuestro entendimiento de esta notable carta.

Si fue escrita en Éfeso, la fecha de composición sería alrededor del 54 d. de C. (El origen romano exigiría la fecha de 61-62.)

Ocasión. No es verosímil la opinión popular de que Filipenses fue una carta de agradecimiento. ¿Hubiera Pablo esperado hasta el último momento (4:10-20) para expresar su agradecimiento por el don de los creyentes de Filipos? El propósito inmediato fue enviar con Epafrodito una nota de recomendación y explicación para salir al paso de cualquier crítica en el sentido de que regresaba demasiado pronto de su misión. Esto, a su vez, le brindó a Pablo la oportunidad de asegurar a la iglesia que les agradecía su donativo y de corregir ciertos desarreglos menores de la iglesia tales como pesimismo por el encarcelamiento de Pablo, timidez ante la hostilidad pagana, amenaza de los judaizantes, y (sobre todo) la sombra de desunión que comenzaba a amenazar a la iglesia. Si bien estas tendencias todavía no eran muy marcadas, sí se las dejaba seguir su curso iban a socavar muy pronto la causa de Cristo en Filipos.

Capítulo 3. ¿Interrupción o interpolación? Debido al cambio inesperado y abrupto de tono y tema en 3:2, muchos han opinado que Filipenses se compone de dos o más cartas de Pablo. El punto débil de esta teoría es la diferencia de opinión, sin remedio, entre los críticos respecto a donde termina la interpolación (¿3:19? ¿4:9? ¿4:20?

etc). Una interpretación mucho más natural dice que Pablo se interrumpió mientras escribía (quizá por ciertas noticias desalentadoras de la actividad de los judaizantes), y que cuando reanudó la carta, se puso a escribir acerca de este tema sin transición ninguna.

Características. Filipenses es la carta más personal de Pablo. Exhala un aire de confianza y de marcado apego personal. Es notable la ausencia de doctrina formal. Incluso el gran himno cristológico del capítulo 2 se introduce en forma indirecta para apoyar una exhortación a la humildad. La nota dominante de la carta es el gozo. Revela al apóstol Pablo como "radiante en medio de las tempestades y tensiones de la vida".

Esquema. Como Filipenses es una carta muy personal, no acepta que se la quiera meter en un esquema lógico. El pensamiento fluye con naturalidad y espontaneidad. Un análisis descriptivo podría ser:

BOSQUEJO

I. Saludo. 1:1,2.
II. Acción de gracias y oración. 1:3-11.
III. El invencible Evangelio. 1:12-14.
IV. Predicación sin principios. 1:15-18.
V. ¿Vida o muerte? 1:19-26.
VI. Exhortación a la perseverancia. 1:27-30.
VII. Recurso a la experiencia cristiana .2:1-4.
VIII. El ejemplo supremo de renunciación. 2:5-11.
IX. Continuación de la exhortación. 2:12-18.
X. Planes para reunirse. 2:19-30.
XI. Conclusión interrumpida. 3:1-11.
XII. La recta final. 3:12-16.
XIII. Ciudadanía cristiana. 3:17-21.
XIV. Consejo apostólico. 4:1-9.
XV. Agradecimiento por el donativo. 4:10-20.
XVI. Saludos y bendición. 4:21-23.

COMENTARIO

1. Saludo. 1:1,2.

Las cartas antiguas solían comenzar con, "A a B, saludos". Pablo siguió la pauta tradicional, pero no pudo sino transformar esta expresión más bien vaga de buena voluntad en una bendición cristiana muy significativa.

1. Pablo. El único autor, aunque por cordialidad añade el nombre de **Timoteo** (quien en la época de composición de la carta se hallaba con él y quizá actuó como secretario). Ambos eran **siervos de Jesucristo.** *Douloi* literalmente significa *esclavos,* pero la idea de sumisión aduladora está ausente. Con abandono gozoso se habían entregado al servicio de Aquel a quien pertenecían. El tér-

mino **santos** no designa una categoría de perfección ética, sino personas que han sido puestas aparte para una vida nueva **en Cristo Jesús.** No se ve claro por qué se añade **con los obispos y diáconos.** Quizá fue una idea tardía, para llamar la atención acerca de los que habían supervisado (*episcopos* se traduce mejor como "supervisor") la colecta de dinero (4:10-19) enviada a Pablo como don personal (4:10-19). Como los términos "obispo" y "diácono" son prácticamente sinónimos (cf. J.B. Lightfoot, *St. Paul's Epistle to the Philippians,* p. 96 ss.), y como había varios "obispos" (adviértase el plural) en Filipos, sería ilógico defender por lo que aquí se dice que existía el episcopado ya en el siglo primero.

2. Gracia y paz a vosotros. Versión cristiana de Pablo del saludo griego y hebreo combinados. No *chairein*, "saludos", sino *charis*, "gracia" —la amabilidad amante, espontánea e inmerecida, de Dios para con los hombres. **Paz** es más que equilibrio interior; tiene connotación teológica que habla de una relación restaurada entre Dios y el hombre por la obra reconciliadora de Cristo. Estas bendiciones espirituales hallan su fuente última en **Dios nuestro Padre** y en el **Señor Jesucristo.**

II. Acción de Gracias y Oración. 1:3-11.

Pablo eleva el corazón con gratitud y oración por la participación de los cristianos filipenses en la obra del Evangelio y expresa su anhelo profundo de que sigan creciendo en amor y discernimiento.

3. La acción de gracias con gozo es un pensamiento y sentir que exhalan todos los escritos de Pablo. (Sólo en Gálatas queda momentáneamente eclipsado por lo grave de la amenaza judaizante.) En ninguna otra parte sale tan a flote como en Filipenses. Incluso en la prisión, los pensamientos de Pablo se dirigían a otros. Al recordarlos constantemente (no a veces, como sugiere RVR) da gracias a Dios. El singular **mi Dios** indica una relación profunda e íntima.

4. Este versículo es a modo de paréntesis. **Siempre en todas mis oraciones** va con lo que sigue y no con lo anterior (cf. J.J. Müller, *The Epistles of Paul to the Philippians and to Philemon,* p. 40, n. 4). Para Pablo, recordar era orar. La naturaleza de esta intercesión se pone de relieve con la elección de *deesis* (oración de petición) en lugar del término más general *proseuche.* La repetición consciente de **todo** (1:4,7,8,25; 2:17, 26;4:4) es la forma amable que Pablo tiene de recordarles que en la comunidad cristiana no hay lugar para partidismos. La intercesión no es una carga sino un ejercicio del alma que hay que llevar a cabo **con gozo.**

5. La ocasión para la acción de gracias es la cooperación desprendida de los filipenses "para propagar el evangelio". *Koinonia* viene del verbo que significa "tener en común" y se puede definir en el NT como "esa vida corporativa y pertenencia mutua que nace de la participación común en Cristo y sus beneficios" (C.E. Simcox, *They Met at Philippi,* p. 28). Si bien la referencia inmediata quizá sea el donativo de dinero (así se usa *koinonia* en los papiros), la expresión no es equivalente a esta sola acción. El don es sólo un símbolo de una preocupación más honda por la propagación del Evangelio. El deseo de participar lo habían tenido los filipenses desde el primer día. Un donativo le había

llegado a Pablo cuando había llegado a Tesalónica (4:16). **6.** La confianza de Pablo de que esta participación de ellos en el Evangelio proseguiría se basaba en la fidelidad de Dios quien, cuando comienza una buena obra, siempre la concluye. Al converso del paganismo los términos semitécnicos **comenzó** y **perfeccionará** le recordaría la iniciación en las religiones arcanas y la meta última de las mismas. **Buena obra.** La obra total de la gracia divina entre ellos. **El día de Jesucristo.** Equivalente del NT para el "día del Señor" del AT.

7. Con razón Pablo pensaba en ellos de esta forma porque los llevaba **en el corazón.** Este lazo de afecto se pone de manifiesto en la participación de ellos tanto en las **prisiones** de Pablo como ante la corte. (Por los papiros consta que tanto *apologia,* **defensa,** como *bebaiosis,* **confirmación,** eran términos legales.) Eran participantes con él **en la gracia,** no *de* su *gracia.* Sufrir por Cristo es un favor especial de Dios. **8. Os amo a todos vosotros** revela un hondo sentido de afecto familiar cristiano. Michael comenta que la traducción VA **entrañas de Jesucristo** "es tan inexacta como inelegante" (p. 19). *Splagchnos* (lit., corazón, pulmones, hígado, etc.; no intestinos) se refiere metafóricamente a los sentimientos de amor y ternura que se cree nacen en esos órganos internos. El afecto de Pablo tenía origen divino; de hecho, quien amaba por medio de él era en realidad Cristo (cf. Gá. 2:20).

9. Pablo no desacredita lo cálido del afecto de ellos pero pide que su amor abunde cada vez más en **conocimiento exacto** (*epignosis*) y **discernimiento moral** (*aisthesis*). El amor debe comprender con precisión y aplicar la verdad con discernimiento y sentido común ético. **Todo conocimiento.** Discernimiento en toda clase de situaciones. **10. Para que aprobéis lo mejor.** Si se interpreta *ta diapheronta* como "lo que trasciende", significa apoyar por completo lo que ha dado pruebas de ser esencial y vital. El resultado del amor inteligente es un sentido justo de los valores. Esto, a su vez, capacita para ser **sinceros** (un derivado de *eilikrineis* que sugiere el significado de "sin mancha cuando se le pone bajo la luz") e irreprensibles para los demás (tomando *aproskopoi* como transitivo). Esto se convierte en una preocupación vital dada la llegada del **día de Cristo. 11. Llenos de frutos de justicia.** El amor que discierne también producirá una cosecha abundante (adviértase el singular, *karpos*) de rectitud. Pero incluso esto depende de la justicia por fe —que viene **por medio de Jesucristo.** La meta de toda la actividad cristiana es reconocer y rendir homenaje (*epainos*) a las perfecciones divinas (*doxa*) de un Dios redentor.

III. El Invencible Evangelio. 1:12-14.

Los filipenses se angustiaron mucho ante las noticias del encarcelamiento de Pablo. ¿Qué sería de la causa de Cristo ahora que el principal apóstol estaba en cadenas? Pablo escribió animándolos que lo que podía haber parecido como un revés era en realidad un adelanto importante. No sólo toda la Guardia Pretoriana oyó hablar de Cristo, sino que la iglesia local se había enardecido a proclamar el Evangelio abierta e intrépidamente.

12. Seis veces en esta carta Pablo se dirige a los destinatarios como **hermanos.** El término indica un vigoroso sentido de unidad y camaradería espiritual. Las circunstancias (*ta kat' eme*) que se le habían presentado a Pablo había servido inesperadamente para promover en gran manera el Evangelio. *Prokope* **(progreso)** es del verbo que originalmente se aplica al pionero que se abre paso por entre la maleza (Souter, *Pocket Lexicon,* p. 216). **13.** El progreso había sido doble: el Evangelio había llegado a la Guardia Pretoriana (v. 13), y los cristianos habían sido incitados a dar un testimonio más intrépido (v. 14). *Praitorion* se refiere no a la residencia oficial del gobernador sino a la guardia imperial (RVR y la mayoría de los comentaristas; cf. la famosa nota de Lightfoot *op. cit.,* pp. 99-104). Incluso los guardias profesionales no podían dejar de hablar de este prisionero tan notable y de la razón de su encarcelamiento. Pronto la ciudad toda **(todos los demás,** RVR) supieron que Pablo estaba en cadenas por **Cristo.**

14. La mayoría de los hermanos "se contagiaron del heroísmo de Pablo" (Rainey en Exp. p. 52). Es mejor considerar **en el Señor** es el sentido de esfera de la confianza de ellos que como modificativo de **los hermanos.** La ocasión de la confianza eran las **prisiones** de Pablo. La consecuencia última era que se mostraban más intrépidos que nunca en proclamar (*laleo* indica el sonido producido) **la palabra** de Dios.

IV. Predicación sin Principios. 1:15-18.

No todos predicaban por motivos rectos; pero Pablo se regocijaba de que Cristo fuera predicado.

15. Quienes fueran los **algunos** que predicaban a Cristo por motivos bajos no se puede saber con certeza. Sin embargo, no eran los judaizantes (como Lightfoot y Moule defienden), porque eran personas que predicaban a **Cristo,** y no "otro evangelio" (cf. Gá. 1:6-9). ¿Hubiera sido propio de Pablo tolerar un día lo que había repudiado del todo el día antes? Tampoco eran la minoría indicada en Fil. 1:14, porque no eran personas tímidas para predicar. Es más probable que se tratara de un grupo dentro de la misma iglesia que, por envidia de la influencia de Pablo (ya estuviera en cadenas, ya libre) y movidos por un espíritu pendenciero, habían incrementado la actividad misionera con el deseo de aumentar el malestar del apóstol encadenado. La **buena voluntad** de los otros se refiere a los motivos que los inducían a predicar.

16. El Texto Recibido, siguiendo autoridades menores, ha alterado el orden de los versículos 16 y 17 para evitar la supuesta irregularidad de tratar de los dos grupos del versículo 15 en orden inverso. **Por amor** se refiere tanto a su preocupación por el progreso del Evangelio como a su apego personal a Pablo. *Keimai,* **estoy puesto** (*aquí*) describe al centinela de servicio. En el contexto puede tener el sentido más metafórico de estar *destinado* a **la defensa del evangelio. 17.** La predicación del segundo grupo nacía de **contención** (*eritheia*), palabra que Aristóteles empleó para denotar "búsqueda egoísta de un cargo político por medios irregulares" (Arndt, p. 309). Su verdadero interés era vencer a Pablo y añadir aflicción a sus prisiones. *Thlipsis,* **aflicción,** literalmente significa *fricción.* "Despertar fricción debido a las cadenas de uno" es una manera gráfica de describir la consternación de la persona que no puede enmendar una situación debido a las circunstancias que lo tienen amarrado.

18. Pero ¿cuál fue la reacción de Pablo? Sin tener en cuenta los motivos, se regocijaba de que se predicara a Cristo. Aun cuando el Evangelio se usara como camuflaje para ventajas personales, seguía siendo "el poder de Dios para salvación". Michael no valora en lo justo al apóstol cuando dice que "el espíritu de Pablo se hallaba molesto al escribir" y que 1:18 fue "un intento deliberado . . . de dominar su espíritu turbado" (*op. cit.,* p. 45). **Y me gozaré** no pertenece al versículo 18 en cuanto expresión de una decisión vigorosa de no irritarse por la conducta falaz de sus antagonistas, sino que introduce otras razones más para gozarse que se exponen en los versículos 19.20.

V. ¿Vida o Muerte? 1:19-26.

Si bien el deseo personal del apóstol era reunirse con Cristo, la necesidad de la iglesia lo convenció de que pronto sería puesto en libertad y seguiría trabajando por el progreso de ellos en la fe.

19. Pablo creía que la oposición actual tendría efectos favorables porque los cristianos oraban. Como resultado de ello, el **Espíritu de Jesucristo** (el Espíritu Santo, no un espíritu cristiano) les suministraría con abundancia lo que necesitaran para la situación de emergencia en que se hallaban. *Soteria* está bien traducido como **liberación** (RVR) de la prisión, si bien algunos comentaristas la entienden en un sentido más amplio. Algunos descubren en ello una cita de Job 13: 16 (LXX), e interpretan la esperanza de Pablo de vindicación como basada en la conciencia que tiene de su integridad (cf. Michael, *in loc.*). **20.** *Apokaradokia*, **anhelo**, es una palabra sorprendente, quizá invento de Pablo. Literalmente significa *mirar con atención a lo lejos con el cuello estirado*. La esperanza del apóstol era doble: que no sería **avergonzado** (o sea, frustrado por no recibir ayuda divina), y que **Cristo** sería **magnificado** (adviértase la delicada sustitución de la tercera persona pasiva en lugar de la primera activa) en su **cuerpo** (ámbito natural de la expresión exterior del hombre interior). El énfasis en el **ahora** implica que la hora de prueba estaba cerca. **O por vida o por muerte** no refleja indiferencia por parte de Pablo acerca de su destino sino preocupación de que en ambos casos Cristo fuera glorificado.

21. La vida misma de Pablo había sido integrada de tal modo en la persona y plan de su Señor que podía decir, **para mí el vivir es Cristo**. Cristo era la síntesis completa de su existencia. **El morir es ganancia** porque la ausencia de las limitaciones de la vida es sinónimo de una unión completa con Cristo. En estas palabras no debería verse hastío alguno del mundo. **22.** La falta de continuidad en el versículo 22 refleja la perplejidad de Pablo. Entre varias posibilidades la construcción elíptica —**Si, sin embargo** (*me es concedido*) **vivir en la carne, esto** (*resultará*) **para mí en trabajo beneficioso**— es preferible. El preferir **carne** a "cuerpo" recalca la naturaleza frágil y transitoria de la vida física. Pablo no se arriesga a decidir entre las dos alternativas (en este contexto *gnorizo* significa "dar a conocer la decisión de uno"), sino que lo deja al Señor.

23. De ambas cosas estoy puesto en estrecho *Synechomai* (*estoy puesto en estrecho*) es una expresión vigorosa que significa "quedar limitado". Con la adición de **de ambas cosas**, significa "cercado y bajo presión de ambos lados". Frente a la posibilidad tanto de ser liberado como de la muerte, Pablo no puede decidirse. Su deseo personal es **partir** (*analyo* describe al navío que leva anclas o al soldado que recoge la tienda; es un eufemismo de "morir") y **estar con Cristo**. Esto sería **muchísimo mejor**—comparativo doble ("acumulación decidida", Moule, *op. cit.*) que expresa la excelencia insuperable de estar con Cristo. **24.** La obligación más grave es *seguir viviendo*. La preposición con el verbo, *epi-meno*, da la idea de persistencia. El deseo personal cede ante la necesidad espiritual.

25. Confiado en esto (es decir, de lo dicho en vv. 19-24), Pablo sabe (convicción personal, no visión profética) que quedará y permanecerá para servirlos. La consecuencia será su **provecho gozoso** (no se pueden separar las dos palabras) en **la fe** (tanto en sentido objetivo —el credo como subjetivo— la comprensión de los creyentes). **26. Para que** indica un propósito específico —el darles motivo para que **abunde** su **gloria**. "Gloria" en castellano también significa "hablar de otro en términos elogiosos". **En Cristo Jesús** es el ámbito de su gloriarse. **De mí** es la ocasión, que se explica con la expresión siguiente, **por mi presencia otra vez**.

VI. Exhortación a la Perseverancia. 1:27-30.

Para que este gloriarse no los lleve a descuidarse en la lucha contra el paganismo, Pablo hace una advertencia. Debían seguir defendiendo la fe con unidad y perseverancia.

27. Debían **vivir como ciudadanos dignos** del reino de los cielos. Pablo usa *politeuomai*, "vivir como ciudadano", "cumplir con deberes colectivos", en lugar del más común *peripateo*, "andar", sin duda fue advertido y agradecido en una colonia romana como Filipos. Esta palabra subraya el efecto de la comunidad cristiana en una sociedad pagana. **O sea que vaya a veros, o que esté ausente** no indica duda en cuanto al futuro sino que pretende conseguir que no dependan indebidamente de él. El pensamiento de la lucha del gladiador está latente en estos versículos: Deben **estar firmes** (*steko*), **combatir unánimes** (*synathleo*), y **no intimidarse** (*ptyreomai*, v. 28). **Un mismo espíritu** designa una ofensiva unificada; **unánimes** (*una misma alma*, sede de los afectos) indica que la unidad debe incluir la disposición interna. **28.** El verbo, ser **intimidados**, indica a los caballos asustados a punto de salir en estampida. Los contrincantes no eran los judaizantes sino miembros de un grupo hostil y violento de Filipo. La intrepidez de los cristianos era **indicio** claro para los adversarios de que sus intentos de frustrar el Evangelio eran vanos y sólo conducían a su propia **perdición**. También les revelaba que Dios estaba del otro lado (léase **para vuestra salvación** y no *para vosotros de salvación*). **29. Os es concedido** podría traducirse más literalmente, *Se ha otorgado gratuitamente* (*charizomai* es la forma verbal de *charis*, "gracia"). "El privilegio de sufrir por Cristo es el privilegio de hacer por él la clase de obras que son lo suficientemente importantes como para merecer los contraataques del mundo" (Simcox, *op. cit.*, p. 61). Sufrir **a causa de Cristo** (por su causa) es un favor que se concede sólo a los que creen en él. **30.** Relaciónese con el versículo 28a. Los filipenses se hallaban envueltos en la misma clase de **conflicto** (*agon*; cf. nuestra palabra *agonía*) en el que Pablo se había encontrado (Hch. 16: 19ss.) y seguía encontrándose.

VII. Recurso a la Experiencia Cristiana. 2:1-4.

En cuatro frases más de gran densidad Pablo expone un motivo poderoso para que haya armonía en la comunidad cristiana. **1.** Las frases condicionales primarias **(si)** suponen que la premisa es verdadera, y el **si** a menudo se puede traducir por *dado que.* **Consolación en Cristo.** Base para la invitación de estar en Cristo. **Consuelo de amor.** Incentivo que ofrece el vínculo del amor. **Comunión del Espíritu.** Atención mutua que el Espíritu de Dios produce. **Misericordia afectuosa** (unión de dos sustantivos). Invitación a la amabilidad humana. **2.** El gozo de Pablo sería completo si los filipenses continuaran en armonía (adviértase el tiempo presente) de pensamiento y disposición. La seriedad del apóstol se manifiesta en la terminología casi redundante —**teniendo el mismo amor** y **unánimes** (*sympsyche*), **sintiendo una misma cosa.** **3. Contienda** (cf. 1:7) y **vanagloria** (*kenodoxia* combina las dos palabras "vacía" y "opinión") eran los enemigos pertinaces y traidores de la vida de la iglesia. Deben ceder ante la **humildad** (los griegos consideraban tan obvio el orgullo que tuvo que acuñarse una palabra nueva) y la estima por **los demás como superiores a él mismo** (no necesariamente como esencialmente superiores sino como merecedores de trato preferente). Müller describe la humildad como "comprensión de la propia insignificancia" (*op. cit.,* p. 75). **4.** Como la humildad (v. 3a) es la antítesis de la vanagloria, la consideración por otros (v. 4) es la antítesis de la ambición egoísta.

VIII. El Ejemplo Supremo de Renunciación. 2:5-11.

Pablo, para afianzar la invitación a una vida sacrificada y desinteresada, se inspira en un himno antiguo de la iglesia que describe con elocuencia la condescendencia divina de Cristo en su Encarnación y muerte. (Una exposición reciente y excelente de este pasaje tan discutido se puede encontrar en V. Taylor, *The Person of Christ,* pp. 62-79). La interpretación que sigue halla un contraste básico entre los dos Adanes, e interpreta el "despojarse" de Cristo en función del Siervo Sufriente (cf. A.M. Hunter, *Paul and His Predecessors,* pp. 45-51, una exposición hábil de este punto de vista). Si se recordara

que el lenguaje de 2:5-11 es poético y no formalmente teológico, muchos de los problemas suscitados por especulaciones kenóticas (lit., de *despojo*) se verían con razón como intrascendentes en cuanto a la enseñanza esencial del pasaje.

5. Haya . . . este sentir. Mejor, *mantengan esa disposición íntima unos por otros que se manifestó* (el verbo debe suplirse) **en Cristo Jesús. 6. Siendo en forma de Dios.** Mejor, *Si bien en su estado antes de la encarnación poseyó las cualidades esenciales de Dios, no consideró este estado de divina igualdad como un botín que hay que atesorar con egoísmo* (tomando *harpagmos* como pasiva). *Morphe,* **en forma,** en los versículos 6 y 7 denota una expresión permanente de atributos esenciales, en tanto que *schema,* **condición** (v. 8), se refiere a la apariencia exterior que está sujeta a cambios.

7. Se despojó a sí mismo. *Ekenosen* no tiene sentido metafórico (es decir, renunciar a atributos divinos) sino que es una "expresión gráfica de lo completo de su renuncia" (M.R. Vincent, *A Critical and Exegetical Commentary on the Epistles to the Philippians and to Philemon,* p. 59). Adviértase la alusión a Is. 53:12, "derramó su vida hasta la muerte". Cristo se vació a sí mismo **tomando forma de siervo** (el uso de *morphe,* **forma,** indica lo real de su condición de siervo), **hecho semejante a los hombres.** A diferencia del primer Adán, quien hizo un intento frenético de conseguir la igualdad con Dios (Gn. 3:5), Jesús, el último Adán (1 Co. 15:47), se humilló a sí mismo y aceptó obedientemente el papel de Siervo Sufriente (cf. la contribución de R. Martin en ExpT. Marzo '59, p. 183s.). **8.** El acto de humillación voluntaria no se detuvo en la Encarnación sino que prosiguió hasta las honduras ignominiosas de la muerte por crucifixión. La omisión del artículo antes de *staurou,* **cruz,** recalca la naturaleza vergonzosa de la muerte —**y muerte de cruz.** (Para la opinión romana acerca de la crucifixión, cf. Cicerón *In Verrem* 5.66). **Se humilló a sí mismo.** Dejó de lado todos los derechos e intereses personales a fin de asegurar el bien de otros.

9. Como consecuencia de ello, **Dios también le exaltó hasta lo sumo** (la Ascensión y la gloria correspondiente), **y le dio un nombre que es sobre todo nombre** (ya SEÑOR, *kurios,* nombre de Dios en el AT; ya en el sentido hebreo de denotar rango y dignidad). Los versículos 9-11 responden a los versículos 6-8, y se explican mejor en el contexto presente (la exhortación interrumpida se reanuda en 2:12) como resto de un himno citado sobre todo por el contenido de la primera estrofa. **10.** Inspirado en Is. 45:23, donde el Señor profetiza que un día se le rendirá adoración universal, el autor escribe que **en el nombre de Jesús** (en relación con todo lo que el nombre representa) todos los seres racionales creados rendirán el tributo debido. **Los que están en los cielos, y en la tierra, y debajo de la tierra** expresa universalidad y no se debería forzar para apoyar elaboradas teorías de clasificación. **11.** El verbo compuesto traducido por **confiese** (*exomologeo*) puede significar "confesar con acción de gracias" —si bien esto parecería raro si **toda lengua** incluyera tanto a los perdidos como a los salvos. **Jesucristo es el Señor** es el credo más antiguo de la iglesia primitiva (cf. Ro. 10:9; 1 Co. 12:3). El Señorío de Cristo es la esencia del cristianismo.

IX. Continuación de la Exhortación. 2: 12-18.

El gran ejemplo de renuncia de Cristo condujo a Pablo a exhortar más a sus hermanos filipenses. **12. Amados míos.** Expresión favorita (dos veces aparece en 4:1) que indica amor cálido por sus conversos. Los apremia a ocuparse en su **salvación,** sobre todo ahora que él está ausente. El pasaje se refiere ante todo a la comunidad y no a los individuos (cf. Michael, *op cit.*, p. 98ss.). **Salvación** es colectivo. Los filipenses debían proseguir (*katergazomai*, seguir procurando, es presente continuo) en el esfuerzo de conducir a la iglesia al estado de madurez cristiana. **Temor y temblor** parece ser una expresión idiomática para forma de pensar humilde (cf. 1 Co. 2:3; 2 Co. 7:15; Ef. 6:5). **13.** Era adecuado ser humilde respecto a su liberación porque, a pesar de su cooperación, **Dios** (adviértase la posición enfática) era quien había producido en ellos tanto el **querer** como el poder (él da "energía" —*energeo*) **hacer su buena voluntad** (o, *promover la buena voluntad*, a saber, armonía en la iglesia filipense). **14.** La exhortación contra **murmuraciones y contiendas** (*dialogismos* se usa en los papiros para denotar litigio) alude a las quejas de los israelitas durante la travesía por el desierto. (Sin embargo, decir que Pablo se compara conscientemente con Moisés en sus recomendaciones finales es más fantasía que probabilidad). **15.** Si no se quejaran serían (*ginomai*) **irreprensibles** (ante otros) **y sencillos** (*akeraios*, lit., genuino —en el sentido de sencillez de carácter). **Sin mancha**, *amomos*, se usa casi siempre en LXX para animales para sacrificar. **Generación maligna y perversa** (adaptación de Dt. 32:5) es consecuencia de las deformaciones morales e intelectuales. En este mundo de tinieblas los cristianos han de resplandecer **como luminares** (cf. Mt. 5:16).

16. Si Pablo prosigue la misma metáfora, *epechontes*, etc. se traducirá **sosteniendo** (como la antorcha ante el portaestandarte) **la palabra** (que produce) **vida;** pero si la frase final del versículo 15 es a modo de paréntesis (Lightfoot) y el apóstol contrasta a los cristianos con la generación perversa, se traducirá por **asiduos. Corrido** refleja la actividad llevada a cabo en el estadio. **Trabajado.** Deissmann ve en esto al desalentado que produce haber tejido un paño para que luego lo repudien. (LAE, p. 317). Quizá Herklotz tiene razón el referirse a Pablo como al "maestro de las metáforas mixtas" (H.G.G. Herklotz, *Espistle of St. Paul to the Philippians*, p. 74).

17. Metáfora basada en el sacrificio ritual. La **fe** de los filipenses (y todo lo que implica de vida y actividad) era su **sacrificio y servicio.** El derramamiento de sangre de Pablo sería la libación vertida sobre su ofrenda, si esto reservaba el futuro, entonces Pablo también en ello se gozaba. Se regocijaría **con** ellos (*sygchairo*) porque ese sacrificio doble brindaba la oportunidad de más intimidad. **18.** Debían adoptar el mismo punto de vista y unir su gozo al de él.

X. Planes para Reunirse. 2:19-30.

Pablo esperaba enviar a no tardar a Timoteo con la noticia de la decisión judicial y luego ir él mismo cuanto antes. Entre tanto enviaría de regreso a Epafrodito —que ellos habían enviado a Pablo en sus tribulaciones— para aliviar la preocupación de los filipenses y devolverles los ánimos. **19.** Si bien el apóstol les había apremiado a que se mostraran decididos en la solución de sus asuntos (v. 12), no los iba a dejar sin dirección. El propósito de enviarles a Timoteo era que Pablo pudiera estar **de buen ánimo** (*eupsycheo*, lit., estar con el corazón firme) con las noticias de ellos, y viceversa (el **yo también** lo da por sobrentendido). **20. Ninguno.** No es condenación general de sus colaboradores. Pero de los disponibles ninguno se había preocupado **sinceramente** (*gnesios*, lit., nacido de matrimonio; por tanto, "como un hermano") de su interés como Timoteo. **21.** Pablo se sentía algo como el abandonado *Elías*. **22.** Los **méritos** de Timoteo (*dokime*, "aprobación que se gana por medio de prueba") eran de sobra conocidos a los filipenses, porque lo habían visto (Hch. 16) trabajar con Pablo y servido a Pablo **como hijo a padre... en el evangelio. 23. A éste** (nótese la posición enfática de *touton*), o sea, a Timoteo mismo, Pablo había esperado (sus planes eran todavía algo difusos) enviar tan pronto como pudiera tener una idea clara (*aphorao*, "ver", significa literalmente, *mirar desde*) de la solución de su confinamiento. **24.** Sin embargo, estaba persuadido de que **pronto** (*tacheos* es un término suficientemente flexible) también él podría ir hasta ellos. **En el Señor.** Todos los planes de Pablo dependían de su relación con Cristo.

25. Epafrodito (encantador) es uno de los personajes más atractivamente heroicos del NT. Se le había delegado para llevar el donativo de dinero (4:18) y para servir a Pablo en nombre de los filipenses. Pablo lo llama **hermano** (recalcando el lazo familiar del amor cristiano), **colaborador** (término tomado del taller y que subrayaba el espíritu de camaradería), y **compañero de milicia** (*systratiotes* describe al cristiano que lucha codo con codo contra los estragos del paganismo. Phillips traduce, *compañero de armas*). **Tuve por necesario.** En la correspondencia antigua el escritor solía tomar el punto de vista del lector (cf. también **envío,** v. 28). **26.** El deseo ardiente de Epafrodito por los cristianos de Filipos se había convertido en angustia al saber que les habían llegado noticias de su enfermedad. El verbo por **gravemente se angustió** se suele derivar de *ademos,* "no cómodo", o sea, "no como en casa por dentro"; de ahí viene **angustiarse, fuera de sí.** Se usa, por ejemplo, para describir la honda consternación de Getsemaní (Mr. 14:33). **27.** El apóstol afirma que la situación fue grave. La condición de Epafrodito había estado próxima a la muerte (tomando *paraplesión,* **a punto de,** adverbialmente). Pero Dios había tenido misericordia de ambos: Epafrodito se había restablecido y el duelo no se había venido a añadir a las otras preocupaciones de Pablo. **Tristeza sobre tristeza** significa "una oleada tras otra de circunstancias angustiantes". **28. Os gocéis.** Lightfoot (p. 124) traduce, *recuperen la alegría.* El alivio de su preocupación aminoraría la de Pablo. Por esto envió a Epafrodito de regreso **con mayor solicitud** que lo que hubiera podido hacer.

29. Algunos comentaristas perciben una cierta aprensión en la "carta de recomendación" de Pablo. ¿No habría alguien en Filipos que, ante el regreso prematuro de Epafrodito, fuera a pensar que había desertado su misión? Sin embargo, no hay que tomar el versículo como un llamamiento. Moule sugiere, "Acéptenlo como don mío personal para ustedes" (p. 54). **30.** Merecía que se le honrara porque en el desempeño de sus obligaciones casi había muerto. **A la muerte** refleja una actitud como la de Cristo (cf. la misma expresión en 2:8). Así sucedió para finalizar su servicio en favor de Pablo. El contexto muestra que Epafrodito se halló en situación crítica debido a exceso de trabajo y no a persecución o a peligros del viaje **Exponiendo su vida.** De *parábolos,* "aventurado, temerario". En Alejandría

se formó una organización de hombres llamada de los *Parabolani.* Entre los arriesgados deberes de este "grupo suicida" estaba el de curar a los apestados durante las epidemias.

XI. Conclusión Interrumpida. 3:1-11.

Cuando Pablo se está ya acercando a la conclusión de la carta, algo interfiere el curso de su pensamiento. Al reanudar el dictado de la misma, hace una digresión para poner sobre aviso a los filipenses contra los judaizantes y contra un antinomianismo satisfecho. El tema original vuelve a aparecer en 4:4 (o 4:8).

1. Por lo demás. W.S. Tindal dijo que Pablo es "el padre de todos los predicadores para quienes el 'finalmente, hermanos' es como indicación de que han encontrado una segunda inspiración" (Herklotz, *op. cit.,* p. 16). **Las mismas cosas.** Las verdades básicas doctrinales y prácticas a las que Pablo se refiere repetidas veces. En este contexto se puede referir a su ministerio docente entre ellos o a alguna carta anterior de la que nada sabemos. La teoría de que una tal carta existió, de que hay referencias a la misma en el texto, carta que explicaría el brusco cambio de estilo y tema de 3:2 (¿o 3:1b?) no es en modo alguno necesaria para explicar lo que a lo sumo no es más que una simple "curiosa digresión" (Plummer, p. 66. Cf. "Cartas Perdidas a los Filipenses", Lightfoot, pp. 138-142; Vincent, xxxi s.).

2. La advertencia no es contra tres clases de personas (p. ej., paganos, maestros cristianos egoístas, y judíos), sino contra una clase por tres razones: su índole (**perros**), conducta (**malos obreros**), y credo (**mutiladores,** Cf. Robertson en *Abingdon Bible Commentary,* p. 1246). Según la ley mosaica el perro era un animal impuro (Dt. 23:18). En las ciudades orientales se alimentaba de carroña y solía tener enfermedades —"criatura despreciada, impudente y miserable" (SBK, I, 722). Pablo invierte el uso de este término despectivo que los judíos habían aplicado por mucho tiempo a los gentiles (cf. Mt. 15:27) y dice que son los cristianos quienes están disfrutando del banquete espiritual, en tanto que los judíos son quienes comen los "desperdicios de las normas carnales" (Lightfoot). Los perros son ya los judaizantes radicales ya los judíos enemigos (la distinción se vuelve más bien sutil). Con un juego amargo de palabras Pablo los llama **mutiladores** (*katatome*) y no **circuncisión** (*peritome*). Son **mutiladores del cuerpo.** En los LXX se usa el verbo para incisiones que la ley mosaica prohibía.

3. No ellos, sino **nosotros somos la** verdadera **circuncisión.** El nuevo Israel se compone, primero, de quienes **en espíritu** sirven a **Dios.** Este versículo ciertamente implica que la primitiva iglesia pretendía hacerlo así. La AV sigue en este caso manuscritos de inferior calidad, aunque mantiene un feliz contraste entre lo que es externo y lo que tiene lugar en el plano del espíritu. El verdadero Israel, además, se compone de quienes se glorían **en Jesucristo. Gloriarse** es una expresión favorita de Pablo. La emplea treinta veces en las cartas, en tanto que en el resto del NT sólo aparece dos veces. El significado en este caso es "gloriarse" o "exultar". En tercer lugar, el nuevo Israel se compone de los que no tienen **confianza en la carne,** es decir, en privilegios externos.

4. El escritor, de momento, se coloca a sí mismo en el mismo plano que sus contrarios para demostrar que incluso de acuerdo con las normas de ellos, tenía también **de qué confiar** (tomando *pepoithesis* en forma objetiva). **5.** Pablo presenta sus credenciales. **Circuncidado al octavo día.** Era verdadero israelita de nacimiento (los ismaelitas, cuya sangre judía estaba mezclada con egipcia, no se circuncidaban hasta los 13 años). No era prosélito, sino del **linaje de Israel.** De hecho, pertenecía a la honrada **tribu de Benjamín,** quien dio a Israel su primer rey. En contraposición con los judíos de habla griega (helenistas), procedía de una familia que había conservado las costumbres hebreas y hablaba hebreo (o arameo). Además de estos privilegios de herencia, había otros elementos que procedían de su decisión personal. Respecto a la ley era **fariseo** —"apasionado seguidor de las tradiciones religiosas judías más estrictas" (Müller, p. 110). **6. Justicia que es en la ley.** Consistía en obediencia a mandatos externos. **Irreprensible.** Pretensión notable si se tiene en cuenta lo minucioso de la legislación judía.

7. Toda la **ganancia** (en plural) que Pablo hubiera conseguido (privilegios mencionados en vv. 5,6), la consideraba como **pérdida** (en singular). Eran peor que inútiles —más bien un impedimento— porque tenían que olvidarse. **8.** El escritor amplía el pensamiento anterior y lo protege contra malas interpretaciones. Dice que **estima** (tiempo presente que indica que el v. 7 no era un acto impulsivo del pasado) **todas las cosas** (no sólo sus anteriores bases de confianza) **como pérdida** en comparación con el valor superior del "conocimiento directo de Dios" (pensamiento clave de vv. 8-11). No sólo las consideraba como pérdida, sino que de hecho habían sido descartadas. La AV considera *skybalon* como lo que el cuerpo rechaza, o sea, estiércol. Lightfoot prefiere un derivado de *es kunas,* "lo que se echa a los perros", **basura.** La razón de este inesperado *volte-face* fue **para ganar a Cristo.**

9. Pablo tenía en nada todos los logros

personales con tal de poder **ser hallado** en Cristo. Las fases paralelas contrastan la justicia por obras, que se basa en la ley, con la justicia por la fe, que Dios da. Tenemos aquí la afirmación más concisa de Pablo de justificación por la fe. **10.** Expresión apasionada de los anhelos más profundos de Pablo. **Conocerle** es experimentar el poder que procede de la unión con Cristo resucitado y entrar a participar de sus **padecimientos** (todas las penalidades que hay que sufrir por Cristo; cf. Hch. 9:16). Que esos son dos aspectos de la misma experiencia lo indica el artículo único en griego. **Llegando a ser semejante** (participio pres.) **a él en su muerte** precisa más la experiencia como un continuo morir al yo. **11. Si en alguna manera.** Expresión de humildad, no de incertidumbre. **La resurrección de entre** (*ek*) **los muertos** es la resurrección de los creyentes, no una resurrección general.

XII. La Recta Final. 3:12-16.

Para no dejar la impresión de que ya había alcanzado la meta, Pablo tuvo mucho cuidado en indicar que todavía se hallaba completamente en la carrera de la vida. Esta precaución para no ser mal interpretado era necesaria debido a la influencia creciente por toda la iglesia de perfeccionistas complacidos.

12. Lo que Pablo no había **alcanzado** todavía era la experiencia de un conocimiento completo y definitivo de su Señor (vv. 8-11). **Ya sea perfecto** precisa más su meta. Perfección en este caso sería conocimiento pleno y conformidad perfecta. Se puede parafrasear el versículo 12b así, "pero sigo esforzándome **para ver si logro asir** (*katalambano* se usa en los papiros para la tierra cogida por los colonizadores) aquello por lo cual fui **asido** (el mismo verbo de antes) **por Cristo Jesús** camino de Damasco". Dios tuvo un propósito en la conversión. de Pablo, y éste anhelaba que se cumpliera plenamente en su experiencia. Muchos comentaristas toman *eph' ho to* en el sentido de "porque", lo cual recalcaría el *motivo* (y no la meta) del esfuerzo de Pablo (cf. C.F.D. Moule, *Idiom Book,* p. 132).

13. Los versículos 13,14 amplían el pensamiento de 3;12. El estado de **no ya** de la perfección cristiana destruye toda complacencia y exige perseverancia esforzada. **Yo mismo** puede implicar contraste con la satisfacción propia de los otros. Se toma la metáfora de las carreras a pie. El conciso, **una cosa,** expresa "unidad de propósito y concentración de esfuerzos" (Michael, p. 160). "Hago" se agrega en castellano. **Olvidando . . . lo que queda atrás.** Los logros pasados de su vida cristiana, que podrían producir complacencia propia y disminución del esfuerzo. **Extendiéndose a lo que está delante** describe en forma gráfica al corredor que echa mano a toda la energía que le queda para dirigirse hacia la meta (de ahí nuestra recta final). **14. Meta** (*skopos*, de *skopeo*, "mirar a"). Aquello en lo que se fija la vista. La distracción sería fatal. (Algunos sugieren que la metáfora es la de carreras de carros.) Si la perfección final es el objetivo del corredor (lo que lo ayuda a no desviarse de su curso), también es el **premio.** El premio pertenece a los que responden de todo corazón al **supremo llamamiento,** (separado del yo y hacia nuevas alturas de logros espirituales) **en Cristo Jesús.**

15. Ser **perfectos.** Ser maduros. En las religiones arcanas designaba a los plenamente instruidos, en oposición a los novicios. No hay indicios de "ironía increpante" (así Lightfoot). **Esto mismo sintamos.** Tened la disposición básica, es decir, que los éxitos pasados no suprimen la necesidad de seguir esforzándose. **Y si otra cosa sentís,** agrega Pablo a modo de aliento. "Si no estáis del todo convencidos de que esta manera de ver las cosas debería aplicarse a *todos* los aspectos de la vida, Dios **os lo revelará". 16.** Si bien el significado preciso de este versículo tan denso es dudoso, la idea general es clara: "No nos desviemos de los principios que nos han conducido a salvo hasta nuestro estado actual de madurez cristiana". La condición para recibir más luz es andar según la luz que se tiene.

XIII. Ciudadanía Cristiana. 3:17-21.

La presencia de aquellos cuya forma sensual de vida socavaba la eficiencia del Evangelio llevó a Pablo a exhortar a los filipenses a que lo imitaran a él y a otros que también vivían como ciudadanos de una patria celestial.

17. Debían unirse en la imitación de Pablo y de otros que, después de examinados de cerca (*skopeo*; véase v. 14), demostraran vivir en el mismo nivel elevado. *Typos* **(ejemplo)** originalmente era la señal que el golpe deja, y luego "pauta" o "molde". **18.** Los que se describen no son los judaizantes (v. 2ss.) ni los paganos (éstos hubieran provocado una reacción distinta que **lágrimas),** sino los libertinos antinomianos que tenían una cierta relación con la iglesia. Interpretaban mal la libertad cristiana como libertad de toda restricción moral. **Son** (no "viven como") **los enemigos** (nótese el artículo definido) **de la cruz.** Estaban en oposición a todo lo que la cruz representa. **19.** Su **fin** (mejor, *destino*) es **perdición,** la antítesis de la salvación. Su **dios,** el objeto supremo de su preocupación, era **el vientre.** Se refiere no sólo a la gula sino a todas las complacencias sensuales. Su supuesta libertad era en realidad esclavitud a placeres vergonzosos, y les complacía entretenerse en asuntos sórdidos y terrenales.

20. En contraste con estos libertinos licenciosos, los cristianos maduros vivían como una colonia de ciudadanos celestiales cuya morada momentánea estaba en la tierra. Si bien *politeuma* (única vez que se usa en el NT) puede indicar el modo de vida del ciudadano, en este caso significa el estado al que pertenece el ciudadano. Los ciudadanos romanos que vivían en la avanzada de Filipos de inmediato captarían la idea. *Apekdechometha* (el **esperamos** es algo flojo) denota expectación ansiosa. Las inscripciones muestran que *soter,* **salvador,** se usó mucho en el mundo grecorromano para designar a reyes y emperadores. En este versículo se amplía la metáfora anterior y se refleja la actitud de la iglesia primitiva respecto al retorno de Cristo.

21. Cuando aparezca Cristo **transformará** (*metaschematizo*) nuestro **cuerpo humilde,** el cuerpo que ahora cubre nuestro estado de existencia mortal. No *cuerpo vil,* como si Pablo compartiera el desprecio estoico por todo lo material. **Para que sea semejante** (*symmorphon;* en cuanto a *schema* y *morphe,* cf. 2:6) **al cuerpo de la gloria suya,** el cuerpo del que Cristo está revestido en su estado glorioso. Esta transformación exige un acto de poder sobrenatural, el mismo poder necesario para producir el dominio universal. *Energía* sólo Pablo lo usa y casi siempre denota a Dios en acción.

XIV. Consejo Apostólico. 4:1-9.

El apóstol amonesta a dos mujeres a que dejen de lado sus diferencias, muestra que la oración es el remedio para la ansiedad, y apremia a que la vida del pensamiento se desenvuelva en un plano elevado.

1. Así que. Dada su ciudadanía celestial y la transformación gloriosa que conlleva. La exhortación a **estar firmes** es tanto conclusión del capítulo 3 como introducción a lo que sigue. Nótense los seis términos cariñosos del versículo. *Stephanos,* **corona,** era una guirnalda tejida que se concedía al atleta vencedor. También se aplicaba a la que se colocaba en la cabeza del huésped en un banquete. Por tanto significaba triunfo y también festejo.

2. Evodia y **Síntique** eran dos mujeres prominentes de la iglesia de Filipos que habían comenzado últimamente a molestarse una a otra. La repetición de **ruego** indica la imparcialidad de Pablo. **Sean de un mismo sentir.** Cultiven la armonía de pensamiento y disposición (cf. 2:2). **3.** Para ayudar a la reconciliación Pablo apela a *Syzygos,* quien, fiel a su nombre, era **compañero fiel.** *Syzygos* se entiende mejor como nombre propio que alguien tomó al bautizarse. Si se toma como epíteto, las conjeturas acerca de a quién se refiere van desde Silas hasta la esposa de Pablo —¿Lidia? *Synethlesan*. **Combatieron juntamente**, es una metáfora tomada del circo (cf. 1:27). La mención de **Clemente** quizá se agrega para recordar una ocasión específica. La referencia al **libro de la vida**, en el que figuran los miembros de la patria celestial, sugiere que Clemente y otros ya habían quizá entregado su vida por ese entonces.

4. *Chairete* era la expresión común de despedida. El **siempre** indica que Pablo tenía en mente su significado más profundo, **regocijaos**. La repetición sugiere que las condiciones en Filipos eran tales que hacían parecer poco razonable una recomendación tal. A los cristianos se les puede mandar que se regocijen, porque la base de su regocijo no son las circunstancias sino **en el Señor. 5.** El en cierto modo elusivo *epieikes*, **gentileza**, indica disposición de escuchar a razones, condescendencia que no toma represalias. El motivo de esta "gentileza suave" es el regreso inminente de Cristo. **El Señor está cerca**: La consigna de la iglesia primitiva (cf. el equivalente arameo, *maran atha*, en 1 Co. 16:22).

6. La hostilidad del paganismo (cf. 1:28) despertaría ansiedad. Había que combatirla con oración. "Preocuparse en una virtud, pero fomentar la preocupación es pecado" (Müller, *op. cit.*, p. 141). Debe abarcar todo lo que podría causar ansiedad si no se orara por ello. **Con acción de gracias**. Agradecimiento por todo lo que Dios ya ha hecho es el espíritu en el que hay que pedir. **7. La paz de Dios** es la tranquilidad de espíritu de la que sólo Dios goza y que sólo Dios puede dar. La expresión, **que sobrepasa todo entendimiento,** se suele interpretar en el sentido de que el hombre es del todo incapaz de imaginar siquiera la paz de Dios. Es más probable que signifique que la paz de Dios sobrepasa en mucho todos los planes cuidadosos e ideas hábiles en cuanto a la solución de nuestras ansiedades. **Guardará**. *Phroureo*, "guardar", es un término militar que indica "proteger o custodiar'". Pablo, con metáfora atrevida, describe la paz de Dios como centinela que vigila la ciudadela de la vida interior del hombre —mente, voluntad y afectos.

8. En este párrafo "acerca de la salud mental" (Simcox) Pablo compone una lista de virtudes que hubiera podido muy bien haber salido de la pluma de un moralista griego. Dos de las ocho no aparecen en ningún otro pasaje del NT, y otra sólo en este lugar en los escritos de Pablo. **Verdadero.** Que pertenece a la naturaleza de la realidad. **Honesto.** Merecedor de reverencia, augusto. **Justo.** De acuerdo con la concepción más

elevada de lo que es recto (Michael). **Puro.** Sin mezcla con elementos que contaminaran el alma. **amable.** Lo que inspira amor. **De buen nombre.** Mejor que esta traducción algo insustancial sería *lo que tiene buena fama* (Michael). **Si hay virtud alguna.** Lightfoot parafrasea, "Todo valor que pueda haber es vuestra anterior concepción pagana de la virtud" (p. 162), a fin de recalcar la preocupación de Pablo por no omitir base ninguna para moverlos. Deben pensar (*logizomai*) en estas virtudes de la moral pagana. **9.** Además deben seguir practicando (el imperativo *prassete* es presente) toda la ética y moral específicamente cristiana que han aprendido de la vida y enseñanza del apóstol. No sólo la "paz de Dios" (v. 7) sino también el **Dios de paz** estará con ellos.

XV. Agradecimiento por el Donativo. 4:10-20.

Para emplear la expresión de Pablo; **al fin** les da las gracias formalmente por su donativo. Si bien no dependió del mismo ni lo buscó, se alegra porque estos sacrificios agradan a Dios y benefician al dador.

10. Si Filipenses fuera en realidad una "carta de agradecimiento", habríamos esperado mucho antes estas palabras de gratitud. El hecho de que aparezcan casi como posdata hace plausible la conjetura de Michael de que Pablo ya había dado gracias y ahora sólo aclaraba cierta afirmación que sin duda había producido cierto resquemor (p. xxi s.; p. 209ss.). *Anathalo*, "hacer florecer de nuevo", describe al árbol que echa nuevas hojas en primavera. Algunos, para evitar lo que parece ser un suave reproche, entienden **revivido** también en el sentido de recuperación de un período de grave pobreza. La falta de **oportunidad** sería entonces falta de medios. Sin embargo, probablemente significaca que nadie estaba disponible para el viaje.

11. Pablo corrige de inmediato la posible falsa impresión de que se queja de su necesidad. *Autarkes*. **Contentarme.** Mejor, *bastarse a sí mismo*. Término favorito de los estoicos, quienes concebían al hombre como poseedor de capacidad propia para resistir todas las presiones externas. **12.** En todo y por todo (por angustiosa que sea cualquiera de las circunstancias y por mucho que sea el alcance de todas ellas) a Pablo se le había **enseñado** (término técnico en las religiones arcanas) el secreto de enfrentarse con la escasez y la abundancia. **13.** La diferencia profunda entre Pablo y los estoicos estriba en que en tanto que éstos consideraban que se bastaban a sí mismos, la suficiencia de Pablo radicaba en Otro —en el que lo **fortalece**. **14.** Sin embargo, al compartir su infortunio, los filipenses hicieron **bien** (*kalos; ho* *kalos* es el famoso concepto griego de "lo hermoso").

15. Al principio de la predicación del evangelio. Cuando el Evangelio fue proclamado por primera vez en Macedonia. **Cuando partí** probablemente se refiere a un donativo dado al salir (cf. Hch. 17:14) y no después (en este caso véase 2 Co. 11:9). **Dar y recibir.** Primera de varias alusiones a transacciones financieras. Quizá sea para recordarles discretamente que el pago material por bienes espirituales no está de más (cf. 1 Co. 9:11). **16.** Casi antes de que se hubiera separado de ellos (incluso en Tesalónica; cf. Hch. 17) le habían enviado ayuda **una y otra vez.**

17. Una vez más se muestra preocupado por no dejar la impresión de que deseaba su ayuda material. Lo que sí deseaba era "el interés que se atesora de esta forma para crédito de ellos" (Moffat). O, menos técnicamente, el **fruto** quizá fuera esa mayor "capacidad para la compasión humana" (Scott en IB, XI, 126) que es la consecuencia inevitable del vivir sacrificado. **18.** *Apecho.* Posiblemente "pagado del todo" (muy usado en los papiros, MM, p. 57), o "tengo todo lo que hubiera podido desear" —de hecho, prosigue, **tengo abundancia.** *Osme euodias,* **olor fragante,** se usa a menudo en la LXX para ofrenda agradable a Dios (cf. Gn. 8:21).

19. Del mismo modo que *vosotros* habéis respondido a *mis* necesidades, así **mi Dios . . . suplirá todo lo que os falta.** Arreglo de pago a cambio que ofrece poco consuelo a los cristianos "cerrados". **En gloria.** Ya "en forma gloriosa", ya en sentido escatológico, "en el glorioso siglo venidero" **Conforme a**

sus riquezas. De acuerdo con su riqueza. **En Cristo Jesús.** En unión con el que es mediador de las bendiciones de Dios para el hombre. **20. Al Dios y Padre nuestro.** Mejor, *a Dios, que es incluso Padre nuestro.* El pensamiento del cuidado paternal de Dios provoca la doxología. **Por los siglos de los siglos.** Sucesión interminable de períodos de tiempo indefinidos.

XVI. Saludos y Bendición. 4:21-23.

21. Probablemente añadido por Pablo de su puño y letra (cf. Gá. 6:11). **Santos.** Sólo en este caso en todo el NT se usa *hagios* en singular (cincuenta y siete veces en plural), si bien incluso en este versículo va precedido de **todo** —advertencia vigorosa de que el cristianismo es algo corporativo. Aquellos a quienes Pablo manda que saluden son probablemente los ancianos de la iglesia, quienes iban a leer en público la carta a la congregación.

22. Tanto los compañeros personales de Pablo **(hermanos,** v. 21) como la iglesia toda **(todos los santos)** envían sus saludos. **Los de la casa de César.** No (como se pensaba antes) la familia del emperador, sino todos los que trabajaban al servicio del gobierno. Como éstos no estaban solamente en Roma, la expresión no dice nada en favor del origen romano de la carta. Synge descubre un toque humorístico: el eufemismo inglés para prisionero es "huésped de su majestad" *(Torch Series,* p. 49).

23. La gracia . . . sea con todos vosotros (adviértase el singular). Incluso en la bendición vuelve a aparecer el tema central de la armonía.

BIBLIOGRAFÍA

Beare, F.W. *The Epistle to the Philippians (Harper's New Testament Commentaries).* New York: Harper & Brothers, 1959.

Herklotz, H.G.G. *Epistle of St. Paul to the Philippians.* London: Lutterworth Press, 1946.

Hunter, A.M. *The Letter of Paul to the Philippians (The Layman's Bible Commentary).* Vol. 22. Richmond: John Knox Press, 1959.

Kennedy, H.A. "The Epistle to the Philippians", *The Expositor's Greek Testament.* Editado por W. Robertson Nicoll. Vol. III. Gran Rapids: Wm. B. Eerdmans Publishing Co., n.d.

Lightfoot, J.B. *Saint Paul's Epistle to the Philippians.* London: The Macmillan Co., 1868 (12th ed., 1896).

Martin, R.P. *The Epistle of Paul to the Philippians (Tyndale New Testament Commentaries).* Grand Rapids: Wm. B. Eerdmans Publishing Co., 1959.

Michael, J.H. *The Epistle of Paul to the Philippians (The Moffat New Testament Commentary).* London: Hodder and Stoughton, 1928.

Moule, H.C.G. *The Epistle of Paul the Apostle to the Philipians (Cambridge Greek Testament for Schools and Colleges).* Cambridge: The University Press, 1897.

Müller, J.J. *The Epistles of Paul to the Philippians and to Philemon (The New International Commentary on the New Testament).* Grand Rapids: Wm. B. Eerdmans Publishing Co., 1955.

SCOTT, E.F. *The Epistle to the Philippians* (*The Interpreter's Bible*). New York: Abingdon Press, 1955.

SIMCOX, C.E. *They Met at Philippi*. New York: Oxford University Press, 1958.

VINCENT, M.R. *A Critical and Exegetical Commentary on the Epistles to the Philippians and to Philemon* (*The International Critical Commentary*). Edinburgh: T. & T. Clarke, 1897.

COMENTARIOS EN ESPAÑOL

CARBALLOSA, EVIS L. *Filipenses: Un Comentario Exegético y Práctico*. Grand Rapids: Publicaciones Portavoz Evangélico, 1973.

ERDMAN, CARLOS R. *Epístola a los Filipenses*. Grand Rapids: T.E.L.L., 1975.

WALVOORD, JOHN F. *Filipenses: Triunfo en Cristo* (Comentario Bíblico Portavoz). Grand Rapids: Publicaciones Portavoz Evangélico, 1980.

EPÍSTOLA A LOS COLOSENSES

INTRODUCCIÓN

Ocasión. La Colosas del siglo primero, centro comercial antiguo aunque en declive a unos ciento cincuenta kilómetros al este de Éfeso, estaba situada en la ruta de las caravanas a la altura del Valle del Lico, cerca de las ciudades de Laodicea y Hierápolis (cf. Col. 4:13). Si bien no se puede descartar la posibilidad de una evangelización más temprana (¿por los cristianos gálatas?), es posible que los colosenses hayan escuchado por primera vez el mensaje cristiano durante el ministerio efesino de Pablo (por 53-56 d. de C.; cf. Hch. 19:10).

Pablo posiblemente pasó por Colosas camino a Éfeso, pero no conocía en forma directa a los cristianos del lugar (cf. Col. 2:1). Su colaborador, Epafras, quien cuidaba de esta iglesia, visitó al apóstol y le dio a conocer tanto el progreso de los creyentes como una enseñanza errónea que los estaba desviando.

Los judíos habían residido en esta provincia de Frigia por dos centurias (Josefo, *Antiquities* 12. 147). Sin duda alejados de la ortodoxia, el Talmud habla así de ellos: "Los vinos y baños de Frigia habían separado a las diez tribus de sus hermanos" (Shabbath, 147b). Esta adaptación a las prácticas gentiles hizo sentir su peso en los judíos que abrazaron el cristianismo. En la provincia vecina de Galacia, el legalismo, herejía judaizante, amenazaba a la fe naciente; en Colosas, como en Éfeso (cf. Hch. 19:14, 18), el peligro estriba en un sincretismo religioso judío-helenístico. Para salir al paso a la primera situación Pablo había escrito ya una carta a los gálatas; para salir al paso al peligro igualmente grave de Colosas escribió a la presente.

La Herejía de Colosas. En la iglesia del siglo segundo apareció un movimiento herético conocido como gnosticismo. Algunos de sus principios básicos ya eran conocidos en el siglo primero, no sólo en la iglesia cristiana sino también en el judaísmo de la Diáspora (cf. R. Mc L. Wilson, *The Gnostic Problem;* C.H. Dodd, *The Interpretation of the Fourth Gospel,* p. 97ss.; Rudolf Bultmann, "Gnosis", *Bible Keywords,* II). Este gnosticismo incipiente era más una actitud y tendencia religioso-filosófica que un sistema, y sabía adaptarse a los grupos judío, cristiano o pagano según la ocasión lo requiriera. Sin embargo, hay ciertas ideas que parecen ser características de la mentalidad gnóstica: dualismo metafísico, seres mediadores, redención por el conocimiento o *gnosis.* Todas las religiones, sostenía el gnosticismo, las cuales son manifestaciones de la verdad única y oculta, tratan de conducir al hombre al conocimiento de la verdad. Este conocimiento o *gnosis* no es una aprehensión intelectual sino la iluminación derivada de la experiencia mística. Como el hombre está encadenado en el mundo de la materia mala, puede acercarse a Dios sólo por medio de seres angélicos mediadores. Con la ayuda de estos poderes y por medio de interpretaciones alegóricas y míticas de los escritos sagrados, se puede alcanzar iluminación espiritual y conseguir la redención del mundo del pecado y de la materia.

Fue natural y quizá inevitable que algunos miembros de la iglesia primitiva buscaran enriquecer su fe o adaptarla a las ideas religiosas comunes; los conversos de comprensión imperfecta del cristianismo quizá fundieron inconscientemente sus creencias anteriores con las ideas cristianas. Quizá fue este el origen de la influencia gnóstica que se manifiesta en algunas de las iglesias paulinas. En Corinto, por ejemplo, el deseo de sabiduría especulativa (1 Co. 1:7ss.) y el desprecio por el cuerpo (manifestado en la negación de la resurrección, en el ascetismo y en el libertinaje sexual; cf. 1 Co. 15:5,7), representan una actitud gnóstica.

La herejía colosense combinaba elementos judíos y helenísticos. Las observancias dietéticas y sabáticas, los ritos de circuncisión, y probablemente la función mediadora de los ángeles son restos de las prácticas y creencias judías (Col. 2:11,16,18); la insistencia en la "sabiduría" y el "conocimiento", el *pleroma* de poderes cósmicos, y el desprecio del cuerpo reflejan el pensamiento griego (2:3,8,23). Algunos conversos judíos probablemente introdujeron esta mezcla ya practicada en el judaísmo heterodoxo y la desarrollaron más después de hacerse cristianos.

Con estrategia ya empleada en otras ocasiones, Pablo emplea la terminología de los equivocados para atacar su enseñanza y, al mismo tiempo, expone la doctrina del 'Cristo cósmico'. En Cristo, el único Mediador, mora toda la sabiduría y conocimiento; en su muerte y resurrección todos los poderes del cosmos fueron derrotados y sometidos al mismo (2:3,9,10,15). Cualquier enseñanza que disminuya la posición central de Cristo con el pretexto de conducir a los hombres a la madurez y perfección es una perversión que amenaza la esencia misma de la fe. De este modo el apóstol identifica y desenmascara la raíz del error colosense.

Origen y Fecha. Colosenses, como Efesios, Filipenses y Filemón, fue escrita desde la prisión y fue entregada con la Carta a Filemón y (posiblemente) Efesios de manos de Tíquico y Onésimo (4:3,7-9; Flm. 12; Ef. 6: 12). La tradición más antigua pone su origen en Roma durante el confinamiento de Hch. 28 (por el 61-63 d. de C.). Si bien esta opinión sigue siendo prevalente, unos cuantos peritos sugieren que el encarcelamiento anterior en Cesarea (por el 58-60 d. de C.) o Éfeso (por el 55-56) ofrecen una ocasión más probable para su composición. Cesarea casi no cuenta con partidarios hoy día, pero la teoría que favorece el encarcelamiento efesino ha atraído considerable atención. G. S. Duncan (*St. Paul's Ephesian Ministry*) ha sido su más reciente defensor. Indica que: (1) Segunda Corintios (6:5; 11:23), escrita al final del ministerio efesino, indica que Pablo había estado encarcelado más veces no mencionadas en Hechos; si 1 Co. 15:32 se interpreta literalmente, como parece razonable hacerlo, por lo menos uno de esos encarcelamientos fue en Éfeso. (2) La visita de Epafras (Col. 1:7; 4:12) y la presencia del esclavo fugitivo Onésimo armonizan mejor con una estancia en Éfeso que con una en la lejana Roma. (3) Pablo planea visitar al Valle del Lico después de que haya sido puesto en libertad (Flm. 22), pero según la tradición Pablo se dirigió hacia el oeste, hacia España, después del confinamiento romano (cf. Ro. 15:24). La argumentación de Duncan hubiera sido más convincente en el caso de Filipenses, si bien esta teoría sigue siendo una opción válida también para las otras Cartas del Cautiverio. Los que siguen prefiriendo el origen romano consideran como no definitivos los argumentos dados más arriba en favor de otras ciudades, y señalan el peso de la tradición más antigua y la teología más madura (sobre todo) de Colosenses y Efesios. ¿Se hubiera podido proponer en fecha tan temprana como el ministerio efesino?

Autor. Sigue negándose en algunos círculos el origen paulino, si bien la mayoría lo defiende. Unos cuantos estudiosos, ante el hecho de que una cuarta parte de Colosenses se encuentra en Efesios, han considerado a aquella como una ampliación de cierta correspondencia genuinamente paulina. La relación entre las dos cartas, sin embargo, se explica en forma adecuada y clara como fruto —consciente o inconsciente— de la mente del apóstol mismo al escribir acerca de temas semejantes.

Las objeciones principales contra el origen paulino han sido éstas: (1) El pensamiento y perspectiva de la carta no concuerdan con los de Romanos, Corintios y Gálatas; (2) es imposible que la herejía colosense surgiera tan pronto. Es un error, sin embargo, estudiar a Pablo como si su mente hubiera estado amarrada en una camisa de fuerza; el cambio de circunstancias explican a satisfacción el cambio de tema y léxico. Estudios recientes han mostrado con carácter bastante definitivo que el gnosticismo, por lo menos en la forma incipiente que tiene en Colosenses, era ya una fuerza poderosa en el siglo primero. La voz unánime y antiquísima de la tradición de la iglesia se une a la mayoría de los expertos de hoy en afirmar la autenticidad de la carta; se puede tener bastante confianza en este veredicto.

Temas y Desarrollo del Pensamiento. La estructura de la carta sigue el esquema común de Pablo: a una sección doctrinal (qué hay que creer) le sigue una exhortación (cómo hay que obrar). Al oponerse a las enseñanzas falsas, Pablo recalca la índole excelsa del señorío de Jesucristo y su significado para quienes han sido unidos a Él. Como señor de la creación, Jesús encarna la plenitud de la divinidad; como cabeza de la Iglesia y reconciliador de su pueblo, es mediador eficaz en su persona de la relación redentora del hombre a Dios(Col. 1:15-22; 2:9). Para dejar bien sentada la suficiencia exclusiva de Jesús como Señor y Redentor (en oposición al empleo de sustitutos por los gnósticos, como prácticas redentoras y el *pleroma* o plenitud de poderes mediadores), Pablo subraya ambos aspectos de la persona de Cristo.

Es importante a este respecto el concepto de 'Cuerpo de Cristo', que sin duda los colosenses conocían (1:18,24; 2:17; 3:15). Esta relación misteriosa y única, que excluye a cualquier otra, condena toda creencia o práctica que desaloje la posición neurálgica de Cristo como Redentor y Perfeccionador de su pueblo. El 'Cuerpo de Cristo' es un tema profundamente incrustado en el fundamento de la teología del Nuevo Testamento. Algunos han buscado el origen del mismo en el pensamiento de Pablo, pero su germen está probablemente en la enseñanza del mismo Señor (cf. Mr. 14:58; Jn. 2:19-22; E.E. Ellis, *Paul's Use of the Old Testament*, p. 92). Concebir a los miembros de una comunidad como partes de un cuerpo era una comparación no desconocida en el mundo helénico, p. ej. entre los estoicos. El uso que Pablo hace de la comparación, sin embargo, va más allá de la simple metáfora y tiene que entenderse en el marco del concepto hebreo, muy antiguo y realista, de solidaridad corporativa (véase R.P. Shedd, *Man in Community*).

En 1 Co. 12:12-21 el 'cuerpo' (de Cristo) se describe con 'cabeza'. De ahí que el cristiano se puede considerar como ojo, oreja o mano. En Colosenses y Efesios, donde *Cristo* se presenta como 'cabeza' del cuerpo, parece que la comparación ha sufrido una modificación sustancial. De ser así, el cambio no sería un simple desarrollo de su concepto anterior, sino una adaptación del apóstol, consecuencia de su deseo de subrayar en estas cartas la relación íntima de Cristo con Su pueblo. Las diversas metáforas que Pablo emplea hay que entenderlas por separado según el marco propio; un "análisis conceptual general y único será tan útil para la interpretación de los escritos del apóstol como una aplanadora para cultivar un jardín de recreo en miniatura" (A. Farrar, *The Glass of Vision*, p. 45).

Es probable, sin embargo, que la Cabeza divina no sea en absoluto una metáfora modificada del 'Cuerpo', sino más bien complemento de la misma. El concepto de Cristo como cabeza (*kephale*) de la Iglesia es análogo al de 1 Co. 11:3: "Cristo es la cabeza de todo varón". En forma más específica: "el marido es cabeza de la mujer, así como Cristo es cabeza de la iglesia . . . él es su Salvador" (Ef. 5:23). La metáfora de la 'cabeza', en relación con Cristo y la Iglesia, ha de entenderse en función de la analogía marido-esposa. Expresa la unión de Cristo con la Iglesia, porque el marido y la esposa son 'una carne'. Pero, y esto es más importante, expresa la distinción de Cristo respecto a su cuerpo, la Iglesia, su autoridad sobre el mismo y su redención (cf. Col. 2:10). La definición de la Iglesia como la extensión de la Encarnación no refleja suficientemente este aspecto de la metáfora de Pablo.

En los escritos paulinos la relación del cristiano con la nueva era se considera como suceso pasado y al mismo tiempo como esperanza futura. En el pasado, los cristianos fueron crucificados con Cristo, resucitados a una vida nueva, introducidos en su reino, glorificados y hechos sentar con él en el cielo (Ef. 2:5-7; Col. 1:13; 2:11-13; Ro. 8:30). Pero Pablo, hacia el final de su vida, expresó el anhelo que tenía de "conocerle, y el poder de su resurrección, y la participación de sus padecimientos, llegando a ser semejante a él en su muerte, si en alguna manera llegase a la resurrección de entre los muertos" (Fil. 3:10-14). El significado de estas perspectivas cronológicas diferentes, y su relación, tienen una importancia básica para comprender la comprensión del mundo de Pablo (cf. E.E. Ellis, *Paul and His Recent Interpreters*, pp. 37-40). En breve, podemos sugerir que el concepto del 'Cuerpo de Cristo 'suministra una de las claves del significado de las mismas. Cuando Pablo habla de que los cristianos han muerto y resucitado a una vida nueva, habla de una realidad corporativa que Jesucristo experimentó en forma individual en el año 30 d. de C., pero que para los cristianos ha sido mediada en forma corporativa por el Espíritu que mora en ellos. Una vez incorporado al cuerpo de Cristo y destinado a ser conforme de manera individual a la imagen de Cristo, el cristiano debe ahora vivir en su vida individual la vida "en Cristo" a la que ha sido conducido. Si bien el "yo" en su condición mortal se "vestirá de inmortalidad" sólo en la *parousia*, al retorno del Señor (1 Co. 15:51-54), el "yo" en su dimensión ética y sicológica comienza a vivir las realidades de la era nueva en la vida actual: "Si habéis muerto con Cristo . . . ¿por qué . . . os sometéis a preceptos?" "Si . . . habéis resucitado con Cristo, buscad las cosas de arriba". "Habiéndoos despojado del viejo hombre . . . y revestido del nuevo . . . Vestíos, pues, . . . de entrañable misericordia . . ." (Col. 2:20; 3:1,9, 10,12). El carácter y mente de Cristo y, en la resurrección, su vida inmortal han de vivirse en su Cuerpo. En este marco de referencia la 'exhortación' de Pablo se ve en relación íntima con su enseñanza teológica.

BOSQUEJO

COMENTARIO

I. Introducción. 1:1,2.

1. Como en otras cartas—2 Corintios, Filipenses, 1 y 2 Tesalonicenses, Filemón— Pablo asocia a Timoteo en el saludo a los colosenses, pero reserva para sí el título de **apóstol**. Este término da la idea de misión, autorización y responsabilidad. Su significado neotestamentario hay que derivarlo probablemente de la palabra hebrea *shalah*, "enviar". (Véase J.B. Lightfoot, *St. Paul's Epistle to the Galatians*, p. 92 ss.; R.H. Rengsdorf, "Apostleship", *Bible Keywords II*, ed. J.R. Coates.) El sustantivo *shaliah*, equivalente virtual de la palabra NT "apóstol", no es infrecuente en los escritos rabínicos. Era primordialmente un término legal, que significaba representación autorizada. Como en la ley moderna de representación, el enviado era considerado como equivalente al

que lo enviaba. Ofender al embajador del rey, era ofender al rey mismo (2 S. 10; cf. 1 S. 25:5-10,39-42). Si bien el término **apóstol de Jesucristo** tiene otros usos secundarios (Fil. 2:25; 2 Co. 8:23), parece aplicarse en forma primaria a aquellos a quienes el Señor resucitado comisionó directamente como apóstoles (cf. 1 Co. 9:1; 15:8-10). Por ellos Pablo ejerció la función de apóstol **por la voluntad de Dios.**

2. Todos los cristianos son **santos** en virtud de su relación con Dios en Cristo; el uso de este adjetivo aplicado a una persona específica especialmente devota es un desarrollo posterior. Pablo emplea el antiguo saludo hebreo, **paz,** pero el griego *chaire*, "salud", lo cambia en *charis*, **gracia,** con lo que le da a la frase un tono netamente cristiano.

II. Naturaleza del Señorío de Cristo. 1: 3—2:7.

A. Acción de Gracias por la Fe de los Colosenses en Cristo. 1:3-8.

Una antigua carta griega comienza: Apion a Epímaco su Padre y Señor, muchos saludos (*chairein*).

Ante todo ruego que estés bien, y que prosperes y lo pases bien sin cesar . . . Doy gracias a Serapis porque, cuando me hallé en peligro en el mar, me salvó enseguida . . . (Deiss, LAE, p. 169).

Al iniciar las cartas (excepto Gálatas) con una acción de gracias, Pablo sigue esta costumbre literaria, si bien modifica notablemente el contenido.

3-6. Pablo da gracias por las tres gracias de los colosenses. Su **fe** en Cristo, que comenzó en el pasado, y su **amor** por los hombres, que se manifiesta en el presente, se basan en la **esperanza** que se realizará en el futuro. Quizá **esperanza** en este caso significa Cristo mismo (cf. 1:27). Las tres cosas van unidas: si tenemos esperanza sólo en esta vida, somos dignos de compasión (1 Co. 15:19), pero si reside en **los cielos,** donde la nueva era será una realidad en la persona de Cristo, se expresará con amor y llevará **fruto** en el mundo actual (cf. Col. 1:13; 3:14; Ef. 6:12; Mr. 4:20).

7. Sólo en este caso llama Pablo a su colaborador **consiervo amado** gr. *sundoulos*) de Cristo; quizá éste es también el significado de "compañero de prisiones" de 4:10. **Epafras, ministro** o diácono (*diakonos*) de los colosenses quizá fue el que organizó la iglesia en el Valle del Lico. Sin duda el apóstol se había enterado por él de los errores que amenazaban a los cristianos de dicho lugar, y también el amor por Pablo **en el Espíritu.** Esto último probablemente se refiere al ámbito del Espíritu o era nueva, si bien otras traducciones posibles son *amor espiritual* y *amor del Espíritu* (cf. Ro. 8:9; Ef. 1:3).

B. Oración por su Crecimiento en Cristo. 1:9-14.

Las oraciones de Pablo no sólo abren perspectivas nuevas en la fe del apóstol; ofrecen también lecciones valiosas para todos respecto al significado de la oración cristiana. Cuando se comparan con la Oración del Señor, dicen mucho en cuanto a la manera como se aplicaba en la iglesia primitiva la invitación de Cristo, "vosotros, pues, oraréis así" (Mt. 6:9). Después de la acción de gracias inicial, Pablo comienza la petición que se convierte en acción de gracias al mismo tiempo que es un himno de alabanza al Cristo exaltado.

9,10. Orar. Véase 4:2. C. Masson (*L, Epître de Saint Paul aux Colossiens*) sugiere que **llenos del conocimiento** (*epignosis*) debería entenderse como "maduros respecto al conocimiento". Hay probablemente un contraste sutil con el conocimiento (*gnosis*) de los defensores del gnosticismo: Pablo recalca no una experiencia arcana de los 'poderes' ni un intelectualismo abstracto, sino un conocimiento completo (*epignosis*) de la voluntad de Dios de acuerdo con la sabiduría (*sophia*; cf. 1 Co. 1:24-30) y la percepción. Si bien en el uso de estos términos el apóstol estuvo quizá bajo la influencia del léxico de sus oponentes, vuelve el significado de las palabras contra los falsos maestros. Oran para que los colosenses pasen por la terapia siquiátrica de Dios, que transformará su visión del mundo y de la vida (cf. Ro. 12:1,2). La transformación mental es prerrequisito para la renovación ética y la base para la misma; a su vez, al llevar **fruto en toda buena obra,** se incrementará más su **conocimiento de Dios.**

11. Para dar más fuerza al concepto, el apóstol reitera: **fortalecidos . . . poder . . . potencia.** En el cristiano actúa nada menos que el poder de Dios Todopoderoso mismo, no por ahora para exaltarlos, sino para dar **paciencia,** fortaleza y perseverancia. Los filósofos estoicos también inculcaban estas virtudes pero, como el tradicional hindú de rostro imperturbable, las acompañaban de una actitud de despego completo. Pablo quiere decir esperar esperanzado y sufrimiento con **longanimidad.** ¡Este es el distintivo cristiano! El gozo que no tiene sus raíces en el sufrimiento es vacío (C.F.D. Moule, *The Epistles of Paul the Apostle to the Colossians and to Philemon*).

12-14. El poder de Dios **nos hizo aptos para participar,** es decir, nos ha hecho capaces y dignos. **Luz** y **tinieblas** son términos teológicos comunes empleados en muchas religiones, y hallados muy recientemente en los Manuscritos del Mar Muerto. En este caso Pablo parece contrastar el ámbito o esfera del siglo nuevo—**luz.** con el del siglo presente, la esfera o autoridad mala (*exousia*) de las **tinieblas.** En otras partes esta esfera mala se equipara al poder de Satán (cf. 2:15; Lc. 22:53; Hch. 26:18; Ef. 2:2).

Estos versículos, que proponen una liberación y transferencia pasadas al **reino** de Cristo y una redención que los cristianos tienen desde ahora, son las características de la 'escatología cumplida', es decir, que la edad nueva se inició con la resurrección de Cristo y que los cristianos entran en ella en la conversión. La relación del reino cumplido con el reino futuro se ha discutido por mucho tiempo y se ha entendido de diversas formas. ¿Son conceptos que se excluyen mutuamente y que representan etapas del desarrollo doctrinal en la mente de los escritores del NT? Puesto que virtualmente todos los estratos de la literatura del NT contienen ambos conceptos, esta explicación parece algo forzada. ¿Es la fase actual del reino cumplimiento parcial de la plenitud futura? Pablo parece considerar que los cristianos se hallan plenamente en la esfera de la edad nueva en su estado corporativo en Cristo, que el Espíritu Santo transmite a los individuos; la esfera de existencia de la edad nueva, sin embargo, tendrá su ralización plena e individual en la parusia, es decir, en el retorno de Cristo. (Véase la Introducción.)

En el gnosticismo tardío se distinguió entre perdón, como etapa inicial, y redención, como evasión del alma hacia la esfera de la inmortalidad. Pablo aquí habla de **redención** que produce el perdón de pecados. (Véase Leon Morris, *The Apostolic Preaching of the Cross*, p. 43).

C. Cristo como Señor. 1:15-19.

Las atribuciones de este pasaje tienen un aspecto sorprendente; a saber, que se aplican a un joven judío que fue ejecutado como criminal apenas treinta años antes. Jesucristo es descrito con expresiones que recuerdan a la Sabiduría divina del AT (cf. Pr. 8:22-30; Sal. 33:6), de la literatura intertestamentaria o pasajes semejantes del NT (cf. Jn. 1:1; 1 Co. 1:30; He. 1:1 ss.). Jesús no sólo es el mediador de la creación sino que es la meta de todo el orden creado. Alguien captó lo terrible de este contraste en las siguientes palabras:

Mirad al Salvador Jesús,
El rey del universo,
Por mi muriendo en la cruz,
Muriendo como reo.

15-17. Imagen de Dios tiene relación con la tipología Adán-Cristo (cf. Gn. 1:27; Sal. 8; He. 2:5-18), en la que se tiene a Cristo como al primer hombre verdadero que cumple el propósito de Dios en la creación. Por ello participar de la imagen de Cristo es la meta de todos los cristianos (cf. Ro. 8:28; 1 Co. 11:7; 15:49; 2 Co. 3:18; 4:4; Col. 3:10). El Hijo divino, sin embargo, es el prototipo, la emanación de la gloria de Dios y no, como otros hombres, su reflejo (He. 1:3). Como el hombre "lleva la imagen de su creador le fue posible al Hijo de Dios encarnarse como hombre y en su humanidad manifestar la gloria del Dios invisible" (Bruce en *The Epistles to the Ephesians and the Colossians* por E.K. Simpson y F.F. Bruce).

Primogénito (*prototokos*) los arianos lo interpretaron en el sentido de "primero de una clase", es decir, Cristo fue la primera criatura. La palabra puede tener este significado (cf. Ro. 8:29); pero no armoniza con el tema de Pablo, que en este pasaje subraya la prioridad y primacía mesiánicas (cf. Sal. 89:27): Cristo es 'primero' porque **en él** —la esfera de su dominio o quizá por medio de él como instrumento— el orden creado vino a existir (cf. Jn. 1:3; He. 1:2), y existe **para él**. Sean cuales fueren los poderes o **potestades** que existan, nada tienen que ofrecer o negar al cristiano; en Cristo lo tiene todo (cf. Ro. 8:38; Ef. 1:10).

18. Los términos **cabeza, principio, primogénito,** expresan la preeminencia de Cristo en la nueva creación, que nace en su resurrección (1 Co. 15:22; Ap. 1:5; 3:14). Si bien a los escritores de medicina del siglo primero no les era desconocida la **cabeza** como sede del control del cuerpo, el sentido de la palabra en este pasaje es el de "principal" u "origen" del AT. Como **cuerpo** de Cristo (no 'cuerpo de cristianos') la **iglesia** no es tan sólo una 'sociedad' sino que se define en función de su comunión orgánica con Cristo (véase Introducción).

19. Del mismo modo que el cosmos fue creado en y por medio de Cristo, así ocurre también en el caso de la nueva creación. Ambos abarcan más, para Pablo, que el género humano (cf. Ro. 8:22,23). Pero la **plenitud** (*pleroma*) de todo está en Cristo. Se ha sugerido que *pleroma* significa en este caso, como en el uso gnóstico posterior, la totalidad de los poderes cósmicos que son intermediarios de la redención del hombre; todos ellos, dice Pablo, en oposición a la enseñanza gnóstica, pertenecen a Cristo y están en él. Sin embargo, dado el uso que la palabra tiene en la LXX y en otros pasajes de Pablo, no es probable este significado técnico. La interpretación adecuada la indica Col. 2:9, donde *pleroma* sólo puede significar la plenitud de los poderes y atributos de Dios. En este libro se considera a Cristo en el sentido de que resume y representa todo lo que Dios es. Además, **plenitud,** como "imagen" (cf. 1:15), en otros pasajes se aplica a los cristianos en vista del estado final glorificado en Cristo (Ef. 3:19; 4:12,13; cf. Jn. 17:22,23).

D. Cristo como Reconciliador de Dios. 1:20-23.

20. En Ef. 2:14-18 Pablo considera la paz conseguida con el sacrificio de la **sangre** de Cristo en cuanto abarca y une a judíos y gentiles. En este caso tiene presente sobre todo al género humano y a **todas las cosas** del cosmos (cf. Is. 11:6-9; Ro. 8:19-23). El hecho de que Dios por medio de Cristo quiera **reconciliar** al universo, Orígenes (acerca de Jn. 1:35) lo equiparaba a una redención universal. No consta con certeza si el significado en este caso es "reconciliar con Dios" o (más probablemente) "reconciliar en Cristo", o sea, introducidos a una unidad que tiene su meta en Cristo (cf. Arndt). Pero la opinión de Orígenes casi no valora la enseñanza paulina (y del NT en general) respecto al juicio de Dios. Los colosenses fueron reconciliados por medio de la redención, pero Col. 2:15 sugiere que otros seres y poderes malos son 'reconciliados' por la derrota y la destrucción (Cf. 1 Co. 15:24-28). Para algunos la cruz es "olor de muerte para muerte" (2 Co. 2:16).

22,23. Su cuerpo de carne y presentaros aluden a sacrificio (cf. Ro. 12:1,2) y acentúan la identificación del creyente con Cristo en su muerte. **Si en verdad permanecéis.** Pablo se dirige a sus oyentes como cristianos pero siempre reconoce factores 'existenciales' que excluyen toda complacencia incluso en su propio caso (cf. 1 Co. 9: 27; 2 Co. 13:5). Para el apóstol, la seguridad siempre tenía que ser en tiempo presente. Y, si bien la elección de Dios permanece firme, se puede confirmar sólo en función de profesión (cf. Ro. 10:9), conducta (cf. 1 Co. 6:9) y de testimonio del Espíritu (cf. Ro. 8:9). **En toda la creación** (*ktisis*) quizá sea una referencia, que el contexto admitiría, al alcance cósmico de la proclamación (cf. 2 P. 3:9). Si Pablo en este caso habla de los ciudadanos romanos, se le puede permitir una hipérbole inevitable en un evangelista 'nato'.

E. Pablo: Ministro de Cristo de la Reconciliación. 1:24-29.

24. Antes Pablo oró para que los colosenses tuvieran paciencia y longanimidad (1:11); ahora dice ser ésta su propia experiencia. La idea sorprendente de que los **padecimientos** (*pathema*), soportados por el bien de los colosenses, cumplen **lo que falta de las aflicciones** (*thlipsis*) de Cristo no es exclusiva de este pasaje (cf. 2 Co. 1:5-7; 4:12; 13:4; Fil. 3:10; 1 P. 4:13; 5:9; Ap. 1:9). Hay que entenderla desde el punto de vista del concepto hebreo de personalidad corporativa ilustrado en la gráfica afirmación de Jesús respecto a su **iglesia**, "¿por qué *me* persigues?" (Hch. 9:4). Algunos interpretan Col. 1:24 en el sentido de que en el propósito de Dios, el Cristo colectivo, la comunidad mesiánica, está destinada a sufrir una parte de los 'dolores de parto' del surgimiento de la era mesiánica. Probablemente es más básica la idea de que la unión con Cristo implica *ipso facto* unión con los sufrimientos de Cristo: "Si es que padecemos juntamente con él, para que juntamente con él seamos glorificados" (Ro. 8:17). La realidad corporativa "en Cristo" (Gá. 2:20) debe actualizarse en cada cristiano; por esto Pablo puede hablar incluso de su propia muerte como sacrificio (Fil. 2:17; 2 Ti. 4:6). Hay que advertir, sin embargo, que en este contexto, como en

otras partes, la suficiencia redentora exclusiva está en Cristo y en su satisfacción. Los cristianos participan de los padecimientos de Cristo porque han sido redimidos, no como ayuda a su redención. (Así pues, en la imitación de Cristo, que los Anabaptistas recalcan, "la corona de espinas figura sobre la corona de gloria". Véase Robert Friedmann, "Conception of the Anabaptists", *Church History,* IX (1940), 358; cf. Walter von Loewenich, *Luthers Theologia Crucis;* Dietrich Bonhoeffer, *The Cost of Discipleship;* Elisabeth Elliot, *Through Gates of Splendor*).

25-27. La asignación de Pablo en el plan redentor de Dios fue, específicamente, dar a conocer la salvación a los **gentiles.** En el mundo del primer siglo **misterio** (*mysterion*) significaba (1) algo misterioso, (2) rito religioso de iniciación, (3 secreto conocido sólo por revelación divina (Dn. 2:28-30, 47). El uso amplio de Pablo entra en la tercera categoría (cf. 1 Co. 15:51; Ef. 5:32; 2 Ts. 2:7). Pero en relación con el plan redentor de Dios, el misterio es la unión corporativa con Cristo, **Cristo en vosotros,** con la cual Dios da justicia y salvación. En Efesios (3:6) se centra en la inclusión de los gentiles en el Cuerpo, y este aspecto del misterio no está ausente en este pasaje.

28,29. El 'doctor de almas' desempeña un ministerio de amonestación y enseñanza, no centrado en sí, sino basado en la paciencia. El objetivo de Pablo era **presentar perfecto en Cristo Jesús a todo hombre** (*teleios*), o sea maduro, siempre **luchando** aunque también reconociendo que la **potencia** que **actúa poderosamente en mí** es la de Cristo (Fil. 2:12,13).

F. Preocupación de Pablo por los .Cristianos del Valle del Lico. 2:1-7.

Como *teleios* antes, varias palabras de este pasaje — **misterio, sabiduría, conocimiento, cabeza** (v. 10), caras a los gnósticos, se convierten en instrumentos eficaces de la verdad cristiana. Esta sección de transición pasa de una presentación del Señorío de Cristo a un ataque contra las doctrinas insidiosas que ponían en peligro ese Señorío en la iglesia colosense.

1-3. La lucha. El cuadro que el griego sugiere está tomado de las competiciones atléticas. La palabra describe ante todo, como el versículo anterior, la lucha espiritual del apóstol en oración contra los principados y potestados (cf. Ef. 6:12). Pablo no mandó que descendiera el fuego del juicio (Lc. 9: 54) sino que, en forma positiva, oró para que los *colosenses* y *laodiceos*, a quienes al parecer amenazaba la misma herejía, fueran **consolados** (v. 2), es decir, fortalecidos, por medio de la exhortación, con una renovación ética (**amor**) y comprensión espiritual (**entendimiento**). La ortodoxia sin amor es estéril, y el amor sin la verdad se convierte en sentimentalismo; unidos, en cambio, producen comprensión espiritual, conocimiento del **misterio de Dios**. Si existe un secreto, dice Pablo, es Cristo — Cristo como encarnación de la **sabiduría** de Dios (Moul, *op. cit..*), Cristo como el único mediador de los dones de Dios a los hombres (cf. Pr. 2:3-9).

4-7. Como miembro del cuerpo de Cristo unido a los demás **en espíritu**, Pablo aclara ahora en forma meridiana el propósito de los comentarios anteriores. Teme que **palabras persuasivas**, es decir, razonamientos convincentes (*pithanologia*), perturben su **orden** y **firmeza**. Estas palabras emparejadas son términos militares que hacen pensar en el enemigo que quebranta las tropas antes vigorosas. El recurso de los defensores del error a la filosofía y sabiduría (cf. 2:8, 23), es un enfoque no desconocido del todo en estos tiempos. Pablo no contestó a sus falsos razonamientos con oscurantismo ni mandando a los creyentes que cerraran los oídos, sino con una invitación razonada para que volvieran a la tradición cristocéntrica por medio de la que habían **recibido** el Evangelio (cf. 2:8). Bajo este punto de vista comprenderían enseguida la vacuidad de los razonamientos gnósticos.

III. Señorío de Cristo y las Enseñanzas Falsas de Colosas. 2:8—3:4.

A. Suficiencia Exclusiva de Cristo. 2:8-15.

El apóstol comienza la argumentación afirmando de nuevo el carácter único de Cristo y de la relación del creyente con él. Como cabeza y triunfador de toda autoridad y como la esfera misma de la existencia del cristiano en la era nueva, el lugar de Cristo en la vida cristiana lo abarca todo y excluye todo lo demás.

8. La herejía colosense era una "filosofía" **según las tradiciones** (*paradosis*) **de los hombres** y los **rudimentos** del cosmos (cf. 2:20). Pablo no condena la tradición en sí misma sino que contrasta esta herejía con la tradición **según Cristo,** que los colosenses habían recibido (2:7). Hay, pues, una tradición aceptable —a la que el apóstol expresa gratitud en otros pasajes (v. gr., Ro. 6:17; 1 Co. 11:2,23; 15:3; Fil. 4:9)— cuya esencia consiste en ser apostólica (véase Col. 1:1). La tradición apostólica tiene carácter de revelación, porque en ella el Cristo exaltado habla por medio de sus representantes autorizados (cf. Oscar Cullmann, "Tradition", *The Early Church*, pp. 59-99).

9,10. La palabra griega por **Deidad** o *divinidad* es el sustantivo abstracto por Dios (Arndt) e incluye no sólo los atributos divinos sino también la naturaleza divina (Beng). En oposición a la idea doceta de que la materia es mala está la afirmación bíblica de que la deidad misma se ha manifestado **corporalmente** (*somatikos*) o en la realidad material (Lightfoot; cf. Jn. 1:14). Otros (p. ej. Moule) interpretan *somatikos* en el sentido de (1) el organismo de Cristo en oposición al *pleroma* múltiple de los poderes cósmicos; o, aunque con menos probabilidad, (2) el Cuerpo de Cristo, es decir, la Iglesia. La plenitud (*pleroma*; cf. nota en 1:19) que habita en Cristo se infunde a los que están unidos a él hasta que estén **completos** (*pepleromenoi*) o sean conducidos a la plenitud (cf. Ef. 1:23). Sólo la unión con Cristo es suficiente, porque él es **cabeza** de todos los demás poderes; nada pueden agregar a la santidad o redención.

11,12. En el NT **no hecha a mano** es un término semitécnico empleado para las realidades del siglo nuevo en contraste con las instituciones y rituales del pacto antiguo. Se refiere casi siempre a la Iglesia como verdadero templo de Dios que comenzó a existir en la muerte y resurrección de Cristo (Mr. 14:58; Jn. 2:19-22; Hch. 7:48; 2 Co. 5:1; He. 9:11,24). Aquí se dice de la muerte y resurrección de Cristo que es la verdadera **circuncisión** (cf. Fil. 3:3), en la que los cristianos, como Cuerpo de Cristo, participaron. Ambos conceptos son para Pablo expresiones de la realidad corporativa implícita en la **fe** cristiana — unión con la muerte y resurrección del Salvador. (Véase Introducción). **Echar de vosotros el cuerpo pecaminoso carnal.** Véase 2:15. **Bautismo** puede referirse sobre todo al bautismo de muerte de Cristo (cf. Mr. 10:38; Lc. 12:50), si bien no hay que excluir el bautismo cristiano (cf. Ro. 6:4). No existe analogía directa entre el bautismo cristiano y el rito de la circuncisión de la 'antigua era'. La circuncisión en este caso es la muerte de Cristo, por la cual se efectuó la rotura con la era antigua, la purificación del pecado y la reconciliación con Dios (cf. Dt. 30:6; Jer. 4:4; 9:25,26). El bautismo cristiano ha de relacionarse con esto.

13. Para los gentiles la imagen de la muerte y resurrección de Cristo tenía significado especial: su antigua alineación del pueblo de Dios estuvo simbolizada en su **incircuncisión** en sentido literal (cf. Ef. 2:11). Sin embargo, el empleo de la palabra **carne,** es decir, el hombre bajo pecado, para indicar una incircuncisión moral es posible. La resurrección, considerada como acción corporativa **juntamente con** Cristo, halla su realización por medio del perdón gratuito de Dios (cf. Ef. 2:1-10).

14. Acta es el certificado de deuda

(Deiss, BS, p. 247) y es probable que se refiera a la ley mosaica escrita. Para los gentiles puede incluir también la ley que sus conciencias siguen (cf. Ro. 2:14,15; Éx. 24:3; Ef. 2:15). Esta obligación que, al no cumplirse, estaba **contra nosotros,** fue satisfecha **en la cruz.**

15. Despojando (*apekdyomai*) es palabra compuesta que no se diferencia esencialmente de otra expresión paulina, *ekdyo*. Esta, tal como se emplea en la LXX (y griego clásico) para la derrota o "despojo" de los enemigos en la guerra, sugiere en este caso el significado.

En tiempos del AT a los prisioneros se les despojaba de casi toda o de toda la ropa. Este hecho pasó a simbolizar la derrota, y para los profetas significó el juicio de Dios (cf. Ez. 16:39; 23:26). En el NT esta idea pasa al ámbito de los últimos días, cuando los justos serán vestidos, en contraste con los malos, quienes estarán ante el tribunal de Dios despojados y desnudos (cf. Mt. 22:11; Ap. 3:17,18; 16:15; 2 Co. 5:3,4). Este versículo, que describe a Cristo que despoja **a los principados y a las potestades** con su muerte y resurrección, probablemente se refiere, por una parte, a los poderes angélicos (por medio de los cuales se había dado el **acta de los decretos,** Gá. 3:19) que dirigen a los gobernantes humanos, y por otra, a los males personificados, como la muerte. Cristo murió, "para destruir por medio de la muerte al que tenía el imperio de la muerte, esto es, al diablo, y librar a todos los que por el temor de la muerte estaban durante toda la vida sujetos a servidumbre" (He. 2:14,15). Para el individuo, la muerte ha de ser destruida (1 Co. 15:25,26); esta destrucción se dio "en Cristo" cuando, en su triunfal ascensión, el Salvador llevó consigo cautivos a la muerte y a todos los demás poderes (Ef. 4:8). De modo semejante, el **echar** fuera (*apekdyomai*) **el cuerpo de carne** (Col. 2:11) se puede referir al juicio corporativo en la cruz del **cuerpo de carne** proveniente de Adán; es decir, de todo el hombre bajo pecado, bajo juicio, bajo muerte. De ser así, esta expresión está en contraposición al 'cuerpo de Cristo' (cf. 1 Co. 15:22; Robinson, *The Body*, p. 31). El perdón gratuito de Dios (Col. 2:13) ha de entenderse a la luz del significado de la cruz: en ella la deuda del hombre quedó cancelada y los poderes que tenían sometido al hombre quedaron **públicamente** derrotados y sometidos. Ante este hecho, resulta evidentemente absurdo buscar ayuda para la salvación no en el Cristo triunfante sino en los poderes sometidos.

B. Las Prácticas de los Colosenses como Negación del Señorío de Cristo. 2:16—3:4.

16,17. Por tanto. Pablo golpea la mesa y saca las consecuencias de la argumentación empleada. Las observancias discutibles, que sin duda los falsos maestros habían impuesto, no sólo se desvanecían ante la libertad cristiana (cf. Ro. 14; Gá. 5) sino que, como entre los gálatas (3:1-12; 4:9,10), amenazaban apartarlos de Cristo para arrojarlos de nuevo en la **sombra** de la era anterior (cf. He. 10:1-10). Pablo señala que los simbolismos y prohibiciones se han desvanecido ante Cristo, la realidad meridiana. Imponer leyes semejantes (hoy les damos otros nombres) a otros como pruebas de madurez espiritual son signos más que evidentes de inmadurez y error cristianos. **Cuerpo** se suele interpretar como "realidad" o "sustancia", en contraste con el 'tipo' o 'modelo' del AT (Lightfoot), pero **cuerpo de Cristo** no debería limitarse a esto. " 'Sustancia', 'Iglesia', y 'sacrificio perfecto definitivo' pueden haber sido ideas que se agolparon en la mente del escritor . . ." (Moule).

18,19. La descripción alude a la competición atlética en la que el participante es descalificado o privado de **premio** debido a alguna irregularidad (cf. 1 Co. 9:24; Gá. 5:7; Fil. 3:14; 2 Ti. 4:7). Los falsos maestros o bien (1) eran obstáculo en el curso cristiano de los colosenses o bien (2) los intimidaban con la amenaza de quedar descalificados si no seguían sus enseñanzas. **Humildad,** que en Col. 3:12 es una virtud, en este caso se censura por razón del objeto hacia el cual se dirige esta actitud y actividad sumisas. **Culto a los ángeles** (*ton aggelon*). Cualquiera que hubiera sido la función mediadora de los ángeles en la era antigua (cf. Gá. 3:19), la presencia de Cristo hace que esté de más. Para Pablo quizá los ángeles sigan teniendo una función ministerial (1 Co. 11:10; cf. Mt. 18:10; He. 1:14; 2 P. 2:11; Jud. 8,9), pero la enseñanza hereje parece haber excedido la reverencia judía y del AT por los ángeles —incluso las especulaciones rabínicas más extravagantes— para rendirles culto que, parecido a la devoción de los católicos de hoy a la Virgen María, disminuía la posición central de Cristo. Ernst Percy, (*Die Probleme der Kolosser und Epheserbriefe*, pp. 168,169), indica la identidad virtual de **culto a los ángeles** con **humildad** (cf. Col. 2:23), y oye a Pablo decir: "Vuestras prácticas legalistas equivalen a dar culto a los ángeles". Pero el texto implica algo más (cf. Bruce).

La base del error es la **mente carnal** o egoísta (véase 2:15) que pasa el tiempo en el examen de visiones que **ha visto.** (Frase difícil. Véase Bruce, Moule). Una mente así no se apoya en la **Cabeza,** de la que el **cuerpo,** o sea, la Iglesia, se alimenta para un crecimiento genuino y religioso. A diferencia del uso anterior, **Cabeza** en este caso indica no tanto *autoridad* como *origen* o *fuente* de la salud y vida de la Iglesia.

C. Las prácticas de los Colosenses como Contradicción de su Vida Corporativa en Cristo. 2:20—3:4.

20-22. Los **rudimentos** (*stoicheia*) o *espíritus elementales* se identifican (1) con los poderes demoníacos a los que ha sido dada autoridad delegada en el cosmos y, por consiguiente, sobre los hombres (cf. 2:15), o (2) con los poderes angélicos en general quienes fueron mediadores de la ley y ejercieron en la era antigua una cierta soberanía sobre los hombres. [El lector podría consultar la esmerada exposición de E.D. Burton, *Galatians,* pp. 510-518. Ed.]. Unos pocos comentaristas (p. ej. Moule) traducen la expresión *enseñanza elemental,* es decir, ritualismo judío o pagano que se opone a la libertad del espíritu. En el Calvario el cristiano murió **con Cristo** a la era antigua, y por ello no debe vivir como si el **mundo** (*kosmos*) o sus **preceptos** todavía tuvieran autoridad sobre él (cf. Ro. 6). Someterse a lo que **se destruye** es manifestar que se pertenece a la era antigua perecedera, a la raza mortal de Adán (cf. 1 Co. 15:45-50); y es una negación de la vida de la era nueva a la que, en el cuerpo resucitado de Cristo, ha sido incorporado el cristiano.

23. La doctrina de los hombres es que la perfección del cristiano se alcanza por medio de normas (cf. Col. 2:8). Si bien el observar ciertos tabús le da al hombre reputación de **sabiduría** espiritual y **humildad,** estos tabús en la práctica "honran, no a Dios, sino al orgullo mismo del hombre" (traducción de Phillips). Phillips, probablemente con razón, entiende **carne** como "el hombre viejo", el hombre en su rebelión pecaminosa, y no como un simple término sensual (cf. 2:18). Por el contrario, **duro trato del cuerpo** ha de entenderse en forma literal de las prácticas ascéticas.

3:1-3. El cristiano no sólo ha muerto sino también **resucitado con Cristo.** En su verdadera existencia reside "en lugares celestiales" (Ef. 2:6). La era antigua sigue manifestándose en el cristiano — peca, se enferma, muere; la era nueva permanece **escondida,** hecha realidad sólo en el cuerpo del Salvador. Sin embargo, en el año 30 su existencia vieja murió, crucificada con Cristo (cf. 2 Co. 5:14; Gá. 2:20). Esto exige que el cristiano busque (en la esfera de la voluntad) y dirija **la mira** (*phroneite,* en la esfera de la mente) a la realidad de la era nueva **de arriba** (cf. Ro. 12:1,2). "Arriba" y "abajo" (o **de la tierra** en los escritos de Pablo y Juan no indica primordialmente contrastes espaciales, si bien esta

forma de expresión alude naturalmente a Cristo y a los cielos. El término expresa un contraste definido en la relación temporal — la era vieja y la nueva. En el año 30 d. de C. la nueva era hizo su aparición histórica en la resurrección de Cristo. Pero Cristo, en quien la nueva era radica en la actualidad, está arriba, en tanto que el mundo prosigue existiendo en las garras mortíferas de la era vieja. Los cristianos viven ya "arriba", es decir, en la era nueva, sólo "en Cristo" y por medio del Espíritu Santo que habita en ellos. Pero su existencia corporativa en Cristo no es menos real que su existencia individual. La ciudadanía del cristiano está en "la Jerusalén de arriba" (Gá 4:26), y esto exige una transformación constante de su mente y voluntad hacia dicha realidad. El conformarse al ritual, a ceremonias, a los 'poderes' mediadores de la era antigua es negar la vida resucitada corporativa de uno mismo con Cristo.

4. En el sentido en que **Cristo** es nuestra **vida,** el cristiano incluso ahora 'vive' la consumación de su unión con Cristo. Pero en la *parousia,* o sea, cuando Cristo regrese, el cristiano estará **con él** no sólo en un sentido corporativo sino en **gloria** recibida a plenitud en forma individual (cf. Ro. 8:18; 2 Co. 3:18). Este es el aspecto 'futurista' de la enseñanza escatológica de Pablo. **Manifieste** (*phaneroo*), si bien no es tan común como *parousia,* se usa en unos cuantos pasajes para denotar la segunda venida de Cristo (2 Ts. 2:8; 2 Co. 5:10; 1 Ti. 6:14; 2 Ti. 4:1,8; cf. 1 P. 5:4; 1 Jn. 2:28; 3:2).

IV. El Señorío de Cristo en la Vida Cristiana. 3:5—4:6.

De acuerdo con la pauta paulina (cf. Ro. 12:1; Ef. 4:1), ahora se efectúa una transición del modo indicativo doctrinal al imperativo ético. No se da, desde luego, una dicotomía absoluta en la secuencia doctrina-ética. Si Pablo quiere decir algo con esta forma literaria, es que la doctrina es la base de la ética; lo que el hombre cree determina en forma sustancial sus actos.

A. El Imperativo Cristiano: Vivir Cada Uno la Realidad 'en Cristo'. 3:5-17.

5. Lo terrenal en vosotros probablemente se refiere no a los órganos del cuerpo que se emplean en forma inmoral (Moule; cf. 1 Co. 6:15) sino a las actitudes y acciones corporales como expresiones del "hombre viejo" (Bruce; cf. Ro. 7:23; 8:13). Así pues se incluye (tanto como la **fornicación**) el pecado de **avaricia:** deseo adquisitivo. Quizá lo que se necesita mucho en el cristianismo americano moderno, tan materialista, es la promesa de no poseer nada y pedir ser liberado de lo material y de las ambiciones. (El pensamiento es de A.W. Tozer). Llamar a la avaricia **idolatría** no es demasiado fuerte si se cae en la cuenta de que, cuando (tenemos el deseo vehemente de poseer) *poseemos* algo, ese algo en realidad posee una parte de nosotros.

6. Ira (*orge;* cf. TWNT, V, esp. pp. 419-448) se asocia a menudo con cólera (*thymos*), a veces cuando se atribuye a Dios (Ro. 2:8; cf. Ap. 16:19; 19:15). Al hombre no le está absolutamente prohibida la ira, como ocurría en la doctrina estoica de la *apatheia* (véanse Ef. 4:26; cf. 1 Co. 14:20; Jn. 2:13-17; Stg. 1:19,20). Sin embargo, Pablo sí la describe como característica del "hombre viejo" (Ef. 4:31; Col. 3:8; cf. Ro. 12:19).

El concepto de la ira de Dios no es una reliquia de la antigua ideología del AT. La ira de Dios es la base del temor de Dios (He. 10:31; Stg. 4:12; Mt. 10:28); y ha de entenderse no como una emoción momentánea sino como una disposición permanente, un principio de retribución (Ro. 1: 18; 3:5; 9:22; cf. Jn. 3:36; He. 3:11), no como la de un gobernante terrenal (Ro. 13:4,5; cf. He. 11:27). A menudo se asocia con el día del juicio (Ro. 2:5; 1 Ts. 1:10). Lejos de negar el amor de Dios, su ira lo confirma. Porque sin justicia la misericordia pierde su significado. (Cf. R.V.G. Tasker, *The Biblical Doctrine of the Wrath of God*.)

7,8. Cf. 2:6. **De vuestra boca** se puede referir a todos los pecados enumerados. El pecado público es contagioso, y el control de la manifestación del pecado es un paso adelante hacia la liberación del mismo.

9,10. Despojado (*apekdysamenoi*), referido al momento de la conversión, da la idea de quitarse, como una prenda de vestir, y de juzgar al hombre viejo, es decir, por identificación con Cristo en su muerte (véase comentario de 2:15). *Neon* **(nuevo)** o, como en otras partes, *kainos* (p. ej. Ef. 4:24) se interpreta con el siguiente **se va renovando.** Es decir, la existencia corporativa "en Cristo" se va realizando más y más en el cristiano (cf. 2 Co. 3:18; véase Introducción). Así pues, la imagen de Dios, que el primer Adán no supo realizar en sí, ha de cumplirse en los hijos del segundo Adán (cf. Gn. 1:26; He. 2:5ss.; Ro. 8:29; 1 Co. 15:45ss.). Esto significa que los creyentes no sólo se revisten de los nuevos atributos, sino que pasan por una transformación sicológica que, en la *parousia* de Cristo, es decir, en su segunda venida, se verán en toda su naturaleza radical y comprensiva (Ro. 12:2; 1 Co. 15: 53). Los cristianos, como lo expresa la carta a Diogneto perteneciente al siglo segundo,

pertenecen a una "nueva raza". **Conocimiento.** Véase comentario de 1:9.

11. Escita. La clase más baja de esclavos. En Cristo todas las distinciones quedan atrás. Al pie de la cruz el terreno se nivela. No es, sin embargo, la nivelación de la ética socialista moderna, que sólo puede producir la 'nueva clase' de Djilas. No es una uniformidad de estado en el orden actual del mundo, sino un cambio de actitud por la que el estigma de ser inferior queda suprimido. Es "unidad en la diversidad, unidad que *trasciende* toda diferencia y actúa dentro de las mismas, pero nunca una unidad que *hace caso omiso* o *niega* las diferencias, o trata necesariamente de suprimirlas" (E.E. Ellis, "Segregation and the Kingdom of God", *Christianity* Today, 1, 12. March 18, 1957, p. 8). El mismo apóstol que declaró que en Cristo no hay "ni hombre ni mujer", "griego ni judío", instruyó también a las mujeres que permanecieran calladas en las iglesias y observó ritos judíos que prohibía a los gentiles (Gá. 3:28; 1 Co. 11:3ss.; 14:34; Hch. 16:3; 18:18; Ro. 14; Gá. 5: 2,3). Véase comentario de 3:18ss.

12-14. A la iglesia, verdadero Israel, pertenecen los títulos dados al Israel del AT: **escogidos, santos, amados** (cf. Ro. 2:29; 9:6; Gá. 3:29; 6:16; Fil. 3:3). Las virtudes que se enumeran en este pasaje, las cuales subrayan las relaciones de los cristianos en una situación tensa, reflejan el carácter de **Cristo**, cuyo ejemplo se cita (cf. 2 Co. 8:9; Mt. 6:12). La virtud que sintetiza, da significado y cimienta todas las demás es el **amor** (Ro. 13:9,10).

15,16. La paz de Dios. La paz de la que Cristo es mediador para todos los que están unidos a él (cf. Jn. 14:27; Ro. 5:1). Es **gobernar** en el sentido de ser árbitro de las diferencias que surgen en el **cuerpo** (Bruce). Del mismo modo, la **palabra de Cristo** que mora en ellos, es decir, su enseñanza, ejerce una influencia transformadora en la vida del creyente.

Según el testimonio de los cristianos desde los tiempos más remotos "Cristo pone una canción en el corazón". No es exageración decir que los **cánticos** han enseñado más teología a los neoconversos que los libros de texto. En la iglesia del tiempo de Pablo las manifestaciones orales a veces tomaban la forma de himnos (1 Co. 14:15), y en cierto número de pasajes del NT quizá tienen su origen en himnos (cf. Fil. 2:5-11; Ef. 5:14; E.G. Selwyn, *The First Epistle of Peter*, p. 273ss.). **Gracia.** La gracia de Dios (Lightfoot) o la actitud agradecida del cristiano (Moule).

17. Vivir **en el nombre del Señor Jesús** excluye la necesidad de reglas; la motivación interna sustituye a las normas externas. Así se manifesta el Señorío de Cristo sobre toda la vida. Su Señorío implica no sólo un modo de comportarse sino una actitud general hacia la vida: con examen consciente de la voluntad de Cristo, las acciones de uno se convierten en una acción de gracias a Cristo. Las normas externas, incluso cuando son buenas, no son adecuadas para todas las situaciones; la única guía suficiente es la 'norma' de Cristo que mora en uno (cf. 1 Co. 10:31; Gá. 5:18).

B. Preceptos Especiales. 3:18—4:6.

La sección presente ilustra cómo los principios de la 'vida en Cristo' se pueden expresar en la vida cotidiana. En este pasaje se ve no sólo cómo funcionaba un hogar cristiano sino también cómo era la primitiva sociedad cristiana. La iglesia primitiva incluía personas ricas y pobres (éstas más numerosas), amos y esclavos (3:18—4:1). Además de indicar la naturaleza del hogar cristiano, Pablo presta atención especial a la importancia básica de la oración (4:2-4) y a la relación del cristiano con el no cristiano (4:4-6).

La conducta del hogar fue un tema del que se ocuparon mucho tanto los escritores judíos como los paganos (p. ej. el apócrifo Eclesiástico, 30:1-13; 42:5ss.). Parece haber sido un tema común en la enseñanza de Pablo (cf. Ef. 5:22-33; 1 Ti. 6:1-8; Tit. 2:1-10). En contraste con la enseñanza judía y pagana, Pablo pone de relieve el carácter mutuo de los derechos y responsabilidades. Un segundo elemento distintivo cristiano es la motivación a la que se apremia al lector. Puesto que la unidad en Cristo no excluye la diversidad de funciones y posición en el mundo (véase comentario de Col. 3:11), el cristiano, al igual que el pagano, debe preocuparse por el orden y costumbres sociales adecuados. El motivo que induce al cristiano, sin embargo, es su relación con Cristo y su responsabilidad frente a Dios (p. ej. 3:18,20,22-25).

18,19. La sumisión de la esposa debe ser correspondida con el **amor** del esposo. Tal como Ef. 5:28 afirma, **amor** en este caso no denota simple afecto, sino interés marcado por toda la persona de la esposa.

20,21. En todo. El hijo ha de adquirir incluso la comprensión de la voluntad de Dios por medio del consejo de sus padres. En una familia cristiana no hay por qué hablar de conflicto entre el deber para con los padres y el deber para con Dios (T.K. Abbott, *The Epistles to the Ephesians and to the Colossians*). **Esto agrada al Señor** probablemente se refiere a la obediencia nacida del amor a Cristo; no limita la responsabilidad del hijo a los padres cristianos. Si bien

en un caso extremo un joven puede tener que elegir la voluntad de Cristo en oposición a la de padres no cristianos (cf. Lc. 14:26), este curso no debería tomarse sino después de madura reflexión y de consejo cristiano. "No corrijan con exceso a los hijos" Phillips). El propósito de la disciplina es desarrollar al hombre cristiano, no producir un esclavo. El "no" en este caso, al igual que en la mayor parte de la ética cristiana (cf. Col. 2:21), debe estar subordinado a lo positivo, es decir, a la "disciplina e instrucción del Señor" (Ef. 6:4).

22,23. Los **siervos** —hoy, empleados— han de trabajar no sólo cuando el patrón los observa, y debido a la motivación que produce el ser observado, sino **con corazón sincero,** es decir, con dedicación genuina. Cualquier servicio, para el cristiano, se rinde sobre todo **para el Señor,** quien lo juzga todo con equidad y justicia.

24. El 'siervo' fiel de Cristo recibe trato de hijo — **la herencia. Recompensa** (*compensación exacta,* Lightfoot) no es, como los críticos usan el término, gozo sin fin. Es más bien el helado que se le da a la niña que, echándose en brazos del papá, exclama, "Mira, papá, he arreglado la habitación como me dijiste". La verdadera recompensa es la aprobación del padre; el helado no es sino accesorio — aunque muy adecuado. El cántico que pide que "podamos gozarnos contigo en el paraíso" no es poco espiritual más que para el platónico. La motivación es necesaria; el espíritu mercenario lo excluye a uno de la verdadera recompensa cristiana (cf. Hch. 8:18ss.).

25. Recibirá. Es decir, recuperará, ya en la vida presente, ya en el día del juicio. Se considera a Dios como garante de la justicia (cf. Ro. 12-19; 2 Co. 5:10. Acerca del 'justo merecimiento' como medida adecuada en el castigo del crimen, véase C.S. Lewis, "The Humanitarian Theory of Punishment", *Res Judicate,* VI, 1953-54, 224-230. También véase comentario de Col. 3:6). **No hay acepción de personas,** se refiere tanto al siervo como al patrón, y sirve de transición a la sección siguiente (cf. Ef. 6:9; Lv. 19:15).

4:1. La admonición trae a la memoria la enseñanza del Sermón del Monte: "Perdónanos nuestras deudas, como también nosotros perdonamos a nuestros deudores", "con el juicio que juzgáis, seréis juzgados" (Mt. 6:12; 7:2. Véase comentario de Col. 3:11).

2-4. La **oración** cristiana (*proseuche;* cf. Trench) debería caracterizarse por un espíritu de acción de gracias (véase comentario de 1:11). **Velando** (*gregoreo,* "vigilante") agrega el pensamiento de vigilancia y prontitud (cf. Mr. 14:37,38). La oración cristiana ha de distinguirse no por un atontamiento solemne ni por una palabrería intoxicante, sino por la sobriedad e interés (cf. 1 P. 5:8). **Velando** (*gregoreo*) se emplea a menudo con relación a la actitud cristiana ante el retorno de Cristo (p. ej. Mr. 13:33ss.; 1 Ts. 5:6; Ap. 16:15). **Puerta para la palabra.** Oportunidad, o quizá mejor, capacidad para explicar con claridad el **misterio** (cf. 1:26; Ef. 6:19,20).

5,6. **Sabiamente** abarca no sólo comprensión del misterio y capacidad para comunicarlo (1:9) sino también el conocimiento de cómo comunicarlo satisfactoriamente. Sólo así el propósito redentor de este **tiempo,** que Dios ha llamado "tiempo oportuno" (*kairos;* cf. O. Cullmann, *Christ and Time,* p. 39ss., 225), se usará con eficacia. Una forma ofensiva o insulsa no es probable que consiga mucho. Por tanto, en la vida y de **palabra** el testigo cristiano debería ser atractivo — no sólo para los otros cristianos sino para los no cristianos.

V. Conclusión 4:7-18.

A. Recomendación de los Portadores de la Carta. 4:7-9.

Los portadores de la carta, **Tíquico** y **Onésimo,** llevarían información no incluida en la carta y sin duda interpretarían la misiva a los destinatarios, respondiendo a las preguntas que pudiera formulárseles. Onésimo, tema de la carta a Filemón, ha sido presentado como compilador de la correspondencia de Pablo (cf. John Knox, *Philemon Among the Letters of Paul,* p. 98ss.). La recomendación que Pablo hace de él en este lugar sirvió para facilitar el regreso de este esclavo fugitivo y para recordar a los lectores que ahora era un hermano en Cristo.

B. Saludos de los Colaboradores de Pablo. 4:10-14.

Epafras. Véase comentario de 1:7. De los otros compañeros, **Marcos** y **Aristarco** son conocidos de Hechos (15:36-39; 19: 29; 20:4; 27:2). Aquel, después de separarse de Pablo en el primer viaje misionero (Hch. 15:36-39), estaba de nuevo en bue-

nas relaciones con el apóstol. A pesar de las vacilaciones de F.C. Grant (*The Earliest Gospel,* pp. 52,53), es casi cierto que hay que identificar a Marcos con el compañero de Pedro (1 P. 5:13) y con el autor del Segundo Evangelio. Lucas, entonces, tiene una relación tanto personal como literaria con Marcos. Puesto que a Lucas no se le incluye entre los de la **circuncisión,** se suele inferir que era gentil —caso único entre los escritores del NT. Que fuera **médico** lo corrobora el léxico de Lucas-Hechos. **Demas.** Cf. 2 Ti. 4:10,11.

C. Saludos y Bendición del Apóstol. 4: 15-18.

15. La **'casa-iglesia'** era costumbre, tanto en las congregaciones paulinas como en general (Hch. 12:12; 16:15,40; Ro. 16:5, 23:1 Co. 16:19; Flm. 2).

16. La 'Carta a los Laodiceos' de Pablo ha sido objeto de muchas especulaciones. En el siglo segundo se escribió una carta apócrifa como tal; en tiempos recientes se ha dicho que dicha carta es Efesios (p. ej. Lightfoot; así Marción, año 140 d. de C.) o Filemón (p. ej. Goodspeed).

17. La nota personal para **Arquipo,** que quizá era el hijo de Filemón (Flm. 2), recuerda el encargo del apóstol a Timoteo (2 Ti. 1:6). **En el Señor** identifica el **ministerio** de Arquipo como 'don espiritual' y no como una mera función administrativa (cf. Ro. 12:6-8; 1 Co. 12:5; Ef. 4:12). La preocupación que Pablo expresa está siempre presente en la vida de la iglesia; el peligro no es la falta de dones espirituales sino el de dones espirituales que debido a pecados personales, presiones de organización o influencias no espirituales son ahogados, desviados o quedan sin realizarse.

18. Después de dictar la carta, Pablo refrendó su autenticidad, como era su costumbre (cf. 1 Co. 16:21); Gá. 6:11; 2 Ts. 3:17; Flm. 19), con un saludo de su puño y letra (cf. Deiss, LAE, pp. 171,172). Al referirse a sus **prisiones,** Pablo les recuerda a los lectores que "el que sufre por Cristo tiene derecho a hablar en nombre de Cristo" (Lightfoot). Con esta nota conmovedora el apóstol concluye la carta.

BIBLIOGRAFÍA

ABBOTT, T.K. *The Epistles to the Ephesians and to the Colossians.* Edinburg: T. & T. Clark, n.d.

DIBELIUS, M. *An die Kolosser, Epheser, and Philemon.* Tuebingen: Mohr, 1953.

HANSON, S. *The Unity of the Church in the New Testament: Colossians and Ephisians.* Uppsala: Almquist & Wiksells, 1946.

LIGHTFOOT, J.B. *St. Paul's Epistles to the Colossians and to Philemon.* London: Macmillan, 1886.

MASSON, C. *L'Epître de Saint Paul aux Colossiens.* Paris: Delachaux et Niestle, 1950.

MOULE, H. C. G. *Studies in Colossians and Philemon.* Grand Rapids: Kregel Publications, 1977.

ROBINSON, J.A.T. *The Body.* London: SCM Press, 1952.

SIMPSON, E.K. and BRUCE, F.F. *The Epistles to the Ephesians and the Colossians.* Grand Rapids: Eerdmans Publishing Co., 1957.

COMENTARIOS EN ESPAÑOL

HARRISON, EVERETT F. *Colosenses: Cristo, Todo-suficiente* (Comentario Bíblico Porta-voz). Grand Rapids: Publicaciones Portavoz Evangélico, 1987.

MARTINEZ, JOSE M. *Cristo el Incomparable.* Terrassa: Editorial CLIE.

PRIMERA EPÍSTOLA
A LA TESALONICENSES

INTRODUCCIÓN

Ocasión. La iglesia de Tesalónica fue fruto del segundo viaje misionero de Pablo (Hch. 17:1-9). Puesto milagrosamente en libertad en Filipos donde se hallaba prisionero, Pablo y sus compañeros, Silas y Timoteo, se dirigieron hacia el sur y luego hacia el oeste por la gran vía romana hasta la capital y centro comercial de Macedonia, Tesalónica. En este lugar, a pesar de fuerte oposición, fundaron la segunda iglesia europea. Perseguido por los judíos en Tesalónica y Berea (Hch. 17:10-15), Pablo se refugió en Atenas. La preocupación por el bienestar espiritual de los creyentes tesalónicos lo indujo, a costa de sacrificios personales, a enviar a Timoteo para que fortaleciera a la iglesia contra la persecución (1 Ts 3:1-3). Timoteo se reunió con Pablo en Corinto y le informó de que el Evangelio había caído en buen terreno. Pablo entonces escribió 1 Tesalonicenses para alabar a sus hermanos por la dedicación fiel a Cristo entre ellos para alentarlos a seguir progresando en amor y santidad.

Fecha y lugar. Gracias al instinto histórico de Lucas, es posible fijar con bastante certeza las fechas de estas cartas. La referencia de Lucas a Galio, procónsul de Acaya, en relación con la estancia de Pablo en Corinto (Hch. 18:12) ha sido completada con el descubrimiento en Delfos de una inscripción que sitúa el proconsulado de Galio en el reinado del emperador Claudio. La inscripción parece indicar que Galio asumió el cargo en el verano del año 51 d. de C. Como Lucas parece sugerir que Pablo había permanecido en Corinto unos dieciocho meses antes de que Galio tomara posesión del cargo (Hch. 18:11), el apóstol llegó probablemente a Corinto a comienzo del año 50 d. de C. No mucho después Silas y Timoteo regresaron de Macedonia con el informe que indujo a Pablo a escribir 1 Tesalonicenses (Hch. 18:5; 1 Ts. 3:1-6), probablemente hacia mediados del año 50 d. de C. 2 Tesalonicenses siguió poco después, en respuesta a informes de que ciertos problemas todavía no se habían resuelto.

Secuencia del Pensamiento. Los tres primeros capítulos son personales y de recuerdo. Pablo trae a la memoria el recibimiento cálido que los creyentes macedonios dieron al Evangelio y les recuerda las circunstancias difíciles en las que les llevó la palabra de Dios. La preocupación que sentía por ellos quedaba bien patente en el hecho de que estuviera dispuesto a separarse de su indispensable compañero, Timoteo, para que fuera a fortalecer a la perturbada iglesia.

El informe positivo de Timoteo alivió al apóstol y suscitó en él una serie de exhortaciones prácticas. Consciente de las tentaciones que asediaban a los creyentes en una cultura pagana, el apóstol los pone sobre aviso acerca del peligro de impureza sexual, de las disensiones y espíritu partidista.

La enseñanza de Pablo durante la estancia en Tesalónica acerca del regreso de Cristo había suscitado dos problemas especiales: falta de diligencia dado lo inminente del retorno de Cristo y el temor de que los creyentes difuntos se vieran privados del derecho de participar en las bendiciones del gran acontecimiento. Con su decisión característica Pablo hace frente a dichos problemas amonestando a los tesalonicenses a que sean diligentes y con una descripción gráfica de los papeles de los santos vivos y difuntos a la venida de Cristo. El libro concluye (cap. 5) con una invitación a la vigilancia y con algunos consejos prácticos respecto a la actitud cristiana y a los dones espirituales.

Importancia. La fecha temprana de estas cartas nos permite captar la estructura simple de la iglesia primitiva. No había organización compleja; lo que mantenía unidos a los creyentes eran la fe, amor, y esperanza comunes. Dentro de la iglesia había surgido un liderato oficioso, si bien los cristianos dependían por completo del círculo apostólico. En pocos escritos del Nuevo Testamento se encuentra un testimonio más convincente del poder del Evangelio, que apartó a los paganos de los ídolos, mantuvo el rescoldo de su amor en medio de las disensiones, y los afianzó en la esperanza a pesar de las arremetidas incesantes de la persecución.

En estas cartas Pablo pone al descubierto no tanto el tema que trata cuanto su propia alma. Se percibe en ellas el cálido palpitar del corazón del apóstol. Se compara a sí mismo con una tierna nodriza (1 Ts. 2:7), a un padre firme (2:11), y a un huérfano sin hogar (en el griego de 2:17). Se muestra dispuesto a consumirse en la propagación del Evangelio. Quien se yergue ante nosotros es Pablo, el *hombre,* benévolo en su fortaleza, amoroso en sus exhortaciones, inquebrantable en su valor, cándido en sus motivos—un hombre (como Carl Sandburg escribió de Abraham Lincoln) "de acero y terciopelo, duro como una roca y blando como la niebla que se desvanece".

Las enseñanzas escatológicas de estas cartas incrementan la importancia de las mismas. En ninguna otra parte trata el apóstol tan por extenso de la sucesión de acontecimientos que rodearán la segunda venida de Cristo y del Papel de los creyentes difuntos en la misma. Además, sólo en el segundo capítulo de 2 Tesalonicenses alude Pablo al maligno que se presentará como Dios al fin de los tiempos—el Anticristo.

BOSQUEJO

I. Introducción. 1:1.
  A. Autor.
  B. Destinatarios.
  C. Bendición.
II. Reflexiones personales. 1:2—3:13.
  A. Alabanza de la iglesia. 1:2-10.
    1. Por su acogida del Evangelio. 1:2-5a.
    2. Por su testimonio al mundo. 1:5b-10.
  B. Fundación de la iglesia. 2:1-16.
    1. Pureza de motivos del apóstol. 2:1-6.
    2. Dimensión del sacrificio del apóstol. 2:7,8.
    3. Integridad de la conducta del apóstol. 2:9-12.
    4. Veracidad del mensaje del apóstol. 2:13.
    5. Resultado del mensaje del apóstol: persecución. 2:14-16.
  C. Timoteo fortalece a la iglesia. 2:17—3:13.
    1. Preocupación de Pablo. 2:17—3:5.
    2. Informe bienvenido de Timoteo. 3:6-10.
    3. Oración de Pablo. 3:11-13.
III. Exhortaciones prácticas. 4:1—5:22.
  A. Abstenerse de la inmortalidad. 4:1-8.
  B. Amarse unos a otros. 4:9,10.
  C. Ocuparse de lo propio. 4:11,12.
  D. Consolarse unos a otros con la esperanza de la Segunda Venida. 4:13-18.
  E. Vivir como hijos del día. 5:1-11.
  F. Abstenerse del mal; abrazar lo bueno. 5:12-22.
    1. En relación con los demás. 5:12-15.
    2. En las actitudes básicas. 5:16-22.
IV. Conclusión. 5:23-28.
  A. Oración final. 5:23,24.
  B. Petición de que oren. 5:25.
  C. Saludo final. 5:26.
  D. Mandato de que lean la carta. 5:27.
  E. Bendición. 5:28.

COMENTARIO

I. Introducción. 1:1.

A. Autor. **Pablo** no necesitó defender su condición de apóstol, tan firme era su amistad con las iglesias macedónicas. **Silvano** (Silas), quien había sustituido a Bernabé en el segundo viaje misionero (Hch. 15:39, 40), y **Timoteo,** quien se había unido a ellos en Listra (Hch. 16:1-3), se mencionan porque habían sido colaboradores en la fundación de la iglesia (Hch. 17:1-9) y estaban en Corinto durante la composición de la carta. Timoteo, si bien subordinado a los otros, probablemente gozaba del cariño especial de los tesalonicenses por razón de su misión (1 Ts. 3:1-10). La mención de los colaboradores de Pablo sirve más para robustecer la autoridad del apóstol que para dividirla. **B. Destinatarios.** La forma de dirigirse a ellos, **a la iglesia,** etc., es única (aunque cf. Ga. 1:2). Parece recalcarse la asamblea local y no la iglesia universal en cuanto se halla en un lugar específico. **En Dios Padre** muestra la relación nueva entre los creyentes y Dios. **C. Bendición.** El mando característico de Pablo, **gracia y paz,** combina los saludos griego y hebreo aunque enriquecidos con un significado teológico. La acción de Dios de favor inmerecido en Cristo (**gracia**) trae consigo un bienestar espiritual completo (**paz**).

II. Reflexiones personales. 1:2—3:13.

A. Alabanza de la Iglesia. 1:2-10. El recordar la acogida que los tesalonicenses brindaron al Evangelio despierta la oración agradecida del apóstol. El Espíritu, que había dado testimonio de la elección de Dios con su poder de convencimiento, también había capacitado a los tesalonicenses para que se enfrentaran a las pruebas con tal perseverancia y gozo que por toda la zona del Mediterráneo se habían esparcido las noticias de su conversión, servicio fiel y esperanza vibrante.

1) **Por su Acogida del Evangelio. 1:2-5a.** **2. Damos . . . gracias.** Probablemente es plural mayestático que se refiere a Pablo solo, como 3:1. **Siempre.** Cuantas veces oraba, daba gracias a Dios por **todos** ellos. No había grupo desleal por el que no pudiera dar gracias. **3. Sin cesar** probablemente va con el **haciendo memoria** de 1:2. Aquí, como en 5:17, la palabra *adialeiptos* significa "sin interrupción". En un papiro no bíblico describe la persistencia molesta de la tos. La primera razón para la acción de gracias constante de Pablo es el recuerdo de la fe, amor y esperanza de los tesalonicenses. Es la primera mención que Pablo hace de las tres gracias (cf. 5:8; Ro. 5:2-5; y en especial 1 Co. 13:13). El orden es lógico y cronológico: la **fe** une al pasado; el **amor** se refiere al presente y la **esperanza** al futuro. **Obra de vuestra fe**—la fe ha producido buenas obras; **trabajo de vuestro amor**— el amor los ha conducido a tomarse trabajos unos por otros; **constancia en la esperanza**—la esperanza en la segunda venida de Cristo sin duda se fortalece en la persecución. **Delante del Dios** probablemente se refiere sólo a la última expresión, **constancia en la esperanza,** aunque también se puede referir a los otros logros de la igle-

sia, que estaba consciente de la presencia de Dios y era sensible a la misma (cf. 2:19 3:9,13).

4. La segunda razón de la acción de gracias es la seguridad que el apóstol tiene de la **elección** de los tesalonicenses. La unión de Pablo con esta iglesia gentil se manifiesta en el empleo frecuente de la palabra **hermanos.** La elección procede del amor de Dios (cf. Ef. 1:4,5). Los creyentes se llaman **amados de Dios,** ya que **de Dios** va con **amados** y no con **elección.** Adviértase la base del AT: los gentiles se habían unido a Israel como objetos del amor de elección de Dios. **5a.** Prueba de su elección era el hecho de que el Espíritu les había hecho penetrar el Evangelio en el corazón. **Nuestro evangelio** revela la entrega personal de Pablo a su mensaje. No simples palabras, sino que lleva consigo su propio **poder** divino (cf. Ro. 1:16; 1 Co. 2:4). Los hombres lo predican, pero el Espíritu Santo lo ratifica. Esta unción divina hacía que el Evangelio fuera recibido **en plena certidumbre,** es decir, con certeza plena de que era la palabra de Dios.

2) **Por su Testimonio al Mundo. 1:5b-10. 5b. Cuáles fuimos.** Los apóstoles practicaban lo que predicaban. El Espíritu Santo había cambiado sus vidas; sus vidas ratificaban su mensaje. **6. Imitadores.** Respondieron al Evangelio a pesar de **gran tribulación,** con lo que daban prueba de ser seguidores de los apóstoles y de su Maestro. La aflicción no puede empañar el gozo genuino del Espíritu (Jn. 16:33; Hch. 16:23-25; Gá. 5:22; He. 12:2; 1 P. 2:19-21). **Tribulación.** Presión incesante a la que el creyente puede estar expuesto en un mundo opuesto a Cristo.

7. Según ello, esta iglesia se había convertido en **ejemplo** (el singular es preferible al plural) para los creyentes de **Macedonia** y **Acaya,** provincias septentrional y meridional, en representación de toda Grecia. **8. Ha sido divulgada.** Como a son de trompeta o a modo de estallido de trueno. **La palabra del Señor** tiene una resonancia profética de AT y señala la autoridad divina que respalda el mensaje. **En todo lugar.** Probablemente hiperbólico, si bien la ubicación estratégica de Tesalónica hacía posible la difusión amplia y rápida. Posiblemente Priscila y Aquila llevaron estas noticias de Roma a Corinto (Hch. 18:2). **Vuestra fe,** es decir, las noticias de vuestra fe. Esta frase hubiera debido terminar después de **todo lugar,** pero Pablo se apresura a recalcar su afirmación. Se complacía en difundir la noticia, porque los tesalonicenses eran su gozo (2:19). Pero dondequiera que fuera, las noticias se le habían adelantado.

9. Ellos mismos. Probablemente el pueblo en general, dondequiera que Pablo fuera. **La manera en que nos recibisteis.** Tanto la acogida dada a los apóstoles como el éxito de su misión. **Convertisteis de los ídolos a Dios.** Indica lo completo de su conversión y el carácter primordialmente gentil de la iglesia. **Para servir,** en sumisión total como esclavos, **al Dios vivo** (no a ídolos inertes) **y verdadero** (no a falsos dioses, que eran ficciones).

10. Esperar (*anamenein*) implica espera paciente y confiada de la venida. **Su hijo.** Única referencia directa a la filiación de Cristo en 1 y 2 Tesalonicenses, que recalcan más bien su Señorío. La resurrección fue el preludio del retorno de Cristo, y la garantía del poder de Dios para rescatar a los que son suyos y juzgar a los que no lo son (Hch. 17:31). **Libra** está en presente, ya que el participio (*ruomenon*) es atemporal en este caso — *librando*. **Ira.** La ira de Dios como en 1 Ts. 2:16, y Ro. 3:5; 5:9; 9:22; 13:5. **Venir y esperar** indican con claridad que Pablo se refiere al juicio final de Dios. Esta ira es el castigo personal de Dios al pecado, su santidad en acción. Si bien el período final de tribulación va a ser tiempo de ira, la cólera de Dios no se termina con esto; porque la venida misma de Cristo será una manifestación de ira contra las naciones malas y descreídas (Mt. 24:30; Ap. 19:11-15.

B. Fundación de la Iglesia. 2:1-16. Pablo recuerda las penalidades que acompañaron a su visita y la integridad de sus motivos y conducta. Sin duda quería rebatir las acusaciones de los judíos, quienes utilizaban todos los recursos emotivos que podían para apartar a los recién convertidos de la roca de su confesión cristiana.

1) Pureza de Motivos del Apóstol. 2:1-6. **1. Porque vosotros mismos sabéis, hermanos.** Pablo apela tanto a la realidad isdiscutible de la experiencia de ellos como a lo íntimo de su relación con ellos. **Visita** (*eisodos*) es la misma palabra que en 1:9 se traduce por "recibisteis". Pablo pide a los creyentes que aseveren por sí mismos lo que otros habían dicho acerca de ellos. **No resultó vana.** El tiempo perfecto del griego (VA) muestra que los efectos del ministerio de Pablo seguían sintiéndose. Emplea una frase excesivamente modesta. Su misión lo fue todo menos estéril. **2. Pues.** La palabra griega es vigorosa, y subraya el éxito de la visita a pesar del mal trato tanto físico (**padecido**) como mental (**ultrajados**) recibido en Filipos (Hch. 16:19-40). **Tuvimos denuedo.** Este verbo prácticamente siempre en el NT se refiere a la predicación abierta, valiente (p. ej. Hch. 13:46; 18:26). La confianza del evangelista se basaba **en nuestro Dios,** fuente de su valor, poder y mensaje. La oposición le seguía por doquier, de manera que en Tesalónica, lo mismo que en Filipos, el Evangelio se predicó **en medio de gran oposición.** Esta expresión recuerda las competiciones atléticas donde el triunfo se conseguía en medio de **oposición.**

3. Nuestra exhortación. sugiere lo apremiante de la forma de predicar de Pablo. **Engaño.** Los falsos maestros son engañadores y engañados (2 Ti. 3:13), pero Pablo no fue ninguna de las dos cosas. En un mundo en el que la religión a menudo anduvo del brazo de la inmoralidad, se mantuvo libre de **impureza.** Así como el Maestro fue irreprochable (1 P. 2:22), así también el servidor no podía emplear el dolo para conseguirse seguidores incautos. **4. Aprobados por Dios.** La bondad de ojo de Pablo (Mt. 6:22) se basaba en la doble premisa de que Dios lo había comisionado y de que sólo Dios podía probar su corazón, examinar sus motivos íntimos (1 Co. 4:4). **Corazones.** En lenguaje bíblico es la sede no tanto de las emociones cuanto de la volición e intelecto, el centro de las decisiones morales. Pablo repudia la acusación judía de que predicaba un mensaje 'fácil', **para agradar a los hombres** al quitarles el yugo de la Ley (véase Gá. 1:10).

5. Palabras lisonjeras, bagaje acostumbrado del demagogo en cualquier época; no formaban parte de los pertrechos de Pablo. Ni encubría **avaricia** bajo el manto de supuesto desprendimiento. Sus oyentes podían refrendar que no había habido lisonjas, y **Dios es testigo** de que ninguna clase de codicia se encubría bajo capa de altruísmo. **6.** Pablo no buscaba ni ganancias materiales ni la **gloria** o alabanza de los hombres, aunque como apóstol, enviado de **Cristo,** tenía derecho tanto a la ayuda económica como al respeto personal (1 Co. 9:1-14; Gá. 6:6; *et al.*). **Carga,** o sea, insistir en que la iglesia lo sostuviera.

2) Dimensión del Sacrificio del Apóstol. 2:7,8. **7. Antes.** Marcado contraste. **Tiernos** (*epioi*). Muchos manuscritos excelentes tienen **niños** (*nepioi*), en el sentido de que Pablo, lejos de mostrarse superior, en realidad se hizo como niño, hablando como tal para comunicarse con la iglesia naciente. Cualquiera que sea la versión que se prefiera, Pablo, en lugar de ser carga, se dedicó a ayudar. **Como la nodriza.** Mejor, *madre de lactancia.* **Cuida con ternura.** Tiene cuidados cariñosos y tiernos por **sus propios hijos.** Pablo mantuvo una relación doble con sus convertidos: ante Dios eran hermanos (1 Ts. 1:4; 2:1; *etal.*); con todo, ellos eran sus hijos (cf. 2:11), a los que había comunicado la nueva vida de la fe

y a quienes estaba obligado de cuidar. **8. Tan grande es nuestro afecto.** Unico lugar en el NT en que se emplea esta palabra que indica afecto cálido, anhelo. Los apóstoles hubieran **querido** entregarse, entregar sus vidas, por amor a los nuevos convertidos (cf. 1 Jn. 3:16).

3) Integridad de la Conducta del Apóstol. 2:9-12. **9. Trabajo y fatiga** también van emparejados en 2 Ts. 3:8 y 2 Co. 11: 27. **De noche y de día.** Pablo probablemente comenzaba a hacer tiendas (Hch. 18: 3) antes del amanecer a fin de poder tener tiempo disponible para predicar. **Gravosos.** *Carga,* como en 2:6 **10.** Tanto los tesalonicenses, quienes podían juzgar las acciones de Pablo, como Dios, quien podía conocer sus motivos (2:4), eran **testigos** de la genuina conducta del apóstol. **Santa y justa** subrayan lo positivo de la vida de Pablo ante Dios y los hombres. La primera *(hosios)* probablemente se refiere a la pureza religiosa; la otra *(dikaios)* a la integridad moral. **Irreprensiblemente** dice lo mismo en forma negativa. **Vosotros lo creyentes.** Sólo los fieles pueden juzgar a los fieles. El veredicto de los no creyentes suele ser demasiado parcial para poder tenerse en cuenta. **11.** Con otra sorprendente comparación (cf. 2:7) Pablo se asemeja al **padre,** encargado no de alimentar sino de educar a **sus hijos.** Tres verbos resumen este ministerio: **exhortábamos** (cf. 2:3), invitándolos a una actuación decidida; **consolábamos** (cf. 5:14; Jn. 11:19,31) — Pablo sabía justipreciar sus dificultades; **encargábamos,** recordándoles la naturaleza decisiva del deber cristiano (cf. "requiero" en Ef. 4:17).

12. Este consejo paternal tenía un propósito: alentar a los tesalonicenses a que vivieran **(anduvieseis)** en forma digna de Dios (cf. Ef. 4:1). Los mejores manuscritos rezan *que os llama* en vez de **que os llamó.** El llamamiento de Dios es una invitación constante a los hombres. El **reino** tiene aspectos tanto presentes como futuros. Es la soberanía activa de Dios sobre los que se le someten; pero esta sumisión no es ni tan compleja ni tan comprensiva como llegará a serlo. Tanto el tono escatológico de la carta como la íntima conexión entre **reino** y **gloria** (con un solo artículo determinado en griego) indican el aspecto futuro (como en 1 Co. 6:9; 15:50; Gá. 5:21; 2 Ts. 1:5; 2 Ti. 4:1,18) más que el presente (como en Ro. 14:17; 1 Co. 4: 20; Col. 1:13). **Gloria** es algo futuro (cf. Ro. 5:2; 8:18), que se refiere a la revelación completa de la naturaleza de Dios.

4) Veracidad del Mensaje del Apóstol. 2:13. Una acción de gracias semejante se halla en 1:2. Dos palabras se traducen como **recibir:** la primera *(paralambano)* significa aceptar formal y externamente; la segunda *(dechomai), recibir* voluntaria e interiormente, acoger. El mensaje del apóstol era la **palabra de Dios** (se repite para subrayar la idea) no **de hombres.** Compárese la insistencia en el **evangelio de Dios** (2:2,8,9). **Actúa.** El verbo probablemente tendría que entenderse en pasiva — *es puesto a actuar.* Dios es la fuente del poder; la palabra es su instrumento (cf. Ro. 1:16; He. 4:12; Stg. 1:21; 1 P. 1:23).

5) Resultado del Mensaje del Apóstol: Persecución. 2:14-16. **14. Imitadores,** como en 1:6. Las iglesias de Dios estaban geográficamente **en Judea** y espiritualmente **en Cristo Jesús.** La imitación consistía en su sufrir **las mismas cosas** de parte de sus compatriotas que los cristianos judíos habían sufrido de parte de los suyos. **Los de vuestra propia nación** se usa en este caso en un sentido más local que étnico; es probable que en Tesalónica tanto paganos como judíos persiguieran a la iglesia.

15. Pablo acusa a sus compatriotas con un rigor único en el conjunto de sus escritos: mataron al que fue tanto **Señor,** soberano de la creación y la historia, como **Jesús,** Salvador humano, de su misma naturaleza (el orden de las palabras en griego pone de relieve ambos nombres; cf. Hch. 2:36); mataron o persiguieron a los **profetas (profetas** puede tomarse como objeto de ambos verbos, si bien parece preferible unirlo a **persiguieron;** cf. Mt. 5:12); *persiguieron* o *expulsaron* a los apóstoles **(nos).** Pablo quizá recordaba la parábola de Mr. 12:1ss. **No agradan a Dios.** Afirmación moderada aunque vigorosa que significa "desagradan". (Cf. 2 Ts. 3:2). **Se oponen a todos los hombres.** Al oponerse al Evangelio los judíos actuaban contra el bien de la humanidad, que tanto necesita la salvación. **16. Colman,** etc., se refiere al propósito soberano de Dios realizado en las vidas de los perseguidores judíos. Al seguir en su rechazo de Cristo y aumentar la oposición, acumulaban pecado sobre pecado. La terminología recuerda Gn. 15:16. Especialmente adecuadas son las palabras de Cristo en Mt. 23:31,32. **Ira.** Véase la nota acerca de 1 Ts. 1:10. **Vino** subraya lo completo y cierto del juicio. La ira les era ineludible. (Cf. Ro. 1:24,26,28).

C. Timoteo Fortalece a la Iglesia. 2:17— 3:13. Pablo explica su ausencia involuntaria y las razones de la misión de Timoteo. Agradecido por el informe de Timoteo, pide a Dios que mantenga el desarrollo de la iglesia.

1) Preocupación de Pablo. 2:17—3:5. **17. Separados de vosotros.** Literalmente, *huérfanos, abandonados,* lo cual indica el

vínculo cordial de Pablo con la iglesia. Compárese 2 Co. 11:28, donde el escritor enumera entre sus cargas *la preocupación por todas las iglesias* (RVR). **Procuramos con mucho deseo** es el medio que Pablo emplea para transmitir su hondo anhelo de hermandad. Incluso emplea la gráfica palabra **deseo,** *epithymia,* que en el NT suele indicar codiciar o apetecer. **18. Yo Pablo** indica su preocupación personal. **Una y otra vez** es, literalmente, *tanto una como dos veces,* en el sentido de "repetidamente". **Satanás nos estorbó.** Esta expresión subraya el papel del diablo como adversario de Dios y de su pueblo. ¿Cómo estorbó a Pablo? ¿Con enfermedades (2 Co. 12:7; Gá. 4: 13) o con oposición en Atenas que le impidió salir (1 Ts. 3:1)? Algunos opinan que el estorbo fue la seguridad obtenida de Jasón *et al.,* de que Pablo no regresaría (Hch. 17:9). Si bien el apóstol creía firmemente en la soberanía de Dios, nunca tuvo en menos la realidad del mal, sobre todo en cuanto se sintetizaba en Satanás (1 Ts. 3:5; 2 Co. 4:4; Ef. 2:2; 6:12). **19.** El apego emotivo de Pablo a los tesalonicenses se vuelve casi exuberante. **No lo sois vosotros.** Parece ser como un paréntesis dentro del asunto principal: "¿Cuál es nuestra esperanza . . . delante de . . .?" **Corona de que me gloríe.** Alusión a la guirnalda de triunfo que se concedía a los vencedores en los juegos atléticos o a servidores públicos distinguidos. La **esperanza** y **gozo** de Pablo, así como el único motivo para gloriarse, era el pensamiento de las almas que presentaría a Cristo (cf. 2 Co. 1:14; 11:2; Fil. 2:16). **Venida** *(parousia)* originalmente significó "presencia" o "llegada". Luego asumió un sentido técnico en relación con la visita de un rey u oficial. Los escritores del NT a menudo la emplean para la segunda venida de Cristo (1 Ts. 2:19; 3:13; 4:15; 2 Ts. 2:1; Stg. 5:7,8; 2 P. 1:16; 1 Jn. 2:28; *et al.*). **20.** El escritor se asegura doblemente de que los tesalonicenses conozcan la respuesta a su pregunta. **Vosotros** es enfático: sólo vosotros. **3:1. No pudiendo soportarlo más.** No podía seguir viviendo bajo el peso de la separación. Aunque Pablo emplea la primera persona del plural, como a lo largo de estas cartas, parece probable que se trata de un plural mayestático. **Solos** parece confirmarlo. **2. Nuestro hermano.** Timoteo era hijo de Pablo en la fe (1 Ti. 1:2) pero por razón de esta misión, Pablo recalca no la dependencia sino la asociación (cf. 2 Co. 1:1; Col. 1:1; Flm. 1:1). Los manuscritos demuestran que **servidor de Dios y colaborador nuestro** es ampliación de una afirmación original: ya *servidor de Dios* ya *colaborador de Dios.* Hay mejores pruebas

en favor del primero, si bien lo segundo es más llamativo (aunque véase 1 Co. 3:9) y es menos probable que sea una corrección del escriba. En ambos casos Pablo subraya que Timoteo era idóneo para cumplir su misión.

La preocupación a lo largo de estas cartas es el bienestar de los creyentes, más espiritual que físico. El propósito de Timoteo era **confirmaros** *(fortalecer)* y **exhortaros** *(alentar en forma activa)* **respecto** (como Milligan observa, *a la propagación de*) a **vuestra fe,** que en este caso es activa la experiencia de creer. **3.** Se explica más el propósito de Timoteo: impedir que los judíos los sedujeran, ya que podían aprovechar la oportunidad que les brindaban las pruebas para tratar de desviar de su fe a los creyentes. **Inquiete** *(sainesthai)* probablemente retiene algo de su significado original, *menear la cola,* y, por tanto, "seducir" o "halagar". (Arndt, sin embargo, prefiere *inquietar*). Las tribulaciones son parte indispensable de la vida cristiana. (Jn; 16:33; Hch. 14:22). Adviértase el **estamos.** Pablo, quien había sufrido más de lo imaginable, se asocia a los creyentes atribulados. **4.** Un elemento esencial en el mensaje del apóstol a los tesalonicenses fue el sufrimiento redentor de Cristo (Hch. 17:3). La iglesia nació en el sufrimiento (Hch. 17:6). Pablo llevó las señales de este tratamiento vergonzoso en Filipos cuando evangelizaba a los tesalonicenses. **Os predecíamos.** El tiempo imperfecto indica que Pablo se lo había repetido muchas veces.

5. Compárese con 3:1. **Informarme.** *Descubrir.* **Fe.** Véase el comentario de 3:2. **Tentador.** Muestra el aspecto seductor de la obra de Satanás. El diablo trató de aprovechar las pruebas físicas de Cristo para derrotarlo espiritualmente (Mt. 4:3), y lo mismo hizo con los tesalonicenses. El verbo **hubiese tentado** está en aoristo indicativo y muestra que la tentación ya estaba actuando, en tanto que el verbo **resultase** está en subjuntivo, lo cual hace dudar del éxito de Satanás.

2) Informe Bienvenido de Timoteo. 3:6-10. Después de describir su angustia personal por la suerte de la iglesia, Pablo expresa su liberación completa de dicha carga al regreso de Timoteo.

6. Pero cuando establece el contraste entre la preocupación pasada de Pablo y su confianza actual, e indica que Timoteo acababa de llegar (cf. Hch. 18:5). **Buenas noticias.** La raíz griega significa "evangelizar" y sugiere que el informe de Timoteo fue como un 'evangelio' para el alma angustiada de Pablo. Las buenas noticias fueron triples: (1) su **fe** estaba firme — esto había sido la preocupación primordial de Pablo (1 Ts. 3: 5,7); (2) su **amor** permanecía constante — a pesar de las pruebas que hubieran podido limar los nervios de su disposición; (3) su recuerdo de los apóstoles estaba lleno de **cariño** — a pesar de los reproches y persecución que había suscitado la visita de los evangelistas. **7. Consolados,** es decir, alentados (cf. 3:2). La suerte que había corrido Pablo no había sido dichosa, ni siquiera mientras esperaba noticias de Macedonia. Persecución en Filipos, Tesalónica y Berea, y luego soledad y respuesta indiferente en Atenas (3: 1, Hch. 17:32-34). En Corinto la oposición se cebó tanto en él que tuvo que recibir consuelo divino (Hch. 18:6-10). No sorprende que hable de **necesidad** *(tribulación abrumadora)* y **aflicción** (presiones agobiantes). **8. Vivimos.** El cuerpo debilitado de Pablo había recibido una vitalidad nueva con las buenas noticias de la fe de los tesalonicenses, y dicha vitalidad la seguía experimentando al escribir **(ahora).** Se esfumaría, sin embargo, a no ser que los creyentes tesalonicenses permanecieran **firmes** en su relación con **el Señor.** La forma verbal parece mostrar que Pablo esperaba confiadamente que permanecieran **firmes.** **9.** Pablo no se atribuyó mérito por la salud o crecimiento de la iglesia. Dios fue quien dio el crecimiento (1 Co. 3:7). No vanidoso sino agradecido (cf. 1 Ts. 1:2ss.; 2:13ss.), se regocijaba (cf. 5:18) **delante de nuestro Dios,** por haber hecho posible tal gozo. **10.** Las noticias de Timoteo aliviaron la preocupación de Pablo pero no disminuyeron el deseo de verlos (cf. 2:17, 18; 3:6), deseo acuciado por un lazo emotivo estrecho (el deseo de ver **vuestro rostro)** y por la necesidad de reparar las fallas de su **fe. Completemos** *(katartizo)* significa acomodar algo para que tenga su uso pleno y adecuado. 3) Oración de Pablo. 3:11-13. **11. Mismo.** El destino de Pablo estaba en las manos de Dios. El título completo de Cristo subraya su majestad. Está íntimamente relacionado con Dios como correceptor de la oración y consujeto del verbo **dirijan,** cuya forma singular *(kateuthynai)* vincula estrechamente los sujetos **Dios** y **Cristo.** **12. El Señor,** es decir, Cristo. **Abundar en amor.** Cf. Fil. 1:9. El amor puede crecer sin fin. Aumenta en intensidad hacia una persona y se expande para incluir a otras. El amor cristiano se dirige primero hacia los creyentes **(unos para con otros)** y luego alcanza, como al amor de Dios, a **todos.** Solamente el Espíritu de Dios puede producir tal amor (Col. 1:8; Gá. 5:22). Más que sentimiento, el amor cristiano es el deseo desinteresado del bienestar completo de los demás. **Como también . . . nosotros.** El amor de Dios se había reflejado en las palabras y acciones amables del apóstol. **13.** Adviértase la conexión entre **amor** y **santidad.** Si el amor es la ley cristiana (Gá. 5:14) entonces la **santidad** (separación para Dios) de uno se mide sobre todo por el amor. El egoísmo empaña esta santidad; por ello Pablo ora para que los tesalonicenses vivan con amor y sean **irreprensibles en sanidad delante de Dios,** quien, por ser santísimo, es el único juez adecuado de la santidad. Dios juzga no como crítico despiadado sino como **Padre** amoroso. El tiempo para dar cuenta es la **venida** *(parousia;* cf. 1 Ts. 2:19) de Cristo. **Santos.** Literalmente, *los santos.* Probablemente incluye a los ángeles santos así como también a los creyentes difuntos revestidos de cuerpos "no hechos de manos" (2 Co. 5:1), y que esperan la resurrección de sus cuerpos terrenales. Otras descripciones gráficas de la venida de Cristo con toda su comitiva celestial se hallan en Mt. 24:30,31 y Ap. 19: 11-14. En el AT tenemos antecedentes en Zac. 14:5. Según Ap. 19—20 esta venida gloriosa es la iniciación del reino milenario.

III. Exhortaciones Prácticas. 4:1—5:22.

Pablo no hubiera sido fiel a su vocación pastoral ni a su preocupación paterna si no hubiera aprovechado todas las oportunidades para instruir. Para cumplir la ley del amor tenía que decir lo necesario. El informe de Timoteo fue muy alentador, pero sin duda contuvo ciertos problemas que Pablo se apresuró a solucionar.

A. Abstenerse de la Inmoralidad. 4:1-8. Ninguna tentación de las que sufrió la iglesia primitiva fue más perturbadora que la de la inmoralidad. El edicto del Concilio de Jerusalén enumera la fornicación con las prohibiciones rituales impuestas a los creyentes gentiles, tan común era la práctica de la misma entre los paganos (Hch. 15:29). Pablo defiende con denuedo la moralidad, situándola en la voluntad y llamamiento de Dios y en la naturaleza del Espíritu Santo que mora en el creyente. **1. Por lo demás.** *Finalmente.* La palabra señala una transición mayor de tema y sugiere la proximidad de la conclusión. **Rogamos.** *Pedimos.* **Exhortamos** es más vigoroso (cf. 2:11 y 3:2). **Conduciros** equivale a *vivir,* como en 2:12. La esencia del mandato de Pablo es que los tesalonicenses deberían seguir haciendo cada vez más lo que ya hacen. **Abundéis.** Véase 3:12 y 4:10 "crecer" para otros usos de *perisseuo.* **2.** El ministerio de Pablo abarcaba tanto instrucción ética como evangelización. Sus **instrucciones** (órdenes o mandatos militares) llevaban el sello de la autoridad de **Jesús** quien es **Señor,** el Soberano de la vida toda.

3. Después de una expresión general de aliento, en la que también fundamenta su autoridad, el apóstol trata del problema — la **fornicación.** Empieza en forma positiva: Dios manda la **santificación** y capacita para la misma. En contraste con 3:13, donde **santidad** *(hagiosyne)* se considera como un estado, aquí **santificación** *(hagiasmos)* se ve como un proceso —el acto de ser santificado, puesto aparte para el servicio de Dios. **Os apartéis.** *Mantenerse del todo separados de.* **4.** Ampliación del apartarse, etc. El significado de **vaso** es difícil. Muchos comentaristas y traductores (p. ej., Moffat, RSV, RVR) interpretan **vaso** como "esposa", por cierto uso judío, según el cual se comparaba a la esposa con un vaso. Milligan, Morris, Phillips, y otros entienden **vaso** como "cuerpo", según la analogía de 2 Co. 4:7. Esta traducción parece preferible porque evita la consideración humillante de papel de la esposa en el matrimonio que conlleva la primera interpretación. Si **vaso** significa "cuerpo", *ktasthai* debe significar **poseer** (como en AV y ciertos papiros) más que como es más frecuente, *adquirir.*

5. La **santidad** y **honor** por los que el creyente se rige contrastan directamente con **pasión,** etc. En 1 Co. 7:2,3,9 Pablo indica que el matrimonio brinda la oportunidad de dominar las pasiones, no de darles rienda suelta. **Pasión de concupiscencia.** Implica el deseo voluntario de ceder ante los deseos sexuales. La definición que Pablo da de los **gentiles** es clásica — **que no conocen a Dios.** Lo que separa al cristiano del pagano no es un mayor dominio propio, sino el conocimiento íntimo de Dios (cf. Sal. 79:6; Jer. 10:25). Oseas y Jeremías subrayan lo esencial que es el conocimiento de Dios (Os. 4:6; 6:6; Jer. 4:22), que implica amor y obediencia. Es la esencia de la salvación (Jn. 17:3).

6. El significado social de la castidad. **Agravie,** es decir, *cruce* los límites de la decencia humana y de las normas sociales. **Engañe** o *aprovecharse de* **su hermano.** No sólo del hermano cristiano sino de todos los hombres. **En nada.** *En el asunto* o *en este asunto.* El artículo definido griego une esta afirmación con el sujeto de este párrafo — pureza sexual. En este versículo Pablo ofrece una ilustración práctica tanto de la ley del amor como de la relación entre amor y santidad subrayada en 3:12,13. El día del juicio proyecta su alargada sombra sobre toda la vida. **El Señor es vengador,** quien se preocupa de que se haga justicia perfecta.

7. Se insiste en la palabra **llamado** (cf. 2:12). La salvación tiene un propósito, y la **inmundicia,** contaminación moral, no es

su propósito. Pablo reitera el pensamiento de 4:3. La voluntad de Dios dispone que el creyente viva en **santificación** *(hagiasmos).* Este es el proceso (cf. 4:3) más que el estado de ser santificado (cf. 3:13). **8. El que desecha** *(rechazar, tratar como indigno)* el mandato de ser puro conculca la ley divina; porque Dios ha puesto al Espíritu Santo en el creyente para santificarlo. Destaca la idea de **Santo:** "No por nada el Espíritu que Dios nos da se llama Espíritu *Santo"* (Phillips). Aquellos en quienes él mora tienen que reflejar la santidad del mismo. **Nos** debería leerse **os** de acuerdo con los mejores manuscritos. La afirmación es muy personal.

B. Amarse Unos a Otros. 4:9,10. Una segunda tentación se cernía sobre la iglesia primitiva—el espíritu de partido y las luchas mezquinas. La situación de Corinto es ejemplo de la lucha de los primeros cristianos contra el ambiente pagano (1 Co. 3: 1 ss.). El cristianismo se propagó por un país y cultura en los que los vínculos partidistas eran vigorosos y la sociedad era más corporativa que individualista. No ocurría lo mismo en la cultura grecorromana; por esto Pablo insiste constantemente en el amor.

9. Amor fraternal *(philadelphia)* es amor de casta, amor entre los miembros de una familia. Para los primeros cristianos, el aceptar a Cristo a menudo significó romper los lazos familiares. Pero el cristiano se unía a una nueva familia, porque era hijo de Dios y hermano de todos los demás creyentes. **Aprendido de Dios.** Tanto por medio del ejemplo de Dios (Jn. 3:16) como por el Espíritu, quien derrama el amor de Dios en nuestros corazones (Ro. 5:5). **10.** Las obras de amor tan vastas **(todos** los hermanos en **toda** Macedonia) de los tesalonicenses (cf. 1:3) eran prueba de que habían aprendido bien la lección de amor que Dios les había dado. Pero no cabía complacencia alguna. Pablo los apremia tiernamente **(hermanos)** a que **abundéis en ello más y más** (cf. 3:12; 4:9,10).

C. Ocuparse de lo Propio. 4:11,12. Esta sección debería entenderse en íntima relación con la precedente, porque la diligencia desinteresada es manifestación del amor fraternal cristiano.

11. Procuréis. *Philotimeomai* en un principio significaba *ser ambicioso,* pero en el NT (cf. Ro. 15:20 2 Co. 5:9) significa "buscar con afán", "aspirar". La frase es muy gráfica: **procuréis tener tranquilidad.** Debían procurar dos objetivos más: **ocuparse,** etc. (ocuparse de lo propio y no de lo de los demás) y **trabajar,** etc. Al parecer algunos creyentes eran entrometidos y perezosos. La esperanza de la inminente Segunda Venida se convirtió en excusa para la pereza (cf. 2 Ts. 3:11). Los griegos esquivaban la labor manual, y Pablo había enseñado a los tesalonicenses de palabra (el Señor fue carpintero) y con el ejemplo (el apóstol fabricaba tiendas) que la doctrina cristiana de la *creación* implica la doctrina cristiana de la *vocación:* Dios hizo todas las cosas buenas; por tanto, el hombre puede realizar las labores más serviles consciente de que está en relación con la obra de Dios; además, puede hacerlas para gloria de Dios.

12. El propósito doble de la laboriosidad consagrada: vivir en forma honrada **(honradamente)** ante los no cristianos **(los de afuera,** fuera de la esfera de salvación); disfrutar de la libertad que proporciona la independencia económica personal. Su diligencia realzaría su testimonio ante los de afuera; su "honrosa independencia" (Phillips) los ayudaría a cumplir la ley del amor al no depender de los hermanos creyentes.

D. Consolarse Unos a Otros con la Esperanza de la Segunda Venida. 4:13-18. Entre los problemas que Timoteo llevó a la atención de Pablo figuró el de la situación de los creyentes difuntos en la segunda venida de Cristo. En las exposiciones de Pablo, parece que se insistió en lo inminente del retorno. Pero la persecución y aflicciones parece que habían segado vidas de creyentes. ¿Cuál iba a ser la suerte de los mismos? ¿Iba la muerte a privarlos de participar en el gran acontecimiento. Por el contrario, dice Pablo, van a participar completamente en las glorias de ese día. La muerte de Cristo y su resurrección son la garantía de ello. Estas palabras consoladoras de Pablo no tenían como fin describir con detalle esos acontecimientos, sino dar respuesta al problema suscitado.

13. Tampoco queremos, etc. Compárese con Ro. 1:13; 11:25; 1 Co. 10:1; 12:1; 2 Co. 1:8, donde, como aquí, la afirmación introduce un tema nuevo e importante. En todos los casos **hermanos** se emplea para agregar una nota de ternura. **Duermen.** Estar "muerto en Cristo" (4:16) es dormir, porque Cristo con su muerte y resurrección le ha quitado a la muerte su aguijón (4:14). No hay alusión alguna al 'alma dormida'. Pablo pensaba en los *cuerpos* de los creyentes difuntos. **Los otros.** Los que estaban afuera de Cristo (cf. 4:12). **No tienen esperanza.** Este podría ser muy bien el epitafio de los no creyentes. **Esperanza** se refiere a la Segunda Venida, con todas las bendiciones consiguientes. Las compañeras inseparables de la muerte son la tristeza y la soledad, pero el dolor amargo y la desesperanza no deberían formar parte de las emociones del creyente afligido, porque conoce de antemano el capítulo final de la trama histórica.

14. Si creemos. La construcción griega da la idea de "y nosotros *sí* creemos". **Jesús murió.** "Dormir" no iría bien aquí. Cristo tomó la copa de la muerte hasta las heces para triunfar sobre ella (He. 2.14,15). **Resucitó.** Su triunfo garantiza el nuestro (cf. 1 Ts. 1:10). **Dios** es enfático en este caso. El que resucitó a Jesús es el garante y agente de nuestra resurrección. Dormir **en Jesús** es dormir por medio de Jesús; la idea es que por medio de él la muerte se convierte en sueño. **Con Jesús.** Pablo responde a la pregunta principal: los creyentes difuntos no dejarán de participar en la *parousia;* Dios hará que acompañen a Cristo en su regreso triunfal (3:13).

15. En palabra. etc., da autoridad a las afirmaciones de Pablo (cf. 1 Co. 7:10). La fuente de la **palabra** no es segura. Entre las posibles fuentes están: (1) Mt. 24:30,31 y pasajes paralelos; (2) un dicho de Jesús no registrado (cf. Hch. 20:35); (3) una revelación especial del Señor (cf. 2 Co. 12. 1; Gá. 1:12,16; 2:2). **Nosotros que vivimos.** Pablo a menudo subraya la inminencia del retorno de Cristo (1 Co. 7:29; Fil. 4:5). Como todos los creyentes, esperaba vivir para participar del suceso (1 Co. 16:22; Ap. 22:20). Sin afirmar que Cristo fuera a regresar durante su vida, parecía complacerse en la posibilidad (cf. 1 Co. 15:51ss.). **No precederemos.** *En modo alguno* seremos primero.

16. El hecho trascendente es que la Segunda Venida se centra en la actividad del **Señor mismo.** Las escuetas expresiones que emplea dan colorido: (1) **Con voz,** *voz de mando* como la del oficial a sus soldados, probablemente del Señor; (2) **con voz,** etc., puede ser explicación de la **voz** anterior; tanto **voz** como **arcángel** en griego son indefinidos, y es probable que la idea sea *una voz como la que emplea un arcángel,* como sugiere Milligan; (3) **con trompeta de Dios,** *trompeta al servicio de Dios* (Milligan); en 1 Co. 15.52 Pablo menciona dos veces la trompeta en relación con la Segunda Venida (cf. Jl. 2:1; Is. 27:13; Zac. 9:14 para precedentes del AT). Estas tres expresiones dan idea del esplendor de la escena y de la autoridad majestuosa del Señor. **Los muertos en Cristo.** Los cuerpos de los creyentes difuntos. **Primero.** Los creyentes difuntos precederán a los vivos.

17. Nosotros los que vivimos. Véase 4:15. **Seremos arrebatados.** *De repente y por la fuerza.* **Juntamente con ellos.** Los miembros del cuerpo de Cristo se reunirán entre sí y con su Cabeza. **Las nubes** aumentan el misterio y hondura dramática del acontecimiento (cf. Mt. 24:30; Hch. 1:9; Ap. 1:7). **En el aire.** La preeminencia absoluta de Cristo se subraya al indicar que usará la morada de los espíritus malos como punto de reunión (Ef. 2:2; 6.12). **Con el Señor.** Médula del pasaje—intimidad inacabable con Cristo. ¿Dónde? ¿Asciende toda la comitiva al cielo o regresa a la tierra? La respuesta que se dé dependerá de la interpretación que se adopte de la escatología del NT. Unos hablan de una ascensión con regreso posterior a la tierra. Otros sostienen que inmediatamente después de esta reunión regresan a la tierra.

18. Para una iglesia que vivía en medio de una sociedad que era por lo menos indiferente y a veces hostil, estas palabras fueron en verdad consoladoras. Deberíamos advertir que Pablo no habla aquí de la relación entre el arrebato y la tribulación.

E. Vivir como Hijos del Día. 5:1-11. El hablar acerca de los que participarán en la *parousia* conduce a plantearse el problema del tiempo y señales de la misma. Respecto a esto, Pablo pone sobre aviso a los creyentes para que estén siempre dispuestos. La actitud adecuada es la de vigilancia y sobriedad, y las armas del cristiano son la fe, el amor y la esperanza.

1. Pablo sin duda había hecho saber a los tesalonicenses las importantes palabras de Jesús: "pero de aquel día . . . nadie sabe . . ." (Mr. 13:32,33). Nada hay que decir ni se puede decir acerca del tiempo de la Segunda Venida. **Tiempos** (*chronon*, duración) significa los períodos cronológicos que han de pasar antes de la Segunda Venida; **ocasiones,** (*kaipon*) en cambio, se refiere a los significativos acontecimientos, a las oportunidades pletóricas que se presentarán durante esos tiempos (cf. Hch. 1:7).

2. Vosotros sabéis perfectamente. Pablo había instruido cuidadosamente a los creyentes de que la obligación del cristiano era estar siempre preparado. **El día del Señor** se debe entender según los antecedentes del AT. Era un término común en Israel antes del tiempo de Amós pero se aplicó sólo al juicio de Dios de los gentiles. En un gráfico pasaje, no diferente de 1 Ts. 5:2-4, Amós corrige esta interpretación errada, y señala que un Dios justo juzga al pecado dondequiera que se halle incluso en Israel (Am. 5:18-20). Cf. Jl. 1.15; 2:1,2,31,32; Sof. 1:14ss. El **día** es el tiempo de la intervención justa de Dios en la historia, cuando exigirá de los hombres lo que le es debido. En 2 Ts. 2:2ss. este día está relacionado con la gran apostasía y la revelación del Anticristo, es decir, el período de Tribulación. **Ladrón,** etc., recuerda Mt. 24:43 y Lc. 12:39. La metáfora indica lo inesperado del suceso.

3. El hecho de que el término **porque** no se halle en los mejores manuscritos indica que esto ha de unirse íntimamente con lo precedente. **Digan,** los incrédulos. **Paz y seguridad** trae a la memoria pasajes del AT como Am. 5:18,19; Mi. 3:5-11; Ez. 13:10, que describen un falso sentido de paz y seguridad. **Destrucción.** Ser objetos de la ira justa de Dios equivale a ser completa y definitivamente destruido, quizá por medio de la separación de Dios (2 Ts. 1:9). **Como los dolores a la mujer encinta.** Esta comparación es frecuente en el AT (Is. 13:8; Os. 13:13; Jer. 4:31) y en los Evangelios (Mt. 24:8; Mr. 13:8). Lo que Pablo recalca no es el dolor sino lo repentino e implacable del día. Una vez que el dolor comienza, no se puede eludir. **No escaparán.** En modo alguno (cf. 4:15).

4. Mas vosotros, hermanos, pone de relieve el marcado contraste entre creyentes e incrédulos. **Tinieblas** es más que ignorancia; es la separación moral y espiritual de Dios en el caso de los incrédulos (cf. Jn. 3:19,20; 2 Co. 6:14; Ef. 5.8; Col. 1:12, 13). **5.** Una vez dicho lo que los creyentes *no* son, Pablo pasa a lo que *son,* y agrega **todos** para generalizar más la afirmación. Ser **hijos de luz** es tener la luz como característica. Lc. 16:8 y Ef. 5:8 contiene ejemplos de esta forma de hablar semítica. Dios, fuente de luz, se llama "Padre de las luces" (Stg. 1:17). **Hijos del día** no sólo vuelve a recalcar la expresión precedente sino que recuerda el **día** del Señor. Los creyentes son hijos de ese día porque participan de su gloria y triunfo.

6. Por tanto. Por ser hijos de la luz. **Durmamos.** No física sino moral y espiritualmente, como en Mr. 13:36; Ef. 5:14. **Los demás.** Cf. 1 Ts. 4:13. **Velemos** recuerda los requerimientos de Cristo respecto a su venida en Mt. 24.42; 25:13, etc. Conlleva conciencia mental y física del hecho. **Seamos sobrios** (cf. 2 Ti. 4:5; 1 P. 1:13; 4:7; 5:8) habla no tanto de no embriagarse cuanto del dominio rígido de *toda* la vida de uno de modo que tenga un equilibrio pleno. **7.** El dormir y embriagarse son hábitos predominantemente nocturnos. Por consiguiente, no caben en las vidas de los hijos del día. En este caso no se necesita usar la interpretación metafórica. **8. Pero nosotros** (en contraste con "los demás") . . . **seamos sobrios.** La sobriedad debe ser un hábito del creyente, puesto que pertenece al día. Pablo habla a menudo de los pertrechos espirituales como armas (cf. 2 Co. 6:7; 10: 4; Ef. 6:13ss.; los antecedentes del AT están en Is. 59:17). La trinidad de virtudes (cf. 1 Ts. 1.3) protege al creyente contra la complacencia y desespero que caracterizan a los hijos de la noche. **Esperanza de salvación** es la expectación anhelante de ser rescatado de la ira final de Dios (1:10) y destinado a la gloria e intimidad definitivas con Dios.

9. La razón de esta esperanza (5:8) es que Dios ha destinado a los creyentes a ella y no a la **ira** (cf. 1:10). **Puesto** (*etheto*), si bien no tiene precisión de "predestinado" (Ro. 8:29 ss.), sin embargo atribuye la salvación al "propósito y acción directos de Dios" (Milligan). **Alcanzar** implica que el creyente tiene que responder en forma activa. La salvación la hace posible **nuestro Señor Jesucristo.** El título completo transmite la majestad de Jesús el Mesías. **10.** La salvación incluye no sólo ser rescatado de la ira (1:10; 5:9) sino concesión de vida y promesa de intimidad eterna. El coste de este don no ha de darse por supuesto, como nos lo recuerda él **quien murió por nosotros. Velemos** y **durmamos** son metáforas por "vivir" y "morir". La muerte triunfal de Cristo quiebra la que había sido línea divisoria entre vida y muerte (4:14,15; cf. también la promesa de Cristo en Jn. 11: 25,26).

11. Edificaos. Expresión favorita de Pablo para "promover el crecimiento y madurez espirituales" (cf. 1 Co. 3.9ss.; 14:4; Ef. 2:21ss.). Esta metáfora y la de la armadura (1 Ts. 5:8) nos recuerdan que Pablo, originario de una ciudad no sin importancia, sacó sus figuras de lenguaje más de situaciones urbanas que de escenas rurales. **Así como lo hacéis.** El tacto de Pablo combinaba la exhortación vigorosa con la alabanza sincera.

F. Abstenerse del Mal; Abrazar lo Bueno. 5:12-22. Pablo concluye la carta con breves exhortaciones que tratan de actitudes sociales, personales y espirituales. 1) En Relación con los Demás. 5:12-15. El apóstol establece algunos principios directivos que los creyentes han de seguir en relación con sus líderes espirituales, hermanos cristianos, débiles y desamparados, con todos los hombres.

12. Reconozcáis significa "darse cuenta del valor", "valorar". **Trabajan.** Cf. 1:3; 2:9. Nunca ha sido fácil dirigir una iglesia afligida y perturbada. **Os presiden.** El término que se emplea no parece ser técnico sino que se refiere a una clase general e informal de liderazgo. Sin embargo, es probable que aluda a los ancianos presbíteros; (cf. Hch. 20:17; 21:18; 1 Ti. 5.17,19). **En el Señor** muestra que Pablo habla de autoridad espiritual, la cual conlleva el amonestar, sobre todo en el caso de conducta condenable (cf. 1 Ts. 5:14; 2 Ts. 3:15). **13. En . . . amor.** Constituye el marco y contexto de la **mucha estima; por causa de su obra** indica la razón. La tarea de mantener y fortalecer a los creyentes merece respeto por sí misma. **Tened paz.** Rebajar a los líderes o querellar con la autoridad es sembrar la discordia. El bienestar de la comunidad cristiana (**entre vosotros**) depende de la cooperación cordial entre líderes y seguidores.

14. Dirigido a los líderes de la iglesia y a los espiritualmente maduros. **Amonestéis.** Cf. 5:12, **Ociosos.** Palabra militar que alude a los soldados que no saben permanecer en formación. Este desorden probablemente es negligencia voluntaria del deber cristiano, incluso del deber de trabajar (4:11,12; 2 Ts. 3:6-15). **Los de poco ánimo.** Los que desesperan frente a circunstancias adversas. **Sostengáis a los débiles.** Extender a los que son espiritualmente frágiles (cf. Ro. 14: 1; 1 Co. 8.9,11) una mano servicial. **Pacientes para con todos.** Esto sintetiza la actitud básica que debe prevalecer cuando uno trata de ayudar al hermano ocioso, al descorazonado, al frágil (cf. Ef. 4:2), y de este modo refleja la actitud de Dios (Ro. 2:4; 9:22; 1 P. 3:20). **15.** La venganza y represalias no debieran darse nunca entre los creyentes, porque el Maestro lo prohibió bien claramente Mt. 5:43 ss.). **Seguid.** *Buscar.* **Lo bueno.** De una manera amable, servicial. **Todos.** Incluye a los incrédulos (cf. 1 P. 2:17).

2) En las Actitudes Básicas. 5:16-22. Con afirmaciones concisas Pablo da las exhortaciones finales.

16. El gozo cristiano no se empaña con la aflicción ni con otras circunstancias desagradables, porque tiene las raíces en una relación invulnerable con Dios (cf. Fil. 2:18; 3.1; 4:4). De hecho, el gozo puede abundar en medio de la tribulación cuando el creyente vislumbra los propósitos gloriosos de Dios (Ro. 5:3-5; Stg. 1:2ss.). Este gozo no se produce solo sino que es fruto del Espíritu (Gá. 5:22). **17.** La oración es una actitud además de una actividad. La actitud de dedicación a Dios puede ser **sin cesar** (cf. comentario de 1:3), aunque la actividad no pueda. Pablo ilustra este mandato, ya que sus cartas exhalan el perfume de la oración. **18. En todo.** Todas las circunstancias, incluso en pruebas y aflicciones. **Esta,** aunque singular, parece abarcar los tres mandatos de 5:16,17,18. La voluntad de Dios incluye el gozo constante, la oración incesante, y la gratitud sin límites, actitudes hechas necesarias y posibles **en Cristo Jesús.**

19. La construcción en griego sugiere la traducción: *cesad de apagar al Espíritu.* **Apaguéis** describe en forma adecuada el obstaculizar al Espíritu, cuya naturaleza se ha comparado al fuego (Mt. 3:11; Hch. 2:3,4). A la luz de 5:20, este versículo parece indicar que ciertos creyentes cautos habían discutido el uso de dones espirituales en la iglesia. Esta situación sería entonces el polo opuesto de la de 1 Co. 12—14, donde encontramos un celo ofensivo de ser más que los otros en el ejercicio de dones espirituales. Es posible, sin embargo, que la afirmación de Pablo en este caso sea general, en el sentido de prohibirles poner obstáculos a la obra purificadora y acusadora del Espíritu en sus vidas (cf. Ef. 4:30). **20. En** 1 Co. 14:1 se apremia a los creyentes a que busquen el don de profecía, las manifestaciones públicas, guiadas por el Espíritu, de verdades profundas. Quizá se abusó de dicho don; pero el abuso no excluye el uso. El aspecto de predicción en el don profético no debería nunca exagerarse ni desacreditarse. La misión del profeta es comunicar lo que Dios le ha dicho, incluso cosas futuras. Véanse 1 Co. 12:28 y Ef. 2:20; 3:5; 4:11 referencias al ministerio profético.

21. Todo. Se refiere sobre todo a dichos que pretenden ser profecías. No se deben aceptar con credulidad sino que hay que someterlos a prueba con una revelación más objetiva y en especial con la piedra de toque del Señorío de Cristo (1 Co. 12:3) y de su encarnación (1 Jn. 4:1-3). **Lo bueno,** es decir, lo genuino, no lo falsificado.

22. El mandato negativo de Pablo es en realidad: **Absteneos de toda especie de mal.** *Eidos,* apariencia, se emplea a menudo en los papiros del período grecorromano para indicar "clase", "especie". Se ha comentado a menudo que en tanto que "lo bueno" del versículo 21 es singular, del **mal** se dice que toma muchas formas. El fraseo recuerda Job 1:1,8; 2:3.

IV. Conclusión. 5:23-28.

A. Oración Final. 5:23,24. Pablo abraza todas las exhortaciones en una oración para pedir la santificación, y les da a los creyentes seguridad de que un Dios fiel la escuchará.

23. El mismo Dios de paz es *Dios mismo quien sólo otorga la paz,* título de Dios característicamente paulino (cf. Ro. 15:33; 16:20; 2 Co. 13:11; Fil. 4:9; 2 Ts. 3:16). Si bien la entrega y obediencia humanas son necesarias, la santificación es obra esencialmente divina (cf. Ro. 15:16; Ef. 5:26). **Por completo** *(holoteleis)* implica que nada falta; toda la persona ha de mantenerse **irreprensible. Espíritu, alma y cuerpo** probablemente no deberían interpretarse como una descripción definitiva de la naturaleza del hombre. Se emplean las tres palabras

para indicar todo el ser de una persona, tanto en su aspecto inmortal, como en el personal y corporal" (Milligan). Pablo ora para que sean preservados **(guardado)** de juicio en **(para)** la venida de Cristo. **24. Fiel es el que** sólo se puede referir a Dios (cf. 1 Co. 1:9; 10:13; 2 Co. 1:18; 2 Ts. 3:3; 2 Ti. 2:13; He. 10:23; 11:11). La única garantía de que el creyente será considerado digno en el juicio final es la fidelidad de Dios. Su llamamiento conlleva la culminación de sus propósitos (Ro. 8:30; Fil. 1:6).

B. Petición de que Oren. 5:25.

Ruego tierno que manifiesta cómo Pablo dependía de sus **hermanos** en Cristo (cf. Ro. 15:30; Ef. 6:19; Col. 4:3ss.; 2 Ts. 3:1ss.).

C. Saludo Final. 5:26.

Conclusión adecuada de una carta llena de expresiones de afecto. Pablo incluye a **todos los hermanos,** incluso a los que causaban problemas. **Osculo santo.** No tenía carácter sensual ninguno. Era una manifestación genuina del amor cristiano; fue práctica común cristiana hasta que abusos y malas interpretaciones paganas hicieron que se limitara. Otras referencias al **ósculo santo** en el NT son Ro. 16:16; 1 Co. 16:20; 2 Co. 13:12; también 1 P. 5:14 ("ósculo de amor").

D. Mandato de que Lean la Carta. 5:27.

Os conjuro. *Pongo bajo juramento.* Pablo deseaba asegurar que la carta fuera leída a **todos los hermanos (santos** no figura en los mejores manuscritos). Los términos son vigorosos y el paso del "nosotros" al "yo" les da más fuerza. Pablo quizá preveía cierto espíritu de facción que iba a usar la carta en forma fraudulenta (cf. 2 Ts. 2:2). Pero es más probable que el deseo apremiante de compañerismo no indujera a procurar que nadie quedara excluido.

E. Bendición. 5:28.

Pablo concluye como comenzó—con una oración para pedir **gracia,** es decir, el favor constante de Cristo. Adviértase que el apóstol subraya la majestad de Cristo al darle el título completo—**nuestro Señor Jesucristo.** El **Amén** y la postdata final que menciona a Atenas como lugar de composición, como en AV, los omiten los mejores manuscritos (cf. p. ej. RVR).

BIBLIOGRAFÍA

ANDREWS, SAMUEL J. *Christianity and Anti-Christianity in Their Final Conflict.* 2nd. ed. Chicago: Bible Institute Colportage Association, 1898.

BAILEY, JOHN W. "I-II Thessalonians", *Interpreter's Bible.* Vol. XI. New York: Abingdon Press, 1955.

BARCLAY, WILLIAM. *The Mind of St. Paul.* New York: Harper and Brothers, 1958.

BICKNELL, E.J. *I-II Thessalonians (Westminster Commentary).* London: Methuen and Co., 1932.

DENNEY, JAMES. *The Epistles to the Thessalonians (Expositor's Bible).* New York: A.C. Armstrong and Son, 1903.

FINDLAY, GEORGE G. *The Epistles to the Thessalonians (Cambridge Bible for Schools and Colleges)* Cambridge: University Press, 1900.

FRAME, J.E. *Epistles of St. Paul to the Thessalonians* (International *Critical Commentary)* Edinburg: T. and T. Clark, 1912.

HENDRIKSEN, WILLIAM. *Exposition of I-II Thessalonians (New Testament Commentary).* Grand Rapids: Baker Book House, 1955.

HUBBARD, DAVID A. "Antichrist", *Dictionary of Theology.* Edited by E.F. Harrison. Grand Rapids: Baker Book House, 1959.

MILLIGAN, GEORGE. *St. Paul's Epistles to the Thessalonians.* New York: The Macmillan Co., 1908.

MOFFATT, JAMES. "The First and Second Epistles to the Thessalonians", *Expositor's Greek Testament.* Vol. IV. Grand Rapids: Wm. B. Eerdmans, reprinted 1952.

VOS, GEERHARDUS. *The Pauline Eschatology.* Grand Rapids: Wm. B. Eerdmans, 1952.

WALVOORD, JOHN F. *The Thessalonian Epistles.* Findlay, Ohio: Dunham Publishing Co., 1956.

COMENTARIOS EN ESPAÑOL

BRUCE, F. F. *Nuevo Comentario Bíblico, 1 y 2 Tesalonicenses.* El Paso: Casa Bautista de Publicaciones, 1978.

ERDMAN, CARLOS R. *Primera y Segunda Epístolas a los Tesalonicenses.* Grand Rapids: T.E.L.L., 1976.

MORRIS, LEON. *Cartas a los Tesalonicenses.* Buenos Aires: Ediciones Certeza.

RYRIE, CHARLES C. *Primera y Segunda Tesalonicenses.* Grand Rapids: Publicaciones Portavoz Evangélico, 1980.

SEGUNDA EPÍSTOLA
A LOS TESALONICENSES

INTRODUCCIÓN

Desarrollo del Pensamiento. Agradecido por la fe, amor y perseverancia durante la persecución de los creyentes, Pablo explica el propósito de esta persecución, la cual acrisola a los creyentes para la gloria futura y rubrica la condenación de los enemigos de Dios. La venida de Cristo trastoca la situación actual; trae reposo a los afligidos y separación de Dios a los perseguidores.

A pesar de informes contrarios, el Día del Señor no ha llegado todavía (cap. 2). Antes aparecerán la rebelión y el hombre de pecado. Todas las formas de culto, genuinas y falsas, serán sustituidas por el culto de ese inicuo. Los días del mismo, sin embargo, serán breves a pesar de su poder satánico engañador. La oscuridad se convertirá en luz, el inicuo será destruido a la venida de Cristo, cuando también los engañados seguidores del mismo serán juzgados. El destino de los creyentes es diferente

porque Dios los ha llamado a salvación. Esta coincidencia de haber sido llamados, junto con el sostén del Espíritu, los sostendrán en los tiempos de prueba. También Pablo se enfrenta con oposición en su ministerio y se consuela a sí mismo y consuela a sus amigos con el recuerdo de la fidelidad amorosa de Dios y la paciencia firme de Cristo (cap. 3).

La laboriosidad, y no la flojedad, es el distintivo de la conducta cristiana, como Pablo les había enseñado con su instrucción y ejemplo. Cuando hubiera falsas interpretaciones en cuanto a la inminencia del advenimiento de Cristo u orgullo espiritual que despreciara la labor manual, se debía ejercer toda la influencia posible, firme aunque amorosa, sobre los responsables. (Véase la Introducción a 1 Tesalonicenses para todo lo referente a fecha, ocasión de su composición, etc.).

BOSQUEJO

COMENTARIO

I. Introducción. 1:1,2.
Esta carta comienza como 1 Tesalonicenses. La única adición es la mención de **Dios nuestro Padre** y **el Señor Jesucristo** como dadores de **gracias** y **paz** (1:2).

II. Aliento en la Persecución. 1:3-12.
A. Alabanza por la Perseverancia. 1:3,4. El entusiasmo de la gratitud de Pablo no ha mermado desde el tiempo de la primera carta. Los alaba cordialmente por su fe, amor y perseverancia en medio de despiadada persecución.

3. Debemos trasmite, el sentimiento de deuda personal de Pablo hacia Dios por el crecimiento de los tesalonicenses. **Como es digno.** Es decir, "Vuestra conducta merece esa acción de gracias". **Vuestra fe va creciendo.** Preocupado en la primera carta por la fe de ellos (1 Ts. 3:5,10), el apóstol se regocija ahora por su excepcional crecimiento. Habiéndolos animado a que acrecentaran su amor (1 Ts. 3:12), ahora indica que su **amor... abunda** entre ellos. En 1 Ts. 1:3 los alaba por su **constancia en la esperanza.** ¿No se encuentra aquí esta afirmación porque el tema central de esta carta es una mala interpretación de la esperanza?

4. Nos gloriamos de vosotros. Iba a gloriarse en la venida de Cristo (1 Ts. 2:19), y preguntaba este hecho gloriándose de los tesalonicenses en las iglesias con las que trabajaba. **Paciencia,** es decir, constancia, como en 1 Ts. 1:3. **Fe** (*pistis*) a veces significa "fidelidad" (p. ej. Ro. 3:3; Gá. 5:22). Aunque este significado caería bien en este pasaje, es probable que **fe** se refiera al acto de confiar, como en 2 Ts. 1:3 y en todos los otros pasajes de estas cartas. **Persecuciones** (*diogmosis*) es un término específico, que se refiere a los ataques de parte de los contrarios al Evangelio (cf. Hch. 8:1; 13:50), en tanto que **tribulaciones** (*thlipsesin*) son opresiones generales (cf. Mt. 13:21 y Mr 4:17). El tiempo presente de **soportáis** indica que esta cruel oposición era una realidad actual.

B. Explicación del Propósito de la Persecución. 1:5-10. Confianza y perseverancia en la persecución son la prueba del juicio justo de Dios, quien prepara a los justos que sufren para su Reino y a sus opositores para su ira.

5. Esto es demostración se refiere no tanto a la persecución como a la fe y perseverancia de ellos en la persecución. Esta respuesta valiente es *prueba manifiesta* o *indicación clara* de que el **justo juicio de Dios** será favorable en el caso de ellos (cf. 2 Co.

4:16ss. y Fil. 1:28). Si bien este juicio justo tendrá su culminación al final, ya está en operación (Jn. 3:19). Se dice que el juicio tiene un propósito concreto en las vidas de los creyentes: **para que seáis tenidos por dignos.** "Es parte de los justos juicios de Dios emplear las tribulaciones para conducir a los suyos a la perfección" (Morris). **Reino.** Véase comentario a 1 Ts. 2.12. **Por el cual,** es decir, *por cuyo bien.* Cf. las bienaventuranzas de Cristo en Mt. 5:10-12. **6.** El juicio final trastocará las circunstancias actuales: los perturbadores serán perturbados, en tanto que sus víctimas recibirán reposo. **Es justo.** La justicia de Dios quedaría empañada si esta clase de oposición maligna prevaleciera de modo constante. **Tribulación,** es decir, *trae tribulación a.*

7. Reposo. Aflojar la tensión. **Con nosotros,** los apóstoles, quienes no éramos ajenos ni a la tribulación ni al anhelo de **reposo. Manifieste.** (Cf. 1 Co. 1:7 y sobre todo Lc. 17:30). **Angeles de su poder,** es decir, ángeles que son tanto símbolos como ministros de su poder. Véase comentario a 1 Ts. 3:13. Las parábolas del reino de Cristo (cf. Mt. 13:41,49; 25:31,32) también relacionan a los ángeles con el Juicio. **8. En llama de fuego.** Para los antecedentes del AT véanse Is. 66:15 y Dn. 7:10,11. El sujeto de **dar retribución** es el Señor Jesús de 2 Ts. 1:7. El Padre le ha confiado todo juicio (Jn. 5:22,27). Los objetos de la ira de Cristo son **los que no conocieron a Dios, ni obedecen al evangelio.** Algunos han sugerido que se alude a dos grupos —gentiles (cf. 1 Ts. 4:5) y judíos—. Es más probable que sea una referencia general a todos los que no quieren actuar de acuerdo con lo que saben de Dios y quienes, en forma más específica, repudian su revelación en Cristo.

9. Naturaleza de la retribución: **sufrirán pena de eterna perdición.** No se habla de aniquilación sino de perdición total, pérdida de todo lo que vale. En especial, es separación **de la presencia del Señor,** fuente genuina de todo lo bueno. Las descripciones que el NT ofrece de los sufrimientos del infierno son numerosas: "horno de fuego" (Mt. 13:42); "lago de fuego y azufre" (Ap. 20:10); "tinieblas de afuera" (Mt. 25:30, etc. Pero ninguna es más gráfica que esta descripción de exclusión completa y definitiva de aquel que es vida, luz y amor. **La gloria de su poder.** La "manifestación visible de la grandeza de Dios" (Morris). **10. Cuando** (*hotan*) es *cuandoquiera.* Tiempo indefinido. **En sus santos.** Los creyentes son la esfera en la que Cristo será **glorificado** cuando venga. "Será glorificado en ellos, como el sol se refleja en un espejo" (Alford's Greeh Testament). Es la culminación de un proceso ya comenzado (Jn. 17:10; 2 Co. 3:18). **Ser admirado.** Esta revelación de la gloria de Cristo en los creyentes será sorprendente y maravillosa para todos los que la contemplen. **En aquel día** ha de unirse con **ser admirado.** La cláusula entre ambos es a modo de paréntesis y es difícil relacionarla con el versículo. Quizá la sugerencia mejor es que se trata de una expresión condensada que hay que traducir como Phillips lo hace: "a todos los que creen—incluyéndoos a vosotros, porque habéis creído el mensaje que se os comunicó".

C. Petición para su Crecimiento Espiritual Constante. 1:11,12. Una vez explicados a los tesalonicenses los propósitos soberanos de Dios y el resultado glorioso de los mismos, el apóstol reafirma su preocupación constante y petición para que la consagración de los creyentes responda a los designios de Dios.

11. Por lo cual. *A este fin,* lo cual constituye el enlace con 1:5-10. **Llamamiento** suele referirse a la primera intervención de Dios para llamar a salvación, pero es probable que en este caso abarque también la culminación de ese acto inicial (cf. 1 Ts. 2:12). **Propósito de bondad** se refiere a los tesalonicenses, no a Dios. Pablo pide que Dios **cumpla** (*complete*) el deleite de ellos con **bondad.** *Agathosyne* (*bondad*) nunca se aplica a Dios en el NT (cf. Ro. 15:14; Gá. 5:22; Ef. 5:9. En la **bondad** se combina la amabilidad con la justicia. **Obra de fe.** Cf. 1 Ts. 1:3 **Con su poder** describe la forma cómo Dios puede satisfacer estas dos peticiones.

12. La petición final recuerda 1:10. **Nombre** es la revelación de toda la personalidad, de acuerdo con el uso bíblico y semítico en general. Los creyentes deben reflejar sin cesar esa gloria que se manifestará plenamente en ellos a la venida de Cristo. **Y vosotros en él** destaca la intimidad de la unión entre Cristo y su Iglesia. Así como Cristo revela su gloria en la Iglesia, del mismo modo la única gloria que la Iglesia se puede atribuir radica en él. A la **gracia** divina se debe que se dé semejante participación de gloria.

III. Instrucción Respecto al Día del Señor. 2:1-12.

A. Ocurrirá en el Futuro 2:1,2. Pablo se adentra en el problema que dio pie a la carta—los informes de que las tribulaciones que los creyentes sufrían eran signos seguros de que el Día del Señor ya había llegado. Pablo lo niega categóricamente.

1. Con respecto a la venida (*parousia;* véase comentario de 1 Ts. 2:19). La misma construcción afecta a **nuestra reunión con él** (cf. Mr. 13:27; 1 Ts. 4:17). **2. Fácilmente,** en el sentido de "a la ligera". **Mover... de vuestro modo de pensar,** Apártase del curso de pensar y razonar sanos. **Ni os conturbéis.** El tiempo presente sugiere "vivir en estado de agitación o pánico". Se indican tres formas de trastornar: (1) **espíritu** —informe de una revelación especial dada a Pablo; (2) **palabra** —informe de un sermón predicado por Pablo; (3) **carta**—una falsa. **Como si fuera nuestra,** probablemente se refiere a las tres cosas. La esencia de estos tres falsos informes era que **el día de Señor** (no hay pruebas sólidas en los manuscritos en favor de *Cristo*) había llegado. El verbo (*enesteken*) significa "está presente" (cf. Ro. 8:38; 1 Co. 3:22; He. 9:9, y no **está cerca. Día del Señor.** Véase comentario a 1 Ts. 5:2.

B. Lo Precederán Señales Concretas. 2:3-12. El día comenzará con un estallido de rebelión y con la revelación del hombre de pecado. La vanguardia del ejército de Satanás ya avanza, pero el amenazador y condenado líder aún no ha aparecido.

3. Nadie os engañe. Véase Mt. 24:4ss. **En ninguna manera.** La indicada en 2 Ts. 2:2 o alguna otra. **No vendrá** no figura en el texto griego, pero hay que incluir algo parecido. **Apostasía.** Los lectores de Pablo conocían el significado de la palabra, pero nosotros no somos tan afortunados. *Apostasía* suele indicar "rebelión", ya en el sentido político ya en el religioso. Es probable que aquí se refiera a la movilización de los poderes del mal contra los propósitos de Dios y su pueblo. Cristo y Pablo pusieron sobre aviso en cuanto a esta conspiración maligna final (p.ej. Mt. 24:10ss.; 1 Ti. 4:1-3; 2 Ti. 3:1-9; 4:3ss.). Según parece tendrá suficiente intensidad y alcance como para distinguirse de una oposición general a Dios (**misterio de la iniquidad,** 2 Ts. 2:7) que caracteriza la actitud del mundo. La culminación de la rebelión será la revelación del **hombre de pecado. Se manifieste** sugiere que está esperando entre bastidores hasta que llegue el tiempo de aparecer en público. En el NT sólo Juan emplea el término "anticristo" (1 Jn. 2:18,22; 4:3, 2 In. 7), pero no cabe duda alguna en cuanto a quien tuvo en mente Pablo. **Hijo de perdición** (cf. Jn. 17:12) alude tanto a la naturaleza como al destino del maligno. Sus propias acciones lo condenan. En cuanto a **hijo de,** véase comentario a 1 Ts. 5:5.

4. La Obra del Anticristo. Se opone. Como ministro de Satanás, el Anticristo llevará a cabo la obra de su jefe (1 Ti. 5:14). **Todo lo que se llama Dios.** El Dios vivo y verdadero (1 Ts. 1:9) y todos los falsos dioses. **Es objeto de culto,** es decir. todo lo que se considera sagrado—templos, santuarios, etc. El Anticristo ocupará el puesto de Dios. **se sienta en el templo de Dios como Dios,** probablemente el templo de Jerusalén, como lo sugiere la íntima conexión de este pasaje con la descripción de Antíoco Epifanes (Dn. 11:36ss.; véase también Mr. 13:14, donde el participio masculino puede indicar una persona en vez de un símbolo). Apocalipsis 13:4-15 describe el culto del Anticristo. **Haciéndose pasar.** Mejor, *proclamándose,* según el significado helenístico de *apodeiknymi.*

5. Os decía esto. El tiempo imperfecto indica que en más de una ooprtunidad Pablo había discutido estos temas.

6. Lo que lo detiene y el paralelo **quien . . . lo detiene** (v. 7) son muy difíciles de interpretar con seguridad debido a lo breve de la exposición de Pablo. Poco consuela saber que los tesalonicenses sí conocían el significado. Se pueden hacer ciertas observaciones: (1) El tiempo presente de los dos participios muestra que la fuerza o persona impresionante ya actuaba. (2) El cambio del neutro (v. 6) al masculino (v. 7) sugiere que lo que detiene puede ser tanto una persona como una cosa. (3) Esta fuerza que detiene desaparecerá en el **tiempo** oportuno de Dios, y el Anticristo se revelará. Los intérpretes dispensacionalistas (p.ej. C.I. Scofield, L.S. Chafer, y J. Walvoord) identifican al que detiene con el Espíritu Santo; en favor de esta opinión está el hecho de que el Espíritu Santo se puede designar en género tanto masculino como neutro. El Espíritu es quitado cuando la Iglesia, su templo, es arrebatada (1 Ts. 4:13-17). Sin embargo, ¿por qué hablaría Pablo del Espíritu en términos tan velados? Además, ¿cómo puede la revelación del Anticristo servir de señal para la Iglesia que ya ha sido arrebatada? Muchos comentaristas bíblicos desde Tertuliano (alrededor del 200 d. de C.) han identificado al que detiene con el Imperio Romano. El participio neutro se referiría al estado, y el masculino al emperador. Esta opinión se basa en la actitud caritativa de Pablo para con el gobierno como medio de mantener la ley y el orden de forma que la iglesia pueda desempeñar su labor (cf. Ro. 13:1-7; Tit. 3:1, 1 P. 2:13,14,17). Pero el Imperio Romano ya hace tiempo que ha desaparecido, y el inicuo todavía no se ha revelado. Parece, pues, probable que la fuerza que detiene se refiera al principio de gobierno humano que se manifiesta en el estado romano. Las instituciones humanas son parte del plan de Dios de gracia común, por cuyo medio frena las fuerzas del mal a fin de que se pueda manifestar la revelación de su gracia espe-

cial y redentora. Totalitario al extremo (cf. Ap. 13:15-17), el gobierno del Anticristo es tan diabólico por naturaleza y tan despiadado en la práctica que queda del todo excluído como posible institución humana querida por Dios. **A su debido tiempo** (el de Dios) Dios muestra que él es quien tiene la última palabra.

7. Misterio indica que el principio espiritual malo que ya está en acción había sido revelado a los creyentes (cf. el uso de *mysterion* en Mr. 4:11; Ro. 16:25, etc.) **Iniquidad.** Mateo 24:24 y 1 Jn. 2:18 mencionan a los predecesores del Anticristo, quienes son encarnación de este principio de iniquidad. **Quien . . . lo detiene.** Véase comentario a 2.6. **Quitado de en medio.** Probablemente por Dios, si bien no se dice. **8. Inicuo.** Característica básica del Anticristo, como lo muestran "hombre de la iniquidad" y "misterio de iniquidad" (vv. 3,7, NC). Apenas se menciona su revelación **(manifestará)** y ya se describe su destrucción. **Espíritu,** es decir, *aliento.* Para antecedentes del AT véase Is. 11:4. **Destruirá.** *Reducido a la impotencia.* **Resplandor** *(epiphaneia)* o *manifestación* habla del despliegue brillante del poder de Cristo a su venida (cf. 2 Ts. 1:7,8; Ap. 19:11-21).

9. El Anticristo tiene su **advenimiento** al igual que Cristo tiene el suyo. La **obra de Satanás** *(poder que actúa)* es el motor del Anticristo (cf. Ap. 13:2). Su venida se manifiesta **con gran poder** (para obrar milagros y **señales** (milagros significativos e importantes) y **prodigios** (que pasman a los que los contemplan). En griegos **mentirosos** parece referirse a los tres: los milagros impregnados de falsedad. Cf. Hch. 2:22; Ro. 15:19, etc., en cuanto a tres palabras que describen los milagros. **10. Engaño de iniquidad.** Engaño que nace de la iniquidad. **Los que se pierden.** El participio presente *(apollymenois)* sugiere que el proceso ya está en marcha (cf. 1 Co. 1:18). **Recibieron.** Acogieron. **Verdad,** a saber, del Evangelio.

11. Dios les envía indica la soberanía de Dios, que rige los destinos no sólo de los suyos sino también de sus enemigos. La luz que se rechaza se convierte en oscuridad mayor, como Mt. 13:10ss. y Ro. 1:24-32 demuestran. Engañados de verdad, confían en la **mentira,** no en la **verdad** (2:10,12). La **mentira** de Satanás consiste en conseguir que los hombres crean en él en vez de en Dios (cf. Gn. 3:1ss.; Jn. 8:44). **12. Condenados.** *Juzgados.* Conlleva la sentencia de culpabilidad, no expresada. **Complacieron en la injusticia.** No son víctimas impotentes, sino que voluntariamente se ponen del lado de Satanás en contra de Dios y compartirán su destino (Jn. 16:11).

IV. Acción de Gracias y Exhortación. 2:13-17.

A. Alabanza por su Llamamiento. 2:13-15. En marcado contraste con el tenebroso retrato del Anticristo y sus seguidores se ofrecen las esperanzas brillantes de aquellos a quienes Dios ha llamado. **13. Debemos dar siempre gracias.** Véase comentario a 1:3. **Amados.** Véase comentario a 1 Ts. 1:4. **Desde el principio** parece reflejar el punto de vista paulino de elección anterior a la creación (Ef. 1:4). Algunos manuscritos dicen *primicias* en vez de **desde el principio.** Esta lectura, que algunos editores han adoptado (p. ej. Nestlé, Moffat), sería adecuada, porque los tesalonicenses fueron de los primeros conversos de Pablo en Europa. **Escogido** (*heilato;* cf. LXX, Dt. 26:18) nos recuerda que los creyentes han pasado a formar parte junto con Israel del pueblo escogido de Dios (cf. 1 P. 2:9,10). **Santificación** (cf. 1 Ts. 4:3,7) **por el Espíritu** subraya el papel del Espíritu en el separar a los creyentes de la esfera de influencia de Satanás para introducirlos en la de Dios (1 P. 1:2). **Fe en la verdad** pone de relieve la respuesta humana de la fe a la verdad del Evangelio (Ro. 10:17). **14. A lo cual** se refiere al acto de salvación de Dios descrito en 2:13. **Os llamó.** Cf. 1 Ts. 2-12; 5:24. **Nuestro evangelio.** Cf. 1 Ts. 1:5. **Para alcanzar** (cf. 1 Ts. 5:9 **la gloria** es una descripción más significado de la salvación. Véase comentario a 1:10. **15. Doctrina.** *Tradiciones.* No existía casi nada del NT en forma escrita. La base de la instrucción era el relato **(palabra)** oral autoritativo de los sucesos del Evangelio y su interpretación (cf. 1 Co. 11:2,23; 15:3). **Carta** probablemente se refiere a 1 Tesalonicenses. El contenido de la tradición se percibe en los sermones de Hechos (2:14ss.; 7:2ss.; 13:16ss., etc.) y las fórmulas doctrinales o credos contenidas en las cartas (1 Co. 15:3ss.; 1 Ts. 1:9,10, etc.). B. Oración por su Consuelo y Perseverancia. 2:16,17. Pablo, como de costumbre, concluye la exhortación con una oración. **16.** Compárese el fraseo tan parecido de 1 Ts. 3:11. Nótese el honor que se le tributa a Cristo por la posición que se le otorga en este versículo. **Consolación** (*paraklesin*) incluye fortaleza además de consuelo. **Buena esperanza** habla del carácter valioso de la esperanza confiada del creyente, así como de su gozoso fin (cf. 1 Ts. 1:3). **Por gracia** nos recuerda que estas y todas las bendiciones de Dios son inmerecidas, y ahoga el orgullo (cf. 1.11,12). **17. Conforte . . . y os confirme.** Cf. 1 Ts. 3:2. **En toda buena palabra y obra.** Todo lo que hagan o digan.

V. Confesión de Confianza. 3:1-5.

A. Súplica de que Oren. 3:1,2. Se repite a petición de 1 Ts. 5:25, con una nota de apremio debido a la postura militante de los incrédulos. **1. Corra,** lo cual subraya tanto la naturaleza vital y activa de la **palabra del Señor** (o sea, la palabra de Cristo) como el apremio con que los apóstoles deseaban difundirla (cf. Sal. 147:15). **Sea glorificada.** Al ser recibida y obedecida (cf. Hch. 13:48; Tit. 2:10). **Entre vosotros.** Véase 1 Ts. 1:6; 2:13 en cuanto al recibimiento cordial que le hicieron al Evangelio. **2. Librados.** Véase comentario a 1 Ts. 1:10. **Perversos.** *Malignos.* **Malos,** en un sentido malicioso activo y deliberado. **No es de todos la fe.** Afirmación discreta; estos hombres no sólo no querían creer sino que amenazaban a los que creían. B. Recuerdo de la Fidelidad de Dios. 3:3-5. Esta oposición fracasó porque un Dios fiel es más fuerte que los hombres infieles. **3.** Véase 1 Ts. 5:24. **Afirmará.** Cf. 1 Ts. 3:2; 2 Ts. 2.17. **Guardará,** o sea, protegerá, **Del mal.** *Del malo,* Satanás (cf. Mt. 6:13). **4. En el Señor.** La fidelidad de Dios ayuda a asegurar la respuesta obediente de los tesalonicenses tanto en el presente **(en que hacéis)** y en el futuro **(y haréis). Lo que os hemos mandado** parece referirse a las instrucciones que siguen (3:6ss.). **5.** Pablo se detiene para prorrumpir en una de sus oraciones más conmovedoras. **El Señor,** es decir, Cristo. **Encamine** (*kateuthynai,* como en 1 Ts. 3:11) significa "eliminar los obstáculos", "abrir camino directo". **Corazones.** Véase comentario a 1 Ts. 2:4. **Amor de Dios.** El amor de Dios es una fuente poderosa de estabilidad y seguridad (Ro.| 8:37-39). **La paciencia de Cristo.** El ejemplo de Cristo de paciencia inconmovible es una fuente básica de inspiración para los creyentes perseguidos (He. 12:1,2).

VI. Mandato de Trabajar. 3:6-15.

Con autoridad apostólica Pablo se enfrenta al problema de la pereza que asolaba a la iglesia tesalonicense. Les recuerda a sus amigos su propia diligencia, y luego pide disciplina firme aunque amorosa para los perezosos. A. Apartarse del Perezoso. 3:6. **Os ordenamos,** como el oficial a sus tropas. **Hermanos.** La severidad de Pablo no ahoga su afecto. El apóstol tomaba su autoridad del **Señor. Desordenadamente.** Fuera de orden. cf. ociosos en 1 Ts. 5:14. **Enseñanza** (cf. 2 Ts. 2:15) incluye tanto el ejemplo personal de Pablo como su instrucción escrita (1 Ts. 4:11,12). B. Imitarle a El. 3:7-9. **7. Imitarnos.** *Emular* (Arndt). **Nosotros**

no anduvimos desordenadamente es una afirmación discreta. El ejemplo de Pablo de laboriosidad no sólo era inmaculado sino brillante. **8. Comimos . . . el pan** significa ganarse la vida (cf. 2 S. 9:7; Am. 7:12). **De balde.** Este versículo se parece a 1 Ts. 2:9 pero subraya el ejemplo de Pablo de diligencia más que lo íntegro de su propósito. **9. Derecho,** es decir, autoridad apostólica para recibir el sostén de sus oyentes (cf. 1 Ts. 2:6). **Ejemplo.** Pauta (cf. 1 Ts. 1:7). **Imitaseis.** Cf. 2 Ts. 3:7.

C. Trabajar o No Comer. 3:10.

El tiempo imperfecto de **Ordenábamos** muestra que en más de una ocasión Pablo los había incitado a ser diligentes con estas palabras. **Si alguno no quiere trabajar,** etc. Se trata, pues, de inactividad voluntaria. Este refrán se puede basar en la interpretación judía de Gn. 3:19.

D. Exhortar al Perezoso. 3:11-13.

11. Oímos. Noticias desagradables difundidas con tanta rapidez como el informe de la fe de los creyentes (1 Ts. 1:8,9). **Desordenadamente.** Cf. 2 Ts. 3:6,7. **12.** Pablo se dirige a los perturbadores. **Mandamos.** Cf. 3:6,10 para un tono parecido de autoridad. **Exhortamos** (cf. 1 Ts. 2:11) agrega una nota de ternura aunque mantiene el mismo apremio. **Por nuestro Señor,** etc. Pablo se considera como portavoz de Cristo. **Sosegadamente.** En contraste con el desorden mencionado a menudo (3:6,7,11). **Coman.** Cf. 3:8.

13. Y vosotros. Toda la iglesia. Sin pensar en la conducta del indolente, **no os canséis,** es decir, no cejéis ni os volváis remisos. El tiempo aoristo sugiere que todavía no habían comenzado a hacerlo. **Hacer bien** nunca es fácil, pero se vuelve muy difícil en circunstancias desagradables como éstas.

E. Amonestación y Disciplina del Desobediente. 3:14,15.

14. Esta carta es la última palabra de Pablo en cuanto a este asunto de la pereza. Quien desobedezca ha de ser 'señalado' **(señaladlo)** para que los creyentes no se mezclen con él. El propósito de este ostracismo no era punitivo sino correctivo, ya que la esperanza de Pablo era que al sentir vergüenza el culpable se enmendara. Esta presión social es sobre todo eficaz en una sociedad compacta, de tipo casta, como ese grupo de creyentes. **15.** El amor ha de prevalecer. El perezoso no ha de considerarse como **enemigo** sino como **hermano. Amonestadle.** Cf. 1 Ts. 5:12,14.

VII. Conclusión. 3:16-18.

A. Invocación. 3:16.

El esfuerzo humano sólo no puede producir bienestar **(paz)** espiritual. Este es un don de Cristo, quien prometió paz a sus discípulos (Jn. 14:27; 16:33) y a quien aquí se le llama **Señor de paz** (cf. comentario a 1 Ts. 5:23). **Siempre . . . en toda manera.** Sin cesar en cualquier circunstancia. **Con todos vosotros.** Incluso con los perezosos.

B. Firma de Pablo. 3:17.

Signo. La letra de Pablo al final de las cartas era el signo de la autoridad de las mismas (cf. Co. 16:21, Gá. 6:11; Col. 4:18). **Así escribo.** Les llama la atención acerca de su estilo de letra precaución necesaria (cf. 2 Ts. 2.2).

C. Bendición. 3:18.

Véase comentario a 1 Ts. 5:28. **Todos.** Esta bendición incluye incluso a los perturbadores.

BIBLIOGRAFÍA

Véase la de *1 Tesalonicenses*

PRIMERA EPÍSTOLA
A TIMOTEO

INTRODUCCIÓN

Paternidad Literaria. La paternidad literaria paulina de las Pastorales (1, 2 Timoteo y Tito) es discutida. Sin embargo, la prueba a primera vista de los escritos mismos indica que Pablo es el autor, puesto que su nombre aparece en el saludo de todas ellas, y los detalles autobiográficos están de acuerdo con la vida de Pablo tal como se describe en otras partes: p.e.j., 1 Ti. 1:12, 13; 2 Ti. 3:10,11; 4:10,19.20.

La norma básica para juzgar las pruebas relativas a la autenticidad de los documentos la formuló hace tiempo Simon Grenleaf: "La ley presume auténtico todo documento que parece antiguo, que procede del depósito adecuado y que no ofrece señales evidentes de falsificación, y por consiguiente corresponde a los que se oponen demostrar lo contrario" *(An Examination of the Testimony of the Four Evangelists* London, 1847, p. 7).

Las Pastorales son libros antiguos, que proceden de un depósito apropiado, la iglesia. La iglesia siempre las consideró paulinas; no hubo voces discordantes hasta tiempos recientes. ¿Qué ofrece, pues, la escuela disidente para invalidar las pruebas a primera vista y la voz unánime de la tradición?

Las supuestas señales de no autenticidad o falsificación son cuatro: (1) lenguaje y estilo no paulinos; (2 la oposición de las Pastorales al gnosticismo del siglo segundo; (3) discrepancias entre las Pastorales y Hechos —se supone que Pablo fue muerto al final del único confinamiento romano, que se relata en Hechos, y de ahí se concluye que Pablo no puede ser el autor de las Pastorales; (4) organización eclesiástica desarrollada, superior al tiempo de Pablo, que se refleja en las Pastorales.

Estos argumentos no invalidan las pruebas positivas. (1) El argumento lingüístico no es definitivo por ser sicológicamente absurdo además de difícil, si no imposible, de demostrar. ¿Acaso un falsificador que quisiera que se aceptara un libro como de Pablo, introduciría términos no paulinos a un promedio de diecisiete palabras por página de texto griego, y se referiría a incidentes y personas que no figuraron en la vida conocida de Pablo? La acogida decidida y unánime de los libros por parte de la iglesia antigua, bajo tales condiciones, sería imposible de explicar. De hecho, esta acogida decidida es muy buena prueba de que las cartas eran conocidas como genuinas. Los datos lingüísticos pueden quizá indicar la paternidad literaria conjunta de Lucas y Pablo (Moffatt, *Introduction to the Literature of the New Testament,* 3a. edición, p. 414), pero conviene recordar que, al datar una obra literaria por el lenguaje y estilo del escritor no pasa de ser una conjetura. Los lectores de las Cartas Pastorales de Pablo eran distintos de los de las otras cartas. Timoteo y Tito habían estado íntimamente asociados con la vida y el pensamiento de Pablo durante quince a veinte años. No deberíamos sorprendernos por tanto, si Pablo decidió escribir en un lenguaje y estilo diferentes de los que había empleado para dirigirse a las iglesias. Pablo exhortaba y alentaba a sus hijos en la fe, en lugar de corregir disputas o iglesias vacilantes.

(2) La base de esta objeción es que las Pastorales refutan el gnosticismo del siglo segundo y que por tanto han de ser documentos del siglo segundo. Dadas las pruebas a primera vista de la paternidad literaria paulina, si contienen afirmaciones que responden a un gnosticismo tardío, lo que se deduce es que Pablo previó dicho desarrollo, lo cual no es imposible ni siquiera bajo el punto de vista de la sagacidad puramente humana. Sin embargo, Pablo, en otras cartas, se ha atribuido el prever y predecir por inspiración el futuro. Negar que pudiera hacerlo es poner en tela de juicio el problema todo de la posibilidad de la revelación sobrenatural. Además, quizá Pablo en estas cartas no ha combatido un gnosticismo tan adelantado como algunos han supuesto.

(3) Que los nombres, lugares e incidentes a los que se alude en las Pastorales no se acomodan a Hechos, es una razón muy buena para extender la vida de Pablo más allá del relato de Hechos. Las Pastorales, entonces, serían el producto del cuarto viaje misionero y segundo confinamiento de Pablo.

(4) Los elementos de organización eclesiástica que se encuentran en las Pastorales también se hallan en otros pasajes del Nuevo Testamento. Algunos han pensado que el considerar el Evangelio de Lucas como Escritura (1 Ti. 5.18) indica fecha tardía. "Para cuando el autor de las pastorales escribió, ya se consideraba como *graphé* bien el evangelio de Lucas bien otra colección que contenía Lucas 10:7" (*Ibid.*, p. 401s.) Este argumento también supone lo que hay que probar, a saber, que el libro no pudo haber sido inspirado ni conocido como inspirado desde el tiempo de su composición y acogida.

En los comentarios e introducciones conservadores se encuentran respuestas más elaboradas a estos argumentos. Véase en especial Hendriksen, *New Testament Commentary: Exposition of the Pastoral Epistles,* pp. 4-32.

Fecha. La primera carta a Timoteo y la escrita a Tito fueron escritas durante el período de viajes y trabajo misionero de Pablo entre sus dos encarcelamientos romanos. Una fecha entre los años 61 y 63 d. de C. no puede estar muy equivocada. La segunda carta a Timoteo contiene las últimas palabras que nos han quedado del apóstol; fueron escritas desde la prisión poco antes del martirio (4:6-8). Deberíamos considerarlas, como dice Calvino "como escritas no con tinta sino con la propia sangre de Pablo". La fecha de la muerte del apóstol se suele situar entre los años 65 y 68 d. de C.

Ocasión y Mensaje. Así como Moisés encargó una misión a Josué y el Señor a los apóstoles, Pablo la encargó a Timoteo y a Tito. Así también del mismo modo que Moisés concluyó con una exhortación a todo Israel y Cristo a toda la Iglesia, así Pablo concluye su encargo con la bendición, "la gracia sea con vosotros" (1 Ti. 6:21; 2 Ti. 4:22) y "la gracia sea con todos vosotros" (Tit. 3:15). La ocasión de las cartas fue nada menos que la necesidad de mantener la fe, de asegurar la continuidad de la Iglesia de Jesucristo. El solemne encargo— "Guarda el buen depósito por el Espíritu Santo que mora en nosotros" (2 Ti. 1:14) —es la médula de las Cartas Pastorales. En ellas, se encarga a Timoteo y a Tito junto con toda la Iglesia, que guarden "la fe", "el depósito", el relato escrito, por la acción del Espíritu Santo. La realización de dicho encargo no se lleva a cabo sólo con el mantener la fe por medio de buenas obras y conducta recta en la casa de Dios, sino también con la resistencia a lo falso. Lo que dio pie, en forma más inmediata, a las dos primeras cartas —1 Timoteo y Tito— fue sin duda el hecho de que muchas cosas necesitaban arreglo en Efeso y Creta. Pablo, sin embargo, quiso aconsejar a sus hijos en la fe, y al mismo tiempo decidió aconsejar a otros.

Estructura y Tema. 1 Timoteo. La primera de las Cartas Pastorales adopta una pauta literaria que probablemente no es accidental. En forma muy breve, se puede esquematizar así. (A) Encargo, (B) Alabanza. (A) Encargo. Dicho en otra forma sería, (A) Prosa, (B) Poesía, (A) Prosa. Esta pauta sencilla de un encargo solemne en dos partes, unidas por una doxología o himno de alabanza, se repite tres veces —en la introducción, el cuerpo y la conclusión. La carta sintetizada según esta pauta ofrece una unidad mayor que lo que se suele reconocer. En la introducción, después del saludo, encontramos el encargo a Timoteo, con una larga sección explicativa (1:3-16) y una breve palabra conclusiva (1:18-20). Estas dos partes están unidas por la doxología, concisa pero de peso, del versículo 17. La parte inicial que lleva a la doxología incluye una síntesis —sólo brevemente sugerida— de los temas principales de la carta. Todo está urdido en forma tan hábil que los diversos temas que se presentan sólo sirven para centrar la atención en el encargo de Pablo a Timoteo. Luego sigue la doxología, que da solemne gravedad a la parte final del encargo.

En la conclusión de la carta hay otro encargo, también doble, con las partes unidas por la doxología del versículo 16b. Vuelven a mantenerse las mismas proporciones. la primera es una sección más larga (6:3-16a.) con una recapitulación de los temas principales de la carta; la parte más corta (6:17-21) concluye con el llamamiento profundamente conmovedor, "Oh Timoteo, guarda lo que se te ha encomendado".

De igual manera, la porción mayor de la carta (2:1-6:2) se subdivide por medio de un párrafo de transición (3:14-4:5), en cuyo centro están los versos del antiguo himno cristiano del que Pablo es probablemente el autor (3:16). La primera sección de esta porción mayor trata de aspectos oficiales o públicos de la Iglesia, la Casa de Dios, y culmina en los memorables versos del himno. En la segunda porción, se insiste en aspectos individuales y personales, y repite en una forma notable los temas de la primera sección. Por ejemplo, la referencia a las mujeres en la primera parte establece el principio del liderazgo masculino en la Iglesia; la referencia a las mujeres en la segunda parte, en cambio, trata de problema individual y personal de las viudas. Parece que una sección es para equilibrar la otra. Pero es más importante advertir que la estructura toda de la carta quiere destacar el gran himno de alabanza de la sección central, el cual presenta en forma sucinta y hermosa la persona y obra de Cristo.

2 Timoteo. En la segunda carta de Pablo a su "amado hijo" parece seguir en esencia la misma pauta literaria de la primera. Esta vez reviste la forma más sencilla, a saber, un encargo solemne en dos partes, unidas por medio de un himno. Todo va precedido de un saludo y acción de gracias, y concluye con avisos personales y una oración. Todo el conjunto pretende también realzar el gran himno de verdad doctrinal que figura en la parte central (2:11-13). El punto básico en torno al cual gira el documento es la presentación que Pablo hace del Evangelio como depósito que ha de ser custodiado, cuidado y confiado a hombres fieles. Sus palabras adquieren una solemnidad y gravedad especiales porque fueron las últimas que salieron de su pluma; escribió sabiendo que su "partida" estaba "cercana".

Tito. El tema de esta carta es parecido al de todas las Pastorales en cuanto pone de relieve la relación de la doctrina, confiada a hombres fieles, con la bondad de vida. En esta carta, Pablo en forma memorable vincula la gracia, la gran doctrina de la salvación, a las buenas obras, sobre todo en los pasajes 2:11-15 y 3:4-8. En un pasaje aparece la gracia; en el otro, la amabilidad y el amor. Ambos subrayan la bendita esperanza (2:13; 3:7b); ambos concluyen con la insistencia en las buenas obras.

Advertencia en cuanto al Comentario. En el siguiente comentario se ha hecho un esfuerzo por ofrecer no palabras meramente aclaratorias de un texto dado, sino, lo que es mucho más importante, la cita de textos paralelos que, si se estudian con esmero, serán por sí mismos el comentario de la Escritura.

BOSQUEJO

COMENTARIO

I. Saludo e Introducción. 1:1-20.

A. Saludo, con Acento Especial en la Autoridad y la Esperanza. 1:1,2. **1.** La autoridad apostólica de Pablo se basaba en la divinidad y mandato de Cristo. Compárese Gá. 1:1: ". . . no de hombres ni por hombre, sino por Jesucristo y por Dios el Padre". La autorización divina se subraya más (1) con la palabra **mandato**: indica mandato divino que hay que obedecer; y (2) con el hecho de que es un mandato tanto de Dios Padre como de Cristo Jesús. Al poner de este modo en plano de igualdad los nombres del Padre y de Cristo, como en el versículo 2, Pablo no deja duda alguna en cuanto a la divinidad plena de Cristo (véase Warfield, *Biblical and Theological Studies*, cap. III). A Dios se lo describe como **Salvador**, título elevado que recuerda Is. 45: 21, y pasajes semejantes. A Jesús se le distingue con el apelativo, **nuestra esperanza**, manera sucinta de unir toda la escatología a la persona de Cristo, para aliento de Timoteo. **2.** También para estímulo de Timoteo, sin duda, el apóstol agrega la palabra **misericordia** a la fórmula ordinaria de **gracia y paz**. Sólo en las Pastorales se aparta Pablo así de su fórmula acostumbrada.

B. Encargo a Timoteo, con Presentación de los Temas Principales de la Carta. 1:3-16. El método de Pablo, según parece, es presentar los problemas y temas que quiere discutir, y volver luego a los mismos a fin de agregar detalles. De ahí que primero trate del asunto básico de la doctrina sana. Pablo no necesitaba exponer en detalle doctrinas a Timoteo, pero sí era necesario recordarle la importancia estratégica de la doctrina para la vida, y paralelamente, la necesidad de obedecer a la doctrina. Esto lleva a hablar de un aspecto de la doctrina de la Ley, su relación con los casos de violación, de vicio flagrante que aquí se mencionan. El escritor resume en forma breve la relación de la Ley y el creyente en la frase, "el propósito de este mandamiento es el amor" (v. 5). Pablo luego alienta a Timoteo con un testimonio y doxología soberbios, y hace un encargo solemne e ilustra los efectos de no mantener una buena conciencia.

1) Enseñanza Sana Frente a la Falsa. 1:3,4. La enseñanza y atención hereje a mitos y genealogías inacabables producían especulaciones y controversias inútiles en lugar de piedad evangélica. Los versículos 3,4 constituyen la frase subordinada de un párrafo cuya frase principal son los versículos 5-7. La relación se puede ver (1) si se omite **así te encargo ahora**. que el traductor ha añadido, (2) si se puntúa con una coma al final del versículo 4. El pensamiento sería pues: "Como te exhorté . . . el propósito de mi encargo es el amor . . ." Véase comentario de 2 Ti. 1.3. **4.** Los mitos y genealogías eran probablemente enseñanzas gnósticas o protognósticas. El gnosticismo tuvo dos extremos: ascetismo, como en 4:3, y licencia antinomiana, como el contexto insinúa en este caso. Comentarios equivocados acerca de la ley, y especulacioens gnósticas dejaban sin corregir problemas claros de inmoralidad. La **edificación de Dios** es el resultado adecuado de la enseñanza sana, y por tanto hay un paralelo entre el "amor" del versículo 5 y la "buena milicia" del 18. El amor es la síntesis paulina de los deberes religiosos y éticos (Ro. 13:10; Gá. 5:6). La enseñanza sana produce el *gobierno y dirección de Dios* en la vida.

2) Propósito de la Enseñanza Sana. 1: 5-7. Estos versículos son la frase principal del párrafo mencionado antes. **5. Mandamiento.** *Encargo* (HA). Esta palabra es el sustantivo afín al verbo **rogué** del versículo 3. **Fe** se emplea en el sentido de "la fe", doctrina sana. El encargo se refiere a las fuentes del amor: corazón puro, buena conciencia, y sana doctrina. **6. Las cuales.** Forma plural que se refiere al corazón, a la conciencia y a la fe que se acaban de mencionar. Cuando estas directrices de la vida moral y ética se deterioran debido a enseñanzas falsas o a desobediencia, entonces las personas se dedican a querellas vanas. **7. Doctores de la ley.** Una palabra. Aplicada a Gamaliel (Hch. 5:34) y a maestros eminentes (Lc. 5:17). Pablo parece referirse al orgullo ambicioso de los falsos maestros, y pone al desnudo su total incompetencia.

3) La Genuina Doctrina de la Ley. 1.8-11. El apóstol trata de la relación de la ley con los perdidos. También estos versículos forman una sola frase. La conexión es: "Sabemos que la ley es buena, si uno la usa legítimamente . . . según el glorioso evangelio". Pablo expone en detalle esta función de la ley en Ro. 7:7-25: "Hace conocer el pecado, lo agrava, todo con el fin de conducir al hombre a Cristo".

9,10. La ley no fue dada para el justo. "La ley no condena al justo". La expresión es negativa relativa. y hay que considerarla en su contexto. No significa que la ley no tenga relación ninguna con el justo; para el mismo, es una norma justa que obedece con gozo en el Espíritu. El catálogo de pecados que se ofrece no es idéntico con los que figuran en otros pasajes. Es probable que se refiriera a problemas específicos de Éfeso. **11.** Con la mención del Evangelio, Pablo hace una transición exultante al testimonio de lo que hizo el Evangelio en su caso, poniendo de relieve lo necesario para alentar a Timoteo.

4) Testimonio y Evangelio de Pablo. 1:12-16. El testimonio del escritor tiene dos partes: (1) 12-14; (2) 15,16. Estas partes son paralelas en cuanto se subraya la situación de Pablo antes de la conversión; además, en ambas el punto culminante y contraste está en las palabras, **"mas fui recibido a misericordia"**. La sentida doxología de la Introducción del libro (v. 17) constituye la culminación adecuada del testimonio de Pablo.

12. Es sorprendente que en todas las palabras de Pablo que han llegado a nosotros sólo en este caso da gracias directamente a Cristo, y sólo en este pasaje emplea el elocuente lenguaje apropiado para la profunda gratitud que experimenta al recordar su propia salvación y llamamiento. **Fiel** (cf. 1 Co. 7:25). La base de que Cristo considere fiel a Pablo era su misericordia. Pablo fue fiel a la confianza recibida (1 Ti. 1:11).

13. Injuriador. Persona violenta, orgullosa, insolente; los "injuriosos" de Ro. 1:30. Pablo describe su condición con tres palabras terribles. **blasfemo, perseguidor e injuriador.** Frente a esta autocondenación, se yergue en dramático contraste una sencilla palabra, "fui recibido a misericordia". Si bien Pablo persiguió a la iglesia por ignorancia, pensando que servía a Dios (Hch. 26:9), no trata de disminuir la importancia del pecado. También los pecados por ignorancia necesitan satisfacción (He. 9:7; Lv. 5:15-19). La mención de la ignorancia subraya la ceguera lamentable y culpable del pecado (Ef. 4:18; 1 P. 1:14). "Pablo estaba hondamente arrepentido de haber perseguido a la iglesia de Dios, pero al parecer no se hizo reo del tenebroso pecado de haber continuado la persecución después de haber llegado a un convencimiento mejor" (J. Gresham Machen, *Origin of Paul's Religion,* p. 61).

14. No es una frase separada, sino la culminación de la afirmación que comienza en el versículo 12. En medio de su pecado, Pablo halló en Cristo misericordia, gracia fidelidad, amor; y esta gracia sobreabundó en gran manera. **15. Palabra.** "Fiel es el mensaje y digno de ser completamente aceptado". El mensaje no es una simple **palabra,** sino que se basa en lo que Cristo dijo (Lc. 19:10), y equivale a la verdad del Evangelio. En este pasaje y en 1 Ti. 4:9 aparece en esta forma. En las sencillas palabras, **Palabra fiel** (en 3:1; 2 Tti. 2:11; Tit. 3:8,

como aquí en el v. 15), Pablo pone de relieve su condición perdida. **De los cuales yo soy el primero.** Es paralelo a **blasfemo, perseguidor, injuriador;** y es la culminación.

16. Fui recibido a misericordia. Pablo vuelve a ofrecer el dramático contraste entre su indignidad y la misericordia de Cristo, aunque en este caso agrega, **por esto,** el cual lleva al explicativo **para que** que sigue: **para que Jesucristo mostrase en mí el primero toda su clemencia.** Pablo consideraba su testimonio como un estímulo para Timoteo, quien se hallaba frente al pecado mencionado antes, además de la enseñanza falsa en la iglesia. Pablo, en efecto, dice, "Si el Señor me salvó a mí, quien fui peor que cualquiera, nadie debe desesperar; y puedes estar seguro de que mi Señor también te puede capacitar a ti".

C. Doxología. 1:17. Al doble testimonio que acaba de dar, se agrega la doxología de alabanza como culminación y ahondamiento de la profunda adoración y gratitud de Pablo. Dios Padre no se ha mencionado en el contexto, de modo que esta doxología a Dios se puede considerar como dirigida a Cristo o al Dios Trino.

D. Encargo y Aliento a Timoteo. 1:18-20. El encargo es toda la responsabilidad por el ministerio del Evangelio, de acuerdo con las manifestaciones proféticas ocurridas en la ordenación de Timoteo. Los detalles del encargo se dan en lo que queda de la carta y se vuelven a sintetizar en 6:13,14.

18. Por ellas. Por las profecías, por el recuerdo de la responsabilidad y confianza depositada en él, Timoteo podía ser estimulado a permanecer fiel en su difícil tarea. Véanse las observaciones de 2 Ti. 1:4,5. **19. Manteniendo la fe y buena conciencia.** El mensaje global del Evangelio abarca tanto doctrina como obediencia a la misma. La **fe** es lo que creemos en cuanto a Cristo; la **buena conciencia** es no permitir que la conciencia se contamine con prácticas pecaminosas contrarias a la doctrina. Véanse comentarios a 2 Ti. 1:3. **La cual** se refiere a la **buena conciencia.** Si no se obedece a la doctrina verdadera, se la niega y se convierte en "fe muerta", y los hombres naufragan. Pasan a enseñar una doctrina falsa al tratar de adaptar su doctrina a su vida desordenada. De ahí las palabras: "Se corre el peligro de que la fe se ahogue en la mala conciencia, como en un remolino en un mar tempestuoso" (Calvino).

20. Pablo cita dos ejemplos específicos de naufragios. Alejandro es probablemente el Alejandro de 2 Ti. 4:14, quien se opuso a la enseñanza apostólica (véase la exposición detallada de Zahn en *Introduction to the New Testament,* II, 108-110). Himeneo se menciona en 2 Ti. 2:17 y se especifica la herejía. **Entregué a Satanás.** Algunos han interpretado esto en el sentido de imposición de algún castigo extraordinario por parte del apóstol (Hch. 5:5; 13:11; Job 2:6 — aunque Dios entregue a Job a Satanás no es análogo a lo que Pablo hace en el caso de un fornicador o hereje). Sin embargo, la comparación con 1 Co. 5:3-5 hace que el significado más probable sea la de excomunicación. El que no pertenece a la Iglesia, cuerpo de Cristo, está bajo el dominio de Satanás. Blasfemia es cualquier violación del tercer mandamiento, cualquier uso ligero y pecaminoso del nombre de Dios (véase *Westminster Larger Catechism*. Questions 112,113).

II. Exhortaciones e Instrucciones a la Iglesia del Dios Vivo. 2:1—6:2.

Los temas que Pablo expone en esta sección se disciernen fácilmente, como se vio en el esquema general. No es tan fácil distinguir el punto de vista bajo el cual se escogieron dichos temas y se ordenaron. La idea clave de la carta es la preservación de la fe y el testimonio. No sorprende, pues, que en el corazón mismo de la carta figure el párrafo que presenta a la Iglesia como **columna y baluarte de la verdad,** como el instrumento de defensa y difusión del mensaje evangélico (véase Introducción, *Estructura y Tema. I Timoteo*). Después de este párrafo, en 4:6, tenemos una división natural. Hasta dicha división Pablo parece hablar de aspectos del testimonio de toda la Iglesia. Después de la división se dirige a los individuos y a clases específicas de individuos, escogiendo las exhortaciones con relación al testimonio.

A. A la Iglesia Testificante. 2:1—3:13. En general, el punto de vista en este caso es la iglesia en sus aspectos público y corporativo: culto y oficiales.

1) Oración Pública en Relación con el Propósito Misionero de la Iglesia. 2:1-8. El primer tema de Pablo es la Oración por todos, y por todos los que están en autoridad. El punto de vista universal se ve claro en el *todos* de los versículos 1,2,4,6, y en la nota apostólica y misionera del versículo 7. Pablo no entra en una exposición completa de la relación del cristiano con la autoridad civil, sino que se limita a exhortar para que se ore por los que tienen autoridad, para que los creyentes puedan llevar una vida tranquila y pacífica. Esto contribuye al propósito más vasto de conducir a todos los hombres a salvación.

1. Rogativas, oraciones, peticiones y acciones de gracias. Estas palabras que se usan en lugar de oración son las mismas que se encuentran en Fil. 4:6 y más veces en el NT, con la excepción de **peticiones,** que sólo se emplea aquí y en 1 Ti. 4:5 (el verbo afín se encuentra en Hch. 25:24; Ro. 8:27, 34; 11:22; He. 7:25).

3. Esto. Se refiere en primer lugar a la oración, aunque debe incluir también el resultado esperado. Todo ocupa un lugar en la comunicación del mensaje a los hombres. **Salvador.** Repite el tema de la salvación (1:1) y subraya la amabilidad y amor de Dios para todos. El punto básico del pasaje es la suficiencia universal, la aplicabilidad y ofrecimiento del Evangelio. Esto se demuestra con la presentación que Pablo hace de la entrega que Cristo hizo de sí mismo como testimonio, con lo que robustece su posición de confianza como predicador, apóstol y maestro de los gentiles. Los versículos 3-7 constituyen el desarrollo de un pensamiento básico importante en la exhortación apostólica a la oración. El ruego del escritor para que oren se dirige a las misiones. Conviene que las misiones se sitúen en su fundamento más hondo: lo genuino del ofrecimiento a todos, su aplicabilidad y su suficiencia, tal como se hallan en la obra de Cristo. Nuestra oración es buena y aceptable a Dios porque es una oración por todos los hombres y por los que tienen autoridad, a fin de que la Iglesia pueda dar testimonio con eficacia. Dios desea que a través de este testimonio todos los hombres sean salvos y puedan llegar al conocimiento de la verdad. **4. Quiere.** *Quisiera* (ASV). No hay que interpretarlo en el sentido de "decreto", ya que no todos los hombres se salvan.

5. Un versículo anterior (1:1) habló de "Dios nuestro Salvador". Ahora Pablo emplea la elocuente fórmula, "Uno hay que es Dios; uno también que es el mediador de Dios y los hombres, Cristo Jesús hombre". En Mt. 19:17 se encuentra el mismo orden de palabras y pensamiento. "Ninguno hay bueno sino uno". **Bueno, Dios** y **mediador** son exclusivos y sólo se pueden predicar de uno. Esta es la afirmación más incisiva e inequívoca de la divinidad y humanidad de Cristo. También está implicada en la idea del mediador único, verdadero y perfecto, que debe ser Dios (cf. He. 7:22; 8:6; 9:15; 12:24). Este se dio a sí mismo como rescate sustitutivo por todos. **6. Rescate.** Única vez que se usa en el NT, pero combina los dos elementos del dicho de Cristo acerca del rescate de Mt. 20:28; Mr. 10:45. La preposición **por** y el sustantivo **rescate** del dicho evangélico se combinan aquí en una sola palabra. (Véase el comentario de 1 Ti. 2:3 para aclarar **rescate por todos**). **De lo cual se dio testimonio a su debido tiempo.** Cristo, verdadero Dios y verdadero hombre, se dio a sí mismo como rescate por todos, *como testimonio en tiempo oportuno.* En la plenitud del tiempo Dios envió a su Hijo.

7. Para esto yo fui constituido predicador, etc. La ponderación enfática y grave de su oficio por parte de Pablo muestra la dirección de su pensamiento: apremia a la oración precisamente debido a este testimonio acerca del Evangelio de Cristo y por su triunfo.

8. Pablo completa el párrafo acerca de la oración. El levantar las manos, ya sea en forma literal ya metafórica. significa súplica perseverante (Sal. 28:2; 68:31; 134: 2; 143:6; Pr. 1:24). **Sin ira ni contienda.** Es decir, unidos (cf. Mt. 18:19).

2) Conducta de las Mujeres en Relación con el Testimonio de la Iglesia. 2:9-15. El **asimismo** es probable que signifique que se extiende a las mujeres lo que se acaba de decir de los hombres, a saber que también sus vidas han de caracterizarse por la oración y devoción al Evangelio.

9,10. Las observaciones en cuanto al vestir de las mujeres tienen semejanza con 1 P. 3:3-5. El estilo conciso incrementa el contraste entre las que se ocupan del vestir con ostentación y las que se preocupan de las buenas obras. Se implica que lo opuesto a lo primero es vestir con modestia — especie del género "buenas obras", secuela adecuada de una profesión genuina de religiosidad.

11,12. El resto del capítulo habla de las relaciones oficiales de las mujeres en la iglesia. Estos dos versículos deben interpretarse juntos: las mujeres no han de ocupar puestos directivos ni enseñar en la iglesia. **13.** Para ilustrar el principio del liderazgo masculino, Pablo cita el orden de la creación, en el que se basa la condición de cabeza del hombre (1 Co. 11:8,9). **14. Adán no fue engañado.** Ha de tomarse en forma relativa; Adán fue engañado, pero no de manera tan completa como la mujer. La misma palabra griega se emplea para la mujer, pero en forma intensiva. Adán aceptó deliberadamente la tentación en lugar de asumir el papel de líder para repelerla.

15. Se salvará engendrando hijos. El lenguaje de Pablo en esta sección tiene resonancias del texto LXX de Génesis 2 y 3; quizá emplea la idea de Gn. 3:15,16 para indicar la encarnación de Cristo. Por medio de ese **engendrar hijos** la mujer que cree y persevera en la religiosidad se salvará.

3) Requisitos de los Oficiales de la Iglesia. 3:1-13. **1a.** Las palabras iniciales de esta sección probablemente pertenecen al último pensamiento del capítulo 2. Todas las otras veces que aparece el dicho (1 Ti. 1:15; 4:9; 2 Ti. 2:11; Tit. 3:8) parecen seguir o preceder a afirmaciones importantes de la doctrina evangélica. Así es también

aquí si el **engendrar hijos** de 2:15 se toma como referencia al nacimiento del Salvador. Esta parece ser la interpretación preferible.

Pablo comienza luego una exposición de los requisitos de los ancianos, los cuales presenta en forma ordenada: personales (vv. 2,3), respecto a su familia (vv. 4,5), respecto a la iglesia (vv. 5,6), y respecto al mundo pagano (v. 7). En la segunda mitad de esta sección el apóstol trata de los diáconos y diaconisas (vv. 8-13), cuyos requisitos son paralelos a los de los ancianos. (Para exposiciones clásicas de la función y oficio de anciano, véanse Charles Hodge, *Church Polity,* Index, "Elder"; D.D. Bannerman, *The Scripture Doctrine of the Church,* Part VI, cap. iv; y también el ensayo de Lightfoot, "The Christian Ministry", *Commentary on Philippians,* pp. 181-269).

1. Obispado. También se usa en Lc. 19: 44; Hch. 1:20, y 1 P. 2:12. El verbo afín se usa en He. 12:15, y sugiere que la función básica es la responsabilidad por cada creyente. La palabra **obispo** se usa en Hch. 20:28; Fil. 1:1; Tit. 1:7; 1 P. 2:25. El oficio de anciano y obispo son el mismo; en Tit. 1:5,7 ambas palabras se emplean para las mismas personas en versículos sucesivos. En Hch. 20:28 se habla de los ancianos a quienes el Espíritu Santo ha colocado como obispos *(supervisores)* en la Iglesia. **Si alguno anhela . . . buena obra desea.** Se emplean dos palabras distintas. La primera se emplea sólo aquí, en 6:10, y en He. 11: 16. El profundo deseo de alguien en cuanto a ese oficio debería ser como el anhelo de Abraham por la tierra celestial. La otra palabra se usa más a menudo, pero también indica anhelo profundo (He. 6:11; 1 P. 1:12; Lc. 22:15).

2. Irreprensible. Irreprochable; la misma palabra griega se emplea en 5:7 y 6:14. **Sobrio.** Significaba "sobrio en el uso del vino", pero en este caso ha de tomarse metafóricamente, ya que en el versículo siguiente se prohibe la intemperancia. El verbo afín significa tener dominio propio. **Prudente.** Véanse también Tit. 1:8; 2:2,5. **Decoroso.** *Ordenado;* en 2:9 se usa para el vestir de la mujer. **Hospedador.** Se emplea en Tit. 1:8; 1 P. 4:9. Una palabra semejante se emplea en Ro. 12:13; He. 13:2. **Apto para enseñar.** Se emplea sólo aquí y en 2 Ti. 2:24; en un pasaje para el anciano y en el otro para el ministro.

3. No dado al vino, no pendenciero. No peleón o matón. Sólo se usa aquí y en Tit. 1:7. **No codicioso de ganancias deshonestas.** No figura en los mejores manuscritos por lo que habría que excluirlo de este pasaje. Es obvio que repite el **no avaro** del final del versículo. Quizá se tomó de la enumeración semejante de virtudes de Tit.

1:7 **Amable.** Gentil o condescendiente (Fil. 4:5; Tit. 3:2; Stg. 3:17; 1 P. 2:18). **Apacible,** no pendenciero, como en Tit. 3:2. **No avaro.** no amante del dinero. Sólo se usa aquí y en He. 13:5.

4,5. Gobierne. Estar al frente de. El liderazgo y gobierno son fundamentales, como se indica en la frase siguiente. y en 3:5. El verbo de 3:5 (que sólo se vuelve a usar en Lc. 10:34,35) explica el **gobierne** del v. 4, con la añadidura de una nota de cuidado tierno. **6. No un neófito.** No recién convertido. Única vez que se usa en el NT. "Pero, en lugar de ser un *neophytos,* alguien de cuya conducta dentro de la nueva fe poco se sabe, debe tener también un buen testimonio (no sólo de parte de los de la iglesia, sino) de los de afuera" (C.J. Ellicott, ed., *A Bible Commentary for English Readers,* Vol. VII). **Envaneciéndose.** Orgullo a causa de un progreso demasiado rápido. **Condenación.** Véase 3:7.

7. También es necesario que tenga buen testimonio de los de afuera. Véase la paráfrasis de Ellicott en el v. 6. El mismo pensamiento se halla en Ro. 12:17b, que se cita de Proverbios. Adviértase la anotación marginal de ASV: *Nunca se aparten de ti la misericordia y la verdad . . . y hallarás gracia y buena opinión ante los ojos de Dios y de los hombres* (Pr. 3:3,4). Nótese la advertencia en contra del orgullo en el mismo contexto del AT (Pr. 3:7), también citado en Ro. 12:16b. **Descrédito.** Es paralelo de la condenación lanzada sobre Satán debido al orgullo (véase Is. 14:12-15). **Lazo.** Se emplea en 1 Ti. 6:9 y 2 Ti. 2:26. El orgullo fue la causa de la caída de Satanás, y es el lazo que él tiende a los hombres (1 Jn. 2:16).

8. Asimismo. De igual manera. El pensamiento principal parece ser que los diáconos deben poseer en el mismo grado los mismos dones y requisitos de los ancianos. **Honestos.** Honorables, que despierten respeto. **Sin doblez.** Veraces. **No dados a mucho vino.** La Biblia se manifiesta en forma constante contra el uso de bebidas fuertes. La aplicación práctica de este principio en la sociedad moderna es la abstinencia total. **No codiciosos de ganancias deshonestas.** También se usa en Tit. 1:7 y el adverbio en 1 P. 5:2. Palabra compuesta, cuyos dos elementos integrantes se emplean por separado en Tit. 1:11. En 1 P. 5:2 la palabra se opone a *voluntariamente.* El tema de los motivos económicos lo expone Pablo más por extenso en 1 Ti. 6:5-10; 17-19 (véase más abajo). El dicho subsiste: no el dinero, sino el amor al mismo, es la raíz de todos los males. La admonición es especialmente pertinente en el caso de las responsabilidades que tiene el diácono.

9. Fe. Una vez más la unión de los aspectos doctrinales y prácticos del cristianismo: la fe ha de ir acompañada de una conciencia obediente, no manchada por la desobediencia. La expresión **misterio de la fe** no significa que exista algún secreto esotérico que sólo los iniciados conozcan. Pablo lo usa comenzando con la aparición de Cristo en carne, como en el versículo 16 más abajo. El misterio no es un secreto que haya que guardar, sino un mensaje que hay que proclamar (Ro. 16:25; Col. 4:3).

10. Sometidos a prueba. No necesariamente a una prueba formal, sino a la aprobación de la iglesia. El **entonces** es significativo: parece significar que los candidatos han de recibir aprobación antes de asumir un oficio, y luego servir; no han de ser sometidos mientras desempeñan el oficio.

11. Las mujeres. El contexto hace que la interpretación más natural sea la que quiere que en este caso se refiera a las mujeres que actúan como diaconisas. El apóstol vuelve de inmediato al tema de los diáconos en general y completa las observaciones referentes a ellos. La palabra **honestas** y otras parecidas salen con frecuencia en las Pastorales. Lo mismo se exige de los diáconos (v. 8) y de los ancianos (Tit. 2:2). **Calumniadoras.** La palabra griega es *diabolos* (esp., "diablo"), nombre que se da a Satanás en el NT; es el calumniador por antonomasia. Aquí, en 2 Ti. 3:3 y en Tit. 2:3, la palabra se emplea para hombres. **Sobrias.** Como en 1 Ti. 3:2 y Tit. 2:2. **Fieles.** Creyente, o (como en lo que el creyente dice) fiel, merecedor de confianza. El sustantivo equivalente, **fe,** se enumera como fruto del Espíritu Santo en Gá. 5:22. El sustantivo, como el adjetivo. puede significar bien fe en el sentido activo, bien "fidelidad" que despierta confianza de parte de los demás y puede ayudar a inspirar fe. **12.** Véanse los versículos 4,5 antes; se emplean las mismas palabras.

13. Pablo concluye esta sección como la comenzó el v. 1, con unas palabras destinadas a estimular al líder de la iglesia. Los que sirvan bien se compran o ganan un **grado honroso.** La palabra **confianza** en este caso es probable que signifique "causa de" la confianza. Podría, pues, ser explicativo y paralelo del **grado** que acaba de mencionar (que literalmente significa *fundamento* en el que uno se basa). Quien sirve bien halla fiel al Señor, quien adquiere para sí un buen fundamento o base de confianza en la fe (plenitud), que es en Cristo Jesús. **Los que ejerzan bien el diaconado,** probablemente se refiera no sólo a los diáconos sino también a los ancianos.

B. A la Iglesia como Columna y Baluarte de la Verdad. 3:14-4:5.

1) Su Posición Elevada como Organo de la Doctrina del Evangelio. 3.14,15. Pablo deja bien claro por qué consideraba importante escribir a Timoteo aunque fuera a estar de nuevo con él muy pronto. Uno de los pensamientos básicos de la carta es que la conducta recta da testimonio de la verdad. Por tanto la conducta de los cristianos en el gobierno de la Iglesia es de importancia primordial, porque la Iglesia es la base y fundamento de la verdad; es decir, en su esfera de testimonio al mundo. Cristo, la verdad misma, es el único fundamento de la Iglesia (1 Co. 3:11). En He. 3:6; 10:21, se habla de la Iglesia como de la "casa" de Cristo o "de Dios"; también cf. Ef. 2:19,20. **La verdad.** La mayor parte de las veces que se usa esta palabra en el NT es en los escritos de Pablo y Juan. El término equivale a menudo a "el evangelio" o "el mensaje" (Ro. 2:2,16; Col. 1:5; Gá. 2:14), como en este contexto, en el que se halla en paralelismo con el versículo siguiente, que da la esencia del Evangelio.

2) Himno de Alabanza; Afirmación poética de la Doctrina Verdadera. 3:16. **Misterio.** Véase v. 9 antes. **Piedad.** Esta significativa palabra en las Pastorales y en este período de la historia de la iglesia se halla en 1 Ti. 2:2; 3:16; 4.7,8; 6:3,5,6,11; 2 Ti. 3:5; Tit. 1:1; 2 P. 1:3,6,7; 3:11; Hch. 3:12; (el verbo) Hch. 17:23; 1 Ti. 5:4; (el adjetivo) Hch. 10:2,7; 2 P. 2:9; (el adverbio) 2 Ti. 3:12; Tit. 2:12. El significado de la misma subraya la conducta piadosa, y sugiere reverencia y lealtad. Esto pone en forma adecuada de relieve el tema básico de las Pastorales: doctrina sana y vida fiel. El contexto indica con claridad que Pablo se refiere a Cristo cuando dice: **Dios fue manifestado en carne.** A partir de aquí y en el resto del versículo, los versos siguen una pauta regular, a modo de poesía o himno. Convenía al propósito de Pablo plasmar sus pensamientos sobre algo conocido y común, puesto que el mensaje se podría entonces recordar mejor. Muchas de las referencias a cánticos en el NT se encuentran en Pablo (Ef. 5:19; Col. 3:16; Hch. 16:25; 1 Co. 14:15). Por ello no es difícil creer que Pablo mismo escribió este primitivo himno cristiano, en el supuesto, desde luego, de que estos versos (y también Ef. 5:14) están tomados de un himno. Todas las palabras básicas se encuentran en otros pasajes de Pablo. **Carne.** Pablo a menudo recalca la humanidad de Cristo con el empleo de esta palabra (Ro. 1:3; 8:3; 9:5; Ef. 5:15; Col. 1:22; He. 5:7; 10:20), como aquí para la encarnación, de acuerdo con la doctrina del nacimiento virginal. **Justificado.** En el sentido de ser declarado justo (Ro. 3:4; Lc. 7:29,35). Por la presencia del Espíritu en su ministerio, Cristo quedaba justificado y se demostraba que todas sus pretensiones eran genuinas (Ro. 1:4; Lc. 4:18,19; 10:21; Mt. 12:18, 28; y en especial Ro. 8:10,11). **Visto.** En otras partes se traduce por "aparecido", de modo que aquí sería, "aparecido a los ángeles". La justificación final que el Espíritu hizo de Cristo fue su resurrección: la mención de la justificación en el Espíritu conduce pues a su aparición a los ángeles en la resurrección, ascensión y entrada en el cielo (1 P. 3:22). **Predicado a los gentiles.** Predicado entre los gentiles: es una síntesis de toda la época actual de labor misionera (Ro. 16:26; Col. 1:6). **Creído.** Compendio de los resultados de la predicación. **Recibido.** Se refiere en particular a la Ascensión, pero incluye toda la manifestación subsiguiente de su gloria. Así lo sugiere el progreso histórico y lógico del poema: toda la obra mesiánica de Cristo está compendiada en el mismo.

3) Amonestación Profética Contra la Falsa Doctrina. 4:1-5. El gnosticismo, una de cuyas características era el ascetismo que se describe aquí, inundó a la iglesia en la segunda centuria, y no cabe duda que ya daba que hablar en tiempo de Pablo. **1. La fe.** La doctrina genuina de Cristo frente a la enseñanza satánica. En 2 P. 2 y en Judas se encuentran más detalles acerca de la naturaleza y métodos de los falsos maestros. **2. 3a.** Características de los falsos maestros parecen ser la **hipocresía y cauterizada la conciencia,** y actitudes falsas ante el sostén y bendiciones de esta vida: matrimonio y alimento.

3b-5. Los principios que rigen el recto uso del sostén de esta vida son: (a) Dios es el creador y su creación es buena; (b) Creó el alimento para los hombres, y los que conocen y creen la verdad acerca de la salvación eterna tendrán la actitud adecuada ante las necesidades de esta vida, y ni deificarán lo creado ni lo rebajarán o despreciarán, sino que lo aceptarán con gratitud como sabia provisión del Padre (cf. Mt. 6:31-33). **Santificado.** Lo que Dios ha suministrado con su palabra creadora queda aparte, con directrices en cuanto a su uso (Gn. 1:29-31; 2:4,5), y se santifica todavía más como testimonio de la fidelidad y cuidado de nuestro Padre celestial cuando se recibe con oración, gratitud y comprensión (cf. 1 Ti. 6:17).

C. Al Testigo Individual. 4:6-6:2.

1) A Timoteo, como Buen Ministro. 4:6-16.

6. Esto enseña a los hermanos. Implica requerir y enseñar o demostrar: incluye lo que se afirma en forma más plena en v. 11,

manda y enseña. En toda la sección (vv. 6-16), se pone de relieve el efecto del Evangelio tanto en Timoteo como en su pueblo. Timoteo mismo ha de alimentarse con las palabras de la fe y buena doctrina. **La fe** es el cuerpo todo de verdad y conocimiento de Dios. **7.** En contraste con la revelación de Dios se mencionan las **fábulas profanas** (lit. *mitos*) que dominan y confunden las mentes y conducta de los hombres. **Desecha.** La misma palabra se usa en 2 Ti. 2:23. **Ejercítate.** Probablemente hay que tomarlo en sentido comprensivo para todos los esfuerzos que hacen adelantar el Evangelio. Se aplica a ejercicios corporales en el versículo siguiente, y a todos los esfuerzos en el versículo 10. **8.** **Poco.** La alusión a la vida presente y a la vida venidera sugiere que significa "poco tiempo", en otras palabras, esta vida. **Piedad.** Sólo Pablo y Pedro en todo el NT emplean esta palabra, y significa obediencia al Evangelio en todos los ámbitos de la vida. Implica una base doctrinal sana (Tit. 1:1). Véase 1 Ti. 3:16. **Vida . . . venidera.** Esta expresión y otras similares son básicas en la teología y escatología de Pablo. **9. Palabra.** Mensaje del evangelio. Como en 3:1, la expresión compendia lo que se ha venido exponiendo. "Palabra" en un sentido aceptado en inglés significa "manifestación que implica la fe o autoridad de la persona que la expresa" (*Webster's New International Dictionary*, segunda edición). **10. Esperamos.** Haber puesto la esperanza en. Colocar la esperanza en el Dios vivo, quien cumple sus promesas en esta vida y en la venidera, es de gran estímulo en una vida de sufrimiento y conflicto en la difusión del Evangelio. **Sufrimos oprobios.** El siervo de Dios no debe ser contencioso en el sentido de 2 Ti. 2:24, donde se emplea una palabra distinta que significa "contender". En este caso, como en Judas 3, significa "contender con ahínco". **Salvador** (gr. *Soter*). Empleado en el sentido de "liberador"; la palabra puede tener un significado más amplio y otro más estricto. *Soter* era un epíteto de divinidades protectoras, en especial Zeus; los hombres le ofrecían sacrificios después de un viaje feliz, etc. La concepción que Pablo tenía de Dios era tal que todas las bendiciones, salvación y providencias que los hombres experimentan habían de atribuírseles sólo a él (Mt. 5:45). En un sentido especial y más elevado, él es el liberador de los que creen para salvación eterna. **11. Manda y enseña.** Pablo vuelve a tocar y recalca el **eso enseñas a los hermanos.** del v. 6, y alude a la enfática conclusión de todo el párrafo en el versículo 16. La forma de los verbos subraya la naturaleza progresiva y continua de la obra.

12. Lejos de que su juventud fuera obstáculo, Timoteo podría ser ejemplo para los creyentes en **palabra, conducta, amor, fe** (fidelidad), y **pureza** (en rigor, "castidad"; pero aquí en el sentido de "propiedad" u "observancia cuidadosa de deberes religiosos"). **En espíritu** no se encuentra en los mejores textos. **13.** Se ponen de relieve cosas que exigen atención especial entre la gente: **lectura** (lectura pública de la Escritura), **exhortación** (consuelo, aliento, admonición, exhortación, todo el ámbito del ministerio que hoy día se describiría como consejo pastoral, pero en este caso el contexto favorece el ministerio de predicación mediante la explicación de las Escrituras), **enseñanza. 14. Don.** Enseñanza y consejo se mencionan juntos (Ro. 12:7,8); los maestros son parte de los dones del Espíritu a la Iglesia (1 Co. 12:28); pastores y maestros se mencionan como una sola cosa (Ef. 4:11). Esta palabra que significa "don de gracia" se puede aplicar a cualquier don de Dios por medio del Espíritu. En este caso parece implicar el encargo dado en la ordenación. Pablo lo reitera y se lo recuerda a Timoteo en este caso y en 1:18. **Presbiterio** (usado sólo en Lc. 22:66, Hch. 22:5, y en este caso) se refiere a un grupo de líderes espirituales representativos, escogidos y aprobados. **15. Ocúpate.** Practica, cultiva, tómate la molestia de; sólo se usa aquí y en Hch. 4:25 **Aprovechamiento.** Progreso. **16. De ti mismo.** El ministro necesita que se le recuerden sus propias necesidades en relación con la doctrina; al alimentar a otros, también él debe buscar provecho propio. **Persiste.** Es una de las palabras básicas que se emplean para describir el caminar perseverante del cristiano (Gá. 3:10; He. 8:9; Stg. 1:25; Hch. 14:22; Col. 1:23). Básicamente es lo mismo que "permanecer" de Jn. 15 y 1 Jn. **Salvarás**, se emplea en el sentido de "ocupaos en vuestra salvación" de Fil. 2:12.

2) A los Hombres. 5:1. **No reprendas. Se prohíbe el ataque o reprensión violentos.**

3) A las Mujeres, en Especial a las Viudas. 5:2-16.

2. Pureza. Propiedad.

3. En verdad (vv. 5,16). A las que son viudas y están desoladas —solas en el mundo— la iglesia debería cuidarlas. Toda la exposición debería verse a la luz de la enseñanza del AT, donde se recalca el cuidado de las viudas (también Stg. 1:27). **5.** Descripción de la verdadera viuda, quien puede servir a la iglesia y ser cuidada por la misma (cf. Lc. 2:36,37). **6. Se entrega a los placeres.** Mención contrastante de las viudas indígenas; luego se añaden más detalles. Esta expresión sólo se encuentra aquí y en Stg. 5:5 y significa vivir lujurioso y libertino, que es indicio de un estado de muerte espiritual.

7. Manda también. Pablo está muy consciente del efecto en el testimonio defectuoso en la vida familiar. De ahí que estas cosas hayan de mandarse (el mismo verbo que en 4:11), como Pablo mismo se lo encarga a Timoteo con toda solemnidad (6:13). **8.** El no proveer es negar la fe. **Incrédulo.** *El que no cree.*

9. En este versículo y en el siguiente se dan detalles específicos acerca de los requisitos de la viuda que la iglesia ha de sostener. **No menor de sesenta años.** Calvino expone dos razones para ello. Primero, "Al vivir a costa de la ayuda pública, era conveniente que ya hubieran alcanzado edad avanzada". Segundo, había una obligación mutua entre la iglesia y estas viudas: la iglesia tenía que aliviar su pobreza, ellas tenían que consagrarse al ministerio de la iglesia "lo cual hubiera sido del todo imposible, si hubieran estado todavía en condiciones de casarse". **Que haya sido esposa de un solo marido.** "Puede considerarse como una especie de promesa de continencia o castidad el haber llegado a esa edad, habiendo estado casada una sola vez. No que [Pablo] condene un segundo matrimonio, o considere que los que se han casado dos veces lleven el estigma de la infamia; (porque, por el contrario, aconseja a las viudas jóvenes que se casen); pero como no quería en modo alguno colocar a ninguna mujer bajo la necesidad de permanecer sin casarse si les parecía necesario tener esposo" (Calvino). **11. Se rebelan.** Sólo aparece en este caso y en Ap. 18:7. Esta conducta es incompatible con la salvación y sugeriría que Pablo no las considera "viudas de verdad". La idea de viudez quizá tiene una aplicación más vasta que el de aflicción presente; puede significar separación del esposo. Los antecedentes del AT se hallan en 2 S. 20:3 e Is. 54:4-6. Israel es repudiado, como esposa adúltera y viuda por separación, no porque el esposo haya muerto. De ahí que estas mujeres, que se describen en el sentido de que han sido infieles a su primera promesa (1 Ti. 5:12) y de que han ido en pos de Satanás (v. 15) quizá son esposas infieles que se han divorciado. **12. Condenación.** El volverse a casar en condiciones de separación a causa de infidelidad traería la condenación del Señor (Lc. 16:18). **Primera fe.** Primera promesa. Así que el dejar el "primer amor" de uno (Ap. 2:4) puede equivaler a infidelidad espiritual.

14. Las viudas jóvenes. Son probablemente las viudas más jóvenes que eran elegibles, excepto por su edad, no las descritas en el v. 12. **Gobiernen su casa.** Este verbo

se usa sólo en este caso en todo el NT. La alta estima del lugar y capacidad de la mujer tiene su paralelo en Pr. 31:10-31. **No den . . . ocasión.** "Pretexto" u "oportunidad". "Que para cerrar la boca de los que hablan mal, escojan una forma de vida menos sujeta a sospecha" (Calvino). El **adversario** es Satanás, mencionado inmediatamente después. **Maledicencia.** Bien que la conducta inconveniente es una maledicencia de la verdad por parte de los que así viven y brinda a Satanás ocasión para seguir atacando a la iglesia; bien, esa conducta da a Satanás oportunidad para denigrar y de este modo perjudica el testimonio de la iglesia. **15.** En *Greek New Testament* de Nestle no es una frase separada, sino un ejemplo específico del principio que se acaba de enunciar.

16. Algún creyente debería omitirse. **Si alguna creyente.** Incluso la mujer puede hallarse en una posición en la que sea responsable suya cuidar de una viuda en lugar de cargar a la iglesia, la cual debe cuidar de las que están solas (v. 5). El principio directivo se afirma en el v. 8.

4) A los Ancianos. 5:17-25. Pablo ya ha expuesto algunas de las relaciones oficiales de los ancianos en el capítulo 3. Ahora trata de relaciones más detalladas y concretas, y su estilo está lleno de mandatos y exhortaciones personales frecuentes a Timoteo. Esta es la forma usual que tiene Pablo de tratar de la doctrina en sus cartas: primero una exposición del principio, y luego la aplicación práctica, con una grave exhortación a que vivan piadosamente. Así pues en la sección presente Pablo vuelve al tema de los ancianos para darles más consejos.

17. Gobiernan bien. Requisito importante para el anciano (3:4,5) es que gobierne (dirija o administre) adecuadamente. Es uno de los dones básicos para el bienestar de la iglesia (Ro. 12:8; 1 Ts. 5:12). **Dignos de doble honor. Honor** tiene dos significados: "honor" y "honorario" o "compensación". Sin duda que en este caso ambos significados se incluyen. En el caso de los que laboran en la predicación y enseñanza, y dedican a ello todo su tiempo, esos tales merecen ser compensados por la iglesia (véase 1 Ti. 5:18). La palabra **doble** parece favorecer que la recompensa sea suficiente o apropiada, y no que la cantidad sea doble. En la LXX, en Is. 40.2, se usa la misma palabra, y en su contexto conlleva la idea de "equivalente total". Nótese también el uso de la misma palabra en 6:1, donde es "todo honor". (Véase William Hendricksen, *New Testamente Commentary: Exposition of the Pastoral Epistles,* pp. 180,181).

18. Hay dos citas en este caso: Dt. 25:4

y Lc. 10:7. **Pondrás bozal al buey.** El contenido de Deuteronomio 25 trata de relaciones equitativas entre los hombres; el versículo es un aforismo que Moisés cita para probar un principio, y así lo entiende Pablo, quien expone el mismo principio en Ro. 13:7 y 1 Co. 9:7-11, y cita el mismo pasaje de Deuteronomio. **Obrero.** La forma original exacta de la cita se halla sólo en Lucas. La cita en este caso, **la Escritura dice,** muestra que el Evangelio de Lucas ya existía y se consideraba como Escritura.

19. Con dos o tres testigos. Norma para probar establecida por Moisés (Dt. 19:15), y empleada por Señor (Mt. 18:16). **20. A los que persisten en pecar, repréndelos delante de todos,** así como Pablo hizo con Pedro (Gá. 2:14). El hombre piadoso al ser amonestado en esta forma pública tomará la cuestión a pecho (Pr. 9:8).

21. Pablo emplea aquí el encargo solemne, una súplica, para reforzar la importancia del mandato contra la parcialidad. El mismo verbo se usa en 2 Ti. 4:1 y también en 2 Ti. 2:14, donde Timoteo mismo recibe el mandato de suplicar a otros con el mismo empeño.

22. No impongas con ligereza las manos. A menudo se entiende como prohibición de ordenar con precipitación. Sin embargo, los requisitos y la ordenación fueron expuestos antes. Locke sugiere (ICC, p. 64) que se refiere al volver a recibir con precipitación a la comunión de la iglesia al pecador. **Manos** (plural) también puede significar "medidas violentas", "fuerza". Sería otra advertencia respecto al trato de Timoteo con los que tenían que ser censurados. No debería emplear parcialidad, ni medidas violentas, ni rigor innecesario, ni, por otra parte, tolerancia indebida, hasta el punto de hacerse cómplice de sus pecados. **Puro.** Esta palabra y otras semejantes son las que se suelen traducir por "santo", "santificar". A veces tiene el significado específico de castidad, pero en general parece referirse a la conducta recta de la vida cristiana. El equivalente más cercano de **puro,** en el sentido empleado aquí, es "limpio", como en 2 Co. 7:11. Quizá, pues, debería leerse: "Mantente limpio [de los pecados de los demás]". Esta exposición de los pecados ajenos se reanuda y concluye en los versículos 24,25.

23. Ya no bebas agua. Las prohibiciones de Pablo hay que interpretarlas por el contexto y a veces no son absolutas. Ser "bebedor de agua" en el uso común parece implicar rigor y mortificación excesivos. El principio antiascético se afirma en 4:3-5. Ahí Pablo pasó rápidamente del principio general al consejo específico y práctico a Timoteo (acerca del ejercicio corporal, v. 8). Del mismo modo aquí, al hablar del principio general de eludir, viene bien poner en guardia contra la frugalidad y rigor excesivos. **Vino** se usa para una gran variedad de productos de la uva; se sobrentienden cualidades medicinales (Lc. 10:34). Lo que Pablo prescribe para los males de Timoteo no es una norma general de "uso moderado" para todos y cada uno. Las normas bíblicas generales siguen estando en vigor (Hab. 2:5,15; Pr. 20:1; 23:31).

24. Este versículo y el siguiente han de mantenerse en el contexto del **ni partícipes en pecados ajenos** (v. 22) y esto con respecto al oficio de anciano. El principio es: "Por los frutos los conoceréis". Relaciónese esto con la advertencia contra el obrar con precipitación (v. 22). Los pecados de algunos hombres son manifiestos y llevan a una decisión apropiada; en el caso de otros, la prueba debe hacerse patente a su debido tiempo.

5) A los Esclavos. **6.1,2.** El contexto y la comparación con 1 P. 2:18 sugiere que en este caso se trata de dos clases de patronos: el creyente y el incrédulo. Pablo no habla del problema básico del derecho a la esclavitud, sino que subraya las obligaciones del esclavo, y la oportunidad que hay incluso en dicha situación para "adornar la doctrina" (Tit. 2:10). Dios y a enseñanza evangélica sufrirían con la conducta mala. Y los que tienen amos creyentes no deben de dejar de darles el honor debido, sino que han de servirles mucho mejor, ya que se trata de un hermano cristiano que se dedica (o beneficia) al buen servicio.

III. Conclusión. 6:2d-21.

A. Encargo Solemne. **6:2d-15a. Eso enseña y exhorta.** Es el tema básico de las Pastorales, que aparece en 4:11 al igual que aquí. La enseñanza recta era la razón principal de que Timoteo viviera en Éfeso (1:3).

1) Advertencia Contra los Falsos Maestros. **6:3-5. Sanas palabras.** Saludables, porque fomentan la salud. Esta expresión es peculiar de las Pastorales, y recalca la insistencia de Pablo por la doctrina sana. **Las palabras de nuestro Señor Jesucristo.** Otra indicación (véase 5:18) de que el Evangelio escrito era bien conocido y estaba difundido. **A la doctrina.** El **y** que precede se traduciría mejor por **incluso,** ya que las palabras de Cristo son la base y substancia de la doctrina que armoniza con la **piedad** (prácticamente sinónimo de "cristianismo"; véanse comentarios a 3:16). En cuanto a la importancia en los escritos de Pablo de la enseñanza y vida de Jesús (véase Machen, *Origin of Paul's Religion*, pp. 147-152).

4. Está envanecido. Se emplea tres veces en el NT, y las tres en las Pastorales (1 Ti. 3:6; 6:4; 2 Ti. 3:4). La palabra incluye las ideas de vanidad y desatino. El repudio del Evangelio se basa en el orgullo y es una insensatez soberana. **Nada sabe.** Es la única vez que Pablo emplea esta palabra en el sentido de "entender". **Delira.** Literalmente la palabra significa "enfermo", "enfermizo"; tiene *un deseo morboso de controversias y disputas acerca de palabras.* **Malas sospechas.** Conjeturas. **5. Toman la piedad como fuente de ganancia.** Suponen que lo es. **Apártate de los males.** Mejor omitirlo.

2) Actitudes Adecuadas Frente a los Maestros Genuinos. 6:6-10. **6. Gran ganancia.** Esta palabra parece tener el significado uniforme, "modo de ganar", "medios de vivir", lo cual conviene más en este caso. Pablo quiere decir: "La fe cristiana con eficacia para esta vida es una forma poderosa de ganar". Ya ha dicho (en 4:8, que es texto paralelo y buen comentario) que la piedad aprovecha en todos los sentidos, ya que es promesa no sólo para esta vida sino también para la venidera. Pablo pasa a subrayar este énfasis escatológico en lo que queda de la carta. En los versículos 7,8 el apóstol muestra la insensatez de poner las esperanzas y deseos en este mundo, que es pasajero. Uno debería contentarse con comer y vestir. En los versículos 9,10 desarrolla el pensamiento de la necedad de preocuparse por acumular riquezas como fin por sí mismo. La traducción de Hendriksen (*op. cit.*) parece preferible: *Porque la raíz de todos los males es el amor al dinero.* **El cual codiciando algunos, se extraviaron de la fe.** El amor al dinero es idolatría (Col. 3:5; Ef. 5:5; 1 Jn. 2:15) y aparta de la verdadera esperanza del cristiano.

3) Motivos del Hombre de Dios. 6:11-15a. Pablo pasa a delinear lo que el cristiano debería estimar. Lo básico es la vida venidera y el retorno de Cristo. **11. Sigue.** Sigue buscando. Se sugieren el vigor y la intensidad tanto en el huir de lo que aparta de la fe como en buscar lo que pertenece a la misma. Pablo tiene un número sorprendente de estas sugestivas listas de virtudes, y no hay dos idénticas ni ninguna agota las posibilidades de los problemas de la ley. **Justicia.** Quizá palabra que abarca todos los frutos del Espíritu. **Piedad.** Significa "fe piadosa", "religión genuina". En Pablo esta expresión se encuentra sólo en las Pastorales (véase comentario de 3:16). **Fe.** Puede significar "creencia" o "fidelidad". La realización plena del **amor** significa la experiencia del amor de Dios por nosotros. **Paciencia** significa "resistencia", y **mansedumbre** parece remontarse a la enseñanza y ejemplo del Señor (Mt. 5:5; 11:29).

12. Pelea. Compárese el uso del mismo verbo con un prefijo intensivo en Judas 3. Las últimas cartas de Pablo y otras tenían como uno de sus propósitos informar y preparar a los cristianos para la marea creciente de oposición y persecución que iba a llegar en épocas inminentes. La **buena batalla** implica permanecer firmes en la fe y transmitirla a otros. En este contexto tiene relación íntima con el **echa mano** de la vida eterna. La misma palabra traducida por **pelea** la usa el Señor en Lc. 13:24 en el sentido de "esfuerzo" en un texto paralelo. **Llamado.** El llamamiento es una acción gratuita del Espíritu de conducirnos a la fe en Cristo. **La buena profesión.** La misma palabra se traduce también por "confesar" (Ro. 10:9). Esto es una doctrina básica en la enseñanza del Señor (Mt. 10:32).

13. Te mando. El solemne encargo que comienza aquí constituye una sola frase que abarca la doxología de los versículos 15 y 16. Describe a Dios como al que da vida a todas las cosas (cf. Ro. 4:17 en cuanto a la misma insistencia acerca del poder soberano de Dios y sus propósitos en la salvación). Pablo había acabado de hablar de la vida eterna en la frase precedente; ahora se subraya un llamamiento eficaz. Se describe a Cristo como al que dio un buen testimonio frente a Pilato. Así como Timoteo había sido llamado a la vida y había dado un buen testimonio, así Pablo se refiere primero al Dador de toda vida y luego al que dio el buen testimonio ante Pilato. El buen **testimonio** es confesar a Jesús como Señor (Ro. 10:9); esto fue lo que Cristo dijo de sí a Pilato y a otros. Dios y Cristo son los testigos del mandato de Pablo a Timoteo.

14. Que guardes el mandamiento parece que en este caso se emplea como palabra que abarca todo el Evangelio, como Cristo la usó en Jn. 12:50 (véase también 1 Jn. 3:23; 2 Jn. 6). Guardar el mandamiento intacto y libre de reproche significa tanto enseñar como vivir en forma irreprochable. **Hasta la aparición de nuestro Señor Jesucristo.** Este es el punto culminante de la insistencia escatológica de Pablo mencionada antes (v. 6; cf. también 2 Ti. 4:1, comentario). El apóstol lo usa como culminación de su solemne mandato a Timoteo y como transición al gran canto de alabanza al Dios trino. **A su tiempo.** Esta expresión es idéntica a "a su debido tiempo" en 2:6 y Tit. 1:3; en el tiempo oportuno, en la plenitud del tiempo conocido de Dios.

B. Doxología. 6:15b,16. El Dios trino es el que revelará al Cristo que se aparece (cf. 1 Co. 15:28). Se describe a Dios con una acumulación de títulos y atribuciones de majestad y poder dignos de mención incluso tratándose de Pablo, más aún, en toda la Escritura. Las ideas son equivalentes a las de 1:17 pero se expresan en forma más completa. El pensamiento de Pablo pasa de las manifestaciones de Dios a los hombres como Rey poderoso a través de su prerrogativa soberana de inmortalidad, a su ser misterioso e inescrutable, y conduce al tributo final de honor y dominación omnipotente y eterna.

C. Repetición del Solemne Encargo. 6: 17-21.

1) Uso Recto de lo que se Posee. 6:17-19. **Este siglo.** El horizonte escatológico de Pablo tiene presente el siglo venidero, los cielos nuevos y la tierra nueva. **Alvos.** *Orgullosos.* En griego es un verbo simple que combina dos elementos que se hallan en Ro. 11:20 y 12:16. **Pongan la esperanza.** Confiar. **Disfrutemos.** Dios ha dado todo lo que ha creado para bendición y disfrute, lo cual se consigue sólo cuando lo que se posee se coloca en relación adecuada con él; son un depósito recibido de él. Siguen dos pares de afirmaciones (v. 18) que indican cómo hay que usar la riqueza. **Que hagan bien** y **que sean ricos en buenas obras** son equivalentes; **dadivosos** y **generosos** también lo son. Al considerar y usar de este modo la riqueza, uno pone un fundamento sólido y echa mano de la vida venidera. **Atesorando . . . buen fundamento para lo por venir** es un comentario de Mt. 6:19-21 y equivalente al mismo. **Vida eterna.** "La vida que es verdaderamente vida". El

adverbio "verdaderamente" se emplea cuatro veces en 1 Ti. de las seis veces que Pablo lo usa, y subraya lo veraz y real de su existencia.

2) Llamamiento Final: Recapitulación. 6:20,21. Pablo comienza la exhortación final con honda emoción y con un llamamiento personal: **Oh Timoteo** (la interjección es muy frecuente en las cartas de Pablo; véanse Ro. 2:1,3; 9:20; Gá. 3:1). Luego reitera brevemente los temas principales de toda la carta: (a) **Guarda** el depósito de verdad. Es el mensaje central de las Pastorales: guardar la tradición evangélica con una vida y enseñanza sanas, (b) **evitando** la falsa doctrina. Hay dos formas de enseñar que confunden al Evangelio: (1) **las profanas** (implican profanación sacrílega de lo santo) **pláticas sobre cosas vanas**, que consisten en palabrería vacía y en especulaciones ostentosas: y (2) **los argumentos de la falsamente llamada ciencia** (lit. *conocimiento*). Pablo deja bien claro que sabe distinguir la enseñanza y hechos sustanciosos de las especulaciones gratuitas, de los simples mitos y fantasías, los cuales **profesando algunos, se desviaron de la fe.** "Algunos, presentando estas fantasías como verdad y realidad, abandonan el compromiso y promesa de Dios, que es la fe" (cf. 2 P. 2:19). **La gracia sea contigo.** Es el final característico de Pablo en todas sus cartas (2 Ts. 3.17,18; la forma más breve se halla aquí y en Col. 4:18). El texto mejor tiene el plural *vosotros* (HA), lo cual insinúa que el contenido estaba destinado a todas las iglesias de Éfeso, y no a Timoteo solo.

BIBLIOGRAFÍA (1 Timoteo, 2 Timoteo y Tito)

ALFORD, HENRY. *The Greek Testament*. Vol. III. Chicago: Moody Press, reprinted with revisions, 1958.

HARRISON, P.N. *The Problem of the Pastoral Epistles*. Oxford: The University Press, 1921.

HENDRICKSEN, WILLIAM. *New Testament Commentary: Exposition of the Pastoral Epistles*. Grand Rapids: Baker Book House, 1957.

LOCKE, WALTER. *A Critical and Exegetical Commentary on the Pastoral Epistles*. New York: Charles Scribner's Sons, 1924.

PLUMMER, ALFRED. *"The Pastoral Epistles", The Expositor's Bible*. Vol. 6. Grand Rapids: Wm. B. Eerdmans Publishing Co., reprinted 1943.

SALMON, GEORGE. *An Historical Introduction to the Study of the Books of the New Testament*. 9th ed. London: John Murray, 1904.

WARFIELD, B.B. *Faith and Life*. New York: Longmans Green, 1916.

————. *Inspiration and Authority of the Bible*. Philadelphia: Presbyterian and Reformed Publishing Co., 1948.

————. *The Person and Work of Christ*. Philadelphia: Presbyterian and Reformed Publishing Co., 1950.

ZAHN, THEODOR. *Introduction to the New Testament*. Vol. II. Grand Rapids: Kregel, reprinted, 1953.

COMENTARIOS EN ESPAÑOL

CALVINO, JUAN. *Comentario a las Epístolas Pastorales de San Pablo*. Grand Rapids: T.E.L.L., 1982.

ERDMAN, CARLOS R. *Epístolas Pastorales a Timoteo y a Tito*. Grand Rapids: T.E.L.L., 1976.

HIEBERT, D. EDMOND. *Primera y Segunda Timoteo*. Grand Rapids: Publicaciones Portavoz Evangélico, 1987.

SEGUNDA EPÍSTOLA
A TIMOTEO

BOSQUEJO

(La Introducción general a esta carta se halla en la Introducción a 1 Timoteo)

I. Saludo e introducción. 1:1-18.
   A. Saludo de autoridad y afecto especiales. 1:1,2.
   B. Acción de gracias por la fe de Timoteo. 1.3-5.
   C. Recordatorio de la responsabilidad en cuanto al Evangelio: 1:6-18.
      1. El don de Dios. 1:6,7.
      2. Invitación a soportar las pruebas que acompañan al ministerio. 1:8-12.
      3. Invitación a retener la forma de las sanas palabras. 1:13,14.
      4. Ejemplos personales de lealtad y oposición. 1:15-18.
II. El Evangelio: Depósito que exige fidelidad. 2:1—3:17.
   A. Encargarlo con diligencia a otros. 2:1-7.
      1. Como soldado. 2:3,4.
      2. Como atleta. 2:5.
      3. Como agricultor. 2:6.
   B. Conservarlo y estimarlo con firmeza. 2:8-26.
      1. La verdad básica del Evangelio. 2:8.
      2. Ejemplo de fidelidad de Pablo. 2:9,10.
      3. La verdad encarnada en una "palabra fiel". 2:11-13.
      4. La verdad tratada con rectitud. 2:14-19.
      5. La verdad aplicada a la vida. 2:20-26.
   C. Reconocida como baluarte. 3:1-17.
      1. Contra la apostasía. 3:1-9.
      2. En defensa del fiel. 3:10-12.
      3. Las Escrituras inspiradas: Nuestra confianza. 3:13-17.
III. Encargo a Timoteo y conclusión. 4:1-22.
   A. El solemne encargo. 4:1-5.
      1. Dios y Cristo: Testigos de la responsabilidad de Timoteo. 4:1.
      2. Cinco imperativos: Predicar, instar, redargüir, reprender, exhortar. 4-2.
      3. Apartarse de la verdad; volverse a mitos. 4:3,4.
      4. Cuatro imperativos: Ser sobrio, soportar, evangelizar, cumplir. 4:5.
   B. Testimonio final de Pablo. 4:6-8.
      1. Tranquilidad de Pablo ante la muerte. 4:6.
      2. Testimonio de quien ha cumplido su tarea. 4:7.
      3. La bendita esperanza no empañada. 4:8.
   C. Conclusión: Instrucciones finales de amor y cuidado. 4:9-22.

COMENTARIO

I. Saludo e Introducción. 1:1-18.

A. Saludo de Autoridad y Afecto Especiales. 1:1,2.

1. Los puntos especiales propuestos con gran concisión y brevedad son: (1) el apostolado de Pablo recibido de Cristo Jesús; (2) que esto fue conforme a la voluntad de Dios; (3) que su apostolado fue de acuerdo con la promesa de vida que Dios hizo en Cristo Jesús. En 1 Ti. 1:1 hallamos la expresión, "Señor Jesucristo, nuestra esperanza". En ésta tenemos **la promesa de la vida que es en Cristo Jesús.** En Tito las ideas se expresan con más detalle (Tit. 1:2). La prueba y testimonio sobrenaturales en el apostolado de Pablo armonizan con el hecho de la promesa en las Escrituras. **2.** Dios Padre y Jesucristo nuestro Señor son la fuente única de gracia, misericordia y paz. **Misericordia** se agrega sólo en las Pastorales, al parecer para estímulo del **amado hijo** de

Pablo, Timoteo, y de su "verdadero hijo según la común fe". Tito (véanse Tit. 1:4 y comentarios a 1 Ti. 1:1,2).

B. Acción de Gracias por la Fe de Timoteo. 1:3-5. Solamente en Gálatas y Tito omite Pablo la acción de gracias o eulogía formal.

3. Dios, al cual sirvo desde mis mayores. Pablo conocía por lo menos dos generaciones anteriores que fueron intensamente leales a la fe, y es el equivalente de la mención posterior de dos generaciones de antepasados piadosos en el caso de Timoteo (v. 5). Es fundamento de aliento el no ser seguidores de fábulas; la fe ha permanecido y ha producido frutos. **Con limpia conciencia.** Véanse comentarios a 1 Ti. 1:5,19; 3:9; 4:2. La palabra griega es el equivalente exacto de *con-ciencia* en latín, "saber con", conocimiento unido o compartido. Es la conciencia de nosotros mismos en todas las relaciones vitales, en especial las relaciones éticas. Tenemos ideas del bien y del mal; cuando percibimos la verdad de las mismas y lo que nos exigen, y no obedecemos, nuestras almas luchan consigo mismas y con la ley de Dios, tal como se describe en Romanos. 7. Tener una conciencia buena o pura no significa que no hayamos pecado nunca ni cometido actos pecaminosos. Antes bien, significa que la dirección y motivo básico de la vida es obedecer y agradar a Dios, de forma que los actos pecaminosos se suelen reconocer como tales ante Dios (1 Jn. 1:9). **Doy gracias a Dios.** Pablo está agradecido de la fe inquebrantable de Timoteo y de la madre y abuela del mismo. Las expresiones que figuran entre ambos términos expresan las otras circunstancias de la gratitud de Pablo. La frase, **para llenarme de gozo** está colocada entre la idea de Pablo que recuerda las lágrimas de Timoteo y la de que recuerda su fe inquebrantable. Las lágrimas eran de amor y lealtad a Pablo y al Señor, y por ello era causa de gozo y producían la sentida acción de gracias del apóstol a Dios por la fe genuina manifestada en las lágrimas.

C. Recordatorio de la Responsabilidad en Cuanto al Evangelio. 1:6-18.

1) El Don de Dios. 1:6,7. La secuencia del pensamiento en el versículo 5 al referirse a la **fe,** y la referencia al **espíritu** en el versículo 7 indican que el **don** del versículo 6 es el Espíritu Santo, o algún aspecto especial de su obra. Esto explicaría la referencia de Pablo a la comunicación del don por la imposición de sus manos. El Espíritu Santo en ciertas manifestaciones era comunicado con la imposición de manos de los apóstoles (Hch. 8:17; 19.6). **Avives.** Emplear el don, dedicándose a actividades adecuadas del ministerio. **Cobardía.** Romanos 8:15 es el comentario de este pensamiento

(cf. He. 2:15; 1 P. 3:14; 1 Jn. 4:18). **Dominio propio.** Esta palabra y otras parecidas ocurren a menudo sobre todo en las Pastorales (1 Ti. 2:9,15; 3:2; Tit. 2:2,4-6,12) y son un equivalente próximo del "pensar" u "ocuparse" del Espíritu de Ro. 8:5,6,9.

2) Invitación a Soportar las Pruebas que Acompañan al Ministerio. 1:8-12. En el texto griego estos versículos son un movimiento ininterrumpido de pensamiento y forman una sola frase. Los cuatro imperativos en esta invitación y en la siguiente contienen el aspecto básico del recordatorio de Pablo a Timoteo: No te avergüences (v. 8); Partida (v. 8); Retén (v. 13); Guarda el depósito (v.14). La exposición del Evangelio en los versículos 9-12 constituye el fundamento para dichas exhortaciones. El **Testimonio de nuestro Señor** es el Evangelio que ha dado a su Iglesia. Las **aflicciones** que la propagación del Evangelio produce deben soportarse en el poder de Dios. **9.** El salvar y el llamar son actividades paralelas del Espíritu Santo. **Nos fue dada.** Aquí, como siempre, la referencia de Pablo a la predestinación tiene como fin fortalecer y consolar. Los propósitos eternos de Dios no fallarán. **10. Manifestada.** Es su gracia (el don de vida) que fue nuestra en su propósito desde la eternidad, y que ahora se ha manifestado en la obra salvadora de Cristo. La misma palabra, que implica "aparecer plenamente revelado", se emplea en Ro. 3:21 y 16:26. **11. Del cual** se refiere al Evangelio del que Pablo fue escogido apóstol. **12. Por lo cual.** A causa de la comisión del Señor. **Esto.** Encarcelamiento y cadenas. Podemos sin avergonzarnos soportar cualesquiera circunstancias desagradables y adversas si sabemos que en ellas el Señor conserva nuestro depósito: es decir, el Evangelio que nos ha confiado. **Estoy seguro.** Este pasaje es equivalente a la exposición que Pablo hace de la experiencia de Abraham en Ro. 4:21.

3) Invitación a Retener la Forma de las Sanas Palabras. 1:13,14. La necesidad de dar a la doctrina básica una forma concreta y fácil de recordar la reitera Pablo (cf. Ro. 6:17) con otro imperativo (2 Ti. 1:13): **Retén la forma de las sanas palabras,** o el plan general de doctrina. La confesión de fe era característica de la Iglesia desde los tiempos más remotos, y muy pronto asumió la forma del Credo Apostólico. En Cristo y en su Espíritu están la **fe** (plenitud) y **amor** que garantizan el mantenimiento de nuestra fe. **14. Buen depósito.** La misma palabra se emplea en el v. 12 y en la LXX en Lv. 6:2,4). El Espíritu conservará el depósito. La conexión íntima de la obra de Cristo y la del Espíritu son evidentes en este pasaje así como en otros pasajes de los

escritos de Pablo (Ro. 8:9-11; 2 Co. 3:17, 18).

4) Ejemplos Personales de Lealtad y Oposición. 1:15-18. Aquí tenemos ejemplos de personas que ayudaron al gran apóstol y de otras que se le opusieron. Sirven de advertencia y aliento para Timoteo. En 1 Ti. 19, 20 Pablo empleó un método similar.

II. El Evangelio: Depósito que Exige Fidelidad. 2:1—3:17.

A. Encargarlo con Diligencia a Otros. 2: 1-7. Un detalle de suma importancia en la conservación del depósito es enseñarlo fielmente a otros quienes a su vez lo podrán enseñar.

1. Para ello, dice Pablo, el maestro cristiano ha de esforzarse. Todas las veces que esta palabra se emplea en el NT o la usa él mismo o está en relación con él (Hch. 9: 22; Ro. 4:20; Ef. 6:10; Fil. 4:13; 1 Ti. 1:12; 2 Ti. 4:17). **Gracia** es una palabra que abarca el poder y los dones del Espíritu (véase Charles Hodge, *Systematic Theology*, II, 654,655).

En este pasaje se encuentran las tres famosas metáforas que hablan de la relación del maestro cristiano y la fe. (1) El maestro como soldado (vv. 3,4). **Sufre penalidades.** Conmigo. **Agradar** es una palabra casi exclusivamente paulina en el NT; véase la fuerza del sustantivo afín en Col. 1:10. (2) El maestro como atleta (v. 5). **Lucha.** Esto implica tanto la preparación para la competición como las reglas que la rigen. **Coronado** sólo se emplea aquí y en He. 2:7,9 en el NT; el sustantivo se emplea en 2 Ti. 4:8. La corona se describe en otro lugar como "incorruptible" (1 Co. 9:25), "de justicia" (2 Ti. 4:8), "de vida" (Stg. 1:12; Ap. 2:10), "inmarcesible" (1 P. 5:4). (3) El maestro como agricultor (v. 6). Este principio (expuesto más en detalle en 1 Co. 9:1-14 y 1 Ti. 5: 17,18) se puede entender en el sentido de incluir la recompensa y la conservación, pero en este caso se recalca el beneficio espiritual para Timoteo mismo. Debería conocer las bendiciones del mensaje que da a otros (cf. 1 Ti. 4:15,16).

7. Considera lo que digo. O, *toma nota, piensa en,* **y el Señor te dé entendimiento de todo.** *Dará* (HA) es correcto.

B. Conservarlo y Estimarlo con Firmeza. 2:8-26.

1) La Verdad Básica del Evangelio. 2:8. **Acuérdate** recalca la continuidad de la acción: *recuerda sin cesar.* **Jesucristo.** En el Evangelio es una manera de designar a Jesús, rara aunque directa y solemne, se emplea en Mt. 1:18; Mr. 1:1; Jn. 1:17; 17.3. Este último pasaje es especialmente significativo porque el Señor lo dice de sí

mismo. Esta es la base del uso en Hechos en la iglesia primitiva. Pablo subraya el mensaje apostólico de Jesucristo resucitado (véase B.B. Warifield, *Lord of Glory,* pp. 184-186). **Resucitado** recalca el hecho de que resucitó y ahora vive. Esta palabra es la que se usa más a menudo en la propia enseñanza del Señor y en los relatos de su resurrección en el Evangelio. El empleo que Pablo hace de la palabra aquí, en 1 Co. 15:4,12, y en otros lugares, contiene el testimonio exactamente en su forma más antigua. **De** se traduce adecuadamente por *de entre.* **Muertos** no se usa en sentido metafórico, sino que significa literalmente *personas muertas.* Se refiere a todos los muertos; Jesús resucitó como primicias, de entre ellos. Pablo predicaba que Cristo murió y fue sepultado, eliminando toda interpretación metafórica de **resucitado** o **muerto. Del linaje de David.** El apóstol se refiere a Cristo de este modo aquí, en Ro. 1:3, y en Hch. 13:23. Este término tiene la triple ventaja de subrayar la humanidad verdadera de Cristo, su linaje davídico, y su autoridad soberana. En cuanto a este último punto, véase sobre todo Ap. 3:7; 5:5; 22:16. El término corriente para esta idea es "Señor". Pedro une estas ideas en Hch. 2:30,36. Pablo emplea **mi evangelio** en este caso como usó **mi depósito** en 2 Ti. 1:12. La fuerza de ello es que el depósito dado a Pablo es el Evangelio, del cual era responsable y del que era testigo ocular competente. Pablo renuncia a ser original: éstos eran los hechos tal como los conocía él mismo y aquellos de quienes los había recibido (cf. 1 Co. 15:3, 11; véase B.B. Warfield, *The Person and Work of Christ,* pp. 535-546).

2) Ejemplo de Fidelidad de Pablo. 2:9, 10. **En el cual sufro penalidades.** Las penalidades, oposición y encarcelamiento que Pablo experimentó provinieron directamente de su testimonio inquebrantable de la Resurrección (véase J. O. Buswell, *Behold Him!* pp. 42-49.) Las dos cláusulas del versículo 10 son equivalentes a las dos cláusulas del v. 9: **sufro penalidades** responde al **todo lo soporto,** con el pensamiento agregado de **por amor de los escogidos. La palabra de Dios no está presa** responde a **para que ellos también obtengan la salvación**

3) La Verdad Encarnada en una "Palabra Fiel". 2:11-13.

11a. Pablo empleó **palabra fiel** para introducir temas de gran importancia (véase comentario a 1 Ti. 3:1). Aquí lo usa para introducir palabras tomadas muy probablemente de un himno conocido (véase comentario a 1 Ti. 3:16). Esta es la médula de lo que Pablo quería decir; de ahí que le dé una forma memorable. El poema tiene una estructura equilibrada. La primera cláusula y la última se ponen en primer plano por medio de la conjunción que se traduce por *en verdad y porque* (omitidas en RVR):

Si en verdad somos muertos con él, también viviremos con él;
Si sufrimos, también reinaremos con él;
Si le negáremos, el también nos negará.
Si fuéremos infieles, él permanece fiel;
Porque él no puede negarse a sí mismo.

11b. Si somos muertos con él. Nuestra justificación y perdón es una muerte al pecado y a la maldición de la Ley. **Viviremos con él** mira a la meta final—la vida eterna, si bien incluye nuestro andar actual. **12. Sufrimos** significa soportar; el pensamiento es equivalente al de Ro. 8:16,17. **Reinaremos** sugiere además lo que conlleva el vivir con Cristo. **Negáremos** es una clara referencia a Mt. 10:33. Hay un doble incentivo para permanecer fiel: la esperanza de reinar con él, y la certeza de que si lo negamos, él nos negará. **13. Fuéremos infieles.** Parece sugerir no una insistencia en su negativa, si lo negamos a él, sino que si los cristianos pecan, la fidelidad de él es la seguridad final: él no puede negarse a sí mismo. El pensamiento es semejante al de 1 Jn. 2:1, e implica la confesión y perdón del pecado (véase todo el sermón "Communion with Christ", Warfield, *Faith and Life,* pp. 415-427).

4) La Verdad Tratada con Rectitud. 2:14-19. Las discusiones vacías inquietarían a los que las oyeran; pero Timoteo tenía que actuar de acuerdo con la Palabra, evitar las vanidades, recordar las señales del fundamento sólido, y buscar, con una conducta recta, ser útil al Señor. **14.** Timoteo tenía que dar a otros el mismo encargo que Pablo le daba a él (4:1. Se emplea la misma palabra —**exhortándoles.** Debe hacerse **delante del Señor,** quien entonces dará testimonio de la grave responsabilidad conferida. **No contiendan sobre palabras** en el texto griego es una sola palabra; el sustantivo correspondiente se usa en 1 Ti. 6:4. Ambas formas parecen implicar sutilizar acerca de palabras sin buscar la verdad. **15. Procura con diligencia presentarse a Dios aprobado . . . usa bien,** como obrero experto con su herramienta. **16. Vanas palabrerías.** Omítase **vanas,** como en HA. Es una característica más de las disensiones acerca de palabras. **Impiedad.** El desviar la atención de la verdad llevaría al error en la conducta. **17. Su palabra** parece significar la doctrina de quienes se dedican a tales controversias. **Gangrena** es una llaga que se propaga. **Himeneo** está asociado a Alejandro en 1 Ti. 1:20, donde la razón de su separación de la fe radica en su fracaso en mantener una conciencia buena. **Fileto** no se menciona en otros pasajes; no se sabe nada más de él. **18. Resurrección.** Los gnósticos veían la resurrección en forma alegórica, en el sentido de conocimiento de la verdad que ocurría en el bautismo.

19. Fundamento parece implicar tanto el fundamento como el templo, la iglesia, como en 1 Ti. 3:15; Ef. 2:20; Mt. 16:18. **Sello.** Señal de propiedad y autenticidad. **Conoce.** Esta cita está tomada de la versión de los LXX de Nm. 16:5, con alusiones a los versículos 26,27 del mismo pasaje (cf. Mt. 7. 23; Jn. 10:14). **Todo aquel que invoca el nombre de Cristo** significa todo el que menciona el nombre de Cristo como su Señor. En esta afirmación no se cita ningún pasaje concreto, pero se condensa en ella el sentido de muchos pasajes.

5) La Verdad Aplicada a la Vida. 2:20-26. La verdad de la separación del mal se aplica en forma equilibrada y positiva en lo que queda del capítulo.

20. Casa grande. Probablemente la iglesia en su aspecto visible tal como el mundo lo ve (cf. 1 Ti. 3:15). La conexión del pensamiento parece ser que en la iglesia visible hay profesiones falsas, de las que uno tiene que purificarse a sí mismo. **Honrosos** es paralelo a la expresión de Ro. 9:21. **21. Estas cosas.** Los utensilios viles al igual que sus doctrinas y prácticas. **Limpia** está íntimamente relacionado con la palabra que usa el Señor en Jn. 15:2,3, y sugiere la misma doctrina. **Santificado** implica continuación del estado de separación. **Al Señor.** Título divino empleado en Lc. 2:29; Hch. 4:24; 2 P. 2:1; Jud. 4; Ap. 6.10. Se relaciona íntimamente con "señor" en Mt. 10:25; Lc. 13:25; 14:21; y en especial en Mt. 13:27, 28. Significa propietario absoluto.

22. Corazón limpio es una expresión muy semejante a la de la bienaventuranza de Mt. 5:8, y repite el pensamiento de limpiar (v. 2 Ti. 2:21). **Invocan al Señor** es paralelo de "invoca el nombre" (v. 19). El versículo precedente exige separación de la mala compañía; este versículo exige intimidad con el pueblo del Señor y buscar las gracias del Espíritu.

23,24. Vuelven a mencionarse la falsa doctrina y las discusiones inútiles, como en los versículos 14,16-18. **Contencioso.** Palabra diferente de la empleada en el v. 5. En este caso es el verbo correspondiente a las "contiendas" del versículo precedente, y se emplea en un mal sentido. **Siervo** sigue refiriéndose a la metáfora de la casa grande y los siervos de la misma. **Sufrido.** *Paciente.* **25,26.** Esta verdad armoniza con la verdad de la separación enseñada antes: debe seguir esforzándose con mansedumbre en instruir, con la esperanza de que Dios les dará arrepentimiento, aunque ahora se hallan atrapados en el lazo del diablo. Se indica al orgullo como la causa del repudio de la verdad y del caer en el lazo del diablo (1 Ti. 6.4; 3:6). **Escapen.** "Recapaciten"; equivalente al "arrepientan" del versículo precedente.

C. Reconocida como Baluarte. 3:1-17. Al contrastar el escritor la verdad y el error, la devoción al Señor por una parte, y la obediencia al pecado y a Satanás por otra, culmina sus pensamientos con la descripción detallada de los pecados que caracterizarán la separación futura de la fe. Con esto contrasta el ejemplo de su propia experiencia y el gran baluarte del creyente, la Escritura. a fin de que Timoteo se sienta más estimulado a luchar, aclara (v. 9) que la verdad de Dios prevalecerá.

1) Contra la Apostasía. 3:1-9. Es digno de mención que la oposición más rigurosa provendrá de quienes sólo tienen apariencia de piedad (v. 5). **1. Los postreros días** probablemente no se limita al final de los tiempos, sino que incluye el ataque gnóstico a la Iglesia entonces en desarrollo. **2. Amadores de sí mismos** en griego es una sola palabra, que sólo se encuentra en este pasaje del NT. Es significativo que al principio del pasaje se describa a los hombres como amadores de sí mismos. Luego sigue (hasta el v. 6) una lista de pecados que nacen del corazón corrompido que se ama a sí mismo en vez de a Dios. La mayor parte de los adjetivos que siguen se componen de dos partes, de modo que cada uno produce el efecto de una frase condensada, que combina el sujeto y el predicado.

Avaros. Palabra usada para los fariseos (Lc. 16:14). **Vanagloriosos** se emplea sólo aquí y en Ro. 1:30 en todo el NT. **Soberbios.** También en Ro. 1:30, Stg. 4:6 y 1 P. 5:5. **Blasfemos** lo usa Pablo también en 1 Ti. 1:13. **Desobedientes a los padres** como en Ro. 1.30 (cf. Tit. 1:16; 3:3; Hch. 26:19). **Ingratos** se usa sólo aquí y en Lc. 6:35, pero la misma idea se expresa en otra forma, como en Ro. 1:21. **3. Sin afecto natural,** como en Ro. 1:31. **Implacables,** como en Ro. 1:31. **Calumniadores** se usa generalmente de Satán como *diabolos* (cf. Ap. 12:10); también 1 Ti. 1:10; Tit. 2:3). **Intemperantes** es sin dominio propio. **Aborrecedores de lo bueno. 4. Impetuosos.** Tozudos. **Infatuados.** Hinchados (1 Ti. 3:6; 6:4). Esto sintetiza los pecados que nacen del amor de sí mismo y está en marcado contraste con los **amadores . . . de Dios.**

5. El hecho terrible es que estas personas se profesan cristianas y es muy probable que quieran que se las tenga por piadosas y santas. Tienen, sin embargo, sólo la **apariencia de piedad,** sólo el aspecto de seguir la doctrina y práctica evangélicas; les

falta la **eficacia.** Sólo el Espíritu Santo hace realidad lo que se profesa; la fe sin las obras y el fruto del Espíritu está muerta. **Negarán.** Término fuerte; implica comprender bien la verdad y sin embargo rechazarla. **A éstos evita.** La expresión puede significar "apártalos de ti" como el buen soldado repele al enemigo.

6-9. Lo que de verdad son se demuestra en sus actos pecaminosos. **6. Se meten en las casas.** Entran en las familias y los hogares. **7. Siempre aprendiendo** se refiere a las mujeres. **Conocimiento de la verdad** incluye el conocimiento del pecado (Ro. 3:20) por un lado, al igual que el conocimiento de la verdad, de acuerdo con la piedad, por el otro (Tit. 1:1); implica el no llegar a la salvación (He. 10:26). La implicación puede ser que estas personas no llegan al conocimiento de su condición pecadora ni siquiera bajo el testimonio de la iglesia. **8. Janes y Jambres** son nombres de dos de los brujos a los que se alude en Éx. 7:11,22. Probablemente había más, y la mención de éstos no es más que una forma de designar a los magos de Egipto. La mención de Satanás antes (2 Ti. 2:26) y la corrupción extrema del pueblo descrito aquí, así como la realización de maravillas satánicas, sugieren un paralelismo con 2 Ts. 2:9-12. **Estos** (2 Ti. 3:8) no son las mujeres del v. 7, sino los falsos maestros que los seducen, quienes se oponen en forma deliberada a la verdad. **Réprobos** parece indicar claramente condenación (cf. 2 Co. 13:5; He. 6:8; Tit. 1:16). La **fe** equivale al Evangelio. **9.** El alentador mensaje de Pablo es que, así como la verdad de Dios prevaleció contra las artimañas de los magos egipcios, así también el Evangelio triunfará sobre todos los errores que surjan.

2) En Defensa del Fiel. 3:10-12. El desenmascaramiento total de la insensata oposición a la verdad se acabará de realizar cuando Cristo regrese. **10.** Pero Pablo se emplea a sí mismo como ilustración de la capacidad de Dios para liberar incluso ahora (cf. 4:17). **11.** Estimula a Timoteo recordándole sucesos del primer viaje misionero. Timoteo se menciona por primera vez en el segundo viaje en Listra, pero las observaciones de Pablo se refieren a la visita anterior. Timoteo quedaría más afectado ante estas observaciones dado que había visto por sí mismo la obra de Listra prosperar y sobrevivir a pesar de la oposición. **12. Piadosamente** es el adverbio de "piedad" (3:5; Tit. 1:1, y a menudo en 1 Ti.). Pablo debe querer decir que **vivir piadosamente** implica la forma agresiva de testimonio que dio en Listra, que despertó oposición además de ganar almas.

3) Las Escrituras Inspiradas: Nuestra Con-

fianza. **3:13-17.** Al aumentar la oposición, las Escrituras se convierten en la seguridad y baluarte del creyente. La descripción que Pablo hace de su época como una era de maldad creciente concuerda con la que el Señor mismo dio en el discurso del Monte de los Olivos. **13. Engañadores.** En el sentido de "hechicero", y también de "impostor", o "timador". En este contexto la idea es la de engaño. **14.** En marcado contraste con esta oposición del mundo y su engaño, Timoteo debía perseverar en la doctrina escriturística sana, teniendo la seguridad en Dios. Un elemento importante para continuar es el saber **de quien** uno ha **aprendido.** La índole del maestro y su testimonio es importante para establecer la verdad del Evangelio. Pablo se habría incluído a sí mismo y a los padres de Timoteo, pero el **quien** del texto original también podría aludir a las Escrituras como la prueba más elevada de la verdad de las doctrinas. **15.** Timoteo conoció las Escrituras toda la vida, de manera que las pudo enseñar con poder.

Pablo luego da la razón de esta eficacia de las Escrituras: son de origen divino. **16. Inspirada por Dios** es una palabra simple, que significa *emanada de Dios.* Llega con plena autoridad porque es absolutamente veraz y por tanto provechosa. La frase griega no tiene verbo explícito. ¿Debería el adjetivo "emanada de Dios" ir con el sujeto, o ser parte de lo que se predica del sujeto? RVR tiene la versión más acertada porque excluye la posibilidad, absurda en el caso de Pablo, que pudiera haber Escritura no inspirada. La paráfrasis de Warfied elimina la ambigüedad: "Toda la Escritura, siendo emanada de Dios, también es útil. . ." (Inspiración", ISBE, III, 1474a). **Enseñar.** Idea que se recalca en las Pastorales (diecinueve de las veintiuna veces que aparece *enseñar* en el NT se encuentran en Pablo, y de las diecinueve, quince en las Pastorales). **Redargüir** está íntimamente relacionado con el "convencer" de Jn. 16:8. La Escritura es el instrumento del Espíritu para convencer. **Corregir** da la idea de mejora. **Instruir en justicia** indica preparación o educación que ha de hallarse en la senda de la justicia, o en "la fe". La palabra para **instruir** sólo se halla en Pablo; se traduce por "criar" en Ef. 6.4. En He. 12:5,7,8,11 se traduce por "disciplina". **17. Hombre de Dios.** Pablo tenía presente sobre todo a Timoteo (cf. 1 Ti. 6:11). Es una expresión del AT que significa profeta (Dt. 33:1; Jos. 14:6; 1 S. 6:9; 1 R. 12:22; 13:1). **Perfecto** y **enteramente preparado** (pertrechado) proceden de la misma raíz (cf. Ef. 6:13-17).

III. Encargo a Timoteo y Conclusión. 4:1-22.

A. El Solemne Encargo. 4:1-5.

1) Dios y Cristo. Testigos de la Responsabilidad de Timoteo. 4:1. La idea de encargar o mandar la transmisión del testimonio se recalca en importantes pasajes: Moisés manda a Israel (Dt. 29:1,10; 30:11,16); Moisés encarga a Josué (Dt. 31:7,8,23); Josué encarga a Israel (Jos. 23:2,6; 24:1,26, 27); Samuel encarga a Israel (1 S. 12:1-25); David encarga a Salomón (1 R. 2:1-9; 1 Cr. 28:2-10,20); Esdras encarga a Israel (Neh. 8-10); Jesús encarga a los apóstoles (Jn. 13:34; 14-17). **Juzgará.** El derecho y capacidad de juzgar a todos los hombres pertenece a Dios solo; Cristo claramente se arrogó este derecho (Mt. 7:21,22; Jn. 5:25-30). **En su manifestación.** La sanción del mandato es la aparición de Cristo. RVR traduce bien: **en su manifestación y en su reino.** Dios y Cristo son los testigos divinos; la manifestación y el reino son los incentivos más solemnes a la fidelidad. **Manifestación** se usa tanto para la primera venida (2 Ti. 1:10) como para la segunda (4:1,8; Tit. 2:13). **Reino** tiene diferentes fases: juicio Mt. 25:31,34,40); milenio (1 Co. 15:24, 25); reino eterno en los cielos y tierra nuevos Ap. 22:3).

2) Cinco imperativos. 4:2. Estos cinco imperativos precisos, a los que se añaden los cuatro del v. 5, sintetizan la obra del ministro: (1) **Prediques.** La primera es la obra básica de transmitir el mensaje fundamental, como Pablo mismo hizo (1 Co. 15:1-11), y Jesús (Lc. 5:1; 8:11,21). (2) **Instes.** Está listo, dispuesto, tanto cuando conviene como cuando no. (3) **Redarguye,** íntimamente relacionado con la idea de **redargüir** (3:16; véase comentario), es la misma palabra que se usa en Tit. 1:9 ("convencer"), 13 "repréndelos"; 2:15 ("reprende"); 1 Ti. 5:20 ("repréndelos"). (4) **Reprende** se traduce por *encargar* en Mt. 12:16; Mr. 8:30; 10: 48; Lc. 9:21. Significa depositar un valor o encargar a. La idea esencial a menudo es la exigencia implícita de restituir cuando se señala el error. (5) **Exhorta** a menudo se traduce por *consuela* o *súplica.* Es un ruego serio en cualquier circunstancia de la vida, y es posible dada la presencia del Consolador, cuyo nombre es una forma diferente de la misma palabra. La frase, **con toda paciencia y doctrina** (enseñanza), no ha de unirse sólo al último de los imperativos, sino que va con los cinco imperativos. La enseñanza paciente es la base más sólida para el éxito final del ministro (cf. 2:25).

3) Apartarse de la Verdad; Volverse a Mitos. 4:3,4. 3. La insistencia en la fidelidad y enseñanza sana es tanto más necesaria debido al peligro de apostasía en las iglesias. **Comezón de oír.** Querrán oír lo que satisface sus deseos pecaminosos. Isaías describe vigorosamente la actitud en 30:9-11. **Maestros.** El principio es el de Oseas: "será el pueblo como el sacerdote" (Os. 4:9; Jer. 5:30,31). **Amontonarán** significa multiplicar, tener abundancia de falsos maestros. **4. Verdad.** Magnífica es la constante referencia de la Biblia a la **verdad,** palabra que abarca toda la revelación de Dios centrada en Jesucristo. **Fábulas.** Apartándose de la única base de la vida, sus esperanzas y conducta se levantarán sobre arena, sobre fábulas (véase comentario a 1 Ti. 4:7). En 2 P. 1.16 los mitos se contrastan con la palabra escrita de Dios. Por tanto, tanto más apremiante es la necesidad de mucha enseñanza sana.

4) Cuatro imperativos. 4:5. Concluyen los mandatos de Pablo a Timoteo. (1) **Sé sobrio.** Literalmente, *abstenerse de bebidas embriagantes,* pero en todos los casos en que se usa en el NT la idea de vigilancia y cuidado se subraya. Las expresiones equivalentes a ésta se entienden por sí mismas: "velemos y seamos sobrios" (1 Ts. 5:6); "sed . . . sobrios, y velad" (1 P. 4:7); "sed sobrios, y velad" (1 P. 5:8). (2) **Soporta las aflicciones.** Las tres veces que Pablo emplea esta palabra están en 2 Ti.: "sufre penalidades" (2:3), "sufro penalidades" (2:9). Adviértase también la misma palabra compuesta con la preposición **con** en 1:8. "participa de las aflicciones". (3) **Haz obra de evangelista.** Si esta expresión quiere significar un oficio especial (Hch. 21:8), la lista de Ef. 4:11 es digna de mención, porque es más completa que la lista semejante de 1 Co. 12:28: se menciona en nuestro texto profetas, evangelistas, pastores, maestros en comparación con sólo profetas y maestros en Co. Es probable que estas funciones se confundieran; el evangelista podría muy bien estar entre el profeta y el maestro-profeta. La vida de Timoteo había incluido mucho evangelismo itinerante, junto con trabajo pastoral y de enseñanza. (4) **Cumple tu ministerio.** Es el mandato de enseñar y evangelizar que el Señor dio, y como tal constituye el imperativo culminante y comprensivo de toda la serie (cf. gran texto de Pablo, Hch. 20:24).

B. Testimonio Final de Pablo. 4:6-8. Este testimonio elocuente y confiado toca los puntos principales que Pablo ha tratado de inculcar a Timoteo: confianza en la gracia de Cristo; transmisión fiel de la fe a otros; seguridad constante en la bendita esperanza.

1) Tranquilidad de Pablo ante la Muerte. 4:6. **Ya estoy para ser sacrificado** (lit., *soy derramado*). Este verbo, que sólo se emplea en este caso y en Fil. 2:17, lo usa Pablo en sentido metafórico. Literalmente se usa en conexión con una libación u ofrenda líquida (Gn. 35:14). Pero Pablo pensaba en su muerte inminente como ofrenda en servicio de los cristianos y de su fe. Toda su vida había sido un sacrificio (Ro. 12:1), y ahora su muerte completaría la vida con una ofrenda líquida. **El tiempo de mi partida está cercano.** Es una afirmación equivalente de su muerte ya próxima, bajo una metáfora diferente. Emplea la misma metáfora en Fil. 1:23, donde se usa el verbo de la misma raíz. Cristo (Lc. 9.31) y Pedro (2 P. 1:15) hablaron de la muerte con una metáfora semejante.

2) Testimonio de Quien Ha Cumplido la Tarea. 4:7. **Batalla** se traduce por "conflicto" (Fil. 1:30; Col. 2:1), "oposición" (1 Ts. 2:2), "carrera" (He. 12:1), "batalla" (1 Ti. 6:12). Para Pablo fue más que una batalla formidable y momentánea; fue una contienda, una carrera que exigió todo el entusiasmo de un espíritu ferviente y consagrado (cf. Hch. 20:24). Haber peleado la **buena** batalla implica haber vencido. Esto armoniza bien con la metáfora de Pablo, y le agrega ironía: si bien parece que ha sido derrotado y que está a punto de morir con la muerte de un culpable, con toda ha triunfado, porque ha concluido la carrera que Jesús le asignó; ha mantenido la fe al confiarla a hombres fieles y al fundar iglesias. Todos los que mueren en fe (He. 11:13) recibirán por fin la promesa y conseguirán el premio (1 P. 1:9; 5:4; He. 10:30). **Carrera** lo emplea sólo Pablo en el NT (Hch. 13:25; 20:24). La palabra puede significar un tramo en una carrera. Pablo quizá piensa en la transmisión de la fe a través de los siglos como en una carrera de relevos: él ha concluido felizmente su parte y pasa la fe a otros. La metáfora del relevo parece armonizar con el versículo siguiente, porque no sólo Pablo, sino todo el 'equipo' recibirá el galardón. **Guardado.** *Guardar* significa también "observar y hacer". Para el creyente perseverar y ser fiel hasta la muerte es un triunfo de la gracia (Ap. 2:10). La **fe** es todo el testimonio del Evangelio, hasta remontarse a las palabras de Jesús confiadas a sus seguidores (Ro. 10:17; He. 2:3,4; Ap. 14:12).

3) La Bendita Esperanza No Empeñada. 4:8. En lugar de sentirse deprimido, Pablo se siente todavía más confiado. Cuanto mayor es la prueba, tanto más brillante luce la promesa. La **corona** que es el premio se describe de varias maneras: es una corona de "justicia", "vida" (Ap. 2:10), "gozo" (1 Ts. 2:19); "gloria" (1 P. 5.4). **Juez justo** quizá indica que muchas de las decisiones que Pablo había recibido en esta vida fueron injustas, pero que el Señor es el Juez que no se puede equivocar. **No sólo a mí.** El pensamiento de Pablo no se centra sólo en sí mismo, sino que va a todos los redimidos.

Aman. "Todos los que han puesto su amor en". La forma verbal implica conservación perseverante del amor para la aparición de Cristo.

C. Conclusión: Instrucciones Finales de Amor y Cuidado. 4:9-22. Preocuparse del bienestar de los individuos es característico de Pablo (véase Ro. 16). **9. Procura.** Pablo confiaba en la lealtad de Timoteo. **10. Demas** (Col. 4:14; Flm. 24) . . . **amando este mundo.** El vigor de la bendita esperanza se manifiesta cuando el apóstol menciona con tristeza a alguien tan necio como para poner el corazón en las cosas de este mundo. **Crescente** sólo se menciona aquí. **Tito** se había reunido con Pablo desde que recibió la carta dirigida a él y había proseguido hasta Dalmacia. también conocida como Ilírico (Yugoslavia actual; cf. Ro. 15:19). Pablo parece haber enviado a Tito a territorio nuevo, más lejos de donde él había llegado. **11. Marcos** había recuperado la estima de Pablo desde unos veinte años atrás después de que el apóstol se había negado a hacerse acompañar de él en el segundo viaje (Hch. 15:37-39). **12.** Pablo probablemente quiso decir que **Tíquico** debía ayudar a Timoteo, quien es probable que todavía se encontrara en Éfeso, de modo que Timoteo pudiera reunirse con el apóstol en Roma. Esto indicaría que Tíquico fue el portador de la carta (véase comentario de Tit. 3:12).

13. Capote. Prenda de vestir exterior y gruesa. Quizá Pablo pasó durante el verano, cuando no se necesitaba, pero ahora se acercaba el invierno. **Carpo** sólo se menciona aquí. **Los libros.** Probablemente copias en papiro de las Escrituras o partes de la Escritura. **Los pergaminos.** Quizá códices de vitela, la forma más antigua de los libros. **14. Alejandro.** Es probable que sea el mismo que se menciona en 1 Ti. 1:20 (véase el comentario). **Ha causado.** De la palabra griega que en otras partes se traduce por *mostrar* (véanse Tit. 2:10; 3:2; He. 6:11). Alejandro le causó daño a Pablo en el sentido de que reveló tener un corazón malvado en su oposición al Evangelio. El deseo de Pablo, entonces, no es una expresión de venganza personal (en 2 Ti. 4:16 muestra compasión por quienes lo han abandonado); pero, como los salmos imprecatorios, es una oración para pedir justicia para quienes repudian el Evangelio. **15. Guárdate tú también.** Pablo manda a Timoteo que evite a Alejandro, quien en forma abierta ha atacado la verdad.

Zahn argumenta en forma convincente (*Introd. To NT*, II,12-14) que los versículos **16,17** contienen una alusión del primer juicio de Pablo en Roma al que se refiere Filipenses. Pablo fue **librado de la boca del león** y reanudó su labor, a fin de que la predicación pudiera conocerse plenamente. **18.** Ahora, sin embargo, frente a la muerte inminente, Pablo confiaba en la victoria final—no en evitar la muerte, sino en que Dios lo mantendría fiel **para su reino celestial.** Este es un término general para todas las fases del gobierno futuro de Dios en esta tierra, y en la tierra nueva. **Amén.** Después de tributar gloria a Dios, sigue el sello de la sinceridad y devoción; sirve de señal característica de toda la vida de Pablo; la devoción sincera y de corazón a la voluntad de Dios.

Pablo concluye con unos pocos asuntos personales, la bendición y el amén. **19. Prisca** y **Aquila** eran las compañeras a las que Pablo había conocido en Corinto después de que fueran expulsadas de Roma (Hch. 18:18,19,26). Estaban en Efeso cuando se escribió 1 Corintios (1 Co. 16:19) y en Roma cuando se compuso Romanos (Ro. 16:3). Ahora habían regresado a Efeso. **20. Erasto** se menciona en Ro. 16.23 como tesorero de la ciudad de Corinto. **Trófimo** no quedó en Mileto en el viaje de Hch. 20:4, ya que más tarde aparece en Jerusalén (Hch. 21:29). Pablo se refiere a una ocasión posterior. **Invierno** explica que pida el capote de 2 Ti. 4:13. Las personas que envían saludos se mencionan sólo aquí en el NT. **22. El Señor Jesucristo** debería ser sólo *Señor*. **Tu espíritu** se refiere al de Timoteo, en primer lugar, y el **vosotros** a todos los lectores de Pablo, los cristianos de Éfeso.

BIBLIOGRAFÍA

Véase bajo *1 Timoteo*

EPÍSTOLA A TITO

BOSQUEJO

(La Introduc. gral. a esta carta se halla en la Introduc. a 1 Timoteo)

COMENTARIO

I. Saludo. 1:1-4.

La primera expresión de Pablo en sus cartas revela su punto de vista y actitud. **1. Siervo de Dios.** Se afirma primero, pero unido a la autoridad de su apostolado. En Romanos, en 2 Timoteo y aquí, el apóstol afirma los dos aspectos de su oficio juntos (Ro. 1:1,5; 2 Ti. 1:1-3). En otras cartas afirma una de las dos cosas sola. Para los filipenses era siervo; para los gálatas y corintios, que necesitaban reproche e instrucción autoritaria, era apóstol. Para Tito, que necesitaba sobre todo disponer de la autoridad de Pablo ante los cretenses, es tanto **siervo de Dios** como **apóstol de Jesucristo. La fe de los escogidos de Dios** es el cuerpo de verdad y promesas reveladas que el pueblo de Dios ha tenido en aprecio a través de los tiempos. **Conocimiento.** La idea es paralela a la de la fe acabada de mencionar; ambas ideas dependen del **conforme a.** Tanto la fe como el conocimiento se basan en un mensaje concreto que se puede conocer y creer. **Verdad** implica la "revelación fiel de Dios", de manera que Jesucristo podía decir, "Yo soy . . . la verdad". Es **según la piedad,** palabra que se usa a menudo en las Cartas Pastorales (1 Ti. 3:16, comentario).

2. Esperanza está en relación con el servicio y apostolado de Pablo; era apóstol de esperanza, la esperanza de vida eterna, que Dios **prometió desde antes del principio de los siglos,** a nuestro Salvador Jesucristo (2 Ti. 1:9), para que nos fuera comunicado por medio del mensaje. **3. Su debido tiempo.** Cf. 1 Ti. 2:6. El propósito eterno viene a poseerse en la historia del mundo por medio de la **predicción** (el mensaje, lo predicado). **Mandato.** Cf. 1 Ti. 1:1 Pablo era apóstol por mandato; por mandato recibió el mensaje. **Palabra** equivale a lo que **Dios . . . prometió** en el versículo precedente. La idea es que Dios cumplió la promesa; cumplió su palabra en el Evangelio. **Salvador** es la palabra general para Liberador; tanto Dios como Cristo reciben tal nombre. **4. Hijo.** Término afectuoso que Pablo usa para Timoteo, Tito y Onésimo. **Común fe** que Pablo, Tito y los cristianos compartían. El apóstol quizá usa la analogía de la herencia: la fe es una posesión o depósito que pertenece a todos: a Tito se le confía la administración del mismo. **Misericordia** sólo se agrega en las Pastorales (véase 1 Ti. 1.2, comentario). **De** rige tanto a Dios como al Señor: juntos constituyen la única fuente divina de todas las bendiciones. La HA con razón omite **Señor:** Cristo Jesús nuestro Salvador.

II. Misión de Tito: Arreglar Asuntos. 1: 5-3:11.

A. Nombramiento y Necesidad de Ancianos que Enseñan. 1:5-16.

1) Requisitos de los Ancianos. 1:5-9. **5.** Véase 3:12 para la posible sucesión de acontecimientos a los que se refiere. Pablo dejó

a Tito en Creta y quizá prosiguió hacia Nicópolis en Epiro, cerca de Dalmacia (2 Ti. 4:10), donde más tarde Tito se reunió con él para seguir juntos hasta Dalmacia. **Deficiente** indica lo que ha quedado por hacer. **Cada ciudad** sugiere una evangelización extensa aunque rápida de la isla, con la labor organizadora dejada por acabar. **Ancianos** o *presbíteros* aquí significa, según el contexto, ancianos o pastores que enseñen. Esta comisión en Creta no le dio a Tito poderes dictatoriales para nombrar ministros. Antes bien, así como Pablo y Bernabé ordenaban ancianos (Hch. 14:23) que el pueblo había elegido, también Tito debía hacerlo así, teniendo presente los requisitos adecuados. Pablo menciona tres requisitos generales (v. 6), una lista de negativos (v. 7) y otra de positivos (vv. 8,9). Toda sección es muy semejante a 1 Ti. 3:2-4. **9.** La traducción de RVR es adecuada.

2) Necesidad de que los Ancianos Combatan el Error. 1:10-16. Como lo sugiere el versículo 9, la doctrina tiene una aplicación doble: exhortación y convencimiento—instruir a los creyentes, y convencer a los que contradicen. **10. Contumaces.** Se emplea aquí, en 1:6 y en 1 Ti. 1:9. Sugiere incredulidad y repudio voluntarios de la verdad. **Habladores de vanidades** y **engañadores** (cf. el verbo afín en Gá. 6:3). Sólo se usa aquí en el NT. **Circuncisión.** El judaísmo incrédulo parecía avanzar hacia un repudio cada vez más completo de la verdad. Algo más adelante Juan dijo de los judíos que eran la "sinagoga de Satanás" (Ap. 2.9; 3:9). **11. Tapar la boca.** El fin principal de defender la fe (apologética) es exhortar y convencer. Las pruebas se deben presentar con tanta claridad que los que las rechazan deberían por lo menos quedar sin respuesta y sin excusa. En Creta la situación era tanto más grave debido a judaizantes avarientos y a otros falsos maestros, que perturbaban familias enteras en su afán de ganarse el favor y el dinero de las mismas.

12. El reproche es duro, pero proviene de un cretense. Pablo no tenía dificultad en emplear citas de autores paganos (Hch. 17:28; 1 Co. 15:33). **Glotones ociosos. 13. Este testimonio es verdadero.** Probablemente Pablo había estado en la isla por un tiempo y podía refrendar ese dicho. Como los cretenses eran mentirosos y rechazaban la verdad, su mensaje tenía que ser repudiado. Pero también Tito tenía que reprender **duramente** (la misma palabra que "convencer" en el v. 9) a los creyentes que escuchaban y creían. Esto deja ver con claridad que Pablo, luego de ocuparse de los incrédulos pasa a hacerlo de los que se profesaban cristianos. **14. Fábulas.** *Mitos.* **Mandamientos de hombres** recuerda Mt.

15:9, y su fuente Is. 29:13. En el repudio de la verdad de Dios están implicados la falsa autoridad y el temor de los hombres. **15.** Enseñanza paralela a la de 1 Ti. 4: 2-5. **Todas las cosas** ha de tomarse en el contexto como equivalente a "todo lo que Dios creó" 1 Ti. 4:3,4). Para los que rechazan la soberanía de Dios y adoran a las criaturas, todo está contaminado, incluso su mente y conciencia. **16. Profesan** (cf. 2 Ti. 3:5). Las obras son la prueba decisiva de la condición del corazón (Mt. 7:20; 1 Jn. 4:20). **Reprobados.** Incapaces de nada bueno.

B. Labor Pastoral del Anciano que Enseña. 2:1-3:11.

1) Aplicación de la Sana Doctrina a Casos Particulares. 2: 1-10. La instrucción de este capítulo está dirigida directamente a Tito en los versículos 1,7,8,15; pero a través de Tito Pablo instruía a toda la iglesia de Creta. El tema central es la aplicación de la sana doctrina, la cual produce buenas obras. (1) Para Tito (v. 1) la responsabilidad primordial era predicar y enseñar la verdad, lo que estaba acorde con la **sana** doctrina (véase 1:9,13; 2:1; y el adjetivo en 2:8). El empleo de esta palabra en las Pastorales, siempre en relación con la doctrina, muestra la insistencia de Pablo en la enseñanza correcta. (2) Para los **ancianos** (v. 2), quienes eran maestros de hecho o en potencia, vida y doctrina debían ir juntos. Se trata de una consideración importante para cada una de estas clases de personas. Se dan más consejos en 1 Ti. 5:1. (3) Para las **ancianas** y las **mujeres jóvenes** (vv. 3-5) se insiste bastante en la base del hogar. Los detalles recuerdan Pr. 31:10-31. El honor de la Palabra de Dios es la sanción suprema de la conducta recta.

(4) Para los **jóvenes** (vv. 6-8) la virtud clave que se recalca es la sobriedad o prudencia, como en el caso de las mujeres jóvenes (v. 5). La misma insistencia se ve en las exhortaciones a los jóvenes en Proverbios (1:4; 2:11; 3:21; 5:2). A Tito mismo el apóstol le da la admonición adecuada para un hombre joven en el ministerio (Tit. 2:7, 8). Se incluye la invitación constante de instruir adecuadamente a los creyentes. (5) Para los **siervos** (vv. 9,10) se especifican dos faltas: **respondones,** que contradicen o discuten; y **defraudando,** robar (que sólo se usa de Ananías y Safira en Hch. 5:2,3). **Fieles** es la palabra que a menudo se usa en el NT para creyente.

Pablo sintetiza toda la sección, más aún toda la carta, cuando indica que las buenas obras **adornen la doctrina de Dios nuestro Salvador.** Santiago dijo que la fe (doctrina) sin las (buenas) obras está muerta, como el cuerpo sin espíritu también está muerto. Es un pensamiento altamente inspirador que nuestras buenas obras adornen el testimonio de nuestro Dios (Mt. 5:16).

2) Proclamación de la Sana Doctrina: La Gracia de Dios. 2:11-15. **Gracia** (Pastorales: 1 Ti. 1:14; 2 Ti. 1:9; 2:1; Tit. 3:7) es siempre la gran palabra clave en la salvación. **Se ha manifestado para salvación** es una sola palabra, que significa "salvadora". **Todos los hombres.** Toca la nota universal y evangelística tan destacada en las Pastorales. **Se ha manifestado** en Jesucristo (2 Ti. 1:10). Todas las promesas y obra salvadora de Dios desde el principio de los tiempos han revelado su gracia; todas sus bendiciones y dones han tenido como fin conducir a los hombres al arrepentimiento (Ro. 2:4).

12. Enseñándonos. La gracia salva, pero también enseña y prepara para una vida piadosa y sobria. **Renunciando.** El mismo repudio decidido y decisivo de la gracia (1 Ti. 5:8; 2 Ti. 2:12; 3:5; Tit. 1:16). **Sobria, justa y piadosamente.** Estas tres palabras reiteran en forma hábil el tema de todas las Pastorales. **Mundanos.** Usado una vez en cada una de las Pastorales (véase 1 Ti. 6:17; 2 Ti. 4:10). Estas palabras muestran la orientación básica del pensamiento de Pablo—la vida pertenece a este mundo al igual que al venidero.

13. Pablo expresa el resto del pensamiento con el gran acontecimiento del mundo venidero: la venida de Cristo. **Esperanza . . . manifestación** es un solo concepto como en RVR. **Dios y Salvador Jesucristo** son dos ideas que forman un concepto, en forma parecida a los nombres divinos compuestos del AT. **14. Quien se dio a sí mismo por nosotros.** La reparación implica tanto una referencia concreta a los elegidos como una referencia universal a todos (véase comentario a 1 Ti. 2:6). **Redimirnos.** Rescate o liberación mediante el pago de un precio (empleado en Lc. 24:21; 1 P. 1:18; y aquí). La compra se recalca en la reparación (cf. Gá. 3:13; Ap. 5:9). La liberación de la culpa y la condenación no se pone muy de relieve aquí, sino más bien la del andar mundano. Así es como se manifiesta la característica peculiar del pueblo de Dios—su celo por las buenas obras. **Propio** se usa en Éx. 19:5 según la LXX. Esta palabra y la traducida por "adquirido" en 1 P. 2:9 implican posesión o compra. Las buenas obras son el fruto del Espíritu, el sello de propiedad de Dios.

15. Esto habla. La gracia de Dios es la base de las buenas obras, pero es esencial que el ministro proclame sin cesar esta gracia, que exhorte y repruebe, con la autoridad de la palabra de Dios. Que nuestro ministerio no sea de tal forma que dé pie a los hombres para despreciarnos.

3) Demostración de la Sana Doctrina. La Raíz y el Fruto. 3:1-11. Pablo inicia otra sección con una exposición del vivir justo, que, según él afirma, debería inspirarse en el ejemplo de nuestra propia indignidad y en el trato amable y amoroso de Dios para con nosotros. Aclara (v. 8) que la intención de la doctrina cristiana es que los creyentes obren bien. La gracia de Dios es la raíz; las buenas obras son el fruto. No sorprende, pues, que tengamos aquí otra síntesis doctrinal importante (equivalente a la del capítulo precedente acerca de la gracia de Dios). Esta joya, esta brillante descripción de la bondad de Dios con nosotros (vv. 4-7), está engarzada en la responsabilidad del creyente de demostrar buenas obras ante los hombres.

Pablo insiste primero en las virtudes y deberes cívicos y públicos. También se agrega una breve observación acerca del gobierno de la iglesia (vv. 9-11) que suplementa 1:5-16. **1. Gobernantes,** o dirigentes. **Autoridades. Que obedezcan.** El mismo verbo se usa en Hch. 5:29,32. **2.** Las virtudes que se enumeran son semejantes a las que se exigen antes, pero en este caso van dirigidas al mundo incrédulo. **3. Nosotros también.** Pablo nunca olvida lo que fue, y lo movía a compasión por los perdidos. **4. Bondad y amor** sólo se usan aquí y en Hch. 28:2. El contexto también sugiere compasión. Estas gracias se manifestaron en forma suprema en Cristo, si bien también se revelan en todas las bondades naturales de Dios (Hch. 14:17). Todo este pasaje equilibra y complementa Tit. 2:11-14. **5. Obras de justicia.** Quedan excluidas todas las obras, no sólo las que haga el que no es salvo, sino también las del justo. Frente a todas las obras está la misericordia gratuita de Dios, manifestada en la obra del Espíritu. **Lavamiento . . . renovación.** El Espíritu Santo nos renueva en regeneración. Estas dos ideas están íntimamente relacionadas como dos maneras de expresar la acción única del Espíritu. **6. Derramó en nosotros.** El simbolismo del agua se aplica a menudo al Espíritu. Jesús es el único por medio del cual se da el Espíritu (Jn. 4.10; 7:37). **Abundantemente.** Ricamente. El Espíritu es verdadera riqueza en cuanto que es la prenda de nuestra herencia y la fuente y creador de todas las bendiciones. **7. Para que** da el resultado del don del Espíritu: "para que justificados por su gracia, vengamos a ser herederos conforme a la esperanza, la vida eterna".

8a. Palabra fiel. Es una de las expresiones destacadas de las Pastorales (1 Ti. 1:15; 3:1; 4:9; 2 Ti. 2,11, comentario). No sólo hace resaltar mucho la afirmación doctrinal que acaba de formular (vv. 4-7), sino que llama la atención hacia la expresión sucinta y poderosa del mensaje de toda la carta que se halla a continuación. **Insistas con firmeza** es un verbo enfático que se usa sólo aquí y en 1 Ti. 1:7. El inculcar la verdad del Evangelio requiere repetición paciente. **Los que creen en Dios procuren ocuparse en buenas obras.** La gracia de Dios, que produce la fe, viene primero; las buenas obras deberían seguir: la raíz primero y luego el fruto. **8b. 9. Buenas y útiles** del versículo 8 contrasta con **necias** y **sin provecho** del versículo 9, donde el apóstol enumera cosas que distraen la atención de la verdad. Debería evitarse esto, y también a las personas que, a pesar de que la iglesia las ha amonestado, siguen apegados a las mismas. **10. Que cause divisiones** ya en el sentido literal ya en el sentido de hereje. **Amonestación** es el aspecto más importante de la disciplina de la iglesia. El sustantivo se usa aquí, en 1 Co. 10:11, y en Ef. 6:4; el verbo en Hch. 20:31; Ro. 15:14; 1 Co. 4:14; Col. 1:28; 3:16; 1 Ts. 5:12,14; 2 Ts. 3:15. **11. Pervertido** connota "permanentemente cambiado", "en mal camino". **Peca** implica pecar voluntario, como en He.

10:26. **Condenado por su propio juicio.** Ese tal que ha recibido el conocimiento de la verdad e insiste en rechazarla, es el testigo de que ha rechazado dos veces una explicación e invitación serias.

III. Conclusión, con Insistencia en las Buenas Obras. 3:12-15.

Después de unas breves notas personales, Pablo reitera por última vez el tema básico de la carta—que los creyentes deberían tratar de producir buenas obras. **12. Artemas** no se menciona en ninguna otra parte; **Tíquico** aparece en Hch. 20:4; Ef. 6:21; Col. 4:7; 2 Ti. 4:12. **Nicópolis** está en Epiro. Se aconseja a Tito que se reúna ahí con el apóstol 2 Ti. 4:10, comentario. **13. Zenas** sólo aparece aquí. **Apolos** era alejandrino; es posible que el viaje al que se alude fuera a Alejandría por Creta. **14. Ocuparse** puede significar "preocuparse de", pero según el uso en otros pasajes de las Pastorales, significa "guiar o dirigir". Sugiere que los cristianos deberían ir adelante en el hacer buenas obras. **15. Gracia.** Esta es la conclusión característica de todas las cartas de Pablo (véase comentario a 1 Ti. 6:21).

BIBLIOGRAFÍA

(Véase bajo 1 Timoteo)

EPÍSTOLA A FILEMÓN

INTRODUCCIÓN

Ocasión y Tema. Pablo escribió esta carta en favor del esclavo de Filemón, Onésimo, quien, después de huir de su amo, se había convertido por el ministerio de Pablo. Una conjetura reciente del conocido escritor contemporáneo, John Knox (*Philemon Among the Letters of Paul*), hace de Arquipo el propietario de esclavos (y principal destinatario de la carta) y de Filemón simplemente un supervisor de las iglesias en el Valle de Lico. La opinión tradicional, sin embargo, que considera a Arquipo como hijo de Filemón y Afia, sigue siendo la más convincente.

En la providencia de Dios varios factores fueron decisivos para que la iglesia reconociera esta carta no sólo como correspondencia particular de Pablo, sino como enseñanza apostólica que había que recibir como Escritura: (1) "La Iglesia" se incluye en el encabezamiento. (2) La relación amo-esclavo creaba un problema importante para toda la iglesia, y no sólo para Filemón personalmente. (Filemón no fue el único propietario de esclavos en la iglesia colosense; cf. *kyrioi,* Col. 4:1). Al devolver al esclavo, quien, después de esconderse, se había convertido al cristianismo y en siervo de Pablo, el apóstol no sólo nos instruye respecto a los principios que gobiernan las relaciones de los hermanos cristianos sino que nos recuerda que estos principios no han de ponerse en práctica "como de necesidad, sino por libre voluntad" (Flm. 14). En Cristo se halla un marco de referencia completamente nuevo que transforma todas las relaciones terrenales: la fraternidad es el criterio según el cual hay que evaluar todas las demás relaciones. Pablo no polemiza contra la esclavitud, pero en el curso de los siglos, la fe cristiana ha llegado a considerar la práctica de la esclavitud como incompatible con los principios que Pablo enuncia aquí. En cuanto al origen y fecha de la carta, véase la Introducción a Colosenses.

BOSQUEJO

I. Introducción. Flm. 1-3.
II. Acción de gracias. Flm. 4-7.
III. Pablo Intercede por Onésimo. Flm. 8-21.
IV. Conclusión. Flm. 22-25.

COMENTARIO

I. Introducción. Flm. 1-3.

1. En contraste con el término más corriente, "apóstol", la forma como Pablo se designa a sí mismo, **prisionero de Jesucristo,** (cf. v. 13) tiene relación directa con el tema de la carta (véase comentario a Col. 4:18). **2,3.** El destinatario no fue sólo esta familia cristiana, sino **la iglesia** en su casa. Se acostumbraba, y a veces era necesario, que las iglesias locales se reunieran en la casa de uno de los miembros (cf. Hch. 18:7).

II. Acción de Gracias. Flm. 4-7.

4,5. En las oraciones de Pablo la **memoria** de Filemón (*sou*) siempre hacía subir a los labios del apóstol una palabra de acción de gracias. A Filemón se le describe como notorio por el **amor** y la **fe:** ambas actitudes se dirigían en primer lugar hacia (*pros*) Cristo pero tenían su manifestación en (*eis*) la iglesia (cf. L. B. Lightfoot, *St. Paul's Epistles to the Colossians and to Philemon, in loco.* **6,7.** Ser **eficaz, la participación** de la **fe** debe ser en el **conocimiento** (*epignosis;* véanse Col. 1:9; 2:1-3); es decir, el creyente debe tener percepción adecuada del **bien** que tiene en **Cristo.** Este versículo es difícil; consúltese la exposición de Moule (C. F. D. Moule, *The Epistles to Colossians and Philemon*). El ministerio de Filemón se vigorizaba con la comprensión que tenía del **amor** y la verdad cristiana. Pablo se alegra por ello y desea que estos motivos puedan influir en la actitud de Filemón hacia su esclavo fugitivo. **Corazones** (*splagchna;* cf. vv. 12,20). Los sentimientos más íntimos, "el mismo yo" (Moule).

III. Pablo Intercede por Onésimo. Flm. 8-21.

8,9. Pablo se abstiene de recurrir a su autoridad apostólica para **mandar** a Filemón que haga **lo que conviene,** es decir, lo adecuado. Más bien, ruega a su amigo **por amor,** como alguien que tiene razones para ser escuchado: él es Pablo, ya **anciano** (*presbytes*) y ahora prisionero de Jesucristo. Si bien *presbytes* estrictamente significa **anciano,** la variante de la palabra que se usa aquí y su significado de "embajador" probablemente son correctos (cf. Ef. 6:20). Es incierto si el apóstol distingue entre autoridad apostólica y la autoridad que poseían otros líderes cristianos. Sea como fuere, sí ilustra la forma más eficaz como puede ejercerse el genuino liderazgo cristiano.

10,11. Como en otros pasajes (1 Co. 4:15; cf. Gá. 4:19) Pablo se refiere a su converso como a alguien a quien él engendró. Aunque esclavo en una casa cristiana, probablemente Onésimo no abrazó la fe cristiana hasta que, ya fugitivo, vino a parar bajo la influencia de Pablo. Como cristiano, **Onésimo** es decir, *Útil* (nombre no infrecuente para un esclavo en ese tiempo y región), quien antes fue inútil, ahora hacía honor a su nombre. John Knox especula que quizá Pablo le dio el nombre "Onésimo" al esclavo al convertirse (cf. Is. 62.2; Gn. 17:5,15; 32:28; Hch. 13:9). La costumbre de dar un nombre nuevo existe entre los cristianos en culturas no cristianas de nuestro tiempo.

12. El verbo traducido por **vuelvo a enviarte** puede tener el sentido técnico judicial de "remitir el caso", es decir, permitir a Filemón que juzgue por sí mismo en el asunto de la libertad de Onésimo (cf. Lc. 23:7,11; Hch. 25:21). Pero en este caso es más probable el significado ordinario. Pablo equipara el enviar al esclavo con el enviar su propia persona.

13, 14. Onésimo había sido de bastante ayuda para Pablo en sus **prisiones** o encarcelamiento por el **evangelio.** El apóstol deseaba conservar sus servicios—servicios que Filemón hubiera favorecido con gusto. Pero Pablo, sensible a lo ético de la situación, no quiso dar por supuesto el amor de Filemón. Deseaba que su amigo decidiera el caso de modo **voluntario,** sin que lo manejaran o forzaran. Cuando alguien presta un 'servicio cristiano' porque sus amigos hacen difícil que pueda decir *no,* su servicio no es genuinamente cristiano. ¿Puso Filemón en libertad a Onésimo y lo volvió a enviar a Pablo? ¿Llegó a ser el ex-esclavo ministro y luego obispo de la iglesia en Éfeso (cf. la carta de Ignacio a los Efesios, 1)? Knox (*in loc.*) y Harrison (P. N. Harrison, "Onesimus and Philemon", AThR, XXXIII(Oct., 1953) así lo creen. Si bien no se puede responder en forma cierta a estas preguntas, **la** suposición que proponen es atractiva.

15,16. Tiempo. Literalmente, *por una hora.* Una pérdida insignificante resultó en una ganancia inconmensurable. **Para siempre.** *En forma permanente.* El término recuerda la provisión para esclavitud voluntaria en Éx. 21:6 (cf. SBK, IV, 746; Lv. 25:46). Pero la relación ya no ha de verse como entre amo y esclavo. Ser cristiano es ser **hermano** para los otros creyentes. Y este es un factor determinante en todas las relaciones humanas, ya sean **en la carne,** es decir, en el plano natural, ya **en el Señor,** es decir, en el plano espiritual, en la esfera de la 'nueva era' (véase Introducción a Colosenses). Sin embargo, las relaciones en ambos planos deben continuar simultáneamente. Filemón fue tanto hermano como amo; Onésimo fue tanto hermano como esclavo. Estas relaciones dobles dieron pie a problemas dentro de la iglesia primitiva. Y estos problemas siguen dificultando las relaciones económicas y sociales de los cristianos de hoy (1 Ti. 6:2; véase comentario a Col. 3:11).

17. Una vez explicado el caso y reafirmados algunos principios cristianos, Pablo ahora hace un llamamiento directo: "**Recibe** a Onésimo como me recibirías a **mí mismo** [cf. Mt. 25:40; Hch. 9:41]; por tu bien lo conservaría **conmigo** [Flm. 13], pero más bien te lo envío en lugar mío". **Compañero** (*koinonon*). No sólo hermano cristiano, sino alguien con quien se habían compartido muchas experiencias.

18,19. Pablo no menciona la culpa de Onésimo, pero parece que fue algo más que huir. La oferta de Pablo de pagar sugiere que estuvo implicada una pérdida monetaria—por robo, apropiación, o quizá simplemente descuido en el manejo de fondos. **Tú mismo.** Al parecer Filemón también era convertido del apóstol. Este amable recordatorio tenía como fin silenciar toda petición de 'justicia' y acercar a Filemón y Onésimo; tuvieron el mismo padre espiritual.

20,21. Al mostrar amor cristiano a Onésimo, Filemón llevaría **provecho** al apóstol y le sería de consuelo. Pablo basa en esta idea su confianza de que la respuesta será satisfactoria. **Más de lo que te digo.** Se refiere quizá a (1) dar la libertad a Onésimo o (2) devolvérselo a Pablo (cf. vv. 13,14).

IV. Conclusión. Flm. 22-25.

22. La esperanza de Pablo de que sería puesto en libertad es eco de lo expresado en Fil. 1:25,26 (véase Introducción a Colosenses). **Por vuestras oraciones.** Merece advertirse que el apóstol que más insiste en la soberanía de Dios (cf. Gá. 1:15,16; Ro. 8:29) está igualmente convencido de que Dios lleva a cabo sus propósitos por medio de instrumentos humanos. El apóstol no pide que oren; da por supuesto que su "compañero" (Flm. 17 lo recuerda en sus oraciones.

23,24. Véase comentario a Col. 4:10-14, 15-17.

25. Vuestro (*hymon*) **espíritu** (cf. Gá. 6:18; 2 Ti. 4:22). El plural se refiere a todo el grupo incluido en el saludo vv, 1,2). **Espíritu** parece ser un término para el hombre todo—en su estado o perspectiva de la 'nueva era' (cf. 1 P. 4:6; 2 Co. 2:13; 7:5; 1 Co. 2:11-16, Phillips).

BIBLIOGRAFÍA

Harrison, P.N. "Onesimus and Philemon", *AThR,* XXXII (October, 1953), pp. 268-294.

Knox, John. *Philemon Among the Letters of Paul.* Chicago: University of Chicago Press, 1935.

Lightfoot, J.B. *St. Paul's Epistles to the Colossians and to Philemon.* London: The Macmillan Company, 1886.

MOULE, H. C. G. *Studies in Colossians and Philemon.* Grand Rapids: Kregel Publications, 1977.

Mueller, J.J. *The Epistles of Paul to the Philippians and to Philemon.* Grand Rapids: Wm. B. Eerdmans Publishing Co., 1955.

Radford, L.B. *The Epistle to the Colossians and the Epistle to Philemon.* London: Methuen, 1931.

COMENTARIOS EN ESPAÑOL

HIEBERT, D. EDMOND. *Tito y Filemón* (Comentario Bíblico Portavoz). Grand Rapids: Publicaciones Portavoz Evangélico, 1981.

EPÍSTOLA A LOS HEBREOS

INTRODUCCIÓN

Declaración Introductoria. El que pretenda estudiar esta carta debe entender su carácter único. No se parece a ninguna otra carta del Nuevo Testamento, y plantea problemas del todo peculiares. En construcción, estilo, argumento, y en relación con otros libros de la Biblia, Hebreos es única. Su historia ha estado llena de controversias. Ha sido dejada de lado, se le ha negado autoridad, se ha discutido su canonicidad, y ha sido estudiada sin descanso para determinar su autor. En tiempos más recientes, el análisis crítico ha planteado interrogantes respecto a ciertas porciones de la carta, sobre todo el capítulo 13. Sigue siendo objeto de estudio y discusión si dicho capítulo fue agregado en todo o en parte o si formaba parte de la carta original.

También ha influido en el estudio de la Carta a los Hebreos el interés creciente por el período helenista en relación con la historia de la civilización. Algunos de los misterios de esta carta empiezan a estudiarse en el marco de la cultura helenística del mundo mediterráneo oriental post-alejandrino. Algunos expertos opinan que las personas para quienes fue escrita la carta estuvieron bajo la influencia directa de la cultura helénica, y quizá completamente helenizadas. Esta opinión tiende a sugerir posibles revisiones de los puntos de vista antiguos en cuanto a los destinatarios de la carta y al propósito de la misma.

Se ha dicho que la Carta a los Hebreos es la menos conocida de las cartas del Nuevo Testamento. El razonamiento denso, la terminología sacerdotal y relativa a los sacrificios, y el idealismo prevaleciente del autor se proponen como explicaciones (Purdy and Cotton, *Epistle to the Hebrews,* Vol. XI, IB). Quizá sea así, pero una cosa parece cierta. La Carta a los Hebreos se entiende mejor cuando se está familiarizado con los cinco libros de Moisés. El vínculo inseparable de razonamiento lógico tomado del sistema levítico relaciona el Pentateuco con esta carta a los Hebreos.

Los problemas que el libro plantea son estimulantes. En síntesis, atañen a la paternidad literaria, lectores, destinatarios, fecha, razón de que se escribiera, y relación con el cristianismo del siglo primero, con el judaísmo y con la cultura helenística.

Ocasión de la Carta—Por qué Fue Escrita. La explicación clásica de la ocasión de la carta es como sigue. Los cristianos judíos, ya de una sola congregación ya en cantidades mayores y en distintos lugares, corrían el peligro de apostatar de Cristo para volver a Moisés. Este peligro de apostasía era inmediato (2:1), basado en la incredulidad (3:12). Su proceder insinuaba tal posibilidad (5:13,14). La negligencia del culto público (10:25), la flojedad en la oración (12:12), una cierta inestabilidad doctrinal (13:9), el no querer enseñar a otros como correspondía a creyentes maduros (5:12), y la negligencia de las Escrituras (2:1) eran otros síntomas de flojedad espiritual. El peligro es que quienes eran "hermanos santos, participantes del llamamiento celestial" (3:1) pudieran recaer (6:6) o "apartarse del Dios vivo" (3:12).

Para impedir tal posible resultado, el autor de Hebreos recalca la superioridad de Cristo en una serie de contrastes con los ángeles, Moisés, Aarón, Melquisedec, y el sistema levítico. El objeto de dichos contrastes es mostrar la inferioridad del judaísmo y la superioridad de Cristo.

En el desarrollo de sus pensamientos, el escritor entremezcla tres conceptos. El primero es exhortación (13:22); el segundo es una serie de advertencias, cinco en número (2:1-4; 3:7-19; 6:4-12; 10:26-31; 12:15-17); y el tercero es el consuelo o seguridad, centrado en el pensamiento presentado con la palabra "considerar" (3:1), el cual alcanza el punto culminante en la expresión, "considerad" (3:1), el cual alcanza el punto culminante en la expresión, "considerad a aquel que sufrió . . ." (12:3). A base de estos conceptos, el escritor argumenta contra la tendencia a la apostasía.

La línea de razonamiento que seguían los lectores-oyentes era atrayente. Si seguir a Cristo traía persecución, y el sistema anterior de la práctica judía no, ¿por qué no volver al judaísmo, conservar una religión y al mismo tiempo estar libres de persecución? Posibilidad atrayente, sin duda. La respuesta a esto se da en la Carta a los Hebreos, en la que se demuestra punto por punto la superioridad de Cristo frente a las pretensiones del judaísmo.

En tiempos recientes, esta opinión clásica acerca de Hebreos ha sido puesta en tela de juicio. Alexander C. Purdy, en su comentario introductorio a la *Epistle to the Hebrews* (IB, XI, 591,592), arguye que esta opinión tradicional no es más que deducciones. Da nueve razones contra la opinión tradicional y luego escribe, "Tal como llegó a nosotros, Hebreos es una prueba del carácter definitivo del cristianismo que se basa en la prefiguración válida, en la institución del sacrificio en el Antiguo Testamento, de la necesidad radical de tener acceso a Dios, lo cual en el sacrificio de Cristo ha sido puesto de manifiesto a todos los hombres tanto judíos como gentiles". El marcado sello judío de Hebreos, según Purdy, está más en la forma que en el contenido verdadero del pensamiento. Luego pasa a argumentar que el autor de Hebreos combatía una forma cristiano-judía de gnosticismo y helenismo más que el judaísmo como tal, si bien reconoce que su opinión sigue siendo una mera hipótesis.

Si le concedemos a Purdy que el autor de Hebreos escribió contra el gnosticismo cristiano-judío centrado en la cultura helenística, con todo sigue siendo necesario enfrentarse con el hecho de que los temas principales del libro son de índole judía. De hecho, Hebreos une el Antiguo Testamento y el Nuevo en la persona y obra de Jesucristo. Hebreos podría decirse que es la prolongación lógica de Juan 17 en cuanto establece relación entre la oración sacerdotal y el ministerio sacerdotal de Cristo. Así como la oración de Juan 17 manifiesta la preocupación de nuestro Señor por la actividad de los creyentes en el mundo, también incluye la petición, ". . . ruego . . . que los guardes del mal" (Jn. 17:15). La Carta a los Hebreos nos habla de este guardarlos, bajo las presiones y angustias de la persecución y de ia tentación de apostatar. Para alentar a este guardarse, el autor de Hebreos equilibra lo doctrinal con lo hortatorio, lo pastoral y lo práctico, la palabra de consuelo con la palabra de exhortación.

Al judaísmo, "cuna de conveniencia" para los cristianos perseguidos de nacionalidad judía, se le hace frente por contraste. El escritor decidió ayudar a estos primeros creyentes a que decidieran después de conocer la diferencia entre el judaísmo y la obra de Cristo para el creyente. Todo estaba encaminado a convencer de la superioridad de Jesucristo a los que eran tentados.

Al mismo tiempo, esta carta de aliento a los creyentes del siglo primero sirve de ayuda hoy. Ninguna otra carta del Nuevo Testamento contesta con tanta claridad al "por qué" del sacrificio de Cristo y de la redención ofrecida por medio de este sacrificio. Ninguna otra carta del Nuevo Testamento relaciona con tanta claridad el doble ministerio de Cristo como Hijo eterno de Dios e Hijo sufriente del hombre. Pecado, culpa, satisfacción, perdón, se entienden mucho mejor con la Carta a los Hebreos. Este libro ayuda también al lector a adquirir una mejor comprensión de las verdades o incidentes del Antiguo Testamento. Además, la diferencia entre judaísmo y cristianismo aparece clara en la enseñanza de esta carta.

Johannes Schneider ha escrito: "Hebreos es muy sobria en la valuación de la vida real de las iglesias. Conoce los peligros que amenazan al pueblo de Dios en tierra. Por ello exhorta a que mantengan la fe y a que no sean desleales a Cristo" (*The Letter to the Hebrews*, p. 8). Con su insistencia en el ministerio sacerdotal de Cristo, y los privilegios del creyente en relación a Cristo, y sus fuertes admoniciones a que consigan una fe viril, Hebreos sigue hablándonos hoy día.

Fecha y Destinatarios—A Quienes se Escribió. Unos cuantos factores contribuyen a determinar la fecha de la Carta a los Hebreos. El más importante de ellos parece ser el conflicto romano-judío después del año 68 y la destrucción del Templo en el año 70. Nada se dice respecto al conflicto, al Templo, o a la destrucción de Jerusalén. A causa de dicho silencio, se considera que la carta tuvo que ser compuesta antes del 68 o después del 80. La fecha más temprana es preferible, pero debe tenerse en cuenta la mención de Timoteo (13:23) y la de "los de Italia" (13:24). Más aún, el conocimiento de Hebreos que se demuestra en la Carta de Clemente de Roma a los Corintios (95 d. de C.) influye en el fijar la fecha de Hebreos y quizá incluso sus destinatarios.

En IB, *Introduction, XI*, pp. 593,594, es donde mejor se expone el argumento en favor de la fecha tardía. Con una combinación de argumentos razonados y el uso de I Clemente como punto de referencia, el IB sitúa la fecha entre poco antes del 80 y poco después del 90, pero luego concluye que la fecha precisa es incierta.

Por el contrario, Farrar, *Cambridge Greek Testament* (al que en adelante nos referiremos como CGT), quien se hace eco de la opinión prevaleciente en el siglo XIX, y Gleason L. Archer, en *The Epistle to the Hebrews, A Study Manuel*, arguyen en favor de una fecha entre el 64 y el 68. Este último autor luego limita este período de tiempo hasta la fecha concreta del 65 ó 66 como la más razonable según las pruebas internas y externas. Todas las opiniones acerca de la fecha de la carta subrayan la importancia del silencio de la carta respecto a los sucesos de Jerusalén en la sexta década del siglo primero.

En cuanto a destinatarios, tres teorías han prevalecido, cada una de las cuales prefiere una ciudad importante en el mundo romano del Mediterráneo. Algunos añaden una cuarta opinión, que en realidad no es más que una de las teorías principales modificada.

(1) Los destinatarios de la carta fueron los judíos cristianos de Jerusalén y sus alrededores.

(2) Fue enviada a los judíocristianos que vivían en Alejandría. Tienden a sostener esta opinión los que descubren en la carta un marcado sabor alejandrino.

(3) Fue destinada a la congregación de judíocristianos de la ciudad de Roma, quienes se hallaban bajo pruebas y persecuciones muy duras. Los defensores de esta teoría tienden a sostener la teoría de la "congregación única", es decir, que los destinatarios genuinos de la carta fueron una pequeña congregación, o una "iglesia doméstica" de Roma.

(4) Modificación de (3). La congregación a la que Hebreos fue dirigida era pequeña, pero no precisamente de Roma; pudo haber estado ubicada en cualquier parte del Imperio Romano.

En favor de todas las opiniones se presentan argumentos persuasivos; todas se ven envueltas en dificultades importantes. Las pruebas internas de la carta misma son de poca ayuda para resolver los conflictos entre las distintas teorías. Jerusalén sólo se menciona en forma indirecta (13:12) que todos los Hebreos podían entender. La referencia a Italia (13:24) es general y por tanto poco ayuda para resolver la cuestión de los destinatarios.

Una cosa es clara. Los destinatarios de la carta eran hebreos de nacionalidad y cristianos por profesión. Como Downer ha sugerido, la carta tuvo presentes a los Hebreos, y el punto de vista hebreo prevalece en la misma (Arthur Cleveland Downer, *The Principles of Interpretation of the Epistle of the Hebrews*, p. 8). Estos cristianos hebreos habían sufrido pérdidas, se habían visto sometidos a pruebas y dificultades, habían sufrido censuras, pérdidas de privilegios, persecuciones, ridículos, y odio abierto de parte de los compatriotas judíos. Pero estas circunstancias podían haber prevalecido en cualquier punto del Imperio Romano del siglo primero.

El hecho es que todos los argumentos y teorías contienen ingredientes posibles e imposibles casi en proporciones iguales. La exposición del problema de los destinatarios se puede estudiar por extenso en Farrar, CGT; A.B. Davidson, *The Epistle to the Hebrews;* Archer, *The Epistle to the Hebrews, A Study Manual;* William Manson, *The Epistle to the Hebrews; An Historical and Theological Reinterpretation;* y IB, XI. En cuanto al estado actual de opinión, la teoría de "Jerusalén" la defiende bien William Leonard, *Authorship of the Epistle to the Hebrews: Critical Problem and Use of the Old Testament.* La teoría de "Roma" y de la "congregación única" la defiende William Manson (*op. cit.*), quien sugiere que esta carta de exhortación y advertencia estuvo primero depositada en los archivos de correspondencia de una congregación romana. Pero también esta afirmación no pasa de ser una conjetura.

Paternidad Literaria — Quién la Escribió. Quién escribió la Carta a los Hebreos sigue siendo el gran problema del que estudia este libro. Se han sugerido muchos autores, y las opiniones en favor de cada uno de ellos son también muchas. El apóstol Pablo, Apolos, Bernabé, Lucas, Timoteo, Aquila y Priscila, Silas, Aristion y Felipe el diácono han sido mencionados con argumentos en favor de cada uno de ellos, El examen de la tradición de la iglesia primitiva y de los Padres de la Iglesia demuestra sólo que las opiniones varían.

La carta misma no menciona al autor ni tampoco insinúa uno. Dos puntos de vista han predominado en el intento de establecer la paternidad literaria de la carta. (1) Paternidad literaria paulina. El argumento en favor de este punto de vista se expone de tal modo que puede incluir un posible escritor desconocido a quien el apóstol Pablo habría instruido, y ello explicaría por qué Hebreos tiene un tono tan paulino. (2) La tradición e influencia alejandrinas, basadas en el uso del Antiguo Testamento sobre todo en forma tipológica. El razonamiento descubre ciertas analogías de Hebreos parecidas a las que se encuentran en los escritos de Filón de Alejandría. Hoy día se encuentran pocos defensores de esta opinión. Como se advierte en SHERK, II, 877, la influencia de Filón en el autor de Hebreos la descartan la mayor parte de los estudiosos, mientras que se suele reconocer su influencia en los Padres Alejandrinos.

El argumento en favor de la paternidad literaria paulina se basa sobre todo en el último capítulo (13) de la carta. El carácter personal de dicho capítulo, así como el estilo epistolar son típicos de Pablo. Las referencias a Timoteo y a Italia (13:23,24) parecen lazos directos con el apóstol. Además, hay una semejanza muy marcada entre el lenguaje de este libro y el de las cartas paulinas (p. ej. 1:4; 2:2; 7:18, 12:22); y el argumento cristológico es parecido al de otros pasajes de Pablo. Gran parte de esta argumentación es a base de deducciones; las mismas semejanzas se podrían advertir con cualquier maestro cristiano de los primeros tiempos del cristianismo. Entre las obras que defienden la paternidad literaria paulina quizá ninguna supera la de William Leonard en su *Authorship of the Epistle to the Hebrews: Critical Problem and Use of the Old Testament.*

Ciertas consideraciones de peso militan en contra de la paternidad literaria paulina: (1) El libro no menciona en forma específica a Pablo, como en las otras cartas que se reconocen como paulinas; (2) lenguaje que se aparta de la construcción, uso y estilo de Pablo; y (3) desarrollo lógico del argumento, lo cual no es característico en Pablo. El ritmo de Hebreos es retórico y helénico, y el estilo, en general, es mucho más reposado y razonado que el estilo usual de Pablo.

En cuanto a diferencias doctrinales, aparecen con evidencia en (1) la manera de tratar la fe, (2) la escatología del capítulo 12, (3) el uso aplicado del código mosaico, y (4) el concepto del santuario. Leonard incluso señala que la costumbre de considerar las Escrituras del Antiguo Testamento como un "arsenal de símbolos" (*op. cit.,* p. 19) no es característica de la literatura paulina.

¿Qué se sabe, entonces, del autor? Era hombre de considerables conocimientos de la Escritura, teólogo bíblico que pensaba en función de la historia de la redención, persona familiarizada con el Antiguo Testamento griego (LXX). Aunque judío, estaba muy familiarizado con la cultura helenística al igual que con la tradición judía. Era pensador independiente en quien quizá influyeron Pablo y los pensadores alejandrinos. Produjo una forma literaria única, muy distinta de la de los demás escritos del Nuevo Testamento.

Se dedicó en forma completa al tema de explicar la relación del judaísmo con el cristianismo, siempre en favor de la superioridad absoluta de éste. Quizá era maestro-predicador, familiarizado con la relación orador-oyente y por ello limitado al estilo exhortación - explicación - amonestación que empleó con tanta eficacia. En el empleo de este método, da muestras de un conocimiento más que superficial del pensamiento del apóstol Pablo.

A pesar de todo esto, sigue ignorándose la identidad del autor. En conclusión, quizá no se puede superar el resumen del problema que se halla en Orígenes (siglo tercero) según la cita de Eusebio (siglo cuarto):

El estilo de la Carta que lleva el título de "A los Hebreos" no posee esa dicción popular que es propia del apóstol, quien confiesa que es de hablar o de frase común. Pero que esta Carta es más puramente griega en la construcción de frases, lo reconocerá cualquiera que sepa discernir la diferencia en estilo. Más aún, será obvio que las ideas de la carta son admirables, y no inferiores a las de cualquiera de los libros que se reconocen como apostólicos. Cualquiera que lea los escritos del apóstol con atención reconocerá.

Luego Eusebio agrega:

Pero yo diría que los pensamientos son los del apóstol, pero la dicción y la construcción son de alguien que ha referido lo que dijo el apóstol, de alguien que tomó nota a su modo de lo que el apóstol dictaba. Si pues, alguna iglesia considera esta carta como procedente de Pablo, merece alabanza por ello, porque tampoco esos hombres antiguos nos la legaron sin razón. Pero quién fue el que realmente escribió la carta, sólo Dios lo sabe (Eusebio, *Ecclesiastical History*).

La Tradición y la Iglesia Primitiva — Aceptación de lo Que Fue Escrito. La primera mención de la Carta a los Hebreos fuera del Nuevo Testamento aparece en la *Carta a los Corintios* que escribió Clemente de Roma. Hebreos era conocida tanto a las Iglesias del Este como a las del Oeste, pero parece haber sido menos conocida en el Oeste hasta después del siglo cuarto. Los padres Alejandrinos estuvieron activamente interesados en los problemas de los Hebreos, y tanto Clemente de Alejandría como Orígenes comentaron la carta y la expusieron en detalle. El título "A los Hebreos" hace su aparición hacia finales del siglo segundo, y desde entonces se ha usado.

Desde el principio, Hebreos ha sido aceptada como parte del canon. Ninguna autoridad antigua, excepto Tertuliano, dejó de incluir esta carta en el canon del Nuevo Testamento.

A finales del siglo cuarto el Oeste se fue interesando en forma más activa por la carta, con Jerónimo en su *Carta 129* que afirma que aceptaba sin discusión Hebreos en el canon del Nuevo Testamento. Los autores medievales en forma constante siguieron la misma actitud, y los humanistas también la adoptaron. Erasmo, el erudito humanista, y Lutero, el reformador, aceptaron Hebreos como parte del Nuevo Testamento, si bien no estuvieron de acuerdo en cuanto al autor. El saber posterior a la Reforma no ha tenido éxito en poner en tela de juicio la canonicidad de Hebreos, y se ha ocupado más del problema de la paternidad literaria.

Argumento de la Carta — Tema del Escritor. La tesis del autor de Hebreos parece concentrarse en dos ideas principales, que se explican e ilustran en el curso de la argumentación. La primera idea se expresa en la palabra "considerar", empleada en 3:1 y 12:3. En ambos casos la admonición se dirige a que consideren a Cristo. En 3:1, ha de considerarse como "apóstol y sumo sacerdote de nuestra profesión", y en 12:3 como al que sufrió, como el ejemplo definitivo de vida de fe. El término "considerar", para el autor es reflexionar, estudiar, examinar atentamente, pensar con cuidado. Nótese que se recuerda a los creyentes que consideren a Cristo mismo, y no sólo las razones lógicas por las cuales debería considerársele, tal como se exponen en Hebreos. Por medio del razonamiento de la carta, se conduce a los creyentes a "considerarlo" en su sacerdocio y sacrificio. Los contrastes que se establecen a lo largo de la carta dejan sentada en forma conclusiva la superioridad de Cristo sobre los ángeles, Moisés, Aarón, Melquisedec, el sistema levítico, y por fin incluso sobre los ejemplos mayores de vida de fe en el Antiguo Testamento (cf. He. 11. Como sacerdote de Dios y sacrificio que le es aceptable, Cristo ahora habla desde dentro del santuario, garantizando a todos los creyentes el ingreso en la presencia misma de Dios, y el ser escuchados de inmediato en sus peticiones y súplicas (4:14-16).

La segunda idea se encuentra en la palabra **exhortación** (*paraklesis*), con el verbo que la acompaña, "ruego" (13.22). Este ha sido llamado el título literario de la carta a Hebreos. Farrar (CBSC) sugiere que toda la información que se da en la carta es con el propósito de exhortar a los lectores. La persecución, las pruebas y dificultades serían más fáciles si estos cristianos, que también eran judíos, lo "consideraran" (12.3), y "soportaran la palabra de exhortación" (13:22). La argumentación que apoya este tema doble o en dos partes se refrenda con el argumento del cristianismo como superior al judaísmo al cual se dirige la exhortación.

El propósito todo de la carta era informar a los desalentados cristianos y también estimularlos, y confirmar ambos aspectos con muchos ejemplos tanto de Cristo como de los que habían vivido por fe. El escritor coloca en el centro de toda la eternidad (por tanto inmutabilidad) del sacerdocio de Cristo, "según el orden de Melquisedec" (c. 7).

Ideas y Conceptos del Autor: Fuentes y Uso. La forma y estilo propios (véase sección siguiente de esta Introducción) de Hebreos coloca esta carta en una categoría especial. El autor emplea un método, organización y técnica distintos de los demás escritores del Nuevo Testamento. También expresa ideas y combinación de pensamientos y sucesos exclusivos del mismo. Puesto que el propósito primordial de la carta es práctico, para conseguirlo, sitúa todos sus conceptos teológicos en este marco específico de referencia de exhortación, advertencia y consuelo. Se concentra en ideas y conceptos teológicos que considera significativos. Su razonamiento en bien de sus lectores es que lo que él dice es lo que esta comunidad de creyentes necesita por encima de todo para fortalecerse en la fe.

Trata estas ideas como lo haría un orador, basando una verdad sobre otra en confirmación de los argumentos principales. Intercala las advertencias, que parecen especialmente destinadas a impresionar a los oyentes (lectores) con las consecuencias del no comprender la verdad referente a Cristo.

El autor demuestra considerable habilidad literaria. Es evidente que algo en su formación le dio un sentido de proporción en la composición literaria. Su griego es quizá el mejor del Nuevo Testamento, comparable al de Lucas. La profundidad cultural y la familiaridad con las culturas son también evidentes. El escritor parece darse cuenta de la influencia de la forma griega de vida (helenización) sobre el judaísmo y sobre el mundo mediterráneo y la refleja.

Con ideas expresadas en forma concreta, el escritor basa en las Escrituras su exposición teológica y la desarrolla con el contraste del reino penumbroso de la tierra con el reino de la realidad, o el cielo. El Antiguo Testamento o fuente escriturística que usó fue la versión griega o LXX. En algunas ocasiones la palabra usada en la LXX ni siquiera aparece en el texto hebreo según ha llegado hasta nosotros. Al demostrar que el reino de los cielos es el reino de la realidad, el autor aplica todos los pasajes posibles a Cristo. Todo el Antiguo Testamento, tal como lo emplea el autor de Hebreos, es una exposición ininterrumpida que revela la persona y obra del Señor Jesucristo. También en Cristo hay acceso al reino celestial y comprensión del mismo.

El autor de Hebreos es el único escritor del Nuevo Testamento que expone algunos de los temas que escoge. Ningún otro escritor, por ejemplo, expone el significado de Melquisedec (7:1-14). También se encuentra una nueva evaluación de los patriarcas en el capítulo 11. En Hebreos se recalcan algunos aspectos de la vida de Moisés que no se mencionan en ninguna otra parte. El tema del arrepentimiento se enfoca de manera diferente (12:17), al igual que el tema de la liberación del pecado (10:26). Muchos de los conceptos exclusivos del autor han creado problemas de interpretación a las generaciones posteriores.

La idea más elaborada en Hebreos es la del sacerdocio de Cristo. Es exclusiva de la carta, y es el concepto más importante. En la presentación del mismo, se usan tres "fuentes": (1) La institución del sacerdocio y sacrificio, o sistema levítico, en el Antiguo Testamento; (2) el judaísmo; y (3) el cristianismo primitivo o apostólico. Aunque haya podido haber otras influencias, estas tres son las más destacadas.

Como sacerdote, Cristo fue llamado por Dios, y es una sola cosa con la humanidad (2:14-18; 4.15,16; 5:1-3). Satisface las necesidades del pueblo (2:17,18). Abrió la puerta a la presencia de Dios (10:19,20), e hizo posible el uso del "santuario" y del "trono de gracia" (4.14-16). Fue el sacrificio perfecto y definitivo (10.18), Debido al ministerio sacerdotal de Cristo, el creyente tiene fortaleza de fe y el privilegio del culto. Quizá ningún otro libro del Nuevo Testamento habla mejor de la comunión con Dios a través del culto.

La cristología de Hebreos es rica, pero se expone sobre todo en el ministerio y función de Cristo como sacerdote. Se presenta a Cristo primero como revelador de Dios (1:1) y agente de la creación (1:1-4). El significado de la palabra *charakter* (imagen) en 1:3 no debería pasar inadvertido. Después de esta afirmación preliminar o prólogo, la cristología pasa rápidamente al argumento básico del ministerio sacerdotal de Cristo.

La enseñanza ética de Hebreos es de elevado nivel y completamente cristiana, aunque de carácter general en el cuerpo mismo del argumento. Sólo el capítulo 13 ofrece enseñanza ética específica y directa. El amor fraterno (13:1), amabilidad con los extraños (13:2), cordialidad con los menos afortunados (13:3), relaciones matrimoniales honestas (13:4, actitud justa frente a la riqueza material (13:5), honor a los pastores (13:7,17), hacer el bien (13:16), han de inculcarse en forma positiva. En estas cosas el cristiano no puede elegir. Gran parte de los requerimientos éticos en la parte anterior de la carta se hallan en la analogía sacerdotal, y por tanto no son tan manifies-

tos como en los Sinópticos o en ciertas secciones de la literatura paulina.

En cuanto a su valor práctico, Hebreos se basa sólidamente en la indiscutible premisa de que Cristo satisface las necesidades de todos los hombres (incluso de los de nuestros tiempos. Los hombres llegan a Dios por Cristo en todas las edades. En este concepto se expresa la unidad de la historia como rectilínea y redentora, con Dios que lleva a cabo por medio de Cristo el destino del hombre según su plan y voluntad. Hebreos no formula una filosofía de la historia diferente de la de los otros libros del Nuevo Testamento.

Forma y Estilo: Organización y Métodos del Autor. Sólo la sección de 13:17 a 13:25 hace de Hebreos una carta. Pero el género literario del libro sigue siendo un problema. Comienza como un tratado, prosigue como un sermón, y finaliza como una carta. El comienzo que conocemos es el único que la carta ha tenido. No hay saludos ni referencias personales de ninguna clase. Dentro de la forma literaria, ciertos hábitos son constantes. En el uso del Antiguo Testamento, el autor emplea la referencia ya en forma literal, ya histórica, ya tipológica. Su coherencia radica sólo en el uso del texto del Antiguo Testamento como apoyo de su argumentación en el punto en que se emplea.

Se ha sugerido que las exhortaciones y advertencias en Hebreos sitúan al libro como polémico por naturaleza, con el final epistolar agregado como forma de concluir la polémica. Si esto es así, entonces el autor es sorprendentemente apto para evitar referencias a sí mismo en la polémica. Las referencias autobiográficas están ausentes, y las metáforas se emplean robustecen la polémica sin ofrecer ni un solo indicio en cuanto al polemista.

Se ha emitido la opinión de que la forma literaria básica de Hebreos sigue las pautas alejandrinas que Filón fijó (véase J. Herkless [ed.], *Habrews and the Epistles General of Peter, James and John;* también IB). Algunos creen que es una técnica tomada de Filón de Alejandría la forma como el autor contrasta los reinos celestial y terrenal, lo que es sombra y lo que es real o el reino de lo celestial y verdadero. El IB llama a esto visión de la realidad en "dos esferas", lo cual gobierna todo el pensamiento de Hebreos (XI, 583).

Otras opiniones que se han expresado son (1) que la influencia de Filón es insignificante, o (2) que la teoría de que influyó en el escritor es una premisa totalmente falsa. Manson tiende a reducir lo más posible la influencia de Filón (William Manson, *The Epistle to the Hebrews, An Histo-*

rical and Theological Reinterpretation). A. B. Davidson, al referirse al autor de Hebreos (*op. cit.*), habla de huellas de la influencia de "la cultura alejandrina . . . en su lenguaje", pero no ofrece argumento alguno en favor de esta técnica filónica. En un sentido, pues la discusión acerca del origen de la forma de Hebreos sigue abierta. (3) Spicq, sin embargo (*L'épitre aux Hébreux*), encuentra considerables pruebas que considera indicadoras de antecedentes filónicos.

Lo que es claro, sin embargo, es que el escritor expone en forma sistemática un conjunto básico de ideas, sobre las cuales proyecta los pasajes y argumentos del Antiguo Testamento. Conseguir que aceptaran estas ideas básicas no es su objetivo, sino más bien conducir a los creyentes a que las entiendan bien y después actúen en consecuencia. William Leonard (*op. cit.*, p. 221) encuentra siete ideas de esta clase: (1) la filiación de Cristo; (2) el sacerdocio de Cristo, base para la purificación del pecado; (3) el sacerdote a la diestra de Dios, base de la esperanza cristiana; (4) la promesa hecha a Abraham; (5) la permanencia del "descanso sabático" prometido; (6) las consecuencias de la apostasía; y (7) las exhortaciones a vivir virtuosamente a la luz del futuro. El IB (*loc. cit.*) enumera trece ideas básicas, que abarcan las siete anteriores, pero añaden ideas como la promesa del retorno de Cristo, la derrota de Satanás, la victoria sobre la muerte, y la prometida liberación de los creyentes de la esclavitud. Estas ideas son las constantes; y, tanto en forma como en estilo de presentación, todo se pone en relación con una o más de ellas.

El concepto central en todas estas ideas básicas es el de Cristo como sacerdote perfecto de Dios que establece un nuevo pacto tanto con su obra sacerdotal como con su muerte en sacrificio. No cabe duda en cuanto a la elevada cristología de la Carta a los Hebreos. Pero a pesar de tanta información del Antiguo Testamento para confirmar la cristología y otras ideas básicas de la carta, sigue en pie el enigma de la terminación epistolar desde 13:17 en adelante. Se han sugerido cuatro posibles soluciones del enigma: (1) Que el autor escribió a un grupo específico y desde el principio tuvo en mente esta terminación; (2) Que la carta original fue enviada a un segundo grupo, y que la terminación nueva fue escrita para ellos; (3) Que una persona que no era el autor agregó la terminación cuando remitió la carta a otro grupo; (4) Que la terminación la añadió otra persona para reforzar el origen paulino de toda la carta. De estas teorías, la primera y la cuarta son las más razonables o plausibles.

Ciertos detalles habituales de estilo también son evidentes. El escritor suele introducir las citas del Antiguo Testamento con un "Dios dice" (véase 4:3; 5:5,6; 8.10), o con "el Espíritu Santo dice" (3:7). También introduce partes de su argumento algo antes de pasar a desarrollarlo. Así es que todas las argumentaciones más largas de la carta son afirmadas antes. Siempre se refiere a la ley ritual más que a la moral o a la fuerza social o visual de la Ley, como en los días de fiesta. En forma característica emplea el nombre "Jesús" y no el título completo que Pablo emplea. Además, al presentar a "Jesús" como "camino nuevo y vivo", el escritor no se aparta del pensamiento ni deja el argumento incompleto. Parece ser muy dueño de sí y de su técnica.

BOSQUEJO

I. Prólogo. 1:1-4.
   A. Cristo superior a los profetas. 1:1,2.
   B. Cristo, "huella" de Dios. 1:3,4.
II. Presentación y explicación de los temas principales. 1.5—10:18.
   A. Cristo "mayor que"; argumento en pro de la superioridad. 1.5—7:28.
      1. Superior a los ángeles. 1:5-14.
      2. La salvación mayor, y advertencia contra la negligencia 2.1-4.
      3. Cristo como hombre perfecto. 2:5-18.
      4. Cristo superior a Moisés. 3:1-6.
      5. Superioridad del reposo de Cristo sobre el reposo de Israel bajo Moisés y Josué. 3.7—4.13.
      6. Cristo como sumo sacerdote en el orden de Melquisedec, superior a Aarón. 4:14—5:10.
      7. Censura por falta de entendimiento y por inmadurez. 5:11—6:20.
      8. El sacerdocio de Melquisedec. 7:1-28.
   B. Cristo, ministro y sumo sacerdote del nuevo pacto. 8:1—10:18.
      1. El nuevo pacto en relación con el antiguo. 8:1-9.
      2. Explicación del pacto mejor. 8.10-13.
      3. El nuevo santuario y el sacrificio perfecto. 9:1-28.
      4. El nuevo pacto completo, perfecto y en acción. 10:1-18.

COMENTARIO

I. Prólogo. 1:1-4.

El escritor rompe con la forma epistolar que se suele identificar con las cartas del NT al no incluir saludos ni frases introductorias (véase Introd.). Comienza de inmediato con el tema, que es la persona y obra del Señor Jesucristo en relación al sistema levítico y al antiguo pacto.

A. Cristo Superior a los Profetas. 1:1,2. El problema implícito es: ¿Quién fue el último y más autoritativo portavoz de Dios? **1. Muchas veces** (*polymeros*), o en forma fragmentaria, **y de muchas maneras** (*polytropos*), o en muchas formas variadas, Dios (Jehovah) habló en los tiempos del AT por medio de los **profetas,** muchos de los cuales explicaron en sus escritos de qué manera él se había comunicado con ellos. *Prophetais* es una palabra general para todos aquellos a quienes Dios usó en la época del AT. **2. En estos postreros días** es la traducción literal de una expresión hebrea común en Nm. 24:14, con connotación mesiánica. Dios **nos** ha hablado por medio de uno que tiene con él la relación de hijo, y que tiene autoridad completa como portavoz. En esta relación, Cristo es único y así se le describe aquí en el sentido clásico, como bajo asignación divina por ser **Hijo.** Es tanto **heredero** como *agente* de la creación. **Universo.** En griego *aiones,* "edades", incluyendo el mundo del espacio (cf. 11:3).

B. Cristo, "huella" de Dios. 1:3,4. 3. Resplandor de su gloria. El proyectar al mundo la naturaleza misma de Dios en Cristo Jesús. Es el ser mismo de Dios. Es la **imagen misma** en el mismo sentido que Mt. 22:20 la usa, donde se refiere a la imagen en la moneda romana. Cristo es el *sello* o huella de Dios (*charakter*); la esencia de Dios. Toda la fuerza de las dos primeras cláusulas de este versículo recalcan este concepto.

Es también *creador,* tanto como "Palabra creadora" (CGT, p. 31) y como Sustentador — el que **sustenta todas las cosas.** La creación y preservación corresponden a Dios en Jesucristo, y la **palabra de su poder.** La palabra del Hijo *es* el poder para preservar y sustentar, pero su poder creador se manifiesta en el ministerio más importante de la redención. En el purificar **nuestros pecados,** Cristo purificó la gran multitud de pecados e impurezas del mundo acumuladas, que Dios ve. En Cristo el castigo del pecado queda eximido y se ofrece purificación. La idea se halla en las palabras del himno de Cowper:

> Hay un precioso manantial
> de sangre de Emmanuel,
> que purifica a cada cual
> que se sumerge en él.

Al tener este poder y autoridad como creador y portador de pecado, Cristo ocupa el lugar de autoridad a la diestra de Dios. Como sumo sacerdote y portador de pecado, puede presentar una redención cumplida. Su obra está completa, y puede, por tanto, sentarse. Como Hijo del hombre ocupa este lugar por voluntad de Dios Padre. No es un lugar de descanso, sino de actividad para el mediador divino, sumo sacerdote e intercesor. En cumplimiento de lo dicho en Sal. 110:1, es Señor de todo.

4. El primero de los contrastes que muestra la superioridad de Cristo comienza aquí. La idea de contraste en el pensamiento de **superior** (*kreiton,* "superior", "volverse superior") se usa trece veces. Los ángeles fueron importantes en la comunicación del mensaje de Dios a los hombres. Desde la entrega de la Ley en el Sinaí hasta la asistencia de los ángeles a Daniel y a los profetas posteriores, estos mensajeros de Dios sirvieron a Dios, pero como subordinados. Cristo es superior a los ángeles en su persona, nombre, función, poder y dignidad. En cuanto a su nombre, sólo él puede salvar al perdido (Hch. 4:12), y su nombre está sobre todo otro nombre (Fil. 2:10). Su nombre es el fundamento de su reputación, porque es un nombre poderoso.

II. Presentación y Explicación de los Temas Principales. 1:5—10:18.

A. Cristo "Mayor Que"; Argumento en pro de la Superioridad. 1:5—7:28.

El pensamiento presentado en 1:4 ahora se desarrolla con una serie de siete citas del AT. De éstas, cinco muestran la superioridad de Cristo.

1) Superior a los Ángeles. 1:5-14.

5. El pensamiento presentado es un argumento por el silencio, y el **él** es Dios. Nunca dijo Dios a ningún ángel que fuera Hijo; sólo a y de Cristo lo dijo (véase Sal. 2:7; 2 S. 7.14). En ambos pasajes el significado inmediato recibe un significado elevado y eminente, que comunica a estos pasajes (y a otros que siguen) un sentido tipológico. En Sal. 2:7 a una celebración de aniversario (He. 1:5a ss.) se le hace hablar de Cristo. Y las palabras que se dicen de Salomón en 2 S. 7:14 se aplican a Jesús Hijo como si fueran todavía más verdaderas de él. En este caso la tipología es correcta; porque Cristo es el antitipo, hecho que es verdadero en toda la carta según la interpretación tipológica del escritor.

6. Tanto Dt. 32:43 (LXX) como Sal. 97:7 hablan de los ángeles que rinden culto a Cristo Hijo. Y el salmista también habla de una manifestación de gloria (97:6), que corresponde al **resplandor** de He. 1:3. **7.** Se presentan dos conceptos: (1) que los ángeles son seres inferiores o creados—**El que hace;** y (2) que los ángeles son servidores, como lo son el viento y el **fuego.** De este modo se vuelve a recalcar la idea de que los ángeles adoran al Hijo porque le están subordinados. Salmo 104:4 se presenta pues como prueba de la subordinación de los ángeles.

8,9. Se dirige a Cristo como a Dios y rey, o soberano. Tal como se prometió en el pacto davídico, aquí está el mayor de los Hijos de David que gobierna como rey, y su gobierno es eterno. Las cualidades de su reinado son justicia, rectitud y odio al mal—cualidades que sólo pueden ser características de un reino justo. En esta posición Cristo es superior a todo, y en especial a los ángeles. Cristo ha sido ungido para dicha posición y no nombrado, y esta unción es la de *Christus Victor*—el vencedor que gobernará eternamente.

10-12. Del Sal. 102:25-27. Dicho de Cristo Hijo, quien como Creador ha hecho el mundo y quien es el inmutable en medio de lo que cambiará. Esto también sugiere un marcado contraste entre Cristo y los ángeles. Éstos son algo creado, y sirven en el mundo como mensajeros de Dios. Cristo es eterno, está por encima del mundo, por ser antes y después del mismo. Este argumento se toma de una traducción de los LXX de un salmo que los intérpretes no consideran como mesiánico. En el uso que de él hace el escritor, ilustra más la superioridad de Cristo. **Tus años no acabarán.** Nunca cesarán ni se interrumpirán.

13. En contraste con los ángeles, a quienes nunca se les dijo que se sentaran a la diestra de Dios, Cristo está sentado ahora en ese lugar como soberano y rey, Dios-hombre, Mesías eterno e inmutable. Ahí permanecerá hasta el triunfo final, cuando sus enemigos sean puestos como **estrado** de sus **pies.** Este concepto se remonta a Josué, quien puso el pie en el cuello de los reyes derrotados como signo final de triunfo. Con ello el pasaje da esperanza a todos los creyentes en todas las edades de que Cristo triunfará sobre la injusticia.

14. Los ángeles sirven, como lo demuestra el **todos;** pero su servicio es sagrado o "litúrgico" (*leitouraika*), y un servicio a los hombres (*diakonian*). Los ángeles son pues **espíritus ministradores,** que sirven a los que son **herederos de la salvación,** o personas piadosas. Este ministerio de los ángeles se supone como aún en acción. La palabra salvación (*soterian*) el autor la reserva para desarrollarla más adelante.

2) La Salvación Mayor, y Advertencia Contra la Negligencia. 2:1-3.

La premisa ya se ha formulado en la referencia a la salvación (1:14). Esta salvación es por Cristo, el Hijo exaltado y ungido. Es por tanto infinitamente más importante escuchar la revelación de Dios, **las cosas que hemos oído** (*akousthesin*) o el Evangelio, una advertencia solemne, mayor que la de Dt. 4:9.

1. Por tanto se refiere al Hijo al igual que a la salvación que da. **Las cosas que hemos oído.** El Evangelio, que ofrece un punto de referencia a los creyentes. En este lugar es sólo el lugar de seguridad. No debería permitirse que nada nos hiciera **deslizarnos** (*pararyomen*) más allá de este punto de seguridad. No debería tolerarse ninguna calamidad, influencia, fuerza o circunstancia que nos debilitara con respecto a la esperanza de salvación. La nave que se lanza a la corriente sin piloto se **desliza** más allá del punto de amarraje en la orilla opuesta debido a las corrientes que la impulsan. Así también las corrientes de la vida actúan contra nosotros a no ser que **atendamos.** Esta es una advertencia dirigida específicamente a aquellos a quienes iba dirigida la carta, lo cual significa que la necesitaban.

2. Porque si . . . Argumentación de estilo rabínico, de menor a mayor; de la entrega de la Ley por los ángeles a la entrega más elevada del Evangelio por Cristo. La Ley fue defendida con juicios severos (Lv.

10:1-7; Nm. 16; Jos. 7). Lleva el castigo implícito, y fue fielmente promulgado. **3.** Si el mensaje de la Ley fue tan celosamente custodiado, cuánto más estrictamente debe custodiarse el mensaje del Evangelio. El Señor Jesucristo lo promulgó, y lo ratificaron los que lo oyeron, quienes sirvieron de testigos oculares. Y con ello este mensaje evangélico fue **confirmado.** Siendo este el caso, **¿cómo escaparemos** si descuidamos esta salvación? El escapar es imposible porque el mensaje es de una transcendencia extraordinaria y de una importancia eterna. Cuanto mayor es el mensaje mayor es el juicio.

4. Dios mismo se une al testimonio con **señales** (*semeia*), **prodigios** (*terata*) y **milagros** (dynameis). Estas son las pruebas que confirman y que no han de menospreciarse a la hora de sopesar la autenticidad del Evangelio. Estas pruebas se extendieron más con el reparto de dones que el Espíritu Santo hizo a los creyentes. Estas señales, prodigios, milagros y dones se relatan fielmente en los cuatro Evangelios y en Hechos. Los dones se mencionan en Ro. 12; 13; 1 Co. 7:7; 1 Co. 12. No es la menor de las pruebas que lo confirman la unidad de los creyentes de distintas razas y naciones. La implicación es patente. Dios estuvo en Cristo y en el Evangelio, y por tanto este mensaje de salvación había de ser oído. No prestarle atención implicaba el peligro de juicio. Lo mismo ocurre hoy día.

3) Cristo como Hombre Perfecto. 2:5-18.

Una vez hecha la advertencia, el escritor reanuda la argumentación teológica. El tema es la humanidad y humillación de Cristo, centradas en la expresión, "Le hiciste un poco menor que los ángeles" (v. 7).

5. Mundo venidero (*oikoumenen ten mellousan*). El mundo futuro, la tierra habitada del futuro; la palabra futura para la generación que reciba esta carta y también futura para nosotros. Este mundo no estará sujeto a los ángeles, sino que estará sujeto a Cristo en su totalidad, y también a los redimidos. Prevalecerá una situación del todo nueva cuando Cristo, con los santos, gobierne en una armonía hasta ahora desconocida.

6-9. Cita de Sal. 8:5-7 presentada con el indefinido **alguien . . . en cierto lugar.** Esta cita es la prueba de la afirmación referente al "mundo venidero". La cita demuestra la humanidad del Hijo, quien **fue hecho un poco menor que los ángeles... para que... gustase la muerte por todos.** Ahora ha sido exaltado y coronado con gloria y honor porque en su humanidad llevó la humillación de la muerte (Fil. 2:5-8). Porque sufrió ahora es exaltado. Porque se sometió temporalmente a las limitaciones de la humanidad, ahora está coronado con gloria.

10. Esto significaba sufrimiento, y sufrió. Con este sufrimiento su experiencia humana se completó. *Gustó* la vida humana completa, desde el nacimiento hasta la muerte. Así Cristo completó su vida por medio del sufrimiento, y por consiguiente se puede identificar con las necesidades de todo hombre. Por haber sufrido tiene plena idoneidad para servir como **autor** (*archegos*, "líder", 12:2) de la salvación del hombre.

11. Como Hijo de Dios enviado del Padre a la humanidad, Cristo no vacila en identificarse con lo que le es propio. Somos sus hermanos. Jesucristo, el que santifica, y los creyentes, los santificados, son una sola cosa. **12,13.** Otra ilustración de la unidad del Salvador y de los salvados. Esto se afirma con pasajes pertinentes de Sal. 22:22 e Is. 8:17,18. "Prueban", según los entiende el autor, que el Señor Jesucristo y los cristianos son hermanos. **No se avergüenza de llamarlos hermanos** (v. 11). Los dos textos de Isaías citados se aplican en forma tipológica.

14,15. La derrota de Satanás y de la muerte da testimonio de que la muerte satisfactoria de Cristo es eficaz. Pero no sólo hay derrota; hay también liberación. Si bien el temor esclaviza, y el temor a morir ha agobiado a la humanidad desde siempre, Cristo ha resuelto el problema con su muerte y resurrección. Como hombre murió. **Participó** de la carne y la sangre y por ello murió, pero con su muerte se produjo la liberación. Por consiguiente, el poder de Satanás ha sido hecho ineficaz (*katargeo*), y Cristo ha expiado por el pecado con una satisfacción plena para Dios (Is. 53:11). ¡Qué gran victoria la suya! ¡Y qué gran victoria la de todos los que creen en él! ¡Satanás y la muerte han sido derrotados y el temor de la muerte ha desaparecido! El hombre que es libre en Cristo es en realidad el más libre de los hombres.

16-18. Esta es la primera mención del tema que ocupa el lugar central del argumento de la carta—el ministerio de Cristo como sumo sacerdote. En este oficio la humanidad de Jesús vuelve a estar en primer plano, pero en este caso sólo se insinúa el significado pleno de Cristo como sumo sacerdote.

Entre tanto atiende y socorre a los hombres. Lo hace como Hermano mayor suyo y cómo capitán de su salvación. Dos palabras indican el aspecto de servicio y ayuda en la función del sumo sacerdote. Son **misericordioso** (*eleemon*) y **fiel** (pistos). Para los hombres Cristo es misericordioso y con Dios es fiel. En realidad, misericordia y fidelidad se han unido en su persona. Su fidelidad se demuestra en la perseverancia en la tentación que fue uno de los aspectos de su sufrimiento. Ahora está en condiciones de acudir en ayuda de todos los que son tentados porque ha pasado por las mismas pruebas de las que ha salido victorioso, y como Hombre conoce nuestras necesidades. **Expiar por** nuestros **pecados.** Véanse 1 Jn. 2:2; 4:10; Ro. 3:25; y CGT, p. 55.

4) Cristo Superior a Moisés. 3:1-6.

Ahora se introduce una comparación de las dos manifestaciones de fidelidad, y por primera vez el autor se dirige directamente a los lectores con la palabra **hermanos santos.** La semejanza en estructura entre los capítulos 1 y 2 y los capítulos 3 y 4 son evidentes (CGT, p. 56).

1.2. La clave para entender Hebreos quizá se contenga en el pensamiento implicado en la palabra **considerad.** De *katanoesate,* "observar con atención, fijar el pensamiento, observar con atención". Este mismo pensamiento vuelve a aparecer en 12:3. En 3:1,2 se enfatiza a Cristo como fiel; en 12:3 lo que soportó. En el pasaje que nos ocupa, a los **hermanos** se les alienta a que miren a Jesús como **apóstol** ("mensajero"; única vez en el NT que se emplea este título para Cristo) y **sumo sacerdote,** oficio que se les explica a los lectores con todo detalle. **Profesión** (*homologias*) debería ser más bien *confesión* (NC). El término se refiere a los creyentes que confiesan a Cristo como sumo sacerdote suyo.

3-5. La metáfora común es la de la **casa.** ¿Diferencia? Cristo edificó la **casa;** Moisés sirvió en la **casa.** Como en Jn. 1:17, la yuxtaposición de Moisés y Cristo es evidente. Con ello se insinúa la yuxtaposición del antiguo pacto y el nuevo. Lo que se recalca, sin embargo, es la fidelidad. En su posición incomparable, Cristo **como hijo** es fiel **sobre su casa** (RVR, v. 6).

6. La cual casa somos nosotros se refiere a los creyentes, a los redimidos de Dios, cuya fe es constante. Esta fe se manifiesta en la **confianza** (*parresian,* "franqueza en el hablar"; y por ello confianza manifestada o gozada) que se convierte en un **gloriarnos en la esperanza** en el Hijo. Cristo es el objeto al igual que la base de su confianza y esperanza. **Hasta el fin** (*mechri teldus*). Hasta que la esperanza se convierta en realidad.

5) Superioridad del Reposo de Cristo Sobre el Reposo de Israel bajo Moisés y Josué. 3:7—4:13.

El principio del reposo es la fe. Así fue en el caso de los israelitas al dirigirse a Cannaán, y así es en el de los creyentes hoy. El *reposo de la fe* tiene tanto un significado presente como futuro. El Sal. 95: 7-11 se emplea para mostrar cómo tanto la amenaza como la promesa tuvieron relación con el reposo de Israel en Canaán. La entrada en la tierra prometida dependió de la obediencia.

7-11. Los que cruzaron el desierto sufrieron las consecuencias de la amenaza que Dios hizo. Que perecieran en el desierto no fue un accidente (véase Nm. 14 y 21). Como lo indica este salmo, los hijos de Israel desafiaron la autoridad soberana de Dios con su rebelión en el desierto (Nm. 20). La lección es obvia. La verdadera obediencia de corazón va más allá del simple recibir instrucciones. Una generación de israelitas pereció porque se rebelaron en desobediencia voluntaria, y esto a pesar de una revelación como la del Monte Sinaí.

12. La verdad del Sal. 95:7-11 recibe una aplicación actual (para los lectores originales) y pertinente. La negligencia y desobediencia voluntarias, el **corazón malo de incredulidad,** pueden producir la separación o apostasía de Dios. Esta advertencia se hace en forma individual y personal para llevar al autoexamen. Se sugiere un contraste entre la fidelidad de Cristo y la de los apóstatas. Se apostata **del Dios vivo** (*theou zontos*), quien lleva a cabo sus juicios; por ello la advertencia es tanto más sobresaliente. **13-19.** La forma de evitar tanto la apostasía como el juicio consiguiente es la exhortación diaria. Los creyentes han de advertir y amonestarse unos a otros a esperar y confiar en Cristo. La advertencia posterior en contra del no reunirse toca el mismo punto (10:25). Este reunirse implica la oportunidad para exhortarse. El fortalecimiento mutuo nace de tal exhortación, la cual es el recurso más eficaz contra los corazones endurecidos y el pecado. Esta es una responsabilidad específica que los creyentes han de ejercitar hasta la venida de Cristo.

Al exhortarse de este modo unos a otros y con ello estimular a la fe y obediencia, los cristianos demuestran ser **participantes de Cristo** en las bendiciones del reposo prometido. Lo que demuestra que se tiene un corazón creyente es el retener **firme hasta el fin nuestra confianza.** La generación en el desierto no entró en el reposo de Canaán (v. 19) **a causa de incredulidad** (*di'apistian*). ¿Se podría hacer la advertencia en forma más clara?

Adviértase que los hijos de Israel que perecieron en el desierto dejaron sólo dos portavoces, sólo dos representantes de su generación infiel y por tanto muda—Caleb y Josué. Y la *fe* de estos dos fue la que los protegió y la que habla a nuestros corazones aún hoy.

La generación que pereció falló por dos razones—(1) por dureza de corazón, y (2) por incredulidad. Esto los hizo errar y por fin merecer el juicio. Su incredulidad se manifestó en actitudes que siguen siendo comunes. Murmuraban o se quejaban; hacían planes propios y buscaban líderes propios; se rebelaban abiertamente contra Dios; expresaban disgusto contra las disposiciones de Dios; y por fin aceptaron a regañadientes el lugar que Dios les asignó en su plan. El relato que se encuentra en Nm. 14-21 y se comenta en Sal. 95 sirvió al escritor de Hebreos para sus repetidas advertencias contra esta clase de dureza e incredulidad que se había puesto de manifiesto en la generación que pereció (3:12,13,18,19; 4:6,7,11).

4:1-10. No se rompe la continuidad entre los capítulos 3 y 4. El ejemplo de la experiencia del desierto se aplica de inmediato a las vidas de los creyentes. La actitud de corazón de los lectores se expone en relación con el 'reposo de la fe', expresión que se emplea a menudo en relación con este pasaje de la Escritura. Prevalecen dos puntos de vista básicos con respecto al **reposo** prometido. El primero sitúa el **reposo** en el futuro como reposo celestial, o entrada en el Reino de Dios (véase Gleason L. Archer, Jr., *The Epistle to the Hebrews: A Study Manual*, pp. 28,29; Charles R. Erdman, *The Epistle to the Hebrews*, pp. 49,50). El segundo punto de vista pone más de relieve el reposo actual que el reposo prometido del futuro, si bien este último "entrega plena", la cual se considera como una experiencia única (Erdman, *Ibid.*). Este segundo punto de vista recalca la realidad actual del 'reposo de la fe' como rotura con nuestras obras, lo cual coloca al creyente en una relación más íntima con Cristo.

1,2. El **reposo** prometido sigue estando a disposición. La promesa de Dios no se agotó en la generación del desierto. Sólo el no perseverar en la fe limita la entrada en dicho reposo. Esta es la aplicación directa de las advertencias contra la incredulidad que se hallan en lo dicho anteriormente. **También a nosotros se nos ha anunciado la buena nueva** es de lectura difícil debido a las variantes existentes, pero no es difícil de entender. La fe del creyente que se ejercita en relación con la promesa de Dios garantiza el reposo. (Véase Alf y ExpGT en He. 4:2b para una exposición detallada de las variantes de *sugkekerasmenous te pistei tois akousasin*).

3,4. Downer habla de un reposo doble (*Principles of Interpretation*). El escritor expone el reposo espiritual del creyente perseguido y acosado a quien se dirige esta carta. Es una experiencia personal actual— **Los que hemos creído entramos en el reposo** (*eiserchometha*). Es la palabra de

aliento para el cristiano agobiado. El segundo, o reposo sabático, se propone en la cláusula, **Reposó Dios de todas sus obras en el séptimo día.** Este es el *sabbatismo* del versículo 7, el *reposo sabático*.

5-10. Dios ha dado el **reposo,** y hay que entrar en posesión de él o entrar en él. La incredulidad impide la entrada en el reposo de Dios, mientras que la fe abre de par en par la puerta al mismo; por ello este descanso está sólo a disposición de los verdaderos cristianos. Josué no dio este reposo a su generación solamente; por tanto el reposo prometido sigue disponible. **Por tanto, queda un reposo para el pueblo de Dios.** Ha sido reservado para los creyentes de hoy. Es un reposo tanto presente como futuro que depende no de "obras", sino de la fe de los creyentes. **11.** Aquí tenemos la "palabra de exhortación" referente al entrar en el reposo de Dios (véase 13:22) por medio de un esfuerzo serio (lit., ser diligentes).

12,13. La oferta de *reposo* se refrenda con una referencia a la palabra de Dios, que es referencia tanto a Cristo como a la Palabra viva o a la revelación, o palabra escrita. Cinco afirmaciones se hacen respecto a la **palabra de Dios** (*logos tou theou*): (1) es *viva;* (2) es palabra de poder, o *energía* creadora; (3) es *cortante,* ya que separa incluso a los que están unidos por las relaciones más íntimas; (4) es *juez* de los pensamientos más íntimos; y (5) es el *medio* del que Dios se sirve para tratar directamente con lo **creado.** De este modo la palabra de Dios revela a todo el hombre, en especial sus actitudes íntimas y su fe, la que lo capacita para *entrar en el reposo*. La palabra de Dios examina, juzga, y amonesta al cristiano para que viva en forma santa y para que crea.

6) Cristo como Sumo Sacerdote en el Orden de Melquisedec, Superior a Aarón. 4:14—5:10.

Vuelve a tratarse del tema indicado en 2:17 y 3:1 y se expone en forma más extensa. Por primera vez se habla de Cristo en el santuario. Lo que siga será un contraste constante entre el santuario terrenal o tabernáculo y el santuario "verdadero" o celestial, y entre el sacerdocio aarónico o levítico y el sacerdocio eterno de Cristo "según el orden de Melquisedec". Se expone el lugar y ministerio de Cristo.

14-16. Está en el santuario como nuestro sumo sacerdote. El derecho que tiene a dicha posición lo garantiza su muerte (incluyendo el derramamiento de sangre) y su resurrección. **Traspasó los cielos** hasta la presencia de Dios. Se encuentra ahí como Hijo de Dios, pero también como Hijo del hombre. En su humanidad perfecta conoce nuestras necesidades, preocupaciones, tentaciones y problemas, porque fue tentado sin sucumbir a la tentación. Lo sabe todo acerca del pecado sin haber pecado. El conocimiento definitivo del pecado lo adquirió cuando tomó nuestro pecado sobre sí en el Calvario.

Ahora, como está en la presencia de Dios, podemos acudir a Dios sin temor. El **trono de la gracia** ha sido cambiado de trono de juicio en trono de misericordia debido a que la sangre de Cristo ha sido "esparcida" sobre él. El simbolismo se toma del arca del pacto en el Tabernáculo y del Día de la Expiación (Lv. 16). Este simbolismo y sustitución de la práctica del AT se explica punto por punto en la exposición subsiguiente del escritor. De momento, el autor subraya la verdad de que el débil consigue ayuda, el desventurado misericordia, y de que se puede **hallar gracia,** porque Cristo nuestro sumo sacerdote en el trono de Dios satisface nuestra misma necesidad. Esta ayuda constante está a disposición de todo cristiano, sin ningún otro requisito más que el de "invocar el nombre del Señor". Quizá pocos pasajes en el NT son tan expresivos como éste en cuanto a la promesa de ayuda y consuelo para el cristiano. Bien entendida, ésta es una de las verdades sublimes de la Escritura respecto a Cristo y a los creyentes. Se debe advertir aquí que todo lo relacionado a Cristo como sumo sacerdote se explica en forma más completa en los pasajes que siguen, hasta He. 10:18; también concluye la comparación con Moisés.

5:1-10. Los requisitos para el oficio de sumo sacerdote se exponen ahora. Aarón sirve de modelo, ya que fue el primero en servir como sumo sacerdote.

1,2. Tomado de entre los hombres para representar a los hombres ante Dios. La humanidad del sumo sacerdote es básica y esencial. También es **constituido,** o *puesto aparte,* para servir a Dios y a los hombres. Siendo hombre, puede entender la debilidad humana y servir a los errados e ignorantes. El sumo sacerdote debe tratar con los pecadores además de representarlos. También debe ofrecer sacrificios por sus propios pecados además de ofrecerlos por los del pueblo. Se presenta a alguien que, como hombre, se halla completamente implicado en las necesidades de los hombres. **3.** Sin embargo, las necesidades personales del constituido como sumo sacerdote no deben olvidarse. Al ofrecer sacrificios por el pueblo, también los ofrecía por sí mismo, presentando sus propias necesidades a Dios por medio de la sangre del sacrificio.

4. Aarón, el primer sumo sacerdote, fue llamado por Dios para este oficio. Ni lo buscó ni lo mereció. Dios lo nombró. El destino de los que trataron de servir en este oficio sin haber sido nombrados por Dios está bien ilustrado en el ejemplo de Coré (Nm. 16:40). **5,6.** También Cristo fue nombrado sumo sacerdote. El escritor cita Sal. 2:7 con el significado de, "Este día te he nombrado sacerdote". Reunía todos los requisitos para dicho oficio y no lo buscó por sí mismo. Lo constituyó en esta posición gloriosa (*edoxasen*) Dios Padre.

7-10. Se describe la experiencia humana de Cristo. Fue una experiencia de aprendizaje y de limitaciones. Esta humillación (Fil. 2:7) fue su tiempo de aprendizaje a obedecer en el nivel de hombre. Fue el tiempo que pasó en la carne. La referencia específica de He. 5:7,8 es a las horas de agonía en Getsemaní. El pasaje habla de angustia cuando menciona **ruego, súplicas con gran clamor** y **lágrimas.** El enemigo con el que se enfrentó fue la muerte—tanto física como, por ser el portador de pecado, espiritual, en cuanto que soportó la ira que Dios descarga sobre los pecadores. Lo que pidió fue liberación, la cual fue otorgada plenamente en la Resurrección, con proclamación de la derrota de la muerte. Con esta experiencia Cristo aprendió obediencia de una forma que no hubiera podido conseguir de ninguna otra manera. Literalmente, **Aprendió de lo que sufrió (v. 8), que es un juego de palabras en el proverbio griego** *emathen-epathen.*

Ya considerado sumo sacerdote perfecto, Cristo suministra eterna salvación (*soterias aioniou,* v. 9), cuyo aspecto eterno se relaciona con el sacerdocio de Melquisedec. En contraste con Aarón, Melquisedec es sacerdote eterno de Dios, tema que se expone en detalle en el capítulo 7.

7) Censura por Falta de Entendimiento y por Inmadurez. 5:11—6:20.

Antes de exponer el argumento basado en el sacerdocio de Melquisedec, el escritor vuelve a detenerse para incluir exhortaciones y advertencias, incluso censuras.

11-14. Es un reproche duro. El escritor dice con claridad que sus lectores no están en condiciones de recibir la enseñanza que se siente obligado a darles. Los llama **tardos para oír,** inmaduros, cortos e ignorantes. Debido a esta situación, la tipología referente a Melquisedec quizá estaba más allá de su comprensión. Jonathan Edwards en cierta ocasión predicó un sermón acerca de He. 5:12 titulado: "Importancia y Ventajas de un Conocimiento Cabal de la Divina Verdad". Comentó que el reproche de este pasaje parece incluir a todos los lectores a los que fue dirigida la carta, que estos creyentes no habían progresado ni en doctrina ni en experiencia, que no entendían a Melquisedec, y por tanto, que no conocían lo que habrían debido conocer (*The Works of President Edwards,* IV, 1-15).

La conclusión del escritor de que no reunían condiciones para enseñar a otros es patente. Además, todavía necesitaban verdades elementales o **leche.** Como **niños** (*galaktos,* niños de pecho), no podían asimilar alimentos más fuertes; además, carecían no sólo de conocimiento de la verdad, sino de experiencia de la verdad. Pero los que **han alcanzado madurez** o son adultos (*teloi,* "maduros") eran como los que **tienen los sentidos ejercitados** (*gegymnasmena*), listos para la pelea porque están disciplinados espiritualmente. Los que tenían esta preparación eran espiritualmente sensibles y capaces de discernir la verdad del error cuando se hallaban bajo instrucción. (En todo este pasaje las metáforas se hallan mezcladas; véase Alf, IV, 103).

6:1-3. Prosigue la exhortación. Una vez aprendidos los principios básicos respecto a Cristo, no debían detenerse en ellos sino que debían proseguir hasta alcanzar *estatura plena* y *madurez,* para presentar crecimiento espiritual pleno. Tenían que seguir discerniendo entre verdades vivas y formas muertas, como las que se hallaban en el judaísmo, como purificadores, bautismos y rituales. En el versículo 3 el escritor se identifica con los lectores y revela su propia dependencia de Dios.

4-8. Algunos habían llegado a la madurez; otros **recayeron.** Se mencionan para reforzar la advertencia que se acaba de dar — proseguir hasta la madurez. Este pasaje debería interpretarse no desde el punto de vista de ningún sistema teológico, sino por su propio contexto. El tema es los primeros principios aprendidos. Ahora el escritor habla de los que, habiendo recibido esta instrucción en los primeros principios, se habían apartado de Cristo. Ahora eran enemigos de Cristo y de la salvación que hay en él.

El propósito del escritor era describir un peligro extremo a fin de que los que se sintieran tentados a apostatar pudieran tener ante sí el ejemplo más elocuente posible. El problema era claro: Cristo o no Cristo, fe salvadora o incredulidad, sufrir su censura o unirse a los que lo traicionaron y destruyeron. Las palabras que se emplean son vigorosas. *Hapax photisthentas* significa **una vez** por todas **fueron iluminados.** **Gustaron** en los léxicos más recientes se traduce por *venir a conocer.* **Partícipes,** del griego *metochous,* significa los que de verdad comparten (Alf, IV, 109). Todos estos términos indican mucho conocimiento y participación por parte de los que **una vez fueron iluminados.** Incluso los milagros fueron conocidos de aquellos que ahora se mostraban hostiles a Cristo.

Hay otro punto de vista posible respecto a este pasaje. Se puede traducir, *si se apartan* (cf. RSV, *si cometen apostasía*). En ese caso el escritor no piensa en casos específicos de apostasía, mucho menos entre sus lectores (v. 9), pero advierte que el no querer progresar en la vida cristiana conduce lógicamente a retroceder, lo cual puede llegar a la apostasía. Si uno llegara hasta a caer después de haber gustado el don celestial, esa caída no se podría considerar pecado ordinario, porque implicaría el repudio de lo que Dios nos ha dado en Cristo (volver a crucificar al Hijo de Dios). Por consiguiente, para ese tal se le esfuma la esperanza de renovación, porque Dios no tiene otro remedio para el pecado cuando se repudia el Calvario.

Al decidir rechazar a Cristo, el apóstata se parece mucho al campo que sólo produce espinas y abrojos, aunque la lluvia lo riegue y los agricultores que lo cultivan buscan sólo que produzca fruto. No cabe duda alguna de que la advertencia directa y vigorosa va dirigida a lectores tentados de apartarse de Cristo. En realidad, lo que era verdad para los creyentes de esos primeros tiempos sigue siéndolo para los creyentes de hoy.

9-12. Pero lo dicho no es verdad en el caso de los destinatarios de la carta, explica el escritor. Es la conclusión del asunto que ha expuesto por lo que respecta a los destinatarios. Aunque ha hablado con *palabras severas de amonestación* (*houtos laloumen*), dice que está persuadido de **cosas mejores** (*ta kreissona*) en cuanto a ellos. Dios no va a **olvidar** (*epilathesthai*) todo lo que habían hecho de palabra y obra en servicio de sus hermanos cristianos, ni que continuaban sirviéndolos. Esto era prueba de su seriedad. Ahora debían continuar manteniendo este mismo espíritu y actitud serios en todas sus vidas (v. 11). Debían mantener presente el ejemplo de todos los que perseveraron (v. 12), y así gozarían de las promesas de Dios realizadas. Deben copiar la fe y prácticas de los que eran fuertes en la fe.

13-20. Tenían la garantía firme del pacto sellado con Abraham que les daba seguridad. Se presenta a Abraham como ejemplo de perseverancia. Y Abraham perseveró porque Dios garantizó con su propio nombre el pacto que hizo con él. Como Dios había jurado por su propio nombre, no podía mentir a Abraham, porque estaban en juego tanto su autoridad como su integridad. Dios es inmutable, y nosotros poseemos motivos para sentirnos estimulados, tan fuertes como los que Abraham tuvo en su tiempo. Nuestra seguridad está en Jesús, quien ya se encuentra en el santuario celestial. Por juramento y por promesa los que tienen puesta la esperanza en Cristo como **firme ancla del alma** verán cumplida dicha esperanza de atravesar el velo (simbólico, velo del Tabernáculo) porque Jesús ya **entró por nosotros.**

Como sumo sacerdote eterno en el santuario, Cristo llena todos los requisitos de la clase sacerdotal de Melquisedec, y el escritor vuelve al tema interrumpido de la persona de Cristo **según el orden de** o *como* Melquisedec.

8) El Sacerdocio de Melquisedec. 7:1-28.

Melquisedec es a todas luces prototipo de Cristo. Todo lo que se sabe del mismo se encuentra en dos pasajes del AT — Gn. 14: 17-20 y Sal. 110:4. En ambos casos su posición como sacerdote de Dios es evidente. El relato de su vida se contiene en el pasaje de Génesis. No se sabe nada más de él, y no es del todo claro que la referencia a Salem haya de interpretarse como referencia a Jerusalén (Alf, IV, 125). Sin embargo, no es equivocado considerar a Melquisedec como prototipo del sacerdocio eterno de Cristo. Este pensamiento sirve para iniciar toda la exposición del sistema levítico. Leonard considera 7:1—10:18 como la médula de la carta. Ve este pasaje como algo único, sin paralelo posible en el NT, ya que establece una valoración comparativa de los mediadores sacerdotales de los dos pactos (*op. cit.*, p. 32).

La importancia de Melquisedec y el significado de la comparación de Melquisedec y Cristo han sido tema de muchas discusiones. Las opiniones acerca de ello varían mucho. Cotton y Purdy (IB, XI, 660, 661) hablan de las "especulaciones en torno a Melquisedec", y del "método alejandrino de interpretación alegórica", lo cual significa, dicen, "embaucar con hechos históricos". Y sin embargo el comentario que hacen del pasaje afirma que Melquisedec substancia la "validez y dignidad del sacerdocio de Cristo", y que Melquisedec es el "prototipo del Hijo . . . [El escritor de Hebreos] ha demostrado que Jesús es el Hijo; ahora debe demostrar que es Sacerdote." A.B. Davidson en su *The Epistle to the Hebrews* (pp. 129, 146ss.) expone todo el tema del sacerdocio de Cristo, incluyendo la cuestión de Melquisedec. Formula acertadamente el principio básico. En el caso de Melquisedec, lo que se discute no es la función sacerdotal, sino los sacerdotes. Para todos los sacerdotes el ministerio es el mismo, ya que en el caso del sumo sacerdote, su función el Día de Expiación no es más que prolongación de la función común de todos. El escritor relaciona a Cristo con Melquisedec, pues, para subrayar que *Cristo es sacerdote para siempre.*

1-3. Se pasa revista al incidente histórico que se menciona en Gn. 14:17-20. El escritor indica que Melquisedec fue rey y por tanto recibió homenaje de Abraham; pero, lo cual es mucho más importante, fue **sacerdote del Dios Altísimo,** y por consiguiente recibió diezmos de Abraham. La importancia de esto se destaca más tarde cuando dice que Melquisedec fue sacerdote de Dios antes de que se estableciera el sacerdocio levítico (vv. 4-6). En los versículos 2 y 3, que son a menudo de paréntesis, se menciona que Melquisedec no tuvo genealogía ni sucesión. Ni se menciona su nacimiento ni tampoco su muerte. La historia suya es la de alguien que **ni tiene principio de días, ni fin de vida, sino hecho semejante al Hijo de Dios.** Esta carencia de fecha de nacimiento robustece el carácter tipológico de Melquisedec con respecto a Cristo. Por ello el Sal. 110:4 subraya la eternidad del sacerdocio de Melquisedec, como lo hace *eis to dienekes*, "a perpetuidad", para **siempre** (He. 7:3).

4-14. ¿Qué significado espiritual tienen todas estas observaciones acerca de Melquisedec? **Considerad** (*theoreite*) la grandeza de aquel a quien Abraham reconoció superior a sí al entregarle los diezmos. La verdad básica es que el sacerdocio de Melquisedec fue mayor que el de Aarón y los levitas porque (en sentido figurado) este último ofreció diezmos a Dios por medio del primero en la persona de Abraham. De este modo **el menor,** es decir, los levitas, **es bendecido por el mayor,** es decir, Melquisedec. Todas las implicaciones tienen como fin demostrar la superioridad y eternidad del sacerdocio del último, quien actuó como sacerdote cuando bendijo a Abraham y (en forma figurada) a Aarón y a los Levitas.

En este pasaje se expone la relación del sacerdocio levítico con Cristo (vv. 11-14). Jesús no fue de Leví sino de Judá. Esto lo excluyó del orden sacerdotal según la Ley. Su humanidad lo vinculó a la tribu de Judá, y por tanto (v. 13) como hombre no era idóneo para servir ante el altar como sacerdote, porque Moisés en ninguna parte pronunció palabra alguna para darle a Judá autoridad o función sacerdotal.

15-28. El problema técnico de si Cristo fue y es sacerdote se soluciona solo porque pertenece a otro orden sacerdotal. Este orden se considera superior en todo al sacerdocio levítico, y además es eterno. **16. El poder de una vida indestructible** (*akatalytos*) no se encuentra en ningún otro pasaje del NT.

18-20. La ley de Moisés, a la que se refiere en la expresión **abrogado el mandamiento**, queda abrogada por cuanto Cristo es el sacerdote de Dios sellado con juramento (Sal. 110:4). **22.** Cristo es el **fiador** (*engyos*) de que el juramento de Dios se mantendrá en las promesas y garantías del pacto nuevo.

23-28. Cristo **permanece para siempre** y no está sujeto a la muerte. Ha sido conquistada. Por esto puede **salvar perpetuamente**, en forma completa y eterna, a todo el que recurra a él. Del mismo modo, su intercesión por los suyos es incesante. De todo ello dan garantía su propia índole **(santo, inocente, sin mancha, apartado de los pecadores)**, su función (como sacrificio expiatorio) y su relación.

B. Cristo, Ministro y Sumo Sacerdote del Nuevo Pacto. 8:1—10:18.

El nuevo pacto, el sistema levítico del antiguo pacto, y el ministerio sacerdotal de Cristo se mencionan juntos en la parte final del tema principal de la carta. En síntesis, se alude en forma directa al tabernáculo del desierto a fin de poder presentar el contraste con el santuario celestial. Cristo está en el santuario celestial, y su presencia en el mismo se ha descrito antes (4:13-16). Está ahí como sumo sacerdote realizando el servicio sacerdotal que se basa en el sacrificio, además de que él mismo es el sacrificio. Se combinan, pues, tres conceptos, a saber, sacrificio expiatorio, servicio sacerdotal y el santuario celestial.

1) El Nuevo Pacto en Relación con el Antiguo. 8:1-9.

Jeremías mencionó un nuevo pacto siglos antes de esta exposición de su importancia (Jer. 31:31ss.). En He. 8:8, se menciona tanto a Israel como a Judá como receptores de bendición y ayuda divina en el nuevo pacto prometido. El nuevo pacto se contrasta en forma clara con el antiguo (vv. 8,9). Se muestra el carácter general que tiene, además de ser **mejor** por tener la garantía de **mejores promesas** (v. 6).

1-5. El nuevo pacto lo estableció Cristo, quien es el **ministro** (*leitourgos*) del mismo. Se ocupa de lo santo en el **verdadero tabernáculo**, que **levantó el Señor** (*kyrios*, evidentemente el Padre, Alf). Cristo sirve como sumo sacerdote en el mismo, con plena autoridad (vv. 1,2). Su posición en el santuario celestial está en orden perfecto. Ofreció al Padre sacrificios y servicio. Se ofreció a sí mismo como único sacrificio aceptable (idea que se amplía en los caps. 9 y 10), y su servicio es el del sumo sacerdote ante Dios que sirve en el santuario. En el versículo 4 hay un posible indicio de que

esta carta fue escrita antes de la caída de Jerusalén en el año 70 d. de C., en el pensamiento de que los sacerdotes terrenales siguen sirviendo **según la ley**. Estos sirven a lo que es **figura y sombra** dada a Moisés, quien vio el santuario real o verdadero (celestial) en el Monte Sinaí (Éx. 25:40).

6-9. El contraste se acentúa más (v. 6). Un servicio mejor, o **mejor ministerio . . . mejor pacto;** y todo basado en **mejores promesas.** Si el antiguo pacto hubiera sido satisfactorio, Dios no le habría encontrado defectos ni tampoco habría hablado de reemplazarlo como lo hizo por medio del profeta Jeremías (Jer. 31:31ss.). El profeta refirió la entrega del antiguo pacto, el fracaso de Israel en cumplirlo, y la decisión de substituirlo en tiempo posterior a Jeremías.

2) Explicación del Pacto Mejor. 8:10-13.

El escritor hace suya la profecía de Jeremías para explicar la naturaleza y estipulaciones del nuevo pacto. Bajo el nuevo pacto: (1) Dios puso leyes nuevas en los corazones y mentes del pueblo (lo que Cristo hizo por medio del nuevo nacimiento, con lo que estableció el nuevo pacto como pacto de relación con Dios). (2) Establece una relación nueva con ellos — **Seré a ellos por Dios, y ellos me serán a mí por pueblo.** (3) El pueblo tiene una nueva función — **enseñará a su prójimo . . . conoce al Señor** (v. 11). (4) Y la verdad de Dios tiene un nuevo alcance — **todos me conocerán.** (5) Se ofrece una nueva purificación, con los pecados e iniquidades perdonados por medio de Cristo, sacrificio y garantía del nuevo pacto (v. 12). Al antiguo lo reemplaza el nuevo, y el antiguo está a punto de desaparecer por completo (v. 13).

3) El Nuevo Santuario y el Sacrificio Perfecto. 9:1-28.

El conocer bien las funciones del sacerdocio aarónico descritas en la segunda mitad de Éxodo y en Levítico ayuda mucho para entender estos versículos. El servicio del sacerdote en el Tabernáculo se describe en forma sintética en relación con el mobiliario y sus funciones. Al igual que en el capítulo anterior, el propósito vuelve a ser el de establecer un contraste bien claro entre el servicio superior de Cristo como sumo sacerdote en el santuario celestial y Aarón como sumo sacerdote en la tierra.

1-10. Las antiguas prácticas se describen como normas del **santuario terrenal.** El escritor procura que los lectores no se equivoquen en cuanto al lugar del servicio sacerdotal levítico. Menciona las piezas del mobiliario del Tabernáculo y las identifica por el lugar que ocupaban, **lugar santo,** *santuario,* NC, AV (*hagia*); y **lugar santísimo,** *santo de los santos,* NC, AV (*hagia* *hagion*). Aquel era la primera sala en el Tabernáculo terrenal, y éste era la sala segunda o de más adentro. Esta cuidadosa descripción es importante para entender las actividades de los sacerdotes levíticos y del sumo sacerdote en relación con las dos salas. Los oficios de los sacerdotes eran sin duda de mucha mayor importancia que el mobiliario, como lo indica la expresión, **de las cuales cosas no se puede ahora hablar en detalle,** o *individualmente* (ASV, v. 5).

Los sacerdotes levíticos prestaban servicio diario en el Lugar Santo, pero no cruzaban el velo que los separaba del Lugar Santísimo. La purificación ritual la conseguían los sacerdotes para el pueblo en el servicio en el altar del incienso en el Lugar Santo. La expiación o perdón se obtenía sólo una vez al año, el Día de la Expiación (véase Lv. 16), cuando el sumo sacerdote cruzaba el velo hasta el trono de misericordia con la sangre del sacrificio. Pero todo esto eran **ordenanzas acerca de la carne** (He. 9:10), porque el tabernáculo terrenal, su mobiliario y servicio, eran imperfectos. El velo que colgaba entre las dos salas del santuario en el Tabernáculo era testimonio perpetuo de que el camino directo hasta Dios todavía no estaba expedito (véase 4:13-16). El Espíritu Santo daba testimonio de ello (9:8). También había restricciones específicas en cuanto a la duración del sacerdocio levítico y del Tabernáculo terrenal (v. 10). Tenía que llegar el **tiempo de reformar.**

11-14. Cristo inauguró este tiempo de reforma al entrar como **sumo sacerdote** en el tabernáculo celestial, o **el más amplio y más perfecto tabernáculo,** y presentar su propia sangre ante el trono de misericordia como expiación. Con este sacrificio eterno del Hijo de Dios se consiguió **eterna redención.** Ya no es necesario ni posible repetir este acto. Se vuelve a explicar el contraste entre la sangre de machos cabríos y bueyes que se ofrecía todos los años y los demás símbolos rituales del sistema levítico con la muerte expiatoria de Cristo. De cuánta mayor importancia es la sangre de Cristo, **el cual mediante el Espíritu eterno se ofreció a sí mismo** (*dia pneumatos aiōniou*). **Mediante el Espíritu eterno** probablemente significa *su Espíritu eterno* (ASV marg.), y se refiere al consentimiento de su propia voluntad al ofrecerse a sí mismo con respecto a la posición que ocupa en la Divinidad. Por consiguiente su sacrificio fue eterno y no temporal. La interpretación exacta de **Espíritu eterno** es difícil de precisar (cf. Davidson, *Epistle to the Hebrews,* p. 178; CGT, p. 119).

Esta obra expiatoria y redentora de Cristo satisface tanto las exigencias legales bajo la Ley como las personales en la conciencia purificada. Comunica pureza interna al igual que liberación exterior y eterna. Este punto era especialmente importante a la luz de la tentación de apostatar por parte de por lo menos algunos lectores de la carta. Como pecadores liberados y purificados, estaban obligados, sobre todo ellos, a servir a Dios en lugar de volver a las **obras muertas** del judaísmo.

15-28. El camino para ir al santuario celestial es la muerte expiatoria. Este es · el significado funcional de **mediador de un nuevo pacto.** Esto es cierto porque ha intervenido una **muerte,** la de Jesucristo en la cruz. Ahí tuvo lugar una transacción que satisfizo por completo las exigencias redentoras, lo cual produce el perdón y la **herencia eterna.**

16. Este nuevo pacto puede considerarse como un testamento rubricado con la muerte del que lo escribió. En tiempos del AT la sangre de los animales inmolados era el sello del pacto para los que lo hacían. La muerte de Cristo sella el nuevo pacto. **17.** Se agrega otro argumento para refrendar el hecho que se expone. Se recalca el **testamento** (*diatheke;* cf. Alf) sellado con la muerte y el derramamiento de sangre. Es la única forma de dar vigor y fuerza a un pacto. Y este pacto es mejor. En todos estos versículos se hace ver que la muerte es necesaria.

18-22. La sangre de los sacrificios de animales estaba inseparablemente unida al Tabernáculo primero o terrenal. Después que Dios dio las promesas e instrucciones a Moisés, éste tomó la sangre de sacrificios y salpicó todo lo que simbólicamente estaba en relación con el primer pacto. De ahí que se llame **sangre del pacto.** Con esta acción estas cosas terrenales quedaron purificadas y luego se mantuvieron como puras e identificadas con Dios y su pacto con Israel. Esto fue necesario porque no hay remisión aparte de la sangre del sacrificio. La verdad fundamental en la que muchos tropiezan es la afirmación del versículo 22 de que **sin derramamiento de sangre no se hace remisión** (cf. Éx. 24:3-8).

23-28. La finalidad de la obra expiatoria de Cristo se explica más en detalle. **23. Mejores sacrificios** vuelve a ser la clave. El cielo mismo está libre de la mancha del pecado humano porque la sangre de Cristo fue derramada (cf. Moll en J.P. Lange, *Commentary on the Holy Scriptures;* o, Éx. 24:3-8).

24-26. Finalidad. Cristo está en el lugar santo o santuario celestial **para presentarse ahora por nosotros ante Dios** (v. 24). No entra y sale todos los años, porque su sacrificio es completo (v. 25). Sufrió una vez por todas; derramó la sangre una vez; y en su sufrimiento y muerte, el pecado fue vencido una vez por todas. Este suceso se identifica con **la consumación de los siglos.** Esta forma de designar una época y la referencia casi inmediata a la Segunda Venida (v. 28) sugiere que el pueblo de Dios en las primeras generaciones después de Cristo vinculó la muerte de Cristo a su regreso como sucesos próximos el uno al otro en importancia, si no en tiempo.

27,28. Una muerte física precede al juicio. Cristo sufrió esta muerte, y al hacerlo murió una vez por todas. Al hacerlo cargó con el pecado — **los pecados de muchos** (v. 28). Y volverá una segunda vez no para cargar con el pecado, sino para encontrarse a los pecadores, cuyos pecados quedan borrados en su sangre expiatoria. Estos son los redimidos de Dios que **le esperan.** Los creyentes entrarán entonces en la salvación plena y la presencia de Dios. Los que conocen el gozo de la salvación también deberían conocer la esperanza de la venida del Señor.

4) El Nuevo Pacto Completo, Perfecto y en Acción. 10:1-18.

¿Cómo se pueden quitar los pecados? El antiguo pacto ofrecía una manera de obtener el perdón de los pecados. ¿Era suficiente? ¿Funcionaba bien el método? Estos interrogantes constituyen la base de la parte final de la argumentación.

1-4. El antiguo pacto fracasó. Fue una simple sombra (*skia*) de las cosas mejores que llegarían, una imagen (*eikon*) de lo real. Debido a esto, en último término fue fútil ya que nunca condujo a nadie a la madurez de fe y confianza. Si hubiera perfeccionado a los creyentes, no habría sido reemplazado. El problema del pecado habría quedado resuelto. El hecho que se afirma con toda claridad es que las ofrendas anuales y la sangre de los sacrificios de animales no pueden quitar el pecado. La palabra vital en el versículo 4 es **no puede** (*adynaton*). Es una afirmación vigorosa, concluyente y verdadera.

5-10. El Sal. 40.7-9 se usa aquí tipológicamente. Se cita a David como si hablara del Mesías y de su venida al mundo en forma humana. La voluntad de Dios era que el Mesías expiara completamente el pecado. Esto exigió sacrificio y derramamiento de sangre y por tanto un **cuerpo** preparado para que pudiera sufrir. En el sufrimiento y muerte la voluntad de Dios se cumplió completamente y se estableció el pacto segundo o mejor. En consecuencia, los creyentes han sido cambiados porque han sido purificados y santificados **mediante la ofrenda del cuerpo de Jesucristo hecha una vez para siempre** (v. 10). Con esta ofrenda se realizó la expiación, com-

placiendo a la perfección a un Dios santo.

11-13. El triunfo definitivo del Mesías se ve en el hecho de que no vuelva una y otra vez, ni tampoco simboliza una redención incompleta; pero después de ofrecerse a sí mismo, Cristo **se ha sentado a la diestra de Dios.** Se vuelve a hacer referencia a la posición que ocupa Cristo, el lugar de autoridad y de servicio sacerdotal. Para los creyentes, gobierna e intercede, dos aspectos del ministerio de Cristo que se ponen repetidamente frente a aquellos que corrían el peligro de apostatar y volver al judaísmo, al simple legalismo y ritualismo. El gobierno de Cristo será una realidad. Entre tanto espera con paciencia que llegue el tiempo en que sus enemigos sean derrotados. Entonces ya no habrá más oposición a Cristo ni a su égida.

14-18. La profecía de Jeremías respecto al pacto ha sido cumplida. Los creyentes en Cristo han sido perfeccionados, purificados, limpiados, hechos aptos para una comunión perpetua para la intimidad con Dios. La palabra **perfectos** (*teteleioken*) significa "completos". Es decir, el fin perseguido se ha conseguido; el creyente es preparado para entrar en el santuario, y su esperanza terrenal en cuanto a ello queda asegurada (cf. Exp. GT). Esto significa crecimiento y también disfrute de privilegios.

El escritor vuelve a citar a Jer. 31:33ss., para indicar cuánto cambia el corazón del creyente por la fe en Cristo, y cuán transformada queda su naturaleza. Jeremías predijo que así sería cuando el Espíritu Santo habló por él. La remisión de pecados es ya completa, y lo que Jeremías predijo en la profecía ya es una realidad. Los pecados ni siquiera se recuerdan, y las vidas están completamente transformadas con todo lo que Cristo ha llevado a cabo con su muerte expiatoria. La obra está cumplida.

III. Elementos de la Vida de Fe. 10: 19—13:17.

Con una exhortación el escritor concluye los últimos pensamientos. Esta sección final es exhortatoria y todos los pensamientos se centran en una palabra — fe. Se exhorta a la constancia en la fe con advertencias laterales en cuanto a las consecuencias de un posible repudio o desprecio de la misma. El pensamiento de la fe penetra también el epílogo personal con el que se cierra la carta. El pensamiento de una vida activa de fe parece ser el foco alrededor del cual el escritor hace girar sus argumentos y advertencias finales. El pensamiento que se inicia con las palabras **acerquémonos con corazón sincero, en plena certidumbre de fe** penetra todo lo que sigue. Con descripciones, advertencias, ejemplos, y otros medios que parecen acudirle a la mente, el escritor expone el principio que sintetiza claramente en la expresión, **plena certidumbre de fe.**

A. Descripción de la Vida de Fe. 10:19-25.

Ante todo es necesario entender la vida de fe. Si un maestro descubre que la fe de los creyentes es débil, debe hablar mucho de una fe segura que hace que los creyentes sean fuertes y confíen. Esta certidumbre se basa en la garantía eterna de que Cristo ha entrado en el santuario y en la presencia de Dios, con lo que le hace posible al creyente entrar en el santuario y en la presencia de Dios. Si este es el privilegio de los creyentes, y lo es, entonces los creyentes deben sacarle provecho. Deben ejercitar la prerrogativa de acercarse, porque Cristo, el Hijo en la casa de Dios y el sumo sacerdote de generación eterna (Melquisedec), lo ha hecho posible. En esta prolongación de 4:13-16, el escritor nos invita a ser valientes.

19. Libertad, o confianza. A causa de todo lo que el Señor Jesucristo ha hecho, tenemos libertad y confianza. Este libre acceso proviene de la **sangre de Jesucristo;** el camino ya está expedito. **20,21.** Tenemos el **camino nuevo** (*prosphaton*) **y vivo.** El velo ya no impide el acceso a Dios, ni tampoco la naturaleza humana, que se simboliza en la mención de la carne (*sarx*). El sufrimiento de Cristo en la carne quita para siempre este obstáculo. Del mismo modo que su cuerpo fue rasgado en la cruz, así el velo entre Dios y el hombre ha sido rasgado, con lo que el acceso inmediato a Dios queda abierto. Y Cristo es el **gran sacerdote,** como en 4:14, que realiza el servicio de un **gran sacerdote** en el santuario.

22. Acerquémonos, conlleva la idea de acudir a Dios con frecuencia, en forma abierta, íntima y decidida, aunque siempre con **corazón limpio, con corazón sincero; purificados los corazones** y una seguridad absoluta de que el acceso a Dios nos está abierto. El corazón limpio y la fe absolutamente cierta son las ideas predominantes; luego se insiste en la tríada del corazón, cuerpo y conciencia limpios. **23. La profesión de nuestra esperanza.** Una confesión inquebrantable de fe en el Cristo vivo. Dios fundamenta nuestra esperanza con sus propias promesas, **porque fiel es el que prometió.** Esto alude, pues, a otra afirmación basada en la fe en la fidelidad de Dios. **24.** Con la certidumbre viene la preocupación por los demás. Esto se manifiesta en el deseo de los creyentes de reunirse (v. 25) y también en la voluntad tanto de dar como de recibir exhortaciones e instrucciones útiles. **Estimularnos.** Por medio de excitación y estímulo (*paroxysmos,* paroxis-

mo). **Amor** y **buenas obras** han de despertarse hacia los hermanos creyentes. **25.** El reunirse y la comunión son dos pruebas de fe vital. Cuando el celo flaquea y la fe se debilita, el deseo de reunirse con los otros creyentes también se debilita. El estimularse del v. 24 es posible en estas reuniones. Cuando los cristianos se reúnen, se exhortan unos a otros a un servicio fructífero y a una comunión indestructible. El peligro de la apostasía acecha a los que no se reúnen con otros para ayudarse mutuamente (*parakalountes,* "estímulo mutuo").

Aquel día. La referencia más breve que tenemos a la segunda venida de Jesucristo. El sentido de apremio en el pasaje que habla de exhortarse se debe a lo inminente del Día de Cristo. A este respecto, se suscita una cierta dificultad en relación con la caída de Jerusalén. La referencia primaria de esta afirmación quizá sea al juicio inminente de Jerusalén. Pero es evidente que la caída de Jerusalén no cumple esta promesa en forma completa. Por ello parece que la frase presupone también un juicio segundo o final.

B. Descripción de los que Menosprecian este "Camino Nuevo y Vivo". 10:26-39.

La exhortación a la constancia prosigue con una aplicación o advertencia negativa. Se habla de las alternativas con contrastes acentuados como fe o incredulidad, fe y práctica o juicio terrible, aceptación o repudio a la luz del Calvario.

26. Si pecáremos voluntariamente (*hamartanonton,* "mientras pequemos voluntariamente") y **el conocimiento** (*epignosis,* "conocimiento pleno") son la base del pasaje. En este caso no hay carencia de *comprensión* de la verdad, como en el caso de los falsos maestros que se mencionan en 2 P. 2:20,21, donde se emplea dos veces esta misma palabra vigorosa que se traduce por **conocimiento.** El pensamiento básico en este pasaje de amonestación es el mismo que en He. 6:4-6. El repudio voluntario de la cruz por parte del que conoce el camino no le deja a Dios alternativa ninguna. Cuando se rechaza la misericordia, el juicio debe pronunciarse.

27-29. Sigue el juicio. Se cita la práctica bajo la ley mosaica para señalar el contraste. Este juicio recaerá sobre los **adversarios** de Dios, y el rechazo del versículo 26 al parecer coloca entre esos adversarios a los que rechazan. Este juicio será **horrendo,** porque se ha repudiado el único sacrificio expiatorio. Sigue la triple acusación: (1) desprecio por Cristo en el pensamiento de **pisotear;** (2) repudio del pacto adquirido con sangre por considerarlo inmundo e indigno; (3) desprecio de la persona y obra del Espíritu Santo.

30,31. No hay remedio ni salida de esta condición final. A estas personas sólo les espera la venganza, afirma el autor inspirado, quien cita Dt. 32:35,36, como prueba justificadora. Esta apostasía irremediable y el repudio final e irrevocable conducen al más horrendo juicio de Dios. También se menciona el Sal. 135:14 para refrendar estas afirmaciones.

32—34. El escritor vuelve a presentar un contraste. Prosigue la exhortación y lo hace describiendo la fe y paciencia vigorosas bajo las pruebas y dificultades. Recuerda a los creyentes su primera fe y la primera gracia de conocer a Cristo. Gozosos con esta fe que acababan de adquirir, habían considerado que los **padecimientos, tentaciones** (*athlésis*, como las penalidades del atleta), **tribulaciones** y **vituperios** no eran nada. La clase de padecimiento —ya el compartir lo que otros sufren ya el sufrir personalmente por Cristo— no importa. La fe era fuerte; se aceptaban las aflicciones, y la confianza en Cristo era firme y constante. **Hechos espectáculo.** Se les ponía bajo las candilejas (*theatrizomenoi*) para que todos los contemplaran; pero no vacilaron. Con esta forma de recordar a los creyentes los **días pasados,** el escritor hace que la exhortación se vuelva personal.

37—35. Paciencia, o **confianza,** a la luz de lo recordado. No debería olvidarse, o perderse; porque esta confianza se basa en la certidumbre de la fe, en la garantía de victoria. Esta paciencia es la necesidad más urgente. En vez de volver a caminos más fáciles, los creyentes han de mantener intensas tanto la fe como la esperanza con una confianza paciente, porque la recompensa es segura. Hacer **la voluntad de Dios** debe ser su norma en la tierra, a fin de que su recompensa celestial sea tanto mayor (cf. Mt. 7:21). Deben ser pacientes, y llevar la carga, no perderla (*hypomones*). Deben recordar las palabras de Hab. 2:3, **el que ha de venir vendrá, y no tardará.**

38,39. La fe es la clave del pasaje. Los que viven por fe y mueren en la fe gozarán en la salvación final que tenemos garantizada en Cristo. Como advierte Habacuc, no hay que retroceder, porque entonces Dios se vería obligado a actuar tal como se describe en He. 10:26-31. Los verdaderos creyentes no se harán culpables de tal retroceso. Su fe es **fe para preservación del alma.** En esta descripción de la fe del verdadero creyente, el escritor ha comenzado a presentar en una forma inadvertida la fase siguiente de su exhortación.

C. Ejemplos de la Vida de Fe. 11:1-40.

Una vez presentada la vida de fe como tema de la exhortación final y descritos sus elementos y lo que se le opone, el escritor introduce ahora en su argumentación el ejemplo de muchas personas que vivieron esa vida de fe. Es como si alguien que hubiera seguido todo el razonamiento del autor ahora pidiera algunas pruebas que justifiquen lo dicho. ¿Ha vivido alguien de esta forma? ¡Seguro que sí! ¿Quiénes son? He. 11:1—12:4 es la respuesta del escritor.

1—7. Primero explica la naturaleza de la verdadera fe, aunque da una descripción más que una definición de la misma. La fe es convicción de lo que no se ve. *No* es convicción de lo desconocido, porque podemos conocer por fe lo que no podemos ver. Aquellos a quienes el escritor dirige sus pensamientos tendrían ahora la ayuda de la mención de los héroes del AT que vivieron con convicción de lo no visto, o por fe. La fe es la certidumbre y prueba finales de que algo **que no se ve** es una realidad (*pragmata*). La sucesión de hombres que creyeron cosas no vistas, héroes de la fe, es ininterrumpida.

Por el acto de creer, los hijos de Dios conocen que el Señor hizo los mundos con su palabra. Los grandes personajes del AT vivieron por fe. Abel, Enoc y Noé se mencionan como ejemplos concretos de hombres que actuaron por fe. También la generación que recibía la exhortación tenía que vivir por fe. Y las generaciones posteriores también deben vivir por **lo que se espera** hasta la venida de Cristo.

Abel presentó una ofrenda aceptable, y fue un sacrificio cruento. Esta ofrenda constituyó en forma tipológica el sacrificio cruento como base para entrar en la vida de fe. La vida de fe es vida sólo por la expiación hecha. Por ello Abel sigue hablándonos. Enoc vivió una vida justa. Su meta fue agradar a Dios a toda costa, y lo logró; **antes que fuese traspuesto, tuvo testimonio de haber agradado a Dios.** Esta debería seguir siendo la meta de todo verdadero creyente, y es imposible agradar a Dios sin la fe. Abel presentó una ofrenda agradable, y Enoc vivió una vida de intimidad ininterrumpida con Dios. Noé creyó que Dios juzgaría la tierra, y esto se convirtió en incentivo para su vida de fe. Construyó el arca como prueba de su fe. Activó su fe a la luz del juicio.

Noé vivió para ver justificada su fe y conducto. Por una parte, demostró la fe al construir el arca; por otra, vio su fe justificada en salvarse del Diluvio. Con ello se unió al grupo glorioso de los que viven por fe por medio de **la justicia que viene por la fe.**

8—31. Los patriarcas posteriores también dieron el mismo testimonio. Abraham, Sara, Isaac, Jacob, José y Moisés todos son ejemplos de vida de fe. Abraham y Moisés sirven mejor como ejemplo por haber desempeñado un papel tan importante en los propósitos de Dios en la tierra. Abraham es ejemplo de obediencia en la vida de fe. Cuando Dios le pidió que saliera de Ur de Caldea, vivió en tiendas, como **extranjero,** como peregrino espiritual, con la mirada puesta en una ciudad que aún no había visto.

Luego entregó voluntariamente a Isaac para Dios, plenamente convencido de que la descendencia de Abraham, por medio de Isaac, predestinada para ser bendición para el mundo, no correría peligro aunque Isaac muriera. Fiel a la promesa de descendencia hecha en su pacto, Dios lo resucitaría. Incluso el nacimiento de Isaac, el hijo de la promesa, fue prueba de fe por parte de Abraham y Sara, porque les nació el hijo cuando eran físicamente demasiado viejos para tal bendición.

13—16. Para los verdaderos creyentes, vivir por fe es morir **conforme a la fe.** La vida de fe es peregrinar. El cielo es la única **patria** del creyente. Es la patria **mejor** a la que se encaminan los que viven por fe. Y como viven entregados a Dios, Dios vive entregado a ellos. **Dios no se avergüenza . . . de ellos,** y lo demuestra con el suministrar una ciudad o lugar para vivir para los suyos (Jn. 14:1,2).

17—19. Por Génesis 22 vemos la fe de Abraham en la ofrenda de Isaac en el Monte Moriah. La fe de Abraham fue puesta a prueba por lo menos de dos maneras: (1) se le pidió que ofreciera a Dios la mejor y más querida de sus posesiones; y (2) se le pidió que ofreciera a Dios el hijo de la promesa. El futuro de Abraham dependía sólo de Isaac. Si Isaac muriera, ¿qué iba a ser de la promesa de Dios a Abraham? Al ir a inmolarlo, Abraham demostró en forma sensible su convicción de que la muerte no es problema para Dios. La muerte no puede ser obstáculo ni impedimento para que cumpla su promesa **—Dios es poderoso para levantar aun de entre los muertos. En sentido figurado.** Parábola, comparación, como si Isaac hubiera realmente regresado de entre los muertos; una resurrección.

20. Isaac bendijo a Jacob y a Esaú en la promesa del pacto hecho a Abraham, que seguía siendo futura para Isaac, y por ello **respecto a cosas venideras** (véase Gn. 27).

21,22. Por la fe Jacob . . . por la fe José. Prueba de fe de los patriarcas en la promesa hecha a Abraham. Jacob, con la bendición de los hijos de José, continuó la promesa y dio prueba tanto de la fe como de la sumisión en su adoración. José demostró su fe en la promesa del pacto hecha a Abraham en la petición que hizo de que sepultaran su cuerpo **(huesos)** en la tierra de la promesa (Gn. 48:50).

23—29. Moisés es ejemplo de la vida de fe de muchas maneras. Por fe sus padres lo ocultaron en desafío de la orden específica del rey (Ex. 1:16-22). Fue un niño **hermoso,** y por tanto presagio de la futura bendición de Dios. Luego, Moisés mismo, por fe, tomó decisiones adecuadas. **Hijo de la hija de Faraón.** Expresión que simboliza el rango e indica rango de príncipe. Moisés escogió el pueblo de Dios y las promesas de Dios aunque esto significó maltratos y adversidades. Se convirtió en libertador de un pueblo sin esperanza (Ex. 2). Escogió no **gozar de los deleites temporales del pecado** (Alf, p. 224). **El vituperio de Cristo.** Moisés al parecer comprendió la verdad mesiánica; de ahí que escogiera la fe en el Mesías. Este **vituperio** Cristo lo soportó, y lo tienen también que soportar los que lo sirven fielmente. Este pasaje sugiere que Moisés tuvo presente a Cristo.

Moisés también decidió salir de Egipto. Otra vez con Cristo presente, tuvo en menos las riquezas del país donde nació y el poder y prestigio de su Faraón, o rey. Esta afirmación se refiere al éxodo de Israel de Egipto con Moisés como líder. Moisés dio una prueba más de su fe al observar la Pascua, con lo que daba a entender que la liberación es por derramamiento de sangre (Ex. 12). Adviértase la referencia a la perseverancia fiel —se sostuvo— pensamiento que se amplía en He. 12:1-4. Además, Moisés y el pueblo juntos por fe fueron testigos del milagro del Mar Rojo —liberación para Israel y juicio para los Egipcios.

30,31. Jericó cayó víctima de la fe de Josué y de los hijos de Israel, y Rahab participó de las bendiciones de Israel por su fe. La conmemoración de la fe de Rahab se lee en Mt. 1:5, donde se la enumera entre los antepasados de Cristo.

32—38. El escritor ahora pasa a acumular ejemplos, ya que es imposible tratar de cada uno de ellos por separado. La lista es impresionante, e incluye algunos de los Jueces, los mayores reyes de Israel —David, y uno de los mayores profetas— Samuel.

La lista de acciones es igualmente impresionante. En algunos casos los incidentes a los que se refiere son bien conocidos; en otros son más oscuros. En cada caso, sin embargo, se pone de relieve algo típico de aquellos que viven por fe. La vida de fe hace posibles estas acciones, acciones valientes, poderosas, perseverantes. Estas son las clases de experiencia que deben sostener los que viven por fe. En estas breves frases se abarca toda la historia de Israel. Un estudio cuidadoso del AT hace posible hallar muchos de los sucesos que se mencionan.

39,40. Pero a pesar de todas estas pruebas de que hombres y mujeres del AT vivieron vidas de fe, sigue siendo cierto que no conocieron las bendiciones plenas del perdón de pecados y de comunión con Dios por medio de lo merecido en el Calvario. Vivieron en expectación del nuevo pacto, pero sin todo lo que el mismo iba a dar. Su testimonio fue positivo y eficaz, un **buen testimonio mediante la fe,** o como en CGT, *habiendo dado testimonio de ello por medio de su fe,* testimonio del mismo Dios.

Dios reveló un plan mejor, o por lo menos un plan más completo, en las generaciones posteriores a los patriarcas y sobre todo respecto a las generaciones posteriores al Calvario. La perfección tuvo que esperar estas generaciones, **para que no fuesen ellos perfeccionados aparte de nosotros** (*teleiothosin, teleioo,* "perfeccionar o completar"). Se tiene presente la redención completa.

Cada una de las personas mencionadas en este capítulo ilustra alguna fase o aspecto de la vida de fe —ya obediencia, ya actuación según promesas de cosas por venir, separación del sistema del mundo (Moisés), o algún otro. Pero el escritor todavía no ha completado su argumentación respecto a la superioridad de la vida de fe sobre la práctica del legalismo mosaico. Queda un ejemplo, el Señor Jesucristo. La fase final de la argumentación por medio de ejemplos culmina en el "considerad a aquel" de He. 12:3. Una vez estudiados todos estos ejemplos, los lectores deben ahora "considerar a aquel que sufrió . . . para que vuestro ánimo no se canse hasta desmayar".

D. Cristo, Ejemplo Supremo de la Vida de Fe. 12:1-4. *La carrera de la fe.*

1,2. La exhortación se reanuda con vigor debido a los ejemplos dados en el capítulo precedente. **Por tanto** abarca a todos los héroes del capítulo 11 quienes, junto con nosotros, seremos perfeccionados. Son **testigos,** que, como espectadores en el estadio, nos ven adelantar en la carrera de la vida de fe. **Corramos con paciencia la carrera** (Davidson, *Epistle to the Hebrews,* p. 232) combina la exhortación a correr y a tener paciencia a la luz del ejemplo de aquellos que ya han completado fielmente esta carrera. **Todo peso.** Lo superfluo e innecesario que sea obstáculo debe descartarse. Cada uno debe decidir qué es superfluo. Pero lo que es **pecado** manifiesto no puede ser objeto de elección; debe ser descartado de inmediato apenas se reconozca, ya que nace de una emboscada para atrapar (*euperistatos,* "acechar, cercar, coger con trampa") al incauto. Este pecado nos impediría correr y nos atrasaría; por ello hay que repudiarlo. **Puestos los ojos en Jesús.** Referencia al ejemplo supremo y definitivo que se nos ofrece. ¿Qué hizo? **Sufrió.** En esto es **autor o líder,** y **consumador de nuestra fe.** Este

concepto se amplía luego en los pasajes siguientes. En ellos se presenta el ejemplo de sufrimiento paciente al que todo creyente es llamado —el de Cristo mismo (12:1). La recompensa del sufrimiento de Cristo es la posición de autoridad de la que luego tomó posesión. En esta posición su **gozo** es completo, y del mismo modo nuestro gozo será completo cuando estemos en su presencia delante de Dios. A la diestra de Dios Cristo realiza todas las funciones de soberano, sacerdote y abogado, aunque llegó a ese lugar por medio del sufrimiento y paciencia, es decir, por la cruz.

3,4. Considerad *(analogizomai,* "compárate con", "reflexiona") **a aquel que sufrió.** Ampliación del versículo 2. **Contradicción** *(antilogia)* es un argumento contrario. Cristo fue literalmente una contradicción a sus enemigos, quienes manifestaron abiertamente su odio y hostilidad. **Para que vuestro ánimo no se canse hasta desmayar** (Véase CGT, p. 154). La primera cláusula sugiere un quebrantamiento repentino en la paciencia, la segunda un aflojar gradual de la vigilancia.

Aún no habéis resistido hasta la sangre. Todavía no han caído en la cuenta de todas las dimensiones de la lucha. Todavía no se ha presentado el martirio; no ha habido medidas radicales, tales como el quitar la vida, que se hayan empleado contra ellos. Finalmente, tenían que recordar que el pecado es el enemigo. Tenían que seguir **combatiendo contra el pecado,** en especial el pecado de incredulidad, que destruye la fe.

E. El Amor del Padre Conocido en el Castigo. 12:5-11.

5-9. El escritor emplea Pr. 3:11 ss. para recordar a los oyentes lectores que la disciplina forma parte de la relación de los que se aman, y también describe esta relación con la analogía del padre y el hijo. La exhortación comienza al final de la cita. Los hijos que son dignos de llamarse tales deben aceptar o sobrellevar la disciplina. A veces no la entendemos, pero aún así debemos aceptarla y soportarla como parte necesaria de nuestra educación. Porque con ella podemos ser reconocidos como hijos verdaderos, y no **bastardos** *(nothos;* v. 8).

Si un padre terrenal merecedor de tal nombre corrige a sus hijos, no debería sorprender a los hijos espirituales de Dios enterarse de que su Padre celestial los disciplina. Este conocimiento ayudará a los creyentes a obedecer **mucho mejor** como verdaderos hijos.

10,11. La ilustración lleva al contraste. **Aquéllos . . . éste.** Los padres terrenales ejercen su prerrogativa paterna sólo por un tiempo breve y para fines inmediatos, pero

Dios tiene presente vidas santas y fines eternos.

Ni en la esfera terrenal ni en la celestial se agradece la disciplina cuando se recibe, pero los resultados finales la justifican de sobra. En el reino celestial o espiritual **da fruto apacible de justicia.** La adversidad y disciplina, pues, son una forma de preparación.

F. Conducta Cristiana Bajo el Nuevo Pacto. 12:12-29.

Lo primero que tienen que hacer los creyentes es apartar el desaliento y las quejas en circunstancias adversas. La vida de fe no es fácil, ni se vuelve más fácil.

12,13. Deben aceptar la disciplina de la adversidad y fortalecerse por medio de ella. Deben ser fuertes en medio de la prueba. **Levantad las manos.** O, *fortaleced,* como el que se fortalece por medio de la dificultad. Las **manos caídas** y las **rodillas paralizadas** no describen el sufrimiento paciente necesario para concluir la carrera. Al fortalecer de este modo las manos y rodillas, cualquier parálisis que se haya producido por la falta de uso se sanará. Hay una posible sugerencia de que las articulaciones que no se sostienen con firmeza y los músculos que no están tensos podrían dislocarse (*ektrape*). La verdadera fortaleza de carácter se demuestra en este reunir las fuerzas en tiempo de adversidad.

14,15. Las relaciones humanas mejoran cuando se entiende la índole de la adversidad. **Seguid la paz con todos.** Como el que busca armonía, como el que tiene espíritu pacífico, como el que desea unidad y comunión entre los justos. **Y santidad.** Término comprensivo (*hagiasmon,* "santificación"). **Señor** (*Kyrion*) es más probablemente Dios que Cristo. Ciertamente una de las pruebas esenciales de la vida nueva en Cristo radica en la forma cómo los creyentes se llevan unos con otros. Sigue la antítesis. Aquí hay uno que no llega, que fracasa, porque en el fondo del mismo hay una **raíz de amargura** que lo envenena todo y a todos—**por ella muchos sean contaminados.** Esta raíz de amargura es como una infección que se difunde por toda la comunidad (*hoi polloi*) de creyentes. Adviértase que esto describe una distorsión en las relaciones humanas entre creyentes porque un creyente se ha vuelto áspero.

16,17. Esaú sirve de ejemplo de los desesperados por tal situación. Por decisión propia se volvió **profano,** o amante de lo terrenal y sensual, de modo que perdió tanto el derecho de nacimiento como la sensibilidad espiritual. Esta última situación, en especial, es la antítesis del modelo presentado en el versículo 14. Esaú cambió la paz y santidad por placeres inmediatos terrenales.

Cuando Esaú trató de cambiar el estado en que se encontraba, no pudo hacerlo. Ya procurara con **lágrimas** la bendición de Dios ya el arrepentimiento, fue demasiado tarde. Esaú fue culpable de pecado voluntario, y de sus consecuencias no pudo liberarse. Esta es la lección para los hebreos que se hallaban frente al pecado voluntario de apostasía y retorno a la tradición mosaica. Al escritor le pareció obvia la advertencia ilustrada.

18-24. La exhortación prosigue con lo que Davidson llama "el gran final del esfuerzo... de perseverar en su profesión". Sinaí y el Monte Sion se contrastan. El escenario de la entrega de la Ley fue (1) una montaña **que ardía en fuego,** rodeada de **oscuridad, tinieblas y tempestad,** y (2) el **sonido de la trompeta, y la voz que hablaba.** En este escenario Moisés quedó tan abrumado por la presencia de Dios que temió y tembló (cf. Ex. 19:12ss. y Dt. 9:19).

Sino que os habéis acercado introduce todas las benditas realidades y personajes del nuevo pacto. El cielo se contrasta con la tierra, los fenómenos con lo supraterrenal, la gloria del Sinaí con la gloria infinitamente mayor del camino rociado de sangre. **Sion... la ciudad del Dios vivo,** la **Jerusalén celestial... compañía de muchos millares de ángeles... la congregación de los primogénitos... Dios el Juez... los justos hechos perfectos... Jesús el Mediador del nuevo pacto**—todo esto constituye una lista impresionante debido al contraste que se busca. El pensamiento es diáfano. Sin duda que estas maravillas y bendiciones superaban en mucho el respiro momentáneo de la persecución que se conseguía volviendo al judaísmo. Los hombres de fe poseían esta esplendorosa esperanza en el nuevo pacto. Los hombres de fe ya habían ingresado en la gozosa **congregación de los primogénitos,** de **los justos hechos perfectos** (*prototokon* y *teteleiomenon,* "primogénito y perfeccionado", como en Alf y Arndt. Véase también Davidson, *Epistle to the Hebrews,* pp. 245-250).

25-29. Escuchar a Cristo. No hay que cerrar los oídos a la voz de Cristo que habla por medio del Evangelio. Si la amenaza se presentó ante los que rechazaron la voz de Dios en el Sinaí, mucho mayor será la amenaza que se cierne sobre los que rechazan al mensajero de Dios, a su propio Hijo (1:2). Este repudio es semejante al de los invitados a la "gran cena" de Lucas 14:16, quienes "comenzaron a excusarse" (*paraiteomai*). Véase Lc. 14:18, donde se emplea la misma palabra (Arndt).

Luego se describe el juicio, quizá el juicio final. La tierra se estremecerá, y los inestables desaparecerán en esta sacudida; sólo lo inconmovible y eterno permanecerá— **un reino inconmovible.** Dios dará este reino, y no hombre alguno. El ser miembro del mismo por medio de la fe en Cristo debería producir servicio gozoso y adoración reverente por parte de todos.

La palabra final vuelve a ser de advertencia. **Porque nuestro Dios es fuego consumidor** (cf. Dt. 4:24). El fuego es la forma última de juicio (Ap. 20:10,14).

G. La Vida Cristiana en la Práctica Diaria. 13:1-17.

La vida cristiana se describe en las consecuencias que tiene para la relación del creyente con los demás.

1-6. Primero se mencionan las situaciones normales. Como en la carta posterior del Juan, el **amor fraternal,** o *afecto fraterno* (CGT) ha de continuar. Una de las pruebas constantes de una vida cristiana saludable es la forma como conviven los hermanos cristianos. Como no había facilidades para hospedarse en lugares públicos, también se invita a la hospitalidad, sobre todo para con los que conocían a Cristo. Mateo 25:35-40 contiene algo muy semejante al **sin saberlo** (*elathon*, "inconscientemente"), **hospedaron ángeles.**

Estos deberes sociales o relaciones humanas se extienden más para incluir a **presos.** La expresión **como si estuviereis presos juntamente con ellos** implica la idea de compasión e identificación. Los creyentes deben simpatizar con los presos como si ellos mismos lo estuvieran. En la actualidad decimos "identificarse". Mientras permanezcan en el cuerpo de carne, los creyentes pueden tener que sufrir adversidades o prisiones. Por esta causa, deben mostrarse compasivos.

Luego, como es lógico, la relación humana más íntima, el matrimonio, debería manifestar todas las gracias de la vida cristiana. Si estos hebreos vivían en Roma o en alguna otra de las famosas ciudades del Mediterráneo oriental, estaban en una sociedad en la que la castidad y el honor matrimonial no se solían valorar. Por otra parte, algunas sectas religiosas enseñaban el celibato y ascetismo. El celibato no es una salvaguardia contra la inmoralidad; más bien el matrimonio digno es la vida más íntegra. La castidad dentro del matrimonio es un testimonio cristiano vigoroso. Las personas licenciosas y libertinas un día tendrán que dar cuenta de sus pecados y prácticas ante Dios.

En cuanto al dinero, el escritor advierte: **Sean vuestras costumbres sin avaricia.** *Aphilargyros* significa "no amantes del dinero", más que *sin avaricia.* La forma de vida o disposición que hay que cultivar es contentarse con lo que se tiene. Si entre los denuestos que dirigían a estos judíocristianos otros que habían alcanzado más prosperidad figuraban alusiones a su falta de prosperidad, esta amonestación del NT les fue muy práctica y oportuna. Todavía sigue siéndolo. En lugar de consolarse con lo que poseen, los cristianos han de hallar consuelo en la presencia y provisión de Dios, porque él nunca los abandona ni les falla. Por ello **podemos decir confiadamente... no temeré lo que me pueda hacer el hombre.** Esta última cláusula es interrogativa. Jos. 23:14 y Sal. 118:6 dan fe de la fidelidad de Dios.

7-9. En la Iglesia, sobre todo, deberían encontrarse todas las gracias cristianas. Recuerden el ejemplo, dice el autor, de los que les enseñaron la verdad cristiana. Fueron insignes por predicar un mensaje verdadero y dar un ejemplo piadoso. Predicaban la palabra de Dios y vivieron vidas santas hasta el final de su vida terrenal. **Imitad su fe.**

Su ejemplo y el vuestro, prosigue, es la persona inmutable del Señor Jesucristo. El es el mismo; sus propósitos son los mismos; sus metas son inmutables. **Jesucristo es el mismo ayer, y hoy, y por los siglos,** con lo que se refrenda lo exigido en el versículo 7. La obediencia a Cristo, quien es inmutable, debería llevar a la claridad en la doctrina. Por ello nadie debe dejarse **llevar** o desviar por enseñanzas extrañas o prácticas extrañas en nombre del Evangelio. Las contradicciones de los maestros humanos, la práctica de abstenerse de ciertos alimentos, que tendía a ser una justificación por obras, debían evitarse.

10-17. Ya no hacemos sacrificios; poseemos un sacrificio que nos fue dado en Cristo; de ahí que **tenemos un altar.** Las ordenanzas del AT que aquí se describen de nada sirven ya. Cuando Cristo sufrió muerte **fuera de la puerta** en la cruz, una de las cosas que realizó fue dejar de lado las costumbres levíticas. Ahora ya son superfluas. El creyente se identifica con Cristo **fuera del campamento.** Esto significa repudio del judaísmo por una parte y otro repudio de parte de los judíos. Este era el **vituperio** que tenían que soportar estos cristianos judíos.

Por causa de la muerte de Cristo como ofrenda por el pecado, o **por medio de él,** los creyentes han de mostrar una conducta digna de los redimidos (vv. 14-17). (1) Han de poner la esperanza no en las ordenanzas del AT, sino en la ciudad celestial y en la expectativa celestial; (2) han de dar alabanza y acción de gracias a Dios, puesto que los labios deben expresar lo que brota de la plenitud del corazón; (3) deben mostrar benignidad en todo, y Dios no lo olvidará; y (4) deben ser obedientes y sumisos. Agradar a Dios podría en último término reducirse a tres prácticas o actitudes fundamentales, las cuales se mencionan en este pasaje—alabanza, obediencia y sumisión. Poco comentario necesitan a la luz del NT. La benignidad sigue espontáneamente. En el versículo 17 la sumisión viene a relacionarse prácticamente con la actitud de los creyentes para con sus propios líderes. Con estas palabras de llamamiento a la responsabilidad dirigidas tanto a los líderes como a los seguidores por igual, el escritor concluye la parte práctica o exhortatoria comenzada en 10:19. Lo que queda ya es personal.

IV. Epílogo Personal. 13:18-25.

El escritor concluye con unas breves peticiones personales, una postdata y unos saludos.

18,19. Orad por nosotros. Petición personal. El escritor pide que le recuerden en cuanto a (1) su vida personal, su testimonio y servicio; y (2) su deseo de poder reunirse pronto con ellos. Fue una petición específica de oración.

20,21. Promete que, a cambio, orará por ellos, en especial respecto a su obediencia a la voluntad de Dios. Esta postdata en forma de oración fue sin duda bendición especial para quienes la oyeron o la leyeron. Habla de:

(1) Consuelo en y bajo la persecución, ya que tenía acceso y comunión con el **Dios de paz.**

(2) Esperanza en Cristo resucitado; literalmente, **que resucitó de los muertos.**

(3) Cuidado personal y pastoral en **nuestro Señor Jesucristo, el gran pastor de las ovejas.**

(4) Doctrina y teología. Todo el consuelo, esperanza y cuidado pastoral está rubricado y garantizado **por la sangre del pacto eterno.**

Siguen ciertas peticiones y deseos personales:

(1) **Os haga aptos en toda obra buena** (v. 21) o más correctamente, *Dios os dé todo lo que os falta.* Esta petición contiene el deseo del escritor de que los creyentes sean hechos del todo aptos para la misión que tienen, sin debilidades, faltas ni fallos. Necesitan que se los perfeccione (*katartizo*) o **complete.**

(2) Conocer y hacer la voluntad de Dios. Como Dios actúa en nosotros, deseamos obrar por él en entrega y obediencia sumisas.

(3) Agradar a Dios por medio de Jesucristo. Sólo el Hijo que mora en nosotros por el Espíritu Santo y por medio de la Palabra de Dios puede hacer que agrademos a Dios. Que esta petición sea el clamor de nuestros corazones.

22-25. Quizá tenemos en este párrafo el versículo clave de la carta (véase Introd., *Argumento de la Carta*), en la petición que el escritor hace a sus lectores de que acepten su **exhortación.** Expresa la esperanza de poder visitarlos pronto junto con Timoteo. Les envía un saludo cristiano general, y agrega el indefinido **los de Italia os saludan,** afirmación genérica que indica que amigos de Italia que eran conocidos del escritor deseaban que se los incluyera en el saludo cristiano.

Las palabras finales son una bendición en forma de breve oración. **La gracia sea con todos vosotros. Amén.**

BIBLIOGRAFÍA

Archer, Gleason L., Jr. *The Epistle to the Hebrews: A Study Manual.* Grand Rapids: Baker Book House, 1957.

Bruce, A.B. *The Epistle to the Hebrews: The First Apology for Christianity.* Edinburgh: T. & T. Clark, 1899.

Davidson, A.B. *The Epistle to the Hebrews.* Edinburgh: T. & T. Clark, 1921.

Delitzsch, Franz. *Commentary on the Hebrews.* 2 vols. Grand Rapids: Wm. B. Eerdmans's Publishing Company, reprinted 1952.

Downer, Arthur Cleveland. *The Principles of Interpretation of the Epistle of the Hebrews.* London: Charles Murray, n.d.

Farrar, F.W. *The Epistle of Paul the Apostle to the Hebrews (Cambridge Bible for Schools and Colleges).* Cambridge: The University Press, 1883.

——————. *The Epistle of Paul the Apostle to the Hebrews.* Cambridge: The University Press. 1896,

Herkless, J. (ed.). *Hebrews and the Epistles General of Peter, James and Jude.* London: J.M. Dent, 1902.

Leonard, William. *Authorship of the Epistle to the Hebrews: Critical Problem and Use of the Old Testament.* Vatican: Polyglot Press, 1939.

Manson, William. *The Epistle to the Hebrews, An Historical and Theological Reinterpretation.* London: Hedder and Stoughton, 1951.

Mickelsen, A. Berkeley. "Hebrews", *The Biblical Expositor: The Living Theme of the Great Book.* Vol. III. Philadelphia: A.J. Holman, 1960.

Moll, Carl Bernhard. "Epistle to the Hebrews", *Comentary on the Holy Scriptures, Critical, Doctrinal and Homiletical.* Edited by John Peter Lange. Grand Rapids: The Zondervan Publishing House, reprint.

Nairne, Alexander. *The Epistle of Priesthood: Studies in the Epistle to the Hebrews.* Edinburgh: T. & T. Clark, 1913.

Purdy, Alexander C. and Cotton, J. Harry. "The Epistle to the Hebrews", *Interpreter's Bible.* Vol. 11. New York: Abingdon, 1955.

Schneider, Johannes. *The Letter to the Hebrews.* Grand Rapids: Wm. B. Eerdman's Publishing Company, 1957.

Westcott, Brooke Foss. *The Epistle to the Hebrews.* Grand Rapids: Wm. B. Eerdman's Publishing Company, reprinted 1950.

COMENTARIOS EN ESPAÑOL

CALVINO, JUAN. *Epístola a los Hebreos.* Grand Rapids: T.E.L.L., 1977.

ERDMAN, CARLOS R. *Epístola a los Hebreos.* Grand Rapids: T.E.L.L., 1976.

PFEIFFER, CHARLES F. *La Epístola a los Hebreos* (Comentario Bíblico Portavoz). Grand Rapids: Publicaciones Portavoz Evangélico, 1981.

TRENCHARD, ERNESTO. *Epístola a los Hebreos.* Madrid: Literatura Bíblica, 1974.

EPÍSTOLA DE SANTIAGO

INTRODUCCIÓN

Paternidad Literaria. El encabezamiento indica que el autor de la Carta de Santiago fue **Santiago, siervo de Dios y del Señor Jesucristo.** Pero ¿quién fue ese Santiago? Varios hombres que aparecen en el Nuevo Testamento llevaron dicho nombre; de ellos sólo dos se han sugerido como posibel autores de la carta —Santiago, el hijo de Zebedeo, y Santiago, el hermano del Señor. La candidatura del primero es poco probable. Fue martirizado en el año 44 d. de C., y no hay pruebas de que hubiera ocupado en la iglesia posición alguna de liderazgo que justificara que fuera el autor de una carta universal. Si bien Isidoro de Sevilla y Dante opinaron que él fue el autor de la carta, este sentir no tuvo gran aceptación en ningún período de la iglesia. La opinión tradicional cree que el autor fue Santiago, el hermano del Señor. Las semejanzas lingüísticas de este libro con el discurso de Santiago en Hechos 15, lo mucho que depende el autor de la tradición judía, y la armonía del contenido de esta carta con los datos históricos del Nuevo Testamento referentes a Santiago, el hermano del Señor, todo favorece la paternidad literaria tradicional.

Fecha y Lugar de Composición. Varían mucho las opiniones en cuanto a la fecha. Los que aceptan la paternidad literaria tradicional suelen fecharla ya alrededor del año 45 ya en los primeros años de la década del 60 (poco antes de la muerte de Santiago). Los que defienden la teoría de un "Santiago desconocido", o de un autor anónimo, han llegado a fecharla hasta en el 150 d. de C.

Si bien todo dogmatismo en cuanto a la fecha queda excluido, un cierto número de factores hablan en favor de una fecha temprana. Las condiciones sociales que se traslucen en la carta, en especial la marcada separación entre ricos y pobres, sugieren una fecha anterior a la destrucción de Jerusalén. También la escatología que contiene indica una fecha temprana. La expectación del retorno del Señor tiene la misma intensidad que la que encontramos en 1 y 2 Tesalonicenses. Nunca se sugiere la posibi-

lidad de dilación del retorno, como encontramos en algunos libros más tardíos del Nuevo Testamento; y no contiene visiones apocalípticas ni desarrollos semejantes, como los que se encuentran en la literatura apolíptica tardía. Los lectores de Santiago vivían en la expectación activa y poderosa del retorno inminente de Cristo. Nada hay en la literatura cristiana del siglo segundo que pueda equipararse a la enseñanza escatológica simple y poderosa de esta carta.

El pasaje más crucial para fijar la fecha del libro es el famoso acerca de la fe y las obras (Stg. 2:14-26). Para entender estos versículos el lector debe estar familiarizado con ciertas fórmulas paulinas; con todo, cuesta creer que el autor de 2:14-26 pretenda refutar a Pablo. Ello implicaría una idea equivocada, casi inconcebible, de la doctrina paulina de la justificación por fe. El pasaje se explica mejor si se considera como resultado de una idea equivocada de Pablo, no por parte del autor de la carta, sino por parte de sus lectores. Esta idea equivocada es muy probable que hubiera surgido al comienzo mismo de la predicación pública de Pablo. Según el libro de Hechos, la primera predicación pública de Pablo de una cierta duración fue en Antioquía (Hch. 11:26). Este ministerio de un año tuvo lugar antes de la visita a Jerusalén con ocasión del hambre que sufrió la ciudad alrededor del 46 (cf. Hch. 11:27-29; Gá. 2:1-10) y de la persecución de Herodes en el 44. No sabemos cuánto tardó en llegar a los oídos de Santiago la idea equivocada y las aplicaciones erróneas de la doctrina de Pablo de la justificación por fe. Dado que los judíos, tanto cristianos como no cristianos, de todo el mundo mediterráneo. realizaban viajes constantes a Jerusalén, probablemente no tardó mucho. Una fecha alrededor del año 44, durante la persecución de Herodes o inmediatamente después, sería la que mejor se acomodaría a todos los factores conocidos.

Si bien de vez en cuando se han sugerido opiniones contrarias a ello, casi no admite duda alguna que Santiago fue escrita desde Palestina. Sobre todo por el paisaje y el colorido que presenta, el autor indica ser de Palestina (cf. 1:10,11; 3:11,12; 5:7).

Destinatarios de la Carta. El único indicio del libro que sugiera quienes fueran los destinatarios se halla en el encabezamiento: **Santiago, siervo de Dios y del Señor Jesucristo, a las doce tribus que están en la dispersión: Salud.** Tradicionalmente, la expresión, **las doce tribus,** se usaba para indicar toda la nación judía (cf. los libros no canónicos Eclesiásticos 44:23; la Asunción de Moisés 2:4,5; Baruc 1:2; 62:5; 63:3; 64:3; 77:2; 78:4; 84:3; véase también Hch. 26:7). Pero como la nación judía toda, por muy dispersa que hubiera estado en la Diáspora, no se podría considerar como viviendo en su totalidad fuera de Palestina, parece mejor interpretar el encabezamiento en forma simbólica. Santiago escribió a toda la iglesia. tomada como el Nuevo Israel (cf. Gá. 3:7-9; 6:16; Fil. 3:3), disperso en un mundo contrario y hostil (cf. 1 P. 1:1,17; 2:11; Fil. 3:20; Gá. 4:26; He. 12:22; 13:14). La carta contiene sin embargo muchos indicios de que fue dirigida en primer lugar a judíos que eran cristianos. Esto puede ser una razón más para asignarle una fecha temprana, ya que la única época en la historia de la iglesia en que uno pudo dirigirse a toda la iglesia y al mismo tiempo hablar casi exclusivamente a los judíos, fue *antes* de la primera misión de Pablo a los gentiles — que fue alrededor del año 47.

Contenido. La Carta de Santiago es un alegato en favor de un cristianismo vital. Herder captó el alma del libro cuando escribió: "¡Qué hombre tan noble habla en esta Carta! ¡Paciencia honda e inquebrantable en el sufrir! ¡Grandeza en la pobreza! ¡Gozo en el dolor! ¡Sencillez, sinceridad, confianza directa en la oración! ¡Cómo anhela que se actúe! ¡Obras, no palabras . . . no fe muerta!" (citado por F.W. Farrar en *The Early Days of Christianity,* p. 324).

Según el espíritu genuino de la literatura de la Sabiduría, Santiago toca muchos temas diferentes. Sus párrafos breves y escuetos se han comparado a hileras de perlas — cada una forma una entidad separada. Hay algunas transiciones lógicas, pero en su mayor parte estas transiciones son abruptas o están del todo ausentes. Esto hace que sea imposible trazar un esquema en el sentido usual. Damos, sin embargo, una lista de los temas tratados en la misma y en el orden en que aparecen.

BOSQUEJO

I. Saludo. 1:1
II. Pruebas. 1:2-8.
III. Pobreza y riqueza. 1:9-11.
IV. Prueba y tentación. 1:12-18.
V. Recibimiento de la Palabra. 1.19-25.
VI. Religión genuina. 1:26,27.
VII. Distinciones sociales y la "ley real". 2:1-13.
VIII. Fe y obras. 2:14-26.
IX. La lengua. 3:1-12.
X. Las dos sabidurías. 3:13-18.
XI. El mundo y Dios. 4:1-10.
XII. Juzgar. 4:11.12.
XIII. Confianza en sí pecaminosa. 4:13-17.
XIV. Juicio del rico sin escrúpulos. 5:1-6.
XV. Paciencia hasta el retorno de Cristo. 5:7-11.
XVI. Juramentos. 5:12.
XVII. Oración. 5:13-18.
XVIII. Hacer volver al hermano pecador. 5:19,20.

COMENTARIO

I. Saludo. 1:1.

Santiago se llama a sí mismo simplemente **siervo de Dios y del Señor Jesucristo.** Sus lectores son **las doce tribus que están en la dispersión,** nombre simbólico para la iglesia cristiana concebida como el Nuevo Israel, con sus miembros esparcidos en un mundo extraño y hostil. Santiago, pues, no tiene en mente una sola congregación sino la iglesia en general por todo el mundo mediterráneo. Su saludo (*chairein*) es el típico en cartas griegas y el mismo que se utilizó en la carta que envió la iglesia de Jerusalén que Santiago presidía (Hch. 15:23).

II. Pruebas. 1:2-8.

Santiago se dirige a menudo (por lo menos dieciséis veces) a sus lectores llamándolos **hermanos.** Sus lectores y él estaban unidos en la común fidelidad a Jesucristo.

Su primera palabra es de aliento — **tened por sumo gozo cuando os halléis en diversas pruebas.** La palabra *peirasmos* ("prueba") tiene dos significados. Aquí significa "adversidades exteriores", mientras que en los versículos 13,14 significa "impulso interior al mal", "tentación". **3.** El cristiano ha de estar gozoso *en* la prueba y no *a causa de* la prueba. En los primeros tiempos de la iglesia se necesitaba mucho una enseñanza en este sentido debido a las persecuciones constantes. El fruto de la prueba es la **paciencia** (*hypomone*), o mejor, *resistencia perseverante.* James Moffatt (*The General Epistles,* p. 9) lo llama "el poder de sostén de la vida". **4.** A esta resistencia perseverante se le debe permitir que consiga su fruto pleno (**obra completa**). Es un proceso que se lleva a cabo en la vida del cristiano, y su meta es la perfección (*teleios* se traduce mejor por *madurez*). El escritor quizá tuvo presentes las palabras de nuestro Señor que se refieren en Mt. 5:48.

5-8. Parece haber conexión entre este párrafo y lo que precede. Santiago ha hablado acerca del por qué de las pruebas. Prevé que algunos lectores dirán que no pueden descubrir ningún propósito divino en sus penalidades. En ese caso, dice el autor, han de pedir a Dios sabiduría. es decir, comprensión práctica de la vida (no conocimiento teórico), y Dios les otorgará **abundantemente** lo que piden, y no los censurará ni reconvendrá. Hay que cumplir una condición, si embargo. Hay que pedir **con fe, no dudando nada.** El hombre que acude a Dios con peticiones debe estar seguro de que desea lo que pide. Santiago equipara al que duda con **la onda del mar** a la que el viento agita. Ese hombre "no puede esperar recibir nada de Dios" (Phillips). Es hombre de **doble ánimo,** es decir, hombre de fidelidad dividida. Tiene reservas mentales tanto referente a la oración misma como referente a las peticiones que le hace a Dios.

III. Pobreza y Riqueza. 1:9-11.

9. Este párrafo nace de la exposición que Santiago hace de la prueba. La pobreza es una adversidad externa. El cristiano pobre debe gloriarse de su nuevo estado en Jesucristo. Esta relación le ha comunicado una riqueza verdadera. ¡Es heredero de Dios y coheredero con Jesucristo!

10,11. El cristiano rico, por otra parte, debe gloriarse de que "en Cristo ha sido colocado en una situación que hace 'el engaño de las riquezas' (Mr. 4:19) y la preocupación por amasarlas y conservarlas ya no son para él de importancia primaria" (R.V.G. Tasker, *The General Epistle of*

James, p. 43). Además, las riquezas son pasajeras. Son como la hierba y las flores, que muy pronto se agostan bajo el ardor del sol de Palestina. *Kauson* (**calor abrasador**) se emplea tan sólo para el calor del sol y no el del siroco, el viento desértico abrasador que, procedente del este, cruza Palestina (cf. J. Schneider. TWNT, III, 644).

IV. Prueba y Tentación. 1:12-18.

12. La recompensa de la paciencia fiel es presente y futura. El hombre que es paciente, ya es verdaderamente feliz ahora; pero también **recibirá la corona de vida, que Dios ha prometido a los que le aman.** El genitivo (**de vida**) está en aposición de **corona.** La corona consiste en la vida, don para todos los que aman a Dios. Tasker (*op. cit.,* p. 45) comenta en forma pertinente que si bien ni nuestra fe ni nuestro amor nos ganan la vida eterna, con todo es "un axioma de la Biblia que Dios tiene reservadas bendiciones abundantes para todos los que le aman, guardan sus mandamientos, y lo sirven con fidelidad, cueste lo que cueste (cf. Mt. 19:28; 1 Co. 2:9).

13. Santiago pasa ahora de las pruebas exteriores a las internas, es decir, las tentaciones. La palabra **tentación** (v. 12) conlleva la idea de inducir a alguien al pecado. Santiago probablemente tuvo presente la doctrina judía del *Yetzer ha ra‛*, "impulso malo". Algunos judíos razonaban que puesto que Dios lo creó todo, debe haber creado el impulso malo. Y puesto que el impulso malo tienta al hombre para que peque, en último término Dios es el responsable del mal por haberlo creado. Santiago refuta esa idea. **Dios no puede ser tentado por el mal, ni él tienta a nadie. 14.** En lugar de echarle la culpa a Dios por el mal, el hombre debe asumir responsabilidad personal por sus pecados. Su propia **concupiscencia** lo atrae y seduce. Estas palabras. empleadas en sentido metafórico aquí, son primordialmente para caza y pesca. **15.** Cuando el mal deseo se apodera de la mente, no se detiene ahí. La **concupiscencia** da pie al pecado, y el pecado produce la muerte. "La muerte es pues el producto acabado del pecado" (Moffatt, *op. cit.,* p. 19). La muerte en este caso es la espiritual en contraste con la vida que Dios da **a los que le aman** (1:12).

16,17. Lo que el escritor quiere decir es que Dios, en lugar de ser la fuente de la tentación, como algunos pretendían, es la fuente de todo bien en la vida de los hombres. Santiago quería sobre todo que sus lectores cayeran en la cuenta de ello, y por esto se dirige a ellos con el tierno, **amados hermanos míos. Padre de las luces** es una alusión a la actividad creadora de Dios. Ese título de Dios no era desconocido al pensamiento judío (cf. SBK, III, 752). Si bien la lectura correcta del versículo 17 es objeto de muchas discusiones, el significado es bastante claro: Dios es del todo consecuente; no cambia.

En Santiago 1:18 el escritor culmina la refutación de la idea de que Dios sea el autor de la tentación. Ya ha mostrado que ello sería contrario a la naturaleza de Dios (1:13) y a su bondad consecuente (1:17). Ahora apela a la experiencia de sus lectores en el Evangelio. J.B. Mayor (*The Epistle of St. James.* p. 62) formula acertadamente el pensamiento del versículo: "Así que lejos de tentarnos al pecado, la voluntad de Dios es la causa de nuestra regeneración". Estos primeros cristianos reciben el nombre de **primicias** porque eran la garantía de que se produciría mucho fruto más.

V. Recibimiento de la Palabra. 1:19-25.

19. Hay una posible conexión entre este párrafo y lo que precede. La vigorosa admonición de que sean prontos **para oír,** tardos **para hablar,** tardos **para airarse** quizá aluda a la acusación que los lectores le hacían a Dios. O quizá sea una afirmación general acerca del oír y el hablar. **20.** Cuando el cristiano se deja llevar de la **ira,** no puede obrar con justicia; además, impide, o por lo menos dificulta, la vindicación de la justicia de Dios en el mundo. **21. Desechando toda inmundicia.** Como la Palabra es semilla, necesita buen terreno para germinar. "Aparten, pues", dice Santiago, "todo lo impuro y malo" (Phillips). **Abundancia de malicia** podría indicar que sólo hay que desechar el exceso de mal. Sin embargo, Tasker con razón toma **abundancia** en el sentido de "lo que queda". "El cristiano converso trae consigo a la nueva vida mucho que no armoniza con ella. Todo esto hay que desecharlo, a fin de poder entregarse más de lleno a lo positivo de recibir **con mansedumbre la palabra implantada"** (*op. cit.,* p 51). Esta palabra **puede salvar vuestras almas. 22.** El cristianismo es una religión de acción. Por importante que sea oír (cf. 1: 19), no debe uno detenerse ahí. Al oír le debe seguir el hacer. Limitarse a oír no es más que una forma de engañarse a sí mismo. **23,24.** El hombre que oye pero no hace es como el que ve el rostro reflejado en el espejo. "Se ve, es cierto, pero prosigue con lo que estaba haciendo sin el más mínimo recuerdo de la persona que vio en el espejo" (Phillips). Los tiempos de este versículo son interesantes: **consider** (aoristo), **se va** (perfecto), **olvida** (aoristo). "Con los aoristos [Santiago] muestra que la im-

presión fue momentánea, y el olvido instantáneo; con el perfecto implica una condición permanente de alejamiento del espejo" (H. Maynard Smith, *The Epistle of St. James,* p. 85).

25. El espejo, que revela las imperfecciones del hombre por fuera, se contrasta ahora con la **perfecta ley,** la ley de libertad, que refleja al hombre interior. Esta es la primera referencia de la carta a la ley (cf. 2:8-12; 4:11). Santiago emplea el término para denotar el aspecto ético del cristianismo, la *didache,* "enseñanza". Llama **perfecta** a la ley. Compárese con Sal. 19: 7: "La ley de Jehová es perfecta, que convierte el alma". Santiago, como judío, que escribe a judíos, pone deliberadamente los atributos de la ley en la *didache.* Para Santiago es perfecta porque Jesucristo la hizo perfecta. **Ley de libertad** probablemente significa que es una ley que se aplica a los que poseen el estado de libertad, no de la ley, sino del pecado y de sí mismos, por medio de la palabra de verdad. El que examina esta ley en forma habitual (*parameinas*) se convertirá en **hacedor de la obra** y hallará verdadera bienaventuranza (**será bienaventurado en lo que hace**).

VI. Religión Genuina. 1:26,27.

26. El autor pasa ahora del general "no oír sino hacer" al más específico "no simple culto sino acción". La palabra **religioso** (*threskos*) significa "dado a observancias religiosas". En este contexto se refiere a la asistencia al culto y a otras prácticas religiosas, tales como oraciones, limosnas y ayunos. El que es escrupuloso en estas prácticas pero no domina su hablar en la vida diaria se engaña y su religión es vana. **27.** "No es una definición de religión, si no decir . . . qué es mejor que los actos externos de culto. Santiago no pretendió reducir la religión a una pureza negativa de conducta acompañada de la acción de visitar por caridad" (James H. Ropes, *The Epistle of St. James,* p. 182). Como en la sociedad antigua no se prestaba cuidado a los huérfanos y viudas, eran ejemplos típicos de personas necesitadas. Además de mostrarse caritativo, otra forma en que se manifiesta la religión genuina es el mantener la pureza personal. El **mundo** en este caso y en 4:4 se refiere a la sociedad pagana opuesta, o al menos ajena, a Dios.

VII. Distinciones Sociales y la "Ley Real". 2:1-13.

1. En este párrafo sigue poniéndose de relieve la importancia de la conducta. En este caso se aplica a las preferencias. **Hermanos míos** señala la transición al tema nuevo (cf. 1:2,19; 2:14; 3:1; 5:1). La AV con razón traduce el verbo en imperativo (la otra posibilidad es que sea indicativo) de acuerdo con la forma directa de escribir de Santiago. No consta con certeza cómo el genitivo **Señor Jesucristo** califica a **fe.** G. Rendall sugiere la posibilidad de considerar el genitivo como cualitativo, "en cuanto define la índole especial de su fe en Dios. 'La fe en Dios que tiene su sostén y contenido en nuestro Señor Jesucristo', esta es la clase cristiana de fe en Dios" (*The Epistle of St. James and Judaic Christianity*, p. 46). Sin embargo, es probablemente más fácil tomar el genitivo como objetivo — "su fe en nuestro Señor Jesucristo". Sea como fuere que se tome, la fe es una confianza dinámica en el Señor Jesucristo. Nada tiene que ver con el concepto posterior de la fe como cuerpo de doctrina que hay que creer. En la parte final del versículo la AV tiene **el Señor de,** lo cual no aparece en el original. A Jesús se le llama simplemente **glorioso,** referencia obvia a la Shekinah (cf. Jn. 1:14; 2 Co. 4:6; He. 1.3). La idea básica de este versículo es que no es lógico tener fe y al mismo tiempo mostrarse parcial. .

2. El escritor ahora cita una ilustración para reforzar dicha idea. Un hombre rico con **anillo de oro** y vestido de ropas finas y otro pobre de **vestido andrajoso** entran en la asamblea cristiana (*synagoge*). El hecho de que se emplee esta palabra para el lugar de reuniones cristianas ha dado pie a muchas conjeturas en cuanto al autor y destinatarios de la carta; pero como Blackman dice, "Se debe recordar que las dos palabras *synagoge* y *ekklesia* son más o menos sinónimas, y es comprensible que *synagoge* y no *ekklesia* se hubiera convertido en el término común con que la Iglesia se llamaba a sí misma. Por ello es posible entender el uso que Santiago hace de la palabra en este caso como un residuo del tiempo cuando el uso de la misma era común" (*The Epistle of James*, p. 77). El autor emplea *ekklesia* en 5:14. **3.** El hombre rico recibe trato preferente. Se le ofrece el mejor lugar (*kalos*). Sería posible traducir *kalos* por "por favor", como en RSV. En ambos casos el rico recibe trato preferente, mientras que al pobre se le dice con brusquedad que se quede de pie, o cuando más, que se siente en el suelo **bajo mi estrado,** es decir, en un lugar humilde.

4. El verbo que se traduce por, **¿no hacéis distinciones . . . ?** es pasivo y debería traducirse, "¿no estáis divididos?" La división es "entre profesión y práctica, entre la profesión de igualdad cristiana y la deferencia por el rango y la riqueza" (Richard Knowling, *The Epistle of St. James,*

p. 44). Al actuar de este modo también demuestran ser **jueces con malos pensamientos,** es decir, jueces equivocados.

5. Los que dan trato preferente a los ricos no piensan en que **Dios** ha elegido **a los pobres de este mundo** (*pobres en cuanto al mundo,* VM) **para que sean ricos en fe y herederos del reino que ha prometido a los que le aman. 6.** Otra razón de que sea ilógico tratar en forma especial al rico es que los ricos son los que han perseguido a los cristianos. **Tribunales** es una referencia a la corte judía que la ley romana autorizaba y reconocía. **7.** El punto culminante de la argumentación de Santiago contra el favorecer a los ricos es que **blasfeman . . . el buen nombre.** El nombre que se blasfema no es el nombre 'cristiano' sino el de Jesucristo, **el buen nombre que fue invocado sobre vosotros.**

8. La ley real se relaciona con lo dicho en 2:5, donde Santiago les recuerda a los lectores que Dios ha escogido a los pobres para **herederos del reino. La ley real,** pues, es para los que son del reino de Dios. Al traducir la partícula griega *mentoi* por **en verdad,** RVR con razón destaca que Santiago piensa que sus lectores, al mostrarse parciales en favor de los ricos, no cumplen esta ley. **9.** Porque el amor no hace **acepción de personas.** En realidad, la parcialidad es **pecado.** La **ley** en este caso no es la del AT como tal (si bien Lv. 19:15 trata de la parcialidad) sino la *didache,* cuyo espíritu mismo es contrario a la parcialidad.

10. La idea de solidaridad de la ley se encuentra en los escritos rabínicos (cf. SBK, III, 755). Santiago adopta esta idea pero la bautiza en Cristo. A. Cadoux escribe: "Santiago considera la ley no como un conjunto de mandatos, sino como relación personal . . . no como un examen en el que nueve respuestas correctas ganarían un aprobado, a pesar de una equivocación, sino como una amistad, en la que cien actos de fidelidad no compensan una traición" (*The Thought of St. James,* p. 72). Esta idea está íntimamente relacionada con el concepto cristiano de comunión con Cristo. La transgresión de un precepto de la norma cristiana de fe es una infracción del todo, porque rompe la comunión con el objeto de la fe.

11. El orden de los dos mandamientos que se citan (el séptimo antes del sexto) se debe probablemente al orden que se halla en la versión LXX del Codex Alexandrinus. Si esta es la razón, entonces quedan excluidas cualesquiera interpretaciones sutiles de este versículo. Simplemente refrenda con un ejemplo específico lo que el autor ha dicho en forma de principio general en el versículo precedente.

12. Santiago pasa ahora a una exhortación resumida. Los creyentes han de hablar y actuar (sobre todo en la conducta con los pobres) **como los que han de ser juzgados por la ley de la libertad.** El cristiano también será juzgado, pero en relación con la norma ética cristiana, la ley que los hombres libres aceptan sin ser obligados (cf. Ro. 14:10; 2 Co. 5:10). **13.** Este versículo es una advertencia de que Dios no se muestra misericordioso con los que no tienen misericordia (cf. Mt. 18:21-35). Y a su vez **la misericordia triunfa sobre el juicio,** es decir, las acciones misericordiosas impiden el juicio de Dios.

VIII. Fe y Obras. 2:14-26.

Este es el pasaje más conocido y debatido de la carta. Estos versículos sobre todo son los que hicieron que Martín Lutero describiera este libro como "carta de paja". La mayor parte de las dificultades en interpretar 2:14-26 han nacido del no entender que: (1) Santiago no trató de refutar la doctrina paulina de la justificación por fe sino más bien una perversión de la misma. (2) Pablo y Santiago emplearon las palabras **obras** y **justificación** en sentido diferente. Se expondrá esto en el comentario. **14.** La respuesta que las dos preguntas de este versículo esperan es un rotundo "¡No!" Es importante advertir que la fe de la que se habla es una fe espúria o supuesta. Esto es evidente en (1) la afirmación, **si alguno dice que tiene fe,** y (2) el uso del artículo definido con la pabra **fe** en la última cláusula. Es sólo una fe falsa que no fructifica en obras y que no puede salvar. Con **obras** Santiago no se refiere a la doctrina judía de las obras como medio de salvación, sino más bien a obras de fe, el producto ético de la verdadera piedad y en especial las "obras del amor" (cf. 2:8). **15,16.** Ahora se cita un ejemplo. La persona mal vestida y hambrienta es **un hermano o una hermana,** o sea, un miembro de la comunidad cristiana. El hermano necesitado es despedido con las palabras vacías, **Id en paz, calentaos y saciaos,** sin que ni siquiera se le tienda la mano para socorrer sus necesidades más apremiantes. Santiago pregunta en forma indignada: "¿Para qué sirve?" El paso del singular al plural puede indicar que "Santiago sobrentiende que todos los miembros de la hermandad serían responsables por estas palabras insensibles aunque sólo uno de ellos las haya pronunciado" (Tasker, *op. cit.,* p. 64). **17.** La **fe** de la que se habla, que no es fe en absoluto, no es tan sólo inútil o inaceptable, sino **muerta.** La fe que no se preocupa, por medio de participación activa, por las necesidades de los otros, no es en absoluto fe.

18. Las dificultades de este versículo nacen del hecho de que los antiguos MSS griegos no tenían ni puntuación ni signos de cita. Al objetante se lo presenta como **alguno dirá,** forma frecuente en los sermones antiguos de las sinagogas (cf. A. Marmorstein, "The Background of the Haggadah", *Hebrew Union College Annual,* VI (1929, p. 192). Es discutible qué parte del versículo ha de considerarse como palabras del objetante, pero es probablemente mejor incluir sólo, **Tú tienes fe, y yo tengo obras.** Santiago rechaza este intento de separar la fe y obras con el reto: **Muéstrame tu fe sin tus obras.** Sin duda cree que es imposible. **19.** La fe en la unidad de Dios **(que Dios es uno)** era un artículo fundamental del credo de los judíos. Santiago sostiene que esta creencia es buena. Sin embargo, si las obras están ausentes, en nada excede a la fe de los demonios. También ellos son monoteístas, pero esto sólo los hace temblar. posiblemente ante el juicio de Dios (cf. Mr. 5:7; Mt. 8:29).

20. Santiago pasa a un punto nuevo con las palabras, **mas quieres saber.** Está dispuesto a presentar pruebas escriturísticas para robustecer su defensa de la fe que actúa. Moffat traduce **hombre vano** en forma más penetrante como *hombre insensato.* HA y RSV traducen *estéril* y no **muerta,** y con razón, porque esto último es el resultado de conformarse a 2:26. *Arge (estéril)* en este contexto es probablemente mejor tomarlo en el sentido de "improductivo para la salvación".

21. El ejemplo de la Escritura que se da es **Abraham nuestro padre.** Por Gá. 3:6-29 se sabe que se le consideraba predecesor de todos los verdaderos cristianos. El uso de la palabra **justificado** en este caso no ha de confundirse con el uso que Pablo hace de la misma en relación con Abraham (cf. Ro. 4:1-5-. Pablo alude a la justificación inicial de Abraham cuando "creyó a Jehová, y le fue contado por justicia" (Gn. 15:6). Santiago se refiere a un suceso que ocurrió muchos años más tarde, cuando se le instruyó a Abraham que ofreciera a su hijo Isaac. Con este acto demostró la realidad de la experiencia de Génesis 15. **22.** La vida de Abraham es pues ejemplo notable de la imposibilidad de separar la fe de las obras, o viceversa (cf. 2:18). En su caso las dos corrieron parejas. Las obras completaron la fe. **23.** En el acto de obediencia de Abraham **se cumplió la Escritura** (Gn. 15:6). **Amigo de Dios** fue un título que se aplicó comúnmente a Abraham (cf. Is. 41:8; 2 Cr. 20:7; también el no canónico Jubileos 19:9; 30:20; Testamento de Abraham, *passim*). **24.** Este versículo es la respuesta definitiva a la pregunta del versículo 14. La fe desnuda, improductiva, no puede salvar al hombre. La verdadera fe se manifestará en obras, y sólo una fe así trae justificación.

25. El segundo ejemplo escriturístico de Santiago es un contraste marcado con Abraham. **Rahab** fue una mujer gentil y prostituta. Fue escogida para demostrar que la argumentación de Santiago abarcaba la escala más amplia de posibilidades (de ahí el uso de *kai* con *he porne*, "si bien prostituta"). Ella. como Abraham, dio prueba de su justificación con sus actos (cf. Jos. 2:1-21).

26. La afirmación final de la enseñanza de 2:14-26, muestra que la relación entre fe y obras es tan íntima como la que existe entre el cuerpo y el espíritu. La vida es el resultado de la unión en ambos casos. Cuando los dos elementos están separados, se produce la muerte. "La fe falsa es virtualmente un cadáver" (F.J.A. Hort, *The Epistle of St. James*, p. 45).

IX. La Lengua. 3:1-12.

1. Uno de los temas más prominentes de este libro es el del habla (cf. 1:19,26; 4:11, 12; 5:12). Este, sin embargo, es el pasaje clásico, y se dirige a los **maestros**. Santiago primero advierte a sus lectores que no deben desear demasiado ser maestros, dada la responsabilidad que ello conlleva.

2. Como el maestro usa constantemente palabras, halla en ello un peligro especial. **Todos ofendemos muchas veces** (RSV, *cometemos equivocaciones*), pero las ofensas que más cuesta evitar son las que implican la lengua. Por ello el hombre que domina con éxito la lengua se le llama **varón perfecto**. Una vez domesticado el órgano más difícil, es **capaz también de refrenar todo el cuerpo**.

3. "Con los hombres ocurre como con los caballos: domínales la boca y serán dueños de todos sus actos" (Ropes, *op. cit.*, p. 229). David, en Sal. 39:1, emplea la metáfora del freno en relación con el dominio de la lengua. **4.** Esta ilustración ulterior destaca el poder de la lengua. Es como el pequeño **timón** que controla un gran barco. El punto de la frase, **y llevadas de impetuosos vientos**, no está clara a no ser que **y** se tome en el sentido de "incluso". Entonces el significado sería que el timón dirige el barco incluso durante tempestades violentas.

5. Del poder de dirección o control de la lengua, el autor ahora pasa a su poder destructor. Es **un miembro pequeño**, pero puede jactarse **de grandes cosas**. ¡Y no es una jactancia vacía! *Hylen* probablemen-

te significa **bosque** (RVR). Una chispa pequeña puede incendiar todo un bosque. **6.** En la puntuación de este versículo, es mejor seguir RVR. Tasker (*op. cit.*, p. 76) toma **mundo de maldad** en el sentido de "todos los elementos malos del mundo caído, su codicia, idolatría, blasfemia, lujuria y avaricia rapaz". Todo esto encuentra su expresión por medio de la lengua, y en consecuencia **contamina todo el cuerpo**.

La lengua también **inflama la rueda de la creación**. Hort llama a esta frase una de las más difíciles de la Biblia. Si bien es probable que se trate de una expresión puramente técnica, procedente de fuera de Palestina, Santiago la emplea en un sentido no técnico para significar "la existencia humana toda". Este tremendo poder para el mal que la lengua posee proviene directamente del **infierno** (*Gehena*).

7,8. El mandato de Dios al hombre (Gn. 1:26) de que domine a los peces del mar, etc., se ha cumplido bien, **pero ningún hombre puede domar la lengua**. ¡Dios sí la puede con toda seguridad domar! **Es un mal que no puede ser refrenado** y que llena de **veneno mortal**, si bien el Señor lo ha dominado en las vidas de muchos para bien del género humano. **9,10.** La lengua es también inconsecuente. Se emplea para un fin elevadísimo, a saber, bendecir a Dios, y también para maldecir a los hombres. En el caso de los cristianos (**hermanos míos**) sobre todo, **esto no debe ser así. 11,12.** Los ejemplos de la fuente, de la higuera y de la vid muestran que "esa inconsecuencia de proceder es contraria a la naturaleza, en la que todo sigue un curso ordenado bueno o malo" (B.S. Easton, *The Epistle of James*, p. 48).

X. Las Dos Sabidurías. 3:13-18.

13. Si bien toda la Carta de Santiago es literatura sapiencial, (*Sophia*) la sabiduría se menciona tan sólo en este pasaje y en 1:5. Es importante tener presente la idea judía (no griega) de la sabiduría. Hort define la sabiduría según esta carta como "las dotes de corazón y mente necesarias para una conducta recta en la vida" (*op. cit.*. p. 7). **Sabio** (*sophos*) es el término técnico para el maestro, y **entendido** (*epistemon*) para el conocimiento experimentado. Con la **buena conducta** el sabio muestra **sus obras en sabia mansedumbre**. El orgullo intelectual ha sido siempre el pecado dominante de los maestros profesionales.

14. El orgullo intelectual en el caso de los lectores de Santiago produjo **celos amargos** y **contención** que es la jactancia (**no os jactéis**) y en consecuencia el mentir a la verdad. El autor no quiere decir en este caso que los maestros se apartaran de la doctrina ortodoxa, sino más bien que con su vida inconsecuente falseaban la verdad del Evangelio.

15. Esta "falsa" sabiduría se describe como **no es la que desciende de lo alto,** es decir, no procede de Dios (cf. 1:5). Es en cambio **terrenal, animal, diabólica.** "Estas tres palabras . . . describen la llamada sabiduría, que no es de origen divino, en una forma progresiva — como perteneciente a la tierra, y no al mundo celestial; a la simple naturaleza, no al espíritu; y a los espíritus hostiles del mal y no a Dios" (Ropes, *op. cit.,* p. 248). **16.** La conjunción **porque** indica que lo que sigue es la prueba de lo dicho. La falsa sabiduría produce **perturbación** —referencia probable a pendencias dentro de la iglesia— y **toda obra perversa.** Dios ni es Dios de perturbación (1 Co. 14:33) ni anda de acuerdo con el mal (1 Jn. 1:5). Por ello la "sabiduría" que produce tales efectos no puede proceder de Dios.

17. Lo contrario es **la sabiduría que es de lo alto.** En el don de Dios; es la sabiduría práctica, la que preserva la unidad y la paz. Debido a los calificativos con que se la describe **pura, después pacífica, amable, benigna, llena de misericordia y de buenos frutos, sin incertidumbre ni hipocresía**— algunos comentaristas han deducido que en este caso la sabiduría es en realidad Cristo. No sería imposible, si se tiene en cuenta la identificación temprana de Cristo con la Sabiduría de Dios. **18.** El **fruto de justicia** es probablemente mejor que se tome en el sentido de "el fruto que es la justicia". Lo dicho aquí entonces contrastaría con 1:20: **la ira del hombre no obra la justicia de Dios.** Esta la procuran los pacíficos que siembran paz.

XI. El Mundo y Dios. 4:1-10.

1. Las guerras y los pleitos contrastan con la **paz** de antes. Santiago no pensó en guerras entre naciones sino en peleas y disensiones entre cristianos. La fuente de esto se halla en sus **pasiones** (*hedonon*, que en realidad significa *placeres*) que **combaten** en sus **miembros.**

2. La puntuación de RVR es la preferible, porque pone de relieve la contraposición del versículo. Ropes comenta acertadamente: "Santiago no describe la condición de ninguna comunidad específica, sino que analiza las consecuencias de preferir los placeres a Dios" (*op. cit.,* p. 255). Por ello la fuerza es casi condicional, "Si codiciáis, si ardéis de envidia . . ."

La razón de no poder conseguir lo que deseaban (en este caso algo legítimo) era que no pedían a Dios, que es el único que puede colmar a plenitud los deseos huma-

nos. **3.** Una segunda razón se halla en los motivos inaceptables de los que sí piden **—para gastar en vuestros deleites.** La condición esencial de toda oración se halla en 1 Jn. 5:14: "Si pedimos alguna cosa conforme a su voluntad, él nos oye".

4. El hecho de que Santiago se dirija a sus lectores como a **almas adúlteras,** según la costumbre de los profetas del AT quienes hablaban de Israel como de la esposa de Jehová (cf. Is. 54:5; Jer. 3:20; Ez. 16:23; Os. 9:1, etc.). es prueba sólida de que tanto el autor como los lectores eran judíos. Mantener la **amistad del mundo** "es estar en buenas relaciones con personas, fuerzas y cosas que son por lo menos indiferentes en cuanto a Dios si no abiertamente hostiles al mismo" (Ropes, *op. cit.,* p. 260), y por ello equivale a estar en **enemistad contra Dios.**

5. Otra razón de por qué el cristiano no puede ser amigo del mundo se toma de la Escritura. Hay varias traducciones posibles de las palabras que siguen, pero armoniza mejor con el contexto seguir RSV, que pone a Dios, y no al **espíritu,** como sujeto del verbo: *El anhela celosamente el espíritu que ha hecho morar en nosotros.* Dios es un Dios celoso (cf. Ex. 20:5; 34:14, Dt. 32:16; Zac. 8:2; 1 Co. 10:22), y por ello no tolerará una dedicación parcial. Ningún pasaje concreto del AT contiene las palabras de este versículo, pero muchos expresan un sentir parecido.

6. Son muchas las dificultades de vivir totalmente para Dios en un mundo malo, **pero él da mayor gracia,** que en este caso parece significar "ayuda gratuita". Esta ayuda Dios la pone a disposición, como afirma Pr. 3:34. no de los **soberbios,** de los que creen que se bastan a sí mismos, sino de los **humildes.**

7. A la promesa de gracia para el humilde le sigue lógicamente el llamamiento a someterse a Dios (el primero de ocho imperativos). Calvino comenta con agudeza: "La sumisión es más que obediencia e implica humildad". Al diablo, al enemigo de Dios, hay que resistirle, y si así se hace, **huirá de vosotros** (cf. Mt. 4:1-11). Ambas medidas son importantes para evitar el pecado de mundanidad.

8. Los imperativos continúan con **acercaos a Dios.** La unión íntima con Dios garantiza su amistad **(y él se acercará a vosotros),** y lo aparta a uno del mundo. Los imperativos que siguen describen en forma gráfica que el espíritu mundano es pecado: **limpiad las manos,** referencia a la conducta exterior; **purificad vuestros corazones,** referencia a los motivos íntimos. El hombre de **doble ánimo** es el que es fiel sólo en parte. Según este pasaje, el espíritu mundano consiste esencialmente en una fidelidad dividida. El famoso escrito de Kierkegaard, "La Pureza de Corazón es Querer Una Sola Cosa", surgió de este versículo.

9. Llamamiento al arrepentimiento ante el pecado grave. **Afligíos,** es decir, "háganse miserables" (cf. Ro. 7:24), **y lamentad, y llorad.** Estas actitudes son más adecuadas que la **risa** y el **gozo** (es decir, la frivolidad y liviandad del mundo) frente a las circunstancias. **Tristeza** "es la expresión deprimida y apagada de los que están avergonzados y se duelen" (Moffatt, *op. cit.,* p. 64). **10.** Santiago vuelve a la primera exhortación de la serie (4:7) con las palabras, **Humillaos.** Con ella va asociada la promesa, **y él os exaltará.**

XII. Juzgar. 4:11,12.

11. El autor vuelve al tema de los excesos en el hablar. En este pasaje parece que se identifican el interés del hermano y el de la ley. Hablar contra un hermano o juzgarlo es hablar contra la ley y juzgarla. **12.** Sólo Dios es superior a la ley. El es el único **dador de la ley** y juez, y en sus manos están la vida y la muerte. En vista de ello, Santiago pregunta, **¿quién eres para que juzgues a otro?**

XIII. Confianza en Sí Pecaminosa. 4:13-17.

13. La actitud de los mercaderes que se describe aquí es otra manifestación de la mundanalidad que separa de Dios. Los mercaderes ambulantes a los que se dirige eran judíos que hacían negocios lucrativos por todo el mundo mediterráneo. Se dice de ellos que trazan planes cuidadosos para sus empresas comerciales y que afirman, **Hoy y mañana iremos a tal ciudad,** etc. **14.** Este hacer planes nada tiene de malo en sí mismo. Sin embargo, los que los hacían prescindían de dos consideraciones. La primera es la finitud de los seres humanos, la cual limita su conocimiento —**no sabéis lo que será mañana.** La segunda es lo incierto de la vida, a la que Santiago compara a la **neblina,** o a una nube de humo.

15. El cristiano, al hacer planes, debería reconocer su dependencia de Dios y decir, *Deo volente, Si el Señor quiere.* **16.** Pero reconocer la dependencia de Dios no era lo que hacían los lectores de Santiago. Más bien, se jactaban en sus **soberbias.** Santiago tacha de malo este hablar jactancioso. **17.** Se hace una advertencia final a los mercaderes autoconfiados. Son cristianos. De ahí que sepan que la humildad y dependencia de Dios son esenciales en la vida cristiana. El que *sabe* esto, y **no lo hace,** comete **pecado.**

XIV. Juicio del Rico Sin Escrúpulos. 5: 1-6.

1. Los **ricos** a los que se dirige no son cristianos si bien la advertencia que se les hace se aplica a todos los hombres, incluyendo a los cristianos. Santiago es consecuente con la enseñanza del NT en reprender en general al rico no por serlo, sino por haber sido mal administrador. El llorar y gemir no son señales de arrepentimiento sino manifestaciones de remordimiento ante el juicio.

2. Los dos verbos de este versículo y el primero del siguiente están en tiempo perfecto. Ropes los describe bien como "afirmaciones pintorescas y floridas de la falta absoluta de valor de esta riqueza para el que sabe cómo justipreciar los valores permanentes y eternos" (*op. cit.,* p. 284). La riqueza ha de usarse para fines buenos, y no atesorarse.

3. El moho que va recubriendo la riqueza guardada **testificará** contra el rico, porque Dios quiso que la riqueza se usara para el bien de la humanidad. También destruirá a los ricos mismos —**devorará del todo vuestras carnes como el fuego.** La expresión, **para los días postreros** probablemente habría que cambiarla por *en los días postreros.* Alude al hecho de que, aunque el rico no caía en la cuenta de ello, los últimos días ya habían llegado.

4. Otro pecado del rico era el defraudar a los pobres agricultores. Esto era especialmente grave porque se oponía en forma explícita a la ley mosaica (cf. Dt. 24:14,15). Dios, a quien aquí se le llama **Señor de los ejércitos,** título que sugiere su omnipotencia soberana, no cerraba los ojos a esta injusticia. Sus oídos estaban abiertos a los gemidos de los pobres operarios.

5. Un tercer pecado del rico era su lujo y deleites. El vivir extravagante no hacía más que engordarlos para el **día de matanza.** Esta expresión está tomada de Jeremías (12:3). En el período intertestamentario (cf. 1 Enoc 94:9) asumió un significado escatológico, y en este pasaje se usa para el día del juicio.

6. El **justo** no es Jesús sino el hombre pobre (en general), a quien el rico ha tratado en forma despiadada. Moffatt (*op. cit.,* p. 70) comenta que la palabra **dado muerte** tenía un significado más amplio en la ética judía que en nuestros tiempos. Tienen una importancia especial las afirmaciones del libro apócrifo Eclesiástico 34:21,22: "El pan del necesitado es la vida del pobre; quien les priva del mismo es un asesino. Quitar el sostén del prójimo es darle muerte; privar a un empleado de su salario es derramar su sangre". En Santiago es probable que se refiera a los "asesinos judiciales", ya que lo que se afirma sigue a la palabra **condena-do**. A los pobres se les lleva ante los tribunales (cf. Stg. 2:6) y nada pueden hacer para defenderse. Están completamente a merced de los ricos sin escrúpulos. A pesar de todos estos malos tratos, el pobre no **hace resistencia**.

XV. Paciencia Hasta el Retorno de Dristo. 5:7-11.

7. Santiago pasa ahora del amonestar a los ricos malos a aconsejar a los pobres oprimidos. Los instruye a que soporten con paciencia su situación social y económica ante el retorno inminente del Señor. No se sugiere en ninguna parte la violencia contra el rico. Como ejemplo de uno que debe mostrarse paciente, Santiago cita el caso del agricultor que **espera el precioso fruto de la tierra**. En Palestina la **lluvia temprana** (octubre-noviembre) llegaba después de la siembra, y la lluvia **tardía** (abril-mayo) cuando la mies ya estaba madurando. Ambas eran decisivas para el éxito de la cosecha.

8. Del mismo modo el cristiano, dice Santiago, no debe perder la paciencia frente a las adversidades sino que ha de fortalecer el corazón en vista de que **la venida del Señor se acerca. 9.** Las adversidades producen tensiones, y éstas a su vez se manifiestan en las relaciones humanas. Santiago advierte por tanto, **no os quejéis unos contra otros.** Esto los pondría en peligro de ser juzgados, y **el juez está delante de la puerta.**

10,11. Además de los agricultores, ahora se cita a los profetas como ejemplos de **aflicción y de paciencia.** Es extraño que no se cite el ejemplo de Cristo como en 1 P. 2:21-23. A Job se le solía considerar como profeta, y en este caso se le cita como ejemplo concreto de paciencia. Este es el único pasaje del NT en el que se menciona a Job. El aspecto principal del ejemplo de Job es que "la resistencia paciente se puede mantener sobre la convicción de que las pruebas no carecen de significado, sino que Dios busca algo por medio de ellas lo cual conseguirá . . ." (Moffatt, *op. cit.*, p. 74).

XVI. Juramentos. 5:12.

No consta que este versículo tenga relación con el precedente. **Sobre todo** es mejor considerarlo como hipérbole que se emplea para enfatizar. El tema que se discute no es la irreverencia sino la veracidad. Easton parafrasea el versículo: "Absténganse de todo juramento, porque debilitan el sentido de obligación del hombre de decir siempre la verdad; aprendan a tener por completamente obligatorio el simple 'sí' o 'no' " (*op. cit.*, p. 69).

XVII. Oración. 5:13-18.

13. Afligido. La aflicción pide oración; el corazón gozoso, alabanza.

14. En caso de enfermedad grave, Santiago aconseja, deben llamarse los **ancianos** (referencia a oficiales concretos) de la iglesia. A sus oraciones deben acompañarles unciones **con aceite en el nombre del Señor.** En algunos casos el aceite puede tener valor terapéutico, pero en la mayoría de los casos es mejor entender su empleo como ayuda para la fe. **15.** De este versículo se deduce con claridad que no es el aceite el que sana al enfermo, sino que **el Señor lo levantará** en respuesta a la **oración de fe.** Esto no significa que Dios siempre responda a la oración de fe. Toda oración, incluyendo la que pide la curación, depende de la voluntad de Dios. A veces, aunque seguro que no siempre, la enfermedad es consecuencia del pecado personal. Quizá esto es lo que significa **si hubiese cometido pecados.** Sea como fuere, el enfermo tiene seguridad de perdón. **16.** La oración, para que sea eficaz, debe ser inteligente. Por ello encontramos la exhortación **confesaos vuestras ofensas unos a otros.** Esto no significa que los cristianos deban dedicarse a confesiones públicas o incluso privadas sin discreción alguna. Y sin duda que el pasaje nada tiene que ver con la confesión secreta a un sacerdote. Los creyentes han de confesar sus faltas sólo para poder **orar unos por otros.** No hay unanimidad en cuanto a la traducción de la última parte de este versículo, pero el significado es claro: el hombre bueno tiene una gran fuerza en la oración.

17. El ejemplo es Elías, **hombre sujeto a pasiones semejantes a las nuestras.** Sus oraciones produjeron tanto la sequía como el fin de la misma. Santiago parece que se inspiró en otras fuentes aparte del AT, puesto que las oraciones de Elías para pedir la sequía y el fin de la misma no figuran en el AT. La duración de la sequía por tres años y medio tampoco se encuentra en el AT.

XVII. Hacer Volver al Hermano Pecador. 5:19,20.

La afirmación, **Hermanos, si alguno de entre vosotros se ha extraviado,** y las dos referencias a hacerlo volver parecen indicar con claridad que el hombre del que se habla es cristiano. Si un cristiano ve que su hermano ha abandonado las grandes doctrinas de la fe cristiana y las responsabilidades morales que nacen de aquellas, y puede hacerlo volver a la comunión con Cristo y su Iglesia, las consecuencias serán dobles: (1) **salvará de muerte un alma** (la del **pecador,** y (2) **cubrirá multitud de pecados.** Como el NT enseña que la seguridad del cristiano está en Cristo, es mejor considerar la referencia a la muerte como a la muerte física. La iglesia primitiva creía y enseñaba que el proseguir en el pecado podía producir la muerte física prematura (cf. 1 Co. 11:30). Los pecados cubiertos no son los del hermano que trata de hacer volver (esto sugiere la doctrina judía de que las buenas obras compensan las malas) sino los del hermano desviado. Están cuibertos a los de Dios, lo cual es sencillamente otra forma de decir que son perdonados.

BIBLIOGRAFÍA

CARR, A. *Epistle of St. James.* (*The Cambridge Greek Testament for Schools and Colleges*). Cambridge: The University Press, 1895.

EASTON, B.S. *The Epistle of James.* (*The Interpreter's Bible*). Vol. 12. New York: Abingdon, 1957.

HORT, F.J.A. *Epistle of St. James,* 1:1—4:7. Londres: Macmillan and Co., 1909.

KNOWLING, RICHARD. *The Epistle of St. James.* (*Westminster Commentaries*). 2nd. ed. Londres: Methuen, 1910.

MAYOR, JOSEPH B. *The Epistle of St. James.* 3rd. ed. Londres: Macmillan and Co., 1913.

MOFFATT, JAMES. *The General Epistles James, Peter, and Judas.* (*The Moffatt New Testament Commentary*). Garden City, New York: Doubleday, 1928.

PLUMMER, ALFRED. *The General Epistles of St. James and St. Jude.* (*The Expositor's Bible*). Londres: Hodder and Stoughton, 1897.

PLUMTRE, E.H. *The General Epistles of St. James.* (*The Cambridge Bible for Schools and Colleges*). Cambridge: The University Press, 1909.

ROPES, JAMES H. *A Critical and Exegetical Commentary on the Epistle of James.* (*International Critical Commentary*). New York: Charles Scribner's Sons, 1916.

ROSS, ALEXANDER. *The Epistles of James and John.* (*The New International Commentary on the New Testament*). Grand Rapids: Eerdmans, 1954.

TASKER, R.V.G. *The General Epistle of James.* (*Tyndale New Testament Commentaries*). Grand Rapids: Eerdmans, 1956.

COMENTARIOS EN ESPAÑOL

CARBALLOSA, EVIS L. *Santiago: Una Fe en Acción.* Grand Rapids: Publicaciones Portavoz Evangélico, 1986.

ERDMAN, CARLOS R. *Las Epístolas Generales.* Grand Rapids: T.E.L.L., 1976.

PRIMERA EPÍSTOLA
DE PEDRO

INTRODUCCIÓN

Autor. Esta carta dice de sí misma que Pedro la escribió (1:1). El autor también se llama a sí mismo anciano y testigo de los sufrimientos de Cristo (5:1). Escribe con la ayuda de un tal Silvano (5:12) y habla de una persona querida, Marcos, que está con él (5:13).

En cualquier escrito antiguo, se presume como punto de partida que el escritor es inteligente y sincero. Lo que afirme en materias que estén a todas luces dentro del ámbito de sus conocimientos, y sobre todo lo que diga acerca de sí mismo y de sus actividades, se considera como fidedigno. La obra literaria se estudia también en cuanto a su lógica interna, y se investigan los escritos contemporáneos y posteriores para hallar referencias directas a dicho autor o a su obra y posibles alusiones a la misma, citas de la misma, u otras pruebas de que se la conocía. La presunción original de autenticidad y exactitud no se debe abandonar a no ser que estos estudios conduzcan a pruebas convincentes de lo contrario.

Cuando se trata de las Sagradas Escrituras, hay otro factor importante que interviene en los estudios del erudito cristiano. La iglesia histórica ha creído siempre con firmeza que los escritos canónicos son no sólo el fruto de la pluma de hombres honestos, sino que incorporan también el elemento de la intervención divina, son "inspiradas por Dios" (2 Ti. 3:16), y a veces incluso trascienden la comprensión de los escritores humanos (1 P. 1:10-12).

1 Pedro con claridad afirma de sí misma que la escribió el Apóstol Pedro, y no parece haber razones de contenido o estilo que contradigan dicha presunción. En realidad, contiene alguna que otra afirmación que recuerdan mucho expresiones de Pedro que se hallan en Hechos. La referencia del autor al Padre que juzga "sin acepción de personas" (1:17) recuerda las palabras de Pedro a Cornelio y al grupo de gentiles reunidos en la casa de éste (Hch. 10:34). Las alusiones a Dios que resucitó a Cristo de entre los muertos (1 P. 1:21, *et al.*) recuerdan uno de los testimonios característicos del apóstol

en cuanto a la resurrección en Hechos (2: 32; 3:15; 10:40). Y la proclamación de Cristo en 1 P. 2:7,8 como "cabeza del ángulo" según la profecía de Isaías es muy semejante a las palabras de Pedro al Sanedrín en Hch. 4:11.

Los eruditos han puesto de relieve las semejanzas con los escritos de Pablo (Harnack vio a 1 Pedro demasiado identificada con el espíritu del cristianismo paulino para poder haber salido de la pluma de Pedro), la relación de la carta con Santiago, y la afinidad indudable de la misma con Hebreos. Sin embargo, otros expertos, sobre todo el Dr. Charles Bigg (*St. Peter and St. Jude,* en el *International Critical Commentary*), arguye que tales semejanzas podrían muy bien interpretarse en el sentido de que dichos escritores se hubieran inspirado en Pedro, o de que pudieran muy bien considerarse como puntos de vista y formas de hablar comunes entre los cristianos de los tiempos apostólicos, y en consecuencia nada habría en ello que hiciera dudar de la identidad del autor de 1 Pedro o que demostrara que dicho escritor no pudo haber sido el Apóstol Pedro, como lo afirma el versículo inicial de la carta.

Las referencias a la persecución y sufrimiento, tan evidentes en 1 Pedro. han sido objeto de detallados estudios por parte de los eruditos para descubrir hasta dónde corresponden con lo que la historia nos dice en cuanto a las persecuciones de los primeros cristianos. Dr. S.J. Case ("Peter, Epistles of", en HDAC) distingue tres fases principales en las primeras persecuciones: las ocurridas en los reinados de Nerón (54-68 d. de C.), Domiciano (81-96 d. de C.) y Trajano (98-117 d. de C.). Sigue a los expertos que ven en 1 Pedro el eco no sólo de una fase adelantada y violenta de persecución sino de una persecución que se había extendido a las provincias de Asia Menor mencionadas en 1 P. 1:1.

En la correspondencia de Plinio con el emperador Trajano referente al castigo de los cristianos durante la propretoría de Plinio (que comenzó en el 111 d. de C.) en Ponto y Bitinia, dos de las provincias a las que 1 Pedro se dirige, Case necuentra el marco que mejor corresponde a lo que se dice en 1 Pedro acerca de la persecución. Seguir esta forma de razonar hasta sus últimas consecuencias, lo cual colocaría la composición de esta carta en el reino de Trajano, haría que fuera demasiado tardía para haber podido salir de la pluma de Pedro. El Dr. Case mismo, ante otras clases de pruebas, no adopta tal conclusión.

Otros expertos interpretan 1 Pedro como una advertencia anticipada acerca de las persecuciones ya próximas, hacia las que los acontecimientos conducían. Bigg señala que las primeras persecuciones surgieron sobre todo del Sanedrín judío, si bien los romanos pronto supieron ver que se hallaban frente a una forma de vida incompatible con el paganismo, y que, desde su punto de vista, debía ser detenida. La persecución de Pablo y Silas en Filipos parece haberse debido a esto sin instigación judía alguna. Los misioneros habían perjudicado las ganancias de los adivinos paganos. Y la ley romana protegía el derecho de toda persona de ganarse la vida sin que fuera estorbado.

El Dr. Bigg opina que 1 Pedro pertenece a esta fase primera de oposición pagana, anterior incluso a la persecución neroniana que siguió al incendio de Roma (64 d. de C.), del que Nerón hizo responsables a los cristianos. Esta fecha tan temprana no es ni imposible ni irrazonable, y armoniza mejor con lo que la carta misma afirma de la paternidad literaria petrina. Esto no quiere decir, desde luego, que las cartas de Plinio a Trajano no contengan elementos que nos pueden ayudar mucho en el estudio de la persecución tal como se ve en 1 Pedro.

Las pruebas externas refrendan vigorosamente la autenticidad de la carta. Si bien Ireneo (130-216 aprox.) fue el primero que sepamos haya citado a Pedro por su nombre, los expertos en NT han encontrado alusiones a 1 Pedro y paralelismos con la misma en la Carta de Bernabé (80 d. de C. aprox.), en la obra de Clemente de Roma (95-97 d. de C.), en el *Pastor Hermas* (comienzos del siglo segundo), y en escritos patrísticos posteriores. Policarpo, quien fue martirizado en el año 155, cita a 1 Pedro, si bien no menciona al autor.

Eusebio (324 aprox.) dice que Papías (quien escribió alrededor de 130-140) "empleó testimonios de la primera carta de Juan y también de Pedro" (*Ecclesiastical History* 3.39.17). Menciona a 1 Pedro entre los libros que toda la iglesia aceptaba sin duda ninguna. Además, 1 Pedro se encuentra en la versión siria de la Biblia, llamada la Peshita, y en las versiones copta, etiópica, armenia y árabe. Las pruebas externas son en verdad sólidas, y refrendan lo que la carta afirma de la paternidad literaria del Apóstol Pedro.

Tiempo y Lugar de Composición. El tiempo y lugar de composición de 1 Pedro, si se acepta que Pedro fuera el autor, están íntimamente relacionados. Por 5:13 sabemos que la carta fue escrita desde "Babilonia". Había una colonia de refugiados asirios que llevaba este nombre en Egipto, donde está situado el Cairo actual. Pero durante el siglo primero no fue más que una guarnición militar, y hay pruebas tradicionales en favor de la estancia de Pedro en dicho lugar.

Babilonia en el Eufrates se sabe que acogió a una congregación judía en el año 36 d. de C., y había judíos babilonios en Jerusalén el día de Pentecostés. Pudo muy bien haber una iglesia cristiana en dicho lugar más adelante. Pero hacia fines del reinado de Calígula (m. 41 d. de C.) una violenta persecución y masacre dispersaron a la colonia judía de Babilonia. Parece muy improbable que esta carta fuera escrita desde allá.

Hubo una tradición temprana y sólida en favor de la estancia de Pedro en Roma en la última parte de su vida. Fue creencia predominante en toda la iglesia antes de la Reforma. Quizá no es imposible que lo que indujo a los reformadores a interpretar 1 P. 5:13 como referencia a la Babilonia asiria fue su oposición a la pretensión de que el Papado romano se había iniciado con Pedro. Pero el uso simbólico de nombres del AT para ciudades de su tiempo era bien conocido en los tiempos apostólicos. Pablo comparó Agar y el Monte Sinaí a Jerusalén (Gá. 4:25). En Ap. 11:8 se llama a Jerusalén "Sodoma y Egipto", y en Ap. 17:18 se aclara que la mujer vestida de púrpura llamada "Babilonia" es una referencia a Roma. Para los destinatarios de 1 Pedro, quienes por el portador de la carta supieron de inmediato de dónde procedía, no ofreció sin duda dificultades esta referida velada a Roma.

La llegada de Pedro a Roma la sitúa Chase (*op. cit.*) hacia finales del 63 d. de C. Lightfoot la pone a comienzos del 64. La llegada de Pablo a Roma como prisionero había ocurrido antes, en el 61 ó 62. Existe una tradición de que Pablo fue puesto en libertad después de estar dos años en Roma. y que 2 Timoteo fue escrita poco antes de su ejecución, más tarde, fuera de Roma, por lo que se suele fechar en el 67 ó 68. Este segundo encarcelamiento, sin embargo, es objeto de discusiones, y los que lo discuten colocan la composición de 2 Timoteo unos dos años después de la llegada de Pablo a Roma, hacia el 63 ó 64. Esto la pondría poco antes del martirio de Pablo, alrededor de la época en que se cree que Pedro llegó a Roma. Es interesante advertir que Marcos, a quien Pablo pidió que acudiera a Roma (2 Ti. 4:11) estuvo con Pedro durante la composición de esta primera carta, así como Silas, amigo de Pablo y en otro tiempo compañero de viaje (1 P. 5:12,13).

Esta carta, pues, pudo muy bien haber sido escrita desde Roma hacia el comienzo de la persecución neroniana en el 64. Las referencias vívidas de la carta a las pruebas violentas del sufrimiento sugieren situar la carta al comiezo de esta persecución.

Mensaje de la Carta. Escrita a los cristianos de las cinco provincias del Asia Menor, la carta se dirige a sus lectores como a expatriados, metáfora muy conocida para el Israel disperso y oprimido, pero también muy adecuada para los muchos lectores cristianos gentiles de Pedro. La carta deja ver con claridad que el autor tuvo presentes a estos cristianos gentiles. Les recuerda que si bien antes no eran "pueblo", ahora son el pueblo de Dios (2:10). Describe la vida pasada de los mismos como vivida en los placeres pecaminosos de los gentiles (4:3,4).

¿Y por qué este interés por parte de Pedro? Muchos en estas provincias de Asia habían escuchado su sermón en Pentecostés (Hch. 2:9), y muchos habían sin duda regresado a sus respectivos territorios como colonos espirituales. Pablo más tarde había llevado a cabo sus labores evangelísticas en Asia, pero sólo en forma limitada, ya que el Espíritu Santo le prohibió trabajar intensamente en Asia (Hch. 16:6-8). Quizá ello se debió al comienzo espléndido que el Evangelio tuvo en esas regiones.

Pedro quizá recordó las instrucciones de su Señor, "Tú, una vez vuelto, confirma a tus hermanos" (Lc. 22:32), y también, "¿Me amas?... Apacienta mis ovejas" (Jn. 21:15-17). "Una vez vuelto", de verdad. Porque el Pedro de antes de Pentecostés. lejos de ser una roca espiritual, fue un compuesto vacilante de lealtad humana a Cristo y egoísmo traicionero. "¡La cruz jamás!" había sido el consejo que dio a su Señor (Mt. 16:22). Y cuando Jesús se dirigió al encuentro del instrumento de su pasión, según la voluntad de su Padre, lo hizo sin la compañía de Pedro.

Pero Pentecostés, con la poderosa plenitud del Espíritu, había producido un cambio radical. Y ahora Pedro, quien ya había sufrido azotes y había visto de cerca la muerte a manos de Herodes, alienta y fortalece a sus queridos hermanos de Asia para que hagan frente al Calvario inminente que Pedro —quizá ya envuelto en la cruel persecución neroniana— vio que se les aproximaba.

BOSQUEJO

Tema: El sufrimiento en la vida del creyente.
Versículo clave: 1 Pedro 4:1.
  I. Consuelo y seguridad en el sufrimiento. 1:1-25.
    A. Saludo. 1:1,2.
    B. Garantía en los hechos cumplidos del evangelio de Cristo. 1:3-12.
    C. Garantía en la santidad de vida que Dios da. 1:13-25.
 II. La respuesta purificada de la santidad práctica. 2:1—3:22.
    A. Las bases negativa y positiva de la santidad. 2:1-3.
    B. Participación de los lectores en la comunidad santa, la Iglesia. 2:4-10.
    C. La vida irreprochable, respuesta a la persecución. 2:11—3:13.
      1. Deferencia para los estatutos, oficiales, ciudadanos. 2:11-17.
      2. Sumisión de los criados, incluso en la injusticia. 2:18-25.
      3. Deferencia de las esposas para los esposos. 3:1-6.
      4. Consideración para con las esposas. 3:7.
      5. El amor divino entre los santos. 3:8-13.
    D. Triunfo en el sufrimiento injusto. 3:14-22.
      1. Bendición básica, libertad del terror. 3:14,15a.
      2. Defensa respetuosa basada en la probidad de vida. 3:15b-17.
      3. Cristo, ejemplo del creyente. 3:18-21.
      4. Cristo, garantía del creyente. 3:22.
III. Significado espiritual del sufrimiento. 4:1-19.
    A. El sufrimiento físico, forma de muerte a la vida carnal. 4:1-6.
      1. La muerte de Cristo, ejemplo y fortalecimiento. 4:1a.
      2. Muerte al pecado; vivir para Dios. 4:1b-6.
    B. La "vida crucificada" caracterizada por el amor de Dios. 4:7-11.
    C. Los fuegos de la persecución como purificadores. 4:12-19.
 IV. El amor divino como guía en la vida de la iglesia. 5:1-11.
    A. Los ancianos han de dirigir con amor. 5:1-7.
    B. Resistir al diablo con la gracia divina. 5:8-11.
  V. Saludos finales y bendición. 5:12-14.

COMENTARIO

I. Consuelo y Seguridad en el Sufrimiento. 1:1-25.

A. Saludo. 1:1,2.

1. Pedro, apóstol de Jesucristo. La carta presenta en forma directa a Pedro como autor de la misma, humanamente hablando. Sólo una persona podía responder a la descripción del versículo. Negar lo que la carta dice es imputarle un "fraude piadoso" y suscitar dudas graves en cuanto a la autoridad ética y espiritual de un escrito que afirma una falsedad. **A los expatriados.** El griego se puede traducir, *a los de la dispersión que residen en el extranjero.* No eran extraños para Pedro, sino residentes temporales en las provincias de Asia Menor que Pedro menciona. Su verdadera ciudadanía estaba en los cielos (cf. Fil. 3:20, Gr.). El apóstol, que escribe expresamente para confortar a estos peregrinos, algunos de los cuales sin duda se habían convertido como consecuencia de su sermón en Pentecostés, de inmediato menciona la separación y ostracismo, de los cuales sus vecinos los hacían objeto. La expresión "dispersión" fue forjada con significado acerbo para los judíos dispersados. Pedro adapta la metáfora para sus lectores gentiles.

2. Elegidos según la presciencia de Dios. El Espíritu Santo ayudó a Pedro, incluso en estas palabras introductorias, a presentar una base sólida para estímulo de estos cristianos que se encontraban cada vez más solos. Estos eran precisamente los escogidos y preferidos de Aquel cuyo favor es de importancia decisiva. Como en otras partes del NT, la doctrina de la elección aparece compatible con la responsabilidad personal, ya que depende de la presciencia de Dios (véase Ro. 8:29), y se ve en operación en la vida real por medio de la santidad impartida (**santificación por el Espíritu**, 2 Ts. 2:13). El resultado es **obedecer** a Dios y purificarse de las manchas incidentales por medio del ser rociados constantemente **con la sangre de Jesucristo** (He. 12:24). A sus queridos hermanos a los que se dirige de este modo, Pedro desea **gracia** (palabra griega que recuerda el saludo griego *Chaire!* "¡Ten buen ánimo!") y **paz** (que recuerda el saludo oriental *Shalom!* "¡Paz!"). Adviértase también la inclusión de la referencia a las tres personas de la Trinidad en este saludo.

B. Garantía en los Hechos Cumplidos del Evangelio de Cristo. 1:3-12.

3. Bendito el Dios y Padre de nuestro Señor Jesucristo. Comenzando en forma adecuada con este dar alabanza y crédito a Dios, fuente de todo bien. Pedro inicia la descripción de la riqueza espiritual de sus lectores, riqueza que tienen segura a pesar de todas las pruebas y faltas. Primero está el hecho de su nuevo nacimiento, ya que Dios los hizo **renacer** (Gr.), **según su grande misericordia**, con la posesión consiguiente de **una esperanza viva;** esta esperanza y seguridad se centran en el hecho comprobado y proclamado de la **resurrección** de Cristo.

4. El resultado del nuevo nacimiento es una **herencia** nueva, que se describe como **incorruptible, incontaminada e inmarcesible, reservada en los cielos** para ellos. Para los lectores de Pedro, quienes habían renunciado ya a la parte que les correspondía en la herencia terrenal de Israel, la tierra prometida de los padres, y quienes iban también a conocer el destierro y la pérdida de bienes terrenales (véase He. 10:34), este pensamiento de la herencia segura tuvo que servir de consuelo y compensación. ¡Cómo recuerdan las admoniciones de nuestro Señor a sus seguidores de que convirtieran sus posesiones terrenales en verdaderas riquezas! (p. ej. Lc. 12:33,34). **5. Que sois guardados por el poder de Dios.** Esta herencia reservada es "para vosotros los guardados" (por una guarnición militar). La palabra para **guardados** es la misma palabra griega que emplea Pablo en Fil. 4:7—"Y la paz de Dios . . . guardará vuestros corazones y vuestros pensamientos". **Mediante la fe.** Esta es la respuesta cristiana a lo que Dios ofrece y da (cf. He. 10:38,39). **Para alcanzar la salvación que está preparada para ser manifestada en el tiempo postrero.**

Se trata de una salvación que ya se disfruta, cuyo significado pleno espera una revelación final (gr., *apocalypse*).

6. En lo cual vosotros os alegráis, aunque ahora . . . tengáis que ser afligidos. Este es el gozo cristiano, independiente de las circunstancias, paradógico para el mundo. Por esto Pablo y Silas cantaban con las espaldas laceradas. Debería recalcarse que este gozo no es sencillamente una previsión intelectual de lo que se poseerá en el futuro sino una apropiación actual de la riqueza de Dios por medio del Espíritu Santo. El gozo es un elemento en el fruto del Espíritu (Gá. 5:22). **En diversas pruebas** (gr. *peirasmos*). Se trataba de algo más que las vicisitudes ordinarias de la vida. Es una referencia al peso de las persecuciones que ya entonces experimentaban los cristianos.

7. Sometida a prueba vuestra fe. La palabra que se emplea para **prueba** está en íntima relación con la idea de aprobación. El resultado final, no el proceso, se tiene presente. Esta demostración de la calidad eterna de su fe, que se pone brillantemente de manifiesto como resultado de las pruebas, excede con mucho el fulgor del oro acrisolado, de naturaleza perecedera, y será **hallada en alabanza, gloria y honra cuando sea manifestado Jesucristo.** El significado es doble. No sólo esta prueba de la fe compensará a los cristianos en la venida de Cristo, sino que ya es de glorificación para Cristo debido a su manifestación (gr., *apocalypsis*) en el sufrimiento de ellos (cf. Pablo en Gá. 3:1). Compárense estas referencias a la segunda venida de Cristo en los versículos 5 y 7 con las del sermón de Pedro en el Templo (Hch. 3:20,21) y del mensaje en la casa de Cornelio (Hch. 10:42).

8. A quien amáis . . ., en quien . . . os alegráis. Cristo en persona, actualizado por medio de la fe, es el gozo inenarrable del creyente (véase también Col. 1:27). **9. Obteniendo el fin de vuestra fe, que es la salvación.** No es una referencia futura sino presente. En su amor por Cristo y fe en él tienen al que es salvación y gozo (Jn. 17:3). **10. Los profetas . . . inquirieron y diligentemente indagaron acerca de esta salvación.** Estaban intrigados ante el plan de salvación de Dios. **11. Escudriñando . . . los sufrimientos de Cristo, y las glorias.** La idea de salvación por medio de un Mesías que sufre fue un misterio para ellos, y de hecho para todos los judíos (Col. 1:26, 27). Que Pedro introdujera las profesías de gloria por medio del sufrimiento debe haber alentado mucho a sus lectores. Este era el proceso profetizado en la Escritura, el camino que su Señor había seguido, y el camino que ellos mismos se les invitaba a seguir. **12. No para sí mismos, sino para nosotros,** (los profetas) **administraban.** Principio importante en la inspiración. Dios a veces ha escogido revelar por medio de las Sagradas Escrituras misterios incomprensibles para los mismos autores. (cf. Dn. 12:8, 9). Tenemos, pues, un evangelio dado por medio de los profetas, proclamado por predicadores llenos del Espíritu Santo, algo maravilloso aún para los ángeles.

C. Garantía en la Santidad de Vida que Dios da. 1:13-25.

13. Por tanto, ceñid los lomos de vuestro entendimiento. Los exhorta a que se estimulen en la realización del amor de Dios (cf. He. 12:12,13). **Sed sobrios.** Requerimiento a valorar adecuadamente los hechos, sin emociones ni temores (repetido en 4:7; 5:8). **Esperad por completo.** Las palabras **por completo** equivalen a *perfectamente, con madurez.* La paciencia cristiana tiene una cualidad espiritual. Es la "constancia en la esperanza en nuestro Señor Jesucristo" (1 Ts. 1:3). **La gracia que se os traerá**

(gr., *que se os trae*). Sin duda que no lo podemos comprender del todo. Incluye ciertamente la redención del cuerpo (Fil. 3:21; Ro. 8:23). Compárese con la afirmación del versículo 5 arriba. Puede ser una referencia a la gracia de la muerte que Dios daba a los mártires. **14. Como hijos obedientes.** Literalmente, *hijos de obediencia.* **No os conforméis.** Cf. Ro. 12:2, "a los deseos que antes teníais estando en vuestra ignorancia" (cf. Ef. 2:3). Los deseos del cristiano han sido cambiados; pero a no ser que vigile, todavía puede ser tentado, "cuando de su propia concupiscencia es atraído y seducido" (Stg. 1: 14). **15, 16. Como aquel que os llamó es santo.** El retorno inminente de Cristo, la esperanza preciosa del creyente, es también un gran incentivo a la santidad (1 Jn. 3:3). Porque Cristo es santo. Recuérdese cómo Pedro cayó en la cuenta de su condición pecadora cuando se encontró frente a Cristo resucitado una mañana en que se hallaba pescando en el Mar de Galilea (Jn. 21:7). Esto le recordó una situación semejante cuando el Señor lo llamó por primera vez (Lc. 5:8). **Vuestra manera de vivir.** Conducta. **Sed . . . santos.** Mandato bien conocido de todos los que estaban familiarizados con el Pentateuco (Lv. 11:44; 19:2; 20:7; cf. Mt. 5:48).

17. Si invocáis por Padre. Pedro habla a personas que oran, que acuden al Padre para pedir liberación de la persecución injusta, pero que deberían tener presente que Dios es juez. **En temor.** El caer en la cuenta de ello producirá un cuidado religioso. El hombre sabio se conoce por lo que teme y a quien teme (Mt. 10:28).

18,19. Fuisteis rescatados . . . no con cosas corruptibles. Eran gentes sencillas y pobres. Por segunda vez (cf. v. 7) Pedro hace una alusión burlona a la riqueza temporal en comparación con la herencia incalculable de la salvación. **De vuestra vana manera de vivir.** Con más exactitud, *de vuestra manera necia de vivir heredada de vuestros padres.* **La sangre preciosa de Cristo.** La palabra **preciosa** (gr. *timios*) es característica de Pedro. La impecabilidad del Cordero, el carácter vicario de su sufrimiento, suministran la base para una nueva escala de valores. **20,21. Destinado desde antes . . . manifestado.** El sufrimiento de Cristo no fue inesperado. Fue el mejor plan de Dios dado al pecado del hombre. Este habría sido un pensamiento confortador para los santos que ahora se hallaban sometidos a prueba. **De vosotros.** Mejor, *por medio de vosotros.* Cristo se manifiesta en realidad por medio de ellos cuando confían en el mismo Dios que lo resucitó a él de entre los muertos.

22. Habiendo purificado vuestras almas. Pedro apela a lo genuino de su conversión, realidad que sus lectores comprendían bien. Habían sido de verdad cambiados, purificados. Este cambio de corazón había producido "amor fraternal no fingido" (gr. *philadelphia*). Los exhorta a seguir y practicar el mismo principio: **Amaos unos a otros entrañablemente, de corazón puro. 23-25. Siendo renacidos . . . por la palabra de Dios.** Qué frágil parece la regeneración a la mente humana al basarse sólo en la palabra de Dios. Pero Pedro cita la gran afirmación de Isaías de que esta realidad al parecer frágil e invisible —la palabra de Dios— durará más que todos los fenómenos naturales (Is. 40:6-8). Y esta es la palabra que da significado a su fe y a ellos mismos.

II. La Respuesta Purificada de la Santidad Práctica. 2:1—3:22.

A. Las Bases Negativa y Positiva de la Santidad. 2:1-3.

1. Desechando, pues, toda malicia. En la santidad hay una fase negativa o purificante (Ef. 4:22ss.; Col. 3:9ss.). Existen cualidades malas que se centran en el amor de sí mismo: **malicia,** con más exactitud, *mal corazón;* **engaño,** que esconde los motivos indignos que se tratan de promover; **hipocresía,** que finge una rectitud no sentida; **detracciones,** que perjudican a otro con el fin de prosperar uno mismo.

2. Desead, como niños recién nacidos. El texto griego sugiere la impaciencia voraz del bebé a la hora de comer. Pedro ha venido hablando de la palabra de Dios como operativa en la regeneración de ellos (1:23-25). Ahora apremia a los recién nacidos a que cultiven un apetito voraz por dicha palabra, que, aunque poderosa, **es no adulterada** y sencilla, como leche. De este modo sus lectores crecerán **para salvación.** Estas palabras, que se encuentran en algunos de los mejores manuscritos, se refieren a la liberación final del creyente (cf. 1:5,13). **3. Si es que habéis gustado la benignidad del Señor.** Otro recordatorio de la gracia que ya han experimentado (cf. Sal. 34:8).

B. Participación de los Lectores en la Comunidad Santa, la Iglesia. 2:4-10.

4. Acercándonos a él, piedra viva. Pedro pasa ahora a esa garantía grande y consoladora de que sus lectores, a quienes los demás hombres escarnecen y hacen el vacío como a gente despreciable (cf. "expatriados" 1:1), son miembros de una comunidad santa y gloriosa, la Iglesia. Comienza en forma adecuada con la cuestión de la relación personal con Cristo, quien, como ellos, también fue rechazado, pero al igual que ellos **piedra escogida** (*elegidos,* cf. 1:2) **de Dios y preciosa** (otra vez la palabra "preciosa"; cf. 1:19 y más abajo).

5. Vosotros también, como piedras vivas. Igualdad en naturaleza con Cristo. Se emplean las mismas palabras para los creyentes que para el Señor. El pasaje recuerda con claridad las palabras del Señor a Pedro, "Tú serás llamado . . . piedra" (Jn. 1:42); y también, "Tú eres Pedro (*piedra*) y sobre esta roca edificaré" (Mt. 16:18). Adviértase que en el pasaje que nos ocupa Pedro coloca a su Señor, y no a sí mismo, en el lugar básico de este edificio santo que es la Iglesia. **Sed edificados como casa espiritual.** Compárese con Ef. 2:19-22. Se considera a la Iglesia como superior a la gloria del Templo judío. La argumentación en esta parte del capítulo, hasta 1 P. 2:10, quizá indica que las indignidades y opresiones que sufrían los creyentes surgían a instigación de los judíos, si bien los gentiles luego también se hacían responsables de las mismas, como a menudo sucedía en los primeros tiempos de la iglesia. **Sacerdocio santo, para ofrecer sacrificios espirituales a Dios por medio de Jesucristo.** La ofrenda de Cristo se ve en su función de abrir el lugar Santísimo a todos los creyentes y como sustituto de los sacrificios judíos. Por medio de Cristo, el hombre en otro tiempo pecador puede ahora presentar una ofrenda aceptable a un Dios santo (cf. Ro. 12:1,2).

6. También contiene la Escritura. Pedro ahora cita la fuente en la que se inspira, Is. 28:16. Es interesante advertir que en este versículo de Isaías se insiste en la función de la piedra como "fundamento seguro" (cf. 1 Co. 3:11). No cabe duda de que el uso que Pedro hace de esta metáfora se relaciona con el empleo que el Señor hizo de la misma (Mt. 21:42), según la fórmula de Sal. 118:22,23. Pedro mismo la había usado en el Sanedrín: "Este Jesús es la piedra reprobada por vosotros los edificadores" (Hch. 4:11).

7,8. Para vosotros, pues, los que creéis (gr.) **. . . precioso; pero para los que no creen . . . pidra de tropiezo.** El sustantivo de "precioso" es la forma que se emplea en este caso; literalmente, *honor, cosa valiosa.* Tenemos una descripción sencilla de Cristo como Salvador y Juez. La misericordia rechazada se convierte en condenación. También ésta fue doctrina de Cristo (Mt. 21:44; Jn. 12:48). En este pasaje los que **creen** se contraponen a los desobedientes. La fe, entonces, aparece como una obediencia o voluntad básica (cf. "obedecían la fe", Hch. 6:7). **A lo cual fueron también destinados.** El mismo propósito divino que, basado en la presciencia de Dios, escogió a los lectores de Pedro como hijos suyos, tristemente ha destinado al desobediente a la única otra alternativa posible.

9,10. Mas vosotros sois linaje (gr. *ge-*

nos, "raza, clase") **escogido** (*elegido*). Esto recuerda mucho la enseñanza misma de Cristo. Su alusión a la piedra del ángulo rechazada estuvo en relación con la parábola de los agricultores perversos que habían matado al hijo del dueño de la viña. Al mismo tiempo y junto con la alusión a la piedra rechazada, dijo a los líderes judíos, "El reino de Dios será quitado de vosotros, y será dado a gente que produzca los frutos de él" (Mt. 21:43). Pedro ahora escribe a esta "gente", cuya realeza y valor evidentes los señalan como hijos del Rey y al mismo tiempo da gloria al que los llamó de las tinieblas del mundo a su luz. Las palabras traducidas por **pueblo adquirido** significan literalmente *pueblo para ganancia* (gr., *peripoiesis*). A veces la palabra indica el asegurar una posesión deseada ("ganan para sí", 1 Ti. 3:13; "él ganó por su propia sangre". Hch. 20:28). A veces significa preservación o salvación. En He. 10:39 se traduce por "preservación" y contrasta con "perdición". Estas son palabras tremendas de estímulo. Son un pueblo de gran valor, pueblo que ha de salvarse, pueblo para ser poseído. Pedro concluye su enseñanza con las palabras de Oseas (1:6,9; 2:23). Estos que en otro tiempo **no** eran **pueblo** —muy probable referencia a su origen gentil— ahora son el **pueblo de Dios**.

C. La Vida Irreprochable, Respuesta a la Persecución. 2:11—3:13.

11. Como a extranjeros y peregrinos . . . os abstengáis. Pedro deja de lado la metáfora de su realeza, pasa la página, y vuelve a dirigirse a ellos como a peregrinos. Reanuda el pensamiento en 2:11 y les ruega que se abstengan de los deseos carnales que **batallan contra el alma.** La metáfora "batallan" no es la de la lucha cuerpo a cuerpo, sino la de una expedición planeada contra un objetivo militar. Podríamos compararla a la fría incitación de los deseos de Sansón por parte de Dalila para destruirlo. **12. Manteniendo buena** (la misma palabra que se emplea más adelante en el mismo versículo en "buenas obras") **vuestra manera de vivir.** Aunque linaje escogido, vivían entre gentiles, quienes propendían a murmurar de ellos como de **malhechores.** El cristianismo por su misma esencia se oponía a las vanidades del paganismo a cada paso. Esto era un crimen para ellos, y "en todas partes se hablaba contra" (Hch. 28:22) el mismo. Como el justo Noé, "condenaba al mundo" (He. 11:7). Esta era la explicación básica de la disposición de los paganos de advertir la presencia de este pueblo insignificante y de perseguirlo. Y Pedro sabía que la mejor respuesta era la integridad de vida, recibida de Dios y alabada por los mismos enemigos de la cruz (cf. la enseñanza de Jesús en

Mt. 5:16). **En el día de la visitación** se traduciría mejor por *el día de observación* (inspección o reconocimiento especial).

13,14. Someteos a toda institución humana . . . al rey . . . a los gobernadores. El cristiano obedece la ley, es meticuloso y autodisciplinado. Esta doctrina es comparable con la enseñanza de Pablo en Ro. 13:1-7 y Tit. 3:1,2. No ha de entenderse, desde luego, como acatamiento obligatorio al mal. Las palabras mismas de Pedro al Sanedrín responden a esto: "Juzgad si es justo delante de Dios obedecer a vosotros antes que a Dios" (Hch. 4:19). **15. Haciendo bien, hagáis callar la ignorancia de los hombres insensatos.** Plinio, en su informe a Trajano acerca de los cristianos en Ponto y Bitinia, dos de las provincias mencionadas en 1:1, habla de los "crímenes imputados al nombre" de los cristianos. Aunque perteneciente a una época bastante posterior (alrededor del 112), ilustra la forma ignorante e injusta con que se puede tratar a criminales a un grupo de personas. La respuesta de una vida buena sería la defensa mejor.

16. Como libres. La única base duradera de la libertad es el dominio propio guiado por el Espíritu: "Pero si sois guiados por el Espíritu, no estáis bajo la ley" (Gá. 5:18). **Sino como siervos de Dios.** El hombre totalmente sometido a Dios es verdaderamente libre. Dios entonces obra en ese tal el querer y el hacer su buena voluntad. Este amor puesto por Dios por sus caminos hace fácil el yugo de Cristo, y su carga ligera.

17. Honrad . . . amad . . . temed. Se expresa la abnegación propia y la voluntad de dar a cada uno lo suyo. La palabra por **honrad** está relacionada con la palabra "precioso", y sugiere la alta consideración del cristiano por la persona humana. La palabra por amor indica el *agape* de 1 Co. 13 que Dios da. Este era el amor acerca del que Cristo había interrogado dos veces a Pedro en Jn. 21:15,16, interrogación a la que Pedro honestamente respondió con el, "Te amo" (gr. *philo*, "amar humanamente").

18-20. Criados, estad sujetos . . . también a los difíciles de soportar. El hombre lleno del Espíritu es capaz de cumplir con exigencias exorbitantes, sí, del todo imposibles bajo cualquier otro punto de vista. "Ama a tus enemigos", "presenta la otra mejilla" —esto sólo se consigue por medio del poder de aquel que oró por sus verdugos, "Padre, perdónalos". **Esto merece aprobación.** La recompensa comienza cuando lo razonable concluye. El que sirve a Dios sin amor divino transcendental construye con madera, paja. **¿Qué gloria es . . .?** Compárese con las preguntas de Jesús en Lc. 6:32-36. **Aprobado delante de Dios.** La palabra **aceptado** es el griego *charis*, que tiene una hermosa fuerza doble de "gracia" y de "favor". Puede tener el sentido de, "Cuando obras bien, y sufres . . . con paciencia, esto es gracia de Dios" o "esto es favor de Dios".

21-23. También Cristo padeció. Se trata de la personificación del amor divino. Ahí tenemos nuestro modelo. **No hizo pecado,** no pecó. De ahí que todos los castigos e indignidades a que lo sometieron fueron sin motivo. **Quien . . . no amenazaba, sino encomendaba.** Cumplimiento perfecto del principio visto en Ro. 12:19,20: "Mía es la venganza . . . dice el Señor. Así que, si tu enemigo tuviere hambre, dale de comer". Este es el amor perfecto por Dios y el hombre. **24. Quien llevó . . . nuestros pecados en su cuerpo.** Pedro recuerda a sus lectores que esto lo hizo por ellos. **Para que nosotros, estando muertos a los pecados, vivamos a la justicia.** Da a entender que la muerte de Cristo fue más que un ejemplo. Si participan de su cruz participarán de su vida triunfal. **Por cuya herida . . .** Selwyn (*The First Epistle of St. Peter,* p. 95) llama la atención acerca de tres facetas del pensamiento de Pedro en cuanto a la expiación: el cordero pascual "sin mancha y sin contaminación" (1:19), el siervo que sufre de Is. 53, "por cuya herida fuisteis sanados", y la víctima "quien llevó . . . nuestros pecados en su cuerpo sobre el madero". **25. Porque vosotros erais como ovejas . . . pero . . .** Pedro ha apremiado a sus lectores a que participen de los sufrimientos de Cristo. Tal como él lo mandó (Lc. 14:27, etc.), deben seguirlo, tomando la cruz. Pero ya han dado el paso inicial en este participar de la cruz; en otro tiempo ovejas descarriadas, se han convertido al **Pastor y Obispo** (cuidador) de sus almas.

3:1-6. Asimismo, vosotras, mujeres. Pedro deja las implicaciones de la santidad para los esclavos, y se dirige a las mujeres casadas. A éstas les dice, **estad sujetas a vuestros** (cf. Ef. 5:22; Col. 3:18). La norma del amor divino sigue siendo la base. Al marido se le reconoce como cabeza del hogar, y la **conducta** de la esposa, su proceder prudente y equilibrado en el hogar, ganará a algunos para Cristo. No debe buscar atraer la atención con los artificios de peinados, joyas o vestidos ostentosos, sino que ha de distinguirse por esa **conducta casta y respetuosa** tan rara en el mundo y tan querida de Dios. Las esposas de los patriarcas se consideran como ejemplos de tal proceder (v. 5). Según parece los adornos llamativos y ostentosos se consideran como contrarios al espíritu de discreción y modestia para con el esposo. Lo mismo implica 1 Ti. 2:9-12. La modestia de la mujer en el vestir se asocia con la modestia conveniente en la conducta. Es evidente que la fe cristiana conlleva otras normas de vestir y de arreglarse que las que tiene el mundo. Se ve a Sara que obedece a Abraham, **llamándole Señor** (Gn. 18:12). El versículo 6 recuerda a estas mujeres cristianas que son hijas adoptivas de Sara: "de la cual vosotras habéis venido a ser hijas, si hacéis el bien, sin temer ninguna amenaza".

7. Vosotros, maridos, igualmente. Pedro pasa a la santidad necesaria en el caso de los maridos, y los apremia a que vean la relación matrimonial en forma inteligente, **vivid . . . sabiamente.** Se defiende lo contrario del egoísmo. **Dando honor a la mujer.** La palabra para **dando** (gr. *aponemō*) indica dar en forma deliberada, tributar voluntariamente honor (relacionado con "precioso") a la esposa, quien ante Dios es **coheredera.** Los sentimientos de rencor, que nacen del proceder egoísta en casa, hacen imposible la oración eficaz. La oración eficaz ha de ser "sin ira" (1 Ti. 2:8).

8,9. Sed todos de un mismo sentir. Esto recuerda el vivir "unánimes" de Pentecostés, o los requerimientos de Pablo a los filipenses de que estuvieran firmes "en un mismo espíritu" (Fil. 1:27), "sintiendo lo mismo, teniendo el mismo amor, unánimes, sintiendo una misma cosa" (Fil. 2:2), seguidos de cerca por la emocionante síntesis de la mente de Cristo. El catálogo que Pedro ofrece de las gracias que acompañan a esta unanimidad de sentir se parece a los aspectos humildes y gratuitos del fruto del Espíritu (Gá. 5:22,23) o de la "sabiduría que es de lo alto" (Stg. 3:17).

10-12. Porque: el que quiere amar la vida. El apóstol cita Sal. 34:12-16 para refrendo de su enseñanza de que este camino, poderoso y dirigido del Espíritu, de desprendimiento es en verdad la vida de bienaventuranza, cuyo desenlace el Señor mismo garantiza, de quien **los ojos . . . están sobre los justos,** y los **oídos atentos a sus oraciones. 13. ¿Quién . . . os podrá hacer daño?** Esto recuerda la conclusión de la descripción de Pablo del fruto del Espíritu— "contra tales cosas no hay ley" (Gá. 5:23). Como principio general, dando margen a las excepciones que nace de la ira del enemigo, a las personas no se las castiga por hacer el bien. Este mismo principio garantiza que el sufrimiento inmerecido no continuará por mucho.

D. Triunfo en el Sufrimiento Injusto. 3:14-22.

14,15a. Mas . . . si alguna cosa padecéis por causa de la justicia, bienaventurados sois. Esta bienaventuranza, desde luego, recuerda la del Señor en Mt. 5:11, 12. Pedro luego cita las palabras de Dios a Isaías (8:12,13) que en su forma completa dicen así, "ni temáis lo que ellos temen, ni tengáis miedo. A Jehová de los ejércitos, a él santificad; sea él vuestro temor, y él sea vuestro miedo". Esto vuelve a traer a la mente la advertencia de Cristo en cuanto a quienes temer (Mt. 10:28). Ante la amenaza de la muerte el peligro de ceder es real. Plinio describe la forma escueta en que se le ofrecía al cristiano la disyuntiva de maldecir a Cristo o morir, y cómo no pocos caían. La actitud de Pedro en este caso no es tan precipitada ni confiada como la fue cuando dijo el Señor, "aunque todos se escandalicen de ti, yo nunca me escandalizaré" (Mt. 26:33).

15b,16. Estad siempre preparados para presentar defensa. La actitud que se describe es de **mansedumbre y reverencia,** aunque también de disposición. También ésta es una cualidad recibida del Espíritu. Recuérdese la admonición de Cristo: "Lo que os fuere dado en aquella hora, eso hablad; porque no sois vosotros los que habláis, sino el Espíritu Santo" (Mr. 13:11). Recuérdese la defensa irrefutable de Esteban (Hch. 6:10) y de Pablo (Hch. 24:25; 26:24-28). **Teniendo buena conciencia.** Como antes, la vida irreprochable se ve como la defensa básica. **17,18. Porque mejor es . . . Porque también Cristo padeció una sola vez por los pecados, el justo por los injustos.** Entra dentro de la voluntad de Dios sufrir por hacer el bien. Se vuelve a ofrecer como ejemplo a Cristo (cf. 2:24), cuyos sufrimientos produjeron la reconciliación con Dios de los hombres perdidos, junto con su propia vindicación por medio de la resurrección por el poder del Espíritu Santo.

19,20. En el cual (es decir, en el Espíritu) **también fue y predicó.** Sigue una digresión cuya interpretación resulta oscura. Algunos peritos, como Lange, contienden que la única inferencia natural y directa en este caso es que Cristo, después de la crucifixión, descendió al Hades y "proclamó a estos espíritus aprisionados en el Hades el comienzo de una nueva época de gracia" (J.P. Lange, *Commentary on the Holy Scripture,* IX, p. 64). Afirma que muchos se salvaron sin duda por esta segunda oportunidad. Esta explicación suscita la difícil pregunta de por qué, de entre todos los no creyentes, se les concedió liberación sólo a los antidiluvianos, y abre la puerta a la posibilidad (que es contraria a la enseñanza clara del NT) de que otros pecadores que no se arrepintieron antes de morir tendrían una oportunidad posterior de creer en Cristo. Algunos opinan que la predicación de Cristo en el Hades fue para condenar, si bien no es la usual esta implicación de la palabra griega, que significa *proclamar, anunciar,* y se emplea a menudo

para el Evangelio. John Owen, traductor y redactor de Calvino (John Calvin, *Commentaries on the Catholic Epistles,* p. 116, nota), cita la explicación que adoptaron Beza, Doddridge, Macknight y Scott, de que esto ocurrió durante el ministerio de Noé, cuando Cristo por el Espíritu ("por el cual") predicó por medio de Noé a los malos que en los escritos posteriores de Pedro se mencionan como espíritus en el Hades. Y todo esto ocurrió **cuando . . . esperaba la paciencia de Dios,** quien difería el diluvio. La alusión al tiempo dedicado a la construcción del arca parece corroborar esta interpretación. El referirse al número reducido de los que se salvaron sirvió sin duda de estímulo a la "pequeña grey" de Asia.

21. El bautismo que corresponde a esto ahora nos salva. La variante *por la cual* (gr., *ho*), es decir, "por el agua", es preferible para comenzar esta frase. Leemos, entonces, "por la cual (agua) el bautismo, como símbolo opuesto, ahora nos salva — no el quitarnos las inmundicias de la carne sino el buscar" (mejor que "la respuesta de") "una buena conciencia hacia Dios". Compárese He. 10:22. El significado parece ser que el bautismo de agua simboliza la purificación espiritual. La conexión del bautismo de agua y el bautismo del Espíritu con la purificación está bien patente en toda la Escritura, en relación con la muerte de Cristo y su poder de resucitar. Los que creen en la regeneración bautismal quizá se sentirán inclinados a aprovechar el significado del verbo **salva** en este caso. Otros afirmarán que lo que salva es la purificación de corazón, no la ceremonia externa.

22. Quien habiendo subido al cielo. Se reanuda el tema de la resurrección de Cristo, interrumpido en el versículo 18, y Pedro menciona el triunfo actual de nuestro Señor y su reconocimiento como vigoroso estímulo para los hombres religiosos que siguen a su Maestro en el sufrimiento. Selwyn subraya el hecho de que los primeros cristianos a menudo solemnizaban el bautismo por la Pascua. Le parece que la alusión al bautismo en el versículo 21, al igual que las varias referencias a los sufrimientos, resurrección y segunda venida de Cristo, indican que 1 Pedro fue escrita como carta pascual (*ap. cit.,* p. 62).

III. Significado Espiritual del Sufrimiento. 4:1-19.

A. El Sufrimiento Físico, Forma de Muerte a la Vida Carnal. 4:1-6.

1a. Puesto que Cristo ha padecido . . . vosotros también armaos del mismo pensamiento. Fil. 2:5 emplea la forma verbal de "pensamiento" y apremia, "Haya en vosotros este sentir". El pensamiento es muy parecido. Se emplea una palabra griega diferente, que sugiere la individualidad tanto de Pedro como de Pablo. Se ve a Cristo como a ejemplo del creyente y como poder para nosotros en el sufrimiento. **1b,2. Quien ha padecido en la carne, terminó con el pecado.** Pedro mira ahora a la muerte a la que el hombre ha de hacer frente (cf. Ro. 7:1-4), y que lo libera de todo deseo y acción pecaminosos. De inmediato saca el paralelismo espiritual. El que ha participado de la cruz de Cristo ya no vive para la atracción del pecado a través de los deseos humanos ordinarios, sino que vive sólo para la atracción de la voluntad de Dios (Gá. 6:14).

3,4. Baste ya el tiempo pasado. Luego sigue un catálogo de los pecados horrendos que se encuentran fuera de la gracia de Dios. Esto recuerda una de las enumeraciones que Pablo hace de las obras de la carne en Gá. 5:19-21. **A éstos les parece cosa extraña . . . y os ultrajan.** Las vidas transformadas de los creyentes los hacen extraños, casi como "extranjeros", lo cual conduce a que los paganos los condenen y los difamen en forma despreciativa y como de autodefensa. **5. Ellos darán cuenta.** Deben responder no a los hombres sino a Dios. Y el juicio de Dios se aplicará tanto a los que están en vida como a los que han muerto. Según la interpretación que se dé al versículo 6, este juicio se puede considerar tanto como vindicación de los creyentes como condenación de los pecadores impenitentes. En el AT, sobre todo en los Salmos, a menudo se considera al juicio como vindicación del justo.

6. También ha sido predicado el evangelio a los muertos. Algunos relacionan esto con 3:19,20. Lange considera ambos pasajes como referencias a la evangelización por parte de Cristo, después de su crucifixión, de los no creyentes de antes del diluvio, como una segunda oferta de salvación que sin duda muchos de ellos aceptaron. Hay otras formas de interpretación. A nosotros nos parece muy aceptable la sugerencia de Scott, según la explicación de John Owen (*op. it.*, p. 127), cuyo sentido es: "Con este fin ante los ojos (o sea, el juicio final acabado de mencionar) se predicó el evangelio también a los ya muertos (mártires), a fin de que pudieran ser (como lo fueron) juzgados en la carne (y condenados al martirio) según hacen los hombres, pero también a fin de que pudieran vivir en el Espíritu según Dios". Tenemos aquí la enseñanza de que, si se tiene presente el juicio final, los que murieron mártires están mucho mejor que los gentiles incrédulos del versículo 3.

B. La "Vida Crucificada" Caracterizada por el Amor de Dios. 4:7-11.

7. El fin . . . se acerca. El apóstol sigue teniendo centrada la atención en el Juicio, y pide una actitud de autodominio **(sed, pues, sobrios),** y calma (mejor que **velad)** y recurso a la **oración. 8. Tened . . . ferviente amor.** Se trata del amor divino (gr., *agape*) como en 1 Corintios 13, amor que pasa por alto los pecados y agravios de los otros. **9.** Este amor se muestra hospitalario **sin murmuraciones.** Literalmente, *amar a los huéspedes sin murmurar.* Hay en esto un darse a sí mismo y lo que uno tiene con gozo.

10. Cada uno según el don que ha recibido, minístrelo. El "don" recibido es un *charisma*, una gracia, que hace de sus poseedores **administradores de la multiforme gracia de Dios.** Esta gracia ha de ser "ministrada" (gr., *diakoneo;* cf. "diácono") a otros, lo cual es también el método mejor para que su poseedor siga disfrutando de ella. Tenemos otra vez el compartir amoroso de las bendiciones espirituales. **11. Si alguno habla.** El apóstol extiende la idea de administración presentada en el versículo 10. El que habla en la iglesia debe tener cuidado de presentar las palabras (gr. *logia*) de Dios y no las suyas propias. El que ministra (AV, **ministro;** gr. **diácono)** debe servir con la fortaleza **(poder)** que Dios comunica en abundancia. Siempre debe tenerse presente el fin de **que en todo sea Dios glorificado por Jesucristo.** Pedro agrega una bendición, y glorifica a Dios tal como ha pedido que se haga.

C. Los Fuegos de la Persecución como Purificadores. 4:12-19.

12. No os sorprendáis del fuego de prueba. Pedro pone sobre aviso a sus lectores contra el dejarse sorprender, lo que parece indicar una prueba más dura que las experimentadas hasta entonces. Este versículo armoniza bien con la persecución de Nerón, cuando los cristianos eran convertidos en antorchas vivas todas las noches en los jardines del emperador. Pedro, en Roma, temía que esta virulencia se fuera a extender pronto a provincias. **13. Gozaos . . . participantes de los sufrimientos de Cristo.** Se trata del participar físico en la cruz de Cristo para lo cual la participación espiritual (2:24) era una preparación adecuada. La admonición al gozo recuerda las palabras de Jesús en Mt. 5:12. **En la revelación de su gloria.** Gr., *apocalypsis.* Les esperaba una "mejor resurrección" (He. 11:35).

14. Si sois vituperados por el nombre de Cristo, sois bienaventurados. Esta es otra bienaventuranza. **El glorioso Espíritu de Dios reposa sobre vosotros.** Dios está junto a sus mártires. El Espíritu Santo da gracia especial. Recuérdese el resplandor de Esteban al morir (Hch. 6:15; 7:55). Mientras los hombres rugen y blasfeman, la serenidad del mártir glorifica a Dios. **15. Ninguno de vosotros padezca como homicida.** Pedro pone sobre aviso contra el pecado, el cual anularía el testimonio del sufrimiento. **16. Si . . . como cristiano.** Plinio, escribiendo más tarde, habla de un castigo a causa del "nombre mismo" (es decir, "¿Eres cristiano?"). Bajo tales circunstancias, Pedro requiere, **no se avergüence, sino glorifique a Dios por ello.** (BC, traduce mejor, *con este nombre*). **17,18. El juicio comience por la casa de Dios.** Pedro quizá alude a Ez. 9:6, y considera estas persecuciones como permitidas por Dios para purificar a los creyentes que sufren, y como presagio de la condenación terrible del irreligioso (cf. Lc. 23:28ss.). **19. Que los que padecen . . . encomienden.** Que pongan en manos de su Hacedor su caso, tal como hizo Cristo (2:23). Hacerlo es demostrar la paz de ese amor que Dios pone en el corazón y que excluye el miedo (cf. 1 Jn. 4:18).

IV. El Amor Divino como Guía en la Vida de la Iglesia. 5:1-11.

A. Los Ancianos Han de Dirigir con Amor. 5:1-7.
1. Pero esta gracia de morir es también un principio maravilloso de vida. Pedro se dirige a los **ancianos.** Se llama a sí mismo **yo anciano también . . . y testigo** (gr., *martys*, "mártir") **de los padecimientos de Cristo,** y partícipe de la gloria futura. **2-4. Apacentad la grey.** ¿No recuerda esto las palabras de Cristo a Pedro, "Apacienta mis ovejas"? (Jn. 21:15-17). Quizá el llamar a los "ancianos" pastores puede haber nacido de esto. **No por fuerza, sino voluntariamente** (*por consentimiento propio*) **según Dios** (lo agregan ciertos buenos MSS); **no por ganancia deshonesta, sino con ánimo pronto; no como teniendo señorío sobre** (*señoreando sobre*) **los que están a vuestro cuidado** (más adecuado que *la herencia de Dios* de AV) **sino siendo ejemplos de la grey. Cuando aparezca el Príncipe de los pastores.** Esto recuerda la parábola del buen pastor de nuestro Señor (Jn. 10:1-16), que Pedro sin duda oyó. Cristo concederá a sus colaboradores en el pastoreo **la corona incorruptible de gloria. 5-7. Igualmente, jóvenes, estad sujetos.** El espíritu de los ancianos ha de ser amoroso y deferente, ejemplo que los jóvenes hallen fácil y natural seguir. Todos deben estar revestidos **de humildad,** y con ello esperar la gracia de Dios, que es tanto la causa como el efecto de la humildad. Pe-

dro cita Pr. 3:34 (LXX) en sostén de su enseñanza (cf. Stg. 4:6), y refuerza su amonestación a la humildad (cf. Stg. 4:10). El mansamente humilde puede descansar, **echando toda vuestra ansiedad sobre él, porque él tiene cuidado de vosotros.**

B. Resistir al Diablo con la Gracia Divina. 5:8-11.
8,9. Sed sobrios (*calmos*), **y velad . . . vuestro adversario** (el oponente en un pleito judicial) **. . . como león rugiente, anda alrededor buscando a quien devorar.** Este pasaje puede ser muy bien una referencia velada a Nerón o al anfiteatro que éste utilizaba con leones. Detrás de todo hay un diablo personal. **Al cual resistid.** Compárese con Stg. 4:7. La determinación cristiana pone en movimiento el poder divino. Y el saber que todos los miembros hermanos **en todo el mundo** participan de los **mismos padecimientos** lleva a los cristianos oprimidos a resistir **firmes en la fe.**

10. Mas el Dios de toda gracia. Pedro les ha exigido las gracias que armonizan con su llamamiento. Ahora los encomienda al Dios de toda gracia **que nos llamó a su gloria eterna en Jesucristo.** Esta mención final del llamamiento de Dios nos recuerda el pensamiento inicial de la elección de los mismos (1:2). Esta gloria, lo repite, llegará **después de que hayáis padecido un poco de tiempo.** Los verbos que siguen son futuros simples: **os perfeccione** (o os haga lo que deberíais ser), **afirme** (palabra que Cristo usó para Pedro, "confirma a tus hermanos", Lc. 22:32), **fortalezca y establezca.**

11. A él sea . . . el imperio por los siglos de los siglos. Pedro concluye el mensaje con una bendición.

V. Saludos Finales y Bendición. 5:12-14.

12. Por conducto de Silvano . . . os he escrito. Algunos arguyen que Silvano no fue más que el mensajero, pero el texto parece suficientemente amplio como para sugerir la probabilidad de que Silvano —a quien se suele identificar con el Silas del segundo viaje misionero de Pablo— sirviera en realidad de secretario en la composición de 1 Pedro. **Esta es la verdadera gracia de Dios, en la cual estáis.** El apóstol sintetiza de este modo el asunto del aliento y testimonio a sus lectores.

13. En Babilonia, elegida juntamente con vosotros. Pedro transmite saludos de *la elegida* (en femenino) en Babilonia. Los traductores de AV y RVR hicieron de ella "la iglesia elegida". Algunos opinan que fue un saludo de la esposa de Pedro, persona noble que acompañó a Pedro en sus viajes y quien, según dice la tradición, fue martirizada antes que su marido. Tuvo que haber sido bien conocida de los lectores de Pedro. **Y Marcos mi hijo.** Sin duda indicación de que Juan Marcos estuvo con Pedro por esa época.

14. Saludaos unos a otros con ósculo de amor (gr. *agape*, "amor divino"). **Paz sea con todos vosotros los que estáis en Jesucristo.** La carta concluye con esta nota clave de amor divino y de paz en Cristo, superior a todas las fuerzas y consideraciones contrarias.

BIBLIOGRAFÍA

(para 1 y 2 Pedro)

Bigg, Charles. *A Critical and Exegetical Commentary on the Epistles of St. Peter and St. Jude (The International Critical Commentary).* Edinburgh: T. & T. Clark, 1901.

Calvin, John. *Commentaries on the Catholic Epistles.* Translated and edited by John Owen. Grand Rapids: Wm.B. Eerdmans Publishing Co., reprinted 1948.

Case, S.J. "Peter, Epistle of", *Dictionary of the Apostolic Church.* Edited by James Hastings. Edinburgh: T. & T. Clark, 1918.

Charles, R.H. (ed.). *The Apocrypha and Pseudepigrapha of the Old Testament in English.* Londres. Oxford University Press, 1913.

Lange, John P. *Commentary on the Holy Scriptures.* Translated and edited by Philip Schaff. Grand Rapids: Zondervan Publishing House, reprint, n.d.

Mayor, Joseph B. *The Epistle of St. Jude and the Second Epistle of St. Peter.* Londres: Macmillan and Company, 1907.

Orr, James (ed). *International Standard Bible Encyclopedia.* Chicago: Howard Severance Company, 1930. James M. Gray, "Peter Simon"; William G. Moorehead, "Peter, The First Epistle of", "Peter, The Second Epistle of".

Selwyn, Edward G. *The First Epistle of St. Peter.* Londres: Macmillan and Company, 1958.

Tenney, Merril C. "Bible Book of the Month: II Peter", *Christianity Today,* December 21, 1959.

COMENTARIOS EN ESPAÑOL

Barbieri, Louis A. *Primera y Segunda Pedro* (Comentario Bíblico Portavoz). Grand Rapids: Publicaciones Portavoz Evangélico, 1981.

SEGUNDA EPÍSTOLA
DE PEDRO

INTRODUCCIÓN

Autor. En el encabezamiento de la carta, en una forma algo distinta de la de 1 Pedro, se menciona como autor de la misma a Simeón (Simeón aparece en algunos de los mejores manuscritos; RVR tiene Simón Pedro; cf. Hch. 15:14), "siervo y apóstol de Jesucristo" (2 Pedro 1:1). En forma sencilla y sin afectación, el escritor vuelve a identificarse con los apóstoles (3:2). Conoce los escritos paulinos y se muestra en acuerdo completo con su "amado hermano Pablo" (3:15,16). Se refiere a la transfiguración de Cristo con la seguridad tranquila del testigo ocular. Llama a ésta su "segunda carta" (3:1). Afirma que la muerte violenta que su Señor le predijo (Jn. 21:18) ya se aproxima (2 P. 1:13, 14). Tenemos, pues, en esto una base para identificar al autor de la carta con el de 1 Pedro, y ciertamente para identificarlo con San Pedro el apóstol del Señor.

¿Existen dificultades internas que obliguen al lector sincero a considerar esta pretensión como espuria? Desde tiempos antiguos los críticos han llamado la atención acerca de la divergencia de estilo entre esta carta y 1 Pedro. En 2 Pedro la sencillez y facilidad de expresión que caracterizan 1 Pedro están ausentes. El escritor de 1 Pedro al parecer no era griego (p. ej. no emplea la partícula *an*), pero tenía intuición indudable para el uso correcto de la lengua. El estilo de 2 Pedro no muestra la misma familiaridad con el instrumento de la lengua. Emplea menos participios que los que se encuentran en 1 Pedro y no emplea la partícula *men*.

Esta diferencia de estilo llevó a algunos autores antiguos y a algunos de los reformadores a poner en tela de juicio la autenticidad de 2 Pedro. Jerónimo (346-420), traductor de la versión Vulgata de la Biblia, si bien admitió 2 Pedro con las otras seis cartas 'católicas', o generales (*Carta a Paulino*), al mismo tiempo reconoció que algunos eruditos dudaban de su autenticidad debido a esta variación en estilo (*Catalogus Scriptorum Ecclesiasticorum*). En otra parte (*Carta a Hedibia,* 120) explica esta diferencia como fruto natural del empleo que Pedro hizo de diferentes intérpretes para ambas cartas.

En el mismo contexto menciona la utilización que Pablo hizo de Tito como intérprete y cómo Pedro dictó a Marcos el material del Evangelio que iba a llevar el nombre de Marcos. Para algunos que tienen un concepto muy literal de la inspiración, la idea de que Silas hubiera desempeñado una tal función secretarial (1 P. 5:12), rebajaría la inspiración y autoridad de la carta, a pesar de saberse muy bien que a menudo escribas bien dispuestos ayudaron a los escritores inspirados (Jer. 36: 2,4; Ro. 16:22; y las postdatas tradicionales al final de 1 y 2 Co., Ef., Fil., Col., y Flm.). Otros han creído que en ello no hay dificultad; el Espíritu Santo ayudó a Silas a escribir del mismo modo que ayudó a Pedro a dictar. La gran mayoría de los escritores de la iglesia histórica han tomado esta última actitud.

Otro aspecto interno que se ha presentado contra la paternidad literaria petrina de esta carta es el claro conocimiento que el autor de la misma tiene de los escritos paulinos, lo cual, junto con la referencia a la autoridad de las cartas paulinas (2 P. 3: 15,16), se toma como indicación de que el canon del NT ya estaba bastante bien establecido para cuando se escribió 2 Pedro. A los que sostienen este punto de vista esto les parece colocar esta carta en una fecha muy tardía para poder haber sido obra del apóstol.

Esta forma de razonar parece en verdad gratuita, porque si Pedro llegó a Roma apenas dos o tres años después de la llegada de Pablo como prisionero, sin duda tuvo que tener una oportunidad obvia de conocer las cartas de Pablo y pudo muy bien estar en relación con Pablo mismo. De todos modos, parece haber pruebas razonables de que las cartas de Pablo fueron copiadas y puestas en circulación apenas recibidas (véase Col. 4:16).

Otro aspecto más de estudio interno ha de considerarse, a saber, la semejanza de ciertas afirmaciones de 2 Pedro con otras de Judas. Tres de los paralelismos más importantes son: (1) 2 P. 2:4 y Judas 6 se refieren al castigo de los ángeles caídos, alusión a una afirmación del libro apócrifo de Enoc. (2) 2 P. 2:11 y Judas 9 hablan de la reluctancia de los ángeles en acusar a Satanás, a lo que Judas al parecer agrega una alusión al apócrifo *Asunción de Moisés*, donde se presenta a Satanás que disputa por el cuerpo de Moisés. (3) 2 P. 3:3,4 y Judas 17,18 hablan de la presencia de burladores en los últimos tiempos. 2 Pedro se refiere a esto como perteneciente al futuro. Judas se refiere a ello como a una realidad actual, que los apóstoles profetizaron, entre los cuales, desde luego, estaba Pedro.

El Dr. Charles Bigg (*St. Peter and St. Jude*, pp. 216,217), quien acepta la paternidad literaria petrina de la carta, arguye en forma convincente en favor de la prioridad de 2 Pedro respecto a Judas. Conviene también tener presente que ciertas razones plausibles militan en favor de una fecha temprana para la carta de Judas. Se le asigna una fecha tan temprana como el año 65, y los que prefieren fecharla hacia el 80 ó 90 deben tratar de explicar el relato de Hegesipo (que Eusebio refiere) de que dos nietos de Judas fueron conducidos ante Domiciano, quien reinó del 81 al 96, y a quienes se describe como hombres adultos, agricultores de manos callosas. Recuérdese que Judas fue hermano de nuestro Señor. Las semejanzas entre 2 Pedro y Judas no parecen exigir una fecha posterior a Pedro para la primera.

¿Qué se puede decir en cuanto a testimonios externos? Esta carta no se cita directamente en los Padres de la Iglesia antes del comienzo del siglo tercero, si bien existen ciertas posibles alusiones en algunos escritos anteriores. Eusebio (*Historia Eclesiástica* 6.14.1), quien escribió alrededor del 324, dice que Clemente de Alejandría (quien murió en el 213) en sus *Hypotyposes* había compilado sumarios de todas las Escrituras inspiradas, incluyendo aquellas de cuya autenticidad se discutía, entre las cuales figuraban las cartas 'católicas' o generales.

Orígenes, quien murió en el 523, aunque estuvo consciente del problema referente a 2 Pedro, aceptó el escrito como genuino. El amigo y discípulo de Orígenes, Firmiliano, obispo de Cesarea en Capadocia por el 256, refrenda vigorosamente la paternidad literaria petrina de 2 Pedro cuando en una carta a Cipriano habla de un tal Esteban que "contradecía a los bienaventurados apóstoles Pedro y Pablo . . . quienes en sus cartas lanzan una maldición sobre los herejes y nos aconsejan que los evitemos" (Cipriano, *Cartas*, No. 75). Y los herejes se mencionan en 2 Pedro, no en 1 Pedro.

Eusebio mismo, a quien el emperador Constantino encargó preparar cincuenta copias de las Sagradas Escrituras, se refiere a Santiago, Judas y 2 Pedro como objeto de controversia pero bien conocidas de la mayoría de los cristianos.

Jerónimo (alrededor del 346-420), al comentar el problema de la autenticidad de la carta, dice que se presenta debido a la diferencia entre el estilo de la misma y el de 1 Pedro, y ofrece la explicación ya mencionada. Él mismo aceptó 2 Pedro y la incluyó Vulgata de la Biblia. El Concilio de Laodicea la reconoció (372 apr.), y el de Cartago (397) la reconoció oficialmente como parte del canon.

Esta carta no se halla en el fragmento Muratori, lista de las Escrituras del NT de finales del siglo segundo. Esta lista está algo mutilada. Tal como ha llegado a nosotros, no contiene Hebreos, 1 y 2 Pedro, Santiago y 3 Juan. Es verosímil que algunos de estos libros o todos hayan figurado en partes que faltan. Pero, por la ausencia de dichas partes, consta con claridad por la historia del desarrollo del canon que la lista de Muratori no fue aceptada en la iglesia como definitiva y final.

Tampoco figura 2 Pedro en la Biblia Siria llamada la Peshita. El Antiguo Testamento de dicha versión fue traducido en fecha muy temprana. El Nuevo Testamento es probablemente obra de Rabbula, obispo de Edesa en Siria desde 411 al 435. Esta versión omite 2 Pedro, 2 y 3 Juan, Judas y Apocalipsis. Es muy posible que el Nuevo Testamento de la iglesia siria de los primeros tiempos omitiera las siete cartas 'católicas'.

Algunos conciben que debido al carácter práctico y disciplinario de estas cartas generales, quizá fueron consideradas como "no-paulinas" en una región en la que el nombre de Pablo era tenido en gran estima debido a que fue miembro de la iglesia de Antioquía y a que defendió en el Concilio de Jerusalén la libertad de los creyentes gentiles en cuanto a las leyes judías. Otros conjeturan que la inclusión de referencias a escritos apocalípticos en algunas de las cartas generales pudo haber causado que fueran rechazadas por parte de los cristianos de la Iglesia siria, quienes eran especialmente alérgicos a los extremos de la angelogía judía contenida en algunos de los libros apócrifos.

Quizá debería mencionarse la opinión del erudito británico Joseph B. Mayor (*The Epistle of St. Jude and the Second Epistle of St. Peter*), quien considera 1 Pedro obra del apóstol cuyo nombre lleva pero sostiene que 2 Pedro es apócrifa.

Basa dicha opinión en pruebas internas

más que externas. Después de pasar revista a las pruebas externas, tanto en favor como en contra de la aceptación de la carta como genuina, Mayor sintetiza su punto de vista de esta manera, "Si no dispusiéramos de ninguna otra base para decidir la cuestión de la autenticidad de 2 Pedro más que las pruebas externas, nos inclinaríamos a pensar que en estas citas tenemos fundamento para considerar que Eusebio tuvo razón en afirmar que nuestra carta "pareció útil a muchos, y por ello fue respetada junto con las otras escrituras" (*op. cit.*, p. cxxiv; traducción nuestra).

Mayor hace un estudio minucioso de las diferencias de léxico y enumera 369 palabras empleadas en 1 Pedro pero no en 2 Pedro, y 230 utilizadas en 2 Pedro pero no en 1 Pedro. Encuentra 100 palabras de las más sólidas (casi todas sustantivos y verbos) comunes a ambas cartas. Entonces, en forma sorprendente, parece establecer como argumento contra la paternidad literaria común que "el número de palabras comunes es 100 en contraste con 599 desiguales, es decir, éstas son seis veces más que las primeras" (*op. cit.*, p. 1 xxiv).

¿Cómo se podría esperar una mayor igualdad en el léxico en dos cartas breves, escritas a varios años de distancia, de temas diferentes y en ocasiones y ambientes también diferentes? Estamos frente a un argumento *ex silentio* del grado más ínfimo. Sin duda que dos cartas breves como éstas no iban a someter a presión el léxico de un hombre inteligente. El hecho mismo de que sólo una sexta parte de las palabras sean comunes a ambas cartas para muchas personas sería argumento más en favor que en contra de la paternidad literaria común.

Pasa luego a un examen muy erudito de la gramática y estilo de las dos cartas, asunto en el que ha habido notoria desavenencia desde tiempos remotos y que ya hemos comentado. La conclusión de Mayor es moderada: "No existe entre ellas el abismo que algunos quisieran ver" (*op. cit.*, p. civ). Y luego, "La diferencia de estilo es menos notoria que la diferencia en léxico, y ésta a su vez es menor que la diferencia en asuntos, y por encima de todo destaca la gran diferencia en pensamiento, sentir, y carácter, en una palabra en personalidad". Debería advertirse que las diferencias en tema, pensamiento y sentir no denotan por necesidad personas distintas. La misma persona, para fines diferentes, puede escribir en una forma totalmente diferente.

Mayor, pues, parece dar un peso decisivo a su propio parecer en cuanto a la diferencia en sentimiento entre las dos cartas — elemento muy precario, ya que el sentimiento de un hombre puede variar muchísimo

en ocasiones sucesivas por muchas razones. A partir de la página lxxvi de la Introducción, trata del asunto de los recuerdos de la vida de Cristo que han de observarse en 1 y 2 Pedro. Comenta que 2 Pedro contiene menos y que son "de una índole mucho menos íntima que las de (I) Pedro" (*op. cit.*, p. lxxvii). Luego procede a exponer en general el espíritu tierno de 1 Pedro, en contraste con 2 Pedro, que según él "carece de esa intensa compasión, de esa llama de amor, que caracteriza a 1 Pedro".

Mayor aplica el mismo tipo de crítica a las referencias de ambas cartas a la Segunda Venida y al diluvio de Noé. ¿Pero acaso no hay que esperar una cosa así habida cuenta del propósito diferente de las dos cartas? 1 Pedro consuela a los que sufren; 2 Pedro advierte a los creyentes de los peligros espirituales y los exhorta a la santidad. Naturalmente el tono de la primera es tierno; el de la segunda, enérgico. Lo sorprendente es que con objetivos tan diferentes se apele a los mismos hechos básicos — el carácter central de Cristo y la certeza de su segunda venida. En este gran acontecimiento futuro el creyente recibe esperanza, y el posible apóstata, advertencia.

En cuanto a la mención del diluvio de Noé en 1 Pedro (3:20) con insistencia en la misericordia de Dios y en 2 Pedro (2:5; 3:6) con insistencia en el juicio de Dios (si bien 2 Pedro 2:5 también dice que Dios "guardó a Noé"), también esto armoniza admirablemente con los fines diferentes que se han mencionado. Y el hecho de que se apele a la misma ilustración en sus diferentes aspectos tiende a confirmar la identidad de autor de las dos cartas y no lo contrario.

Mayor es muy ecuánime en presentar el cuadro completo. Pasa a advertir, sin observaciones que lo desestimen, el acuerdo de 1 y 2 Pedro en cuanto a la palabra profética hablada y escrita, y observa que en esto están íntimamente de acuerdo con las palabras de Pedro en Hch. 3:18-21 y de Pablo en Hch. 26:22,23. También presta atención a la correspondencia íntima de 1 y 2 Pedro en la idea del crecimiento cristiano (1 P. 2:2; 2 P. 3:18). Uno deja la exposición de Mayor acerca de la paternidad literaria de 1 y 2 Pedro con el sentimiento de que este erudito ha refrendado y no debilitado la pretensión de 2 Pedro de ser obra del apóstol.

¿Por qué, pues, Mayor rechaza tal pretensión? Uno no puede eludir el sentimiento de que su posición se debe en gran medida al consentimiento crítico de los expertos en NT y en especial a la conclusión del Dr. F.H. Chase, a quien conoció personalmente y cita a menudo, y cuyos artículos sobre Pedro y Judas en HDB califica de "con mucho la mejor introducción que conozco a las dos cartas de las que se trata" (*op. cit.*, p. vii).

Baste decir que en estas consideraciones no parece haber razones decisivas para rechazar las pretensiones de 2 Pedro de haber salido de la pluma del apóstol cuyo nombre ostenta.

Tiempo y Lugar de Composición. Fue escrita probablemente para los cristianos de Asia Menor (3:1) cuando el recuerdo de 1 Pedro todavía estaba bastante fresco en su memoria. Si juzgamos que 1 Pedro fue escrita desde Roma alrededor del año 64, parece razonable considerar 2 Pedro como escrita desde Roma hacia finales del reinado de Nerón, o sea, alrededor del 67.

Mensaje de la Carta. La preocupación específica del corazón de Pedro en este tiempo parece haber sido el desarrollo de un espíritu de falta de respeto a la ley y de antinomianismo en las iglesias, y también una actitud de escepticismo respecto a la segunda venida de Cristo. Algunos creen que los falsos maestros de los que se habla en la carta fueron portavoces de la herejía gnóstica en sus primeras fases.

Pero aunque muy preocupado por la amenaza de estos falsos maestros, y si bien se expresa con una cierta insistencia en cuanto a ello, el apóstol se dio cuenta de que la necesidad básica de sus lectores era la de crecimiento y fortalecimiento que los harían invulnerables a tales peligros. Por esta causa, inicia y concluye la carta con palabras de aliento para la lucha espiritual, con advertencias en contra de los falsos maestros en el capítulo central de los tres que tiene la obra.

BOSQUEJO

Tema: Necesidad de avanzar espiritualmente.
Versículo clave: 2 Pedro 3:18.

I. Se apremia a los lectores de Pedro a que sigan adelante en gracia. 1:1-21.
   A. Saludo y oración por su progreso espiritual. 1:1,2.
   B. Recuerdo de la realidad actual de su herencia espiritual. 1:3,4.
   C. Invitación a procurar vivir todas sus consecuencias. 1:5-11.
   D. Sentimiento de responsabilidad de Pedro de invitarlos de este modo. 1:12-21.
      1. Por la necesidad que tienen de motivación más intensa. 1:12.
      2. Debido a la inminencia de la partida de Pedro. 1:13-15.
      3. Debido a la autenticidad total del Evangelio. 1:16-21.
II. Advertencia de Pedro contra los peligros de los falsos maestros. 2:1-22.
   A. Son inevitables. 2:1-3a.
   B. Juicio de los mismos. 2:3b-9.
   C. Características. 2:10-22.
      1. Autocomplacencia carnal y descaro. 2:10-12.
      2. Perversión del convivir cristiano. 2:13.
      3. Inestabilidad moral. 2:14.
      4. Motivación torpemente egoísta. 2:15,16.
      5. Esterilidad y ceguera espirituales. 2:17-19.
      6. Apostasía básica. 2:20-22.
III. La segunda venida de Cristo exige el progreso espiritual. 3:1-18.
   A. La venida de Cristo en gloria ya intimada a los lectores. 3:1,2.
   B. La Segunda Venida, objeto de escepticismo. 3:3-9.
   C. La Segunda Venida será catastrófica. 3:10.
   D. Incentivo a vivir santamente. 3:11-18a.
IV. Bendición apostólica. 3:18b.

COMENTARIO

I. Se Apremia a los Lectores de Pedro a que Sigan Adelante en Gracia. 1:1-21.

A. Saludo y Oración por su Progreso Espiritual. 1:1,2.

1. Simón (*Symeon*) **Pedro, siervo** (esclavo) **y apóstol de Jesucristo.** Esta carta con toda claridad proclama que su autor es el apóstol Pedro. El título, **siervo y apóstol,** ilustra bien la norma de Cristo: "El que es el mayor de vosotros, sea vuestro siervo" (Mt. 23:11). **A los que habéis alcanzado . . . una fe igualmente preciosa que la nuestra.** La expresión **igualmente preciosa** (una sola palabra en el original) nos recuerda de inmediato el uso en 1 Pedro de palabras parecidas con el significado de "preciosa", "honor" — una indicación ya de la continuidad existente entre ambas cartas. Harnack, aunque niega la paternidad literaria petrina de 1 y 2 Pedro, opinó que la persona que escribió 2 Pedro había sido también autor de las partes inicial y final de 1 Pedro. El apóstol en este pasaje da gran valor a la fe, y ¿por qué no? Es la llave del reino de Dios. El escritor encuentra la base de la fe, y su consecución por parte de los hombres en, **la justicia de nuestro Dios y Salvador Jesucristo.** Este es, desde luego, el fundamento de todo el mundo ético. No es una simple justicia teórica o jurídica, sino una justicia providencial, amorosa y cálida que abarca todo el plan redentor de Dios. Sólo en "la justicia de Dios" es posible la fe. Más aún, por medio de esta fe, ejercitada en forma creciente, se revela la justicia de Dios (Ro. 1:17).

2. Gracia y paz os sean multiplicadas. El mismo saludo que se usa en 1 Pedro, característico cristiano (véase comentario a 1 P. 1:2). **En el conocimiento de Dios y de nuestro Señor Jesús.** Es interesante el empleo de la palabra griega *epignosis* ("conocimiento preciso y correcto" — Thayer). Esta carta contiene advertencias serias contra los falsos maestros. Algunos opinan que se trata de gnósticos, y emplean esto como argumento para fechar 2 Pedro en una época postapostólica, por ejemplo, en el siglo segundo, cuando la controversia gnóstica estuvo en su apogeo. Otros, como Bigg, no ven en la carta señales seguras de defensa antignóstica. Quizá hay una posibilidad intermedia razonable. Sin duda que el gnosticismo fue un verdadero problema en los tiempos apostólicos en Asia Menor, como lo atestigua la carta de Pablo a los Colosenses, dirigida en gran parte a esta herejía incipiente. Una palabra clave en el texto griego de Colosenses es *epignōsis*, "conocimiento preciso y correcto", generalmente en relación con Dios o Cristo (Col. 1:9,10; 2:2; 3:10). Los gnósticos tenían un sistema de doctrina muy complicado y no escriturístico; prestaban mucha atención a los ángeles y a las prácticas ascéticas, con tendencia a tener en menos la divinidad de Cristo, y además a pretender la posesión de una sabiduría superior por parte de sus iniciados. La carta a los colosenses desde las primeras palabras exalta a Cristo, centro de "toda sabiduría y conocimiento", plenamente identificado con Dios. Sin duda que los demás apóstoles compartían este modo de pensar, y puede muy bien ser que se manifieste en este texto (como en 2 P. 1:3,8; 2:20).

B. Recuerdo de la Realidad Actual de su Herencia Espiritual. 1:3,4.

3. Como todas las cosas . . . nos han sido dadas por su divino poder. Pedro inicia la primera carta, cuyo objetivo fue estimular a los cristianos en su sufrimiento con el recuerdo de la gran riqueza espiritual que poseían, lo cual dependía de que permanecieran fieles, y del mismo modo comienza esta carta, cuyo fin es fortalecerlos contra doctrinas falsas verosímiles. Los que son espiritualmente ricos tienen mucho que perder si se rebelan o apostatan. **Mediante el conocimiento de aquel.** Para el cristiano, conocer a Cristo es la vida misma (cf. Jn. 17:3). **Que nos llamó.** De nuevo, como en 1 Pedro (p. ej. 1:2), el apóstol recuerda a sus lectores que son un pueblo escogido. **Por su gloria y excelencia.** Tanto esta traducción como otra posible —*para su gloria y excelencia*— son significativas. Somos llamados por la gloria y excelencia de Cristo, y también son gloria y excelencia son el producto final de la vida cristiana.

4. Por medio de las cuales. La gloria y excelencia de Cristo, reproducidas en las vidas de los santos, y con ello presentadas como una ofrenda a aquel a quien pertenecen, constituyen la meta global de la vida cristiana. Nuestra meta es de vida: "Seremos semejantes a él" (1 Jn. 3:2). En esta meta van incluidas todas las cosas que valen la pena (cf. Mt. 6:33). **Nos ha dado.** No la palabra usual para "dar", sino una mucho más rica y munífica, "dotar", "dar una propiedad". **Preciosas y grandísimas.** Adviértase otra vez la palabra "preciosa", tan prominente en 1 Pedro. **Promesas.** No es la palabra corriente que indica un acuerdo del todo privado, sino una palabra genealógica que conlleva un anuncio público y enfático — palabra muy consoladora para aquellos a quienes se dirige. **Participantes de la naturaleza divina, habiendo huido de la corrupción que hay en el mundo a causa de la concupiscencia.** Debido a estas promesas divinas hechas públicas, el creyente se convierte en partícipe del tesoro más espléndido, la naturaleza y vida de Dios. "Si alguno no tiene el Espíritu de Cristo, no es de él" (Ro. 8:9). Esta vida nueva del Espíritu no es más que "Cristo en vosotros". Requiere entrega, obediencia, caminar (Gá. 5:25). Esta vida nueva nos separa de la muerte en vida propia de la esclavitud a los deseos carnales (Ro. 8:11-13).

C. Invitación a Procurar Vivir Todas sus Consecuencias. 1:5-11.

5-7. Vosotros . . . poniendo toda diligencia por esto mismo, añadid. Pedro apremia a estos jóvenes creyentes a que avancen paso a paso en la gracia divina. Les pide que pongan toda solicitud en el caminar en gracia. **Añadid a vuestra fe virtud.** "En vuestra fe dar abundancia de excelencia (cristiana) básica". Esta excelencia es la cualidad del que practica con diligencia los rudimentos básicos e implicaciones del llamamiento. A la virtud, se pide a los cristianos que añadan **conocimiento**. Se trata de crecimiento en la conciencia por medio del estudio y la experiencia. Luego viene el **dominio propio**. Es la disciplina del soldado cristiano con la ayuda del Espíritu. Luego **paciencia**, la cualidad del veterano que sabe ver más allá de las presiones presentes dados los recursos conocidos. En paciencia el cristiano añade **piedad** (gr. *eusebeia*), espíritu de deferencia y reverencia a Dios en todo. En reverencia añade **efecto fraternal** (gr. *philadelphia*). Deferencia a Dios y el revestirse de su amor son la única base para una amabilidad verdaderamente altruista por los hombres. En efecto fraternal, lo que el cristiano busca es **amor** (gr., *agape*, "amor divino", como en 1 Co. 13). Sería impropio considerar estas hermosas gracias como aisladas unas de otras y posibles de alcanzar sólo en orden sucesivo. No, en este caso parecen presentarse en orden desde la más elemental a la más avanzada, pero todas ellas no son más que facetas de la obra del Espíritu en la vida del creyente, aspectos de la gloria del Cristo que mora en el cristiano. La índole de este Cristo se manifiesta en la conducta del cristiano.

8,9. Si estas cosas están en vosotros, y abundan. La palabra que se traduce por *están en* significa "estar bajo uno como fundamento o base". Esto va implicado en la regeneración, en la presencia del Espíritu en el corazón. Pero el "abundar" implica crecimiento espiritual y la plenitud o dominio completo del Espíritu tal como lo experimentaron los creyentes en Pentecostés y lo han experimentado desde entonces. **No os dejarán estar ociosos ni sin fruto.** El fruto del Espíritu, si lo entendemos bien, es el carácter de Cristo reproducido en el cristiano. En la descripción de este fruto en Gá. 5:22,23, el amor divino (*agape*) se menciona primero; y las otras gracias, siete en número, van incluidas en el mismo. Tanto en su espíritu como en su contenido están en íntima relación con la lista de Pedro antes. En Col. 3:14 Pablo menciona al amor divino en último lugar como síntesis comprensiva de las gracias, parecido a lo que Pedro hace. El Padre es glorificado cuando el creyente da mucho fruto (Jn. 15:8). **En cuanto al conocimiento de nuestro Señor Jesucristo.** Alude a la dirección hacia la que se encamina el progreso cristiano. Luego se menciona la alternativa. Es ceguera y miopía espiritual, y un sentido debilitado de la realidad y vida espirituales.

10. Tanto más procurad hacer firme vuestra vocación y elección. Responsabilidad personal con respecto al llamamiento de Dios y a la elección que ha hecho de ellos. **Haciendo estas cosas, no caeréis jamás.** Ningún concepto de la seguridad cristiana debe hacer opcional la obediencia. **11. De esta manera os será otorgada amplia y generosa entrada.** Se insinúa que la sociedad celestial no será sin clases. La buena administración de las riquezas de Cristo produce frutos eternos. El cristiano, dotado de riqueza gracias a la provisión de Cristo, invierte y ahorra para la riqueza futura (cf. 1 Ti. 6:19).

D. Sentimiento de Responsabilidad de Pedro de Invitarlos de Este Modo. 1:12-21.

12. Yo no dejaré de recordaros siempre estas cosas, aunque vosotros las sepáis, y estéis confirmados. Incluso donde hay conocimiento y fundamento, se necesita motivación y exhortación. **13-15. En tanto que estoy en este cuerpo.** Cristo, en la comisión que hizo a Pedro después de la resurrección, había insinuado que el apóstol sufriría muerte de mártir (Jn. 21:18). Es probable que Pedro se refiera a esto en el versículo 14. El sentimiento de brevedad de su vida agrega peso a su sentimiento de responsabilidad por sus lectores. **Después de mi partida.** Las cartas de Pedro servirían para incrementar su cuidado y admonición a los hermanos.

16-18. No os hemos dado a conocer el poder . . . de . . . Jesucristo siguiendo fábulas artificiosas, sino como habiendo visto con nuestros propios ojos. La autenticidad del testimonio apostólico sirve de refuerzo al mismo. Pedro habla de un ministerio anterior a estas personas. Quizá sea una referencia a su sermón en Pentecostés, en el que estuvieron presentes algunos de ellos, o se puede referir a la labor llevada a cabo entre ellos en Asia Menor. **Este es mi Hijo amado.** Esta referencia a la Transfiguración puede haber implicado un reproche a los falsos maestros que, suponiendo que Colosenses describe una situación parecida, se inclinaban a adorar a los ángeles, con lo que disminuían la preeminencia de Cristo. Puesto que sólo Pedro, Santiago y Juan estuvieron con Cristo en el monte, también esto refuerza la paternidad literaria petrina de la carta.

19-21. Tenemos también la palabra profética más segura. Si se toma junto con lo dicho en el versículo 21, la referencia de estos versículos parece ser a las Escrituras del AT. Es un avalúo sorprendente de la validez de la Sagrada Escritura que Pedro afirma que merece más confianza que una voz del cielo que se oyera con los oídos propios. En ella va implicado un reproche para aquellos maestros que iban más allá de la Escritura, y elaboraban complicadas teorías místicas. **Los santos hombres de Dios hablaron siendo inspirados por el Espíritu Santo.** Este pasaje recuerda con fuerza el comentario acerca de la inspiración profética que se contiene en 1 P. 1:10-12, un vínculo más entre las dos cartas.

II. Advertencia de Pedro Contra los Peligros de los Falsos Maestros. 2:1-22.

A. Son Inevitables. 2:1-3a.

1-3a. Habrá entre vosotros falsos maestros. Acaba de mencionar a los profetas que hablaron por Dios, y ahora Pedro alude al hecho de que tuvieron que enfrentarse con la oposición de falsos profetas. Pone sobre aviso a los creyentes (en forma algo parecida a la de Hch. 20:29,30; 1 Ti. 4:1-6; 2 Ti. 3:1-5 —aunque el error en este caso parece haber sido en el campo de la conducta más que en el de la doctrina— 1 Jn. 2:18-20; y Jud. 3ss.) contra los falsos maestros que quizá incluso entonces el apóstol sabía que estaban actuando en ciertas áreas de la iglesia. Esto negaría **al Señor que los rescató;** ganarían seguidores y **el camino de la verdad** quedaría oscurecido. Su propósito sería interesado; actuarían **por avaricia.**

B. Juicio de los Mismos. 2:3b-9.

3b. La condenación no se tarda. Parece insinuarse que estos herejes endurecidos y voluntarios habían pasado la época de prueba en la que es posible el arrepentimiento. Su condenación era ya inexorable. **4. Si Dios no perdonó a los ángeles que pecaron.** Pedro, al comienzo mismo de su exposición acerca de los falsos maestros, presenta el cuadro del Dios del juicio. Es tanto para estímulo de los fieles como para advertencia de aquellos que se sientan inclinados a apostatar (cf. vv. 7-9 más abajo). **Prisiones de oscuridad.** Si bien Pedro parece referirse al apócrifo Libro de Enoc, con su elaborada exposición del pecado de los ángeles caídos, de que fueran reservados para el juicio, y por fin de su juicio (este versículo parece reflejar Enoc 21), sin embargo en ningún momento aparece la forma teorizante, desenfrenada y discutible, y la mezcla de conceptos no espirituales que son tan evidentes incluso para el lector casual de Enoc. **5. Si no perdonó al mundo antiguo, sino que guardó a Noé.** Otra referencia al rigor, tanto como a la bondad, de Dios. **6-8. Si condenó por destrucción a las ciudades de Sodoma y de Gomorra, reduciéndolas a ceniza.** Otra ilustración del juicio de Dios de su creación. Esta referencia a la preocupación de Lot por lo ocurrido en relación con la elección de Sodoma para residir en ella, debido a su fidelidad a Dios, ya se considera como

reflejo de la tradición ya como fruto de revelación, sirve de interesante complemento de la descripción que el AT hace del patriarca.

9. Sabe el Señor librar de tentación . . . y reservar . . . para ser castigados. Mientras que en los ejemplos aportados, Pedro muestra más interés por la condenación de los malos por parte de Dios que por la vindicación de los justos (debido a su preocupación por los falsos maestros), en esta recapitulación final presenta primero la misericordia de Dios para con los suyos, de gran consuelo para los lectores. La carta de Judas contiene una exposición muy parecida de los falsos maestros y de su castigo. Pedro habla de sus actividades como próximas ("habrá entre vosotros falsos maestros", 2:1); Judas los considera como presentes ("algunos hombres han entrado encubiertamente", Jud. 4).

C. Características. 2:10-22.

10-12. Aquellos que, siguiendo la carne . . . desprecian el señorío. Es un cuadro de autocomplacencia carnal y de impudor. **No temen decir mal de las potestades superiores, mientras que los ángeles . . . no pronuncian juicio de maldición.** Pedro pone sobre aviso en contra del hablar violento y presuntuoso, como si fuera propio de las fuerzas del mal. Su referencia a los ángeles es análoga a la de Judas 9, que parece reflejar una lucha entre Miguel y el diablo, mencionada en la Asunción de Moisés, escrito apócrifo conocido entre los judíos. La referencia de Pedro es discreta, lo cual hace que algunos críticos piensen que 2 Pedro siguió en este caso la referencia más concreta de Judas. Bigg sostiene lo contrario; cree que la afirmación de Pedro fue suficiente para el propósito que tenía, y que Judas vino algo después y se mostró más detallado. **Hablando mal de cosas que no entienden.** A su arrogancia le andaba a la par su ignorancia. Esto recuerda la referencia de Col. 2:18. Lo característico de los críticos 'liberales' modernos que sorprende más es la confianza absoluta que manifiestan en sus propias conclusiones, basadas en pruebas a veces triviales, y que conllevan apartarse en forma muy decisiva de las opiniones que la iglesia ha sostenido por siglos.

13. Se recrean en sus errores. Pedro habla de abusos en el convivir cristiano. Siempre listos para una buena cena, se aprovechaban de tales ocasiones para jocosidades estrepitosas y para seguir enseñando falsedades. La referencia de Judas a las comidas juntas de los cristianos como "ágapes" (Jud. 12) establece una pauta diferente.

14-16. Tienen los ojos llenos de adulterio. Cuadro de la inestabilidad moral tan palpable en la iglesia de hoy. **El corazón habituado a la codicia . . . siguiendo el camino de Balaam.** Es bien sabido que el ansia por compensaciones económicas y el deseo de dirigir iglesias grandes y conocidas ha sido causa de que más de un profeta moderno haya **dejado el camino recto** y haya seguido **el camino de Balaam.** E incluso en círculos evangélicos, una preocupación desordenada por los beneficios económicos, o la falta de cuidado en el uso de los fondos, ha minado la obra de algunos príncipes del púlpito cuyas palabras eran irresistiblemente poderosas. **Una muda bestia de carga . . . refrenó la locura.** A la luz de los beneficios eternos, la triste locura de una tal perversión de propósitos invita a la burla incluso por parte del más humilde. Recuérdese que al asno se le permitió ver lo que eludió la visión miope de Balaam "el vidente" (Nm. 22:25).

17—19. Fuentes sin agua. La condena básica de la falsa doctrina es la completa esterilidad espiritual. Esta característica del llamado 'liberalismo religioso' es el que ha hecho que muchas personas espiritualmente hambrientas hayan abandonado iglesias frías y formales. También ha conducido a que incluso intelectuales y eruditos abandonaran el 'liberalismo'. Esta defección, conocida como "neo-ortodoxia", es un movimiento reaccionario que, por desgracia, tampoco está dispuesto a aceptar la autoridad plena de la Escritura. **Les prometen libertad, y son ellos mismos esclavos de corrupción.** Los teólogos de hace medio siglo bebieron en abundancia el vino embriagante de la libertad de la autoridad de la Escritura e incluso de Dios. Decía el Prof. Walter Rauschenbusch, "Lo peor que le podría suceder a Dios sería seguir siendo un autócrata mientras el mundo camina hacia la democracia. Sería depuesto con todo lo demás" (*Teology of the Social Gospel,* p. 178). Decía el Prof. Hugh Hartshorne, "Ya no tomamos las normas éticas de las autoridades establecidas, ya sea la iglesia, el estado, la familia, los convencionalismos o los sistemas filosóficos" (*Jour. of Ed. Soc.,* Dec. 1930, p. 202). Hoy la nación se enfrenta a una cosecha tremenda de crimen y delincuencia crecientes. Los falsos maestros que Pedro describió fueron también ejemplos de esclavitud espiritual (cf. Jn. 8:34).

20—22. Mejor les hubiera sido no haber conocido. Avalúo solemne de la terrible responsabilidad de la apostasía y a la vez advertencia para los creyentes para que perseveren.

III. La Segunda Venida de Cristo Exige el Progreso Espiritual. 3:1-18.

A. La Venida de Cristo en Gloria ya Intimada a los Lectores. 3:1,2.

1. Esta es la segunda carta. Referencia natural a 1 Pedro. **Despierto con exhortación vuestro limpio entendimiento.** La palabra **limpio** (gr., *eilicrines*), de origen discutido, probablemente significa "juzgado por el sol", como el frasco que, cuando se lo expone al sol, no revela defectos ocultos. Como tales defectos a menudo se encubrían con cera hábilmente aplicada, la palabra se traduce en otra parte (Fil. 1:10) como "sincera" (lat., *sine cera,* "sin cera"). Para algunos la palabra se refiere al tamizado, como de grano.

2. Los santos profetas... vuestros apóstoles. Pedro se arroga continuidad y congruidad con el testimonio de las Escrituras del AT, prueba principal de genuinidad en la predicación cristiana de la era apostólica, y también con el testimonio de sus compañeros los apóstoles. Esta pretensión incidental y sencilla de ser apóstol —como si el escritor cayera en la cuenta de que era bien conocida de sus lectores— corrobora en forma vigorosa la paternidad literaria petrina de esta carta. La Segunda Venida era un tema predilecto del apóstol. Forma la base de la exhortación y alientos de su primera carta (p. ej., 1 P. 1:5,7,10-13; 4:7,13; 5:1,4). Sabía que los lectores conocían esta verdad.

B. La Segunda Venida, Objeto de Escepticismo. 3:3-9.

3,4. Vendrán burlones . . . ¿Dónde está la promesa de su advenimiento? Se puede discutir si se trata de una referencia más a los falsos maestros del capítulo 2, o bien de una afirmación de que la demora en el retorno de Cristo iba a producir el abandono por parte de muchos e incluso burlas de la gloriosa esperanza de la Iglesia.

5,6. Ignoran voluntariamente. Caso de ceguera judicial. No querían que fuera verdad. **Por la palabra de Dios.** Pedro se remonta al carácter seguro y estable de la palabra de Dios que se manifiesta en la creación. **Por lo cual** (gr., *por medio de lo cual,* o sea, por medio de la palabra de Dios y del diluvio de agua) **el mundo de entonces pereció.** La palabra justicia de Dios, al igual que su palabra creadora, fue definitiva. **7. Los cielos y la tierra que existen ahora, están reservados por la misma palabra.** La promesa de Dios de juzgar con severidad a los pecadores y al mundo ha de recibirse con respeto. Los escritos apócrifos anteriores a la era cristiana entraron en muchos detalles en cuanto a estos asuntos. Nuestro Señor, en su vida mortal, habló del destino fatal del pecador (p. ej. Lc. 16:24).

8,9. Para con el Señor un día. Pedro va ahora a lo que pretende, a saber, probar que la demora en el retorno de Cristo, que los escépticos mencionaban, no es base suficiente para dudar de su venida. Ya se ha insinuado lo mismo en la alusión al diluvio. También éste tardó bastante en llegar, y la gente de ese tiempo tuvieron en menos la verosimilitud del mismo; pero llegó, exactamente como Dios había dicho. Esta es la tercera referencia de Pedro a Noé (1 P. 3:20; 2 P. 2:5), otro indicio de la unidad de 1 y 2 Pedro. El comentario que hace Pedro de lo equivalentes que son delante de Dios un día y mil años es una forma hermosa de afirmar la eternidad de Dios, y su superioridad a las limitaciones de espacio y tiempo (cf. Sal. 90:4). Es emocionante pensar en cómo esta idea reduce el período de espera de su retorno. Acabamos bastante rápido nuestros días de peregrinar. Pero entonces, ya "con el Señor" y libres de limitaciones de tiempo y espacio, no será más que un día o dos —calculados incluso desde los tiempos apostólicos— hasta que su reino venga con todas sus bendiciones. **Todos procedan al arrepentimiento.** La espera a que Dios somete es redentora en su propósito. su voluntad primordial es que todos se arrepientan de sus pecados.

C. La Segunda Venida Será Catastrófica. 3:10.

10. El día del Señor vendrá como ladrón. A pesar de la demora aparente, la palabra de Dios demostrará una vez más su infalibilidad. Ese día llegará. La visita repentina e inesperada del ladrón nocturno fue una metáfora favorita de Cristo que los apóstoles también usaron. **Los elementos ardiendo . . . la tierra y las obras . . . serán quemadas.** Quizá sea otra alusión al Libro de Enoc, con su descripción de las "montañas de los siete metales" y la destrucción de los mismos. Parece haber habido una expectación general entre los judíos religiosos de que habría una última purificación violenta de la tierra. Esto, desde luego, va más allá de la referencia de la Escritura al Milenio.

D. Incentivo a Vivir Santamente. 3:11-18a.

11,12. ¡Cómo no debéis vosotros andar en santa y piadosa manera de vivir . . .! Al igual que en la primera carta (1:14-16), Pedro emplea el tema de la esperanza apocalíptica del cristiano como incentivo poderoso para la santidad. **Esperando y apresurándoos para la venida del día de Dios.** ¡Qué descripción del "amar su venida"! (cf. 2 Ti. 4:8). A diferencia del que teme ese día terrible, del que, al ser arrebatado,

dirá a los montes y a las peñas que lo escondan (Ap. 6:15-17), el cristiano lo espera con ansia. Las palabras **apresurándoos para la venida del día de Dios** pueden también traducirse por *apresurando la venida* . . . Los que ayudan a propagar la obra redentora de Dios pueden con razón sentirse partícipes de la culminación del mismo.

13. Nosotros esperamos . . . cielos nuevos y tierra nueva, en los cuales mora la justicia. Los profetas habían tocado este tema (p. ej. Is. 2:4; 11:6-9; Mi 4:1-5); era **según sus promesas.** Fue una esperanza y visión que Abraham y los patriarcas habían compartido (He. 11:10). Esto hace a los cristianos de todos los tiempos "peregrinos y extranjeros". Compárese la mención que Pablo hace de esto en Ro. 8:19-25. Como Lot en Sodoma, el cristiano no puede sino lamentarse de lo mucho que prevalece el pecado y sus efectos. El nombre que el Israel del milenio asignó a Jehová fue Jehová-Tsidkenu, "El Señor de nuestra justicia".

14. Por lo cual . . . estando en espera de estas cosas . . . Repetición apremiante de la esperanza del cristiano como motivo para vivir en forma cuidadosa y santa. **Procurad con diligencia.** Se puede traducir, *que vuestra ocupación consista.* **Paz** y santidad van juntas en He. 12:14. **15. Tened entendido que la paciencia de nuestro Señor es para salvación.** Pedro hace ver a sus lectores lo razonable de la demora de Dios, tema mencionado antes, en el versículo 9. Dios espera para poder mostrar benevolencia.

Como también nuestro amado hermano Pablo . . . os ha escrito. Pedro conocía las cartas de Pablo, si bien eran casi contemporáneas de las suyas. No parece haber motivos para interpretar esta afirmación en el sentido de que el canon del NT ya tenía un cierto carácter formal cuando esto fue escrito. La expresión **nuestro amado hermano** parece referirse con naturalidad a un contemporáneo. **16. Las cuales los indoctos e inconstantes tuercen, como también las otras Escrituras.** Pedro se refiere a aquellos que discutían la autoridad de los escritos paulinos por considerarlos espiritualmente toscos y poco seguros. El apóstol coloca las cartas de este hombre que era contemporáneo suyo y quien a veces lo había criticado, entre las *otras* Escrituras. Compárese con la pretensión de Pablo de que sus mandatos *al escribirlos* eran los mandamientos del mismo Dios (cf. 1 Co. 14:37; 1 Ti. 6:3).

17. Guardaos . . . no sea que . . . caigáis de vuestra firmeza. Admonición repetida y final a la fidelidad. Sus muchos conocimientos eran una ventaja para ellos.

El saber de antemano es estar mejor defendido (cf. 1 Ts. 5:4). Pero corrían verdadero peligro de verse implicados en el **error de los inicuos. 18a. Creced en la gracia.** La vida nunca es estática. Uno debe adelantar o retrocederá. Pedro concluye con la misma nota con la que comenzó esta carta (1:5-11), es decir, con una invitación al triunfo espiritual por medio del **conocimiento de nuestro Señor y Salvador Jesucristo.**

Conocerlo es vivir; crecer en este conocimiento es crecer en el Espíritu (cf. Fil. 3:10).

IV. Bendición Apostólica. 3:18b.

18b. A él sea gloria ahora y hasta el día de la eternidad. Se tributa alabanza eterna a Cristo, principio, desarrollo y culminación de nuestra gran salvación.

BIBLIOGRAFÍA

Véase bajo 1 Pedro

PRIMERA EPÍSTOLA DE JUAN

INTRODUCCIÓN

La Vida de Juan. La vida del apóstol se divide en dos períodos. El primero concluye con su salida de Jerusalén algo después de la ascensión de Cristo, y el segundo abarca desde este momento hasta la muerte. Juan fue evidentemente mucho más joven que Jesús. Quizá nació en Betsaida (Jn. 1:44). Hijo de Zebedeo y de Salomé, al parecer era de familia acomodada; porque tenían servidores (Mr. 1:20), su madre ayudó al sostenimiento de Cristo (Mr. 15: 40,41), y Juan conocía al sumo sacerdote, quien era escogido de entre la clase rica (Jn. 18:15). Hermano menor suyo era Santiago. Aunque es probable que Juan no asistiera a las escuelas rabínicas (Hch. 4: 13), su preparación religiosa en su hogar judío debió de ser esmerada.

Los galileos eran hombres de acción, laboriosos y fuertes, y Juan no fue una excepción. Si bien los artistas lo han presentado como afeminado, la Biblia lo describe en forma muy diferente. Era conocido como uno de los "hijos del trueno" (Mr. 3:17), quien a veces actuó llevado del fanatismo (Mr. 9:38; Lc. 9:49), de la venganza (Lc. 9:54), de la maña (Mt. 20:20,21; cf. Mr. 10:35). El poder de Cristo fue el que cambió a este galileo típico en "el apóstol del amor".

No consta cuánto tiempo permaneció Juan en Jerusalén después de Pentecostés. Es evidente que no estaba en la ciudad cuando Pablo la visitó por primera vez (Gá. 1:18, 19), si bien quizá estuvo en ella más adelante como miembro del concilio (Hch. 15:6). Las pruebas de que pasó la última parte de su vida en Asia Menor, sobre todo en Éfeso, son demasiado válidas para que otras conjeturas las hagan vacilar. Justino Mártir (*Diálogo con Trifón,* LXXXI), Ireneo (Eusebio, *Historia Eclesiástica* V. xx. 4,5), Polícrates (*Ibid.* V. xxiv. 3), y la sólida deducción del Apocalipsis de que escribió un líder de la iglesia en Asia Menor, todo ello corrobora este hecho. La literatura extrabíblica está llena de relatos de la actividad de Juan durante este período, entre los cuales el más famoso es el referente a Cerinto en el baño y el joven (uno de los conversos del apóstol) quien se volvió bandido y luego se reintegró a la iglesia (cf. A. Plummer, *The Gospel According to St. John,*

Cambridge Greek Testament, pp. xvii, xviii).

A Juan se lo conoce sobre todo como "el apóstol del amor", pero también fue un hombre severo quien incluso en los últimos años de la vida se mostró intolerante con la herejía. Estos dos aspectos de su carácter, severidad y amor, se manifiestan en forma destacada en la Primera Carta. *Fuerte* es la palabra que mejor describe al mismo. Juan fue el apóstol fuerte, en el modo de actuar, en el amor por los hermanos, en la condena de la herejía.

La Ciudad de Éfeso. Éfeso, lugar de residencia de Juan en los últimos años de su vida, está situada en una fértil llanura cerca de la desembocadura del río Cayster. En tiempo de Pablo fue centro comercial, tanto de la región oriental egea como de la que pasaba por Éfeso procedente del Este. Como la ciudad era la capital de la provincia de Asia Menor, el procónsul romano residía en ella. Al pueblo de Éfeso se le permitía reunirse en asambleas democráticas (Hch. 19:39). El cristianismo llegó a la ciudad hacia el año 55 por medio del ministerio de Pablo, y él mismo escribió una carta circular a Éfeso y a las otras iglesias unos ocho años más tarde. Antes de que Juan fuera a la ciudad, muchos otros habían trabajado en ella por la causa de Cristo (Aquila y Priscila, Hch. 18:19; Pablo, Hch. 19:3-10; Trófimo, Hch. 21:29; la familia de Onesíforo, 2 Ti. 1:16-18; 4:19; y Timoteo, 1 Ti. 1:3).

La moralidad en Éfeso se hallaba en un nivel muy bajo. El magnífico templo de Diana, con sus 127 columnas de 18 metros de altura, era como un imán que atraía a la gente al pozo de inmoralidad de Éfeso. Era como una casa de prostitución en nombre de la religión. Y con todo, a pesar de la idolatría degradante del lugar, era la Meca o Roma del culto religioso, y la gente gustaba llamarse "guardianes" de la gran Diana (Hch. 19:35).

Gnosticismo. El gnosticismo, filosofía de la existencia o del ser, en su forma primitiva estaba penetrando en la iglesia de Asia Menor en tiempo de Juan. Conllevaba especulaciones referentes al origen de la materia y a cómo los seres humanos se pueden liberar de la misma. El nombre es griego, pero los elementos principales eran griegos y orientales; características judías y cristianas se agregaban a la mezcla. Sobre todo, el gnosticismo defendía que el conocimiento es superior a la virtud, que el sentido no literal de la Escritura es el verdadero significado y sólo unos pocos elegidos pueden entenderlo, que el mal hace imposible que Dios sea el creador del mundo, que la Encarnación es inverosímil porque la divinidad no se puede unir con nada material—como un cuerpo, y que no hay resurrección de la carne. Esta enseñanza llevaba al docetismo, al ascetismo y al antinomianismo. El docetismo extremo sostenía que Jesús no era hombre sino tan sólo una teofanía, en tanto que el docetismo moderado consideraba a Jesús como el hijo físico de José y de María, al cual se unió Cristo en el bautismo. Juan ataca ambas formas de la herejía en la Primera Carta (2:22; 4:2, 3; 5:5,6). Algunos gnósticos practicaron el ascetismo porque creían que toda la materia era mala. El antinomianismo, o carencia de ley, fue la práctica de otros, porque creían que el conocimiento era superior a la virtud (cf. 1:8; 4:20). La respuesta principal de Juan a estos errores gnósticos es poner de relieve la Encarnación y el poder ético del ejemplo de la vida de Cristo.

Paternidad Literaria de las Cartas. Lo que se discute en cuanto a la paternidad literaria de 1 Juan es si el Juan que escribió tanto el Evangelio como la Carta fue en realidad el hijo de Zebedeo o Juan el anciano. La literatura menciona a un presbítero Juan en Éfeso, y algunos han sido llevados a concluir que el Juan hijo de Zebedeo no fue el mismo Juan de Éfeso, y que éste último fue el que escribió estos libros (Ireneo en Eusebio, *op. cit.*, V. viii y xx; Papías en *Ibid.*, III, xxxix; Polícrates en *Ibid.*, V. xxiv; el Canon de Muratori).

El argumento básico en favor de la paternidad literaria del Juan del Evangelio se apoya en las pruebas internas. Esta argumentación procede en tres círculos concéntricos. (1) El exterior demuestra que el autor fue judío de Palestina. Esto se demuestra por el empleo del Antiguo Testamento (cf. Jn. 6:45; 13:18; 19:37), y por el conocimiento que demuestra de las ideas, tradiciones y esperanzas judías (cf. Jn. 1: 19-49; 2:6,13; 3:25; 4:25; 5:1; 6:14, 15; 7:26ss.; 10:22; 11:55; 12:13; 13:1; 18: 28; 19:31,42), y por su conocimiento de Palestina (Jn. 1:44,46; 2:1; 4:47; 5:2; 9:7; 10:23; 11:54). (2) El círculo central demuestra que el autor fue testigo ocular. Lo prueba la precisión en los detalles referentes a tiempo, lugar e incidentes relatados en el Evangelio (cf. Jn. 1:29,35,43; 2:6; 4:40,43; 5:5; 12:1,6,12; 13:26; 19:

14,20,23,34,39; 20:7; 21:6), y las descripciones personales (p. ej. Andrés, Felipe, Tomás, Natanael, la mujer samaritana, Nicodemo) que son exclusivas de este Evangelio. (3) El círculo interno concluye que el autor fue Juan. El método que se sigue es primero eliminar a todos los demás que formaban parte del círculo íntimo de discípulos y luego citar las pruebas confirmativas para mostrar que sólo Juan pudo haber sido el autor.

Los argumentos en favor de la identidad del autor para el Evangelio y la Carta son terminantes. Estas pruebas se basan en pasajes paralelos (p. ej. Jn. 1:1 y 1 Jn. 1:1), expresiones comunes (p. ej. "unigénito", "nacido de Dios"), construcciones iguales (uso de conjunciones en lugar de frases subordinadas), y temas comunes (*agape*, "amor"; *phos*, "luz"; *zoe*, "vida"; *meno*, "permanecer"). Pero el problema básico subsiste: ¿El autor de ambos escritos fue Juan el apóstol o Juan el anciano?

Algunas de las razones que se alegan para distinguir a Juan el apóstol de Juan el anciano y con ello para atribuir a este último la paternidad literaria de ambos libros son: (1) un hombre iletrado (Hch. 4:13) no pudo haber escrito nada tan profundo como el Cuarto Evangelio; (2) el hijo de un pescador no es probable que hubiera podido conocer al sumo sacerdote; (3) un apóstol no se hubiera llamado a sí mismo anciano, como lo hace el autor de la Carta; (4) puesto que el autor del Evangelio empleó a Marcos como fuente, dicho escritor no pudo haber sido Juan, ya que un apóstol no hubiera utilizado los escritos de alguien que no lo fue. No es difícil responder a estos y con ellos substanciar la paternidad literaria de Juan el apóstol. (1) *Iletrado* significa falto de preparación formal en las escuelas rabínicas y no significa "ignorante"; (2) no se debe presuponer que todos los pescadores fueran de clases bajas; (3) el apóstol Pedro se llamó a sí mismo anciano (1 P. 5:1), por tanto ¿por qué Juan no hubiera podido emplear el mismo título? (4) Mateo, apóstol, empleó Marcos como fuente, según los críticos, y con todo no se emplea este hecho como argumento en contra de la paternidad literaria de Mateo del Primer Evangelio. Además, si Juan el anciano es el autor del Cuarto Evangelio y el discípulo amado, resulta muy difícil explicar por qué una persona tan importante como Juan el hijo del Zebedeo nunca se menciona en ese Evangelio. Las pruebas indican con claridad que uno solo fue el autor del Evangelio y de las Cartas, Juan el apóstol, el hijo del Zebedeo, que es además el mismo Juan el anciano que pasó los últimos años de la vida en Éfeso.

Fechas y Lugar de Composición. Las fechas de composición de las Cartas están en relación con la fecha que se le dé a la composición del Evangelio. Los que asignan una fecha entre el 110 y el 165 para el Evangelio y suponen que Juan no fue el autor se encuentran ante un dilema. Si el Evangelio fue tan tardío, no escrito por Juan sino atribuido al mismo, ¿por qué los centenares de cristianos vivos que habían conocido a Juan durante sus últimos años no protestaron el fraude? O por lo menos, ¿por qué no mencionó alguien que no era de Juan mismo? Si no fue publicado hasta después del 140 y antes del 165, ¿cómo pudo haber llegado a ser del todo aceptado ya para el 170, como de hecho lo fue? El hecho de que el fragmento Rylands de Juan hallado en Egipto sea del 140 o antes exige que la fecha de composición del libro deba colocarse hacia finales del siglo o antes. En el Evangelio aparece con evidencia que el autor recuerda (Jn. 7:39; 21:19), lo cual significa que como Juan fue el autor, el Evangelio debe haber sido publicado entre el 85 y el 90 (aun cuando la composición misma quizá fue anterior). Sin duda vio la luz debido a la insistencia de los ancianos de las iglesias de Asia Menor, quienes deseaban que lo que Juan les había enseñado de palabra fuera puesto por escrito antes de morir. Como el mensaje del 1 Juan parece presuponer conocimiento del contenido del Evangelio, y dado que no se menciona la persecución de Domiciano en el 95, la Primera Carta probablemente fue escrita hacia el 90. La Segunda y Tercera Cartas también se pueden fechar hacia el mismo tiempo que la Primera, o sea, hacia el 90. Todas las cartas fueron escritas desde Éfeso, según tradición fidedigna.

BOSQUEJO

COMENTARIO

Introducción. 1:1-4.

A diferencia de la mayoría de las cartas del NT ésta no contiene saludo alguno al comienzo ni bendición al concluir. Estos cuatro versículos introductorios corresponden a los dieciocho versículos iniciales del Evangelio y a los tres versículos del comienzo de Apocalipsis. Nos dicen cuál es el tema del escritor, a saber, la Palabra, que es vida.

A. La Persona. 1:1,2. Esto es **lo que** el apóstol va a proclamar.

1. Era. No "vino a existir" sino que **era**, existía ya (*en*). **Desde (el) principio.** La ausencia de artículo es idiomática. El significado siempre depende del contexto. En este caso la expresión significa antes de la creación, y el significado va determinado por el **estaba con el Padre** del versículo 2. Es una alusión concreta a la eternidad de Cristo. **Lo que hemos oído.** Tiempo perfecto, que indica el efecto permanente de una acción pasada. **Visto con nuestros ojos.** Juan hubiera querido que supiéramos que el ver no es una metáfora sino un hecho literal. **Hemos contemplado, y palparon.** El tiempo cambia; es aoristo e indica una manifestación especial de Cristo. **Palparon** es la misma palabra que Cristo empleó en una de las apariciones después de la resurrección (Lc. 24:39). Es evidente que Juan se refiere a esto. **Verbo de vida. Verbo** es un nombre más que tan sólo la idea de revelación, y **vida** indica acción más que el ser un nombre que se aplica a Cristo (aunque en v. 2 es prácticamente un nombre).

2. La **vida** que Cristo manifestó fue la **vida eterna** porque Cristo **estaba con el Padre.** La frase indica la personalidad específica de Cristo, quien es la vida; y la preposición **con** muestra la igualdad de Cristo con el Padre, como en Jn. 1:2.

B. El Propósito. 1:3,4. El *porqué* el apóstol proclama este mensaje.

3. Visto y oído. La Encarnación es la base de la **comunión. También vosotros.** Lo que no han visto ni oído. **Comunión.** Este es el propósito (*hina*, "para que") del mensaje de Juan y es el tema de la carta. Esta palabra la emplea sobre todo Pablo en el NT, con la excepción de este capítulo. Es tanto divina —con Dios, como humana— **con nosotros.** Se demuestra con la manifestación de gozo (v. 4) o la generosidad (Hch. 2:45; Ro. 15:26; 2 Co. 8:4; 9:13; 1 Ti. 6:18). La comunión se describe mejor en la Cena del Señor (1 Co. 10:16). **Con el Padre, y con su Hijo Jesucristo.** "Con esto dos verdades fundamentales, que las herejías filosóficas de la época podían negar

o confundir, se dejan sentadas con claridad desde el principio: (1) la distinción de personalidad y la igualdad en dignidad entre el Padre y el Hijo; (2) la identidad del Hijo eterno de Dios con la persona histórica Jesucristo" (Plummer, *op. cit.*, p. 20).

4. Para que vuestro gozo sea cumplido. La comunión es la base del gozo. El gozo de los lectores dependía de la misma y también el del apóstol. (Es difícil decidir en cuanto a la preferencia entre los variantes *nuestro gozo* y **vuestro gozo.**)

I. Condiciones Para la Comunión. 1:5-10.

A. Conformidad a Una Norma. 1:5-7. Esta sección contradice en forma directa a la doctrina gnóstica de que la conducta moral es indiferente para el iluminado.

5. De él. De Cristo. **Dios es luz.** Nadie nos dice tantas cosas de Dios como Juan. Es espíritu (Jn. 4:24); es luz (1 Jn. 1:5), y es amor (1 Jn. 4:8). Estas afirmaciones dicen lo que Dios es, no lo que hace. Así pues, la luz es su misma naturaleza. La santidad es la idea principal, y el empleo que se hace de ella en este comienzo de la carta constituye el fundamento para la ética cristiana de la carta.

6. Si decimos. Condición de tercera clase en griego, pero incluye al autor — manera muy delicada de afirmar la posibilidad. **Andamos en tinieblas.** Fuera de la voluntad de Dios, quien es luz. **No practicamos la verdad.** La verdad no es sólo lo que uno dice, sino lo que uno hace.

7. Pero si andamos . . . como él está en luz. Dios es luz; nosotros andamos en ella. Lo que la comunión exige es que dejemos que la luz revele el bien y el mal y luego que respondamos constantemente a esa luz. El cristiano nunca llega a ser luz hasta que su cuerpo sea transformado, pero debe andar en este mundo en respuesta a la luz. Se siguen dos consecuencias — primera, comunión, luego purificación. **Comunión unos con otros.** La referencia es a nuestros hermanos y no a Dios, como en 3:11,23; 4:7,12; 2 Jn. 5. **Y.** La purificación del cristiano es una consecuencia del andar en la luz. **Sangre de Jesucristo.** Tanto en el AT como en el NT la sangre equivale a muerte — de ordinario violenta. **Nos limpia.** Andar en la luz pone de manifiesto nuestros pecados y fragilidades; por ello necesitamos purificación constante, y ésta está a nuestra disposición debido a la muerte de Cristo. El verbo está en tiempo presente y se refiere a la purificación en la santificación. **De todo pecado.** Pecado es singular, lo cual indica el principio de pecado, pero el **todo** muestra que tiene muchas formas.

B. Confesión del Pecado. 1:8-10. La mención de la purificación del pecado en el versículo 7 lleva al pensamiento de esta sección.

1) Confesión del Principio del Pecado. 1:8.

Si decimos. La segunda de tres profesiones falsas en este capítulo (cf. vv. 6,10). **No tenemos pecado.** La expresión **tener pecado** es característica de Juan en el NT (cf. Jn. 9:41; 15:22, 24; 19:11). Se refiere a la naturaleza, principio o raíz de pecado, más que al acto. Las consecuencias de no confesar que tenemos pecado son dos: (1) **nos engañamos a nosotros mismos,** literalmente *nos descarriamos,* haciéndonos a nosotros mismos lo que Satanás nos quiere hacer; (2) **la verdad no está en nosotros;** cerramos la puerta a la luz y vivimos en una atmósfera de oscuridad voluntaria.

2) Confesión de los Pecados Concretos. 1:9.

Aceptar la verdad del versículo 8 quizá no cueste mucho, pero hacer lo que exige el versículo 9 quizá sí. **Confesamos.** Literalmente, *decir lo mismo.* "Tener el mismo medio de visión que Dios tiene" (Candlish, p. 49). Pero no es consentimiento puramente externo; antes bien, incluye el rechazar, porque ésta es la actitud de Dios para con nosotros respecto al pecado. **Fiel y justo.** Dios cumple su palabra y es justo en todas sus acciones, incluyendo la forma como perdona los pecados, que se basa en la muerte de su Hijo. **Perdonar . . . limpiarnos.** Perdón es absolución del castigo del pecado, y purificación es absolución de la contaminación del pecado.

3) Confesión de los Pecados Personales. 1:10.

Uno puede reconocer las verdades de los versículos 8 y 9 en abstracto pero no confesar nunca al ser personalmente responsable de pecado. **Si decimos.** Es la tercera profesión falsa. **No hemos pecado.** Se refiere al acto del pecado, no al estado, como en 1:8. **Hacemos a él mentiroso.** Porque en todas partes Dios dice que el hombre ha pecado. **Su palabra no está en nosotros.** La palabra de Dios tanto en el AT como en el Nuevo.

II. Conducta del que Está en Comunión. 2:1-29.

El escritor ahora trata de la conducta del creyente que anda en la luz. El pensamiento no se interrumpe de un capítulo a otro.

A. Carácter de Nuestra Conducta: Imitación. 2:1-11.

1) El Principio de Imitación — "Para que no pequéis". 2:1,2. La seguridad del perdón de pecados (1:9) y lo dicho de su universalidad (1:8,10) podrían llevar a algunos a tomar el pecado a la ligera. Por ello, Juan propone la pauta de conducta y la naturaleza del remedio del pecado a fin de que sus lectores no pequen.

1. Hijitos. Término cariñoso, sin relación con la edad. **Para que no pequéis.** El tiempo aoristo no puede significar "para que no sigáis en el pecado", sino más bien "para que no pequéis en absoluto". Aunque esto nunca puede llegar a ser completamente verdad hasta que lo veamos (3:2), debería ser nuestro objetivo siempre. **Y si alguno hubiere pecado.** El aoristo otra vez muestra que es un acto concreto pecaminoso. **Tenemos.** Juan se incluye a sí mismo. **Abogado.** Literalmente, *uno emplazado junto,* en especial para ayudar — un patrocinador. Solo Juan emplea esta palabra en el NT (Jn. 14:16,26; 15:26; 16:7; y en este caso). El abogado defiende la causa del creyente frente a Satanás, su acusador (Ap. 12:10). **Es Jesucristo el justo. Justo** indica la característica particular de nuestro Señor que da eficacia a su intervención (cf. He. 7:26). Por ser justo puede abogar ante el Padre justo.

2. Él. Él mismo, pronombre personal enfático. **Propiciación.** Es la base de su mediación, y si bien ésta última es sólo para los creyentes, la propiciación es para todos. Propiciación significa satisfacción (empleada aquí y en 4:10 solamente). Cristo mismo es la satisfacción (adviértase el tiempo presente). "Se dice de Cristo que es la 'propiciación' y no sólo el 'propiciador' (al igual que se le llama el 'Salvador' iv. 14), a fin de subrayar el pensamiento de que él mismo es la ofrenda propiciatoria al mismo tiempo que el sacerdote (compárese Ro. iii. 25). El propiciador podría utilizar otros medios de propiciación, aparte de sí mismo" (B.F. Westcott, *The Epistles of St. John,* p. 44). **Por nuestros pecados.** Por (*peri*). Respecto, no "en favor de". **También por los de todo el mundo.** No hay limitación en la satisfacción que Cristo *es* respecto a nuestros pecados. **Mundo.** *Kosmos* en este caso, como en Jn. 3:16, significa el género humano.

2) El Modelo para Imitar — "Como él anduvo". 2:3-6.

a) La Palabra de Cristo. 2:3-5. La imitación conlleva el cumplir sus mandamientos.

3. Y en esto, es decir, **si guardamos sus mandamientos. Sabemos.** Percibimos. **Que nosotros le conocemos.** Hemos venido a conocerlo. **Guardamos sus mandamientos.** En oposición al gnosticismo, que buscaba los logros intelectuales, el cristianismo exige conducta moral. **4. Es mentiroso.** Toda su índole moral es falsa. La verdad como principio activo no está en un hombre así y por ello no puede regir toda su vida. **5.** Este versículo es lo contrario de 2:4 al igual que 2:4 es lo contrario de 2:3. **Palabra.** Más amplio que **mandamientos,** ya que abarca toda la revelación que Dios hace de su voluntad. **Amor de Dios.** Probablemente el amor del hombre por Dios (genitivo objetivo) en este caso como en 2:15; 4:12; 5:3. Lo opuesto (el amor de Dios por el hombre, genitivo objetivo) se encuentra en 4:9.

b) El Andar de Cristo. 2:6.

6. El que dice. El decir que uno está con Cristo lo ata a uno a imitarlo. **Permanece.** Palabra favorita de Juan, definida en 3:24 como comunión habitual que se mantiene con el cumplimiento de sus mandamientos. **Debe.** Está obligado; obligación que se describe como deuda (cf. Lc. 17:10). **Como.** *Kathos,* no sólo *hos,* para indicar que la imitación debe ser exacta en todo. El ejemplo de Cristo tal como se proclama en el NT es siempre de humillación y autosacrificio. Este debería ser el foco de la imitación cristiana (cf. Mt. 11:29; Jn. 13:15; Ro. 15:2; Fil. 2:5ss.; He. 12:2; 1 P. 2:21).

3) La Prueba de la Imitación — Amor. 2:7-11.

La vida de Cristo fue de amor abnegado; por ello, la prueba de que uno lo imita se manifiesta en el amor. Amar es buscar el mayor bien posible de la persona amada; y como el bien mayor es la voluntad de Dios, amar es hacer la voluntad de Dios.

7. Hermanos. Mejor, *amados.* Primera vez que se emplea esta palabra en esta carta. **Mandamiento.** Andar como él anduvo (v. 6) y amar a los hermanos (vv. 9-11). En esencia son la misma cosa. **Desde el principio.** Esto podría significar el principio de la raza, o el principio de la Ley (Lv. 19:18) o, mejor, el principio de la vida cristiana.

8. Que es verdadero. La mejor traducción parece ser, *Un mandamiento nuevo os escribo, a saber, el que es verdadero.* **Van pasando.** Tiempo presente. Como las tinieblas pasan y la luz verdadera brilla, Juan invita a sus lectores a que anden como hijos de luz. **La luz verdadera.** La revelación de Dios en Cristo.

9. El que dice. Es la quinta vez que

Juan señala una posible inconsecuencia entre profesión y conducta (1:6,8,10; 2:4; cf. 4:20). **Hermano.** Cristiano, no hombre en general (aunque a veces en el NT "hermano" significa hombre, como en Mt. 5:22; Lc. 6:41). **En tinieblas.** Esta falsa profesión conlleva existencia en el estado precisamente opuesto del que se pretende tener. **10. El que ama.** No es una simple profesión, como en el versículo 9, sino la verdad. **En él no hay tropiezo.** Nada hay en él que pueda hacer tropezar a otros. Este es el significado general del NT para *skandalon,* ocasión de tropezar, porque se emplea para agravio causado a otros. "La falta de amor es la fuente más prolífica de agravios" (Westcott, p. 56). **11. Está en tinieblas, y anda en tinieblas, y no sabe.** Las tinieblas son el ambiente y esfera de actividad y el agente cegador del que odia a su hermano.

B. El Mandamiento para Nuestra Conducta: Separación. 2:12-17.

1) A Quien se Dirige el Mandamiento. 2:12-14.

El fundamento de la invitación a la separación que sigue en 2:15-17 se halla en la índole y posición de aquellos a quienes se dirige lo dicho en estos versículos.

12. Hijitos. Todos los lectores de Juan, pero sobre todo se subraya la relación familiar mutua nacida en el perdón de sus pecados. **Por su nombre.** Al creer en el nombre de Cristo (y por tanto en la persona representada en el nombre) experimentaron el perdón.

13. Padres. Se dirige a los ancianos de la congregación y a los que ocupaban posición prominente. **Conocéis.** Habéis llegado a conocer al permanecer en los mandamientos de la vida cristiana. **Al que es desde el principio,** es decir, Cristo (cf. Jn. 1:1-14). **Jóvenes.** Los más jóvenes del grupo. **Habéis vencido.** Tiempo perfecto, que expresa el resultado permanente de una acción pasada. Para vencer en las luchas espirituales es necesaria la fortaleza, característica de la juventud. **Maligno.** La forma podría ser masculina (el maligno, o sea, el diablo) o neutra (mal). Como la apelación a los jóvenes es personal, es probable que en este caso la referencia sea al diablo personal. "La forma abrupta como la idea del 'maligno' se introduce muestra que era conocida" (Westcott, p. 60). **Hijitos.** Las mismas personas a las que se dirige en 2:12, aunque la palabra en este caso es *paidia* y se subraya la subordinación más que la relación, como en *teknia* del versículo 12. Las diferencias de edad no son visibles en estas palabras, como lo son en "padres" y "jóvenes"; de ahí que la referencia sea a todo el grupo. **Escribo.** Literalmente, *escribí,* cambio al aoristo en este caso y en el versículo 14 de los tiempos presentes de 2:12, 13a. El cambio se ha explicado de varias formas. Es probable que haya que explicarlo como cambio de perspectiva de Juan mientras escribía. Hasta 13a consideraba la carta como incompleta, y desde 13b la mira como concluida, y por ello emplea estos aoristos epistolares. **Habéis conocido al Padre.** El uso de **Padre** al dirigirse a los **hijitos** refuerza la idea de subordinación. El término **Padre** aparece mucho más a menudo en los escritos de Juan que en los tres sinópticos juntos.

14. Palabra de Dios. La razón de que los jóvenes pudieran vencer al diablo era que la palabra de Dios estaba en ellos. Hacían la voluntad de Dios revelada en su palabra.

2) Invitación del Mandamiento. 2:15-17.

a) Naturaleza de la Invitación. 2:15a.

En 2:12-14 Juan se dirigió a sus lectores para recordarles sus privilegios como cristianos. Sus pecados habían sido perdonados, conocían al que es la verdad, y habían vencido espiritualmente. En estos versículos los exhorta a andar en forma digna de su llamamiento, es decir, a no amar al mundo ni a sus cosas. El amor a Dios es incompatible con el amor al mundo.

15. No améis. El mandato se dirige a todos (no a una clase en particular) y se introduce en forma brusca en el texto. **Mundo** (*kosmos,* lo opuesto a *chaos*). El sistema organizado que actúa como rival de Dios. Es lo que "halla su esfera y plenitud propias en un orden finito y sin Dios" (Westcott, p. 63). Aunque Dios ama al mundo de los hombres (Jn. 3:16), no debemos amar lo que los incita en contra de Dios. El hombre genuinamente religioso se mantiene apartado del mundo (Stg. 1:27), ya que la amistad con el mismo enemista con Dios (Stg. 4:4). El mundo está bajo el maligno (1 Jn. 5:19), y Juan emplea la palabra mundo como sinónimo de oscuridad (Jn. 3:19). El mandamiento no es, "no améis demasiado", sino "no lo améis nada". **Ni las cosas que están en el mundo.** No hay que amar nada del ámbito del *kosmos*. Debemos usar las cosas del mundo, pero cuando las amamos en lugar de Dios, hacemos uso abusivo de ellas (1 Co. 7:31).

b) Razones para la Invitación. 2:15b-17.

15b. Este pensamiento de sustituir a Dios en nuestro amor por las cosas del mundo se afirma en la última frase del versículo. **Si alguno ama al mundo.** Es el principio de no servir a dos señores (Mt. 6:24; Stg. 4:4). Como el mundo es lo mismo que las tinieblas, excluye a Dios que es luz. Esta es la primera razón para no amar al mundo.

16. La segunda razón para no amar al mundo es que las cosas del mundo no son del Padre. **Porque.** El versículo 16 da razones detalladas para lo afirmado en 2.15b. **Los deseos de la carne.** El genitivo, **carne,** en este caso es subjetivo, como suele serlo cuando se usa con **deseos.** Así pues el significado no es deseo por la carne, sino los deseos que tiene la carne, o los deseos que se basan en la carne. La carne en su sentido ético (en cuanto opuesto al sentido material de cuerpo) es la naturaleza vieja del hombre, o su poder para hacer lo que desagrada a Dios. **Deseos de los ojos.** Los ojos son la puerta por la cual el mundo entra en la carne. En la expresión, **deseos de la carne,** se alude al placer físico; en **deseos de los ojos** en cambio, al placer mental, físico o estético. **Vanagloria de la vida.** La palabra **vanagloria** sólo se usa en Stg. 4:16, donde se traduce por "jactancia". La palabra contiene la idea de ostentación pretenciosa que nace del no ver la vacuidad verdadera de las cosas del mundo. **Vida. Bios,** no *zoe.* Este significa el principio vital de vida, en tanto que aquel significa las posesiones. Así pues la "vanagloria de la vida" es el orgullo ostentoso en la posesión de bienes mundanos. **No proviene del Padre. Del,** *ek,* "origen". Nada de esto nace del Padre sino del mundo.

17. La tercera razón de no amar al mundo es que es pasajero. **Pasa.** Tiempo presente, proceso en desarrollo. **Y sus deseos.** Los deseos que pertenecen al mundo y reciben de él su estímulo. Si todo esto pasa, qué necedad es poner el corazón en lo que ya ha comenzado a desintegrarse. **Pero el que hace.** Al cristiano no se le estorba. **Hace.** No dice, ni siquiera ama, sino hace. **La voluntad de Dios.** Lo opuesto a todo lo que está en el mundo. **Para siempre.** Hacer la voluntad de Dios demuestra que se posee la vida eterna, que significa vivir para siempre.

C, El Credo Para nuestra Conducta: Afirmación. 2:18-29.

1) Necesidad de un Credo. 2:18-21.

a) La Última Hora. 2:18a.

Hijitos. Todos los lectores de Juan, sin considerar la edad; a ellos se dirige uno que tiene la autoridad de la edad y la experiencia. **Ya es el último tiempo.** Esta afirmación brota de la idea anterior del carácter pasajero del mundo. Literalmente, *una última hora.* La parte final de la era presente que se volverá más y más penosa en la fase inmediatamente anterior a la segunda venida de Cristo. Tiempo de perturbación y persecución.

b Los Muchos Anticristos, 2:18b-21.

18b. Anticristo . . . anticristos. Sólo Juan emplea este término (aquí; 2:22; 4: 3; 2 Jn. 7). En este versículo sólo Juan afirma la presencia de muchos anticristos en su propia día y prevé la venida del Anticristo en un día futuro (tal como lo describe en Ap. 13:1-10). *Anti* significa "opuesto" a Cristo. Así pues, un anticristo es uno que se opone a Cristo bajo la apariencia de Cristo. Poseen fuerzas satánicas sobrehumanas; pueden formar parte de la asamblea cristiana en lo exterior; y enseñan falsas doctrinas (2:19; 2 Jn. 7). La presencia de anticristos en el mundo demuestra que es una última hora. Como ya los había en tiempo de Juan y han estado presentes en toda la historia de la iglesia, la "última hora" o último tiempo debe de ser todo el período entre la primera y segunda venida de Cristo.

19. Salieron de nosotros. Externamente, pertenecían a la iglesia. **No eran de nosotros.** Nunca estuvieron orgánicamente unidos al cuerpo **Permaneció con nosotros.** Su misma separación del grupo cristiano era prueba de que su profesión externa era falsa, y su salida los exponía como anticristos. La apostasía es posible para quienes nunca han hecho de verdad de Cristo su propio Salvador. **20. Unción.** Aunque estos anticristos no se hubieran separado ellos mismos, los creyentes tienen dentro de sí el poder para descubrirlos, es decir, para discernir entre la verdad y el error debido a la unción. La unción asigna a algo para uso sagrado. Las palabras **Cristo** y **ungir** tienen la misma raíz; parece, pues, que Juan establece un contraste entre el anticristo y los anticristos por una parte y Cristo y los cristos (los ungidos) por otra. **Conocéis todas las cosas.** En especial la diferencia entre la enseñanza falsa y la verdadera (cf. RSV, **todos vosotros conocéis).**

21. No os he escrito. Tiempo aoristo epistolar, que se refiere a esta Carta (no al Evangelio) y en especial a esta sección referente a los anticristos. Juan da dos razones para escribir. porque sus lectores conocen la verdad y porque **ninguna mentira procede de la verdad.** Estas razones establecen un vínculo de simpatía y un punto de contacto entre el escritor y los lectores. **La conocéis.** Juan apela al conocimiento que poseen. **Ninguna mentira procede de la verdad.** Toda mentira tiene su origen en el diablo y por tanto es ajena a la verdad que los lectores conocen.

2) Naturaleza del Credo. 2:22-29.

22. ¿Quién es el mentiroso? Se introduce en forma abrupta, sin partículas de enlace. **El que niega que Jesús es el Cristo.** Alusión al gnosticismo y no al judaísmo. Si fuera el judaísmo, la negación sería semejante a aquella contra la que predicaron los apóstoles al principio (Hch. 5:42, etc.) —a saber, que Jesús de Nazaret no era el Cristo del AT. Pero la herejía gnóstica contra la que Juan Escribe era que Cristo se unió a Jesús en el bautismo y se separó de él antes de la muerte. Esta era la negación del mentiroso de que Jesús fuera verdaderamente Dios-hombre. Esta es la enseñanza del anticristo. **El que niega al Padre y al Hijo.** El gnosticismo consideraba a Cristo y a Jesús como a dos entidades distintas. Por ello, negar que Jesús es el Cristo es negar al Hijo, al Dios-Hombre. Y negar al Hijo es negar al Padre, porque el Hijo es la revelación del Padre sin quien el Padre no puede ser conocido (Mt. 11:27).

23. La afirmación anterior ahora se pone de relieve, **Tampoco tiene al padre.** En el versículo 22 Juan dice que negar al Hijo es negar al Padre. Aquí dice que negar al Hijo es no tener al Padre; negar al Hijo es renunciar al derecho de convertirse en Hijo de Dios (Jn. 1:12) y de poseer al Padre como amigo vivo. Es una relación viva la que se tiene presente en este caso, no sólo un asentimiento intelectual a un credo. **El que confiesa.** Afirmación positiva de la misma verdad. La última parte del versículo parece ser parte íntegra del texto original.

24. Lo que . . . permanezca en vosotros. En griego la frase comienza con el enfático **vosotros** — "en cuanto a **vosotros. . .",** y contrasta a los creyentes verdaderos con los maestros falsos. **Lo que habéis oído desde el principio.** Es decir, las verdades básicas del Evangelio. Y permanecer en ellas conlleva el permanecer en el Hijo y el Padre. **25. Esta** se refiere a la vida eterna, que es la promesa. Pero esto equivale al permanecer en él del versículo precedente.

26. Esto respecto a los falsos maestros. **Engañan.** Desvían; participio presente, que indica esfuerzo habitual. **27.** Como en el versículo 24, el pronombre **vosotros** está en posición enfática. **La unción.** El don del Espíritu Santo que los creyentes recibieron al convertirse (cf. v. 20). **De él.** Fuente del don del Espíritu. **No tenéis necesidad de que nadie os enseñe.** Porque esto es obra del Espíritu (Jn. 16:13ss.). **Así como la unción misma os enseña todas las cosas.** Se vuelve a subrayar la afirmación anterior. **Enseña.** Enseñanza presente y continua de la verdad. **Permaneced.** El verbo puede ser indicativo o imperativo (como Jn. 5:39; 12:19; 14:1; 15:18,27). Si es indicativo, Juan simplemente da por supuesta la verdad de las afirmaciones que ha hecho respecto a sus lectores. Si es imperativo, les manda que experimenten esas cosas.

28. Permaneced. Mandamiento de cumplir sus mandamientos (3:24). **Cuando.** Los mejores textos leen *si* (*ean*). Ese *si*, no arroja duda alguna sobre el hecho de su venida sino sólo suscita interrogantes en cuanto a circunstancias de su venida; p. ej. el tiempo. El permanecer resulta en (1) tener **confianza** y (2) no **avergonzarse**. **Confianza.** Intrepidez (*parresia*); literalmente, *libertad en hablar* o *disposición para decir lo que sea.* **Cuando se manifieste.** Deberíamos poder expresarnos sin reservas cuando le demos cuenta de nuestra administración. **No nos alejemos de él avergonzados,** como la persona culpable sorprendida a su venida. **Venida.** *Parousia,* Unica vez que aparece esta palabra en los escritos de Juan. A menudo se emplea en conexión con el juicio que acompaña a su retorno (Mt. 24.3,27,37; 1 Co. 15:23; 1 Ts. 2:19; 3:13; 5:23; Stg. 5:7,8).

29. Él es justo. El versículo anterior habla de Cristo; por ello parece lógico referir el él de este versículo a Cristo. **Justo.** Compárese 2:1; 3:7. **Todo el que hace justicia.** El verbo está en presente — acción habitual. **Nacido de él.** ¿Significa nacido de Cristo, como lo indicaría si las referencias de los versículos 27 y 29a son a Cristo? De ser así, esta es la única referencia a la obra de Cristo de engendrar (aunque engendrado de Dios y del Espíritu son ideas escriturísticas; cf. Jn. 1:13; 3:6,8). "La verdadera solución de la dificultad parece ser que cuando San Juan piensa en Dios en relación con los hombres, nunca piensa en él aparte de Cristo (cf. v. 20). Y además nunca piensa en Cristo en su naturaleza humana sin añadir el pensamiento de su naturaleza divina. Por ello es posible que se trate de una transición rápida de un aspecto de la Persona divinohumana del Señor al otro" (Westcott, p. 83).

III. Características de la Comunión. 3: 1-24.

A. En Relación a Nuestra Expectativa — Pureza. 3.1-3. El pensamiento de 2:29 —nacido de él— se amplía ahora. "¡Nacido de él! Esto es lo que suscita la sorpresa agradecida de Juan, y lo que le hace exclamar, '¡Mirad, qué manera de amar!' Luego no hace más que explicar ese pensamiento" (Robert S. Candlish, *The first Epistle of John*, p. 227).

1) Motivos de la Pureza. 3:1-3a. Juan

da dos razones de por qué el cristiano debería ser puro. La primera se refiere a la obra anterior de Dios y la segunda a la obra futura.

1. Mirad. La palabra es plural —"todos vosotros mirad lo que yo he visto" (2:28). Algunos toman el **cuál** en el sentido de algo extraño; es decir, "qué clase de amor extraño o de otro mundo" (cf. Kenneth S. Wuest, *In These Last Days*, p. 142). Otros no ven tal significado en la palabra tal como se usa en el NT (Plummer, *The Epistles of S. John, Cambridge Greek Testament,* p. 71). La palabra sí implica sorpresa y admiración (cf. Mt. 8:27; Mr. 13:1; Lc. 1: 29; 2 P. 3:11 son los otros usos en el NT). **Nos ha dado.** El tiempo perfecto indica además que el don es una posesión permanente del hijo de Dios. **Hijos.** Literalmente, *nacidos* o *hijos. Huios,* hijo adulto, presenta el aspecto legal de la filiación (y sólo lo usa Pablo para los creyentes). Esta palabra (*teknon*) subraya el aspecto natural, nacimiento en la familia de Dios. Con todo, ambos términos son adecuados para expresar adopción (Jn. 1:12; Ro. 8:14-17). Después de **hijos de Dios** deberían añadirse las palabras *y lo somos.* **Por esto** —porque somos hijos de Dios— **el mundo no nos conoce.** El mundo no sabe por experiencia qué clase de personas son los hijos de Dios. El mundo no puede tener tal conocimiento experimental porque no conoce a Cristo como Salvador (cf. 1 Co. 2.14).

2. Ahora somos . . . y. "Los dos pensamientos de la condición presente y futura de los hijos de Dios se unen por medio de la conjunción simple **y,** como partes de un solo pensamiento. La condición cristiana, ahora y en la eternidad, se centra en el hecho de ser hijos de Dios. "En este hecho se basa el gérmen de todas las posibilidades de vida eterna" (M.R. Vincent, *Word Studies in the New Testament.* II, p. 344). **Semejantes a él.** La semejanza del reflejo pleno de la gloria de Dios en el creyente. Esto incluye el cambio físico al cuerpo resucitado así como el cambio espiritual total, que incluye la pureza (v. 3), la ausencia de pecado (v. 5), y la justicia (v. 7). La razón de este cambio es el que lo veamos en la transformación de la iglesia. "La visión de Dios nos glorificará" (Plummer, *Epistles of S. John*, p. 74). **3. Esperanza en él.** Literalmente, *sobre* (*epi*) *él,* o sea, esperanza que descansa en él. **Él** se refiere a Cristo. **Purifica.** Tiempo presente, "se purifica constantemente". El esfuerzo personal es necesario, pero debe descansar en nuestra esperanza (cf. Jn. 15:5).

1. Justicia. 3:4-9.

Características	Consecuencias
a. No peca. (4).	a. No está sin ley (4). No anula la misión de Cristo (5).
b. No peca en forma habitual (6).	b. Comprueba el permanecer y el haberle conocido (6).
c. Hace justicia (7). d. No peca (8).	c. Es justo e imita a Cristo (7). d. No es del diablo y participa en el triunfo que Cristo da (8).
e. No practica el pecado (9). f. No puede pecar (9).	e. Es engendrado de Dios (9). f. Demuestra ser nacido de Dios (9).

2. Amor. 3:10-18.

Características	Consecuencias
a. Amor fraterno (10).	a. Procede de Dios (10).
b. Difiere de Caín (11,12).	b. No lleva al homicidio (11,12).
c. El mundo lo odia (13).	c. No será sorprendido (13).
d. Amor fraterno (14).	d. Demuestra haber pasado de muerte a vida (14).
e. No odia (15).	e. No es asesino, y tiene vida (15).
f. Da la vida por los hermanos (16).	f. Conoce el amor en su esencia (16).
g. Comparte los bienes (17,18).	g. El amor de Dios mora en él (17,18).

2) Significado de la Pureza. 3:3b.

El pensamiento en la raíz de la pureza es la purificación ritual que se requería para presentarse ante la presencia de Dios (cf. Jn. 11:55; He. 10:19ss.; Éx. 19:10). Pero la idea en la palabra es no sólo la de purificación externa sino también interna (cf. Stg. 4:8; 1 P 1.18,19). Así pues, significa que el cristiano con esperanza debería ser completamente puro, como Cristo lo fue. Cristo es siempre el ejemplo que Juan propone al creyente (cf. 1 Jn. 2:6).

B. En Relación a Nuestra Posición — Justicia y Amor. 3:4-18. Nuestra posición exige una cierta práctica, y Juan pasa a subrayar las características de dicha práctica en dos ideas — justicia y amor. El versículo 3, pues, se explica por medio de desarrollo y contraste en 3:4-18, y quizá la manera mejor de seguir el pensamiento del escritor es ofrecer un esquema de dichos versículos. Véase p. 28.

4. Comete pecado. Literalmente, *hace el pecado*. La idea es de pecar continuamente y lo más radicalmente posible. **El pecado es infracción de la ley.** Literalmente, *el pecado es estar sin ley*. Los términos son intercambiables (debido al empleo del artículo con ambas palabras). El pecado es estar sin ley y el estar sin ley es pecado. Ley se usa en su sentido más amplio e incluye la ley natural (Ro. 2:14), la ley mosaica, la ley de Cristo (Ro. 8:2; 1 Co. 9:21). **6. Permanece . . . no peca.** Ambas palabras están

en tiempo presente e indican el carácter habitual de la persona. La persona que permanece en Cristo no puede pecar habitualmente. El pecado puede formar parte de su experiencia, pero esto es la excepción y no la regla. Si el pecado es el principio que gobierna la vida, la persona no está redimida (Ro. 6); por ello la persona salva no puede pecar en forma habitual. Cuando el cristiano peca, lo confiesa (1 Jn. 1:9) y preserva en su purificación (3:3). El pecador constante no ha conocido a Dios y por tanto es una persona no regenerada.

7. Hijitos. "El peligro de la situación requiere esta ternura al dirigirse a ellos" (Westcott, p. 105). **Engañe.** Literalmente, *desvíe*. **Hace.** Tiempre presente; "hace habitualmente". **Es justo.** Las obras justas nacen de la índole justa y son prueba de regeneración. **Como.** Cristo, como siempre, es el ejemplo. **8. Practica.** Tiempo presente; "el que continuamente comete pecado". Hábito de vida, no un simple acto. **Del diablo.** Satanás es la fuente de estos deseos pecaminosos. "Las acciones habituales una vez más son el índice de la condición moral, y en este caso, de la fuente" (Wuest, pp. 148,149). **Hijo de Dios.** Es la primera vez que Juan emplea este título en la carta, y expresa en forma especial dignidad y autoridad. **Deshacer.** Literalmente, *desatar*. Cristo en su muerte ha soltado las ataduras con que se sostenían las obras del diablo. Satanás ya no puede presentar un frente de batalla sólido en sus ataques al cristiano.

9. Es nacido. Participio perfecto —acción pasada con efectos que siguen hasta el presente— "ha nacido y sigue siéndolo" (cf. 2:29; 4:7; 5:1,4,18). **No practica el pecado . . . no puede pecar.** Tiempos presentes, que indican de nuevo el pecar habitual. **Simiente.** El principio de vida divina dado al nacido de Dios (Jn. 1:13; 2 P. 1:4). Esto hace imposible que el cristiano viva habitualmente en pecado. **10. En esto** se refiere a los versículos precedentes, si bien se reitera la misma enseñanza en la última parte del versículo 10, es decir, "en esta vida de triunfo sobre el pecado . . ." **Los hijos de Dios . . . los hijos del diablo.** Es el único lugar del NT en que estas dos expresiones aparecen juntas (cf. Hch. 13: 10; Ef. 2:3). Todo el género humano al parecer pertenece a una familia o a la otra; y hasta que uno reciba a Cristo es hijo del diablo (Ef. 2:3 y aquí). **Que no ama a su hermano.** "Esta cláusula no es una simple explicación de lo que precede sino la expresión de ello en su forma cristiana más elevada' (Westcott, p. 109).

12. El amor por el hermano trae a la mente el odio por el hermano, y por ello se cita el ejemplo de Caín. Se dice de él que perteneció a la familia del **maligno**. **Mató.** En un principio la palabra griega (empleada aquí y en Ap. 5:6,9,12; 6:4,9; 13:3,8; 18:24 solamente) significaba "cortar el cuello", y luego significó "matar violentamente". **13. No os extrañéis.** Literalmente, *dejad de extrañaros.* Los lectores de Juan sin duda no podían entender por qué el mundo tenía que odiarlos. **14.** Amor significa vida y odiar significa muerte. La prueba de haber nacido de nuevo no es que el mundo nos odie sino que **amamos a los hermanos. 15. Homicida.** No ha de entenderse en sentido figurado como asesino del alma o de la vida moral, sino en forma literal, debido al versículo 12. Dios mira al corazón, y el corazón que está lleno de odio es potencialmente capaz de matar. Compárese con la enseñanza del Señor en Mt. 5:21,22. "El que cae bajo un estado, cae bajo los efectos normales de dicho estado llevado hasta sus últimas consecuencias" (Alford, *The Greek Testament,* IV, 474). Si se presenta la ocasión, la persona que suele odiar hará lo que Caín hizo. Esa persona no es salva.

16. Cf. 2:6. Al creyente se le pide amor abnegado. **17.** No a muchos se les pide que den la vida por otros, pero todos pueden seguir las instrucciones de este versículo. Juan sugiere "que existe peligro en soñar con lo que suele estar fuera de la senda de la experiencia ordinaria. Podemos por tanto someternos a una prueba mucho más a nuestro alcance. El problema no es el de morir por otro sino el de hacer partícipe a otro de los recursos necesarios para la vida" (Westcott, p. 114). **Bienes.** Las necesidades de la vida. **Corazón.** Sede de la vida afectiva.

C. En relación a Nuestra Oración—Respuestas. 3:19-21. La enseñanza anterior despertó naturalmente ciertas reservas mentales. Por ello Juan se apresura a agregar que el fruto del amor es la confianza, y que la confianza se expresa en oración, y que la oración confiada es escuchada.

1) Depende de la Confianza. 3:19-21.

19. En esto. En el amor de los hermanos. **Aseguraremos.** Literalmente, *persuadir* o *tranquilizar.* ¿Persuadir nuestros corazones de qué? De que no debe condenarnos. Por ello el **asegurar** de RVR es una traducción interpretativa correcta. **Delante de él.** La seguridad viene en la presencia de Dios. **20. Pues si,** es decir, "cuantas veces", lo cual equilibra el **todas las cosas** de la última parte del versículo. En lo que el corazón nos condena, **mayor . . . es Dios.** Al examinar nuestra vida de amor fraterno, nuestro corazón puede ser o demasiado riguroso o demasiado indulgente. Pero Dios es mayor y conoce todas las cosas; por consiguiente, recurrimos a él para descubrir la verdad acerca de nosotros mismos, y recordamos que es un ser todo compasión. Esto conduce al juicio recto y a la confianza. **21.** Argumento a fortiori: "Si delante de Dios podemos persuadir la conciencia que nos absuelva, cuando nos reprende, mucha mayor seguridad debemos tener delante de él, cuando *no* nos censura" (Plummer, *The Epistles of S. John,* p. 89). **No nos reprende.** No por perfección absoluta, sino por no haber pecados no confesados en la vida. **Confianza.** Literalmente, *valor o libertad en hablar.*

2) Depende de la Obediencia. 3:22-24.

22. La respuesta a la oración se hace depender ahora del cumplimiento habitual de los mandamientos y del hacer lo que a Él le plazca. **Guardamos y hacemos** están ambos en presente. **23.** El mandamiento es de que **creamos y amemos.** La fe es una obra, como en Jn. 6:29. **Creamos en el nombre.** Literalmente, *creamos el nombre.* Significa creer todo lo que Cristo es, tal como se nos representa en su nombre. Puesto que esto se dirige a los cristianos, es una exhortación a creer en él en cuanto a todo lo que suministra para la vida cristiana. **24.** La obediencia también produce permanencia. **Permanece.** Esta palabra se traduce por "morar" en Jn. 15. Así pues, la frase es una definición de morar. Morar es guardar sus mandamientos. Y el Espíritu Santo da testimonio del hecho de que Cristo mora en nosotros.

IV. Cautelas en la Comunión. 4:1-21.

A. Cautelas Respecto a los Espíritus Embusteros: Falsos Profetas. 4:1-6.

1) Existencia de Espíritus Embusteros. 4.1.

La mención del Espíritu Santo en 3:24 lleva a la definición de los falsos espíritus. Tenemos en ello otro ejemplo del método de Juan de emplear antítesis. **Amados.** Este apelativo tierno vuelve a recordar al lector que el tema es importante. **No creáis.** Literalmente, *dejad de creer*. Evidentemente algunos de los lectores se dejaban arrastrar por la enseñanza gnóstica. **Probad.** *Dokimazo,* que significa someter a prueba para aprobar. Esta palabra suele implicar poner a prueba con la esperanza de que lo que se prueba resistirá, en tanto que *peirazo* ("probar" o "tentar") generalmente significa probar con el propósito de encontrar defectuoso lo que se prueba. La razón de someter a prueba es sencillamente que **muchos falsos profetas** andan por el mundo. Los falsos profetas son falsos maestros (2 P. 2:1) y obradores de prodigios (Mt. 24: 24; Hch. 13:6; Ap. 19:20). Se les prueba respecto a su origen **si son de Dios.**

2) Examen de los Espíritus Embusteros.

a) Hay que Examinar su Credo. 4:2-6.

2. Si un maestro **confiesa que Jesucristo ha venido en carne,** es un verdadero profeta. Debe reconocer abiertamente (esto significa **confesar**) la persona del Salvador encarnado. Esto conlleva la forma de su venida (**en carne**) y la permanencia de la encarnación (tiempo perfecto de **venir**). Si no hubiera asumido un cuerpo humano, nunca hubiera podido morir y ser el Salvador. De este versículo no hemos de deducir que esta es la única prueba de ortodoxia, pero sí es una de las importantes y era la más necesaria del tiempo de Juan, debido a los errores de su día.

3. Afirmación negativa de la verdad del versículo 2. **No.** La posición del relativo a continuación del pronombre relativo exige la traducción: "Todo espíritu que sea tal que no confiese". **El espíritu del anticristo.** RVR con razón incluye **espíritu**, si bien la omisión de la palabra en el texto griego indica amplitud de pensamiento. En este profeta falso influyen muchas fuerzas y espíritus, incluyendo los diabólicos, y todos ellos revelan la acción del anticristo. Fuerzas sobrehumanas respaldan a estos falsos maestros.

b) Hay que Examinar a los que los Siguen. 4:4-6.

4. Vosotros. En contraste con los falsos maestros. **Los.** Los falsos profetas mismos, no los espíritus que los respaldan. **El que está en vosotros.** No se precisa a qué persona de la Divinidad se refiere Juan, si bien la mención del Espíritu en 3.24 indicaría que se alude a la permanencia del Espíritu Santo. **El que está en el mundo.** Satanás, el príncipe del mundo y fuerza que da energía a todos los falsos espíritus y profetas (Jn. 12:31). **5. Ellos.** Los falsos maestros **Hablan del mundo.** El mundo es la fuente de lo que dicen, no el tema del que hablan. El sistema del mundo del que es cabeza Satanás es la fuente de toda herejía. **6. Nosotros.** Intensivo—"En cuanto a nosotros, somos . . ." **Conoce . . .oye.** Ambos verbos están en presente, lo que indica progresión. El que crece en el conocimiento de Dios sigue oyéndonos. **En esto.** Es decir, los apóstoles hablan la verdad porque el pueblo de Dios los oye, en tanto que los falsos profetas hablan el error porque el mundo los oye.

B. Cautela Respecto al Espíritu de Amor: Profesión Falsa. 4:7-21.

1) Fundamento del Amor. 4:7-10.

a) El Amor es de Dios. 4:7,8.

7. "La transición parece brusca, como si el apóstol hubiera descartado en forma sumaria un tema desagradable" (Plummer, *The Epistles,* p. 99). Es la tercera sección acerca del amor (cf. 2:7-11; 3:10-18). **El amor es de Dios.** Origen. **Nacido.** Tiempo perfecto—"ha sido engendrado y sigue siendo hijo suyo". **8. No ama.** Participio presente—"habitualmente no ama". **Dios es amor.** Tercera de las tres grandes afirmaciones de Juan respecto a la naturaleza de Dios (Jn. 4:24; 1 Jn. 1:5). La ausencia de artículo (Dios es *el* amor) indica que el amor no es simplemente una cualidad que Dios posee, sino que el amor es lo que él es por su misma naturaleza. Además, como Dios es amor, el amor que demuestra hace de sí mismo y no de alguna causa exterior. La palabra **Dios** va precedida de artículo, lo cual significa que la afirmación no se puede invertir; no se puede leer, "El Amor es Dios".

b) El Amor es de Cristo. 4:9,10.

9. La manifestación del amor de Dios en nuestro caso (**para con nosotros**) estuvo en el dar a su Hijo. **Unigénito.** No sólo envió a su Hijo, sino que el que envió era su Hijo unigénito. Cristo es el Hijo unigénito en el sentido de que no tiene hermanos (cf. He. 11:17). **Para que vivamos.** El propósito de enviar a Cristo. **10. En esto consiste el amor.** El amor que es la naturaleza de Dios. Y este amor no tiene relación con nada de lo que puedan hacer los seres humanos, sino que se expresa en el don de Cristo. **Propiciación.** Satisfacción.

2) Glorias del Amor. 4:11-21.

a) Nos hace amar a otros. 4:11,12.

11. Así. Si Dios nos amó hasta el extremo de darnos a su único Hijo, **debemos**

(obligación moral) . . . **amarnos unos a otros.** Los falsos maestros no se preocupaban de enseñar obligaciones morales. **12. Dios** se halla en posición enfática. Tradúzcase: **A Dios nadie lo ha visto jamás.** La relación entre este pensamiento y el contexto parece ser: está puesto que nadie ha visto nunca a Dios, la única forma en que se puede ver al que es amor es en el amor mutuo de sus hijos que es lo que manifiesta el parecido familiar. **Su amor** podría referirse a su amor por nosotros o a nuestro amor por él (Plummer, p. 103) o a su naturaleza (Westcott, p. 152; Wuest, p. 166). Probablemente no es su amor por nosotros. Si es nuestro amor por él, se **perfecciona** (madura) al amar nosotros a los hermanos. Si es el amor que es su naturaleza, se **perfecciona** (o alcanza su propósito pleno) cuando los creyentes se aman unos a otros.

b) Nos hace conocer que él permanece en nosotros. 4:13-16.

13. Como no podemos ver a Dios, nos da prueba de su presencia en nosotros por medio de su Espíritu, que mora en nosotros. **De su Espíritu.** No es que recibamos parte de la Tercera Persona de la Trinidad, sino que recibimos algunos de los muchos dones del Espíritu. **15. Confiese.** Dice lo mismo, es decir, está de acuerdo con una autoridad fuera de uno mismo. **Hijo de Dios.** "Esta confesión de la divinidad de Jesucristo conlleva entrega y obediencia también, no sólo homenaje de palabra" (A.T. Robertson, *Word Studies in the New Testament*, VI, 234).

16. El amor que Dios tiene para con (literalmente, *en*) **nosotros.** El amor se convierte en fuerza activa en nosotros.

c) Nos hace confiar en el día del juicio. 4:17.

El amor en nosotros. Es el amor que Dios, quien es amor, ha producido en nosotros al engendrarnos y al poner a su espíritu en nosotros. **Confianza en el día del juicio.** El creyente que ha perfeccionado el amor de Dios en su vida terrenal sabrá acercarse al tribunal de Dios sin vergüenza. Esta garantía no es presunción, porque **como él es, así somos nosotros en este mundo.** El fundamento de la confianza es nuestra semejanza actual a Cristo en esta vida, y en especial, según este contexto, nuestra semejanza en amor.

d) Echa fuera el temor. 4:18.

El pensamiento de la confianza trae el recuerdo de lo contrario, el **temor.** Como el amor busca el mayor bien posible del otro, el temor, que se aparta de los demás, no puede ser parte del amor.

e) Demuestra la realidad de nuestra profesión. 4:19-21.

19. Le amamos. La palabra **le** no se encuentra en los textos mejores, y el verbo es subjuntivo. Por ello es mejor traducir: *amemos, porque él nos amó primero.* **20,21.** Nuestro amor por los hermanos, algo visible, demuestra nuestro amor por Dios, algo invisible. Es fácil decir lleno de piedad, "Amo a Dios". Juan dice que la verdadera piedad se demuestra en el amor fraterno. Más aún, deja bien claro el punto con la declaración del versículo 21 de que esto es mandamiento de Cristo (Jn. 13:34).

V. Causa de la Comunión. 5:1-21.

Creer en Cristo es el fundamento de nuestra comunión. La palabra **creer** sólo ha sido usada tres veces en la carta hasta ahora, pero en 5:1-13 aparece seis veces. "San Juan se remonta a las bases del parentesco espiritual" (Westcott, p. 176). El hecho de que el cristiano ha ejercitado la fe en Cristo se demuestra de tres maneras, según la enseñanza de este capítulo.

A. Fe en Cristo Demostrada en la Conducta Que Tenemos. 5:1-5.

1) Como engendrados amamos a los hermanos. 5:1-3.

1. Los gnósticos negaban que Jesús de Nazaret fuera el Cristo. Juan hace de la fe en esta verdad una prueba esencial del ser engendrados de Dios. **A que engendró** es el creyente. **2.** Se afirma lo opuesto de 4:20,21. Es igualmente verdadero decir que el que ama a Dios ama a sus hijos, y que el que ama a sus hijos ama a Dios. **Cuando.** Literalmente, *cuantas veces.* **3. Gravosos.** Pesados, carga agobiante y agotadora. **Amor.** Hace ligeros los mandamientos de Dios.

2) Como creyentes vivimos triunfando. 5:4,5.

4. Guardar el mandamiento de amar a los hermanos es posible debido a la **victoria** que el cristiano posee sobre el mundo. **Victoria que ha vencido.** El verbo es aoristo, lo cual indica la seguridad de la victoria. La victoria que venció al mundo es nuestra **fe. 5.** Nuestra fe es en el hecho de que **Jesús es el Hijo de Dios.** Es la creencia en la divinidad plena (Hijo de Dios) y la humanidad verdadera (Jesús) del Dios-hombre. "Nuestro credo es nuestra lanza y escudo" (Plummer, *The Epistles of S. John*, p. 112).

B. Fe en Cristo Demostrada en los Testimonios que Exhibimos. 5:6-12.

1) La Prueba de los Testimonios. 5:6-8.

6. Agua y sangre. Se han interpretado en el sentido de (1) el bautismo y la muerte de Cristo; (2) el agua y sangre que brotaron del costado de Cristo en la cruz; (3) purificación y redención; y (4) los sacramentos del bautismo y la Cena del Señor. Las dos últimas interpretaciones son simbólicas; y no son posibles porque **vino** es aoristo, refiriéndose a un suceso verdadero. Las dos primeras hacen que la frase se refiera a sucesos verdaderos de la vida del

Señor. No se puede preferir la segunda porque se invierte el orden de las palabras (cf. Jn. 19:34). La primera explicación es la más satisfactoria. Cristo vino **mediante** (*dia*, "por medio de") el bautismo, el cual lo marcó y asoció su ministerio con la justicia; y mediante la sangre, su muerte, la cual pagó el castigo por los pecados del mundo. Su ministerio también se ejerció en (segundo y tercer **mediante** en el versículo) la esfera de aquello que representaba su bautismo y muerte. El Espíritu Santo sigue dando testimonio de esta verdad. El bautismo y la muerte fueron los dos límites del ministerio de nuestro Señor.

7. El texto de este versículo debería decir, tal como lee RVR, **porque tres son los que dan testimonio en el cielo.** El resto del versículo es espurio. Ni un solo manuscrito contiene la añadidura trinitaria antes del siglo catorce, y nunca se cita el versículo en las controversias trinitarias en los primeros 450 años de la era cristiana.

8. Los tres testigos son **el espíritu, el agua y la sangre; y estos tres concuerdan.** "la trinidad de testigos da un mismo testimonio" (Plummer, *The Epistles*, p. 116), a saber que Jesucristo vino en la carne para morir por el pecado a fin de que los hombres pudieran vivir.

2) Efecto de los Testimonios. 5:9-12.

9. Lo que los hombres necesitan no es más que un testimonio triple (cf. Dt. 19:15; Mt. 18:16; Jn. 8:17). Dios nos ha dado tres testigos en el Espíritu, el agua y la sangre que debemos recibir. **10. En sí mismo.** El testimonio no es sólo externo sino también interno. "Lo que para otros es externo para el creyente es experimental" (Westcott, p. 186). **Le ha hecho mentiroso.** Porque el incrédulo hace de Dios un mentiroso en cuanto a todo su plan de redención. **11. Testimonio.** El contenido del testimonio externo e interno es que Dios dio a su Hijo divino para que los hombres pudieran tener vida eterna. **12.** Deducción del versículo 11. Si el Hijo tiene vida, entonces el que tiene al Hijo también tiene vida.

C. Fe en Cristo Demostrada en la Confianza que Manifestamos. 5:13-21.

1) Confianza en la Oración. 5:13-17.

13. Estas cosas. Toda la carta. **Para que sepáis.** El conocimiento consciente de la posesión de la vida eterna es la base del gozo de la comunión, que es el tema de la carta (1:4).

14. Confianza. Es la cuarta mención de esto (cf. 2:28; 4:17 en conexión con el juicio; y 3:21,22 y aquí en conexión con la oración). **Conforme a su voluntad.** La limitación es misericordioso porque siempre es mejor para sus hijos. La promesa es que Dios nos oye, y esto incluye la idea de que también él otorga la petición. (cf. Jn. 9:

31; 11:41,42). **15. Cualquier cosa que pidamos** es sinónimo del **conforme a su voluntad** del versículo 14. El creyente no está en comunión con Dios no pedirá nada que sea contrario a la voluntad de Dios.

16. La oración está limitada no sólo por la voluntad de Dios sino también por las acciones de otros. "La voluntad del hombre ha sido dotada por Dios con tal libertad, que ni siquiera su voluntad la constriñe. Menos todavía, por tanto, puede constreñir la oración de un hermano. Si la voluntad humana ha resistido a Dios en forma deliberada y obstinada, y persiste en lo mismo, quedamos privados de su certidumbre habitual. Ante una voluntad rebelde incluso la oración de fe de acuerdo con la voluntad de Dios (porque desde luego Dios desea la sumisión del rebelde) se ofrece en vano" (Plummer, *The Epistles of S. John*, p. 121). **Cometer pecado.** El caso que se supone es aquel en que se ve al hermano en el acto mismo de pecar. **Dios le dará vida; esto es para los que cometen pecado que no sea de muerte.** Los pronombres son ambiguos. La frase puede significar que Dios dará vida al intercesor, o también puede significar que el intercesor dará vida al pecador mediante sus oraciones (parecido a Stg. 5.20). Es difícil decidir cuál es mejor, porque ambas ideas son escriturísticas.

Pecado de muerte. La traducción **pecado** es demasiado concreta. Hay *pecado de muerte,* que implica no un solo acto sino actos que tienen el carácter de pecado de muerte. Quizá no siempre son externos de modo que se puedan conocer y reconocer, ya que Juan dice que no sabemos qué pedir. El pecado de muerte tampoco es el repudio de Cristo, porque el contexto habla de los cristianos. Debe ser parecido a los casos citados en 1 Co. 5 y 11:30. Respecto a la oración por un hermano así, Juan tiene mucha cautela en lo que recomienda. No prohibe que se interceda ni tampoco alienta a ello. La comunión individual determinará el curso adecuado de acción. **17. Toda injusticia es pecado.** Juan pone sobre aviso en contra del modo laxo de pensar de que algunos pecados están permitidos y otros (**de muerte**) no.

2. Confianza en el Conocimiento. 5.18-21.

18. Sabemos. Con conocimiento cierto, positivo. **No practica el pecado.** Tiempo presente; pecado habitual. "El poder de intercesión para triunfar sobre las consecuencias del pecado podría parecer que estimula a cierta indiferencia hacia el "pecar" (Westcott, p. 193). "La condición de filiación divina es incompatible, no sólo con el pecado de muerte, sino con cualquier clase de pecado" (Plummer, p. 125). **Toca.** En Juan sólo se usa en Jn. 20:17, y significa no un simple tocar superficial sino un apoderarse de. Satanás no puede apoderarse y retener al engendrado de Dios. **19.** Segundo hecho de nuestro conocimiento. **El mundo entero.** El orden de las palabras indica que **el mundo** con sus pensamientos, modos, métodos, etc., es lo que se quiere decir. **20.** Tercer hecho. **Ha venido.** El verbo (*hekei* y no *erchomai*) incluye las ideas de su venida en la

encarnación y su presencia actual en los creyentes. **Para conocer.** Conocer experimental por medio de la apropiación de conocimiento. **21. Guardaos.** Palabra diferente (*phylasso*) de la usada en 5:18 (*téreo*). Significa custodiar como lo hace una guarnición. **Idolos.** "Un 'ídolo' es algo que ocupa el lugar debido a Dios" (Westcott, p. 197). Efeso estaba repleto de ídolos y de prácticas idólatras; la advertencia era por tanto sumamente apropiada.

BIBLIOGRAFÍA

ALEXANDER, WILLIAM. *The Epistles of St. John.* New York: George Doran, s.f.

ALFORD, HENRY. *The Greek Testament,* IV, 421-528. Londres: Rivingtons, 1875.

CAMERON, ROBERT. *The First Epistle of John.* Philadelphia: A.J. Rowland, 1899.

CANDLISH, ROBERT S. *First Epistle of John.* Grand Rapids: Kregel Publications, 1979.

FINDLAY, GEORGE. *Fellowship in the Life Eternal.* Londres: Hodder and Stoughton, s.f.

IRONSIDE, H.A. *Addresses on the Epistles of John.* New York: Loizeaux Brothers, s.f.

KELLY, WILLIAM. *An Exposition of the Epistles of John the Apostle.* Londres: T. Weston, 1905.

LAW, ROBERT. *The Tests of Life.* Edinburgh: T. & T. Clark, 1909.

PLUMMER, A. *The Epistles of St. John. (Cambridge Greek Testament).* Cambridge. The University Press, 1866.

ROBERTSON, A.T. *World Studies in the New Testament,* VI, 199-266. New York: Harper & Brothers, 1933.

ROSS, ALEXANDER. *The Epistles of James and John.* Gran Rapids: Wm. B. Eerdmans Publishing Co., 1954.

SMITH, DAVID. "The Epistles of John", *The Expositor's Greek Testament,* V, 151-208. Grand Rapids. Wm. B. Eerdmans Publishing Co., s.f.

STEVENS, G.B. *The Johannine Theology.* Londres: Richard B. Dickinson, 1894.

VINCENT, MARVIN R. *Word Studies in the New Testament,* II, 303-404. Grand Rapids: Wm. B. Eerdmans Publishing Co., 1946.

WESTCOTT, BOOKE FOSS. *The Epistles of St. John.* Cambridge: The Macmillan Company, 1892.

WUEST, KENNETH S. *In These Last Days.* Grand Rapids: Wm. B. Eerdmans Publishing Co., 1954.

SEGUNDA EPÍSTOLA DE JUAN

INTRODUCCIÓN

Ni 2 ni 3 Juan contienen indicio alguno en cuanto al tiempo y lugar de composición. Dado este silencio y también por no haber pruebas de lo contrario, parece probable que las circunstancias fueron las mismas de las de la Primera Carta. Cuál o cuáles fueran los destinatarios de la Segunda Carta es un enigma. Algunos sostienen que la expresión **señora elegida** (v. 1) es una manera metafórica de designar a toda la iglesia, o por lo menos a algún grupo específico de la misma. Un uso metafórico semejante se encuentra en Ef. 5:22-33 y Ap. 21:9. Según esta opinión **tu hermana, la elegida** (v. 13) se referiría a la congregación de Juan. Sin embargo, "la sencillez de la breve carta excluye la posibilidad de una metáfora tan elaborada, mientras que la ternura de tono indica que se trata de una misiva personal" (David Smith, ExpGT, IV, 162). Otros sostienen que la carta se dirige a una señora concreta y a su familia. Es discutible si se llamaba o no Kyria (cf. construcciones semejantes en 3 Jn y 1 P.1:1). Cualquiera que fuera su nombre, sin duda vivió cerca de Éfeso y fue bien conocida en su comunidad (quizá se reunía en su hogar la iglesia local). Una hermana suya, posiblemente difunta, tuvo familia que vivía en Éfeso y tuvo conexión con la congregación de Juan. Según parece, varios hijos de la "señora elegida" habían visitado a sus primos de Éfeso. Habiéndolos conocido, Juan escribió esta carta a su madre.

BOSQUEJO

I. Introducción. 1-3.
    A. Autor. 1.
    B. Encabezamiento. 1.
    C. Saludo. 2,3.
II. Advertencia en cuanto a la herejía. 4-11.
    A. Contenido de la herejía. 4-6.
    B. Causa de la herejía. 7.
        1. La presencia de engañadores. 7.
        2. El credo de los engañadores. 7.
    C. Consecuencias de la herejía. 8:11.
        1. Examen de uno mismo. 8.
        2. Examen de otros. 9-11.
            a. Criterio para el examen. 9.
            b. Consecuencias del examen. 10,11.
III. Conclusión. 12,13.

COMENTARIO

I. Introducción. 1–3.

A. Autor. 1.

El anciano. Véase la introducción a 1 Juan. Quizá el uso informal y más íntimo de **anciano** en lugar de "apóstol" refrenda en cierto modo la opinión de que la carta va dirigida a una persona concreta y no a una iglesia. En cuanto a la palabra **anciano,** empleada como alusión a la edad, véase 1 Ti. 5:1,2; 1 P. 5:5; y como alusión al oficio, véase Hch. 11:30; 14:23; L. 5:4,6,23; 16:4; 20:17; 1 Ti. 5:17,19; Tit. 1:5; Stg. 5:14; 1 P. 5:1.

B. Encabezamiento. 1.

Señora elegida. Véase la Introducción. **A quienes** se refiere a la madre y a los hijos. **En la verdad.** Mejor, *en verdad,* "con toda la sinceridad cristiana". **Todos los que** . . . Todos los cristianos amarían a la familia si tuvieran con ella la misma relación que Juan tuvo.

C. Saludo. 2,3.

2. A causa de la verdad. Cf. Jn. 15:6; 16:6. La Verdad (o Cristo) y el Espíritu hacen posible el amor por la señora elegida y por su familia. La Verdad es el fundamento del amor para todos los creyentes. **Con nosotros.** Posición enfática en la frase.
3. Tradúzcase: *Habrá con vosotros gracia* . . . Forma poco corriente de saludar; probablemente lleva a ella con **nosotros** del versículo precedente. Es una seguridad confiada de bienaventuranza. **Gracia.** El favor de Dios para con los pecadores. Esta palabra sólo se encuentra en Juan en Jn. 1:14, 16,17; 3 Jn. 4; Ap. 1:4; 22:21. **Misericordia.** Es la compasión de Dios por nosotros en la miseria en que nos hallamos. Juan emplea esta palabra sólo aquí. **Paz** es el estado de integridad que se produce cuando se quitan el pecado y la miseria. **De Dios . . . y del Señor.** La repetición del *de (para)* subraya la distinción de personas en el Padre y el Hijo. **Hijo del Padre.** Expresión única que al parecer relaciona en forma íntima la revelación del Padre con el Hijo.

II. Advertencia en Cuanto a la Herejía. 2 Juan 4-11.
Ahora se amplían la verdad y el amor mencionados en el versículo 3. Se alaba el andar en la verdad por parte de los hijos de la señora, y se manda que se amen unos a otros.

A. Contenido de la Herejía. 4-6.

4. Me regocijé. Aoristo, quizá epistolar —"regocijo"; o mejor, que expresa el acto inicial de gozo. **Hallado.** Tiempo perfecto; lo que Juan halló seguía siendo realidad. **Andando.** *Peripateo,* e incluye todas las actividades de la vida (cf. 1 Jn. 1:7). **En la verdad.** Toda la conducta de sus vidas estaba en la verdad; es decir, en conformidad con el tono general del cristianismo. Algunos, desde luego, no andaban en la verdad, y esta era la herejía.
5. Y ahora. Introduce una exhortación práctica basada en el versículo 4. " 'Lo que me mueve a exhortarte es mi gozo por la vida cristiana de algunos de tus hijos, y mi ansiedad por los otros' " (Plummer, p. 135). **Te ruego.** *Erotao,* súplica personal, más que *parakaleo,* petición general (palabra que

Juan nunca emplea). **Que nos amemos unos a otros.** Estas palabras probablemente dependen de **Te ruego;** y lo que hay entre ambas expresiones es a modo de paréntesis.
6. Y este es el amor. El amor al que Juan se refiere consiste de esto. En el versículo 5 se manda amar; en el versículo 6 el amor es obedecer los mandamientos. "No es un círculo vicioso lógico, sino una conexión moral legítima . . . El amor que no tiene en cuenta el deber acabará en desorden, y el deber divorciado del amor languidecerá" (Plummer, pp. 135,136). El amor no es una simple cuestión de sentimiento; es el hacer la voluntad de Dios. Esto debió ser particularmente necesario por escribir a una mujer, que es de índole más emotiva. **En amor.** Este es su mandamiento.

B. Causa de la herejía. 7.

Algunos se dedicaban a difundir herejías en lugar de andar en la verdad. La herejía consistía en negar la verdad de los mandamientos del Cristo encarnado, y ello se debía a la negación de la Encarnación. Si Cristo no era genuinamente humano, entonces la ética cristiana carecía de base (cf. 1 Jn. 2:6). Y sin duda que no tenemos ejemplo alguno de amor abnegado, si Cristo no fue más que una quimera o teofanía.
7. Engañadores. Los que desviaban. **No confiesan.** No afirmar equivale a negar. **Ha venido.** Literalmente, *viene* (participio). Se pone de relieve no sólo el hecho pasado de la venida de Cristo en la carne, sino también la continuidad de su humanidad e incluso la manifestación futura del Señor. De Cristo nunca se dice que vino *a* la carne, sino *en* carne; lo primero daría margen para decir que la divinidad se unió a Jesús después de su nacimiento. **Anticristo.** Aquel de quien ya habían oído hablar. Véanse comentarios a 1 Jn. 2:28.

C. Consecuencias de la Herejía. 8-11.

La presencia de enseñanzas heréticas exige examinarse y examinar.
1) Examen de Uno mismo. 8.
El peligro era tanto personal como externo; por tanto, es necesario tanto el autoexamen como el examen de los herejes. **Mirad por vosotros mismos.** Cf. Mr. 13: 9. **No perdáis.** Tiene más apoyo en MSS que no *perdamos.* **De vuestro trabajo.** Mejor referirlo a los apóstoles. La frase diría pues: *para que no perdáis lo que hemos llevado a cabo, sino que recibáis galardón completo.* Se advierte a los lectores que tengan cuidado de que los engañadores no deshagan lo que los apóstoles y evangelistas habían hecho, a fin de que puedan recibir la recompensa completa. **Galardón com-**

pleto. Nada faltará en el galardón del pueblo de Dios en la vida venidera.

2) Examen de Otros. 9-11.

9. Hay que examinar a los otros según el criterio de permanencia en la enseñanza de Cristo. **Extravía. Mejor, prosigue,** o sea, en la profesión de cristianismo sin permanecer en la doctrina de Cristo. **Doctrina de Cristo.** Lo que enseñó. **Tiene al Padre y al Hijo.** La expresión más plena en la parte positiva del versículo muestra que, en la afirmación negativa que lo precede, no tener a Dios es también no tener a Cristo.

10. Si alguno viene. El **si** da por supuesto el caso, más que expresar la simple posibilidad. En otras palabras, esas personas iban a los hogares cristianos como amigos (cf. Didache 11). **A vosotros.** A la señora elegida y a sus hijos. **No lo recibáis . . . ni le digáis.** Imperativos presente, que prohíben seguir con lo que era habitual. Les requiere que niegan la hospitalidad a esos tales. Es una medida rigurosa, sobre todo si se recuerda que en el NT se suele mandar ser hospitalario. **No le digáis: ¡Bienvenido!**

No saludarlo con simpatía. Equivale a la idea más amplia que se contiene en la palabra *chairein* (cf. Hch. 15:23; 23:26; Stg. 1:1). **11. Participa.** Uno que está en comunión. El que da la bienvenida en realidad está asociado a la obra del anticristo. **Malas obras.** Literalmente, *sus obras, sus malas obras.* Se subraya el carácter malo de sus obras.

III. Conclusión. 2 Juan 12,13.

La conclusión es muy semejante a la de la Tercera Carta y sin duda indica que las dos cartas fueron escritas por el mismo tiempo. Juan ha tratado del propósito principal de escribir y deja otros temas para contactos personales.

12. Muchas cosas. Quizá los mismos temas expuestos en la Primera Carta. **13. Tu hermana, la elegida.** Véase la Introducción a 2 Juan. El adjetivo **elegida** Juan lo emplea sólo aquí, en el versículo 1, y en Ap. 17:14.

BIBLIOGRAFÍA

Véase al final de 1 Juan

TERCERA EPÍSTOLA DE JUAN

(Véase la Introducción a 2 Juan)

BOSQUEJO

I. **Introducción. 1-4.**
   A. Saludo personal. 1.
   B. Sentimientos personales. 2-4.
II. **El deber de la hospitalidad. 5-8.**
   A. La recompensa de la hospitalidad. 5.
   B. El testimonio de la hospitalidad. 6.
   C. Las razones para la hospitalidad. 7,8.
III. **El peligro de la altanería. 9-12.**
   A. Ejemplo de altanería. 9.
   B. Condenación de la altanería. 10.
   C. Lo opuesto a la altanería. 11,12.
IV. **Conclusión. 13,14.**

COMENTARIO

I. Introducción. 1-4.

Esta carta ofrece una de las ojeadas más lúcidas del Nuevo Testamento a una iglesia del siglo primero. Los personajes, Gayo, Diótrefes y Demetrio, los esboza el apóstol con pinceladas vigorosas. También aparecen con claridad ciertas características de la vida de la iglesia. Destaca la independencia de los creyentes y aparecen también con claridad tanto sus personalidades como sus problemas doctrinales. Esta carta breve y muy personal quebranta la noción de que el estado de cosas en el siglo primero fue ideal, o poco menos. Por el contrario, deja ver los problemas de una fe en crecimiento.

A. Saludo Personal. 1.

El saludo es breve en contraste con los saludos de otras cartas personales del NT. **Anciano.** Véase 2 Jn. 1. Sin duda que esta era la manera corriente que tenía Juan de designarse a sí mismo. **Gayo, el amado.** Como Gayo era uno de los nombres más comunes de ese tiempo, es imposible identificarlo con cualquier otro de los Gayos mencionados en el NT (cf. Hch. 19:29; 20:4; Ro. 16:23; 1 Co. 1:14). **Amado** expresa el sentimiento común que otros compartían en cuanto a Gayo. **A quien amo en la verdad** expresa los sentimientos personales de Juan. El sujeto de primera persona es enfático, como para dar a entender que había algunos que le tenían animadversión a Gayo.

B. Sentimientos Personales. 2-4.

2. En todas las cosas. Ni en el NT ni la Setenta se encuentra este significado de *peri panton*. Se refiere a la frase en general. **Prosperado.** Sólo en este caso, en Ro. 1:10 y en 1 Co. 16:2. **Tengas salud.** Pablo a veces emplea la palabra en forma metafórica para la doctrina sana, pero en este caso es para la salud física buena, como en Lc. 5:31, 7:10; 15:27. Quizá indica que Gayo había estado enfermo. La expresión **así como prospera tu alma** muestra que **prosperar** y **tener salud** se refiere a bendiciones temporales, y este versículo nos da autoridad para pedir estas cosas para nuestros amigos. **3. Vinieron.** Tiempo presente; no en una ocasión sino en varias vinieron. **Dieron testimonio de tu verdad, de cómo andas . . .** Los hermanos habían dado testimonio muchas veces del cristianismo de Gayo, del que daban fe su doctrina y su andar. El versículo también puede implicar que Gayo había resistido a cierta falsa enseñanza. **4.** El orden literal es atrevido: *Mayor que estas cosas* (noticias de tu perseverancia) **no tengo go-**

zo. Algunos manuscritos leen *gracia* en lugar de **gozo.** El resultado de estos informes fue que Juan pudiera oír que sus hijos andaban (forma habitual de vivir) en la verdad.

II. El Deber de la Hospitalidad. 5-8.

Al parecer algunos habían censurado a Gayo por su hospitalidad hacia hermanos desconocidos. Juan aprueba esta forma de actuar y exige tal hospitalidad como deber cristiano.

A. La Recompensa de la Hospitalidad. 5. **Amado** abre una nueva sección. **Fielmente te conduces** (*piston poieis*). Literalmente, *haces algo fiel* o *aseguras*. Es decir, todo lo bueno hecho para o por los hermanos será sin duda recompensado (cf. Mt. 26:10 Ap. 14:13). La hospitalidad tendrá su recompensa. **A los desconocidos.** El hecho de que se agregue esto indica que este fue el punto particular por el que se censuraba a Gayo.

B. El Testimonio de la Hospitalidad. 6. **Los cuales han dado testimonio.** Los que habían disfrutado de la hospitalidad de Gayo habían dado testimonio de ella ante la iglesia, a lo mejor en Éfeso, donde estaba Juan. **Harás bien.** Juan apremia a Gayo a que siga obrando bien. **Continúen.** Véase Hch. 15:3; Tit. 3:13, donde se incluye también la idea de dar provisiones para el viaje.

C. Las Razones para la Hospitalidad. 7,8. **7.** Se dan tres. Primero, estos hermanos **salieron por amor del nombre,** es decir, de Jesucristo (cf. Hch. 5:41; Stg. 2:7). Segundo, no aceptaron **nada** de los gentiles inconversos. El participio es de presente, lo cual indica que tenían la costumbre de no aceptar nada. **8.** Tercero, por medio de la hospitalidad los cristianos pueden convertirse en colaboradores de la verdad. **Debemos.** Tenemos que, como en 1 Jn. 2:6.

III. El Peligro de la Altanería. 9.

A. Ejemplo de Altanería. 9. La RSV traduce, *Yo he escrito algo a la iglesia,* es decir, unas pocas palabras. **Ti,** "algo", indica que Juan no daba mucha importancia a su carta. Desde luego que no ha llegado a nosotros. **A la iglesia.** La iglesia a la que pertenecía Gayo. Pero el propósito de la misma había fracasado. **Le gusta tener el primer lugar entre ellos.** En ningún otro pasaje del NT aparece esta palabra. No implica deserción doctrinal (cf. 2 Jn. 9) sino más bien ambición orgullosa y el deseo de promover la autoridad personal. Plummer presenta una sugerencia interesante: "Quizá significa que ese Dió-

trefes quería formar una iglesia independiente; hasta ese entonces la había gobernado San Juan desde Éfeso, pero Diótrefes quería hacerla autónoma con fines de gloria personal" (Plummer, p. 149). **No nos recibe.** Es decir, Diótrefes no acepta los deseos de Juan en cuanto a hospitalidad. Lo improbable que es que algún cristiano hubiera hecho frente a la autoridad del apóstol es uno de los argumentos internos que se emplean contra la paternidad literaria de Juan. Se cree inconcebible que un cristiano hiciera frente a los mandatos de un verdadero apóstol, y así sería si Juan fuera el autor. Sin embargo, la autoridad apostólica de Pablo también fue objeto de desafíos.

B. Condenación de la Altanería. 10. **Si yo fuere.** Sin duda por la intención expresada en el versículo 14 (cf. 1 Jn. 2:28 para una construcción semejante). **Recordaré.** Tanto a él como a otros les haré notar estas cosas. **Parloteando.** Sólo se emplea aquí, aunque la forma adjetiva se encuentra en 1 Ti. 5:13. Literalmente, *decir tonterías.* **Con palabras malignas.** El hablar de Diótrefes era tanto necio como malicioso. En la forma de actuar no era hospitalario, se lo prohibía serlo a otros y los echaba de la Iglesia. Sin duda que tenía autoridad suficiente en la congregación para dictaminar esta excomunión, de la clase que fuera.

C. Lo Opuesto a la Altanería. 11,12. **11. Amado** vuelve a indicar transición. **Malo.** *Kakos.* Juan lo usa muy raras veces. **Es de Dios.** La fuente (*ek,* "de") de su vida es Dios, es decir, es hijo de Dios. Imita a su Maestro (Hch. 10:38). **No ha visto a Dios.** Cf. 1 Jn. 3:6. La cuestión de la hospitalidad ya no es la única que se tiene presente, sino el obrar bien o mal en general y como hábito. **12.** De Diótrefes, el malo, Juan pasa a Demetrio, el bueno. Todo lo que sabemos de él está contenido en esta breve mención. Se conjetura que es el mismo Demetrio, aunque ahora ya converso, de Hch. 19:24. Daban testimonio de la vida buena de Demetrio: (1) todos los hombres, (2) la verdad, o sea, la norma del cristianismo, y (3) Juan y los que estaban con él.

IV. Conclusión. 13,14.

El hecho de que esta conclusión y la de 2 Juan sean tan semejantes viene en apoyo de la opinión que sostiene que fueron escritas por la misma época. **13. Yo tenía.** Imperfecto, que se refiere al tiempo en que comenzó la carta. **Pluma.** Literalmente, *punzón.* **14.** Véase versículo 10.

15. Adviértase la división del versículo

en la AV en los versículos 14 y 15 en RSV, RVR y en las ediciones del texto griego. **La paz sea contigo.** Bendición común, adecuada tanto para saludo como para despedida. **Amigos.** Se discute si Juan quiere decir sus amigos o los de Gayo. **En particu-** lar. Sólo vuelve a emplearse esta expresión en Jn. 10:3. El saludo había que darlo a cada uno por separado. "San Juan como pastor de las Iglesias de Asia imitaba al Buen Pastor y conocía a todas sus ovejas por el nombre" (Plummer, p. 153).

BIBLIOGRAFÍA

Véase al final de 1 Juan

JUDAS

INTRODUCCIÓN

Autor y Fecha. La Carta de Judas, última de las cartas "generales" o "católicas", se dice que la escribió "Judas, siervo de Jesucristo, y hermano de Jacobo". La discusión en cuanto a su autenticidad se remonta a los tiempos de Eusebio, quien consideró tanto esta carta como Hebreos como sospechosas. Sin embargo, las pruebas históricas e internas más sólidas refrendan la verdad de lo que el texto dice. Mateo 13:55 y Marcos 6:3 mencionan a Judas y a Jacobo como hermanos de Jesús. El hecho de que Jacobo se identifique en forma tan sencilla en esta carta es prueba de que fue hermano de Jesús. Algunos expertos alegan que "Judas" es un seudónimo, pero esto es discutible. Aparte de ser el autor de esta carta, Judas no tuvo fama ni autoridad especiales en la iglesia primitiva; por consiguiente un falsificador no tendría por qué emplear dicho nombre. Si bien no se puede fijar con certeza la fecha de composición, no sería inexacto situarla en la segunda mitad del siglo primero. Se menciona en el Canon de Muratori (siglo segundo) y también la mencionan Tertuliano, Clemente y Orígenes (siglo tercero). Si bien su reputación sufrió algo a causa de que cita libros no canónicos, como Enoc y la Asunción de Moisés, se le reconoció universalmente el derecho de formar parte del canon ya para el año 350.

Propósito. Según parece es una carta general a los cristianos del siglo primero. Pone sobre aviso contra la herejía incipiente del gnosticismo, fisolofía que distinguía por completo entre materia, como esencialmente mala, y espíritu, como bueno. Este sistema de pensamiento tenía serias implicaciones para la vida y la doctrina cristianas. Significaba un desafío a la doctrina bíblica de la creación. Y hacía nacer la idea de que el cuerpo de Cristo no fue real sino aparente, porque si Cristo hubiera tenido un cuerpo verdadero, habría sido malo. En cuanto a los efectos en la ética cristiana, el gnosticismo producía dos resultados diferentes: por una parte el antinomianismo, la creencia de que uno no tiene obligación de obedecer la ley moral, y por otra parte una forma de castigar el cuerpo para fomentar la espiritualidad. La Escritura se opone a ambos resultados. Se puede deducir de la carta que los lectores eran culpables, en distinto grado, de rebelión contra la autoridad, irreverencia, hablar presuntuoso y espíritu libertino. El tono de Judas es polémico, porque censura a los falsos maestros que engañan a los creyentes inestables y corrompen la mesa del Señor.

Ningún esquema es definitivo, aunque se distinguen fácilmente cuatro secciones en la carta:

I. Identificación, saludo y propósito. Judas 1-4.
II. Avisos contra los falsos maestros. Judas 5-16.
III. Exhortaciones a los cristianos. Judas 17-23.
IV. Bendición. Judas 24,25.

COMENTARIO

I. Identificación. Saludo y Propósito. Judas 1-4.

1. Judas se identifica como el autor, describe su relación con Cristo y con Jacobo, y define a sus lectores, todo en una breve frase. **Judas** es un hombre común en la tradición hebrea. Se emplea **siervo** o **esclavo**, palabra frecuente en Pablo, la cual habla de la devoción de Judas por Cristo. La relación de sangre del escritor con Jesús es de importancia secundaria. La soberanía de Dios y el carácter central de Cristo se expresan en la elección y preservación de los lectores. El verbo que se traduce por **guardados** alude indirectamente al regreso de Cristo.

2. La trilogía de Judas —**misericordia y paz y amor**— es distintiva de las lenguas semíticas, y corresponde mucho al "gracia, misericordia y paz" de Pablo (2 Ti. 1:2). **3.** Se afirma con claridad el propósito de la carta, y se indica el punto de vista polémico. Judas no exige con rigor, sino que apela con amor a estos cristianos para que recuerden su **común salvación.** El adverbio griego *hapax*, **una vez** (He. 6:4; 10:2; 1 P. 3:18), afirma el fin de la revelación de Dios en Cristo en la historia redentora. Es el punto fijo, irrepetible de nuestra fe. Esta revelación consiguió su meta, porque fue dada **a los santos. 4.** La ocasión de la carta fue la intromisión de personas impías en la comunión de la iglesia. Estos herejes merecen cuatro reproches: entraron en forma encubierta; habían sido ya destinados a condenación; son impíos, es decir, irreverentes; y niegan a Cristo como Maestro y Señor. Negarlo es no creer en forma concreta que Cristo diera testimonio de sí mismo. En la palabra **libertinaje** se alude al antinomianismo gnóstico e implica desenfreno sexual.

II. Avisos Contra los Falsos Maestros. Judas 5-16.

5. Se vuelve a usar el adverbio *hapax* (cf. v. 3); aquí se refiere al conocimiento que los lectores tienen del Evangelio. La argumentación de Judas es que la *profesión* de fe del hombre no lo hace justo delante de Dios. La posibilidad de caer se ilustra con el ejemplo de los israelitas incrédulos que fueron salvados de Egipto y luego destruidos.

6. Otra ilustración es la caída de los ángeles rebeldes, quienes al tratar de exaltarse a sí mismos se desviaron. El lenguaje de Judas quizá refleja en este punto la influencia del libro de Enoc, que contiene una descripción detallada de los ángeles desobedientes. Génesis 6:1-4 contiene el relato bíblico original.

7. Por último, Judas cita la historia de **Sodoma** y **Gomorra** para reforzar su principio. En toda la Escritura estas ciudades son símbolo del juicio divino que castiga con fuego. Su destino anuncia el destino de los que se profesan cristianos y que no perseveran en justicia.

8. El pecado principal de las personas **impías** del versículo 4 es la irreverencia. El sentido de la palabra **potestades superiores** no es claro; quizá se refiere a los líderes cristianos.

9. Judas insiste en su ruego de que sean reverentes con la cita del relato apócrifo de Miguel y el diablo, tomado del seudoepigráfico Asunción de Moisés. Si bien cita tanto este libro como Enoc, no se puede deducir de ello que les hubiera dado estado canónico o que los considerara como históricos. Lo que Judas quiere señalar es que Miguel fue deferente incluso con el diablo, mientras que los falsos maestros no reverenciaban ninguna autoridad.

10. Al faltar visión espiritual para reconocer estas "potestades superiores", estos hombres malos se mofan de ellas. Con ironía Judas destruye la pretensión gnóstica de poseer conocimieno espiriual superior al afirmar que sólo poseen instintos animales irracionales. El depender de un conocimiento conseguido sólo por medio de los sentidos brutales conduce a una destrucción segura.

11. Judas prorrumpe en un ay, para lo que emplea de nuevo tres ejemplos históricos—**Caín, Balaam** y **Coré.** Caín es prototipo de injusticia, Balaam de espíritu de engaño y codicia (cf. Nm. 22-24), y Coré de la rebelión de los descontentos en contra de la autoridad debidamente constituida (Nm. 16). Estas clases de pecado socavan la salud espiritual de toda la iglesia y destruyen a los que los practican.

12. El autor acentúa la condenación de los falsos maestros con el uso de analogías no bíblicas sino naturales. Emplea cinco. **Ágapes** eran cenas que se comían en relación con servicios de adoración o Eucaristías, y su finalidad era enriquecer la comunión cristiana de los creyentes y fortalecer su sentido de unión con Cristo. Al parecer los herejes gnósticos habían corrompido tales festines, convirtiéndolos en orgías de gula, con lo que pervertían el propósito de las mismas. Se hartaban sin preocuparse por el bienestar espiritual de la Iglesia. **Nubes sin agua** describe muy bien a estos hombres; no tenían contenido espiritual, y por no tener peso cualquier soplo los arrastraba. Otoño es la época de la recogida de frutas. Pero los falsos maestros no producen fruto, y esos árboles, dos veces muertos, están destinados a la destrucción.

13. Las vidas de los impíos son como las **fieras ondas del mar** que contaminan las playas con los desechos que llevan en su seno. Estas vidas no sólo llevan en sí condenación futura sino vergüenza e ignominia actuales. Por último, Judas describe a los herejes como **estrellas errantes.** Implica que su existencia es insubstancial e inútil, que acabará en olvido eterno. Enoc. 18:12-16 quizá influyó en el pensamiento de Judas en este punto.

14,15. Estos versículos presentan un problema debido a las citas de Enoc. Judas dice: **De éstos también profetizó Enoc, séptimo desde Adán.** La dificultad es que Judas al parecer atribuye esta profecía del Enoc apócrifo al Enoc de Gn. 5. Como no existe relato bíblico de ninguna profecía de Enoc, Judas o bien consideró como canónico el Enoc apócrifo, o bien cayó en un error obvio. Sin embargo, quizá el problema tenga solución en el hecho de que esta supuesta profecía es una cita no de un solo pasaje de Enoc, sino de varios, y es probable que Judas también citara la frase "séptimo desde Adán" de Enoc 60:8. Así pues, Judas no pretende referirse al Enoc de Gn. 5, sino que se refirió por entero, incluso en la expresión introductoria, a palabras del Enoc apócrifo. Si bien la profecía no es canónica, lo que predice tiene semejanza con numerosos pasajes bíblicos, tales como Mt. 25:31-46 que lo apoyan.

16. Después de hablar de la perdición de los falsos maestros, Judas describe de tres maneras su índole. Son **murmuradores,** o sea, de los que se quejan furtivamente; son descontentos, que sólo se guían por sus pasiones; y son dados a la adulación con el propósito de obtener ventajas. La forma de expresarse refleja el pensamiento de la Asunción de Moisés 5:5.

III. Exhortaciones a los Cristianos. Judas 17—23.

17. Si bien esta carta fue escrita a los cristianos, en los versículos 5-16 Judas concretó los errores de los falsos maestros. Ahora centra la atención en sus lectores por medio de una exhortación directa. Se protegerán contra el error si recuerdan las **palabras** de los apóstoles que predijeron que en la misma iglesia se suscitarían falsos maestros. Si así lo hacen "contenderán ardientemente por la fe" (v. 3).

18. 2 P. 3:3 emplea un lenguaje casi idéntico. Ambos pasajes quizá proceden de una tradición oral común de la enseñanza de los apóstoles. **En el postrer tiempo** da el tono y señala que al final de los tiempos habrá gente que se caracterizará por una falta absoluta de espiritualidad. Burlarse es actuar en forma impía hacia las cosas santas, y los **burladores** no obedecen a la ley del Espíritu, sino que siguen la ley de las pasiones carnales.

19. Judas prosigue la acusación contra los falsos maestros por dos conceptos: causan divisiones y carecen del Espíritu de Dios. El verbo griego *separar* sugiere la idea de trazar líneas de demarcación que hacen nacer un espíritu de facción. Además, indica un sentido de superioridad por parte de estos falsos maestros. Con ironía sutil Judas acusa a los gnósticos, quienes se consideraban como espirituales, de no tener **al Espíritu.** Afirma que la espiritualidad es una cualidad de vida que el Espíritu de Dios produce, y no las prácticas religiosas que sólo unos pocos iniciados conozcan.

20. Vuelve a hacérseles un encargo a los lectores. La pureza de vida comienza con la doctrina sana, que es "la fe que ha sido una vez dada a los santos" (v. 3). Una clave para entender lo que significa **edificándoos** la da la expresión siguiente: **orando en el Espíritu Santo.** Lo que se da vigorosamente a entender es que las personas verdaderamente espirituales no son las exclusivistas y que se consideran justas (v. 19), sino las que oran en el Espíritu Santo.

21. Arndt parafrasea así: "Evitad perjudicaros haciéndole posible a Dios mostraros su amor también en el futuro". El cristiano en la actualidad está rodeado del amor de Dios, y la esperanza futura es la garantía de vida eterna con Jesucristo.

22. El texto griego es difícil en Judas 22, 23. En el v. 22 el verbo que está refrendado por más mss. es *eleeo,* "socorrer", "mostrar compasión". El objeto de compasión son los que dudan. Así pues, en este pasaje, Judas apremia a los cristianos a que respondan a las dudas morales e intelectuales de los que han sido influidos por los falsos maestros. Lo que se busca no es la expulsión y condena de los que dudan sino su reintegración a la comunión.

23. Zacarías 3:2-4 quizá influyó en el pensamiento de Judas en este punto, porque escribe de **arrebatándolos del fuego.** El fuego puede indicar pasión sensual, pero es más probable que aluda al juicio eterno. Es difícil saber si el escritor quiso trazar una distinción marcada entre dos clases de personas con el uso doble de "otros", o simplemente empleó la expresión en un sentido enumerativo. Sea como fuere que se entiendan las palabras, la actitud cristiana es de misericordia hacia el pecador, acompañada de aborrecimiento del pecado.

IV. Bendición. Judas 24,25.

24,25. La bendición que figura al término de esta breve carta es una de las grandes y elevadas que contiene el NT. Hay dos bendiciones paulinas que se pueden comparar con ella, Ro. 16:25 y 1 Ti. 6:14-16. En todas las exhortaciones a los creyentes es vital recordar los recursos infinitos de Dios, único que nos puede impedir caer en esta vida y conducir a sí en el último día. Perfeccionará la obra de santificación de modo que el creyente sea **sin mancha.** Esta palabra alude a la descripción de los animales para el sacrificio en el AT. Judas 25 enseña tanto la unidad de Dios como la igualdad de Jesucristo con Dios Padre. Esto está en contra de la opinión de que la divinidad de Cristo fue una invención de la iglesia postapostólica. Se dice de Dios que es el **Salvador** en siete ocasiones en el NT. En este caso se muestra su poder salvador en la Persona de su Hijo, a quien la Iglesia reconocía como "Señor", o sea, Dios. Judas atribuye por fin **gloria, majestad, imperio** y **potencia** a Dios y éste en su testimonio del carácter misericordioso de Dios, quien nos dio la salvación por medio de Jesucristo.

BIBLIOGRAFÍA

BIGG, CHARLES. *A Critical and Exegetical Commentary on the Epistles of St. Peter and St. Jude (International Critical Commentary)*. New York: Charles Scribner's Sons, 1901.

MANTON, THOMAS. *Exposition of the Epistle of Jude*. Londres: James Nesbet & Co., 1871.

MAYOR, J.B. *Epistle of St. Jude and the Second Epistle of St. Peter*. Londres: Macmillan and Company, 1907.

MOFFATT, JAMES. *The General Epistles. (Moffat New Testament Commentary)*. Vol. 15. Garden City, New York: Doubleday, Doran and Company, 1928.

COMENTARIOS EN ESPAÑOL

CODER, S. MAXWELL. *Judas: Los Hechos de los Apóstatas* (Comentario Bíblico Portavoz). Grand Rapids: Publicaciones Portavoz Evangélico, 1981.

APOCALIPSIS

INTRODUCCIÓN

Nota. Al comenzar este breve comentario del último libro del Canon del Nuevo Testamento, de riqueza inagotable, será oportuno decir algo acerca de dos características que fácilmente se advertirán en el curso del mismo. En primer lugar en proporción se asigna mucho más espacio a las cuestiones introductorias de lo que suele ser la costumbre tanto en comentarios breves como extensos de este libro. La razón de ello es que el autor cree que el estudio del libro de Apocalipsis necesita más consideraciones preliminares que cualquier otro libro de la Biblia. Cuanto mejor fije el lector ciertos principios fundamentales de interpretación, tanto más fácilmente entenderá estos capítulos indudablemente difíciles. En segundo lugar, en estas páginas se incluye bastante material tomado de los comentarios más importantes de Apocalipsis del siglo pasado, algunas de las opiniones y afirmaciones, espléndidamente concisas y penetrantes, de grandes eruditos de la iglesia cristiana respecto a temas contenidos en el libro.

El libro de Apocalipsis tiene algo de paradójico. Es obviamente difícil, y con todo, a través de los tiempos, ha sido como un imán que ha atraído a sí cristianos de todas las escuelas de pensamiento, laicos, clérigos y profesores. R.H. Charles tiene razón cuando afirma al comienzo de sus *Lectures on the Apocalypse*: "Desde los primeros tiempos de la Iglesia, el mundo ha reconocido que Apocalipsis es el libro más difícil de toda la Biblia" (p. 1). Calvino no quiso escribir comentario alguno de Apocalipsis, y lo tuvo muy poco en cuenta en sus cuantiosos escritos. Lutero durante mucho tiempo eludió sus enseñanzas. Al mismo tiempo, el libro ha inducido a muchos a estudiar por extenso sus profecías, y a dirigirse a él una y otra vez en busca de una más honda comprensión de sus temas y revelaciones. Bastará un testimonio, de alguien que ha sido reconocido como el comentarista mejor dotado del primer cuarto de este siglo, G. Campbell Morgan: "No hay otro libro en la Biblia que haya yo leído tan a menudo, ningún otro al que haya tratado de prestar una atención más paciente y persistente . . . No hay otro libro en la Biblia al que recurra con más afán en las horas de desaliento que éste, con todo su misterio, con todos los detalles que no entiendo" (*Westminster Bible Record,* Vol. 3 [1912] 105,109).

Importancia del Libro. (1) Las Escrituras del Nuevo Testamento habrían quedado incompletas, habrían dejado a los lectores en un estado de ánimo más o menos deprimido, si este libro no hubiera sido escrito e incluido en el Canon. No sólo es el último libro en la distribución canónica de nuestra Biblia, sino que es una conclusión necesaria de la revelación de Dios a los hombres. Esta verdad la formuló con brillantez T.D. Bernard en sus famosas Bampton Lectures de 1864, *The Progress of Doctrine in the New Testament*: "No veo cómo alguien, al concluir las Cartas, podría esperar hallar la historia posterior de la Iglesia esencialmente diferente de lo que es. En esos escritos parece que no encontramos pruebas de algunas tormentas pasajeras que despejan la atmósfera, sino que percibimos que toda la atmósfera está cargada con los ingredientes de tempestad y muerte futuras. A cada instante las fuerzas del mal se revelan con más claridad. Se perciben, pero no se disipan . . . Las últimas palabras de San Pablo en la segunda Carta a Timoteo, las de San Pedro en su segunda Carta, junto con las Cartas de San Juan y de San Judas, nos hablan en el lenguaje de un tiempo en el que las tendencias de esa historia se habían manifestado con meridiana evidencia; y en este sentido estos escritos constituyen un preludio y transición al Apocalipsis.

"Así pues llegamos a este libro con necesidades que está destinado a satisfacer; llegamos a él como hombres, que no sólo están personalmente en Cristo, y que saben qué poseen en él como individuos; sino también como hombres que, como miembros de su cuerpo, participan de una vida corporativa, de una perfección con la que tienen que ser hechos perfectos, y de una gloria con la que su Señor va a ser glorificado. Esta perfección y gloria las esperamos en vano, en medio de las confusiones del mundo y las distintas formas del mal, siempre activas y cambiantes. ¿Qué significado tiene esta situación confusa? ¿En qué va a venir a parar? ¿Qué perspectivas hay de que se realice lo que deseamos? A un estado mental como este, y a las necesidades que conlleva se dirige esta última parte de la enseñanza de Dios, de acuerdo con ese sistema de doctrina progresiva que he tratado de ilustrar, según el cual cada fase procede en secuencia natural del efecto de lo que precede".

(2) De todos los libros de la Biblia éste es sin duda el que se puede considerar como *el* libro para el fin de los tiempos. Y parecería como si en estos últimos treinta años, el mismo mundo occidental, con sus estadistas, científicos, economistas, y pensadores, lo hubiera reconocido consciente o inconscientemente. Esto es sobre todo verdad con respecto al empleo de la palabra *apocalipsis.* Esta palabra ha venido a equivaler a época de cataclismo, a situaciones mundiales cargadas de consecuencias terribles, al desatarse de enormes energías que el hombre mismo parece incapaz de controlar. El autor del libro acerca del Apocalipsis en el Comentario Moffatt, Martin Kiddle, habla de "lo muy pertinente" del mensaje de este libro "para la iglesia de nuestros tiempos. Es sólo un ejemplo más de la sanción divina, y del significado eterno de las visiones de Juan. Cuantas veces se presenta una crisis mundial, cuantas veces el Estado se exalta así mismo y exige una fidelidad que los cristianos saben no pueden tributar sin vender sus mismas almas, cuantas veces la Iglesia se ve amenazada de destrucción, la fe se empaña y los corazones se enfrían, entonces Apocalipsis amonestará y exhortará, animará y estimulará a todos los que escuchen su mensaje" (p. xlix).

(3) Este es sobre todo el libro de un mundo único, y sin duda que ahora, en esta segunda mitad del siglo veinte, nos estamos acercando a una situación así. A menudo en Apocalipsis nos encontramos con frases como "muchos pueblos, naciones, lenguas y reyes" (10:11; 11:9; 17:15), que indican el ámbito universal de la visión. Cuando se habla de reyes, son "reyes de la tierra en todo el mundo" (16:14; 17:2,18; 18:9; 19:19). De Satanás se dice que es el que "engaña al mundo entero" (12:9). Todas las naciones fornican con la meretriz (18:3, 23). El boicot económico que la bestia impone abarca a todo el género humano (13: 16,17). De hecho, la bestia del mar le ha dado "autoridad sobre **toda** tribu, pueblo, lengua y nación" (13:7); y de él se dice, "La adoraron **todos** los moradores de la tierra" (13:8). Tiene gran significado el hecho de que cuando le llegue a Cristo el tiempo de asumir el lugar que le corresponde como Rey de reyes y Señor de señores, la palabra

que se emplea para el gobierno de este mundo está en singular, "el *reino* del mundo" (11:15).

(4) Este libro es sobre todo un libro para una edad de perturbación, para una edad en la que la oscuridad se hace más intensa, el temor se apodera de todo el género humano, y poderes monstruosos, impíos y perversos, aparecen en el escenario de la historia (como sucede en este libro). Pero en ello hay también consuelo y aliento: Dios conoce todas las cosas desde el principio, incluso las tribulaciones de su propio pueblo. Sin embargo, el fin último de este conflicto, persecución, tribulación y martirio lo decide Cristo, cuando, por fin, saldrá triunfante. El pecado, Satanás y todas las huestes de éste quedarán derrotados para siempre; y los creyentes estarán con el Hijo de Dios en la gloria para siempre.

(5) Incluso si todo esto no fuera verdad, y sobre todo verdad para nuestra edad, no deberíamos olvidar que éste es el único libro de la Biblia que contiene una bienaventuranza para los que oyen, leen y obedecen sus palabras: "Bienaventurado el que lee, y los que oyen las palabras de esta profecía, y guardan las cosas en ella escritas" (1:3; 22:7).

(6) Finalmente, en este libro se concluyen algunos de los temas mayores de la revelación divina. Las profecías referentes a Cristo como Rey de reyes se exponen en forma plena, y se ve como se cumplen. Palabras como *tabernáculo, templo, paraíso, Babilonia,* etc., se revisten de su significado espiritual supremo. Todas las promesas de una vida de gloria se concentran en el cuadro maravilloso de la Ciudad Santa. En él encontramos la condenación final de Satanás, del Anticristo, de los falsos profetas y de todos los enemigos de Dios. En él los reyes rebeldes del Salmo 2 se encuentran bajo los pies del Cordero de Dios.

Autor. En el curso de los siglos han surgido ciertas dudas en cuanto a la autenticidad de este libro. En este comentario no se dispone de espacio suficiente para presentar y responder a los argumentos contra la paternidad literaria de Juan, pero sí deberíamos mencionar los hechos que dan testimonio de que el apóstol Juan fue el autor. (1) El nombre del autor se menciona cuatro veces (1:1,4,9; 22:8). (2) Ya en la primera mitad del siglo segundo, era convicción de la Iglesia que Juan fue el autor. Justino Mártir afirma con claridad, "Y con nosotros un hombre llamado Juan, uno de los apóstoles de Cristo, quien en la revelación recibida . . ." (*Dialogue with Trypho the Jew,* cap. 81). El gran historiador Eusebio repetidas veces atribuye el libro a Juan

(*Ecclesiastical History* III. xxiv, xxxix); lo mismo Tertuliano (*Contra Marcion* 3:14, 24).

(3) Sean cuales fueren las peculiaridades gramaticales de este libro, hay muchas semejanzas entre el vocabulario del Evangelio de Juan y el de Apocalipsis. "Un nexo importante une a estos escritos", señala Gloag, y es la aplicación del término Logos a Jesucristo. Este término es sin duda alguna propio de Juan; en ninguna otra parte de la Escritura vuelve a aparecer, y con todo se emplea en Apocalipsis: 'Estaba vestido de una ropa teñida en sangre y su nombre es: EL VERBO DE DIOS' (Ap. 19:13). También la palabra 'el Cordero', para designar no tan sólo un símbolo de Cristo sino a Cristo mismo, es exclusivo de Juan como cuando en el Evangelio se dice, 'He aquí el Cordero de Dios', y en el Apocalipsis, 'Y miré, y vi que en medio del trono y de los cuatro seres vivientes, y en medio de los ancianos, estaba en pie un Cordero como inmolado' (5:6). Es cierto que la palabra griega es diferente, *ho amnos* se emplea en el Evangelio y *to arnion* en Apocalipsis; pero la idea de que Jesucristo es el Cordero es común a ambos. La palabra *alethinos*, 'lo que es verdad', se emplea diez veces en el Apocalipsis, nueve en el Cuarto Evangelio, cuatro en la Carta, y sólo una vez en las Cartas Paulinas. También 'el que venciere' (*nikos*), expresión favorita en la Carta, se emplea a menudo en Apocalipsis, como en la conclusión de las Cartas a las Siete Iglesias y en otros muchos pasajes del libro: 'El que venciere heredará todas las cosas' (21:7). El verbo *skenoo*, 'habitar', que sólo se encuentra en los escritos de Juan, se emplea en el Evangelio, con una alusión evidente a la Shekinah, para el Logos que habita entre los hombres (1:14), y cuatro veces en Apocalipsis con relación a Dios: 'He aquí el tabernáculo de Dios con los hombres, y él morará con ellos' (21:3)". (P.J. Gloag: *Introduction to the Johannine Writings*, pp. 306,307).

Fecha de Composición. Ha habido dos opiniones predominantes en cuanto al tiempo en que fue escrito este libro. Algunos lo han colocado hasta en la época de Nerón, en la séptima década del siglo primero. Pero por muchas razones parece que es una fecha demasiado prematura. El veredicto unánime de la iglesia primitiva fue que el Apóstol Juan fue expulsado a la Isla de Patmos por el emperador Domiciano (81-96 d. de C.); algunos escritores colocan el exilio en el año catorce de su reino, o sea, en el 95 d. de C. (En cuanto a las primeras pruebas de ello, véase, p. ej., Revere F. Weidner, *Annotations on the Revelation of St. John the Divine*, pp. xiv-xvii).

El Apocalipsis revela con claridad que fue escrito en tiempo de gran persecución. La persecución de Nerón quedó más o menos confinada a Roma, en tanto que la de Domiciano llegó a otras partes del Imperio Romano. Domiciano envió al exilio a muchas personas, y Nerón no. Además, las siete iglesias de Asia en el libro dan prueba de un desarrollo maduro, que apenas si pudo haber existido en una fecha tan temprana como el 65 d. de C. Por otra parte, no tenemos prueba alguna de que el apóstol desempeñara autoridad alguna sobre las iglesias de Asia antes de la destrucción de Jerusalén. Coinciden con esta opinión escritores como Lange, Alford, Elliot, Godet, Lee, Milligan y otros.

Título del Libro. La palabra *Revelación* se deriva del latín *revelatio* (de *revelare*, "revelar o descubrir lo que antes ha estado oculto"). Este fue el título que se le dio al libro en la Vulgata Latina. El título griego *Apocalipsis*, es tomado directamente de la primera palabra del texto griego, *apokalypsis*. En esta forma nominal la palabra no se encuentra en ninguna otra obra literaria griega, pero como verbo se emplea a menudo en los Evangelios y las Cartas, de muchas formas distintas, en especial en relación con alguna forma de revelación divina a los hombres (como del Hijo del Hombre, en Ls. 17:30). Pablo lo emplea en relación con el mismo suceso futuro (Ro. 8:18; 1 Co. 1:7; 2 Ts. 1:7), y con frecuencia aparece en 1 Pedro (1:7,13; 4:13; 5:1). En el texto griego de Daniel esta palabra se encuentra a menudo en relación con el descubrimiento de secretos, o interpretación de sueños, o la revelación de Dios (véase Dn. 2:19,22, 28,29,30,47; 10:1; 11:35).

Tema. Apocalipsis es un libro profético. En su descubrir el futuro, pone sobre todo de relieve los intentos violentos y universales de personalidades y pueblos terrenales, dirigidos y fortalecidos por poderes satánicos y guiados por Satanás, para oponerse e impedir la ejecución de la intención pública de Cristo de dominar la tierra. Deja bien claro que este conflicto concluirá con la derrota completa de estas fuerzas malignas y con el establecimiento del reino eterno de Cristo. Este conflicto constante, que incluso entra en los cielos, está formado de una serie de conspiraciones por parte de los enemigos de Cristo para derrotar al Rey de reyes. Todas las conspiraciones acaban en el fracaso, el cual va seguido del terrible juicio divino. Y el largo conflicto concluye en el juicio final del Gran Trono Blanco, la aparición de la Nueva Jerusalén, y el comienzo de la eternidad.

Libro de visiones. El libro de Apocalipsis, más que ningún otro libro de la Biblia, es un relato de lo que al autor le fue revelado en visiones. Todos sabemos lo difícil que resulta a veces relatar lo que hemos *visto,* en especial cuando lo que se ve es espectacular. ¿Cómo podría alguien describir en forma adecuada una hermosa puesta de sol o la majestad de los Alpes? Los diversos verbos griegos que significan "ver", "mirar" o "percibir", se emplean 140 veces en este libro, comenzando con "escribe en un libro lo que *ves*" (1:11). De inmediato agrega Juan: "Y me volví para *ver* la voz que hablaba conmigo; y vuelto, *vi*", etc. (v. 12). Al comienzo del capítulo 4, se oye una voz del cielo que le dice a Juan, "Sube acá, y yo te mostraré las cosas que sucederán después de estas" (4:1). A partir de este instante, hay numerosos párrafos, hasta el final mismo del libro, que comienzan, "Y vi".

No sólo nos ofrece el libro una serie de visiones, sino que el libro está saturado de términos simbólicos, a los cuales hay que prestar esmerada atención. Esto es sobre todo verdad de los números. Ante todo, se repite constantemente el número *siete.* Con respecto al simbolismo de los números en el libro, ofrecemos los sumarios concisos y comprensivos de Moorehead y Weidner.

"Este número [siete] no sólo se emplea para denotar otros tantos objetos individuales", explica Moorehead, "sino que entra íntimamente en el plan general del libro. Siete es el número de lo completo, de la perfección, y de la plenitud del designio divino. Todos los lectores saben que hay cuatro series de sietes que abarcan una sección considerable del libro. Son los siete mensajes a las siete iglesias (caps. 2,3). La visión de los siete sellos, que abarca 6-8:1 (con un episodio entre el sexto y el séptimo de la serie, a saber, vii). La visión de las siete trompetas, 8:2—11:16 (con un episodio entre la sexta y la séptima, 10—11:13). La visión de las siete plagas, 15:5-16. Así pues, casi una mitad del libro está dedicado a esta cuádruple serie . . . Forma parte de pasajes en los que no se hace mención directa del mismo. Así, en 5:12 al Cordero inmolado se le atribuyen siete alabanzas; el grupo de personas vestidas de blanco en 7:12 adoran a Dios con el mismo número de alabanzas. El capítulo 14:1-20 consta de siete partes, a saber: el Cordero con su gloriosa compañía en el monte Sión: el Evangelio eterno: la caída de Babilonia: la amenaza solemne contra toda intimidad con la Bestia: la herencia feliz de los que en adelante mueren en el Señor; la cosecha: la vendimia. Además, el capítulo menciona a seis ángeles, y a Uno como el Hijo del Hombre. El lugar de honor se le da al Hijo del Hombre —tres ángeles a cada lado de él y Él en medio, dirigiendo los movimientos generales. El punto culminante de la serie está en el número cuatro, cuando Él se sienta en la Nube blan-

ca. Los 'siete espíritus que están delante de su trono' (1:4) expresan la perfección infinita del Espíritu Santo. Las 'siete estrellas' a la diestra de Cristo (1:16) denotan la autoridad absoluta que tiene sobre las iglesias. El Cordero tiene 'siete cuernos y siete ojos' (5:6), lo cual denota su poder absoluto, la inteligencia suprema, y la omnisciencia perfecta de los que está dotado" (Wm. G. Moorehead, *Studies in the Book of Revelation,* pp. 30-32).

"La *mitad de siete* se emplea en el Antiguo Testamento", dice Weidner, "para significar un tiempo de tribulación. Aparece en varias formas, tanto en el Antiguo como en el Nuevo Testamento. El hambre en tiempo de Elías duró tres años y medio (1 R. 17:1; Lc. 4:25; Stg. 5:17); el mismo período es el 'tiempo, y tiempos, y medio tiempo' de Dn. 7:25 y Dn. 12:7; 'la mitad de la semana' a la que se refiere Dn. 9:27. Este mismo período de tiempo aparece en Apocalipsis bajo la forma de cuarenta y dos meses (Ap. 11:2; 13:5), o 1260 días (Ap. 11:3; 12:6), o 'un tiempo, y tiempos, y la mitad de un tiempo' (Ap. 12:14). Los *dos testigos* también yacen muertos 'tres días y medio' (Ap. 12:9,11). Este *número imperfecto* es por tanto un símbolo de gran importancia, y ha de considerarse la 'firma' del pacto roto o de sufrimiento y desastre . . . *Diez* es la representación simbólica de la perfección absoluta y del desarrollo completo, tanto si se refiere a Dios como al mundo. Es la 'firma' de un todo completo y perfecto. *Diez* es el número de los Mandamientos; el Lugar Santísimo era un cubo de diez codos por lado; *diez* veces *diez,* o 100, es el número del Rebaño de Dios (Lc. 15:4,7); y el cubo de *diez,* o 1000, es la duración del reino de los santos (Ap. 20:4). La *décima* generación significa 'para siempre' (compárese Dt. 23:3 con Neh. 13:1). *Diez* es también el número de la consumación del mundo, que simboliza el poder perfecto. Las *diez* plagas de Egipto simbolizaron la expresión completa de la ira divina; la cuarta bestia de Daniel tenía *diez* cuernos (Dn. 7:7,24); el Dragón Rojo del Apocalipsis tiene diez cuernos (Ap. 12:3), y lo mismo tiene la Primera Bestia o Anticristo (Ap. 13:1).

"*Doce* es enfáticamente el número que se refiere al reino de Dios, la 'firma' de Dios *(tres)* multiplicada por la 'firma' del mundo *(cuatro).* Lee sostiene que en tanto que *siete* es el número sagrado de la Escritura, *doce* es el número del Pueblo del Pacto en medio del cual Dios mora, y con el cual Él ha establecido relaciones de alianza. *Doce* son las tribus de Israel: hubo dos veces *doce* grados sacerdotales; cuatro veces *doce* ciudades de los *Levitas; doce* es el número de los Apóstoles; dos veces *doce* es el número de los

Ancianos que representan a la Iglesia Redimida; la mujer de Ap. 12:1 tenía una corona con *doce* estrellas en la cabeza; la Nueva Jerusalén tiene *doce* puertas (Ap. 21:12), el muro de la ciudad tiene *doce* cimientos (21:14), y el árbol de vida produce *doce* frutos (22:2)" (Weidner, *op. cit.*, pp. xxxix, xl).

El simbolismo de los colores es que el blanco es sobre todo el color de la inocencia, pureza y rectitud, así como de la edad, madurez y perfección espiritual; el negro indica hambres, angustias, sufrimientos; el rojo vivo puede, como la sangre misma, denotar guerra, homicidio, o muerte sacrificial; púrpura es el color de la realeza y de la holgura voluptuosa; el amarillo pálido es el color de la vida que se acaba y del reino de la muerte (6:8). (Véase la excelente exposición del simbolismo de los colores en John Peter Lange, *The Revelation of St. John,* pp. 16-18).

Vocabulario. Hay 916 palabras diferentes en el texto griego del Apocalipsis; de ellas 416 se encuentran también en el Cuarto Evangelio; 98 sólo vuelven a aparecer una vez más en el Nuevo Testamento; 108 son exclusivas de este libro. Hay muchas palabras que hablan de autoridad. Por ejemplo, la palabra para *trono* se emplea 44 veces; *rey, reino y gobierno,* 37 veces; *autoridad y poder,* 40 veces. Las palabras que se traducen por *ver, percibir,* etc., aparecen casi 150 veces. Las palabras que significan *escribir,* y el efecto de escribir, es decir, *libro,* se hallan 60 veces.

Uso del Antiguo Testamento en Apocalipsis. Este último libro de la Biblia forma un mosaico sorprendente de temas del Antiguo y Nuevo Testamentos. En el apéndice del *Greek New Testament* de Westcott y Hort (pp. 184-188), se calcula que de 404 versículos del libro, 265 contienen frases que abarcan aproximadamente 550 referencias a pasajes del Antiguo Testamento: hay 13 referencias a Génesis, 27 a Éxodo, 79 a Isaías, 53 a Daniel, etc. Muchos estarían de acuerdo con el fallecido Profesor Briggs en que "el discurso escatológico de Jesús [Mt. 24: 25; Mr. 13; Lc. 21] es, para nosotros, la clave del Apocalipsis. Este libro es la obra de un judío saturado de las profesías del Antiguo Testamento, bajo la dirección de la palabra de Jesús y la inspiración de Dios. Es la culminación de la profecía del Antiguo y Nuevo Testamento".

Esta vasta incorporación de materiales del Antiguo Testamento se descubre en grandes secciones, en versículos individuales y en expresiones independientes. Así, la descripción de Babilonia en el capítulo 18 tiene muchos paralelismos con Jeremías 51. Las dos bestias del capítulo 13, con sus diez cuernos que son diez reyes, se deriva directamente de las visiones de la bestia de Dn. 7,8. La visión de los dos olivos y los dos candeleros (cap. 11) es una perspectiva nueva de la visión de Zacarías (Zac. 4). Los períodos de tiempo en el libro de Revelación se derivan de Daniel, como tiempo, tiempos y medio tiempo (12:14, de Dn. 12:7). Muchos de los juicios de las trompetas se asemejan mucho a las plagas de Egipto, que estudiaremos con cierto detalle en la exposición de ese pasaje. Incluso en el primer capítulo, el versículo 6 alude a Éx. 19:6; el versículo 7 a Dn. 7:13 y Zac. 12:10,12; el versículo 14 consiste en dos pasajes tomados de Dn. 7:9,13; 10:5. El versículo 15 se deriva de Dn. 10:6; Ez. 1:24; el versículo 16 de Is. 11:4; 49:2; el versículo 17 de Is. 44:6; 48:12; y el versículo 18 de Is. 38:10. Muchos de los títulos de la divinidad empleados en este libro se hallan originalmente en el Antiguo Testamento: "el Todopoderoso" de 1:8, etc., en Gn. 17:1; "alfa y Omega", como antes. (En *Interpreting Revelation,* pp. 101-116, de Merril C. Tenney se encuentra un buen capítulo acerca de este tema.)

Relación de Apocalipsis con el Discurso en el Monte de los Olivos. Todos estarían de acuerdo en afirmar que hay muchas líneas de pensamiento en Apocalipsis que se parecen mucho a temas que figuran en el Discurso del Monte de los Olivos de nuestro Señor. Algunos han insistido demasiado en ello, me parece, y han reducido Apocalipsis a un molde tomado de la triple división del Discurso del Monte de los Olivos. Los sucesos del Discurso del Monte de los Olivos se pueden dividir cronológicamente en tres períodos —pretribulación, tribulación y postribulación. Sería difícil trazar un esquema parecido para el libro de Apocalipsis. Sin embargo, hay muchos pasajes paralelos, sobre todo los que describen las perturbaciones físicas y económicas que tendrán lugar hacia el final de los tiempos, p. ej., Lc. 21:9-11. Guerra, hambres, pestilencia y terremotos aparecen en los primeros cuatro juicios de los sellos, guerras a menudo desde Ap. 16:12 hasta el final del capítulo 19, y terremotos en 16:18 y 18:8. El tema del martirio, como en Lc. 21:12-16, aparece a menudo en el libro, como en Ap. 6:9-11; 11:7-10; 13:7, 15; 16:6; 17:6; 18:24. A la Gran Tribulación se refiere en 7:14. Falsos cristos y falsos profetas aparecen en su forma definitiva en el capítulo 13. Las perturbaciones celestiales de Lc. 21:25-28 se hallan en Ap. 6:12-14ss. La venida del Hijo del Hombre se anuncia en Ap. 1:7, y se consuma cuando la Palabra de Dios desciende de los cielos en la batalla de Armagedón. (Un capítulo acerca de este tema se halla en mi volumen,

A Treasury of Books for Bible Study, pp. 235-242. Hace unos años Henry W. Frost escribió todo un libro acerca de dicho tema, *Mathew Twenty-Four and the Revelation,* New York, 1924).

El Principio de Anticipación. En todo el libro el autor emplea repetidas veces lo que se conoce como prolepsis; es decir, en la primera parte del libro emplea una expresión que reaparece luego, generalmente más desarrollada. Así, p. ej., a Jesucristo se le llama "testigo fiel" al comienzo (1:5), y vuelve a aparecer como Testigo Fiel en 3:14; 17:6; 20:4. Al comienzo se le da el título "soberano de los reyes de la tierra" (1:5). Pero hacia el final de los tiempos, cuando han de ejercitarse de hecho las prerrogativas de este título, volvemos a verlo designado de la misma forma (17:14; 19:16). Se anuncia al comienzo (1:6) que Cristo nos ha hecho reyes y sacerdotes; lo mismo vuelve a aparecer al final del libro (20:6). Igualmente el título "el Alfa y la Omega", se halla al comienzo (1:8), y al final (21:6; 22:13), y lo mismo el título "el Todopoderoso" (1:8; 19:6,15; 21:22). El mandamiento de cumplir las palabras de esta profecía se da al comienzo de la introducción, y se vuelve a repetir al final del libro (22:7,10,18).

Las promesas hechas a los creyentes en las siete caras de los capítulos 2 y 3 vuelven a aparecer en forma reiterada cuando las grandes luchas se han concluido en la tierra y los hijos de Dios se hallan en la gloria de la resurrección de la Nueva Jerusalén. Así, la promesa del "árbol de vida" (2:7) se halla de nuevo en el final mismo del libro (22:2, 14). A los fieles de Esmirna se les promete liberación de la segunda muerte (2:11), y a ello se vuelve a referir en el Último Juicio (20:6,14). "El Espíritu" declara, en la cuarta carta, que Cristo gobernará a las naciones "con vara de hierro" (2:27); y se dice que hará exactamente lo mismo en la batalla de Armagedón (19:15). La promesa de la "estrella de la mañana" para aquellos que son fieles (2:28) vuelve a encontrarse en 22:16. La idea de andar con Cristo "en vestiduras blancas" se hace no sólo a los fieles de Sardis y Laodicea, sino a los creyentes al final de los tiempos (3:4,5,18; 19:14). El "libro de vida" (3:5) aparece cuatro veces, comenzando con el período de tribulación (13:8; 17:8; 20:12,15; 21:27). A la ciudad de Filadelfia se le hace una cuádruple promesa (3:12), y cada uno de sus elementos vuelve a mencionarse al final del libro: "Al que venciere, yo lo haré columna en el templo de Dios . . . y escribiré sobre él el nombre de mi Dios [22:4], y el nombre de la ciudad de mi Dios [21:2,10], la nueva Jerusalén . . . [21:2,10], y mi nombre nuevo". Finalmente, la promesa a los vencedores

de Laodicea de que se sentarían con Cristo en su trono, vuelve a presentarse al comienzo de la descripción de la Nueva Jerusalén (20:4).

Escenas Alternadas en el Cielo y en la Tierra. Un factor fundamental en este libro, que a menudo pasan por alto los comentaristas, es de gran ayuda para entender estos capítulos cuando se cae en la cuenta del mismo. Y es que muchas escenas del libro están ubicadas en el cielo, mientras que los juicios tienen lugar en la tierra; y las escenas en el cielo siempre anteceden a los sucesos terrenales a los que están vinculados. Así, los mensajes a las siete iglesias van precedidos de una visión del Señor ascendido. La apertura de los seis sellos en el capítulo 6 va precedida de una visión del Cordero en el cielo, merecedor de abrir el libro (caps. 4;5). Los juicios que acompañan al sonar de las siete trompetas van precedidos de una escena celestial que abarca de 7:1 hasta 8:5. Los terribles sucesos de los capítulos 11, 12 y 13 van también precedidos de una escena celestial de instrucciones a Juan. Las devastaciones que acompañan a las siete plagas (caps. 15;16) van precedidas de los anuncios de ángeles y del mostrar "el ejemplo . . . en el cielo". Y, después del juicio final del capítulo 20, el libro concluye con una descripción de la patria celestial del redimido.

Siempre me ha parecido que hay dos grandes verdades que hay que concluir de este fenómeno. Primera, lo que está a punto de suceder en la tierra, aunque sea desconocido e inesperado para el hombre, lo conocen perfectamente los que están en el cielo —el Señor ascendido, los ángeles, los veinticuatro ancianos, las criaturas vivas, y los demás. Segunda, lo que va a ocurrir en la tierra está bajo el dominio y dirección completos del cielo, de manera que podemos decir con razón, a juzgar por este libro, así como por los otros libros proféticos en la Escritura, que todo lo que ocurre en esta tierra viene a cumplir la Palabra de Dios. Este principio se proclama en forma notable en los anuncios preliminares referentes a los reyes de la tierra que se adelantan para guerrear con el Cordero. Aunque leemos de diez reyes inspirados por Satanás, que tienen una sola mente y que dan su poder y autoridad a la bestia (17:12,13), sin embargo, Dios es quien "ha puesto en sus corazones el ejecutar lo que él quiso: ponerse de acuerdo, y dar su reino a la bestia, hasta que se cumplan las palabras de Dios" (17:17).

Libro de Juicio. Desde el comienzo del libro hasta casi el fin mismo, siempre debemos tener presente el hecho de que el *libro de Apocalipsis es un libro de juicio,* por tanto, un libro que habla de destrucción, estrago, muerte, dolor y tribulación. La descripción misma del Señor Jesús como el que está a punto de enviar mensajes a las iglesias contiene ciertos factores que indudablemente hablan de juicio —ojos "como llama de fuego", pies "semejantes al bronce bruñido", de cuya boca sale "una espada aguda de dos filos". Los pasajes siguientes tratan en forma especial de este tema del juicio: 6:16,17; 11:17,18; 14:7,10; 16:5,7; 18:8,10,20; 19:2; y 20:11-15.

Canonicidad. La Iglesia occidental creyó muy temprano que el libro de Apocalipsis debía incluirse entre los libros canónigos del Nuevo Testamento, y se leía públicamente en las iglesias. Pero la Iglesia Oriental pareció resistirse a adoptar la misma posición, y no estuvo de acuerdo con la canonicidad de Apocalipsis hasta el siglo cuarto. El Canon de Muratori, compilado alrededor del 200, incluye el libro. Hacia mediados del siglo tercero, el obispo de Alejandría aceptó el libro como canónico. Fue omitido en la Versión Vulgata Siria. El Tercer Concilio de Cartago (397) aceptó el libro como canónico, y el volumen completo aparece en los primeros manuscritos, el Codex Sinaiticus, el Codex Vaticanus y el Codex Alexandrinus. Lutero se equivocó por completo al colocar el libro de Apocalipsis, junto con las cartas de Santiago, Judas y Hebreos, en un apéndice. Durante siglos la Iglesia Protestante universal y las Iglesias Occidental y Oriental han estado de acuerdo en que es una obra canónica. (Todo este tema ha sido expuesto con gran esmero en una obra de Ned B. Stonehouse: *The Apocalypse in the Ancient Church*, Goes, Holland, 1929).

Las Cuatro Principales Escuelas de Interpretación. El libro de Revelación es la única parte considerable de la Palabra de Dios acerca de la que se han desarrollado cuatro sistemas diferentes básicos de interpretación. El sistema que uno adopte hará que difiera grandemente lo que crea que el libro enseña.

(1) *Interpretación Espiritual.* Desde el tiempo de Agustín, siempre ha habido algunos expertos bíblicos que han insistido en que el propósito de este libro no es instruir a la iglesia acerca del futuro, ni predecir sucesos futuros específicos, sino tan sólo enseñar principios espirituales fundamentales. Este es el punto de vista que Milligan expresa repetidas veces (W. Milligan, *Lectures on the Apocalypse*), aunque a veces se contradice a sí mismo. Dice en un lugar: "Apocalipsis sí trata en forma enfática y sumamente precisa de la Segunda Venida del Señor". Gloag insiste en lo mismo: "El libro tiene como fin enseñarnos la historia espiritual de la Iglesia de Cristo, advertirnos de aquellos peligros espirituales a los que estamos expuestos, ponernos al tanto de las pruebas espirituales a las que estamos sujetos, des-

cribir la gran lucha con el mal, y consolarnos con la seguridad del triunfo final sobre los poderes de las tinieblas". Todo esto es verdad. El libro desde luego que enseña principios, principios espirituales, contiene un mensaje de consuelo en la seguridad que nos da del triunfo final de Cristo. Pero el libro todo contradice el punto de vista de que no revela el futuro profético. El libro mismo dice ser una verdadera profecía. "El mal", dice Moorehead, "siempre trata de concentrarse en una persona o sistema; lo mismo hace el bien. Apocalipsis nos muestra al mal puesto en la bestia y en el falso profeta". Cierto que el retorno de Cristo está contenido en el libro, y ello es una profecía de un suceso futuro; igualmente, la resurrección de los creyentes y el juicio del Gran Trono Blanco. (Este es el punto de vista de la mayoría de los comentaristas pertenecientes a la teología reformada, Peters y otros.)

(2) *Interpretación pretérita.* Este sistema de interpretación de Apocalipsis insiste en que el autor describe sólo sucesos que tuvieron lugar en la tierra durante el Imperio Romano durante la época del autor mismo, en especial hacia el fin del siglo. Esta opinión la desarrolló sobre todo en el siglo diecisiete el erudito jesuíta, Alcázar, en un intento de responder a los argumentos de los Reformadores, quienes insistieron en que el libro padecía la corrupción y condenación de la Iglesia Católica, en especial en los dos capítulos consagrados a Babilonia. El punto de vista de Alcázar lo ha adoptado un cierto número de expertos modernos —Moses Stuart, A.S. Peake, Moffatt, Sir William Ramsay, Simcox y otros. Estos hombres sostienen que el gobernante cuya herida mortal fue curada se refiere a Nerón, y que Domiciano era la bestia del capítulo 13. Es verdad que el punto de vista pretérito hay que aplicarlo en nuestra interpretación de las siete iglesias. Pero decir que el resto del libro se refiere tan sólo a los sucesos del siglo primero es realmente negar su carácter profético, y meter por fuerza muchas de sus afirmaciones en un molde demasiado pequeño para contenerlas. Como ha dicho Milligan, "Todo el tono del libro lleva a la conclusión contraria. Trata de muchas cosas que iban a suceder hasta el fin mismo de los tiempos, hasta la hora de la terminación completa de la lucha de la Iglesia, del triunfo completo, del alcance definitivo del reposo. Apocalipsis lleva escrito con caracteres bien claros que se ocupa de la historia de la Iglesia hasta que ésta entre en posesión de la herencia celestial" (*op. cit.*, p. 41).

(3) *Interpretación Histórica.* En la historia de la interpretación de Apocalipsis, es

probable que haya más nombres grandes vinculados a esta escuela que a ninguna otra, con excepción de la futurista. Según esta interpretación, el libro de Apocalipsis, en especial en las profecías de los sellos, las trompetas, y las copas, proclama sucesos concretos en la historia del mundo que tienen relación con el bienestar de la Iglesia *desde el siglo primero hasta los tiempos modernos.* La obra más importante basada en esta teoría es el estudio en cuatro volúmenes de Elliott (E.B. Elliott, *Horae Apocalypticae*), el cual puede tomarse como ilustración de este tipo de interpretación. Dice que los juicios a son de trompeta abarcan el período que va del 395 d. de C. al 1453, que la primera trompeta se refiere a la invasión de los Godos, la tercera a la de los Hunos bajo Atila, la quinta a la de las hordas musulmanas que invadieron el Oeste en los siglos sexto y séptimo, etc. Para tomar otra ilustración, Mede, en su famosa obra, dice que el sexto sello predice la derrota del paganismo bajo Constantino, que el segundo frasco se refiere a Lutero, el tercero a sucesos en el reinado de Isabel I, etc. Muchos de los que pertenecen a esta escuela insisten en que el terremoto de 11:19 se refiere a la Revolución Francesa; otros ven a Napoleón Bonaparte en el libro de Apocalipsis, etc., etc.

Ahora bien, aparte de todas las demás objeciones contra esta escuela, todos admiten que no ofrece principio o criterio alguno fundamental de juicio por el cual podamos determinar con exactitud a qué sucesos históricos concretos se refiere un pasaje concreto. Y esto ha conducido a muchas confusiones y contradicciones entre los que sostienen este punto de vista.

Milligan, en una vigorosa crítica de todo este sistema, dice: "Podemos en realidad admitir que los sucesos que encuentra el intérprete de esta escuela histórica habrían sido instructivos o consoladores para los primeros cristianos, si hubieran podido entenderlos bien. Pero la verdadera dificultad radica ahí, en que esta comprensión era entonces imposible . . . Inútiles, pues, para los hombres a los que se dirigieron en primer lugar, las visiones de Apocalipsis, según este sistema, habrían sido igualmente inútiles para el gran cuerpo de la Iglesia Cristiana, incluso después de que se hubieran cumplido y que unos pocos investigadores competentes hubieran reconocido dicho cumplimiento. Los pobres y los poco ilustrados siempre han conocido, y probablemente siempre conocerán, poco de los sucesos históricos a los que se supone que aluden. ¿Podría ser parte del plan divino hacer que la comprensión de una revelación tan importante dependiera del conocimiento de la historia

eclesiástica y política del mundo durante centenares de años? Sólo suponerlo ya resulta absurdo. No está de acuerdo con la primera promesa del libro, 'Bienaventurado el que lee y los que oyen las palabras de esta profecía'. . . La selección de sucesos históricos que este sistema lleva a cabo es sumamente arbitraria, y no se puede decir que corresponda al grado de importancia que estos sucesos han demostrado tener en el curso de la historia" (*op. cit.,* p. 131).

(4) *Interpretación Futurista.* No se puede dudar que Apocalipsis sea un libro de profecías. Negarlo equivale a hacer caso omiso del estilo, del tema, y de los sucesos futuros de Apocalipsis. No cabe duda que la Segunda venida, el conflicto final de Cristo con las fuerzas del mal, el Milenio, el juicio final, son otros tantos sucesos aún futuros. La interpretación futurista insiste en que, en su gran mayoría, las visiones de este libro se cumplirán hacia el final y en el final de los tiempos. Esta escuela de pensamiento fue muy bien definida hace tiempo como la que "busca el cumplimiento de estas predicciones, no en las primeras exposiciones y herejías de la iglesia, ni en toda la serie de siglos desde la primera predicación del Evangelio hasta ahora, sino en los sucesos que precederán en forma inmediata, acompañarán y seguirán a la Segunda Venida de nuestro Señor y Salvador" (*Lectures on the Apocalypse,* p. 68).

Es extraño ver que Gloag (en 1891) diga que "este sistema no tiene muchos seguidores (*op cit.,* p. 372). El hecho es que tiene muchísimos seguidores, entre los cuales figuran algunos de los comentaristas bíblicos más destacados de los tiempos modernos y algunos de los más distinguidos expertos en profecías. Entre los mismos están Todd, Benjamín Wills Newton, Seiss, William Kelly, Peters, prácticamente todos los que escriben dentro de la esfera de influencia de los Hermanos de Plymouth, p. ej., S.P. Tregelles, Nathaniel West, A.C. Gaebelein, Scofield, Moorehead, Walter Scott, Alford, y otros. Theodor Zahn en su notable comentario de Apocalipsis (todavía no traducido) asume la posición futurista, y Zahn está considerado como el mayor experto conservador en Nuevo Testamento de Europa hacia finales del siglo pasado. Simcox, que no es futurista, admite con franqueza que "desde el tiempo de Tertuliano e Hipólito —para no decir Justino e Ireneo— tenemos una constante expectativa del curso de los acontecimientos que precederán al juicio final" (G.A. vine en CBSC, p. xliv).

Hay, desde luego, un futurismo extremo que se debe rechazar de raíz. Algunos futuristas llegan hasta a decir que las siete iglesias de Asia volverán a organizarse y a establecerse al final de los tiempos, y entonces las predicciones respecto a las mismas se cumplirán —opinión del todo innecesaria e ilógica.

La objeción que se oye tan a menudo, de que es extraño tener en nuestro Nuevo Testamento un libro que, en gran parte, contiene asuntos que pertenecen al final de los tiempos, no se sostiene cuando uno tiene presente el factor fundamental respecto a las profecías básicas de largo alcance de las Escrituras, a saber, que desde los tiempos más antiguos se refieren al final de los tiempos en que se cumplirán. ¿No es esto cierto en el caso de la primerísima profecía de la Biblia —"y pondré enemistad entre ti y la mujer, y entre tu simiente y la simiente suya; ésta te herirá en la cabeza, y tú le herirás en el calcañar" (Gn. 3 : 15)? ¿No es ésta acaso una profecía de triunfo mesiánico que todavía ha de tener su cumplimiento final? La larga profecía de Jacob en Génesis 49 se refiere a "los últimos días", como dice. Repetidas veces en el libro de Daniel, se nos dice que las profecías que contiene se refieren al "fin" (7 : 26; 9 : 26,27; 11 : 13,27; 12 : 8,13). ¿Acaso el discurso del Señor en el Monte de los Olivos no alude directamente al fin de los tiempos, y a la Segunda Venida de Cristo todavía futura? (Mt. 24 : 3,14; también sus parábolas proféticas, p. ej. Mt. 13 : 39,40). Lo mismo se puede decir de Pablo al hablar a los tesalonicenses respecto al hombre de pecado; del relato de Pedro respecto a la apostasía en los últimos tiempos; de la gran profecía escatológica de Pablo en 2 Timoteo 3, y todo el cuerpo profético en el conocido capítulo de la resurrección, 1 Corintios 15. Todo esto exige una interpretación futurista. No es ilógico que la Biblia se cierre con un libro de profecías que, en gran parte, se cumplirán en la gran consumación final de los tiempos —el fin de la rebelión contra Dios, y el comienzo de aquella era de justicia que todos los hombres anhelan.

Desde luego, todos estos sistemas de interpretación tienen algo de verdad. Los tres primeros capítulos han de interpretarse históricamente. En los juicios, promesas, profecías y triunfos mesiánicos de este libro se proclaman grandes principios espirituales. En gran parte, sin embargo, Apocalipsis tiene su interpretación más correcta en el sistema futurista.

Apocalipsis y la Literatura Apocalíptica. Cuando el don de profecía cesó en el Antiguo Testamento con Malaquías, alrededor del 400 a. de C., se desarrolló dentro del pueblo judío un cuerpo de literatura una de cuyas partes se llama apocalíptica. El lenguaje empleado para la misma fue simbólico, descriptivo. Fue fruto, sobre todo, de períodos de persecución, en especial en los días de Antíoco Epifanes en el siglo segundo, y también en el siglo primero de nuestra era, cuando el pueblo hebreo vio la destrucción de su ciudad santa. La literatura apocalíptica es sobre todo escatológica. Se concentra en aquellos acontecimientos futuros cuando los enemigos de Israel, y los de nuestro Señor, serán destruidos, e Israel mismo volverá a su gloria anterior.

El Apocalipsis del Nuevo Testamento es muy diferente, en conjunto, de la literatura apocalíptica que lo precedió. Como ha indicado con acierto George Ladd: (1) El autor llama a su libro profecía (1 : 3; 22 : 7, etc.), y el libro es pues producto del espíritu profético. (2) Juan no emplea el nombre de algún gran profeta antiguo de Israel, sino que usa su propio nombre. (3) Juan ni revive la historia bajo el disfraz de profecía, sino que mira proféticamente hacia el futuro. (4) El libro de Juan, aunque lleno de pasajes oscuros y siniestros, no tiene un tono pesimista, como muchos otros apocalipsis, sino optimista, porque el vidente constantemente reitera la gran verdad de que Cristo vencerá a todos los enemigos, y de que los reinos de este mundo se convertirán en el reino de nuestro Señor y Salvador Jesucristo. (5) Finalmente, Apocalipsis coloca sobre sus lectores grandes exigencias éticas. Hay en él un sentido de apremio moral. La salvación no es algo que se confiere automáticamente sino algo que se otorgará a los que ostenten los distintivos de los verdaderos hijos de Dios. (G.E. Ladd, "Apocalyptic, Apocalypse", en *Baker's Dictionary of Theology,* 1960, pp. 50-54).

La Comprensión de Este Libro Exige Estudio Prolongado. Por razón de su simbolismo, su constante referencia a pasajes y temas del Antiguo Testamento, los varios sistemas de interpretación que se han elaborado en el curso de los siglos, y la profundidad y vastedad de los temas que se descubren, creo que Apocalipsis, más que ningún otro libro de la Biblia, se dejará entender sólo de aquellos que se dediquen a estudiarlo en forma esmerada y dedicada. El profesor William Milligan nos ha recordado que "El libro está ahí, y o bien debe excluirse del NT, o bien la Iglesia debe seguir esforzándose por comprenderlo hasta que llegue a conseguirlo. Considérese —1. En primer lugar, que comenzamos con la suposición —suposición que ninguno de aquellos a quienes van dirigidas estas conferencias niega que el Apocalipsis de Juan forma parte de la Palabra de Dios. Esta consideración resuelve todo el problema. El simple hecho de que el Todopoderoso haya dado un libro al hombre pone sobre éste la obligación de hacer todo el esfuerzo posible para entenderlo. Quizá sea difícil. Quizá suframos derrotas constantes. Con todo, debemos hacer el esfuerzo empleando todos los recursos en nuestro poder, y buscando, si todavía sentimos que estamos en la oscuridad, los primeros síntomas de luz. Nada es más cierto que, de no haber querido que empleáramos este libro, nuestro Redentor no lo habría revelado a su siervo Juan" (*Lectures On the Apocalypse*, p. 4).

Muchos estudiosos, antes y después de Lange, han expresado la misma esperanza manifestada en 1870: "Sin duda, en el futuro, la importancia e influencia de este Libro aumentará constantemente con la confusión y tinieblas crecientes de los tiempos, con el peligro creciente que ofrecen a la fe sobria y sana" (*Revelation*, p. 63).

Esquema del Libro. Muchos sistemas diferentes se han propuesto para distribuir y clasificar los veintidós capítulos de Apocalipsis, algunos de ellos bastante fantásticos. Opino que los sistemas que tratan de basar el esquema en los siete sietes de este libro son forzados y artificiales. Así, p. ej., el esquema de Benjamín Warfield: las siete iglesias (1:1—3:22); los siete sellos (4:1—8:1); las siete trompetas (8:2—11:19); los siete personajes místicos (12:1—14:20); las siete plagas (15:1—16:21); el juicio séptuplo de la prostituta (17:1—19:10), y la trompeta séptupla (19:11—22:5). Todos estarían de acuerdo en que cuatro de estas divisiones son inevitables: las siete iglesias, el libro de los siete sellos, las siete trompetas y las siete plagas de juicio. Pero el concepto *siete* no se afirma en las otras secciones. Después de haber estudiado este volumen durante años, se me presentó por fin un esquema que, creo, no es forzado, y con todo es fácil de recordar. Aparte del prólogo (1:1-8) y el epílogo (22:6-21), el libro puede lógicamente dividirse así:

I. Las cartas a las siete iglesias de Asia. 1:9—3:22.

II. El libro de los siete sellos y los acontecimientos terrenales que anuncia.

III. Los juicios que anuncian las siete trompetas. 7:1—9:21.

IV. La hora más tenebrosa de la historia del mundo. 10:1—13:18.

V. Las siete plagas de juicio. 14:1—16:21.

VI. Babilonia y Armagedón. 17:1—19:21.

VII. El Milenio; el Juicio Final; la Nueva Jerusalén y la Eternidad. 20:1—22:5.

Adviértase que estas divisiones se presentan en la siguiente secuencia de grupos de capítulos —3—3—3—4—3—3—3.

Texto. Los traductores de la Versión del Rey Jaime (Versión Autorizada Inglesa del Antiguo Testamento) emplearon como autoritativo el texto griego de Erasmo. Para Apocalipsis, Erasmo dispuso de un solo manuscrito griego, uno cursivo del siglo trece, e incluso fue de calidad inferior. Por esta razón hay muchas palabras y pasajes de la AV que no se basan en los manuscritos más antiguos y de autoridad. Desde entonces los grandes manuscritos griegos del Nuevo Testamento, como el Sinaítico, el Alejandrino, etc., han venido a conocerse y han sido estudiados a fondo. En consecuencia, el estudio serio de Apocalipsis requiere el uso de la RV de 1891 o de una de las versiones posteriores. (El Chester Beatty Papyrus del Apocalipsis, probablemente de comienzos del siglo tercero, de tan gran valor, no puede tenerse en cuenta en un comentario necesariamente breve como este).

COMENTARIO

I. Las Cartas a las Siete Iglesias de Asia. 1:1—3:22.

1:1-8. Si bien la idea precisa de *cartas* a las siete iglesias no se encuentra en realidad en el capítulo 1, en el versículo 4 sí tenemos la expresión, **Juan, a las siete iglesias que están en Asia,** y luego (v. 11) Juan recibe el mandato de escribir lo que vea y de enviarlo a las siete iglesias. La ubicación de las siete iglesias se estudia en el comentario al capítulo 2.

El capítulo 1 contiene una revelación rica, casi deslumbrante, de Jesucristo mismo. Los versículos 4-8 presentan tres descripciones básicas de Cristo. Juan parece describir al Cristo que él *conoce,* porque no hay indicios de que en este caso se le diera ninguna revelación especial. Este es el Cristo del pasado, presente y futuro, como se proclama en la expresión, **del que es y que era y que ha de venir** (v. 4). En el pasado, Cristo fue **testigo fiel** y **primogénito de los muertos;** en el presente, es el que **nos amó** y **nos lavó de nuestros pecados** (v. 5); en el futuro, es el que **viene con las nubes, y todo ojo le verá . . . y todos los linajes de la tierra harán lamentación por él** (v. 7). La afirmación de que Cristo nos ha hecho **reyes y sacerdotes para Dios** (v. 6) está basada en Éx. 19:6, que siglos después citó Pedro (1 P. 2:5,9). El pasaje que se refiere al futuro contiene una doble referencia al AT: en Dn. 7:13 al Hijo del Hombre se le describe como que viene con las nubes, y el hecho de que entonces todos lo verán se afirma en Zac. 12:10,12. La palabra que aquí se traduce por **traspasaron** sólo aparece otra vez en el NT, en Jn. 19:37 (cf. Zac. 12:10).

Siempre he pensado que la expresión **soberano de los reyes de la tierra** (1:5), es el título clave de Cristo en todo el libro de Apocalipsis. En este libro se alude a muchos otros reyes: reyes de naciones que salen a pelear contra el Cordero, reyes de abismo, etc. No hay indicios hasta el fin del libro de que los reyes de la tierra reconozcan a Cristo como Rey de reyes. De hecho, el libro de Apocalipsis es casi el relato del esfuerzo de Cristo por imponer este título y de cómo por fin asume la preeminencia que el título indica.

9-11. Tenemos aquí las palabras que Cristo *dijo* al apóstol, un breve mandato de que escribiera lo que estaba a punto de ver e instrucciones para que enviara lo escrito una vez concluido. No se puede dudar de que el **día del Señor** en este caso (v. 10) se refiere al día que conocemos como domingo.

12-19. En esta descripción del Señor ascendido, el Cristo que Juan *vio* camina en medio de **siete candeleros de oro,** que simbolizan las siete iglesias (véase v. 20). Aquí como en Dn. 7:13, a nuestro Señor se le llama **Hijo del Hombre** (Ap. 1:13), título que sólo aparece una vez más en este libro (14:14). Las varias expresiones que se emplean para describir a Cristo están tomadas sobre todo de Dn. 7:9,13; 10:5,6; Ez. 1:24. Toda la descripción da una impresión abrumadora de omnipotencia, con ciertos símbolos que aluden al juicio, como la llama de fuego, el bronce bruñido y la espada de dos filos.

Cristo se identifica con el título de **el primero y el último** (Ap. 1:17), título empleado para Dios mismo en Is. 44:6; 48:12. Obsérvese cuáles son las razones que Cristo presenta de por qué los que son suyos **no deben temer:** (1) Él es el primero y el último, y **el que vivo;** (2) Estuvo muerto, y volvió a la vida; y (3) Tiene las llaves de la muerte y del Hades (vv. 17,18). Si es el Primero y el Último, entonces es el Cristo de la creación en el pasado, y el que conducirá a todas las cosas a la consumación querida por Dios al final. Permanecerá cuando todos sus enemigos hayan sido derrotados, y Satanás y sus huestes hayan sido aplastados para siempre. El hecho de que muriera identifica a Cristo con la experiencia más

trágica de los hombres. Ningún ser puramente humano puede vencer a la muerte —pero Cristo lo hizo. Así como estuvo muerto y ahora vive, así los que somos suyos, aunque muramos, viviremos por siempre con él. Que tenga las **llaves de la muerte y del Hades** sin duda implica que el destino de las almas está completamente bajo la jurisdicción de Jesucristo.

El versículo 19 muchos lo han tomado en el sentido de que indica una división triple del libro de Apocalipsis, según la cual **las cosas que has visto** se referiría al capítulo 1, **las que son,** a las siete iglesias en los capítulos 2 y 3, y **las que han de ser después de éstas,** al resto del libro. En realidad, esta división no ayuda gran cosa en la interpretación. Debería recordarse, además, que las palabras que se traducen por **después de éstas,** *meta tauta,* se emplean nueve veces más en el libro de Apocalipsis (4:1; 7:1; 7:9; 9:12; 15:5; 18:1; 19:1; 20:3).

20. No estamos del todo seguros de qué quiere decir Juan con las palabras **las siete estrellas son los ángeles de las siete iglesias.** Esta palabra que se traduce por **ángel** aparece veintiséis veces en Apocalipsis. Básicamente, la palabra significa *mensajero.* Algunos opinan que simplemente se refiere a algún líder de cada iglesia otros dicen que esto implica que cada iglesia tiene en el cielo un ángel que la representa. Estos "ángeles" son por lo menos aquellos por cuyo medio estos mensajes han de ser llevados a las siete iglesias.

El término **Asia** (v. 11) ha tenido varios significados en el curso de los siglos. En los tiempos del NT **Asia** era el nombre de la provincia romana situada en la parte más occidental de lo que hoy es Asia Menor. Era la provincia mayor y más importante de todas las de esa área, y comprendía los distritos de Caria, Lidia y Misia. Las siete iglesias a las que van dirigidas estas cartas estaban todas ellas situadas en la parte central y occidental de la provincia. A partir de **Éfeso** en el suroeste y procediendo en dirección norte, llegamos a **Esmirna** y **Pérgamo;** siguiendo hacia el este y el sur, damos con **Tiatira, Sardis, Filadelfia** y **Laodicea.** Un círculo que abarcara estas ciudades tendría un radio de no más de cien kilómetros. No es difícil de entender que estas cartas del Señor resucitado debieran dirigirse a las iglesias de Asia, ya que ahí había vivido Juan por mucho tiempo, y sin duda era bien conocido de las iglesias de dicho territorio. No se puede saber con seguridad por qué se escogieron esas iglesias en concreto. Pablo pasó bastante tiempo en Éfeso en el tercer viaje misionero (Hch. 19; 20:16,17); Lidia era de Tiatira (Hch. 16:14); y Epafras trabajó en Laodicea (Col. 2:1; 4:12-16). Sin embargo, nada sabemos del trabajo de Pablo en seis de estas siete ciudades, y cuatro de ellas no vuelven a mencionarse en el NT. Además, sabemos que hacia finales del siglo primero existieron iglesias en algunas ciudades de Asia a las que nunca se alude en el NT. Antes de que Pablo hubiera concluido el tercer viaje misionero, "todos los que habitaban en Asia, judíos y griegos, oyeron la palabra del Señor Jesús" (Hch. 19:10,26).

Todas las cartas que siguen el mismo orden comienzan con una expresión que describe a Cristo exaltado, quien se dirige a las iglesias; cada una de estas expresiones descriptivas se encuentra en el capítulo precedente en el relato que Juan hace de su visión del Cristo resucitado. En cada carta, a excepción de las dirigidas a Sardis y a Laodicea, las primeras palabras de Cristo son de alabanza. A la misma le siguen algunos detalles referentes a la condición de la iglesia, lo cual conduce a una censura y advertencia —a excepción de Filadelfia y Esmirna, que no son censuradas. Las cartas concluyen con una promesa para los creyentes que triunfarán.

Deben advertirse las muchas referencias a cosas de **Satanás:** dos veces leemos acerca de la "sinagoga de Satanás" (2:9; 3:9), en Pérgamo se habla del "trono de Satanás" (2:13); en la carta a Tiatira se mencionan "las profundidades de Satanás" (2:24); en conexión con Esmirna, se advierte que el diablo arrojará a algunos de ellos en prisión. Además, se encuentran alusiones a la maldición de los nicolaítas, a la presencia de las enseñanzas perniciosas de Balaam (2:14), y la censura de Tiatira por admitir la presencia de una tal Jezabel (2:20).

Por tres razones me abstengo en este breve análisis de Apocalipsis de un examen detallado de cada una de las cartas: En primer lugar, estos dos capítulos no ofrecen problemas escatológicos mayores, en tanto que el significado exacto de algunas de las promesas que contienen, si se estudian, exigirían una exposición detallada. En segundo lugar, estas cartas se utilizan más que ninguna otra parte del libro para series expositivas de mensajes, y son bastante conocidas de la mayoría de los estudiosos de la Biblia. Tercero, exponer los datos históricos importantes referentes a cada una de estas ciudades obligaría a abreviar el tratado posterior de problemas básicos de interpretación profética.

2:1-7. Éfeso era la ciudad mayor de Asia. Es la única de entre las siete que ocupa un lugar triplemente importante en la literatura del NT: ocupa un lugar prominente en Hechos (18:18—19:41); Pablo escribió una de sus cartas a dicha iglesia; y el Señor ascen-

dido le envió una carta. Después de alabar a la iglesia sus obras, su paciencia, y su intolerancia con los seudoapóstoles, el Señor se refiere a un defecto trágico —ha dejado su **primer amor** (v. 4).

G. Campbell Morgan relaciona estas palabras con las palabras de advertencia de Pablo a la iglesia de Corinto: " 'Pues os he desposado con un solo esposo, para presentaros como una virgen pura a Cristo. Pero temo que como la serpiente con su astucia engañó a Eva, vuestros sentidos sean de alguna manera extraviados de la sincera fidelidad a Cristo'. . . Los elementos del primer amor son entonces sencillez y pureza . . . El amor de la Iglesia a Cristo tiene su símbolo en el amor de la esposa por esposo. ¿Cuál es entonces el amor de Cristo por la Iglesia? Amor desinteresado, amor en el que no hubo ni el más mínimo pensamiento de sí. ¿Cuál es entonces el amor de la Iglesia por Cristo? La respuesta del amor al misterio del amor, la sumisión del amor al amor perfecto. El primer amor es el amor de los esponsales. Sus notas son sencillez y pureza, amor marital, la respuesta del amor al amor, el sometimiento de un gran amor a un gran amor, la sumisión de un amor desinteresado a un amor que se niega a sí mismo. El primer amor es el dejarlo todo por el amor que lo ha dejado todo" (*A First Century Message to Twentieth Century Christians,* pp. 40-42).

8-11. La palabra **Esmirna** se refiere a la palabra *mirra,* que a su vez es símbolo de muerte. La historia de Esmirna ha sido de sucesivos saqueos, incendios y destrucciones. Policarpo, uno de los más famosos de entre los primeros mártires, fue obispo de Esmirna. Esta ciudad es la única entre las siete que todavía florece.

12-17. De **Pérgamo** un escritor antiguo dijo que "se dedicaba a la idolatría más que el resto de Asia". La elevada colina junto a la ciudad estaba adornada con numerosos templos, entre los que figuraba el gran templo a Zeus, quien era llamado *Soter Theos,* el Dios Salvador. Pérgamo fue la primera ciudad de Asia que erigió un templo a Augusto. Era famosa por sus escuelas de medicina; y Asclepio, dios de la salud, simbolizado por una serpiente, recibía culto en la ciudad. Ramsay dice, "Más que cualquier otra ciudad de Asia, le da al visitante la impresión de ser la sede de la autoridad". Es muy apropiado, pues, que en ella, como se nos dice, estuviera el trono de Satanás. Se ha discutido mucho quiénes fueron los nicolaítas (en este pasaje y en 2:6). En cierto modo animaron a algunos de la iglesia a volver a la laxitud moral pagana.

18-29. En **Tiatira,** la más pequeña de las siete ciudades, la iglesia había permitido a una falsa profetisa que la instruyera, lo cual había conducido a los miembros a prácticas inmorales e idólatras. Por esta razón el Cristo que se dirige a ella se describe como juez. A los vencedores de esa ciudad Cristo promete privilegios parecidos a los que él mismo ejerce (véase 12:5; 19:15; 22:16).

3:1-6. En tiempo de Juan, **Sardis,** en otro tiempo capital del antiguo reino de Lidia, era relativamente insignificante. Incluso la iglesia del lugar participó de esta degradación —**tienes nombre de que vives, y estás muerto.** (v. 1).

7-13. Sólo la carta a la iglesia de **Filadelfia** no contiene ninguna palabra de censura. Incluso hoy esta ciudad asiática tiene un grupo cristiano. Aunque tan digna, esta iglesia iba con todo a conocer un tiempo de dura prueba. Adviértase bien que la palabra en este caso es **prueba,** y no *tribulación.* Pero en la prueba Dios protegería a los creyentes (véase Jn. 17:15).

3:14-22. La última carta se dirige a **Laodicea,** que no recibe alabanza ninguna. La condición desfavorable que prevalecía en esta iglesia era la de tibieza: los miembros no eran **ni fríos ni calientes** (v. 15). La persona tibia no se preocupa mucho si oye enseñanzas herejes, y no se muestra vigoroso en la defensa de la fe. Este espíritu de indiferencia es lo más trágico que le puede ocurrir a una iglesia. La conclusión de esta carta es diferente de las conclusiones de las otras seis en cuanto que hace una aplicación individual: **si alguno oye mi voz y abre la puerta, entraré a él,** etc. (v. 20).

A lo largo del tiempo, distintos investigadores han sostenido cuatro puntos de vista diferentes en cuanto a las implicaciones más hondas de esta serie de siete cartas. Primero, hay la interpretación histórica —que estas iglesias existían en tiempo de Juan y tenían características como las que se describen. Segundo, el punto de vista —sin duda correcto —de que estas iglesias no sólo son históricas, sino representativas de diferentes tipos de iglesias a lo largo de los siglos. En consecuencia, representan las características buenas y las trágicas que manifiestan las iglesias siglo tras siglo. Las advertencias y promesas, son válidas, pues, para todas las épocas. Un tercer punto de vista, más bien fantástico, considera que estas profecías han de interpretarse en forma futurista; es decir, que todas estas ciudades serán literalmente restauradas al fin de los tiempos, y entonces se cumplirán de verdad las predicciones. Un cuarto punto de vista, que muchos sostienen, es que estas siete iglesias representan siete períodos sucesivos de la historia de la iglesia, desde el siglo primero hasta el final de los tiempos. Yo personalmente no sigo esta interpretación, y quien estudia los escritos

de los que la defienden descubrirá confusiones sin número. Virtringa, p. ej., identifica la sexta iglesia con el primer siglo de la Reforma, y a la séptima con la iglesia reformada de su tiempo. En general, los escritores que toman este punto de vista se ven a sí mismos en el período de Laodicea. El único aspecto de esta cuarta explicación que creo puede tener una cierta fuerza es la interpretación de Laodicea. Parece que la tibieza e indiferencia serán características de la iglesia hacia el fin de los tiempos, en especial la indiferencia respecto a las grandes doctrinas de la fe y poco deseo de defenderlas.

II. El Libro de los Siete Sellos y los Acontecimientos Terrenales que Anuncia. 4:1—6:17.

Aunque el retrato de Cristo del primer capítulo contiene ciertos elementos escatológicos, y las cartas a las siete iglesias algunos elementos predictivos, si bien *no* se extienden hasta el fin de los tiempos, la parte verdaderamente profética de Apocalipsis comienza con la sección que ahora vamos a exponer. Como se advirtió en la Introducción, la mayor parte de esta sección es introductoria por naturaleza, porque la escena que se refiere en los capítulos 4 y 5 es celestial. En realidad, las predicciones de sucesos mucho más futuros no comienzan hasta el capítulo 6. Juan ahora contempla una puerta que se abre en el cielo, y oye una voz que dice, "Sube acá, y yo te mostraré las cosas que sucederán después de éstas". (Para otras puertas del cielo que se abren, véase Ez. 1:1; Mr. 1:10; Jn. 1:51.) Muchos comentaristas sitúan el "rapto" de la Iglesia entre los capítulos 3 y 4 de este libro, pero como el texto mismo nada dice al respecto, se puede poner en tela de juicio la conveniencia de ni siquiera discutir el tema en este punto.

4:1-3. Del mismo modo que el libro de Apocalipsis comienza con una referencia al trono de Dios, y la carta a la última de las siete iglesias concluye con una referencia al trono de Cristo, así ahora la primera gran visión profética comienza con la afirmación, **he aquí, un trono establecido en el cielo** (véase Dn. 7:9). El **trono** es símbolo de gobierno y poder. Juan intenta referir una visión de Dios semejante a la que Moisés tuvo (Éx. 19:9,19), a la de Isaías (6:5), y a la de Ezequiel (1:26-28). El vidente compara lo que vio a tres piedras: el **jaspe,** piedra transparente como cristal o cristal de roca: la **cornalina,** de color rojo; y la **esmeralda,** verde. En el pectoral del sumo sacerdote la primera piedra y la última eran una piedra sárdica y un jaspe (Éx. 28:17,20). Se ha sugerido que estas piedras representan santidad, ira y misericordia. Alrededor del trono había un **arco iris,** que habla de gracia, o como dice Hengstenberg, "de gracia que vuelve después de la ira".

4,5. Ahora se presenta el primer gran grupo de este libro: **veinticuatro ancianos** sentado en veinticuatro tronos situados alrededor del trono de Dios (véase también 11:16), vestidos de ropas blancas y con **coronas** (*stephanoi*) de oro. *Stephanoi* eran coronas que se daban a los vencedores. Ha habido muchas opiniones en cuanto a quienes eran esos ancianos, pero la mayoría estaría de acuerdo con Govett en que son "consejeros del trono, conocedores de los propósitos del rey, y capaces de comunicar inteligencia a Juan como siervo de Dios" (Robert Govett, *Lectures on the Apocalypse, in loco*). El veinticuatro como número simbólico se halla sólo en Apocalipsis, y aún sólo en relación con estos ancianos (5:8; 11:16; 19:4). (Una exposición detallada de la identidad de los ancianos se puede ver en HG. Lang, *The Revelation of Jesus Christ*, pp. 124-136). Del trono salían relámpagos, voces y truenos, y, además, Juan vio siete lámparas de fuego, que identifica como símbolos de los **siete espíritus de Dios.** El concepto de los siete espíritus de Dios ciertamente se refiere a la perfección y plenitud de las actividades de la Tercera Persona de la Divinidad.

6,7. Ante el trono había **como un mar de vidrio** (cf. Éx. 24:10), que indica, al parecer, que todo lo que en otro tiempo el mar representaba —tempestades y olas traidoras, símbolo de agitación entre los pueblos de la tierra— había cesado. Otro grupo, **cuatro seres vivientes,** se presenta —uno como un león, uno como un becerro, uno con rostro de hombre, y uno como un águila volando (parecidas a las de Ez. 1:5-14, 15-22; 10:20-22). Swete, con su característica concisión, dice con razón, "Las cuatro formas indican lo más noble, más fuerte, más sabio y más ágil en la naturaleza animada. La naturaleza, incluyendo al hombre, está representada ante el trono de Dios y asume la parte que le corresponde en el cumplimiento de la voluntad divina y en el culto a la divina majestad" (H.B. Swete, *The Apocalypse of St. John, in loco*). Estos seres vivientes vuelven a aparecer en Ap. 6:7; 7:11; 14:3; 15:7; 19:4.

8-11. Con la introducción de los cuatro seres vivientes, tenemos el primero de veinte himnos, como se podrían llamar, que cantan varios grupos celestiales a lo largo del libro. Cinco de ellos están en estos dos capítulos que anteceden a la apertura de los sellos. Los dos primeros son himnos a Dios: uno lo cantan los cuatro seres vivos que atribuyen santidad a Dios (4:8) y el otro los veinti-

cuatro ancianos que reconocen a Dios como Creador. Las palabras iniciales del primer himno nos recuerdan Is. 6:3, que técnicamente se conoce en la himnología antigua como *Trisagion*. El tercero y el cuarto son himnos al Cordero, y los cantan los dos grupos acabados de mencionar, y en ellos reconocen que el Cordero es digno de abrir el libro (Ap. 5:9, 10; 5:11,12). El quinto himno es cantado tanto a Dios como al Cordero por "todo lo creado que está en el cielo, y sobre la tierra" (v. 13), y les tributan bendición, honor, gloria y poder.

5:1-5. Juan agrega algunos detalles referentes al que se sienta en el trono, de quien se dice que sostiene en la mano derecha **un libro escrito por dentro y por fuera, sellado con siete sellos.** No se nos dice si este libro es en forma de código, como nuestros libros de hoy, con los siete sellos distribuidos en forma bastante regular en los lados, arriba y abajo, o bien en forma de rollo de pergamino con los siete sellos en línea. Se oye otra vez, la voz de un ángel fuerte, quien pregunta quién es **digno** de abrir el libro (v. 2). La respuesta es que nadie en todo el universo es digno. Entonces uno de los ancianos (v. 5) anuncia que **el León de la tribu de Judá** (Gn. 49:9), **la raíz de David** (Is. 11:1,10) es **digno** de abrirlo, por dos razones: primero, **ha vencido,** lo cual parecería referirse a la derrota, a sus manos, mientras estuvo en la tierra, de Satanás y de todos los poderes malignos; y, segundo, porque con su obra redentora nos ha comprado para Dios, con su sangre (Ap. 5:9). Adviértase la universalidad de los que ha **redimido** en el versículo 9.

6,7. La obra redentora de Cristo se revela con gran significado como de importancia primordial en el pensamiento de estas criaturas celestiales y en el plan de Dios que ha de consumarse en este libro. La palabra que aquí se traduce por **inmolado** (v. 6) sólo se emplea aquí, en los versículos 9,12, y en 13:8. "La 'sangre' más que la 'muerte' connota sacrificio; porque uno puede morir sin ser inmolado y puede ser inmolado sin que constituya un sacrificio" (R.C.H. Lenski, *The Interpretation of St. John's Revelation, in loco*).

8-14. Por primera vez se menciona el arpa (de nuevo en 14:2 y 15:2). Esta idea de **un nuevo cántico** se halla a menudo en el AT, como en Sal. 33:3; 40:3; 96:1; 98:1; 149:1. Apocalipsis 5:10 viene prácticamente a ser una reafirmación de la verdad expresada en 1:6. Aquí, creo, tenemos por primera vez el concepto del reinar de los santos y de un reino. Examínese con esmero la afirmación, **reinaremos sobre la tierra.** Ahora ya estamos preparados para la verdadera apertura de los sellos, pero antes de comenzar el estudio del capítulo 6, adviértase —punto pasado por alto a menudo— que si bien los sellos se rompen, el libro mismo nunca se abre. Esto, desde luego, conduce a muchas sugerencias en cuanto al contenido del libro. Simcox dice, y en esto sin duda erra, que es el Libro de la Vida. Ireneo insistió en que contenía "lo de Cristo". Swete opta por lo seguro cuando afirma que su contenido abarca el futuro desconocido, y por ello lo llama "el libro del destino". Milligan dice que contiene "todo el plan de Dios". Sólo se abren seis sellos en este capítulo; el séptimo no se abre hasta que va a ser anunciado el juicio a son de trompetas (8:1). De estos seis sellos, los cuatro primeros forman un grupo; el quinto y el sexto son independientes. Cada uno de los cuatro primeros se introduce con un jinete, de lo cual procede la famosa expresión, tan empleada en numerosas literaturas, "Los cuatro jinetes del Apocalipsis".

6:1-8. La identidad del primer caballo dependerá en gran parte de la identificación de los otros tres. Del segundo caballo y su jinete se dice que **le fue dado poder de quitar de la tierra la paz,** y esto, con las palabras matar y espada, indica guerra. El tercer caballo y su jinete sin duda representan escasez de alimentos, si bien no completa hambre. (La moneda romana *denarius*, que aquí se traduce por **denario**, equivalía al salario por un día de trabajo. Una medida de cebada o trigo era el consumo diario medio del trabajador). El cuarto caballo y su jinete, más terrible que ningún otro, lleva el nombre mismo de **Muerte**. A ellos les fue dada autoridad sobre la cuarta parte de la tierra, **para matar con espada, con hambre, con mortandad, y con las fieras de la tierra.**

A la luz del significado de los jinetes segundo, tercero y cuarto, parecería ilógico identificar al primero con el Señor Jesucristo, quien es el jinete del caballo blanco en Apocalipsis 19. Cuando Cristo venga en realidad, "conquistando y para conquistar", no habrá ya más juicios, como los que representan los caballos segundo, tercero y cuarto. Swete dice con acierto del primer caballo, "Una visión de Cristo victorioso sería inadecuada al comienzo de una serie que simboliza derramamiento de sangre, hambre y pestilencia". Incluso Torrance cae en la cuenta de ello, si bien adopta una forma de interpretación estrictamente espiritual: "¿Se puede en modo alguno dudar de que se trata de la visión del anticristo? Se parece tanto al Cristo auténtico que engaña a la gente, ¡incluso a muchos lectores de este pasaje! . . . Sucede cuantas veces el mal se apoya en el bien y dondequiera que la maldad espiritual triunfa con lo que toma

de la Fe Cristiana" (Thomas F. Torrance, *The Apocalypse Today,* p. 44).

Adviértase que en estas cuatro primeras escenas no se mencionan individuos, humanos o sobrehumanos, ni términos geográficos, ni sucesos específicos. Los juicios son de carácter general: en la tierra a menudo han habido guerras, que con frecuencia van acompañadas de pestes y escasez de comida, si no de hambre. Esto parecería ser entonces, sólo una fase preliminar de los juicios más terribles que seguirán.

9-11. La apertura de los cuatro primeros sellos forma una unidad. En la apertura del quinto sello tenemos lo que yo llamaría el primer problema verdaderamente difícil del libro de Apocalipsis. Se habla de las almas de hombres que fueron **muertos por causa de la palabra de Dios y por el testimonio que tenían.** En otras palabras, se trata de mártires, y le preguntan al Señor resucitado, **¿Hasta cuándo . . . no juzgas y vengas nuestra sangre en los que moran en la tierra?** La respuesta es doble. Primero, a cada uno de ellos se le da una **vestidura blanca** (v. 11), símbolo de las acciones justas de los santos (cf. 19:8), de modo que incluso antes del fin estos mártires preguntan en cierto modo la gloria venidera. Se les dice que deben permanecer como están **hasta que se completara el número de sus consiervos y sus hermanos, que también habían de ser muertos como ellos.** Aunque no se dice en forma específica en qué época han de colocarse estos mártires, el sexto sello sin duda habla de perturbaciones celestiales tremendas que todavía no han ocurrido pero que tendrán lugar al final de los tiempos. En consecuencia, estos mártires, creo, habían sufrido la muerte en tiempos inmediatamente anteriores a la Tribulación. Moorehead quizá tenga razón en decir, "Como nada nos sugiere lo contrario, fueron muertos por orden de estos jinetes". El comentario de Torrance a este respecto es excelente: "Después de que los poderes del mundo se han causado a sí mismo calamidades terribles, tratan de negar el hecho de que son la causa de todos los males y conmociones, y por ello caen sobre el pueblo de Dios y con ira los hacen pagar las consecuencias" (*op. cit.,* p. 46).

12-17. Los sucesos que se traslucen en la apertura del sexto sello deben situarse al final de los tiempos. Este es quizá el lugar para considerar el problema de los fenómenos celestiales, a los que tan a menudo se refieren las Escrituras del AT y del NT en pasajes relacionados con el fin de los tiempos. Con la llegada del Sputnik, se publicaron una serie de artículos acerca de este tema, a algunos de los cuales contienen afirmaciones muy tontas. El tema de las perturbaciones celestiales lo toca primero Joel, en textos que con claridad se refieren al "día del Señor" (1:15; 2:1-11,30,31). Un pasaje de Joel (2:28-32a) lo cita Pedro en el gran sermón de Pentecostés (Hch. 2:16-21). En cuanto nos consta, no hubo en ese tiempo trastornos celestiales. Isaías reiteró estas predicciones, también en relación con "el día del Señor" (13;6-10; 24:21-23). Nuestro Señor puso muy de relieve este aspecto concreto de la escatología en el Sermón del Monte de los Olivos (Mt. 24:29,31; Mr. 13:24-26; Lc. 21:11, 25). Todas estas afirmaciones se refieren al período de "después de la tribulación" (Mt. 24:29), con la excepción de Lc. 21:11, que implica que habrá algunas perturbaciones celestiales ya antes de la Tribulación misma. Es en Apocalipsis sobre todo, sin embargo, que se menciona la presencia de dichas perturbaciones. La primera se menciona en el pasaje que estamos considerando, con ocasión de la apertura del sexto sello. Pero esta clase de fenómeno ocurre cuatro veces durante los juicios a son de trompeta, en el primero, tercero, cuarto y quinto (8:8—9:2). Durante el derramamiento del cuarto recipiente, parece que el sol sufre las consecuencias (16:8), y durante el derramamiento del séptimo recipiente, caen grandes piedras del cielo sobre los hombres (16:17-21).

El estudio cuidadoso de estos pasajes parece revelar que no hay que pensar en trastornos celestiales anómalos antes del período de la Tribulación con significado profético. Esto es sobre todo verdad de los artefactos salidos de la mano del hombre, por importantes que sean; porque las manifestaciones celestiales a las que aluden las Escrituras proféticas son resultado de una intervención directa de Dios mismo. En dos oportunidades en el pasado los hombres experimentaron el juicio divino en forma de gran oscuridad: en la novena plaga que cayó sobre Egipto (Éx. 10:21-23); y durante las últimas tres horas en las que nuestro Señor estuvo colgado de la cruz (Mt. 27:45 y paralelos).

III. Los Juicios de las Siete Trompetas. 7:1—9:21.

7:1-8. La segunda serie de juicios es mucho más rigurosa y extensa que los que se llevan a cabo con la apertura de los sellos. Antes de que ninguno de los siete ángeles toquen estas siete trompetas, se introducen dos grandes multitudes, una en la tierra (7: 1-8) y la otra sin duda en el cielo, **que estaban delante del trono y en la presencia del Cordero** (7:9-17). El primer grupo es de 144.000 **sellados de todas las tribus de los hijos de Israel** (v. 4). No se dice que sean mártires. El sello implica que este grupo concreto recibirá protección divina en las tribulaciones que caerán sobre la tierra.

Ha habido mucho desacuerdo en cuanto a quienes son esas personas, como consecuencia de las cuatro formas más importantes de interpretar el pasaje. Una es que deben considerarse en forma genérica como "representantes de un proceso continuo de preservación durante las pruebas y aflicciones de todos los tiempos hasta el fin". No parece que haya nada en el texto que justifique esta forma tan indefinida de designar a estos grupos de las tribus. Otro punto de vista, algo parecido, identifica a estos como cristianos, como la Iglesia —y con ello están de acuerdo muchos nombres de prestigio, como Bengel, Alford, Lenski, David Brown, Milligan, etc. Entre las interpretaciones menores está la ridícula de Albert Barnes de que se refiere a las diez divisiones de la Iglesia Cristiana. Algunas sectas se han visto a sí mismas en estos grupos, como los jezreelitas de una generación anterior.

Finalmente, está la interpretación literal, de que se trata de una profecía referente a los hijos de Israel, al final de los tiempos. El gran especialista del siglo XIX en literatura profética, J.H. Todd, sintetiza este punto de vista cuando dice: "En armonía perfecta con el hecho revelado en muchas profecías, esto nos dice que en el período al que se refiere la visión, el pueblo judío existirá como nación y la mayoría del mismo todavía vivirá en la incredulidad". Esta es la opinión que sostienen Godet, Fausset, Nathaniel West y Weidner.

Fausset agrega: "De entre estas tribus será preservado un remanente de creyentes de los juicios que destruirán a todos los que forman la confederación anticristiana" (JFB). Es significativo que la tribu de Dan se omita en este punto —para lo cual se han sugerido muchas explicaciones— y que la de **Leví** se incluya. "Como las ceremonias levíticas han sido abandonadas, Leví vuelve a aparecer en plan de igualdad con sus hermanos" (Albert Bengel, *Introduction to the Exposition of the Apocalypse, in loco*). En lugar de Efraín, se emplea el nombre de José. Considero este párrafo como el segundo de dificultad especial en Apocalipsis.

9-17. La otra multitud es de carácter universal —sin duda no limitada a Israel, sino formada por todas las tribus y pueblos que están en la gloria— y cantan el gran himno a Dios y al Cordero, junto con los ángeles, ancianos y los cuatro seres vivientes.

Estos, se le dice a Juan, **son los que han salido de la gran tribulación, y han lavado sus ropas, y las han emblanquecido en la sangre de Cordero** (v. 14). La **gran tribulación** no puede ser otra que la mencionada en el discurso del Monte de los Olivos (Mt. 24:9,21,29). Toda la escena es celestial: El Cordero se presenta como su Pastor o gobernante; se les promete que los guiará a las fuentes de agua viva; y, adelantándose a la descripción detallada de la Ciudad Santa que se halla luego, se les dice que Dios enjugará toda lágrima de sus ojos (Ap. 21:4).

8:1-6. Los juicios a son de trompeta se explican en los capítulos 8 y 9, y, al igual que en el caso de los siete sellos, los cuatro primeros están agrupados. Antes de que ningún ángel toque ninguna trompeta, se habla acerca de las oraciones de los santos (vv. 3,4). Quizá Todd tenga razón en pensar que de esto podemos inferir, "que los juicios anunciados en esta profecía serán la consecuencia, en alguna forma notable, de las oraciones de los santos que claman a Dios que complete cuanto antes el número de sus elegidos y apresure la llegada de su reino" (*op. cit.*, p. 131). En esto no hay referencia ninguna a la doctrina católica de la intercesión por medio de ángeles o santos. El trueno, las voces, los relámpagos y los terremotos son los precursores simbólicos de los juicios divinos que están por caer sobre la tierra.

Antes de estudiar los juicios mismos, es bueno recordar el significado de las trompetas en las Sagradas Escrituras. Todos estos fenómenos (excepto el terremoto) se encuentran en el relato de la aparición de Dios en el Monte Sinaí para encontrarse con Moisés, en el cual tenemos la primera referencia bíblica a la *trompeta* (Ex. 19:16). El son de trompetas reunió a los israelitas para ser instruidos (Nm. 10:3,4) o para que emprendieran camino (Nm. 10:3-7); los convocó para la guerra (Jer. 4:19; 42:14, etc.), y para que regresaran de la dispersión (Is. 27:13); anunció la liberación en el año de jubileo (Lv. 25:8-10), y en este caso anuncia juicio. Los juicios a son de trompeta son muy parecidos a las plagas que Dios envió a Egipto para la liberación de Israel, aunque no ocurren en el mismo orden.

7-13. El resultado del toque de la primera trompeta es la combustión de una tercera parte de la flora de la **tierra**. Al son de la segunda trompeta, una tercera parte del **mar** se convierte en sangre, una tercera parte de las criaturas del mar mueren, y una tercera parte de las naves es destruida (cf. la primera plaga, Éx. 7:20-24). Al toque de la tercera trompeta, una gran estrella, ardiendo como una antorcha, cae sobre los ríos y **aguas** de la tierra, los infecta y produce muchas muertes. Los dos primeros juicios afectan a la naturaleza, y al hombre sólo en forma indirecta, pero el tercero produce la muerte de muchos. El toque de la cuarta trompeta produce trastornos celestiales, de forma que la tercera parte del **sol**, de la **luna** y de las **estrellas** queda herida, y su luz oscurecida (cf. la novena plaga, Ed. 10:21-23). Este eclipse milagroso del sol, de la luna y de las estrellas lo predice Amós como señal del día venidero del juicio (Am. 8:9; véase también Jl. 2:2, 10). Adviértase que los cuatro juicios se refieren a alguna catástrofe que cae sobre el mundo de la naturaleza. (Weidner, *op cit.*, resume en forma excelente las varias interpretaciones fantasiosas de estos cuatro juicios, pp. 343-345). Antes de los juicios de las dos trompetas siguientes, se oye exclamar a un águila que vuela por en medio del cielo, **¡Ay, ay, ay, de los que moran en la tierra . . . !** Es la primera vez que la palabra traducida por **ay** aparece en Apocalipsis.

9:1,2. Al juicio de la quinta trompeta, al que se llama **primer ay** (v. 12), Juan dedica más espacio que a todos los juicios anteriores juntos. Es probable que, aparte de la identificación precisa de Babilonia en los capítulos 17 y 18, el significado de los dos juicios de este capítulo presenta el problema mayor más importante de Apocalipsis. Probablemente la **estrella** que cae del cielo, a quien fue dada **la llave del pozo del abismo,** sea, como dice Weidner, "un ángel malo, el instrumento de la puesta en ejecución del propósito de Dios con respecto al mundo impío" (p. 114; véase también Alford, y otros). El **abismo** no es el infierno, sino la morada actual del diablo y de sus ángeles, incluyendo el Hades, donde las almas de los muertos impíos esperan el juicio final. Tan denso es el humo que sale del pozo que oscurece al sol y el aire (véase 6:12; 8:12).

3-10. Del abismo también proceden criaturas que se describen como **angostas** (v. 3) que tienen gran poder, a quienes se les permite atormentar a los hombres (aunque no matarlos) por un período de cinco meses (v. 5). El sufrimiento de los hombres será tan intenso que buscarán la muerte, pero en vano (v. 6). En la famosa profecía del libro de Joel se emplean las langostas como símbolos de ejércitos invasores. A los hombres se les compara con langostas en Jud. 6:5, Jer. 46:23; etc., y en las Escrituras proféticas son símbolos de juicio divino (Dt. 28:38, 42; Nah. 3:15,17; Am. 7:1-3, etc.). No es posible examinar aquí cada expresión descriptiva, pero debemos llegar a alguna conclusión en cuanto a qué criaturas represententan. Yo personalmente no creo poder ser más específico que Milligan, quien dijo —y sin duda todos estarían de acuerdo con ello— que los juicios se refieren a "una gran explosión de maldad espiritual que agravará las penas del mundo, y le hará aprender cuán amarga es la esclavitud de Satanás, y le enseñará a sentir incluso en medio del gozo que sería mejor morir que vivir".

11. La descripción concluye con la mención de que encima de estas criaturas está **el ángel del abismo,** llamado en hebreo, *Abaddon,* y en griego, *Apollyon,* éste último con el significado de "destructor". En la Setenta la palabra conlleva esta idea en Job 26:2; 28:22; Pr. 15:11, etc.; otra forma es la palabra traducida por "destrucción" en Mt. 7:13 y "destruir" en 2 Ts. 2:8.

13-21. El toque de la sexta trompeta se identifica con el **segundo ay** (11:14). Se nos conduce ahora a un área geográfica conocida, al río **Eufrates** (v. 14), que es probable que haya que tomar en sentido literal. Cuatro ángeles atados en ciertas partes de este río son desatados, **a fin de matar a la tercera parte de los hombres** (v. 15). Esta terrible destrucción la llevarán a cabo ejércitos de jinetes. Sin duda que con esto hemos llegado ya a los tiempos del comienzo del Anticristo. Todd ha dicho, y Weidner y otros están de acuerdo, que "probablemente hemos de considerar esta región como el escenario de este gran juicio, que está de conformidad total con las conclusiones a que llevan las profecías de Daniel, en las que estos países de la región del Eufrates, en otro tiempo sede de tan poderosos imperios, están destinados a convertirse en escenario de la última gran lucha entre los príncipes del mundo y el pueblo de Dios".

El resultado de todo esto no es un volver a Dios, o arrepentimiento, sino una continuación testaruda en los pecados que han producido este juicio, el culto a demonios, la idolatría, el homicidio, las brujerías, la fornicación y los robos. De hecho, no puedo encontrar pruebas en Apocalipsis de que vaya a haber una gran vuelta a Dios durante el tiempo en que estos terribles juicios caen sobre los hombres.

IV. La Hora más Tenebrosa de la Historia del Mundo. 10:1—13:18.

El Ángel con el Librito. 10:1-11.

El capítulo décimo ofrece un agradable interludio. **Otro ángel fuerte** desciende del cielo con un **librito** en la mano, y cuando Juan está a punto de referir lo que ha visto, oye una voz del cielo que dice, **Sella las cosas que los siete truenos han dicho, y no las escribas** (v. 4; cf. Dn. 12:9). Al parecer nunca llegó a referirlas, y por ello

no sabemos qué dijeron los truenos. El ángel hace una afirmación famosa, y más o menos enigmática —que el tiempo no sería más. Swete traduce esto, *No habrá ningún intervalo más de tiempo, ninguna dilación más.* Esta declaración, junto con la que sigue de inmediato, **el misterio de Dios se consumará** (v. 7), nos convencen de que el propósito de esta visión, y en especial de estas afirmaciones, es prepararnos para la manifestación final de los juicios de Dios la conclusión del fin de los tiempos, y la destrucción de los enemigos del Cordero. El **librito** (v. 8) que se le dice a Juan que tome y coma (cf. Ez. 3:1-3; Sal. 19:10,11; Jer. 15:16) nunca se abre, por lo que su naturaleza exacta debe ser algo discutido. Pero Düsterdieck tiene razón, creo, cuando dice que "parece ser una instrucción e interpretación íntima dada al vidente respecto a las visiones todavía pendientes, y que habrán de continuar hasta la plenitud del tiempo. Cuanto más importantes son los temas de las profecías que ahora siguen, tanto más natural parece la nueva preparación especial del profeta" (p. 308).

Los dos Testigos en Jerusalén. 11:1-12. El capítulo once de Apocalipsis siempre me ha resultado de gran interés. Tiene lugar sin duda en Jerusalén, a la cual, si bien se le da espiritualmente el nombre de **Sodoma** y **Egipto** (v. 8; cf. Is. 1:9,10) se refiere en forma específica como al lugar **donde también nuestro Señor fue crucificado.** Los sucesos que se refieren todavía no han tenido lugar, pero ocurrirán literalmente en "la ciudad santa" al fin de los tiempos.

1,2. Se le dice a Juan que tome una vara de medir y mida **el templo de Dios, y el altar, y a los que adoran en él** (v. 1), lo cual sin duda implica que habrá alguna clase de templo edificado en Jerusalén por ese tiempo. Se afirma que **la ciudad santa** será hollada **cuarenta y dos meses** (v. 2), período de tiempo que también se encuentra en 13:5, y equivale a los 1260 días de 11:3, y 12:6. Considero que esto es la primera mitad del término de siete años de nuestra era, durante la segunda mitad de la cual ocurrirá la Gran Tribulación, cuando el Anticristo ejercerá poder universal.

3-12. Aparecen ahora **dos testigos,** enviados de Dios para profetizar a esta ciudad, aunque no se nos dice cuál es su mensaje. Se les compara a los dos olivos y candeleros (v. 4) descritos en Zac. 4. Se les da poder sobrenatural, como el que tuvieron Elías y Moisés (1 R. 17:1), para matar a sus enemigos, para producir sequía, para convertir el agua en sangre, y para asolar la tierra con plagas según lo quieran (vv. 5,6). Cuando hayan concluido la obra que Dios les ha asignado, **la bestia que sube del abismo**

hará guerra contra ellos, y los vencerá y los matará (v. 7). Los cuerpos de estos dos profetas son colocados en la calle de esta ciudad, y desde toda la tierra los hombres los contemplan por tres días y medio, y luego se regocijan porque estos hombres que los habían atormentado ahora, según creen, están aniquilados (vv. 8-10). Para sorpresa de sus enemigos, una vez transcurridos tres días y medio, Dios los resucita, los llama a la gloria, y ascienden al cielo en una nube (vv. 11,12).

El problema es, ¿quiénes son estos dos **testigos?** Se han dado muchas respuestas. El texto no puede en modo alguno, estoy seguro de ello, interpretarse como si se refiriera a un movimiento, o, como persiste en decir Lange, al estado cristiano y a la Iglesia cristiana (porque ¿dónde hay un estado cristiano hoy día?), o al AT y al Nuevo, o al Mundo y al Espíritu, o a los cristianos fieles, como Milligan y Swete creen. Me parece que estos dos testigos han de tomarse como individuos. Muchos afirman que son Moisés y Elías (Simcox, etc.), otros que son Enoc y Elías (Seiss, Lang, Govett). Pero en cuanto a dichas opiniones estoy de acuerdo con la posición de Moorehead: "Es sumamente improbable que estos santos, después de siglos de felicidad en el cielo, sean enviados a la tierra para dar testimonio a judíos y gentiles" (*op. cit.*, p. 86). Francamente, me parece que nada ganamos con discutir mucho acerca de su identidad. Son dos testigos que Dios envía, y a quienes Dios dota de gran poder.

Aunque escrito en 1864, el comentario de Govett acerca de los pueblos, tribus y naciones que contemplan estos cadáveres (vv. 9,10) sigue mereciendo atención: "La palabra *blepo*, es decir, *contemplar*, denota no sólo que las naciones los ven uno que dirigen los ojos hacia ese espectáculo y lo contemplan. 'Pero', se pregunta, '¿cómo se concibe que por toda la tierra puedan regocijarse por ello si sólo transcurren tres días y medio entre su muerte y su resurrección? . . .' ¿No es perfectamente lógico si el telégrafo por ese entonces se ha extendido con la velocidad con que lo ha hecho en los últimos años." (*op. cit.*, pp. 243,246,247). Y ahora, con la televisión, podemos entender mucho mejor este pasaje.

Las palabras de Lenski referentes a estos enemigos de Dios que se regocijan por la muerte de los dos profetas (v. 10) son muy estimulantes: "El mundo perverso no los puede pasar por alto y seguir simplemente en su obstinación. Incluso cuando es por fin reducido a un silencio completo, el mundo obstinado no puede descartar el testimonio divino. Debe hablar acerca del mismo, hacer que todos contemplen los labios inmoviliza-

dos. Los que desprecian la Palabra *nunca* se deshacen de ella. El mismo regocijarse por haberla reducido al silencio hace que sigan ocupándose de la Palabra (*op. cit.*, p. 346).

13,14. En la ascensión de los dos testigos, Jerusalén pasa por un **gran terremoto,** que produce la muerte de siete mil personas **y los demás se aterrorizaron, y dieron gloria al Dios del cielo** (v. 13). En esto no descubrimos convicción alguna de pecado, sino un simple sentimiento de temor, que pronto pasa.

La Séptima Trompeta y la Escena en el Cielo. 11:15-18. Al igual que en el caso de la apertura del séptimo sello, cuando el séptimo ángel toca la séptima trompeta, no se produce ningún suceso inmediato, ni se anuncia ningún juicio inminente. Más bien, con el toque de la trompeta, se nos presenta una escena en el cielo, y una de las afirmaciones más grandiosas de toda la Biblia acerca de Cristo: "Los reinos del mundo han venido a ser de nuestro Señor y de su Cristo; y él reinará por los siglos de los siglos" (v. 15). La traducción de NC, **reino** en vez de "reinos" es más exacta según el texto griego. El mundo todo aparece ahora como bajo un gobierno universal poderoso.

Esta declaración va seguida de un cántico de alabanza que ofrecen los veinticuatro ancianos al Dios Todopoderoso. Esta es la única vez que se describe a los ancianos como postrados ante Dios. Con el anuncio de que el reino de Dios por Cristo está próximo, se nos da un resumen breve (v. 18) de los acontecimientos que están a punto de ocurrir: (1) Las naciones están airadas; es decir, habrá un intento de ataque a Cristo y a los suyos; 2) la ira de Dios está a punto de descargar; (3) los muertos serán juzgados; (4) los creyentes que aquí están divididos en tres grupos —profetas, santos y los que temen el nombre de Dios— recibirán recompensa; y (5) los que destruyeron van a ser destruidos. De esto se puede concluir muy bien que a medida que se aproxima el tiempo en que Cristo va a asumir el mando real sobre la tierra, el odio de las naciones terrenales contra el pueblo de Dios se intensificará, y la oposición al Evangelio se incrementará.

11:19. La mayoría de los expertos estarán de acuerdo con que 11:19 debería considerarse como introducción a lo que se va a revelar en el capítulo 12. De nuevo aquí, como al comienzo de los pasajes acerca de los siete sellos (4:5) y de las siete trompetas (8:5), hay relámpagos, voces, truenos y un terremoto. Lo que Juan ve ahora en el cielo —un templo de Dios y **el arca de su pacto**— presenta un problema de interpretación. No parece que pueda tratarse de la misma arca del pacto que estuvo con Israel durante la travesía del desierto (como algunos opinan); porque dicha arca ni siquiera existió en tiempo de Cristo. La palabra que aquí se traduce por **templo**, *naos*, significa "santuario", la parte más interior del templo. Cuando la Ciudad Santa descienda del cielo, se dice en forma explícita que no habrá templo alguno en ella (21:22).

La Mujer con el Niño Hombre. 12:1-17.
1-5. El capítulo 12 presenta otro problema de identificación —la **mujer** que se ve en el **cielo** que **clamaba con dolores de parto** en el **alumbramiento** de un niño (vv. 1,2). Una cosa parece cierta —que este niño que **regirá con vara de hierro a todas las naciones** (v. 5) debe ser el Señor Jesucristo (véase Sal. 2:9; Is. 66:7; Ap. 19:15). Se han hecho una serie de sugerencias en cuanto a la identidad de la **mujer**. En el período patrístico, Victorino dijo que es "la antigua iglesia de los padres y los profetas, de los santos y los apóstoles" (Padres Antenicenos, VII, 355). Muchos escritores dicen que es Israel, del cual procedió Cristo; otros, como Auberlen, Lenski, etc., lo interpretan en forma más comprensiva del Israel de ambos testamentos. Creo que podemos afirmar que se trata de Israel. La Iglesia Católica, desde luego, insiste en que es la Virgen María, pero dicha Iglesia también dice que María dio a luz a Cristo sin dolor, lo cual contradice lo afirmado en este versículo (véase Is. 66:7). Ante esta mujer se yergue el gran enemigo de Dios, **el dragón** (Ap. 12:4), quien espera destruir a Cristo. Pero fracasará en el esfuerzo.

6. Personalmente creo, con Weidner, Walter Scott y muchos otros, que este versículo es anticipante, y alude al tiempo de tribulación de Israel al fin de los tiempos. Está colocado en este punto para poner de relieve el hecho de que Satanás, quien odia a Cristo, y por ello a su pueblo, perseguirá en forma especial a Israel hacia el fin de los tiempos.

7-9. Ahora se nos habla de lo que Swete con razón llama "el intento supremo por parte del dragón de desbancar al Hijo de la Mujer, y de recuperar su puesto ante la presencia de Dios". Satanás recibe más apelativos en este pasaje (v. 9) que en ningún otro de la Palabra de Dios: **gran dragón, serpiente antigua, diablo** y **Satanás**, y —en una de las expresiones más terribles de la Escritura— no algo de lo que Satanás se jacta, sino algo que el cielo conoce —**el cual engaña al mundo entero** (véase 2 Ti. 3:13; 2 Jn. 7). En este caso no se le enfrenta Cristo, sino Miguel y sus ángeles (Ap. 12:7; véase Dn. 10:13,21; Jud. 9), quien al parecer es el cabeza de la jerarquía angélica. Satanás es arrojado del cielo. Quizá se encuentre aquí una referencia a algunas palabras de nuestro Señor respecto a la caída de Satanás del cielo (Jn. 12:31), si bien estoy convencido de que la escena sucede al fin de los tiempos. Adviértase que Satanás no es arrojado al abismo, sino **a la tierra** (Ap. 12:9), precisamente antes de que el Anticristo asuma su reino temporal y terrible.

10-12. No hacen falta detalles en cuanto al cántico siguiente de regocijo. Se subrayan el poder de Dios y la autoridad de Cristo. Los hermanos **han vencido** a Satanás **por medio de la sangre del Cordero y de la palabra del testimonio de ellos** (v. 11). Por haber dado testimonio fiel, incluso hasta la muerte son vencedores.

13-17. Se afirma con más detalle lo que se ha anticipado en el versículo 6. El período de tiempo, **un tiempo, y tiempos, y la mitad de un tiempo** (v. 14), semejante a los 1260 días del versículo 6, es el período de la tribulación más tenebrosa. La ayuda de la tierra a la mujer (v. 16) quizá representa, como dice Walter Scott, los gobiernos de la tierra que se muestran amistosos con los judíos "y providencialmente (cómo, no lo sabemos) frustran los esfuerzos de la serpiente" (*Exposition of the Revelation of Jesus Christ, in loco*). La referencia a la mujer y a su **descendencia** (v. 17) recuerda la primera profecía mesiánica (Gn. 3:15).

La Aparición de las Dos Bestias. 13:1-18.
1-10. Dos gobernantes terribles hacen su aparición en el capítulo 13, uno que sube **del mar**, y el otro que procede de la tierra. El **mar** es aquí sin duda "símbolo de la superficie agitada de una humanidad no regenerada, y en especial de la caldera en ebullición de la vida nacional y social de la que surgen los grandes movimientos históricos del mundo" (Swete). La primera bestia, cuyos cuernos y diademas representan poder, recibe vigor de Satanás (v. 2). Es casi increíble que **toda la tierra** adore tanto al **dragón** como a la **bestia** (vv. 3,4). Habrá mucha religión en el mundo, pero será impía y blasfema. Esta primera bestia está contra Dios (vv. 5,6); recibe vigor de Satanás (v. 2); tiene autoridad militar suprema (v. 4); posee poder mundial (v. 7); y persigue a los santos de Dios (v. 7). ¿Quién negaría que el escenario de la historia del mundo se va rápidamente preparando gracias a tendencias que en última instancia conducirán al mando y adoración de un monstruo semejante? Todos los que no pertenezcan al Cordero de Dios adorarán a la bestia.

11-15. En tanto que la primera bestia es sin duda un poder político mundial, la segunda (v. 11), como ha dicho Lee, "es un poder mundial espiritual, el poder de aprender y saber, de las ideas, del cultivo intelectual. Ambos proceden de abajo, ambos son bestias, y por tanto están en íntima asociación. La sabiduría mundana anticristiana está al servicio del poder mundano anticristiano" (p. 671). La segunda bestia ejecuta los mandatos de la primera bestia, y acompaña su obra maligna de varias formas de manifestaciones milagrosas (vv. 12,13). El período de los "tiempos de los gentiles" comenzó con la adoración obligada de una imagen que un gobernante poderoso levantó (Nabucodonosor, en Daniel 3); y este período concluirá con una adoración igualmente obligada, esta vez a escala mundial.

16,17. El capítulo concluye con una profecía de lo que podría llamarse dictadura económica. El texto no dice que los hombres no serán capaces de comer a no ser que tengan **la marca de la bestia,** sino que no podrán hacer negocio sin dicha marca.

18. El versículo final de este capítulo, en el que se revela que **el número de la bestia** es 666, ha dado pie a muchas interpretaciones y una producción literaria muy vasta. Libros enteros han sido escritos acerca de este texto. Lutero se equivocó al pensar que se trata de una afirmación cronológica. Sumando 666 al año 1000 le resultaba el año 1666, en el que nada ocurrió con significado profético. Muchos han tratado de identificar esta persona por medio de nombres la suma numérica de cuyas letras es 666. En nuestra lengua, por ejemplo, X equivale a 10, L a 50, y C a 100. En hebreo, griego y latín hay equivalentes parecidos para las letras. Algunos han creído, pues, que este número traducido de este modo se refiere al César del siglo primero, Nerón; otros lo interpretan como *Lateinos,* que significa, "el latino". Me parece que no hace ir más allá de reconocer que seis es el número del hombre caído y por tanto de lo incompleto, y que 666 es la trinidad de seis. Incluso en este pasaje hay una trinidad demoníaca —Satanás, la bestia **de la tierra** (Anticristo, v. 11), y la bestia **del mar** (el falso profeta, v. 1). (Una tabla de las distintas interpretaciones de estas dos bestias se encuentra en Charles Maitland: *The Apostles' School of Prophetic Interpretation* [Londres, 1849], p. 329).

Torrance pregunta con razón: "¿Acaso no vemos hoy día que el poder de la propaganda y las mentiras erige tal imagen en nación tras nación sobre la tierra? . . . ¿No hemos oído acaso la voz áspera de esa bestia que resuena y vocifera en la radio, y leído sus jactancias y amenazas en las páginas de la prensa mundial? . . . Aparte de Jesucristo lo único que se puede hacer es preparar para la incredulidad, dar una forma orgánica y sutil al mal, al orgullo y al egoísmo humano . . . En todo momento el mal latente en el mundo erige su imagen

y deja su huella en las personas, mentes y acciones de los hombres" (*op. cit.,* pp. 86-89).

Adviértase que estos dos poderes mundiales reciben el nombre de *bestias.* El filósofo ruso, Nicolás Berdyaev, escribiendo acerca de la bestialidad del hombre moderno, dice: "El movimiento hacia una super-humanidad y el super-hombre, hacia poderes sobrehumanos, demasiado a menudo no significa sino la bestialización del hombre. El antihumanismo moderno asume la forma de bestialismo. Utiliza al trágico e infortunado Nietzsche como una especie superior de justificación para la deshumanización y bestialización . . . Nuestra época se caracteriza por una crueldad bestial hacia el hombre, y ello es tanto más sorprendente cuanto que se exhibe con un refinamiento humano exquisito, cuando precisamente el concepto moderno de simpatía y compasión parecería que ha hecho imposible emplear las formas bárbaras antiguas de crueldad. El bestialismo es algo del todo diferentes de la barbarie antigua, natural y sana; es barbarie en el marco de civilización refinada. En este caso los instintos atávicos y bárbaros se tamizan a través del prisma de la civilización, y de ahí derivan su carácter patológico. El bestialismo es un fenómeno del mundo de los hombres, pero de un mundo ya civilizado" (*The Fate of Man in the Modern World,* pp. 26-29. Una exposición completa de este capítulo se halla en mi volumen, *This Atomic Age and the Word of God,* pp. 193-221).

V. Las Siete Plagas de Juicio. 14:1—16:21.

Al igual que hay capítulos introductorios a los juicios que se inician con la apertura de los siete sellos, y con el toque de las siete trompetas, así también en este caso, antes de la última *serie* de juicios, tenemos un capítulo introductorio.

14:1-5. El capítulo se inicia con una escena en el **Monte de Sion,** que sin duda representa el cielo —única referencia a Sion en Apocalipsis. Se nos presenta un gran grupo de 144.000, que poseen características que los sitúan en un plano de consagración poco frecuente: (1) en la frente ostentan los nombres del Cordero y del Padre— lo cual será verdad de todos los redimidos por toda la eternidad (22:4); (2) sólo ellos pueden entender el cántico nuevo que los arpistas cantan ante el trono; (3) no se han contaminado con mujeres, porque son vírgenes —afirmación que luego estudiaremos; (4) siguen al Cordero dondequiera que va; (5) son las primicias para Dios; (6) son irreprochables. No cabe duda de que es un grupo selecto de santos de Dios del que nada más se vuelve a leer.

El único problema del pasaje es el versículo 4. Muchos han insistido en que debe tomarse en sentido literal, como Govett, quien dedica cinco páginas a este versículo. En ningún pasaje de la Escritura se menciona a la virginidad como tal, o celibato, como sinónimo de santidad, o como factor que lo hace a uno especialmente apto para el servicio divino. La familia es una institución divina desde el comienzo de la Escritura. Por tanto, creo que este texto debe tener un significado simbólico, parecido al empleo de estos términos por parte de Pablo en 2 Co. 11:2,3. El matrimonio no contamina (He. 13:4).

6,7. Ahora tenemos una descripción de tres mensajes sucesivos de tres ángeles diferentes. El primero tiene **el evangelio eterno**, proclamado a todos los habitantes de la tierra, y que consiste en la siguiente admonición: **Temed a Dios, y dadle gloria, porque la hora de su juicio ha llegado, y adorad a aquel que hizo el cielo,** etc. Estoy por completo de acuerdo con Swete en que esta proclamación "no contiene referencia alguna a la esperanza cristiana; la base de la invitación es un teísmo puro. Es una invitación a la conciencia del paganismo ignorante, hasta entonces incapaz de comprender nada más". No hay indicios en el pasaje de que se acepte el mensaje o de que, por creerlo, algunos sean redimidos.

8-13. El segundo ángel anuncia la caída de Babilonia, que se describe detalladamente en los capítulos 17 y 18. El tercer ángel emite un juicio sobre los que han adorado a la bestia y a su imagen, y se adelanta a afirmar el castigo eterno de los que llevan la marca de la bestia. Hace un siglo los Adventistas del Séptimo Día utilizaron estos versículos para decir que se habían cumplido según las ideas específicas que tienen acerca de la iglesia. Consideraron el primer movimiento milenarista como una advertencia a la iglesia de que es Babilonia. Por ello, los creyentes deben salirse del cristianismo organizado— y el mensaje del tercer ángel se cumplirá de inmediato. Los adventistas insisten en que se trata de una promesa de que en los últimos tiempos sólo serán aceptos a Dios los que **guardan los mandamientos de Dios y la fe de Jesús** (v. 12), y en que esto es "un llamamiento a los hombres para que honren el verdadero sábado de Dios, el sábado del séptimo día del Decálogo" (Francis D. Nichol: *The Midnight Cry.* p. 462). Ignoro por qué particularizan el mandamiento acerca del séptimo día, al que ni siquiera se alude en este pasaje, y no incorporan a este esquema las otras nueve Palabras del Decálogo.

14-20. El capítulo concluye con dos escenas que sólo pueden ocurrir al fin de los tiempos. La primera (vv. 14-16) representa una cosecha, una siega de almas, la reunión de todos los redimidos, a lo cual se refiere el Señor en Mt. 13:30,39; 24:30,31. Se ha discutido algo acerca de estas dos escenas, pero soy del parecer de que la segunda, que no es una escena de cosecha sino de vendimia, debe describir la reunión de los incrédulos y malos de este mundo. Son párrafos que prevén. Govett sintetiza correctamente este pasaje cuando dice, "La simiente de la Mujer suministra la Cosecha, en tanto que la simiente del Dragón suministra la Vendimia". Véase también Jl. 3:13.

15:1-4. El capítulo 15 continúa ocupándose de asuntos preliminares y de una escena en el cielo. Ofrece uno de los grandes cánticos del libro, esta vez cantado, al parecer, por los que han triunfado sobre las fuerzas malas de los últimos días, los cuales han salido victoriosos **sobre la bestia y su imagen, y su marca y el número de su nombre** (v. 2). Se le llama **el cántico de Moisés siervo de Dios, y del Cordero** (v. 3; véase Éx. 14:31; 15; Nm. 12:7; Dt. 32). "El cántico con el que Moisés celebró la liberación de Egipto se reanuda ahora y se concluye en modo perfecto cuando el pueblo de Dios es por fin liberado por el Cordero" (Lee). El cántico es un mosaico de temas de Éxodo, de los Salmos (86:9; 111:2; 145:17), y de Isaías (2:2-4; 66: 23, etc.).

5-8. Juan dice que vio **en el cielo el templo del tabernáculo del testimonio** (v. 5). Es la última vez que aparece la palabra traducida por **templo** en este libro (cf. 11:19). De este lugar santísimo proceden cinco ángeles, con las siete plagas que ahora van a ser esparcidas por la tierra, **copas de oro, llenas de la ira de Dios** (v. 7). Inmediatamente antes de que comience esta serie, se nos dice que el santuario **se llenó de humo por la gloria de Dios, y por su poder** (v. 8), lo cual trae a la mente el recuerdo de lo inasequible de Dios en el Sinaí (Éx. 19:21), y en la visión de Isaías) (Is. 6:4,5). El gran exegeta del pasado, John Albert Bengel, escribió acerca de este pasaje: "Cuando Dios descarga su ira es adecuado que incluso los que están en buenas relaciones con él se aparten algo, se mantengan apartados con profunda reverencia hasta que el horizonte vuelva a aclararse" (*Introduction to the Exposition of the Apocalypse, in loco*).

16:1,2. Ahora ya estamos en condiciones de estudiar las siete copas de la ira de

Dios. La primera, parecida a la sexta plaga de Egipto, hizo que a hombres que ostentaban la señal de la bestia los atormentara una **úlcera maligna y pestilente**, de la que no se dan más detalles. Cuando se derrama la segunda copa (cf. la primera plaga de Egipto), el mar se convierte en **sangre como de muerto**, y toda la vida del mismo muere (v. 3). Weidner hace notar la semejanza y la diferencia entre esta plaga y la de la segunda trompeta (8:8,9): "Los juicios de Dios se vuelven más terribles a medida que la maldad aumenta y el fin se aproxima".

4-11. El tercer frasco de ira también afecta a ríos y manantiales de agua, lo cual hace que **el ángel de las aguas** responda para reconocer la justicia y santidad de Dios, y la justificación de manifestaciones tan terribles del juicio divino (vv. 5,6). El cuarto frasco, que afecta al sol, en cierto modo incrementa la intensidad del calor que el mismo produce en la tierra; esto quema a los hombres, y como resultado de ello blasfeman a Dios (vv. 8,9). La quinta copa de ira se parece al juicio de la cuarta trompeta y a la novena plaga de Egipto, en la manifestación de oscuridad, excepto que en esta ocasión lo que se entenebrece es el reino de la bestia (vv. 10,11). Dios comienza ahora a sacudir el trono mismo de su gran enemigo, quien había sido la causa vital del engaño de los hombres, de sus terribles crímenes, y de su odio a Dios.

12-16. En el derramamiento del sexto frasco sobre el río Éufrates, Juan ve básicamente a **los reyes del oriente**, a quienes un poder satánico había conducido a dirigirse a **Armagedón** (v. 16) para **la batalla de aquel gran día del Dios Todopoderoso** (v. 14). Este es el único lugar en que se menciona **Armagedón** por el nombre en todo Apocalipsis. La batalla misma se describe en la parte final del capítulo 19. Moorehead escribió ya antes de la primera Guerra Mundial y del moderno despertar de Asia, "Las vastas hordas de Asia intervendrán en la batalla, decisiva y avasalladora, del gran día de Dios". El Lejano Oriente ha significado mucho para la civilización occidental sólo durante la última centuria, y lo mismo se puede decir del Próximo Oriente desde la terminación de las Cruzadas. ¡Qué diferencia tan enorme entre la poderosa China de hoy, con su régimen comunista y ateo, y el relativamente débil imperio que conocimos al comienzo de este siglo! El secarse del **río Éufrates** (v. 12), que permite el progreso de estos ejércitos procedentes de Oriente, puede ser simbólico y puede no serlo; pero sin duda alguna no puede referirse al debilitamiento del imperio otomano, ni tampoco es el río

Misisipí, como algunos pretenden. Hengstenberg ha comentado con acierto: "El Éufrates se menciona aquí sólo en relación con el obstáculo que significa para el avance del poder impío del mundo hacia la Tierra Santa". Estos reyes no son judíos que se dirigen a Palestina en busca de bendiciones, sino reyes paganos que se dirigen a Megido a batallar. Este pasaje contiene una de las afirmaciones más terribles de la Biblia, a saber, que **espíritus inmundos** (v. 13), los espíritus de demonios que obran milagros, **van a los reyes de la tierra en todo el mundo, para reunirlos a la batalla** (v. 14). Esto no puede significar otra cosa que al fin de los tiempos los gobernantes de la tierra serán como demonios. Y casi nos vemos forzados a creer, por los acontecimientos de los últimos cuarenta años, que algunos gobernantes ya se han vuelto endemoniados.

17-21. Si bien el séptimo sello no siguió de inmediato a la apertura del sexto, y el toque de la séptima trompeta se demoró algo, en este capítulo el derramamiento del séptimo frasco sigue de inmediato al del sexto. Aquí la ira de Dios se dirige al **aire**, y a la declaración del juicio le siguen, como en casos anteriores, **relámpagos y voces y truenos, y un gran temblor de tierra** (vv. 18,19). No puedo por menos de pensar que **el aire** en este caso ha de tener el mismo significado que tiene en la expresión de Pablo referente "príncipe de la potestad del aire" (Ef. 2:2). (Una exposición más detallada de esto se puede ver en mi volumen, *This Atomic Age and the Word of God*, pp. 222-248). Las perturbaciones en el aire culminan con la caída de un enorme granizo (Ap. 16:21), de casi un talento cada fragmento (o cincuenta y seis libras o noventa y seis); y otra vez los hombres blasfeman de Dios. La afirmación de que en este tiempo **las ciudades de las naciones cayeron** (v. 19), o, como traducen otros, *las ciudades de los gentiles*, quizá sea, como sugiere Weidner, una referencia a Mi. 5:10-15. Se mencionan dos ciudades más, **Babilonia** y **la gran ciudad**, que es, según Milligan, Simcox, Weidner y muchas otros, Jerusalén.

Algunos comentaristas han pretendido que estas tres series septenarias sucesivas de tres juicios son una recapitulación de los mismos sucesos. Es decir, las trompetas repiten lo que los sellos ya habían proclamado, pero con mayor intensidad; y los frascos repiten los mismos acontecimientos, si bien los revisten de un mayor rigor. No me parece posible aceptar este punto de vista. Para dar sólo una razón, la secuencia en cada una de las series es completamente diferente, y esto solo, me parece, imposibilita la idea de recapitulación. En el siguiente cuadro he situado la secuencia de las series de juicios, tomando por guía los juicios de los frascos. Debajo de las columnas de trompetas y sellos están fenómenos que no figuran en los juicios de los frascos. No se ha pretendido en ningún momento dar orden cronológico a los que figuran debajo de la línea, ni tampoco establecer paralelismo entre los sellos y las trompetas; más bien, han sido colocados unos junto a otros para ahorrar espacio.

Naturaleza del Juicio	Frascos cap. 16	Trompetas caps. 8;9	Sellos cap. 6	Plagas de Egipto Éx. 7-10. 12:29-33
Úlceras	I. 2			V, VI. 9:1-12
Mares convertidos en sangre	II. 3	II. 8:8,9		I. 7:20-24
Aguas convertidas en sangre	III. 4-7	II. 8:8,9		I. 7:20-24
Gran calor	IV. 8,9	I. 8:7		
Oscuridad: Dolor	V. 10,11	IV. 8:12		IX. 10:21-23
Reyes endemoniados	VI. 12-16			
Relámpagos; Voces;	VII. 17-21	I. 8:7 (granizo)		(granizo)
Truenos; Temblores de tierra;				VII. 9:22-35
Granizo enorme			VI. 12-17	
Paz Falsa			I. 1,2	
Langostas		V. 9:1-12		VIII. 10:12-20
Guerra		VI. 9:13-21	II. 3,4	
Escasez de Alimentos			III. 5,6	
Muerte			IV. 7,8	X. 12:29-33
Aguas contaminadas		III. 8:10,11		
Mártires			V. 9-11	

VI. Babilonia y Armagedón. 17:1—19:21.

Juicio sobre Babilonia. 17:1—18:24. Una octava parte de todo el libro de Apocalipsis, unos cincuenta versículos, está dedicada al tema del juicio sobre Babilonia (14:8-10; 16:17—19:5). Sin embargo, la interpretación de **Babilonia** en Apocalipsis ha dado pie a más opiniones divergentes que ningún otro pasaje importante del libro. En el AT el nombre *Babilonia* se deriva de *Babel,* que desde luego siempre ha simbolizado confusión y rebelión contra Dios (Gn. 10:8-12; 11:1-9). Babilonia fue la conquistadora del reino de Judá, la teocracia (2 R. 24;25, etc.). Con Nabuconodosor, rey de Babilonia, comenzaron los "tiempos de los gentiles" (Jer. 27:1-11; Dn. 2:37,38). Babilonia ocupa un lugar importante en las profecías de las naciones en el AT (Is. 13; 14;47; Jer. 50;51).

Babilonia se nos presenta en estos dos capítulos bajo dos aspectos diferentes. En el capítulo 17, se identifica a la gran prostituta, mujer que como tal no figura en el capítulo 18. La bestia de siete cabezas y diez cuernos aparece sólo en el capítulo 17, único lugar en el que hallamos a los reyes de la tierra que salen a pelear contra el Cordero. En el capítulo 18 Babilonia parece ser alguna ciudad a orillas de un gran río, lleno de barcos de los mercaderes de la tierra, detalles que no figuran en el capítulo 17. Quizá convenga considerar primero el texto y pasar luego a la interpretación.

17:1-12. Hay tres grupos que hay que identificar en este párrafo inicial: la **bestia,** con siete cabezas y diez cuernos, la **prostituta** misma que cabalga sobre la bestia; y las personas a las que se llama **muchas aguas,** de las que luego se dice que son "pueblos, muchedumbre, naciones y lenguas" (v. 15). Los diez cuernos, se nos dice luego, son diez reyes (v. 12), sin duda contemporáneos; y las siete cabezas son siete montañas (vv. 9,10), que también representan reinos. Nunca debemos olvidar que cualquier federación de reyes en el AT, y aquí, siempre está opuesta a Dios y al pueblo de Dios (Gn. 15:18-21; Dn. 2:41,42; 7:7,20,24; Sal. 2:1-3; 83:1-8; Ap. 12:3;

13:1; 16:12-16). Esta mujer, llamada LA MADRE DE LAS RAMERAS (17:5), fornica con los reyes de la tierra (v. 2), y durante un tiempo los domina.

¿A quién o a qué se refiere esta **mujer**? La mayoría de los comentaristas, desde el tiempo de la Reforma, la identifican con el Papado; así lo hacen Lutero, Tyndale, Knox, Calvino (*Institutes*, IV, 2.12), Alford, Elliot, Lange y muchos otros. La Iglesia Católica misma identifica a esta mujer con Roma —pero desde luego la Roma pagana, del pasado. Es ciertamente algún sistema espiritual vasto que persigue a los santos de Dios, y que traiciona aquello para lo cual fue llamada. Se relaciona con los gobiernos de la tierra, y por un tiempo los domina. Me parece que lo más que nos podemos acercar a una identificación es entender esta ramera como símbolo de un poder espiritual vasto que surge al fin de los tiempos, que se alía con el mundo y se aviene con las fuerzas mundanas. En lugar de ser espiritualmente genuina, es espiritualmente falsa, y por ello influye en forma mala en nombre de la religión.

13-18. Los reyes de la tierra ahora, animados por un único propósito, se asocian, y apoyan con su autoridad a este gran enemigo de Dios, la bestia, y salen a guerrear **contra el Cordero** (vv. 13,14). Cuando llega esta hora, la bestia, con el poderío de los reyes de la tierra, se vuelve contra la ramera, esta fuerza seudoespiritual, y la destruye (v. 16). El versículo 17 contiene una afirmación muy consoladora—"Dios ha puesto en sus corazones el ejecutar lo que él quiso: ponerse de acuerdo . . . hasta que se cumplan las palabras de Dios".

El capítulo 18 parece contener una precisión geográfica que está ausente en el 17. Se nos dice que Babilonia se ha convertido en **habitación de demonios y guarida de todo espíritu inmundo** (v. 2). La mayor parte del capítulo se dedica a describir la riqueza de la ciudad, la mercancía que en ella se vende, y el dolor de los mercaderes, enriquecidos con dicho comercio, al contemplar a la ciudad asolada por el fuego. En los versículos 4-8 se anuncia el juicio; en los versículos 9-20 contiene el lamento de los reyes; y en 21-24 se refiere la destrucción final de Babilonia.

Debemos volver ahora al problema de interpretación. Algunos insisten en una identificación geográfica. Los que han adoptado la interpretación histórica hacen que **Babilonia** se refiera generalmente a Roma. Algunos han afirmado que **Babilonia** en este caso debe significar Jerusalén, por ejemplo Weidner, Kiddle, etc., pero esto parece del todo imposible. He leído libros que defienden que esta ciudad es Londres o París. Incluso Al-

ford dijo en otro tiempo, si bien reconoció que le parecía que la dificultad quedaba "sin solucionar", "Sin duda que los detalles de esta lamentación de los mercaderes armonizan mucho más con Londres que con Roma en cualquier período concreto de su historia" (p. 718). Una cosa no se puede negar: el turbulento río Tíber, que atraviesa Roma, nunca estuvo en condiciones de admitir el enorme tráfico marítimo descrito en el capítulo 18; además, la Roma pagana nunca se destacó como centro de intercambio y venta de mercancía. Algunos han sostenido que esta profecía sólo se puede cumplir cuando la ciudad de Babilonia sea restaurada. La Biblia Scofield niega expresamente tal asunción, aunque muchos de sus colaboradores, como Gray y Moorehead, creyeron personalmente que así iba a ser; lo mismo opinan Seiss, Govett, Pember, G.H. Lang, y muchos otros.

Los que adoptan la interpretación eclesiástica, como hemos advertido, hacen que **Babilonia** represente al papado, y hay muchos detalles que están en favor de tal opinión. Sin embargo, creo que en este texto se implica algo más que el papado. Se trata de un cristianismo apóstata, una religión mundial que ha traicionado a la cristiandad, y está aliado a gobiernos paganos e impíos del mundo. Muchos creen —y yo estaría de acuerdo con ello— que llegará el día en que la misma Iglesia Católica, transigirá con el comunismo ateo. (Una exposición profunda de este tema se puede hallar en G.H. Pember, *The Antichrist, Babylon, and the Coming of the Kingdom* [1886].)

La Batalla de Armagedón. 19:1-21.

19:1-8. Si bien al capítulo 19 de este libro se le suele titular, "La Batalla de Armagedón", en realidad la primera mitad del mismo está dedicada a una escena celestial, en la que tenemos los últimos tres cánticos de Apocalipsis. Primero, se oye a una gran multitud cantar, **¡Aleluya! Salvación y honra y gloria y poder,** por el juicio que se ha consumado sobre la gran ramera (vv. 1,2). **Aleluya** se toma directamente del hebreo y está compuesto de dos palabras *hallel*, que significa "alabanza", y *jah*, palabra básica para Dios. Aleluyas aparecen en el comienzo de los salmos 111 y 112, al comienzo y al final de los salmos 146 y 150, etc. Este cántico se repite otra vez. Luego los veinticuatro ancianos y los cuatro seres vivos se postran ante Dios cantando también **¡Amén! ¡Aleluya!** (v. 4).

Por fin, Juan oye voces, que no identifica en forma explícita (v. 6), que cantan el último cántico, que comienza con **¡Aleluya!**, esta vez no por el juicio de Babilonia, sino porque **han llegado las bodas del Cordero, y su esposa se ha preparado** (vv. 6-8).

Con esto, se le manda a Juan que escriba la última de las bienaventuranzas de este libro, en el que se anuncia que la cena nupcial del Cordero ha llegado (v. 7). La relación de Dios y Cristo con los redimidos expresada en función de matrimonio se encuentra a menudo en ambos Testamentos (Os. 2:19-21; Ez. 16:1ss.; Sal. 45; Mr. 2:19; 1 Co. 6:15-17; Ef. 5:25-27). El atavío de la novia es notoriamente diferente del de la gran ramera, porque la esposa santa sólo viste ropas **de lino fino, limpio y resplandeciente** (Ap. 19:8), símbolo de las acciones justas de los santos. Todo lo que el NT dice referente a Cristo esposo y a la Iglesia esposa se consuma.

11-16. Este párrafo siempre me ha parecido casi excesivamente glorioso para poder ser expuesto. Ahora se ve a Cristo cabalgando un caballo blanco, y descendiendo del cielo para "juzgar y pelear". Aquí asume el título de **Fiel y Verdadero**, que le fue asignado al comienzo de este libro (1:5; 3:7,14). La expresión, **con justicia**, es importante. El juicio, en toda la Biblia, se identifica siempre con la justicia. Esta es exactamente la expresión que emplea el apóstol Pablo en Hch. 17:31. De hecho, esta es la palabra empleada en la primera alusión a Dios como juez de toda la tierra (Gn. 18:25; véase también Sal. 9:4,8; 98: 9; Is. 11:4; etc.) Justicia, dice la gran autoridad en materias de léxico, Cremer, es "esa norma divina que se manifiesta en una conducta que se conforma a Dios . . . que armoniza con la norma divina". Nuestro Señor mismo dijo, "Mi juicio es justo, porque no busco mi voluntad, sino la voluntad del que me envió" (Jn. 5:30). La descripción de Cristo en este caso (Ap. 19:12,13), con ojos **como de llama de fuego** y vestido **de ropa teñida en sangre,** nos conduce de nuevo al comienzo del libro (1:14; 2:18). La expresión, **teñida en sangre** (es de Is. 63:3.

Ahora se le asigna a Cristo el gran título, **EL VERBO DE DIOS** (Ap. 19:13). Como Verbo de Dios, hizo el mundo. El pecado entró en el mundo con el rechazo de la Palabra. El pecado y la anarquía, la impiedad y la rebelión, son en una forma u otra el repudio del Verbo de Dios. Ese Verbo, la Palabra Eterna y Omnipotente, ahora desciende del cielo para cumplir la profecía, para destruir a los enemigos de Dios, para revelar al universo, de una vez para siempre, la necedad de resistir a Cristo y la preeminencia indiscutible del **REY DE REYES Y SEÑOR DE SEÑORES** (v. 16). Ahora se nos hace presenciar una escena terrenal en la que los reyes de la tierra juegan un papel destacado. Qué extraña y

trágica resulta esta situación que contemplamos, en la que parece que los gobernantes del mundo entero se unen en un esfuerzo terrible para destruir al ungido de Dios. Qué opuesto es esto a los sueños de los hombres, a las afirmaciones necias de sus falsos profetas, y a su creencia injustificada en que la sociedad humana va progresando en las esferas de la paz, bondad, compañerismo y bienestar social. Ahora vamos a ver el cumplimiento del Salmo 2.

17-21. No puedo por menos de pensar que esta batalla hay que entenderla en forma literal, y por ello hay que dedicarle cuidadosa, aunque breve, atención. La llanura de Megido, que en otras partes se llama llanura de Jezreel, o Esdraelón, fue famosa en la historia de Israel. tanto por las derrotas como por las victorias ocurridas en ella. Ahí tuvo su escenario la victoria de Barac sobre los cananeos, cuando las estrellas mismas pelearon en sus respectivas órbitas contra Sísara (Jue. 4:5); la victoria de Gedeón sobre los madianitas (Jue. 7); y también la derrota y muerte del rey Saúl y sus tres hijos, a manos de los filisteos (1 S. 4). Ahí tuvo lugar la tragedia de la derrota y muerte del rey Josías a manos de los egipcios (2 R. 23:29,30). Siglos más tarde, los cruzados fueron derrotados ahí, en la batalla de los Cuernos de Hatín. en el 1187. Ahí el general Allenby en 1917, alcanzó el gran triunfo sobre los turcos, por la cual gesta se le otorgó luego el título honorífico de Lord Allenby de Megido. Esta gran llanura, de unos dieciocho kilómetros de anchura, situada en el centro de Palestina, va desde las orillas del Mediterráneo hasta el Valle del Jordán. En esta llanura, dice un gran autor, tenemos "la primera batalla de la historia en la que estamos hasta cierto punto en condiciones de estudiar la posición de las tropas, y con ello, constituye el punto de partida de la historia de la estrategia militar". Esta fue la batalla de mayo de 1479 a. de C., entre las fuerzas sirias y las egipcias bajo Turmosis III (véase Harold H. Nelson, *The Battle of Megiddo,* pp. 1,63).

De este campo de batalla, George Adam Smith en otro tiempo escribió: "¡Qué llanura! En ella no sólo los mayores imperios, razas y religiones, orientales y occidentales, han contendido entre sí, sino que cada uno de ellos ha venido a ser juzgado— en ella desde el principio con todo el esplendor de las batallas humanas, los hombres han percibido de que también en el cielo se luchaba, las estrellas batallaban en su respectivo curso— en ella el terror se ha apoderado en forma tan misteriosa de los ejércitos mejor pertrechados y más victoriosos, mientras que los humildes han sido exaltados

hasta la victoria en la hora de debilidad—
en ella las fes falsas, al igual que los falsos
defensores de la verdadera fe, han quedado
al descubierto y han sido dispersados —en
ella, desde el tiempo de Saúl, la obstinación y superstición, aunque acompañadas
de todos los méritos humanos, han venido
a parar en la nada, y desde el tiempo de
Josías la piedad más pura no ha compen-
sado el celo arrebatado y equivocado" (Historical Geography of the Holy Land, p. 409)

Ya hacia el 800 a. de C. se encuentran
profecías que probablemente se refieren a
esta batalla futura (Jl. 3:9-15; véase también Jer. 51:27-36; Sof. 3:8; y Ap. 14:14-
20; 16:13-16; 17:14).

La batalla concluye casi al comenzar. Dos
grandes enemigos de Dios son capturados,
la bestia y el falso profeta (cuya labor se
menciona en el capítulo 13), y son **lanzados
vivos dentro de un lago de fuego** y azufre (v. 20). (Una exposición más amplia
de este tema se puede consultar en George
Adam Smith, op. cit., pp. 379-410; William
Miller, The Least of All Lands, 1888, pp.
152-212; y artículos en varias enciclopedias;
y también en mi obra, World Crises in the
Light of Prophetic Scriptures, pp. 96-119).

La palabra Armagedón ha entrado a formar parte de nuestra lengua en el sentido
de lugar de la batalla decisiva y final. Swete,
antes de la Primera Guerra Mundial, escribió con razón, "Los que gustan de estudiar
las tendencias de la civilización moderna
no hallarán imposible concebir que quizá
llegue un tiempo en que por toda la Cristiandad, el espíritu del Anticristo, con el
apoyo del Estado, hará un intento final
contra el Cristianismo que es fiel a la persona y enseñanza de Cristo".

VII. El Milenio; el Juicio Final; la Nue-
va Jerusalén y la Eternidad. 20:1-22:5.

El Milenio. 20:1-6. Ahora entramos en
uno de los pasajes más discutidos de toda
la Palabra de Dios. En el curso de los siglos se ha venido considerando por lo general que este pasaje habla de un período de
mil años durante el cual Cristo reinará en
la tierra. Todos estaríamos de acuerdo con
C.J. Vaughan cuando dice, "Nunca necesitamos más la ayuda de Dios que al iniciar
la interpretación del capítulo que comenzamos". Este es el único lugar de la Escritura en que tenemos la expresión, "los mil
años", factor cronológico al que se alude
seis veces en los seis versículos. La palabra
millennium es una palabra latina compuesta de mille, "mil", y annum, "año"; de ahí,
un millar de años, sea cual fuere el significado de este pasaje concreto de la Escritura. El pasaje comienza informándonos de

que durante este tiempo Satanás es arrojado a un pozo sin fondo, donde permanece
encadenado **por mil años.** Este abismo no
es el infierno. Satanás parece no tener poder
para resistir esta acción de un ángel que lo
encadena. Juan ve ahora una gran multitud
que no ha adorado a la bestia, cuyos com-
ponentes están sentado en tronos, y reinan
con Cristo **mil años.** Este no es el lugar
adecuado para discutir el tema del Milenio.
Es cierto, sin embargo, que parece claro
que el AT, se refiere repetidas veces a un
tiempo grande y glorioso en el futuro cuando la paz prevalecerá en la tierra, cuando
el Mesías reinará en justicia, y cuando la
naturaleza será restaurada a su belleza original (véase, por ejemplo, Is. 9;6,7; 11:1;
30:15-33; también caps. 35; 44; y 49, 65:
17—66:14; Jer. 23:5,6, etc.).

Hay cuatro puntos de vista respecto al
Milenio. (1) Algunos dicen que no es más
que una condición espiritual de los redimidos, y no se le debe dar ninguna interpretación cronológica, ya que la idea de un
millar es símbolo de plenitud e integridad.
(2) Algunos han sostenido el punto de vista extraño de que el Milenio ya ha tenido
lugar; muchos precisan el comienzo del
mismo en la conversión de Constantino.
Pero si el período conocido como Edad
Oscura (en la Edad Media) ha de llamarse Milenio, entonces las profecías de
la Biblia respecto a tal período nunca se
cumplirán. (3) Algunos han dicho que ahora estamos en el Milenio, pero una vez
más insistimos en que si esta edad de guerras, de anarquía y comunismo ateo es el
Milenio, entonces las esperanzas para esta
tierra nacidas en la Palabra de Dios, deben abandonarse. (4) Finalmente, muchos
creen que se trata de una verdadera profecía de un período de mil años, a continuación de Armagedón, cuando Cristo reinará en esta tierra como Rey de Reyes. La
iglesia primitiva sostuvo en forma unánime
este punto de vista, Charles (op. cit.),
quien no acepta para nada el Milenio, con
todo admite que "la profecía del milenio
en el capítulo 20 debe tomarse en forma
literal".

Hay una frase muy conocida en este pasaje de Alford en su New Testament for
English Readers que ha sido citada en muchas obras posteriores, pero me siento obligado a citarla una vez más: "Sin duda
que los lectores de este Comentario ya
habrán comprendido desde hace tiempo
que no puedo estar de acuerdo en que se
les dé a las palabras de esta profecía un
sentido forzado y un lugar no cronológico,
por considerarlas difíciles, o por razón de
peligros que pueden conllevar la doctrina del
milenio. Los que vivieron inmediatamente

después de los Apóstoles, y toda la Iglesia por unos 300 años, las entendió en el sentido literal genuino: y es algo sorprendente en estos tiempos ver a comentaristas que tienen en gran reverencia los primeros tiempos, y que a la vez dejan de lado el ejemplo más convincente de unanimidad que ofrece la primera época de la iglesia. En cuanto al texto mismo, ninguna exposición legítima del mismo podrá sacar del mismo lo que se conoce como interpretación espiritual ahora de moda".

Mucho se ha discutido la breve expresión. **Esta es la primera resurrección** (Ap. 20:5). La teoría de que por **primera resurrección** se quiere decir conversión, un pasar de la muerte a la vida. es decir, una resurrección *espiritual,* parece completamente fuera de lugar en un pasaje como este. La *segunda* resurrección, aunque no se la llama así, es sin duda la que se menciona en los versículos 11-15 de este mismo capítulo. No es necesario limitar los que participan en la *primera* resurrección a los grupos mencionados en el versículo 4. La primera resurrección puede muy bien considerarse como por etapas — la muerte en Cristo, luego nosotros los que vivimos y luego, después de un breve período, estos mártires y fieles del período de la Tribulación.

7-10. Al final del Milenio, tenemos un episodio extraño que se introduce, que no puede proceder sino de inspiración divina, a saber, que Satanás será liberado de su encarcelamiento, y saldrá una vez más a engañar a las naciones, y las reunirá para la guerra (vv. 7,8), guiándolas hasta rodear **el campamento de los santos y la ciudad amada** (v. 9). Esto se refiere probablemente a la ciudad terrenal de Jerusalén, aunque algunos han querido referirlo a la Ciudad Santa, lo cual parece ser completamente ilógico. Scott acierta cuando dice, "No se menciona cómo Cristo y su pueblo consideran este último intento loco de Satanás. Todo está silencioso en el campamento y en la ciudad. Las naciones apóstatas caminan hacia las fauces de la muerte. El juicio que cae sobre ellas es repentino sumarísimo, aplastante y definitivo" (*op. cit.,* p. 388). Con la destrucción de los enemigos de Dios, Satanás es capturado y arrojado al infierno, donde permanecerá para siempre. La bestia y el falso profeta ya han sido confinados a este lugar de terrible condenación. No cabe duda de que el pronombre plural implícito **ellos** (v. 10) se refiere a estos tres seres malignos.

A menudo se pregunta, ¿cómo se puede explicar esta última rebelión después del reinado benefactor de Cristo en el Milenio. Ante todo, da a entender que mil años de

tener las manos atadas no cambia la índole mala del diablo. Además, el hombre no regenerado no cambia, y aunque toda la tierra se halle bajo la égida de Cristo, grandes multitudes le obedecen sólo por temor y no por amor.

El Juicio Final. 20:11-14. Otro gran suceso de carácter universal debe tener lugar antes de que pueda haber paz y justicia. a saber, el juicio de los que han muerto impenitentes. De ello se habla en el último párrafo de este capítulo tan lleno de sucesos. Nuestro Señor se refiere a un día de juicio, a veces llamado "el último día", más que todos los apóstoles y sus escritos tomados en conjunto (véase Mt. 10:15; 11:22, 24; 12:36; Jn. 5:28,29; 6:39-54; 11:24; He. 9:27; 10:27). Cristo en todas partes figura como el juez (véase sobre todo Hch. 17:31; Jn. 5:22-27; 2 Ti. 4:1). El Obispo Gore habló en nombre de toda la Iglesia cuando dijo, "Me parece que cualquiera que crea en Dios de los profetas, y en nuestro Señor, debe creer que ellos, en un Día de Dios, conducirán a la era actual de la historia humana a su punto culminante" (*Belief in Christ,* p. 149).

Del juicio por crímenes que el Estado ha cometido, muchos se libran todos los años; de hecho, muchos crímenes ni siquiera los conocen los que ostentan autoridad. Pero nadie podrá librarse de este juicio. Los muertos serán sacados de la tumba, y del mar, del Hades mismo (v. 13); y a aquellos cuyos nombres ni figuran en el libro de la vida se les arrojará a un lago de fuego, que es la segunda muerte (v. 14). Entonces se presentarán en público ante esta vasta asamblea los informes de todas las vidas humanas. La muerte misma, parece, no es abolida hasta que el Gran Trono Blanco es levantado, y el destino humano queda fijado para siempre. Si creemos y abrazamos con gozo las promesas de gloria eterna que figuran en este libro, debemos creer también con la misma convicción que es igualmente verdadera esta terrible condenación de los muertos sin arrepentirse. (En la sección titulada "Righteous Judgment to Come" de mi libro, *Therefore Stand,* pp. 438-466 se puede ver una exposición de todo este asunto del juicio).

La Ciudad Santa. 21:1-22:5. Con esto llegamos a la última revelación que se nos hace en la Sagrada Escritura, punto culminante glorioso de todo lo que Dios inspiró a los hombres que escribieran para edificación de su pueblo a través de los tiempos. En este pasaje pasamos del tiempo a la eternidad. El pecado, la muerte, y todas las fuerzas opuestas a Dios quedan para siempre descartadas. La mayoría de los exegetas están convencidos de que en esta última sección (no pienso ahora en el epílogo) tenemos una descripción de la patria eterna de los redimidos en Cristo. Probablemente no hay que identificarla con el cielo, pero debe sin duda ser la que las Escrituras ya han mencionado — la Ciudad de Dios, la Nueva Jerusalén, la Sion de lo alto. No se debe dogmatizar en cuanto a qué hay que interpretar en forma literal y qué en forma simbólica. Diferentes expertos, con parecida fidelidad a la autoridad divina de las Escrituras, tienen diferentes puntos de vista en cuanto a la hermenéutica de este pasaje. Incluso Lang, de ordinario del campo literalista, insiste en un fuerte simbolismo en este caso y afirma que "la razón para usar símbolos quizá sea que sencillamente no existe otra manera de crear en nuestras mentes un concepto justo de la realidad" (*op. cit.*, p. 369).

Origen y Naturaleza de la Ciudad. 21: 1-8.

1. Esta famosa descripción, que no tiene parangón en ninguna otra literatura del mundo antiguo, comienza con la afirmación que Juan hace de que vio **un cielo nuevo y una tierra nueva.** En griego hay dos palabras que se traducen por **nuevo** en el NT, *neos* y la que se emplea en este caso, *kainos*, que indica "vida nueva que brota de la misma decadencia y despojos del mundo viejo" (Swete). Por consiguiente, este pasaje no enseña que los cielos y la tierra comienzan ahora a existir, sino que poseen un carácter nuevo. (Otros usos de la palabra se pueden ver en Mt. 27:60, 2 Co. 5:17, etc., y algunos comentarios excelentes acerca de estas dos palabras griegas en R.C. Trench: *Synonyms of the New Testament*, pp. 219-225).

En cuanto a la afirmación de que no existirá más mar, nadie ha interpretado en forma sensata este pasaje que Swete, "El mar pertenecía al orden que ha pasado. Ha desaparecido porque, en la mente del escritor, va asociado con ideas que no armonizan con el carácter de la Nueva Creación. Porque este elemento de desasosiego esta causa eficaz de destrucción y muerte, este separador de naciones e iglesias: no podría formar parte de un mundo de vida inmortal y de paz inquebrantable".

2. Juan contempla ahora **la santa ciudad . . . descender del cielo, de Dios.** A ésta Jerusalén se la designa del mismo modo que a la Jerusalén de antes, "la santa ciudad"; pero esta vez la palabra describe la verdadera naturaleza de la morada de los redimidos. La santidad, el gran atributo de Dios, ha sido la meta que Dios ha propuesto a su pueblo desde el principio. Es significativo que nuestra morada celestial sea llamada **ciudad,** incluso en el AT (Sal. 48:1,8; He. 11:16).

C. Anderson Scott, en un notable capítulo acerca de este aspecto de la morada de los bienaventurados, ha dicho bien, "La ciudad es primero la ambición y luego la desesperación del hombre . . . Los hombres se enorgullecen de la ciudad; se apropian el nombre de la misma; se bañan en su poder y esplendor, y con todo en las manos del hombre, la ciudad se ha convertido en monstruo que devora a sus hijos. Apenas si nos atrevemos a mirar los desechos de humanidad *deteriorada* en la que se ha basado la riqueza de la misma, la miseria y el vicio en la que se fundamenta la mayor parte de la comunidad y esplendor que ofrece. Todos nuestros esfuerzos, legislativos, filantrópicos y religiosos, parecen fracasar lastimosamente en su intento de salir al paso de los males que están inseparablemente vinculados a la ciudad. Sin embargo Dios nos prepara para una ciudad. El instinto de buscar una vida común, de formar una red de simpatías y dependencia mutuas, es después de todo genuino, y la oportunidad para ejercerlo es esencial tanto para la verdadera felicidad del hombre como para el pleno desarrollo de sus facultades. 'No es bueno que el hombre esté solo'; ni tampoco es bueno que la familia esté sola, ni para los grupos de familias; y esta visión nos muestra 'el suceso divino por antonomasia' como es puesto en práctica en la vida corporativa de la humanidad, en una sociedad tan vasta que ninguno de los hijos de Dios queda excluido, y a pesar de ello tan compacta que el mejor modo de describirla es como la sociedad de los que moran en una ciudad" (*The Book of Revelation*. pp. 308-310).

Que la Ciudad Santa descienda **del cielo** parece implicar que no se identifica con el cielo. Tenemos aquí una expresión que muy a menudo es pasada por alto — **como una esposa ataviada para su marido.** Hay una ocasión en la vida de la mujer en que tiene derecho a mostrarse extravagante, en que se prepara con el mayor esmero y se viste lo más elegante, hermosa y atractiva posible — la ocasión es el matrimonio. Incluso las mujeres que no se destacan por lo bellas despiertan, cuando se dirigen hacia el altar para la ceremonia matrimonial, este comentario, "¡Qué bella está!" Del mismo modo que la novia se atavía para su marido, así Dios ataviará y hermoseará a esta ciudad para sus amados. Todas las cosas hermosas del mundo Dios las ha hecho — amaneceres, montañas, lagos, rosas, árboles frondosos, copos de nieve, nubes, cascadas. ¡Cómo será una ciudad que el Divino Arquitecto levante! (Véase también Jn. 14:2). Una ciudad **santa** será tal que en ella no se dirá una mentira por un millón de años, nunca se pronunciará una palabra mala, no se tratarán negocios turbios, no se exhibirán fotografías inmorales, no se manifestará *ninguna* corrupción. Será **santa** porque todo lo que haya en ella será santo.

3,4. Como en muchos otros pasajes del libro de Apocalipsis, tenemos en el versículo 3 la consumación y conclusión perfectas del gran tema de Dios — su morada entre los hombres. La palabra griega por **tabernáculo** es la misma que se emplea en la traducción griega de los pasajes del AT que describen el Tabernáculo, donde se nos dice que en el Lugar Santísimo Dios se reuniría con su pueblo (Lv. 26:11 ss). Esta es la palabra en su forma verbal que se emplea en la descripción inicial que Juan hace de la Encarnación: "Y aquel Verbo fue hecho carne, y habitó entre nosotros (y vimos su gloria, gloria como del unigénito del Padre), lleno de gracia y de verdad" (Jn. 1:14). Esta vez el tabernáculo permanece; esta vez no habrá separación entre Dios y su pueblo, echo que parece introducirse de inmediato (Ap. 21:3). También tenemos aquí la garantía de que se eliminarán cinco aspectos trágicos de la vida humana: lágrimas, muerte, llanto, clamor y dolor (v. 4). La Biblia no niega la realidad del dolor y la muerte, pero sí nos da la seguridad de que llegará el día, por la gracia de Dios, en que, para el creyente, ya no existirán más.

5. Algunos han sugerido que en este versículo, por primera vez en Apocalipsis, el que habla es Dios mismo. Ciertamente tiene gran significado el hecho de que en este libro más que en ningún otro del NT, se subraya la verdad de lo que se revela. "Dios autentica su propia revelación, tan magnífica. Exige nuestra atención, nuestros corazones y nuestro asentimiento incondicional" (Walter Scott, *op. cit.*, p. 404). **Fieles y verdaderas** describe no sólo la Palabra hablada (y escrita), sino también la Palabra encarnada (19:9; 21:5).

6,7. Una vez más tenemos el título de Cristo, **el Alfa y la Omega,** que son las letras primera y última del alfabeto griego, lo cual indica que Cristo es *antes* del universo que él creó, y será al final de los tiempos, porque todas las cosas serán consumadas en él.

8. Ahora llegamos a algo que realmente no esperaríamos encontrar en esta descripción de la Ciudad Santa, a saber, una indicación de las clases de pecadores que no se hallarán en ella sino **en el lago que arde con fuego y azufre.** Palabras terribles son éstas. Si aceptamos con entusiasmo y acción

de gracias las promesas de este libro, también debemos creer las solemnes advertencias que contiene. Lang llama la atención acerca de la expresión, "su parte", y comenta que "el corazón hubiera deseado que la visión concluyera en las radiantes alturas, pero en lugar de ello se hunde en el abismo más profundo".

Descripción de la Ciudad Santa. 21:9-23.

12-21. La ciudad tiene **doce puertas,** en cada una de las cuales figura el nombre de una de las doce tribus de Israel, y cada una de ellas la custodia un ángel. El muro descansa sobre **doce cimientos,** lo cual parece significar doce secciones del fundamento, y en cada uno de ellos está el nombre de uno de los doce apóstoles. La altura, anchura y longitud es de doce mil estadios, alrededor de 2,500 kilómetros. A primera vista, esto parecería tener la forma de cubo, pero me inclino a seguir a Simcox y a muchos otros en creer que se trata de una estructura piramidal. La palabra que se traduce por **calle, plateia,** significa literalmente *lugar espacioso;* de esta palabra procede la nuestra *plaza.* El muro es de jaspe, la ciudad es de oro, las puertas de perla, y los cimientos de doce piedras preciosas. (En el notable escrito de F.W. Boreham, *Wisps of Wildfire,* pp. 202-212, se puede ver un estudio de la posible población de una ciudad de tales dimensiones).

J.N. Darby muy pocas veces confesó no saber el significado de un pasaje de la Escritura, pero acerca de estas piedras escribió, "La diferencia entre las piedras incluye detalles que exceden mi conocimiento" (*Collected Writings,* Volumen V, p. 154). "Si comparamos los colores de las piedras de los cimientos con los del arcoiris', dice Govett (*op. cit., in loco*), "encontraremos, me parece, un parecido calculado; si bien, debido a nuestra ignorancia en cuanto a las piedras preciosas, no podemos llegar a ninguna conclusión concreta o satisfactoria. Las piedras, pues, con sus colores, y los tonos del arcoiris, son como siguen:

El Arcoiris:	
1. Rojo.	1. Jaspe, ¿verdoso? ¿amarillo?
2. Naranja.	2. Zafiro, azulado.
3. Amarillo.	3. Ágata, dudoso, verde o azul.
4. Verde.	
5. Azul.	4. Esmeralda, verde.
6. Índigo.	5. Ónice, rojo.
7. Violeta.	6. Cornalina, rojo y blanco.
	7. Crisólito, amarillo.
	8. Berilo, verde mar.
	9. Topacio, amarillo.
	10. Crisopraso, verde dorado.
	11. Jacinto, violeta
	12. Amatista, rojo rosado".

22,23. Juan pasa a decirnos que la ciudad no tiene templo, y la gloria de Dios la ilumina de tal modo que no se necesita la luz del sol o de la luna, aunque siguen brillando. "Mientras los hombres moran aquí en las condiciones de vida terrenal, no pueden prescindir de estos templos, del lugar, del tiempo, de los pensamientos reservados para Dios, del lugar donde aprendemos del secreto de caer en la cuenta de su presencia en la vida, del tiempo en el que pretendemos vivir en intimidad con él y así lo proclamamos, de los pensamientos que, en forma voluntaria, dirigimos hacia la manifestación de su amor en Cristo, y de su voluntad en el deber. Pero *allá* no hay templo; por la sencilla razón de que no se necesita. Lo que ahora hay que apartar del mundo para Dios —sí, y mantenerlo con decisión y fuerza de voluntad contra fuerzas invasoras— allá se ha expandido hasta abarcar todo el ámbito de la experiencia y actividad humanas. La presencia de Dios ya no ha de buscarse; se conoce; se percibe, universal y penetrándolo todo como la luz del día" (C. Anderson Scott, *op. cit., in loco.*). Nuestro texto no dice que no habrá sol ni luna en la eternidad, sino que no *necesitaremos* su luz, porque la gloria misma de Dios iluminará la ciudad. Así como necesitamos candelas por la noche, pero no a mediodía, cuando el sol brilla, así necesitamos el sol y la luna en nuestro estado actual de existencia, pero no los necesitaremos más cuando estemos en la presencia de Dios, quien es luz.

Los que Entran en la Ciudad. 21:24-27.

24-26. El párrafo que abarca estos tres versículos es sumamente difícil de interpretar. ¿Quiénes son estas **naciones** que andan a la luz de la Ciudad Santa, y quiénes son **los reyes de la tierra** que aportan su gloria a la misma? Govett probablemente tiene razón al decir: "Por 'los reyes de la tierra' se quiere decir los reyes de las naciones. Del mismo modo que las naciones pasan a formar parte del mundo nuevo, así también los reyes. La subordinación de rangos forma parte del plan definitivo de Dios para la eternidad. Se les llama 'reyes de la *tierra*', para distinguirlos de los reyes de *la ciudad*. Porque hay dos clases de reyes: los que fueron hechos reyes y sacerdotes para Dios por medio de la sangre de Cristo, que resucitan de entre los muertos y moran con Dios; y los que son hombres de carne, y viven entre las naciones fuera de la metrópoli. Porque los ciudadanos son *reyes de reyes*, y 'reinarán por los siglos de los siglos' (22:5). Los reyes de las naciones, entonces, conscientes de su inferioridad, y deseosos de estar ante

Dios y sus siervos resucitados, son portadores de regalos".

27. Aquí tenemos una de las afirmaciones más tranquilizadoras, consoladoras y llenas de esperanza de toda la Biblia: entrarán en la ciudad aquellos cuyos nombres **están inscritos en el libro de la vida del Cordero.** Hay dos elementos terribles e ineludibles que apartan al hombre de la Ciudad Santa — el pecado y la muerte. El Cordero de Dios es el que quita el pecado del mundo, y el Hijo de Dios el que nos da vida en lugar de muerte. Estar en el Libro de la Vida del Cordero significa ser redimido por el Cordero de Dios.

Estado de Bienaventuranza en la Ciudad Santa. 22:1-5.

Es extraño que en el capítulo 21 no haya detalles descriptivos referentes a fenómenos naturales, árboles, ríos, etc., como los que hallamos en la descripción del paraíso original en Génesis 2. Estos detalles se mencionan ahora, y nos recuerdan no sólo el capítulo mencionado sino también Ez. 47: 1-12. "El pecado arrojó al hombre de un paraíso. La gracia lo introduce en el Paraíso eterno". En él tenemos belleza, vida en abundancia, la soberanía de Dios, bienestar para las naciones de la tierra, ausencia de maldición; **no habrá más maldición** (v. 3), ni para el hombre, ni para la tierra en la que vive, ni para la ciudad en la que reside, ni para las relaciones que existen entre los hombres — Cristo ha eliminado la maldición y todas sus consecuencias. Tenemos en ello un cuadro de servicio, la visión perfecta, la cual contemplará el rostro de nuestro Señor, y su nombre será grabado en nuestras frentes. Aquí tenemos eliminadas definitivamente dos cosas que han perturbado y agobiado al hombre: por una parte toda maldición y por otra la noche, para siempre.

Lo que más complace al corazón no son, sin embargo, los aspectos negativos de este pasaje, sino los afirmativos. La bienaventuranza que Dios ha querido a lo largo de las edades y que ha suministrado llega a su punto culminante o perfección: en el cielo serviremos al Señor (v. 3b); veremos **su rostro;** su nombre figurará en nuestras frentes (v. 4); reinaremos con él por los siglos de los siglos (v. 5). Las promesas como las que se encuentran en Mt. 5:8; 1 Jn. 3:2; 1 Co. 15:49; etc., se convertirán en realidad y experiencia eternas para los creyentes. En otras palabras, poseeremos la índole de nuestro Señor, serviremos al Señor, reinaremos con el Señor y nos regocijaremos y estaremos para siempre satisfechos con la contemplación de su gloriosa faz. (Una de las exposiciones más profundas y satisfactorias de la Ciudad Santa se encontrará en la obra de Govett, pp. 549-610).

Todos los propósitos gloriosos de Dios, ordenados desde la fundación del mundo, han sido ya alcanzados. La rebelión de los ángeles y del género humano está completa y definitivamente sojuzgada, al asumir el Rey de reyes la soberanía justa. Todo lo que forma parte del Reino universal de Dios se caracteriza por una santidad absoluta e inmutable. Los redimidos por la sangre del Cordero están en la resurrección y la gloria eterna. En todas partes hay vida — y la muerte no volverá a aparecer. Tanto la tierra como los cielos son renovados. La luz, la belleza, la santidad, el gozo, la presencia de Dios, la adoración de Dios, el servicio a Cristo, la semejanza de Cristo — todo es ya realidad permanente. El vocabulario del hombre, hecho para la vida de aquí, es incapaz de describir en forma verdadera y adecuada lo que Dios ha preparado para los que le aman.

Epílogo. 22:6-20. No es necesario ofrecer una interpretación extensa de los versículos finales de Apocalipsis. La mayor parte de las afirmaciones que contienen, como casi todas las partes finales de las cartas del NT, son hortatorias.

6.10. La primera afirmación es casi idéntica a la declaración inicial de Apocalipsis (1:1,2), excepto en que en este caso se habla de **siervos** en tanto que en aquel sólo se menciona uno, Juan. "Los 'espíritus de los profetas' son las facultades naturales de los Profetas, que el Espíritu Santo vivificó y capacitó" (Swete). Del mismo modo en el versículo 7 se nos recuerda 1:3. Este mandato de guardar **las palabras de la profecía de este libro** (véase 3:8,16; 14:12; 12:17) pone de relieve una verdad que olvidamos con mucha facilidad, a saber, que las Escrituras proféticas contienen implicaciones éticas. Profecías y mandamientos se relacionan unos con otros en este texto.

11-15. En el versículo 11 tenemos una verdad solemne, a la que a veces se la llama "permanencia de la índole". Acerca de esto tengo que citar otra vez las palabras concisas y solemnes de Swete. "No sólo es cierto", dice, "que las perturbaciones de los últimos días tenderán a reafirmar la índole de cada persona de acuerdo con los hábitos que ya se ha formado, sino que llegará un tiempo en que será imposible cambiar — cuando ya no se tendrá oportunidad para o bien arrepentirse o bien apostatar".

La venida de Cristo es el tema destacado de tanto el Prólogo como el Epílogo (1:7; 22:7,12,20). **Pronto** (v. 12) no quiere decir que la Segunda Venida fuera a ocurrir poco después de que Juan contemplara la composición del libro. Más bien significa que los acontecimientos de la Segunda Venida ocurrirán con tanta rapidez, uno después de otro, que a muchos les cogerá completamente por sorpresa. El versículo 13 repite el título de Cristo (1:11; 21:6), que también se atribuye a Dios (1:8). Las clases que se enumeran aquí de los que quedan excluidos de la Ciudad Santa, cada una de las cuales va precedida del artículo *los,* son substancialmente las mismas que aparecen en 21:8. Estos versículos sin duda no pueden significar que seguirá habiendo grupos de hombres *en la tierra* por este tiempo que se entreguen a estos pecados.

16. Ahora habla Cristo mismo, primero para simplemente afirmar que él es quien ha revelado lo que Juan ha escrito. Esta es la primera vez que se usa la palabra *iglesia* (*ekklesia*) desde las cartas a las siete iglesias. Luego se atribuye a sí mismo un doble título: es **la raíz y el linaje de David,** que los profetas habían predicho hacía tiempo (Is. 4:3; 11:1,2; 55:1-5; Am. 9:11,12); y es **la estrella resplandeciente de la mañana** (cf. Ap. 2:28). La estrella de la mañana antecede al resplandor pleno de la luz del sol.

17. La triple invitación, tan llena de gracia, la emiten (1) el Espíritu, (2) la Esposa, y (3) los que han oído. A esto le sigue una designación doble específica de aquellos a quienes se envía la invitación de modo particular — los sedientos (Jn. 7:37) y los que quieren.

18,19. El libro, excepto por el saludo, concluye con una advertencia solemne más, en contra del añadir o suprimir algo de **las palabras de la profecía de este libro.** No conozco comentario más aceptable de estas palabras que el de Lang: "La revelación de la verdad ya está completa, porque nada puede haber *más allá* del estado *eterno.* Si bien en la carta misma las amenazas de esta terrible admonición se aplican a Apocalipsis, sin embargo en cuanto que esta parte del Libro de Dios se basa en la Palabra de Dios, está vinculada con la misma y es su culminación, resulta imposible manipular este último libro sin afectar lo que se ha dicho de Dios antes" (*op. cit.,* pp. 384, 385).

20,21. Las tres últimas palabras son las (1) de Cristo: **Ciertamente vengo en breve;** (2) de la Iglesia: **Amén; sí, ven, Señor Jesús;** y (3) de Juan: **La gracia de nuestro Señor Jesucristo sea con todos vosotros.** Si bien esta fórmula de despedida se asemeja a las que encontramos en la conclusión de las cartas del NT (Ro. 16:20,24; 1 Co. 16:23; Ef. 6:24; 2 Ti. 4:22; He. 13:25; 1 P. 5:12 etc. la forma exacta que aquí se emplea no aparece en ningún otro lugar. Al proceder esta edad hacia su fin, y al contemplar que, en una forma preliminar, tienen lugar algunas de las terribles consecuencias del repudio de la Palabra de Dios, estas tres últimas palabras se vuelven cada vez más preciosas y vitales.

BIBLIOGRAFÍA

ALFORD, HENRY. *The New Testament for English Readers.* 2 vols. 5a. ed. Londres: Rivington, 1872.

GOVETT, ROBERT. *The Apocalypse Expounded.* Londres: Charles J. Thynne and Jarvis, Ltd., 1929.

LANG, G.H. *The Revelation of Jesus Christ.* Londres: Paternoster Press, 1945.

LENSKI, R.C.H. *The Interpretation of St. John's Revelation.* Columbus: Wartburg Press, 1943.

OTTMAN, FORD C. *The Unfolding of the Ages in the Revelation of John.* Grand Rapids: Kregel Publications, 1967.

SCOTT, WALTER. *Exposition of the Revelation of Jesus Christ.* Grand Rapids: Kregel Publications, 1982.

SEISS, JOSEPH A. *The Apocalypse.* Grand Rapids: Kregel Publications, 1987.

SWETE, HENRY BARCLAY. *Commentary on Revelation.* Grand Rapids: Kregel Publications, 1977.

COMENTARIOS EN ESPAÑOL

BARCHUK, IVAN. *Explicación del Libro del Apocalipsis.* Terrassa: Editorial CLIE.

DARBY, J.N. *Estudio Sobre el Libro del Apocalipsis.* Terrassa: Editorial CLIE.

ERDMAN, CARLOS R. *Apocalipsis.* Grand Rapids: T.E.L.L., 1976.

RYRIE, CHARLES C. *Apocalipsis* (Comentario Bíblico Portavoz). Grand Rapids: Publicaciones Portavoz Evangélico, 1981.

COMENTARIO BIBLICO MOODY:
ANTIGUO TESTAMENTO

Redactado por Charles F. Pfeiffer

Volumen complementario del
Comentario Bíblico Moody: Nuevo Testamento

Un tesoro de ayuda práctica dedicado a proveer enriquecimiento y descubrimiento espiritual para todos los lectores del Antiguo Testamento.

△ Introducción a cada libro

△ Bosquejo de cada libro

△ Panorama general y análisis en detalle de cada libro

△ Analiza frase por frase la totalidad del texto bíblico

△ Da el significado del texto bíblico

△ Ofrece información histórica

△ Comentario sobre el período intertestamentario: De Malaquías a Mateo

△ Escrito por eruditos de la Palabra de Dios

△ 906 páginas de texto de doble columna

El *Comentario Bíblico Moody: Antiguo Testamento* es su mejor compañero para el estudio de la Biblia. Presenta el mensaje bíblico en tal forma que el estudiante diligente de la Palabra de Dios halle en sus páginas ayuda extensiva.